U0946662

中国造纸年鉴

ALMANAC OF CHINA PAPER INDUSTRY

2017

中国造纸学会　编

Edited by China Technical Association of Paper Industry

中国轻工业出版社

图书在版编目（CIP）数据

中国造纸年鉴. 2017/中国造纸学会编. —北京：
中国轻工业出版社，2017.9
ISBN 978-7-5184-1547-2

Ⅰ. ①中… Ⅱ. ①中… Ⅲ. ①造纸工业-中国-
2017-年鉴 Ⅳ. ①F426.83-54

中国版本图书馆 CIP 数据核字（2017）第 202564 号

责任编辑：林 媛　　责任终审：滕炎福
策划编辑：林 媛　　责任监印：张 可

出版发行：中国轻工业出版社（北京东长安街 6 号，邮编：100740）
印　　刷：三河市万龙印装有限公司
经　　销：各地新华书店
版　　次：2017 年 9 月第 1 版第 1 次印刷
开　　本：787×1092　1/16　　印张：47.5
字　　数：1600 千字　　插页：28
书　　号：ISBN 978-7-5184-1547-2　定价：300.00 元
邮购电话：010-65241695　传真：65128352
发行电话：010-85119835，85119793　传真：85113293
网　　址：www.chlip.com.cn，www.ctapi.org.cn
邮　　箱：club@chlip.com.cn，acpi2008@126.com
如发现图书残缺请直接与我社读者服务部联系调换
170403K4X101HBW

《中国造纸年鉴2017》编辑委员会

本卷《年鉴》正文用纸选用
芬欧汇川（中国）有限公司
"UPM 丽印®" 70 克/米^2 双胶纸印刷

《中国造纸年鉴2017》编辑部

对本书有关的各项业务与意见均请与编辑部直接联系

地址：北京市朝阳区望京启阳路4号中轻大厦B座10层

邮编：100102

电话：010－64778761，64778756，64778766，64778752

传真：010－64778769

网址：www. ctapi. org. cn

邮箱：acpi2008@126. com

Any Business refers to this book, please contact editorial board

Address：10th floor, Block B, Sino-light Plaza, No. 4 Qiyang Rd., Wangjing, Chaoyang District, Beijing 100102, China

Tel：010－64778761, 64778756, 64778766, 64778752

Fax：010－64778769

URL：www. ctapi. org. cn

E-mail：acpi2008@126. com

编辑说明

《中国造纸年鉴》是由中国造纸学会编纂的专业性年鉴，是目前我国唯一逐年辑录的有关中国造纸工业的资料性工具书。自1986年创刊以来，伴随着中国造纸工业的发展，《中国造纸年鉴》已陆续出版发行20卷，本卷《中国造纸年鉴2017》为第21卷。

《中国造纸年鉴2017》的13个栏目分别是：1. 综述；2. 发展现状；3. 产品与市场；4. 纤维原料；5. 节能减排 环境保护；6. 装备与器材 造纸化学品；7. 科技 教育 出版；8. 大事记；9. 地方造纸工业；10. 重点企业介绍；11. 社团工作；12. 附录；13. 企业名录。

本卷年鉴在编写过程中，得到各有关部门、企事业单位和有关人士的大力支持、指导和积极配合，在此谨表谢意。并诚请广大读者对本卷年鉴编辑、出版中的不足之处给予批评指正。

《中国造纸年鉴》编辑部

2017年8月

彩色广告目录

前插彩页

正文彩页

十年来的中国造纸工业

（2006–2016年）

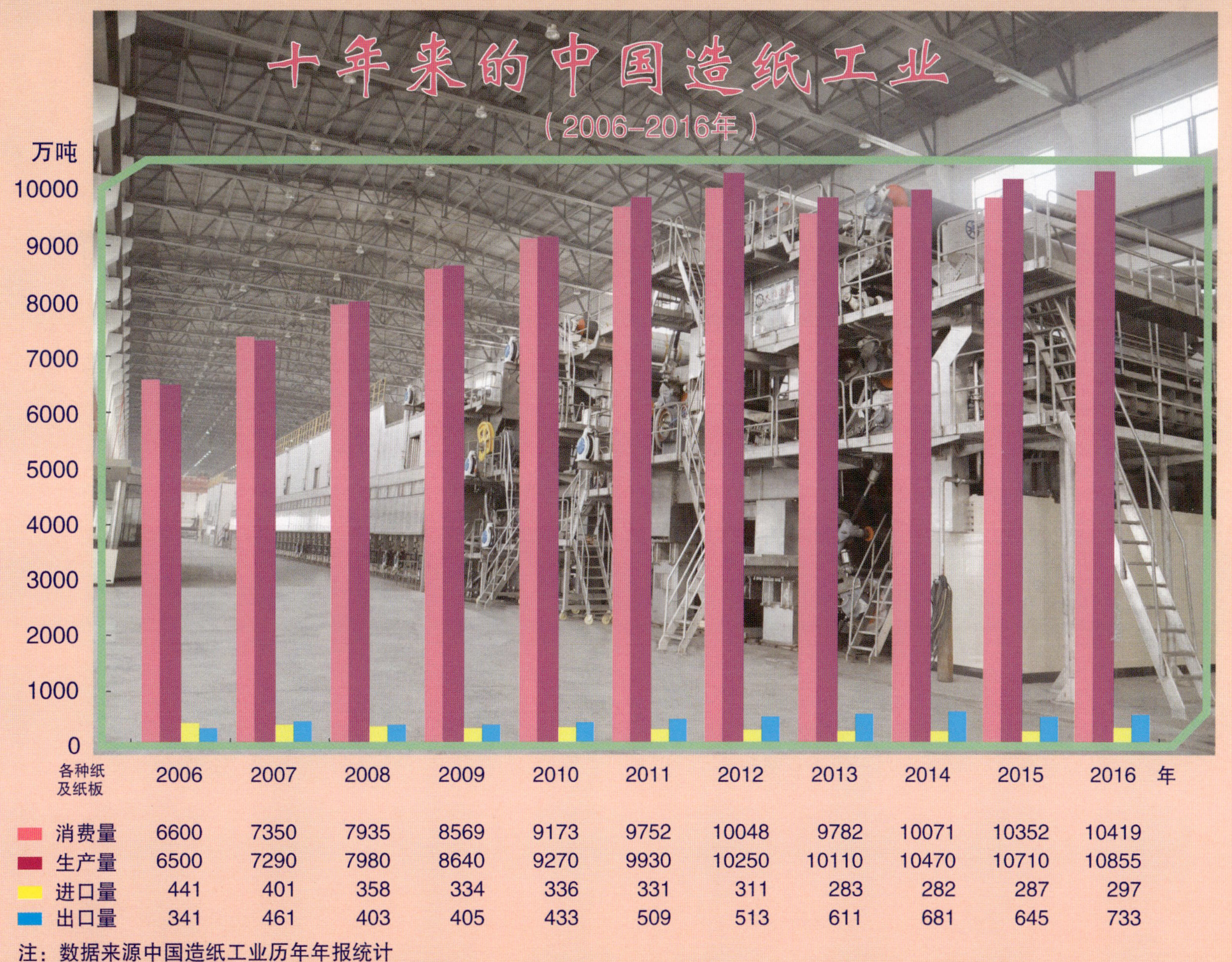

各种纸及纸板	2006	2007	2008	2009	2010	2011	2012	2013	2014	2015	2016年
消费量	6600	7350	7935	8569	9173	9752	10048	9782	10071	10352	10419
生产量	6500	7290	7980	8640	9270	9930	10250	10110	10470	10710	10855
进口量	441	401	358	334	336	331	311	283	282	287	297
出口量	341	461	403	405	433	509	513	611	681	645	733

注：数据来源中国造纸工业历年年报统计
背景为国产大纸机

华章科技（HK01673）成立于1993年，是一家在香港联交所上市的科技型企业，拥有20多年造纸行业及电气自动化、环保行业的经验，是中国造纸装备的领先供应商，秉承“诚信、敬业、协作、创新”的理念，努力打造成为造纸工业的设备及方案提供商和综合服务商。

公司专注于造纸装备的技术进步和品质提升，拥有一支顶尖的技术和服务工程师团队，在研发、设计、集成制造、服务维保等方面具有核心竞争力，20多年来累计完成了2000多个工程项目，为造纸企业基于智能制造、清洁生产、项目总包、设备维保等全方位的装备和服务，旨在成为造纸工业的全职“保姆”，并积极参与和帮助“一带一路”沿线国家造纸项目的工程建设。

华章科技倡导保护环境、促进绿色工业发展，在水处理和固液分离技术方面拥有多项专利技术，并被广泛应用于市政、造纸、制药、化工、冶金等行业。

华章科技在香港、杭州、武汉、桐乡等地拥有办公室或生产基地。有着完善的质量、环境和职业健康安全的保障体系，率先通过了ISO 9001质量体系认证、ISO 14001环境管理体系认证、OHSAS 18001职业健康安全管理体系认证。

三大业务板块全面发展

项目总包

提供一站式服务，量身订造造纸生产项目

造纸行业综合服务商

智能制造

为造纸企业组装生产和销售工业自动化系统及关键零部件

专业处理造纸过程中产生的废物

清洁生产

新华章、新发展、新梦想

造纸工业方案提供商及综合服务商

造纸工业全职“保姆”

联系方式：杭州市拱墅区祥园路99号运河广告产业大厦2号楼1101室。电话：+86 0571 88994499 传真：+86 0571 88994466

KĀDANT

Radiclone™ AM80

Hydrocycloning Systems

Applications

Radiclone AM80 systems are used in applications with a high demand for pulp and paper cleanliness. The low operating and maintenance costs in conjunction with the high performance cleaning capability offer efficient fibre processing for heavyweight contaminant removal and fractionation.

Features

- *Low power consumption*
- *Compact design*
- *Variety of specially designed hydrocyclones available*
- *Hydrocyclones designed for practically plug-free operation*

Benefits

- *High separation efficiency*
- *Reliable operation*
- *High quality pulp, paper and board*
- *Hydrocyclone fractionation for special quality requirements*

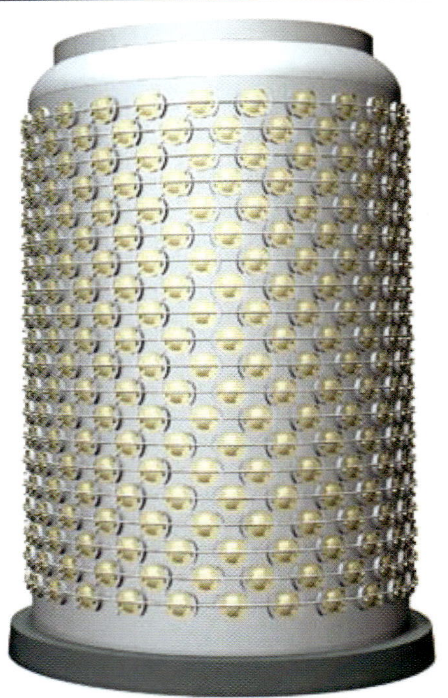

凯登制浆设备（中国）有限公司
现在提供您高效Noss Radiclone除渣器系统

随着浆纸业市场竞争加剧，客户对浆料洁净度的要求越来越高，各种细小杂质（纤维束、树脂、小黑点、胶黏物等）是否困扰着您？Noss Radiclone AM80除渣器系统是您的答案。

特点：

▶ 更优的小锥管设计，带给您更高的除渣效率；

▶ 无堵设计带来可靠的运行；

▶ 安装紧凑，占地面积很小；

▶ 凭借深厚的专业知识和丰富的应用经验，我们为您量身定制完美方案。

在过去几年中，我们为多个纸厂很多纸机提供了此除渣器系统改造方案，都取得成功，浆料洁净度大幅改善，纸面尘埃大幅减少。

Kadant在2013年5月兼并了瑞典Noss公司，Noss产品在中国区的销售和服务已由Kadant制浆设备（中国）有限公司负责。

关注更多的关于KADANT 的革新，请访问：http://www.kadant.com 或致电+86（10）65813011。

地址：北京市朝阳区卖子店街37号盛福大厦1960

设计项目

UPM(常熟)有限公司(1号机，2号机，3号机)

金东纸业(江苏)有限公司(1号机，2号机，3号机)

宁波亚洲纸业有限公司年产75万吨涂布白纸板工程

中国海诚工程科技股份有限公司
CHINA HAISUM ENGINEERING CO.,LTD.

中国海诚工程科技股份有限公司（中国海诚股份，股票代码002116），由隶属于国务院国资委管理的中国轻工集团联合其他战略投资者，以成立于1953年的中国轻工业上海设计院体改制建立，是中国轻工行业大型的提供有关咨询、设计、监理和工程EPC总承包（工程咨询、设计、监理和采购、土建安装施工、培训、开车等）服务的综合性股份制工程科技上市公司。

中国海诚股份拥有工程咨询、工程设计、工程总承包、工程造价咨询和工程监理等甲级资质证书以及施工总承包二级资质证书，并持有质量管理体系(GB/T 19001-2000 IDT ISO 9001:2000)、职业健康安全管理体系(GB/T 28001-2001 OHSAS 18001:1999)、环境管理体系(GB/T 24001-2004/ISO 14001:2004)的认证证书，能承接国内外相关行业各种规模和类型的项目。历年来共计600余项咨询、设计、监理、工程总承包及科研项目获国家和省部级优秀奖项，用优秀的质量为客户服务。

山东亚太森博浆纸有限公司
年产100万吨包装纸板工程项目

江苏理文造纸有限公司
自备电站项目

斯道拉恩索(北海)浆纸一体化项目

海南金海纸业有限公司

总承包项目

泰国SCG公司越南项目

泰国SKIC16PM项目

越南理文年产40万吨包装纸生产线项目

孟加拉KPM漂白车间工程

越南安化年产13万吨漂白化学木浆项目

江苏王子制纸有限公司KP项目

制浆造纸已是中国海诚股份主要的工程服务领域，60多年来在国内外已完成600多项制浆造纸工程的咨询、设计、监理、工程管理和EPC总承包项目，为广大国内外客户提供优质服务，为我国造纸装备更新换代、蓬勃发展作出了应有的贡献。

近年来，工程EPC交钥匙总承包服务成为中国海诚股份主要业务，公司先后承担了广东森叶纸业有限公司自备电站、芬欧汇川纸业（常熟）有限公司二期工程纸加工车间、越南安化年产13万吨漂白化学木浆项目、孟加拉KPM漂白车间项目、重庆理文造纸有限公司湿浆改造、魏德曼电力绝缘科技（嘉兴）有限公司湿纸胚车间项目、江苏王子制纸有限公司年产71.4万吨漂白化学阔叶木浆生产线及其配套工程、泰国SKIC16PM项目、越南理文年产40万吨包装纸生产线项目、上海胜利K项目、泰国SCG公司越南项目等十多项工程总承包工程。

Fax:86-21-64334050 E-Mail: info@haisum.com Http://www.haisum.com
ADD:NO.21 Baoqing Road,Shanghai,China Zip Code:200031 Tel:86-21-64370093
E-Mail: info@haisum.com 网址: www.haisum.com
地址: 上海市宝庆路21号 邮编: 200031 电话: 86-21-64370093 传真: 86-21-64334045

北京高科物流仓储设备技术研究所有限公司

BEIJING GAOKO MAT -F&W. EQ. RESEARCH INSTITUTE CO., LTD.

北京高科物流仓储设备技术研究所有限公司，是国内率先开发研制自动化立体仓库物流仓储系统的单位之一。我们专注于从事自动化立体仓库、物流仓储系统的规划设计、系统集成和项目实施。近30年的不断追求与创新，使得我们在节能降耗和安全运行方面拥有多项专利技术，积累了300多个项目的实施经验。其中第三方物流、冷库、库架合一、防爆、重型车辆（10吨以上）、长件物料（铝型材）等自动化物流仓储系统等，多次获得国家有关部门的科学技术鉴定和科技进步奖项。其产品广泛应用于机械、电子、电气、电力电网、石油石化、化工、造纸、煤炭、医药、食品、轻工、烟草、纺织、建材、航空航天、军工、部队、铁路、民航、航运、港口、保税、储运、冷藏等各行业。

公司积极致力于为用户提供优化的自动化物流仓储系统解决方案、高质的设备和优质的服务。

AGV自动搬运系统　　立体库存储系统

机器人自动码垛系统　　箱式自动分拣系统

移动机器人拆垛系统

环形穿梭车系统

穿梭版系统

电话：010-82561876　　13581826556　　网址：www.gaoko.com

目　录

1　综　述

2　发展现状

3　产品与市场

4　纤维原料

5　节能减排　环境保护

6　装备与器材　造纸化学品

7 科技 教育 出版

8 大事记

9 地方造纸工业

10 重点企业介绍

11 社团工作

12　附　录

13　企业名录

CONTENTS

1. GENERAL TOPICS

2. CURRENT STATUS OF DEVELOPMENT

3. PRODUCTS AND MARKET

4. FIBROUS MATERIALS

5. ENERGY SAVING, EMISSION REDUCING AND ENVIRONMENTAL PROTECTION

6. EQUIPMENT & ACCESSORIES, CHEMICALS USED IN PAPER INDUSTRY

7. SCIENCE AND TECHNOLOGY, EDUCATION AND PUBLICATION

8. EVENTS

9. LOCAL PAPER INDUSTRY

10. KEY ENTERPRISES

11. ASSOCIATION AFFAIRS

12. APPENDIXES

13. ENTERPRISES LIST

中国造纸学会活动纪实

2016年2月芬欧汇川（中国）有限公司访问我会

2016年9月全国科普日主场“纸”为健康活动

2016年10月10日在上海召开中国造纸学会第七届常务理事会第七次会议

2016年10月11日在上海举办2016中国国际造纸创新发展论坛

2017年7月我会组团访问德国造纸技术研究所

2017年7月我会组团参观奥地利兰精集团

CHINA PAPER CORPORATION

中国纸业投资有限公司

GREEN PAPER BETTER LIFE

中国纸业为中国诚通控股集团有限公司（简称“中国诚通集团”）全资子公司。中国诚通集团是经国务院国资委批准的一家拥有林浆纸生产、开发并利用主业的央企，也是国资委确定的国有资本运营试点之一。作为中国诚通集团纸业版块的运营平台，拥有四家上市公司：冠豪高新（SH，600433）、粤华包（SZ，200986）、岳阳林纸（SH，600963）、美利云（SZ，000815）。其产品涵盖文化类印刷用纸、涂布白纸板、白卡纸、无碳复写纸、热敏纸、不干胶标签纸等多个品种，其中烟卡纸、热敏纸、无碳复写纸、文化纸等居国内领先水平。同时，中国纸业不仅对传统的浆纸产业相关领域进行了投资，在近年的发展中，对于园林、绿化、市政、生态治理等领域及相关PPP项目也进行了探索、投资和运营。

China's Paper Industry is a wholly owned subsidiary of Chengtong Holdings Group Co., Ltd. (hereinafter referred to as "China Chengtong Group"). China Chengtong Group is the only central enterprise which produces forestry-pulp-paper, develops and uses the main business and which is approved by the SASAC, and it is also one of state-owned capital operation pilots determined by the SASAC. As an operation platform of China Chengtong Group paper industry, it has four listed companies: Guanghao paper industry (SH, 600433), Yuehuabao B (SZ, 200986), YueYang forestry paper (SH, 600963) and Meiliyun (SZ, 000815). Its products include printing paper, coated white board paper, white cardboard, no-carbon carbon paper, thermo-sensitive paper, sticky label paper and many other varieties, and it ranks first in the domestic cigarette card market; it ranks first in the thermo-sensitive paper market; it ranks second in no-carbon carbon market; and it ranks first in cultural paper market. At the same time, China's Paper Industry not only invests into related fields of traditional pulp paper industry, it also explores, invests and operates gardens, greening, municipal administration, ecological management and other fields and relevant PPP projects.

公司主业

林浆纸生产、开发及利用

Company's main business
Production, development and utilization of forestry-pulp paper

总资产

逾 365 亿元

Its total assets are over 3.65 billion

当前生产能力

浆纸产能：总产能超过350万吨/年
国内自有林地：约14万公顷
海外林地布局：东南亚、南美

Current production capacity
Capacity of pulp paper: 3.5 million tons per year.Domestic owned forestland: 200 thousand Mu.Oversea forestland layout: Southeast Asia, North America

造纸·企业风采

PAPERMAKING ENTERPRISE FEATURES

液体食品包装纸板生产商

paperboard producer of liquid food packaging.

开始尝试林浆纸一体化的企业

It began to attempt the integration of forestry-pulp-paper in the earliest in china.

烟卡生产商和文化纸生产商

China's leading tobacco card and cultural paper manufacturer.

热敏纸生产商和无碳复写纸生产商

China's leading non-carbon carbon paper and thermo-sensitive paper manufacturer.

华新包装

Huaxin Color Printing

冠豪高新

Guanhao Hi-Tech

岳阳林纸

YueYang Forestry Paper

美利云

Meiliyun

银河纸业

Yinhe Paper Industry

主要成员企业

MAIN MEMBER ENTERPRISES

中国纸业
CHINA PAPER

红塔仁恒

高档涂布白卡纸 / 防伪专利产品
液体包装原纸 / 灰底涂布白板纸

High-grade coated whitcardboard/
anti-counterfeiting patent products/
Liquid packaging body paper/
duplex grey board

岳阳林纸

文化纸/包装纸/化学木浆

Cultural paper/packaging
paper/chemical wood pulp

银河纸业

文化纸/箱纸板

Cultural paper/ cardboard paper

美利云

云计算 /文化纸/特种纸

Cloud computing/cultural
paper/specialty paper

冠豪高新

热敏记录纸/
无碳复写纸/不干胶标签

Heat sensitive recording
paper/No-carbon carbon paper/
Self-adhesive label

全球较大的新闻纸生产基地

华泰集团是以造纸、化工为主导产业，集印刷、热电、物流、林业、环保、商贸、房地产等十多个产业于一体的全国 500 强企业。公司现有员工 15000 余人，总资产 320 亿元，年造纸生产能力 400 万吨，化工及造纸助剂 200 万吨，年承接印刷能力 80 万色令，是全球较大的新闻纸生产基地和全国较大的盐化工生产基地。公司先后被评为国家重点高新技术企业、中国上市公司百强，中国轻工业百强企业、全球制浆造纸行业 100 强企业、全国守合同重信用企业、全国质量管理先进企业、全国创先争优先进基层党组织、全国就业先进企业、改革开放 30 年山东省功勋企业等多项荣誉称号。

"十一五"期间，华泰集团按照林浆纸一体化的发展模式，积极实施"走出去"战略，分别在山东东营、安徽安庆、广东新会建设了浆纸生产基地，形成了黄河、长江、珠江三角洲 "三点一线"全国战略布局。同时，集团积极与世界 500 强公司和知名企业合资合作，先后与德国福伊特、芬兰斯道拉恩索、比利时苏威、美国杜邦等公司合资合作。

"十二五"以来，华泰集团紧紧抓住黄蓝两大战略机遇，改造提升传统优势产业，大力发展战略性新兴产业，全面提升企业综合实力，依托黄河三角洲丰富的矿产资源优势，建设第二个百万吨精细化工基地；加快产业转型升级和战略重构，建设资源再生利用国家示范基地等循环经济项目；同时，依托集团资源优势，大力发展旅游餐饮、现代物流、机械加工制造、房地产开发等第三产业。

"十三五"，公司将按照稳固、提升造纸主业，拉长、壮大化工产业，发展新能源、新材料、汽车电子、机械加工及现代物流、金融、贸易、信息等新兴产业的总体发展战略，积极推进"调转创"，把华泰建成国际化综合型千亿元大企业集团，为黄河三角洲开发建设做出更大的贡献！

党委书记、董事局主席：李建华

九、十、十一、十二届全国人大代表
全国劳动模范
全国优秀党务工作者
中国创业企业家
中国企业联合会副会长
全国工商联执委
全国工商联纸业商会会长
享受国务院特殊津贴

华泰集团微信
公众号：ht_600308

地址：山东省东营市广饶县　邮编：257335
电话：0546—6888818　传真：0546—6888018
网址：http://www.huatai.com

全球大型先进的年产 45 万吨高档彩印新闻纸生产线

华泰化工集团——全国大型的盐化工基地

河北华泰

大众华泰印务

安徽华泰

广东华泰

华泰物流实现“一关三检”一站式通关

四期废水深度处理

SUN 信于心 创于行
BELIEVE IN CREDIT , PRACTICE INNOVATION

承众信而肩大任 谋幸福而共太阳

山东太阳纸业股份有限公司成立于1982年，是全球先进的跨国造纸集团和林浆纸一体化上市企业，中国造纸行业领军企业 。拥有资产总额300亿元，年浆纸产能600万吨，年销售收入500亿元，员工1万余人，位列中国企业500强，世界造纸50强。

公司始终坚持“承载万家信任，书写幸福太阳”的企业使命，践行“信于心、创于行”的企业核心价值观，加快新旧动能转换，推动企业转型升级。

公司坚持用高新技术改造和提升传统产业，发扬“一丝不苟造精品，精益求精出匠心”的工匠精神，把产品做到极致，达到国际领先水平。主导产品有高档涂布包装纸板、高级美术铜版纸、高级文化办公用纸、特种纤维溶解浆、高档生活用纸、工业用包装纸六大系列。拥有金太阳、华夏太阳、天阳、幸福阳光等主要品牌，金太阳为中国驰名商标。

公司始终恪守“内化于心，外化于行”的安全理念，致力于资源节约型、环境友好型企业建设，把“安全、环保、质量”作为三大生命工程常抓不懈，推动企业持续、健康发展。

未来，公司将秉持“崇信尚新、守正出奇”的企业精神，在“四三三”发展战略的指引下，加快战略结构调整和转型升级，加快“走出去”步伐，努力把太阳纸业打造成为可持续发展、受人尊重的全球卓越企业！

NEW
全新升级
幸福阳光®
原生态
无添加
ADDITIVES FREE
无干强剂 无湿强剂 无柔软剂
通过美国FDA食品级认证 / 中国卫
专利产品 健康5大保证
4层 柔韧 厚实
2.16千克
悦木·原
Origin
无添加
3包装

上海新江南纸业

邮票纸

绢邮票纸，新型防伪邮票纸，14克/米^{2}背胶、防伪特种邮票纸曾先后用于2008北京奥运会，香港、澳门回归等重大事件的邮票印制，其质量达到国际先进水平。

产品品种——绢邮票纸、新型防伪邮票纸、防伪特种邮票纸（A、F、F）、10~14克/米^{2}背胶高档邮票纸、普通邮票纸等。

产品特点——白度高、匀度好、不易返黄、自然保质期长。洁净度、不透明度和表面强度均高。制造过程中不添加荧光增白剂，所施背胶符合食品添加剂的卫生要求，背胶量可高达14克/米^{2}以上，可满足高标准邮品、凹版影写、凹版影雕与胶版等各种印刷要求。

铜版纸

“福鹿”牌铜版纸于1992年6月通过国家轻工业部鉴定，质量达到国家A等水平。

产品特点——比一般涂布纸更为平滑细腻，白度高，表面强度高。有良好的印刷适性，印品色泽鲜艳、立体感强、网点清晰、画面真实感强，可与同类进口产品媲美。

产品用途——出版、印刷及包装装潢行业印刷高档精美图片、图册、挂历、商标和产品说明书等。

产品规格——定量为70~157克/米^{2}的各种规格尺寸的平张、卷筒、单、双面铜版纸，可满足不同类型的胶版、凹版印刷要求。

有限公司

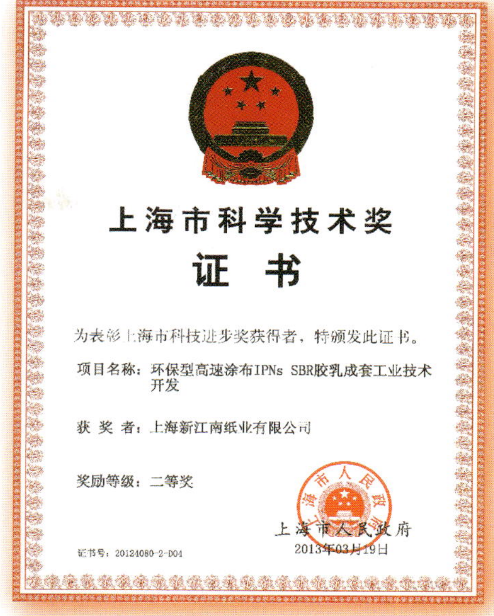
上海市科学技术奖

证 书

为表彰上海市科技进步奖获得者，特颁发此证书。

项目名称：环保型高速涂布IPNs SBR胶乳成套工业技术开发

获 奖 者：上海新江南纸业有限公司

奖励等级：二等奖

上海市人民政府

2013年03月19日

证书号：20124080-2-D04

CCK纸

CCK纸是一种高岭土涂布纸，与PE淋膜纸相比较，具有能回收循环使用等优点，符合资源再生的环保要求，目前在欧美市场很受欢迎。

主要用途——制作高档的自黏标签、自粘装饰薄膜、自黏胶带、层合产品防黏纸等。

产品特点——高定量（105克/米^{2}以上）、高平滑度（600秒以上），可适合各种硅酮涂布。表面吸收性、渗透性非常低，湿强度大，并适合溶剂涂布工艺，无溶剂涂布工艺。

可直接进行硅酮涂布，涂布后剥离力小，耐高温，固化稳定。

使用后可回收利用或自然降解。

产品规格——90~105克/米^{2}双面，门幅可由用户自定。

防水瓶贴

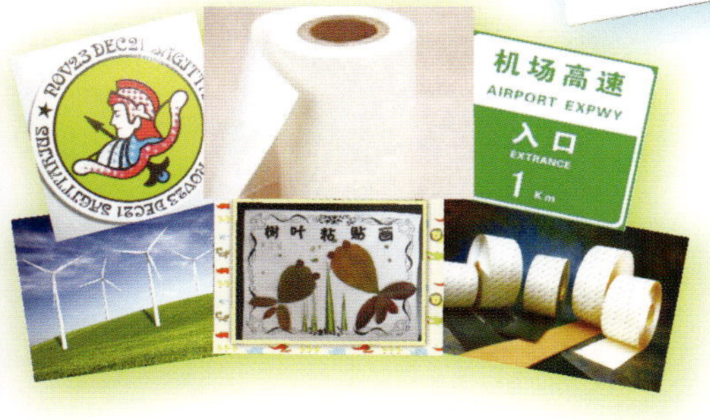

上海新江南纸业有限公司成立于2002年，以崭新的现代企业面貌面向广大的新老客户。其主要产品是“福鹿”牌铜版纸、新产品绢防伪邮票纸、宣防伪邮票纸等邮票纸系列产品。产品均先后被评为上海市名牌产品，拥有多项专利。其中绢防伪邮票纸用于北京奥运“祥云火炬”巨型纪念邮票的印制，并被列为上海市2009年高新技术成果转化项目、2010上海市重点新产品。企业2012年通过ISO 9000-2008质量体系认证。

全体员工正大力弘扬“先一步，高一格”的企业精神，以雄厚的技术力量，严谨的现代企业管理，一流的产品质量，良好的商业信誉，在激烈的市场竞争中谱写新的篇章。

上海市重点新产品 证书

国家重点新产品 证书

高新技术企业认定证书

董事长兼总经理：姜海斌
地址：上海市武宁路1500号南楼407–409室
电话/传真：（021）62543871
邮编：200063
E-mail：shapapers@163.com

新亚纸业集团董事长宋敬志

新乡新亚纸业集团股份有限公司是以制浆造纸为主，集热电联产、医药化工、物流商贸、机械制造、林基地开发、环保综合治理于一体的股份制企业集团。是河南省产能规模较大的造纸企业；省百户重点企业、省循环经济试点企业；综合效益先进企业；河南省优秀民营企业； 省农业、林业产业化重点龙头企业；中国企业改革示范单位；中国制浆造纸研究院试验基地；全国制浆造纸企业排名22位。新乡市利税大户；市重点保护企业；新乡县域经济支柱企业。

公司占地175公顷，下设18个生产单位，拥有各种型号的造纸生产线23条，总资产36.6亿元，现有员工3800多名，年制浆能力40万吨，造纸生产能力80万吨。

公司的主营产品为包装用纸、文化用纸、生活用纸三大系列。主要品种有:涂布白卡纸、高强瓦楞原纸、胶版印刷纸、静电复印纸、电脑打印纸、彩色双胶纸、道林纸、高档生活用纸。“新亚”、“新辉煌”、“新锦绣”系列品牌荣获河南省十大驰名品牌、著名商标。

企业生产通过了国家ISO9001质量体系认证和ISO14001环境体系认证。成为中国质量管理达标企业；中国AAA级信用等级企业。产品已成功进入河南省出版集团旗下的大象出版社、河南科技出版社、海燕出版社；陕西出版集团、四川出版集团 、安徽教育出版社，北京人文出版社、北京教育出版社、广东省印刷物资公司，呈产销两旺的好势头 。

公司拥有两个省级技术中心——河南省省级企业技术中心和河南省造纸污染治理工程技术研究中心，拥有30多名由知名专家、博士和技术骨干组成的研发队伍。与中国制浆造纸研究院及陕西科技大学、华南理工大学制浆造纸国家重点实验室强强联合，实施产、学、研结合，打造了一支科研队伍和职工技术队伍。近年来，在制浆造纸工艺、资源循环利用、环保综合治理等领域取得科技成果20余项，其中麦草半化学浆黑液碱回收技术荣获全国节能减排技术二等奖。

公司累计投资近5亿元，建立了完善的污染物治理和资源循环利用工程，成为河南省造纸行业的典范和标杆。分别获得河南省污染防治优秀企业； 新乡市环保十大诚信企业； 全国首届践行生态文明优秀示范企业和河南省科技环保优秀企业等荣誉称号。

白卡纸包装车间

25万吨白卡纸生产线

造纸六厂10万吨优质印刷纸车间

13.5万吨中段水处理系统

10万吨高档文化用纸生产线

高强瓦楞原纸生产线

高强瓦楞原纸生产线

www.xinyapaper.cn

河北省保定市东方造纸有限公司(“公司”)成立于1996年，2009年成功登陆美国纽交所，成为亚洲地区率先在美国纽约证券交易所上市的造纸企业。上市以来，公司发展迅速，产能不断扩大，现已形成由生产基地带动加工基地，北以保定、南以邢台为中心，进而覆盖全国市场的大型造纸企业。

公司产品种类主要包括瓦楞原纸、箱纸板芯、双面胶版纸、书写纸、防伪纸、数码相纸和生活用纸且产品规格齐全。

公司十分注重科研开发，拥有一支技术力量雄厚、研制设备和检测、试验设备齐全的强大团队，现已连续几年顺利通过了国家ISO 14001：2004环境管理体系认证和ISO 9001：2008质量管理体系认证。

废水处理厂

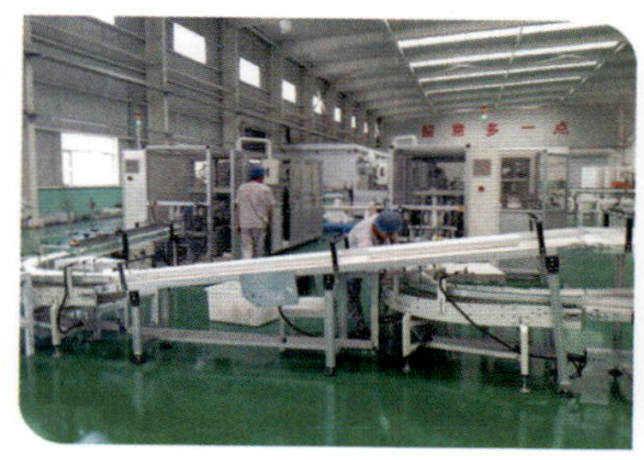

成功推出"光影"品牌的优秀数码相纸和"青木"品牌的生活用纸，得到消费者一致好评

在未来的发展中，东方纸业将一如既往地秉承"传承华夏文明，弘扬东方纸业"的使命，打造世界品牌企业，不断超越，继续前进。

河北省保定市东方造纸有限公司
地址：河北省保定市徐水区巨力路
电话：0312-8698215
传真：0312-8698212
电邮：info@orientpaperinc. com
网址：www. orientpaperinc. com

芬欧汇川 迈向可持续发展的未来

芬欧汇川通过对生物森林产业的革新，致力于在六大业务领域构建可持续发展的未来：芬欧汇川生物精炼、芬欧汇川能源、芬欧蓝泰标签、芬欧汇川特种纸纸业、芬欧汇川欧洲与北美纸业以及芬欧汇川胶合板。我们的产品采用可再生原材料制成，且是可回收的。芬欧汇川全球拥有员工 19,300 人，年销售额约 100 亿欧元。芬欧汇川集团股票在纳斯达克 -OMX 集团赫尔辛基证券交易所上市。2016 年 9 月，芬欧汇川连续第五年当选为道琼斯欧洲和世界可持续发展指数（DJSI）行业领袖。

自 1998 年投资中国落户江苏常熟以来，芬欧汇川在华业务发展迅速，现已累计投资超过 20 亿美元，在江苏省常熟沿江经济开发区相继建成包括文化用纸、标签材料等生产企业，以及亚洲研发机构。芬欧汇川（中国）有限公司【前身为芬欧汇川（常熟）纸业有限公司，2011 年 9 月 1 日更名】，现建有三条造纸生产线，产品包括印刷用纸、办公用纸、特种纸和标签材料，年生产能力达 140 万吨，是芬兰在华最大的单项投资项目，同时也是中国最大的全化学木浆胶版纸和复印纸生产企业之一。第三条造纸生产线于 2016 年正式投产，可在不同纸种之间灵活切换。这不仅进一步丰富了芬欧汇川在华的产品组合，满足了客户的不同需求，更为集团在亚太区和中国实施发展特种纸的战略部署，提供了强有力的支撑。

芬欧汇川集团一贯坚持可持续发展的原则，不断提升自身的经济、社会和环境表现。自投资中国伊始，芬欧汇川始终将责任意识贯穿在原料采购、工艺优化、资源效率、节能降耗、废物回收再利用等各个环节，并依托创新不断提升企业的环境表现。凭借先进的环保理念和良好的环境表现，芬欧汇川（中国）有限公司早在 2005 年就被国家环保总局授予了中国环保最高殊荣——“国家环境友好企业”称号。2009 年 6 月 1 日，获得中国环境标志的“新绿佳印”复印纸以其复印纸品牌第一个“十环标志”产品代表复印纸被正式纳入中国政府绿色采购清单第四批目录。不仅如此，继 2014 年和 2015 年分别针对常熟纸厂自备电厂的烟气处理系统和污水处理厂实施了一系列的优化改造之后，芬欧汇川集团于 2017 年决定再次增加常熟纸厂的环保投资，用于其自备电厂“超清排放”升级改造项目。这一改造项目完成后，芬欧汇川在常熟纸厂的环保投资总额将接近 6 亿元人民币。

2016 年 12 月，芬欧汇川还在中国第五度被评选为“中国杰出雇主”。这代表着芬欧汇川在人才管理方面的长期投入倍受认可，同时也是对芬欧汇川坚持可持续发展的用人制度和企业经营理念的肯定。

不仅如此，集团也在投身中国社会公益事业方面做出了积极努力。从 1999 年开始，集团相继与北京惠黎基金会、北京桂馨慈善基金会合作开展了生态助学、桂馨书屋以及桂馨小科学家实验室项目。目前，项目遍及陕西、江苏、四川、贵州、云南、河南和山西等地的十余所学校，受益学生累计达到数千人次，极大地推动了贫困地区基础教育的改善。

芬欧汇川集团愿积极参与中国的发展，履行企业社会责任，继续为中国经济和社会的进步贡献绵薄之力，迈向可持续发展的未来！

森领未来
The Biofore Company
UPM

CFCC
CFCC32000105
PEFC

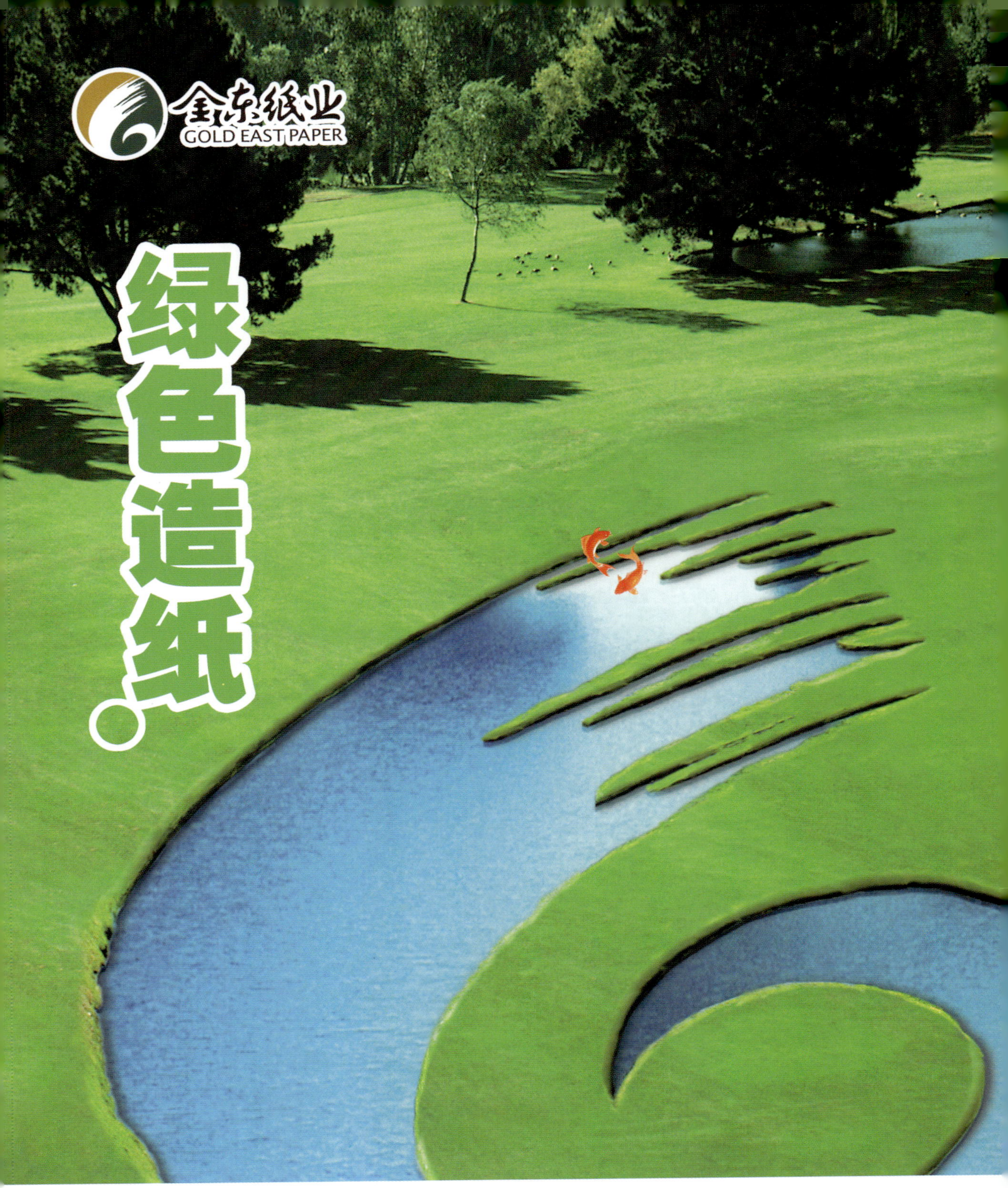
金东纸业
GOLD EAST PAPER
绿色造纸。

APP
复印纸我就选APP
APP
未来世界
SUPERSMOOTH
A4 70
500 sheets
Gold
金旗舰
FLAGSHIP
FLAGSHIP
GOLD
Prestigious Performance
东帆
静电复印纸 COPY PAPER
A3

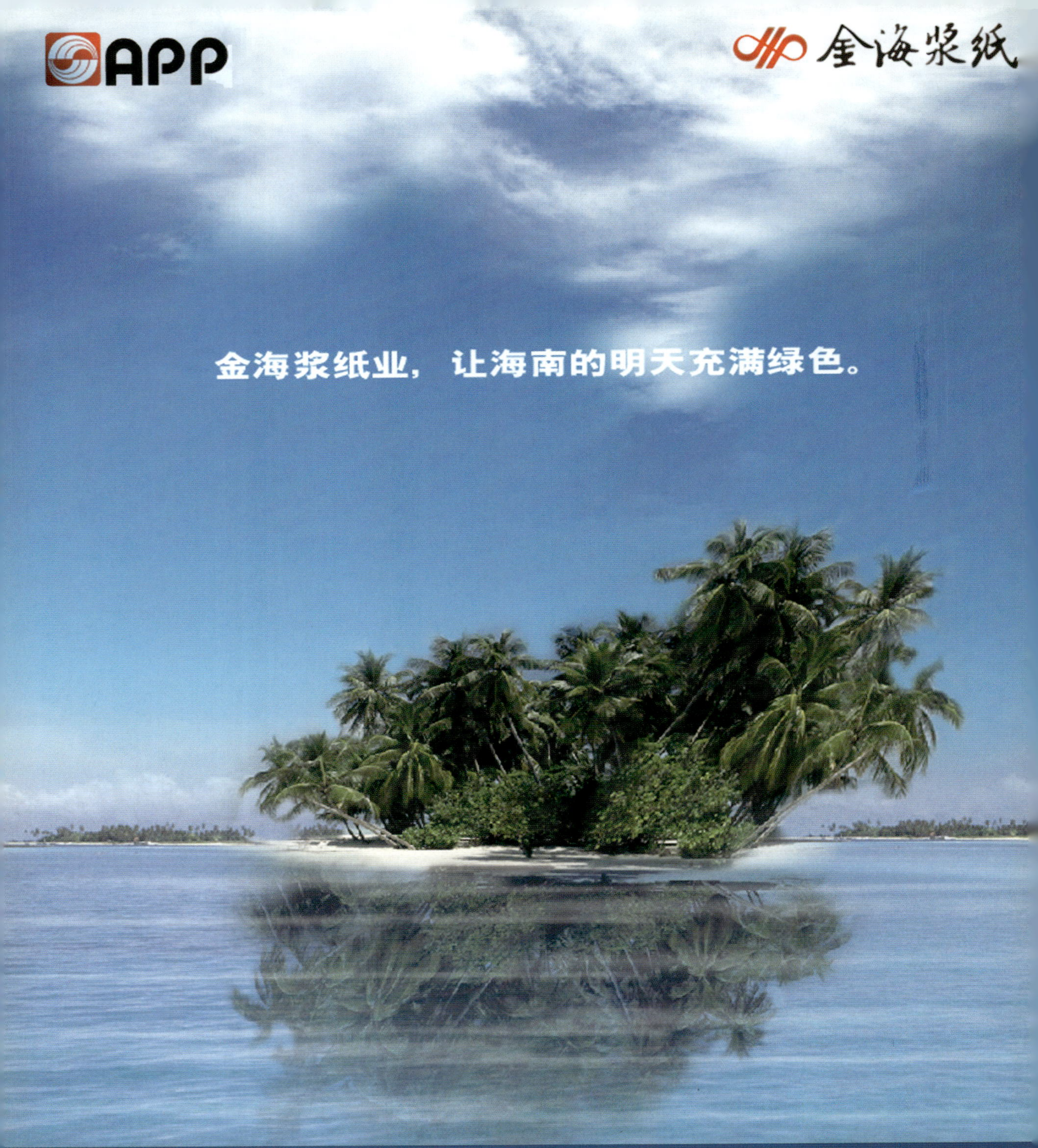
APP
金海浆纸
金海浆纸业，让海南的明天充满绿色。

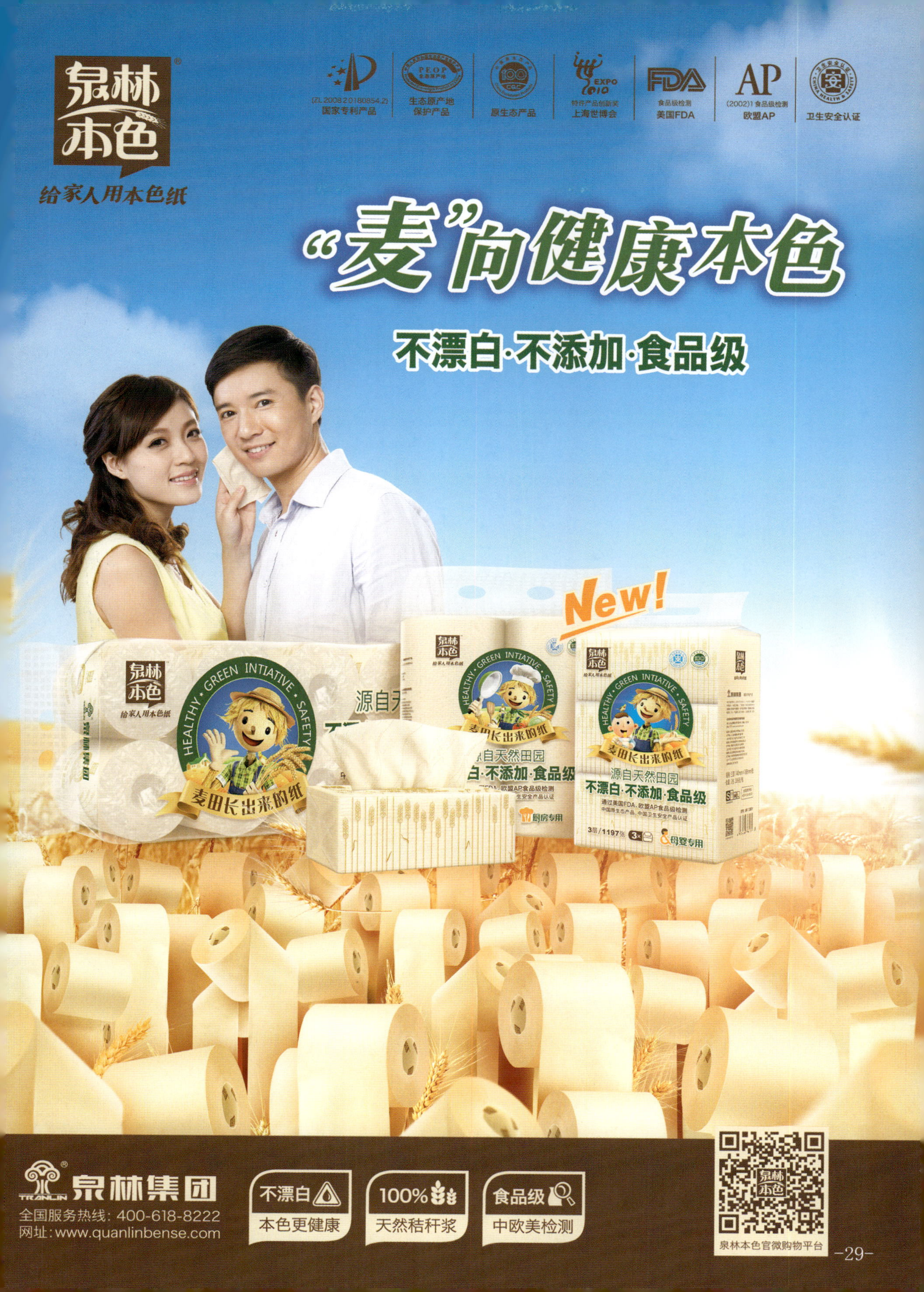

泉林本色
给家人用本色纸
(ZL 2008 2 0180854.2)
国家专利产品
生态原产地
保护产品
原生态产品
特许产品创新奖
上海世博会
食品级检测
美国FDA
(2002)1 食品级检测
欧盟AP
卫生安全认证
"麦"向健康本色
不漂白·不添加·食品级
New!
HEALTHY · GREEN INTIATIVE · SAFETY
麦田长出来的纸
源自天然田园
不漂白·不添加·食品级
厨房专用
母婴专用
泉林集团
全国服务热线：400-618-8222
网址：www.quanlinbense.com
不漂白
本色更健康
100%
天然秸秆浆
食品级
中欧美检测
泉林本色官微购物平台

温州巨顺机械有限公司

手机：13600666117　13857785117

紧定套

退卸套

电动机皮带轮胀套

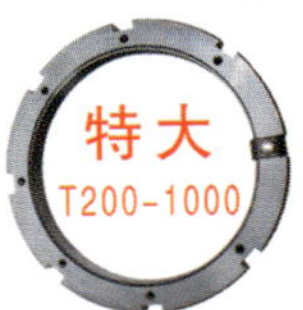

锁紧螺母

Z2型胀套

Z12型胀套

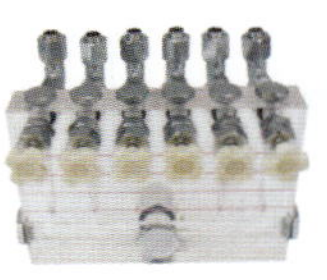
流量分配器（1路-10路）

造纸机专用螺栓〈材料：A3钢、45钢、不锈钢〉

T型棱角螺栓 M20x100

T型棱角螺栓 M20x100-27

T型半圆角螺栓 M20x90

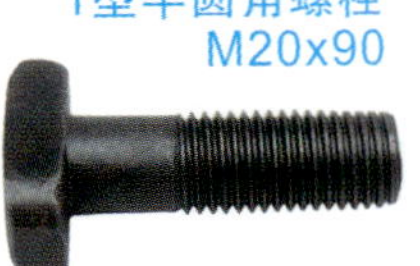

T型半圆角螺栓 M20x90-30

销轴（带孔）GB882

GB798

地脚螺栓 GB799

水泵用柱销

传感器

用途：切换移动座二侧气胎进气或排气方向

带毛刷喷淋管

不锈钢喷淋管

自清洗喷嘴

（扇型）

（针型）

连接螺纹:M27x1.5

针形喷嘴

Z101

Z102

Z103

Z104

Z105

Z106

Z107

Z108

用途：
网毯冲洗、
水印辊、
真空辊清洗
（陶瓷、红宝石）

Z109

Z110

Z111

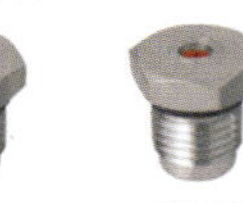
Z112

Z113

Z114

Z115

Z116

连接螺纹: M8、M10X1、M14X1、M14X1.5、M22X1.5、R1/8"、R1/4"、R3/8"、孔径Φ0.6-Φ2.0

扇形喷嘴

S201

S202

S203

S204

S205

S206

S207

S208

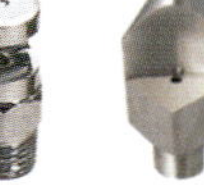
S209

S210

用途：
网毯冲洗、加湿、
剥离剂、施胶剂
喷淋辊和纸张加湿、
定边清洗、喷洒、
冷却、吹气、蒸汽。

S211

S212

S213

S214

S215

S216

S217

S218

S224

连接螺纹:M8、M10X1、M14X1、M14X1.5、M27X1.5、R1/8"、R1/4"、R3/8"、R1/2"、R3/4"孔径:Φ1.0-Φ5.0　角度:65°-120°

双孔裁纸边水针

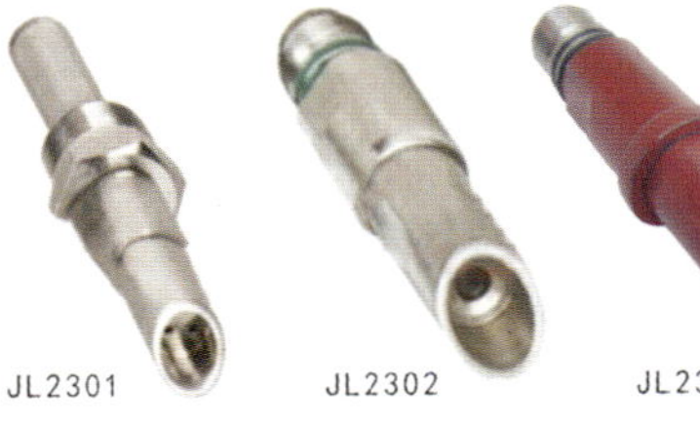
JL2301　JL2302　JL2303

单孔裁纸边水针

JL302

JL304

JL305

JL306

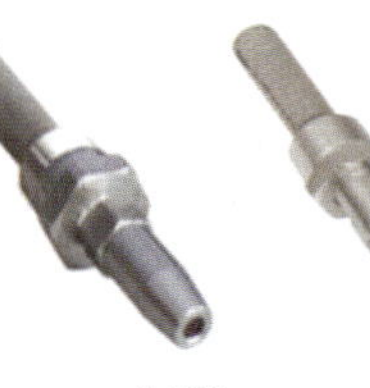
JL307

北京巨鑫华瑞工贸有限公司

BEIJING JUXINHUARUI INDUSTRY AND TRADE CO., LTD

北京巨鑫华瑞工贸有限公司（原北京巨鑫华瑞纸业机械制造厂），为中国防伪行业协会团体会员、理事单位，中国造纸学会特种纸专业委员会会员单位。

本公司经过近20年的发展，积累了多年生产经验，生产出各种规格直径的产品，可根据客户的不同需要量身订做，从Φ500~Φ2000毫米，辊面宽可达8000毫米的饰面辊，本产品应用于：特种纸、文化纸、高强瓦楞原纸、箱纸板芯、黑白水印防伪纸等（定量17~400克/米^2）。适应于车速700米/分以下。自主研发设计及制造的中、高频摇振器，适用于中、高车速长网纸机及叠网纸机网部的胸辊摇振专用设备。并在造纸行业广泛应用并取得了很好的效果，为客户大幅度提高了纸张的质量，受到了新老客户的一致好评。

主要生产造纸用饰面辊（防伪水印辊），中、高频摇振器，不锈钢网，进口造纸用消泡剂。

JX-600无后座力高频摇振器

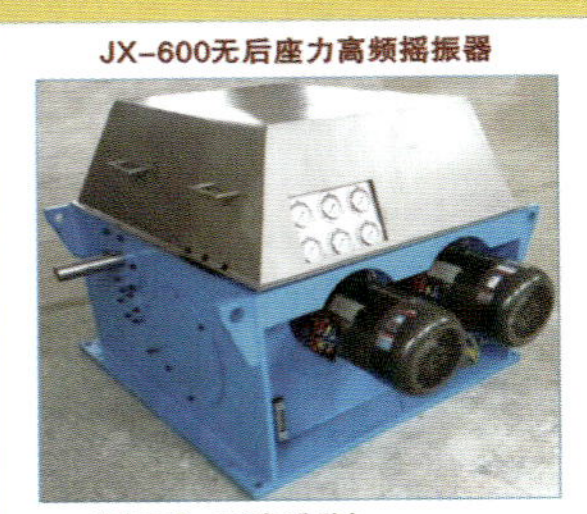

适应车速：500米/分以上
振次：0~600次/分；可以无级调整
振幅：0~25毫米;可以无级调整

JX-300偏心轴式中频摇振器

适应车速：500米/分以下
振次：0~400次/分；可以无级调整
振幅：0~20毫米;可以无级调整

证书

北京巨鑫华瑞工贸有限公司

会员单位

中国造纸学会特种纸专业委员会

二零一六年十月

证书

北京巨鑫华瑞工贸有限公司：

根据申请，经我会审核同意接收你单位为中国防伪行业协会正式团体会员、理事单位。

地址：北京市通州区马驹桥镇联东U谷工业区北区4号
电话：010-56370773/4　13910792319　13911513487
传真：010-56370779　E-mail:juxinhuarui@163.com
网址：juxinhuarui.1688.com

WENRUI
MOST COST-EFFECTIVE
热烈祝贺印度尼西亚OKI项目顺利开机
汶瑞为OKI项目制浆系统与苛化系统集成供应商，
所提供18台套大规格SJA2284双辊挤浆机一次试车成功！
OKI
汶瑞机械(山东)有限公司
WENRUI MACHINERY (SHANDONG) CO., LTD.
地址：山东安丘市潍徐南路267号 营销热线：+86 (536) 4362288 / 4372632 技术热线：+86 (536) 4933616
客服热线：400-6583158 传真：+86 (536) 4362807 网站：www.wenrui.com.cn 邮箱：info@wenrui.com.cn

国家造纸化学品工程技术研究中心
杭州杭化哈利玛化工有限公司、杭州纸友科技有限公司

国家造纸化学品工程技术研究中心于2009年由国家科技部批准依托杭州市化工研究院组建，落户浙江省青山湖科技城，占地面积约4公顷，建筑面积3.7万米^2，项目总投资约3亿元，拥有一支造纸化学品研发、转化及服务的高层次人才队伍，以及IGT印刷适性仪、实验涂布机、气质联用仪、粒径及Zeta电位仪等先进的仪器装备，重点开展淀粉衍生物、水溶性高分子等纸基功能材料的研发和成果转化，建有杭州纸友科技、 杭州杭化哈利玛、浙江杭化新材料等成果转化基地，造纸化学品转化能力50万吨/年，并能根据造纸企业的需求开展造纸化学品全面管理服务。

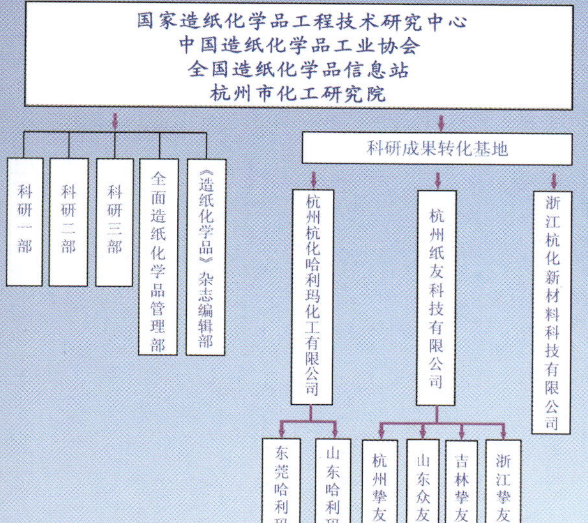

国家造纸化学品工程技术研究中心
地址：浙江杭州临安青山湖科技城钱坞路168号
邮编：311305
电话：（0571）88310157
传真：（0571）88310157
网址：www.netrcpc.cn

杭州纸友科技有限公司
地址：浙江杭州经济技术开发区三号大街50号
邮编：310018
电话：（0571）86911227 86912268-8105
传真：（0571）86913870
网址：www.hzzykj.cn

杭州纸友科技有限公司是国家高新技术企业、浙江省首届绿色低碳标兵企业和专利示范企业、杭州市十佳高新技术企业以及具有成长型企业，拥有省级高新技术研究开发中心、企业技术中心和企业研究院，30年来专业从事淀粉衍生物系列产品开发，先后获包括国家科技进步二等奖在内的各级科技成果奖30余项次，发明专利13项，国家级新产品10个，2015年荣获中华蔡伦奖造纸化学品领军型企业称号。在浙江、吉林、山东创建了四个成果产业化基地，已形成年产40万吨生产能力。

造纸用变性淀粉新产品有增强剂系列、助留助滤剂系列、中性施胶系列、层间喷雾剂系列、表面施胶系列、涂布黏合剂系列以及转移印花纸专用系列等50多个品种。

杭州杭化哈利玛化工有限公司
地址：浙江杭州萧山经济技术开发区桥南区鸿达路87号
邮编：311231
电话：(0571) 82697060 82695381
传真：(0571) 82697129
网址：www.hh-harima.com

杭州杭化哈利玛化工公司系国家高新技术企业，成立于1997年，由杭化院与日本哈利玛集团投资组建，注册资本680万美元，是一家专注于造纸化学品研发、生产、销售和技术服务的企业，在广东、山东等地设有全资子公司，年产造纸化学品10万吨，建有浙江省高新技术研发中心，连续多年被中国造纸化学品工业协会评为“造纸化学品行业最佳客户服务企业”，2015年荣获中华蔡伦奖造纸化学品领军型企业称号。

公司产品有造纸用干增强剂系列、湿强剂系列、乳液松香施胶剂系列、表面施胶剂系列、涂布助剂系列等30多个品种。

安徽太平洋特种网业有限公司

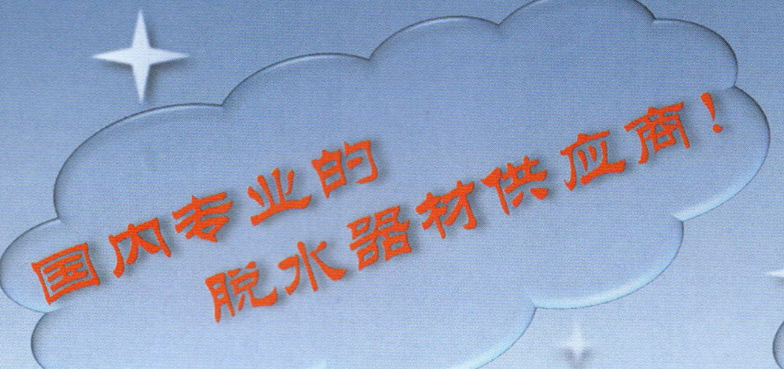

使用单丝均进口自德国高品质 NEXTRUSION 抗水解单丝，确保每一条网的材质均属于世界先进水平。

优势二 国际先进水平的生产设备

- 拥有德国 JUERGENS JR-2000 系列、JR-1F 系列织机 4 台，瑞典 TEXO 公司 FORMSTAR 及 TCX1115 系列织机 3 台。
- 拥有德国 JAGER 公司油热定型机 1 台，热风定型机 1 台，红外热幅射定型机 5 台。
- 拥有奥地利 WIS 公司 SC-5 型全自动插接机 3 台，自主研发国内领先的半自动插接机 20 台。
- 各种辅助设备、进口检测仪器、在线检测设备一应俱全。

SC-5 型全自动插接机

TEXO TCX1115 三经轴重型织机

德国 JAGER 油热定型机

联系人：刘可可 手机：18955867218 13966595152 电话：0558-8639313 传真：0558-8655653
网址：http://www.0558tpy.com 邮箱：pmc@0558tpy.com 厂址：安徽省太和县城关镇工业园

河南晶鑫网业科技有限公司

Henan Jingxin Network Technology Co.,Ltd.

企業简介 COMPANY PROFILE

河南晶鑫网业科技有限公司是一家集造纸工业用网研发、生产、销售、服务为一体的环保、低碳的先进现代化企业，公司主要立足于开发生产造纸用三层成型网、扁丝干网、平织干网、环保用网、无纺布、异型网、洗浆网六大系列上百个品种和型号，经过全体员工不懈努力，技术产品主要性能指标、生产技术、均达到国内领先水平。经省科技厅鉴定，产品达到高新技术产品水平。企业先后通过了ISO 9001质量管理体系、ISO 14001环境管理体系、ISO 18001职业安全管理体系认证。由于产品质量可靠，产品畅销全国，与苏、浙、皖、闽、粤、鄂等多个造纸上市公司形成长期的战略合作伙伴关系，并出口东南亚多个国家。

公司一向注重产品质量和生产设备更新，现拥有国际一流的瑞典产TEXO全自动剑杆织机、13.5m红外线热风定型生产线和奥地利全自动化插接机等设备。同时形成年产造纸工业用网60万m²的生产能力。

“以质量求生存，以创新求发展”是晶鑫科技的经营理念，对每一个生产环节都精益求精。晶鑫科技自创立以来，秉承科技创新产品，服务面向未来，诚信铸就品牌的企业理念，将企业值观与经营理念潜移默化的传递给每位员工，把最先进、高质量、高品位的造纸网提供给客户，振兴民族工业，实现中华民族的中国梦。

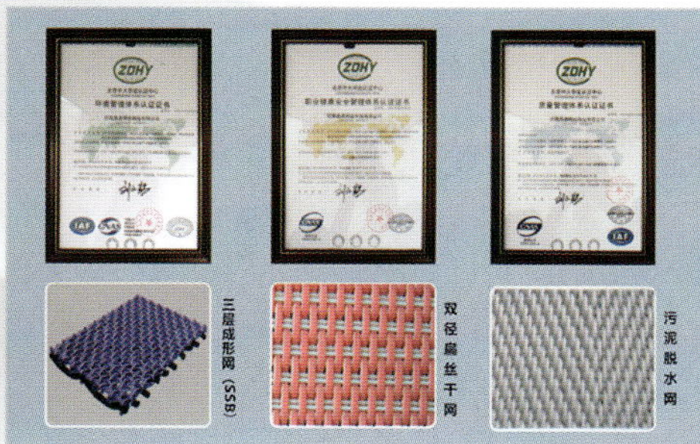

团结——群策群力,励志奋发的执着　　求实——求实务实,诚信立企的追求

拼搏——坚忍不拔,锐意进取的斗志　　创新——追求卓越,争创一流的产品

地址:沈丘县北城产业集聚区　　电话:0394-5228866　5101588

传真:0394-5106388　　邮箱:jxwykj5228866@126.com

网址:www.jxwykj.com.cn　　邮编:466300

中华纸业
CPPI China Pulp & Paper Industry
中国造纸协会会刊

【品牌活动】

★"中国纸业高层峰会"："中国纸业高层峰会"的前身是"中华纸业产业高层峰会"，目前已成功举办过八届，在业内引起了广泛的关注和影响，每届参会人数均在200以上，其中70%以上为大中型造纸及造纸相关企业的董事长或总经理等企业高管，50%以上的参会代表为造纸企业高层管理人员。

★"中华纸业浆纸技术论坛"：创设于2009年，是中华纸业杂志社联合各专业领域内"产、学、研"多方优势力量，共同为造纸产业技术人员搭建的一个规范、专业的技术交流和学习平台，旨在开展企业间技术交流，促进企业发展与行业技术进步。目前已成功举办过七届，参加的企业超过了700家，其中造纸企业400余家，参会代表累计1200余人次，以专业性、权威性、先进性、实用性的特点受到众多参会人员和企业的好评。

★组团参展：中华纸业杂志社是中国最早组织国内企业出国参展、考察、交流的单位之一。自2007年以来已成功组团18次，有超过300多家企业的600多人次参团。

2017年7月开始组织亚洲纸展，亚洲纸展是泛亚地区唯一的、规模最大的纸浆造纸专业展览会— 2018亚洲纸业展及世界卫生纸展

（Asian Paper 2018）!（2018年6月6-8日，泰国，曼谷）

"中华纸业网"（ www.cppi.cn ）

【官方微博】新浪：@中华纸业杂志社 腾讯：@中华纸业传媒

【官方微信】公众平台"中华纸业传媒"，微信号：cppinet

【官方微信】公众平台"浆纸技术"，微信号：pulp-paper

中华纸业传媒

浆纸技术

纸和造纸

PAPER AND PAPER MAKING

ISSN 1001-6309
CN 11-2709/TS
邮发代码：62-111

《中国学术期刊综合评价数据库》来源期刊·中国科协优秀期刊

《纸和造纸》(双月刊)系中国造纸学会主办，四川省造纸学会和四川工商职业技术学院联办，以知识性、实用性、导向性、科学性为特色的制浆造纸专业权威性科技期刊。自1982年创刊以来始终坚持以普及制浆造纸科技知识，介绍先进适用的生产工艺、装备技术和管理经验，沟通相关信息，促进造纸工业的科技进步和持续发展，提高造纸、用纸从业人员的素质服务的办刊宗旨。曾被原国家轻工业部、中国科学技术协会评为优秀期刊，并连续多年入选“中文核心期刊”“《中国学术期刊综合评价数据库》来源期刊”。是知名度很高、发行量很大和影响面很广的造纸科技期刊。《纸和造纸》全程报道有关造纸的新知识、新技术、新原料、新产品、新装备，以及中国造纸工业的方针政策和技术经济信息、市场动态、纸制品等方面内容。

BRIEF INTRODUCTION OF PAPER AND PAPER MAKING

PAPER AND PAPER MAKING, the most popular and authoritative paper magazine in Chinese pulp and paper industries, with knowledge, practical, leading and scientific for feature, is sponsored by China Technical Association of Paper Industry, Sichuan Technical Association of Paper Industry and Sichuan Technology & Business College. Since established in 1982, it has insisted consistently on popularizing and introducing advanced and applicable manufacturing technology, advanced equipment and administration experiences in the world for promoting the technical advancement and sustained development of Chinese paper industry. It also helps the paper stuff and paper users to improve their diathesis, and to exchange the technical and economical information between paper industry to related trade, manufacture, research, design and education. It is an excellent periodical rated by Former Ministry of Light Industry and China Science & Technology Association, and selected for the Core Chinese Journals and China Academic Journal Comprehensive Evaluation Database Source Journals in the past years.

PAPER AND PAPER MAKING full coverage new knowledge, new technology, new material, new product, new equipment of pulping and paper making. And reports guidelines and policies, technology and economy information, market dynamics of China Paper Industry.

邮编：611830
地址：四川都江堰市四川工商职业技术学院内
收款单位：都江堰《纸和造纸》编辑广告发行部
电话：(028) 87281943编辑
87284769广告
87267806发行
传真：(028) 87203119

GENERAL TOPICS

1

中国造纸协会关于造纸工业“十三五”发展的意见

Opinions of CPA on “13th Five Year” Plan of Paper Industry

中国造纸协会

造纸产业是与国民经济和社会发展关系密切并具有可持续发展特点的重要基础原材料产业，包括纸浆制造业、造纸业（含机制纸及纸板、手工纸、加工纸）、纸制品制造业三大部分，涉及农、林、化工、机械、电子、能源、运输等领域。纸及纸板的消费水平是衡量一个国家经济和文明程度的重要标志，产品广泛用于文化传播、人民生活和工农业及国防等各个领域。纸张消费量受到全社会各个领域的直接和间接影响，与国家经济安全息息相关，被称为“社会和经济晴雨表”。造纸产业以木材加工剩余物、竹、芦苇、农业秸秆等原生植物纤维和废纸为原料，是我国国民经济中具有可持续发展特点的重要产业。

近年来，国际形势复杂多变，新一轮国际产业链变革正在进行，全球范围内产业结构和国际分工正在进行调整，全球造纸产业格局正在发生变化，技术进步迅速，循环、低碳、绿色经济已成为新的发展主题。造纸工业作为为制造业配套的基础原材料制造业，在新一轮的国际竞争中将面临严峻的挑战和战略发展机遇。

“十三五”时期是我国全面建成小康社会的关键期，是我国经济社会发展主要战略机遇期，也是资源环境约束的矛盾凸显期，我国造纸工业改革发展正处于这个重要的历史节点上。为此，中国造纸协会发布《关于造纸工业“十三五”发展的意见》，以做到统筹行业全局发展，统筹行业区域发展，统筹行业与环境和谐发展，统筹国内发展和对外开发，为加快实现我国造纸工业的现代化和可持续发展打下坚实基础，推进我国造纸工业从造纸大国向造纸强国迈进。

一、造纸工业现状和问题

我国造纸工业经过“十五”“十一五”“十二五”的产能高速发展，成功解决了供给短缺这一历史难题，实现了产需基本平衡，并进入世界造纸大国行列。这一阶段发展的主要特点是依靠大规模投资，引进国际先进的技术装备，迅速扩大产能。2001—2015 年的 15 年间，造纸工业的新改扩建固定资产投资额高达 1.9 万亿元，年均增长近 20%。在巨额资金的支持下，原生纸浆生产量增加，高档纸张产品比例提高，纸及纸板生产量和国内消费量已连续 7 年位于全球首位，产品质量达到或接近世界一流水平。我国造纸工业面对的是世界上最大、最有发展潜力的纸及纸板国内消费市场和世界主要的制造业所在地，纸及纸板消费量超过亚洲总消费量的 1/2，约占全球总消费量的 1/4。2015 年全国纸及纸板生产量与表观消费量分别为 10710 万吨和 10352 万吨。

“十二五”期间，出现了纸及纸板生产量和消费量增速快速下降的现象，纸及纸板生产量和表观消费量年均增长率为 2.9% 和 2.4%，低于“十二五”规划 4.6% 的预期年均增长率。“十三五”期间，我国经济发展将处在重要战略转型期。根据《中华人民共和国国民经济和社会发展第十三个五年规划纲要》（简称《纳要》），国民经济将保持中高速增长，GDP 预期增速 6.5%，到 2020 年国内生产总值和城乡居民人均收入比 2010 年翻一番，城镇化目标达到60%。市场容量仍有一定的发展和调整空间。

近十几年来，在数量主导、规模扩张的惯性思维作用下，造纸产能迅速积累并扩大，并且告别了短缺时代，以资源、能源、环境等要素为支撑的潜在经济增长空间大幅下降，产能扩张空间被不断压缩。行业目前还存在着产品结构不合理、部分产品出现结构性和阶段性过剩、原料对外依存度不断提高、技术创新能力不强、中小企业数量偏多，以及信息化水平、资源利用效率、环境治理能力较低等一系列问题。再加上受国内外经济大环境的影响，以及受我国制造业出口增速下降致使的商品包装材料需求增速下降、电子出版和无纸化办公对印刷纸张需求的冲击等影响，标示了我国造纸工业进入了调整转型期。

二、面临的新形势

1. 市场环境的变化

“十三五”期间，造纸行业将处于发展中的一个重要转折点，随着消费总量的增大和已达到满足内需、产需平衡的目标，国内市场需求增速将逐年降低。行业承受着需求增速下降和部分产品市场饱和的双重压力，面临着需求结构和营销模式的变化，以及进一步加剧的优胜劣汰的市场变化。

国际经济环境将更加复杂，发达国家和发展中国家的市场贸易保护将不断升级，国际、国内市场环境处于相对加快的变化过程中，全球经济一体化趋势及日益加剧的区域经济发展变革将影响我国造纸工业的发展和未来的市场。

2. 发展方式的转变

我国纸张消费已从过去紧缺型变成基本平衡型。造纸工业依靠规模扩张带来的增长已不可持续，正从过去的产能超常发展回归到理性平稳发展的轨道。主动和被动上都要求造纸行业必须适应现在的新形势、新常态，转变发展方式，调整优化结构，提高发展质量，向市场引导和产业高端化发展。

造纸行业需更加注重市场需求变化和运营效率，把握好投资规模、投资时机与消费增长的平衡关系，降低发展成本，防止盲目扩张和重复建设。需要通过调整发展战略，细化市场，拓宽领域，开发新产品，延伸产业链，重塑新的竞争优势，实现新的再平衡。

3. 绿色发展的需要

我国造纸工业30多年的高速发展伴随着资源和环境的巨大压力，“十三五”期间行业面临的全球资源、市场、资本激烈竞争，以及产品贸易的绿色壁垒将更加明显，国内凸现的能源、资源、环境瓶颈和消费结构的重大变化将敦促造纸工业走绿色发展道路。

造纸行业要充分发挥循环经济的特点和植物原料的绿色低碳属性，依靠技术进步，创新发展模式，在资源、环境、结构等关系到我国造纸工业健康发展的关键问题上取得突破，实施可持续发展战略，着力解决资源短缺和环境压力的制约，提高可持续发展能力。建立绿色纸业是行业发展的战略方向。

三、指导思想

深入贯彻“创新、协调、绿色、开放、共享”的发展理念，坚持以市场为导向，以结构调整为主线，以科技创新为动力，以建设资源节约型和环境友好型现代造纸工业为目标，提高供给质量，补足短板，加快产业结构调整，科学统筹，有序发展，满足我国社会经济发展对纸张和纸制品的需求，推进我国造纸工业由大国向强国转变。

四、基本原则

1. 坚持市场决定资源配置

遵循市场规律，通过市场杠杆调节国内纸及纸板的生产和投资，维持产需基本平衡，发挥需求驱动经济增长作用，通过市场竞争实现效益最大化和效率最优化。

2. 坚持创新驱动转型升级

实施创新发展战略，强化企业在技术创新中的主导地位，着力解决关系行业发展的关键共性技术，以创新促转型，加快造纸工业向高技术含量和高价值链条转变。

3. 坚持调整优化产业结构

提高产业集中度，推动区域布局及产品结构更趋合理，开发新产品、培育新的增长点，充分利用国内外资源，改善原料结构。

4. 坚持绿色低碳循环发展

推进资源高效和循环利用，加强清洁生产，加大生物质能源利用，注重节能减排，倡导绿色低碳消费。

五、发展目标

依据《纲要》，经中国造纸协会理事会研究，为引导行业健康、理性、平稳发展，提出力争达到如下行业发展目标：

通过调整使产业结构更趋合理，提高行业发展质量和经济效益；在保障国内需求与供给基础上，防止产能盲目扩增；通过节约资源、能源和减排工作使污染得到有效防治，降低水资源和能源等消耗；增强创新能力，构建符合我国国情的现代造纸工业生产体系，推动造纸工业实现由大到强的战略转变，实现绿色纸业发展目标。

经过对国内外造纸行业发展进程和产业相关性分析，“十三五”末期产业规模总量、技术装备、节能减排总量等发展预期如下：

1. 规模总量

到2020年年末，全国纸及纸板消费总量预计达到11100万吨，年均增长1.4%，年人均消费量预计达到81千克，比2015年增加5千克；纸及纸板新建、扩建和改造产能预计1600万吨，其中含淘汰现有落后产能约800万吨；纸及纸板总产能预计为13600万吨左右，总生产量预计达到11555万吨，年均增长1.5%。

2. 纸浆结构

预计到2020年，木浆、废纸浆、非木材浆结构由2015年的27.9%、65.1%、7.0%调整为28.6%、65.0%、6.4%；国产木浆比例由2015年的9.8%增至10.5%，同时继续推进全国“林纸一体化”专项规划的实施；废纸浆比例维持在65%，废纸浆消费量增加670万吨，废纸利用量增加750万吨；非木材浆生产量维持在600万吨左右。

3. 产品结构

增强新产品开发能力和品牌创建能力，重点调整提升和优化未涂布印刷纸、生活用纸、包装纸及纸板、特种纸及纸板的产品质量和品种结构，以适应多元化消费市场需求，形成高、精、特、差异化的纸及纸板产品结构。

4. 企业结构

加快推进造纸企业兼并重组，改变数量多、规模小的局面。大宗品种以规模化先进产能替代落后产能，中小企业特色化、专业化，以提高产业集中度，形成大型企业突出、中小企业比例合理的产业组织结构。预计到2020年年产100万吨以上大型综合性制浆造纸企业集团达到20家。

5. 技术装备

加强自主创新能力建设，着力开发自主技术与产品，提升设计集成能力和生产工艺技术装备总体水平，其中重点骨干造纸企业制浆造纸技术与装备接近国际先进水平。

6. 资源消耗和污染物减排

依据《纲要》的要求，造纸行业积极配合完成我国“十三五”期间全社会万元GDP用水量下降23%，单位GDP能源消耗降低15%，主要污染物COD_{Cr}、氨氮排放总量减少10%，二氧化硫、氮氧化物排放总量减少15%的社会发展目标。

六、重点任务

1. 调整产业区域结构，推进产业协调发展

调整造纸产业区域结构应遵循资源可持续利用、保护生态环境、突出比较优势、有所为有所不为的原则，统筹考虑不同区域的资源环境承载能力、现有开发密度和发展潜力等，力求资源配置合理，与环境和区域经济协调发展。

长江中下游地区：该区域内局部地区企业过于密集、规模差距大，环境容量不足，要控制开发强度，加强产能置换，加强调整和整合，提升产品质量档次，促进产业优化升级。湖南省、湖北省、江西省、安徽省南部地区要利用适宜发展速生丰产林的条件，继续推进“林纸一体化”发展。长三角地区具有区位优势和较发达的造纸工业基础，要充分利用进口木浆和废纸，在原料和环境资源可保障的条件下整合脱墨浆、文化用纸、包装纸板企业及特种纸生产基地。

黄淮海地区：要加大区域内产业结构调整力度，控制总量、优化存量，加强节能节水，严格控制造纸工业的用水总量和主要污染物排放总量。调整原料结构和企业布局，增加木浆和废纸的利用，积极研发并应用秸秆制浆清洁生产技术，提升中高档产品比例。以现有优势产区为基础，以重点骨干企业为依托，整合区内资源，延伸产业链，带动区域造纸产业升级。

华南沿海地区：要实施调整与治污并重。采取推进造纸原料林基地建设和利用境外木片等措施，发展“林纸一体化”项目。珠江三角洲地区要控制开发强度，区域内局部地区企业布局过于密集且规模小，应加快现有企业整合，促进产业升级，以商品浆和废纸为原料，进一步完善包装纸板生产基地，调整产品结构，改变产品结构单一状况。广西地区要发挥“林纸一体化”优势，并充分利用当地丰富的蔗渣资源，积极发展蔗渣制浆造纸，提高蔗渣的高质化利用，减少蔗渣直接焚烧。

东北地区：要根据当地情况，在自然条件和水资源条件较好的区域适当发展制浆造纸。加强资源整合和技术改造，探索利用国外原料资源和国内林业采伐加工剩余物及秸秆资源化综合利用，同时配套建设以现有中幼龄林改培为主的速生丰产原料林和芦苇基地。

西南地区：要以木竹资源开发为重点，加大林区道路等基础设施建设，合理规划布局。可适当发展一定规模的木浆和竹浆，并充分利用区域内废纸资源，变资源优势为经济优势。

西北地区：该区域地处江河源头，大部分地区生态环境脆弱，区内纤维、水资源短缺，不宜大力发展造纸工业。通过骨干企业的兼并重组，升级改造，完善污染物处理设施，做到节能减排、清洁生产，以自身可回收和综合利用的资源维持适度产能。

2. 优化企业规模结构，推进企业兼并重组

整合浆纸企业资源。按照优势互补、自愿结合的原则，引导大型制浆造纸企业通过兼并重组与合资合作等形式发展，形成具有国际竞争力的综合性制浆造纸企业集团。引导中小造纸企业向专、精、特、新方向发展，实施横向联合，提高专业化水平和抗风险能力。依法淘汰落后产能，关停不能达标排放的小企业。

提高产业集中度。调整企业规模结构，改变企业数量多、规模小、布局分散的局面，大宗品种以规模化先进产能替代落后产能。“十三五”期间制浆造纸项目的建设要贯彻适度经济规模的要求，发挥规模效益。除薄页纸（$\leqslant$40 克/米^2）、特种纸及纸板等特殊品种外，对新建和技术改造项目要突出起始规模（见表 1）。

表 1 新建和技术改造项目起始规模

新建起始规模	技术改造起始规模
（一）纸浆	
1. 化学木浆 单条生产线 30 万吨/年及以上	单条生产线 10 万吨/年及以上
2. 化学机械木浆 单条生产线 10 万吨/年及以上	单条生产线 5 万吨/年及以上
3. 化学竹浆 单条生产线 10 万吨/年及以上	单条生产线 5 万吨/年及以上
4. 非木材制浆（秸秆、芦苇、蔗渣等） 单条生产线 10 万吨/年及以上	单条生产线 3.4 万吨/年及以上
5. 废纸浆 单条生产线 10 万吨/年及以上（薄页纸用浆 5 万吨/年及以上）	单条生产线 5 万吨/年及以上
（二）纸及纸板	
1. 新闻纸 限制新建	单条生产线 10 万吨/年及以上
2. 印刷书写纸 单条生产线 10 万吨/年及以上 铜版纸限制新建	单条生产线 5 万吨/年及以上
3. 箱纸板 单条生产线 30 万吨/年及以上	单条生产线 10 万吨/年及以上
4. 白纸板 限制新建	单条生产线 10 万吨/年及以上
5. 瓦楞原纸 单条生产线 10 万吨/年及以上	单条生产线 5 万吨/年及以上
6. 薄页纸、特种纸及纸板 起始规模不作规定	起始规模不作规定

3. 改善纤维原料结构，增加国内有效供给

提高木纤维比例。木材原料供应要充分利用国内、国外两种资源，支持企业提升原料自给能力。国内主要采取挖掘资源潜力的措施，整合林地资源，结合《国家储备林建设规划(2016—2020 年)》大力发展造纸原料林基地，栽培优良树种，提高林地单产，提高基地供材能力。扩大利用林业间伐材、小径材、加工剩余物。在利用国外资源方面，鼓励进口原木、木片、木浆，鼓励国内企业到境外进行森林资源建设，或投资建设大型造纸原料林基地。鼓励境内企业使用进口木片原料，在国内适宜地区建设大型商品纸浆及造纸项目，或改造提升现有木浆生产线规模。

加大废纸利用。废纸回收和利用体现了造纸行业循环经济和低碳的特点，充分利用废纸资源是调整造纸原料结构的重要措施。目前国内废纸回收率因经济结构原因已接近可回收极限，可回收量短期内难以明显增加，需要稳定和拓宽国外废纸回收渠道，同时加大国内废纸回收系统建设，规范和统一回收及贸易行为，提高国内废纸有效供给水平和利用率。

科学合理利用非木材纤维。非木材资源是我国造纸工业多元化原料结构的重要组成部分，对于缓解我国造纸工业对进口原料的依赖具有重要意义。继续坚持因地制宜、合理利用的原则，科学、合理利用非木材资源，提高非木材纤维应用水平。充分利用竹子、芦苇、蔗渣、秸秆等非木材资源，力争使非木材浆得到稳定合理发展。鼓励以农业废弃秸秆为原料，采用清洁生产工艺技术生产非木材纸浆，推动秸秆资源化综合利用。

4. 加大清洁生产力度，推动循环经济发展

充分发挥纸业的绿色属性优势。鼓励企业按照全生命周期管理理念，提高资源的高效和循环利用，推动造纸行业循环经济发展。开发绿色产品，创建绿色工厂，引导绿色消费。转变发展方式，按照减量化、再利用、资源化的原则，提高水资源、能源、土地及植物原料等使用效率，通过节约资源、减少能源消耗和污染物排放，建设资源节约型、环境友好型造纸产业。

提高资源综合利用水平。充分利用好黑液、废渣、污泥、生物质气体等典型生物质能源，提高热电联产水平，对生产环节产生的余压、余热等能源，以及废气(沼气及其他废气)、废液(纸浆黑液及其他废水)及其他废弃物进行回收利用，最大限度实现资源化。充分利用林业速生材，扩大利用间伐材、小径材、加工剩余物等生产纸浆，提高木材综合利用率，节约木材资源。提升非木材制浆清洁生产工艺技术、高值化利用技术及废液综合利用技术。

5. 提高环境管理水平，降低污染排放水平

从源头上防止环境污染和生态破坏。造纸企业应依法依规申请排污许可证，持证排污。落实造纸企业治污主体责任，按照相关标准规范开展自行监测、台账记录；按时提交执行报告并及时公开信息；加强对锅炉、碱回收炉、石灰窑炉、焚烧炉等废气排放和生产废水、生活污水、初期雨水等废水排放治理及控制，确保污染防治设施稳定运行，污染物达标排放。强化固体废物的处置，加强无组织逸散污染物的收集和处理。

6. 实施“三品”战略，调整改善产品结构

优化品种结构。重点提升和优化印刷书写纸、生活用纸、包装纸及纸板、特种纸及纸板、纸制品的品种结构，以适应多元化消费市场需求。加强研发适应信息化、物联网条件下的新型纸制品，满足互联网时代对各种产品的需求。

提升产品品质。提高纸产品的设计水平和品质，持续推进行业产品质量提升，满足人民日益提高的质量需求。

加强品牌培育。加大品牌建设力度，重点培育纸包装、本册、生活用纸、复印纸等直接面对消费者的产品品牌，宣传品牌的质量和绿色理念，拉近与国际品牌的差距。

7. 推进技术装备发展，增强核心竞争能力

加强造纸装备制造企业自主创新能力建设。针对我国工艺技术研发与装备制造行业脱节的问题，鼓励改革创新我国装备制造业技术研发体制。着力开发具有自主知识产权的技术和产品，提升设计集成能力和工艺技术装备总体水平。重点骨干造纸装备制造企业的技术水平和装备制造能力力争接近国际先进水平。

加大新一代制浆技术装备的开发力度。推广应用先进、成熟、适用的制浆造纸和环保新技术、新工艺、新设备。以先进工艺为龙头开发新型高效、节能减排效果显著的装备，提升造纸装备自主化水平。目前我国造纸行业发展水平极不平衡，技术装备水平处于中低档的企业占有相当比例，在大宗品种以规模化先进产能替代落后产能的同时，加快企业，特别是中小企业技术改造和装备的升级换代是造纸行业发展的重点工作。

8. 推动产业两化融合，提升智能制造水平

加快两化融合管理体系标准普及及推广。推动造

纸工业企业以两化融合管理体系贯标为牵引，实现管理模式创新和管理现代化水平提升，培育和提升精益管理、大规模个性化定制、供应链协同、市场快速响应、精准营销等核心竞争能力。

加快智能化、信息化和机器人技术应用。加快装备自动化、数控化、智能化进程，推动专用机器人等智能制造装备和智能化生产线的设计、制造和应用。提高智能装备及产品在行业发展中的作用，尤其是在现有 DCS、QCS、ERP 和 OA 等应用系统基础上整合，推进 MES 生产过程控制应用，不断缩小与世界先进水平的差距，争取在智能控制技术等方面有新的突破。加大高效、节能、低耗、运行智能化监控、在线智能化维修保养等技术的推广应用。

推进互联网应用。在纸制品行业大力推进互联网 + 订货、设计、生产、销售和物流，创新纸包装、本册、复印纸、生活用纸等终端产品的生产设计和营销模式，为社会提供更多更灵活的产品选择和更方便快捷的服务。

9. 拓展企业发展空间，降低企业经营风险

充分利用国内外市场和资源分散经营风险。面对企业全要素成本的增加，特别是能源、环保、人力资本的大幅上升，造纸行业要进一步提高产品附加值，引导制浆造纸和纸制品企业向上下游产品领域拓展，提升产业链价值，增强盈利水平。争取在国内建立商品纸浆期货市场和多个纸浆、纸张交易市场，以市场手段拓宽企业融资和规避风险的渠道，降低企业经营风险。打造造纸企业互联网“双创”平台，加快构建新型研发、生产、管理和服务模式，促进技术产品创新和经营管理优化，提升企业整体创新能力和水平。提高骨干企业的管理能力、资源运营能力、产品制造能力和营销服务能力，增强核心竞争力。

10. 加强废纸回收利用，宣传绿色低碳消费

造纸行业是绿色消费产品提供者，同时也应该是绿色消费的倡导者和引导者。要积极宣传造纸产业的绿色属性，宣传纸产品的低碳循环利用，提高全社会节约用纸意识，引导理性、绿色低碳消费。引导企业扩大废纸利用，使用废纸脱墨浆生产印刷书写纸和厕用卫生纸，提高卫生纸、擦手纸、印刷书写纸的废纸原料比例。推广白度适宜的印刷书写纸、生活用纸等，开发无需漂白的本色浆产品。节约原生纤维资源和避免纸产品功能过剩。

11. 倡导企业社会责任，提升企业公众形象

“十三五”是造纸行业践行绿色发展的关键时期，造纸企业在发展的同时更应注重社会责任和公众形象，增强环保意识和社会责任感，注重社会责任和公众形象，积极参加社会公益活动，充分利用各种传播媒体，宣传企业生态保护、节能减排、社会公益、职工福利和绿色发展等成就，提升企业公众形象，为行业发展打下更好的基础。

七、保障措施

1. 建立市场预警机制，促进产业有序发展

建立行业产能和市场通报及预警机制，及时整理和发布行业产销形势、产能建设、行业发展动态和产品量价指数等信息；结合行业已建立的部分品种预警机制，及时通报行业发展情况，对过剩或市场萎缩的品种及时提供转产或结构调整提示，避免行业盲目无序发展；造纸行业需要统筹规划，避免出现市场垄断和恶性竞争，避免成为产能过剩行业；协会要依法发挥引导行业科学发展的作用，使新建产能和技术改造以满足国内需求为前提，保持国内产需基本平衡和适当的进出口规模，促进产品结构优化。

2. 争取宏观政策支持，推进林纸基地建设

为了更好地发挥循环经济特点，“十三五”期间争取将以“三剩物”和非木材资源为原料的产品纳入综合利用产品目录；将林基地纳入森林保险试点范围；引导企业到境外建设大型造纸原料林基地；引导企业使用从国外进口木材、木片在国内适宜地区建设大型商品纸浆及造纸的林纸一体化项目；竹林丰富地区采伐受林间道路制约，无法充分发挥资源优势，呼吁地方政府以农业基础设施建设方式修建林间道路等利农基础设施，便于林农采伐和运输，提高农民收入和造林积极性。

3. 制定修订相关标准，推广应用低碳产品

强化造纸行业产品标准、测试方法等技术标准的制定修订工作。加快对新产品、新技术等标准的制定，适时修订和完善现有相关标准，推广中国造纸协会团体标准。根据工业和信息化部、商务部印发《关于加快我国包装产业转型发展的指导意见》，推广产品包装基础模数 600 毫米 ×400 毫米，从源头引导带动物流标准化。加强国内废纸回收分类分拣管理，提高国内废纸回收质量。建立纸及纸板再生产品标识制度，适时修订调整废纸回收分类及贸易指南。引导社会理性、绿色低碳消费，如选择未漂白的生活用纸和包装纸，及以废纸为原料的厕用卫生纸等，提高全社会节约用纸意识。建议各级政

府优先采购使用以废纸或一定比例废纸为原料制造的纸产品。

4. 吸引聚集优秀人才，培养专业人才队伍

加大对跨领域高端研发人才、高技能人才和高层次管理人才的引进和培养，满足现代制浆造纸企业对高层次人才的需求。鼓励企业引进和培养适应境外投资发展需要的优秀人才。各类院校要加强职业教育和职工培训，培养基层一线高水平的技能人才。进一步优化人才队伍知识结构，逐渐形成一支具有高素质人才的员工队伍。

5. 发挥行业协会作用，引导行业健康发展

行业协会要引导造纸行业科学规划、有序发展，营造公平竞争的市场环境。积极履行服务、自律、代表、协调职能，增强双向服务能力，提高协会协调解决国内企业矛盾和国际贸易争端的应对能力。行业协会要深入实际，深入基层，及时掌握和分析研究各项政策中的新情况、新问题，动态反映企业和行业需求，依法维护企业的合法权益，提出切实可行的解决问题的意见和建议。组织行业开展公益活动，有计划地开展纸张相关知识的科普宣传，创造一个良好的社会舆论环境，逐步改变社会对行业存在的负面认识，引导造纸行业持续健康发展。

推进供给侧结构性改革，培育造纸工业发展新动力

Promote Supply-side Structural Reform, Cultivate New Power of Paper Industry Development

中国轻工业联合会副会长　钱桂敬

一、我国造纸工业结构调整和转型升级已初见成效

在全球金融危机持续影响下，我国经济下行压力不断加大，造纸工业在深度调整中，保持了稳定发展和适度增长的好成绩。

纸及纸板扭转了 2013 年首次出现的负增长局面，“十二五”期间生产量年均增长 2.9%，消费量年均增长 2.7%，主营业务收入年均增长 7.28%，利润年均增长 2.67%。与此同时，结构调整取得了新进展，生产集中度不断提高，前 30 位企业生产量占全国生产量的比例已超过 50%；2015 年木浆、废纸浆、非木材浆比例为 28:65:7。更为可喜的是，“十二五”实现了增产不增污甚至减污，COD_{Cr}排放强度已低于发达国家水平。这些成绩来之不易，充分说明我国造纸工业在深度调整中，结构调整和转型升级已初见成效。但需求不足、结构不合理和行业效益整体下降，仍是困扰造纸工业发展的三大难题。

二、“十三五”造纸工业面临严峻挑战，发展难度加大

“十三五”是我国实现小康社会目标最后冲刺的五年，是我国由中等收入国家迈向高收入门槛的攻坚期，同时正值新一轮科技革命和产业变革大潮与我国加快转变发展方式形成历史性交汇的重要节点。“十三五”也是我国造纸工业实现产业升级，由大变强、由快变好的重要时期，是实施创新驱动发展的关键时期，发展难度明显加大。

“十三五”造纸工业的主要目标是在新常态下，确保平稳发展，迈向产业中高端，加快产业升级。关于“十三五”主要任务需要强调的两点是：以高端化为核心，加快培养新的经济增长点；以提高效率为核心，加快培育新的竞争优势。

1. 培养新的增长点

当前在全球范围内对纸及纸板需求不足，在 IT 产业的冲击下，新闻纸及书写纸等生产量持续下滑，2014 年全球新闻纸生产量下降 6.4%，我国 2014 年及 2015 年分别下降 9.73% 和 9.23%；2014 年全球印刷书写纸生产量下降 1.6%，我国 2014 年和 2015 年增长率仅为 0.29% 和 1.75%。仅特种纸和包装纸及纸板、生活用纸三大类保持低速增长。据造纸工业“十三五”规划建议，“十三五”期间纸及纸板增速预测为 1.0% ~1.5%。面对市场需求不足，造纸行业要保持发展定力，要把精力放到存量调整上来，在“十三五”总量增长受限的大背景下，存量调整是“十三五”的重点，要通过淘汰落后产能、优化结构调整、促进产业升级，在不断提高发展质量和效益的基础上，实现新的再平衡。培养新的增长点，就是大力发展新技术、新产品、新业态、新模式，关键是开发新产品。未来纸业开发新产品要在以下几个方面取得新的突破。

(1)注重高性能纸基功能材料开发。研究纳米等技术赋予纸张新的特性。如光学、电子学、绝缘、传感、导热、表面构造等。开发新的印刷性能和技术，加快在电子标签、能源储备、生物医学检验等方面的应用，力争在特种纸及纸板、电子信息、装饰、工业用纸和生物质包装材料等特种功能

纸开发上取得新的突破。

(2)注重生活用纸市场细分化的深度开发。

(3)注重高阻隔、安全、卫生、食品包装纸及纸板和包装容器的开发。

(4)注重在低定量基础上的包装物结构减重的研究与开发，进一步提高包装物性能和质量之比。要用更强的基础结构来取代目前瓦楞纸板、折叠纸箱、纸盒等，在传统产品上取得新的突破。

培养新的增长点，还应注意产业链的延伸，努力实现纸和纸板从原料属性向终端产品的转变，注重单纯生产型向生产服务型的转变，以赢得更大发展空间。

2. 培育新的竞争优势

当前造纸工业正面临结构性紧缩趋势和生产要素成本上升，资源、环境、能源约束全面加强的双重压力。突出表现是行业效益全面下滑，2015 年纸及纸板主营业务收入增长 2.33%，比“十二五”主营业务收入年均 7.28% 低 4.95 个百分点。“十二五”年均主营业务收入利润仅为 5.34%，比轻工全行业年均利润率低 1.15 个百分点。为此，“十三五”造纸行业必须把降低生产成本，提高全行业效益和加快培育新的竞争优势放在突出位置。

一是依靠技术进步，坚持用更新的技术改造传统产业，打造技术、装备新优势。

“十三五”要集中精力做好以下工作：要在新一代清洁制浆、纤维组分清洁分离，创新与集成制浆造纸节能、降耗、减排技术，高效、高值利用纤维原料的复合型生物精炼技术和生物质衍生新材料等方面取得突破；要在中浓系统、节能低噪声真空系统、高效脱水系统、新型干燥技术和装备、结晶蒸发技术和装备等方面取得突破；加快大型化学机械浆装备与生产线大型低温置换蒸煮、新型立式连蒸为主的新一代清洁制浆技术与装备的研发和推广；加快两化深度融合，加快以企业为主体的全行业创新体系建设。

二是提高资源配置效率，加快提高全要素劳动生产率。

造纸工业是资金、技术密集型行业，生产流程长，产业关联度大，涉及林业、农业、水利、能源、土地、资本、人才等各类要素于一体，因此高效利用资源、能源，提高产业链价值，提高资源配置效率对造纸工业尤为重要。资源配置效率集中体现在全要素劳动生产率上。就是要对劳动生产率、资源利用率、资金利用率、能源利用率、投入产出率、资本替代人工、人才红利等进行综合统筹优化，使之综合效益最大化，这是降低成本、提高竞争优势最主要的措施。

三是要进一步转换盈利模式，培养新的利润源，提高盈利水平。

当前以“提高质量、降低消耗”为主要内容的降低变动成本和以“扩大规模、提高产量”为主要内容的降低固定成本的传统盈利模式，正在面临严峻挑战，致使盈利水平普遍下滑。为此必须加快转换盈利模式，努力培育新的利润增长源。

首先要努力培养资源配置效益利润源，通过提高要素质量和资源配置效率来提高盈利水平；其次要培育生产服务的增值效益利润源，要加快产业链延伸，加快单纯生产型向生产服务型的转变，扩大盈利空间，提高盈利水平；再有要加强品牌建设，努力培育品牌溢出效益利润源。

三、推进供给侧结构性改革，培育造纸工业发展新动力

在十二届全国人大四次会议上，李克强总理在政府工作报告中提出，要加强供给侧结构性改革，增强持续增长动力。围绕解决重点领域的突出矛盾和问题，加快破除体制机制障碍，以供给侧结构性改革提高供给体系的质量和效益，进一步激发市场活力和社会创造力。从政府工作报告中，可以看出供给侧结构性改革目的是增强持续增长动力，基本目标是提高供给体系的质量和效益。

提到供给侧结构性改革，不能不弄清其与供给学派的异同。供给学派产生于美国新自由主义最盛行的时代，20 世纪 80 年代美国总统里根采用了供给学派政策主张。供给学派是新自由主义经济的代表。在其主张中，突出一点是反对产业政策，认为不应该针对某一个产业制定政策，应该用普遍降税的方式来提高投资积极性。

“着力加强供给侧结构性改革”是针对我国经济出现的结构性矛盾，而进行的补短板、去库存、去杠杆、降成本、减税负，这与美国供给学派政策是有本质区别的。首先是经济制度不同；其次是我们推行的是“宏观政策要稳，产业政策要准”，是在中央“十三五”规划建议指导下进行的，是以产业政策为指导的，是在充分发挥市场需求基础上，是在深化需求侧改革的同时来推行供给侧结构性改革的。

供给侧改革基本目标和任务是要进一步提高供给水平、质量和有效性，就是要从需求侧“元动力”出发，通过创新供给催生新需求。轻工业是供给侧

改革的主战场，当前必须紧紧围绕“增品种、提质量、创品牌”来进一步提升供给水平，创造新的价值和提高竞争优势。

供给侧改革涉及人工、资本、技术和制度四大要素，供给侧结构性改革的核心是要解决生产要素的合理配置问题，是要大力提高资源配置效率，提高全要素生产率，目的是实现效率驱动。供给侧改革是推动要素效率革命的重要举措，也是转变发展方式、推进产业升级的持久的战略举措。

供给侧结构性改革核心是制度创新和供给创新。改革成效体现在以下三个方面：一是创造和改善企业改革、发展、经营的社会和市场环境，通过“政策供给”引导结构优化，通过“制度创新”激发增长潜力的释放。二是通过结构性减税，减轻企业负担，降低经营成本。三是加大企业技术改造投入，提高装备和控制过程智能化水平。

推进供给侧结构性改革，落脚点是培育发展新动力。当前在传统要素红利和“三驾马车”动力减弱的新常态下，必须通过供给侧结构性改革，寻找我国经济增长的动力源和动力转换，培育发展新动力。

回顾造纸工业发展历程，可以看到造纸工业发展动力的变化和转换。

“十五”是造纸工业追赶型高速发展期，标志性特征是2003年供给短缺超过500万吨。“十五”期间，生产增速高于消费增速，进口替代效果明显，是追赶型发展最快的阶段，其发展动力是市场需求短缺驱动。

“十一五”我国造纸工业标志性特征是2007年纸和纸板生产量首次超过消费量。成功解决了供给不足、长期依赖进口的历史难题，开启了数量主导型向上质量、上水平、上档次的质量效益型转变的历史性征程，初步建成了现代生产体系。“十一五”发展动力是投资和要素驱动。

“十二五”我国造纸工业进入重要的发展战略深度调整期。标志性特征是2013年出现了历史上首次负增长，说明我国造纸工业进入了以结构性紧缩趋势为特点的深度调整期。是新旧发展动力转换的重要时期，传统投资与要素驱动力减弱，迫使全行业向创新驱动转变。

“十三五”是“创新引领发展、科技赢得未来”的时代。创新是引领发展的第一动力，是提高社会生产力和综合国力的战略支撑。创新驱动发展是推进以科技创新为核心的全面创新，包括管理创新、制度创新。供给侧结构性改革是一场推动要素效率的革命，核心是提高要素配置效率，是转变发展方式，提高发展质量和效益，全面筑牢发展基础，缩小与发达国家差距的一场变革。是培育新的发展动力重要战略措施。

“十三五”我国造纸行业正面临市场需求不旺、结构不合理和行业效益全面下滑的严峻挑战，全面推进创新驱动发展战略，培育新的发展动力，加快实现造纸强国战略目标是造纸工业最重要的任务。“十三五”造纸工业要在供给侧结构性改革基础上，牢牢把握推进以技术创新为核心的全面创新，加快发展动力转换，坚持创新驱动发展。

一是要牢牢把握科技进步大方向。科学技术具有世界性、时代性，必须要有全球视野，紧紧跟踪当代造纸工业最新发展动态和发展趋势，在工业4.0、工业互联网、云计算、大数据等快速发展中，按《中国制造2025》部署要求，以两化深度融合为方向，加快造纸工业互联网工程建设，要在ERP、信息管理系统进一步完善的基础上，补好MES制造执行系统等短板，并做好ERP和MES融合，为效率驱动、智能制造打好基础。

二是牢牢把握产业革命大趋势。以工业4.0和工业互联网为标志的新一轮技术革命正深刻改变制造业生产模式和产业形态，同时将大大提高企业的生产、经营管理水平，将对传统生产经营管理模式产生巨大冲击。造纸工业作为资本、技术密集型的传统产业要迎接挑战，要在提升产业链价值、探索“服务化”制造新模式、加快国际化经营步伐、建设创新型企业等方面取得新进展。

三是牢牢把握聚集人才大举措。创新驱动实质是人才驱动，人才资源是第一资源，也是创新驱动活动中最活跃、最积极的因素。造纸行业要加快人才、技术、资金等创新资源和创新要素的集聚，加快以企业为主体的创新体系建设。

当前造纸工业正出现结构性紧缩趋势，正面临增长阶段转换和增长动力转换，造纸工业正进入发展关键期。我们一定要坚定信心、坚持创新驱动发展，重点做好存量调整，加快转型升级，推动造纸工业在发展质量和效益上迈上新台阶。

2016 年我国造纸产业竞争力报告

Report of China's Paper Industry Competitiveness in 2016

中国造纸学会秘书长　曹春昱

创新是纸业发展的核心竞争力。改革开放以来，我国造纸产业经历了简单的规模扩张到 20 世纪 90 年代之后装备水平的阶段性提升，特别是 21 世纪以来的迅速发展，我国造纸产业取得了令世人瞩目的成绩。目前，我国造纸产业的生产能力、企业规模以及装备水平已经处于世界领先地位。当前，我们面临着在新时期下如何继续提升企业竞争力的问题。无论是技术、经济、管理，还是企业、产业、商业模式，都需要在创新上作出新的努力。总的来讲，创新理念是我国造纸产业未来发展的核心推动力。

一、造纸产业竞争力综合分析

简而言之，我们面对着一个经济的新时期、新常态。在这样的环境下，很多常规的投资方法、发展方法面临转折和变革，市场发生了变化，竞争对手也在不断壮大。过去的 30 年我们被国际化，在未来的 10 年、20 年，我们要去主动地国际化，包括产能的国际化、市场的国际化。这些都是我们现在面临的，在新的时期需要考虑的因素。只有认清了国际和我国经济发展大势，把握产业发展规律和趋势，才能找到打开未来的“钥匙”。

宏观上，国际经济陷入“五低两高”困境，而我国也进入了中速增长的阶段，2015 年 GDP 增速只有 6.9%，创下了 25 年来新低。权威人士认为，我国经济运行基本平稳，未来将呈现“L 型”走势。

行业上，我国造纸产业的成熟期已经到来。回顾 21 世纪以来的发展，可以看到，仅 2000—2010 年，我国造纸生产量连续翻了两番。这是我国造纸工业的“黄金十年”，但好日子在国内外经济低迷的冲击下已经过去。不过，凭借庞大的市场，我国造纸工业仍然保持着较好的增长态势，继续领跑全球。例如，2000 年，我国造纸生产量仅占全球造纸生产量的 6.5%，但到 2005 年占比增长到 15%，2010 年扩大到 23%，2014 年增长到 25% 以上，占了全球 1/4 以上。这表明我国已经从追赶阶段，跨入到领先阶段，或者说到了巅峰，下一步如何选择和发展，是需要认真考虑和认真抉择的战略问题。

同时，我们也要面对现实，2015 年我国造纸工业首次出现 0.10% 的负增长，标志着我国造纸工业自此进入了一个新的历史阶段——产业生命周期的“成熟期”。

进入成熟期的直观表现体现在 4 个方面，第一，造纸产业增速正与 GDP 增速脱钩，从 2012 年起，造纸产业增速急剧下滑，远低于 GDP 增速，2015 年进一步脱钩探底。第二，造纸产业出现阶段性、结构性的产能过剩，行业竞争加剧，但是 2016 年有些大宗产品和市场价格有所恢复，让我们看到了曙光。第三，造纸企业增收不增利的现象比较明显，虽然生产量翻了两番，但整个利润的增长基本停滞。第四，造纸产品结构格局基本形成，新产品研发和发展越来越困难。近期，生活用纸、特种纸和包装纸领域可能还有一定的增长空间。但是我们要清醒地认识到，这些领域竞争会越加激烈，市场空间也不容乐观，后期也会遇到阶段性或结构性过剩的状况。

二、我国造纸产业竞争力分析

(1)行业阶段性底部正在形成。主要表现在制浆造纸工业依然“冰火两重天”，纸及纸板和纸浆生产基本平稳，主要纸种月度生产量分化明显。

(2)在当前形势下，产业格局重塑不可避免，具体纸种的发展走势开始分化。文化用纸难以摆脱周期疲弱困扰，继续缓慢下降；包装纸受益经济和电商发展，保持强劲增长；生活用纸在经历投资热后，未来仍是热点领域；特种纸目前仍是一片“蓝海”，未来将会吸引更多投资者进入。

(3)从区域发展来看，仍然是东强西弱。纸浆方面，山东、河南的生产量占据了半壁江山，海南、广西和广东三分天下；纸及纸板方面，华东地区继续领跑；纸制品方面，受经济发展的影响比较明显，经济强省的生产量比较均衡。

在造纸产业低位徘徊下，企业数有所下降，亏损企业数不减，2015 年，171 家企业消失，366 家企业亏损。企业负债额水涨船高，2015 年资产和负债总额的增长率都在 5.9% 的水平。2016 年亏损企业 316 家，资产负债率和负债总额同比有所下降。

三、全球造纸产业竞争力分析

放眼未来，全球造纸市场需求将继续增长。欧洲和北美洲市场开始出现复苏迹象，但颓势仍让企业备受煎熬，亚洲和南美洲局部地区的异军突起，正在改变全球造纸产业版图。

1. 纸浆

全球纸浆陷入增长动力衰退的困境，全球纸浆生产量持续下降的趋势短期内仍难以停止。形成鲜明对比的是，全球废纸回收量快速增长，十几年间增加近 1 亿吨，预计未来几年仍将继续保持一定的增长速度。原料结构调整是全球造纸产业大趋势。

在纸浆产品中，化学浆仍然占据最大的市场份额，目前已占 3/4 的份额，而机械浆和其他浆的比例不断萎缩。

随着亚洲和南美洲浆纸业的崛起，欧洲和北美洲则不断下降。特别是南美洲，纸浆生产量持续增长，仅巴西 10 年间的纸浆生产量增加了 732 万吨，南美洲纸浆正在蚕食欧美市场空出的部分。

2. 纸及纸板

全球造纸生产量增长放缓，部分地区遭遇发展瓶颈。全球造纸生产量的增长大部分来自亚洲，我国已经崛起成为全球造纸生产量最大的国家，反衬出欧洲的停滞和北美洲的衰退。

具体纸种方面，包装纸和生活用纸增长较快，印刷书写纸无增长，而新闻纸则是大幅下降。

新兴市场国家的造纸业发展快车，正在逐步拉近与欧美造纸强国的距离，我国已经连续 7 年生产量居全球第 1 位，继续担当世界造纸市场增长的引擎。

3. 人均纸及纸板消费量

全球人均纸及纸板消费量各大洲分化明显，北美洲遥遥领先，人均年消费量超过 220 千克。欧洲和大洋洲约 120 千克，而亚洲和南美洲约为 47 千克。但是，值得注意的是，经济发达国家的人均消费量大多在逐年下降。

四、全球造纸原料竞争力分析

1. 纸浆

我国纸浆生产随着造纸业的发展而快速发展，经过多年的调整，我国造纸原料结构发生了翻天覆地的变化。到 2016 年，废纸浆的比例已经上升至 80%。木浆生产量所占比例则经历了下降之后又逐渐上升的过程。非木材浆则是直线迅速下滑。不过，竹浆保持了比较好的增长态势。

纸浆消费量与造纸生产量的增长有直接的正相关性，并随着造纸生产量的增长而增长。不过，我国约 1/2 的造纸原料依赖进口。对外依存度过高，使我国造纸业发展受制于国外原料供应控制和价格波动，掌握原料资源是降低对外依存度的关键，企业需要站在长远的角度规划原料战略。

2. 废纸

欧洲、亚洲和北美洲是废纸回收量最大的地区，合计回收量占总量的 90%。废纸消费量方面，亚洲持续快速增长，2015 年废纸消费量高达 1.34 亿吨，占全球废纸消费量的 56%。

而欧洲、北美洲的回收量明显高于利用量，成为废纸主要出口地区。我国废纸回收量和利用量均是全球最大的国家，年回收量达 5000 万吨左右。

全球废纸回收率从 2005 年起已经连续十多年超过 50%，2015 年废纸回收率达到 59%。发达国家废纸回收率均超过 60%。造纸大国的废纸利用率普遍较高，英国废纸利用率高达 84.5%。我国废纸利用率也较高，接近 74%。2016 年我国废纸利用量近 8000 万吨，直接带动了全球废纸的消费量。

3. 木片

我国森林资源短缺，能依赖进口弥补缺口。我国进口的木片中 98% 是阔叶木片，我国进口的阔叶木片主要来自东南亚和澳大利亚，越南是最大的来源国。主要进口省区是山东、海南、江苏、广东、广西和安徽。

五、造纸产业国际贸易竞争力分析

纵观全球纸业贸易发展史，纸浆、废纸和纸张的贸易往来彼此交织在一起，正在牵引着造纸产业国际贸易格局发生重大变化：纸浆原料生产中心正从北半球移往南半球，废纸消费开始向欧洲回流，造纸生产和消费中心正从西方移至东方。

1. 纸浆

国际纸浆贸易路线悄然改变。我国作为全球最大的造纸生产国，对纸浆的需求非常巨大。全球约1/3的商品浆被我国购买。

目前全球纸浆主要生产国主要集中在北美、南美、北欧、东南亚，纸浆净出口量较多的国家是巴西、加拿大和智利，未来，全球纸浆国际贸易的路线图将继续发生较大的变化。

漂白硫酸盐阔叶木浆和漂白硫酸盐针叶木浆一直是我国进口量最大的两个浆种，两者合计进口量占纸浆总进口量的78%。加拿大和美国是我国漂白硫酸盐针叶木浆主要进口来源国，巴西和印度尼西亚是我国漂白阔叶木浆主要进口来源国。

我国纸浆进口价格与国际浆价基本保持一致，2001—2011年国际浆价持续高涨，2012年至今价格急剧调整，并稳步下降，2016年四季度漂白硫酸盐针叶木浆和漂白硫酸盐阔叶木浆进口价格上涨。

2. 废纸

废纸供求的不平衡促进了国家间的废纸贸易，美国已经成为全球最大的废纸出口国，每年的出口量达到2000万吨左右。其次是日本和英国，年废纸出口量约500万吨。我国进口了全球大部分废纸，2016年我国废纸进口量2850万吨，主要进口OCC和ONP两大类废纸，两类废纸进口量合计占80%左右。

2001年以来废纸进口价格呈现逐年上升的趋势，2011年达到历史最高。此后价位快速回落，2015年降至180美元/吨。

3. 纸及纸板

经济发达水平和森林资源丰富程度是影响纸张出口的两个重要因素。

就具体纸种而言，新闻纸主要进口国大多是报业发达的国家。加拿大是最大的新闻纸出口国。

美国等阅读大国进口印刷书写纸数量最多，而芬兰、德国则是出口印刷书写纸最多的国家，年均超过500万吨。

在涂布印刷纸进口国中，德国进口量最多，年均进口量250万吨。芬兰、德国出口量年均在350万吨。

欧洲是进口瓦楞原纸及纸板的主要地区，美国和德国出口瓦楞原纸及纸板数量最多，合计出口1000万吨。

生活用纸主要用于满足本国消费。在生活用纸生产量前5位的国家中，我国的生产量最大，进口量最少，并有年均60万~80万吨的出口。

我国纸及纸板出口量总体呈现增长态势，大部分产品的出口量逐年增加，唯有新闻纸出口量在减少。与出口增长的走势相反，从2001年起，我国进口纸及纸板的数量逐年下降。进口价格方面，2011年之前进口价格整体呈现逐年增长，从2012年起开始调整，并从2014年起再次进入下降通道。出口方面，2016年我国纸及纸板出口733万吨。

对于我国造纸工业，国际贸易存在两大症结，一是对进口纸浆和废纸的严重依赖，二是我国纸品出口障碍重重。这需要我国政府、行业和企业共同努力，为我国造纸产品走向世界铺平道路。

六、全球造纸科技创新竞争力分析

无论是在国外还是国内，无论在以往还是未来，创新是发展核心竞争力的关键要素。无论是要追随还是要超越，整个系统性的创新是打造产业竞争力和企业竞争力的一个不可逾越的观念和理念。

创新也是一个广义的范畴。创新的周期就像IT行业一样，生命周期正在缩短，技术的追随非常快，创新成果的领先周期也在不断缩短。因此，创新理念或行动，需要时时刻刻连续不断的进行、持续的开展。

通过权威数据和方法研究造纸科技发展态势，从论文产出和学术影响力角度进行评估，为判断我国与世界造纸行业的科学技术发展态势提供参考，也为制定纸业发展政策和合理配置科技资源提供依据。

2010年前全球造纸行业的科技论文产出数量基本保持稳定，每年保持在1500~1600篇，从2011年论文数量开始快速增加，短短5年已经提升至2015年的2514篇。论文产出数量的增加，表明全球造纸行业研发投入加大，科技创新的步伐正在加快。

1. 国家层面

可以从论文产出规模、论文被引频次、高被引论文产出量、高被引论文被引频次4个角度评价国家造纸科技创新竞争实力。

在综合评价中，排名前10位的国家表现最为突出，我国以后来居上的态势位居全球造纸科技创新之首。我国和美国是两个仅有的超过50分以上的国家，美国以 81.07 分位居第 2 位。紧随其后的是芬兰、瑞典和加拿大，得分在 35 ~ 50 分之间。

论文产出方面，美国、日本论文数量一直保持较高的产出，我国增长最快，芬兰也有较快增长，加拿大、德国和瑞典一直保持较高水平。

2015 年，我国以 541 篇论文高居榜首，占全球造纸科技论文总数的 21.52%。我国造纸科技论文数量的异军突起，是我国造纸产业在面临转折时期寻求突破的直观表现。我国造纸科技论文数量的异军突起主要归因于 3 个因素，一是研究积累到了一定的程度，二是我国造纸科技的需求到了一定的程度，三是我国造纸产业在面临转折时期，寻求新技术新工艺新产品突破方面的表现。

论文被引频次凸显主要造纸国家学术影响力，美国处于领先地位，发达国家毕竟有多年的积累，而且科技论文的水平和质量，总体上明显高于我国。日本、加拿大、瑞典稳居第 2 位、第 3 位、第 4 位，我国凭借在 2011—2015 年的优异表现进入到总排名的第 5 位。

高被引论文产出方面，美国以 290 篇高被引论文高居第 1 位，我国、日本、瑞典、芬兰和加拿大均有超过 100 篇高被引论文。我国在近 5 年提升较快，相信未来我国的科技论文和科技研究成果会越来越丰富，越来越能够支撑我国的创新发展。

高被引论文被引频次的数据显示，美国以 12463 次高居榜首，显示出强大的科技创新能力和影响力；日本、瑞典和芬兰超过 5000 次，加拿大、法国、我国超过 4000 次，影响力比较突出。

2. 机构层面

通过综合评价指标对比，对全球涉及造纸科技研究的 7839 家科研机构进行了排名，列出了 2015 年全球造纸科研能力较强的前 100 家科研机构。芬兰的阿尔托大学排名第 1 位，我国有 3 所大学入选前 10 位，华南理工大学在全球排名第 3 位，北京林业大学、东北林业大学分列第 5 位、第 7 位。

论文产出前 100 名科研机构主要来自 26 个国家。其中，美国共有 23 家机构，遥遥领先。日本有 13 家，排名第 2 位，我国以 11 家名列第 3 位，这说明我国的学术能力较强、研究成果丰富的科研机构已经在造纸领域与国际先进、发达国家明显减少了差距，甚至是实力处于并列的状态之中，这对于我国造纸产业创新发展，奠定了坚实的基础。

论文被引频次最多的 100 家科研机构中，日本 KYOTO UNIV（京都大学）以 5395 篇高居榜首，芬兰阿尔托大学 4481 篇紧随其后。我国的华南理工大学、东北林业大学、北京林业大学进入前 30 位。

高被引论文产出前 100 位排名中，美国有 21 家机构，我国有 12 家。芬兰阿尔托大学以 59 篇高居榜首。

高被引论文被引频次前 100 名科研机构，日本 KYOTO UNIV（京都大学）以 2430 次高居榜首，芬兰阿尔托大学 2291 次紧随其后。

全球主要国家造纸科研国际合作情况：2001—2005 年，全球 27 个国家进行了造纸科技研究的合作，美国几乎与 27 个国家都进行了合作，成为国际合作核心。2006—2010 年，合作国家增长至 32 个，美国、日本、加拿大、德国、瑞典、芬兰仍然占据重要位置，我国正在逐渐向中心位置靠近。2010—2015 年，全球进行造纸科技研究的合作国家增长至 46 国。我国成为这一时期国际合作最多的国家，与我国合作 5 次以上的国家升至 11 个，取得了令人瞩目的进步。

全球造纸科技前沿热点研究趋势分析：2001—2005 年，全球造纸科技关注的主要有 9 个前沿主题，重点关注纸浆制备及性能分析。2006—2010 年，全球造纸科技关注的主要有 11 个前沿主题，研究开始多元化，重点集中在纸浆制备、纸浆性能分析及造纸加填和涂布技术，生物质精炼开始成为热点前沿。2011—2015 年，全球造纸科技关注的主要有 9 个前沿主题，生物质精炼、新材料改性、复合材料等新兴研究成为新热点。

七、我国造纸企业竞争力分析

通过数据对比，我国造纸企业规模与世界造纸巨头相比规模明显偏小。虽然如此，大型造纸企业在主导我国造纸产业发展中发挥着重要的作用。我国造纸生产量超过 50 万吨的几十家企业合计生产量占全国纸及纸板总生产量的 70% 以上，产业集中度进一步提高。这些大型造纸企业，借势我国经济而崛起，引领我国造纸工业快速前行。

科技与装备方面，据不完全统计，至 2015 年我国共投产 112 条年产 20 万吨以上的纸机。专利方面，从 2000 年至今，我国共发布造纸发明专利 16355 件，逐年增长，2016 年专利数超过 2000 件。

环保方面。造纸企业加大环保力度，提升竞争力。造纸废水治理水平和利用率大幅提升，COD_{Cr} 排放量快速下降，企业越来越重视废气治理。大型企业是造纸行业环境保护的主要力量，他们有能力投入大量资金进行环保治理。

发展现状

CURRENT STATUS OF DEVELOPMENT

2

中国造纸工业 2016 年度报告

Annual Report of Chinese Paper Industry in 2016

一、纸及纸板生产和消费情况

(一) 纸及纸板生产量和消费量

据中国造纸协会调查资料，2016 年全国纸及纸板生产企业约 2800 家，全国纸及纸板生产量 10855 万吨，同比增长 1.35%。消费量 10419 万吨，同比增长 0.65%，人均年消费量为 75 千克(13.83 亿人)。2007—2016 年，纸及纸板生产量年均增长率 4.43%，消费量年均增长率 4.05%(见图 1～图 3、表 1)。

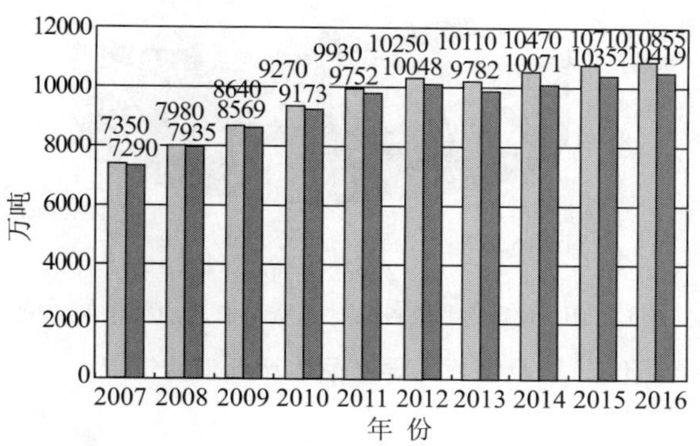

图1　2007—2016年纸及纸板生产和消费情况

表 1　2016 年纸及纸板生产和消费情况　单位：万吨

品　种	生产量		同比/%	消费量		同比/%
	2015 年	2016 年		2015 年	2016 年	
总量	10710	10855	1.35	10352	10419	0.65
1. 新闻纸	295	260	-11.86	299	265	-11.37
2. 未涂布印刷书写纸	1745	1770	1.43	1680	1689	0.54
3. 涂布印刷纸	770	755	-1.95	642	609	-5.14
其中：铜版纸	680	665	-2.21	596	565	-5.20
4. 生活用纸	885	920	3.95	817	854	4.53
5. 包装纸	665	675	1.50	681	689	1.17
6. 白纸板	1400	1405	0.36	1299	1265	-2.62
其中：涂布白纸板	1340	1345	0.37	1238	1205	-2.67
7. 箱纸板	2245	2305	2.67	2297	2364	2.92
8. 瓦楞原纸	2225	2270	2.02	2228	2271	1.93
9. 特种纸及纸板	265	280	5.66	217	225	3.69
10. 其他纸及纸板	215	215	0	192	188	-2.08

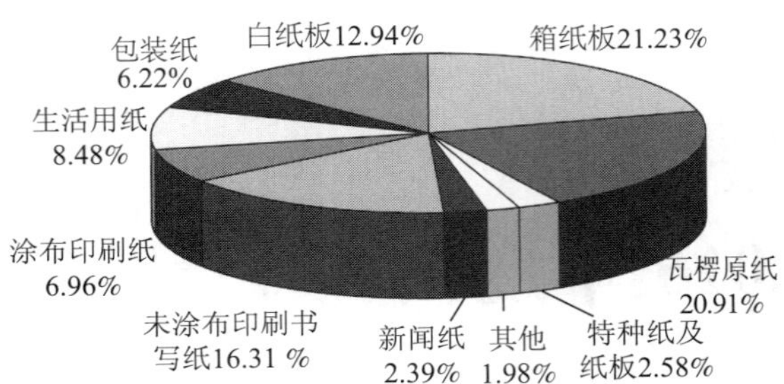

图2　2016年纸及纸板各品种生产量占总生产量的比例

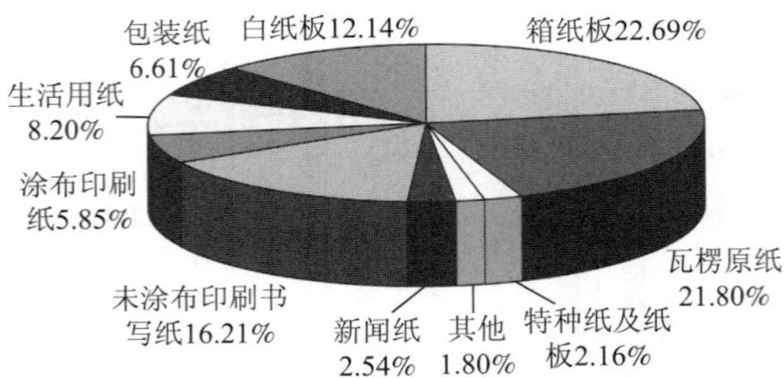

图3　2016年纸及纸板各品种消费量占总消费量的比例

(二)纸及纸板主要产品生产和消费情况

1. 新闻纸

2016 年新闻纸生产量 260 万吨，同比减少 11. 86%；消费量 265 万吨，同比减少 11. 37%。2007—2016 年生产量年均递减 5. 91%，消费量年均递减 4. 28%(见图 4)。

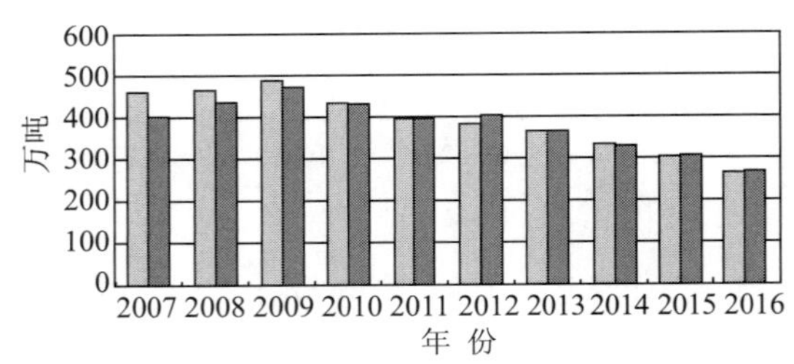

图4　2007—2016年新闻纸生产量和消费量

■生产量　■消费量

2. 未涂布印刷书写纸

2016 年未涂布印刷书写纸生产量 1770 万吨，同比增长 1. 43%；消费量 1689 万吨，同比增长 0. 54%。2007—2016 年生产量年均增长率 3. 14%，消费量年均增长率 2. 67%(见图 5)。

3. 涂布印刷纸

2016 年涂布印刷纸生产量 755 万吨，同比减少 1. 95%；消费量 609 万吨，同比减少 5. 14%。其中，铜版纸生产量 665 万吨，同比减少 2. 21%；消费量 565 万吨，同比减少 5. 20%。2007—2016 年涂布印刷纸生产量年均增长率 4. 46%，消费量年均增长率 4. 05%(见图 6)。2007—2016 年铜版纸生产量年均增长率 5. 24%，消费量年均增长率 4. 91%(见图 7)。

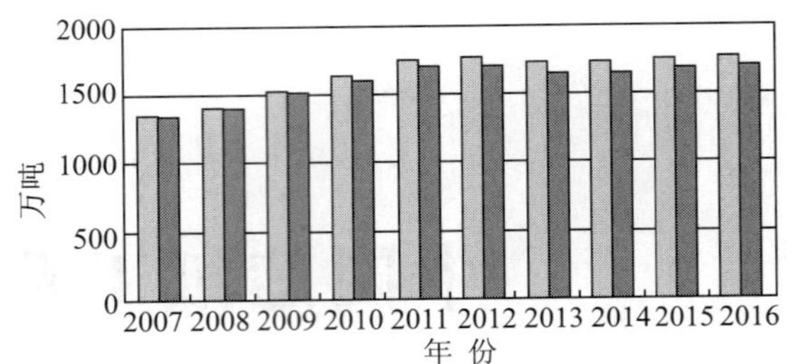

图5　2007—2016年未涂布印刷书写纸生产量和消费量

■生产量　■消费量

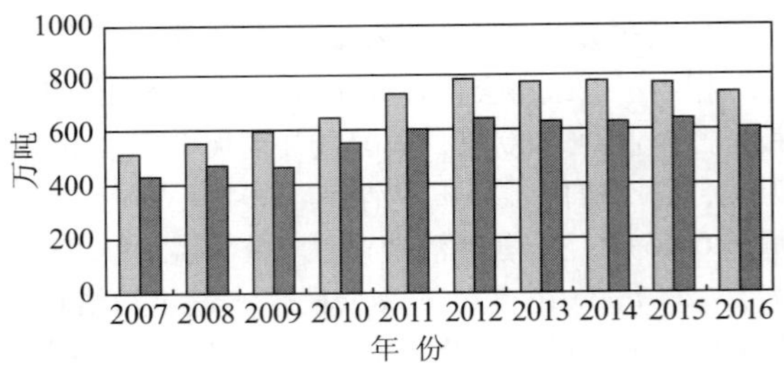

图6　2007—2016年涂布印刷纸生产量和消费量

■生产量　■消费量

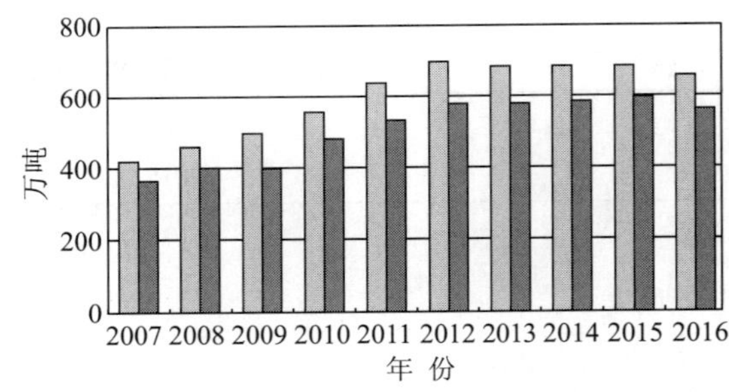

图7　2007—2016年铜版纸生产量和消费量

■ 生产量　■消费量

4. 生活用纸

2016 年生活用纸生产量 920 万吨，同比增长 3. 95%；消费量 854 万吨，同比增长 4. 53%。2007—2016 年生活用纸生产量年均增长率 6. 54%，消费量年均增长率 6. 71%(见图 8)。

5. 包装纸

2016 年包装纸生产量 675 万吨，同比增长 1. 50%；消费量 689 万吨，同比增长 1. 17%。2007—2016 年包装纸生产量年均增长率 2. 72%，消费量年均增长率 2. 81%(见图 9)。

6. 白纸板

2016 年白纸板生产量 1405 万吨，同比增

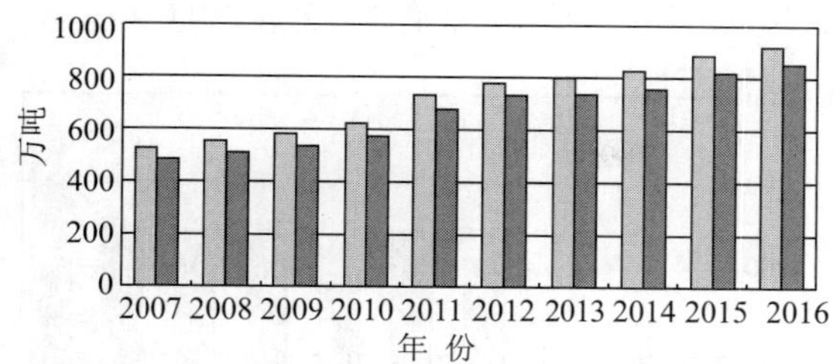

图8　2007—2016年生活用纸生产量和消费量

■生产量　■消费量

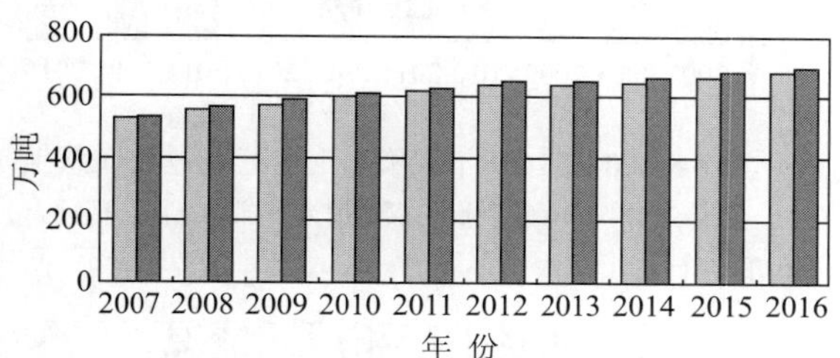

图9　2007—2016年包装纸生产量和消费量

■生产量　■消费量

长 0.36%；消费量 1265 万吨，同比减少 2.62%。其中，涂布白纸板生产量 1345 万吨，同比增长 0.37%；消费量 1205 万吨，同比减少 2.67%。2007—2016 年白纸板生产量年均增长率 3.28%，消费量年均增长率 1.96%（见图 10）。2007—2016 年涂布白纸板生产量年均增长率 3.35%，消费量年均增长率 1.96%（见图 11）。

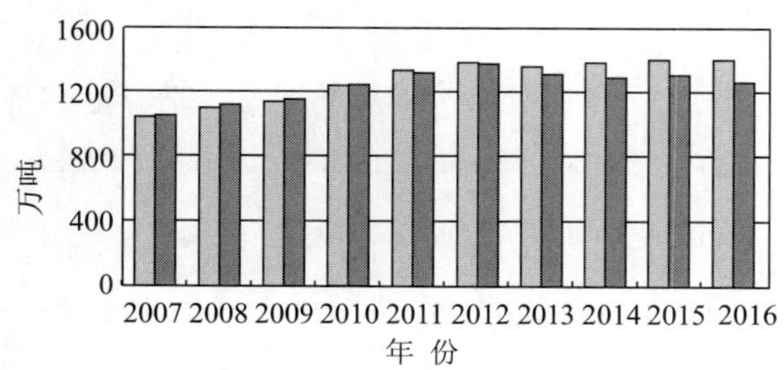

图10　2007—2016年白纸板生产量和消费量

■生产量　■消费量

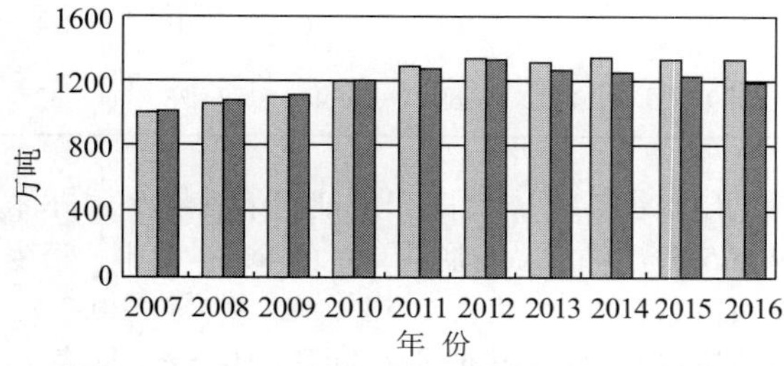

图11　2007—2016年涂布白纸板生产量和消费量

■生产量　■消费量

7. 箱纸板

2016 年箱纸板生产量 2305 万吨，同比增长 2.67%；消费量 2364 万吨，同比增长 2.92%。2007—2016 年箱纸板生产量年均增长率 6.04%，消费量年均增长率 5.68%（见图 12）。

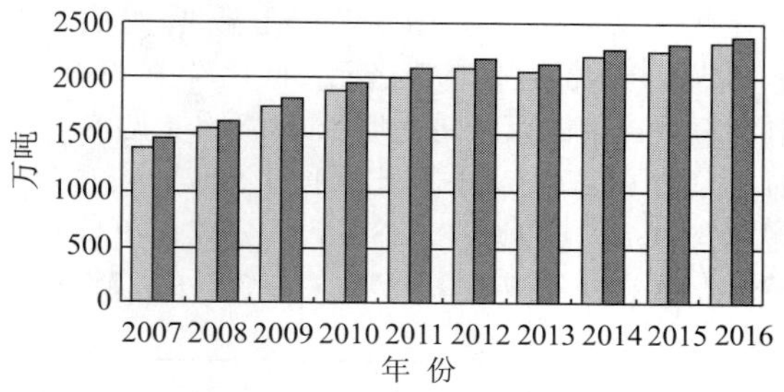

图12　2007—2016年箱纸板生产量和消费量

■生产量　■消费量

8. 瓦楞原纸

2016 年瓦楞原纸生产量 2270 万吨，同比增长 2.02%；消费量 2271 万吨，同比增长 1.93%。2007—2016 年瓦楞原纸生产量年均增长率 6.03%，消费量年均增长率 5.91%（见图 13）。

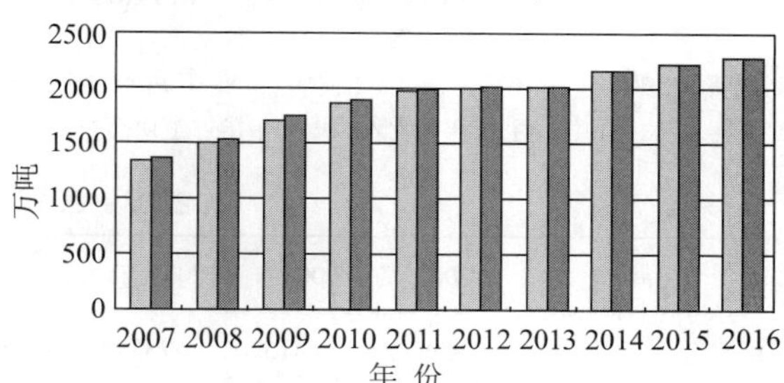

图13　2007—2016年瓦楞原纸生产量和消费量

■生产量　■消费量

9. 特种纸及纸板

2016 年特种纸及纸板生产量 280 万吨，同比增长 5.66%；消费量 225 万吨，同比增长 3.69%。2007—2016 年特种纸及纸板生产量年均增长率 9.87%，消费量年均增长率 5.75%（见图 14）。

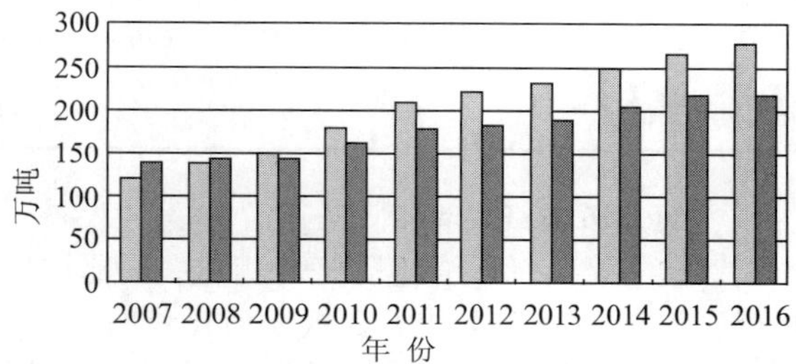

图14　2007—2016年特种纸及纸板生产量和消费量

■生产量　■消费量

二、纸及纸板生产企业经济指标完成情况

据国家统计局统计，2016 年 1—12 月规模以上造纸生产企业 2757 家；主营业务收入 8725 亿元，同比增长 6.98%（见图 15）；工业增加值增速 6.70%；产成品存货 275 亿元，同比减少 13.08%；利润总额 486 亿元，同比增长 28.74%（见图 16）；资产总计 10037 亿元，同比增长 0.51%；资产负债率 56.91%，同比减少 1.83 个百分点；负债总额 5712 亿元，同比减少 2.98%； 在统计的 2757 家造纸生产企业中，亏损企业有 316 家，占 11.46%。

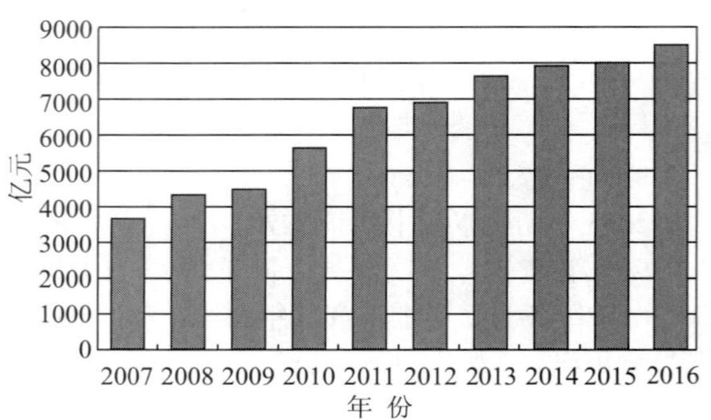

图15 2007—2016年规模以上造纸企业主营业务收入

注：2007—2010年主营业务收入数据为中国造纸协会数据。

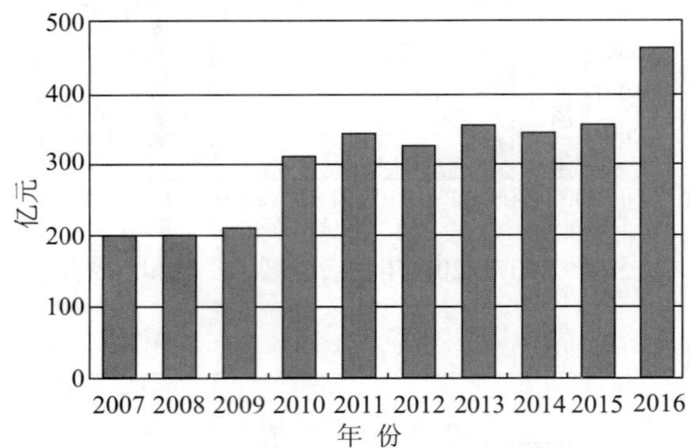

图16 2007—2016年规模以上造纸企业利润总额

注：2007—2010年利润总额数据为中国造纸协会数据。

三、纸浆生产和消耗情况

（一）2016 年纸浆生产情况

据中国造纸协会调查资料，2016 年全国纸浆生产量 7925 万吨，同比减少 0.74%。其中，木浆 1005 万吨，同比增长 4.03%；废纸浆 6329 万吨，同比减少 0.14%；非木材浆 591 万吨，同比减少 13.08%（见表 2）。

表 2 2007—2016 年纸浆生产情况 单位：万吨

品种	2007 年	2008 年	2009 年	2010 年	2011 年	2012 年	2013 年	2014 年	2015 年	2016 年
纸浆合计	5924	6415	6733	7318	7723	7867	7651	7906	7984	7925
1. 木 浆	605	679	560	716	823	810	882	962	966	1005
2. 废纸浆	4017	4439	4997	5305	5660	5983	5940	6189	6338	6329
3. 非木材浆	1302	1297	1176	1297	1240	1074	829	755	680	591
苇浆	144	150	144	156	158	143	126	113	100	68
蔗渣浆	90	97	98	117	121	90	97	111	96	90
竹浆	120	146	161	194	192	175	137	154	143	157
稻麦草浆	849	808	676	719	660	592	401	336	303	244
其他浆	99	97	97	111	109	74	68	41	38	32

（二）2016 年纸浆消耗情况

2016 年全国纸浆消耗量 9797 万吨，同比增长 0.68%。木浆 2877 万吨，占纸浆消耗量的 29%，其中，进口木浆占 19%，国产木浆占 10%；废纸浆 6329 万吨，占纸浆消耗量的 65%，其中，用进口废纸制浆占 24%，用国产废纸制浆占 41%；非木材浆 591 万吨，占纸浆消耗量的 6%，其中，稻麦草浆占 2.5%，竹浆占 1.6%，苇（荻）浆占 0.7%，蔗渣浆占 0.9%，其他非木材浆占 0.3%（见表 3、图 17、图 18）。

表 3　2016 年我国纸浆消耗情况

品　种	2015 年		2016 年		同比/%
	消耗量/万吨	占比/%	消耗量/万吨	占比/%	
总量	9731	100	9797	100	0.68
木浆	2713	28	2877	29	6.04
其中：进口木浆	1757[1]	18	1881[2]	19	7.06
废纸浆	6338	65	6329	65	-0.14
其中：进口废纸制浆	2392	25	2308	24	-3.51
非木材浆	680	7	591	6	-13.09

注：1. 2015 年进口木浆 1984 万吨，扣除溶解浆 227 万吨，实际消耗量 1757 万吨。
　　2. 2016 年进口木浆 2106 万吨，扣除溶解浆 225 万吨，实际消耗量 1881 万吨。

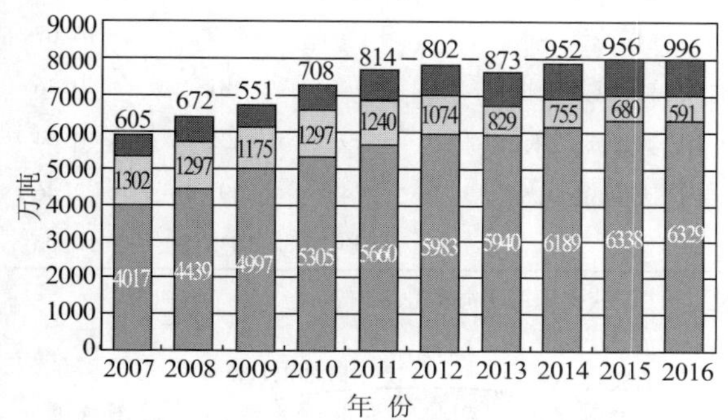

图17　2007—2016年国产纸浆消耗情况

■废纸浆　□非木材浆　■木浆

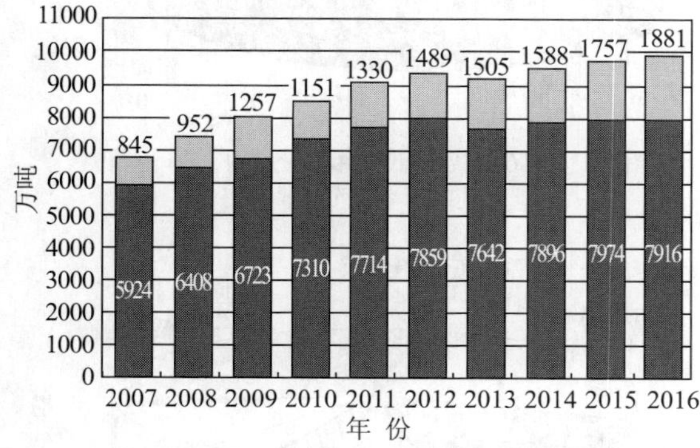

图18　2007—2016年纸浆消耗情况

■国产纸浆消耗量　■进口纸浆消耗量

四、纸制品生产和消费情况

根据国家统计局数据，2016 年全国规模以上纸制品生产企业 3895 家，生产量 7190 万吨，同比增长 2.16%；消费量 6911 万吨，同比增长 2.14%；进口量 12 万吨，出口量 291 万吨。2007—2016 年纸制品生产量年均增长率 11.43%，消费量年均增长率 11.58%（见图 19）。

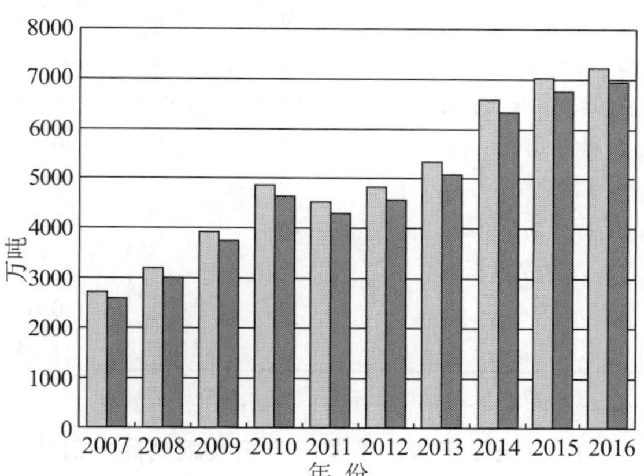

图19　2007—2016年纸制品生产和消费情况

■生产量　■消费量

注：数据来源于国家统计局（规模以上企业统计）。

五、纸及纸板、纸浆、废纸及纸制品进出口情况

（一）纸及纸板、纸浆、废纸及纸制品进口情况

2016 年我国纸及纸板进口 297 万吨，同比增长 3.48%；纸浆进口 2106 万吨，同比增长 6.15%；废纸进口 2850 万吨，同比减少 2.66%；纸制品进口 12 万吨，与 2015 年持平。

2016 年我国进口纸及纸板、纸浆、废纸、纸制品合计 5265 万吨，同比增长 1.04%，用汇 211.73 亿美元，同比减少 4.12%。进口纸及纸板平均价格为 1097.56 美元/吨，比 2015 年平均价格下降 5.57%；进口纸浆平均价格为 581.12 美元/吨，比 2015 年平均价格下降 9.60%；进口废纸平均价格为 175.06 美元/吨，比 2015 年平均价格下降

2.91%(见表4)。2016年我国纸及纸板各品种进口量比例见图20。

表4 2016年我国纸浆、废纸、纸及纸板、纸制品进口量 单位：万吨

品 种	进口量		同比/%
	2015年	2016年	
一、纸浆	1984	2106	6.15
二、废纸	2928	2850	-2.66
三、纸及纸板	287	297	3.48
1. 新闻纸	6	6	0.00
2. 未涂布印刷书写纸	37	41	10.81
3. 涂布印刷纸	34	35	2.94
其中：铜版纸	26	26	0.00
4. 包装纸	21	21	0.00
5. 箱纸板	84	94	11.90
6. 白纸板	61	58	-4.92
其中：涂布白纸板	60	57	-5.00
7. 生活用纸	3	3	0.00
8. 瓦楞原纸	9	8	-11.11
9. 特种纸及纸板	26	26	0.00
10. 其他纸及纸板	6	5	-16.67
四、纸制品	12	12	0.00
总 计	5211	5265	1.04

注：数据来源于海关总署。

(二)纸及纸板、纸浆、废纸及纸制品出口情况

2016年我国纸及纸板出口733万吨，同比增长13.64%；纸浆出口9.57万吨，同比减少6.18%；废纸出口0.23万吨，同比增长228.57%；纸制品出口291万吨，同比增长2.46%。

2016年我国出口纸及纸板、纸浆、废纸、纸制品合计1033.80万吨，同比增长10.06%，创汇177.48亿美元，同比减少6.41%。出口纸及纸板平均价格为1235.85美元/吨，比2015年平均价格下降12.85%；出口纸浆平均价格为1139.84美元/吨，比2015年平均价格增长3.09%(见表5)。2016年我国纸及纸板各品种出口量比例见图21。

表5 2016年我国纸浆、废纸、纸及纸板、纸制品出口量 单位：万吨

品 种	出口量		同比/%
	2015年	2016年	
一、纸浆	10.20	9.57	-6.18
二、废纸	0.07	0.23	228.57
三、纸及纸板	645	733	13.64
1. 新闻纸	2	1	-50.00
2. 未涂布印刷书写纸	102	122	19.61
3. 涂布印刷纸	162	181	11.73
其中：铜版纸	110	126	14.55
4. 包装纸	5	7	40.00
5. 箱纸板	32	35	9.38
6. 白纸板	162	198	22.22
其中：涂布白纸板	162	197	21.60
7. 生活用纸	71	69	-2.82
8. 瓦楞原纸	6	7	16.67
9. 特种纸及纸板	74	81	9.46
10. 其他纸及纸板	29	32	10.34
四、纸制品	284	291	2.46
总 计	939.27	1033.80	10.06

注：数据来源于海关总署。

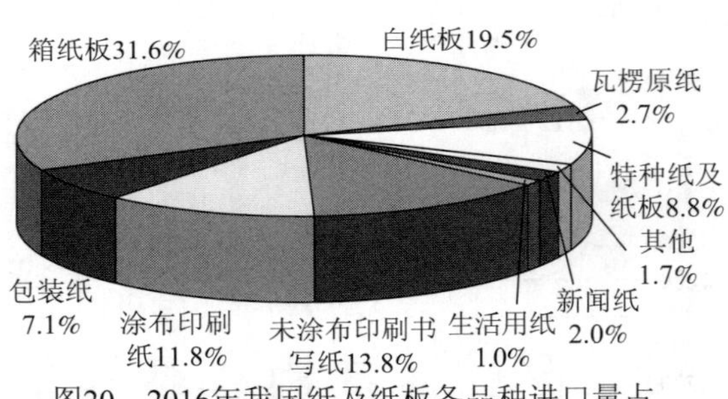

图20 2016年我国纸及纸板各品种进口量占总进口量的比例

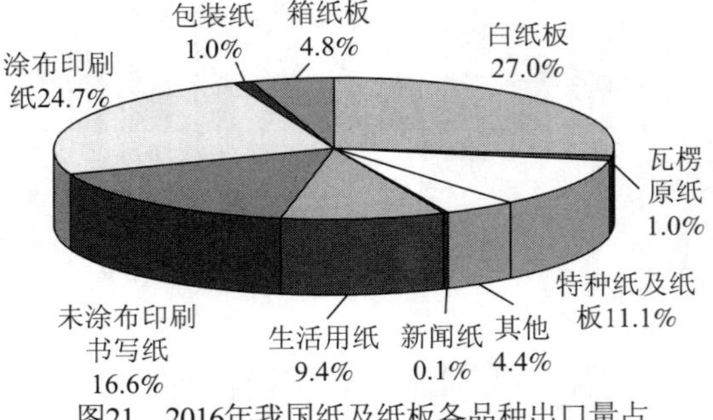

图21 2016年我国纸及纸板各品种出口量占总出口量的比例

(三)2007—2016年纸及纸板主要产品进出口情况

1. 新闻纸

2016年新闻纸进口量大于出口量，净进口量5万吨。2007—2016年新闻纸进口量及出口量见图22。

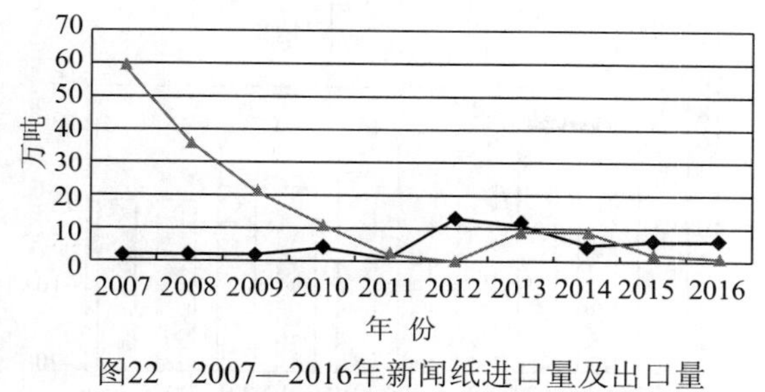

图22　2007—2016年新闻纸进口量及出口量

◆ 进口量　▲ 出口量

2. 未涂布印刷书写纸

2016 年未涂布印刷书写纸出口量大于进口量，净出口量 81 万吨。2007—2016 年未涂布印刷书写纸进口量及出口量见图 23。

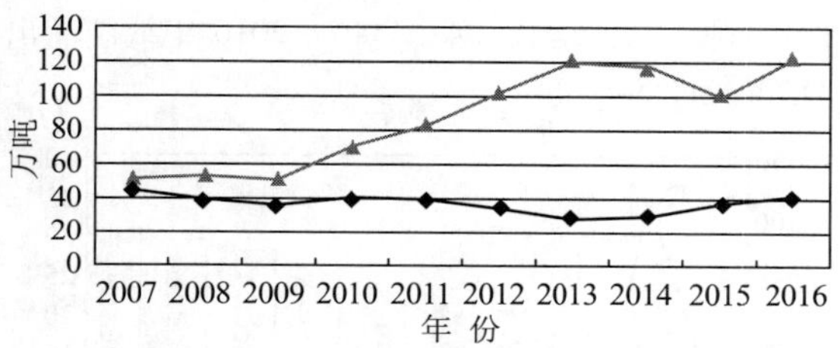

图23　2007—2016年未涂布印刷书写纸进口量及出口量

◆ 进口量　▲ 出口量

3. 涂布印刷纸

2016 年涂布印刷纸出口量大于进口量，净出口量 146 万吨。其中，铜版纸出口量大于进口量，净出口量 100 万吨。2007—2016 年涂布印刷纸进口量及出口量见图 24。2007—2016 年铜版纸进口量及出口量见图 25。

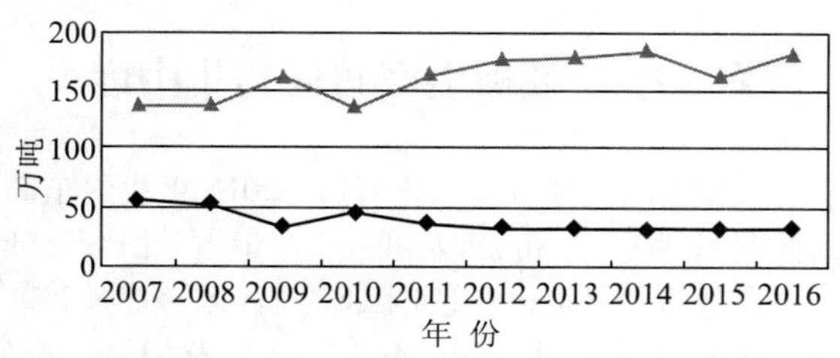

图24　2007—2016年涂布印刷纸进口量及出口量

◆ 进口量　▲ 出口量

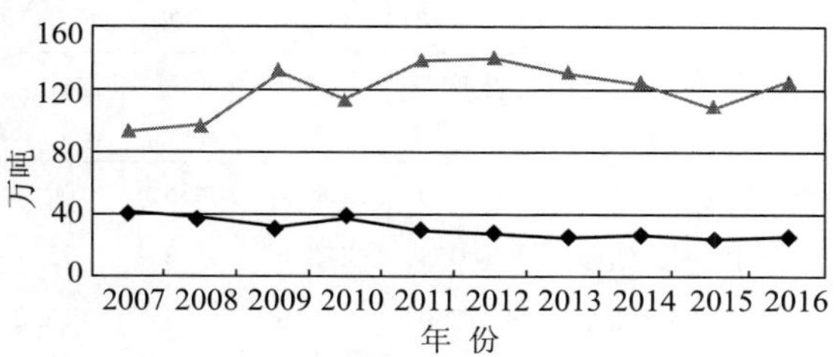

图25　2007—2016年铜版纸进口量及出口量

◆ 进口量　▲ 出口量

4. 生活用纸

2016 年生活用纸出口量大于进口量，净出口量 66 万吨。2007—2016 年生活用纸进口量及出口量见图 26。

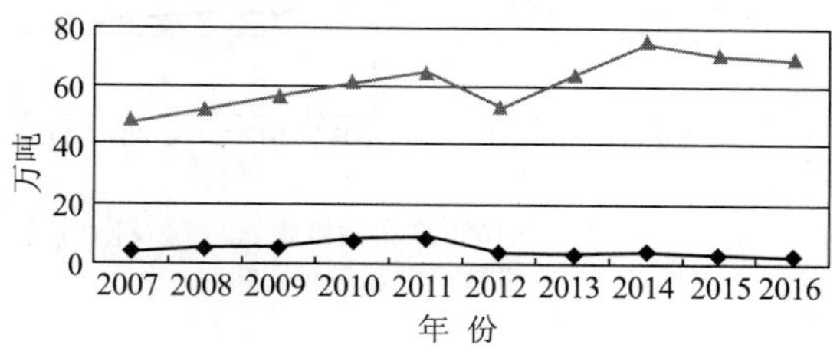

图26　2007—2016年生活用纸进口量及出口量

◆ 进口量　▲ 出口量

5. 包装纸

2016 年包装纸进口量大于出口量，净进口量 14 万吨。2007—2016 年包装纸进口量及出口量见图 27。

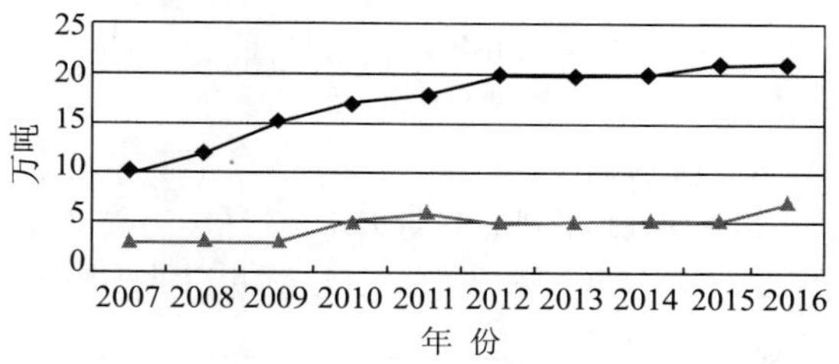

图27　2007—2016年包装纸进口量及出口量

◆ 进口量　▲ 出口量

6. 白纸板

2016 年白纸板出口量大于进口量，净出口量 140 万吨。其中，涂布白纸板出口量大于进口量，净出口量 140 万吨。2007—2016 年白纸板进口量及出口量见图 28。2007—2016 年涂布白纸板进口量及出口量见图 29。

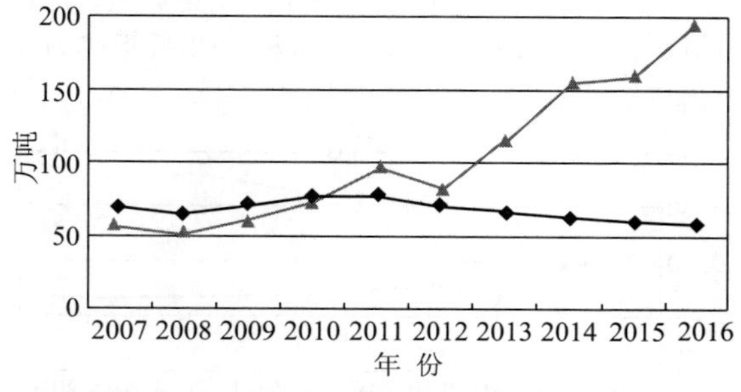

图28　2007—2016年白纸板进口量及出口量

◆ 进口量　▲ 出口量

7. 箱纸板

2016 年箱纸板进口量大于出口量，净进口量 59 万吨。2007—2016 年箱纸板进口量及出口量见图 30。

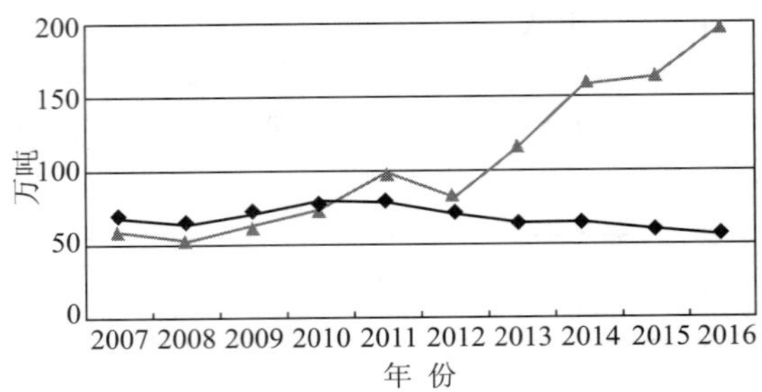

图29　2007—2016年涂布白纸板进口量及出口量

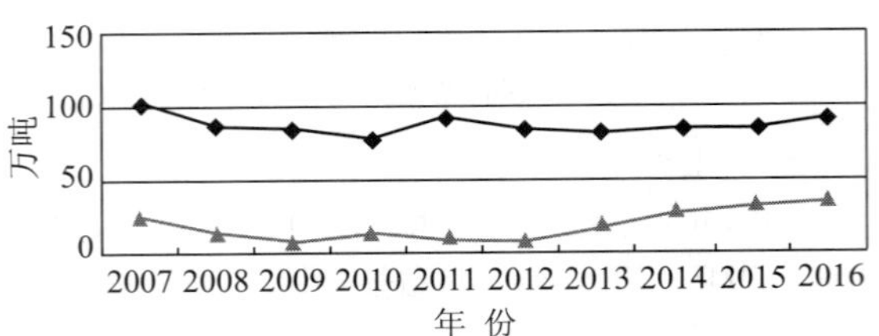

图30　2007—2016年箱纸板进口量及出口量

8. 瓦楞原纸

2016 年瓦楞原纸进口量大于出口量，净进口量 1 万吨。2007—2016 年瓦楞原纸进口量及出口量见图 31。

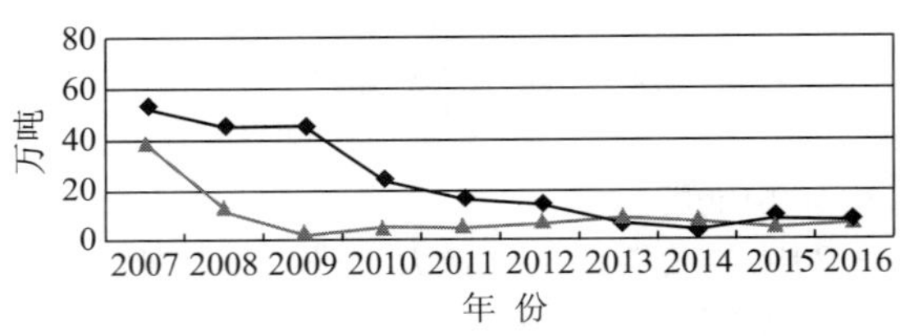

图31　2007—2016年瓦楞原纸进口量及出口量

9. 特种纸及纸板

2016 年特种纸及纸板出口量大于进口量，净出口量 55 万吨。2007—2016 年特种纸及纸板进口量及出口量见图 32。

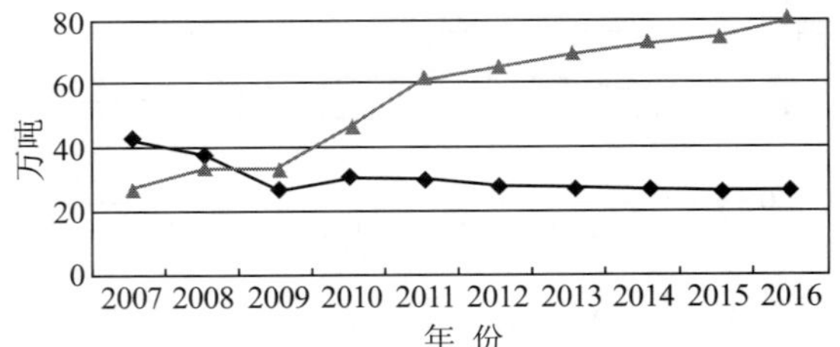

图32　2007—2016年特种纸及纸板进口量及出口量

(四)纸制品进出口情况

1. 纸制品进口情况

2016 年纸制品进口量 12 万吨，与 2015 年持平。2007—2016 年纸制品进口情况见图 33。

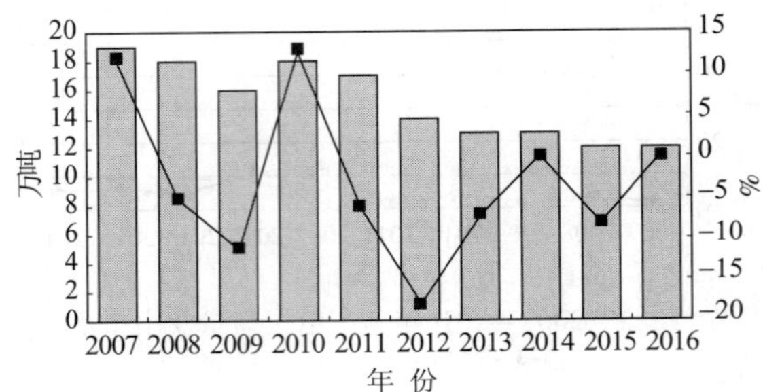

图33　2007—2016年纸制品进口情况

2. 纸制品出口情况

2016 年纸制品出口量 291 万吨，比 2015 年增加 7 万吨，同比增长 2%。2007—2016 年纸制品出口情况见图 34。

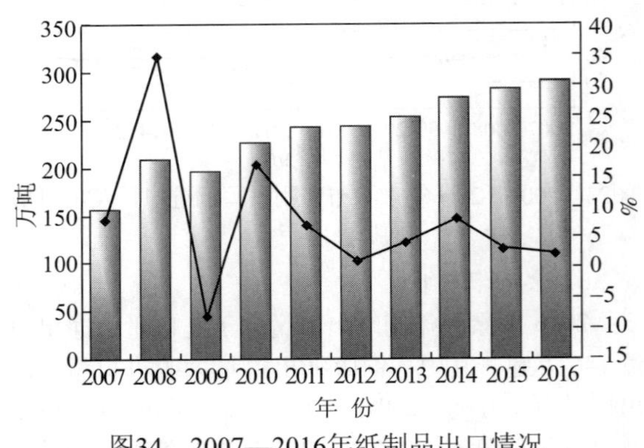

图34　2007—2016年纸制品出口情况

六、纸及纸板生产布局与集中度

根据中国造纸协会调查资料，2016 年我国东部地区 11 个省(区、市)纸及纸板生产量占全国纸及纸板生产量的 75.1%；中部地区 8 个省(区)占 16.2%；西部地区 12 个省(区、市)占 8.7%(见表 6)。

表 6　2016 年纸及纸板生产量区域布局变化

	2015 年		2016 年	
	生产量/万吨	占比/%	生产量/万吨	占比/%
纸及纸板生产量	10710	100	10855	100
其中：东部地区	8035	75.0	8153	75.1
中部地区	1750	16.3	1758	16.2
西部地区	925	8.7	944	8.7

注：据中国造纸协会调查资料。

2016年山东、广东、浙江、江苏、福建、河南、湖南、安徽、重庆、河北、广西、天津、湖北、四川、江西和海南16个省(区、市)纸及纸板生产量超过100万吨，生产量合计10370万吨，占全国纸及纸板生产量的95.53%(见表7、图35)。

表7　2016年纸及纸板生产量100万吨以上的省(区、市)　单位：万吨

省(区、市)	生产量		同比/%
	2015年	2016年	
山东省	1780	1850	3.93
广东省	1820	1840	1.10
浙江省	1650	1690	2.42
江苏省	1305	1285	-1.53
福建省	665	705	6.02
河南省	600	610	1.67
湖南省	320	310	-3.13
安徽省	265	295	11.32
重庆市	290	280	-3.45
河北省	305	275	-9.84
广西壮族自治区	230	240	4.35
天津市	235	230	-2.13
湖北省	230	215	-6.52
四川省	190	195	2.63
江西省	173	185	6.94
海南省	168	165	-1.79
合计	10226	10370	1.41

注：中国造纸协会调查资料。

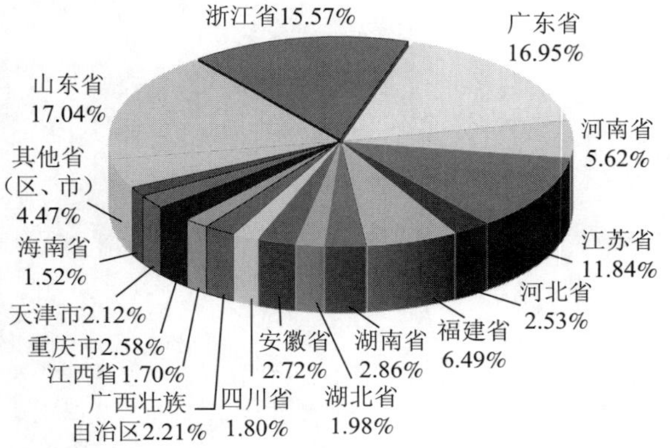

图35　2016年主要省（区、市）纸及纸板生产量占全国纸及纸板生产量的比例

注：据中国造纸协会调查资料。

七、环境保护

根据环境保护部统计，2015年造纸和纸制品业(统计企业4180家，比2014年减少484家)用水总量为118.35亿吨，其中，清水量为28.98亿吨，占工业清水总耗量386.96亿吨的7.5%；重复用水量为89.37亿吨，水重复利用率为75.5%。万元工业产值(现价)清水用量为40.6吨，比2014年减少5.6吨，降低12.1%。废水排放量为23.67亿吨，占全国工业废水总排放量181.55亿吨的13.0%。排放废水中化学需氧量(COD_{Cr})为33.5万吨，比2014年47.8万吨减少14.3万吨，减少29.9%，占全国工业COD_{Cr}总排放量255.5万吨的13.1%。万元工业产值(现价)COD_{Cr}排放强度为4.7千克(见图36)，比2014年降低28.8%。排放废水中氨氮为1.2万吨，占全国工业氨氮总排放量19.6万吨的6.1%。万元工业产值(现价)氨氮排放强度为0.17千克，比2014年降低22.7%。造纸工业废水处理设施年运行费用为54.2亿元，比2014年减少2.7亿元。

2015年，造纸和纸制品业二氧化硫排放量37.1万吨，比2014年降低10.0%；氮氧化物排放量22.0万吨，比2014年增长13.4%；烟(粉)尘排放量13.8万吨，比2014年降低2.8%。废气治理设施年运行费用20.5亿元，比2014年增长18.5%。

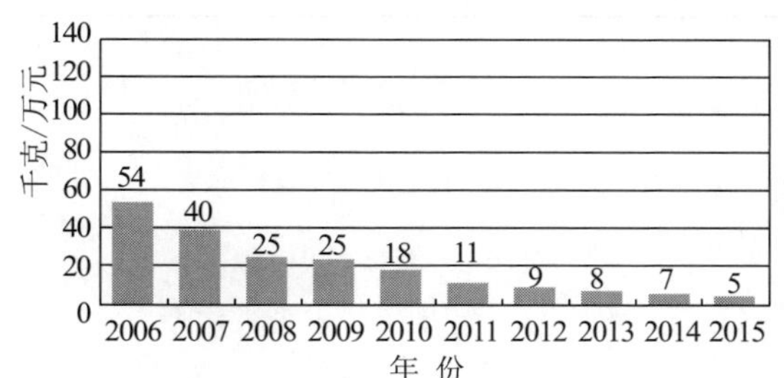

图36　2006—2015年造纸行业万元工业产值化学需氧量排放强度

八、结　语

2016年在我国经济平稳发展，市场信心有所恢复的推动下，造纸工业克服了能源、运输、原材料价格上涨等诸多不利因素，通过加大结构调整力度，适应市场需求变化，挖掘潜力，节能降耗，降低成本，提升产品质量等措施，实现了生产运营平稳，产销平衡，盈利有所增加，保持造纸产业平稳发展。

附表　2016年重点造纸企业生产量前30名企业

序号	单位名称	生产量/万吨		同比/%
		2015年	2016年	
1	玖龙纸业(控股)有限公司	1263.00	1331.00	5.38
2	理文造纸有限公司	519.45	543.13	4.56
3	山东晨鸣纸业集团股份有限公司	418.00	442.55	5.87
4	山东太阳控股集团有限公司	313.88	378.93	20.72
5	安徽山鹰纸业股份有限公司	294.00	354.00	20.41
6	华泰集团有限公司	307.98	318.65	3.46
7	福建联盛纸业有限公司	232.00	235.00	1.29
8	中国纸业投资有限公司	222.10	234.00	5.36
9	宁波中华纸业有限公司(含宁波亚洲浆纸业有限公司)	199.31	223.90	12.34
10	金东纸业(江苏)股份有限公司	203.38	207.73	2.14
11	山东博汇纸业股份有限公司	181.00	197.85	9.31
12	江苏荣成环保科技股份有限公司	160.83	189.53	17.84
13	东莞建晖纸业有限公司	135.43	143.00	5.59
14	浙江景兴纸业股份有限公司	123.11	131.00	6.41
15	金红叶纸业集团有限公司	123.66	129.34	4.59
16	山东世纪阳光纸业集团有限公司	113.79	124.61	9.51
17	海南金海浆纸业有限公司	107.69	108.85	1.08
18	东莞金洲纸业有限公司	85.27	105.91	24.21
19	芬欧汇川(中国)有限公司	89.50	100.00	11.73
20	山东泉林纸业有限责任公司	77.37	93.06	20.28
21	浙江永正控股有限公司	105.59	83.90	-20.54
22	新乡新亚纸业集团股份有限公司	68.59	75.86	10.60
23	武汉金凤凰纸业有限公司	47.30	73.22	54.80
24	浙江新胜大控股集团有限公司		70.99	
25	金华盛纸业(苏州工业园区)有限公司	62.80	62.60	-0.32
26	大河纸业有限公司	62.00	59.32	-4.32
27	山东贵和显星纸业有限公司	55.83	57.59	3.15
28	广州造纸集团有限公司	53.50	50.50	-5.61
29	山东恒联投资有限公司	41.75	50.29	20.46
30	亚太森博(广东)纸业有限公司	49.20	50.00	1.63

注：按已收集到的数据排列。

(中国造纸协会)

2016 年我国深沪上市造纸公司概况

Papermaking Companies Listed on Shenzhen and Shanghai Stock Market in 2016

2016 年是环保政策年，具有划时代意义的多个重磅环保政策持续出台，生态环保已经成为造纸行业的新焦点，环保部门通过重视环评到重视实际排放，从督查频次增多到监管执行力度加强，从严执法成为了重点工作。在国家一系列环保政策的高压推动下，造纸行业迎来优胜劣汰的优化升级阶段。

一、造纸工业整体运行环境概述

随着供给侧改革的不断推进，国民经济运行平稳，逐渐适应经济发展新常态，在此宏观背景下，国家环保整治、淘汰落后产能以及市场需求增长等因素进一步对造纸产业形成利好效应，造纸行业整体运行缓中趋稳，稳中向好，行业集中度进一步提升。2016 年下半年，受木浆、废纸、物流、煤炭等成本推动影响，国内造纸企业迎来涨价潮，行业复苏迹象明显，行业景气度进一步提升。

2016 年，工业和信息化部制定的《轻工业发展规划(2016—2020 年)》对造纸行业发展方向做了相应部署，造纸行业重点向节能、环保、绿色三大方向发展。工业和信息化部公布《工业绿色发展规划(2016—2020 年)》，要求“十三五”期间纸及纸板综合能耗削减 10%，由目前的每吨 530 千克标煤降低到 2020 年的每吨 480 千克标煤。工业和信息化部、水利部、国家发展和改革委、国家质量监督检验检疫总局 4 部委联合印发《重点用水企业水效领跑者引领行动实施细则》，提出将通过定期发布水效领跑者名单和指标，鼓励企业向水效领跑者学习，促进节水型工业体系建设。选择钢铁、乙烯、纺织染整、造纸、味精 5 个行业先行先试，以后逐步扩展范围，形成覆盖电力、钢铁、纺织、造纸、石化、化工等重点用水行业的水效领跑者制度。

环境保护部发布《关于实施工业污染源全面达标排放计划的通知》，要求到 2017 年年底，钢铁、火电、水泥、煤炭、造纸、印染、废水处理厂、垃圾焚烧厂 8 个行业达标计划实施取得明显成效，污染物排放标准体系和环境监管机制进一步完善，环境守法良好氛围基本形成。到 2020 年年底，各类工业污染源持续保持达标排放，环境治理体系更加健全，环境守法成为常态。国务院办公厅颁布的《控制污染物排放许可证实施方案》中，对完善控制污染物排放许可制度，实施企事业单位排污许可证管理作出部署，总体思路是实施“一证式”管理，目标任务是：2017 年上半年完成火电、造纸行业核发。2020 年完成《排污许可管理名录》规定行业核发，实现全覆盖。这意味着排污许可证将成为企业生产运营期排污行为的唯一行政许可，也意味着拿不到许可证将停产关闭，对造纸企业来说，首先必须实现达标排放，还要通过环保部门考核，拿到排污许可证，对众多企业和全行业发展是个大考验。

国务院印发《“十三五”生态环境保护规划》，重申了对造纸等高能耗、高排放行业的管控，到 2020 年，力争实现生态环境质量总体改善的目标。因此，目前尚未满足新环保要求的企业，尚需加大投入以满足相关规定，生产企业在废水治理方面的投入和运行成本将进一步增加。为进一步加强落后产能的淘汰，工业和信息化部、国家发展和改革委、人力资源部等 16 个部门联合发布《十六部门关于利用综合标准依法依规推动落后产能退出的指导意见》。这意味着包括造纸行业在内的相关企业要面临新一轮的淘汰落后产能潮。随着淘汰落后产能的力度继续加大，有望进一步加速行业内企业分化和深度调整。

简政放权一系列政策的持续推进，为市场经济行为的改善注入新的动力，有利于企业的自主提价行为；各企业进一步加快供给侧改革步伐，优化产品结构，加快新技术开发和应用，新概念产品不断涌现，以求避开同质化竞争。先进产能的补充和替代落后产能将给造纸行业带来新鲜的血液和动力，这有利于提升行业集中度，形成良好的行业循环。各公司坚持狠抓内控建设，规范运行，建立了以生态环保和文化建设为核心的生态文明建设的目标管理系统，实现社会、环保和企业效益三统一的和谐发展。

二、上市公司总体概述

自2016年9月为迎接G20会议举行要求停产和环保风暴的双重助推下，颓废了5年的造纸行业终于掀起了涨价潮。从稍后的10月下旬开始，在下游纸板和纸箱企业恐慌性抢纸的情况下，纸价陷入疯狂，并持续到2017年年初，极大改善了2016年度全行业完成情况，经济效益大增。据中国造纸协会调查资料，全国纸及纸板生产量10855万吨，同比增长1.35%，消费量10419万吨，同比增长0.65%。2007—2016年，纸及纸板生产量年均增长率4.43%，消费量年均增长率4.05%。2016年造纸行业主营业务收入8725亿元，同比增长6.98%。资产负债率56.91%，比2015年减少1.83个百分点；负债总额5712亿元，同比减少2.98%；在统计的2757家造纸生产企业中，亏损企业有316家，占11.46%，比2015年减少50家，降低近1.6个百分点。

沪深两市的造纸板块继2015年福建省南纸股份有限公司实施重大资产重组，造纸业务全部退出，置换为能源业务后，2016年度金城造纸股份有限公司完成重大资产重组，主营业务由传统的造纸业务变为钢铁、有色行业节能环保工程咨询、设计和总承包业务，并更名为神雾节能股份有限公司；延边石岘白麓纸业股份有限公司通过股权出让，更名为深圳九有股份有限公司，主营业务变更为手机摄像模组制造及销售；江门甘蔗化工厂(集团)股份有限公司也全部退出纸品生产，只把纸张贸易作为主业之一；所以本文不再将这3家公司作为分析对象，至此截至2016年年底在深沪两市正常运作的含有纸品生产业务的上市公司为25家，比2012年最多时的30家减少5家。另外，南宁糖业股份有限公司主攻制糖业，参与设立了南宁南糖产业并购基金，专注投资于国内外糖业资产，目前纸业部分份额也只占15%；中冶美利纸业股份有限公司因非公开发行股份，控股股东由中冶纸业集团变更为北京兴诚旺实业有限公司，并更名为中冶美利云产业投资股份有限公司(证券简称为“美利云”)，其募集资金近20亿元投资宁夏誉成云创数据投资有限公司的IDC业务，目前已建成一期2栋数据中心机房，按这趋势发展，退出纸业核心业务是迟早的事。这些年来，纸业板块上市公司规模在市场开放中不断被侵蚀，成为新兴行业的重组对象；反之，没有一家造纸企业通过资本运作，重组非纸业公司进入沪深两市，这样的结果多少让造纸界备感失落。

1. 环保风暴下纸品市场明显复苏，整体经营状况继续向好发展

各公司抓住市场复苏的难得机遇，创新发展，各项财务完成指标是造纸板块最好的一年，盈利指标增长幅度较大，引人瞩目。25家上市公司总股本数2646130万股(其中无限售流通股2237117万股)；总资产2341亿元，比2015年净增约118亿元，增长5.32%；净资产达1007亿元，比2015年净增175亿元，增长21.09%；主营业务收入1136亿元，比2015年净增140亿元，增长14.09%；实现净利润52.47亿元，比2015年净增23.96亿元，增长84.03%。资产负债率有效控制在60%以下合理水平，2016年平均资产负债率56.97%，比2015年降低5.66个百分点。盈利能力触底反弹，有向好趋势，2016年平均销售净利润4.62%，比2015年提高1.76个百分点；平均总资产收益率2.24%，比2015年提高0.96个百分点。除个别企业出现经营不善外，绝大部分企业盈利指标增长令人惊讶，特别是重点企业继续承担了这一板块的盈利责任，山东博汇纸业股份有限公司、华泰集团有限公司、山东晨鸣纸业集团股份有限公司、山东太阳纸业股份有限公司、安徽山鹰纸业股份有限公司、中顺洁柔纸业股份有限公司等多家企业盈利能力大幅度提高，约占总盈利的80%。整体经营向好主要原因是在环保风暴下市场明显复苏，售价普涨，同时各企业不断提质增效、重视环保、加大新产品研发以及扩大销售网络等多项有效措施，核心业务的竞争能力得到较大提升，盈利能力获得一些保障。

2. 政府补助持续增多需提防，修身立足仍是主题

2016年由于市场供需高涨，整体效益普遍趋好，吸引新资本的大量流入，同时刺激许多企业纷纷增加投资扩产，预计新增产能将会在后两年内暴增，给行业稳定发展埋下更多的不确定因素。同时到了2017年春节后，旺盛的市场需求明显减弱，产品价格竞争依然惨烈，经营风险隐患增大，应引

起高度重视。造纸行业低速稳步发展是常态，也是主流，应谨防大波动大冲击。

由于近些年国民经济脱实向虚发展凸显，工业制造业实体受到严重冲击，社会风险压力剧增，各地政府纷纷向本区域的骨干企业输血扶持，2016年度上市公司共获得各种政府补助12.43亿元，是有史以来获得补助最高的一年，比2015年增加约3.4亿元；约占总净利润的24%。政府补助仍是个别经营不善的企业存续经营的救命稻草。同时企业越大，获得政府补助越多，占整个补助的大部分比例。但政府补助的增加只是因为实体经济受到总体经济减速极大冲击下的一种非常规的临时救助措施，长远看，有逐步减少的趋势。同时一些公司发展多元化，非纸业(如化工、光电、房地产等)贡献不少，所以企业要修身立足，还得依托自身提升核心价值链的盈利能力，才有持续的供血保障，方可做大做强。

3. 大宗产品核心作用持续明显改善，小品种获利能力稳定提升

2016年度以高强瓦楞原纸、牛卡纸、白卡纸为主的包装纸及纸板类和以双胶纸、复印纸、铜版纸为主的文化用纸类获利能力双双从2015年低迷中走出，业绩回升；以特种纸、生活用纸、纸品加工为主的差别化小品种止住2015年的下滑趋势，取得较好的盈利水平；大宗产品和小品种两车轮齐头并进，取得难得的好业绩应是情理之中。更可喜的是为拓宽融资渠道，降低融资成本，创新融资方式，2015年山东晨鸣纸业集团股份有限公司设立融资租赁和财务公司以来，不仅为公司持续发展提供了融资保障，还取得很好的财务收入，为行业稳定发展开拓了思路；安徽山鹰纸业股份有限公司除了非公开发行股票和债券募集宝贵的资金外，也在上海自由贸易区设立山鹰(上海)融资租赁有限公司；南宁糖业股份有限公司紧紧抓住白砂糖市场低迷的有利时机，参与设立了南宁南糖产业并购基金，投资于国内外糖业资产，积极实施“走出去”的战略，取得对外发展重要突破。目前南宁南糖产业并购基金已成功收购了AB Sugar China Holdings Limited及AB Sugar China Limited持有的在广西壮族自治区境内多家股权，但纵观这些年糖纸一体化发展进程，公司整体业绩波动性大，纸品业务的推手作用持续萎缩，已不再是糖业公司的核心业务，也是不争的事实。

4. 资金固化严重，去库存压力增大

受前些年纸品市场的持续低迷，大规模投资受到严重压制，上市公司在建投资规模只有77亿元，是多年来最少的一年。但2016年度国家严加环保政策，加快了落后产能淘汰进程，促使许多小企业停产，上千万吨产能退出，一时间纸品市场大好，纸价疯涨，在极大改善造纸行业整体效益的同时，也极大刺激了企业扩产的欲望，特别是包装类产品，受电商快递业的持续高增长的推动，导致投资欲望膨胀，集中性产能暴增将不久到来，市场风险剧增，价格战将会重复上演，应引起足够警惕。鉴于目前复苏市场的推动，各公司均开足马力高效生产，开工率处于高位运行，纸品价格暴涨导致下游印刷包装的盈利能力受到严重削弱，并很快反制纸品生产，库存周期瞬间逆转上升到高位，总计应收账款和存货两大占用资金高达474亿元，再创历史新高，如果遇到市场复苏下挫，造纸行业会很快陷入困境，进入新一轮的恶性循环状态，对行业稳定发展是无益的，必须尽快消化这一风险。

5. 合规运行常态化，生态环保是主线

2016年深沪板块25家公司年度报告审计结果除了宜宾纸业股份有限公司被出具了带强调事项段或其他事项段的无保留意见的审计报告外，其余公司均为标准无保留意见审计报告。同时没有一家公司处于ST状态，这是历史上第一次，这说明各公司增强了内控建设和合规运行意识，更加注重公众形象和自身肩负的社会使命。2016年度拟有15家企业进行了现金配发，占25家的60%，占比之大是历史上罕见，业绩良好的龙头企业仍起到引领作用。在2016年度年报里对“履行其他社会责任的情况”的说明，充分地披露了上市公司及其子公司防治污染设施的建设和运行情况，主动接受社会公众的监督和评议，有力推进各公司践行生态环保的公信度，是近年年报公布改革的一大亮点。

6. 创新驱动深刻影响纸业未来的发展动向

造纸工业是我国制造业的一个传统行业，虽有长足进步，但也有诸多难题亟待解决，尤其是研发能力和创新驱动的推力急需持续补强。近年来，各公司积极投身新产品的开发与产品生产工艺的升级和改进，很多企业都加大研发，采用新工艺、新技术，开发适销对路的新产品，新概念产品和品牌效应不断为企业注入活力；积极打造拥有一支专业、高效、技术过硬的科技研发队伍，研发成果将形成公司专有技术，取得国家相关发明或实用新型专利等，并在公司相关产业应用，提升公司的核心竞争能力与技术研发能力。各公司提倡工匠精神，铸造优质产品，正如2016年山东太阳纸业股份有限公司年报前言所说，“工匠精神是一份坚守，更是一

份责任。我们将继续坚守工匠精神，厚植工匠文化，恪尽职业操守，崇尚精益求精，培育更多'太阳工匠'"。积极设立全国或区域全覆盖销售网络，通过"互联网+"，打造完整的销售平台，拉近了与客户的距离，降低了运输成本，提高了运输效率，提升与市场的对接能力。要占据市场竞争制高点，成本竞争是核心，各公司积极建立严格的成本预算管理，从每个工序、每个流程都进行精细化成本控制设计，增收节支的有效开展为企业赢得可观的经济效益，增强了企业抵御风险的能力。

三、2017 年发展趋势

2016 年我国经济缓中趋稳，稳中向好，供给侧改革取得阶段性成果。国家环保整治、淘汰过剩产能以及市场需求增长等因素，推动造纸行业产品涨价提速，行业复苏迹象明显，高景气度将得到延续。但我们也要清醒看到，一方面造纸行业环保问题依然严峻，成为各地环保监控的重点目标，密集出台的一系列环保严控政策的落地实施，在对行业发展利好的同时也势必加大造纸企业的环保成本；另一方面随着网络购物的高速增长，对包装物的需求也在不断增长，一时间各地又掀起一轮包装纸和纸板生产线的投资热潮；环保概念为本色纸（文化用纸、生活用纸和包装纸）深层次发展注入一股强心剂，各地企业纷纷涌向这一市场浪潮中；还有溶解浆新一轮供需改善，为一些化学浆生产企业纷纷转产溶解浆打开了泄洪大闸。这些投资欲望的膨胀势必引来诸多负效应，应引起高度关注和理性决策，实现行业稳定发展。

表 1

2016 年造纸板块个股一览表

序号	代码	上市公司	总资产/万元		总股本/万股		主营业务收入/万元		净利润/万元		所有者权益/万元		每股收益/（元/股）		每股净资产/（元/股）（归属上市公司股东）		加权平均净资产收益率/%	
			2015 年	2016 年	总股本	其中无限售	2015 年	2016 年	2015 年	2016 年	2015 年	2016 年	2015 年	2016 年	2015 年	2016 年	2015 年	2016 年
	一、包装纸和纸板		6852476	7258573	1190234	992754	3603133	4439771	105722	225017	2563327	3161569						
1	600103	青山纸业	327721	489164	177371	106184	211161	227754	-13039	6118	123500	336917	-0.138	0.036	0.619	1.801	-12.520	2.760
2	600567	山鹰纸业	1841346	2004893	455125	376694	978700	1213481	20751	35889	617466	842734	0.060	0.090	1.345	1.840	3.460	4.980
3	200986	粤华包 B	605934	618274	50543	17193	328204	360776	17092	13910	350898	359871	0.260	0.120	3.637	3.918	7.100	3.130
4	002067	景兴纸业	571829	569046	109395	96053	295411	368097	208	31524	301010	335620	0.010	0.290	2.680	3.000	0.400	10.330
5	600966	博汇纸业	1213973	1204366	133684	133684	705776	779626	4312	21438	426079	447110	0.029	0.151	2.932	3.082	0.990	5.010
6	002078	太阳纸业	1971785	2019419	253586	252416	1082512	1445549	75510	115820	739368	833993	0.270	0.420	2.755	3.140	10.340	14.120
7	600793	宜宾纸业	319888	353411	10530	10530	1369	44488	888	318	5006	5324	0.084	0.030	0.475	0.506	19.460	6.150
	二、新闻纸		1603220	1489326	116756	116756	941678	1080991	4701	17998	655073	671971						
8	600308	华泰纸业	1603220	1489326	116756	116756	941678	1080991	4701	17998	655073	671971	0.055	0.156	5.433	5.579	1.022	2.833
	三、文化用纸		9999388	10403647	492393	411394	2954797	3063593	75598	162135	2491975	3178169						
9	000488	晨鸣纸业	7796170	8228535	193641	192862	2024191	2290712	97793	202261	1725893	2256486	0.500	0.990	8.713	11.474	6.730	9.590
10	600069	银鸽投资	507553	465838	124910	82537	282024	234288	1995	-43344	240131	196787	0.050	-0.320	1.938	1.618	3.070	-17.980
11	000815	美利云	140694	286451	69526	31679	55671	58736	14808	395	3486	199608	0.470	0.010	0.050	2.827		0.270
12	600963	岳阳纸业	1554971	1422823	104316	104316	592911	479857	-38998	2823	522465	525288	-0.370	0.030	5.008	5.036	-7.290	0.540
	四、特种浆纸		2291463	2345933	397070	368982	1139909	1232784	46992	56717	1490136	1553543						
13	600235	民丰特纸	257718	229287	35120	35120	141143	146823	-15798	1006	126765	127793	-0.440	0.040	3.552	3.589	-11.690	1.000
14	600356	恒丰纸业	265879	272207	29873	29873	139503	136046	8781	9367	196067	202745	0.310	0.320	6.482	6.708	4.830	4.810

续表

序号	代码	上市公司	总资产/万元		总股本/万股		主营业务收入/万元		净利润/万元		所有者权益/万元		每股收益/（元/股）		每股净资产/（元/股）（归属上市公司股东）		加权平均净资产收益率/%	
			2015年	2016年	总股本	其中无限售	2015年	2016年	2015年	2016年	2015年	2016年	2015年	2016年	2015年	2016年	2015年	2016年
15	600433	冠豪高新	399256	417868	127132	119028	129522	173995	3484	10398	245218	254345	0.030	0.090	1.915	1.990	1.590	4.370
16	002012	凯恩股份	162386	174861	46763	46763	89250	94257	2758	1780	124772	126578	0.040	0.020	2.523	2.542	1.650	0.730
17	300057	万顺股份	453580	457248	43966	26757	219354	223592	6159	9412	266915	274497	0.150	0.172	5.143	5.285	3.220	3.300
18	002521	齐峰股份	409741	422345	45469	43002	235561	270822	27011	14193	335129	340459	0.59	0.290	7.370	7.488	9.160	4.210
19	002565	顺灏股份	342903	372117	68747	68439	185576	187249	14597	10561	195270	227126	0.21	0.140	2.570	3.049	8.470	5.200
	五、纸制品		685716	1120042	299903	228654	530457	619220	36121	35482	446629	814205						
20	002235	安妮股份	64747	267821	41374	22725	43568	43055	2198	1150	39205	238757	0.0558	0.037	0.880	5.738	3.040	1.480
21	002228	合兴包装	298319	370651	104297	103869	285247	354237	12315	12494	161080	171050	0.11	0.100	1.504	1.564	8.280	6.440
22	002303	美盈森	322650	481570	154232	102060	201642	221928	21608	21838	246344	404398	0.1541	0.154	1.541	2.567	9.500	8.260
	六、生活用纸		454428	451246	50526	48360	295898	380935	8820	26042	243397	269639						
23	002511	中顺洁柔	454428	451246	50526	48360	295898	380935	8820	26042	243397	269639	0.180	0.540	4.817	5.337	3.690	10.210
	七、糖纸类		340560	341917	99248	70217	487382	538094	7161	1309	428314	423865						
24	000833	贵糖股份	340560	341917	66840	37809	173540	179212	1866	-695	263723	263220	0.220	0.060	3.946	3.938	6.270	1.470
25	000911	南宁糖业	566974	669903	32408	32408	313842	358882	5295	2004	164591	160645	0.190	0.060	4.915	4.924	4.410	1.190
		总计	22227251	23410684	2646130	2237117	9953254	11355388	285115	524700	8318851	10072961						

表 2　2016 年造纸板块个股一览表

序号	代码	上市公司	2017 年拟分红计划	2016 年已分红	主要投资情况	主要信息披露	备注
一、包装纸及纸板							
1	600103	青山纸业	不分配不转增	不分配不转增	年产 50 万吨食品包装纸技改工程项目一期即 3 号机技改及配套项目在建；完成热电厂 5 号炉脱硝、脱硫及除尘技术改造、废水深度处理提升改造项目。根据计划，年产 3 万吨超声波竹木制浆中试线项目建设争取于 2017 年上半年完成	公司向特定对象非公开发行不超过 72000 万股普通股（A 股），募集资金已全部到位。公司控股子公司深圳市恒宝通光电子股份有限公司实施非公开发行，本次发行股份 2000 万股，募集资金 3580 万元。公司全资子公司深圳市龙岗闽环实业有限公司先后收到搬迁补偿款累计 3068 万元	标准无保留审计意见
2	600567	山鹰纸业	每 10 股派发现金 0.25 元（含税）	每 10 股派发现金 0.2 元（含税）	在上海自贸区设立山鹰（上海）融资租赁有限公司；以自有资金购买上海市杨浦区安浦路 645 号滨江国际广场 6 号楼作为公司研发中心及运营总部的办公场地	公司完成“16 山鹰债”的发行并在上交所挂牌上市，募集资金 10 亿元；公司非公开发行股票获得中国证监会核准批复，本次非公开发行股票共获得募集资金 20 亿元；公司共完成四期超短期融资券和一期短期融资券的发行，融资金额总计 23 亿元。公司担保总额约 34 亿元，占净资产 40%	标准无保留审计意见
3	200986	粤华包 B	每 10 股派发现金 0.32 元（含税）	每 10 股派发现金 0.38 元（含税）		公司担保总额约 10 亿元，占净资产 51%	标准无保留审计意见
4	002067	景兴纸业	每 10 股派发现金 0.7 元（含税）	不分配不转增	取消废纸脱墨建设，6.8 万吨生活用纸原纸项目在建	报告期内公司通过二级市场减持浙江莎普爱思股份有限公司获得收益 23720.75 万元	标准无保留审计意见
5	600966	博汇纸业	每 10 股派发现金 0.22 元（含税）	不分配不转增		对外担保约 44 亿元，占净资产 98%	标准无保留审计意见
6	002078	太阳纸业	每 10 股派发现金 0.50 元（含税）	每 10 股派发现金 0.50 元（含税）	年产 50 万吨低定量高档牛皮箱纸板项目在建	与日本制纸 Crecia 股份有限公司签署纸尿裤生意战略合作伙伴协议，正式在我国市场推出 Suyappy（舒芽奇）系列儿童纸尿裤。2016 年 2 月 6 日，经中国证监会证监许可［2016］295 号文核准，公司获准公开发行不超过 20 亿元的公司债券	标准无保留审计意见
7	600793	宜宾纸业	不分配不转增	不分配不转增	除生活用纸外，整体搬迁项目一期工程食品包装纸生产线和化学制浆生产线已经建成并试运行		出具了带强调事项段或其他事项段的无保留意见的审计报告

续表

序号	代码	上市公司	2017 年拟分红计划	2016 年已分红	主要投资情况	主要信息披露	备注
二、新闻纸							
8	600308	华泰纸业	每 10 股派发现金 0.47 元（含税）	每 10 股派发现金 0.17 元（含税）	完成离子膜烧碱项目搬迁、10 号机升级改造结构调整建设；苯胺项目、热电脱硝项目、碱回收炉改造等工程在建		标准无保留审计意见
三、文化用纸							
9	000488	晨鸣纸业	普通股每 10 股 6 元现金；优先股每 10 股 3.08 元现金	每 10 股 3 元现金（含税）	湛江晨鸣液体包装纸项目于 2016 年 10 月顺利投运；海鸣矿业菱镁矿项目、黄冈晨鸣林浆一体化项目、寿光晨鸣化学浆项目在建	成功发行 45 亿元优先股，为山东省首家发行优先股的上市公司，也为同行业首家发行；获得了国家发展和改革委、国家开发银行专项基金 7 亿元；对外担保 132 亿元，占净资产的 59%	标准无保留审计意见
10	600069	银鸽投资	不分配不转增	不分配不转增		于 2016 年 4 月 5 日撤销退市风险警示，公司股票简称由“＊ST 银鸽”变为“银鸽投资”	标准无保留审计意见
11	000815	美利云	不分配不转增	不分配不转增	誉成云创已建成一期 2 栋数据中心机房（E3、E1）	公司因非公开发行股份，控股股东由中冶纸业集团变更为北京兴诚旺实业有限公司。公司完成了非公开发行股票工作，共募集资金 194530 万元投资宁夏誉成云创数据投资有限公司，主要从事 IDC 业务	标准无保留审计意见
12	600963	岳阳纸业	不分配不转增	不分配不转增	湘纸搬迁、热电环保改造等项目在建	2016 年 11 月公司非公开发行申请获得了证监会审核通过，公司通过收购园林公司，加速实现产业转型。因资产置换，2016 年度公司不再生产商品浆板；因湖南湘江纸业有限公司关停并转搬迁，2016 年度包装纸生产量大幅减少	标准无保留审计意见
四、特种浆纸							
13	600235	民丰特纸	不分配不转增	不分配不转增			标准无保留审计意见
14	600356	恒丰纸业	每 10 股派 0.96 元（含税）	每 10 股派 0.90 元（含税）			标准无保留审计意见
15	600433	冠豪高新	每 10 股派 0.38 元（含税）	每 10 股派 0.1 元（含税）			标准无保留审计意见

续表

序号	代码	上市公司	2017 年拟分红计划	2016 年已分红	主要投资情况	主要信息披露	备注
16	002012	凯恩股份	不分配不转增	不分配不转增		2016 年度公司控股股东凯恩集团有限公司股东王白浪和浙江科浪能源有限公司与苏州恒誉六合投资合伙企业签署了《股权转让协议》，协议约定苏州恒誉受让王白浪持有的凯恩集团有限公司 50% 的股权和浙江科浪能源有限公司持有的凯恩集团有限公司 40% 股权。本次股权转让完成后，苏州恒誉将持有凯恩集团有限公司 90% 的股权，成为凯恩集团有限公司的控股股东	标准无保留审计意见
17	300057	万顺股份	每 10 股派发现金 0.4 元（含税）	每 10 股派发现金 0.3 元（含税）	公司直接投入年产 240 万米^2 节能膜生产线建设项目 12618 万元；直接投入补充流动资金 8000 万元；投入收购汕头市东通光电材料有限公司股权 15000 万元	对外担保约 9.5 亿元，占净资产 41%	标准无保留审计意见
18	002521	齐峰股份	每 10 股派发现金 3 元（含税）	每 10 股派发现金 2 元（含税）	年产 1.8 万吨的高清晰度耐磨材料生产线已建成投产、未建设的 2 条 2640 毫米装饰纸生产线变更成为 1 条 2640 毫米装饰纸生产线和淄博市临淄区朱台热力有限公司热电联产项目		标准无保留审计意见
19	002565	顺灏股份	每 10 股派发现金 1 元（含税）	不分配不转增		其拟引进战略投资者同顺灏投资集团有限公司进行合作，公司股票现更名为顺灏股份	标准无保留审计意见
五、纸制品							
20	002235	安妮股份	不分配不转增	每 10 股转增 5 股		公司总资产、归属上市公司股东的净资产比 2015 年大增，主要是因为公司通过发行股份与现金购买方式收购了畅元国讯 100% 股权并配套募集资金 100000 万元，公司进入了版权服务领域。公司与深圳市智能时代信息技术有限公司、深圳市鑫港源投资策划有限公司以现金方式收购微梦想 30% 股权	标准无保留审计意见

续表

序号	代码	上市公司	2017 年拟分红计划	2016 年已分红	主要投资情况	主要信息披露	备注
21	002228	合兴包装	每 10 股派发现金 0.5 元（含税）	每 10 股派发现金 1 元（含税）转增 18 股	滁州华艺柔印环保科技有限公司环保预印、佛山合信包装有限公司纸箱等新建项目在建	设立多家供应链管理有限公司	标准无保留审计意见
22	002303	美盈森	每 10 股派发现金 0.22 元（含税）	每 10 股派发现金 0.24 元（含税）		公司非公开发行不超过 257936507 股新股	标准无保留审计意见
	六、生活用纸						
23	002511	中顺洁柔	每 10 股派发现金 1 元（含税）转增 5 股	每 10 股派发现金 0.5 元（含税）		向 242 名激励对象授予 1713.30 万股限制性股票	标准无保留审计意见
	七、糖纸类						
24	000833	贵糖股份	不分配不转增	不分配不转增			标准无保留审计意见
25	000911	南宁糖业	不分配不转增	不分配不转增		参与设立了南宁南糖产业并购基金，投资于糖业资产	标准无保留审计意见

（陈奇志）

国家统计局数据：2016 年全国造纸及纸制品行业主要经济指标

Data from National Statistics Bureau：Major Economical Indexes of Paper and Paper Products Industries in 2016

2016 年造纸及纸制品行业主要经济指标　　单位：千元、%

指标名称	主营业务收入	同比	利润总额	同比	产成品存货	同比
造纸及纸制品业	**1468741388**	**6.47**	**84408931**	**16.12**	**44062107**	**-7.75**
1. 纸浆制造	13032418	-7.83	-87588	9.00	683504	-17.46
木竹浆制造	10057413	3.78	37615	-78.37	422316	-20.15
非木竹浆制造	2975005	-33.11	-125203	53.65	261188	-12.70
2. 造纸	872521035	6.98	48605623	28.74	27465102	-13.08
机制纸及纸板制造	819975899	6.91	45958075	30.26	25704278	-13.80
手工纸制造	12188389	1.29	528290	-1.76	443007	4.28
加工纸制造	40356747	10.36	2119258	9.39	1317817	-2.56
3. 纸制品制造	583187935	6.07	35890896	2.45	15913501	3.76
纸和纸板容器	337604745	4.94	19321279	1.11	7399698	3.19
其他纸制品制造	245583190	7.66	16569617	4.05	8513803	4.27

注：1. 资料来源：国家统计局。

2. “规模以上”是指年主营业务收入 2000 万元及以上全部工业法人企业。

（郭永新）

国家统计局数据：2016 年全国造纸及纸制品行业分地区产品生产量

Data from National Statistics Bureau: Productions of Paper and Paper Products Industries by Region in 2016

2016 年造纸及纸制品行业分地区产品生产量

单位：吨

地区	一、机制纸及纸板（外购原纸加工纸除外）	同比/%	其中：1. 未涂布印刷书写纸	同比/%	其中：新闻纸	同比/%	2. 涂布类印刷用纸	同比/%	3. 卫生用纸原纸	同比/%	4. 箱纸板	同比/%	二、纸制品	同比/%
全　国	**123192202**	**3.13**	**7236147**	**-7.37**	**2918975**	**-15.65**	**6902688**	**-0.96**	**4092253**	**5.30**	**10952793**	**3.83**	**71902787**	**3.06**
北　京	60606	3.77	0	0.00	0	0.00	0	0.00	47531	-3.82	0	0.00	391159	-2.92
天　津	2850048	2.10	750	-87.78	0	0.00	5200	81.82	0	0.00	76638	-7.05	1423171	-3.09
河　北	3450386	0.00	431102	4.43	395458	0.29	185063	-4.55	10706	-12.50	1169122	-6.51	3597181	-7.61
山　西	416694	20.80	13237	-8.74	5736	-18.75	0	0.00	15975	-1.06	0	0.00	186785	1.03
内蒙古	122671	-0.47	0	0.00	0	0.00	0	0.00	0	0.00	42040	9.82	821506	22.24
辽　宁	541176	20.77	54745	2.33	0	0.00	0	0.00	45008	36.38	186441	19.09	699890	-35.75
吉　林	751479	-1.60	16475	-6.61	0	0.00	269145	-1.95	0	0.00	6063	12.05	781493	11.64
黑龙江	343847	-26.69	0	0.00	0	0.00	0	0.00	11216	-8.72	61032	-12.66	203150	11.04
上　海	620777	-18.22	0	0.00	0	0.00	13699	-3.16	117237	-3.23	44417	-27.79	1356769	-5.20
江　苏	13198343	2.30	455860	-2.08	0	0.00	2702974	-0.91	640748	8.24	542484	5.91	6065560	5.96

续表

地区	一、机制纸及纸板（外购原纸加工纸除外）	同比/%	其中：1. 未涂布印刷书写纸	同比/%	其中：新闻纸	同比/%	2. 涂布类印刷用纸	同比/%	3. 卫生用纸原纸	同比/%	4. 箱纸板	同比/%	二、纸制品	同比/%
浙　江	18897640	6. 51	15540	－32. 84	15540	5. 89	145555	15. 07	80975	－10. 43	1452513	－1. 36	7994257	4. 41
安　徽	3438031	10. 35	350619	－3. 59	139704	－17. 88	0	0. 00	203480	10. 16	1847398	19. 66	1791696	1. 39
福　建	7269975	6. 73	256684	－20. 39	0	0. 00	75374	12. 46	332916	11. 45	1918864	12. 14	4255177	4. 75
江　西	2003389	10. 90	6856	－7. 55	0	0. 00	146717	10. 27	87923	126. 62	40009	－54. 60	1464418	－33. 10
山　东	21703814	4. 14	2871820	－8. 52	1698124	－11. 59	483945	4. 78	170855	4. 15	1276153	－2. 04	3693652	－1. 81
河　南	7393932	1. 99	862506	1. 69	196051	4. 27	105162	－5. 14	126196	31. 57	44399	－4. 61	7248286	2. 02
湖　北	2511331	－4. 80	600730	5. 84	13117	－31. 58	0	0. 00	121814	－45. 90	16702	－14. 65	3596227	9. 47
湖　南	4221288	－4. 93	502687	－15. 67	1685	－97. 70	651675	－14. 45	307334	22. 84	388336	－9. 14	3294853	10. 12
广　东	21275229	0. 60	504477	－19. 30	432337	－19. 68	968205	28. 61	139861	35. 70	1099592	－4. 00	10789142	10. 46
广　西	2887137	0. 72	108831	－12. 24	0	0. 00	10750	218. 13	457894	－13. 89	24060	13. 17	2194302	4. 12
海　南	1670605	－0. 21	0	0. 00	0	0. 00	1088539	1. 08	526692	－2. 63	0	0. 00	5937	221. 75
重　庆	2995712	－0. 01	0	0. 00	0	0. 00	0	0. 00	188468	77. 12	162036	－16. 01	2604271	－3. 06
四　川	2105762	18. 51	45958	－18. 74	0	0. 00	31400	－84. 46	166949	0. 54	239564	412. 37	3465510	10. 32
贵　州	278038	15. 08	0	0. 00	0	0. 00	0	0. 00	5448	－1. 68	0	0. 00	1299642	31. 03
云　南	784622	33. 24	0	0. 00	0	0. 00	1451	－26. 91	44033	53. 98	82521	19. 06	593502	12. 32
西　藏	111008	－6. 64	0	0. 00	0	0. 00	0	0. 00	0	0. 00	0	0. 00	37490	－1. 46
陕　西	721489	1. 98	0	0. 00	0	0. 00	0	0. 00	141599	34. 42	64027	－37. 76	1072425	12. 45
甘　肃	45418	－1. 07	0	0. 00	0	0. 00	0	0. 00	45418	－1. 07	0	0. 00	430461	7. 87
青　海	0	0. 00	0	0. 00	0	0. 00	0	0. 00	0	0. 00	0	0. 00	393	－39. 71
宁　夏	206707	－14. 52	116049	－4. 79	0	0. 00	0	0. 00	54560	－14. 53	0	0. 00	121826	－20. 48
新　疆	315047	8. 18	21222	269. 46	21222	269. 46	17833	5. 54	1417	－69. 66	168382	－7. 26	422656	－2. 35

注：1. 资料来源：国家统计局。

2. 统计口径为年主营业务收入2000万元及以上全部工业法人企业。

（郭永新）

历年我国纸浆、纸及纸板生产量（1949—2016 年）

Productions of Pulp, Paper and Paperboard in China（1949 – 2016）

历年我国纸浆、纸及纸板生产量(1949—2016 年) 单位：万吨

年份	机制纸浆		纸及纸板			
			机制纸及纸板		手工纸生产量	生产量合计
	生产能力	生产量	生产能力	生产量		
1949		3.5		10.8	12.0	22.8
1952		24.3		37.2	23.1	60.3
1957		80.1		91.3	31.4	122.7
1978	452.8	345.5	499.4	438.7	27.5	466.2
1979	489.5	392.9	541.6	492.8	25.7	518.5
1980	533.1	426.3	593.8	543.6	28.0	562.6
1981	563.9	406.3	563.9	540.2	29.1	569.3
1982	579.3	421.1	685.7	589.0	24.8	613.8
1983	619.7	458.9	728.9	661.3	22.6	683.9
1984	664.8	514.6	780.5	755.9	20.6	776.5
1985	720.4	615.3	886.8	911.2	19.6	930.8
1986	875.15	679.15	805.87	998.57	17.8	1016.4
1987	969.51	694.5	1225.76	1141.05	23.4	1164.5
1988	1097.85	872.59	1396.34	1270	20.0	1290
1989	1198.08	868.56	1493.99	1333	20.0	1353
1990	1240.17	834.96	1595.62	1371.87	20.0	1391.87
1991	1345.02	1075	1688.34	1478.69	20.0	1498.69
1992	1448.59	1199	1847.51	1725.07	20.0	1745.07
1993	1362.24	1529	2001.05	1867.87		1867.87
1994	1534.94	1705	2269.90	2138.27		2138.27
1995	1425.11	1862	4420.35	2812.30		2812.30
1996	1896.94	1900	3335.06	2643.94	24.76	2668.70
1997	1874.60	1738	3509.87	2733.19	23.98	2757.17
1998		2384		2800.00	24.00	2824.00

续表

年份	机制纸浆		纸及纸板			
	生产能力	生产量	机制纸及纸板		手工纸生产量	生产量合计
			生产能力	生产量		
1999		2443		2900		2900
2000		2501		3050		3050
2001		2490		3200		3200
2002		2944		3780		3780
2003		3309		4300		4300
2004		3723		4950		4950
2005		4446		5600		5600
2006		5204		6500		6500
2007		5935		7350		7350
2008		6415		7980		7980
2009		6732		8640		8640
2010		7318		9270		9270
2011		7723		9930		9930
2012		7867		10250		10250
2013		7651		10110		10110
2014		7906		10470		10470
2015		7984		10710		10710
2016		7925		10855		10855

注：1. 各年纸浆生产量及生产能力统计数据，估计统计不全，仅供参考。

2. 1985—1986 年纸及纸板实际生产量大于生产能力是由于前者是全国生产量而后者仅指轻工系统内企业统计数据。

3. 1995 年数据系依据 1995 年全国工业普查统计资料，包括了乡镇、村及私人等造纸企业。比一般年度数据偏高。

4. 1998 年生产量按 1997 年统计口径估计机制纸板为 2800 万吨、手工纸为 24 万吨。

5. 1999 年以后纸及纸板生产量为全部国有和年产品销售收入 500 万元及以上非国有工业企业生产的产品生产量，手工纸未统计。

6. 2009 年机制纸浆生产量为中国造纸协会 2010 年修正数据。

（邱江惠）

历年我国纸和纸板、纸浆及废纸进出口概况(1996—2016年)

Imports and Exports of Paper and Paperboard, Pulp and Waste Paper in China (1996－2016)

表1　　历年我国纸及纸板进出口量(1996—2016年)　　单位：万吨

年份	纸及纸板		纸制品	
	进口量	出口量	进口量	出口量
1996	499.49	23.31	66.15	58.20
1997	552.43	28.27	67.14	70.50
1998	577.20	30.35	50.74	64.58
1999	652.30	13.44	39.01	62.63
2000	597.14	71.83	34.04	74.47
2001	562.24	79.95	24.50	73.32
2002	636.94	85.47	23.89	88.28
2003	634.71	129.09	22.61	106.65
2004	614	124.78	16	95.97
2005	524	193.90	15	123.76
2006	441	341	17	143
2007	401	461	19	156
2008	358	403	18	211
2009	334	405	16	195
2010	336	433	18	228
2011	331	509	17	243
2012	311	513	14	245
2013	283	611	13	255
2014	282	681	13	276
2015	287	645	12	284
2016	297	733	12	291

表2　　历年我国纸浆及废纸进口量(1996—2016年)

年份	纸浆		废纸	
	进口量/万吨	金额/亿美元	进口量/万吨	金额/亿美元
1996	146.80	7.75	137.18	1.93
1997	154.16	7.47	161.82	1.76
1998	219.93	9.23	191.47	1.71

续表

年份	纸浆		废纸	
	进口量/万吨	金额/亿美元	进口量/万吨	金额/亿美元
1999	309.7		251.6	2.45
2000	334.51	21.21	371.36	5.57
2001	490.38	20.76	641.91	6.59
2002	526.49	21.68	678.26	7.32
2003	603.40	26.60	938.18	12.3
2004	732	35.67	1230	17.26
2005	759	37.25	1703	
2006	796	43.92	1962	
2007	845		2256	
2008	952		2421	
2009	1367		2750	
2010	1137		2435	
2011	1445		2728	
2012	1647		3007	
2013	1685		2924	
2014	1797		2752	
2015	1984		2928	
2016	2106		2850	

表 3　　历年纸浆及废纸出口量(1996—2016 年)

年份	纸浆		废纸	
	出口量/万吨	金额/亿美元	出口量/万吨	金额/亿美元
1996	1.68		0.53	
1997	2.20		0.35	
1998	1.98	0.09	0.08	0.01
1999				
2000	2.55	0.10	0.46	0.004
2001	1.26	0.083	0.09	0.0008
2002	1.92	0.16	0.07	0.0007
2003	2.51	0.21	0.11	0.0018
2004	1.75		0.07	
2005	4.70		0.01	
2006	7.47		0.01	
2007	11.16		0.05	
2008	7.23		0.002	
2009	8.70		0.03	
2010	8.10		0.08	
2011	9.91		0.36	
2012	7.99		0.24	
2013	8.31		0.10	
2014	9.75		0.07	
2015	10.20		0.07	
2016	9.57		0.23	

注：资料来源于历年中国造纸协会发布的《中国造纸工业年度报告》，历年《中国造纸年鉴》。

（邱江惠）

历年我国与世界纸浆、纸及纸板的生产量与消费量(1996—2016 年)

Productions and Consumptions of Pulp, Paper and Paperboard in China and the World (1996 - 2016)

历年我国与世界纸浆、纸及纸板的生产量与消费量(1996—2016 年) 单位：万吨

年份	全世界					我国				
	纸浆生产量	纸浆消费量	纸及纸板生产量	纸及纸板消费量	纸及纸板人均年消费量/千克	纸浆生产量	纸浆消费量	纸及纸板生产量	纸及纸板消费量	纸及纸板人均年消费量/千克
1996	17404	17294	28197	27940	48. 5	1900	2045	2600	3028	24. 7
1997	17820	17900	29904	29690	50. 8	1738	1890	2744	3270	26. 5
1998	17553	17511	30101	29852	50. 4	2384	2604	2800	3347	26. 8
1999	17913	18007	31571	31439	52. 8	2443	2752	2900	3525	27. 8
2000	18868	18901	32329	32338	53. 8	2501	2834	3050	3575	28. 0
2001	17937	18257	31815	31802	51. 8	2490	2980	3200	3683	29
2002	18200	18265	33070	33076	53. 7	2944	3470	3780	4332	33
2003	18516. 5	18442. 3	33881. 5	33912. 5	51. 7	3309	3910	4300	4806	37
2004	18849. 6	18775. 4	35959. 9	35752. 7	55. 6	3723	4455	4950	5439	42. 0
2005	18320	18843. 9	36702. 5	36639. 8	56. 3	4446	5200	5600	5930	45. 0
2006	18660	19230	38200	38176	70. 8	5204	5992	6500	6600	50. 0
2007	18835	19619	39430	39418	59. 2	5935	6769	7350	7290	55
2008	19240	19302	39090	39133	57. 8	6415	7360	7980	7935	60
2009	17796	17900	37069	37074	57. 5	6732	7980	8640	8569	64
2010	18560	18500	39390	39500	57. 0	7318	8461	9270	9173	68
2011	18380	18380	39898	39900	56. 8	7723	9044	9930	9752	73
2012	18120	18170	39999	40150	57. 2	7867	9348	10250	10048	74
2013	17936	18064	40260	40364	56. 9	7651	9147	10110	9782	72
2014	17850	17962	40645	40752	56. 8	7906	9484	10470	10071	74
2015	17877	17937	40760	41070	56. 6	7984	9731	10710	10352	75
2016						7925	9797	10855	10419	75

注：1. 资料来源：历年中国造纸协会发布的《中国造纸工业年度报告》，历年《中国造纸年鉴》。
2. 2009 年我国纸浆总生产量为中国造纸协会 2010 年修正数据。

（邱江惠）

历年我国纸及纸板生产量、进出口量、消费量及消费结构（2001—2016 年）

Productions, Imports and Exports, Consumptions and Consumption Structures of Paper and Paperboard in China（2001－2016）

历年纸及纸板生产量、进出口量、消费量及消费结构（2001—2016 年）　　单位：万吨、%

		总量	新闻纸	未涂布印刷书写纸	其中：书刊印刷纸	书写纸	涂布纸	其中：铜版纸	生活用纸	包装纸	白纸板	其中：涂布白纸板	箱纸板	瓦楞原纸	其中：高强瓦楞原纸	特种纸及纸板	其他纸及纸板
2001 年	生产量	3200	173	670	300	140	130	110	270	400	300	250	460	600	180	65	132
	进口量	562.24	15.37	25.78			99.44	97.03	2.95	27.80	97.78	82.55	126.48	117.87		38.28	9.13
	出口量	79.95	1.85	30.50			17.59	12.48	12.19	2.61	2.50	2.42	1.25	3.14		7.43	0.39
	消费量	3683	186	665	296	140	212	195	261	466	396	338	545	715	295	85	152
	消费比例	100.00	5.05	18.06	8.04	3.80	5.76	5.29	7.09	12.65	10.75	9.18	14.8	19.41	8.01	2.31	4.13
2002 年	生产量	3780	185	920	420	180	180	160	310	400	460	430	600	600	190	70	55
	进口量	636.94	19.92	36.50			121.77	61.48	3.32	31.37	81.48	79.58	125.44	133.48		48.07	34.51
	出口量	85.47	0.60	19.51			25.18	18.67	15.88	2.63	5.51	5.51	0.67	3.26		9.60	1.94
	消费量	4332	204	937	436	180	276	203	297	429	536	504	725	730	320	108	90
	消费比例	100.00	4.71	21.63	10.06	4.16	6.37	4.69	6.86	9.90	12.37	11.63	16.74	16.85	7.39	2.49	2.08

续表

		总量	新闻纸	未涂布印刷书写纸	其中：书刊印刷纸	书写纸	涂布纸	其中：铜版纸	生活用纸	包装纸	白纸板	其中：涂布白纸板	箱纸板	瓦楞原纸	其中：高强瓦楞原纸	特种纸及纸板	其他纸及纸板
2003 年	生产量	4300	207	960	520	520	240	210	347	480	550	510	680	670	230	80	86
	进口量	635	35	40			101	52	4	28	104	103	117.2	135		44	26
	出口量	129.09	1.19	25.93			43.31	35.30	22.98	3.80	9.95	9.94	1.71	3.02		14.92	1.31
	消费量	4806	241	973	534	250	298	227	328	504	645	603	796	802	362	109	110
	消费比例	100.00	5.01	20.25	11.11	5.20	6.20	4.72	6.82	10.49	13.42	12.55	16.56	16.69	7.53	2.27	2.29
2004 年	生产量	4950	300	1020	550	280	300	250	384	470	670	630	830	810	27.	85	81
	进口量	614	12	47			102	63	5	8	108	107	150	114		41	27
	出口量	124.78	1.74	21.73			44.24	38.40	27.58	3.93	6.44	6.43	1.53	2.76		12.41	2.42
	消费量	5439	310	1045	575	280	358	274	361	474	772	931	978	921	381	114	106
	消费比例	100.00	5.70	19.21	10.57	5.15	6.58	5.04	6.64	8.71	14.19	13.44	17.98	16.93	7.00	2.10	1.95
2005 年	生产量	5600	319	1070	570	300	365	300	436	510	790	755	980	950	410	90	90
	进口量	524	14	43			73	52	5	9	91	90	138	88		40	23
	出口量	193.90	1.98	34.38			78.66	62.85	31.41	2.89	18.27	18.27	2.71	3.31		16.02	4.27
	消费量	5930	331	1079	579	300	359	289	409	516	863	827	1115	1035	495	114	109
	消费比例	100.00	5.58	18.20	9.76	5.06	6.05	4.89	6.90	8.70	14.55	13.95	18.80	17.45	8.35	1.92	1.84
2006 年	生产量	6500	375	1220			460	380	470	520	940	900	1150	1130		110	125
	进口量	441	1	45			61	45	5	10	73	72	114	71		44	17
	出口量	341	32	54			121	93	38	2	41	41	14	8		23	8
	消费量	6600	344	1211			400	332	436	528	972	931	1250	1193		131	135
	消费比例	100.00	5.21	18.35			6.06	5.03	6.61	8.00	14.73	14.11	18.94	18.08		1.98	2.05
2007 年	生产量	7350	450	1340			510	420	520	530	1050	1000	1360	1340		120	130
	进口量	401	2	45			56	40	4	10	70	70	103	53		43	15
	出口量	461	59	53			140	93	48	3	58	58	25	39		27	9
	消费量	7290	393	1332			426	367	476	537	1062	1012	1438	1352		136	136
	消费比例	100.0	5.4	18.3			5.8	5.0	6.5	7.4	14.5	13.9	19.7	18.6		1.9	1.9

续表

		总量	新闻纸	未涂布印刷书写纸	其中：书刊印刷纸	书写纸	涂布纸	其中：铜版纸	生活用纸	包装纸	白纸板	其中：涂布白纸板	箱纸板	瓦楞原纸	其中：高强瓦楞原纸	特种纸及纸板	其他纸及纸板
2008 年	生产量	7980	460	1400			550	460	550	560	1120	1070	1530	1520		140	150
	进口量	358	2	39			54	38	5	12	64	64	88	45		38	11
	出口量	403	36	54			137	97	52	3	53	53	13	13		34	8
	消费量	7935	426	1385			467	401	503	569	1131	1081	1605	1552		144	153
	消费比例	100. 0	5. 4	17. 5			5. 9	5. 0	6. 3	7. 2	14. 3		20. 2	19. 6		1. 8	1. 9
2009 年	生产量	8640	480	1510			590	500	580	575	1150	1100	1730	1715		150	160
	进口量	334	2	38			36	31	5	15	71	71	86	46		27	8
	出口量	405	21	51			163	132	56	3	61	61	7	3		33	7
	消费量	8569	461	1497			463	399	529	587	1160	1110	1809	1758		144	161
	消费比例	100. 0	5. 4	17. 5			5. 4	4. 6	6. 2	6. 9	13. 5	13. 0	21. 1	20. 5		1. 7	1. 9
2010 年	生产量	9270	430	1620			640	555	620	600	1250	1200	1880	1870		180	180
	进口量	336	4	41			45	38	8	17	77	77	80	24		31	9
	出口量	433	11	71			136	113	61	5	73	73	14	5		47	10
	消费量	9173	423	1590			549	480	567	612	1254	1204	1946	1889		164	179
	消费比例	100. 0	4. 6	17. 3			6. 0	5. 2	6. 2	6. 7	13. 7	13. 1	21. 2	20. 6		1. 8	1. 9
2011 年	生产量	9930	390	1730			725	640	730	620	1340	1290	1990	1980		210	215
	进口量	331	1	40			37	30	9	18	79	79	93	17		30	7
	出口量	509	2	83			163	138	65	6	97	97	10	6		61	16
	消费量	9752	389	1687			599	532	674	632	1322	1272	2073	1991		179	206
	消费比例	100. 0	3. 99	17. 3			6. 1	5. 5	6. 9	6. 5	13. 56	13. 0	21. 3	20. 4		1. 8	2. 1
2012 年	生产量	10250	380	1750			780	695	780	640	1390	1340	2080	2020		220	210
	进口量	311	13	35			35	27	4	20	72	72	84	14		28	6
	出口量	513	0	101			177	141	53	5	83	83	7	7		65	15
	消费量	10048	393	1684			638	581	731	655	1379	1329	2157	2027		183	201
	消费比例	100. 00	3. 91	16. 76			6. 35	5. 78	7. 28	6. 52	13. 72	13. 23	21. 47	20. 17		1. 82	2. 00

续表

		总量	新闻纸	未涂布印刷书写纸	其中：书刊印刷纸	书写纸	涂布纸	其中：铜版纸	生活用纸	包装纸	白纸板	其中：涂布白纸板	箱纸板	瓦楞原纸	其中：高强瓦楞原纸	特种纸及纸板	其他纸及纸板
2013 年	生产量	10110	360	1720			770	685	795	635	1360	1310	2040	2015		230	185
	进口量	283	11	28			32	24	3	20	66	65	83	7		27	6
	出口量	611	9	121			179	132	64	5	116	116	17	9		69	22
	消费量	9782	362	1627			623	577	734	650	1310	1259	2106	2013		188	169
	消费比例	100. 00	3. 70	16. 63			6. 37	5. 90	7. 50	6. 64	13. 39	12. 87	21. 53	20. 58		1. 92	1. 73
2014 年	生产量	10470	325	1715			775	685	830	650	1395	1345	2180	2155		250	195
	进口量	282	5	31			34	26	4	20	64	64	86	5		27	6
	出口量	681	9	117			184	124	75	5	158	158	26	8		72	27
	消费量	10071	321	1629			625	587	759	665	1301	1251	2240	2152		205	174
	消费比例	100. 00	3. 19	16. 18			6. 21	5. 83	7. 54	6. 60	12. 92	12. 42	22. 24	21. 37		2. 04	1. 73
2015 年	生产量	10710	295	1745			770	680	885	665	1400	1340	2245	2225		265	215
	进口量	287	6	37			34	26	3	21	61	60	84	9		26	6
	出口量	645	2	102			162	110	71	5	162	162	32	6		74	29
	消费量	10352	299	1680			642	596	817	681	1299	1238	2297	2228		217	192
	消费比例	100. 00	2. 89	16. 23			6. 20	5. 76	7. 89	6. 58	12. 55	11. 96	22. 19	21. 52		2. 10	1. 85
2016 年	生产量	10855	260	1770			755	665	920	675	1405	1345	2305	2270		280	215
	进口量	297	6	41			35	26	3	21	58	57	94	8		26	5
	出口量	733	1	122			181	126	69	7	198	197	35	7		81	32
	消费量	10419	265	1689			609	565	854	689	1265	1205	2364	2271		225	188
	消费比例	100. 00	2. 54	16. 21			5. 85	5. 42	8. 20	6. 61	12. 14	11. 57	22. 69	21. 80		2. 16	1. 80

注：数据来源于历年中国造纸协会发布的《中国造纸工业年度报告》。

（邱江惠）

2016 年我国纸产品进出口统计

Imports and Exports of Paper Products in China in 2016

表 1　　2016 年 1—12 月我国纸产品进口量　　单位：吨

项目名称	进口量													
	1 月	2 月	3 月	4 月	5 月	6 月	7 月	8 月	9 月	10 月	11 月	12 月	1—12 月累计	累计同比/%
纸浆、纸张及纸制品	1832449.77	1647299.65	2084567.46	1948127.02	2051925.99	1841111.63	2077133.15	2247855.36	2046664.16	1945860.29	2191794.54	2245096.93	24149599.62	5.81
1. 纸浆	1588443.96	1476496.40	1810160.53	1698344.40	1793732.23	1578327.76	1822863.50	1966036.15	1784812.24	1686466.22	1917310.43	1947833.04	21060815.60	6.15
（1）木浆	1586992.36	1474124.14	1807593.41	1694363.69	1789800.56	1573549.12	1819751.26	1963820.35	1780430.29	1682444.96	1912310.03	1943885.70	21019054.93	6.20
（2）其他纸浆	1451.61	2372.27	2567.12	3980.71	3931.67	4778.64	3112.24	2215.80	4381.96	4021.26	5000.41	3947.34	41760.67	-13.24
2. 纸制品及纸板	215839.30	150476.82	239842.05	217268.04	225132.71	230648.80	223495.83	246761.08	233905.33	226292.50	239569.58	261776.94	2710894.84	4.23
（1）印刷书写纸及纸板	69316.38	42700.75	72786.73	66369.08	64287.64	69729.92	69283.86	71034.61	59536.49	65544.01	77683.22	76073.63	804794.00	5.29
其中：新闻纸	5582.96	4524.30	7787.80	4347.99	4453.52	5116.94	2678.46	2890.75	1684.65	2830.65	8062.65	11360.40	61321.07	0.46
（2）牛皮纸及纸板	88082.40	68219.34	122012.15	98912.64	107028.41	110369.19	104823.73	113439.41	116599.22	106757.03	103722.22	112703.56	1252097.94	3.44
（3）卫生纸用纸原纸	1618.97	851.62	1649.52	1665.47	1693.88	1879.86	1663.73	1467.49	1576.53	1324.83	1645.23	1740.24	18776.07	-3.78
（4）瓦楞原纸	3669.23	3788.95	6038.88	4948.79	7095.87	5573.89	5022.84	6158.61	6250.74	5000.48	3937.63	27155.44	84641.34	-1.82
（5）工业技术配套用纸	2800.28	1334.76	1597.37	1799.73	2117.39	1633.04	2140.61	2274.19	1676.25	1279.49	1542.05	1889.24	22036.32	-16.00
（6）感应纸及纸板	199.09	836.07	91.32	412.02	843.99	494.14	484.38	412.44	889.95	1026.30	464.15	967.51	7121.36	-11.63
（7）其他纸及纸板	50152.94	32745.34	35666.10	43160.30	42065.54	40968.75	40076.67	51974.33	47376.15	45360.37	50575.08	41247.33	521427.81	7.27
3. 加工纸	18517.58	13596.39	23831.84	21781.72	22638.71	21933.13	20239.69	24379.22	16923.36	23612.76	22416.25	23501.33	253411.76	-2.53

续表

项目名称	进口量													
	1月	2月	3月	4月	5月	6月	7月	8月	9月	10月	11月	12月	1—12月累计	累计同比/%
（1）转印纸	691.85	516.75	573.68	683.71	865.58	715.66	706.28	542.07	744.09	593.26	767.41	670.55	8073.72	-22.20
（2）胶黏纸及纸板	1695.01	1449.59	2248.60	1799.25	1847.15	1991.22	1590.16	2105.96	1602.26	1746.63	1730.48	1885.61	21683.61	-14.44
（3）其他加工纸	16130.72	11630.05	21009.56	19298.75	19925.98	19226.25	17943.26	21731.19	14577.00	21272.87	19918.36	20945.18	223654.44	-0.28
4. 手工纸及纸板	0.25	0.22	6.02	25.60	16.95	12.07	7.14	2.27	1.95	9.94	18.30	11.80	112.51	65.75
5. 纸制品	9648.69	6729.81	10727.01	10707.27	10405.38	10189.87	10526.99	10676.64	11021.28	9478.88	12479.98	11973.82	124364.91	1.37
（1）纸和纸板制容器	3362.86	2588.66	4060.96	3926.32	3794.56	3766.40	4000.10	4326.08	4397.48	3822.97	5555.35	4906.74	48475.36	2.85
其中：纸制盘、碟、杯及类似品	50.88	43.09	65.12	105.87	44.99	46.69	22.13	57.52	102.04	28.30	99.47	81.91	747.94	14.82
（2）卫生用纸制品	1304.92	671.51	1346.10	1073.25	1192.17	1171.99	1510.78	1223.55	1077.14	941.78	1297.48	1179.77	13991.47	14.12
（3）壁纸、窗纸及纸制铺地制品	947.68	623.29	979.19	1243.91	1026.61	976.95	970.97	1269.53	1249.13	1036.36	1339.56	1313.33	12941.30	-2.42
（4）其他纸制品	4033.22	2846.35	4340.77	4463.80	4392.03	4274.53	4045.14	3857.47	4297.53	3677.76	4287.59	4573.97	48956.77	-2.13

表 2　2016 年 1—12 月我国纸产品进口金额　　单位：万美元

项目名称	进口金额													
	1月	2月	3月	4月	5月	6月	7月	8月	9月	10月	11月	12月	1—12月累计	累计同比/%
纸浆、纸张及纸制品	129653.4	113444.8	143608.4	133318.6	134728.6	124962.9	135968.7	149952.0	137560.2	130891.8	147580.2	151763.1	1633625.9	-3.96
1. 纸浆	96321.5	89327.2	107484.9	99260.7	100418.0	90879.4	102072.7	112564.8	103187.2	96895.8	110449.8	114805.0	1223886.3	-4.05
（1）木浆	96026.1	89081.9	107196.5	98840.4	99944.7	90465.3	101788.7	112250.5	102873.4	96494.1	110041.1	114421.9	1219640.5	-3.98
（2）其他纸浆	295.4	245.3	288.4	420.3	473.3	414.1	283.9	314.3	313.8	401.7	408.7	383.0	4245.8	-21.06
2. 纸制品及纸板	21434.8	14791.7	21988.5	20372.7	20577.6	20637.5	21086.6	23182.1	21458.8	20889.2	22402.7	22293.1	251115.3	-2.14
（1）印刷书写纸及纸板	6569.3	4102.5	7218.2	6490.3	6156.8	6489.2	7046.7	7059.5	6194.6	6632.1	7539.6	6826.7	78405.5	2.34
其中：新闻纸	275.1	252.9	377.3	216.2	215.0	277.1	133.3	163.6	84.7	149.4	383.3	528.9	3056.8	-3.87
（2）牛皮纸及纸板	7361.3	5806.6	9490.8	7722.4	7925.4	8155.4	8088.7	8506.0	8390.1	8031.9	7623.1	8504.8	95522.7	-7.24
（3）卫生纸用纸原纸	247.2	136.8	264.4	245.8	271.1	275.1	270.4	248.8	275.6	222.8	269.8	270.7	2997.4	-12.13

续表

项目名称	进口金额													
	1月	2月	3月	4月	5月	6月	7月	8月	9月	10月	11月	12月	1—12月累计	累计同比/%
（4）瓦楞原纸	176.2	192.2	278.8	213.8	302.7	233.9	226.1	282.4	262.0	218.1	162.1	1077.4	3625.7	-5.98
（5）工业技术配套用纸	1060.5	595.7	504.0	578.3	843.7	605.9	667.3	854.7	618.0	472.4	616.6	743.8	8151.8	-13.09
（6）感应纸及纸板	39.1	87.5	13.2	58.8	88.3	64.3	65.5	54.2	114.6	118.5	54.2	109.5	867.7	-5.23
（7）其他纸及纸板	5981.2	3870.4	4219.2	5063.2	4989.5	4813.6	4721.8	6176.6	5603.9	5193.4	6137.3	4760.2	61544.6	3.50
3. 加工纸	6566.9	5168.7	7838.3	7591.4	7597.1	7306.6	6968.9	7731.3	6642.5	7403.2	7799.3	7896.1	86516.0	-7.55
（1）转印纸	1732.9	1241.1	1689.5	1903.2	1729.0	1367.2	1564.1	1757.0	1749.6	1652.0	1800.0	1882.4	20072.1	-22.52
（2）胶黏纸及纸板	841.6	691.8	1008.3	911.5	902.0	978.5	870.1	954.8	851.0	862.7	974.3	928.3	10771.9	-6.01
（3）其他加工纸	3992.3	3235.8	5140.5	4776.7	4966.1	4960.9	4534.7	5019.5	4041.9	4888.4	5025.0	5085.4	55672.1	-0.96
4. 手工纸及纸板	0.3	0.2	1.8	3.9	1.5	5.2	1.3	1.2	0.8	2.1	4.2	2.0	24.2	18.05
5. 纸制品	5330.0	4157.0	6295.0	6089.9	6134.3	6134.3	5839.4	6472.6	6270.9	5701.6	6924.2	6766.9	72084.1	-4.19
（1）纸和纸板制容器	1100.5	901.3	1320.0	1215.4	1253.6	1506.8	1296.2	1620.7	1420.2	1291.7	1820.8	1556.9	16369.0	-11.92
其中：纸制盘、碟、杯及类似品	29.9	18.4	21.2	53.7	24.1	21.8	12.9	22.2	36.3	14.5	45.4	38.5	339.1	-2.50
（2）卫生用纸制品	316.5	168.1	342.6	277.8	335.7	324.4	397.5	350.3	286.1	242.2	364.7	299.3	3701.7	10.57
（3）壁纸、窗纸及纸制铺地制品	724.8	503.2	924.5	917.1	818.0	844.0	693.4	847.5	847.7	712.3	985.2	890.2	9700.0	-5.24
（4）其他纸制品	3188.2	2584.3	3707.9	3679.6	3727.0	3459.1	3452.2	3654.2	3717.0	3455.4	3753.6	4020.6	42313.5	-1.76

表 3　2016 年 1—12 月我国纸产品出口量　单位：吨

项目名称	出口量													
	1月	2月	3月	4月	5月	6月	7月	8月	9月	10月	11月	12月	1—12月累计	累计同比/%
纸浆、纸张及纸制品	725545.61	635436.94	875707.04	820634.78	909498.56	845696.42	883356.01	937939.46	829175.16	801735.03	841112.79	840703.82	9723907.37	10.68
1. 纸浆	8241.77	10262.79	8563.47	9104.08	10817.26	6466.95	6951.84	7882.69	5589.87	7789.66	5358.22	8816.87	95717.96	-6.16
（1）木浆	3793.13	3219.79	1533.93	2957.62	4278.66	1107.99	1307.45	2028.46	245.72	3597.65	737.49	3036.25	27790.34	9.23
（2）其他纸浆	4448.65	7043.00	7029.53	6146.46	6538.59	5358.96	5644.39	5854.23	5344.15	4192.01	4620.73	5780.62	67927.63	-11.27

续表

项目名称	出口量													
	1月	2月	3月	4月	5月	6月	7月	8月	9月	10月	11月	12月	1—12月累计	累计同比/%
2. 纸制品及纸板	427109.58	421689.71	584367.66	507521.99	574693.43	533734.77	541240.54	546885.88	479039.30	472859.30	507951.93	500496.55	5995172.69	15.64
（1）印刷书写纸及纸板	224568.58	218789.14	295466.20	242528.09	288253.47	273492.82	247624.72	274467.89	235411.59	235737.18	245279.07	254654.08	3023732.61	14.55
其中：新闻纸	1036.27	1050.66	1594.88	1005.54	920.86	1332.48	1114.80	1513.88	1801.13	705.02	910.32	1791.96	13814.81	-20.97
（2）牛皮纸及纸板	75613.86	81777.95	111914.29	96106.01	104118.92	84788.74	111547.31	107633.25	91894.44	92840.16	102678.15	86518.71	1106725.64	19.95
（3）卫生纸用纸原纸	16173.90	10084.13	14285.31	13726.65	17222.56	16516.59	15808.31	17298.45	12875.25	14026.55	11621.91	11323.66	168829.16	-9.54
（4）瓦楞原纸	13018.55	5245.68	10418.20	6466.24	6478.63	5310.64	7484.47	6667.48	7927.18	7281.24	5425.48	2143.24	72217.02	16.09
（5）工业技术配套用纸	3208.63	3067.91	3680.49	3560.12	3662.72	4122.86	4218.30	3396.10	3689.68	2733.32	3851.10	3397.23	41519.05	15.32
（6）感应纸及纸板	946.94	512.07	704.58	1515.38	890.43	1923.17	1165.91	585.54	970.00	988.72	887.44	650.49	11432.20	41.26
（7）其他纸及纸板	93579.13	102212.84	147898.58	143619.51	154066.70	147579.95	153391.52	136837.18	126271.16	119252.13	138208.79	141809.15	1570717.01	18.18
3. 加工纸	64071.44	48376.30	74549.90	74185.74	80644.05	72301.51	81598.36	92205.84	76868.57	69812.07	70649.17	68401.90	837038.95	10.48
（1）转印纸	14608.45	12440.59	18375.13	18302.57	16595.03	15326.46	18204.95	16578.36	17016.27	12955.53	17153.56	15348.76	185918.38	5.76
（2）胶黏纸及纸板	9189.27	5905.10	9158.93	10969.56	12349.81	11160.76	11980.74	11762.90	9877.64	9464.69	9682.73	9879.96	114267.17	2.26
（3）其他加工纸	40273.73	30030.60	47015.85	44913.60	51699.21	45814.28	51412.67	63864.58	49974.67	47391.85	43812.87	43173.18	536853.41	14.20
4. 手工纸及纸板	261.07	146.46	174.61	236.21	248.09	233.50	195.50	242.63	212.06	222.77	244.00	273.63	2527.12	-10.64
5. 纸制品	225861.74	154961.69	208051.41	229586.76	243095.75	232959.69	253369.77	290722.41	267465.35	251051.23	256909.47	262714.88	2793450.65	1.99
（1）纸和纸板制容器	116254.66	79871.45	101853.16	121018.96	124904.57	121183.62	137289.99	158211.20	151947.28	142015.46	135779.85	137860.78	1484925.89	3.33
其中：纸制盘、碟、杯及类似品	23454.86	15779.00	18745.58	23800.40	25768.14	24769.10	25599.94	28985.12	24479.09	23597.84	25965.18	27603.78	286994.67	14.21
（2）卫生用纸制品	53595.37	38807.50	58062.93	56834.53	60590.56	58336.91	56688.34	61950.09	59322.20	54580.18	61373.28	62556.99	658347.82	2.25
（3）壁纸、窗纸及纸制铺地制品	6125.63	2816.75	3660.32	4988.83	6289.78	6243.81	6570.88	6195.76	5259.79	6752.49	8322.33	10546.42	72275.77	12.56
（4）其他纸制品	49886.09	33465.99	44475.00	46744.44	51310.84	47195.35	52820.56	64365.36	50936.08	47703.11	51434.01	51750.69	577901.17	-2.68

表 4　2016 年 1—12 月我国纸产品出口金额　单位：万美元

项目名称	出口金额													
	1 月	2 月	3 月	4 月	5 月	6 月	7 月	8 月	9 月	10 月	11 月	12 月	1—12 月累计	累计同比/%
纸浆、纸张及纸制品	133666.0	96525.1	140178.3	135237.3	146217.8	138048.2	148078.9	159436.1	152254.7	148561.4	155756.9	166092.5	1617250.4	-6.37
1. 纸浆	828.7	1130.6	1009.7	985.2	1089.0	808.3	860.7	956.3	781.3	746.3	710.8	1037.2	10910.3	-3.25
(1) 木浆	260.4	224.5	87.2	198.2	278.1	71.9	80.3	125.7	16.2	176.4	47.8	163.9	1726.7	2.67
(2) 其他纸浆	568.3	906.1	922.5	787.1	810.9	736.4	780.3	830.6	765.1	570.0	663.0	873.3	9183.6	-4.29
2. 纸制品及纸板	43242.0	39330.7	59661.5	47287.3	54309.5	49965.3	51532.7	52174.3	48799.7	52983.8	58223.0	55987.2	580032.2	6.47
(1) 印刷书写纸及纸板	19717.3	19079.0	25245.2	20946.4	25602.9	23833.1	21225.2	22807.3	19672.3	19543.0	21070.5	21917.1	256584.6	6.83
其中：新闻纸	105.8	128.3	165.9	98.3	187.6	189.0	88.1	162.3	148.9	94.4	134.2	148.0	1373.5	-38.05
(2) 牛皮纸及纸板	7298.8	6542.3	14601.6	8969.9	10182.7	8966.2	11349.7	12021.0	12449.7	16318.1	16937.1	14691.4	126965.5	19.37
(3) 卫生纸用纸原纸	2679.6	1566.0	2222.2	2113.9	2361.3	2394.8	2245.7	2392.4	1911.0	1891.2	1938.0	2253.0	24078.9	-17.02
(4) 瓦楞原纸	1282.1	954.5	1081.2	671.3	405.9	459.2	904.2	724.6	840.8	1452.8	1567.4	443.0	8672.8	8.56
(5) 工业技术配套用纸	960.9	825.6	1016.1	977.9	1102.4	1155.9	1042.1	971.5	905.8	855.9	1015.3	948.8	11131.5	5.13
(6) 感应纸及纸板	147.0	54.2	152.3	181.4	127.4	215.3	142.7	63.5	140.1	157.5	108.3	160.2	1459.1	5.02
(7) 其他纸及纸板	11156.4	10309.1	15343.0	13426.6	14527.0	12940.8	14623.1	13194.0	12879.9	12765.2	15586.4	15573.8	151139.8	1.25
3. 加工纸	16881.8	11191.0	18890.7	18608.3	19896.3	18912.3	21838.0	21280.4	18716.0	17881.4	18537.6	18826.7	204283.8	-2.89
(1) 转印纸	4882.0	2983.2	5464.8	5153.6	5046.9	5911.8	7677.0	4532.1	4446.5	3693.5	4963.6	5006.9	52371.1	-8.32
(2) 胶黏纸及纸板	2931.6	1758.9	2720.1	3271.3	3787.7	3463.7	3493.5	3410.3	2967.6	2970.1	2948.9	3405.2	34858.9	-7.36
(3) 其他加工纸	9068.2	6448.9	10705.8	10183.4	11061.7	9536.8	10667.5	13338.0	11301.9	11217.9	10625.1	10414.7	117053.7	1.25
4. 手工纸及纸板	146.4	70.6	84.0	144.3	162.4	124.7	94.1	132.7	99.7	111.1	124.3	154.4	1381.5	-19.38
5. 纸制品	72567.2	44802.2	60532.4	68212.2	70760.6	68237.6	73753.5	84892.4	83858.0	76838.7	78161.2	90087.0	820642.6	-14.43
(1) 纸和纸板制容器	38011.0	23284.1	28822.2	36440.0	37438.5	36898.6	41423.5	46767.3	46467.9	42769.4	41382.4	44938.9	438495.7	-11.96
其中：纸制盘、碟、杯及类似品	6530.9	4281.2	5243.5	6401.0	6877.7	6592.0	6903.2	7570.4	6487.6	6198.8	6877.7	7409.8	75953.1	2.39
(2) 卫生用纸制品	14900.9	9578.3	14364.3	13772.9	14162.2	13112.6	12894.2	14841.7	17949.2	16188.8	16596.2	22795.3	165129.6	-19.25
(3) 壁纸、窗纸及纸制铺地制品	2359.0	1057.4	1469.8	2102.3	2444.3	2434.4	2448.0	2332.7	2044.4	2600.3	3297.9	4001.6	27486.7	-9.41
(4) 其他纸制品	17296.2	10882.3	15876.1	15897.0	16715.6	15792.1	16987.8	20950.6	17396.5	15280.3	16884.7	18351.2	189530.5	-16.20

（臧旺英）

我国纸浆分国别（地区）进口情况（2007—2016 年）

Imports of Market Pulp by Country or Region in China（2007 – 2016）

我国纸浆分国别（地区）进口量（2007—2016 年）

单位：吨

国家或地区	2007 年	2008 年	2009 年	2010 年	2011 年	2012 年	2013 年	2014 年	2015 年	2016 年
漂白硫酸盐针叶木浆	3074579	3552555	4765426	3995085	5827316	6590558	6499861	6683699	7313072	8037677
其中：加拿大	1015869	1131740	1285510	1384799	2287440	2305442	2336645	2308972	2688923	2644899
美国	515202	703184	895251	780040	948342	1179423	1263743	1217673	1374709	1613908
智利	550167	649543	1083180	666062	819896	1090107	1108095	1176489	1195015	1336936
俄罗斯	488362	550714	593574	527691	603835	593054	613288	913727	1053233	1120374
芬兰	178069	231752	325702	330999	577814	778661	773766	780762	777368	945455
新西兰	136556	86320	88724	93052	133787	114265	78196	66029	76941	83505
德国	72888	67990	120078	27743	74648	137090	63339	74873	55753	56027
瑞典	66527	66698	173077	60029	125974	249724	152043	80118	72056	100069
日本	23733	21969			34360			38637	15172	
阿根廷	5018	21410	85322	24812	52377	13585	19894	10088		
法国	10834	3883		38126	53340	23463				
巴西			25499							
乌拉圭			30245							
葡萄牙					48895	5120				

续表

国家或地区	2007年	2008年	2009年	2010年	2011年	2012年	2013年	2014年	2015年	2016年
挪威						59200	27445			
澳大利亚						10606				
其他国家	11354	17351	59264	61732	66608	30818	63407	16331	3902	136504
漂白硫酸盐阔叶木浆	**2965080**	**3725206**	**5931295**	**4412147**	**5254978**	**6077833**	**6552399**	**7091538**	**7911180**	**8336408**
其中：印度尼西亚	1037772	1208920	1227586	987384	1331786	1575807	2039405	2154451	2041372	1904293
巴西	796956	1177741	2432765	1764630	1884770	2306892	2422071	3203213	3560474	4192895
智利	409279	432481	653000	210751	316701	315650	438338	379984	521455	563675
乌拉圭		235588	510448	409715	391338	473799	491472	617618	865362	815902
俄罗斯	192874	197504	220798	189193	211448	235004	148165	177180	196051	166607
加拿大	180768	175936	241589	181363	375083	325924	196855	51773	209743	200034
美国	120571	126106	314845	366168	382287	429661	337554	222579	257860	224372
泰国	124296	67518	68810	30696	35775	23850	32683	3480		
葡萄牙	9490		57635		25068	15534	36008	12708		
日本	41134	42152	15605	133447	145494	148544	186051	121263	120073	47991
芬兰	24765	25527	13320		7218	15330				
南非	12814	11073	45874	23013	75854	76890	79382	72894	78888	89886
法国		8451								
新西兰	5016									
比利时		4717								
德国		4214								
韩国			80144	63894						
中国台湾				23661						
西班牙					36266	100619	29770			
荷兰						5907				

续表

国家或地区	2007 年	2008 年	2009 年	2010 年	2011 年	2012 年	2013 年	2014 年	2015 年	2016 年
越南							44123	25354		
其他国家	9345	7277	48876	28232	43108	36534	55192	49041	59902	130753
未漂硫酸盐针叶木浆	**714148**	**532090**	**633230**	**464698**	**598515**	**673784**	**522983**	**505028**	**558886**	**647977**
其中：俄罗斯	214348	204038	149744	152001	198608	199543	106308	106691	116557	116589
美国	269808	105188	101606	63105	114960	146240	38108	88457	80051	102196
智利	82879	92833	168064	90217	120749	170666	184937	118020	145792	168464
日本	86589	79955	87456	117121	120161	105993	114661	113784	123563	131407
加拿大	25942	27345	50070	30312	31803	30723	52558	60194	63588	72004
瑞典									9559	13756
芬兰										26908
斯威士兰	21339	14098	34384	3877						
巴西							9992			
其他国家	13243	8633	41906	8065	12234	20619	16419	17882	19776	16653
未漂硫酸盐阔叶木浆	**16168**	**4046**			**25831**	**4941**	**139**	**1797**	**2777**	**2588**
机械浆和半化学浆	**1043705**	**1065896**	**1336683**	**1426471**	**1401406**	**1416971**	**1386679**	**1509213**	**1731647**	**1732161**
机械浆	**61776**	**25916**	**48353**	**61345**	**58442**	**10767**	**2626**	**4850**	**4631**	**2589**
其中：加拿大	59418	22688	44834	52034	55418	8372				
挪威		2559								
德国					2235	3393	2164	1451		
其他国家	2358	669	3519	9311	3024	2395	391	1457	2467	1138
半化学浆	**981929**	**1039980**	**1288330**	**1365126**	**1342964**	**1406204**	**1384053**	**1504363**	**1727016**	**1729572**
其中：加拿大	840547	826167	1053856	1114135	1121487	1128497	1113253	1160974	1313306	1291248
新西兰	87377	89579	84019	90407	106172	120911	163611	213904	268112	280596

续表

国家或地区	2007 年	2008 年	2009 年	2010 年	2011 年	2012 年	2013 年	2014 年	2015 年	2016 年
芬兰				36143	22835	58080	27142	13775		21310
瑞典	34669	35992	57362	36582	25475	47705	44443	61551	66990	75756
挪威	4463	17650	18479	25084	9973	7575	4264	31100	33169	40949
俄罗斯		57122	29440	33677	44039	30322	22028	12002		8361
爱沙尼亚	8465	5759	31068	18157						
印度尼西亚	1500									
其他国家	4908	7710	14106	10941	12983	13114	9312	11057	45439	11352
溶解浆	527147	498791	851688	963999	1146314	1578485	1803648	2082223	2247184	2246299
亚硫酸盐针叶木浆	35601	28502	55775	24117	92843	34421	13238	15274	23627	19593
亚硫酸盐阔叶木浆	9290	3337	3997	6860	9675	5919	6336	7551	5737	6364
其他浆	63410	44817	76955	66484	81692	78929	67262	69759	46902	41496
总计	8449128	9455238	13655049	11359861	14438570	16461841	16852545	17966082	19841012	21070563

（邹　怡）

我国废纸分类别进口情况(2007—2016年)

Imports of Waste Paper by Grade in China (2007 - 2016)

我国废纸分类别进口情况(2007—2016年) 单位:吨

年份	废瓦楞纸板箱(OCC)	化学浆废纸及纸板	废报纸(ONP)	其他废纸	总计
2007	11998970	193711	5774745	4594733	22562159
2008	13663977	270573	6490778	3777901	24203229
2009	16243783	275685	7170639	3811329	27501436
2010	14167672	490919	5927197	3766223	24352011
2011	15447918	699381	6651315	4481549	27280163
2012	17243777	836348	6832711	5153339	30066175
2013	16569270	834004	6515548	5318469	29237291
2014	15550383	705809	5566061	5697903	27520156
2015	16670358	849786	5745291	6018932	29284367
2016	16736941	874834	5201827	5685705	28499307

(邹 怡)

2016 年国内市场部分纸张价格

Domestic Prices of Partial Paper and Paperboard Grades in 2016

2016 年国内市场部分纸张价格（仅供参考，以供应商实际报价为准）

产品名称	品牌/厂家	定量/（克/米²）	价格/（元/吨）											
			1 月	2 月	3 月	4 月	5 月	6 月	7 月	8 月	9 月	10 月	11 月	12 月
铜版纸	华夏	64	7000	7000	7000	7000	7000	7000	7100	7200	7300	7400	7500	7500
		70	6800	6800	6800	6800	6800	6800	6900	7000	7100	7200	7300	7300
		80	6600 ~ 6500	6600 ~ 6500	6600 ~ 6500	6600 ~ 6500	6600 ~ 6500	6600 ~ 6500	6700 ~ 6600	6800 ~ 6700	6900 ~ 6800	7000 ~ 6900	7100 ~ 7000	7100 ~ 7000
		90	6400 ~ 6300	6400 ~ 6300	6400 ~ 6300	6400 ~ 6300	6400 ~ 6300	6400 ~ 6300	6500 ~ 6400	6600 ~ 6500	6700 ~ 6600	6800 ~ 6700	6900 ~ 6800	6900 ~ 6800
		100 ~ 105	6200 ~ 6100	6200 ~ 6100	6200 ~ 6100	6200 ~ 6100	6200 ~ 6100	6200 ~ 6100	6300 ~ 6200	6400 ~ 6300	6500 ~ 6400	6600 ~ 6500	6700 ~ 6600	6700 ~ 6600
		120 ~ 250	6000	6000	6000	6000	6000	6000	6100	6200	6300	6400	6500	6500
	天阳	128 ~ 230	5800	5800	5800	5800	5800	5800	5900	6000	6100	6100	6200	6200
	东帆	105（双铜）	5410	5410	5410	5410	5310	5410	5460	5560	5610	5660	5710	6110
		120 ~ 157（双铜）	5210	5210	5210	5210	5110	5210	5260	5360	5410	5460	5510	5910
	长鹤	105（双铜）	5110	5110	5110	5110	5110	5210	5260	5360	5410	5460	5510	5910
		120 ~ 200（双铜）	4910	4910	4910	4910	4910	5010	5060	5160	5210	5260	5310	5710

续表

产品名称	品牌/厂家	定量/（克/米²）	价格/（元/吨）											
			1月	2月	3月	4月	5月	6月	7月	8月	9月	10月	11月	12月
铜版纸	紫兴	128～200（双铜）	5310	5310	5310	5310	5360	5410	5310	5310	5310	5310	5360	5660
		230～300（双铜）	5510	5510	5510	5510	5560	5610	5510	5510	5510	5510	5560	5860
	华泰牡丹	100～105（双铜）	5060	5060	5060	5010	5010	5010	5010	5110	5160	5160	5160	5660
		120～200（双铜）	4810	4810	4810	4760	4710	4710	4710	4810	4860	4860	4860	5360
	金海鲸王	140～150（双铜）	4710	4710	4710	4710	4610	4710	4710	4810	4860	4860	4910	5360
		200～150（双铜）	4660	4660	4660	4610	4510	4610	4610	4710	4760	4760	4810	5260
	晨鸣雪兔	100～200（双铜）	4760	4710	4710	4660	4610	4610	4560	4660	4710	4710	4760	5260
	晨鸣雪鹰	105～200（双铜）	5010	5010	5010	5010	4910	4910	4860	4910	4960	4960	5010	5560
	太空梭	128～200（亚光）	5410	5410	5410	5410	5110	5210	5260	5360	5410	5460	5510	5910
	金海鲸王	140～200（亚光）	4660	4660	4660	4660	4610	4660	4660	4710	4760	4760	4810	5360
	紫兴	128～200（亚光）	5410	5410	5410	5410	5410	5410	5310	5310	5310	5310	5360	5660
		230～300（亚光）	5610	5610	5610	5610	5610	5610	5510	5510	5510	5510	5560	5860
铜版卡纸	亚洲酋长	250～400	4410	4410	4510	4610	4610	4610	4660	4860	5060	5160	5160	5360
	UV2宁波	205～270（双铜，高松）	5210	5210	5410	5510	5510	5510	5410	5410	5360	5360	5360	5560

续表

产品名称	品牌/厂家	定量/（克/米^2）	价格/（元/吨）											
			1月	2月	3月	4月	5月	6月	7月	8月	9月	10月	11月	12月
铜版卡纸	金太阳	190～400	7310～7510	7310～7510	7310～7510	7310～7510	7310～7510	7310～7510	7310～7510	7310～7510	7310～7510	7310～7510	7310～7510	7310～7510
	万国骄阳	170～350	5610～5810	5610～5810	5610～5810	5610～5810	5610～5810	5610～5810	5610～5810	5610～5810	5610～5810	5610～5810	5610～5810	5610～5810
食品卡纸	金太阳	250～350（白芯）	7810	7810	7810	7810	7810	7810	7810	7810	7810	7810	7810	7810
		250～350（黄芯）	7610	7610	7610	7610	7610	7610	7610	7610	7610	7610	7610	7610
胶版纸	华夏	60	6400	6400	6400	6400	6400	6400	6400	6400	6400	6400	6500	6500
		70～120	6200	6200	6200	6200	6200	6200	6200	6200	6200	6200	6300	6300
	金太阳	60	6700	6700	6700	6700	6700	6700	6700	6700	6700	6700	6800	6800
		70～120	6500	6500	6500	6500	6500	6500	6500	6500	6500	6500	6600	6600
涂布白卡纸	华夏太阳	190～400	6310～6510	6310～6510	6310～6510	6310～6510	6310～6510	6310～6510	6310～6510	6310～6510	6310～6510	6310～6510	6310～6510	6510～6710
	金太阳	190～360（高松）	7810～8110	7810～8110	7810～8110	7810～8110	7810～8110	7810～8110	7810～8110	7810～8110	7810～8110	7810～8110	7810～8110	7810～8110
	万国光芒	190～400	6110～6310	6110～6310	6110～6310	6110～6310	6110～6310	6110～6310	6110～6310	6110～6310	6110～6310	6110～6310	6110～6310	6110～6310
	万国骄阳	170～400	5210～5610	5210～5610	5210～5610	5210～5610	5210～5610	5210～5610	5210～5610	5210～5610	5210～5610	5210～5610	5210～5610	5910～6310
	红梅	190～230	6200～6300	6200～6300	6200～6300	6200～6300	6200～6300	6200～6300	6200～6300	6200～6300	6200～6300	6200～6300	6200～6300	6200～6300
	金桂金蝶兰	250～350	4460	4460	4560	4660	4660	4710	4710	4910	5160	5160	5160	5560
	富桂	235～365	4560	4560	4660	4860	4860	4860	4860	5060	5310	5310	5310	5710
	博汇	250～400（高松）	4510	4510	4610	4760	4760	4760	4710	4810	5010	5060	5110	5610
	宁波酋长	250～400	4560	4560	4660	4910	4710	4710	4910	5210	5160	5160	5110	5560
	骄阳	250～400	4810	4810	4910	5210	5210	5210	5210	5410	5310	5310	5410	5810

续表

产品名称	品牌/厂家	定量/（克/米^2）	价格/（元/吨）											
			1月	2月	3月	4月	5月	6月	7月	8月	9月	10月	11月	12月
涂布白纸板	海龙	250	3460	3460	3460	3460	3410	3410	3510	3610	3660	3710	3760	4760
		300	3310	3310	3310	3310	3260	3260	3360	3460	3510	3560	3610	4610
		350～400	3160	3160	3160	3160	3110	3110	3210	3310	3360	3410	3460	4460
	地龙	250	3210	3210	3210	3210	3210	3210	3260	3360	3410	3460	3510	4510
		300	3110	3110	3110	3110	3110	3110	3160	3260	3310	3360	3410	4410
		350～400	3010	3010	3010	3010	3010	3010	3060	3160	3210	3260	3310	4310
复印纸	Double A（泰国）	80（B）	10000	10000	10000	10000	10000	10000	10000	10000	10000	10000	10000	10000
	绿叶/蔡伦纸业	80（C）	9400	9400	9400	9400	9400	9400	9400	9400	9400	9500	9500	9600
	太阳/广东太阳纸业	80（C）	8400	8400	8400	8400	8400	8400	8400	8400	8500	8600	8600	8800
	百旺/亚太森博（广东）	80（B）	8400	8500	8600	8400	8200	8200	8400	8400	8500	8600	8700	8800
	云雀/互益纸业	70/80（C）	8400	8500	8600	8400	8200	8000	8200	8400	8500	8600	8700	8800
	羚羊/互益纸业	70/80（C）	7600	7700	7800	7600	7400	7200	7400	7400	7500	7600	7700	7800
	银羊/互益纸业	70/80（C）	7400	7500	7600	7400	7200	7000	7200	7200	7300	7400	7500	7600
	小钢炮/APP	80（C）	8200	8300	8400	8200	8200	8200	8200	8400	8400	8500	8600	8700
	金丝雀/APP	80（C）	10000	10000	10000	10000	10000	10000	10000	10000	10000	10000	10000	10000

注：B 表示 5 包/箱，500 张/包；C 表示 10 包/箱，500 张/包。

（邹　怡）

2016 年中国造纸协会纸浆指数

China Paper Association Pulp Index（CPAPI）in 2016

2015—2016 年中国造纸协会纸浆物量、价格总指数及纸浆分类物量、价格指数（包括定基指数和环比指数）见图 1～图 6。

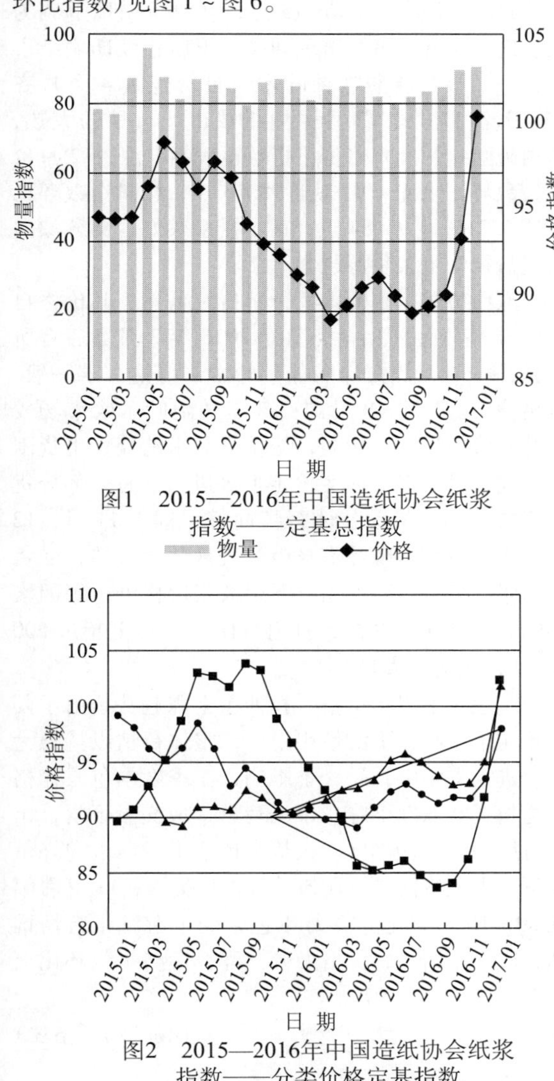

图1　2015—2016年中国造纸协会纸浆指数——定基总指数

物量　价格

图2　2015—2016年中国造纸协会纸浆指数——分类价格定基指数

漂白硫酸盐针叶木浆　漂白硫酸盐阔叶木浆　本色浆

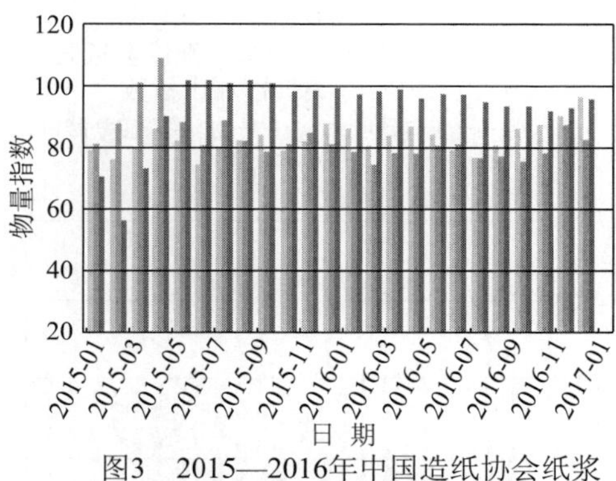

图3　2015—2016年中国造纸协会纸浆指数——分类物量定基指数

漂白硫酸盐针叶木浆　漂白硫酸盐阔叶木浆　本色浆

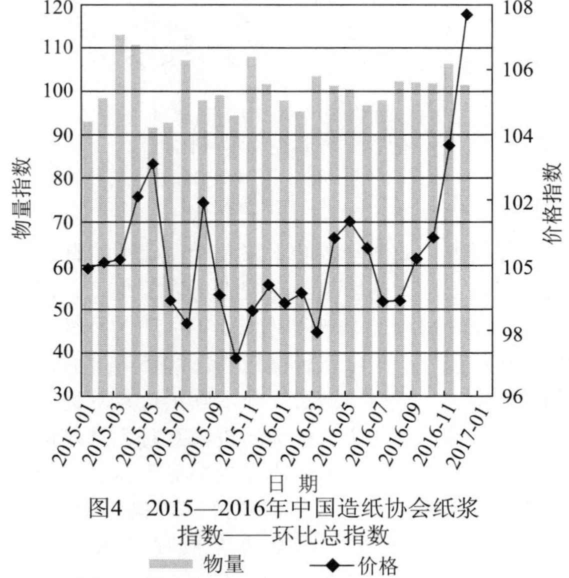

图4　2015—2016年中国造纸协会纸浆指数——环比总指数

物量　价格

2016 年伊始，我国纸浆市场行情延续 2015 年的趋势，继续疲软，因成品纸市场低迷，加上多数纸厂春节期间停机，纸浆市场表现较为低迷，中国造纸协会纸浆价格及物量总指数收获“双降”。3 月，纸浆价格总指数跌至 88.53，环比下滑 2.06%，

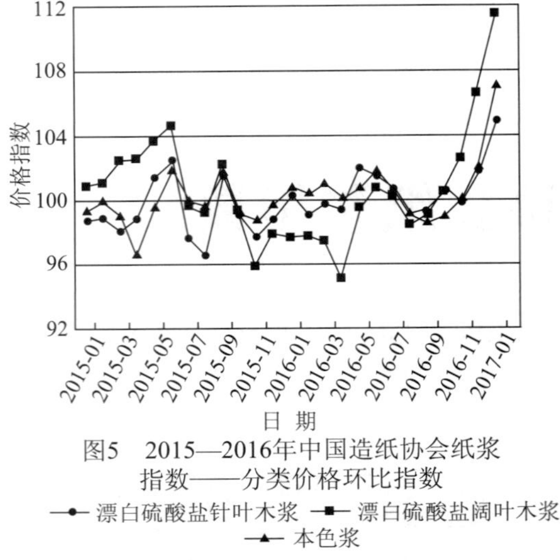

图5 2015—2016年中国造纸协会纸浆指数——分类价格环比指数

—●— 漂白硫酸盐针叶木浆 —■— 漂白硫酸盐阔叶木浆 —▲— 本色浆

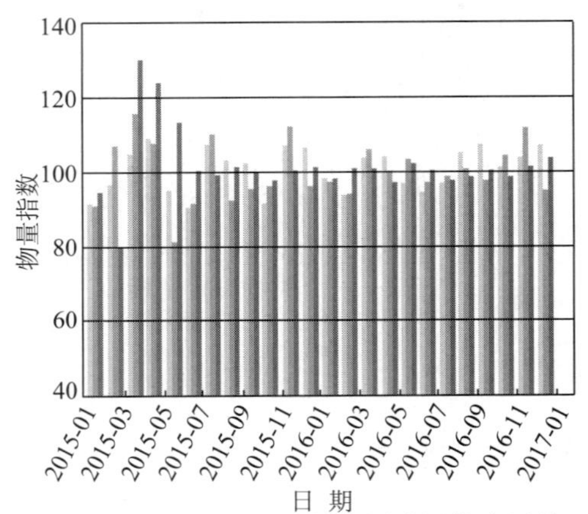

图6 2015—2016年中国造纸协会纸浆指数——分类物量环比指数

■漂白硫酸盐针叶木浆 ■漂白硫酸盐阔叶木浆 ■本色浆

主要是受漂白硫酸盐阔叶木浆和漂白硫酸盐针叶木浆下滑幅度增大的影响。随着纸厂恢复生产，市场交投增加，物量指数反弹增长，4 月和 5 月纸浆指数量价齐涨。这是纸浆价格指数自 2015 年 8 月以来的首次上涨，漂白硫酸盐针叶木浆量价双双提涨是纸浆总指数上涨的主要推力。进入 6 月，纸浆市场消费淡季特征明显，纸浆成交量明显下滑，物量指数收跌 3. 52% 至 81. 98 点，但成交价格环比上涨，这是受漂白硫酸盐针叶木浆和漂白硫酸盐阔叶木浆均呈现量减价增现象的影响。7 月是纸浆传统的消费淡季，纸浆市场需求疲软，量价双双下滑，8 月纸浆价格指数继续下滑，但物量指数开始上涨，市场有回暖迹象。自 9 月之后，纸浆量价连续 4 个月齐涨，纸浆市场整体寻货及交投增加，11—12 月，纸浆市场行情大热，造纸原料废纸及纸浆价格、成品纸价格均有大幅上涨。2016 年年底纸浆价格的大幅上涨由多方面因素推动，如现货量不足、下游需求较好、期货价格上涨，以及市场人为推涨等。

分浆种来看，2016 年年初，漂白硫酸盐针叶木浆量价齐跌，市场疲软，3 月纸厂恢复生产，交投增加，价格指数继续下滑，但物量指数反弹。进入 4 月，漂白硫酸盐针叶木浆行情向好，价格反弹走高，在各类纸浆中价格及物量指数增幅最大，物量指数环比上涨 3. 78% 至 86. 46 点。但因 7—8 月淡季行情，漂白硫酸盐针叶木浆需求转弱，物量指数连续收跌，7 月跌至 76. 75 点，外盘价格以下调为主。进入 9 月，市场出现回暖，下游包装印刷纸市场较好，漂白硫酸盐针叶木浆量价连续 4 个月齐涨，随着 11 月、12 月国内纸浆市场行情的大热，漂白硫酸盐针叶木浆价格指数也大幅上涨，12 月价格指数环比上涨 4. 97% 至 98. 13 点，物量指数环比上涨 6. 21% 至 95. 84 点，市场需求较好，部分漂白硫酸盐针叶木浆货源趋紧。

漂白硫酸盐阔叶木浆行情持续低迷，其价格自 2015 年高峰逐步回落，直至 2016 年 3 月之后有所企稳，4—6 月漂白硫酸盐阔叶木浆行情需求一般，价格稳定。7 月、8 月漂白硫酸盐阔叶木浆市场较针叶木浆市场更为疲弱，淡季下需求清淡、出货困难，成交量下滑，成交价走低。进入 9 月，部分货源货紧价扬，带动整体行情向好，进入 11 月、12 月，漂白硫酸盐阔叶木浆市场表现最为火热，受货源紧张、期货价格上扬、下游纸张价格上行等因素影响，价格涨势汹汹，月内整体涨幅甚至超过 500 元/吨，成交量大幅上涨。

本色浆上半年价格一直处于上涨趋势，由于其市场需求量小，下游使用稳定，整体行情以持稳为主。进入下半年，受淡季影响，三季度本色浆价格和物量指数双双下降，市场疲软，成交量下滑，市场持续弱势。四季度，在整个包装市场需求向好带动下，本色浆需求有所改善且价格提涨，11 月涨幅在 50 ~ 150 元/吨，12 月本色浆受下游纸张行情推动，成交量增长，价格大幅提涨，价格指数环比上涨 7. 21% 至 101. 97 点。

（杨 扬 整理）

2016 年全球化学商品浆需求量分析

Demand Analysis of Global Commodity Chemical Pulp in 2016

2016 年全球化学浆需求量为 5932.1 万吨，2015—2016 年全球化学商品浆的需求量见图 1。从图 1 可以看出，2015 年和 2016 年全球化学商品浆需求量的变化趋势相似，总体来看，2016 年化学商品浆需求量比 2015 年增长 3.9%。2016 年全球化学商品浆分区域需求量及变化情况见表 1。与 2015 年相比，我国化学商品浆的需求量增长幅度最大，增长率高达 13.8%，其次是东欧地区，增长率为 7.9%，而北美、西欧、拉丁美洲和日本地区化学商品浆市场需求疲软，需求量均呈现下降的趋势，拉丁美洲的下降幅度最大，需求量比 2015 年下降 5.8%。我国再度成为全球化学商品浆需求量的增长中心，这是大多数终端纸张市场有利发展的驱动结果。

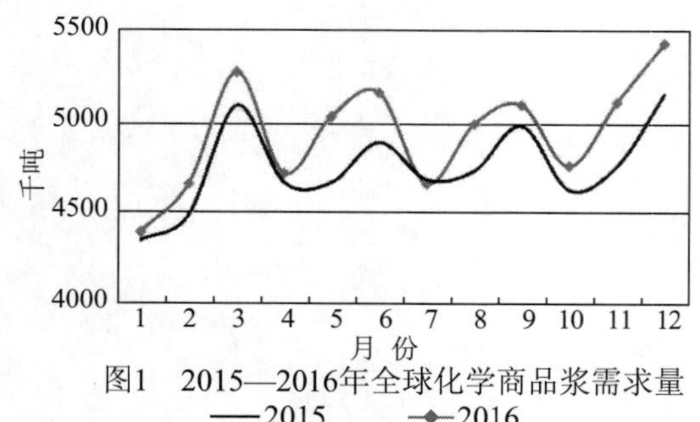

图1　2015—2016年全球化学商品浆需求量
—2015　—◆—2016

表 1　2016 年全球化学商品浆分国家或地区需求量及变化情况

单位：千吨

国家或地区	需求量		同比/%
	2015 年	2016 年	
北美	7731	7650	-1.0
西欧	15765	15429	-2.1
东欧	2251	2428	7.9
拉丁美洲	3465	3265	-5.8
日本	2125	2118	-0.3
中国	17124	19480	13.8
其他亚非地区	8306	8602	3.6
大洋洲	332	348	4.9
全球总计	57099	59321	3.9

注：表中数据是根据代表全球 100% 化学商品浆供应量的所有产浆国的统计结果计算的。

2016 年全球化学商品浆按浆种需求量及变化情况见表 2。亚硫酸盐木浆需求量的增长幅度最大，达 17.8%，未漂白硫酸盐木浆的增长率为 7.5%，漂白硫酸盐针叶木浆和漂白硫酸盐阔叶木浆的增长率分别为 3.3% 和 4.1%。

表 2　2016 年全球化学商品浆按浆种需求量及变化情况　　单位：千吨

浆种	需求量		同比/%
	2015 年	2016 年	
亚硫酸盐木浆	137	161	17.8
漂白硫酸盐针叶木浆	24335	25145	3.3
北方松	14414	14756	2.4
南方松	6565	6827	4.0
其他	3357	3563	6.1
漂白硫酸盐阔叶木浆	30750	31997	4.1
北方阔叶木	4462	4353	-2.5
南方阔叶杂木	1096	885	-19.3
桉木	21525	23180	7.7
其他	3667	3580	-2.4
未漂白硫酸盐木浆	1877	2017	7.5
总计	57099	59321	3.9

图 2 和图 3 所示为 2007—2016 年全球阔叶木和针叶木化学商品浆生产商库存供应天数。2007 年及 2010 年化学商品浆库存量可供使用天数低于 30 天，库存量趋于紧张，2008 年由于金融危机的影响，全球化学商品浆库存量处于高位。2013—2016 年化学商品浆库存相对较稳定，年底的库存均会回落。

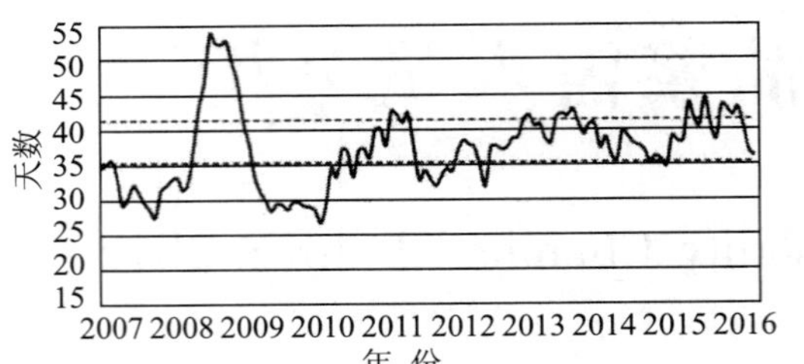

图2　全球阔叶木化学商品浆厂库存供应量与正常范围相比

注：正常范围指经过季节因素调整的天数：上限和下限为平均水平,其计算根据最近60个数据点计算后加或减一个平均方差点所得出的平均水平。下同。

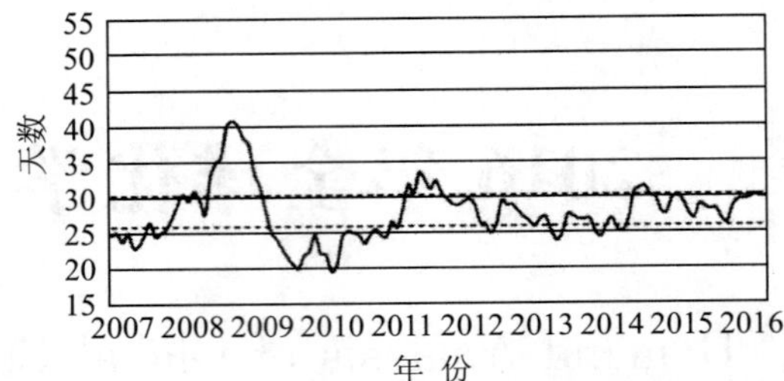

图3　全球针叶木化学商品浆厂库存供应量与正常范围相比

信息来源：数据来源于纸浆纸张产品理事会(PPPC)。PPPC的全球化学商品浆总需求量是基于全球19主要产浆国的数据、PPPC在俄罗斯及亚洲的会员公司提供的数据、各国海关统计数据和PPPC的预测计算出来的。

（李荔平　杨　扬）

产品与市场

PRODUCTS AND MARKET

3

2016 年我国造纸工业产销情况分析

Analysis of Production and Sale Situation of China's Paper Industry in 2016

一、2016 年我国造纸工业生产和经济运行情况

1. 生产完成情况

据中国造纸协会调查资料，2016 年全国纸及纸板生产企业约 2800 家，全国纸及纸板生产量 10855 万吨，同比增长 1.35%。消费量 10419 万吨，同比增长 0.65%，人均年消费量为 75 千克(13.83 亿人)。

2. 经济指标完成情况

据国家统计局统计数据，2016 年 1—12 月规模以上制浆造纸及纸制品业企业主要经济指标完成情况如下。

(1)主营业务收入　2016 年全行业主营业务收入累计完成 14687.41 亿元，同比增长 6.47%。其中，纸浆制造业累计完成 130.32 亿元，同比下降 7.83%；造纸业累计完成 8725.21 亿元，同比增长 6.98%；纸制品制造业累计完成 5831.88 亿元，同比增长 6.07%。

(2)利润总额　2016 年全行业利润总额累计完成 844.09 亿元，同比增长 16.12%。其中，纸浆制造业累计亏损 0.88 亿元，同比减亏 9.00%；造纸业累计完成 486.06 亿元，同比增长 28.74%；纸制品制造业累计完成 358.91 亿元，同比增长 2.45%。

根据统计快报数据分析，2016 年制浆造纸及纸制品全行业生产整体情况基本稳定，经济指标完成情况明显好于 2015 年。表现为生产量增长 1.35%，消费量增长 0.65%，除应收账款净额略增加 3.56% 外，主营业务收入同比增长超过 6%、利润同比增长超过 15%，而产成品库存下降超过了 7%，尤其造纸业产成品库存下降幅度超过了 13%。

3. 纸及纸板的进出口情况

2016 年纸及纸板累计进口 297 万吨，同比增长 3.48%；用汇 32.63 亿美元，同比减少 2.18%。

2016 年纸及纸板产品分品种进口量同比下降较大的品种有：瓦楞原纸、白纸板，分别下降了 11.11%、4.92%。进口量同比增长的品种有：箱纸板、未涂布印刷书写纸，分别增长 11.90、10.81%。

2016 年纸及纸板累计出口 733 万吨，同比增长 13.64%；出口额 90.66 亿美元，同比减少 1.00%。出口量增长较大的品种有：包装纸、白纸板、未涂布印刷书写纸、瓦楞原纸、铜版纸，增幅分别为 40.00%、22.22%、19.61%、16.67%、14.55%。出口量减少较大的品种有：新闻纸、生活用纸，降幅分别为 50.00%、2.82%。

4. 商品纸浆和废纸的进出口情况

2016 年累计进口纸浆 2106 万吨，同比增长 6.15%；用汇 122.39 亿美元，同比减少 4.05%。累计进口废纸 2850 万吨，同比下降 2.66%；用汇 49.89 亿美元，同比减少 5.52%。

2016 年国内出口各类商品纸浆 9.57 万吨，同比下降 6.18%；出口各类废纸 2327.88 吨，同比增长 232.15%

二、纸浆、废纸生产消费分析

1. 纸浆生产及商品纸浆进口情况分析

据统计，2016 年国内生产各类纸浆 7925 万吨，同比减少 0.74%。进口各类商品纸浆 2106.08 万吨，同比增长 6.14%。而出口纸浆只有 9.57 万吨，同比下降 6.17%。

从进口的商品木浆种类上看，漂白硫酸盐针叶木浆进口 803.51 万吨，比 2015 年增加 71.95 万吨，平均价格为 594 美元/吨，比 2015 年下降 66 美元/

吨；漂白阔叶木浆进口 832.92 万吨，比 2015 年增加 42.29 万吨，平均价格为 511 美元/吨，比 2015 年下降 87 美元/吨；本色硫酸盐木浆进口 66.15 万吨，比 2015 年增加 8.87 万吨，平均价格为 510 美元/吨，比 2015 年下降 45 美元/吨；化学机械浆进口 172.96 万吨，比 2015 年增加 0.17 万吨，平均价格为 454 美元/吨，比 2015 年上涨 5 美元/吨；溶解级木浆进口 224.61 万吨，比 2015 年减少 0.12 万吨，平均价格 940 美元/吨，比 2015 年上涨 33 美元/吨。

从以上数据可以看到，主要进口纸浆品种中除溶解浆进口量略有减少，其他品种均有增加。在价格方面，化学机械浆和溶解浆进口单价略有上涨，其他品种均有不同程度的下降。

2. 废纸进口及废纸浆生产情况分析

2016 年我国累计进口各类废纸 2850 万吨，同比下降 2.66%，月平均进口 238 万吨，比 2015 年月平均进口减少 6 万吨。

从废纸进口价格走势来看，2016 年的废纸进口平均价格走势相对比较平稳，平均价格为 175 美元/吨，比 2015 年下降 6 美元，同比下降 2.78%。

从进口废纸的品种来看，2016 年我国累计进口废瓦楞纸板箱 1673.60 万吨，同比增长 0.39%；进口平均价格 183 美元/吨，比 2015 年下降 4 美元。累计进口废报纸和废杂志纸 520.19 万吨，同比下降 9.46%；进口平均价格 164 美元/吨，比 2015 年下降 4 美元。累计进口混合废纸 568.56 万吨，同比下降 5.54%；进口平均价格 153 美元/吨，比 2015 年下降 4 美元。累计进口办公废纸 87.50 万吨，同比下降 3.00%；进口平均价格 232 美元/吨，比 2015 年下降 21 美元。

2016 年国内废纸浆生产量 6329 万吨，同比减少 0.14%，折合废纸总量约 7749 万吨，其中，进口废纸 2850 万吨，国内回收废纸约 4900 万吨。

三、纸及纸板主要品种生产消费分析

1. 新闻纸

2016 年国内新闻纸生产量 260 万吨，同比下降 11.86%；表观消费量 265 万吨，同比下降 11.37%。新闻纸进口 6 万吨，与 2015 年持平；出口 1 万吨，同比下降 50.00%。

2. 印刷书写纸

2016 年未涂布印刷书写纸生产量 1770 万吨，同比增长 1.43%；表观消费量 1689 万吨，同比增长 0.54%。未涂布印刷书写纸进口 41 万吨，同比增长 10.81%；出口 122 万吨，同比增长 19.61%。

3. 铜版纸

由于电子媒体的发展，平面媒体广告的减少，加上原有产能较大，出口欧美等国家又受到反倾销和反补贴调查设限，使得铜版纸生产和消费增长基本停滞，市场竞争激烈，市场价格低迷，甚至可以说是国内近几年造纸产业中为数不多的过剩产能产品。这两年通过转产、停产退出和扩大出口等调整措施，虽然 2016 年铜版纸生产量有所减少，售价还在低位，但市场价格已出现小幅上扬，形势略有好转。

2016 年国内铜版纸生产量 665 万吨，同比下降 2.2%；表观消费量 565 万吨，同比下降 5.20%。铜版纸进口 26 万吨，与 2015 年持平；出口 126 万吨，同比增长 14.55%。

4. 生活用纸

生活用纸仍然是 2016 年增速最快的品种，新投产的产能约 50 万吨。虽然目前绝大多数生活用纸生产企业都是盈利的，但产能增量过快，市场竞争加剧，整体盈利水平会下降。另外，生活用纸在细分产品和市场上已出现分化，尤其是本色卫生纸和餐面巾纸已被市场所接受。

2016 年国内生活用纸生产量 920 万吨，同比增长 3.95%；表观消费量 854 万吨，同比增长 4.53%。生活用纸进口 3 万吨，与 2015 年持平；出口 69 万吨，同比下降 2.82%。

5. 白纸板

2016 年白纸板市场基本平稳，出口增加，市场竞争趋向平淡，细分产品在市场中表现有所不同，部分产品的生产和售价稳中有升。

2016 年国内白纸板生产量 1405 万吨，与 2015 年基本持平；表观消费量 1265 万吨，同比下降 2.62%。白纸板进口 58 万吨，同比下降 4.92%；出口 198 万吨，同比增长 22.22%。

6. 箱纸板和瓦楞原纸

由于我国经济 2016 年仍然保持在 6.5% 的增长，其中，第一产业和第二产业 GDP 仍然占比近 50%，网购和快递等服务业的快速增长，推动了箱纸板和瓦楞原纸消费增长。另外，由于市场需求增长和生产成本增加及部分区域产业波动等因素，2016 年该类产品价格有了一定上涨。但 2016 年外汇汇率变化给企业带来的问题也较多。

2016 年国内箱纸板生产量 2305 万吨，同比增长 2.67%；表观消费量 2364 万吨，同比增长 2.92%。箱纸板进口 94 万吨，同比增长 11.90%；

出口 35 万吨，同比增长 9.38%。

2016 年国内瓦楞原纸生产量 2270 万吨，同比增长 2.02%；表观消费量 2271 万吨，同比增长 1.93%。瓦楞原纸进口 8 万吨，同比下降 11.1%；出口 7 万吨，同比增长 16.7%。

四、2016 年国内造纸行业生产和市场总体走势

根据当前国际、国内大的经济形势，结合造纸工业生产和纸张市场走势分析，我们认为 2016 年国内造纸工业生产和市场总体态势：

(1)2016 年造纸行业生产运行整体情况基本保持平稳态势，产销基本保持平衡；但大中小型企业的生产运行情况越来越分化，大中型企业生产运行基本正常、良好，部分中小型企业生产运行困难增多。2016 年我国纸及纸板生产量和表观消费量略有增长。

(2)产品市场继续分化，市场价格有涨有落。产品集中度较高的产品，市场信心恢复较快，2016 年产品价格有所提高。而产品集中度较差的产品，市场竞争和产品价格战还是较为激烈。

(3)从统计局快报统计看，2016 年造纸行业主营业务收入及利税和利润等主要经济指标完成情况好于 2015 年，但主营业务中的纸及纸板生产和市场销售实际是不温不火，多数产品市场价格还维持在低位运行，行业尚未完全走出困境，市场信心仍需恢复。

(4)制浆造纸属资金密集型产业，目前企业负债仍然较高。由于多数产品市场价位相对低迷，企业盈利空间收窄，加上部分银行等金融部门对造纸行业认识等问题，使得部分企业资金链收紧，生产运行困难的企业增多。

(5)由于 2016 年国内纸及纸板生产量略有增加，而原生浆生产量又在减少，因此，形成了 2016 年商品纸浆和废纸原料进口量增长的局面。

(6)由于电子媒体的发展及其对平面媒体的冲击，使得传统印刷书写纸品种需求增长放缓，尤其是报刊新闻用纸下降幅度明显，生产量将会继续降低。

(7)2016 年由于燃煤及运输费用上涨，汇率变化等因素，造成企业生产成本整体上升，尤其对过去依靠公路运输又超载超限的企业，会因运费问题而影响销售。

(8)由于经济发展需求的拉动，加上网购和新兴物流兴起，2016 年国内包装纸及纸板的生产和消费量增长较大。

五、2017 年国内造纸工业生产和市场总体态势

(1)由于 2017 年国家会继续奉行积极、稳健的财政政策，会推动经济持续稳定发展，作为配套行业的造纸产业生产和消费同时也会受到拉动。因此，我们认为 2017 年国内制浆造纸及纸制品行业生产和消费将会延续 2016 年的态势，生产和消费会有小幅增长，行业生产和运行整体会继续保持平稳。

(2)目前，虽然行业多数产品市场价格还处于低位，但随着产业结构的调整和市场需求的拉动，我们认为 2017 年的纸张产品市场竞争虽然存在，但更会趋向平淡，多数产品市场需求会呈现逐步回升态势，产品价格总体水平表现会好于 2016 年。

(3)通过近年来的产业结构调整和市场洗礼，部分产品产能存在的阶段性、结构性过剩问题会得到一定改善，多数产品正在形成新的市场平衡。

(4)互联网在行业中会得到更多的应用，尤其在生产和营销模式上会不断创新。企业通过信息化、大数据、智能化实现产、供、销最优配置，向客户提供快速便捷、质优价低的服务。

(5)由于市场需求变化和市场竞争等因素，及各生产企业基础情况差异，预计 2017 年企业分化问题还会继续，并且可能会加重和扩大。部分负债高的企业会因现金流和融资方面问题处境艰难，有的将会被迫停产退出。

(6)由于部分地区对造纸产业的结构性、政策性调整力度加大，会改变一些原有的区域产品结构和区域供给形势，形成新的竞争态势。

(7)“绿色造纸”理念在行业已基本形成共识。经过多年努力，行业整体形象已有所提高，环保问题已得到改善，成绩斐然，但压力仍然较大。随着环保政策和制度更加严格、系统、完善，会倒逼企业加大投入，而抬高生产成本。

(8)2016 年环境保护部已就制浆造纸生产企业实施排污许可证管理进行了密集调研，预计 2017 年可能在造纸行业全面实施，加上环保系统目前正在进行的管理体制改革，这一政策变化和实施，各企业要关注、要重视。

另外，2016 年 10 月 19 日 WTO 争端解决机构专家组对我国诉讼美国实施的包括铜版纸在内的反倾销措施作出裁定，认定美国对我国实施的多项反

倾销措施中倾销认定、倾销幅度等 13 项措施违反了世贸规则。中方已敦促美方尊重裁定，尽快改变错误做法。这一裁定将有助于我国铜版纸更好地参与国际贸易竞争，同时提醒我们也要研究和遵守规则。

六、结 语

纵观 2016 年造纸工业经济运行情况，在诸多不利因素影响下，制浆造纸及纸制品产业仍然做到了生产运营保持基本平稳，实现了产销平衡。展望 2017 年，造纸产业虽然不可能完全走出困境，但经过近年来的结构调整，有效控制了新增产能，通过提高发展质量和经济效益，增强创新能力，内部挖潜、降低成本，提升了竞争力和抗风险能力，可以预见行业整体情况 2017 年会好于 2016 年。

（赵 伟）

2016 年我国浆纸市场分析

Analysis of China's Pulp and Paper Market in 2016

一、2016 年我国纸张市场分析

（一）造纸产业全年整体运行情况

2016 年，全国机制纸及纸板生产量 10855 万吨，同比增长 1.35%；全年消费量为 10419 万吨，同比增长 0.65%。按全国人口 13.83 亿人计算，人均年消费量 75 千克。全年机制纸及纸板出口量 733 万吨，同比增长 13.64%；纸制品出口量 291 万吨，同比增长 2.46%。机制纸及纸板进口量 297 万吨，同比增长 3.48%；纸制品进口量 12 万吨，与 2015 年持平。

2016 年生产量及消费量增幅较大的纸种与 2015 年基本相同，主要集中在生活用纸、包装纸和特种纸等品种，其中，生活用纸生产量和消费量增长率分别达到 3.95% 和 4.53%。受新媒体冲击，新闻纸生产量及消费量继续下滑，生产量同比下滑首次超过两位数，达 11.86%；同时，涂布印刷纸，特别是铜版纸，生产量和消费量均为负增长。

1. 自 2016 年下半年开始纸张市场一路看涨

2016 年是我国造纸行业最富戏剧性的一年。对造纸企业来说，2016 年注定是一个值得额手相庆的“金色”年。

受国内经济下行压力影响，2016 年上半年，我国造纸行业仍在寒冬中挣扎，纸张需求低迷，纸价一直低位徘徊，企业利润下降，生存困难。戏剧性的一幕发生在 2016 年四季度。

由于 2016 年 9 月在浙江省杭州市举行 G20 峰会，从 7 月开始，杭州周边几乎所有造纸企业全部关停。杭州附近的富阳地区生产大量的涂布白纸板，这次关停受影响最大的就是包装纸板。到 10 月，市场忽然发现买不到包装纸板，于是，包装纸板价格开始快速上涨，尤其是瓦楞原纸的价格更是一路飞涨，成为 2016 年涨幅最大的纸种。受包装类纸张价格上涨带动，印刷纸价格在持续低迷几年后，也在 2016 年 12 月开始报涨。

据中金公司发布的研究报告显示，2017 年 1 月箱纸板平均售价 4827 元/吨，同比增长 45.6%；瓦楞原纸价格 4633 元/吨，同比增长 58.4%；白卡纸 5633 元/吨，同比增长 22.5%；文化用纸 5784 元/吨，同比增长 11.3%，均呈持续上涨的态势。

2016 年年底发生的这次大规模纸张价格上涨并非偶然，是多方因素综合造成的，也是近年来行业内存在的诸多问题的一次集中爆发。归纳起来，原因主要有如下几点：

（1）供给侧改革以及环保政策愈加严厉　自 2010 年国家提出淘汰落后产能后，至 2016 年，6 年时间共淘汰 3731 万吨造纸产能，其中，文化用纸 429 万吨。政府规划“十三五”期间将继续关停 800 万～1000 万吨落后造纸产能，淘汰对象主要是环保不合格的造纸企业。

（2）新增产能减少　近几年由于持续的纸业寒冬，纸价低迷、需求不旺，造纸企业投资新建项目较少；加之众多企业对纸机进行降速限产，无疑造成了供给方面的减少。

（3）生产成本上升　进口漂白硫酸盐阔叶木浆现货价格从 3800 元/吨上涨到 2016 年年底的 5100 元/吨。进口漂白硫酸盐针叶木浆现货价格从 4475 元/吨上涨到 5150 元/吨。化学机械浆从 2850 元/吨上涨到 4350 元/吨。

煤炭价格从年初的 400 元/吨一路上涨到 700 元/吨；2016 年 9 月开始实施公路货运新规，严厉打击超载超限行为，公路运输成本上涨幅度达 20%～30%；人民币兑美元汇率从 2016 年初的 6.5 左右贬值到年底的 7.0 左右，使得造纸企业进口原料成本上升；国家环保政策越来越严厉，造纸企业在环保方面的投入也越来越大。

2. 上市纸企 2016 年净利润上涨

纸价上涨是纸企业绩飙升最主要的拉动力。由纸价上涨引发的利润红利纷纷体现在纸业上市公司的年报中：玖龙纸业(控股)有限公司发布公告表示，如果撇除经营和融资活动的汇兑亏损，其 2016 年净利润在 2015 年 13.22 亿元的基础上增长不低于 45%，这意味着其净利润绝对值不低于 19.17 亿元；安徽山鹰纸业股份有限公司预计 2016 年净利润 3.34 亿～3.76 亿元，同比增长 60%～80%；山东晨鸣纸业集团股份有限公司预计 2016 年净利润 19.5 亿～21.5 亿元，同比增长 90%～110%；山东世纪阳光纸业集团有限公司预计 2016 年利润增幅将超过 120%；华泰集团有限公司预计 2016 年净利润 1.5 亿～1.77 亿元，同比增长 132%～163%；山东博汇纸业股份有限公司预计 2016 年净利润 1.8 亿～2.0 亿元，同比增长 375%～420%；浙江景兴纸业股份有限公司预计 2016 年净利润为 31.8 亿～32.3 亿元，同比增长 2632%～2680%。2016 年净利润预期最低的是华泰集团有限公司，利润预期最高的是山东晨鸣纸业集团股份有限公司。

(二)主要品种市场分析

1. 出版印刷用纸

(1)新闻纸　自 2014 年以来，新闻纸的生产量和需求量一直在大幅下跌，行业陷入困境，不少企业纷纷以转产、停产、限产等方式应对困难局面。拥有全球最大的新闻纸生产基地的华泰集团有限公司，曾因其 200 万吨/年的新闻纸产能而骄傲。然而面对新闻纸用量逐年快速递减的现实，再不转变似乎只有死路一条。对此，华泰集团有限公司积极应对，先后对其旗下多个生产基地的新闻纸机进行技术改造，向高档文化用纸、包装纸转型；同时，大力发展化工产业，拉长产业链，实现多元化发展。目前，华泰集团有限公司仅保留了 45 万吨/年的新闻纸生产线和 70 万吨/年的铜版纸生产线。

一轮洗牌过后，根据近期数据分析，2016 年全国报业用纸量约 171.1 万吨，国内新闻纸总生产量为 160 多万吨，排除一些不确定因素(小纸厂停产、大纸厂减产等)，供需基本平衡。

(2)铜版纸　同样受新媒体发展冲击，加之原有产能较大，同时受到欧美等国家反倾销和反补贴调查设限，近年来铜版纸市场竞争激烈。

一方面，进入 2016 年，宏观经济复苏势头趋缓。据相关资料显示，2016 年前三季度铜版纸机开机率保持在 66%～71%，11 月，多个纸种开始出现供不应求现象，在包装纸价格持续上涨的带动下，其他纸种产生联动效应，铜版纸机开机率提高到 80%。进入 12 月，随着纸浆价格反弹和运输成本上涨，铜版纸价格继续上涨。另一方面，出现频繁的国际反补贴、反倾销调查使产业环境严峻。10 月，世贸组织(WTO)公布了其争端解决机构的专家组审查报告，支持我国主要诉讼请求，裁定美国 13 项反倾销措施违反世贸规则，其中就包括造纸行业的铜版纸。

种种迹象表明，经过前几年的产能淘汰，铜版纸生产集中度提升，且形成了如 APP(中国)、山东晨鸣纸业集团股份有限公司、山东太阳纸业股份有限公司等议价能力强的龙头企业，其中，仅山东晨鸣纸业集团股份有限公司就已多次提价。2016 年 8 月，山东晨鸣纸业集团股份有限公司铜版纸全系列产品价格上调 300 元/吨；2016 年 9 月，所有铜版纸产品在当月执行价格基础上上调 100 元/吨；2017 年 1 月，率先将铜版纸价格上调幅度调整至 400 元/吨。对此山东晨鸣纸业集团股份有限公司表示，提价是经过对市场供需、原材料价格上涨等多方面因素综合考虑的结果，提价的同时也提高了集团造纸业务的毛利润。

(3)双胶纸　2010 年我国双胶纸产能 754 万吨，实际生产量 648 万吨，需求 614 万吨；2014 年产能 929 万吨，实际生产量 743 万吨，消耗量 655 万吨；到了 2016 年，双胶纸的产能 927 万吨，实际生产量 804 万吨，消耗量 772 万吨。从以上数据可以看出，双胶纸仍处在产能相对过剩阶段，但是过剩的富余量已经减少。2016 年四季度，随着纸浆价格提高，双胶纸价格上涨。

双胶纸的产业集中度不如铜版纸高，还有待进一步提升。以山东晨鸣纸业集团股份有限公司、华泰集团有限公司、山东太阳纸业股份有限公司、亚太森博(山东)浆纸有限公司为代表的双胶纸四大龙头企业(CR4)的生产集中度为 49.92%，而对于铜版纸，以 APP(中国)、山东晨鸣纸业集团股份有限公司、山东太阳纸业股份有限公司为代表的前三的龙头企业(CR3)的生产集中度却已达到了 78.57%。

产能相对过剩、格局分散、竞争激烈，是目前双胶纸行业存在的主要问题。但今后可能会有更加激烈的市场竞争形势，2016 年年底，山东晨鸣纸业集团股份有限公司敲定了年产 50 万吨的巨无霸(PM7)文化用纸机项目；2017 年，亚太森博(山东)浆纸有限公司预计新增双胶纸产能 45 万吨，提升供给量。预计此后双胶纸企业抬价难度将增大，这轮涨价后价格再涨会有一定难度，将基本维持稳定。

双胶纸、铜版纸价格走势见图 1。双胶纸、铜版纸等产品自 2016 年年底进入涨价通道。更为重要的是，纸厂不再受产能过剩困扰，此轮涨价呈现 3 个特点：涨价次数频繁、涨幅明显、执行坚决。

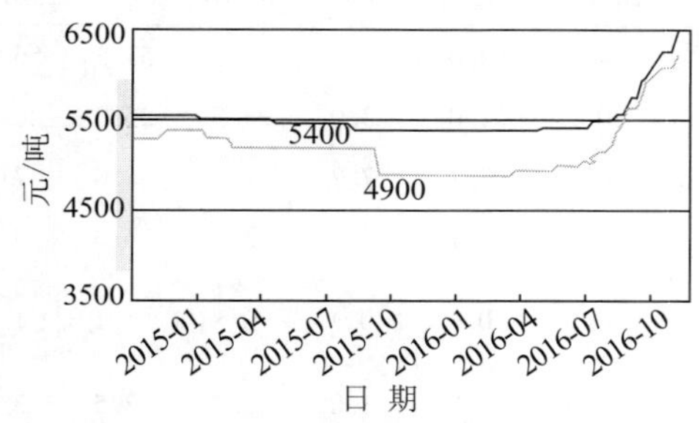

图1　2016年主要文化用纸市场价格走势

—双胶纸　—铜版纸

注：数据来源于RISI。

2. 包装纸板

(1)瓦楞原纸　2016 年最耀眼的纸种当属瓦楞原纸了，在所有涨价的纸种中，瓦楞原纸价格涨幅远超其他纸种。瓦楞原纸涨价如此之快(见图 2)的原因主要有两个方面，一是主要原料废黄纸板价格以及煤炭价格持续上扬，纸企原料成本承压；二是环保检查更加严格，2016 年下半年国内瓦楞原纸企业频繁停限产，导致货源供应十分紧张。目前来看，废黄纸板货源依旧紧缺，价格或将持续上涨，受其带动，瓦楞原纸价格涨势或将延续。另外，快递业的快速发展极大推动了对纸箱的需求，从而推动纸箱的原材料之一瓦楞原纸价格的快速飙升。

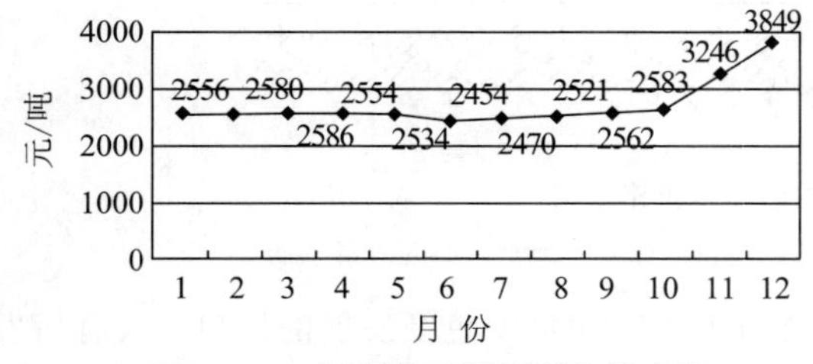

图2　2016年高强瓦楞原纸价格走势

注：数据来源于2017年上海国际浆周报告会。

(2)白卡纸　到 2016 年年底，国内白卡纸总生产能力达到 1100 万吨(见表 1)，其中 APP(中国)、山东晨鸣纸业集团股份有限公司、山东博汇纸业股份有限公司、山东太阳纸业股份有限公司这四大龙头企业合计产能约 895 万吨/年，占国内总产能的 81%左右，行业集中度非常高。

表 1　目前国内白卡纸主要生产企业

纸厂	产能/(万吨/年)	主要情况
山东晨鸣纸业集团股份有限公司	203	山东、山西、广东三大基地，产品种类多，辐射全国
APP(中国)	377	浙江、广西两大基地，产品种类多，辐射全国
山东博汇纸业股份有限公司	170	山东、江苏两大基地，辐射全国
山东太阳纸业股份有限公司	145	山东基地，产品种类多，高中低档搭配合理，辐射华东、华南、华北
珠海经济特区红塔仁恒纸业有限公司	57	烟卡纸为主，社会卡纸、食品卡纸为辅，用户相对集中
亚太森博(山东)浆纸有限公司	52	烟卡纸、液包卡纸等高档产品为主
斯道拉恩索集团(Stora Enso)	45	食品卡纸为主
其他	51	
合计	1100	

注：数据来源于中华纸业传媒。

2009 年前后，白卡纸新建项目较多，产能释放压力较大，自 2011 年开始白卡纸市场进入低迷状态，此后陷入长达 5 年的艰难整合过渡期。然而，自 2015 年年底开始，白卡纸市场首先出现反弹态势，至 2016 年下半年价格上涨更加迅猛。

白卡纸价格首先走出低迷并持续上涨的主要原因归纳如下：白卡纸需求逐渐向好。随着人们生活水平的逐步提高，对包装材料的要求也越来越高，原来灰底白纸板就可以满足的包装，现在为迎合顾客对包装品味的提高逐步升级为白卡纸，这一提高推涨了白卡纸的消耗量(见图 3)。

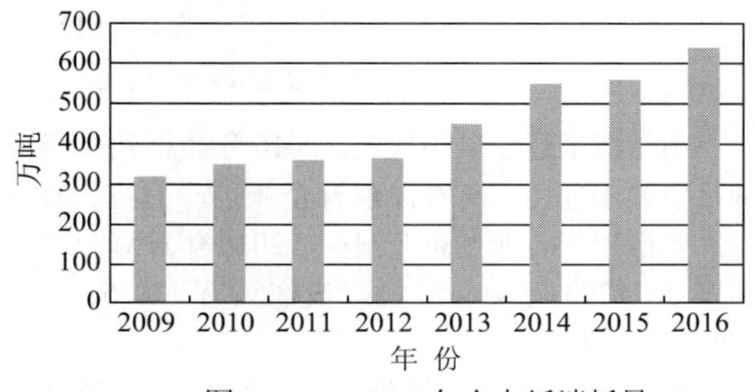

图3　2009—2016年白卡纸消耗量

行业集中度提高使这些规模较大的白卡纸厂的议价能力明显提高。在白卡纸新产能刚刚大量投放市场的几年，由于供给严重过剩，各厂家为保生存，价格大战时有发生，价格持续下滑，纸厂几乎没有利润空间。最近几年，环保成本逐年增加，缺乏竞争力的中小型白卡纸厂难以为继，很多厂破产倒闭。而大型纸厂占据规模优势，且环保设施配套先进，符合国家政策要求，因此在艰难的市场中存活下来，这些大型纸厂为摆脱濒临亏损的窘境，开始联合限产、提价，由于行业集中度高，纸厂议价能力大增，加上 2016 年的市场环境的综合因素的影响，使得白卡纸价格成功上涨。

3. 生活用纸

根据中国造纸协会公布的数据，2016 年生活用纸生产量 920 万吨，同比增长 3.95%；消费量 854 万吨，同比增长 4.53%。生活用纸的生产量和消费量都是增幅较大的纸种，但是涨幅较 2015 年有所回落。2011—2016 年生活用纸各类产品份额见表2。

2016 年生活用纸行业仍处于产能相对过剩阶段。年初时曾预计全年的产品平均价格会与 2015 年持平或略有下降。但在第四季度，由于超载超限新规定正式实施使得物流成本上升，加之人民币贬值、商品浆价格上涨、严厉的环保政策逼停了很多中小型的卫生纸厂等诸多因素，使得生活用纸价格在四季度搭上纸价暴涨的顺风车，但是，生活用纸价格仅是略有上涨(见图4)。

表2 2011—2016 年生活用纸各类产品份额(以消费量计) 单位:%

	2011 年	2012 年	2013 年	2014 年	2015 年	2016 年
卫生纸	64.9	62.0	60.6	59.0	57.3	56.3
面巾纸	20.3	22.0	23.0	24.5	25.5	26.2
手帕纸	6.9	7.1	7.7	7.7	8.0	7.5
餐巾纸	2.4	3.1	3.3	3.3	3.3	3.6
厨房纸巾	0.8	0.6	0.7	0.8	1.1	1.3
擦手纸	2.5	2.8	3.0	3.2	3.5	3.8
衬纸	1.4	1.3	1.0	1.1	1.2	1.0
其他	0.8	1.1	0.7	0.6	0.2	0.3
生活用纸合计	100	100	100	100	100	100

注：数据来源于历年《生活用纸年报》。

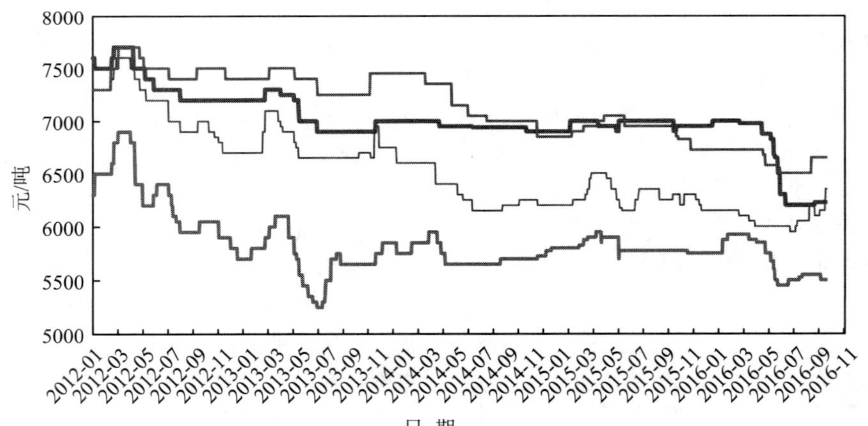

图4 2012—2016年生活用纸价格走势

由于造纸行业多年低迷，2016 年生活用纸行业的投资趋于理性，基本以现有企业扩产为主，转行进入生活用纸行业的企业很少。2016 年计划投产的新产能 182.3 万吨，但实际投产只有 130.55 万吨(见表3、图5)。

2016 年本色生活用纸概念大放异彩，经过几年的宣传，本色生活用纸以其环保、健康的理念为广大消费者所接受。山东泉林纸业有限责任公司、四川环龙新材料科技有限公司、四川石化雅诗纸业有限公司借本色纸发展的风口，大有后发赶超之势。“泉林本色”是现代本色生活用纸的开创者，以麦草浆为主要造纸原料；后两家是竹纤维本色纸的开创者，目前都处于成品销售的前3位。预计四川石化雅诗纸业有限公司和四川环龙新材料科技有限公司将在 2017 年分别成为生活用纸行业第 5 和第 6 名，超越东顺集团股份有限公司、上海东冠纸业有限公司、五月花纸业有限公司，紧追四大品牌。

表 3 2016 年国内主要生活用纸生产企业生产能力

企业	2015 年产能/万吨	2016 年产能/万吨	同比/%
金红叶纸业集团有限公司	157	163	3.8
福建恒安集团有限公司	102	114	11.8
维达国际控股有限公司	95	104	9.5
中顺洁柔纸业股份有限公司	50.2	50.2	0
东顺集团股份有限公司	45.6	45.6	0
山东泉林纸业有限责任公司	23	23	0
永丰余造纸(扬州)有限公司	17.5	17.5	0
理文造纸有限公司	14.0	38.5	175.0
山东太阳纸业股份有限公司	12	12	0

注：数据来源于《生活用纸年报》。

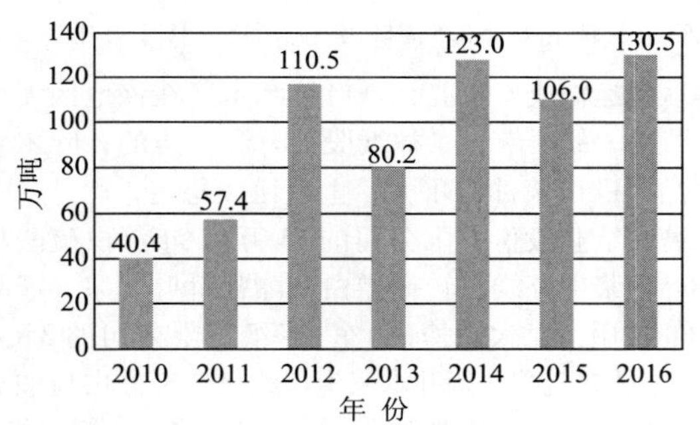

图5 2010—2016年生活用纸新增产能

注：数据来源于《生活用纸年报》。

(三)出口量持续增加

由于近几年很多纸种都处于供过于求状态，国内纸张消费市场无法完全吸收这些过剩产能，许多造纸企业只好通过各种渠道开拓海外市场。现在国内很多造纸企业生产设备及生产技术已经与国际先进水平相差无几，产品已完全能够被国外接受，所以近几年的纸及纸板出口数量增长很快，加之2016年10月，世贸组织(WTO)公布了其争端解决机构的专家组审查报告，支持我国主要诉讼请求，裁定美国13项反倾销措施违反世贸规则，使得2016年我国纸张出口增幅较大。2016年我国纸及纸板出口总量(含纸制品)为1024.2万吨(见图6)，比2015年的928.8万吨增长了10.27%。具体到纸种上，包装纸增幅最大，达40%，而文化用纸、特种纸等其他纸种也都有不俗表现，增幅均在8%以上。

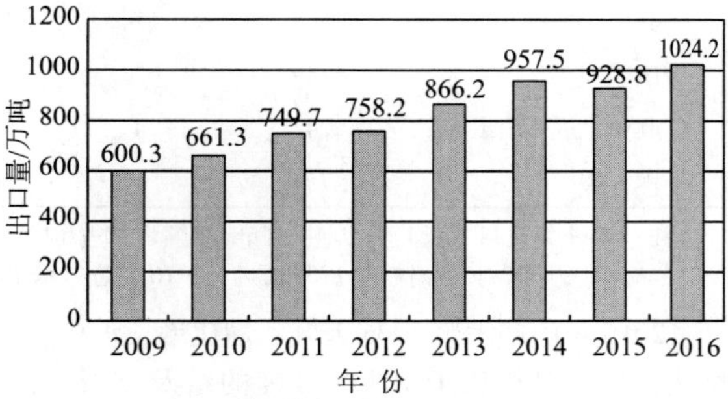

图6 近年来国产纸及纸板出口量

注：出口量包括纸、纸板及纸制品。数据来源于海关总署。

二、2016 年我国纸浆市场分析

(一)2016 年我国纸浆生产及消耗情况

1. 纸浆生产情况

根据中国造纸协会数据，2016年全国纸浆生产量7925万吨，同比减少0.74%。其中，木浆1005万吨，同比增长4.03%；废纸浆6329万吨，同比减少0.14%；非木材浆591万吨，同比减少13.08%(见表4)。

表 4 2010—2016 年我国纸浆生产情况 单位：万吨

	2010 年	2011 年	2012 年	2013 年	2014 年	2015 年	2016 年
纸浆合计	7318	7723	7867	7651	7906	7984	7925
木　浆	716	823	810	882	962	966	1005
废纸浆	5305	5660	5983	5940	6189	6338	6329
非木材浆	1297	1240	1074	829	755	680	591
其中：苇　浆	156	158	143	126	113	100	68
蔗渣浆	117	121	90	97	111	96	90
竹　浆	194	192	175	137	154	143	157
稻麦草浆	719	660	592	401	336	303	244
其他浆	111	109	74	68	41	38	32

2. 纸浆消耗情况

2016 年全国纸浆消耗量 9797 万吨，同比增长 0.68%。其中，木浆 2877 万吨，占纸浆消耗量 29%，其中，进口木浆占 19%，国产木浆占 10%；废纸浆 6329 万吨，占纸浆消耗量的 65%，其中，用进口废纸制浆占 24%，用国产废纸制浆占 41%；非木材浆 591 万吨，占纸浆消耗量的 6%，其中，稻麦草浆占 2.5%，竹浆占 1.6%，苇(荻)浆占 0.7%，蔗渣浆占 0.9%，其他非木材浆占 0.3%(见表 5)。

表 5　　近 3 年全国纸浆消耗量变化　　单位：万吨、%

	2014 年		2015 年		2016 年		同比
	消耗量	占比	消耗量	占比	消耗量	占比	
纸浆消耗总量	9484	100	9731	100	9797	100	0.68
木浆	2540	27	2731	28	2877	29	6.04
其中：进口木浆	1588	17	1757	18	1881	19	7.06
废纸浆	6189	65	6338	66	6329	65	-0.14
其中：进口废纸	2243	24	2392	25	2308	24	-3.51
非木材浆	755	8	680	7	591	6	-13.09

注：2014 年进口木浆 1797 万吨，扣除溶解浆 209 万吨，实际消耗量 1588 万吨。2015 年进口木浆 1984 万吨，扣除溶解浆 227 万吨，实际消耗量 1757 万吨；2016 年进口木浆 2106 万吨，扣除溶解浆 225 万吨，实际消耗量 1881 万吨。

2016 年国产木浆 1005 万吨，同比增长 4.03%，增速较高。但相比于 10855 万吨的纸及纸板生产量，木浆生产量显然过低，只能逐年增加进口木浆数量。这主要是因为我国木浆生产受资源、环境及历史遗留问题等方面因素的制约，目前和今后相当长的时期内，依然无法满足需求，还将严重依赖进口。

(二)主要木浆生产企业概况

1. 国产漂白硫酸盐针叶木浆

目前，我国实际生产针叶木浆的企业仅剩寥寥几家。由于溶解浆市场向好，湖南怀化骏泰浆纸有限公司的针叶木浆生产线已转产溶解浆；广西南宁凤凰纸业有限公司和广西贺达纸业有限公司均已破产倒闭；云南云景林纸股份有限公司正常生产针叶木浆(部分自用)，主要是由于进口木浆运送到西南地区的运输成本过高，进口针叶木浆在该地区无竞争优势，故云南云景林纸股份有限公司的针叶木浆产品受进口浆冲击不大，生产比较稳定；此外，山东博汇纸业股份有限公司的 15 万吨/年漂白硫酸盐阔叶木浆生产线已转产漂白硫酸盐针叶木浆，产品全部自用；亚太森博(山东)浆纸有限公司的 35 万吨/年漂白硫酸盐阔叶木浆生产线已转产漂白硫酸盐针叶木浆，产品基本自用，下一步还将转产溶解浆。

2. 国产漂白硫酸盐阔叶木浆

2016 年，国内三大主要阔叶木浆生产企业亚太森博(山东)浆纸有限公司、海南金海浆纸业有限公司、湛江晨鸣浆纸有限公司基本满负荷生产，并基本保持稳定。这 3 家浆厂的总产能共计 370 万吨/年(见表 6)，约占国产木浆总产能的 36.8%，但仅占 2016 年木浆总消耗量的 12.9%。

表 6　　2016 年国产木浆主要生产企业及开工情况

浆厂	生产浆种	生产能力/万吨	投产日期	2016 年开工情况
海南金海浆纸业有限公司	漂白硫酸盐桉木浆	150	2005-03	满产
亚太森博(山东)浆纸有限公司	漂白硫酸盐桉木浆	35	2002-10	转产漂白针叶木浆
	漂白硫酸盐桉木浆	150	2010-07	满产
湖南怀化骏泰浆纸有限公司	漂白硫酸盐针叶木/阔叶木浆	40	2006	转产溶解浆
广西南宁凤凰纸业有限公司	漂白硫酸盐针叶木/阔叶木浆	12	1999	破产倒闭
广西贺达纸业有限公司	漂白硫酸盐桉木浆	10	1994-12	破产倒闭
广东鼎丰纸业有限公司	漂白硫酸盐竹浆	11	2001-01	满产
山东太阳纸业股份有限公司	漂白硫酸盐阔叶木浆	25	2010-01	转产溶解浆

续表

浆厂	生产浆种	生产能力/万吨	投产日期	2016 年开工情况
山东博汇纸业股份有限公司	漂白硫酸盐阔叶木浆	15	2007－03	转产漂白针叶木浆
湛江晨鸣浆纸有限公司	漂白硫酸盐桉木浆	70	2011－08	满产
云南云景林纸股份有限公司	漂白硫酸盐针叶木/阔叶木浆	20	2001	满产
江苏王子制纸有限公司	漂白硫酸盐桉木浆	70	2014 年三季度	满产
斯道拉恩索集团	漂白硫酸盐桉木浆	70	项目推迟	

(三)2016 年木浆进口情况分析

1. 2016 年我国木浆进口量

2016 年，我国共进口木浆 2107 万吨，同比增长 6.92%。2007—2016 年我国木浆进口情况见图 7，2016 年木浆分品种进口量见表 7。

2. 我国木浆进口来源分布

(1)漂白硫酸盐针叶木浆　2016 年我国进口漂白硫酸盐针叶木浆 804 万吨，由图 8 可以看出，加拿大一直是我国漂白硫酸盐针叶木浆最大的进口来源国，占漂白硫酸盐针叶木浆总进口量的 33%，紧随其后的是美国、智利、俄罗斯、芬兰。漂白硫酸盐针叶木浆主要进口国进口量所占比例见图 9。

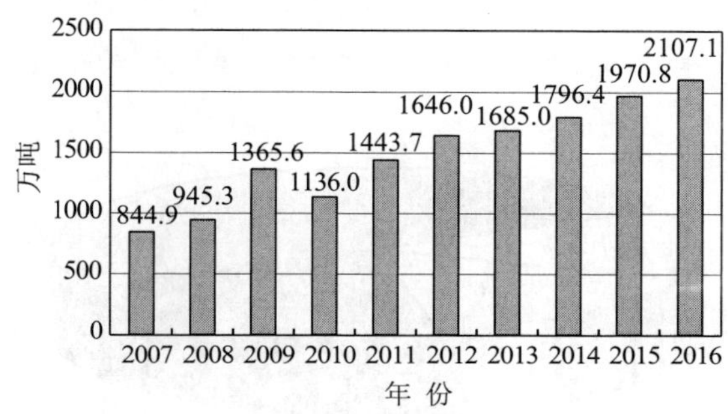

图7　2007—2016年我国木浆进口量

注：数据来源于海关总署。

表 7　　2016 年木浆分品种进口量

税号及木浆种类	进口量/吨		同比/%	2016 年各品种进口量占总进口量比例/%
	2015 年	2016 年		
(47010000)机械浆	4631	2589	－44.09	0.01
(47020000)溶解浆	2247342	2246048	－0.06	10.66
(47031100)未漂白硫酸盐针叶木浆(USKP)	558887	647976	15.9	3.07
(47031900)未漂白硫酸盐阔叶木浆	1770	2588	46.21	0.01
(47032100)漂白硫酸盐针叶木浆(BSKP)	7315645	8035064	9.83	38.13
(47032900)漂白硫酸盐阔叶木浆（BHKP)	7906254	8329196	5.35	39.53
(47041100＋2100)亚硫酸盐针叶木浆	23627	19953	－15.55	0.09
(47041900＋2900)亚硫酸盐阔叶木浆	5717	6364	11.32	0.03
(47050000)半化学浆	1727916	1729639	0.10	8.21
(47061000＋47062000＋47069100＋9200＋9300)其他化学、机械、半化学浆)	46902	41496	－11.53	0.20
合计	19707738	21070562	6.92	100

注：数据来源于海关总署。

(2)漂白硫酸盐阔叶木浆　2016 年我国漂白硫酸盐阔叶木浆进口量为 833 万吨，前五大进口来源国依次为巴西、印度尼西亚、乌拉圭、智利、美国（见图 10)，进口量所占比例见图 11。

2016 年我国从巴西进口的漂白硫酸盐阔叶木浆总量达到 418.9 万吨，占漂白硫酸盐阔叶木浆进口总量的 50%，排在第 2 位的是印度尼西亚，占比 23%。

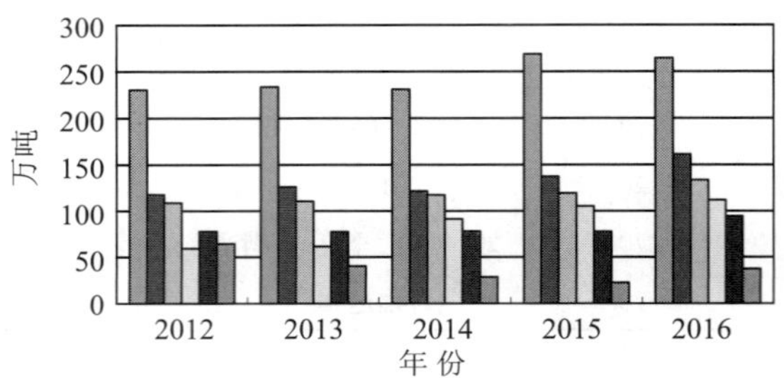

图8 2012—2016年我国漂白硫酸盐针叶木浆五大进口来源国的进口量

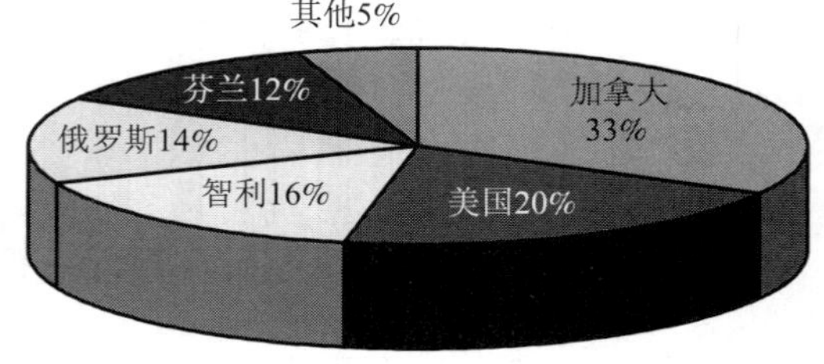

图9 2016年我国漂白硫酸盐针叶木浆五大进口来源国所占比例

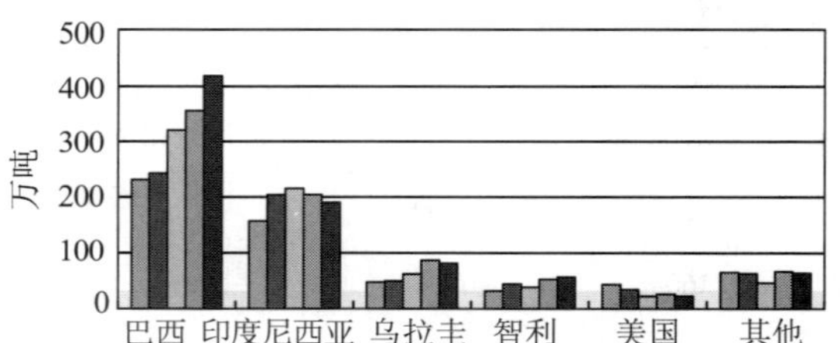

图10 2012—2016年我国漂白硫酸盐阔叶木浆五大进口来源国的进口量

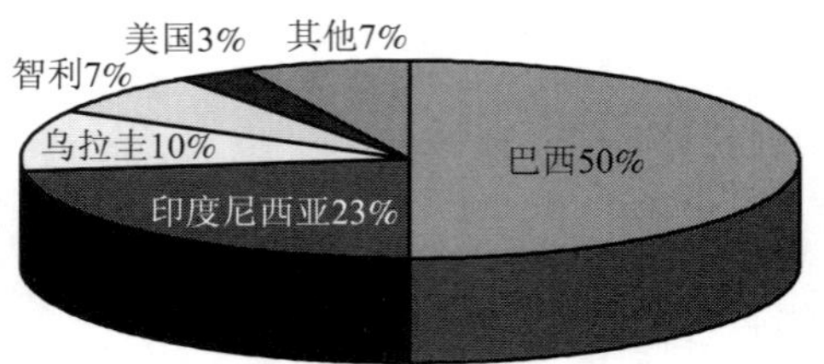

图11 2016年我国漂白硫酸盐阔叶木浆五大来源国所占比例

（四）2016 年我国木浆市场行情分析

1. 针叶木浆市场行情分析

2016 年进口针叶木浆期货及现货市场价格走势见图 12 和图 13。由于上半年纸张市场一直低迷，市场对木浆的需求持续清淡，致使漂白硫酸盐阔叶木浆价格一直在底部徘徊，其现货价格长时间处于 3850 元/吨的低位。于是，很多纸厂调整针叶木、阔叶木浆使用比例，逐步提高漂白硫酸盐阔叶木浆用量，减少漂白硫酸盐针叶木浆用量，这使得漂白硫酸盐针叶木浆 2016 年的市场行情继续疲弱。到 2016 年年底，由于漂白硫酸盐阔叶木浆及下游成品纸价格大幅上涨，卖方以此为契机，开始推涨漂白硫酸盐针叶木浆价格。买方认定这是见底反弹信号，纷纷下单采购。尤其是在现货市场，受“买涨不买跌”的心态影响，追涨的市场参与者络绎不绝，其中包括纸厂及贸易公司。持有现货的贸易商限量推涨，出现一周内多次涨价的现象。

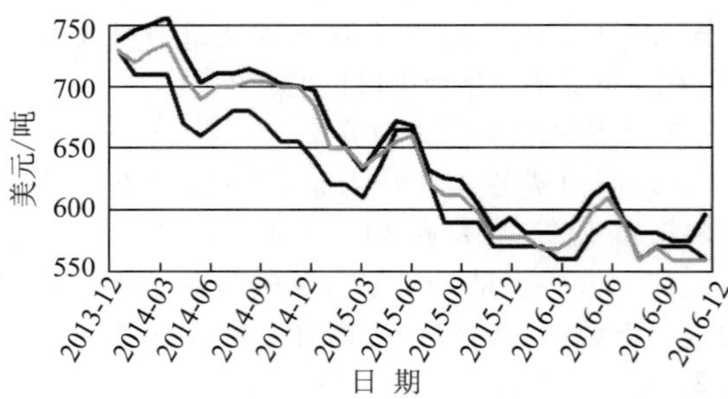

图12 进口漂白硫酸盐针叶木浆期货价格

注：数据来源于纸业联讯。

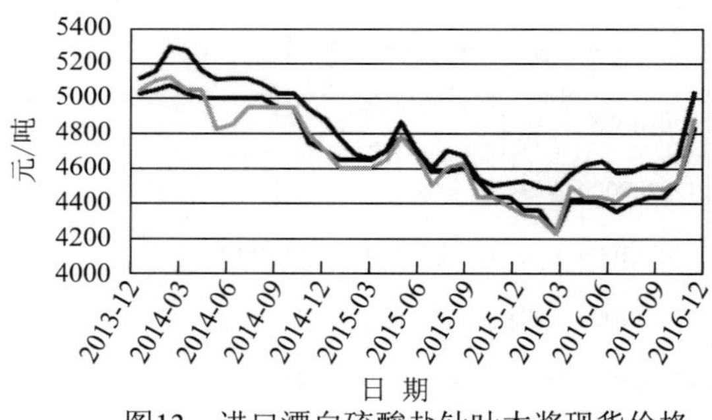

图13 进口漂白硫酸盐针叶木浆现货价格

注：数据来源于纸业联讯。

2. 阔叶木浆市场行情分析

造纸用商品木浆价格跟大多数商品一样，受到很多因素影响。但最重要的影响因素是供求关系。当市场上商品木浆供应充裕，需求一般甚至低迷时，木浆价格就会萎靡不振；当市场上商品木浆供应紧张，即使需求一般也会引起买家紧张，为避免买不到货引起生产线断货停机，买家要多买货以防万一，这时木浆价格肯定上涨，如果正赶上需求旺盛，那木浆价格将会一路飞涨（见图 14）。

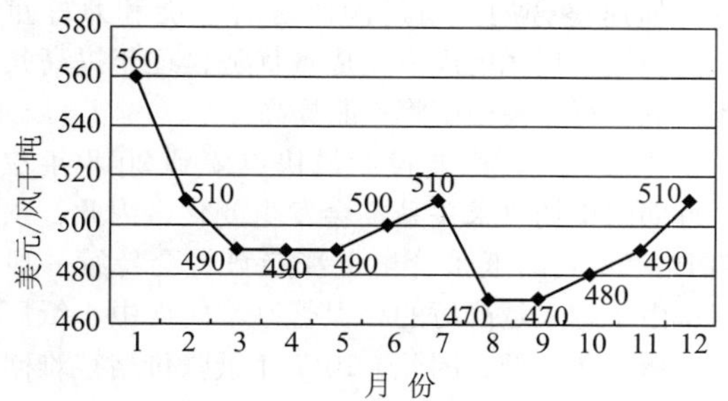

图14　2016年我国进口自巴西桉木浆期货价格走势

2016 年一季度，巴西向我国供应的漂白桉木浆数量正常，但是由于纸张市场低迷，造纸厂开工不足，对木浆需求不旺，买家只购买能够维持生产的需要量，结果木浆价格在一季度一路下滑。从第二季度至整个夏季，国内几乎所有纸厂对木浆需求都处于低迷状态，木浆价格一直在底部徘徊。另外，APP 对外宣布其在印度尼西亚的 OKI 浆厂的 2 条年产 140 万吨/年漂白硫酸盐阔叶木浆生产线将于 10 月下旬出浆，并向我国市场供货，市场更是一片悲观，都认为下半年浆价还会继续下跌，所有纸厂及贸易公司都不敢多买货。

但是，出乎所有人预料，APP 印度尼西亚浆厂的漂白硫酸盐阔叶木浆生产线直到 12 月底也未能正常生产并向我国市场供应。与此同时，某大型浆纸企业在我国木浆现货市场有计划、有目的的进行扫货，现货市场中的木浆大部分被其买走。另外，亚太森博(山东)浆纸有限公司的 35 万吨/年漂白硫酸盐阔叶木浆生产线转产漂白硫酸盐针叶木浆，另外 1 条 150 万吨/年漂白硫酸盐阔叶木浆生产线将减少向市场供应，因为亚太集团在广东新会的 1 条 45 万吨/年的文化用纸生产线开工。12 月，巴西 Klabin 浆厂桉木浆生产线出现故障，大大减少向我国出口。几方面因素使得我国买家在 12 月发现市场上漂白硫酸盐桉木浆供应量大为减少，供应商及贸易商趁机上调价格，尤其是漂白硫酸盐桉木浆现货价格，原本从 2016 年初到 11 月初，一直低位徘徊在 3850 元/吨左右，到 11 月底突然涨至 4300 元/吨，12 月底飙升到 4900 元/吨(见图 15)。

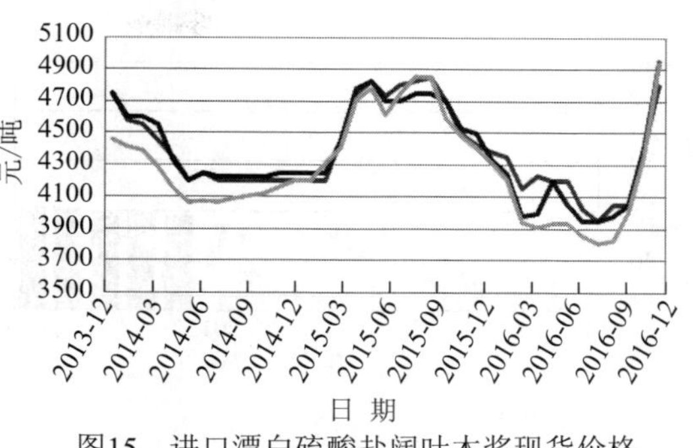

图15　进口漂白硫酸盐阔叶木浆现货价格

—东北　—华北　—华东

注：数据来源于纸业联讯。

三、2017 年浆纸市场预测

1. 纸浆市场预测

从图 16、图 17 可以看出，未来 5 年，对漂白硫酸盐针叶木浆，全球将新增产能 330 万吨，需求增长 120 万吨；对于漂白硫酸盐阔叶木浆，全球将新增产能 620 万吨，需求增长 480 万吨。总体来看，新增产能大于需求的增长。在这些新增产能中，2017 年上半年，APP 印度尼西亚 OKI 浆厂的 2 条 140 万吨/年的相思木浆生产线全面投产；下半年，巴西 Fibria 公司旗下的 Tres Lagoas 浆厂的 195 万吨/年桉木浆生产线将投产。另外，白俄罗斯 40 万吨/年的漂白硫酸盐针叶木浆产能将在 2017 年年底前投产。面对这些巨大的新产能的集中释放，2017 年下半年纸浆市场竞争将更加剧烈，纸浆价格将会低位徘徊。

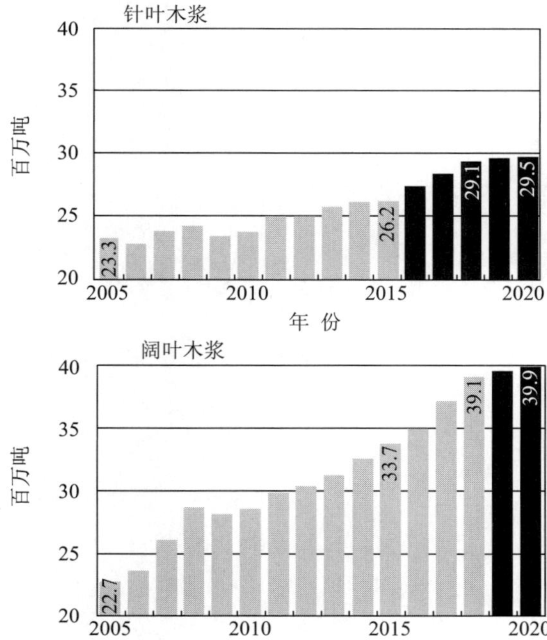

图16　2015—2020年全球漂白浆产能及产能预测

2. 纸张市场预测

2017 年，供给侧结构性改革和环保监管力度将继续加大，造纸行业在环保和市场的双重压力下，

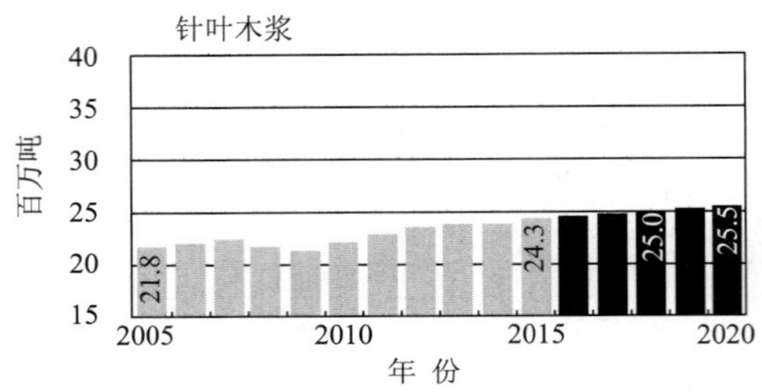

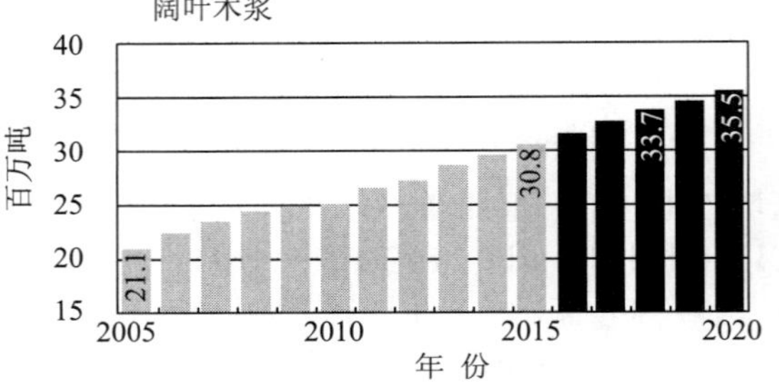

图17 2015—2020年全球漂白浆需求及需求预测

将进入加速整合期。通过淘汰落后产能和兼并重组，大型纸厂将凭借规模及成本优势，逐年提高其市场份额，行业集中度将不断提高。

新建项目的新产能投产最快也要到 2018 年左右，近期内市场供求关系不会发生变化，因此，预计 2016 年年底的纸张价格上涨趋势将会持续一段时间；由于越来越严厉的环保管制，使得中小纸厂的复工概率非常低，因此，2017 年纸张价格很难回落，造纸企业应珍惜这来之不易的机遇，提高产品质量，提升服务和客户满意度，降低成本，这样才能实现长期共赢共利，持久发展。

但预计在 2017 年下半年，下游客户将无法承受连续的纸张价格上涨，会有价格拉锯战，但估计下调的可能性不是很大。

几大纸种的生产集中度越来越高，靠低价抢市场的时代已经过去，造纸企业的议价权越来越大。

（王 岩）

2016 年国内外废纸市场概况

Market Situation of Waste Paper in China & the World in 2016

一、2016 年我国废纸回收和利用情况

1. 废纸回收率与废纸利用率

2016 年，我国在废纸回收和利用方面基本保持平稳增长态势。近年我国废纸回收与利用情况见表 1。从表 1 可以看出，我国废纸回收量由 2004 年的 1651 万吨持续增加到 2012 年的 4473 万吨；虽然 2013 年略有下降，为 4451 万吨；但 2016 年增加到历史最高值 4964 万吨，比 2015 年增加了 123 万吨。废纸回收率从 2004 年的 30.4% 提高到 2014 年的 48.1%，达到历史最好水平，2016 年为 47.6%，比 2015 年提高了 0.8 个百分点。废纸消耗量从 2004 年的 2881 万吨持续增加到 2012 年的 7479 万吨；2013 年略有下降，为 7425 万吨；随后持续增加到 2016 年的 7813 万吨，创历史新高。废纸利用率从 2004 年的 58.2% 提高到 2013 年的 73.4%，是历史最好水平，2016 年下降至 72.0%，比 2015 年再次减少了 0.6 个百分点。目前，我国废纸利用率较高，已达到世界较高水平；而废纸回收率增长较慢，仍在世界较低水平徘徊。

表 1　近年来我国废纸回收与利用情况

年份	纸及纸板消费量/万吨	废纸回收量/万吨	废纸回收率/%	纸及纸板生产量/万吨	废纸消耗量/万吨	废纸利用率/%
2004	5439	1651	30.4	4950	2881	58.2
2005	5930	1809	30.5	5600	3513	62.7
2006	6600	2263	34.3	6500	4225	65.0
2007	7290	2765	37.9	7350	5021	68.3
2008	7935	3128	39.4	7980	5549	69.5
2009	8569	3424	40.0	8640	6246	72.3
2010	9173	4016	43.8	9270	6631	71.5
2011	9752	4348	44.6	9930	7075	71.2
2012	10048	4473	44.5	10250	7479	73.0
2013	9782	4451	45.5	10110	7425	73.4
2014	10071	4841	48.1	10470	7593	72.5
2015	10352	4841	46.8	10710	7776	72.6
2016	10419	4964	47.6	10855	7813	72.0

注：废纸回收率 = 废纸回收量/国内纸和纸板消费总量；废纸利用率 = 废纸消耗量/国内纸和纸板生产总量。

由表 1 可见，近年来随着资源回收力度的不断加大，以及由于电商市场的迅猛发展使更多的包装材料在国内流通、回收，我国废纸的回收量、质量以及回收率不断提高，但是由于废纸回收分拣和储运体系建设相对落后，使废纸回收率仍落后于发达国家，且废纸的回收质量较差，仍然存在部分废纸降级使用的现象。

虽然 2014 年 12 月 1 日由商务部出台了《废纸分

类等级规范》，但相关企业的执行力度不够。2015年6月11日，财政部、国家税务总局联合下发“关于印发《资源综合利用产品和劳务增值税优惠目录》的通知”。该通知自2015年7月1日起执行。根据通知，利用废纸造纸企业将获得50%～70%的增值税返点。这是自财税〔2008〕157号文取消废旧物资免征增值税和抵扣进项税的政策后，再一次获得税收政策支持。这一退税政策的推出，在2016年对于目前利润下滑、治污成本上升的造纸行业来说，在一定程度上推动了造纸企业提高废纸利用的积极性，也助使国内废纸需求增加。

2016年5月，商务部等6部委联合发布《关于推进再生资源回收行业转型升级的意见》，提出以加快转变发展方式、促进行业转型升级为主线，顺应“互联网+”发展趋势，着力推动再生资源回收模式创新，推动经营模式由粗放型向集约型转变，推动组织形式由劳动密集型向劳动、资本和技术密集型并重转变，建立健全完善的再生资源回收体系，探索再生资源回收与生活垃圾分类回收体系协同发展的新机制。2017年1月，工业和信息化部等3部委联合出台《关于加快推进再生资源产业发展的指导意见》，提出重点培育3～5家30万吨的废纸分拣中心，15家全国性的回收企业，以及每500万人口布局10个中等规范的回收加工企业。

随着上述系列废纸利用相关政策的深入实施，以及全民环保意识的增强，将使国内废纸的分拣、分类得到进一步规范，一定程度上提高国内废纸的回收量及质量，并促进国内废纸实现高效利用。

2. 废纸浆使用率

近年来，我国废纸浆占纤维原料消耗总量的比例历经连年增长后，目前已成为所占比例最大的造纸原料，近9年来废纸浆使用率一直维持在60%以上的水平，在2014年最高达到65.3%后，逐年略有下降，2016年为64.6%，与2015年相比下降了0.5个百分点，近年来我国废纸浆使用率变化情况见表2。

表2 近年来我国废纸浆使用率变化情况

年份	纸浆总消耗量/万吨	废纸浆消耗量/万吨	废纸浆使用率/%
2004	4455	2305	51.7
2005	5200	2810	54.0
2006	5992	3380	56.4
2007	6769	4017	59.3
2008	7360	4439	60.3
2009	7980	4997	62.6
2010	8461	5305	62.7
2011	9044	5660	62.6
2012	9348	5983	64.0
2013	9147	5940	64.9
2014	9484	6189	65.3
2015	9731	6338	65.1
2016	9797	6329	64.6

注：废纸浆使用率＝废纸浆消耗量/国内纸浆总消耗量。

3. 以废纸为主要原料纸种的生产量与消费量

2016年全国纸及纸板生产量10855万吨，同比增长2.29%。消费量10352万吨，同比增长2.79%。其中，以废纸为主要原料的新闻纸、包装纸、白纸板、箱纸板和瓦楞原纸5个品种生产量合计为6915万吨，同比增长1.24%，占全国纸及纸板生产量的63.70%。2016年这5种产品的消费量合计为6854万吨，同比增长0.73%，占全国纸及纸板消费量的65.78%，近年以废纸为主要原料纸种生产量与消费量见表3。

表3 近年以废纸为主要原料纸种生产量与消费量

纸种	生产量/万吨				同比/%	消费量/万吨				同比/%
	2013年	2014年	2015年	2016年		2013年	2014年	2015年	2016年	
新闻纸	360	325	295	260	-11.86	362	321	299	265	-11.37
包装纸	635	650	665	675	1.50	650	665	681	689	1.17
白纸板	1360	1395	1400	1405	0.36	1310	1301	1299	1265	-2.62
箱纸板	2040	2180	2245	2305	2.67	2106	2240	2297	2364	2.92
瓦楞原纸	2015	2155	2225	2270	2.02	2013	2152	2228	2271	1.93
合计	6410	6705	6830	6915	1.24	6441	6679	6804	6854	0.73
占当年总量的	10110	10470	10710	10855	1.35	9782	10071	10352	10419	0.65
比例/%	63.40	64.04	63.77	63.70		65.85	66.32	65.73	65.78	

从表 3 可以看出，2016 年我国以废纸为主要原料的 5 个品种的生产量和消费量同比分别有所增长，其中，新闻纸的生产量和消费量比 2015 年有较大幅度的下降，分别下降 11.86% 和 11.37%。总体看来，2016 年这 5 个品种的生产量和消费量合计占全国纸及纸板生产量的比例和占全国纸及纸板消费量的比例与 2015 年基本持平。

4. 近年部分废纸相关项目建设情况

近年来，以废纸为主要原料的新建项目和计划新建项目较多，规模也较大。其中，包装纸、瓦楞原纸、箱纸板等成为了这几年我国产能增量较大的产品。随着国际、国内经济形势的不断变化，一些计划新建项目在前两年出现延期或更改等情况。但受箱纸板和瓦楞原纸等包装纸国内需求增长较为旺盛等的影响，预计会加速新建项目的建设。据不完全统计，在 2016 年，瓦楞原纸释放产能 242 万吨，箱纸板释放产能 171 万吨，远超 2015 年新增产能。预计我国在 2017 年到 2018 年间以废纸为主要原料的产能将大幅增加。表 4 列出了近两年废纸相关新建项目的跟踪情况。

表 4　　近两年我国部分废纸相关新建项目

企业名称	项目内容	生产能力/万吨	建设地点	投产时间
浙江景兴纸业股份有限公司	高强瓦楞原纸	30	浙江	2016 年下半年
	牛皮箱纸板	35	辽宁沈阳	2016 年
玖龙纸业（控股）有限公司	高档牛卡纸	200	福建泉州	二期（65 万吨）2016 年 10 月开工建设（其中 35 万吨计划于 2018 年四季度投产）
理文造纸有限公司	高档包装纸板	45	江西九江	2016 年年底
福建联盛纸业有限责任公司	高档箱纸板	45	福建漳州	开工建设（计划 2017 年年底完工）
	高档再生白纸板	60	福建漳州	前期准备
安徽山鹰纸业股份有限公司	挂面箱纸板	45	安徽马鞍山	2015 年 3 月
东莞顺裕纸业有限公司	高强瓦楞原纸	15	广东东莞	2015 年年底
四川新津晨龙纸业有限公司	高强瓦楞原纸	30	四川新津	2015 年
广丰县芦林纸业有限公司	高强低定量瓦楞原纸 牛皮箱纸板	30 40	江西广丰	预计 2017 年
江苏正大联合纸业股份有限公司	箱纸板	200	江苏灌云	2015 年
云南东晟纸业有限公司	高档包装纸	30	云南宜良	首期已于 2016 年投产
荣成纸业（中国）控股有限公司	箱纸板	40	湖北松滋	2017 年
	瓦楞原纸	35	湖北松滋	2017 年
湖北祥兴纸业科技有限公司	包装纸	100	湖北荆州	土建工程竣工，正在进行设备安装，预计 2017 年 5 月试运行
湖北炬垲纸业有限公司	高强瓦楞原纸	20	湖北枝江	2015 年 10 月开工建设
浙江荣成纸业有限公司	高强瓦楞原纸	18	浙江嘉兴	2016 年年初
山东太阳宏河纸业有限公司	高档牛皮箱纸板	50	山东邹城	2016 年
浙江荣晟环保纸业股份有限公司	高强瓦楞原纸	20	浙江嘉兴	2016 年 8 月

续表

企业名称	项目内容	生产能力/(万吨/年)	建设地点	投产时间
四川金田纸业有限公司	箱纸板	60	四川合江	预计于2017年投产(一期30万吨已于2016年2月投产)
浙江台州森林纸业有限公司	高强包装纸	10	浙江温岭	2016年上半年
浙江永正控股集团有限公司	高档包装纸	50		计划于2017年12月建成
江西柯美纸业有限公司	低定量高强瓦楞原纸	30	江西萍乡	一期(10万吨)计划于2017年3月投产
秦楚纸业有限公司	瓦楞原纸	10	湖北荆州	计划于2017年6月投产
河南省龙源纸业股份有限公司	瓦楞原纸	20	河南周口	2016年
河南腾盛纸业有限公司	瓦楞原纸	15	河南济源	2016年
四川金田纸业有限公司	高强瓦楞原纸	30	四川泸州	2016年
运城闻喜县东方新闻纸业有限公司	再生纸	10	山西运城	2016年
湖北金庄科技再生资源有限公司	高强瓦楞原纸	20	湖北当阳	2016年3月开工(计划于2017年12月竣工)
湖北金赞阳循环经济股份有限公司	再生纸	50	湖北老河口	2016年11月开工(建设周期为24个月)
金凤凰纸业(孝感)有限公司	高强瓦楞原纸	40	湖北孝感	2016年6月
湖北鑫物纸业有限公司	高强瓦楞原纸	20	湖北枝江	2016年开工建设
江苏上善纸业有限公司	高强瓦楞原纸	20	江苏宿迁	2017年1月

二、2016年我国废纸进出口情况

1. 废纸进出口量与金额

据海关统计，2016年，我国废纸进口量2850万吨，同比下降2.68%；用汇金额49.8亿美元，同比下降5.68%；进口废纸的平均价格为175.1美元/吨，同比下降2.89%。

2016年，我国废纸出口量0.23万吨，同比增长232.18%；创汇金额53.8万美元，同比增长72.99%；出口废纸平均价格为230.9美元/吨，同比下降47.92%。表5为近年来我国废纸进出口情况。

表5 近年来我国废纸进出口情况

年份	进口			出口		
	进口量/万吨	金额/亿美元	均价/(美元/吨)	出口量/吨	金额/万美元	均价/(美元/吨)
2004	1230	17.3	140.3	740	10.9	147.3
2005	1703	24.6	144.2	100	2.8	277.8
2006	1962	27.5	140.1	100	2.0	203.5
2007	2256	40.4	179.2	500	8.4	168.3
2008	2421	55.6	229.6	20	0.4	203.0
2009	2750	38.0	138.0	270	5.9	218.8

续表

年份	进口			出口		
	进口量/万吨	金额/亿美元	均价/(美元/吨)	出口量/吨	金额/万美元	均价/(美元/吨)
2010	2435	53.5	219.8	796	15.3	191.8
2011	2728	69.7	255.4	3600	77.7	215.8
2012	3007	62.6	208.6	2432	81.2	334.2
2013	2924	59.3	202.8	1049	47.5	452.8
2014	2752	53.5	194.4	742	29.8	401.6
2015	2928	52.8	180.3	701	31.1	443.7
2016	2850	49.8	175.1	2328	53.8	230.9

由表 5 可见，2016 年我国废纸进口量有所下降，出口量有所增加。

众所周知，废纸市场和宏观经济密切相关，近几年全球经济低迷，欧洲、美国、日本等废纸主要出口地区和国家经济复苏缓慢，可供回收的废纸数量有所下降；而印度、越南、印度尼西亚、泰国等亚洲其他地区由于一些废纸造纸项目陆续投产，废纸需求量快速增加而其本土废纸回收率相对较低，以及美国制造业回流、部分新闻纸及文化用纸厂改为可再生的箱纸板厂等多种因素的影响，导致可出口到我国的废纸货源将不断减少。如美国废纸出口量在 2016 年 1—9 月同比 2015 年微减，同期出口至我国的废纸量减少了约 7%。未来废纸将成为每个国家的重要资源，甚至是珍贵的资源。对于仍然是全球最大废纸进口国的我国，进一步提高国内废纸回收率，减少对国外进口废纸的依赖，仍然是摆在造纸行业面前的一大任务。

2. 进口废纸浆占原料比例的变化

2016 年我国废纸浆消耗量为 6329 万吨，其中，进口废纸浆 2308 万吨，占废纸浆总消耗量的 36.5%，占纸浆总消耗量的 23.6%。近年来我国进口废纸浆消耗量占原料比例的变化情况见表 6。由表 6 可以看出，我国国产废纸浆消耗量在废纸浆消耗总量中仍占主要地位。

表 6　近年来我国进口废纸浆消耗量占原料比例的变化情况

	2004 年	2005 年	2006 年	2007 年	2008 年	2009 年	2010 年	2011 年	2012 年	2013 年	2014 年	2015 年	2016 年
纸浆总消耗量/万吨	4455	5200	5992	6769	7360	7980	8461	9044	9348	9147	9484	9731	9797
废纸浆消耗量/万吨	2305	2810	3380	4017	4439	4997	5305	5660	5983	5940	6189	6338	6329
废纸浆进口量/万吨	773	1360	1570	1805	1936	2056	2092	2182	2405	2379	2243	2392	2308
占废纸浆的比例/%	33.5	48.4	46.4	44.9	43.6	41.1	39.4	38.6	40.2	40.1	36.2	37.7	36.5
占总浆量的比例/%	17.4	26.2	26.2	26.7	26.3	25.8	24.7	24.1	25.7	26.0	23.7	24.6	23.6
国产废纸浆生产量/万吨	1532	1450	1810	2212	2503	2941	3213	3478	3578	3561	3946	3946	4021
占废纸浆的比例/%	66.5	51.6	53.6	55.1	56.4	58.9	60.6	61.4	59.8	59.9	63.8	62.3	63.5
占总浆量的比例/%	34.4	27.9	30.2	32.7	34.0	36.9	38.0	38.5	38.3	38.9	41.6	40.6	41.0

3. 进出口废纸种类、数量、金额及单价

2016 年废箱纸板类进口量 1673.6 万吨，同比增长 0.40%，占废纸总进口量的 58.73%；进口用汇金额 30.6 亿美元，同比下降 3.16%；进口单价 182.81 美元/吨，同比下降 3.50%。办公室废杂纸类合计进口量 87.5 万吨，同比增长 2.94%，占废纸总进口量的 3.07%；进口用汇金额 2.0 亿美元，同比下降 4.76%；进口单价 231.85 美元/吨，同比下降 8.20%。废报纸类进口总量 520.2 万吨，同比下降 9.45%，占废纸总进口量的 18.25%；进口用汇金额 8.5 亿美元，同比下降 12.37%；进口单价 164.23 美元/吨，同比下降 2.51%。其他混杂废纸进口总量 568.6 万吨，同比下降 5.53%，占废纸总进口量的 19.95%；进口用汇金额 8.7 亿美元，同比下降 7.45%；进口单价 153.42 美元/吨，同比下降 2.01%。

2016 年进口废纸种类、数量及单价情况见表 7，各主要进口废纸品种及其主要来源国的进口单价变化情况如图 1 ~ 图 4 所示。由图 1 ~ 图 4 可见，2016 年 1—4 月，各主要进口废纸品种的进口单价总体呈下降趋势；自 2016 年 5 月开始，各主要进口废纸品种的进口单价总体呈上升趋势。

表 7　2016 年我国废纸进口主要品种、数量、金额及单价

废纸类别	海关商品税号	进口量			进口用汇金额		进口单价	
		数量/万吨	占比/%	同比/%	金额/亿美元	同比/%	单价/(美元/吨)	同比/%
进口总量		2849.9	100	-2.68	49.8	-5.68	174.74	-3.11
废箱纸板类	47071000	1673.6	58.73	0.40	30.6	-3.16	182.81	-3.50
办公室废杂纸类	47072000	87.5	3.07	2.94	2.0	-4.76	231.85	-8.20
废报纸类	47073000	520.2	18.25	-9.45	8.5	-12.37	164.23	-2.51
其他混杂废纸	47079000	568.6	19.95	-5.53	8.7	-7.45	153.42	-2.01

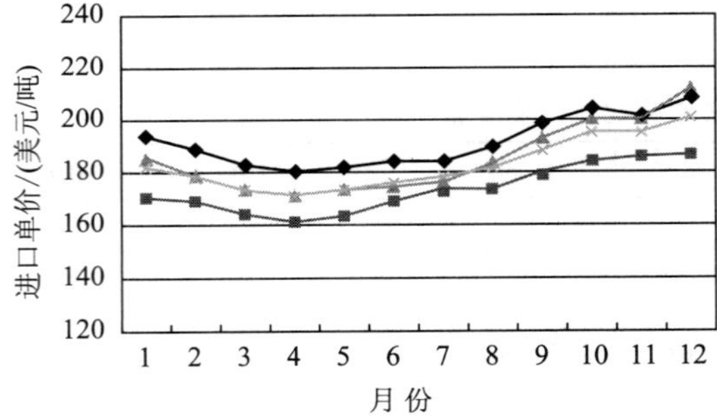

图1　2016年废箱纸板类废纸进口单价变化情况

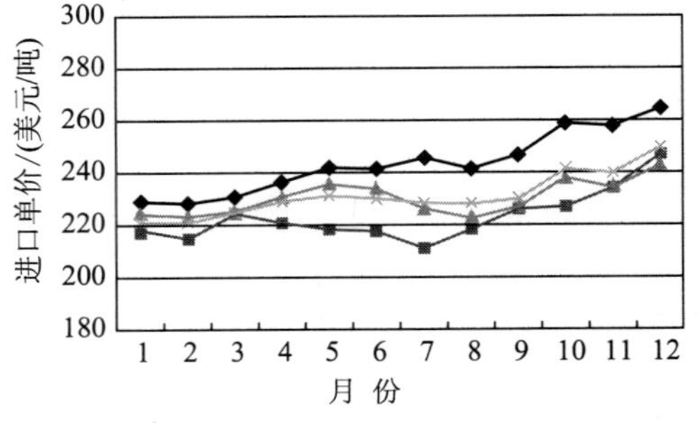

图2　2016年办公室废杂纸类废纸进口单价变化情况

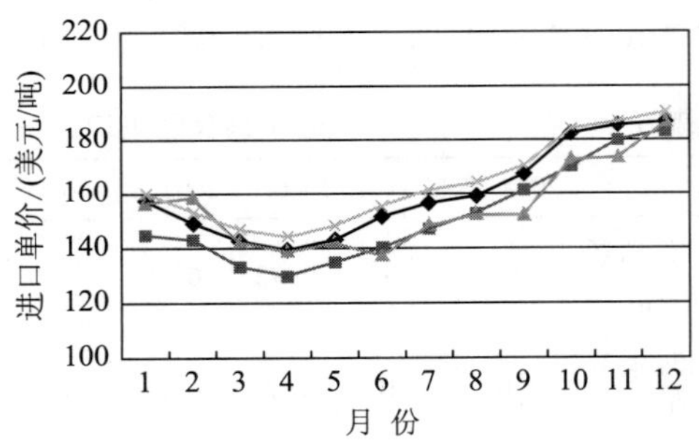

图3　2016年废报纸类废纸进口单价变化情况

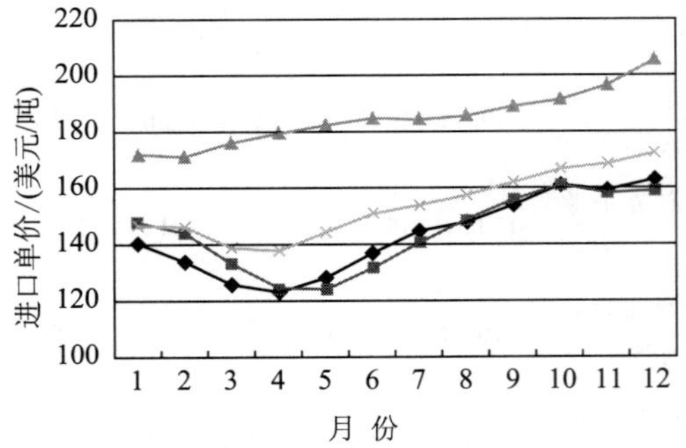

图4　2016年混杂类废纸进口单价变化情况

2016 年废箱纸板类出口量 1846. 3 吨，占废纸总出口量的 79. 3%；出口创汇金额 34. 4 万美元；出口单价 186. 37 美元/吨。办公室废杂纸类出口量 109. 1 吨，占废纸总出口量的 4. 7%；出口创汇金额 3. 0 万美元，同比增长 150%；出口单价 270. 80 美元/吨，同比增长 47. 76%。其他混杂废纸类出口量 372. 5 吨，占废纸总出口量的 16. 0%，同比下降 41. 50%；出口创汇金额 16. 4 万美元，同比下降 45. 15%；出口单价 440. 00 美元/吨，同比下降 6. 30%。2016 年我国废纸出口主要品种、数量、金额及单价情况见表 8。

4. 废纸主要来源国家、进口地区及口岸

表 9 为 2016 年我国废纸主要来源国家、进口地区及口岸情况（均取前 10 位）。与 2015 年相比，我国废纸来源地发生了一些变化，从美国、日本、加拿大、澳大利亚等地的进口量有所下降，而从英国、荷兰、西班牙等地的进口量有所增加。2016 年我国进口废纸主要来源国按进口量占比情况见图 5。由图 5 可见，2016 年，美国依然是我国最大进口废纸来源地，进口量为 1278. 9 万吨，占我国进口废纸总量的 44. 88%；其次是英国和日本，进口量分别为 388. 4 万吨和 284. 3 万吨，分别占我国废纸进口总量的 13. 63% 和 9. 98%。但受美国制造业回流等多种因素的影响，我国进口美废的价格上涨，有的品种甚至上涨了 50% ~60%。进口地区则仍然以广东省、浙江省、江苏省、山东省、福建省等地区为主，进口量分别为 1037. 7 万吨、470. 8 万吨、361. 0 万吨、264. 8 万吨、220. 9 万吨，分别占我国废纸进口总量的 36. 41%、16. 52%、12. 67%、9. 29%、7. 75%。进口口岸仍以深圳、杭州、广州、南京等口岸排名居前。

表 8　　2016 年我国废纸出口主要品种与数量

废纸类别	海关商品税号	出口量			出口创汇金额		出口单价	
		数量/吨	占比/%	同比/ %	金额/万美元	同比/%	单价/（美元/吨）	同比/%
出口总量		2327. 9	100	232. 18	53. 8	72. 99	230. 91	-47. 92
废箱纸板类	47071000	1846. 3	79. 3	—	34. 4	—	186. 37	—
办公室废杂纸类	47072000	109. 1	4. 7		3. 0	150. 00	270. 80	47. 76
废报纸类	47073000	—	—	—	—	—	—	—
其他混杂废纸	47079000	372. 5	16. 0	-41. 50	16. 4	-45. 15	440. 00	-6. 30

表 9　　2016 年我国进口不同废纸种类主要来源国家和地区、进口地区及口岸

（按贸易金额排序）

序号	主要来源国家和地区			主要进口地区			主要进口口岸		
	国家或地区	进口量/吨	金额/万美元	地区	进口量/吨	金额/万美元	口岸	进口量/吨	金额/万美元
47071000 废箱纸板类（包括废纸箱、OCC、废瓦楞纸箱，废纸袋、废褐色牛皮纸等）									
1	美国	7160928	137012	广东省	5965946	108570	深圳海关	3014769	55088
2	英国	2481488	42985	江苏省	2613629	48493	南京海关	2663688	49290
3	日本	1169537	21656	浙江省	1965562	35840	广州海关	2084802	37023
4	荷兰	1042178	17990	福建省	1498990	25450	杭州海关	1943646	35352
5	意大利	877108	14976	山东省	1302963	24522	合肥海关	1235289	22807
6	西班牙	717987	12471	安徽省	1239162	22890	厦门海关	1339902	22646
7	中国香港	451277	8472	天津市	966192	16934	天津海关	1133416	20486
8	比利时	396344	6951	重庆市	307356	6490	青岛海关	863295	16002
9	澳大利亚	370404	6562	河北省	337470	6380	黄浦海关	687327	13379
10	加拿大	331922	6291	上海市	211864	3957	济南海关	382962	7326

续表

序号	主要来源国家和地区			主要进口地区			主要进口口岸		
	国家或地区	进口量/吨	金额/万美元	地区	进口量/吨	金额/万美元	口岸	进口量/吨	金额/万美元
47072000 办公室废杂纸类(包括办公室废杂纸，白纸板、铜版纸、白卡纸、书纸等的边角料)									
1	美国	266769	6483	广东省	488898	11331	深圳海关	336774	7799
2	日本	191102	4293	浙江省	185693	4072	南京海关	143185	3371
3	荷兰	87771	2032	江苏省	143242	3373	宁波海关	113709	2406
4	澳大利亚	57714	1282	山东省	19574	622	广州海关	91022	1998
5	中国香港	52304	1105	福建省	16314	376	杭州海关	68754	1610
6	西班牙	45516	1051	湖南省	15025	354	黄浦海关	45861	1091
7	德国	28088	665	河南省	3229	83	青岛海关	20144	633
8	英国	24939	560	重庆市	1259	35	江门海关	15241	443
9	加拿大	22167	531	山西省	756	17	厦门海关	16314	376
10	比利时	19278	427	天津市	520	12	长沙海关	14807	350
47073000 废报纸类(包括废报纸、废杂志纸、8 号美废等)									
1	美国	3354856	53827	广东省	1677597	27569	济南海关	1023691	16648
2	加拿大	745952	11330	山东省	1249420	20708	广州海关	906614	14827
3	中国香港	276918	5294	浙江省	817666	13632	杭州海关	762694	12528
4	日本	219179	4640	福建省	507201	7601	厦门海关	507201	7601
5	澳大利亚	269721	4221	江苏省	261792	4186	深圳海关	468300	7494
6	英国	215206	3780	湖南省	134388	2805	南京海关	336425	5326
7	意大利	41723	810	重庆市	153479	2523	天津海关	221837	3488
8	台澎金马关税区	11346	273	河北省	156419	2451	青岛海关	186799	3457
9	巴西	13218	269	安徽省	126688	2053	江门海关	185923	2946
10	比利时	10323	183	天津市	89757	1335	长沙海关	134061	2800
47079000 其他混杂废纸(包括混合废杂纸、混合包装废纸、日废 3 号混合废纸等)									
1	美国	2006824	28593	广东省	2245001	33267	杭州海关	1356196	19959
2	日本	1263271	23419	浙江省	1738816	26833	深圳海关	1235923	18780
3	英国	1162482	16657	江苏省	591695	9319	广州海关	701093	10064
4	加拿大	362470	5108	天津市	356780	5462	南京海关	591695	9319
5	荷兰	281528	4304	重庆市	241680	3797	宁波海关	366916	6566
6	澳大利亚	163291	2272	福建省	186491	3047	天津海关	399985	6212
7	意大利	104335	1607	安徽省	101861	1819	重庆海关	241680	3797
8	爱尔兰	104934	1537	河北省	117419	1766	厦门海关	186491	3047
9	比利时	60509	961	山东省	75732	1429	黄埔海关	168622	2459
10	新西兰	43588	648	江西省	30104	491	江门海关	139363	1963

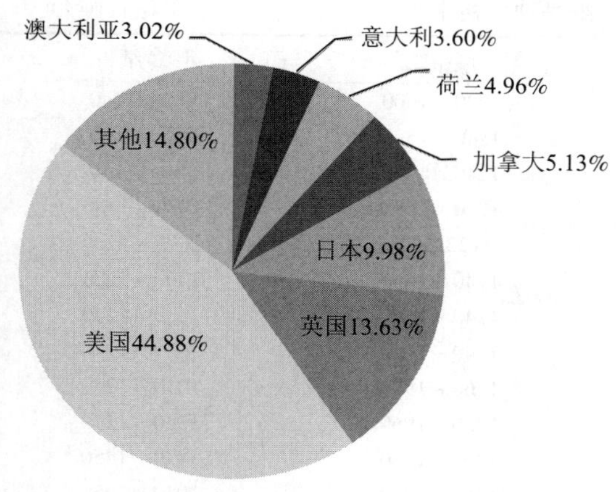

图5　2016年我国进口废纸主要来源国按进口量占比情况

三、2016 年废纸市场价格变化情况

1. 国际废纸价格走势

近几年，国际废纸价格波动周期由长变短，波动加速，幅度加大。图 6 ~ 图 8 为 2016 年部分主要废纸种类的价格。2016 年，国际废纸价格在前 3 个月下跌后开始震荡上涨，尤其是在 2016 年年底，出现急剧上涨。

2. 国内主要废纸品种市场价格水平

总体而言，2016 年在我国经济平稳发展，市场信心有所恢复的推动下，造纸工业得到了平稳发展，实现了生产运营平稳，产销平衡，盈利有所增加。在增值税返还 50% 政策带动下，废纸造纸企业利润有所增长。2016 年我国市场掀起纸价上涨潮，尤其是箱纸板和瓦楞原纸等包装纸价格在下半年出现“疯涨”和“一纸难求”的现象。电商及快递业的蓬勃发展引起包装纸需求量增加。“9・21 运输新政”的实施，废纸运输成本显著增加。2015 年国家环境保护部调整《进口废纸管理目录》，将废纸列为限制类进口商品，政府严控废纸进口数量和质量，一些小型工厂或小贸易商已很难进口到废纸。2016 年 8 月 31 日韩进集团宣布破产，全球航运业成本数月上升，导致进口废纸成本增加。人民币持续贬值造成进口废纸价格攀升。受上述一系列因素的影响，2016 年国内废纸价格以震荡上涨为主。据生意社数据，2016 年国内废纸价格平均涨幅为 31.28%，部分地区废纸价格涨幅甚至将近 1 倍。在富阳等地区的有些废纸品种的价格上涨竟高达 80%，创历史新高。2016 年国内废纸价格虚高，有些废纸品质价格甚至超过进口废纸，泡沫较为严重，在 2016 年年底一些纸厂下调了国废收购价格，期望市场回归理性。

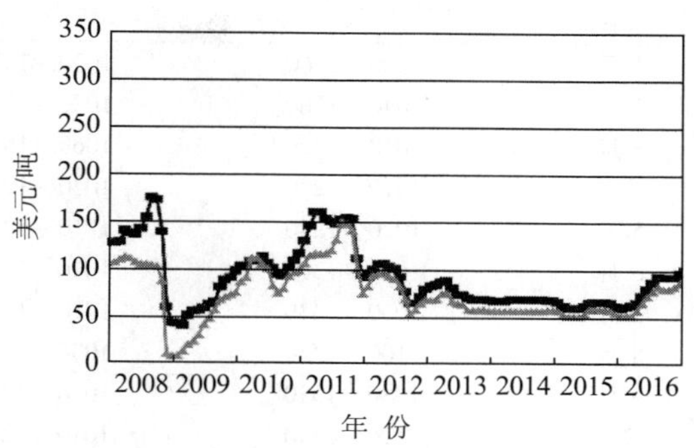

图6　近年美国ONP(8号)及混合废纸(2号)本土价格

美国ONP(8号)　美国混合废纸(2号)

注：数据来源RISI。

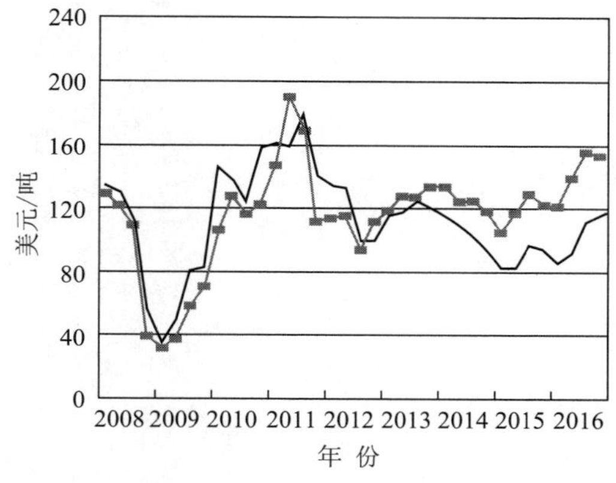

图7　近年国际废纸OCC本土价格

美国　德国

注：数据来源RISI。

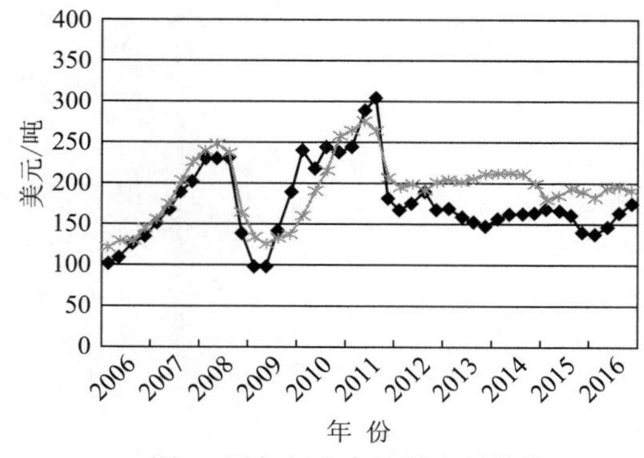

图8　近年部分高级别废纸价格

美国SOP　德国310

注：数据来源RISI。

表 10 为 2016 年国内主要废纸品种市场价格水平情况，表中数据根据各地区公布的价格综合统计整理。

表 10　　2016 年国内市场主要废纸品种价格水平　　单位：吨/元

月份	废箱纸板(一级)	废书本纸	废报纸	废黄纸板
1 月	1020 ~ 1260	1030 ~ 1230	1220 ~ 1600	980 ~ 1140
2 月	1040 ~ 1260	1040 ~ 1250	1240 ~ 1590	980 ~ 1160
3 月	1010 ~ 1220	1060 ~ 1550	1240 ~ 1560	980 ~ 1150
4 月	1010 ~ 1230	1040 ~ 1260	1220 ~ 1530	1010 ~ 1180
5 月	1020 ~ 1240	1010 ~ 1250	1221510	1000 ~ 1200
6 月	1060 ~ 1300	1040 ~ 1240	1240 ~ 1600	1000 ~ 1220
7 月	1060 ~ 1330	1010 ~ 1230	1240 ~ 1600	1000 ~ 1240
8 月	1100 ~ 1330	1030 ~ 1240	1240 ~ 1620	1010 ~ 1240
9 月	1080 ~ 1310	1010 ~ 1280	1260 ~ 1900	1010 ~ 1270
10 月	1120 ~ 1340	1010 ~ 1280	1250 ~ 1960	1020 ~ 1270
11 月	1130 ~ 1800	1010 ~ 1280	1250 ~ 1960	1030 ~ 1450
12 月	1470 ~ 1810	1010 ~ 1280	1250 ~ 1960	1050 ~ 1450

（郭彩云）

2015 年我国出版印刷用纸市场综述

Market Review of Publication Paper in China in 2015

2015 年，我国印刷业相比较于“十一五”期间的快速发展，可谓是略显艰难的一年。由于受国内外经济形势大环境的影响，我国印刷业由超高速发展阶段进入平稳发展阶段。作为印刷消耗材料的纸张生产也由高速发展进入平稳发展的态势。2015 年，出版印刷产业市场需求疲弱，产业运行面临诸多困难，但印刷细分领域也显现出许多积极因素，反映出新时期的一些新特点、新希望和新动能。综合国家新闻出版广电总局、国家统计局和中国印刷及设备器材工业协会的相关统计数据，介绍 2015 年出版印刷市场的基本情况。

一、2015 年新闻出版行业概况

截至 2015 年年底，全国共有图书出版社 584 家(包括副牌社 33 家)，其中，中央级出版社 219 家(包括副牌社 13 家)，地方出版社 365 家(包括副牌社 20 家)。

2015 年，全国共出版图书、期刊、报纸、音像制品和电子出版物 550.6 亿册(份、盒、张)，比 2014 年降低 5.6%。其中，出版图书 86.6 亿册，同比增长 5.8%，占全部出版物数量的 15.7%；期刊 28.8 亿册，同比降低 7.0%，占全部出版物的 5.2%；报纸 430.1 亿份，同比降低 7.3%，占全部出版物的 78.1%；音像制品 2.9 亿盒(张)，同比降低 10.4%，占 0.5%；电子出版物 2.1 亿张，同比降低 38.8%，占 0.4%。全国出版图书、期刊、报纸总印张为 2467.03 亿印张，折合用纸量 570.75 万吨，比 2014 年降低 12.21%，其中，图书用纸量占总量的 30.62%，同比提高 5.17 个百分点；期刊用纸占总量的 6.69%，同比提高 0.15 个百分点；报纸用纸占总量的 62.69%，同比降低 5.32 个百分点。

2015 年，图书、期刊和报纸总印张数量的增长与折合的用纸数量变化见表 1。

表 1　2014—2015 年全国出版物总印张及折合用纸量

出版物名称	总印张/亿印张		同比/%	折合用纸量/万吨		同比/%
	2014 年	2015 年		2014 年	2015 年	
图书	704.25	743.19	5.53	165.51	174.66	5.53
期刊	183.58	168.91	-7.99	42.49	38.45	-9.51
报纸	1922.30	1554.93	-19.11	442.13	357.64	-19.11
总计	2810.13	2467.03	-12.21	650.13	570.75	-12.21

2015 年，全国除图书总印数和总印张有所增长外，期刊和报纸的总印数和总印张都比 2014 年有所下降，尤以报纸印量、印张持续下降较大。这反映出了在电子媒体的冲击和影响下，书报刊的印刷发行量在日益萎缩，以报纸的萎缩量最为严重。

1. 图书

2015 年全国共出版图书 475768 种，总印数 86.62 亿册(张)，总印张 743.19 亿印张，折合用纸量 174.66 万吨，定价总金额 1476.09 亿元。与 2014 年相比，图书品种增长 6.10%，总印数增长 5.84%，总印张增长 5.53%，定价总金额增长 8.26%。其中：

(1)书籍 384521 种，总印数 53.21 亿册(张)，总印张 479.12 亿印张，折合用纸量 112.59 万吨，定价总金额 1112.95 亿元。与 2014 年相比，种数增长 8.13%，总印数增长 14.31%，总印张增长

11.72%，定价总金额增长 12.49%。

(2)课本 90718 种，总印数 33.19 亿册(张)，总印张 263.09 亿印张，折合用纸量 61.83 万吨，定价总金额 358.34 亿元。与 2014 年相比，种数下降 1.79%，总印数下降 5.15%，总印张下降 3.98%，定价总金额下降 2.52%。

(3)图片 529 种，总印数 0.03 亿册(张)，总印张 0.09 亿印张，折合用纸量 0.03 万吨，定价总金额 0.59 亿元。与 2014 年相比，种数增长 17.56%，总印数下降 26.90%，总印张下降 22.07%，定价总金额增长 9.04%。

(4)附录总印数 0.18 亿册(张)，总印张 0.89 亿印张，折合用纸量 0.21 万吨，定价总金额 4.20 亿元。

2. 期刊

2015 年全国共出版期刊 10014 种，平均期印数 14628.25 万册，总印数 28.78 亿册，总印张 167.78 亿印张，定价总金额 242.97 亿元。与 2014 年相比，种数增长 0.48%，平均期印数下降 6.60%，总印数下降 6.99%，总印张下降 8.60%，定价总金额下降 2.57%。其中：

(1)综合类期刊 366 种，平均期印数 912 万册，总印数 19694 万册，总印张 1048803 千印张；占期刊总品种 3.65%，总印数 6.84%，总印张 6.25%。与 2014 年相比，种数增长 0.27%，平均期印数下降 17.28%，总印数下降 13.97%，总印张下降 12.99%。

(2)哲学、社会科学类期刊 2635 种，平均期印数 7023 万册，总印数 131424 万册，总印张 6871711 千印张；占期刊总品种 26.31%，总印数 45.66%，总印张 40.96%。与 2014 年相比，种数增长 0.65%，平均期印数下降 3.31%，总印数下降 4.29%，总印张下降 5.48%。

(3)自然科学、技术类期刊 4983 种，平均期印数 2648 万册，总印数 39551 万册，总印张 3353139 千印张；占期刊总品种 49.76%，总印数 13.74%，总印张 19.98%。与 2014 年相比，种数增长 0.18%，平均期印数下降 7.15%，总印数下降 7.13%，总印张下降 2.58%。

(4)文化、教育类期刊 1377 种，平均期印数 2830 万册，总印数 64777 万册，总印张 3526762 千印张；占期刊总品种 13.75%，总印数 22.50%，总印张 21.02%。与 2014 年相比，种数增长 1.03%，平均期印数下降 9.29%，总印数下降 9.21%，总印张下降 18.30%。

(5)文学、艺术类期刊 653 种，平均期印数 1215 万册，总印数 32388 万册，总印张 1978076 千印张；占期刊总品种 6.52%，总印数 11.25%，总印张 11.79%。与 2014 年相比，种数增长 1.08%，平均期印数下降 8.20%，总印数下降 8.27%，总印张下降 6.87%。

(6)2015 年全国共出版少年儿童期刊 209 种，平均期印数 1890 万册，总印数 54164 万册，总印张 2014412 千印张；占期刊总品种 2.09%，总印数 18.82%，总印张 12.01%。与 2014 年相比，种数持平，平均期印数增长 5.26%，总印数增长 4.20%，总印张增长 0.98%。

(7)2015 年全国共出版画刊(不含面向少年儿童的画刊)53 种，平均期印数 61 万册，总印数 938 万册，总印张 92366 千印张；占期刊总品种 0.53%，总印数 0.33%，总印张 0.55%。与 2014 年相比，种数下降 13.11%，平均期印数下降 15.66%，总印数下降 20.66%，总印张下降 15.14%。

(8)2015 年全国共出版动漫期刊 36 种，平均期印数 342 万册，总印数 12118 万册，总印张 820761 千印张；占期刊总品种 0.36%，总印数 4.21%，总印张 4.89%。与 2014 年相比，种数增长 12.50%，平均期印数下降 4.65%，总印数下降 6.17%，总印张下降 6.69%。

3. 报纸

2015 年全国共出版报纸 1906 种，平均期印数 20968.37 万份，总印数 430.09 亿份，总印张 1554.93 亿印张，定价总金额 434.25 亿元，折合用纸量 357.64 万吨。与 2014 年相比，种数下降 0.31%，平均期印数下降 5.82%，总印数下降 7.29%，总印张下降 19.11%，定价总金额下降 2.12%。

(1)以各级报纸分类来分析　全国性和省级报纸 1005 种，平均期印数 15695.56 万份，总印数 289.25 亿份，总印张 1012.39 亿印张。占报纸总品种 52.73%，总印数 67.25%，总印张 65.11%。与 2014 年相比，种数下降 0.79%，平均期印数下降 5.38%，总印数下降 7.53%，总印张下降 19.95%。其中：

全国性报纸 218 种，平均期印数 3098.35 万份，总印数 79.44 亿份，总印张 227.47 亿印张；占报纸总品种 11.44%，总印数 18.47%，总印张 14.63%。与 2014 年相比，种数下降 1.36%，平均期印数下降 3.38%，总印数下降 1.23%，总印张下降 3.31%。

省级报纸 787 种，平均期印数 12597.22 万份，总印数 209.81 亿份，总印张 784.93 亿印张；占报纸总品种 41.29%，总印数 48.78%，总印张 50.48%。与 2014 年相比，种数下降 0.63%，平均期印数下降 5.87%，总印数下降 9.71%，总印张下降 23.76%。

地、市级报纸 882 种，平均期印数 5242.70 万份，总印数 140.00 亿份，总印张 540.80 亿印张；占报纸总品种 46.27%，总印数 32.55%，总印张 34.78%。与 2014 年相比，种数增长 0.23%，平均期印数下降 7.14%，总印数下降 6.83%，总印张下降 17.56%。

县级报纸 19 种，平均期印数 30.11 万份，总印数 0.84 亿份，总印张 1.74 亿印张；占报纸总品种 1.00%，总印数 0.19%，总印张 0.11%。与 2014 年相比，种数持平，平均期印数下降 1.83%，总印数增长 1.08%，总印张增长 9.19%。

(2)以报纸类别来分析　综合报纸 846 种，平均期印数 8508.31 万份，总印数 284.41 亿份，总印张 1261.00 亿印张；占报纸总品种 44.39%，总印数 66.13%，总印张 81.10%。

专业报纸 712 种，平均期印数 9366.83 万份，总印数 110.88 亿份，总印张 214.08 亿印张；占报纸总品种 37.36%，总印数 25.78%，总印张 13.77%。

生活服务报纸 221 种，平均期印数 1416.73 万份，总印数 12.53 亿份，总印张 45.09 亿印张；占报纸总品种 11.59%，总印数 2.91%，总印张 2.90%。

读者对象报纸 105 种，平均期印数 1295.51 万份，总印数 17.37 亿份，总印张 27.98 亿印张；占报纸总品种 5.51%，总印数 4.04%，总印张 1.80%。

文摘报纸 22 种，平均期印数 380.99 万份，总印数 4.89 亿份，总印张 6.77 亿印张；占报纸总品种 1.15%，总印数 1.14%，总印张 0.44%。

从报业协会印刷工作委员会的调查来看，一线、二线城市报纸印量继续下滑。如羊城晚报下降 28.02%，南方日报下降 22.62%，成都博瑞下降 30.27%，华商数码下降 28.49%，长江日报下降 39.53%，青岛日报下降 22.22%。这些体量较大的报纸印量下滑导致全国报纸印量下滑加速在所难免。2015 年全国范围报纸印刷量下降幅度虽然进一步加大，但也出现了一个新迹象：上海、北京两大中心城市报纸印量下降幅度已经出现缩窄。上海下降幅度最大的是 2013 年，下降幅度为 16%，2014 年下降幅度为 12%，2015 年已经缩窄到 6%。北京下降幅度最大的是 2014 年，为 11%，2015 年已缩窄到 7%。这两大中心城市报纸印量下降幅度减少是特大城市的特例，还是表现某种趋势的初现，还有待继续观察。

近年来，国内中央和省市级报纸印刷技术已达到较高水平，计算机直接制版、色彩管理、数字化工作流程等新技术广泛采用，报纸质量有了很大提高。如 CTP 制版量占总制版量的比例已超过 95%，有力地推进了报纸印刷数字化的进展。报纸印刷行业的胶印轮转机中多数为较先进的设备，这使得报纸印刷的色彩和高质成为现实。在全国报纸质量检测中，2/3 获得了精品级，1/3 获得了优质级。我国报纸印刷质量基本达到了国际先进水平。国内新闻纸的质量水平也有了较大提高，基本满足了高质量报纸印刷的需要。

二、2015 年印刷行业基本概况

根据政府相关主管部门的汇总数据，2015 年，我国共有各类印刷企业 10.4 万家，从业人员 317.6 万人。印刷总产值 11246.2 亿元，比 2014 年增长 3.6%。资产总额 12357.3 亿元，比 2014 年增长 5.1%。利润总额 698.6 亿元，与 2014 年基本持平。目前，我国印刷业总量规模已占世界第 2 位，成为世界印刷大国和世界印刷中心。表 2 为印刷行业 2015 年基本数据。

表 2　2015 年印刷行业基本数据

单位：亿元

项目	数值	项目	数值
印刷企业数量	104000 家	从业人员数量	317.6 万
资产总额	12357.3	对外加工贸易额	865.2
营业收入	11246.2	利润	698.6

2015 年全国出版物印刷企业(含专项印刷)8910 家，职工年末平均人数 48.29 万人，与 2014 年相比下降了 1.15%，职工工资总额 194.70 亿元，与 2014 年相比增长了 5.30%，人均年工资 4.03 万元，与 2014 年相比增长了 6.60%。

根据《中国新闻出版统计资料汇编》数据，出版物印刷企业黑白印刷生产量 30944.92 万令，比 2014 年下降 3.10%。彩色印刷生产量 219634.12 万对开色令，比 2014 年下降 13.07%。印刷用纸量 60698.24 万令(包含平板纸和卷筒纸)，比 2014 年下降 7.20%。

出版物印刷企业主营业务收入 1507.92 亿元，比 2014 年下降 0.42%。利润总额 129.77 亿元，比 2014 年下降 0.61%。增加值 520.12 亿元，比 2014 年增长 1.55%。

包装装潢印刷企业营业收入 9251.21 亿元，比 2014 年增长 5.55%。利润总额 600.22 亿元，比 2014 年增长 12.96%。增加值 2260.63 亿元，比 2014 年增长 6.97%。

其他印刷品印刷企业营业收入 1093.47 亿元，比 2014 年增长 1.44%。利润总额 99.35 亿元，比 2014 年下降 8.07%。增加值 357.72 亿元，比 2014 年增长 2.38%。根据国家统计局的数据，2015 年全国规模以上印刷企业(年主营业务收入 2000 万以上企业)5451 家(占全行业企业总数的 7%)，年主营业务收入 7402 亿元(占全行业主营业务收入的 72%)，从业人员数量 98 万(占全行业从业人员总数的 47%)，行业资产 5529 亿元(占全行业资产总额的 64%)。规模以上印刷企业占全国印刷企业数量的 7%，但其主营业务收入占全国印刷行业的 70% 以上，资产规模占全国印刷行业的 60% 以上，这充分说明了规模以上印刷企业在全国印刷行业中的骨干作用，也显示了规模以上重点印刷企业的主力军地位继续巩固和扩大。目前，印刷产值超过 10 亿元的大型骨干印刷企业有 30 多家，资产超过 100 亿的企业有 2 家。近两年，我国印刷行业整体结构在持续优化。一方面，在整体规模、产业类别上保持一定发展；在产业集中度方面速度加快。另一方面，随着新一代数字技术、信息技术的广泛应用，以及印刷与相关产业的深度融合，分工较细特点明显的绿色印刷、数字印刷、艺术品印刷等中小企业数量快速上升，影响力日益扩大，“互联网 + 印刷”的发展潜力已经显现。我国印刷业基本形成了大型骨干企业引领辐射、中小特色企业协调补充的良好发展态势。

包装印刷是支撑印刷行业增长的主要领域。近年来，包装装潢印刷产值的增长率尽管已经回落，但在印刷总产值中的比例仍在提升。2015 年我国大陆规模以上包装印刷企业 4300 家(占规模以上印刷企业总数的 79%)，实现年主营业务收入 5754 亿元(占规模以上印刷企业年主营业务收入的 78%)，从业人员 73 万人(占规模以上印刷企业从业人员总数的 74%)。2013—2015 年我国大陆规模以上印刷企业主营业务收入由 6014 亿元增长到 7402 亿元，增长幅度近 19%，而其中的 90% 是包装印刷贡献的。

印刷产品中，精装书刊和高档包装的商品种类不断增加，高档涂布纸的使用也在不断增加；高品质商品包装主要使用白纸板。随着人民生活水平的不断提高，生活用纸量也在明显增长。目前，我国印刷产品结构在满足大众化需求的同时，呈现品质化、个性化、订制化的多元化发展趋势。对于纸张的需求也呈现出多样化的特点。

目前，国内印刷产业在稳步发展的过程中，出现一些新情况、新问题：

(1)在传统印刷如胶印、凹印仍占据市场统治地位的情况下，数字印刷呈现飞速发展的态势。数字印刷以其速度快、小批量、订制化、质量好而受到用户青睐。近年来，平均每年以两位数的增速发展。在数字印刷中，喷墨印刷以幅面宽、速度快、应用广泛显现出其优势。但喷墨印刷的快速发展又受制于关键部件喷墨头的技术壁垒而依靠进口，成本居高不下。这是影响喷墨印刷快速发展的关键因素。数字印刷在全部印刷产值中的比例仍微乎其微，其盈利模式仍在探索之中。

(2)随着网络技术的发展，创建以互联网为平台，以服务为中心的新型印刷经营模式。借助于互联网，越来越多的企业应用云计算、大数据、移动互联等新的技术手段，颠覆传统的出版印刷边界，开创出新的增值服务。目前，我国已有各类印刷电子商务平台 300 个以上，推动商业模式和产品服务创新。一些印刷电商平台已经融入社会资本，初具规模，在行业内赢得了信誉，扩大了影响。

(3)在产业结构深度调整的形势下，骨干企业的规模化、绿色化、智能化水平不断提高，依托规模优势，通过整合传统业务、拓展新的市场而巩固了其市场地位，优势更加明显。而许多规模以下印刷企业订单减少，经营困难，利润下降，举步维艰。

(4)2015 年，国家发展和改革委、环境保护部、财政部联合发布了《挥发性有机物排污收费试点办法》。对包括印刷包装行业在内的企业 VOC 排放进行收费。到目前为止，全国已有近 20 个省市自治区公布了施行办法。按照目前印刷包装企业所使用的原材料和环保装备的技术条件来看，达到国家规定的排放标准，势必要增加相应的环保设备、采用新型的环保材料。这不可避免地推高企业运营成本，对原本微利的印刷企业无疑是一个沉重的负担。如何积极应对，降低成本，将对企业，特别是中小企业是个严峻的考验。

(袁建湘)

2016 年我国生活用纸行业概况和展望

Overview and Outlook of Tissue Paper in China in 2016

2016 年，我国经济运行缓中趋稳、稳中向好，GDP 总量达到 74.4 万亿元，比上年增长 6.7%。内需持续扩大，社会消费品零售总额 332316 亿元，比上年增长 10.4%，扣除价格因素，实际增长 9.6%。但我国经济依然面临着冲击和挑战，经济下行压力不断加大，经济运行稳中趋缓，稳中有忧。

2016 年，我国生活用纸市场在此大背景下继续保持增长，总规模比 2015 年增长 8.7%，达到 988.0 亿元；除净进口量，其他指标包括产能、生产量、销售量、消费量、人均消费量、产品平均价格等均比 2015 年增长；在国家加大环保要求和市场竞争的推动下，行业落后产能的淘汰步伐加快，进一步推动了行业的优化升级。表现在 2016 年已投产的项目和新宣布投资项目中，中小型企业的纸机更新换代项目数量持续大幅增加。

但整个行业生产量和需求量供需失衡加剧，行业产能过剩，市场竞争更加激烈，且 2016 年的新增产能中有很多是于下半年或年底投产的，加之政府环保督查力度持续增强，对河北等区域的阶段性限产等因素影响，使全行业的平均设备利用率比 2015 年有所降低。限产导致的产品量跌价升，且年底浆价上涨助推纸价跟随上扬，及生产企业通过积极调整产品结构，提升高附加值产品比例等因素共同作用，使行业产品平均出厂价格自 2011 年持续下降以来，首次触底回升。得益于年内主要原料纸浆平均价格下降，企业毛利率仍维持在合理区间。虽然 2016 年新增产能达到 130 万吨以上，但新增加的产能主要集中在已有的企业，新进入行业的企业明显减少；另外仍有不少投资项目延期。

一、市场规模

根据中国造纸协会生活用纸专业委员会（以下简称“生活用纸委员会”）的统计，2016 年生活用纸总生产量约 855.2 万吨（按设备利用率 76% 计），消费量约 787.6 万吨，人均年消费量约 5.7 千克（见表 1），已明显超过 RISI 统计的 2015 年世界人均 4.8 千克的消费量水平。国内市场规模约 988.0 亿元，比 2015 年增长 8.7%。

表 1　2016 年我国生活用纸行业的总规模

	2014 年	2015 年	同比/%
生产量/万吨	855.2	802.4	6.6
出口量/万吨	69.2	71.2	-2.8
消费量/万吨	787.6	736.0	7.0
人均消费量/千克	5.7	5.4	5.6
国内市场规模/亿元	988.0	909.0	8.7

注：根据国家统计局资料，2016 年年底总人口 13.83 亿人，2015 年年底总人口 13.75 亿人；2016 年、2015 年市场零售均价按出厂均价加价率 30% 计；2016 年销售量考虑库存量因素，相应调整 2015 年销费量等相关数据。

二、行业优化升级加速

近几年来，随着国家实施节能减排和强制淘汰落后产能政策，以及市场的竞争和调整，行业落后产能的淘汰步伐加快，促使我国生活用纸行业现代化产能的比例持续提高。2016 年，现代化产能总计为 837.15 万吨，占生活用纸总产能的 74.4%。2016 年，环保要求和市场竞争加速了河北满城、四川等地区为代表的中小型生活用纸生产企业对高能耗小纸机的淘汰进程。以河北地区为代表的行业升级加速，当地企业在淘汰落后产能的同时，新增现代化产能进入集中投产阶段。2009—2018 年生活用纸新增现代化产能情况见表 2。2016 年河北地区投产产能 37.15 万吨，2017 年计划新增产能 74.6 万吨。2016 年全国已知淘汰和停产的产能约 64 万吨。2016 年新增产能中，中小型企业纸机更新换代项目数量大幅增加，也进一步推动了行业的优化升级。

表 2　2009—2018 年生活用纸新增现代化产能情况

	2009 年	2010 年	2011 年	2012 年	2013 年	2014 年	2015 年	2016 年	2017 年计划	2018 年及之后计划
新增产能/万吨	33.3	40.35	57.4	110.5	83.15	123.0	106.0	130.55	307.5	120.7

引进先进卫生纸生产线提高了生活用纸行业现代化产能占比。据生活用纸委员会统计，截至 2016 年年底，我国已投产的进口新月型成形器卫生纸机累计达 130 台，产能合计 516.3 万吨/年；真空圆网型卫生纸机累计达 94 台，产能合计 129.8 万吨/年；斜网卫生纸机 1 台，产能 1 万吨/年。以上进口卫生纸机产能总计为 647.1 万吨/年，约占 2016 年生活用纸总产能的 57.5%。

装备现代化的趋势还表现在新月型纸机逐步成为引进纸机的主导机型，而且单台纸机能力达 6 万吨/年及以上的项目不断增加，2009 年为 2 台，2010 年为 3 台，2011 年为 4 台，2012 年为 12 台，2013 年为 3 台，2014 年为 9 台，2015 年为 7 台，2016 年为 7 台，2017 年计划为 13 台，2018 年及之后计划为 7 台。

三、进出口情况

2016 年生活用纸出口量为 69.2 万吨，比 2015 年下降 2.8%，出口量约占总生产量的 8.1%；出口金额为 165914 万美元，比 2015 年下降 20.7%，出口额占工厂销售总额的 13.4%。生活用纸出口量延续了 2015 年以来的下降趋势。且出口额和出口的生活用纸产品平均价格均比 2015 年明显下降。表明生活用纸国际市场增长依旧乏力，全球市场供过于求的情况并未好转，企业开拓国际市场面临更加激烈的竞争，形势仍然严峻。出口生活用纸中，仍然是以生活用纸成品为主，原纸只占 24.41%，其中卫生纸份额最大，占总出口量的 39.22%。

我国生活用纸是出口型行业，从 2011 年开始，进口量基本是持续降低的趋势，2016 年进口量和进口额比 2015 年分别微增 0.5% 和下降 5.6%。2016 年进口量只有 2.8 万吨，比 2015 年微增 131 吨，仅占总生产量的约 0.33%，说明国产生活用纸已能充分满足消费者的需求。进口生活用纸中，仍然主要是原纸，占进口总量的 66.85%。

我国出口总量前 10 位的国家和地区分别为美国、中国香港、日本、澳大利亚、马来西亚、新加坡、英国、新西兰、中国澳门、加纳。我国出口到这 10 位国家和地区的出口量合计 53.72 万吨，约占我国出口总量的 77.6%。

出口产品的企业相对集中，金红叶纸业集团有限公司(简称“金红叶”)、恒安国际集团有限公司(简称“恒安”)、维达国际控股有限公司(简称“维达”)3 家企业占总出口量的 38.9%。2016 年生活用纸出口量排名前 20 位的企业出口量合计约 37.23 万吨，约占出口总量的 53.8%。

四、投资趋于理性

由于前几年投资过热，形成的产能明显过剩，因此，整个行业的投资趋于理性，主要表现为：一是 2016 年新增的产能主要集中在已有的企业。二是新进入者明显减少，2015—2016 年新进入生活用纸领域的制浆造纸企业只有泰盛集团，旗下赤天化纸业股份有限公司项目于 2015 年 7 月正式开工建设，规划 30 万吨/年生活用纸产能，一期 2 台新月型卫生纸机，合计产能 12 万吨/年，计划于 2017 年上半年投产；旗下江西泰盛纸业有限公司项目分两期建设，规划年产 48 万吨生活用纸原纸，于 2016 年四季度签约引进一期的 4 台新月型卫生纸机，合计产能 24 万吨/年，二期将再引进 4 台卫生纸机。至 2020 年，泰盛集团生活用纸总产能计划达到近 100 万吨。三是行业企业的扩产步伐趋缓，部分投资项目在原计划基础上有延期的情况。2014 年计划投产 244.6 万吨，实际投产 123.0 万吨；2015 年计划投产 213.4 万吨，实际投产 106.0 万吨；2016 年计划投产 182.3 万吨，实际投产 130.55 万吨。

从统计的 2016 年计划投产的项目中可以看出，有不少是本应在 2014—2016 年投产而由于各种原因推迟下来的。2017 年按照销售量同比增长 10% 左右，预计新增的市场容量(国内外市场)约为 80 万吨，假设淘汰落后产能 70 万吨，则可消化约 150 万吨的新增产能，所以吸纳 2017 年计划新增的 300 多万吨产能实在是太多了。估计有些项目还会后延，或不能达产。

五、主要竞争者

金红叶是 APP 在我国的生活用纸集团，是位居我国第 1 位的生活用纸生产商。2016 年产能增至 163 万吨/年，目前为我国生活用纸行业产能和生产量最大的生产商。

恒安是目前居我国第 2 位的生活用纸生产商。2016 年新增产能 12 万吨，总产能达到 114 万吨。根据恒安国际年报，2016 年，恒安生活用纸业务销售额为 90.7 亿元，比 2015 年上升约 4.3%，生活用纸业务占集团总销售额约 47.0%（2015 年 46.6%）。生活用纸业务的毛利率上升至约 37.9%（2015 年 35.6%），主要受惠于主要原材料木浆于年内平均价格下降以及产品优化所带来的效益。

维达是我国最早的生活用纸专业生产商之一，多年来保持平稳发展的领先地位，目前是居我国第 3 位的生活用纸生产商。2016 年新增产能 9 万吨，总产能达到 104 万吨。根据维达国际年报，2016 年维达国际生活用纸业务实现营业收入 100.23 亿港元，同比增长 7.1%，占集团总销售额的 83%；其中，毛利较高的软抽纸及湿巾销售额显著上升，在竞争激烈的市场中仍维持稳定盈利。2016 年，生活用纸业务的毛利率和业绩溢利率分别为 32.1% 和 10.6%。

中顺洁柔纸业股份有限公司（简称“中顺洁柔”）目前是居我国第 4 位的生活用纸生产商，2016 年没有新增产能，总产能维持在 50.2 万吨。根据中顺洁柔业绩快报，2016 年，中顺洁柔营业总收入（主要为生活用纸业务销售额）达 38.09 亿元，同比增长 28.74%；净利润为 2.60 亿元，同比上升 195.30%。2016 年公司的主营收入增长主要是建设项目投产、产能提升、销售团队积极开拓市场、不断完善网络平台的搭建、优化产品结构，提升销售额所致；而净利润的上升主要是由于销售额增加、制造成本下降和财务费用减少。

位居第 5 名的是山东东顺集团有限公司（简称“东顺集团”），2016 年没有新增产能，总产能维持在 40.8 万吨。目前，有 2 个原纸生产基地（山东东平、黑龙江肇东），位于浙江富阳的第 3 个原纸基地正在建设中（规划 10 万吨）。

永丰余家品（昆山）有限公司是永丰余集团在大陆的生活用纸企业，2016 年 1 月在广东肇庆的生产基地新增产能 2.5 万吨，目前总产能达到 20 万吨。在大陆有 4 个原纸生产基地，分别在江苏昆山、江苏扬州、北京、广东肇庆。

理文造纸有限公司（简称“理文”）是 2014 年投产进入到生活用纸领域的大型企业，以自身原料（自制竹浆）、能源等成本优势，生产竹浆原纸（包括本色纸），以“产业链条集群发展”的思路，创造新的运营模式。即在重庆理文工业园区，理文负责配套厂房、水电气及原纸供应，面向全国生活用纸加工企业招商，2016 年已有 6 家生活用纸加工企业入驻，另有 6 家生活用纸加工企业和 2 家包材企业 2017 年入驻，这种运营模式使得理文迅速成长并取得良好业绩。2014 年投产 2.5 万吨，2015 年增加产能 12 万吨，2016 年下半年又投产了 4 台维美德公司 6 万吨/年卫生纸机，总产能达到 38.5 万吨。2017 年，理文计划再投产 4 台福伊特公司 6 万吨/年卫生纸机，在江西、东莞 2 个生产基地各 2 台，及在重庆投产 2 台维美德公司 6 万吨/年卫生纸机，总产能将达到 74.5 万吨。

保定港兴纸业有限公司是保定满城地区代表性企业，2016 年新增产能 1.6 万吨，总产能达到 13 万吨，品牌“丽邦”。保定港兴纸业有限公司已投产 5 台日本川之江造机株式会社纸机，其中 1 台于 2016 年 10 投产。2017 年年初，保定港兴纸业有限公司又签约 1 台川之江 BF-1000S 型卫生纸机，产能 1.6 万吨/年，和 1 台日本川之江造机株式会社与维美德公司合作制造的 DCT60 新月型卫生纸机，产能 2 万吨/年，均计划于 2017 年年底前投产。保定港兴纸业有限公司是保定地区最早淘汰落后产能、更新换代设备的企业。

六、产品结构

根据生活用纸委员会对 2016 年企业样本调查推算，国内消费的生活用纸产品见表 3。总体趋势是产品结构不断向发达国家和地区水平接近，厕用卫生纸占比不断下降。

表 3　2016 年生活用纸的产品结构及与 2015 年对比

产品	2016 年消费量/万吨	2016 年市场份额/%	2015 年市场份额/%
卫生纸	443.3	56.3	57.3
面巾纸	206.4	26.2	25.5
手帕纸	58.9	7.5	8.0
餐巾纸	28.7	3.6	3.3
厨房纸巾	10.3	1.3	1.1
擦手纸	30.3	3.8	3.5
卫生用品用吸水衬纸	7.8	1.0	1.2
其他	2.0	0.3	0.2
生活用纸合计	787.6	100.0	100

在西欧、北美和日本等发达国家和地区，卫生

纸在生活用纸产品中的份额(销售量)在55%左右，2016年我国卫生纸所占份额虽然比2015年下降1.0个百分点，但仍高于发达国家。主要是由于擦拭纸类产品(厨房纸巾和擦手纸)的消费量，特别是厨房纸巾的消费量仍然远低于发达国家水平(发达国家擦拭纸份额约占30%)。从各类生产商的产品结构来看，一般大企业的产品结构中，卫生纸的份额低于平均水平。此外，由于竹浆纸生产企业多年来对竹浆产品的有效宣传，促进了四川竹浆纸产品不断发展，产品结构进一步优化。目前竹浆纸生产量中，软抽纸、手帕纸等高附加值产品比例材占50%以上。而多数中小企业，或使用其他非木材浆、废纸原料的企业，卫生纸的份额则高于平均水平，有些甚至达90%以上。

2016年面巾纸在生活用纸中的份额继续提高，这是由于面巾纸产品进一步向三、四线城市和农村市场普及，销售量有较大的提高。由软抽纸主导的面巾纸类产品逐步代替从前承载了过多使用功能的厕用卫生纸，占比逐年提升；“随身包”型小规格尺寸包装面巾纸的出现，及公共场所卫生纸和擦手纸的配给量增加，使手帕纸的消费量增长趋缓，占比与2015年相比，减少0.5个百分点。此外，2016年公共场所卫生间配备擦手纸的情况进一步普及，擦手纸占比提高；厨房纸巾的普及率也略有提升，但还远未达到发达国家水平，是需要进行消费引导的品类。

我们也应清楚地看到，由于中西方的文化和消费习惯有很大不同，我国市场不会完全复制北美、欧洲等发达市场的发展轨迹。由于我国烹饪方式和节俭的消费观念，让消费者完全放弃使用布质抹布，替换为擦拭纸，达到或接近北美、欧洲的擦拭纸消费水平，短期内很难实现。与此同时，随着消费升级，兼具多种使用功能的软抽面巾纸的消费量比例仍有继续提升的空间。

卫生用品用吸水衬纸减少的主要原因是，卫生用品向超薄化发展，超薄产品使用的预制芯体，不需要吸水衬纸来包覆吸水芯层；另外，也有纺黏非织造布替代吸水衬纸，作芯体包覆。

七、原料结构

2016年，生活用纸委员会对近百家卫生纸原纸生产企业所使用的纤维原料种类进行了调查，生产量覆盖率近90%，由调查结果推算出生活用纸行业使用纤维原料的结构：木浆占80.7%，草浆占2.3%，蔗渣浆占6.1%，竹浆占9.5%，废纸浆占1.3%。

生活用纸使用木浆原料的比例远高于造纸行业平均水平(28%)。2016年与2015年相比，生活用纸使用木浆原料的比例继续提高(2015年为80.3%)，分析原因是虽然2016年第四季度木浆价格上涨，但2016年木浆平均价格下降，2016年新增产能除理文、四川部分企业使用竹浆外，其他均以木浆为原料。稻麦草浆、蔗渣浆等非木材浆的落后产能已逐步被淘汰，且已不具备成本优势和市场优势，使木浆比例继续提高；竹浆纸以其本色纸等差异化的特性、部分企业自制浆的优势，使竹浆占比有所提升。

基于成本与环保的压力，以及在《一次性生活用纸生产加工企业监督整治规定》中明确规定，纸巾纸(包括面巾纸、餐巾纸、手帕纸等)不得使用回收纤维作为原料，所以废纸浆在生活用纸生产中的使用量继续下降。目前，国内有包括广东东莞达林纸业有限公司在内的为数不多的生活用纸企业，以废纸为原料。但在美国、欧洲、日本等发达国家，则有着成熟的废纸回收和利用技术，能够利用回收纤维原料生产高品质的各种生活用纸产品，废纸浆已成为经济、环保的生活用纸主要纤维原料之一。从长期发展的角度来看，我国生活用纸行业有待进一步优化原料结构，特别是在厕用卫生纸、擦手纸生产中，应加大回收纤维的使用比例，这有利于资源的循环利用和行业的可持续发展。因此需要国内有条件的大型生活用纸企业引起重视，引领行业提高废纸浆在卫生纸、擦手纸原料中的使用比例。

八、技术进展

(一)继续引进先进卫生纸机

随着生活用纸新项目的设备引进和投产，我国生活用纸行业的技术装备水平大大提高。新建大项目和部分企业新增产能引进高速宽幅卫生纸机，技术起点与世界先进水平同步，生产出高质量的产品。卫生纸机单机最大产能达到7万吨/年，最大车速达到2400米/分。采用的最新技术包括双层流浆箱、靴式压榨、钢制烘缸、新型起皱刮刀、热能回收系统、短程流送供浆系统等。2016年钢制烘缸的应用进一步得到普及。引进的产成品加工和包装设备具有世界最新技术水平。

(二)引进设备的国产化

1. 国产纸机技术进步明显

2016年，潍坊凯信机械有限公司、佛山市南海区宝拓造纸设备有限公司、上海轻良实业有限公司、辽宁慧丰造纸技术研究所(有限公司)、山东华林机械有限公司、山东信和造纸工程股份有限公司、杭州大路实业有限公司、金顺重机(江苏)有限公司、陕西炳智机械有限公司、天津天轻造纸机械有限公司、绵阳同成智能装备股份有限公司、贵州恒瑞辰机械制造有限公司、西安维亚造纸机械有限公司、诸城大正机械有限公司等国内有关设备研究制造企业继续加紧新月型、真空圆网型现代化中高速卫生纸机的研发制造工作，提高设备制造水平，国产纸机在新项目中的占比显著增加。

2016 年，国产(含中外合作)卫生纸机生产商合计在我国大陆投产中高速卫生纸机 49 台(套)，合计产能 66.05 万吨/年，约占大陆全年投产现代化总产能的 1/2，最高设计车速达 1500 米/分。包括：

(1)2016 年，潍坊凯信机械有限公司的 8 台真空圆网型卫生纸机分别在保定雨森卫生用品有限公司(2 台)、河北立发纸业有限公司、河北中信纸业有限公司、四川犍为凤生纸业有限责任公司(4 台)投产。纸机幅宽 2850～3500 毫米，车速 950～1000 米/分，产能均为 1.3 万吨/年。

(2)佛山市南海区宝拓造纸设备有限公司的 3 台真空圆网型卫生纸机分别在河北瑞丰纸业有限公司、山东德广工贸有限公司、甘肃宝马纸业有限公司投产。纸机幅宽 2860 毫米，车速 800～900 米/分，产能均为 1.2 万吨/年。

宝索集团依托佛山市南海区宝拓造纸设备有限公司、佛山市宝索机械制造有限公司、佛山市宝进科技有限公司一体化服务优势，提供一站式原纸生产、后加工、包装生产线，提升了集团的市场竞争力，实现快速发展。2017 年 3 月底，广东宝拓科技股份有限公司(由佛山宝拓造纸设备有限公司、辽阳慧盛造纸机械有限公司、溧阳市江南烘缸制造有限公司共同出资组建)全资并购辽阳慧盛造纸机械有限公司，辽阳慧盛造纸机械有限公司(包括辽阳慧丰造纸技术研究所)将纸机整机业务并入广东宝拓科技股份有限公司，不再从事纸机整机业务，辽阳慧丰技术研究所将继续向老客户提供技术支持和后续服务业务。并购后，宝索集团将整合佛山宝拓造纸设备有限公司在真空圆网卫生纸机和辽阳慧盛(慧丰)造纸机械有限公司在新月型卫生纸机上的技术和市场优势，进一步深入拓展国内及全球中高速卫生纸机市场。

(3)辽阳慧丰造纸技术研究所的 9 台卫生纸机在国内投产，其中，7 台新月型卫生纸机分别在保定华康纸业有限公司(2 台)、河北新宇纸业有限公司、河北小人国纸业有限公司、满城聚润纸业有限公司、平舆中南纸业有限公司、四川三角纸业有限公司投产，纸机幅宽 2850～3650 毫米，车速 1000～1300 米/分，产能 1.65 万～2.4 万吨/年；1 台真空圆网型卫生纸机在满城恒信纸业有限公司投产，纸机幅宽 3550 毫米，车速 500 米/分，产能 0.8 万吨/年；由平舆中南纸业有限公司与辽阳慧丰造纸技术研究所合作开发的首台国产 TAD 型卫生纸机，经过一段时间的调试运行后，于 2016 年在平舆中南纸业有限公司正式投产，纸机幅宽 2850 毫米，车速 700 米/分，产能 1 万吨/年。

(4)上海轻良实业有限公司的 3 台新月型卫生纸机分别在河北姬发纸业有限公司、辽宁豪唐纸业股份有限公司(2 台)投产，纸机均为幅宽 2850 毫米，车速 1300 米/分，产能 1.7 万吨/年。

(5)山东信和造纸工程股份有限公司的 3 台新月型卫生纸机分别在保定达亿纸业有限公司(2 台)、安徽格义循环经济产业园纸业投产，纸机幅宽 2850 毫米，车速 800～1500 米/分，产能 2.15 万～2.5 万吨/年。

(6)山东华林机械有限公司的 2 台新月型卫生纸机在广西华欣纸业集团有限公司投产，纸机均为幅宽 2800 毫米，车速 900 米/分，产能 1.3 万吨/年。

(7)天津天轻造纸机械有限公司的 6 台真空圆网型卫生纸机在保定明月纸业北厂有限公司、保定满城立新造纸厂、保定金光纸业有限公司、保定豪峰造纸厂、辽宁阜新小保姆(天合纸业)有限公司、江西晨阳纸业有限公司投产，纸机幅宽 2880～3650 毫米，车速 600～800 米/分，产能 0.8 万～1 万吨/年。

(8)陕西炳智机械有限公司的 2 台新月型卫生纸机在河南宏涛纸业有限公司投产，纸机幅宽 2850 毫米，车速 700～1000 米/分，产能 1 万～1.5 万吨/年。

(9)绵阳同成智能装备股份有限公司的 1 台真空圆网型卫生纸机在绵阳超兰卫生用品有限公司投产，纸机幅宽 2850 毫米，车速 900 米/分，产能 1 万吨/年。

(10)贵州恒瑞辰机械制造有限公司的 7 台真空圆网型卫生纸机在保定金能纸业有限公司(2 台)、四川圆周实业有限公司(3 台)、成都鑫宏纸品厂、惠水县佳宇造纸厂投产，纸机幅宽 2820～3950 毫米，车速 500～700 米/分，产能 0.9 万～1 万吨/年。

(11)西安维亚造纸机械有限公司的 5 台新月型卫生纸机在保定富民纸业有限公司、满城宝洁纸业有限公司、满城县天天纸业有限公司(2 台)、保定市满城红升纸业有限责任公司投产，纸机幅宽 2850 毫米，车速 700～1000 米/分，产能 1 万～1.5 万吨/年。

国产钢制烘缸的研发制造也取得快速发展，溧阳市江南烘缸制造有限公司、山东信和造纸工程股份有限公司、潍坊凯信机械有限公司等企业制造的钢制烘缸已经或即将在国内外投产。东莞神点纳米喷涂科技有限公司已实现钢制扬克烘缸喷涂国产化。

截至 2016 年年底，溧阳市江南烘缸制造有限公司制造的卫生纸机用钢制扬克烘缸的销售业绩已突破 120 台。

2. 进口纸机供应商积极推动本土化进程

为降低成本和应对国家 2008 年 1 月 1 日起对幅宽小于 3000 毫米的纸机取消进口免税的政策，国外纸机生产商陆续在国内建厂，并不断加大在我国本土的业务内容。

(1)维美德公司在上海市嘉定区的工厂从事机架制造、烘缸铸造、设备预安装等业务，并已成功地铸造出第一台在我国生产的 DCT40 扬克缸。2015 年，维美德公司完成了两项重要的收购业务，包括收购美卓公司的过程自动化业务以及意大利 MC 公司卫生纸复卷机业务，进一步提高了维美德公司在全球市场的竞争力，助推其在我国市场的业务发展。2016 年，维美德公司推出全新服务模式："同舟共进，扬帆未来"，力求从客户实际需求出发，保证工艺过程的稳定性、改善性能，以及保持持续的竞争力，并可通过新技术服务和工业互联网解决方案，升级现有工艺系统。

(2)安德里茨公司在广东省佛山市的工厂从事制造纸机构件及组装业务。2014 年，安德里茨公司加强在我国的制造能力，在佛山工厂建设钢制烘缸生产线，新建车间面积 4200 米^2，可年产 10～15 台钢制扬克缸，烘缸直径最大为 22 英尺。新车间已于 2015 年 1 月全线投产，目前已开始为安德里茨公司卫生纸机配套制造钢制烘缸，其中供应国内客户的钢制烘缸包括 2 台 20 英尺直径、幅宽 5600 毫米，2 台 12 英尺直径、幅宽 2850 毫米，用于卫生纸机；1 台 16 英尺直径、幅宽 2800 毫米的钢制烘缸，用于烟草机。另外，1 台 16 英尺直径、幅宽 2850 毫米的钢制烘缸，用于出口孟加拉的卫生纸机配套。

(3)福伊特公司正在进行江苏省昆山市工厂的升级扩建项目，并加速本土化人才建设。2015 年，福伊特公司面向我国市场正式推出了"造纸 4.0"概念，旨在提升整个造纸工艺流程的生产效率、生产能力和生产质量，使造纸过程变得更加智能、高效、节能和可持续。福伊特公司在我国投资建设钢制烘缸生产线于 2013 年投产，年产能 12～15 台，已开始配套由昆山工厂供货的卫生纸机。福伊特公司在 2016 年 4 月正式成立了数字化解决方案事业部。目前福伊特公司正在研发的数据云和云服务概念，将采用云存储和云计算的方式为全世界的纸机提供快速响应以及准确高效的顾问式服务。

(4)PMP 集团在江苏省常州市的工厂，为集团配套制造新月型卫生纸机(关键部件从 PMP 集团进口)。

(5)亚赛利公司在上海市的工厂，也已实现卫生纸机非关键部件的国产化。此外，亚赛利高速复卷机处于国际领先水平，2016 年与理文造纸有限公司、泰盛集团等国内企业合计签订 7 台幅宽 5600 毫米的高速复卷机供货合同。

(6)日本川之江造机株式会社在浙江省嘉兴市的工厂，从事 BF 纸机和相关设备的制造、组装等业务。

2013 年，维美德公司与日本川之江造机株式会社展开在我国市场新月型卫生纸机技术方面的合作，日本川之江造机株式会社的浙江省嘉兴厂开始对 Advantage DCT 40 和 60 型卫生纸机实施制造、销售及安装。作为日本川之江造机株式会社供货的一部分，维美德公司将提供包括 OptiFlo II TIS 流浆箱、扬克缸以及真空压辊在内的关键部件。由日本川之江造机株式会社和维美德公司合作制造的首批 2 台 DCT60 新月型卫生纸机已于 2015 年 10 月在东顺集团正式投产。未来，东顺集团还计划投产另 2 台同型纸机。2017 年年初，保定港兴纸业有限公司签约引进 1 台由日本川之江造机株式会社和维美德公司合作制造的 DCT60 新月型卫生纸机，该纸机计划于 2017 年 11 月投产。

(7)拓斯克造纸机械有限公司(简称"拓斯克")在其上海市的工厂，从事卫生纸机的组装以及卫生纸机非关键部件的制造。拓斯克卫生纸机的关键部件在意大利进行设计和制造。拓斯克在上海设立了负责我国市场的售后服务中心，本地的技术人员能给我国生产商提供更快捷的服务。拓斯克面对整个亚洲市场的销售网络也坐落于其上海子公司。拓斯克十分重视我国市场，并不断拓展其业务范围。拓斯克已开展为我国客户现有的铸铁烘缸替换为钢制烘缸的卫生纸机改造项目，以及提供拓斯克节能干燥优化解决方案 TT DOES，该方案能够优化纸机主要脱水部分的干燥能力：压榨部、扬克缸和扬克气罩，以确保完全依靠蒸汽高速生产并为客户达到最佳的节能效果。

（三）国产加工和包装设备升级，大规模替代进口

根据国家统计局数据，2016 年大陆地区 16—59 岁劳动年龄人口为 90747 万人，相比 2015 年的 91096 万人减少了 349 万人，延续了 2015 年的下降趋势，意味着劳动力成本将继续上升。因此企业对全自动化加工设备和包装设备的需求增加，这已成为国内企业发展的大势所趋。

2016 年，国内后加工设备企业加大研发力度，设备不断升级，车速和效率以及设备运行稳定性等大幅提高，普遍满足国内市场需求并大规模替代进口。

（1）佛山宝索机械制造有限公司研发推出 YH-PL 全自动抽式面巾纸生产线，幅宽 2900 ~ 3600 毫米，速度可达 150 米/分，可不停机自动分离设定抽数，计数精度 100% 准确，融合多项最新专利技术，销售业绩突出。

（2）佛山南海区德昌誉机械制造有限公司推出 CJ-C 系列全自动面巾纸折叠生产线（最大幅宽 3600 毫米，速度 150 米/分或 9 条/分）；并为客户提供复卷/折叠生产线的升级支持，主推：无胶封尾机，乳霜涂布单元，立体凸对平压花单元，双面立体压花单元（专为 4 层纸设计）。

（3）上海松川远亿机械设备有限公司新推出 TD300A 高速抽取式面巾纸中包机，采用伺服与凸轮配合控制，实现产品计数、取袋、开袋、入袋、封口等全自动完成，运行稳定、可靠，维护方便。中包机可与前端和后端的设备连线生产，空间利用率高。

（4）广州欧克机械制造有限公司推出全自动抽纸折叠、包装生产线，生产线配合智能化输送系统及多功能包装方案，任意一台单包机与任意一台中包机可自动对接，加工效率大幅提高，整线调整方便，可同时生产普通抽纸及电商抽纸。生产线包括全自动抽纸折叠机、抽纸单包机、普通及电商产品兼容中包机、自动装箱机。其中折叠机加工速度可达 200 米/分，生产量是同规格普通自动抽纸折叠机的 1.5 ~ 2.0 倍。

（5）温州市王派机械科技有限公司 OPR-120B 高速全自动软抽单包机全面升级，运行更平稳，操作更简单，增加了换产数据记忆功能，生产车速 120 包/分；OPH-120 全伺服高速面巾纸入盒封盒机，可以快速转换规格，速度可达 120 盒/分；OPH-100B-H 型方盒纸巾折叠入盒封盒机，稳定速度高于 60 盒/分，填补国内空白；高速盒抽三维中包机速度可达 30 包/分，包装美观，更节约包材和能耗；新推出 OPC-340/200 餐巾纸自动包装机，可以包装各种餐巾、花巾，最小包装高度可达 20 毫米，包装效果好、效率高。

（6）佛山市兆广机械制造有限公司正式推出新型 20 排面巾纸加工机，可加工原纸的最大幅宽 4000 毫米，最大直径 1800 毫米，生产车速可达 900 抽/分。

（7）松林国际刮刀锯制造有限公司通过投资并购，获得了德国先进制刀技术，打破了德国大圆刀制造技术的垄断，实现了德国技术的大圆刀在欧洲和我国同步生产和销售。

（8）常德金叶机械有限责任公司最新推出 TK10 型国产首台全自动方巾纸包装机组，可全自动包装随身包型软抽面巾纸及方巾纸，包装速度可达 100 包/分。

（四）绿色发展

2016 年 7 月 18 日，工业和信息部正式公布《工业绿色发展规划（2016—2020 年）》，提出到 2020 年，造纸等行业清洁生产水平显著提高，工业二氧化硫、氮氧化物、化学需氧量和氨氮排放量明显下降，高风险污染物排放大幅削减；能源利用效率显著提升，绿色低碳能源占工业能源消费量的比例明显提高；资源利用水平明显提高，单位工业增加值用水量进一步下降，主要再生资源回收利用率稳步上升。

2015 年，河北省满城市投资 50 亿元建设占地面积 100 公顷的生活用纸深加工及热电联产循环经济产业园项目，全面推进集中供热、绿色发展，加快转型升级。满城市于 2015 年年底之前淘汰 10 吨/时以下的燃煤锅炉，2017 年年底之前将淘汰 35 吨/时以下的燃煤锅炉；2016 年，河北省满城市的生活用纸生产企业积极淘汰高能耗、幅宽 1575 毫米以下的卫生纸机，加速替换成中高速纸机。

广东省制定了《广东省珠三角地区排放物限值标准》《广东省大气污染物排放指标》《广东省生活用产品能耗限额标准》等，以推动行业优化升级和可持续发展。

东顺集团与中国煤炭科工集团有限公司、浙江富春江集团有限公司合作，三方将以新合作的清洁能源公司为平台，面向山东各地区辐射，发展低碳产业、促进低碳消费、提高资源利用效率。2017 年 1 月，东顺集团与中国煤炭科工集团有限公司清洁能源项目启动，双方正式签署了合作开发协议。东顺集团与中国煤炭科工集团有限公司清洁能源项目主要推广清洁高效煤粉型工业锅炉系统。该项目应用煤炭科学研究总院的高效煤粉工业锅炉技术，运用“煤粉燃烧技术”为核心的先进工业锅炉换代体系，可有效提高燃煤工业锅炉燃烧效率，降低运行成本，取得显著的节能减排效果。此次合作开发清洁能源的目的是建设山东东平经济开发区热电联产项目。该项目总投资 10 亿元，占地面积 10.67 公顷，新建 3 台套 130 蒸吨高效粉煤锅炉，一期工程计划于 2017 年 10 月投产。项目全部达产后，可淘汰低能落后小锅炉上百台，年节约燃煤 5.6 万吨，可实现园区企业集中供热、余热发电。

(五)产品创新

生活用纸企业产品创新和开发差异化产品，集中在后加工和包装环节，主要表现在两个方面：

一是通过纸机、加工设备的特殊设计及添加香精和乳霜等表面处理剂，使产品气味清香或具有更好的护肤性等功能性及特色包装的产品，2016 年推出的新品包括：①维达推出全新升级的超韧面纸，采用多层立体吸水新科技和全球领先的双压线技术，产品更加强韧，湿水不易破，以及“立体美”4D-Deco 压花卷纸新品，采用欧洲先进的 4D-Deco 压花工艺，独特的点、线、面立体花纹设计，经过精细的压纹排布，创造出由吸水垫、导流管以及空气枕组成的立体功能结构，提供完美的使用体验；②金红叶推出清风“冰雪奇缘”系列面巾纸、手帕纸，产品专为年轻消费者设计，更加柔软细腻，舒适亲肤；③东顺集团推出哈里贝贝“成长日记”系列婴儿用纸，产品具有超强吸水性、更柔软、更厚实，呵护婴儿娇嫩肌肤；④上海唯尔福集团股份有限公司推出纸音“优净”系列面巾纸，手感更柔软、细腻；⑤杭州朗悦实业有限公司推出车载圆筒抽纸，产品包装为圆筒形，体积小便于携带，适用于私家车内使用；⑥山东晨鸣纸业集团股份有限公司推出星之恋“蒂芙尼蓝”系列干湿两用面巾纸、冲水速溶卫生纸；⑦广西贵糖集团推出纯点“潮流 COOL 派”系列手帕纸，更厚实柔韧，湿水不易破；⑧平舆中南纸业有限公司推出由 TAD 纸机生产的擦手纸产品，具有很强的吸收性，单层产品定量 27 克/米^2，可与普通定量 45 克/米^2 产品的吸水性相当，从而大大节约了纤维用量；⑨浙江弘安纸业有限公司推出可心柔“润 + ”系列面巾纸产品，产品添加保湿成分，湿润、柔软，适合婴儿等敏感肌肤人群使用。

二是以健康环保和可持续发展的理念，开发差异化的本色生活用纸产品的企业数量快速增长，2016 年木浆本色生活用纸产品主要包括：①东顺集团推出木浆本色生活用纸系列新品，凭借公司多年来打造的成熟的销售网络，上市后销售势头良好，未来目标是本色产品占公司总生产量的 25% 左右；②云南云景林纸股份有限公司推出木浆本色系列新品，公司将加快推进 6 万吨/年生活用纸扩建项目。竹浆本色生活用纸产品主要包括：①理文依托自制竹浆，推出竹浆本色原纸及生活用纸系列新产品，产能迅速扩张中，竹浆本色生活用纸原纸已广泛销售到保定满城等国内生活用纸企业。2017 年计划在江西、广东生产基地分别投产 2 台福伊特公司卫生纸机及在重庆基地投产 2 台维美德公司 6 万吨/年卫生纸机，使总产能达到 74.5 万吨；②环龙集团依托自制竹浆，推出斑布“功夫熊猫”系列本色竹浆生活用纸新产品，2017 年将陆续投产 10 台佛山市南海区宝拓造纸设备有限公司卫生纸机，合计新增产能 15 万吨/年。2017 年 1 月，环龙集团并购四川安县纸业有限公司，并将于 2017 年内正式投产四川安县纸业有限公司的原有 2 台待投产的日本川之江造机株式会社卫生纸机，合计新增产能 2.4 万吨/年，这 12 台纸机投产后将使集团总产能超过 20 万吨/年；③四川永丰纸业股份有限公司依托自制竹浆，推出本色竹浆系列面巾纸、卫生纸新品；④泰盛集团依托自制竹浆，推出“纤纯本色”系列竹浆本色生活用纸新品，2017 年计划再投产 2 台安德里茨公司卫生纸机，合计新增产能 12 万吨/年；⑤中石化旗下的四川石化雅诗纸业有限公司推出竹浆本色系列生活用纸产品，在全国的中石化加油站易捷超市等渠道销售，并作为易捷超市生活用纸品类中差异化的高端产品，且产品的电商渠道销售势头良好；⑥广东韶能集团股份有限公司竹浆本色生活用纸项目，一期 3 万吨/年产能于 2016 年 6 月投产，计划 2017 年再投产 1 台亚赛利公司卫生纸机，使总产能达到 6 万吨/年；⑦河北地区：保定港兴纸业有限公司、保定雨森卫生用品有限公司、金博士集团等多家知名企业也相继推出竹浆本色生活用纸新品。草浆本色生活用纸产品主要包括：①山东泉林纸业有限责任公司依托自制草浆优势，是最早进军本色生活用纸领域的企业，其麦草浆本色生活用纸的市场推广取得良好效果，并于 2017 年年初推出升级版草浆本色母婴专用纸、擦拭纸等新产品，计划2017年分别在山东、黑龙江、吉林3个生产基地分别投产26台、20台、4台卫生纸机，合计新增产能51万吨/年；②宁夏紫荆花纸业有限公司依托自制草浆，2015年推出“麦田本色”系列麦草浆本色生活用纸，2017计划投产3台潍坊凯信机械有限公司卫生纸机，合计新增产能3万吨/年；③江苏双灯纸业有限公司依托自制苇、草浆，推出苇、草浆本色系列生活用纸产品；④陕西欣雅纸业有限公司依托自制草浆，推出了草浆本色面巾纸、手帕纸、卫生卷纸等系列新产品。蔗渣浆本色生活用纸产品主要包括：①广西贵糖集团推出蔗渣浆本色原纸及面巾纸、卫生纸新产品；②广西江南纸业有限公司推出蔗渣浆本色厨房纸巾、擦手纸新产品；③广西东糖纸业有限公司依托自制蔗渣浆，已研发推出了试用装的蔗渣浆本色抽纸。

（六）营销创新

由于生活用纸产品的特点，现代渠道、传统渠道依然是目前行业主流的营销模式，但随着互联网的发展，2016年企业针对网络渠道的营销创新加速，网络渠道销售份额稳步增加。

1. 电商渠道销售份额稳步增加

2016年，维达电商渠道的销售收入占总收入的18%，达到约21.70亿港元，比2015年增加9.22亿港元。2015年，维达电商渠道的销售收入为12.48亿港元，占总收入的12.9%。

2016年，恒安电商渠道营业额达约11.0亿元，比上年同期上升逾58%。恒安计划在2017年进一步扩大发展电商及微商销售，将针对消费者的喜好及需求，精准地为电商渠道上的商品定位，推出电商及微商专项产品并加强电商的促销活动，提高其在电商领域的市场份额。同时，电商经营将配合集团的销售渠道改革及仓库调整，以高效率配送货品并节省分销成本。恒安未来要在全国各个省以及地级市布局电商经销商，搭建覆盖全国的电商体系，其中也包括西藏、新疆、海南等边远地区。第一阶段，恒安首先招募各个省的电商经销商；第二阶段，恒安会招募各个地级市的电商经销商，最终达到每个地级市有一个电商经销商的规模。

2016年3月1日，中顺洁柔公布，公司已完成在京东、一号店、苏宁、天猫等电商系统的进场销售，并成立了专业的电商服务团队。公司表示，将采取以经销商为主的销售模式，另外还有部分直营卖场、电商等。

2016年5月3日，东顺集团与京东新通路正式达成合作签约，东顺集团旗下“顺清柔”及“哈里贝贝”等品牌生活用纸登陆京东掌柜宝，通过新通路覆盖全国2356个行政区县的庞大物流网络，辐射全国市场，跨过中间层级，连接品牌商与中小门店两端，让商品快速直达零售终端。

2. 领先企业深入推动微信营销等传播方式

2016年，恒安集团微商城正式上线，扩展了微商领域的新营销布局。微商城销售的产品包含心相印系列生活用纸、七度空间卫生巾、安儿乐纸尿裤等恒安主流产品。此前，恒安品牌就入驻众多电商平台，包括天猫、京东、苏宁、1号店等B2C商城和苏宁自营、当当自营、飞牛网等B2B平台。本次恒安集团的微商城更是取消中间环节，让任何人都可以成为恒安的代理商。消费者关注恒安商城，然后购买一定数额的产品后，即可成为微代理。

东顺集团在深耕传统营销渠道的基础上，全面进军微、电商领域，于2015年8月在北京举办了盛大的微商招募会，并签约知名演员马可为顺清柔品牌代言。2016年6月3日，东顺集团与微商团强强合作，全品项入驻，双方更将建立长期、稳定、共赢的全面战略合作伙伴关系，不断扩展和深化产品营销、多层面的合作。

河北满城借电子商务整合纸品产业，探索“电商平台+电商园区”的纸业销售模式，已建成专业电商平台“华北纸都——中国生活用纸交易网”。

2016年，理文以微信为媒，切入B2C市场。理文充分利用微信公众号、微信朋友圈等新方式进行营销推广。公众号平台推出“璞竹创业天使”计划，通过朋友互相推荐的方式，直销或招募分销代理“亨奇”产品，再由理文将货品直接通过快递公司送到消费者手上。将“店铺”建立在微信平台上，通过微信的三级分销系统，实现无限制发展商户、多商户同时使用的效用。全程只有店铺一个公众号，直接与消费者建立联系，可以快速积累粉丝，实现客户沉淀和统一维护，开支因而减少，同时利润增加，并让利于消费者，从而增加客户黏性，实现消费者数量良性增长。

（七）理文创新运营模式，取得成功

2014年投产的重庆理文卫生用纸制造有限公司，具有林浆纸一体化的生产优势，2016年生活用纸产能达到38.5万吨。公司逐步增强自身品牌的建设，同时，利用重庆理文的13公顷富余用地，投资4.5亿元，分两期实施重庆理文卫生用纸制造有限公司后加工工业城项目及配套设施建设。该项目面向全国生活用纸加工企业招商，理文负责配套厂房、水电气及原纸供应。目前已成功吸引了维邦、彼特福、峰城、佳益、渝成、东实等多家生活用纸加工企业入驻，并于 2016 年起陆续投产，实现产业链上下游抱团发展。

未来，理文将借鉴重庆基地的成功经验，继续复制此模式到其江西、广东、广西等基地，实现快速扩张。

九、市场展望

（一）行业继续增长，增速放缓

我国生活用纸人均消费量仍然较低、生活用纸具有刚性和持续需求特征、经济增长和城市化进程加快、人口增长（特别是二孩政策已全面放开，会提高出生率）、产品品类结构继续优化、落后产能加速淘汰等因素，都将推动行业继续增长。

经济下行压力影响、近几年的快速增长造成的产能过剩使得行业增速放缓；我国生活用纸行业已走过了高增长时代，进入中高速增长，但增长速度仍会高于全球平均水平。

（二）竞争更加激烈，加速整合，向中高端发展

从宣布的 2017 年及以后计划投产的项目总产能看，新增产能依然大于新增市场容量，所以预测未来市场竞争会更加激烈，估计有些项目还会后延，或者不能达产；整个行业的平均开工率依然会较低；企业为争取市场份额，会选择低价促销，从而有可能引发价格战。

从宣布的 2017 年及以后计划投产的项目企业看，中小企业的纸机更新换代数量明显增加，所以未来落后产能及不具备规模优势的中小型原纸生产企业的淘汰会加速，行业结构将继续优化，并向中高端发展。

生活用纸生产商竞争加剧，价格战压力已波及到上游的设备供应商，尤其是资金实力相对较弱的部分国产设备供应商面临被淘汰出局的风险。设备行业将重新洗牌和整合，企业间兼并重组、优势互补、合作共赢的发展趋势明显增强。

区域性抱团发展趋势逐渐明显，如河北、川渝、广西等区域内生产企业通过龙头带动、兼并重组、资源共享等有效措施，实现集中化、规模化发展。

我国生活用纸行业主要原材料纸浆依靠进口程度高，企业面临着浆价波动及汇率波动的成本压力风险。

本色纸已进入高速增长时期，虽目前仍属于差异化型高附加值产品，但随着本色纸市场参与者的激增，及大量新增产能释放，未来本色纸竞争将日趋激烈，应注重规避同白色纸产品一样面临的价格战风险。

（周 杨 张玉兰 江曼霞）

2016 年我国一次性卫生用品行业概况和展望

Overview and Outlook of Disposable Hygienic Products in China in 2016

2016 年国内一次性卫生用品(包括吸收性卫生用品和湿巾)市场继续增长。各类产品的消费量都比 2015 年增加，特别是婴儿纸尿裤、成人纸尿裤和湿巾都有较大幅度增长。2016 年，一次性卫生用品的市场规模(市场总销售额)达到 867.9 亿元，比 2015 年增长 4.3%。

在吸收性卫生用品(包括女性卫生用品、婴儿纸尿布和成人失禁用品)市场总规模中，女性卫生用品占 47.6%，婴儿纸尿布占 45.1%，成人失禁用品占 7.3%。相比 2015 年，女性卫生用品占比继续下降，婴儿纸尿布和成人失禁用品占比继续提升，产品结构继续向成熟市场方向发展。2011—2016 年吸收性卫生用品市场规模中各类产品的占比情况见表 1。2011—2016 年一次性卫生用品的市场规模和消费量及复合年增长率见表 2 和图 1。

表 1　2011—2016 年吸收性卫生用品市场规模中各类产品占比　单位:%

产品	2011 年	2012 年	2013 年	2014 年	2015 年	2016 年
女性卫生用品	58.3	53.7	56.8	52.0	49.7	47.6
婴儿纸尿布	39.1	41.8	38.1	41.2	44.0	45.1
成人失禁用品	3.6	4.5	5.1	6.8	6.3	7.3

注：2016 年的销售量包括了 2015 年的库存量，为便于比较，将 2011—2015 年数据重新调整。

表 2　2011—2016 年一次性卫生用品的市场规模和消费量及复合年均增长率

项目		2011 年	2012 年	2013 年	2014 年	2015 年	2016 年	复合年均增长率/%
市场规模/亿元	女性卫生用品	289.3	287.1	354.8	348.5	397.7	394.9	6.4
	婴儿纸尿布	188.9	223	238.3	276.6	352.4	374	14.6
	成人失禁用品	18.1	23.8	31.7	45.6	50.7	60.5	27.3
	湿巾	13.7	15.7	19.1	24.7	31.1	38.5	23.0
消费量/亿片	女性卫生用品	957.6	916	1052	1028.2	1147.4	1186.1	4.4
	婴儿纸尿布	183.1	206.2	226.2	258	314.6	349.1	13.8
	成人失禁用品	10.3	13	17.9	26	29.2	39.5	30.9
	湿巾	139.3	153.8	189	259.3	337	393	23.1

注：2016 年的销售量包括了 2015 年的库存量，为便于比较，将 2011—2015 年数据重新调整。

一、市场规模

1. 女性卫生用品

2016 年，女性卫生用品的市场继续保持增长，但增速放缓。根据中国造纸协会生活用纸专业委员会(简称“生活用纸委员会”)的统计，卫生巾的生产量约 902.9 亿片，销售量约 886.4 亿片，工厂销售额约 265.9 亿元(按平均出厂价 0.3 元/片计算)，消费量约 797.8 亿片，市场渗透率 96.5%。卫生护垫生产量约 443.1 亿片，销售量约 431.4 亿片，工厂销售额约 47.5 亿元(按平均出厂价 0.11

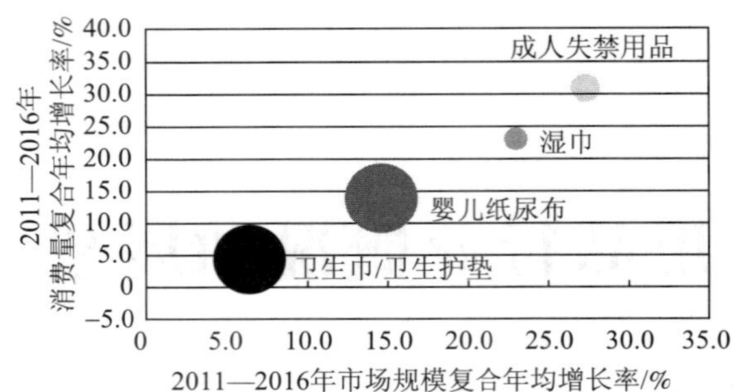

图1 2011—2016年一次性卫生用品的市场规模和消费量的增长情况(CAGR)

元/片计)，消费量约388.3亿片。卫生巾和卫生护垫合计工厂销售额约313.4亿元，市场规模约394.9亿元(按零售加价率40%计)，比2015年减少0.7%。

2016年，适龄女性人口继续减少，这对市场来说是一个不利因素，但是另一方面，人们卫生意识提高，更换频次增加又是一个有利因素。两方面因素的双向调节，使2016年女性卫生用品的消费量依然保持增长，但增长减缓，市场渗透率继续提高。同时，由于行业产能过剩，市场竞争加剧，使2016年女性卫生用品行业产品平均出厂价格降低。在这两方面因素的影响下，工厂销售额和市场规模比2015年略有下降。

此外，2016年以来，卫生棉条的市场开始启动，市场上有进口品牌和国产品牌的产品，特别是受到大城市一些年轻女性的青睐，但目前占女性卫生用品总体消费额比例仍然很小，而且具体数据还未统计确切，因此本文暂不列入。

2. 婴儿纸尿布

2016年，婴儿纸尿布的市场继续保持增长。根据生活用纸委员会的统计，婴儿纸尿布总生产量约321.3亿片，总销售量约314.6亿片，总消费量约349.1亿片，其中婴儿纸尿裤约289.0亿片，婴儿纸尿片约60.1亿片。婴儿纸尿布的工厂销售额合计约238.4亿元(婴儿纸尿裤按平均出厂价0.81元/片计，婴儿纸尿片按平均出厂价0.55元/片计)；市场规模达到374.0亿元(按零售加价率40%计)，比2015年增长6.1%。

婴儿纸尿布的消费量比2015年增长11.0%，其中婴儿纸尿裤增长11.2%，婴儿纸尿片增长9.9%。市场渗透率由2015年的51.6%上升到2016年的55.6%，提高了4个百分点。

2016年，全面二孩政策的实施，使新生儿数量明显增加，促进了纸尿布的消费。为满足消费者对进口婴儿纸尿裤产品的需求，跨国企业加大境外原产地的生产，采取直接进口、跨境电商或合作的方式将产品引入我国市场。

3. 成人失禁用品

成人失禁用品主要包括成人纸尿裤/片和护理垫。2016年成人失禁用品市场继续以较快的速度增长。与婴儿纸尿布市场不同的是，成人失禁用品的购买者目前仍普遍追求性价比，以价格为导向的消费理念仍然主导市场。为了顺应这一消费观念，很多企业提高了中低档产品的占比，纸尿裤和纸尿片平均出厂价格下降，导致工厂销售额增长低于销售量的增长，市场规模增长低于消费量增长。

根据生活用纸委员会的统计，2016年，成人纸尿裤生产量约28.3亿片，销售量27.5亿片，工厂销售额约35.8亿元(按平均出厂价1.3元/片)。成人纸尿片生产量约7.6亿片，销售量7.5亿片，工厂销售额约6.5亿元(按平均出厂价0.87元/片计)。护理垫的生产量约16.1亿片，销售量约15.5亿片，工厂销售额约12.1亿元(按平均出厂价0.78元/片计)。成人失禁用品合计的工厂销售额约54.4亿元，市场规模约60.5亿元(按零售加价率40%计)，比2015年增长19.3%。

2016年，成人失禁用品的消费量比2015年增长35.3%，其中成人纸尿裤增长29.8%，成人纸尿片增长44.8%，护理垫消费量增长43.5%。在按片计的总消费量中，纸尿裤占58.5%，比2015年减少2个百分点；纸尿片占10.6%，比2015年增加0.5个百分点；护理垫占30.9%，比2015年增加1.5个百分点。成人失禁用品市场正在升温，但主要集中在满足基本功能的、具有较高性价比的中低档纸尿裤产品。纸尿片和护理垫一般与纸尿裤一起搭配使用，这样可以延长单片纸尿裤的使用时间，降低护理成本。另外，护理垫还开辟了一些新的用途市场，如经期小床垫、婴儿小床垫、野餐垫等。

4. 湿巾

根据生活用纸委员会的统计，2016年湿巾的生产量约591.9亿片，销售量约536.2亿片；出口量约156.1亿片，比2015年增长8.1%；消费量约393.0亿片，比2015年增长16.6%。工厂销售额约37.5亿元(按平均出厂价0.07元/片计)，比2015年增长17.9%。市场规模(市场销售额)约38.5亿元(按零售加价率40%计)，比2015年增长23.8%。

二、主要生产商和品牌

1. 女性卫生用品

经过多年的发展，女性卫生用品市场相对比较稳定，新进入的大企业很少。市场竞争者仍由多个生产商组成，领先生产商主要集中在上海、福建、广东等地。本土生产商：恒安国际集团有限公司、浙江景兴纸业股份有限公司、佛山市啟盛卫生用品有限公司；国际生产商：宝洁公司、尤妮佳公司、金佰利公司、花王公司。高端市场的品牌集中度很高，国际性品牌有：苏菲、护舒宝、高洁丝、乐而雅等；全国性品牌有：七度空间、ABC、安尔乐等；区域性品牌有：洁婷、小妮、佳期、自由点、倍舒特、洁伶、好舒爽、舒莱等。

近年来，适龄女性(15—49 岁)人口逐年减少，人口红利已经消失，由于进口卫生巾(海关商品编号 96190020 下的进口商品)数量持续增长，再加上电商、微商等互联网品牌卫生巾的发展，导致国内领先品牌增速放缓，甚至出现负增长。

2016 年，恒安国际集团有限公司卫生巾业务的销售收入增长 6.2% 至 65.69 亿元，约占集团整体收入的 34.1%(2015 年占比 33.1%)，毛利率维持稳定，约占 72.6%(2015 年占比 72.6%)。

2016 财年，宝洁公司在发展中地区(包括我国市场)的女性卫生用品销售量出现了中一位百分数的下降，主要是由于市场竞争和 2015 财年产品提价造成的。

2016 年，金佰利公司在发展中地区和新兴市场的个人护理用品销售额增长约 1%，销售量增长 5%，主要是在我国、东欧和中美洲市场，在我国市场的净销售价格下降。

女性卫生用品销售额增长显著的企业主要有：福建恒利集团有限公司增长 6%，杭州余宏卫生用品有限公司增长 97%，广东川田卫生用品有限公司增长 46%，湖南千金卫生用品股份有限公司增长 76%，杭州豪悦实业有限公司增长 40%，天津依依卫生用品有限公司增长 26%，上海亿维实业有限公司增长 38%，上海东冠纸业有限公司增长 29%，怡佳(福建)卫生用品有限公司增长 33%，杭州珍琦卫生用品有限公司增长 28%，南宁市爱新卫生用品厂增长 35%，佛山市佩安婷卫生用品实业有限公司增长 55%，康那香企业(上海)有限公司增长 10%。另一方面，由于受到消费高端化趋势影响以及进口产品和互联网品牌的冲击，许多区域性品牌业绩出现明显下滑，经营压力加大。

2. 婴儿纸尿布

由于新进入的企业较多，婴儿纸尿布行业正处于调整期，市场竞争激烈。市场竞争者仍由多个生产商组成，领先生产商主要集中在上海、福建、浙江、广东等地。本土生产商：恒安国际集团有限公司、雀氏(福建)实业发展有限公司、爹地宝贝股份有限公司、广东茵茵股份有限公司、杭州千芝雅卫生用品有限公司、广东昱升卫生用品实业有限公司等；国际生产商：宝洁公司、尤妮佳公司、金佰利公司、花王公司、大王公司等。高端市场的品牌集中度很高，国际性品牌有：帮宝适、妈咪宝贝、Moony、好奇、妙而舒、GOO. N 等；全国性品牌有：安儿乐；区域性品牌有：雀氏、爹地宝贝、名人宝宝、茵茵、吉氏、倍康、一片爽等。

2016 年，恒安国际集团有限公司纸尿裤(含成人纸尿裤)业务收入下降 12.3% 至 21.50 亿元，占集团整体收入的 11.2%，但毛利率占比上升至 50.8%(2015 年毛利率占比 49.3%)。

2016 财年，宝洁公司在发展中地区(包括我国市场)的婴儿纸尿裤销售量出现了高一位百分数的下滑，主要是由于市场竞争、2015 财年产品提价以及委内瑞拉业务分拆造成的。

2016 年，除去汇率的影响，花王公司 Merries 婴儿纸尿裤在亚洲市场的整体销售情况基本与 2015 年持平。在日本国内，由于我国消费者代购的需求比 2015 年减少，花王公司开始全面发展针对我国市场的跨境电商。虽然花王公司调整了销售结构，其在我国的销售额仍然实现增长。花王公司在我国市场将继续强化电商渠道和婴童渠道的发展。

2016 年，在我国市场，尤妮佳公司女性护理用品仍保持良好的销售状况，市场份额再创新高，婴儿护理用品也从 2016 年下半年起开始增长。未来，尤妮佳公司将继续在我国市场推广高档产品，并积极拓展电商渠道，提高盈力能力。

婴儿纸尿布销售额有明显增长的企业有：怡佳(福建)卫生用品有限公司增长 40%，广东昱升卫生用品实业有限公司增长 35%，福建新亿发集团有限公司增长 33%，龙海市妙雅卫生用品有限公司增长 31%，杭州珍琦卫生用品有限公司增长 20%，杭州川田卫生用品有限公司增长 20%，杭州豪悦实业有限公司增长 15%，重庆百亚卫生用品有限公司增长 15%。2016 年，婴儿纸尿布行业仍然受到进口产品的冲击，不少区域性品牌的业绩都出现了不同程度的下滑。与以往不同的是，市场竞争已经从价格竞争向高品质、高性价比和差异化产品方向转变。阶段性的产能过剩和进口产品的冲击是目前婴儿纸尿布行业最突出的问题。

3. 成人失禁用品

成人失禁用品生产商主要分布在浙江、福建、江苏、天津、广东、山东、河北、上海等地。本土生产商主要有：恒安国际集团有限公司、杭州千芝雅卫生用品有限公司、杭州可靠护理用品股份有限公司、杭州珍琦卫生用品有限公司、杭州豪悦实业有限公司等；国际生产商有：SCA 公司、金佰利公司、尤妮佳公司等。国际性品牌有：得伴、添宁、乐互宜等；全国性品牌有：安而康；区域性品牌有：包大人、可靠、唯尔福等。

2016 年，维达国际控股有限公司（简称“维达”）整合了 SCA 公司亚洲业务后，拥有了添宁和包大人两个成人失禁用品品牌，公司加强零售网络，并提升专销渠道的渗透率，有效提高销售额。为推动失禁护理业务的长远可持续发展，集团共谋建设老人护理设施和服务，同时提升失禁人士的护理意识，为失禁人士提供适宜的解决方案。但目前这两个品牌以外销到中国台湾和东南亚地区为主，在我国大陆的销售尚待提高。

2016 年，成人失禁用品销售额增长较多的企业有：广东昱升卫生用品实业有限公司增长近 1 倍，杭州千芝雅卫生用品有限公司增长 10%，杭州豪悦实业有限公司增长 6.4%，杭州珍琦卫生用品有限公司增长 22.7%，苏宁控股集团有限公司增长 50%，广东茵茵股份有限公司增长 38%，上海亿维实业有限公司增长 40%，天津依依卫生用品有限公司增长 30%，上海唯尔福集团股份有限公司增长 22%，福建新亿发集团有限公司增长 26%，福建莆田佳通纸制品有限公司增长 22%，佛山市佩安婷卫生用品实业有限公司增长 16%。

4. 宠物卫生用品

宠物卫生用品生产企业主要分布在江苏、浙江、天津、广东、上海、安徽、辽宁、山东、福建、河北、河南等省市。

5. 湿巾

湿巾生产企业主要分布在浙江、广东、江苏、上海、福建、山东、辽宁、北京、湖北、安徽等地，但全国性品牌不多，市场集中度相对较高。有很多企业是给其他国内企业或零售商做贴牌或给国外企业生产 OEM 产品。

目前，国内市场湿巾的普及率总体相对较低。据生活用纸委员会统计，2016 年，婴儿专用湿巾和普通型湿巾仍是占比最大的类别，但已较 2015 年有所下降。厨房清洁湿巾和厕用湿巾（湿厕纸）已占有一席之地，受到业内关注。各种湿巾的销售量占比如表 3 所示，2016 年各种湿巾的销售量占比如图 2 所示。

表 3 各品种湿巾的销售量占比

单位：%

品种	2015 年	2016 年
普通型	27.3	24.3
婴儿专用	38.2	35.6
女性卫生专用	7.7	7.0
卸妆用	15.8	14.4
居家清洁用	6.9	6.3
厨房用		0.6
厕用	4.1	1.4
其他用途		10.4

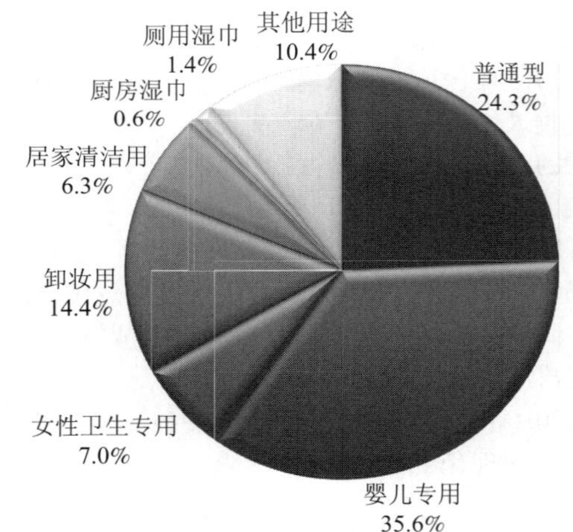

图2 2016年各品种湿巾的销售量占比

三、进出口情况

1. 出口增幅明显收窄

一次性卫生用品行业出口贸易继续保持活跃，但增幅明显收窄。据海关统计数据，2016 年吸收性卫生用品的出口量比 2015 年增长 6.87%，出口额比 2015 年下降 2.23%，说明出口产品平均价格下降，价格下降主要集中在纸尿裤产品。2016 年一次性卫生用品出口情况见表 4。其中，婴儿纸尿布出口量增长较大的企业有：漳州市智光纸业有限公司增长 2 倍多，怡佳（福建）卫生用品有限公司增长 1

倍，广东茵茵股份有限公司增长 36.5%，盈家卫生用品有限公司增长 26.4%，杭州珍琦卫生用品有限公司增长 24.2%，雀氏（福建）实业发展有限公司增长 20%。成人失禁用品出口量增长较大的企业有：漳州市智光纸业有限公司增长 86.7%，福建莆田佳通纸制品有限公司增长 51.9%，杭州珍琦卫生用品有限公司增长 14.8%，上海亿维实业有限公司增长 10.1%。另外，天津依依卫生用品有限公司和芜湖悠派护理用品科技股份有限公司的宠物卫生用品出口量也有较大增长。

表 4　　2016 年一次性卫生用品出口情况

商品编号	商品名称	出口量/吨	出口金额/美元	同比/%	
				出口量	出口金额
吸收性卫生用品合计		**582406.781**	**1802800160**	**6.87**	**-2.23**
48189000	纸浆、纸等制的其他家庭、卫生或医院用品	136529.079	261709881	15.25	3.80
96190010	任何材料制的尿裤及尿布	295513.794	955403700	1.91	-6.40
96190020	任何材料制的卫生巾（护垫）及止血塞	86406.845	424410212	8.45	1.66
96190090	任何材料制的尿布衬里及本品目所列货品的类似品	63957.063	161276367	12.55	5.00
湿巾合计		**135481.589**	**228004341**	**9.45**	**2.80**
34011990	湿巾	135481.589	228004341	9.45	2.80

据海关数据显示，2016 年我国吸收性卫生用品出口量排名前 10 位的出口目的国和地区依次为：美国、菲律宾、日本、韩国、加纳、巴基斯坦、中国香港、印度、尼日利亚、肯尼亚。

2016 年，湿巾出口贸易小幅增长，“商品编号 34011990（湿巾）”一项，出口量比 2015 年增长 9.45%，出口金额增长 2.8%。湿巾出口量排名前 10 位的出口目的国和地区是：美国、日本、澳大利亚、英国、丹麦、智利、菲律宾、中国香港、秘鲁、台澎金马关税区。

2. 进口迅猛增长情况有所缓解

2016 年，吸收性卫生用品进口迅猛增长情况有所缓解，进口量比 2015 年增长 5.25%，进口额下降 5.39%，特别明显的是婴儿纸尿裤产品进口量虽然增长，但增速已降至一位数。婴儿纸尿裤在进口卫生用品中占比达到 94%，尤其是原产地日本的婴儿纸尿裤，如花王公司、大王公司、尤妮佳公司等公司的产品，宝洁公司也从日本进口超高端特级棉柔纸尿裤。另外，进口纸尿裤平均价格也下降。卫生巾类（含卫生棉条）产品进口增速仍保持在两位数，进口量和进口额分别比 2015 年增长 40.66% 和 24.15%，但其在进口卫生用品中占比仍较小，仅为 3.5%。2016 年一次性卫生用品进口情况如表 5 所示。

表 5　　2016 年一次性卫生用品进口情况

商品编号	商品名称	进口量/吨	进口金额/美元	同比/%	
				进口量	进口金额
吸收性卫生用品合计		**230873.816**	**1302737406**	**5.25**	**-5.39**
48189000	纸浆、纸等制的其他家庭、卫生或医院用品	4682.173	15835507	22.57	17.91
96190010	任何材料制的尿裤及尿布	216910.577	1185890374	3.81	-7.59
96190020	任何材料制的卫生巾（护垫）及止血塞	8179.192	94484944	40.66	24.15
96190090	任何材料制的尿布衬里及本品目所列货品的类似品	1101.874	6526581	43.07	57.15
湿巾合计		**11287.034**	**17107860**	**-6.11**	**-13.49**
34011990	湿巾	11287.034	17107860	-6.11	-13.49

四、市场变化和发展特征

2016 年，我国卫生用品市场继续增长，消费升级、全面二孩政策及老龄人口的增长是市场增长的主要促进因素。

1. 中外企业继续投资

（1）国内大中型卫生用品企业投资建设智能化

工厂、自动化立体仓库，生产水平继续提升。婴儿纸尿裤和成人失禁用品是未来增长点。全面二孩政策利好的预期、老龄化加剧、消费升级等因素是国内企业扩大生产的主要驱动力。

维达加快护理用品在国内的布局，扩大个人卫生用品业务。湖北省孝感市孝南区的维达新城项目正式开工。该项目将建成维达生活用纸及护理用品的综合生产基地。维达纸业(浙江)有限公司的成人护理用品项目正式投产，安装4条生产线，成人纸尿裤产能达1.3亿片/年，成人纸尿片和护理垫产能分别为5500万片/年和4000万片/年，根据需要还可进一步扩大产能。

爹地宝贝股份有限公司的智能化新工厂项目进展顺利，新园区占地面积20万米^2，计划建设全自动智能生产无尘洁净车间和自动化立体仓库。

美佳爽(中国)有限公司在福建省的第3个生产基地全面启动，规划安装28条卫生巾、婴儿纸尿裤、成人纸尿裤等卫生用品生产线。

婴舒宝(中国)有限公司位于福建省晋江市五里工业园区的新工厂落成，新厂区占地面积4万米^2，现代化的生产车间可容纳36条生产线，全自动化立体仓库可容纳100万件货物仓储。还计划新增成人纸尿裤、成人拉拉裤、经期裤、卫生巾等生产线。

杭州千芝雅卫生用品有限公司在浙江省桐庐经济开发区新建的现代化厂房全面投产，公司与日本瑞光公司最新签订4条婴儿纸尿裤生产线，设计车速1000片/分。

临安可艾护理用品有限公司的新工厂投入使用，富田公司提供的婴儿纸尿裤生产线投产。

2016年，湖南康程护理用品有限公司(简称“康程”)进入快速发展期，在与国内外同业合作方面动作频频。康程从GDM公司定制的婴儿纸尿裤生产线最终以98.9%的总合格率通过验收并投产；康程与Parasol公司合作投资的康程婴童国际产业园落户湖南省长沙市宁乡经济开发区，项目总投资20亿元，总用地约26.67万米^2，包括康程国际产业园和湖南妇孕婴童配套产业园两大板块，主要生产“倍康”“贝肯熊”“妈妈知了”等品牌婴儿纸尿裤/片、婴儿护理用品以及非织造布、透气膜等产业链上游产品；浙江卫星石化股份有限公司全资子公司嘉兴九宏投资有限公司通过受让和增资持有康程23.56%股权，成为康程第三大股东。

九江华伟卫生用品有限公司的卫生用品项目开工，该项目一期建设3条成人护理垫生产线，年产能2.58亿片，2条成人纸尿裤生产线，年产能8600万片，计划2017年1月建成投产。

佛山西樵镇卫生用品产业集群初步形成，除已有的广东昱升卫生用品实业有限公司、佛山市啟盛卫生用品有限公司等卫生用品企业外，2016年，佛山栢盈无纺布有限公司、佛山市福得佳新型材料科技有限公司、广东金三发科技有限公司、佛山市惠婴乐卫生用品有限公司4家卫生用品及产业链相关企业落户广东佛山西樵镇。

广东茵茵股份有限公司为神舟十一号载人飞船的航天员提供纸尿裤产品，从神舟六号开始，这已是航天员第5次使用茵茵纸尿裤。

(2)婴童渠道优势的婴儿奶粉、婴儿食品企业，杭州贝因美集团有限公司、湖南舒比奇生活用品有限公司发挥母婴产品品牌的连带效应，跨界并高起点进入婴儿纸尿裤行业。2016年，两家企业的婴儿纸尿裤均已投产，并引进进口婴儿纸尿裤设备。

(3)跨国企业在我国市场投资放缓，加大境外原产地的生产，满足消费者进口婴儿纸尿裤产品的需求。由于国内消费者对原产地进口婴儿纸尿裤的青睐，除在建项目外，2016年跨国企业在我国市场无新增投资，采取直接进口、跨境电商或合作的方式进入我国市场。

金佰利公司在天津的纸尿裤生产基地一期完工。该项目建成后将成为金佰利公司全球规模最大、自动化水平最高的专业婴儿及成人护理产品生产基地。

日本制纸Crecia股份公司与山东太阳生活用纸有限公司签订纸尿裤生意战略合作伙伴协议。山东太阳生活用纸有限公司负责日本制纸Crecia的Suyappy(舒芽奇)品牌纸尿裤在我国市场的品牌推广和销售。

跨国企业引进原产日本、韩国等地的高端婴儿纸尿裤产品，顺应我国消费者追逐进口产品的心理。①宝洁公司从日本引进超高端产品系列，特级棉柔纸尿裤——紫帮。②金佰利公司引进韩国原装的好奇夏日透气纸尿裤。③尤妮佳公司引进产自日本的Moony和妈咪宝贝纸尿裤。④花王公司引进日本原产的妙而舒纸尿裤。⑤大王引进日本原产的GOO.N婴儿拉拉裤等高端产品。

2. 适应消费者需求的创新产品不断涌现，高端化趋势延续

(1)卫生巾　透气性成为主要诉求点之一，小众化利基产品是突破口，新型包装满足新生消费者求新求异的心理。①恒安国际集团有限公司推出七

度空间吸血萌宠巾(异形卫生巾)和经期拉拉裤。②杭州余宏卫生用品有限公司开发的“布织布觉”全透气卫生巾，是针对卫生巾结构的革新突破，底层不使用PE膜，在保证不渗漏的前提下，又具有很好的透气性。③丝宝集团推出全新升级的洁婷透气护围日用卫生巾和透气甜睡夜用卫生巾。④维达推出薇尔VIA无湿感透气卫生巾，通过产品包装升级，提升产品形象，并继续以创新的网络营销活动，成功扩大品牌粉丝和核心用户群。轻曲线Libresse也持续了在马来西亚的强劲表现。⑤百亚卫生用品有限公司推出自由点“掌控君”二分之一玲珑掌心包卫生巾，小巧时尚、随时随地自由拿取，便携避免尴尬。⑥天津康乃馨卫生用品厂的医用纱布卫生巾、临沂市尚婷卫生用品有限公司的纯棉针织布卫生巾等都是针对敏感体质消费者设计的小众化产品，有一定市场需求。

(2)婴儿纸尿裤　婴儿纸尿裤轻薄、柔软、超强吸收仍是主打，差异化是研发重点，我国特色的全芯体产品更加成熟。①尤妮佳公司特别为体重在3千克以下的新生宝宝研发了“moony air fit 低体重儿专属纸尿裤”，满足早产儿和低体重儿的特殊需求。②恒安国际集团有限公司开发全新的“特柔小轻芯”纸尿裤产品，采用高性能的材料，定位高端市场，以进口和跨国公司的高端纸尿裤作为核心竞争对手。③杭州千芝雅卫生用品有限公司推出名人宝宝系列真芯薄和双倍吸系列产品，包括双倍吸纸尿裤、双芯虹吸纸尿裤、真芯薄纸尿裤、真芯薄训练裤4大升级新品，具有轻薄、亲肤、柔软、超强吸收力等优异特性。④维达推出嘘嘘乐Sealer成长裤，试销反应理想。⑤康程推出了多层全芯体婴儿纸尿裤，多层全芯体的分层结构，可使SAP添加量提高20%~30%，总添加量可达到400克/米^2，且每层SAP各司其职，解决多次吸收以及总吸收量的问题。⑥江苏咪咔婴童用品有限公司的满优茶卫士成长脱拉裤添加茶多酚、美国哺宝公司的婴儿纸尿裤添加芦荟萃取液、湖南爽洁卫生用品有限公司的爽然婴儿纸尿裤添加了蓝甘菊，护肤功能成为婴儿纸尿裤差异化的特点之一。

(3)成人纸尿裤　成人纸尿裤向经济型、简易型产品发展，以满足价格敏感型消费者的需求，结构改进、抑菌祛味是产品差异化的方向。①维达重新疏理了包大人Dr. P品牌的定位，使其成为添宁TENA旗下专注于中重度失禁护理的子品牌。②天津实骁伟业纸制品有限公司推出永福康系绳式成人纸尿裤。③上海卉丹实业有限公司推出尿湿提醒护理垫。④江苏宝姿实业有限公司推出倍可亲W型双层桥式芯成人纸尿裤。⑤威海颐和成人护理用品有限公司推出颐尔舒成人护理裤，采取壳聚糖纤维，天然抑菌，清爽祛味。⑥芜湖悠派护理用品科技股份有限公司推出了3D立体面料成人纸尿裤，并添加除臭因子。⑦杭州淑洁卫生用品有限公司推出安诗丽雅成人纸尿裤，采用了竹纤维面层，可除菌、祛异味。

(4)湿巾　个人护理用湿巾细分化、天然植物纤维应用于湿巾基材中、可冲散性成为厕用湿巾开发的焦点。①恒安国际集团有限公司推出用途细分化的个人护理用湿巾：哺乳期专用乳房清洁湿巾。采用纯棉水刺布和EDI纯水，铝箔迷你装，出行便携，冷热两敷。针对现在熬夜族、加班族“特困”君越来越多的现象，将冰爽劲凉系列湿巾升级为更强大的WAKE UP提神系列湿巾，配方中加入更多薄荷醇，使用效果更明显。②湿巾基材除以往使用人造纤维、天然棉纤维以外，还应用了大豆纤维、竹纤维等其他天然植物纤维，强调安全、环保理念。如吉林贝洁卫生用品有限公司的大豆纤维婴儿湿巾、竹纤维婴儿湿巾；四平圣雅生活用品有限公司的竹纤维婴儿湿巾；济南卡尼尔科技有限公司的竹炭温泉净肤棉。③功能性湿巾除厨房湿巾和厕用湿巾外，主要集中在皮革护理、汽车清洁等用途。④可冲散性成为厕用湿巾开发的焦点。

(5)内裤型纸尿裤(拉拉裤)　2016年拉拉裤市场继续发展，在统计涵盖的企业中，婴儿纸尿裤和成人纸尿裤的销售量中拉拉裤占比分别达到19.6%和22.9%，分别比2015年增长4.7个百分点和0.7个百分点，且拉拉裤的增长率高于纸尿裤行业平均水平。目前，拉拉裤的主要生产企业有：杭州千芝雅卫生用品有限公司、杭州豪悦实业有限公司、杭州可靠护理用品股份有限公司、爹地宝贝股份有限公司、中天(中国)工业有限公司、婴舒宝(中国)有限公司、福建莆田佳通纸制品有限公司、沈阳般舟纸制品包装有限公司、山东艾丝妮乐卫生用品有限公司、广东昱升卫生用品实业有限公司、广东茵茵股份有限公司、福建新亿发集团有限公司、东莞市常兴纸业有限公司、盈家(珠海保税区)卫生用品有限公司、湖南一朵生活用品有限公司、芜湖悠派护理用品科技股份有限公司、江苏德邦卫生用品有限公司、浙江代喜卫生用品有限公司、鹤山市嘉美诗保健用品有限公司等。

近年来，拉拉裤在婴儿纸尿裤产品中的份额持续扩大，其更换的便捷性和穿着的舒适性得到消费者认可，而训练如厕的功能弱化。产品进一步细分为爬爬裤、乐步裤、运动裤等，根据我国情况，企业还开发了介于胶贴式纸尿裤和拉拉裤之间的可啦裤、脱拉裤。

3. 原材料创新为产品高端化提供助力，国内企业持续投资提高供应能力

(1)高吸收性树脂(SAP) 宜兴丹森科技有限公司与扬州大学合作，推动纳米银抗菌性 SAP 的产业化。将纳米银均匀地结合在 SAP 表面，实现了 SAP 的高效抗菌和成本低廉的双重优势。

万华化学集团股份有限公司第 1 条 SAP 生产线投产，规划产能 3 万吨/年，构建完整的丙烷－丙烯－丙烯酸－SAP 一体化产业链。

浙江卫星石化股份有限公司的 2 号车间正在建设中，规划安装 2 条 SAP 生产线，总产能 6 万吨/年，投产后公司 SAP 总产能达到 9 万吨/年。3 号和 4 号车间各规划安装 2 条生产线，未来 3～5 年公司总产能将达到 21 万吨/年。

巴斯夫公司开发了新型的 HySorb® 和 SAVIVA™ SAP。HySorb® 通过液体在纸尿裤芯体中快速吸收扩散来改善消费者的体验。SAVIVA™ 适用于各种纸尿裤产品，可减少 SAP 及绒毛浆用量，使最终产品更轻薄、使用更少的原材料、减少碳排放。

(2)非织造布 延江新材料有限公司推出更高干爽性的热风布，采用 3D Plus 专利技术提升压花、打孔热风布的干爽性和立体感。创新的 Spool 缠绕收卷方式，在保持产品外观的同时单卷最大长度达到 15000 米，减少换卷次数和接头数量。

必得福无纺布有限公司研发出弹性纺黏非织造布，轻薄、柔软、贴身、透气、不起毛，具有很好的弹性，横向拉伸率在 4 倍以上，纵向拉伸率可达 2.5 倍。

捷恩智(JNC)公司与维顺公司将共同投资，在苏州新建一条聚烯烃双组分纤维生产线，生产 ES 纤维。

广州恩平嘉鑫日用品有限公司与新疆兵团一五〇团签约，年产 6000 吨的全棉水刺非织造布及化妆品项目正式落地新疆。

恒天嘉华非织造布有限公司推出专为卫生用品行业研制的“side by side”纺黏布新品，具有非常好的柔软度。

山东永信非织造材料有限公司的“中国产业用水刺非织造材料研发基地(山东)”获批成立。该公司采用甲壳素等生物质纤维生产非织造布，产品广泛应用于医疗卫生、健康养老等领域。

北京京兰非织造布有限公司将第 5 条平网热风非织造布生产线改造为双梳理生产线，并引进打孔设备。

(3)热熔胶及相关原料 汉高股份有限公司针对卫生巾透气性开发用胶方案：除了透气膜专用背胶系列以外，还推出了通用型的背胶，既可以用在透气膜上，也可以用在非透气膜上。针对纸尿裤柔软性的用胶方案：新一代芯层湿强胶除保持芯层稳定性外，还能使芯层更柔软，改善纸尿裤的手感。

波士胶公司面向亚洲卫材市场发布了全新的智能弹性胶黏剂产品 Brilliance™。这是一款高性能聚烯烃橡筋胶，可应用于婴儿纸尿裤、女性卫生用品和成人失禁护理用品的弹性材料黏接。

富乐公司推出适合难黏基材的定制化结构胶，能显著增强芯体稳定性，使生产商可以尝试更多样化的材料，在提高产品性能的同时控制好用胶成本。该公司开发的弹性热熔胶和吸水性热熔胶也满足了客户的需求。

东莞市成铭胶黏剂有限公司推出彩色热熔胶，为卫生用品的差异化开发提供了更多选择。

佛山南宝高盛高新材料有限公司开发的无压敏性端封胶，保证产品表面无残留黏性，解决了卫生用品在使用中黏皮肤的问题。

长城崛起(福建)新材料科技有限公司的新工厂在莆田建成投产，新设备的投产使产量和品质得以较大提升。

福建省昌德胶业科技有限公司引进台湾枕头包水中成型热熔胶生产线，使品质更稳定、用胶工序更简单、用胶成本更低、减少中间环节污染。

伊士曼化工公司推出了 3 种具有低气味、低 VOC 的新产品：Regalite™ C6100SD，低挥发性纯单体树脂(LV PMR)和 Aerafin™180 聚合物，可广泛应用于卫材、包装、胶带、床垫、过滤器、汽车以及建筑等诸多与人们生活息息相关的领域。

(4)透气膜 山东荣泰新材料科技有限公司引进德国 W&H 吹膜及柔印设备，生产高端透气膜，预计 2017 年年底投产。

(5)包装材料 福建明禾新材料科技有限公司引进了德国 W&H 公司全新柔印设备，车速达 400 米/分，具有节能、高效等特点，可为卫品生产企业提供安全性更高的环保、无异味、残留低的包装印刷材料。

邢台北人印刷有限公司引进德国 W&H 公司高精度控制 9 层高阻隔吹膜机、12 色高精度套凹版印

刷机和高速柔版印刷机，实现膜的轻量化，提高包装材料的安全性。

4. 国产设备水平不断提高，设备制造商致力于产品结构优化、生产效率提升和设备细节改进

国产卫生用品设备的线速度基本都提升至200米/分以上：卫生巾设备速度1000～1600片/分；婴儿纸尿裤设备速度500～800片/分；婴儿拉拉裤设备速度400～500片/分；成人纸尿裤设备速度300～350片/分；单片湿巾设备速度350～400片/分。

(1)卫生巾、纸尿裤相关设备　安庆恒昌机械制造有限公司新研发成功2000片/分卫生巾生产设备，高速、高效、稳定、模块化、智能化在该设备上得到了集中体现。同时，高速无废料弹性大耳贴婴儿纸尿裤设备、环抱式弹性腰围婴儿纸尿裤设备等一系列高速生产线均达到了世界先进水平。

江苏金卫机械设备有限公司推出W型双层桥式芯体成人纸尿裤设备，拥有双层机架结构，将功能区与材料区分开，可生产常规纸尿裤及W型桥式双芯体成人纸尿裤。

三木机械制造实业有限公司开发的“可脱卸式”拉拉裤生产线，为生产企业提供了差异化产品。其零废料T型婴儿纸尿裤生产线可最大限度地为生产企业提供成本优势。

黄山富田精工制造有限公司与浙江代喜卫生用品有限公司共同研发的可啦裤生产线引起业界广泛关注。黄山富田精工制造有限公司还提出了双流程单供料的设备流程方案，采用左、右手机的设备排布方式，两台设备共用一个直角供料系统，提高厂房利用率。该公司还引入了非圆齿轮技术，可以实现材料调距装置的标准化，使得一套调距装置可实现多个系列产品的生产，仅需更换齿轮箱即可，既节省设备成本又缩短产品的改码时间。

依工玳纳特胶黏设备(苏州)有限公司的Vector矢量平台技术，通过精确控制用胶量，稳定输出，帮助生产企业节省原材料。

厦门创佳科技股份有限公司采用专利插角技术，提升预制袋的包装效果，从细节入手提升包装设备的性能。

(2)湿巾设备　陆丰机械(郑州)有限公司推出集合包湿巾手提袋包装设备，生产速度为集合包30包/分，可生产2～6包/袋的集合包湿巾产品，为生产商、消费者提供了更多的选择空间。新研制的高速湿巾黏盖机、湿巾折叠机，在生产速度、运行性和稳定性等方面全面升级，并引入智能制造系统，全面提升湿巾设备的自动化水平。

泉州市创达机械制造有限公司推出全伺服高速单片湿巾机，生产速度可达350～400片/分，是目前国内速度最快的湿巾设备之一，具有自动剔除次品、自动理片等功能。

大昌集团自主研发的全自动折叠包装湿巾机，可生产多种规格的湿巾，产品长宽可调，除市场上常见规格的湿巾外，还可生产迷你包湿巾，折叠后的湿巾大小仅为70毫米×60毫米，如饼干一般的尺寸让消费者更易携带。

郑州智联机械设备有限公司的自动湿巾黏盖机将工业并联机械手与机器视觉技术结合，可代替大量人工重复劳动，提高生产效率。

5. 我国跨境电子商务税收新政实施，跨境电商平台进入规范发展期

线上渠道已成为卫生用品重要销售渠道，企业尝试移动电商、微商等各种新兴模式。

安儿乐、帮宝适、名人宝宝、雀氏等知名品牌与贝贝网签署战略合作协议，贝贝网销售的这些品牌的婴儿纸尿裤产品将由品牌方直供，为消费者提供更可靠、更优质的产品和服务。

在“网红＋直播＋移动电商”模式下，丝宝集团旗下“洁婷美月见”成功转型，以互联网思维打破传统局面。“洁婷美月见”登陆轻松筹平台数日就超额完成众筹金额，广受好评。

天津博真科技有限公司旗下的卫生巾微商品牌月如意以全国代理加盟的形式发展，年销售额达7亿元以上。

互联网纸尿裤品牌小鹿叮叮成为聚划算平台KA商家，双方将进行更加深度的合作。

恒安国际集团有限公司微商城正式上线，扩展了微商领域的新营销布局。微商城销售的产品包含心相印系列生活用纸、七度空间卫生巾、安儿乐纸尿裤等恒安主流产品。恒安集团的微商城取消中间环节，让任何人都可以成为恒安的代理商。

东顺集团股份有限公司以A&S新品尼罗棉奢护巾为排头兵，旗下全品类入驻微阵平台，与微商团强强合作。

跨国企业纷纷与国内电商平台加强合作，为消费者提供更加方便快捷的购物渠道。金佰利公司与苏宁红孩子合作，通过更多渠道推广该公司的中高端纸尿裤。还与聚美优品携手开启境内及跨境业务，包括好奇铂金装纸尿裤在内的旗下全线产品登陆聚美优品。宝洁公司与聚划算达成合作，来自日本、韩国、德国、澳大利亚、美国5个国家的17款个人护理用品等新品在聚划算平台集中上线。日本

花王公司官方旗舰店登陆京东全球购，首先从妙而舒婴儿纸尿裤入手，所有商品均为日本原产地直供。另外，花王公司还与网易考拉海购正式签署合作协议，花王公司官方旗舰店正式亮相网易考拉海购。

6. 越来越多的企业寻求进入资本市场，借以突破企业发展的资金瓶颈

天津依依卫生用品股份有限公司、山东昊月新材料股份有限公司正式挂牌新三板，广东欣涛新材料科技股份有限公司、深圳市嘉美斯科技股份有限公司正式申请新三板。重庆百亚卫生用品股份有限公司申请在深交所中小板上市。厦门延江新材料股份有限公司拟在创业板上市。一朵生活用品有限公司完成D轮股权融资，顺利融资3亿元。泉州市汉威机械制造有限公司积极推进股改工作，计划2017年上市。

五、绒毛浆和高吸收性树脂的供应情况

1. 绒毛浆

据生活用纸委员会估算，2016年我国吸收性卫生用品行业绒毛浆用量约为95万吨，以进口浆为主。2016年国产绒毛浆的数量很少，主要制造商福建腾荣达纸业有限公司BCTMP杉木绒毛浆生产能力4万吨/年。

2. 高吸收性树脂

据生活用纸委员会统计，2016年，我国卫生用品行业高吸收性树脂的用量约为50万吨，我国大陆包括外商独资企业在内的高吸收性树脂生产商的生产能力约为129万吨/年。2016年下半年，丙烯酸价格的大幅上涨，使高吸收性树脂企业成本压力加剧，部分企业处于停产或半停产状态，整个行业的产能利用率不高。虽然成本上涨，但是高吸收性树脂的价格很难及时反映成本，2016年平均价格仍在1万元/吨以下。同时，企业也在积极寻求出口市场和其他用途市场，宜兴丹森科技有限公司有60%的产品出口，诺尔集团、山东昊月新材料股份有限公司、万华化学集团股份有限公司等都有20%左右的产品出口。

企业已宣布的扩产计划如下：泉州邦丽达科技实业有限公司计划将产能扩大至10万吨/年；南京盈丰生物技术有限公司计划2018—2019年新增6万吨/年产能。

六、市场展望

2017年是实施“十三五”规划的重要一年，是供给侧结构性改革的深化之年。就卫生用品行业来说，当前的主要任务仍是优化现有产能结构，提升产品品质，满足消费者多样化、个性化产品需求以及消费升级的需求。

1. 女性卫生用品

未来市场的主要驱动力仍然是产品的高端化、使用频次的提高、城镇化和农民可支配收入的提高造就新的消费者，但也应看到适龄女性（15—49岁）人口的减少等不利因素。

2017年，作为快消品和生活必需品，女性卫生用品市场将维持稳定，随着市场渗透率的提高，增长空间不多。消费者对产品的升级要求主要集中在超薄、透气、隐形等方面。

卫生棉条的市场已经启动，除原有的运动员专业需求外，年轻一代的时尚女性成为主要的消费群体，海外代购是其重要购买渠道。

2. 婴儿纸尿布

2016年是全面二孩政策实施的第一年，我国出生人口总数达到2000年以来最高水平。根据国家统计局发布数据，2016年全年出生人口达到1786万人，比2015年增加131万人。据国家卫生计生委预测，2017年全面二孩政策效应会进一步显现，生育水平稳中有升，出生人口继续保持一定的增长态势。

新生儿数量的增加为纸尿裤市场提供了发展的基础，新一代年轻父母对纸尿裤的接受度普遍较高，而且日均使用片数明显增加，尤其是随着二孩比例的上升，父母们对于纸尿裤更加依赖，这些因素都将促进婴儿纸尿裤市场需求持续走强。

预计今后5～10年，婴儿纸尿裤市场仍将保持较高的增长率。与此同时，激烈的市场竞争将加速行业的洗牌，随着互联网的高速发展，一方面，婴儿纸尿裤市场将不断下沉渗透，消费量在下线城市及农村市场实现快速增长；另一方面，高端消费者的消费升级将带动产品创新和品质升级，薄型化的、舒适贴身、皮肤友好的产品将得到进一步发展。

3. 成人失禁用品

统计公报显示，2016年末，我国60周岁及以上人口23086万人，占总人口的16.7%，比2015年末提高了0.6个百分点。其中，65周岁及以上人口15003万人，占总人口的10.8%，比2015年末提高了0.3个百分点。我国已进入急速老龄化阶段。

2017年2月28日，国务院发布《“十三五”国家

老龄事业发展和养老体系建设规划》，预计到2020年，全国60岁以上老年人口将增加到2.55亿人左右，占总人口比例提升到17.8%左右；高龄老年人将增加到2900万人左右，独居和空巢老年人将增加到1.18亿人左右，老年抚养比将提高到28%左右。社会老龄化形势十分严峻。

同时，规划指出，要增加老年用品供给，支持老年用品制造业创新发展，采用新工艺、新材料、新技术，促进产品升级换代。提升老年用品科技含量，落实相关税收优惠政策，支持老年用品产业领域科技创新与应用项目。

从国际经验来看，形成相当规模的失禁用品消费群体的必要条件是人均GDP达到8000～10000美元，而我国2016年人均GDP达到8865.999美元，已具备市场发展的必要条件。

综合以上因素，今后数年，我国成人失禁用品市场将进入快速增长期。

4. 湿巾

目前，国内湿巾市场仍以婴儿用湿巾、女性（或男性）卫生湿巾、卸妆湿巾等人用湿巾和通用型湿巾为主，厨房湿巾、居家清洁湿巾、擦鞋湿巾、屏幕（手机、电脑等）清洁湿巾、宠物湿巾等品类占比仍然较小。湿巾的基材主要仍是水刺非织造布，近两年，随着人们健康意识的增强，棉纤维、竹纤维等天然纤维在卫生用品上的应用成为一个新的亮点，湿巾也不例外。

在发达国家市场，产业用擦拭巾和医疗行业用擦拭巾是当前重点发展的品类，而在我国这两个专业用途市场还未起步。随着中国制造2025规划的实施，制造业的复苏和升级，产业用擦拭巾将有巨大的潜在需求。而人口老龄化加速造成的医疗护理任务加剧，以及降低医院内感染（HAI）风险的需求不断提升，都将促进医疗行业用擦拭巾的推广。

总体来说，目前国内市场湿巾的普及率总体相对较低，品类也相对较少，可开发的空间很大，市场将持续快速发展。

（孙　静　张玉兰　江曼霞）

2016 年我国包装纸板发展概况

Development of Packaging Paperboard in China in 2016

我国造纸工业近年来一直处于去产能调结构的转型期，作为主要包装材料的包装纸板相对于其他包装材料具有可持续性和成本效益优势。随着下游行业电子商务的高速增长，包装纸板景气度持续上升。企业在节能降耗、保护环境、提高产品质量、提高经济效益等方面加大力度，正朝着高效率、高品质、高效益、低消耗、低排放的现代化大工业方向持续发展，呈现出企业规模化、技术集成化、产品多样化和功能化、生产清洁化、资源节约化和产业全球化发展的趋势。

一、包装纸板市场现状

1. 包装纸板的生产量和消费量

包装纸板主要由白纸板（主要为涂布白纸板和白卡纸）、箱纸板和瓦楞原纸组成，近十年我国包装纸板的生产量、消费量及进出口量见表 1。

表 1 2007—2016 年包装纸板的生产量、消费量及进出口量 单位：万吨

	产品名称	2007 年	2008 年	2009 年	2010 年	2011 年	2012 年	2013 年	2014 年	2015 年	2016 年
生产量	箱纸板	1360	1530	1730	1880	1990	2080	2040	2180	2245	2305
	瓦楞原纸	1340	1520	1715	1870	1980	2020	2015	2155	2225	2270
	白纸板	1050	1120	1150	1250	1340	1390	1360	1395	1400	1405
消费量	箱纸板	1438	1605	1809	1946	2073	2157	2106	2240	2297	2364
	瓦楞原纸	1354	1552	1758	1889	1991	2027	2013	2152	2228	2271
	白纸板	1062	1131	1160	1254	1322	1379	1310	1301	1299	1265
进口量	箱纸板	103	88	85.76	80	93	84	83	86	84	94
	瓦楞原纸	53	45	45.46	24	17	14	7	5	9	8
	白纸板	70	64	71.32	77	79	72	66	64	61	58
出口量	箱纸板	25	13	7.13	14	10	7	17	26	32	35
	瓦楞原纸	39	13	3.18	5	6	7	9	8	6	7
	白纸板	58	53	61.02	73	97	83	116	158	162	198

2. 白纸板

2016 年白纸板生产量 1405 万吨，同比增长 0.36%；消费量 1265 万吨，同比减少 2.62%。2007—2016 年白纸板生产量年均增长率 3.28%，消费量年均增长率 1.96%。2007—2016 年我国白纸板生产量和消费量如图 1 所示。

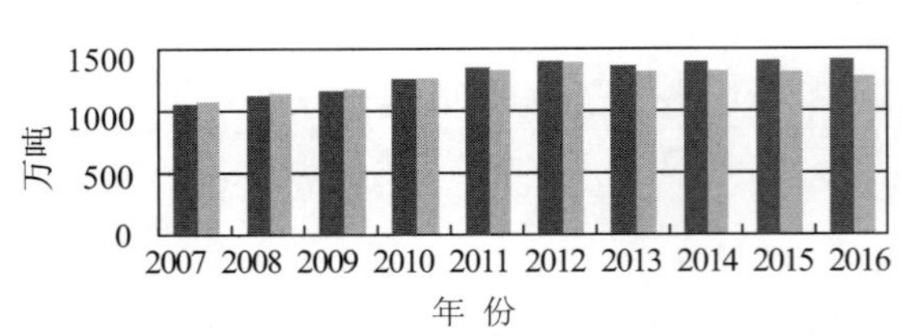

图1 2007—2016年我国白纸板生产量和消费量

■生产量 ■消费量

2016 年白纸板出口量 198 万吨，进口量 58 万吨，净出口量 140 万吨。2007—2016 年我国白纸板

进出口量如图 2 所示。

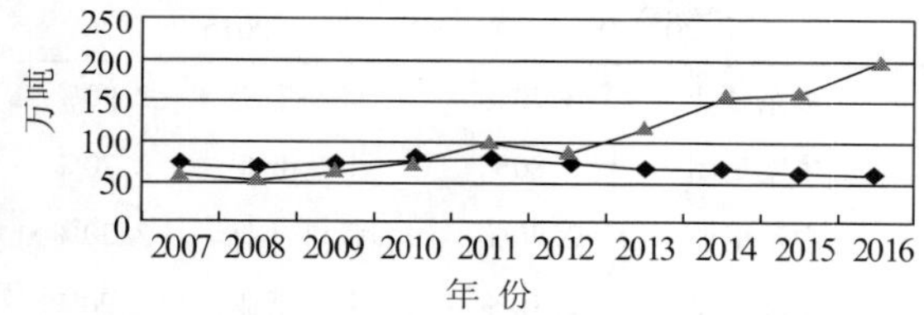

图2　2007—2016年我国白纸板进口量及出口量

—◆—进口量　—▲—出口量

3. 箱纸板

2016 年箱纸板生产量 2305 万吨，同比增长 2.67%；消费量 2364 万吨，同比增长 2.92%。2007—2016 年箱纸板生产量年均增长 6.04%，消费量年均增长 5.68%。2007—2016 年我国箱纸板生产量和消费量如图 3 所示。

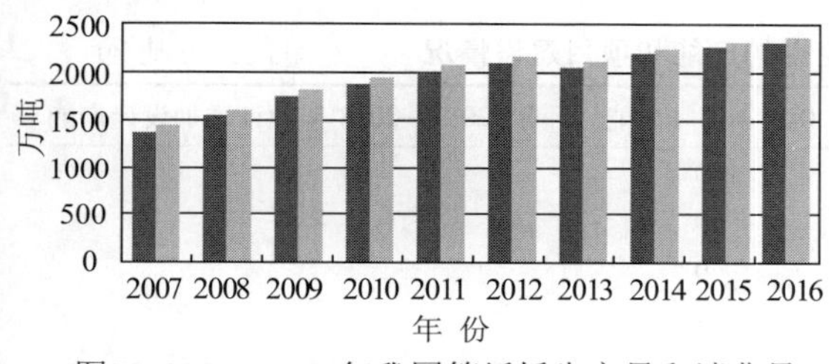

图3　2007—2016年我国箱纸板生产量和消费量

■生产量　■消费量

2016 年箱纸板进口量 94 万吨，出口量 35 万吨，净进口量 59 万吨。2007—2016 年我国箱纸板进出口量如图 4 所示。

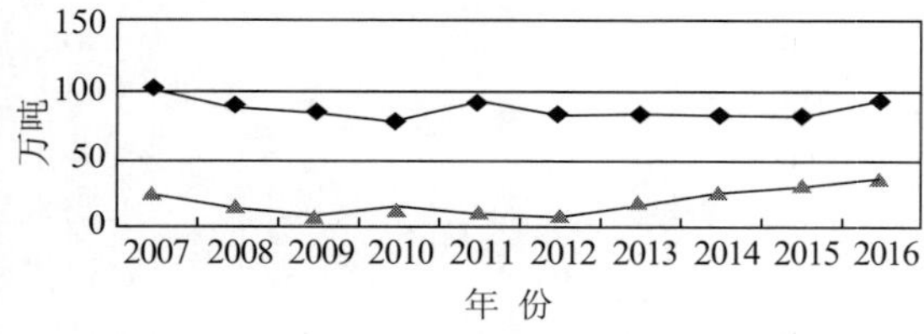

图4　2007—2016年我国箱纸板进口量及出口量

—◆—进口量　—▲—出口量

4. 瓦楞原纸

2016 年瓦楞原纸生产量 2270 万吨，同比增长 2.02%；消费量 2271 万吨，同比增长 1.93%。2007—2016 年瓦楞原纸生产量年均增长 6.03%，消费量年均增长 5.91%。2007—2016 年我国瓦楞原纸生产量和消费量如图 5 所示。

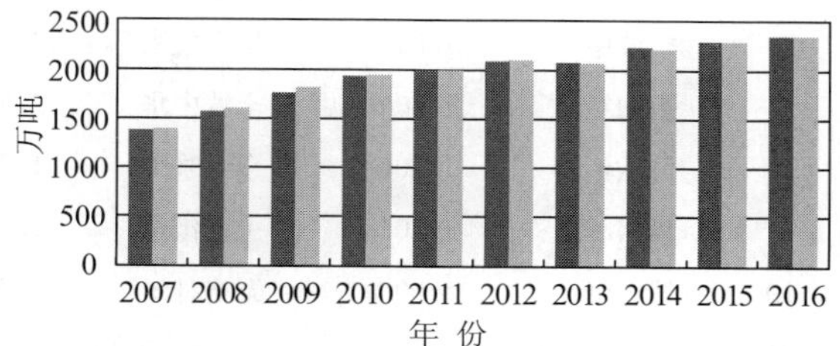

图5　2007—2016年我国瓦楞原纸生产量和消费量

■生产量　■消费量

2016 年我国瓦楞原纸进口量 8 万吨，出口量 7 万吨，净进口量 1 万吨。2007—2016 年我国瓦楞原纸进出口量如图 6 所示。

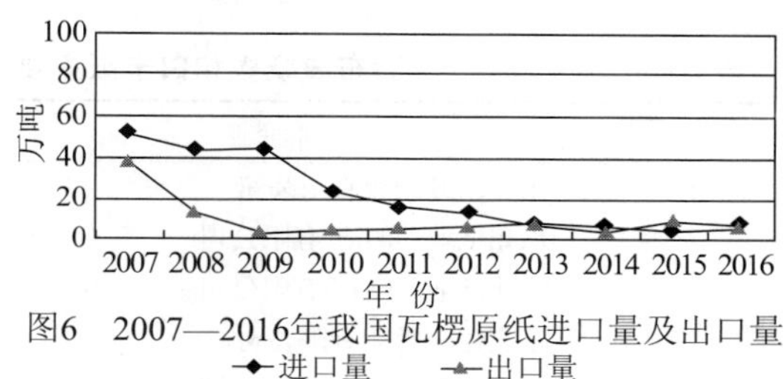

图6　2007—2016年我国瓦楞原纸进口量及出口量

—◆—进口量　—▲—出口量

二、包装纸板主要生产企业产能和集中度

我国造纸企业一直以来都是小而散，据中国造纸协会资料，到 2016 年全国规模以上纸及纸板生产企业约 2757 家，比 2015 年 2791 家减少了 34 家。2016 年重点造纸企业生产量前 30 名总生产量约 6226.31 万吨，占 2016 年全国总生产量 10855 万吨的 57.36%，其中，生产包装纸板的前 3 名企业生产量约 2228 万吨，占全国包装纸板生产量 5980 万吨的 37% 左右，相对其他纸种企业产能的集中度要高。目前我国造纸行业已从分散竞争型（CR8 < 20%）进入低集中竞争型（20% ≤ CR8 < 40%），行业集中度正逐步提升（见表 2）。

表 2　主要造纸企业纸及纸板生产量占总生产量的比例及造纸企业行业集中度

十强	2006 年		2009 年		2012 年		2015 年	
1	玖龙纸业	4.60%	玖龙纸业	10.00%	玖龙纸业	10.50%	玖龙纸业	11.80%
2	晨鸣纸业	3.70%	理文造纸	5.50%	理文造纸	5.50%	理文造纸	6.50%
3	金东纸业	3.20%	晨鸣纸业	4.60%	晨鸣纸业	4.40%	晨鸣纸业	3.90%
4	理文造纸	2.40%	金东纸业	3.50%	太阳纸业	3.90%	太阳纸业	3.20%

续表

十强	2006年		2009年		2012年		2015年	
5	华泰集团	1.90%	太阳纸业	3.40%	金东纸业	3.70%	华泰集团	2.90%
6	宁波中华	1.80%	华泰集团	2.40%	华泰集团	2.80%	山鹰纸业	2.70%
7	太阳纸业	1.80%	宁波中华	2.30%	中冶纸业	2.70%	联盛纸业	2.20%
8	芬欧汇川	1.20%	金海浆纸	1.70%	宁波中华	2.10%	金东纸业	1.90%
9	泰格林纸	1.20%	中冶纸业	1.60%	博汇纸业	1.00%	宁波中华	1.90%
10	博汇纸业	1.00%	泰格林纸	1.40%	金海浆纸	1.60%	中国纸业	1.60%
CR4	13.80%		23.60%		24.90%		25.50%	
CR8	20.60%		33.40%		37.90%		35.20%	

注：CR4(CR8)是指在一个行业中，最大的4(8)家企业的生产量占该行业总生产量的百分比。

1. 白纸板

白纸板(主要为涂布白纸板和白卡纸)主要生产企业的产能和项目建设情况见表3。

表3　涂布白纸板和白卡纸主要生产企业的产能和项目建设情况　单位：万吨/年

序号	生产企业	2016年实际产能	2017—2018年预计增加设计产能
1	东莞玖龙纸业有限公司	150	—
2	玖龙纸业(重庆)有限公司	60	—
3	玖龙纸业(天津)有限公司	60	—
4	东莞建晖纸业有限公司	66	—
5	广东理文造纸有限公司(洪梅)	65	—
6	山东晨鸣纸业集团股份有限公司	165	—
7	山东博汇纸业股份有限公司	70	—
8	江苏博汇纸业股份有限公司	80	100
9	佛山华丰纸业有限公司	30	—
10	山东太阳纸业股份有限公司	140	—
11	广西金桂浆纸业有限公司	100	—
12	宁波中华纸业有限公司	233	—
13	珠海经济特区红塔仁恒纸业有限公司	60	—
14	广州威达高实业有限公司	15	—
15	新乡新亚纸业集团股份有限公司	20	—
16	东莞市金田纸业有限公司	10	—
17	商丘新浩纸业有限责任公司	15	—
18	浙江三星纸业有限公司	20	—
19	浙江永泰纸业集团股份有限公司	44	—
20	四川华侨凤凰纸业有限公司	15	—
21	四川宜宾纸业股份有限公司	30	—
22	联盛纸业(龙海)有限公司	60	—
23	亚太森博(山东)浆纸有限公司	52	—
24	浙江正大纸业有限公司	45	—
25	江门星辉造纸有限公司	30	—
26	山东远通纸业有限公司	20	—
27	江阴新浩纸业有限公司	20	—
28	斯道拉恩索北海林浆纸一体化项目	45	—
	合计	1720	100

表 3 中年产 30 万吨以上的涂布白纸板和白卡纸的主要生产企业拥有约 1585 万吨产能，超过了全国涂布白纸板和白卡纸 1405 万吨的总生产量。加上 2017—2018 年预计增加设计产能 100 万吨，年产 30 万吨以上涂布白纸板和白卡纸的企业将拥有 1685 万吨产能。

2. 箱纸板和瓦楞原纸

箱纸板和瓦楞原纸主要生产企业的产能和项目建设情况见表 4。

表 4　主要生产箱纸板和瓦楞原纸的企业和项目建设情况　　单位：万吨/年

序号	生产企业	2016 年实际产能	2017—2018 年预计增加设计产能
1	玖龙纸业(控股)有限公司	1188	165
2	山东昌乐世纪阳光纸业有限公司	90	—
3	东莞金洲纸业有限公司	70	—
4	东莞建晖纸业有限公司	40	—
5	泰盛集团	434	80
6	东莞银州纸业有限公司	50	—
7	浙江景兴纸业股份有限公司	160	—
8	广东华泰纸业有限公司	40	—
9	江苏长丰造纸有限公司	30	—
10	荣成纸业有限公司	185	165
11	福建省青山纸业股份有限公司	30	—
12	河北昌泰纸业有限公司	50	120
13	永丰余造纸有限公司	95	—
14	漯河银鸽实业集团有限公司	15	—
15	山东晨鸣纸业集团股份有限公司	35	—
16	理文造纸有限公司	560	40
17	东莞市金田纸业有限公司	70	—
18	四川金田纸业有限公司(泸州)	—	20
19	联盛纸业有限公司	165	35
20	河北冀腾纸业有限责任公司	50	—
21	山东晨鸣纸业集团齐河板纸有限责任公司	30	—
22	上海中隆纸业有限公司	39	—
23	河南省龙源纸业股份有限公司	35	20
24	广州万利达纸业有限公司	100	—
25	山东博汇纸业股份有限公司	15	150
26	中山联合鸿兴造纸有限公司	20	—
27	芜湖东泰实业有限公司	17	—
28	山东太阳宏河纸业有限公司	80	80
29	浙江永正纸业集团股份有限公司	80	—
30	山东德州泰鼎新材料科技有限公司	18	—
31	安徽萧县林平纸业有限公司	15	—
32	浙江杭州富亨纸业有限公司	20	—
33	山东邹平天地缘纸业有限公司	20	—
34	黑龙江佳木斯金恒纸业有限公司	15	—
35	河南中峰纸业有限公司	15	—
36	金凤凰纸业有限公司	—	30
37	云南东晟纸业有限公司	20	—
38	江西芦林纸业有限公司	—	70
39	江苏上善纸业有限公司	20	—

续表

序号	生产企业	2016 年实际产能	2017—2018 年预计增加设计产能
40	新疆东盛祥纸业有限公司	—	20
41	江苏誉凯实业有限公司	30	—
42	江苏凯盛纸业有限公司	12	—
43	河北龙达纸业有限公司	12	—
44	河南鸿达纸业有限公司	10	—
45	吉林辽电纸业有限公司	15	—
46	江苏新动力热电纸业有限公司	—	20
47	白山市琦祥纸业有限公司	—	20
	合计	3995	1035

表 4 中年产 30 万吨以上的箱纸板和瓦楞原纸主要生产企业拥有 3736 万吨产能，占全国箱纸板和瓦楞原纸总生产量 4575 万吨的 81.66%。加上 2017—2018 年预计增加设计产能 1035 万吨，年产 30 万吨以上箱纸板和瓦楞原纸的主要生产企业将拥有 4771 万吨产能。

在中小型造纸企业逐步退出后，大型造纸企业凭借技术优势、设备优势与资金优势重拾市场份额，市场集中度将向龙头企业提升。包装纸板价格的常态化与环保标准趋严，行业温和复苏下中小企业难有意愿与能力重回市场增加产能，使新增市场更多被龙头企业瓜分，且环保政策收紧将继续推动去产能，行业集中度将不断提升。

三、包装纸板的比例

包装纸板的生产量和消费量占纸及纸板总生产量及总消费量的比例在逐年增加，已超过总量的 55% 和 56%。随着国内包装行业的不断发展，纸包装制品将会占据更多包装产业市场，包装纸板也将在造纸行业中占据更大的份额。包装纸板的生产量和消费量占纸及纸板总生产量及总消费量的比例见表 5。

表 5 包装纸板生产量和消费量占纸及纸板总生产量及总消费量的比例

年份	生产量/万吨			消费量/万吨		
	纸及纸板	包装纸板	占比/%	纸及纸板	包装纸板	占比/%
2007	7350	3750	51.02	7290	3854	52.87
2008	7980	4170	52.26	7935	4288	54.04
2009	8640	4595	53.18	8569	4727	55.16
2010	9270	5000	53.94	9173	5089	55.48
2011	9930	5310	53.47	9752	5386	55.23
2012	10250	5490	53.56	10048	5563	55.36
2013	10110	5415	53.56	9782	5429	55.50
2014	10470	5730	54.73	10071	5693	56.53
2015	10710	5870	54.80	10352	5824	56.26
2016	10855	5980	55.09	10419	5900	56.63

四、近年包装纸板的价格趋势

近年包装纸板的主要生产商的产品销售价格见图 7 ~ 图 10。从 2016 年 10 月以来，由于原材料、煤炭、运费的价格上涨，对造纸企业形成巨大的成本压力，主要包装纸板的产品销售价格都有所上升，使造纸企业利润趋于常态化。

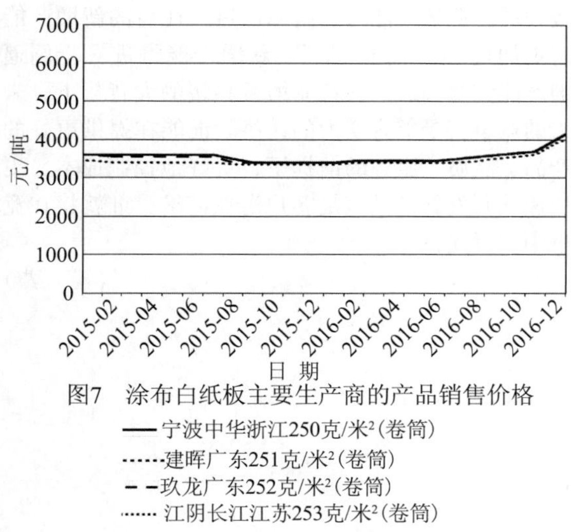

图7　涂布白纸板主要生产商的产品销售价格

—— 宁波中华浙江250克/米²(卷筒)
······ 建晖广东251克/米²(卷筒)
– – 玖龙广东252克/米²(卷筒)
······ 江阴长江江苏253克/米²(卷筒)

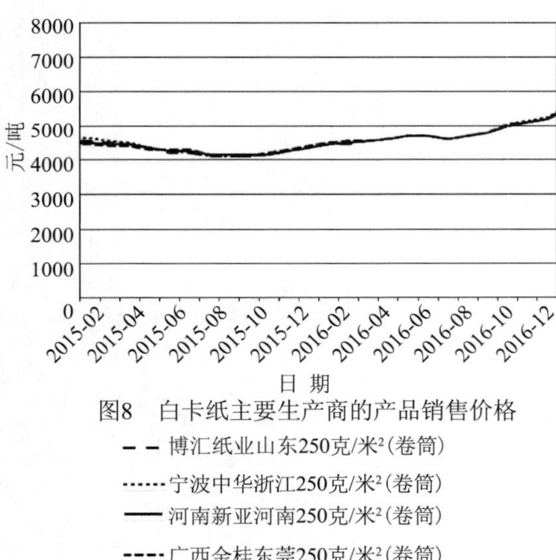

图8　白卡纸主要生产商的产品销售价格

– – 博汇纸业山东250克/米²(卷筒)
······ 宁波中华浙江250克/米²(卷筒)
—— 河南新亚河南250克/米²(卷筒)
- - - 广西金桂东莞250克/米²(卷筒)

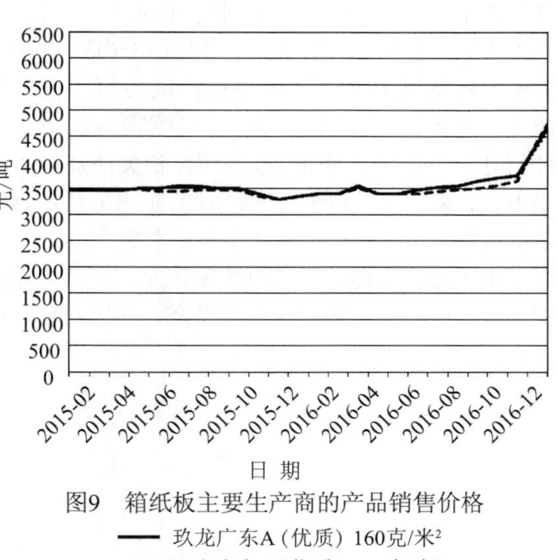

图9　箱纸板主要生产商的产品销售价格

—— 玖龙广东A（优质）160克/米²
······ 理文广东A（优质）160克/米²
- - - 景兴浙江A（优质）160克/米²

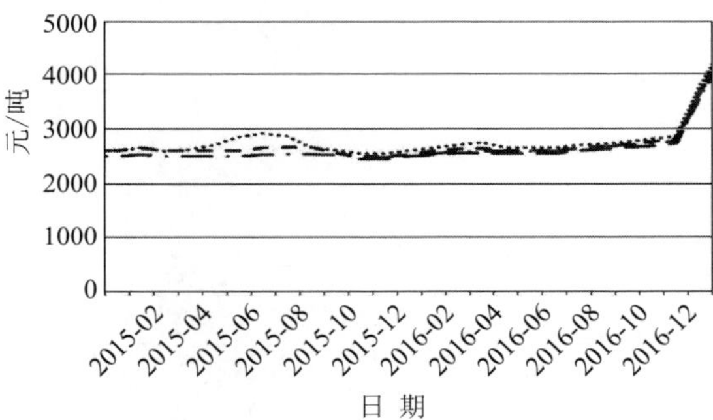

图10　瓦楞原纸主要生产商的产品销售价格

······ 东莞顺裕广东100克/米²
– – 常熟理文江苏100克/米²
—— 山东贵和山东120克/米²
—·– 江苏长丰江苏120克/米²

五、包装纸板市场的特点

从 2016 年包装纸板的生产量和消费量数据可以看出，年产 30 万吨以上的涂布白纸板和白卡纸的主要生产企业拥有的产能已超过了全国涂布白纸板和白卡纸的总生产量，说明开机率不足，市场容量有限；箱纸板和瓦楞原纸的生产量和消费量与 2015 年相比增长了 2% ~3%。同时，2010—2015 年，已有 3731 万吨产能的纸厂因环保要求被政府部门勒令关停。“十三五”期间将再关停 800 万 ~1000 万吨落后造纸产能，主要淘汰的是目前停产的企业或环保不符合要求的企业，约有 100 家以上的企业将关停。相关产能空间的调整及经济发展需求的拉动，包装纸板的生产和消费量会趋稳并小幅增长。

由于原材料、煤炭、运费的价格上涨，环保要求，汇率变化等因素，造成造纸企业生产成本整体上升，对造纸企业形成巨大的成本压力，主要包装纸板的产品销售价格在目前趋于常态化、合理化的基础上，价格将趋于稳定。

包装纸板的品种更趋于低定量、功能化纸板新产品，液体包装纸板、食品包装纸、低定量高强瓦楞原纸等产品，同时信息用纸、国防及通讯特种用纸、农业及医疗特种用纸板都将会有更多的需求。

2016 年作为“十三五”规划开局之年，国家出台了多条严格的环保政策，多数都与造纸行业密切相关。其中，国务院办公厅 2016 年 11 月 21 日印发《控制污染物排放许可制实施方案》；工业和信息化部公布了《工业绿色发展规划》，要求“十三五”纸及纸板综合能耗要再降 10%。2016 年年底，《十三五生态环境保护规划》《环境保护税法》《工业污染源全面达标排放计划》《环保装备制造行业规范条件》《水污染防治法修正案》等环保相关法规政策密集出台，多个涉及造纸行业，对纸业的生产运营和节能减排、治污环保等都产生重要影响。

由于近年来越发严格的环保标准，倒逼企业转型升级，造纸行业集中度有所提高，特别是包装纸板领域。造纸产能增长高峰已过，往后的新增产能将更加重“质”而非“量”，新增产能将进一步倒逼旧产能淘汰升级。在行业增长趋缓的大背景下，未来的竞争将是综合实力的比拼。谁能在提供更好的产品、品质、服务的前提下，更好地控制成本、更快速地开发新产品满足客户潜在需求，谁就将在竞争中占得先机。

（樊　燕）

2016 年我国特种纸产业发展现状及分析

Development Status and Analysis of Specialty Paper in China in 2016

2016 年是"十三五"的开局之年，面对错综复杂的国内外经济环境，国民经济运行缓中趋稳、稳中向好。在这种大环境下，我国特种纸产业随着去产能、调结构及多项环保政策的落地与实施，特种纸产业供给侧出现了一定的收缩，供需矛盾有了一定的改善。但随着煤炭、纸浆等大宗原材料价格及人力成本的不断上涨，我国特种纸产业仍然面临着巨大的压力。

一、产销形势分析

2016 年，随着我国供给侧结构性改革的实施与推进，我国特种纸及纸板生产量实现了平稳上涨，据中国造纸学会特种纸专业委员会(简称"特种纸委员会")的调查统计，2016 年我国特种纸及纸板生产量 635 万吨，同比增长 7.63%；特种纸及纸板生产量占全国纸及纸板总生产量的比例为 5.8%，同比增长了 0.3 个百分点。2007—2016 年我国特种纸及纸板生产量和占全国纸及纸板总生产量的比例见图 1。

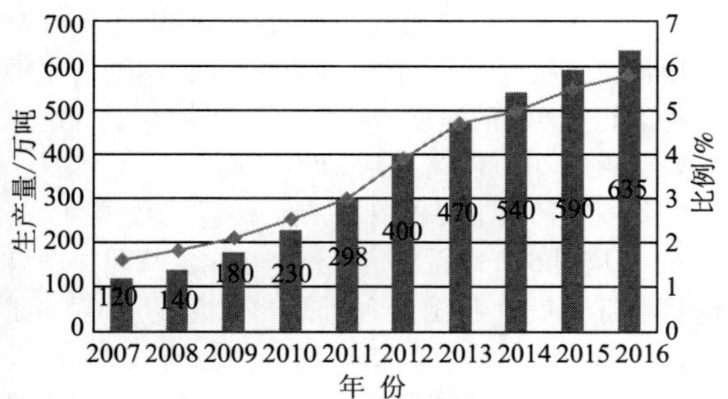

图1　2007—2016年我国特种纸及纸板生产量和占全国纸及纸板总生产量的比例

■ 全国特种纸及纸板生产量
—◆— 特种纸及纸板生产量占全国纸及纸板总生产量的比例

2013—2016 年我国部分特种纸企业开工率和产销率的变化情况见图 2。从图 2 可以看出，我国特种纸产业总体朝着平稳健康的方向发展。2013 年，正处于高速发展的我国特种纸产业掀起投资热潮，一时供过于求、产能过剩问题突出；2014 年以后，我国特种纸企业产能过剩问题仍然明显，但产销率得到了显著好转；2016 年，随着我国造纸行业的整体回暖，我国特种纸产业的生产经营状况也得到改善，据不完全统计，我国特种纸企业的开工率达到 85.6%，产销率达到 101.7%，这表明我国特种纸产能过剩在减小，特种纸产品供不应求已显现。

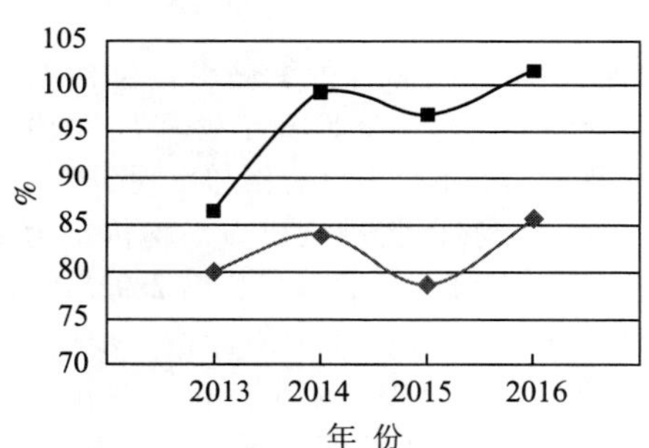

图2　2013—2016年我国部分特种纸企业开工率和产销率变化情况

—◆— 开工率　—■— 产销率

二、"走出去"现状

"走出去"战略是党中央、国务院根据经济全球化新形势和我国国民经济发展内在需求作出的重大决策，也是我国特种纸产业改善产能过剩现状的重要举措。我国特种纸产业贯彻实施了"引进来"的发展战略，积极学习国外特种纸产业先进技术，通过自主研发和合资建厂等途径，使得大多数特种纸产品实现了国产化，部分纸种制造水平已处于世界领先水平。在"走出去"方面，我国特种纸企业还主要以产品输出为主，其他输出以及在国外投资建厂还比较少。

1. 进出口贸易

自2009年开始统计我国特种纸进出口量开始，特种纸产业就已经实现了贸易顺差，出口量快速攀升，进口量平稳下降，至2016年出口量已达到进口量的3.8倍，实现顺差14.8亿美元(见图3)。2016年我国特种纸出口量99.03万吨，同比增长9.67%；进口量26.18万吨，同比下降6.34%。从统计的36类特种纸来看，仅有6类特种纸的进口量超过了出口量，其中，滤纸及纸板、电解电容器纸、半透明玻璃纸及其他高光泽透明或半透明纸的进口量较大。

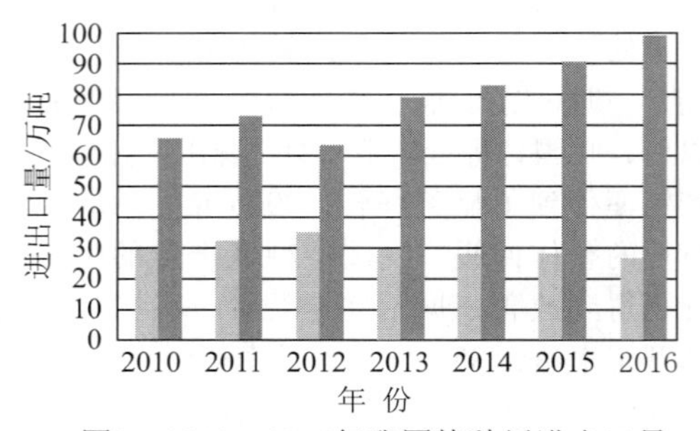

图3 2010—2016年我国特种纸进出口量

进口量 出口量

2010—2016年我国特种纸进出口价格见图4。图4的变化趋势表明，在2016年我国特种纸平均售价出现上涨的情况下，出口价格却出现了较大幅度的下降，2016年我国特种纸出口平均价格为2264美元/吨，同比下降12%；进口价格2892美元/吨，同比上涨2.95%，进出口价格差距进一步拉大。我国特种纸出口价格出现大幅下降可能是由于2016年人民币遭遇对美元汇率贬值所致，但进口价格的上涨将进一步加大我国特种纸需求者的成本压力。

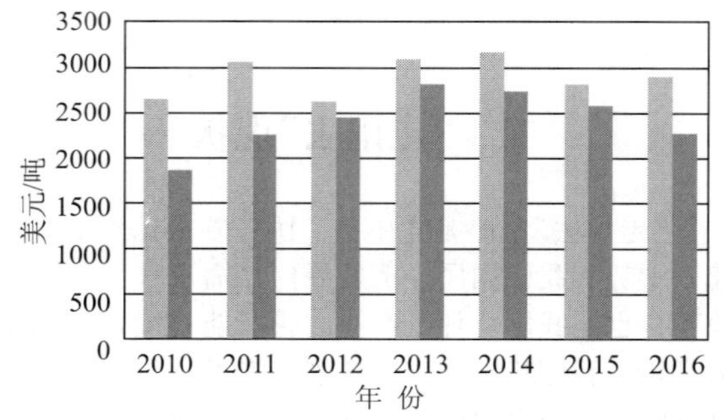

图4 2010—2016年我国特种纸进出口价格

进口价格 出口价格

2. "一带一路"沿线国家特种纸产业分析

"一带一路"为我国企业"走出去"提供了机遇，也为我国制浆造纸工业的发展指明了新的方向，是解决产能过剩、外汇资产过剩的有效途径。"一带一路"沿线国家人口总量巨大，占全球人口总数将近1/2，而人均消费量仅为全球纸及纸板人均消费量平均值的40%，消费量大大高于生产量，具有很大的发展空间。"一带一路"沿线国家纸及纸板消费量较大的国家有印度、印度尼西亚、俄罗斯、泰国、阿联酋、越南、马来西亚、菲律宾和新加坡，其纸及纸板生产量、消费量和人均消费量如图5所示。

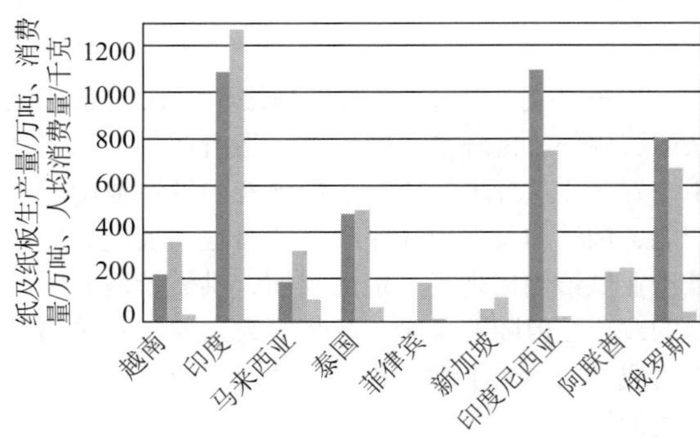

图5 "一带一路"沿线主要国家纸及纸板生产量、消费量和人均消费量

生产量 消费量 人均消费量

从图5可以看出，多数"一带一路"沿线国家纸及纸板的消费量大于生产量，特别是新加坡、菲律宾和阿联酋基本依赖进口，马来西亚、泰国和越南消费量略高于生产量，人均消费量也与全球人均表观消费量(56.6千克)差距不大，俄罗斯和印度尼西亚生产量大于消费量。印度虽然生产量和消费量较其他国家略高，但是由于人口基数较大，人均消费量很低，仅为10千克，具有很大的市场潜力。据印度JK纸业副主席兼董事总经理Singhania先生表示，印度是全球增长最快的纸业市场，印度纸业年增长速度超过7%。预计到2030年，印度纸业每年将以超过4%的速度增长，2020年生产量将达到2000万吨，2030年将达到2700万吨。

我国特种纸主要出口"一带一路"沿线国家(见图6)。从图6可以看出，仅这9个国家从我国进口的特种纸量就占我国特种纸总出口量的31%。此外，伊朗、孟加拉、巴基斯坦等国也有较多进口。除"一带一路"沿线国家外，我国特种纸在全球范围均有出口，其中以日本、韩国、美国较多，个别纸种也出口到加拿大、澳大利亚、英国和巴西等国。这9个国家进口的特种纸量占其本国纸及纸板消费量的比例远大于我国，且从我国进口的特种纸量占很大比例，这表明与我国的特种纸产业相比，这些国家的特种纸产业还相对落后，依赖进口的现象还比较普遍，区位优势和价格优势使得我国成为其特种纸供应的大国。

3. 境外投资现状及分析

我国造纸行业境外项目主要以制浆造纸项目咨询、设计、技术服务和工程总承包为主，已为境外30多个项目进行了服务，制浆造纸设备公司海外投资建厂和设立办事处的较多，但我国造纸企业的境外投资步伐相对较慢，目前主要以①战略资源的境外直接投资；②境外收购企业或合资合作开发项目、设立营销公司及技术产品研发中心；③输出中国技术、在国外建厂。这3种类型的投资如表1所示。我国特种纸企业境外投资的步伐比较滞后，产品的输出主要以代理商为主，境外投资建厂较少。

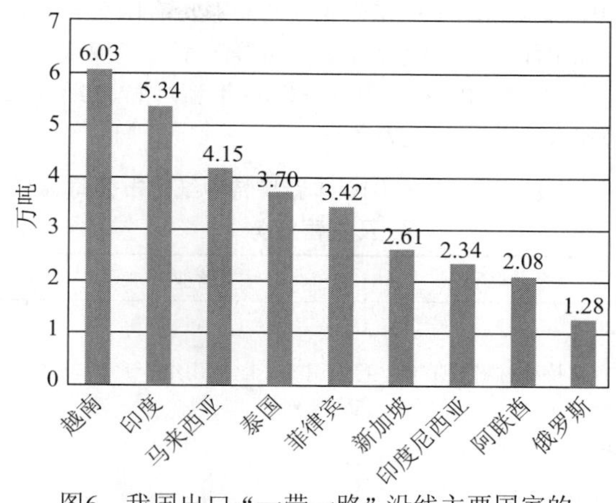

图6　我国出口“一带一路”沿线主要国家的特种纸及纸板量

表1　我国造纸行业境外投资项目

投资类型	公司名称	境外地点	项目
①	山东太阳纸业股份有限公司	老挝 美国	600万株/年育苗生产基地 70万吨/年绒毛浆
	中国纸业投资有限公司	圭亚那	2.6万公顷造林
	宁波亚洲浆纸业有限公司	加拿大	39万吨/年漂白针叶木浆、63万吨/年漂白针叶木浆、52万吨/年漂白化学机械浆
		法国	34万吨/年漂白化学木浆、33万吨/年漂白化学木浆
	中国轻工业对外经济合作公司	莫桑比克 埃塞俄比亚	30万吨/年纸浆 15万吨/年纸浆，11.2万吨/年纸
②	玖龙纸业(控股)有限公司	越南	10万吨/年牛皮卡纸
	理文造纸有限公司	越南	40万吨/年箱纸板
③	山东泉林纸业有限责任公司	美国	非木材制浆造纸和黄腐酸肥料

在企业层面上，随着我国特种纸产业的蓬勃发展，特种纸企业规模不断增大，实力不断增强，境外投资将是消化过剩产能实现利润提升的必然选择。在政策层面上，国家出台了多项政策措施，正在健全外贸、外资、对外投资等涉外法律法规体系，国内金融部门对于境外投资给予了国内信贷、优惠商贷等融资支持，为国内企业“走出去”提供了有力支撑。我国的特种纸企业应抓住机会，优先抢占境外市场。

我国的特种纸企业规模较小，核心竞争力、优秀的管理经验和国际化专业人才相对匮乏，企业要想走出国门首先做好自身准备。纸及纸板的需求量与国民经济发展水平有着密切的正相关性，随着“一带一路”沿线发展中国家经济的发展，纸及纸板的需求量将会猛增，其中表现最迅速的将是文化用纸、箱纸板和生活用纸，作为工业配套的特种纸需求量上涨会相对滞后，特种纸企业应密切关注这些国家的工业进展，对与自己生产纸种相关的大型工业项目应具有敏锐的洞察力，抓住最好的时机进入国外市场。此外，由以上分析可知，印度人口巨大，人均消费量极低，造纸产业在未来几年内将飞速发展，国际纸业集团有限公司、王子制纸株式会社等公司已经优先抢占了印度市场，这也是我国特种纸企业应该关注的焦点。

三、我国特种纸上市公司现状及分析

随着我国特种纸产业的发展，越来越多的特种纸企业选择进入资本市场，2016年特种纸企业上市热度依然不减，在2015年新增7家上市公司后，

2016 年又新增了广东尚鑫新材料股份有限公司、江苏福泰涂布科技股份有限公司等 7 家，特种纸上市公司共达到 19 家。2015—2016 年新增特种纸上市公司及主营业务见表 2。

表 2 2015—2016 年新增特种纸上市公司及主营业务

企业名称	主营业务
2015 年	
万邦特种材料股份有限公司	卷烟用纸、电池用纸、食品包装纸三大系列
浙江大盛新材料股份有限公司	装饰原纸
浙江恒达新材料股份有限公司	医疗包装原纸、食品包装原纸、卷烟配套原纸、工业特种纸原纸
浙江凯丰新材料股份有限公司	烟用接装原纸、不锈钢垫纸、离型原纸、医用包装纸、热敏原纸、美纹原纸
浙江金昌特种纸股份有限公司	转移印花纸、装饰材料原纸、绿色包装纸
浙江特美新材料股份有限公司	水松纸及其他纸制品
浙江爱丽莎环保科技股份有限公司	PVC 墙纸、纯纸、墙纸、无纺纸墙纸
2016 年	
广东尚鑫新材料股份有限公司	离型纸
江苏福泰涂布科技股份有限公司	离型纸
杭州富士达特种材料股份有限公司	低温绝热纸
福建东南艺术纸品股份有限公司	彩色餐巾纸、彩色食品纸容器、薄页纸、其他纸制品
丽水兴昌新材料科技股份有限公司	热封型茶叶滤纸、非热封型茶叶滤纸、热封型咖啡滤纸、蓄电池涂板纸、干燥剂包装纸、口罩纸、灯笼纸、双面胶带原纸、工艺礼品纸
东莞金太阳研磨股份有限公司	砂纸
广东通力定造股份有限公司	特种彩色包装纸

2016 年我国特种纸企业克服环保压力，努力创新发展，整体业绩大有改观。19 家特种纸上市公司的总资产 179. 41 亿元，比 2015 年净增 6. 15 亿元，同比增长 3. 56%；净资产达 118. 41 亿元，比 2015 年增加 5. 76 亿元，同比增长 5. 11%；主营业务收入 104. 13 亿元，比 2015 年增加 10. 39 亿元，同比增长 11. 08%；实现净利润 5. 06 亿元，比 2015 年增长 1. 50 亿元，同比增长 42. 12%。其中净利润同比增长的企业达 11 家。

广东冠豪高新技术股份有限公司、民丰特种纸股份有限公司、浙江凯恩特种材料股份有限公司、齐峰新材料股份有限公司和牡丹江恒丰纸业股份有限公司 5 家特种纸上市公司 2009—2016 年的利润变化情况如图 7 所示。2016 年这 5 家上市公司的净利润触底反弹，同比上涨 40. 5%，均实现了盈利，但盈利能力仍处于近 8 年的较低水平。

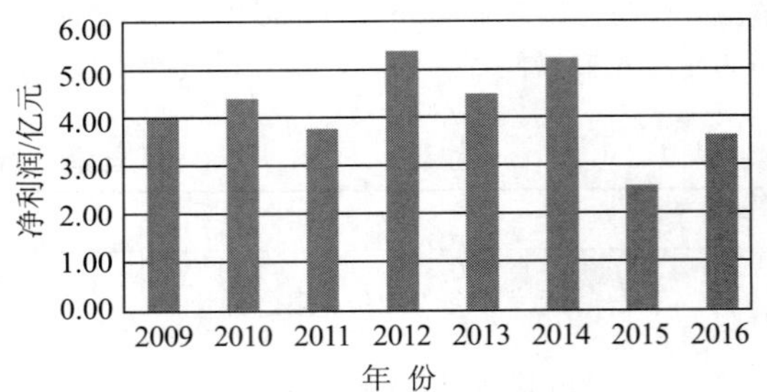

图7 5家特种纸上市公司的利润变化情况

从整体经济环境看，2016 年全球经济增速延续下滑趋势，物价下行压力加大。我国经济仍处在下行筑底阶段，但增速下行的幅度在收窄，缓中趋稳、稳中向好的态势逐步显现。从行业看，2016 年造纸行业生产运行整体情况基本保持平稳态势，产销基本保持平衡；国家环保整治、淘汰过剩产能以及需求增长促使造纸行业供应减少、价格上涨，造纸行业供需关系有所改善，景气度有所提高，但造纸行业仍需求不振，产能过剩问题突出。从细分领域来看，一方面，特种纸企业以中小企业为主，与大型企业相比，严苛的环保压力将大幅提高企业的运行成本；另一方面，特种纸所需要的主要原材料（木浆、化学品等）价格上涨显著，生产成本增加。此外，我国特种纸产业近几年爆发式的增长，行业竞争越来越激烈，同质化竞争仍然显著，虽然纸价略有上涨，但多数产品市场价格还维持在低位运行，严重影响了企业利润率。

从产品来看，特种纸生产技术不断提高，品质不断提升，生产量增速超过需求增速，高端纸种开始挤占低端纸种市场，产品利润率将逐步下降。从企业来看，造纸企业将通过淘汰落后产能、兼并重组或转型升级、走出去等方式促进造纸行业内部环境不断优化，企业集中度将继续增加，利润两极分化将加剧，大企业盈利能力不断增强，小企业盈利能力不断下降。

四、特种纸价格趋势分析

从2016年四季度开始的纸价上涨风潮预示了我国造纸产业可喜的回暖和复苏的现象，10月之后，纸价在经历了多年的沉寂之后迎来了大幅上涨，铜版纸上涨8%，双胶纸上涨4%，白纸板上涨20%，箱纸板和牛卡纸涨幅最大，分别上涨50%和40%左右。据不完全统计，2016年一季度有27家造纸企业上调原纸价格，涨价幅度30～50元/吨；二季度有23家造纸企业上调原纸价格，涨价幅度为50～100元/吨；三季度有47家造纸企业上调原纸价格，涨价幅度为50～200元/吨；四季度截至12月10日，已有116家造纸企业上调原纸价格，涨价幅度为50～700元/吨。

据以上分析，2016年我国特种纸产业已经显现了供不应求的趋势，但特种纸又与大宗纸品有所不同，原料复杂、生产量小、纸种多、下游领域广，因此价格影响因素复杂，对2016年我国主要特种纸生产企业的特种纸价格统计表明，供不应求的市场现状以及大宗纸品价格上涨的氛围，并没有使特种纸产品的价格得到大幅度的提升。从统计的45个纸种2015年和2016年全年的平均售价来看，同比上涨的纸种占42%，同比下降的纸种占44%，价格有涨有降的纸种占14%。统计的18个特种纸生产企业的全年平均单价反而下降了500元左右。从统计的36个纸种2016年年底与年初的单价来看，价格上涨纸种占64%，价格下降纸种占22%，有涨有降的纸种占14%。价格上涨的纸种有：半透明纸、绝缘纸、无纺壁纸、壁纸原纸、育果袋纸、薄页纸、轻型纸、无碳纸、热压垫板纸、离型原纸、胶带原纸、口杯纸、拷贝纸、热转印纸、引线纸、记事原纸、胶水原纸、热敏纸、本色热转印纸、水转印原纸、食品包装纸、覆铜板纸、羊皮纸；价格下降的纸种有：高透成型纸、钢纸绝缘纸板、表层耐磨纸、字典纸、衬纸、防伪纸、玻璃衬纸；价格有涨有降的纸种有：卷烟纸、格拉辛纸、装饰纸、汽车滤纸、不锈钢垫纸。涨价幅度从50～2000元/吨不等，其中以500～1000元/吨的涨价幅度居多，涨价幅度较大的纸种有羊皮纸、无碳纸、热敏纸、无纺壁纸原纸、食品包装纸等。

此轮提价主要来源于成本因素推动和短期产能缩减。对于特种纸来说，由于下游行业分散，相关联性差，虽然也承受着巨大的成本压力，但是却未能快速作出涨价反应，不涨价产品供不应求，涨价客户马上转投他家的现象可能是很多企业的真实写照。这也印证了为何我国特种纸上市公司2016年利润依然在低位徘徊的原因。

五、我国特种纸产业投资情况

近几年，随着特种纸产业集中爆发性投资，特种纸产业面临的产能过剩和产品利润率降低的问题凸显，经过市场的洗礼，从2014年起，我国特种纸产业的投资已逐步从盲目期过渡到审慎期。2016年，随着我国造纸行业的复苏，我国特种纸产业恢复了良好的发展势头，在这种新形势下，我国特种纸产业是应继续完成削减过剩产能、优化产业结构和产品结构等供给侧结构性改革的任务，还是开启新一轮的投资热潮，在新一轮的洗牌中抢占和扩大地盘呢?

2011—2013年我国特种纸产业的投资热潮高，投资企业多、涉及纸种广、新建项目多，2014年虽然还延续了这种势头，但是更多的项目是来自于以大宗纸种为主的大型造纸企业的转型，2015年投资热度明显下降，投资金额、投资项目以及涉及纸种都明显减少。2016年，我国特种纸产业的投资项目数比例略有下降，据不完全统计，我国新建扩建项目中生活用纸项目占比接近38%，包装纸板占比28%，而特种纸仅占15%。

2016年我国特种纸投资情况：①新建项目。据不完全统计，2016年特种纸新建项目共投资60多亿元，新建年产能近70万吨，涉及纸种主要有卷烟纸及配套用纸、食品包装纸、液体包装纸、民族宗教特需用纸、格拉辛纸和转移印花纸等。②在建及投产项目。主要是一些大企业在建大型项目的完成，涉及的纸种主要集中在液体包装纸、食品包装纸、标签纸等需求量较大的产品。③技改项目。主要是为了进一步提高产品品质、拓宽生产线的纸种，以及一些环保改造。④兼并重组。2016年我国特种纸企业兼并重组的步伐明显加快，很多企业选择了这种方式来更好地面对市场的挑战。

我国特种纸企业正逐步从众多小企业遍地开花向个别大中型企业几枝独秀过渡。我国特种纸产业相对起步较晚，很多纸种都是从国外引进，每个纸种突破国产化伊始，都由于其较高的利润率吸引了众多的投资商。随着供需平衡被打破，产品终将走向低利润率，高端产品开始进入中低端市场，从而会有一批企业遭到淘汰，经过市场的洗礼，掌握核心科技的企业通过兼并重组，生产量不断增大，竞争力不断加强，而一些小企业则被迫挤出市场。随着国际化进程的推进，我国特种纸企业自主创新能力不断增强，越来越多的国产特种纸市场都已经趋于成熟，已发展到优胜劣汰的阶段。

2016 年部分特种纸企业的项目投资情况如下：

(1)济南欣易特种纸业有限公司成立　济南金至纸业有限公司、济南银星纸业有限公司、济南鲁丰纸业有限公司、济南晨光纸业有限公司 4 家特种纸企业合并，改名为济南欣易特种纸业有限公司，2015 年下半年，公司正式注册，于 2016 年 1 月开始独立核算。合并后，公司拥有 3 个生产基地，6 条特种纸原纸生产线，2 条羊皮纸加工生产线，年产能约 10000 吨，主要产品为工业及农业、军工羊皮纸，装饰原纸，字典纸及圣经纸，电器绝缘纸。

(2)华泰集团有限公司 10 号纸机升级改造特种纸项目顺利开机投产　2016 年 1 月，华泰集团有限公司 10 号纸机升级改造项目顺利开机，并一次性上浆成功出纸。该条生产线改造投运后，可生产高档双胶纸、微涂纸、无碳复写原纸、淋膜原纸等产品，预计年实现销售收入 7.5 亿元、利税 1.35 亿元。

(3)浙江华丰纸业有限公司年产 6.5 万吨卷烟配套产品生产线项目启动　2016 年 2 月 24 日，浙江华丰纸业有限公司在 PM2 生产线车间二楼举行项目安装工程启动仪式。年产 6.5 万吨卷烟产品配套用纸生产线项目总投资 17.8 亿元，其中，一期投资 10.2 亿元，产能将达到 3.5 万吨，预计可实现销售收入 7 亿元。

(4)芬欧汇川集团常熟 3 号纸机投产　2016 年 4 月 12 日，芬欧汇川集团(UPM)在常熟召开了 3 号纸机开幕仪式，正式宣布其常熟工厂二期增资扩建项目 3 号纸机正式落成。3 号纸机结束试生产阶段，进入正常投产。2012 年，UPM 开始筹建 3 号纸机项目，总耗资 2.77 亿欧元，项目于 2014 年启动，2015 年 8 月厂房封顶，2015 年 12 月进行试生产。3 号纸机年产 36 万吨文化用纸和 17 万吨标签材料。随着 3 号纸机的落成，常熟纸厂每年可为亚太地区乃至全球的客户生产 140 万吨全木浆标签材料和高档纸张。2016 年 9 月 30 日，UPM 亚洲纸业宣布自 2016 年 10 月 1 日起，更名为 UPM 特种纸纸业，新名称突出了该业务领域特种纸和全球化运营的战略重点。

(5)浙江特美新材料股份有限公司投资建设年产 1000 吨烟用接装纸加工生产线技改项目　项目预计投资 1000 万元，新增 1000 吨/年烟用接装纸产能。该项目全部建成后，预计年新增销售收入 3300 万元，新增净利润 485 万元。

(6)冠豪高新技术股份有限公司　冠豪高新技术股份有限公司生产二部对 10 号涂布机进行技改。经过技改，成功提高了 10 号涂布机生产数码印刷纸车速，目前稳定运行车速达到 550 米/分。

公司位于湛江市东海岛的特种纸及涂布纸项目分三期进行投资，一期预计投资 15.41 亿元，建设内容为新建特种纸原纸生产线及涂布纸加工生产线、陆续搬迁公司原所在地 4 条涂布生产线，发展公司特种纸领域的无碳复写纸和热敏纸的主营业务，项目建设周期为 3 年。截至 2016 年 12 月 31 日，搬迁的 4 号、5 号不干胶涂布生产线正在调试中。

浙江平湖不干胶生产基地项目分二期进行投资，一期预算 2.556 亿元，建设内容为 2 条水胶线，生产厚底不干胶、膜类不干胶以及可移除不干胶等特殊不干胶，总建设周期 3 年(一、二期)。截至 2016 年 12 月 31 日，水胶线生产线正在调试中。

(7)年产 10 万吨再生特种纸项目落户湖南城步　2016 年 7 月 14 日，湖南省城步县银河纸业有限责任公司与城步工业集中区签订入园合同，正式进驻城步湘商产业园，建设年产 10 万吨再生特种纸升级扩能及技术改造项目。该项目由城步县银河纸业有限责任公司与长沙客商共同投资建设，总投资 3.23 亿元，占地面积 8 万米^2，以废纸为原料，生产“苗乡”牌民族宗教特需用纸、一体机速印专用纸、烟花爆竹纸、黑卡纸、炸药包装纸等。

(8)山东江河纸业有限责任公司 4400 纸机技改项目　2016 年 8 月 28 日，山东江河纸业有限责任公司 4400 纸机经过为期 2 个月的技术改造顺利投料试运行，成功抄造出了合格的无碳复写原纸，并且运行车速达到了 700 米/分，实现了既定技改目标。

(9)齐峰新材料股份有限公司建设项目　齐峰新材料股份有限公司年产 6.8 万吨高性能环保装饰板材饰面材料建设项目包括 1 条年产 1.8 万吨的高清晰度耐磨材料生产线和 1 条 2640 毫米装饰纸生产线。截至 2016 年 6 月 30 日，年产 1.8 万吨的高清晰度耐磨材料生产线已建成投产。由于装饰纸生产线在项目主体建设过程中，市场需求对产品提出了更高要求，为迎合市场需求，项目预计 2017 年 8 月投产。

2016 年 11 月，齐峰新材料股份有限公司与捷克 PAPCEL(巴赛)造纸机械集团举行签约仪式，就

23号墙纸原纸机的进口部分签署商务合同，预计在2017年9月投产。设备投产后将新增高档墙纸5万吨/年。

（10）浙江恒川新材料有限公司4.2万吨/年特种纸生产线及涂布纸加工项目　浙江恒达新材料股份有限公司于2016年5月签订资产收购协议，以6500万元的价格收购浙江景丰纸业有限公司的土地、厂房及相关设备，并成立全资子公司浙江恒川新材料有限公司，于2016年6月16日完成资产交割。并购完成后，浙江恒川新材料有限公司在2016年7月完成新建年产4.2万吨特种纸生产线及涂布纸加工项目的备案，总投资2亿元、固定资产投资1.5亿元。经过近5个月的技术改造，全新的纸机生产线已经正式投入生产，预计2017年可带来1.5亿元的产值。

（11）仙鹤股份有限公司在建特种纸项目　2016年，仙鹤股份有限公司在建特种纸生产线共7条，其中仙鹤母公司3条，常山项目4条，预计2017年可全部投产。投产后可为仙鹤股份有限公司增加15万吨/年产能。仙鹤股份有限公司年产4万吨数码喷绘热转印纸项目于2016年3月开工建设，2017年1月投产；年产1万吨食品包装原纸、电解电容器纸项目2016年9月开工建设，预计2017年7月建成投产。

常山项目根据发展阶段和社会需要目前注册有4个子公司，分别为浙江哲丰新材料有限公司、浙江哲丰能源发展有限公司、浙江常林特种纸业有限公司、常山哲丰环保科技有限公司，项目总占地面积62.67万米^2，计划总投资30亿元，一期建设投资15亿元，主要生产环保型特种新型材料基纸，并建配套公用热电联厂和公共废水处理厂设施。

浙江常林特种纸业有限公司年产10.8万吨特种纸项目于2015年6月16日正式开工建设，总占地面积14.2万米^2，总投资5.3亿元。一次性设计建设4条造纸生产线，主要生产产品有离型标签用纸和家装饰面用纸等系列特种纸，实际建成规模可达15万吨/年。预计2017年6月，1号、2号、3号纸机3条生产线优先建成，与热电联产项目同步投产；4号纸机生产线预计会推迟3个月投产。

（12）浙江凯丰新材料股份有限公司水松纸项目　2016年上半年，浙江凯丰新材料股份有限公司新建水松原纸特种纸项目启动。该项目投资约1亿元，纸机幅宽2800毫米，车速500米/分，年产能3万吨，预计2017年投产。

（13）山东仁丰特种材料股份有限公司新建特种纸项目　2016年4月，山东仁丰特种材料股份有限公司新建特种纸生产线项目土建工程启动。该项目纸机幅宽3660毫米，设计车速500米/分，年产能3万吨。项目计划投资1.2亿元，预计2017年投产。

（14）江西五星纸业有限公司年产110万吨特种纸项目　江西五星纸业有限公司拟投资28.9亿元，选址于江西省湖口县银砂湾工业园，建设年产110万吨特种纸项目，包括15万吨/年格拉辛纸，15万吨/年转移印花纸，20万吨/年食品卡纸和60万吨/年再生纸。一期建设年产30万吨特种纸和热电厂项目，2016年6月处于土建阶段。

（15）桂林奇峰纸业有限公司特种纸机新增涂布整饰设备项目　2016年5月10日，桂林奇峰纸业有限公司就幅宽2640毫米、车速500米/分特种纸机新增涂布整饰设备与河南大指造纸装备集成工程有限公司签署了项目合作协议。项目历经近10个月的设计、制作、安装、调试等工作，预计于2017年3月验收。

六、特种纸细分品种市场概况

1. 医疗包装纸

目前，灭菌包装的主要包装材料包括医疗级透析纸、淋膜/覆膜纸、特卫强、聚丙烯、聚酯、聚乙烯。医疗器械灭菌包装起源于美国、欧洲等医疗体系较为健全的国家和地区。伴随着市场的逐步成熟以及各项标准的完善，灭菌包装已经成为欧美国家医疗器械包装的基本要求。法国Arjowiggins公司、瑞典BillerudKorsnäs公司、芬兰Ahlstrom公司、美国Dupont公司等是目前全球灭菌包装透析材料的市场主导者。前3家公司主要生产医疗级透析纸，Dupont公司则依靠自己的特卫强产品牢牢占据高端市场。据估计，2015年全球灭菌包装透析材料的市场规模约12.4亿美元，以每年5%左右的速度增长，其中医疗级透析纸市场规模约7.1亿美元。我国医疗器械灭菌包装行业起步晚，截至2015年，我国医疗包装用特种纸市场规模约12.2亿元，其中，透析纸和皱纹纸消费量约5.5万吨，市场规模约6.0亿元，其他还包括用于医用包装的淋膜、覆膜纸等。国内市场参与者主要为美国Dupont公司、法国Arjowiggins公司、瑞典BillerudKorsnäs公司等，这些公司长期占有高端市场的主要份额。国内厂商主要还是在中低市场竞争，但国内企业逐渐成长，部分企业逐渐开发出性能接近国外产品标准的透析纸，市场份额逐步提高。目前，我国医疗器械灭菌包装纸企业大多是从食品包装纸、卷烟纸等领域转换过来，产业发展时间短，市场分散，质量保证低，重复低端产品多，随着人口老龄化，慢性病发病率提升和居民医疗健康意识的增强，医疗器械及其包装需求将继续增加，灭菌包装透析纸未来潜在市场广阔。2008—2015 年我国医疗包装纸的市场规模见图 8。2011—2015 年我国医用透析纸、皱纹纸的消费量见图 9。

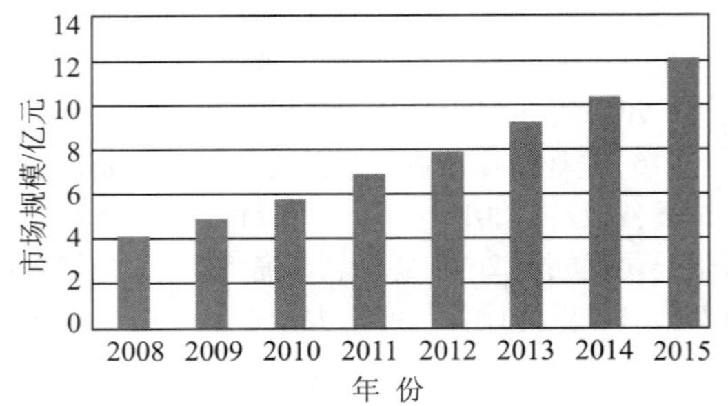

图8 我国医疗包装纸市场规模

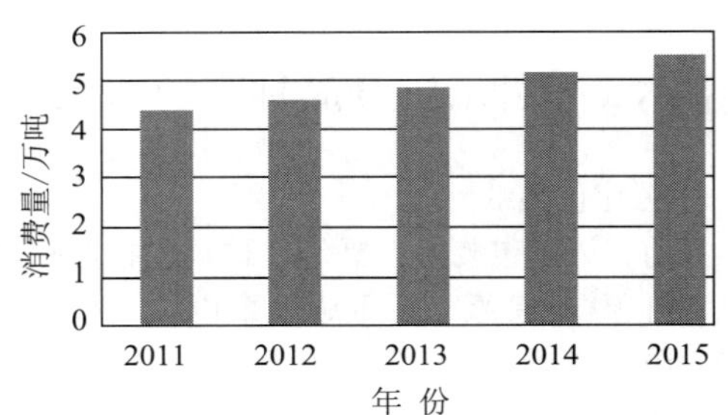

图9 我国医用透析纸、皱纹纸消费量

2. 装饰原纸

装饰原纸是一种以优质木浆和钛白粉为主要原料，经特殊工艺加工而成的工业用特种纸，经印刷、三聚氰胺树脂浸胶后，主要用于纤维板、刨花板等人造板的护面层纸、面层用纸和底层用纸。装饰原纸按照应用特性及用途，分为素色装饰原纸、可印刷装饰原纸、表层耐磨原纸、平衡原纸、封边带原纸。我国装饰原纸生产企业约 30 家，主要集中在山东省、浙江省等地，其中，主要生产企业有齐峰新材料股份有限公司、浙江夏王纸业有限公司、山东鲁南新材料股份有限公司、杭州华锦特种纸有限公司、山东群星纸业有限公司、浙江大盛新材料股份有限公司、枣庄市天龙纸业有限公司等。

近几年，我国装饰原纸的销售量如图 10 所示。2016 年我国装饰原纸销售量约 92 万吨，同比增长 15.58%。其中，素色纸 27.6 万吨，同比增长 15.97%；印刷用原纸 57.3 万吨，同比增长 16.94%；平衡纸 5.1 万吨，同比增长 2%；表层纸 2 万吨，同比增长 11.11%。

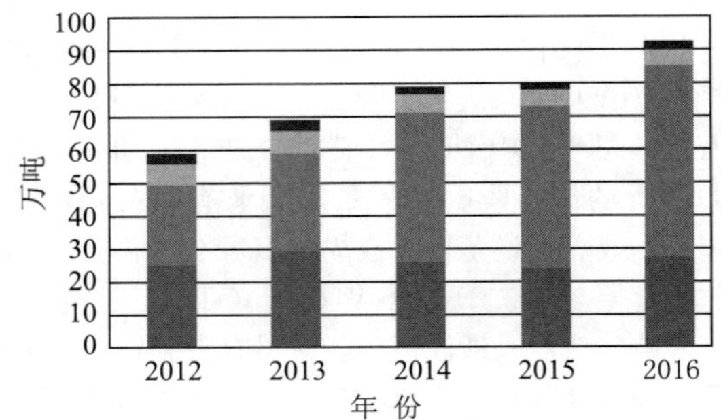

图10 2012—2016年我国装饰原纸的销售量

■ 素色装饰原纸 ■ 印刷装饰原纸 ■ 平衡纸 ■ 表层纸

注：数据来源于中国林产工业协会装饰纸专业委员会。

3. 壁纸

据中国建筑装饰装修材料协会壁纸分会统计，2016 年我国壁纸供应量约 3.28 亿卷，比 2015 年的 2.44 亿卷增长 0.84 亿卷，如图 11 所示。根据估算，壁纸行业年产能约为 15 亿卷，而国内壁纸市场供应总量（含进口）仅为 3.28 亿卷，产能严重过剩是显而易见的。此外，2016 年纺织面墙布生产量约 18000 万米^2（合 0.36 亿卷），比 2015 年增长 5 倍多。据统计，2016 年壁纸销售量为 2.08 亿卷，纺织面墙布销售量 9000 万米^2（合 0.18 亿卷）。

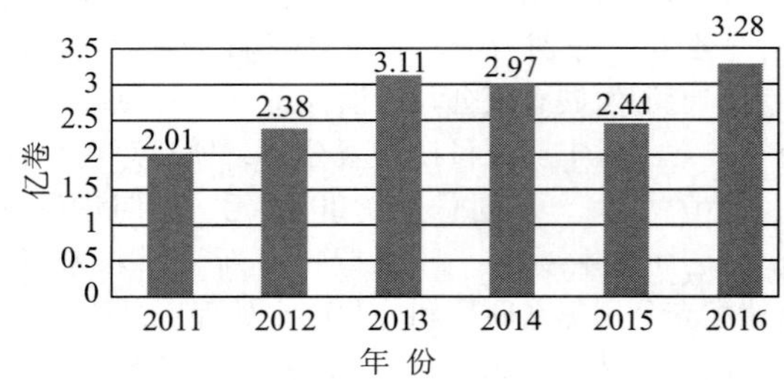

图11 2011—2016年我国壁纸市场供应量

注：数据来源于中国建筑装饰装修材料协会壁纸分会。

从资产结构上分析，2016 年壁纸行业流动资产率总体略有下降，这是由于行业产品具有很高的同质化，企业要想在竞争激烈的市场上吸引消费者，必须使自己的产品脱颖而出，所以企业投入大量资本用于无形资产，非流动资产率提高导致流动资产下降。

从行业经营效益分析，近年由于企业间产品同质化、低价劣质竞争，使墙纸墙布产品代工价格进入低位运行，造成企业无底线价格竞争的行业乱象，壁纸行业整体利润同比下降 50%，行业盈利能力显著下降。

2016 年，全国壁纸原纸供应量约 20.22 万吨，比 2015 年的 15.65 万吨增长了 29%（见图 12）。其中，国产纸基壁纸原纸供应量 3.2 万吨，比 2015 年减少 3.7 万吨，国产无纺壁纸原纸 16.51 万吨，比 2015 年增加 8.26 万吨，进口壁纸原纸约 0.513 万吨。2016 年我国壁纸原纸供应量在经历了连续 3 年的持续下降后终于出现了大幅增长，并达到了近 6 年来的新高，特别值得注意的是我国壁纸原纸的产品结构出现了很大的变化，纸基壁纸原纸呈现断崖式下跌，无纺壁纸原纸呈现成倍增长。

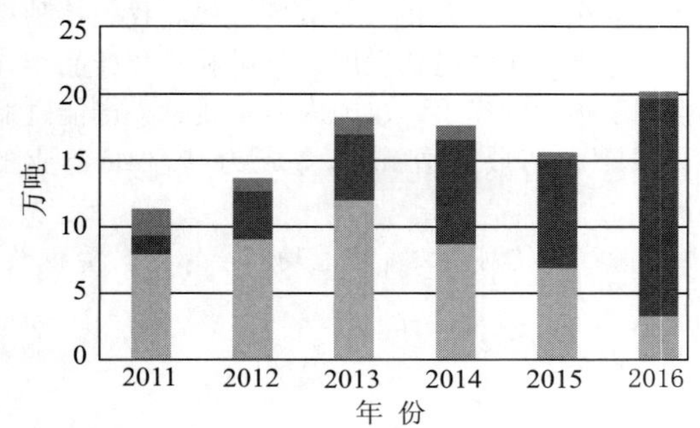

图12　2011—2016年我国壁纸原纸供应量

■ 国产木浆纸　■ 国产无纺纸基　■ 其他

注：数据来源于中国建筑装饰装修材料协会壁纸分会。

七、国际特种纸行业市场概况及主要动态

1. 国际特种纸行业市场概况

据 Smithers Pira 最新的市场报告显示，2016 年全球特种纸生产量为 2370 万吨，预计 2017 年将增长 1.91% 达到 2420 万吨，未来 5 年将以每年 2.2% 的速率增长，至 2020 年生产量将增加至 2700 万吨。由于 Smithers Pira 对整个特种纸市场的范畴作出了调整，因此 2016 年的数据相比 2015 年有了大幅的下降，但其对整个市场未来的增长趋势还是作出了相同的判断，全球特种纸行业仍将以较快的速度增长。

2. 国际特种纸行业主要动态

(1) Appvion 公司向位于巴尔的摩的私人投资公司——Sherman Capital Holdings 有限公司的子公司出售其 Encapsys 微胶囊部门，售价为 2.08 亿美元，Encapsys 将继续生产并向 Appvion 公司提供微胶囊。微胶囊是 Appvion 公司生产无碳复写纸的重要原料。Appvion 公司推出了新品牌、新颜色和新定量的彩色纸系列产品——kaBoom，该产品采用染色而非着色工艺，具有丰富而均匀的颜色以及良好的印刷性能和出色的表现。

(2) Poyry 公司在印度尼西亚 Riau 省 Pangkalan Kerinci 工厂新建的高档数码纸生产线项目于 2016 年三季度开工。

(3) Reflex 公司旗下位于德国 Duren 纸厂的 4 号纸机完成升级改造，并顺利开机。改造后，该纸机将生产定量为 50～220 克/米^2 的优质半透明纸。

(4) Verson 集团推出 GlazeGuard 系列产品，即应用于餐饮行业的未涂布低定量防油纸，专为柔性包装应用设计。该产品防油等级从 KIT5 到 KIT8，具有优异的运行性能和加工性能，不含 PFOA。

(5) Expera 公司宣布，推出 Servera® FluoroFree 食品级防油纸。这种防油纸是无氟化物纸张的最高水平，具有可回收、环保和原料可取性，并具有成本优势，可用漂白浆和未漂白浆生产。除了全方位的防油性能，该产品还具有一定的湿强度（暂时性的到永久性的）和防黏性能，以及烘烤、微波炉和快速烤箱中使用时的耐热性和耐碳化性等特点。

(6) Sappi 北美公司宣布与 Sharklet 科技有限公司签订一项独家的全球许可协议，主要内容为生产和销售包含突破性科技的具有 Sharklet 微观结构的铸涂离型纸。这款产品是 Sappi 公司新一代 Neoterix 系列产品中第一款产品。这种铸涂离型纸的创新性体现在纸张表面无需使用有毒添加剂或化学品就可抑制细菌生长。次微观结构的灵感来自仿生学，是受到了鲨鱼皮肤纹理的启发。鲨鱼的皮肤具有独特的纹理和图案，可自然减缓藤壶和藻类的生长。Neoterix 是作为涂布织物和层压板的模具。它被用于将纹理和光泽转移到目标物表面，然后剥离。Sappi 开发了一项新技术，以微米级保真度将微观结构转移到离型纸上，因此制造商现在可以将 Sharklet 微型图文及其抗微生物特性一起转移到新产品表面上。

八、我国特种纸行业发展趋势分析及预测

1. 兼并重组、跨界发展多

近年来，随着产能投放过多过快、经济增速下滑以及严苛的环保压力，全球特种纸企业越来越频繁的通过兼并重组来不断优化内部环境、提高外部抗风险能力。不论是发达国家还是发展中国家，都有很多特种纸生产企业通过兼并重组变更了所有权，并通过兼并进一步整合了拥有相同消费群体的

特种纸生产企业。国外有奥斯龙公司和明斯克公司的合并，国内有仙鹤股份有限公司收购浙江金达纸业有限公司，浙江恒达新材料股份有限公司收购浙江景丰纸业有限公司。通过兼并重组，企业集中度将继续增加、环境友好度将进一步提升，从而导致企业利润两极分化，优势企业盈利能力不断增强，促进产业优胜劣汰。

2. 造纸资产持续向特种纸产品转移

随着诸如 UPM 等大公司向特种纸产业进军，造纸资产将持续向特种纸产品转移，特种纸在造纸行业所占比例将逐步增加，这也必将导致产品利润率下降。

3. 涨价风潮延续

涨价风潮相对大宗纸品滞后的特种纸产业，预计 2017 年价格将持续上涨，其中热敏纸、无碳纸、食品包装纸是涨价的热点。

4. 特种纸潜在市场将逐渐被发掘

国家经济的持续发展，国内需求不断扩大，作为工业大国的我国对于特种纸的市场需求不断扩大，随着科学技术的不断创新，国内特种纸行业将会出现越来越多的细分品种，特种纸的潜在市场将会逐渐地被发掘，纸张将获得新的终端用途。

5. 走向国际，海外投资萌发

从全球的发展来看，特种纸的需求以及越来越多的生产量正在从成熟的北美和西欧市场向正处于发展中的东欧、亚太和南美市场转移。我国特种纸产业经过近几年的迅猛发展，公司规模和产品结构都得到了很大的完善，在国内需求疲软、产能过剩的背景下，拓展海外市场将成为特种纸企业的共识。

（刘　文　曾慧均　李　政　贯程瑛）

溶解浆市场回顾与展望

Review and Outlook of Dissolving Pulp Market

一、溶解浆市场回顾

2016年全球溶解浆年生产能力800余万吨，生产量600余万吨，装备利用率80%左右，其中，我国装备利用率89.4%。从全球浆粕供应分布来看，占据前5位的国家为：中国、美国、南非、加拿大、巴西（见图1）。

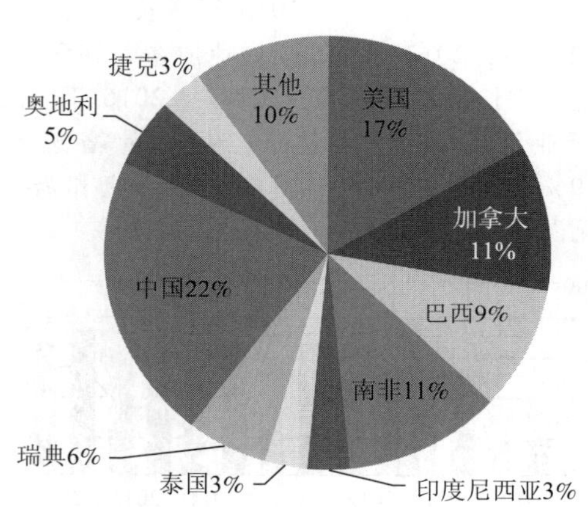

图1　全球溶解浆生产能力分布情况

（一）国内溶解浆市场回顾

根据中纤网（CCFEI）统计数据及预测，2016年国内溶解浆生产量为98万吨，2015—2016年改性浆增量明显，生产量达到55万吨。2016年溶解浆进口量225万吨，是近十年来首次出现同比增长停滞的一年。表1为2011—2016年国内浆粕供应情况。

表1　2011—2016年国内浆粕供应情况　　单位：万吨

	2011年	2012年	2013年	2014年	2015年	2016年
棉浆生产量	90	44	75	67	58	46
国内溶解浆生产量	16	62	80	60	55	98
竹浆和改性浆生产量	38	12	6	8	9	55
溶解浆进口量	115	157	180	209	225	225
黏胶领域用量	105	140	160	192	208	174

1. 国内溶解浆生产情况

2016年国内溶解浆生产能力109.6万吨，占世界生产能力的13.7%。山东太阳纸业股份有限公司20万吨/年新产能在2016年完全释放、四川银鸽竹浆纸业有限公司5万吨/年竹子溶解浆项目试生产，这都使得2016年溶解浆生产量较2015年大幅增加。国内溶解浆厂除了常规检修，多维持满负荷运行，甚至超负荷运行，国内溶解浆厂库存维持低位运行。

2016年，受黏胶短纤市场景气度高以及溶解浆与棉浆紧缺的影响，部分棉浆厂将造纸改为制浆生产线，2016年纸改浆生产量约55万吨。虽部分工厂“专利维权”态度坚决，但仍不能改变部分棉浆企业扎堆生产纸改浆的热情。2016年国内溶解浆装备情况见表2。

2. 国内溶解浆市场需求情况

从溶解浆需求结构来看：进口溶解浆的5%～10%用于特种领域；国产溶解浆2016年实现扭亏为盈，需求旺盛，多以黏胶用浆为主。棉浆厂家经营难度较大，部分在差别化生产寻求突破，但技术改造仍有较大壁垒，国内特种浆依旧以“雪龙”和“银鹰”为主。

表 2 2016 年国内溶解浆装备情况

企业	生产能力/万吨	检修动态
延边石岘白麓纸业股份有限公司	10.0	长期半负荷运行，月生产量不足 4000 吨
福建青山纸业股份有限公司	9.6	4 月例行检修，8 月上旬检修为期一周
山东太阳纸业股份有限公司(新)	20.0	8 月中旬新厂设备出现故障，进行为期 5 ~7 天的抢修
山东太阳纸业股份有限公司(老)	30.0	10 月 21 日至 11 月 14 日，老厂停车检修
湖南骏泰浆纸有限责任公司	30.0	10 月中下旬短期设备维护，影响生产量 5000 吨
安徽华泰林浆纸股份有限公司	10.0	7 月检修半个月，后生产调试

从总体需求来看：2010—2016 年黏胶纤维生产量年均增速 11.7%，2013 年增长率处于高位(＞20%)，2013—2015 年增速放缓，在 2014 年出现负增长，增长率为 -2.1%。2016 年黏胶纤维行业装备利用率走高，生产量增速升至 11.9%。2010—2016 年国内浆粕供应和需求情况见图 2。

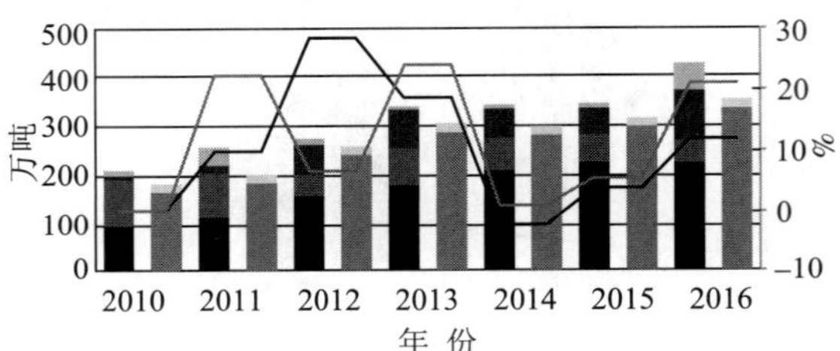

图2 2010—2016年国内浆粕供应和需求情况

■溶解浆进口量 ■棉浆生产量 ■国产溶解浆生产量 ■竹浆及改性浆生产量 ■黏胶短纤生产量 ■黏胶长丝生产量 —黏胶纤维生产量增速 — 浆粕供应量增速

2010—2013 年浆粕供应量年均增速在 17.6%，2014—2015 年增速放缓，2016 年国产溶解浆、改性浆增量明显，浆粕供应增速重回 21% 高位。

从生产量来看，2016 年重回高速增长态势，供需基本匹配。国产溶解浆、黏胶行业产能利用率得到很大程度提升。

3. 国内溶解浆市场价格走势回顾

2016 年国内溶解浆内盘行情冲高回落，一季度价格维持横盘整理，三季度起受黏胶短纤行情带动，价格大幅走强，四季度价格高台跳水。国产溶解浆价格最低位出现在 2 月，为 6680 元/吨，最高位在 10 月末，为 8700 元/吨，12 月末价格回落至 7800 元/吨。2015—2016 年棉浆、国产溶解浆价格走势见图 3。

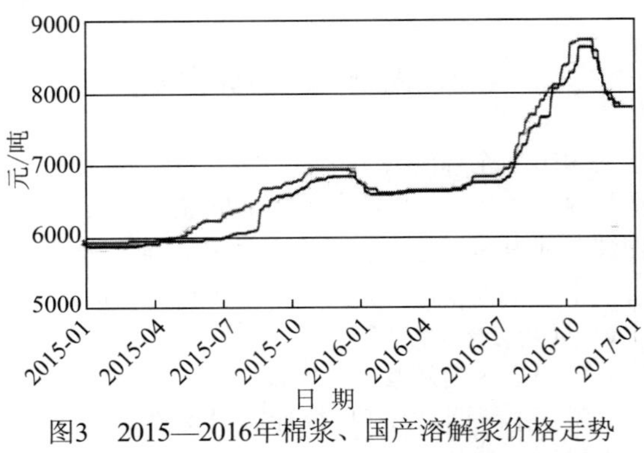

图3 2015—2016年棉浆、国产溶解浆价格走势

— 华东棉浆 — 溶解浆内盘

2016 年国内溶解浆市场价格大致运行如下：受黏胶短纤行情低迷影响，1 月国产溶解浆商谈成交价在 6650 ~6700 元/吨。春节长假后，随着黏胶短纤行情好转，国产溶解浆价格振荡上行，报价上调至 6700 ~6750 元/吨。随后 3—5 月价格进入平台整理期，国产溶解浆价格保持在 6700 元/吨水平。5 月黏胶短纤再度进入上涨通道，国产溶解浆价格再度跟进上涨。浆厂报价多有 100 ~200 元/吨拉涨，国产溶解浆价格 6800 ~7000 元/吨。7 月黏胶短纤价格强势走强，浆价再度进入上涨通道。国产溶解浆连番报涨至 10 月末，价格涨至年内峰值 8700 元/吨。11 月黏胶短纤高位回调大幅走低，国产溶解浆价格经过短期僵持后随着走低，高台跳水，整个 11 月成交都表现僵持，12 月实盘成交价格最终落在 7800 元/吨附近。

(二)溶解浆市场国外产销情况

2016 年，由于我国黏胶短纤行情景气度提升，国外溶解浆生产负荷率在高位运行，同时我国国内羧甲基纤维素(CMC)以及微晶纤维素(MCC)企业有所增加，原先受我国溶解浆反倾销影响的部分美国、加拿大装备因特种浆需求较多，也间歇恢复了生产。总体来看，2016 年全球溶解浆开工率与 2015 年相差不大。价格方面，全球溶解浆的定价仍主要取决于下游黏胶短纤、CMC、MCC 等产品的价格运行而出现波动。

1. 国外溶解浆生产情况

2016 年全球溶解浆企业开工情况大致如下：南非 SAPPI 浆厂 3—4 月、巴西 Bahia 浆厂 2—3 月、日本王子浆厂 4 月都进行了例行检修。下半年 SAPPI 浆厂、印度尼西亚 TOBA 工厂生产量不足；泰国凤凰工厂三季度生产不稳定；奥地利哈林工厂因特种浆热销三季度转产部分特种浆，减少了常规黏胶浆生产量。

泰国 DOUBEL A 公司、加拿大 Neucel 公司因行情或反倾销原因继续保持停车或阶段性生产。美国 Rayonier 公司、美国 GP 公司、惠好公司则开发了 CMC、CMCC、醋酸纤维用浆粕逐步走出了反倾销阴霾，生产逐渐恢复。西班牙 SNIACE 公司关停 3 年后于 2016 年四季度重启恢复正常生产。2016 年国外溶解浆新增产能见表 3。

表 3　2016 年国外溶解浆新增产能

企业	国家	产能/（万吨/年）	时间	状态
SNIACE 公司	西班牙	6.6	2016 年四季度	重启
Jari 公司	巴西	24.0	2016-02	转产

2. 我国溶解浆市场进口情况

从进口总量来看，2016 年我国进口溶解浆 225 万吨，全年进口溶解浆均价 940 美元/吨，比 2015 年的 907 美元/吨有明显上涨。2015—2016 年溶解浆进口月度情况见图 4。

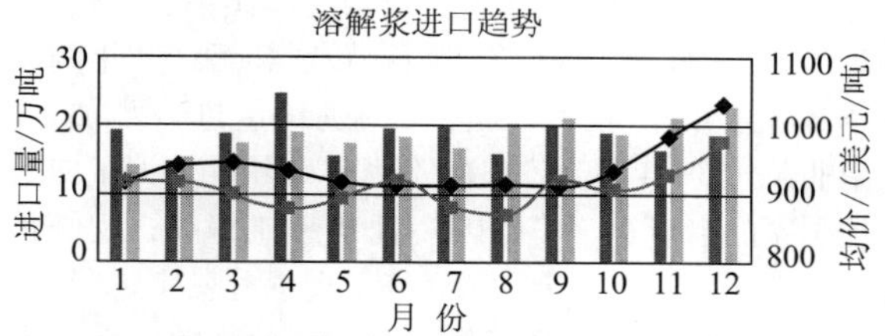

图4　2015—2016年溶解浆进口月度情况

■ 2015年进口量　■ 2016年进口量　—■— 2015年均价　—◆— 2016年均价

2016 年我国溶解浆单月平均进口量为 18.7 万吨，比 2015 年有所萎缩，这主要是因为我国的黏胶短纤在 2016 年非正常停工较多，同时山东太阳纸业股份有限公司的 20 万吨溶解浆产能释放后，也客观上占据了部分市场容量。其中，2016 年 6 月溶解浆价格年内较低点为 911 美元/吨，12 月进口量为年内最大达到 23 万吨。

从进口国别来看，占据前 3 位进口来源国的是巴西、南非、美国，分别占 21%、13%、13%，3 国累计进口份额达到 47%。与 2015 年相比来自巴西的进口量有所增加，来自南非进口量有所萎缩。2014—2016 年溶解浆分国别进口情况见表 4。

表 4　2014—2016 年我国溶解浆分国别进口情况　　单位：万吨、%

国别	2014 年		2015 年		2016 年	
	进口量	占比	进口量	占比	进口量	占比
巴西	31	15	37	16	48	21
南非	39	19	36	16	29	13
美国	25	12	29	13	30	13
加拿大	31	15	23	10	17	8
印度尼西亚	4	2	18	8	23	10
奥地利	15	7	16	7	16	7
芬兰	15	7	14	6	15	7
瑞典	13	6	12	5	10	4
捷克	13	6	11	5	7	3
泰国	9	4	9	4	8	4
其他	15	7	20	9	23	10
合计	210		225		225	

2016 年 11 月 6 日我国对巴西、加拿大、美国实施反倾销措施以来，美国、加拿大进口份额逐年走低。巴西浆在金鹰集团自营为主的情况下进口量多维持平稳。2014 年南非 SAPPI 溶解浆项目投产以来，主要供给我国，2015 年进口量稳居前列，但 2016 年自身生产量不稳定且出口至其他国家的量有

所增加，因此其出口到我国的量有所减少。

从具体进口情况来看，巴西受反倾销影响较小，2016 年 2 月巴西 Jari 浆厂顺利转产 24 万吨/年阔叶木溶解浆，使得我国从巴西的进口量进一步加大。南非浆厂 3—4 月生产量较不稳定，并且加大了向其他国家的出口量。美国因特种浆占比偏高，反倾销影响有限。加拿大出口量继续呈现下滑态势。

从我国进口的溶解浆来看，特种浆粕比例基本保持平稳，单月溶解浆进口量中，特种浆占 1 万 ~ 1.5 万吨，比例基本在 6% ~8%，其余多用于黏胶纤维生产（见图 5）。

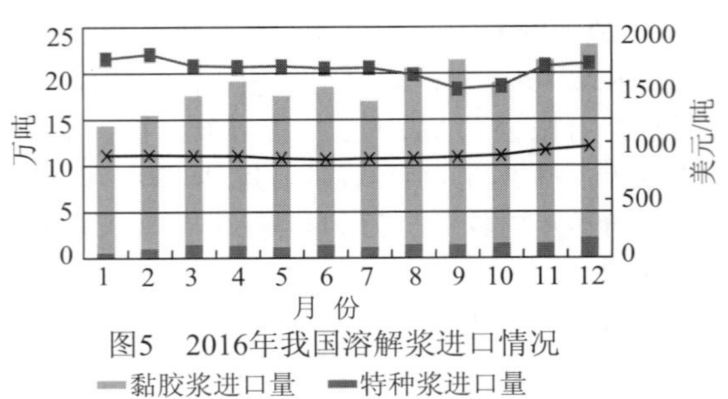

图5 2016年我国溶解浆进口情况

注：黏胶用浆含黏胶短纤、黏胶长丝、黑黏胶、高白纤维、天丝、莫代尔、阻燃等各类黏胶纤维。

从进口消费结构来看：我国进口溶解浆的 73% 用于黏胶纤维领域，贸易流通环节溶解浆比例呈现下滑趋势，不少贸易商通过资金优势、代开信用证等操作方式维护一定进口份额。特种浆领域占比 9% 左右。黏胶纤维领域进口量前 3 位的企业依次是赛得利（福建）纤维有限公司、山东雅美科技有限公司、兰精（南京）纤维有限公司（见图 6）。

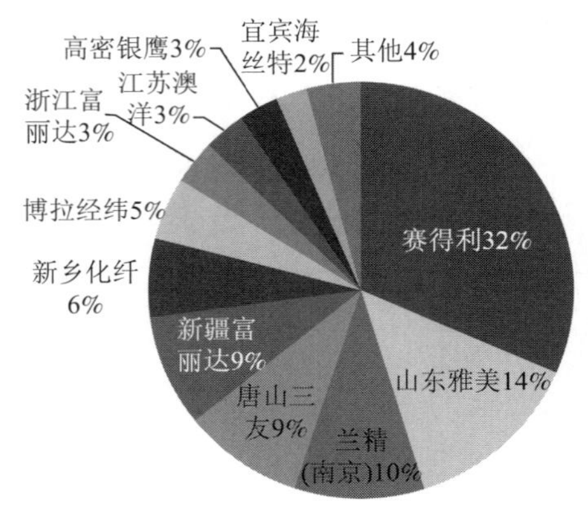

图6 黏胶纤维领域各企业进口溶解浆所占份额

3. 外盘溶解浆价格走势

外盘溶解浆走势基本与国产浆类似，表现为冲高回落。2016 年年初 CCFEI 价格指数针叶木溶解浆价格 855 美元/吨，阔叶木溶解浆价格 836 美元/吨；10 月价格受黏胶短纤拉动走高，针叶木溶解浆价格上调至 1080 美元/吨，阔叶木溶解浆 975 美元/吨。之后价格大幅回调，至 12 月末针叶木溶解浆降至 1000 美元/吨，阔叶木溶解浆降至 920 美元/吨。2016 年外盘针叶木溶解浆、阔叶木溶解浆价格走势见图 7。

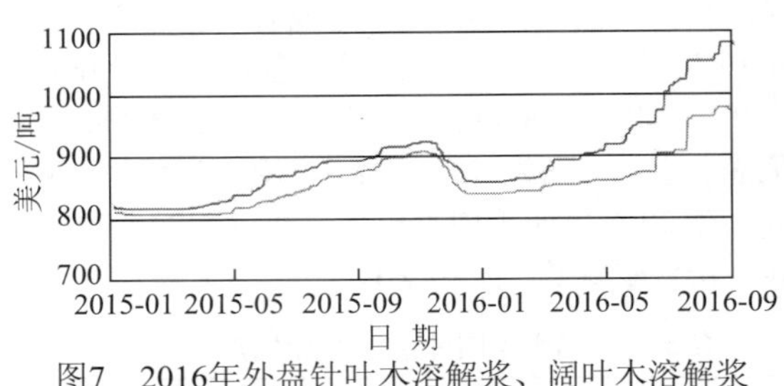

图7 2016年外盘针叶木溶解浆、阔叶木溶解浆价格走势

一季度巴西了 Jari 浆厂新产能投产，阔叶木溶解浆产能放大，针叶木溶解浆表现稀缺。自二季度开始针叶木、阔叶木溶解浆的价格差明显拉大。

2016 年溶解浆进口运行情况如下，1 月外盘溶解浆价格维持弱势，阔叶木溶解浆市场商谈价格 840 ~850 美元/吨，针叶木溶解浆报价 860 ~870 美元/吨。实单成交有 10 美元/吨议价空间。春节长假后，随着黏胶短纤行情好转，价格顺势走高。3—5 月价格稳步上行，浆厂以每月 10 美元/吨节奏上涨，阔叶木溶解浆主流报价在 860 ~870 美元/吨，针叶木浆在 950 美元/吨。6 月受黏胶短纤强势拉涨带动，溶解浆报价大幅上涨，期间针叶木溶解浆货源一度稀缺，针叶木、阔叶木溶解浆价差拉大。至 10 月针叶木溶解浆报价在 1080 美元/吨高位，阔叶木溶解浆也达 975 美元/吨。但好景不长，随着黏胶短纤价格高台跳水，溶解浆在僵持了一个月后终于在 12 月价格下跌，针叶木溶解浆实单成交价格在 1000 美元/吨，阔叶木溶解浆在 920 美元/吨。

二、2017 年溶解浆市场展望

（一）国内溶解浆市场供需展望

1. 国内溶解浆扩产情况展望

国内浆粕方面，原本 2016 年 8—9 月投产的岳阳丰利有限公司项目因棉浆行业经营问题一再推迟，目前浆厂有意向转向特种浆领域，预计将于 2017 年二季度投产。亚太森博（山东）浆纸有限公司新产能也将蓄势待发。2017—2018 年国内浆粕预计新增产能见表 5。

表 5　2017—2018 年国内浆粕预计新增产能

工厂	产 品	工厂位置	产能/(万吨/年)	预计投产时间
岳阳丰利纸业有限公司	棉浆	岳阳	9	2017-04
山东晨鸣纸业集团股份有限公司	溶解浆	湖北	30	2018—2020 年
亚太森博(山东)浆纸有限公司	溶解浆	日照	30	2017 年上半年
合计			69	

2. 国内黏胶短纤扩产情况展望

溶解浆总体需求增长点主要来源于黏胶短纤，而黏胶短纤经历了 2009—2011 年的高速增长后，2013 年开始产能增速逐年放缓，2017 年新增产能依旧延续低位增长，而 2018 年后将重回 10% 以上高速增长。

2017 年实际新增产能依旧有限，山东雅美科技有限公司、新疆中泰纤维有限公司拟技改扩产，新疆银鹰工贸有限公司新项目拟 2017 年年底投产。吉林化纤集团有限责任公司、唐山三友集团有限公司、阜宁澳洋科技有限责任公司、赛得利(江西)化纤有限公司等项目预计集中在 2018 年投产。2005—2016 年黏胶短纤产能及未来两年产能预测见图 8。

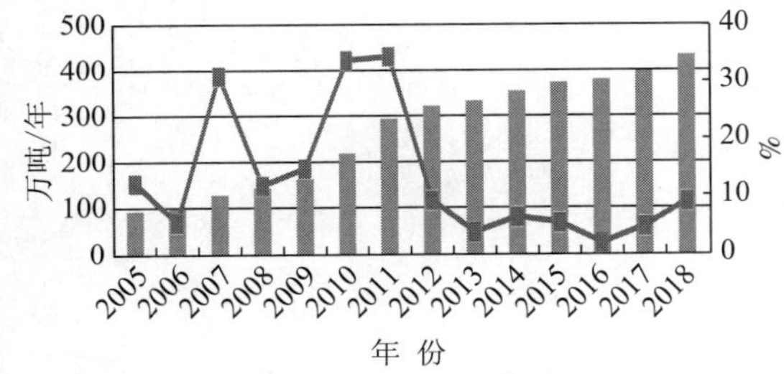

图8　2005—2016年黏胶短纤产能及未来两年产能预测

黏胶短纤产能　产能增速

(二)进口溶解浆市场展望

因为 2017 年黏胶短纤有一定的扩产计划，这会对溶解浆的使用量有所增加，预计 2017 年溶解浆进口量能够达到 4% ~6% 的增长率(见图 9)。

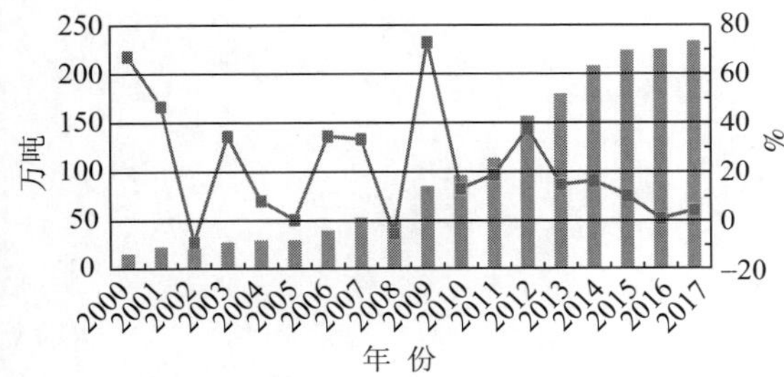

图9　2000—2016年我国溶解浆进口量及2017年预测

溶解浆进口量　进口增速

未来 3 年，国外溶解浆有近 150 万吨/年新产能拟投放，因多为大纸浆生产线改造，不确定性因素较强。其中，俄罗斯、智利等溶解浆厂原计划于 2016 年开工投产的产能，因为其在当地受制于环保以及国内的宏观经济影响，迟迟未能建设完成并投产，因此投产时间“未知”(见表 6)。

表 6　2017—2019 年国外溶解浆预计新增产能情况

工厂位置	工厂	产能/(万吨/年)	预计投产时间
俄罗斯	Svetlogorsk	9	未知
智利	Arauco	55	未知
印度尼西亚	April Group	35	2017 年
美国	太阳纸业	20	2018—2019 年
加拿大	Av Terrace Bay	28	未知
合计		147	

在全球宏观环境去全球化和“通胀”的预期下，2017 年的溶解浆市场将是“波澜壮阔”的一年。在“一带一路”区域内的国家，我国会逐步与其增加贸易额度，一些西欧、南美溶解浆厂的溶解浆产能可能会继续释放；而美国、加拿大等国家的溶解浆企业在未来与我国的溶解浆贸易量因政策因素影响会逐步呈现下降趋势。

国产溶解浆、改性浆或将持续维持高负荷运行，外盘溶解浆进口量将较 2016 年有所增加。基于对 2017—2018 年黏胶纤维行情看好，预计国内外溶解浆价格也将大幅拉升，国产浆将突破 9000 元/吨大关，而外盘溶解浆或也将顺利站上 1200 美元/吨，进口来源国排序或发生变化。但总体来说，价格高涨是建立在全球以及我国经济通胀预期基础之上，一旦通胀到了一定程度各国政府开启调控之门的时候，溶解浆价格回落不可避免。故总体来说，2017—2018 年溶解浆市场风险与机遇并存，工厂以及贸易商均需要时刻对风险把控。

(季柳炎　赵丽君)

纤维原料

FIBROUS MATERIALS

2004—2015 年世界主要地区和国家废纸回收利用概况
2016 年我国木片或木粒进出口情况
2016 年我国人工林建设情况

4

2004—2015 年世界主要地区和国家废纸回收利用概况

Recovery and Application of Waste Paper in Main Regions and Countries of the World in 2004 - 2015

表 1　　2004—2015 年世界主要地区废纸回收量　　单位：千吨

地区	2004 年	2005 年	2006 年	2007 年	2008 年	2009 年	2010 年	2011 年	2012 年	2013 年	2014 年	2015 年
亚洲	59234	62720	72127	73382	76724	79213	87883	91447	93878	96042	99109	99519
欧洲	52556	56491	59946	63183	65389	62788	63382	64070	64410	64632	64660	66257
北美洲	50765	51820	50874	53475	51715	49857	51123	52384	50641	49973	50715	51587
拉丁美洲	8232	8395	9304	9807	10384	10034	10925	11464	12208	12528	12466	13053
大洋洲	2422	2466	2419	3380	3482	3548	3650	3610	3508	3497	3450	3472
非洲	1693	1718	1795	2110	2253	2142	2447	2451	2745	2971	3061	3162
合计	174902	183660	196466	209115	211968	209659	221825	228176	230394	232858	236513	240692

注：2007 年合计中包括中东地区回收量 3778 千吨；2008 年合计中包括中东地区回收量 2021 千吨；2009 年合计中包括中东地区回收量 2075 千吨；2010 年合计中包括中东地区回收量 2416 千吨；2011 年合计中包括中东地区回收量 2751 千吨；2012 年合计中包括中东地区回收量 3004 千吨；2013 年合计中包括中东地区回收量 3215 千吨；2014 年合计中包括中东地区回收量 3052 千吨；2015 年合计中包括中东地区回收量 3642 千吨。

表 2　　2004—2015 年世界主要地区废纸消费量　　单位：千吨

地区	2004 年	2005 年	2006 年	2007 年	2008 年	2009 年	2010 年	2011 年	2012 年	2013 年	2014 年	2015 年
亚洲	75255	82318	94237	98208	103361	107684	115229	120894	125354	126792	129161	130845
欧洲	51623	50074	52402	54672	55298	51159	55356	55016	54756	56236	56346	57103
北美洲	39538	38746	34137	36847	34730	30728	31447	30379	28937	29285	30509	30686
拉丁美洲	10238	10463	10896	11374	11748	11604	12369	12672	13109	13327	13510	13994
大洋洲	1864	1869	1265	1950	1985	2070	2019	2035	1865	1824	1752	1743
非洲	1848	1850	1955	2141	2287	2175	2376	2338	2587	2757	2898	3038
合计	180366	185319	194892	208697	211200	207211	220997	225606	229308	233068	236853	240082

注：2007 年合计中包括中东地区消费量 3505 千吨；2008 年合计中包括中东地区消费量 1791 千吨；2009 年合计中包括中东地区消费量 1791 千吨；2010 年合计中包括中东地区消费量 2202 千吨；2011 年合计中包括中东地区消费量 2272 千吨；2012 年合计中包括中东地区消费量 2699 千吨；2013 年合计中包括中东地区消费量 2847 千吨；2014 年合计中包括中东地区消费量 2677 千吨；2015 年合计中包括中东地区消费量 2673 千吨。

表 3　　2004—2015 年世界主要产纸国家废纸回收情况

国家	2004年		2005年		2006年		2007年		2008年		2009年	
	回收量/千吨	回收率/%	回收量/千吨	回收率/%	回收量/千吨	回收率/%	回收量/千吨	回收率/%	回收量/千吨	回收率/%	回收量/千吨	回收率/%
美国	43818	47.5	46968	52.4	46997	51.9	47594	54.4	47589	58.3	50036	63.4
中国	16150	30.4	18095	30.5	22655	34.3	27650	37.9	31280	39.4	34238	40.0
日本	21507	68.5	22320	68.5	22873	72.4	23040	73.7	22746	75.1	21760	79.7
德国	13219	68.3	14413	68.3	15550	74.5	15360	72.9	15617	76.7	15399	84.8
加拿大	4658	60.3	4852	60.3	4820	67.7	4810	70.3	4126	57.8	4244	66.2
芬兰	796	46.8	791	46.8	825	48.0	845	43.7	829	46.5	726	48.9
瑞典	1501	65.2	1568	65.2	1529	63.6	1598	69.1	1521	68.1	1416	74.4
韩国	6875	83.4	7086	83.4	7460	86.3	8000	89.1	7530	85.0	7716	91.6
法国	6418	57.9	6592	57.9	6950	63.7	7070	63.5	6885	64.1	6907	72.5
意大利	5592	48.8	5792	48.8	6000	51.3	6170	51.9	6316	60.0	6199	62.8
国家	2010年		2011年		2012年		2013年		2014年		2015年	
	回收量/千吨	回收率/%	回收量/千吨	回收率/%	回收量/千吨	回收率/%	回收量/千吨	回收率/%	回收量/千吨	回收率/%	回收量/千吨	回收率/%
美国	46861	63.0	47803	66.1	46261	64.4	45795	63.8	46423	65.0	47313	66.7
中国	40163	43.8	43475	44.6	44725	44.5	44513	45.5	48413	48.1	48413	46.8
日本	21623	77.5	21368	76.2	21671	78.0	21795	79.8	21678	79.3	21204	79.2
德国	15388	77.7	15269	77.2	15293	77.6	15359	78.7	15093	75.7	15309	74.4
加拿大	4262	67.6	4581	74.6	4380	73.2	4178	71.4	4292	75.0	4274	74.8
芬兰	710	57.2	705	68.4	678	62.2	691	61.7	642	51.8	614	52.4
瑞典	1236	60.7	1239	63.9	1159	61.0	1220	67.7	1001	55.4	1084	69.0
韩国	8090	86.0	8390	87.8	8659	94.6	9165	96.0	8412	88.0	8350	86.2
法国	7072	71.3	7149	74.0	7328	78.7	7243	81.0	7316	81.7	7151	82.4
意大利	6326	58.4	6288	59.3	6231	62.8	6062	62.7	6069	61.3	6349	62.9

注：回收率 = 废纸回收量/纸和纸板消费量 × 100%。

表 4　　2004—2015 年世界主要产纸国家废纸消费情况

国家	2004年		2005年		2006年		2007年		2008年		2009年	
	消费量/千吨	利用率/%	消费量/千吨	利用率/%	消费量/千吨	利用率/%	消费量/千吨	利用率/%	消费量/千吨	利用率/%	消费量/千吨	利用率/%
美国	33677	40.4	32857	39.8	31503	37.5	30158	36.1	28899	36.2	29250	40.8
中国	28813	58.2	35125	62.7	42250	65.0	50210	68.3	55488	69.5	62463	72.3
日本	18753	60.7	18687	60.4	18790	60.0	19315	61.4	19012	61.8	16788	63.1
德国	13219	68.1	14459	73.4	15244	73.1	15822	67.9	15489	67.8	14790	70.8
加拿大	5898	28.8	5889	30.2	5763	31.7	5454	31.4	4553	28.6	3748	29.2
芬兰	777	5.5	683	5.5	595	4.2	766	5.3	724	5.5	544	5.1
瑞典	2039	17.6	2041	17.4	2030	16.8	2022	17.0	2022	17.3	1824	16.7
韩国	8365	79.6	8690	79.5	9433	88.1	8717	79.7	8544	80.5	8514	81.2
法国	5942	58.0	5953	57.6	6002	60.0	5947	60.3	5677	60.9	4988	60.0
意大利	5423	56.1	5423	54.9	5578	55.7	5581	55.2	5329	56.2	4764	56.4

续表

国家	2010年		2011年		2012年		2013年		2014年		2015年	
	消费量/千吨	利用率/%	消费量/千吨	利用率/%	消费量/千吨	利用率/%	消费量/千吨	利用率/%	消费量/千吨	利用率/%	消费量/千吨	利用率/%
美国	28002	36.9	27098	36.1	26303	35.4	26605	36.1	27668	37.8	28000	38.5
中国	66311	71.5	70750	71.2	74791	73.0	74250	73.4	75933	72.5	77761	72.6
日本	17292	63.2	16977	63.8	16770	64.3	16935	64.5	17093	64.6	16984	64.8
德国	16273	70.5	16074	70.8	16203	71.6	16489	73.6	16622	73.7	16754	74.1
加拿大	3445	26.9	3281	27.1	2634	24.5	2680	24.1	2841	25.7	2686	26.0
芬兰	579	4.9	583	5.1	567	5.3	609	5.7	594	5.7	569	5.5
瑞典	1836	16.1	1712	15.2	1624	14.2	1378	12.8	1248	12.0	1211	11.9
韩国	9174	82.6	9597	83.5	9579	84.5	10326	87.5	9477	81.0	9337	80.5
法国	5276	59.7	5104	59.9	5037	62.2	5150	64.0	5400	65.9	5293	66.3
意大利	5193	56.8	5042	55.2	4649	53.7	4715	54.5	4700	53.3	4852	53.8

注：利用率＝废纸消费量/纸及纸板生产量×100%。

（郭彩云）

2016年我国木片或木粒进出口情况

Imports and Exports of Wood Chips or Pellets in China in 2016

表1 2016年我国木片或木粒进出口情况

品种		数量/吨		同比/%	金额/万美元		同比/%
		2015年	2016年		2015年	2016年	
进口	针叶木木片或木粒	117281.2	399173.9	240.4	2096	6419	206.2
	非针叶木木片或木粒	9701708.7	11170742.4	15.1	167271	184782	10.5
	总　计	9818989.9	11569916.3	17.8	169367	191201	12.9
出口	针叶木木片或木粒	24.0	0.8		3.3	0.06	
	非针叶木木片或木粒	61.1	5530.5		6.9	82.2	
	总　计	85.1	5531.3		10.2	82.3	

表2 2016年我国进口针叶木木片或木粒(44012100)的主要来源国家

国家	数量/吨	金额/万美元	国家	数量/吨	金额/万美元
澳大利亚	284752.4	4769.7	斐济	44015.2	688.1
美国	41179.0	697.0	俄罗斯	25914.1	190.4
南非	2297.9	36.5	德国	330.5	20.8
越南	209.8	3.2	荷兰	184.4	6.3
马来西亚	170.0	1.5	巴西	88.3	1.2
英国	14.4	0.6	日本	7.5	0.6
奥地利	4.8	0.2	韩国	4.6	1.7

表3 2016年我国进口针叶木木片或木粒(44012100)的主要省(区、市)

省(区、市)	进口量/吨	金额/万美元	省(区、市)	进口量/吨	金额/万美元
山东省	208064.9	3559.8	福建省	126981.6	1886.4
湖南省	48161.2	741.7	江苏省	9668.5	165.0
广东省	5007.9	48.0	黑龙江省	965.0	5.8
上海市	188.8	8.2	北京市	108.0	3.7
天津市	22.5	0.3	浙江省	4.8	0.3

表4　2016 年我国进口非针叶木木片或木粒(44012200)的主要来源国家或地区

国家或地区	数量/吨	金额/万美元	国家或地区	数量/吨	金额/万美元
越南	4202800. 9	63725. 5	澳大利亚	3724873. 6	67913. 4
泰国	1386562. 8	20762. 8	智利	778924. 7	14687. 8
印度尼西亚	718853. 9	11683. 4	巴西	282657. 4	5142. 3
马来西亚	62130. 1	700. 5	俄罗斯	12204. 5	73. 2
南非	1276. 1	7. 6	美国	118. 7	25. 0
法国	117. 5	42. 6	德国	88. 7	8. 1
拉脱维亚	80. 5	0. 3	爱沙尼亚	37. 3	3. 4
意大利	5. 5	5. 0	台澎金马关税区	4. 0	0. 2
丹麦	2. 2	0. 2	匈牙利	1. 8	0. 8

表5　2016 年我国进口非针叶木木片或木粒(44012200)的主要省(区、市)

省(区、市)	进口量/吨	金额/万美元	省(区、市)	进口量/吨	金额/万美元
山东省	5427358. 1	96861. 2	海南省	2560442. 1	37896. 2
江苏省	1280600. 0	20624. 1	广东省	1143287. 3	17306. 4
广西壮族自治区	294234. 4	4380. 8	安徽省	239734. 2	4310. 6
江西省	201475. 0	3130. 3	福建省	23238. 2	190. 9
天津市	187. 2	40. 2	上海市	82. 8	19. 8
辽宁省	33. 7	4. 6	河北省	27. 8	1. 1
北京市	26. 0	11. 2	浙江省	13. 4	3. 7
宁夏回族自治区	2. 2	1. 5			

注：数据来源于海关总署。

（杨　扬）

2016 年我国人工林建设情况

Construction of Plantation in China in 2016

一、2016 年全国造林完成情况

2016 年，国家林业局改革了营造林生产计划，一是由过去仅下达当年计划改为下达 3 年滚动计划，即一次下达，3 年内滚动实施，解决过去年度计划下达晚，影响种苗、整地、人力资金安排等各项造林准备等问题；二是扩大了造林计划指标内涵，除包含以增加森林面积为目的的人工造林、飞播造林、封山育林 3 项新造林传统指标外，新增以森林提质增效和恢复森林为目的的退化林修复（含人工更新）指标。3 月 14 日，国家林业局以林规发〔2016〕34 号下达 2016—2018 年营造林生产滚动计划。依据 3 年滚动计划，2016 年计划造林 666.67 万公顷，其中，新造林 466.67 万公顷（人工造林 266.67 万公顷，飞播造林 13.33 万公顷，无林地和疏林地新封山育林 166.67 万公顷），退化林修复（含人工更新）200 万公顷。

2016 年全国完成造林 720.35 万公顷，其中，人工造林 382.37 万公顷（新造混交林 76.55 万公顷，灌木林 29.34 万公顷，竹林 3.13 万公顷），飞播造林 16.23 万公顷（荒山飞播 15.64 万公顷，飞播营林 0.59 万公顷），新封山（沙）育林 195.36 万公顷（无林地和疏林地新封山育林 139.95 万公顷，有林地和灌木林地新封山育林 55.41 万公顷），退化林修复 99.11 万公顷（低效林改造 71.83 万公顷，退化防护林改造 27.28 万公顷），人工更新 27.28 万公顷（新造混交林 4.48 万公顷，人工促进天然更新 4.69 万公顷）。2016 年全国造林计划完成情况见表 1。

表 1 2016 年可比口径全国造林计划完成情况 单位：万公顷

	2016 年计划	2016 年完成（可比口径）	完成计划/%（可比口径）	2015 年完成	同比/%（可比口径）
造林面积	666.67	664.35	99.66	603.44	10.85
其中：人工造林	266.67	382.37	143.39	436.26	-12.35
飞播造林	13.33	15.64	117.33	12.77	22.47
无林地和疏林地新封山育林	166.67	139.95	83.97	154.41	-9.36
退化林修复（含人工更新）	200.00	126.39	63.20		

2016 年完成的造林面积中：

（1）按林种用途分 用材林、经济林、防护林、薪炭林、特种用途林造林分别为 80.14 万公顷、144.06 万公顷、307.13 万公顷、4.64 万公顷、1.97 万公顷，分别占可比口径造林面积的 14.90%、26.78%、57.09%、0.86%、0.37%。

（2）按经济成分分 公有经济造林 293.00 万公顷，其中，国有经济造林 156.54 万公顷，集体经济造林 136.46 万公顷，非公有经济造林 244.96 万公顷，分别占可比口径造林面积的 29.11%、25.36%、45.53%。

（3）按省、自治区、直辖市分 2016 年造林面积位居前 6 位的是内蒙古自治区、河北省、四川省、湖南省、云南省和贵州省，分别完成造林 61.85 万公顷、58.34 万公顷、56.85 万公顷、50.32 万公顷、49.65 万公顷和 47.87 万公顷，占全国造林面积的 45.10%。2016 年各地区造林面积见表 2。

表2　　2016年各地区造林面积　　单位：公顷

地　区	造林面积	人工造林	飞播造林	新封山育林	退化林修复	人工更新
全国合计	7203509	3823656	162322	1953638	991088	272805
北京	19064	10012		4000	3999	1053
天津	9291	9291				
河北	583361	345625	33333	135107	65653	3643
山西	266694	199696		59998	7000	
内蒙古	618484	311052	74094	136006	90382	6950
内蒙古集团	21267	3246			18021	
辽宁	142438	55332		55337	25069	6700
吉林	157905	88646		2333	53291	13635
吉林森工集团	27660	5001			19154	3505
长白山森工集团	26935	1545			25270	120
黑龙江	92999	41262		36814	14923	
龙江森工集团	14975	3069			11906	
上海	3941	3941				
江苏	30625	27214		333	299	2779
浙江	55648	12837		4784	27398	10629
安徽	128042	91380		31747	3316	1599
福建	228675	10300		141936	19540	56899
江西	289560	94933		78344	109669	6614
山东	146684	115179			22282	9223
河南	149002	97647	13429	22417	15376	133
湖北	245705	171735		66747	2763	4460
湖南	503235	197453		167464	124874	13444
广东	305404	100658		97347	59791	47608
广西	193341	82410		28135	8180	74616
海南	14521	8325			133	6063
重庆	226333	100600		62400	63333	
四川	568532	425550	1600	31519	106629	3234
贵州	478701	228138		250563		
云南	496451	308415		97272	90667	97
西藏	55277	42864		12413		
陕西	297642	184108	33602	63865	16067	
甘肃	325580	260144		57438	7998	
青海	178414	16051		159734	2629	
宁夏	91531	58960		22938	8298	1335
新疆	263903	118105	6264	126647	10796	2091
新疆兵团	47540	26721		17332	2440	1047
大兴安岭	36526	5793			30733	

2016 年林业重点生态工程共完成造林 250.55 万公顷，占全国造林面积的 34.78%。2016 年各地区林业重点生态工程造林面积见表 3。

表 3 2016 年各地区林业重点生态工程造林面积 单位：公顷

地区	全部造林面积	重点生态工程造林面积					其他造林面积
		合计	天然林资源保护工程	退耕还林工程	京津风沙源治理工程	三北及长江流域等重点防护林体系工程	
全国合计	7203509	2505524	487310	683270	229962	1104982	4697985
北京	19064	12798			7332	5466	6266
天津	9291	4104			1436	2668	5187
河北	583361	126473		20317	42069	64087	456888
山西	266694	193892	37866	51229	35333	69464	72802
内蒙古	618484	360228	93352	47742	131602	87532	258256
内蒙古集团	21267	20029	20029				1238
辽宁	142438	80705				80705	61733
吉林	157905	56563	41652	400		14511	101342
吉林森工集团	27660	16373	16373				11287
长白山森工集团	26935	23834	23834				3101
黑龙江	92999	70544	14975			55569	22455
龙江森工集团	14975	14975	14975				
上海	3941						3941
江苏	30625	5437				5437	25188
浙江	55648	2807				2807	52841
安徽	128042	66502		8952		57550	61540
福建	228675	14116				14116	214559
江西	289560	69410		1999		67411	220150
山东	146684	39343				39343	107341
河南	149002	27332	3332			24000	121670
湖北	245705	91671	24634	36884		30153	154034
湖南	503235	66781		17309		49472	436454
广东	305404	56661				56661	248743
广西	193341	44170		20900		23270	149171
海南	14521	5714	133	193		5388	8807
重庆	226333	87659	22001	65658			138674
四川	568532	59337	29983	29354			509195
贵州	478701	93993	6000	86660		1333	384708
云南	496451	184009	53751	128027		2231	312442
西藏	55277	19081	2200			16881	36196
陕西	297642	174755	65732	46100	12190	50733	122887
甘肃	325580	119723	7771	82219		29733	205857
青海	178414	77461	28001			49460	100953
宁夏	91531	53552	7016	13334		33202	37979
新疆	263903	204177	12385	25993		165799	59726
新疆兵团	47540	39998		13006		26992	7542
大兴安岭	36526	36526	36526				

二、落实“四个着力”扎实有效

2016 年 1 月 26 日，习近平总书记主持召开中央财经领导小组第十二次会议，研究森林生态安全问题，并发表重要讲话，提出着力推进国土绿化、着力提高森林质量、着力开展森林城市建设、着力建设国家公园“四个着力”的部署要求。各级林业主管部门将学习贯彻习近平总书记“四个着力”，作为推进林业现代化建设、维护森林生态安全的根本任务，逐项安排部署，全力抓好落实。

着力推进国土绿化方面，在内蒙古自治区召开全国加快推进国土绿化现场会，出台《林业发展“十三五”规划》《全国造林绿化规划纲要(2016—2020年)》，对国土绿化进行科学谋划和全面部署，明确下一步工作总体思路、目标任务和重点举措；出台《林业科技创新“十三五”规划》《主要林木育种科技创新规划》和加强林业科技创新驱动发展的意见，国家质量监督检验检疫总局、国家标准化管理委员会发布新修订的《造林技术规程》(GB/T15776—2016 代替 GB/T15776—2006)，国家林业局印发《旱区造林绿化技术指南》《旱区造林绿化模式选编》，科学指导造林绿化。

着力提高森林质量方面，在江西省召开全国森林质量提升工作现场会，印发《全国森林经营规划(2016—2050 年)》，着手实施森林质量精准提升工程，构建健康稳定优质高效的森林生态系统。

着力开展森林城市建设方面，在陕西省召开森林城市建设座谈会，发布《关于着力开展森林城市建设的指导意见》，对森林城市建设进行安排部署，新授予 22 个城市“国家森林城市”称号，还有 80 多个城市正在积极创建。

着力建设国家公园方面，会同有关部门完成国家公园体制试点实施方案审查工作，东北虎豹、大熊猫国家公园体制试点方案获中央深改组审议通过，雪豹、亚洲象、环首都等国家公园筹建工作积极推进。

三、林业重点工程建设稳步推进

天然林资源保护工程以“扩大天然林保护范围，全面停止商业性采伐，完善保护政策，巩固停伐成果，提高森林质量，确保生态安全”为核心，大力推进工程建设，完成造林 48.73 万公顷，森林抚育 182.15 万公顷，保护森林 1.15 亿公顷。全面停止天然林商业性采伐。启动福建、广西、江西、湖北、湖南、云南等重点省区集体和个人天然林停伐补助试点，稳步扩大天然林保护范围。

新一轮退耕还林工程，2016 年安排任务 100.67 万公顷，比 2015 年提高 51%，2014 年以来累计安排新一轮退耕还林还草任务 200.67 万公顷。2016 年完成造林 68.33 万公顷，工程实施范围扩大到 20 个省(区、市)和新疆生产建设兵团。颁布实施《退耕还林工程生态效益监测与评估规范》，发布北方 10 个省(区)和新疆生产建设兵团沙化土地退耕还林生态效益监测国家报告。开展退耕还林突出问题专项整治和工作督导。

京津风沙源治理工程完成造林 22.99 万公顷，工程固沙 0.98 万公顷。国家林业局印发《关于进一步加强京津风沙源治理工程质量管理工作的通知》，进一步强化营造林质量，完善工程政策措施。与此同时，强化防沙治沙行业管理，国务院批准发布《沙化土地封禁保护修复制度方案》，在重点沙区开展灌木林平茬抚育试点，新增沙化土地封禁保护试点县 10 个，组织“十二五”省级政府防沙治沙目标责任考核，成功举办世界防治荒漠化日全球纪念活动暨“一带一路”高级别对话，发布《“一带一路”防治荒漠化共同行动倡议》。

三北及长江流域等重点防护林体系工程完成造林 110.50 万公顷，其中，三北防护林体系建设工程完成造林 64.85 万公顷，长江、沿海、珠江、太行山绿化、林业血防工程完成造林 45.65 万公顷。完成国务院批复的河北张家口坝上地区退化林分改造任务 8.10 万公顷。颁布实施《防护林造林工程投资估算指标》。长江流域等防护林工程建设信息数据系统启动试运行。国家林业局印发《三北防护林体系建设五期工程百万亩防护林基地建设管理办法》，启动黄土高原陕西丘陵沟壑区、甘肃元城河流域等 2 个百万亩防护林基地建设项目，百万亩防护林基地总数已达 8 个。持续推进黄土高原综合治理林业示范建设项目，注重建设生态经济型防护林。严格按照《三北工程退化林分改造试点管理办法》组织开展退化林分修复试点，推进 70 个试点县完成修复任务 5.66 万公顷。

国家储备林完成建设任务 82.47 万公顷。在管好用好 4.85 亿元中央资金的同时，推进利用贷款建设国家储备林，签订国家开发性和农业政策性贷款授信合同 614.58 亿元，已发放贷款 124.3 亿元。加快构建国家储备林制度体系，组织编制《国家储备林建设规划(2016—2050 年)》，修订《国家储备林划定办法》《国家储备林核查办法》《国家储备林基地建设管理办法》等，增补《国家储备林树种目录》，对8省、市开展建设情况核查督导，确保国家储备林建设成效。

各地启动实施地方性造林绿化工程，开展大规模国土绿化行动。京津冀协同发展生态率先突破，高标准实施2022年冬奥会赛事核心区绿化工程，完成京津保生态过渡带造林6.7万公顷。北京市2012年以来实施的平原造林工程，按照平均每亩3万元投资，利用平原地区废弃荒地、地下水超采区，5年累计造林7.33万公顷，实现一次成林、立地成景，造就百万亩级的绿色生态银行，开创了北京平原地区建设规模、投资规模历史之最，也为国内其他地区提供了经验借鉴。四川省启动“大规模绿化全川行动”，完成造林为国家下达任务的2倍。重庆市实施三峡水库生态屏障区及重要支流植被恢复项目，完成造林22.63万公顷，长江两岸森林覆盖率达到49%；开展创建“绿色新村”活动，评选绿色新村10个，每村奖励30万元。广东省持续开展生态景观林带、森林进城围城等重点工程建设，新建和完善生态景观林带1658千米，新建森林公园265个，建成各具特色的绿化美化村庄2609个，其中省级乡村绿化美化示范点227个。贵州省深入推进山地特色新型城镇化建设、“多彩贵州·最美高速”“五个一百”工程等。安徽省扎实推进创新型生态强省建设千万亩森林增长工程。海南省继续实施绿化宝岛大行动。吉林省开展“三年清收，五年还林”专项行动，完成清收林地还林8.66万公顷；实施中西部农田防护林更新改造，更新改造和恢复农田防护林3600公顷；深入实施“绿化美化村屯，创建绿色家园”行动，全省投入3100万元创建绿美示范村屯，建设高标准绿化美化示范村50个，新增绿化面积186公顷。广西壮族自治区开展“美丽广西·生态乡村”村屯绿化专项活动，建设自治区级绿化示范村屯5000个和一般绿化村屯6.92万个，栽植各类苗木1126万株，新增绿化面积6000公顷，建设绿道202公里、护路林1182公里。湖南省以城边、水边、路边、村边、宅边“五边”造林绿化为抓手，大力开展造绿增绿活动，全省投入资金20.20亿元，完成“五边”造林6.50万公顷，新增村庄绿地面积5.80万公顷，新建、改造农田林网6900公顷，316万农户在房前屋后栽植珍贵树木6874万株。内蒙古自治区巴彦淖尔市结合美丽乡村建设大力推进乡村绿化，完成村庄绿化1490个，绿化面积9000公顷，累计完成村庄绿化3069个，占全市村庄总数的72%。

四、林业改革、政策支持、林木种苗基础保障力度加大

国有林区改革省级实施方案全部批复。260亿元金融债务清理完成，其中，与木材停伐相关的130亿元，中央财政将从2017年起每年安排利息补助6.37亿元；分离企业办医院、学校等工作扎实推进，多渠道安置富余职工9.7万人，87个林业局单列纳入国家重点生态功能区范围。国有林场改革完成省级实施方案批复和试点省验收，近1/3市县实施方案已获批复，260个市县、634个国有林场完成改革任务，广东、吉林、湖北、福建等省落实省级改革补助资金12.2亿元；宁夏、湖南等省(区)出台国有林场编制核定指导意见；重庆、山西等省(市)化解国有林场金融债务近2亿元；青海、广东等省分别开展国有林场森林资源立法保护、管护绩效考评、林地落界确权等工作。国务院办公厅出台《关于完善集体林权制度的意见》，从稳定集体林地承包关系、放活生产经营自主权、引导集体林适度规模经营、加强集体林业管理和服务等方面作出进一步部署。全国集体林权流转1866.67万公顷，林权抵押贷款850多亿元，县级以上林权管理服务机构1800多个，家庭林场、农民专业合作社等新型经营主体18.4万个。

出台《林业改革发展资金管理办法》《林业改革发展资金预算绩效管理暂行办法》《关于运用政府和社会资本合作模式推进林业生态建设和保护利用的指导意见》等政策文件。中央林业投入1133亿元，与2015年同口径相比增长19%。国家林业重点生态工程人工造林、封山育林、飞播造林补助标准分别提高到500元/亩、100元/亩和160元/亩。国有林管护和补偿标准由每年每亩6元提高到8元。中央财政安排补助资金20亿元，落实生态护林员28.8万人，带动35万户、108万贫困人口脱贫。启动国有森林资源有偿使用试点和林业自然资源资产负债表编制工作，参与起草划定并严守生态保护红线的若干意见，提出纳入红线的林地范围及管控措施。林业行政审批事项大幅减少，审批效率明显提高，审批行为更加规范，事中事后监管逐步加强。加强建设项目使用林地审核审批管理，林地变更调查试点有序推进，“林地一张图”日益完善。新增物种国家公园、国有林区防火应急道路、国家森林公园等保护利用设施建设资金渠道。创新营造林计划

管理模式，启动实施3年营造林滚动计划的同时，从计划管理上将森林提质增效提上议程。各地加大生态重要区域的桉树、松树、杨树、杉木等纯林改造力度，减少桉树造林，发展乡土、珍贵树种或混交林，全国造林呈现树种多样化、主体多元化、组织规模化、造林扶贫一体化、扩面积与提质量并重的发展态势。国家林业局与国家开发银行、中国农业发展银行签署合作协议，推出与林业生产经营周期相符合的贷款，贷款期限可达30年，中央财政按现行政策对基准利率、最低资本金比例给予贴息支持。全国森林保险签单面积1.40亿公顷，签单保费30.30亿元，提供风险保障1.20万亿元，中央财政保费补贴14.40亿元，已决赔款10.90亿元。中国绿化基金会和中国绿色碳汇基金会募集资金超过1亿元，正在履行项目备案和交易程序的林业碳汇项目83个。启动林业企业信用等级评价和国家森林生态标志产品体系建设试点，认定第二批国家级林业重点龙头企业。

各地扶持造林经营力度加大。北京市生态林生态效益促进发展资金由以往每年每亩40元调整到70元，总资金的60%为生态补偿资金，每年每亩42元(市财政承担16元、区财政承担26元)，用于直接补偿山区农民，按生态林股份分配给集体经济组织成员；总资金的40%为森林健康经营资金，每年每亩28元(市财政承担)，由各区政府统筹开展以林木抚育保护为主的森林经营活动，全市生态林生态效益促进发展资金增加到7.54亿元。河北省印发《关于加大改革创新力度鼓励社会力量参与林业建设的意见》，出台22条支持措施，成立河北省林业生态建设投资公司，省财政先期注资6亿元资本金撬动政策性贷款20亿元用于太行山绿化。安徽省安排5亿元造林补助资金，对造林、森林长廊创建等进行补助；全省积极培育新型经营主体，激活各种要素潜力，新增3.33万公顷以上的社会造林主体近4000家，承担造林占全省造林的90%以上。福建省省级财政安排8.10亿元，对森林生态景观通道、乡村景观林、沿海防护林基干林带建设、珍贵树种培育等进行补助。广东省省级重点林业生态工程造林的省财政补助标准从400元/亩提高到800元/亩，保障作业设计、招投标、工程监理等管理需要。四川省设立国土绿化公益基金，搭建造林绿化融资及社会捐资造林平台。

强化林木种苗基础保障。生产可供造林绿化林木种子3500万公斤、苗木410亿株，其中林木良种1100万公斤、良种苗木130亿株。全国共审(认)定林木良种6600多个，全国共有事业单位国有苗圃1466个。国家林业局公布《中华人民共和国主要林木目录(第二批)》。印发《国家林木种质资源库管理办法》《林木种质资源普查技术规程》《林木种子生产经营许可证管理办法》《林木种子生产经营档案管理办法》。启动国家林木种质资源设施保存库(主库)建设，公布第二批国家林木种质资源库86处，启动全国林木种质资源保护工程项目和林木种质资源监测体系工程项目。强化林木种苗市场监管，严厉打击假冒伪劣林木种苗违法行为，林木种苗质量抽查合格率保持在90%左右。

五、存在的主要问题

林地水利等基础设施薄弱，应对干旱等自然灾害的能力薄弱，亟待强化林地水利等造林基础设施建设；造林地块不断向远山、高山、沙区、盐碱地、石漠化等难利用地推进，立地条件越来越差，造林难度增大，成本不断提高，亟待加大科技支撑力度，制定分门别类的造林定额，实施差别化造林补贴制度；林业改革进展较慢，造林主体从事造林动力不足，亟待打破传统造林模式，探索创新造林绿化新机制，破解地从何来、林由谁造、造后管护、资金投入等造林绿化难题；退化林修复虽已纳入造林计划，但如何界定、修复退化林亟待制定出台技术规程，以便强化指导、科学推进。

(王恩苓)

节能减排
环境保护

ENERGY SAVING, EMISSION REDUCING AND ENVIRONMENTAL PROTECTION

5

2015 年我国造纸工业主要污染物排放及处理概况

Main Pollutants Emission from Paper Industry and Its Treatment in 2015

一、全国环境统计综述

1. 全国废水及主要污染物排放情况

(1)全国废水排放情况　2015 年，全国废水排放总量 735.3 亿吨，同比增长 2.7%。其中，工业废水排放量 199.5 亿吨，同比减少 2.8%，占废水排放总量的 27.1%，比 2014 年减少 1.6 个百分点；城镇生活污水排放量 535.2 亿吨，同比增长 4.9%，占废水排放总量的 72.8%，比 2014 年增加 1.5 个百分点；集中式污染治理设施废水(不含城镇污水处理厂，下同)排放量 0.6 亿吨。2011—2015 年全国废水及主要污染物排放情况见表 1。

表 1　　全国废水及其主要污染物排放情况

年份	排放量	排放源				
		合计	工业源	农业源	城镇生活源	集中式污染治理设施
2011	废水量/亿吨	659.2	230.9	—	427.9	0.4
	化学需氧量/万吨	2499.9	354.8	1186.1	938.8	20.1
	氨氮量/万吨	260.4	28.1	82.7	147.7	2.0
2012	废水量/亿吨	684.8	221.6	—	462.7	0.5
	化学需氧量/万吨	2423.7	338.5	1153.8	912.8	18.7
	氨氮量/万吨	253.6	26.4	80.6	144.6	1.9
2013	废水量/亿吨	695.4	209.8	—	485.1	0.5
	化学需氧量/万吨	2352.7	319.5	1125.8	889.8	17.7
	氨氮量/万吨	245.7	24.6	77.9	141.4	1.8
2014	废水量/亿吨	716.2	205.3	—	510.3	0.6
	化学需氧量/万吨	2294.6	311.3	1102.4	864.4	16.5
	氨氮量/万吨	238.5	23.2	75.5	138.1	1.7
2015	废水量/亿吨	735.3	199.5	—	535.2	0.6
	化学需氧量/万吨	2223.5	293.5	1068.6	846.9	14.5
	氨氮量/万吨	229.9	21.7	72.6	134.1	1.5
变化率/%	废水量	2.7	-2.8	—	4.9	—
	化学需氧量	-3.1	-5.7	-3.1	-2.0	—
	氨氮量	-3.6	-6.5	-3.8	-2.9	—

注：1. 自 2011 年起环境统计中增加农业源的污染排放统计，农业源包括种植业、水产养殖业和畜禽养殖业排放的污染物。

2. 集中式污染治理设施排放量指生活垃圾处理厂(场)和危险废物(医疗废物)集中处理(置)厂(场)垃圾渗滤液/废水及其污染物的排放量。

3. 变化率表示与 2014 年相比指标的变化情况。

4. 表中“—”表示无此项指标或不宜计算。

5. 文中所有变化率、占比及数据修约，均是根据原始统计数据进行计算及进位，与表中修约后的数据直接计算可能有所不同，特此说明，下同。

6. 表中数据来源于历年《中国环境统计年报》，下同。

2015 年，废水排放量大于 30 亿吨的省份共 9 个，依次为广东省、江苏省、山东省、浙江省、河南省、四川省、湖南省、湖北省和河北省。9 个省份废水排放总量为 424.0 亿吨，占全国废水排放总量的 57.7%。

(2)全国化学需氧量排放情况 2015 年，全国废水中化学需氧量排放量 2223.5 万吨，同比减少 3.1%。其中，工业废水中化学需氧量排放量 293.5 万吨，同比减少 5.7%，占化学需氧量排放总量的 13.2%，比 2014 年减少 0.4 个百分点；农业源化学需氧量排放量 1068.6 万吨，同比减少 3.1%，占化学需氧量排放总量的 48.1%，与 2014 年基本持平；城镇生活污水中化学需氧量排放量 846.9 万吨，同比减少 2.0%，占化学需氧量排放总量的 38.1%，比 2014 年增加 0.4 个百分点；集中式污染治理设施废水中化学需氧量排放量 14.5 万吨，其中，生活垃圾处理厂(场)14.4 万吨，危险(医疗)废物集中处理(置)厂(场)866.0 吨。

化学需氧量排放量大于 100 万吨的省份有 9 个，依次为山东省、广东省、黑龙江省、河南省、河北省、湖南省、四川省、辽宁省和江苏省。9 个省份的化学需氧量排放总量为 1186.9 万吨，占全国化学需氧量排放量的 53.4%。

(3)全国氨氮排放情况 2015 年，全国废水中氨氮排放量 229.9 万吨，同比减少 3.6%。其中，工业废水氨氮排放量 21.7 万吨，同比减少 6.5%，占氨氮排放总量的 9.4%，比 2014 年减少 0.3 个百分点；农业源氨氮排放量 72.6 万吨，同比减少 3.8%，占氨氮排放总量的 31.6%，与 2014 年基本持平；城镇生活污水中氨氮排放量 134.1 万吨，同比减少 2.9%，占氨氮排放总量的 58.3%，比 2014 年增加 0.4 个百分点；集中式污染治理设施废水中氨氮排放量 1.5 万吨。

氨氮排放量大于 10 万吨的省份有 7 个，依次为广东省、山东省、湖南省、江苏省、河南省、四川省和湖北省。7 个省份的氨氮排放总量为 102.1 万吨，占全国氨氮排放量的 44.4%。

2. 工业行业废水及主要污染物排放情况

(1)工业行业废水排放情况 2015 年，在调查统计的 41 个工业行业中，废水排放量位于前 4 位的行业依次为化学原料及化学制品制造业、造纸及纸制品业、纺织业、煤炭开采及洗选业。4 个行业的废水排放量为 82.6 亿吨，占重点调查工业企业废水排放总量的 45.5%，比 2014 年下降 1.6 个百分点。重点行业废水排放量占工业行业废水排放总量的份额见图 1。

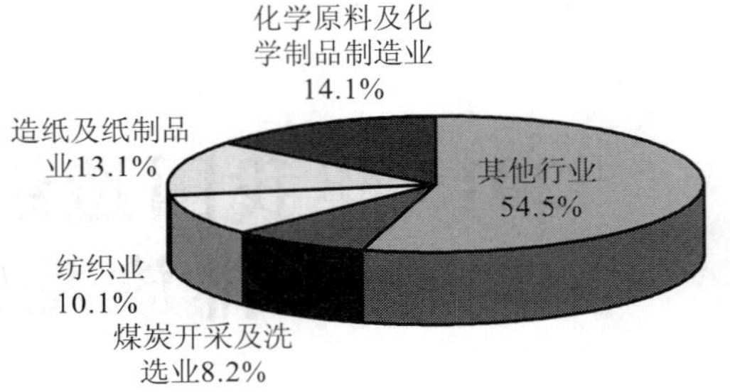

图1 工业行业废水排放情况

注：自2011年起，环境统计按《GB/T4754—2011国民经济行业分类》标准执行分类统计，下同。

2015 年，工业废水排放量前 3 位的省份是江苏省、山东省和广东省，分别占全国工业废水排放量的 10.3%、9.3% 和 8.1%。

(2)工业行业化学需氧量排放情况 2015 年，在调查统计的 41 个工业行业中，化学需氧量排放量位于前 4 位的行业依次为农副食品加工业、化学原料及化学制品制造业、造纸及纸制品业、纺织业。4 个行业的化学需氧量排放量为 128.9 万吨，占重点调查工业企业排放总量的 50.4%，比 2014 年下降 4.0 个百分点。重点工业行业化学需氧量排放量占工业行业化学需氧量排放总量的份额见图 2。

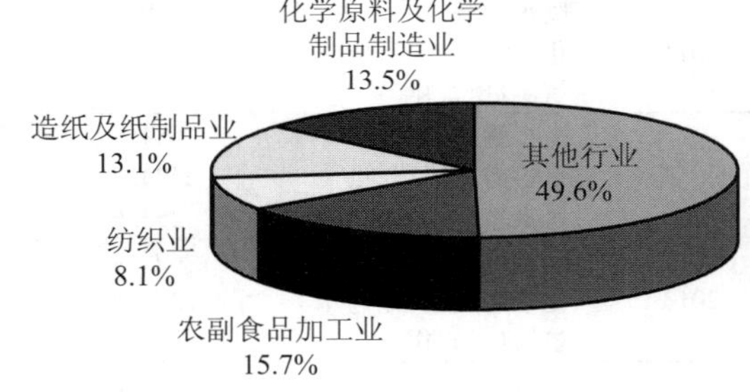

图2 工业行业化学需氧量排放情况

2015 年，工业化学需氧量排放量前 3 位的省(区)依次是广东省、江苏省和新疆维吾尔自治区，分别占全国工业化学需氧量排放量的 7.5%、6.9% 和 6.2%。

(3)工业行业氨氮排放情况 2015 年，在调查统计的 41 个工业行业中，氨氮排放量位于前 4 位的行业依次为化学原料及化学制品制造业，农副食品加工业，石油加工、炼焦和核燃料加工业，纺织业。4 个行业的氨氮排放量 10.5 万吨，占重点调查工业企业排放总量的 53.6%，比 2014 年下降 2.7 个百分点。重点工业行业氨氮排放量占工业行业氨氮排放总量的份额见图 3。

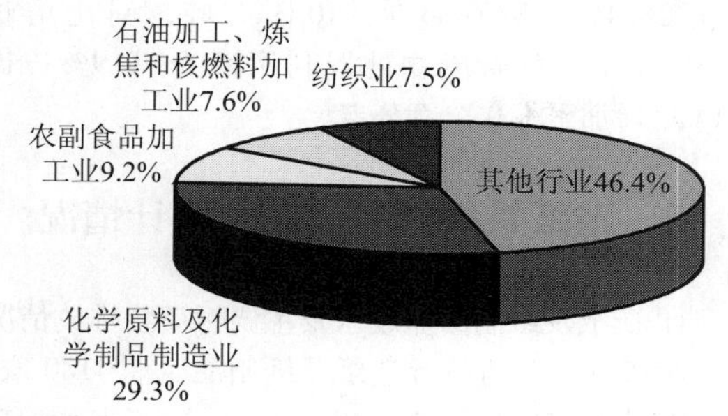

图3　工业行业氨氮排放情况

2015 年，工业氨氮排放量前 3 位的省份依次为湖南省、广东省和江苏省，分别占全国工业氨氮排放量的 8.4%、6.3% 和 6.2%。

3. 全国废气及废气中主要污染物排放情况

2015 年，全国废气主要污染物排放情况见表 2。

表 2　全国废气及主要污染物排放情况

年份	二氧化硫排放量/万吨	氮氧化物排放量/万吨	烟(粉)尘排放量/万吨
2011	2217.9	2404.3	1278.8
2012	2117.6	2337.8	1234.3
2013	2043.9	2227.4	1278.1
2014	1974.4	2078.0	1740.8
2015	1859.1	1851.9	1538.0
变化率/%	-5.8	-10.9	-11.6

注：1. 自 2011 年起不再单独统计烟尘和粉尘，统一以烟(粉)尘进行统计。
2. 2015 年，二氧化硫排放总量包括天津和上海市非道路移动机械的二氧化硫排放量，氮氧化物排放总量中包括 4 个直辖市非道路移动机械的氮氧化物排放量。

(1)二氧化硫排放情况　2015 年，全国二氧化硫排放量 1859.1 万吨，同比减少 5.8%。其中，工业二氧化硫排放量 1556.7 万吨，同比减少 10.6%，占全国二氧化硫排放总量的 83.7%；城镇生活二氧化硫排放量 296.9 万吨，同比增长 26.9%，占全国二氧化硫排放总量的 16.0%；集中式污染治理设施二氧化硫排放量 0.2 万吨。

2015 年，二氧化硫排放量超过 100 万吨的省(区)依次为山东省、内蒙古自治区、河南省、山西省和河北省，5 个省(区)的二氧化硫排放量占全国排放总量的 33.0%。各地区中，工业和生活二氧化硫排放量最大的省份均是山东省。

(2)氮氧化物排放情况　2015 年，全国氮氧化物排放量 1851.9 万吨，同比减少 10.9%。其中，工业氮氧化物排放量 1180.9 万吨，同比减少 15.9%，占全国氮氧化物排放总量的 63.8%；生活氮氧化物排放量 65.1 万吨，同比增长 44.3%，占全国氮氧化物排放总量的 3.5%；机动车氮氧化物排放量 585.9 万吨，同比减少 6.7%，占全国氮氧化物排放总量的 31.6%；集中式污染治理设施氮氧化物排放量 0.3 万吨。

2015 年，氮氧化物排放量超过 100 万吨的省(区)依次为山东省、河北省、河南省、内蒙古自治区和江苏省，5 个省(区)氮氧化物排放量占全国氮氧化物排放总量的 33.7%。工业氮氧化物排放量最大的是山东省。

(3)烟(粉)尘排放情况　2015 年，全国烟(粉)尘排放量 1538.0 万吨，同比减少 11.6%。其中，工业烟(粉)尘排放量 1232.6 万吨，同比减少 15.4%，占全国烟(粉)尘排放总量的 80.1%；生活烟(粉)尘排放量 249.7 万吨，同比增长 10.0%，占全国烟(粉)尘排放总量的 16.2%；机动车颗粒物排放量 55.5 万吨，同比减少 3.2%，占全国烟(粉)尘排放总量的 3.6%；集中式污染治理设施烟(粉)尘排放量 0.1 万吨。

2015 年，烟(粉)尘排放量超过 100 万吨的省份依次为河北省、山西省、山东省和辽宁省，4 个省份烟(粉)尘排放量占全国烟(粉)尘排放总量的 33.2%。各地区中，工业烟(粉)尘排放量最大的是河北省。

4. 全国工业固体废物产生及处理情况

2015 年，全国一般工业固体废物产生量 32.7 亿吨，同比增长 0.4%；综合利用量为 19.9 亿吨，同比减少 2.7%；综合利用率为 60.3%；贮存量为 5.8 亿吨，同比增长 29.6%；处置量为 7.3 亿吨，同比减少 9.1%；倾倒丢弃量为 55.8 万吨，同比减少 6.1%。2011—2015 年全国一般工业固体废物产生及处理情况见表 3。

2015 年，一般工业固体废物产生量较大的省(区)为河北省(35372 万吨，占全国工业企业产生量的 10.8%)，辽宁省(32434 万吨，占比 9.9%)，山西省(31794 万吨，占比 9.7%)，内蒙古自治区(26669 万吨，占比 8.2%)，山东省(19798 万吨，占比 6.1%)。一般工业固体废物综合利用率较高的省(市)为天津市、上海市、江苏省、浙江省、山东省和广东省，均高于 90%。

表 3　2011—2015 年全国一般工业固体废物产生及处理情况　单位：万吨

年份	产生量	综合利用量	贮存量	处置量	倾倒丢弃量
2011	322722	195215	60424	70465	433
2012	329044	202462	59786	70745	144
2013	327702	205916	42634	82970	129
2014	325620	204330	45033	80388	59
2015	327079	198807	58365	73034	56
变化率/%	0.4	-2.7	29.6	-9.1	-6.1

注：1. 综合利用量包括综合利用往年贮存量，处置量包括处置往年贮存量。
2. 工业固体废物综合利用率 = 工业固体废物综合利用量/（工业固体废物产生量 + 综合利用往年贮存量）。

2015 年，全国工业危险废物产生量为 3976.1 万吨，同比增长 9.4%；综合利用量为 2049.7 万吨，同比减少 0.6%；处置量为 1174.0 万吨，同比增长 26.4%；贮存量为 810.3 万吨，同比增长 17.3%。工业危险废物处置利用率为 79.9%，比 2014 年增加了 1.0 个百分点。

二、造纸及纸制品业环境统计情况

1. 造纸及纸制品业废水及主要污染物排放情况

2015 年，调查统计造纸及纸制品企业 4180 家，比 2014 年的 4664 家减少 484 家，共拥有废水治理设施 3194 套。2015 年造纸及纸制品业废水排放总量为 23.7 亿吨，同比减少 14.1%，占工业行业废水排放总量的 13.1%。废水中化学需氧量排放量为 33.5 万吨，同比减少 29.9%，占工业行业化学需氧量排放总量的 13.1%；废水中氨氮排放量为 1.2 万吨，同比减少 25.0%，占工业行业氨氮排放总量的 6.1%。2011—2015 年造纸及纸制品业废水排放及处理情况见表 4。

表 4　2011—2015 年造纸及纸制品业废水排放及处理情况

项目	2011 年	2012 年	2013 年	2014 年	2015 年
汇总工业企业数/个	5871	5235	4856	4664	4180
工业废水排放量/万吨	382264.6	342717.3	285451.9	275501.3	236684.0
其中：直接排入环境的排放量/万吨	341237.0	301484.0	242348.7	235695.0	196758.0
排入废水处理厂的排放量/万吨	41027.6	41233.3	43103.3	39806.3	39925.9
工业废水处理量/万吨	550236.6	438658.6	400696.3	374418.7	320385.9
废水治理设施/套	5122	4574	4006	3648	3194
废水治理设施处理能力/（万吨/日）	2709.1	2821.2	2409.5	2192.3	2047.7
废水治理设施年运行费用/万元	610290.0	603670.7	578579.9	568583.6	541991.8
工业废水中污染物产生量/吨					
其中：化学需氧量	666336.8	5700614.9	5079414.2	4708935.0	4028747.6
氨氮	60705.1	56081.8	52306.1	53660.7	44496.8
石油类	262.8	361.4	551.4	524.7	289.3
挥发酚	266.1	239.2	1259.0	223.6	196.8
氰化物	0.2	0.1	0.1	0.1	0.1
六价铬	—	0.035	0.020	0.020	0.020
总铬	0.075	0.211	0.063	0.064	0.063
铅	0.099	0.000	0.088	—	0.002
砷	0.675	0.666	0.012	0.016	0.002
工业废水中污染物排放量/吨					
其中：化学需氧量	741672.3	623220.5	533014	478190.0	335420.4
氨氮	25052.7	20698.9	17779	16319.4	12354.4
石油类	66.5	71.7	164.6	195.4	43.3
挥发酚	90.7	59.9	54.3	51.5	38.2
六价铬	—	0.000	0.000	—	—
总铬	0.016	0.093	0.013	0.013	—
铅	0.098	0.000	0.000	—	0.002
砷	0.675	0.666	0.002	0.002	—

造纸及纸制品业废水排放量前5位的省份依次为广东省、浙江省、山东省、湖南省和江苏省，5个省份造纸及纸制品业废水排放量为11.0亿吨，占该行业重点调查工业企业废水排放量的46.3%；化学需氧量排放量前5位的省(区)依次为广东省、湖南省、广西壮族自治区、河北省和浙江省，5个省(区)造纸及纸制品业化学需氧量排放量为14.6万吨，占该行业重点调查工业企业化学需氧量排放量的43.4%。

2015年造纸及纸制品业工业用水总量为118.4亿吨，同比减少1.1%。其中，取水量为289756.5万吨，同比减少13.6%。2015年制浆及造纸行业废水产生量为289750.6万吨，同比减少21.6%；化学需氧量产生量为338.8万吨，同比减少17.0%。废水产生量前5位的省份为：浙江省、广东省、山东省、河南省和河北省；化学需氧量产生量前5位的省份为浙江省、山东省、广东省、河南省和江苏省(见表5和表6)。

表5　**历年造纸及纸制品业用水情况**

年份	工业用水总量/万吨	其中		工业总产值(现价)/万元	专职环保人员数/人
		取水量/万吨	重复用水量/万吨		
2001	573679	355526	218153	1207.0	14017
2002	602054	365503	236551	1350.2	14495
2003	610900	364264	246636	1668.0	13516
2004	687566	372609	314957	1978.3	14788
2005	766593	424978	341615	2322.5	14521
2006	892355	440076	452279	2885.4	15596
2007	1003747	488216	515531	3934.0	24342
2008	1089551	488440	601112	5195.8	21013
2009	1084418.4	465933.0	618485.4	4322.8	18644
2010	1233873.6	461484.6	772389.0	5149.4	18304
2011	1287691.7	455926.1	831765.6	6764.5	—
2012	1212955.4	407844.2	805111.2	7125.8	—
2013	1211333.1	344578.2	866754.8	7051.5	—
2014	1196529.8	335512.4	861017.4	7256.3	—
2015	1183509.4	289756.5	893752.9	7144.0	—

2. 造纸及纸制品业废气及主要污染物排放情况

2015年造纸及纸制品业废气排放总量为6657.0亿米^3，同比减少0.6%；共拥有废气治理设施4723套，同比减少133套。其中，二氧化硫排放量为37.1万吨，同比减少10.0%；氮氧化物排放量为16.9万吨，同比减少12.9%；烟粉尘排放量为13.8万吨，同比减少2.8%。2011—2015年造纸及纸制品业废气排放及处理情况见表7。

3. 造纸及纸制品业工业固体废弃物排放及处理情况

2015年造纸及纸制品业一般工业固体废物产生量为2248万吨，同比增长3.6%；利用量为2010万吨，同比增长10.9%；处置量为233万吨，同比减少32.9%；综合利用率为89.3%，同比增加5.8个百分点。危险废物产生量为506万吨，同比增长3.1%；危险废物综合利用量为490万吨，同比增长3.4%；危险废物处置量为16万吨，同比减少5.9%。2011—2015年造纸及纸制品业工业固体废物排放及处理情况见表8。

表 6

2015 年各地区制浆造纸行业污染排放及处理情况

地区名称	汇总工业企业数/个	造纸生产线/条	化学浆生产线/条	化机浆生产线/条	废纸浆生产线/条	取水量/万吨					废水产生量/万吨					化学需氧量产生量/吨				
						总计	造纸生产线	化学浆生产线	化机浆生产线	废纸浆生产线	总计	造纸生产线	化学浆生产线	化机浆生产线	废纸浆生产线	总计	造纸生产线	化学浆生产线	化机浆生产线	废纸浆生产线
全国	4180	2624	281	212	1209	225585.6	148658.7	35309.5	3120.0	38497.3	289750.6	197773.0	35482.3	10113.0	46382.3	3387553.9	2141711.9	542662.8	133083.4	570095.8
北京	11	2	0	0	0	41.9	41.9	0	0	0	33.1	33.1	0	0	0	110.7	110.7	0	0	0
天津	66	15	2	1	5	2069.0	1445.0	0	0	624.1	2931.9	2021.9	0	0	910.0	21404.9	16097.3	0	0	5307.6
河北	268	226	10	7	92	14560.0	9892.9	193.0	0	4474.2	15434.7	10885.7	185.0	5.4	4358.6	185008.2	122337.1	970.0	108.0	64593.1
山西	46	32	2	0	21	1423.5	700.2	25.9	0	697.4	2038.9	999.3	64.8	0	974.8	8515.8	4428.9	280.8	0	3806.1
内蒙古	28	5	1	0	5	515.7	237.1	207.7	0	70.8	517.4	236.4	207.7	0	73.2	3981.8	1074.8	1596.0	0	1311.0
辽宁	96	34	4	1	8	1947.3	1102.2	234.8	129.0	481.3	2249.4	1058.6	564.4	175.4	451.1	31730.7	13280.1	7758.9	2538.4	8153.2
吉林	45	38	8	7	16	4536.3	1774.0	1883.3	113.7	765.4	4196.8	1581.7	1745.0	112.2	757.9	44993.0	15823.4	13145.8	6881.3	9142.5
黑龙江	44	31	8	5	13	1572.3	1024.9	125.9	51.4	370.0	2419.5	2153.2	98.7	50.0	117.6	23325.2	14887.4	7611.3	102.9	723.7
上海	53	19	3	3	2	784.1	784.1	0	0	0	490.8	490.8	0	0	0	20610.9	20571.5	18.6	18.6	2.3
江苏	194	134	38	34	60	15109.8	13069.0	863.2	0	1177.6	12987.6	10837.3	898.8	0	1251.5	240907.5	212340.5	5662.3	1.0	22903.7
浙江	463	316	26	24	52	28566.9	27154.9	10.3	0	1401.7	50528.1	48973.2	10.3	0	1544.5	656393.0	635323.1	247.0	0	20822.9
安徽	125	74	4	9	38	5614.6	3591.7	273.0	31.5	1718.3	13755.9	11633.9	273.0	8.6	1840.4	109708.6	67829.9	6147.0	119.9	35611.8
福建	265	185	11	5	107	8310.3	4693.1	1160.7	160.7	2295.8	10567.9	6882.9	92.7	126.0	3466.3	161683.8	103309.2	2155.9	6169.1	50049.6
江西	148	89	4	4	75	5484.6	2136.5	937.3	111.2	2299.7	5580.8	2794.4	811.5	103.6	1871.4	78056.5	27764.3	8705.4	12038.9	29548.0
山东	262	163	35	26	77	23781.9	14205.9	5879.9	732.7	2963.6	29144.5	16821.5	7578.8	900.8	3843.3	434647.0	198033.7	121508.9	47695.1	67409.2
河南	203	124	8	4	73	15997.3	9743.1	1707.0	532.9	4014.3	24506.2	10606.1	2480.8	7146.7	4272.7	252633.5	81065.7	103409.2	26259.8	41898.9
湖北	92	67	7	7	35	7485.4	4351.6	699.1	49.2	2385.5	7918.5	4829.8	652.0	117.7	2318.9	69996.0	29272.8	7147.3	4674.5	28901.4
湖南	344	257	38	30	135	16845.7	9974.2	3419.1	112.5	3340.0	15421.6	9113.6	2704.4	111.5	3492.0	161955.6	80946.2	35667.2	7095.3	38246.9
广东	619	335	10	14	154	26095.4	19258.9	2827.9	9.2	3999.3	34454.1	26115.1	2373.4	114.9	5850.8	400478.3	293749.3	26069.4	187.9	80471.8
广西	159	104	23	8	43	15239.8	7666.1	5488.6	762.6	1322.4	13328.1	5701.9	6001.1	674.7	950.5	168525.5	57847.6	91338.0	8858.2	10481.7
海南	5	4	2	2	2	3933.5	822.6	3110.9	0	0	2901.3	503.1	2398.1	0	0	50777.5	10769.8	39852.7	112.0	43.0
重庆	69	51	5	2	23	3962.6	2527.1	941.4	0	494.0	5165.1	1998.4	423.4	0	2743.3	58003.4	32160.1	7376.5	0	18466.9
四川	271	173	15	9	91	10688.1	6181.8	2338.8	18.5	2149.1	14554.7	8802.9	2328.6	68.4	3354.7	105463.0	67715.5	23523.4	415.5	13808.6
贵州	33	11	1	0	9	1533.4	471.5	517.5	0	544.4	1397.4	370.9	474.2	0	552.2	7157.1	2059.7	952.0	0	4145.4
云南	114	57	6	2	22	5949.2	4113.9	1784.0	0.9	50.4	11604.9	10191.6	1251.9	7.3	154.1	23406.1	10412.9	10402.7	44.0	2546.5
西藏	2	1	0	0	0	3.6	3.6	0	0	0	12.6	12.6	0	0	0	4.4	4.4	0	0	0
陕西	49	28	1	2	21	1372.7	559.4	120.2	254.0	439.0	3134.7	941.5	1021.9	339.9	831.4	36314.6	13319.2	2729.3	9735.8	10530.3
甘肃	12	7	2	1	4	321.1	244.1	0	0	76.9	685.6	388.6	255.2	0	41.9	2176.9	1172.9	574.1	0	429.9
青海	0	0	0	0	0	0	0	0	0	0	0	0	0	0	0	0	0	0	0	0
宁夏	14	7	3	0	1	1106.5	583.9	522.4	0	0.1	1166.2	549.3	559.7	0	57.1	22556.0	4754.6	17568.6	0	232.9
新疆	80	35	4	5	25	733.3	303.2	37.7	50.0	342.3	622.6	243.6	27.1	50.0	301.9	7028.1	3249.4	244.5	27.4	3506.8

表 7　2011—2015 年造纸及纸制品业废气排放及处理情况

项目	2011 年	2012 年	2013 年	2014 年	2015 年
废气排放总量/亿米^3	17093.9	6146.0	6720.6	6700.4	6657.0
废气治理设施数/套	6052	5489	4961	4856	4723
废气治理设施处理能力/(万米^3/时)	20627.2	17510.1	17665.6	17717.7	18246.0
废气治理设施 2015 年运行费用/万元	246844.0	162604.7	163132.3	172519.3	204582.4
二氧化硫产生量/万吨	85.1	75.0	69.1	73.2	73.4
二氧化硫排放量/万吨	54.3	49.7	44.9	41.2	37.1
氮氧化物产生量/万吨	22.5	21.0	19.6	20.7	22.0
氮氧化物排放量/万吨	22.1	20.7	19.3	19.4	16.9
烟(粉)尘产生量/万吨	551.8	468.8	472.1	438.0	475.2
烟(粉)尘排放量/万吨	20.7	16.7	14.9	14.2	13.8

表 8　2011—2015 年造纸及纸制品业工业固体废物排放及处理情况

项目	2011 年	2012 年	2013 年	2014 年	2015 年
一般工业固体废物产生量/万吨	1482	2168	2055	2170	2248
一般工业固体废物利用量/万吨	2133	1926	1734	1812	2010
一般工业固体废物处置量/万吨	321	231	317	347	233
一般工业固体废物贮存量/万吨	38	13	7	16	8
一般工业固体废物倾倒丢弃量/万吨	1	0	1	1	—
一般工业固体废物综合利用率/%	85.9	88.7	84.4	83.5	89.3
危险废物产生量/万吨	746	715	308	491	506
危险废物综合利用量/万吨	487	667	288	474	490
危险废物处置量/万吨	259	48	20	17	16

4. 造纸及纸制品业工业煤炭消耗和炉窑、锅炉情况

2015 年造纸及纸制品业工业煤炭消耗量为 5138.5 万吨，比 2014 年的 4921.7 万吨增加 216.8 万吨，同比增长 4.4%。其中，燃料煤消耗量 5132.6 万吨，比 2014 年的 4905.0 增加 227.6 万吨。

2015 年造纸及纸制品业工业炉窑 307 台，比 2014 年的 384 台增加 77 台。工业锅炉 4038 台，比 2014 年的 4675 台减少 637 台，同比减少 13.6%，其中，35 蒸吨及以上工业锅炉 523 台，20(含)~35 蒸吨锅炉 242 台，10(含)~20 蒸吨锅炉 760 台，10 蒸吨以下锅炉 2513 台。

（杨　扬）

碱回收炉烟气 NO_x 排放情况分析

Analysis of NO_x Emission of Chemical Recovery Boiler

一、碱回收炉在制浆生产中的作用

碱回收是现代化大型硫酸盐制浆生产线中的核心环节之一，它极大地削减了制浆生产过程中产生的有机与无机化合物的排放负荷，并提供了制浆生产所需的能源。在漂白硫酸盐木浆（BKP）中，碱回收炉承担着处理制浆过程产生的废液，将其通过燃烧及苛化反应回收制浆过程中所采用的 NaOH 和 Na_2S，并将燃烧所得的热量转化为生产所用的蒸汽和电力。大型现代化制浆生产线的碱回收系统回收的 NaOH 和 Na_2S 以及碱回收炉产生的热能可以 100% 满足生产的需求。制浆废液通过碱回收系统的处理，可削减整个生产系统所产生的 95% 以上的 COD_{Cr}，因此碱回收炉是制浆生产线的核心设备。

二、碱回收炉运行需要控制的因素

BKP 制浆过程产生的废液呈黑色，故在行业内称为黑液（Black Liquid），主要成分是制浆过程中 NaOH 和 Na_2S 与木材中的木素反应产生的磺化木素及多糖等有机物。以漂白硫酸盐桦木浆黑液来说，有机物占 78.0%，无机物占 22.0%，具体黑液化学组成见表 1。若以元素分析结果表示，其元素范围分析见表 2，典型元素分析见表 3。

表 1 黑液化学组成 单位：%

成分	含量
有机物	**78.0**
木素碎片（包括 Na 和 S）	37.5
异糖精酸（包括 Na）	22.6
脂肪族醇（包括 Na）	14.4
皂化物及脂肪酸（包括 Na）	0.5
多聚糖 Polysaccharides	3.0
无机物	**22.0**
NaOH	2.4
NaHS	3.6
Na_2CO_3 和 K_2CO_3	9.2
Na_2SO_4	4.8
$Na_2S_2O_3$，Na_2SO_3 和 Na_2S	0.5
NaCl	0.5
Si，Ca，Fe，Mn，Mg 等元素	0.2

表 2 黑液元素范围分析 单位：%

种类		元素								
		C	H	N	O	Na	K	S	Cl	惰性物
欧洲树种	松木浆	32~37	3.2~3.7	0.06~0.12	33~36	18~22	1.5~2.5	4~7	0.1~0.8	0.1~0.3
	桦木浆	31~35	3.2~3.5	0.14~0.2	33~37	18~22	1.5~2.5	4~7	0.1~0.8	0.1~0.3
北美树种	松木浆	32~37.5	3.4~4.3	0.06~0.12	32~38	17.3~22.4	0.3~3.7	2.9~5.2	0.1~3.3	0.1~2.0
	桦木浆	31~36.5	2.9~3.8	0.14~0.2	33~39	18~23	1~4.7	3.2~5.2	0.1~3.3	0.1~2.0
热带雨林树种	桉木浆	33~37	2.7~3.9	0.1~0.6	33~39	16.2~22.2	0.4~9.2	2.4~7.0	0.1~3.3	0.2~3.0
	混合杂木浆	34~37	3.1~4.2	0.1~0.9	33~39	16.5~22.5	0.5~6.3	2.4~5.0	0.5~2.4	0.2~3.3

注：惰性物的主要成分为氮、钙、氟、铁、铝、镁、磷、钒和硅。

表 3　　黑液典型元素分析　　单位:%

种类		元素								
		C	H	N	O	Na	K	S	Cl	惰性物
欧洲树种	松木浆	35.0	3.6	0.1	33.9	19.0	2.2	5.5	0.5	0.2
	桦木浆	32.5	3.3	0.2	35.5	19.8	2.0	6.0	0.5	0.2
北美树种	松木浆	35.0	3.5	0.1	35.4	19.4	1.6	4.2	0.6	0.2
	桦木浆	34.0	3.4	0.2	35.0	20.0	2.0	4.3	0.6	0.5
热带雨林树种	桉木浆	34.8	3.3	0.2	35.5	19.1	1.8	4.1	0.7	0.5
	混合杂木浆	35.2	3.6	0.3	35.5	18.8	2.3	3.0	0.8	0.5
非木材纤维原料	蔗渣浆	36.9	3.9	0.3	36.3	18.6	0.6	2.5	0.4	0.5
	竹浆	34.5	3.3	0.4	34.1	18.3	4.0	3.3	1.6	0.5
	草浆	36.5	3.9	0.7	33.9	17.5	2.1	2.8	2.1	0.5

从表 2 数据可以看出，制浆黑液的绝干固形物是含 31% ~37% 碳的可燃物，由于来自可再生的生物，并且是工业生产后的废液，故称为可回收利用的生物质燃料。典型的纤维原料制浆黑液绝干固形物的发热值如表 4 所示。

表 4　典型纤维原料的制浆黑液绝干固形物发热值　　单位：兆焦/千克

绝干固形物	典型值	范围
欧洲针叶木浆黑液	14.2	13.3 ~ 14.8
欧洲阔叶木浆黑液	13.5	13.0 ~ 14.3
北美针叶木浆黑液	14.2	13.3 ~ 15.0
北美阔叶木浆黑液	13.9	13.0 ~ 14.8
典型阔叶木浆黑液	14.1	13.4 ~ 14.8
蔗渣浆黑液	14.8	
竹浆黑液	14.1	
草浆黑液	14.7	

黑液燃烧的主要目的是将黑液中的成分和元素转化为制浆生产所需要的 Na_2CO_3（通过苛化转化为制浆所用的 NaOH）和 Na_2SO_4，生成的气体主要为 CO_2 和 SO_2，这也是生产中所需控制的，因此黑液固形物发热值是在以上条件下所测的数值。

鉴于管道输送等原因，木浆黑液进入碱回收炉的浓度一般为 65% ~80%，非木材浆黑液入炉浓度一般为 50% ~60%。因此，碱回收炉的工作原理基本上可分为黑液干燥和燃烧反应两个阶段。

鉴于碱回收炉的主要目的是将黑液中的碳、钠、硫反应成为生产所用的 Na_2CO_3 和 Na_2SO_4，因此必须控制反应温度，温度太高金属钠易升华为气体，进入烟气中，与烟气中的 CO_2 反应生产 Na_2CO_3，造成碱回收炉后部积灰，严重影响运行并腐蚀管束、汽包、省煤器等锅炉部件，并造成碱损失。而 Na_2SO_4 生成反应也在一定的温度下达到最高。一般情况下，炉膛底部熔融物的温度在 900℃以上，碱回收炉的燃烧温度控制在 950 ~ 980℃。其炉膛单位面积的燃烧强度设计为 2600 ~ 2800 千瓦/米^2，竖向控制在 60 ~ 100 千瓦/米^2。因此，在同样蒸发量的情况下，碱回收炉的体积要比以燃煤或燃油的动力锅炉大很多倍。因此，可以认为碱回收炉是在一定温度控制下的化学反应装置。

由于制浆过程中的浆料洗涤（或称为黑液提取）的洗净度最高只能达到 99%，加上蒸发、燃烧、苛化的损失，一般在硫酸盐木浆碱回收炉中要加芒硝（Na_2SO_4）补充碱损失，控制温度的目的也在控制最高的 $Na_2SO_4 \rightarrow Na_2S$ 还原率。

碱回收炉的设计是根据制浆黑液的元素分析及其化学反应的温度需求进行的，其炉膛底截面，炉膛竖向温度曲线，过热器、管束、省煤器及烟道出口的温度均有严格的要求，每台碱回收炉的一次、二（三）次风的进风位置都是不同的，因此，改变锅炉的运行参数比较困难。

大型现代化制浆生产线的碱回收炉燃烧 1 千克黑液固形物可产生 3.4 ~ 3.6 千克、压力 8.5 兆帕以上的高压蒸汽，经抽凝机组发电及抽取低压蒸汽，其产生的能源基本可满足从备料到漂白、含碱回收的制浆生产需求。因此碱回收炉除了是制浆生产的重要生产过程之外，也是制浆生产线的能源供应中心。

三、碱回收炉烟气中的 NO_x

碱回收炉烟气中的 NO_x 是由黑液燃烧时固形物中的氮以及送入炉中的空气中的氮反应生成的：

$$N_2 + O_2 = 2NO$$

$$NO + 1/2\ O_2 = NO_2$$

在碱回收炉膛中，氮氧化合物是以初级的 NO 存在，与大气接触后，进一步被氧化成为 $NO_2 \cdot NO$

和 NO_2。这些氮氧化合物被统称为 NO_x，燃烧产生 NO_x 的起始温度在 650℃以上，1400℃以上生成加速。据相关文献称，动力及工业锅炉并非是 NO_x 的最大排放源，燃油发动机单位能耗所产生的 NO_x 浓度远大于此，因此，交通运输是 NO_x 的最大排放源。

在碱回收炉膛内，初级氮氧化合物是以如下方式生成的：①在高温中与送入炉膛的空气反应；②燃烧空气中的氮与火焰中的碳氢化合物反应生成合成物（HCN、NH、N），进而生成 NO；③燃料中的氮与氧反应生成。图 1 所示是炉膛温度对 NO_x 生成反应的影响效应。

热型 NO_x 生成反应对温度高度敏感，其他方式生成的 NO_x 也随温度升高而浓度加大。实际碱回收炉的工作温度在 1000℃以下，这并非高浓度 NO_x 生成的温度区域。

根据以上分析，烟气中的 NO_x 排放浓度与炉膛工作温度有关，与燃料中的 N 及 C 的含量也有关，燃料中 C 含量越高，燃烧所需的空气量就越大，入炉空气中的 N 量就越大，生成 NO_x 的机会就越大。从表 2 和表 3 数据可以看出，欧洲和北美树种制浆黑液中 N 的含量相对较低，而热带雨林树种和非木材纤维制浆黑液中的 N 含量较高。

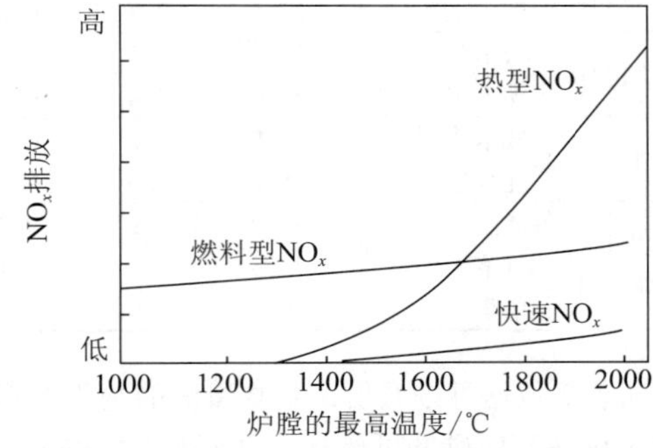

图1 炉膛温度对NO_x生成反应的影响效应

对于 NO_x 排放量，欧洲一般以年平均千克/吨（风干浆）计，表 5 为欧洲部分浆厂碱回收炉、石灰窑、树皮炉和辅助锅炉 NO_x 排放情况。

表 5 欧洲部分浆厂碱回收炉、石灰窑、树皮炉和辅助锅炉 NO_x 排放情况

单位：千克/吨（风干浆）

序号	工厂名称	碱回收炉	石灰窑	树皮炉	辅助锅炉	主生产排放总量
1	Aspa，瑞典	1.29	0.20			1.49
2	Iggesund，瑞典	1.50	0.13		0.82	1.63
3	Husum，瑞典	1.21	0.11	0.07	0.39	1.50[1]
4	Mönsteras，瑞典	0.95	0.21		0.12	1.16
5	Ostrand，瑞典	1.36	0.08		0.47	1.44
6	Skutskär，瑞典	1.26	0.19		0.37	1.45
7	Skärblacka，瑞典	0.66	0.23		0.72	0.89
8	Skoghall，瑞典	1.14	0.15	0.13	0.53	1.42
9	Vallvik，瑞典	1.44	0.22		0.28	1.65[2]
10	Varö，瑞典	1.51	0.26		0.2	1.79[3]
11	Dynäs，瑞典	1.24	0.22		0.52	1.66[4]
12	Frövi，瑞典	1.01	0.21	0.29	0.99	1.51
13	Obbola，瑞典	1.02	0.18		0.31	1.20
14	Bäckhammar，瑞典	1.22	0.04		0.37	1.26
15	Huelva，西班牙	0.88	0.06		0.31	0.94
16	Pöls AG，奥地利	1.60	0.45			2.05
17	StoraCelbi，葡萄牙	1.02	0.17	0.19	0.37	1.38
18	Enocell，芬兰	1.19	0.17	0.16	0.29	1.52
19	Oulu，芬兰	0.81	0.27			1.08
20	Aäneskoski，芬兰	1.75	0.10			1.85
21	Kaskinen，芬兰	1.37	0.16		0.61	1.53
22	Sunila，芬兰	1.03	0.28	0.04	0.40	1.35
23	Joutseno，芬兰	1.01	0.17		0.26	1.18
24	Wisaforest，芬兰	0.86	0.33	0.40	0.79	1.59
	平均	1.18	0.19	0.18	0.46	1.44

注：表中 1、2、3、4 的数值为原文数据，计算值分别为 1.39、1.66、1.77 和 1.46 千克/吨（风干浆）。表中数据引自 IPPC BAT（2001）. Chapter2：Pulp and Paper Industry. 106～108.

从表 5 可以看出，欧洲部分浆厂碱回收炉 NO_x 最低排放量 0.66 千克/吨(风干浆)，最高 1.75 千克/吨(风干浆)，平均 1.18 千克/吨(风干浆)；石灰窑 NO_x 最低排放量 0.04 千克/吨(风干浆)，最高 0.33 千克/吨(风干浆)，平均 0.19 千克/吨(风干浆)。按 IPPC BAT 2001 中叙述，碱回收炉烟气排放量 7000～9000 米^3/吨(风干浆)，石灰窑为 1000 米^3/吨(风干浆)，按文献给出的数据计算，干烟气发生量约为 7500 标准米^3/吨(风干浆)，以此计算，碱回收炉排放浓度为 157 毫克/米^3，石灰窑为 191 毫克/米^3。

Pöyry 统计了瑞典和芬兰两国共计 39 个浆厂的 NO_x 排放数据，对于年产 1484 万吨浆，碱回收炉和石灰窑的 NO_x 排放强度为芬兰 1.45 千克/吨(风干浆)，瑞典 1.53 千克/吨(风干浆)，这与表 5 所示的情况相似，排放浓度分别相当于 193 毫克/米^3 和 204 毫克/米^3。从北欧树种的制浆黑液元素分析看，其 N 含量比我国普遍采用的热带雨林树种的制浆黑液要少(见表 2 和表 3)。

王子某制浆造纸企业在日本工厂的碱回收炉 NO_x 排放浓度一般控制在 230 毫克/米^3 以下。

我国近年来引进了不少具有国际先进水平的碱回收炉，运行优良，环保作用十分明显。表 6 为国内 7 家企业项目验收时的检测情况。

表 6　国内几家企业碱回收炉 NO_x 排放情况

单位：毫克/米^3

企业名称	A	B	C	D	E	F	G
NO_x 排放浓度	213	236	150	174	200	200	250

注：各企业生产所用原料基本上均为速生阔叶木。表中数据为检测平均值。

四、碱回收炉 NO_x 排放面临的问题

2011 年 7 月 29 日，我国环境保护部、国家质量监督检验检疫总局发布更为严格的 GB 13223—2011 火电厂大气污染排放标准(见表 7)，取代原 GB 13223—2003，新标准自 2012 年 1 月 1 日起实施。新标准中修订的主要内容为调整了大气污染物排放浓度限制；规定了现有火电锅炉达到更加严格的排放浓度限值的时限；取消了全厂二氧化硫最高允许排放速率的规定；增设了燃气锅炉大气污染物排放浓度限值；增设了大气污染物特别排放限值。

标准适用于使用单台出力 65 吨/时以上除层燃炉、抛煤机炉外的燃煤发电锅炉；各种容量的煤粉发电锅炉；单台出力 65 吨/时以上燃油、燃气发电锅炉；各种容量的燃气轮机组的火电厂；单台出力 65 吨/时以上采用煤矸石、生物质、油页岩、石油焦等燃料的发电锅炉。但标准不适用于各种容量的以生活垃圾、危险废物为燃料的火电厂。

目前，以制浆黑液作为生物质燃料发电已成为共识，在线配置四电场静电除尘，烟气不加任何额外处理的情况下，烟尘和 SO_2 就可以达到此标准。

但年产 10 万吨漂白硫酸盐竹浆生产线的碱回收炉，其蒸汽的发生量在 70 吨/时以上，年产 50 万吨漂白硫酸盐木浆生产线的碱回收炉，其蒸汽发生量约为 400 吨/时，如果按照 GB 13223—2011 的排放标准实施，现有的碱回收炉运行模式，NO_x 要达到 100 毫克/米^3 几乎无可能性，这给环保部门审批新的化学制浆项目带来极大的困惑。

目前我国是全球纸和纸板消费量和生产量第一大国，消费量和生产量约占全球的 1/4。同时，我国是制浆造纸原料极度缺乏的国家，制浆纤维原料对外依存度较高。因此仍需要在适当地区实施林浆纸一体化或利用国外资源建设大型现代化硫酸盐制浆项目。

在制浆造纸行业，有多用途木屑、树皮循环流化床锅炉(CFB)或鼓泡流化床锅炉(BFB)采用氨水(NH_3)喷入 CFB 的固体分离器(Solid Separator)或喷入 BFB 炉膛削减烟气中的 NO_x 的实例，其原理如下：

$$4NO + 4NH_3 + O_2 \longrightarrow 4N_2 + 6H_2O$$

$$2NO_2 + 4NH_3 + O_2 \longrightarrow 3N_2 + 6H_2O$$

其中，在 CFB 中根据 NO_x 的排放量，采用 NH_3 与 NO_x 的摩尔比 1.5～2.5 的氨水喷入固体分离器方式，其 NO_x 的排放量可减少 50%。

对比来看，树皮及其他化石燃料的含碳量和含氮量均高于黑液(见表 8)，但树皮炉燃烧时烟气中的 NO_x 浓度在 50～200 毫克/米^3，而碱回收炉烟气 NO_x 浓度一般为 200～250 毫克/米^3。根据欧洲发表的相关文献，随着黑液浓度的增加，NO_x 的排放量有轻微的增加，其原因尚不清楚。

表 7　　GB 13223—2011 火电厂大气污染排放标准

单位：毫克/米³（烟气黑度除外）

序号	燃料和热能转化设施类型	污染物	适用条件	限值	污染物排放监控位置
1	燃煤锅炉	烟尘	全部	30	烟囱或烟道
		SO_2	新建锅炉	100	
				200[1]	
			现有锅炉	200	
				400[2]	
		NO_x（以 NO_2 计）	现有锅炉	100	
				200[2]	
2	以油为燃料的锅炉或燃气轮机组	烟尘	全部	30	烟囱或烟道
		SO_2	新建锅炉及燃气轮机组	100	
			现有锅炉及燃气轮机组	200	
		NO_x（以 NO_2 计）	新建燃油锅炉	100	
			现有燃油锅炉	200	
			燃气轮机组	120	
3	以气体为燃料的锅炉或燃气轮机组	烟尘	天然气锅炉及燃气轮机组	5	烟囱或烟道
			其他气体燃料锅炉及燃气轮机组	10	
		SO_2	天然气锅炉及燃气轮机组	35	
			其他气体燃料锅炉及燃气轮机组	100	
		NO_x（以 NO_2 计）	天然气锅炉	100	
			其他气体燃料锅炉	200	
			天然气燃气轮机组	50	
			其他气体燃料燃气轮机组	120	
4	燃煤锅炉、以油、气体为燃料的锅炉或燃气轮机组	烟气黑度（林格曼黑度，级）	全部	1	烟囱排放口

注：1. 位于广西壮族自治区、重庆市和贵州省的火力发电锅炉执行该限值。

2. 采用 W 型火焰炉膛的火力发电锅炉，现有循环流化床发电锅炉，以及 2003 年 12 月 31 日前建成投产或通过项目建设环境影响报告书审批的火力发电锅炉执行该限值。

表 8　　各种燃料元素分析　　单位：%

燃料	元素					灰分	含水量
	C	H	S	O	N		
原煤	73.2	4.7	1.0	9.1	1.0	11.0	9
重油	88.3	10.1	1.0	0.2	0.4	0	0.3
轻油	86.2	13.7	0.1		0	0	0
木材	50.4	6.2		42.5	0.5	0.4	55
树皮（松树）	54.5	5.9		37.7	0.3	1.7	60
（云杉）	50.6	5.9		40.2	0.5	2.8	60
（桦树）	56.6	6.8		34.2	0.8	1.6	55
黑液（松树）	39.0	4.0	4.5	33.4	0.1	19.0	40
（桦树）	37.0	4.0	4.0	33.9	0.1	21.0	40
泥煤	55.0	5.5	0.2	32.6	1.7	5.0	50

与木屑、树皮炉一样，由于炉膛燃烧温度较低，由燃烧热风中的 N 而生成的“热型”NO_x 可能性很小，因此烟气中的 NO_x 主要是燃烧燃料中的 N 生成的。鉴于碱回收炉主要功能是在一定的温度范围内将黑

液中的 Na、C、S 以及补充芒硝中的 Na_2SO_4 进行化学反应，生成 Na_2CO_3 和 Na_2S，并且要求飞灰生成少，Na_2S 的还原率高，外界影响因素越少越好。从原理上讲，碱回收炉是化学反应装置，从生成主要产品的角度来说，化学反应中的副反应越少越好。主要化学反应中产生大量的热能可以用于生产蒸汽和电，从生产环节来说，制浆生产所需的主要化学品和全部能源供应都来自于碱回收炉，其重要性不言而喻。目前尚未知在反应中加入 NH_3 对炉内其他化学反应的影响。因此，上述用于木屑、树皮炉的 NO_x 削减技术到目前为止未见用于碱回收炉，目前全球尚无碱回收炉安装烟气脱除 NO_x 装置的案例。

五、解决途径探讨

从对生态和环境保护以及企业的社会责任来讲，制浆造纸企业应该严格执行国家排放标准，制浆造纸行业的科研机构和工程服务单位应该对国家控制 NO_x 排放给予充分的理解，并研究削减和解决 NO_x 排放问题。如果将碱回收炉规模化整为零，蒸汽生产量每台 65 吨/时以下，既不符合充分利用能源，提高运行效率的原则，投资又不合理。可从如下两方面探讨：

(1) 碱回收炉是化学制浆生产中的一个化学反应单元，用于在特定条件下焚烧废液中有机质及通过一系列化学反应再生回收碱和硫化物，附带有反应余热利用、余热发电和焚烧有机废气的功能的装置。制浆黑液是参与化学反应的原料。呼吁国家相关部门根据国内外相同情况，与生活垃圾、危险废物为燃料的火电厂的锅炉一样，制定适合废液循环利用余热发电锅炉的排放标准。

(2) 建议碱回收炉不定义为生物质发电锅炉，NO_x 排放浓度按 GB 13223—2011 中燃煤锅炉(2)的标准或略宽的标准执行，即 200 毫克/米^3 或略高。此标准应用于燃烧低反应能力的无烟煤和贫煤、采用 W 型火焰炉膛的火力发电锅炉，属于鼓励资源充分利用的政策。碱回收炉充分利用了制浆废液的热能并回收了制浆化学品，与此有相似之处，从燃烧物的入炉方式和其形成也有相似之处。

六、结　论

鉴于碱回收炉的反应原理和运行状况以及全球碱回收炉的运行数据，目前尚不能达到国家 GB 13223—2011 火电厂大气污染排放标准中 NO_x 的排放限值。从原理上讲，碱回收炉以化学反应为主，并利用化学反应所放出的热量生产高压蒸汽从而进一步用于发电。与燃煤和燃油以及一般的生物质燃料燃烧不一样，因此，在没有研究出有效削减措施之前，建议不将碱回收炉定义为生物质发电锅炉，从鼓励清洁生产、循环经济、资源充分利用的角度出发，按 GB 13223—2011 中燃煤锅炉(2)的标准或略宽的标准执行。

（戚永宜）

造纸行业排污许可证申请与核发技术规范

Application and Issuance Specification of Pollutant Discharge License of Paper Industry

环境保护部 2016 年 12 月 28 日印发

一、适用范围及排污单位基本情况

(一)适用范围

本技术规范适用于指导造纸行业排污单位填报《排污许可证申请表》及网上填报相关申请信息，同时适用于指导核发机关审核确定排污许可证许可要求。

造纸行业排污许可证发放范围为所有制浆企业、造纸企业、浆纸联合企业以及纳入排污许可证管理的纸制品企业。

造纸企业排放的水污染物、大气污染物均应实施排污许可管理。

造纸企业中，执行《火电厂大气污染物排放标准》(GB13223)的生产设施或排放口，适用《火电行业排污许可证申请与核发技术规范》，其余均适用本技术规范。

排污许可分类管理名录出台后，造纸行业排污许可证发放范围从其规定。

(二)排污单位基本情况填报要求

排污单位基本情况包括：排污单位基本信息，主要产品及产能，主要原辅材料及燃料，产排污节点、污染物及污染治理设施，以及生产工艺流程图和厂区总平面布置图。

1. 排污单位基本信息

企业需填报的排污单位基本信息包括：单位名称、法人、生产经营场所经纬度、所在地是否属于大气污染重点控制区域、是否投产、环评及验收批复文件文号、地方政府对违规项目的认定或备案文件、总量分配文件文号等。对于同一法人拥有多个生产经营场所的情形，应分别申报。

按照《国务院办公厅关于加强环境监管执法的通知》(国办发〔2014〕56 号)要求，各地全面清理违法违规项目，经地方政府依法处理、整顿规范并符合要求的项目，纳入排污许可管理范围。对于不具备环评批复文件或地方政府对违规项目的认定或备案文件的造纸企业，原则上不得申报排污许可证。

2. 主要产品及产能

造纸企业应填写主要生产单元、主要工艺、生产设施、生产设施编号、设施参数、产品、生产能力、设计生产时间及其他。

在填报“主要产品及产能”时，需选择行业类别，除在填写执行《火电厂大气污染物排放标准》(GB13223)的生产设施需选择火电行业外，其余均选择造纸行业。

(1)主要生产单元　为必填项，分为化学浆生产线、半化学浆生产线、化学机械浆生产线、机械浆生产线、废纸浆生产线、造纸生产线、公用单元等。(企业在填报时，应当在国家排污许可证管理信息平台申报系统的下拉菜单中选择并填写。对于选填内容或菜单中未包括的内容，可由地方环保部门决定是否填报，企业认为需要填报的，可以自行填报，下同)。

(2)主要工艺　为必填项，分为漂白/本色硫酸盐化学浆、漂白/本色亚硫酸盐化学浆、漂白/本色碱法化学浆、漂白/本色亚铵法制浆、漂白/本色过氧化氢化学浆、漂白/本色碱性过氧化氢化学机械浆(APMP)、漂白/本色化学热法机械木浆(BCT-MP)、漂白/本色化学热磨机械浆(CTMP)、漂白/本色热磨机械浆(TMP)、漂白/本色半化学浆、漂白/本色废纸浆、溶解浆、造纸、加工纸、纸制品，公用单元分为化学品制备、碱回收车间、储存系统、锅炉、辅助系统等。

(3)生产设施　关于木浆及非木材浆生产线，必填项包括：备料(湿法备料、干法备料、废纸挑选)、蒸煮(连续蒸煮器、立锅、蒸球、其他)、洗涤(置换洗浆机、真空洗浆机、压力洗浆机、带式洗浆机、螺旋挤浆机、其他)、筛选(全封闭压力筛选、压力筛选、其他)、氧脱木素(无、一段、两段)、漂白(二氧化氯漂白、次氯酸盐漂白、氯气漂白、过氧化氢漂白、其他漂白系统)、机械磨浆(压力磨浆机、常压磨浆机、低浓磨浆机、其他磨浆机)、碱回收车间(碱回收炉、蒸发器、污冷凝水回收、石灰窑)、化学品制备(二氧化氯制备、次氯酸盐制备、其他)、制浆废液回收利用(红液回收、废液燃烧回收、黑液综合利用、亚铵法废液综合利用)。选填项包括：机械浆预处理等生产设施。

关于废纸制浆生产线，必填项包括：脱墨(一级浮选、二级浮选、一级洗涤、二级洗涤、其他)和漂白(过氧化氢、二氧化氯、臭氧、氯气、其他)；选填项包括：碎浆、热分散、筛选等生产设施。

关于造纸生产线，必填项包括：造纸(圆网纸机、长网纸机、超成形纸机、叠网纸机、夹网纸机、斜网纸机、其他)和白水回收(气浮、沉淀塔、多盘回收机、圆网浓缩机、其他)；选填项包括：涂布、表面施胶、干燥等生产设施。

关于公用单元，必填项包括：燃烧炉(锅炉、生物质炉、焚烧炉)、储存系统(原料堆场、煤场、筒仓、油罐、气罐、化学品库)、锅炉(循环流化床锅炉、煤粉锅炉、燃油锅炉、燃气锅炉、凝汽式汽轮机、抽凝式汽轮机、背压式汽轮机、抽背式汽轮机)、辅助系统(灰库、渣仓、渣场、灰渣场、石膏库房、氨水罐、液氨罐、石灰石粉仓、污泥储存间)；选填项包括：供水处理系统(清水制备系统、软化水制备设备、其他)和锅炉及发电系统中省煤器、空气预热器、一次风机、送风机、二次风机等。

本技术规范尚未作出规定，且排放工业废气和有毒有害大气污染物，有明确国家和地方排放标准的，相应生产设施为必填项。

(4)排污许可证申请表中的生产设施编号　为必填项。企业填报内部生产设施编号，若企业无内部生产设施编号，则根据《固定污染源(水、大气)编码规则(试行)》进行编号并填报。

(5)设施参数　分为参数名称、设计值、计量单位等，对于公用单元的燃烧炉、储存系统、辅助系统为必填项，生产过程中蒸煮工艺填写粗浆得率、漂白工艺填写漂白浓度、碱回收单元的蒸发填写黑液提取率、机械磨浆填写磨浆浓度、白水回收系统填写白水循环利用率，纸机填写抄宽、车速，均为设计值，其他为选填项。

(6)产品名称　为必填项，分为浆板、新闻纸、生活用纸、包装纸、箱纸板、瓦楞原纸、特种纸、纸制品等。

(7)生产能力及计量单位　为必填项，生产能力为主要产品设计产能，并标明计量单位。产能与经过环境影响评价批复的产能不相符的，应说明原因。

(8)设计年生产时间　为必填项。

(9)其他　为选填项，企业如有需要说明的内容，可填写。

3. 主要原辅材料及燃料

造纸企业应填写原料、辅料及燃料名称、年最大使用量等。

(1)种类　为必填项，分为原料、辅料。

(2)原料名称　为必填项，分为针叶木、阔叶木、竹类、麦草、芦苇、甘蔗渣、废纸、商品浆、水等。

(3)辅料名称　包括工艺过程中添加辅料和废水、废气污染治理过程中添加的化学品，分为氢氧化钠(烧碱)、硫化钠、双氧水、臭氧、二氧化氯、液氯、液氨、氨水、石灰石、石灰、填料、增白剂、硫酸、盐酸、混凝剂、助凝剂等。必填项为废水、废气污染治理过程中添加的化学品，制浆过程中蒸煮、漂白工艺添加的化学品和造纸过程中添加的填料为必填项，其余为选填项。

(4)燃料名称　为必填项，分为燃煤(灰分、硫分、挥发分、热值等)、天然气、重油等。

(5)年最大使用量　为必填项。已投运排污单位的年最大使用量按近五年实际使用量的最大值填写，未投运排污单位的年最大使用量按设计使用量填写。

(6)有毒有害元素占比、硫元素占比及其他为选填项。

4. 产排污节点、污染物及污染治理设施

该部分包括废气和废水两部分。废气部分应填写生产设施对应的产污节点、污染物种类、排放形式(有组织、无组织)、污染治理设施、是否为可行技术、排放口编号及类型。废水部分应填写废水类别、污染物种类、排放去向、污染治理设施、是否为可行技术、排放口编号、排放口设置是否规范及排放口类型。

(1)废气产污环节 分为锅炉、碱回收炉、石灰窑、焚烧炉、堆场、备料、蒸煮、洗涤、漂白、储存系统等。

(2)污染物种类 为标准中污染因子，如废气中的颗粒物、二氧化硫、氮氧化物等和废水中的COD_{Cr}、氨氮等。

(3)排污许可证申请表中的污染治理设施编号 可填写企业内部污染治理设施编号，若企业无内部编号，则根据《固定污染源(水、大气)编码规则(试行)》进行编号并填报。

(4)治理设施名称 废气分为脱硫系统(单塔单循环、单塔双循环、双塔双循环等)、脱硝系统、脱汞措施、除尘器等；废水分为工业废水处理系统、生活污水处理系统等。

(5)污染治理工艺 废气包括脱硫系统(石灰石-石膏湿法、石灰-石膏湿法、电石渣法、氨-肥法、氨-亚硫酸铵法等)、脱硝系统(低氮燃烧器、SCR、SNCR等)、脱汞措施(卤素除汞、烟道喷入活性炭吸附剂等)、除尘器(静电除尘、袋式除尘器、电袋复合除尘器等)；废水治理工艺分为混凝、沉淀、絮凝、气浮、厌氧、好氧、蒸发结晶、深度处理等。

(6)废水类别 分为制浆废水、造纸废水、生活污水、热电锅炉排水、初期雨水等。

(7)废水排放去向 分为不外排、排至厂内综合污水处理站、直接进入海域等。

(8)废水排放规律 分为连续排放，流量稳定；连续排放，流量不稳定，但有周期性规律等。

(9)可行技术 具体内容见“三、可行技术”；对于采用不属于可行技术范围的污染治理技术，应填写提供的相关证明材料。

(10)排污许可证申请表中的排放口编号 填写地方环境管理部门现有编号或由企业根据《固定污染源(水、大气)编码规则(试行)》进行编号并填写。

(11)排放口设置是否符合要求 填写排放口设置是否符合排污口规范化整治技术要求等相关文件的规定。

(12)排放口类型 分为外排口、设施或车间排放口，其中外排口又分为主要排放口、一般排放口。造纸废水排放口全部为主要排放口，如采用氯气漂白工艺需填写设施或车间排放口；废气主要排放口为碱回收炉和锅炉废气排放口，一般排放口为石灰窑和焚烧炉废气排放口。

排污单位基本信息内容原则上为必填项，在填报主要产品及产能、主要原辅材料及燃料时区分必填项和选填项，并应当在国家排污许可证管理信息平台申报系统的下拉菜单中选择，菜单中未包括的，可自行增加内容。

企业基本信息应当按照企业实际情况填报，确保真实、有效。生产设施及排放口信息要满足本技术规范的要求。本技术规范尚未作出规定，且排放工业废气和有毒有害大气污染物的，应当执行国家和地方排放标准的，要参照相关技术规范自行填报。企业针对申请的排污许可要求，评估污染排放及环境管理现状，对存在需要改正的，可在排污许可证管理信息平台申请系统中提出改正措施。

有核发权的地方环境保护主管部门补充制订的相关技术规范有要求的，以及企业认为需要填报的，应补充填报。

二、产排污节点对应排放口及许可排放限值

本技术规范主要基于污染物排放标准及总量控制要求确定产排污节点、排放口、污染因子及许可限值。对于新增污染源，应对照环境影响评价文件及批复要求，从严确定；对于现有污染源，有核发权的地方环境保护主管部门可根据环境质量改善需要，综合考虑本技术规范及环境影响评价文件及批复要求，确定产排污节点、排放口、污染因子及许可限值。依法制定并发布的限期达标规划中有明确要求的，还要综合考虑，确定产排污节点、排放口、污染因子及许可限值。有核发权的地方环境保护主管部门合规补充制订的其他各项要求，应当依据规范性文件相应增加内容。

(一)产排污节点及排放口具体规定

1. 废水类别及排放口

造纸企业纳入排污许可管理的废水类别包括所有生产废水和排入厂区污水处理站的生活污水、初期雨水，单独排入城镇集中污水处理设施的生活污水仅说明去向。对于造纸行业废水排放口，不再区分主要排放口和一般排放口。所有废水排放口实施许可管理污染因子为列入《制浆造纸工业水污染物排放标准》(GB3544)的所有污染因子，具体见表1。地方有其他要求的，从其规定。

表1　　废水类别及污染因子

废水类别	污染因子
漂白车间或生产设施废水排放口	可吸附有机卤素(AOX)[1] 二噁英[2]
生活污水 初期雨水	—
生产废水外排口	pH 色度 悬浮物 化学需氧量 生化需氧量 氨氮 总磷 总氮

注：1、2. AOX 和二噁英仅适用于含元素氯漂白工艺的企业。

2. 废气产排污节点及排放口

造纸企业废气产排污节点包括对应的生产设施和相应排放口，生产设施主要包括锅炉、碱回收炉、石灰窑炉、焚烧炉等，相应排放口主要包括上述生产设施烟囱或排气筒。实施许可管理的废气污染因子为列入相应排放标准的所有污染因子，具体见表2。

造纸企业废气排放口分为主要排放口和一般排放口，主要排放口管控许可排放浓度和许可排放量，详细填报排放口具体位置、排气筒高度、排气筒出口内径等信息。本次暂将锅炉、碱回收炉烟囱列为主要排放口，石灰窑炉、焚烧炉烟囱列为一般排放口，其他有组织废气由企业在申请排污许可证阶段自行申报，按照相应的污染物排放标准进行管控；无组织废气污染源应说明采取的控制措施。地方排污许可规范性文件有具体规定或其他要求的，从其规定。

表2　　废气生产设施及排放口

生产设施	排放口	污染因子
主要排放口		
锅炉	锅炉烟囱	颗粒物 二氧化硫 氮氧化物 汞及其化合物[1] 烟气黑度(林格曼黑度，级)
碱回收炉	碱回收炉烟囱	颗粒物 二氧化硫 氮氧化物
一般排放口		
石灰窑炉	石灰窑炉烟囱	颗粒物 二氧化硫
焚烧炉	焚烧炉烟囱	二氧化硫 氮氧化物 颗粒物、氯化氢、汞及其化合物、(镉、铊及其化合物)、(锑、砷、铅、铬、钴、铜、锰、镍及其化合物)、二噁英、一氧化碳[2] 烟尘、一氧化碳、氟化氢、氯化氢、汞及其化合物、镉及其化合物、(砷、镍及其化合物)、铅及其化合物、(铬、锡、锑、铜、锰及其化合物)、二噁英[3]
厂界		臭气浓度、硫化氢、氨、颗粒物、氯化氢[4]

注：1. 适用于燃煤锅炉。

2、3. 分别为《生活垃圾焚烧污染控制标准》(GB18485)、《危险废物焚烧污染控制标准》(GB18484)中污染因子。废气排放口中如排放1、2中涉及的污染因子，则纳入管控范围。

4. 适用于采用含氯漂白工艺的企业。

(二)许可排放限值

许可排放限值包括污染物许可排放浓度和许可排放量，原则上按照污染物排放标准和总量控制要求进行确定。执行特别排放限值的地区或有地方排放标准的，按照从严原则进行确定。

企业申请的许可排放限值严于本规范规定的，排污许可证按照申请的许可排放限值核发。

对于大气污染物，以生产设施或有组织排放口为单位确定许可排放浓度和许可排放量。对于水污染物，按照排放口确定许可排放浓度和许可排放量。企业填报排污许可限值时，应在排污许可申请表中写明申请的许可排放限值计算过程。

1. 许可排放浓度

(1)废水　所有废水排放口分别确定许可排放浓度。

明确各项水污染因子许可排放浓度(除 pH、色度外)为日均浓度。

废水直接排放外环境的现有制浆、造纸及制浆造纸联合企业水污染物许可排放浓度限值按照《制浆造纸工业水污染物排放标准》(GB3544)确定；根据《关于太湖流域执行国家排放标准水污染物特别排放限值时间的公告》(环境保护部 2008 年第 28 号公告)和《关于太湖流域执行国家污染物排放标准水污染物特别排放限值行政区域范围的公告》(环境保护部 2008 年第 30 号公告)，江苏省苏州市全市辖区，无锡市全市辖区，常州市全市辖区，镇江市的丹阳市、句容市、丹徒区，南京市的溧水县、高淳县；浙江省湖州市全市辖区，嘉兴市全市辖区，杭州市的杭州市区(上城区、下城区、拱墅区、江干区、余杭区，西湖区的钱塘江流域以外区域)、临安市的钱塘江流域以外区域；上海市青浦区全部辖区自 2008 年 9 月 1 日起执行《制浆造纸工业水污染物排放标准》(GB3544)的水污染物特别排放限值。省级环保部门如确定了其他需要执行特别排放限值的区域，所在区域企业执行相应的特别排放限值要求。地方污染物排放标准有更严格要求的，从其规定。

废水排入集中式污水处理设施的造纸企业，其污染物许可排放浓度限值按照《制浆造纸工业水污染物排放标准》(GB3544)或地方污染物排放标准规定，由企业与污水处理设施运营单位协商确定；如未商定的，按照《污水综合排放标准》(GB8978)中的三级排放限值、《污水排入城镇下水道水质标准》(GB/T31962)以及其他有关标准从严确定。

制浆、造纸及制浆造纸联合企业生产设施同时生产两种以上产品、可适用不同排放控制要求或不同行业国家污染物排放标准，且生产设施产生的污水混合处理排放的情况下，应执行排放标准中规定的最严格的浓度限值。

纸制品企业水污染物许可排放浓度限值按照《污水综合排放标准》(GB8978)要求确定，其中总磷、总氮因子排放浓度限值参照《制浆造纸工业水污染物排放标准》(GB3544)中造纸企业的排放要求确定，对于有环境影响评价批复且目前按照环境影响评价确定的限值进行环境监管的企业，也可按照环境影响评价文件及批复要求申请许可排放浓度限值。

(2)废气　以产排污节点对应的生产设施或排放口为单位，明确各台碱回收炉、石灰窑炉、焚烧炉各类污染物许可排放浓度，为小时浓度。

根据《关于碱回收炉烟气执行排放标准有关意见的复函》(环函〔2014〕124 号)，65 蒸吨/时以上碱回收炉废气中烟尘、二氧化硫、氮氧化物许可排放浓度限值可参照《火电厂大气污染物排放标准》(GB13223)中现有循环流化床火力发电锅炉的排放控制要求确定；65 蒸吨/时及以下碱回收炉废气中烟尘、二氧化硫、氮氧化物许可排放浓度限值参照《锅炉大气污染物排放标准》(GB13271)中生物质成型燃料锅炉的排放控制要求确定。对于有环境影响评价批复的，也可按照环境影响评价文件及批复要求确定许可排放浓度限值。

执行《锅炉大气污染物排放标准》(GB13271)的锅炉废气中颗粒物、二氧化硫、氮氧化物、汞及其化合物(仅适用于燃煤锅炉)许可排放浓度限值按照《锅炉大气污染物排放标准》(GB13271)确定。北京市、天津市、石家庄市、唐山市、保定市、廊坊市、上海市、南京市、无锡市、常州市、苏州市、南通市、扬州市、镇江市、泰州市、杭州市、宁波市、嘉兴市、湖州市、绍兴市、广州市、深圳市、珠海市、佛山市、江门市、肇庆市、惠州市、东莞市、中山市、沈阳市、济南市、青岛市、淄博市、潍坊市、日照市、武汉市、长沙市、重庆市主城区、成都市、福州市、三明市、太原市、西安市、咸阳市、兰州市、银川市 47 个城市市域范围按照《关于执行大气污染物特别排放限值的公告》(环境保护部公告 2013 年第 14 号)和《关于执行大气污染物特别排放限值有关问题的复函》(环办大气函〔2016〕1087 号)的要求确定许可排放浓度。地方有更严格的排放标准要求的，按照地方排放标准进行确定。

石灰窑炉废气中烟尘、二氧化硫许可排放浓度限值按照《工业炉窑大气污染物排放标准》(GB9078)确定。

焚烧炉废气中烟尘、二氧化硫、氮氧化物、汞及其化合物、CO和废气中明确排放的氯化氢、氟化氢、(镉、铊及其化合物)、(锑、砷、铅、铬、钴、铜、锰镍及其化合物)、二噁英污染物许可排放浓度限值，对于焚烧危险废物的，按照《危险废物焚烧污染控制标准》(GB18484)确定；对于焚烧一般固废的，参照《生活垃圾焚烧污染控制标准》(GB18485)确定，有环境影响评价批复且目前环境监管按照环境影响评价确定的限值进行监管的，也可按照环境影响评价文件及批复要求申请许可排放浓度限值。

若执行不同许可排放浓度的多台生产设施或排放口采用混合方式排放废气，且选择的监控位置只能监测混合废气中的大气污染物浓度，则应执行各限值要求中最严格的许可排放浓度。

2. 许可排放量

年许可排放量的有效周期应以许可证核发时间起算，滚动12个月。许可排放量包括有组织排放和无组织排放。

有环境影响评价批复的新增污染源依据环境影响评价文件及批复确定许可排放量。环境影响评价文件及批复中无排放总量要求或排放总量要求低于按照排放标准(含特别排放限值)确定的许可排放量的，按照执行的排放标准(含特别排放限值)要求为依据，采用下列方法确定许可排放量。地方有更严格的环境管理要求的，按照地方要求进行核定。

现有污染源基于国家或地方排放标准采用下列方法确定许可排放量。地方有总量控制要求且将总量指标分配到企业的，按照从严原则确定企业许可排放量。

总量控制要求包括地方政府或环保部门发文确定的企业总量控制指标、环评文件及其批复中确定的总量控制指标、现有排污许可证中载明的总量控制指标、通过排污权有偿使用和交易确定的总量控制指标等地方政府或环保部门与排污许可证申领企业以一定形式确认的总量控制指标。

(1)废水　明确对化学需氧量、氨氮以及受纳水体环境质量超标且列入《制浆造纸工业水污染物排放标准》(GB3544)中的其他污染因子许可年排放量。

①单独排放——企业水污染物许可排放量依据水污染物许可排放浓度限值、单位产品基准排水量和产品产能核定，计算公式如下：

$$D = S \times Q \times C \times 10^{-6}$$

其中，

D为某种水污染物最大年许可排放量，单位为吨/年；

S为产品年产能规模，单位为吨/年；

Q为单位产品基准排水量，单位为米^3/吨产品，造纸企业执行《制浆造纸工业水污染物排放标准》(GB3544)的相关取值，纸制品企业单位产品基准排水量按1米^3/吨产品取值，地方排放标准中有严格要求的，从其规定；

C为水污染物许可排放浓度限值，单位为毫克/升。

②混合排放——企业同时排放两种或两种以上工业废水，许可排放量可采用如下公式确定：

$$D = C \times \sum^{n} Q_i S_i$$

其中，

C为废水许可排放浓度，单位为毫克/升；

Q_i为不同工业污水基准排水量，单位为米^3/吨产品；

S_i为不同产品产能，单位为吨/年。

(2)废气　明确各生产设施排气筒许可排放量，包括年许可排放量、不同级别应急预警期间日排放量等。企业废气中各污染物许可排放量为各台生产设施废气中污染物许可排放量之和。备用锅炉或其他备用炉窑不再单独许可排放量，按照企业许可排放总量管理。

对锅炉废气中烟尘、二氧化硫、氮氧化物和碱回收炉废气中氮氧化物按本规范规定年许可排放量。

对于石灰窑、焚烧炉等一般排放口，许可排放量根据实际情况填报。对于排放量较大的一般排放口，应该加强管理；地方有明确规定的，从其规定。

碱回收炉和锅炉废气中污染物许可排放量可依据许可排放浓度与基准排气量进行核定，具体公式如下。同时，具备有效在线监测数据的企业，也可以前一自然年实际排放量为依据，申请年许可排放量，其中浓度限值超标或者监测数据缺失的时段的排放量不得计算在内。

①碱回收炉废气中污染物许可排放量依据许可

排放浓度限值、单位产品基准排气量和产品产能核定，计算公式如下：

$$D = R \times Q \times C \times 10^{-9}$$

其中，

D 为废气污染物许可排放量，单位为吨/年；

R 为产品产能，单位为吨风干浆/年；

C 为废气污染物许可排放浓度限值，单位为毫克/米^3；

Q 为基准排气量，单位为标米^3/吨浆，按表 3 进行经验取值。

表 3 碱回收炉基准烟气量取值表

单位：标米^3/吨风干浆

碱回收炉	规模	基准烟气量(干烟气)
化学木浆	≤50 万吨浆/年	7000
	>50 万吨浆/年	8000
化学竹浆	≤10 万吨浆/年	5500
	>10 万吨浆/年	6000
化学非木材浆	—	6000
化学机械浆	—	1000

② 执行《锅炉大气污染物排放标准》(GB13271)的锅炉废气污染物许可排放量依据废气污染物许可排放浓度限值、基准排气量和燃料用量核定。

a)燃煤或燃油锅炉废气污染物许可排放量计算公式如下：

$$D = R \times Q \times C \times 10^{-6}$$

b)燃气锅炉废气污染物许可排放量计算公式如下：

$$D = R \times Q \times C \times 10^{-9}$$

其中，

D 为废气污染物许可排放量，单位为吨/年；

R 为设计燃料用量，单位为吨/年或米^3/年；

C 为废气污染物许可排放浓度限值，单位为毫克/米^3；

Q 为基准排气量，单位为标米^3/千克燃煤或标米^3/米^3 天然气，具体取值见表 4。

表 4 锅炉废气基准烟气量取值表

锅炉	热值	基准烟气量
燃煤锅炉/(标米^3/千克燃煤)	12.5 兆焦/千克	6.2
	21 兆焦/千克	9.9
	25 兆焦/千克	11.6

续表

锅炉	热值	基准烟气量
燃油锅炉/(标米^3/千克燃煤)	38 兆焦/千克	12.2
	40 兆焦/千克	12.8
	43 兆焦/千克	13.8
燃气锅炉/(标米^3/米^3)	—	12.3

注：1. 燃用其他热值燃料的，可按照《动力工程师手册》进行计算。

2. 燃用生物质燃料蒸汽锅炉的基准排气量参考燃煤蒸汽锅炉确定，或参考近三年企业实测的烟气量，或近一年连续在线监测的烟气量。

③企业大气许可排放量为各主要排放口排放量之和，年许可排放量计算公式如下：

$$E_{年许可} = \sum_{i=1}^{n} M_i$$

其中，

$E_{年许可}$ 为造纸企业年许可排放量，单位为吨；

M_i 为第 i 个排放口大气污染物年许可排放量，单位为吨。

④若执行不同许可排放浓度的多台设施采用混合方式排放烟气，且选择的监控位置只能监测混合烟气中的大气污染物浓度，许可排放量为各烟气量许可排放量之和。

3. 其他

新、改、扩建项目的环境影响评价文件或地方相关规定中有原辅材料、燃料等其他污染防治强制要求的，还应根据环境影响评价文件或地方相关规定，明确其他需要落实的污染防治要求。

三、可行技术

具有核发权限的环保部门，在审核排污许可申请材料时，判断企业是否具备符合规定的防治污染设施或污染物处理能力，可以参照行业可行技术，对于企业采用相关可行技术的，原则上认为具备符合规定的防治污染设施或污染物处理能力。对于未采用的，企业应当在申请时提供相关证明材料(如已有监测数据；对于国内外首次采用的污染治理技术，还应当提供中试数据等说明材料)，证明具备上述相关能力。

(一)废水

废水可行技术参照环境保护部发布的 2013 年第 81 号公告发布的《造纸行业木材制浆工艺污染防治可行技术指南(试行)》《造纸行业非木材制浆工

艺污染防治可行技术指南（试行）》《造纸行业废纸制浆及造纸工艺污染防治可行 技术指南（试行）》。在造纸行业可行技术指南发布后，以规范性文件要求为准。

（二）废气

1. 可行技术

锅炉、碱回收炉、石灰窑炉和焚烧炉废气污染治理可行技术详见表 5。

表 5　废气可行技术

污染源	污染因子	限值/（毫克/米^3）	可行技术
执行《锅炉大气污染物排放标准》（GB13271）中表 1 的锅炉废气	颗粒物	80/60/30	电除尘技术；袋式除尘技术
	二氧化硫	400（550）/300/100	石灰石/石灰-石膏等湿法脱硫技术；喷雾干燥法脱硫技术；循环流化床法脱硫技术
	氮氧化物	400	—
	汞及其化合物	0.05	高效除尘脱硫综合脱除汞效率为 70%
	注：浓度限值为燃煤/燃油/燃气，括号内为广西、四川、重庆、贵州燃煤锅炉执行限值		
执行《锅炉大气污染物排放标准》（GB13271）中表 2 的锅炉废气	颗粒物	50/30/20	电除尘技术；袋式除尘技术
	二氧化硫	300/200/50	石灰石/石灰-石膏等湿法脱硫技术；喷雾干燥法脱硫技术；循环流化床法脱硫技术
	氮氧化物	300/250/200	非选择性催化还原脱硝技术
	汞及其化合物	0.05	高效除尘脱硫脱硝综合脱除汞的效率为 70%
	注：浓度限值为燃煤/燃油/燃气		
执行《锅炉大气污染物排放标准》（GB13271）中表 3 的锅炉废气	颗粒物	30/30/20	四电场以上电除尘技术；袋式除尘技术
	二氧化硫	200/100/50	二氧化硫治理技术；石灰石/石灰-石膏等湿法脱硫技术；喷雾干燥法脱硫技术；循环流化床法脱硫技术
	氮氧化物	200/200/150	选择性催化还原脱硝技术
	汞及其化合物	0.05	高效除尘脱硫脱硝综合脱除汞的效率为 70%
碱回收炉废气	烟尘	30/50	三电场或四电场静电除尘器、布袋除尘器
	二氧化硫	200/300	不采取脱硫措施的情况下，碱回收炉废气中二氧化硫浓度可达到 70 毫克/米^3 以下
	氮氧化物	200/300	不采取脱硝措施的情况下，碱回收炉废气中氮氧化物浓度可达到 300 毫克/米^3 以下。如排放浓度小于 200 毫克/米^3，需增加脱硝措施
	注：浓度限值为 65 蒸吨/时以上/ 65 蒸吨/时及以下		
石灰窑炉废气	烟尘	200	三电场或四电场静电除尘器
	二氧化硫	850	—
	氮氧化物		—
焚烧炉废气	烟尘	30/65	布袋除尘器
	二氧化硫	100/200	石灰石/石灰-石膏法脱硫技术；喷雾干燥法脱硫技术；循环流化床法脱硫技术
	氮氧化物	300/500	如不能稳定达标，可采用 SNCR 脱硝
	二噁英	0.1/0.5 纳克毒性当量/米^3	活性炭吸附
	注：浓度限值为《生活垃圾焚烧污染控制标准》（GB18485）1 小时均值/《危险废物焚烧污染控制标准》（GB18484）		

2. 运行管理要求

(1)有组织　有组织排放要求主要是针对烟气处理系统的安装、运行、维护等规范和要求。

碱回收炉、石灰窑炉布袋除尘器滤袋应完整无破损。

执行《生活垃圾焚烧污染控制标准》(GB18485)的焚烧炉废气排放控制要求应满足GB18485中各项要求，包括炉膛内焚烧温度≥850℃，烟气停留时间≥2秒，渣热灼减率≤5%等。

执行《危险废物焚烧污染控制标准》(GB18484)的焚烧炉废气，排放控制要求应满足GB18484中各项要求，包括炉膛内温度≥1100℃，烟气停留时间≥2秒；炉膛内渣热灼减率≤5%，燃烧效率≥99.9%，焚毁去除率≥99.99%等。

(2)无组织　企业无组织排放节点主要包括高浓度污水处理设施、污泥间废气、制浆及碱回收工段产生的恶臭气体、储煤场、脱硝辅料区等。

对于高浓度污水处理设施、污泥间废气经密闭收集处理后通过排气筒排放。对于制浆及碱回收工段产生的不凝气、汽提气等含恶臭物质，经收集后送碱回收炉等进行焚烧处置。对于露天储煤场应配备防风抑尘网、喷淋、洒水、苫盖等抑尘措施，且防风抑尘网不得有明显破损。煤粉、石灰或石灰石粉等粉状物料须采用筒仓等全封闭料库存储。其他易起尘物料应苫盖。石灰石卸料斗和储仓上设置布袋除尘器或其他粉尘收集处理设施。氨区应设有防泄漏围堰、氨气泄漏检测设施。氨罐区应安装氨(氨水)流量计。

四、自行监测管理要求

企业制定自行监测管理要求的目的是证明排污许可证许可的产排污节点、排放口、污染治理设施及许可限值落实情况。造纸企业在申请排污许可证时，应当按照本技术规范制定自行监测方案并在排污许可证申请表中明确，造纸行业排污单位自行监测技术指南发布后，以规范性文件要求为准。以确定产排污节点、排放口、污染因子及许可限值的要求为依据，对需要综合考虑批复的环境影响评价文件等其他管理要求的，应当同步完善企业自行监测管理要求。

(一)自行监测方案

自行监测方案中应明确企业的基本情况、监测点位、监测指标、执行排放标准及其限值、监测频次、监测方法和仪器、采样方法、监测质量控制、监测点位示意图、监测结果公开时限等。对于采用自动监测的，企业应当如实填报采用自动监测的污染物指标、自动监测系统联网情况、自动监测系统的运行维护情况等；对于无自动监测的大气污染物和水污染物指标，企业应当填报开展手工监测的污染物排放口、监测点位、监测方法、监测频次；对于新增污染源，企业还应按照环境影响评价文件的要求填报周边环境质量监测(如需)方案。

(二)自行监测要求

企业可自行或委托第三方监测机构开展监测工作，并安排专人专职对监测数据进行记录、整理、统计和分析。对监测结果的真实性、准确性、完整性负责。

1. 废水

(1)监测点位设置　有元素氯漂白工序的造纸工业企业，须在元素氯漂白车间排放口、或元素氯漂白车间处理设施排放口设置监测点位。有脱墨工序，且脱墨工序排放重金属的废纸造纸工业企业，须在脱墨车间排放口、或脱墨车间处理设施排放口设置监测点位。所有造纸工业企业均须在企业废水外排口设置监测点位；废水间接排放，无明显外排口的，在排污单位的废水处理设施排放口位置采样。

(2)监测指标及监测频次　监测指标及频次按照表6执行，地方根据规定可相应加密监测频次。对于新增污染源，周边环境影响监测点位、监测指标按照企业环境影响评价文件的要求执行。

2. 有组织废气

根据《关于加强京津冀高架源污染物自动监控有关问题的通知》(环办环监函〔2016〕1488号)中的相关要求，京津冀地区及传输通道城市各排放烟囱超过45米的高架源应安装污染源自动监控设备。

造纸企业锅炉废气按照火电行业中企业自行监测要求确定，碱回收炉、石灰窑炉排污口的监测指标及频次按照表7执行，地方根据规定可相应加密监测频次。

3. 无组织废气

造纸工业企业无组织排放监测点位设置、监测指标及监测频次按表8执行。

表 6　　废水排放口及污染物最低监测频次

监测点位	污染物指标	监测频次[1]	备注
企业废水总排放口[2]	流量	连续监测	—
	pH、悬浮物、色度、化学需氧量、氨氮	日	—
	五日生化需氧量、总氮、总磷	周	水环境质量中总氮(无机氮)/总磷(活性磷酸盐)超标的流域或沿海地区，总氮/总磷最低监测频次按日执行
	挥发酚、硫化物、溶解性总固体(全盐量)	季度	选测
元素氯漂白车间废水排放口	AOX、二噁英、流量	年	—
脱墨车间废水排放口	环境影响评价及批复或摸底监测确定的重金属污染物指标	周	若无重金属排放，则不需要开展监测

注：1. 设区的市级及以上环保主管部门明确要求安装自动监测设备的污染物指标，须采取自动监测；其他可自行确定采用手工或自动监测手段。

2. 间接排放造纸工业企业废水总排口的监测指标和监测频次根据所执行的排放标准或当地环境管理要求参照本表确定。

表 7　　废气排放口污染物指标最低监测频次

污染源	监测点位	污染物指标	监测频次
碱回收炉	碱回收炉排气筒或原烟气与净烟气会合后的混合烟道上	氮氧化物、二氧化硫	连续监测
		颗粒物、烟气黑度	季度
石灰窑	石灰窑排气筒或原烟气与净烟气会合后的混合烟道上	颗粒物、氮氧化物、二氧化硫	季度
焚烧炉(以一般固废为燃料)	焚烧炉排气筒或原烟气与净烟气会合后的混合烟道上	颗粒物、氮氧化物、二氧化硫、一氧化碳、氯化氢、流量、炉膛温度	连续监测
		汞及其化合物、镉和铊及其化合物、(锑、砷、铅、铬、钴、铜、锰、镍及其化合物)	月(如排放)
		二噁英	年
焚烧炉(燃料含危险废物)	焚烧炉排气筒或原烟气与净烟气会合后的混合烟道上	颗粒物、氮氧化物、二氧化硫、流量	连续监测
		氯化氢、氟化氢、汞及其化合物、镉及其化合物、砷及其化合物、镍及其化合物、铅及其化合物、(铬、锡、锑、铜、锰及其化合物)	月(如排放)
		烟气黑度、二噁英	年

表 8　　无组织废气污染物指标最低监测频次

企业类型	监测点位	监测指标	监测频次
有制浆工序的企业	厂界	臭气浓度[1]、颗粒物	月或年[2]
有生化废水处理工序	厂界	臭气浓度、硫化氢、氨	季
采用含氯漂白工艺的企业	漂白车间或二氧化氯制备车间外	氯化氢	年
有石灰窑的	厂界	颗粒物	年

注：1. 根据环境影响评价文件及其批复，以及原料工艺等确定是否监测其他臭气污染物。

2. 适用于有硫酸盐法制浆或硫酸盐法纸浆漂白工序的企业，若周边没有敏感点，可适当降低监测频次。

4. 采样和测定方法

(1)自动监测　废水自动监测参照《水污染源在线监测系统安装技术规范》(HJ/T353)、《水污染源在线监测系统验收技术规范》(HJ/T354)、《水污染源在线监测系统运行与考核技术规范(试行)》(HJ/T355)执行。

废气自动监测参照《固定污染源烟气排放连续监测技术规范》(HJ/T75)、《固定污染源排放烟气连续监测系统技术要求及检测方法》(HJ/T76)执行。

(2)手工采样　废水手工采样方法的选择参照《水质采样技术指导》(HJ494)、《水质采样方案设计技术规定》(HJ495)和《地表水和污水监测技术规范(HJ/T91)》执行。

废气手工采样方法的选择参照《固定污染源排气中颗粒物和气态污染物》(GB/T16157)、《固定源废气监测技术规范》(HJ/T397)执行，单次监测中，气态污染物采样，应获得小时均值浓度；颗粒物采样，至少采集3个反映监测断面颗粒物平均浓度的样品。

(3)测定方法　废气、废水污染物的测定按照相应排放标准中规定的污染物浓度测定方法标准执行，国家或地方法律法规等另有规定的，从其规定。

5. 数据记录要求

(1)监测信息记录　手工监测的记录和自动监测运维记录按照《排污单位自行监测技术指南　总则》执行。

对于无自动监测的大气污染物和水污染物指标，企业应当定期记录开展手工监测的日期、时间、污染物排放口和监测点位、监测方法、监测频次、监测方法和仪器、采样方法等，并建立台账记录报告，手工监测记录台账至少应包括表9内容，填报方法可参照排污许可证申请表相关注释。

表9　手工监测报表

污染源类别	监测日期	监测时间	排放口编号	监测内容	计量单位	监测结果	监测结果（折标）	手工监测采样方法及个数	手工测定方法	手工监测仪器型号
废气	20160606	10：00—10：15	DA001	SO_2	毫克/米^3	100	110	连续采样	HJ/T57	AAA
	20160606	10：00—10：15	DA001	烟气流量	米^3/时	5000	5500	—	—	—
废水			—	—				—	—	
其他				—				—	—	

注：监测内容包括：自行监测指南中确定应当开展监测的废气、废水污染因子，及其他需要监测的污染物；对于需要同步监测的烟气参数(排气量、温度、压力、湿度、氧含量等)、废水排放量等，要同步记录。

(2)生产和污染治理设施运行状况信息记录　监测期间应详细记录企业以下生产及污染治理设施运行状况，日常生产中也应参照以下内容记录相关信息，并整理成台账保存备查。

①制浆造纸生产运行状况记录——分生产线记录每日的原辅料用量及产量：取水量(新鲜水)，主要原辅料(木材、竹、芦苇、蔗渣、稻麦草等植物、废纸等)使用量，商品浆和纸板及机制纸产量等；化学浆生产线还需要记录粗浆得率、细浆得率、碱回收率、黑液提取率等；半化学浆、化学机械浆生产线还需要记录纸浆得率等。

②碱回收工艺运行状况记录——按生产周期记录石灰窑原料使用量、石灰窑产品产量、总固形物处理量、燃料消耗量、燃料含硫量等。

③污水处理运行状况记录——按日记录污水处理量、污水回用量、白水回用率、污水排放量、污泥产生量(记录含水率)、进水浓度、排水浓度、污水处理使用的药剂名称及用量。

6. 监测质量保证与质量控制

按照《排污单位自行监测技术指南 总则》要求，企业应当根据自行监测方案及开展状况，梳理全过程监测质控要求，建立自行监测质量保证与质量控制体系。

污染物样品采集、保存、现场测试及实验室分析、监测质量保证与质量控制、监测数据整理及处理等应符合GB/T27025、HJ/T91、HJ/T355、HJ/T356、HJ/T373、HJ/T397、HJ494、HJ495等相关规定。

7. 其他要求

现有造纸企业结合原辅料、生产工艺以及自行监测确定企业排放的其他污染物指标也可纳入监测指标范围，并参照前述要求确定监测频次。

新改扩建项目的自行监测要求需同时满足环境影响评价报告书（表）及其批复要求。地方有更严格环境管理要求的，从其规定。

五、环境管理台账记录与执行报告编制规范

企业开展环境管理台账记录、编制执行报告目的是自我证明企业的持证排放情况。《环境管理台账及排污许可证执行报告技术规范》及相关技术规范性文件发布后，企业环境管理台账记录要求及执行报告编制规范以规范性文件要求为准。

（一）环境管理台账记录要求

造纸企业应按照“规范、真实、全面、细致”的原则，依据本技术规范要求，在排污许可证管理信息平台申报系统进行填报；有核发权的地方环境管理部门补充制定相关技术规范中要求增加的，在本技术规范基础上进行补充；企业还可根据自行监测管理要求补充填报其他内容。企业应建立环境管理台账制度，设置专职人员进行台账的记录、整理、维护和管理，并对台账记录结果的真实性、准确性、完整性负责。

为实现台账便于携带、作为许可证执行情况佐证并长时间储存的目的以及导出原始数据，加工分析、综合判断运行情况的功能，台账应当按照电子化储存和纸质储存两种形式同步管理。台账保存三年以上备查。

排污许可证台账应按生产设施进行填报，内容主要包括基本信息、污染治理措施运行管理信息、监测记录信息、其他环境管理信息等内容，记录频次和记录内容要满足排污许可证的各项环境管理要求。其中，基本信息主要包括企业、生产设施、治理设施的名称、工艺等排污许可证规定的各项排污单位基本信息的实际情况及与污染物排放相关的主要运行参数；污染治理设施台账主要包括污染物排放自行监测数据记录要求以及污染治理设施运行管理信息。监测记录信息按照自行监测管理要求实施。

污染治理措施运行管理信息应当包括设备运行校验关键参数，能充分反映生产设施及治理设施运行管理情况。

（1）污染治理设施运行管理信息　环保设施台账应包括所有环保设施的运行参数及排放情况等，废水治理设施包括废水处理能力（吨/日）、进水水质（各因子浓度和水量等）、运行参数（包括运行工况等）、污泥运行费用（元/吨）。焚烧炉应记录入炉固体废物、性质、数量、设施运行参数等。

（2）其他相关信息　年生产时间（分正常工况和非正常工况，单位为小时）、生产负荷、燃料（柴油、重油、天然气等）消耗量、主要产品产量（吨）等。

（二）执行报告编制规范

地方环境管理部门应当整合总量控制、排污收费、环境统计等各项环境管理的数据上报要求，可以参照本技术规范，在排污许可证中根据各项环境管理要求，确定执行报告的内容与频次。造纸企业应按照许可证中规定的内容和频次定期上报。

1. 报告频次

造纸企业应至少每年上报一次许可证年度执行报告，对于持证时间不足三个月的，当年可不上报年度执行报告，许可证执行情况纳入下一年年度执行报告；每月或每季度向环境保护主管部门上报化学需氧量、氨氮、二氧化硫、氮氧化物等主要污染物的实际排放量。

2. 年度执行报告提纲

造纸企业应根据许可证要求时间提交执行报告，根据环境管理台账记录等归纳总结报告期内排污许可证执行情况，自行或委托第三方按照执行报告提纲编写年度执行报告，保证执行报告的规范性和真实性，并连同环保管理台账一并提交至发证机关。负责工程师发生变化时，应当在年度执行报告中及时报告。执行报告提纲具体内容如下：

（1）基本生产信息　基本生产信息包括排污单位名称、所属行业、许可证编号、组织机构代码、营业执照注册号、投产时间、环保设施运行时间等内容，结合环境管理台账内容，总结概述许可证报告期内企业规模、原辅料、产品、产量、设备等基本信息，并分析与许可证载明事项及上年同比变化情况；对于报告周期内有污染治理投资的，还应包括治理类型、开工年月、建成投产年月、计划总投资、报告周期内累计完成投资等信息。企业基本生产信息至少应包括“四、自行监测管理要求”中数据记录要求的各项内容。

（2）遵守法律法规情况　说明企业在许可证执行过程中遵守法律法规情况；配合环境保护行政主管部门和其他有环境监督管理权的工作人员职务行

为情况；自觉遵守环境行政命令和环境行政决定情况；公众举报、投诉情况及具体环境行政处罚等行政决定执行情况。

(3)污染防治措施运行情况 污染物来源及处理说明。根据环境管理台账，总结各污染源污染物产生情况、治理措施及效果；说明排水去向及受纳水体、排入的污水处理厂名称等，分析与许可证载明事项变化情况。污染防治措施运行情况至少应包括“四、自行监测管理要求”中数据记录要求的各项内容，以及废气、废水治理设施运行费用等。

污染防治设施异常情况说明。企业拆除、闲置停运污染防治设施，需说明原因、递交书面报告、收到回复及实施拆除、闲置停运的起止日期及相关情况；因故障等紧急情况停运污染防治设施，或污染防治设施运行异常的，企业应说明原因、废水废气等污染物排放情况、报告递交情况及采取的应急措施。

如有发生污染事故，企业需要说明在污染事故发生时采取的措施、污染物排放情况及对周边环境造成的影响。

(4)自行监测情况 自动监测情况应当说明监测点位、监测指标、监测频次、监测方法和仪器、采样方法、监测质量控制、自动监测系统联网、自动监测系统的运行维护及监测结果公开情况等，并建立台账记录报告。

对于无自动监测的大气污染物和水污染物指标，企业应当按照自行监测数据记录总结说明企业开展手工监测的情况。至少应当包括表10的总结说明。

分析与排污许可证规定的自行监测方案变化情况及是否满足排污许可证要求。

(5)台账管理情况 企业应说明按总量控制、排污收费、环境保护税等各项环境管理要求统计基本信息、污染治理措施运行管理信息、其他环境管理信息等情况；说明记录、保存监测数据的情况；说明生产运行台账是否满足接受各级环境保护主管部门检查要求。

(6)实际排放情况及达标判定分析 根据企业自行监测数据记录及环境管理台账的相关数据信息，概述企业各项污染源、各项污染物的排放情况，分析全年、特殊时段、启停机时段许可浓度限值及许可排放量的达标情况。实际排放量和达标排放判定方法详见本规范第六和第七部分。实际排放量报表可参照表10填报，对于超标时段还应填报表11内容。

表10 实际排放量报表

排放口名称	排放口编码	污染物	年许可排放量/吨	报告期实际排放量/吨	报告期(月/季度/年)
		SO_2			
		NO_x			
		烟尘			
		……			
全厂					

表11 污染物超标时段自动监测小时均值报表

日期	时间	排放口编码	超标污染物种类	排放浓度(折标)/(毫克/米^3，毫克/升)	超标原因说明(启动、故障等)

(7)排污费(环境保护税)缴纳情况 企业说明根据相关环境法律法规，按照排放污染物的种类、浓度、数量等缴纳排污费(环境保护税)的情况。如遇有不可抗力自然灾害和其他突发事件申请减免或缓缴，企业需说明书面申请及批复情况。

(8)信息公开情况 企业说明依据排污许可证规定的环境信息公开要求，开展信息公开的情况。

(9)企业内部环境管理体系建设与运行情况 说明企业内部环境管理体系的设置、人员保障、设施配备、企业环境保护规划、相关规章制度的建设和实施情况、相关责任的落实情况等。

(10)其他排污许可证规定的内容执行情况

(11)其他需要说明的问题

3. 半年及月报规范

企业每月或每季度应至少向环境保护主管部门上报全年报告中的第(6)部分中的“实际排放量报表”、达标判定分析说明及第(4)部分中“治污设施异常情况汇总表”。半年报告应至少向环境保护主管部门上报全年报告中的第(1)、第(3)至第(6)部分。

六、达标排放判定方法

对于实施排污许可管理的企业，达标判定是指各项污染物是否达到许可限值的各项规定，主要包括许可排放量和许可排放浓度判定。其中各项污染物许可排放量达标，是指根据本技术规范

第七部分计算的全厂实际排放总量不超过相应污染物的许可排放量。许可浓度限值判定方法具体如下。

（一）废水

造纸企业各废水排放口污染物的排放浓度达标是指任一有效日均值均满足许可排放浓度要求。各项废水污染物有效日均值采用自动监测、执法监测、企业自行开展的手工监测三种方法分类进行确定。

1. 自动监测

按照监测规范要求获取的自动监测数据计算得到有效日均浓度值与许可排放浓度限值进行对比，超过许可排放浓度限值的，即视为超标。

对于自动监测，有效日均浓度是对应于以每日为一个监测周期内获得的某个污染物的多个有效监测数据的平均值。在同时监测污水排放流量的情况下，有效日均值是以流量为权的某个污染物的有效监测数据的加权平均值；在未监测污水排放流量的情况下，有效日均值是某个污染物的有效监测数据的算术平均值。

自动监测的有效日均浓度应根据《水污染源在线监测系统数据有效性判别技术规范（试行）》（HJ/T356）、《水污染源在线监测系统运行与考核技术规范（试行）》（HJ/T355）等相关文件确定。技术规范修订后，按其最新修订版执行，下同。

2. 执法监测

按照监测规范要求获取的执法监测数据超标的，即视为超标。根据《地表水和污水监测技术规范》（HJ/T91）确定监测要求。

若同一时段的现场监测数据与在线监测数据不一致，现场监测数据符合法定的监测标准和监测方法的，以该现场监测数据作为优先证据使用。

3. 手工自行监测

按照自行监测方案、监测规范要求开展的手工监测，当日各次监测数据平均值（或当日混合样监测数据）超标的，即视为超标。超标判定原则同执法监测。

（二）废气

1. 一般情况

造纸企业各废气排放口污染物的排放浓度达标是指“任一小时浓度均值均满足许可排放浓度要求”。各项废气污染物小时浓度均值根据自动监测数据和手工监测数据确定。

自动监测小时均值是指“整点 1 小时内不少于 45 分钟的有效数据的算术平均值”。按照《固定污染源排气中颗粒物测定与气态污染物采样方法》（GB/T16157）和《固定源废气监测技术规范》（HJ/T397）中的相关规定，手工监测小时均值是指“1 小时内等时间间隔采样 3 ~ 4 个样品监测结果的算数平均值”。

对于造纸企业的污染因子，按照剔除异常值的自动监测数据、执法监测数据及企业自行开展的手工监测数据作为达标判定依据。若同一时段的手工监测数据与自动监测数据不一致，手工监测数据符合法定的监测标准和监测方法的，以手工监测数据作为优先达标判定依据。由于自动监控系统故障等原因导致自动监测数据缺失的，连续缺失时段在 24 小时以内的应当参照《固定污染源烟气排放连续监测技术规范》（HJ/T75）进行补遗，超过 24 小时的，超过时段按照缺失前 720 有效小时均值中最大小时均值进行补遗。

对于未要求采用自动监测的排放口或污染物，应以手工监测为准，同一时段有执法监测的，以执法监测为准。

2. 特殊情况

启动和停机时段内的排放数据可不作为废气达标判定依据，其中碱回收炉冷启动不超过 8 小时，不冲洗炉膛直接启动不超过 5 小时，停炉时间不超过 4 小时；石灰窑炉冷启动不超过 24 小时、热启动不超过 6 小时；焚烧炉冷启动时间不超过 4 小时，热启动时间不超过 2 小时，停炉时间不超过 1 小时，每年启动、停炉（含故障）时间累积不超过 60 小时；燃煤蒸汽锅炉如采用干（半干）法脱硫、脱硝措施，冷启动不超过 1 小时、热启动不超过 0.5 小时，不作为二氧化硫和氮氧化物达标判定的时段。

若多台设施采用混合方式排放烟气，且其中一台处于启停时段，企业可自行提供烟气混合前各台设施有效监测数据的，按照企业提供数据进行达标判定。

七、实际排放量核算方法

造纸企业污染物排放总量达标是指有许可排放量要求的主要排放口的主要污染物实际排放量之和满足主要排放口年许可排放量要求。对于特殊时期短时间内有许可排放量要求的企业，主要排放口实际排放量之和不得超过特殊时期许可排放量。

对于主要排放口之外的实际排放量算法，按照优先原则，由企业自行申报，地方另有规定的从其规定。

造纸企业污染物实际排放量为正常和非正常排放量之和，主要污染物实际排放量核算方法包括实测法、物料衡算法、产排污系数法等。

应当采用自动监测的排放口和污染因子，根据符合监测规范的有效自动监测数据采用实测法核算实际排放量。同时根据执法监测、企业自行开展的手工监测数据进行校核，若同一时段的手工监测数据与自动监测数据不一致，手工监测数据符合法定的监测标准和监测方法的，以手工监测数据为准。

应当采用自动监测而未采用的排放口或污染因子，采用物料衡算法或产排污系数法按照直排核算实际排放量。

未要求采用自动监测的排放口或污染因子，按照优先顺序依次选取自动监测数据、手工和执法监测数据、产排污系数法进行核算。在采用手工和执法监测数据进行核算时，还应以产排污系数进行校核；若同一时段的手工监测数据与执法监测数据不一致，以执法监测数据为准。监测数据应符合国家有关环境监测、计量认证规定和技术规范。

（一）废水核算方法

1. 实测法

实测法适用于有连续在线监测数据或手工采样监测数据的企业。

（1）采用连续在线监测数据核算　污染源自动监测符合 HJ/T353 要求并获得有效连续在线监测数据的，可以采用在线监测数据核算污染物排放量。在连续在线监测数据由于某种原因出现中断或其他情况，可根据 HJ/T356 等予以补遗修约，仍无法核算出全年排放量时，可结合手工监测数据共同核算。

（2）采用手工监测数据核算　未安装在线监测系统或无有效在线监测数据时，可采用手工监测数据进行核算。手工监测数据包括核算时间内的所有执法监测数据和企业自行或委托第三方的有效手工监测数据，企业自行或委托的手工监测频次、监测期间生产工况、数据有效性等须符合相关规范、环评文件等要求。

2. 产排污系数法

根据产污系数与产品产量核算污染物产生量，再根据产生量与污染治理措施去除效果核算污染物排放量，产污系数可以参考《产排污系数手册》。

3. 非正常情况污染物排放量核算

废水处理设施非正常情况下的排水，如无法满足排放标准要求时，不应直接排入外环境，待废水处理设施恢复正常运行后方可排放。如因特殊原因造成污染治理设施未正常运行超标排放污染物的或偷排偷放污染物的，按产污系数与未正常运行时段（或偷排偷放时段）的累计排水量核算实际排放量。

（二）废气核算方法

1. 实测法

实测法是通过实际废气排放量及其所对应污染物排放浓度核算污染物排放量，适用于有连续在线监测数据或手工采样监测数据的现有污染源。

（1）采用连续在线监测数据核算　污染源自动监测符合 HJ/T75 要求并获得有效连续在线监测数据的，可以采用在线监测数据核算污染物排放量。

（2）用手工采样监测数据核算　连续在线监测数据由于某种原因出现中断或其他情况无有效在线监测数据的，或未安装在线监测系统的，可采用手工监测数据进行核算。手工监测数据频次、监测期间生产工况、有效性等须符合相关规范、环评文件等要求。

2. 产排污系数法

碱回收炉未安装脱硝措施时，废气中氮氧化物实际排放量为产生量，产污系数可参考表 12；安装脱硝措施时，氮氧化物实际排放量应当在产污系数基础上考虑处理效率。

3. 非正常排放量

碱回收炉启动等非正常期间污染物排放量可采用实测法或产排污系数法核定。

表 12　　碱回收炉废气中氮氧化物产污系数表

产品名称	燃料名称	工艺名称	规模等级	产污系数/（千克/吨浆）
化学木（竹）浆	固形物	碱回收炉	<50 万吨浆/年	1.2～3.0
			≥50 万吨浆/年	0.8～2.7
化学非木材浆	固形物	碱回收炉	所有规模	1.0～3.0
化学机械浆	固形物	碱回收炉	所有规模	0.1～0.36

装备与器材
造纸化学品

EQUIPMENT & ACCESSORIES
CHEMICALS USED IN PAPER INDUSTRY

6

我国制浆造纸装备制造业发展回顾及展望

Review and Outlook of Pulp and Paper Equipment in China

一、“十二五”以来制浆造纸装备发展成就与主要问题

1. 主要发展成就

“十二五”期间，我国制浆造纸装备制造业得到了快速发展，技术创新、管理创新、制度创新取得较大突破，有力地支撑了造纸工业的健康发展。主要表现为：

(1)规模与效益持续增长　2010年，全国制浆造纸机械制造业列入国家统计范围的有313家企业，从业人员3.54万人，工业总产值为252.07亿元，工业销售收入249.11亿元，利税总额为25.11亿元，利润总额为16.82亿元，出口交货值为6.92亿元。到2015年，列入国家统计范围的有213家企业，资产总额约266.36亿元，实现工业销售收入、利润总额、出口交货值分别为371.09亿元、22.28亿元、12.22亿元，分别比“十一五”末的2010年增长48.97%、32.46%、76.59%。

(2)技术提升，形成了一大批创新成果　“十二五”期间，形成了一大批具有自主知识产权和突破性的创新成果，并得到推广应用。河南江河纸业股份有限公司与华南理工大学、轻工业杭州机电设计研究院等联合研发高速文化用纸机，净纸幅宽5600毫米，运行车速达1200～1500米/分，实现了国产高速纸机零的突破，具有里程碑的意义；近两年获得的两项国家科技进步奖“废纸造纸废水资源化利用关键技术的研发与应用”和“中高浓度纸浆清洁漂白技术”，均是属于自主创新装备与工艺的结合。

在制浆技术装备方面，山东泉林纸业有限责任公司经过十多年的自主研发，在世界上成功首创“麦草清洁制浆及其废液资源化利用技术”。该技术和装备具有明显的创新性、先进性和成熟性，整体水平居世界领先，并已多年应用于规模化生产中，取得了显著的经济效益和社会效益，已获得2012年度国家技术发明二等奖。汶瑞机械(山东)有限公司、福建省三明市三洋造纸机械设备有限公司、江苏华机集团环保设备有限公司等生产制浆装备的企业，在提升装备效能、节能减排等方面迈上一个新的台阶，其创新成果为造纸行业企业认可。

(3)结构优化，产出了一大批性价比卓越、先进、适用、可靠的国产装备　随着投资和生产要素成本在竞争中作用和地位的上升，具有卓越性价比、先进、适用、可靠的国产装备不断涌现；智能、环保、节能型制浆造纸系列重点成套装备也不断推出。近年来我国开发了大型先进木材硫酸盐制浆成套装备，新型大型置换双辊挤浆机最大可配150万吨/年能力的制浆系统，发展了大中型国产ECF/TCF清洁漂白成套设备和技术；螺旋撕裂机和高浓盘磨机等设备国产化；国产大型木浆配套碱回收系统设备，包括大型盘式白液过滤机及预挂白泥过滤机等营销国内外；国产纸板机最大幅宽达7000毫米、车速800米/分、产能30万吨/年以上；国内成功开发700米/分的真空圆网纸机和1500米/分以上的新月型卫生纸机，产能达8000～20000吨/年，突破了水力型流浆箱、钢制扬克烘缸、夹网等技术；主要用于长纤维或混合纤维超低浓度成形生产特种纸的斜网纸机，国产最大幅宽3300毫米、车速200米/分，目前单层和双层成形斜网纸机已成功投产运行。

(4)创新模式，实现了装备制造业要素高度融合　造纸装备制造业资源整合速度加快，装备制造业和造纸工业要实现高度融合，把造纸工艺技术、机械设计、制造技术、信息技术和相关技术融为一体，实现工艺流程的高效率、低消耗、低排放，形成以山东泉林纸业有限责任公司、河南江河纸业股份有限公司为代表的由制浆造纸企业自主研发的技术装备。巨型浆纸企业APP(中国)主动支持装备企

业的产品开发创新，取得巨大成功；中国造纸装备有限公司充分利用了中轻集团公司工程咨询、设计、承包的技术和人才优势，使其具有在全球范围内整合、研发、制造的能力，实现横向一体化，这一技术创新模式，在世界走向大数据信息化时代，更具有生命力。

(5)国产装备加快进入国际市场　许多特色国产设备配套境外项目，出口美国、加拿大等发达国家以及东南亚、中东等发展中国家，在数量、质量、产能和技术水平上都有较大提高。

造纸装备制造业所取得的突出成绩，所涌现出的创新成果，以及创新模式的新突破，使我们看到了造纸装备制造业已具备快速发展和上台阶的基础，看到了造纸装备制造业缩小同国际三大巨头之间技术差距的希望。

2. 主要问题

根据全球和我国造纸业发展对装备的需求以及造纸机械行业发展现状可以看出，我国大型、先进的制浆造纸装备主要依靠进口，国产造纸装备不能满足现代造纸工业持续增长的发展需求，在单机产能、能耗、可靠性等方面与国际先进水平仍有较大的差距，这也是国产造纸装备今后的努力方向。

(1)规模与集中程度小　相对来说，我国造纸装备企业数量多、规模小，技术装备水平低，能耗、物耗高，单个企业与国际大公司相比，无论在规模、技术还是质量方面，都有巨大差距；而且国产造纸装备企业相互之间技术类同、特色不突出，基本上没有太多的研发能力。

(2)技术水平与自主创新条件和能力相对较低　科技创新能力总体不足，高水平的自主创新技术和产品较少。在我国，无论是企业，还是科研院所、大专院校，都未能建立起有效的造纸装备开发试验平台及有效的运行体系，使得到目前为止，技术发展手段单一，仍然停留在以消化吸收方式为主的阶段，自主知识产权产品很少，有效专利数量较少。这一点与国际大公司相比仍然差距巨大，其结果就是仿制的产品性能很难达到或超过原有水平，致使有的产品存在性能不稳定、能耗和材料消耗较大、可靠性不高等问题。

(3)材料与加工能力受到制约　关键装备或关键部件制造所需的材料国产化不过关；加工缺乏试验设施和全面验证手段，无法准确掌握产品性能以降低投产风险及对产品进行有针对性地改进，进而提高产品质量和稳定性。投入与产出不能形成良性循环，影响了企业对技术创新的投入热情，延缓了新产品的研发速度，制约了新技术产品的更新换代。

(4)产业政策与资金投入不能满足创新需求　产业政策层面，未能将造纸装备提升至关系国家产业安全的战略层面，对行业保护力度不足；现有的政策和资金支持比较分散，多数属于一次性支持，缺乏统一的责任主体和对被支持单位的成果考核机制，使其技术积累和推广不足，未充分发挥出政策的带动作用。

造纸装备行业层面，资源分散，产业集中度低，需要大力提高行业的现代化装备水平。企业靠自身创效积累资金和向社会融资的比例会加大，但造纸装备企业规模较小且多民营化，融资难度也更大，得到国家资金支持渠道较难。

(5)设备技术开发与工艺技术的发展相脱节　设备技术开发跟不上工艺技术的发展速度，设备技术开发与工艺技术的发展脱节，难以形成整机或成套生产线供应能力。

二、“十三五”期间，我国造纸机械行业发展背景与环境

1. 国际背景与环境

(1)全球宏观经济走势、国际造纸业发展现状与趋势　当前和今后一段时期，世界经济正在继续从上一轮金融危机中解脱出来，仍将延续复苏态势，但复苏进度各地区、各国家分化明显。

纵观各国造纸工业发展进展，造纸工业与国民经济发展有着相互依存的密切关系，其增长率与国民经济增长率基本平行发展。造纸产业关联度大，其发展可以有力地带动林业、农业、机械制造、化工、热电、交通运输、环保等上下游产业，对国民经济产生强有力的推动作用。

(2)国际造纸机械行业、重点造纸装备企业发展现状与趋势　总体上，近年国际先进造纸装备技术的发展相对缓慢，新的技术发明应用不多，基本进入了平稳发展期。但在高端造纸设备市场，跨国造纸装备供应商维美德公司、福伊特公司、安德里茨公司等，通过先进的技术和全流程解决方案，为制浆造纸企业提供可持续发展技术和服务，是世界领先的制浆造纸设备供应商。这些造纸装备供应商针对我国市场开发了中小型的造纸设备；在本土化策略的推进中，建立了国内区域服务中心，提供快捷的产品和改造的本土服务及全套的交钥匙工程；将终身技术服务覆盖到生产流程的各个环节，帮助

客户将设备的安装、维护保养水平提升到新的高度，使装备的运行效率达到最高；持续加大技术研发投资力度，抓住了我国造纸市场发展的机遇，针对我国市场的需求调整发展战略。

国际制浆造纸装备制造业的发展趋势归纳成“四化”，即全球化、绿色化、信息化、服务化。

2. 国内背景与环境

（1）新常态下我国宏观经济走势、造纸业发展现状与趋势　当前，经济进入新常态的背景下，国内经济总体上仍保持平稳，经济韧性好、潜力足、回旋空间大；同时，经济下行压力加大，投资增速缓慢下行，供求结构持续优化，外贸形势仍然趋紧，进入深度调整、转型升级和全面深化改革的攻坚时期。

我国造纸工业也开始由数量主导型进入上质量、上档次、上水平的新的发展阶段，一方面已经进入世界造纸先进大国的行列；另一方面进入造纸资源短缺和生态文明建设的时代，行业已经进入到低消耗、低污染、低排放的快车道。纸及纸板未来的需求是包装纸和生活用纸的需求量将会继续增长，而印刷用纸的需求量则会下降。我国造纸工业近几年的发展速度也趋于减缓，从过去简单追求规模的粗放型管理，转变到现在深度挖潜的精细化管理；企业更加注重对现有设备的升级改造和机器运行效率的提高；更加关注原材料的节约和利用效率；更加注重能源节约和环境保护；更加注重产品质量和稳定性的改善以及结构提升，提高产品在市场的竞争力。

我国造纸工业面临的主要问题仍然是资源、结构和环境以及减本、增效问题，造纸装备行业将面临着对环保、高端、大型的造纸设备的大量需求，对设备的大型化、高速化、自动化、专用化和高效、节能、低耗、状态自动监诊等要求越来越高；同时，在老旧造纸设备改造、更环保高效的生产流程等服务领域，也会产生大量的需求。

（2）我国造纸机械行业发展现状　近十几年来，我国制浆造纸业的快速发展也推动了制浆造纸机械制造行业的迅速发展，全国制浆造纸机械制造企业的工业总产值持续增长。全行业不断调整产品结构，完善技术研发体系，提升产品质量，提高了大中型制浆造纸机械设备的生产能力，从而取得了良好的发展。

造纸机械制造行业的组成已从单一的制浆造纸机械制造企业扩展为造纸机械主辅机制造企业，专用零部件专业化生产企业，造纸机传动设备、在线检控仪表、计算机自控设备制造企业，造纸产品检测仪器制造企业以及造纸机械设备研究设计、经营服务企业等组成的综合体系。

从区域分布来看，相当部分供应商集中在东南沿海地区，该地区同时也是我国造纸生产量占绝对优势的地区。

三、“十三五”时期，我国造纸机械行业的发展思路与主要目标

1. 基本发展思路

（1）指导思想　以党的十八大确立的“两个一百年奋斗目标”的总要求为指导，以国务院制定的“中国制造 2025”发展战略为总的行动纲领，坚持可持续发展的绿色制造道路，着重突出创新驱动和质量提升两个重点，充分利用“信息化、智能化、互联网 +”等新技术，紧紧抓住目前造纸机械行业在国内外的发展机遇，使我国造纸机械逐渐由模仿为主向主要依靠自主创新方向发展，产品质量由中低端向更高品质方向迈进，在满足国内市场的同时，在国际市场的竞争中取得较大突破，为中国制造业由大变强战略作出贡献。

（2）基本原则　①市场和行业引导相结合。坚持以市场为主体，以利益导向配置资源，调动企业积极性，发挥行业协会在全局性、基础性、联系协调性的优势，引导推进产业结构优化、资源分配、行业发展的规划执行。②当前和长远利益相结合。规划要科学，预测要准确，明确长远目标和当前急需解决的问题，分步实施，逐步解决瓶颈问题。③整体和重点相结合。④自主创新和国际合作相结合。坚持自主创新为核心要务，同时加大国际合作，引进消化吸收再创新工作，要坚持掌握核心技术，着重形成创新体系和文化建设。⑤制造业和制造服务业相结合。在强化制造能力的基础上，大力发展制造服务业，把制造和服务有机结合起来，深挖产业价值链的潜力。⑥传统制造和“互联网 +”“智能化”相结合。利用互联网和智能化技术，逐步结合到造纸机械制造业这个传统产业中，提升制造和服务水平。

2. 主要目标

（1）行业销售总值有较大的提高　规模以上企业实现主营收入突破 500 亿元，人均产值水平达到或接近机械工业平均水平，利润率保持在 4% 左右，国际市场开发有较大进展，出口交货值比“十二五”翻番。

(2)产业集中度有较大提高 到"十三五"末期，要初步形成主营业务收入超过20亿～40亿的企业1～2家，规模以上企业的数量减少30%，形成一批有特色的配套加工企业，品牌建设取得初步成效，争取有1～2个品牌在国内外市场上的知名度有较大提升。

(3)核心竞争力增强 国产装备在国内市场占有率要超过80%，主要技术性能接近国外同等水平，个别达到或超过国外同等水平。质量和稳定性有明显改善和提高，规格种类基本齐全，基本具备与国外企业竞争实力。

(4)初步形成可持续发展的体系 制造服务业及生产性服务业基本成形，业务开展得到市场基本认可，收入有较大提高。

四、"十三五"我国造纸机械行业的发展方向与主要任务

1. 主要技术装备发展任务

"十三五"期间要坚持在巩固现有成果的基础上，不断向更高目标迈进，攻克一些技术瓶颈，在单机产能和关键技术方面取得较大突破，整体水平向国际一流靠近。

(1)原料处理及制浆系统 完善和强化非木材原料制浆设备，非木材原料连蒸装备能力向10万～15万吨/年发展，竹/木片蒸煮能力向20万～30万吨/年发展。重点在节能技术开发、智能控制技术及操作软件包方面有新的突破，着重解决大型秸秆原料处理系统的水洗关键装备及废水利用技术，实现大型原料堆场自动化装卸和智能化作业。

(2)废纸处理系统 发展30万吨/年废纸处理系统成套装备和15万～20万吨/年脱墨生产线，重点解决大型盘式热分散机[1016毫米(40英寸)以上]的加工和结构精度及运行稳定性，注重脱墨槽的流态结构，提高脱墨效率，降低能耗。

(3)高得率化学机械浆系统 发展15万～20万吨/年化学机械浆成套设备，重点突破盘磨机[1720毫米(68英寸)以上]、撕裂机的制造及材料技术，完善中高浓混合器技术，优化性能，形成完整的成套系统。

(4)洗选漂装备 发展15万～20万吨/年清洁漂白技术成套装备，重点完善和推广高扬程中浓纸浆泵；完善ClO_2制备技术及系列化，完善材料、塔设备和制备技术，解决防腐和价格的矛盾。研发大型筛鼓(直径3000毫米以上)，研究转子流体力学性能的优化。重点研发中高浓筛选设备，重点解决能耗和效率问题，切实改善筛板加工技术问题，提高性能和质量。

(5)发展和完善10万吨/年以上高干度湿浆板机，重点解决高干度成型压榨技术。

(6)造纸机械 重点发展大型的高速宽幅纸板机和高速多层斜网特种纸机，优化和完善中高速文化用纸机和生活用纸机。

• 纸板机，其性能、能耗和生产稳定性接近进口纸板机水平；要集中优质资源，解决一些技术上的瓶颈问题，包括系列流浆箱技术、靴式压榨技术、高速引纸技术、高效干燥技术，开展中高浓流送及成形技术的研究和应用，开发多层流浆箱及二次流浆箱的研究和应用。使国产纸板机幅宽可达9000毫米、车速达900米/分以上。

• 斜网特种纸机，重点开发幅宽3000毫米左右、车速300米/分以上纸机，满足日益需要的添加非植物纤维的生产要求。重点研发斜网多层流浆箱、成形箱脱水曲线智能控制系统、大流量脱水成形网拖动技术等，以满足特种纸市场不断增长的需要。

• 文化用纸机，主要是在完善和优化现有技术和集成的基础上，重点提高水力式流浆箱的性能和控制，着重提升夹网成形(水平、垂直)和上成形器的稳定性和性能，逐渐推广靴式压榨在复合压榨中的应用。

• 生活用纸机，重点开发和优化流浆箱技术，完善钢制大烘缸的加工制造、表面喷涂技术。大力推广应用国产新月型纸机。

同时，纸机的一些关键零部件要进一步提高性能和稳定性，如各类真空辊、膜施胶机、压光机、精密刮刀、脱水器材、软辊压光机等，重点解决加工精度、材料、热处理等问题。

2. 产业布局及调整

目前造纸工业已进入调整期，因此，造纸装备制造业也要利用好当前的有利时机，鼓励企业通过市场化路线，重新进行布局，逐步改变目前小而分散的状态，使产业构成由多家企业同时竞争，向几家核心企业聚集、多家专业化公司配套的局面转变。核心企业要逐步实现提供从原料处理到完成的成套化设备，众多的配套公司要向小而精的方向发展，解决好市场定位问题，专注于某些部件的精益加工制造，既要提高质量，又要降低加工成本，形成有特色的加工企业。鼓励核心企业加大制造服务业的发展，拓展产品价值链，提高服务能力和水

平，为用户创造更多价值。

3. 资源整合

目前国内造纸及机械相关的大专院校和研究院以及大型造纸企业，建有较多的国家和省级重点实验室、工程研究中心、国家工程实验室、标准及检测机构、质量监督评价机构，以及国家、省级研发中心等，机构较为完善，要鼓励行业在这些平台或机构的基础上，通过产学研联盟、协同创新体、产业联盟等国家鼓励和支持的形式，将这些资源有效利用起来，为行业技术创新、质量提升等工程提供有利条件。

4. 制造服务业

我国造纸装备制造服务业发展还处在初级阶段，绝大部分企业还是以卖产品为主，在“十三五”期间，要大力推动制造服务业发展，努力拓展产品价值链。对条件较好的企业要及时进行引导、辅导和培育，努力使企业从纯属卖产品到为用户提供项目策划、设计研发、成套集成、安装调试、维修服务和远程诊断等全方位解决方案的方面发展，甚至为用户提供个性化、深入的技术服务，帮助解决生产中质量、优化和节能减排等难题，并在这一过程中不断发展壮大，为今后大规模走向国际市场、参与国际竞争创造有利条件。

5. 国际市场开拓

开拓国际市场是国内造纸装备制造业的内在需要和必然出路，国产装备有门类齐全、性价比高、技术水平较好的优点，具备了全面走向国际市场的基本条件，但目前出口总值还较低。“十三五”期间，要在资源整合的基础上，积极加快装备和成套设备出口步伐；要针对目前制约国产装备的瓶颈因素，加快人才培养、市场培育、营销策略的研究，加大品牌宣传力度，建立完善的服务体系，重点开拓发展中国家市场，逐渐向欧美和日本等发达国家市场渗透；要鼓励企业自主联合，集合多方面的优势资源，共同面对国际市场的挑战，并争取国家在政策和人才培养上给予支持。

6. 质量提升和品牌建设

国产造纸装备在产能和技术性能基本满足市场需求的前提下，质量成为突出问题。“十三五”期间，要重点支持企业产品质量的提高，尤其是可靠性和稳定性的提高，要切实找到影响质量问题的根源，要找出共性问题。应用创新性思维，推广先进质量管理技术和方法，建设重点产品标准符合性认定平台，推动重点产品技术、安全标准全面达到国际先进水平。开展质量标杆和领先企业示范活动，普及卓越绩效、六西格玛、精益生产、质量诊断、质量持续改进等先进生产管理模式和方法。

支持企业提高质量在线监测、在线控制和产品全生命周期质量的追溯能力。组织开展重点产品工艺优化行动，提升关键工艺过程控制水平。开展质量管理小组、现场改进等群众性质量管理活动示范推广。加强中小企业质量管理，开展质量安全培训、诊断和辅导活动。按照质量管理思路和 ISO 标准的精神，建立起企业的质量保证体系。行业要加强质量检查和监督力度，有条件时可考虑开展质量交流评比和竞赛，从中相互学习，取长补短；支持行业组织发布自律规范或公约，开展质量信誉承诺活动。

7. 两化融合

信息化和工业化的融合是主攻高端、强化基础的有力保障，也是机械工业转变发展方式的重要途径。“两化融合”不仅在于将信息技术融入机械产品之中，加快机械产品向数字化、智能化发展，实现传统机械产品功能的提升和可靠性的提高；也不仅在于将信息技术应用于机械企业的经营管理，使研发、生产和企业管理向信息化、自动化、网络化发展，大幅度改善企业的经营管理水平；“两化融合”的深度推进更在于促进新发展理念的建立，促进研发能力、产品水平、市场模式、服务体系等方面的创新，提升研发设计、加工制造、企业管理及营销服务的效率和效益。因此，“两化融合”是“十三五”加快行业由大变强进程的重要抓手。

“十三五”期间，我国造纸机械行业的发展方向及主要任务，具体见表 1(创新工程部分)、表 2(产品质量提升部分)和表 3(绿色制造部分)。

表 1　创新工程部分

类别	项目名称	主要内容
制浆造纸机械	50 万 ~70 万吨/年大型纸板生产线关键及成套设备技术	幅宽 7000 ~ 9000 毫米，车速 900 ~1100 米/分 研发高效节能的碎浆及筛选设备，大型盘式热分散设备，新型废纸脱墨系统，浓度 1% ~3% 的纸浆流送及流浆箱技术，复合靴式压榨技术，高效节能干燥技术
造纸机械	高速多层斜网特种纸机	幅宽 2400 ~ 3800 毫米，车速 300 米/分 多种纤维分层同时成形技术；脱水曲线及白水在线脱气智能控制技术；成形网高速拖动减阻技术

续表

类别	项目名称	主要内容
造纸机械	3～10 毫米特种超厚纸基材料生产关键装备的研发	研发特种超厚纸基材料生产的关键装备，主要包括特种成形器、新型缠绕缸和叠合装置等，并进一步优化和完善超厚纸基材料生产的成套装备技术
造纸机械	功能性涂布纸的工艺及生产设备研制	重点研制功能性涂布工艺需要的涂布器，如帘式涂布器、高速自动接纸系统、高效干燥器等关键设备，并借助互联网实施远程诊断、远程服务等技术

表 2　产品质量提升部分

类别	项目名称	主要内容
造纸机械	靴式宽压区压榨技术的深化研究	对压区压力曲线等工艺理论、靴板材料、制作加工工艺和液压系统可靠性等各方面进行进一步的研究，开发出更具技术先进性的分区可控靴式压榨技术
造纸机械	高速大中型纸机关键部件可控中高辊，真空辊类 1720 毫米（68 英寸）及以上大型盘磨机及热分散机 大型筛鼓和转子	流浆箱、靴压、压光机、涂布机、高速复卷机等关键设备制造技术 制造技术、材料及加工精度提升 磨盘结构及制造技术，传动控制保护系统 制造及材料技术

表 3　绿色制造部分

类别	项目名称	主要内容
制浆机械	年产 15 万吨及以上废纸脱墨生产线成套装备	低能耗碎浆设备，高效脱墨设备，中高浓筛选、漂白设备，大型盘式热分散设备，替代进口
制浆机械	年产 15 万吨及以上无元素氯或全无氯纸浆漂白设备	中浓泵、中浓混合器、反应塔布料器、卸料器及自动控制系统，替代进口
制浆机械	大规模生物质综合利用预处理关键装备的研制	以秸秆为原料生产二代乙醇，研发生物质原料粉碎、储运、净化、制浆设备，满足 50 万～100 万吨/年生物质原料预处理成套装备

五、促进制浆造纸装备制造业健康发展的措施

1. 将装备制造业提高到战略高度认识，实施财政政策引导的多渠道融资

2006 年国务院发布了《关于加快振兴装备制造业的若干意见》，2009 年又出台了《装备制造业调整和振兴规划》，尤其是 2015 年发布的《中国制造 2025》规划等系列重要政策，将装备制造业提高到国家战略高度。这些政策的出台对改善和发展制浆造纸装备行业，同样都会起到积极的促进作用。各地政府也相继出台了多项政策鼓励发展装备制造业。进一步贯彻落实好这些政策，加大政策调节力度，将极大推进造纸装备行业发展。

通过加大政府财政资金对机械制造产业的支持为引导，对列入“十三五”产业发展规划的重点创新工程、重点质量提升产品、重大绿色制造产品等项目库中的项目给予重点扶持和支持（见表 1～表 3）。鼓励民间资金、私募资金、创业风险投资资金等投资发展先进装备制造业。积极引导和支持机械制造企业通过境内外上市、发行公司债券、短期融资、中期票据等方式拓宽资金渠道，力争 5 年内新增 1～2 家造纸机械企业上市融资。进一步完善信用担保体系，提高初创期、成长期的创新型企业和高成长性中小企业的融资担保能力。积极引导和协调各级金融机构开展企业股权质押贷款、推广应收账款质押、供应链融资、票据融资等贷款新品种，积极发展信托融资、租赁融资和有特色的金融理财产品。

2. 政府和行业要加强创新实践中问题的研究

国家有关部门和行业应进一步加强新技术、新产品、新装备等在市场应用推广面临的问题的调查研究，对问题要全面分析，分门别类，既要找到问题的根源和核心，又要找到其共性的特征，在此基础上提出奖和罚两个方面的政策措施建议，切实解决好万众创新活动中出现的各种困惑和问题。

3. 加强标准化工作及知识产权保护

加强制浆造纸装备行业标准化体系建设，规范行业的标准化工作。积极参与国际标准的制修订工作，努力提高我国造纸装备行业在国际上的话语权。鼓励企业对自主知识产权的保护，特别是专利技术和发明的保护，对在国外申请专利的企业给予适当补助；研究制定产学研合作、产业联盟合作等活动中知识产权的规范性政策，同时要加大对知识

产权违法的打击力度。鼓励企业加强品牌建设，开展各种形式的国际合作，提升我国造纸装备的国际知名度。

4. 亟需研究制定现有科技资源有效利用的政策

国内拥有丰富的科技资源，目前已经达到有效发挥这些资源的时期，特别是已建立的各类制浆造纸国家工程实验室/工程中心和国家级企业技术中心，将其延伸到服务于行业的公共试验平台和技术研发平台，建立行业网络技术研发平台和数据共享平台。加大投入力度，关键项目、资金和人才向这些服务平台倾斜，让科技资源活起来。

5. 加强人才的培养及引进

企业和研究机构与大专院校共同培养实用人才，有条件的院校在研究生教育上要开设造纸装备研究方向，加大面向生产一线的高级技术人才的技能培养，注重培养工艺、设备、自控、互联网等的复合型人才。加大对国外人才的引进，特别是研发、技术、装备制造工艺的人才引进。鼓励企业进行海外并购，到国外建厂，收购一些国际研发机构和设计事务所。有条件的企业和组织也可以引进海外高级人才来国内工作。加强与国外研究机构进行合作开发、人员交流与合作。

6. 完善中小微企业政策

落实和完善支持小微企业发展的财税优惠政策，优化中小企业发展专项资金使用重点和方式。发挥财政资金杠杆撬动作用，吸引社会资本，加快设立国家中小企业发展基金。支持符合条件的民营资本依法设立中小型银行等金融机构，鼓励商业银行加大小微企业金融服务专营机构建设力度，建立完善小微企业融资担保体系、创新产品和服务。加快构建中小微企业征信体系，积极发展面向小微企业的融资租赁、知识产权质押贷款、信用保险保单质押贷款等。建设完善中小企业创业基地，引导各类创业投资基金投资小微企业。加强中小微企业综合服务体系建设，完善中小微企业公共服务平台网络，建立信息互联互通机制，为中小微企业提供创业、创新、融资、咨询、培训、人才等专业化服务。

（杨　旭　张　辉）

2016 年我国制浆造纸设备及新产品情况

Introduction to New Products of Domestic Pulping and Papermaking Equipment in 2016

2016 年是我国实施"十三五"规划的第一年，也是推进供给侧结构性改革的重要一年，造纸行业经过前几年的深度整盘，行业景气度有所上升，但尚未完全走出困境。2016 年，制浆造纸及纸制品产业虽然做到了生产运营保持基本平稳，实现了产销平衡，但短期内，国内经济与外需市场仍难言乐观，纸产品需求难以获得显著提升，去库存化还会继续影响制浆造纸行业。作为配套产业的制浆造纸机械行业也受到了难以避免的影响，但也为一些企业研发新设备、推广新产品及拓展国际市场提供了契机，并取得一定的成绩。

一、制浆设备

1. 原生浆制浆设备

(1)轻工业杭州机电设计研究院研发设计的 15 米^3 节能新型水力碎浆机，已于 2016 年在四川省犍为凤生纸业有限责任公司成功投入使用，比传统碎浆机吨浆节能 20% ~25%。在此基础上，轻工业杭州机电设计研究院新研发设计了 35 米^3 节能新型水力碎浆机，配用电机功率 200 千瓦。保定市恒信纸业有限公司和保定市诚信纸业有限公司分别订购了 1 台，目前已完成安装，即将投入使用。

(2)轻工业杭州机电设计研究院设计开发了大型秸秆生物发酵仓，容积达到 9000 米^3，其中截面规格为 10 米×12 米，仓体长度达到 84 米，卸料螺旋直径 φ700 毫米。采用了积分式设计，可满足玉米秸秆及芦苇、麦草等同类原料在内部发酵 48 小时后均匀出料的要求，其出料量为 60 ~120 米^3/时，主电机功率为 160 千瓦，移动电机动力 4 千瓦。该设备已全部安装完毕，即将在宁夏紫荆花纸业有限公司 150 吨/日秸秆造纸循环经济示范项目中应用。

(3)天津市恒脉机电科技有限公司开发了 10 万吨/年草类原料间歇置换蒸煮设备及首套 10 万吨/年草浆立式连续置换蒸煮器，比传统的横管式连续蒸煮系统节能 50% 左右，其 5 万吨/年成套的芦苇化学浆和 10 万吨/年成套麦草化学浆间歇置换蒸煮设备已分别成功用于新疆博湖苇业股份有限公司和山东泉林纸业有限责任公司；10 万吨/年草浆立式连续置换蒸煮器则已于 2016 年用于国外某企业，其主要技术特点是取消了传统置换蒸煮的白液加热系统，避开了热碱腐蚀问题，从而大大简化了流程，设备投资费用大幅降低。

(4)轻工业杭州机电设计研究院供货重庆理文卫生用纸制造有限公司的 2 台 H935 型、生产能力 280 吨/日新型双辊挤浆机于 2017 年初正式开机投产。该机用于漂白竹浆的浓缩提取。

(5)汶瑞机械(山东)有限公司供货金红叶纸业集团有限公司的新产品 DDR26 双盘磨浆机项目，于 2016 年 5 月 20 日成功完成了试机运行。设备安装后，完成自控检测和设备空转，运转正常后进行打浆运行测试，对初始游离度为 500 ~550 毫升的短纤维木浆和初始游离度为 700 ~750 毫升的长纤维浆料进行打浆，将其浆料游离度降到 400 ±20 毫升，达到抄纸对浆料的质量要求。

2. 洗、选、筛设备

(1)汶瑞机械(山东)有限公司研发的新产品 WLF700 型网前筛于 2016 年 5 月成功完成了带水带压试运行。该设备耐压程度高，最高进浆压力可达 0.8 兆帕，筛鼓采用最新工艺的高耐磨镀层，可延长设备的使用寿命。筛选方式选择内流式，优点为：杂质在筛鼓外侧，在离心力作用下远离筛鼓，对筛鼓表面磨损小；产生脉冲低；效能高。该设备公称过滤面积为 7 米^2，筛选浓度 0.15% ~0.25%，浆料通过量可达 60 ~70 米^3/分。能满足 2860/1800 新月型高速卫生纸机的设备配套，完全可以替代国外同类设备用于先进的纸机浆料流送系统。

(2)汶瑞机械(山东)有限公司自主研发制造的烟草薄片浆料专用浓缩设备 ZLY700 型单螺旋挤浆机于 2016 年 3 月 22 日在福建金闽再造烟叶发展有限公司一次性投料试车成功，并正常生产运行。该设备用于烟草行业烟草薄片烟梗浆的浓缩，设计直径 φ700 毫米，生产量 2.3 吨/时，进浆浓度 8% ~ 12%，出浆浓度≥30%。该设备对造纸行业用单螺旋挤浆机的螺旋轴、滤鼓、防滑装置等结构关键部件进行了改进，实现了烟草行业烟草薄片用烟末、烟梗的浆料浓缩，完全满足了工艺需求。

(3)汶瑞机械(山东)有限公司为浙江荣成纸业有限公司生产制造的用于白水回收的 DPL5209 型多圆盘过滤机于 2016 年 3 月 10 日成功运行。该设备采用无网袋盘片技术，盘片由微孔不锈钢板一次冲压成型，与传统的网袋式盘片相比，具有过滤面积大、使用寿命长、运行更加可靠、无需更换滤袋、可节省运行费用等特点，工作效率较高。该设备的白水处理能力为 16000 升/分，垫层浆采用打浆度为 32°SR 欧废短纤维浆；超清滤液澄清度为 40 毫克/升，清滤液澄清度为 60 毫克/升，浊滤液澄清度为 140 毫克/升，指标已达到国际同类产品水平。

(4)山东杰锋机械制造有限公司为浙江荣晟环保纸业股份有限公司提供的制浆设备于 2016 年 3 月顺利装车发货。主要设备有压力筛、圆筒筛、损纸碎浆机、除渣器、剪绳机、绞绳机等。

(5)汶瑞机械(山东)有限公司在常规 SJA/B 型双辊挤浆机的基础上，开发设计了 SJBG 型高浓双辊压榨挤浆机，其中，SJBG935 型采用了高强度新结构挤浆辊，两端同时驱动，配置特殊结构的中浓浆料进浆布浆管，进浆浓度 8% ~12%，出浆浓度≥45%，主电机功率400 千瓦。已于2016 年在印度尼西亚某厂 450 吨/日漂白硫酸盐针叶木化学浆生产改造项目中成功应用。

(6)福建轻工机械设备有限公司开发生产的 ZNS 系列六压区双网挤浆机，用于化学竹浆或木浆时出浆浓度高达 50%，用于蔗渣浆时，出浆干度可达 44% 以上，其产能为 500 ~600 吨/日，是目前国内压缩浓度最高、产能最大的双网浓缩设备。该设备能耗很低，吨浆能耗仅为 0.4 千瓦。2016 年已用于贵州赤天化股份有限公司的漂白浆浓缩。

3. 碱回收设备

(1)由武汉锅炉厂生产制造的国内最大碱回收炉，其黑液固形物处理能力为 1500 吨/日。该碱回收炉采用了单汽包、内走台双侧吹灰布置，蒸汽参数为 5.4 兆帕、540℃。2016 年已成功用于贵州赤天化股份有限公司化学竹浆碱回收工程。

(2)汶瑞机械(山东)有限公司生产的 55 米^2 白泥预挂过滤机于 2016 年 8 月 30 日在阿根廷顺利开机运行。该设备可以将苛化白泥全部回收，通过石灰窑煅烧成石灰，实现循环苛化生产，提高经济效益，降低环境污染。

4. 废纸处理设备

郑州运达造纸设备有限公司的干法散包筛选系统，集散包、筛选、分类和干法去除轻、重杂质于一体，能够将废渣、废物中各类物质单独分离，实现功能多元化、节约人工成本、降低劳动强度、改善劳动环境，有利于废物综合利用；废纸最大处理量 1600 吨/日，适用于 AOCC、ONP、OMG 等各种原料；分类拣选效率提高 60% ~70%，重渣去除率达 90%；其筛筒直径为 φ4000 毫米，配用功率为 2 台 45 千瓦电机，进料尺寸为 1000 毫米 ×1200 毫米 ×1000 毫米，废纸含水率 <15%。该系统已在 2016 年成功用于国内多家制浆造纸企业，如福建省联盛纸业有限责任公司、河北国泰纸业有限公司等。

5. 环保设备

山东晨钟机械股份有限公司新产品“污泥挤压脱水系统”自推向市场后，受到众多厂家的关注和咨询，订单数量不断增加。继山东太阳纸业股份有限公司、河南江河纸业股份有限公司、东莞市泰昌纸业有限公司、广西金桂浆纸业有限公司、广东理文造纸有限公司、江苏理文造纸有限公司、永丰余造纸(扬州)有限公司、玉田县顺发实业有限公司等单位陆续开机稳定运行后，山东世纪阳光纸业集团有限公司一次采购 2 台(套)污泥挤压脱水系统。

二、造纸设备

1. 包装纸机、箱纸板机

(1)中国造纸装备有限公司供货江苏上善纸业有限公司年产 20 万吨高强瓦楞原纸机整线。该纸机生产线网宽 5450 毫米，设计车速 650 米/分，配备中国造纸装备有限公司最新设计生产的水力式稀释水流浆箱，可进行横幅定量在线精准控制。

(2)苏州工业园区太得隆机械有限公司供货漳州盈晟纸业有限公司的 4600/550 高速纸机整体压榨部拆除改造于 2016 年 8 月升级完毕，实现了制浆、造纸全流程 DCS、QCS 系统控制。

(3)江苏华东造纸机械有限公司于 2016 年 7 月 12 日供货 SCG 集团越南 VKPC 工厂的 2 号纸机，幅宽为 5250 毫米，工作车速 1000 米/分。

(4)上海轻良实业有限公司供货泊头龙达纸业有限公司的 5000/550 长网多缸瓦楞原纸机于 2016 年 1 月 26 日一次性开机成功。

(5)河南大指造纸装备集成工程有限公司供货俄罗斯乌兰乌德色楞格纸厂 4200/600 牛卡纸机改造 EPC 工程总承包项目于 2016 年 1 月 15 日成功验收。此 EPC 工程总承包包括更换水力式稀释水流浆箱、优化上浆系统、改造 DCS 系统、新增 QCS 系统以及所供设备的安装调试工作。

2. 生活用纸机

(1)山东信和造纸工程股份有限公司供货安徽格义纸业有限公司的 2850 毫米高速节能环保纸机，可用全麦草浆生产出高档本色面巾纸。

(2)佛山市南海区宝拓造纸设备有限公司供货保定瑞丰纸业有限公司的 SF10-800 型真空圆网卫生纸机于 2016 年 12 月 3 日顺利投产，目前，已达到 900 米/分的生产车速。保定瑞丰纸业有限公司对该纸机的稳定性、低耗能和产品质量都非常认可，并于 12 月 10 日签订了第二台同型号纸机，计划于 2017 年 8 月前正式投产。该纸机设计车速 800 米/分，净纸幅宽 2860 毫米，主要部件采用 φ1000 毫米的真空圆网和 φ3000 毫米的钢制烘缸，在生产 15 ~16 克/米^2 的面巾纸原纸时，日生产量达到 40 吨以上，能耗成本和投资成本更低。

(3)山东信和造纸工程股份有限公司供货保定达亿纸业有限公司的 2850/1500 新月型卫生纸机(包括直径 4572 毫米的钢制扬克烘缸)于 2016 年 9 月开机成功。

(4)山东信和造纸工程股份有限公司供货乌兹别克斯坦的新月型卫生纸机于 2016 年 8 月开机成功。

(5)上海轻良实业有限公司供货东莞达林纸业有限公司改造的幅宽 4120 毫米、速度 800 米/分的国产最宽新月型卫生纸机于 2016 年 6 月 17 日一次性试车成功。

(6)佛山市南海区宝拓造纸设备有限公司与四川环龙集团于 2016 年 5 月 9 日签订了 6 台 SF12-1000 真空圆网型卫生纸机，计划 2016 年 12 月底之前投产 2 台，2017 年投产 4 台。

3. 特种纸机及装备

(1)苏州工业园区太得隆机械有限公司与牡丹江恒丰纸业股份有限公司于 2016 年 4 月 19 日签定 T6 特种纸生产线供货合同，这是继牡丹江恒丰纸业股份有限公司 T1、T2 后的第三条苏州工业园区太得隆机械有限公司提供的生产线。

(2)轻工业杭州机电设计研究院供货国内某印钞有限公司的流送系统和新型圆网布浆器于 2016 年 4 月一次试车成功，顺利投产。

4. 部分关键部件产品

(1)玖龙浆纸(乐山)有限公司订购轻工业杭州机电设计研究院的 1880/250 纸袋纸伸性装置(改造项目)。该伸性装置主要用来生产 40 ~ 110 克/米^2 皱纹纸，赋予纸张更高的伸长率。

(2)永州湘江纸业有限责任公司岳阳分公司订购轻工业杭州机电设计研究院的 PM7 纸机伸性装置改造项目。该项目的 3300/500 长网多缸伸性装置用来生产伸性纸袋纸产品，目前开机车速 560 米/分，运行良好。

(3)河南大指造纸装备集成工程有限公司供货驻马店市白云纸业有限公司的 2640/500 膜转移施胶机改造项目于 2016 年 12 月 22 日顺利投产。

(4)河南大指造纸装备集成工程有限公司供货龙口玉龙纸业有限公司的 1760/450 膜转移施胶段设备(包括膜转移施胶机、空气转向器、气浮干燥箱以及胶料压力筛)于 2016 年 12 月 1 日顺利投产。

(5)河南大指造纸装备集成工程有限公司供货马来西亚的 4450/650 膜转移施胶机改造项目于 2016 年 7 月 18 日一次性试机成功，主要用来生产 95 ~ 180 克/米^2 瓦楞原纸。

(6)沙市轻工机械有限公司供货新乡新亚纸业集团有限公司的 2640/550 施胶机改造项目顺利完成生产制造，并于 2016 年 7 月 16 日发货。将原有绕钢丝式膜转移施胶机改为计量棒式施胶机，原下引纸改为上引纸。该施胶机主要用于生产胶版印刷纸，原纸定量 50 ~ 120 克/米^2，施胶量为 1.5 ~ 3 克/米^2/面，胶料固含量 8% ~14%。

(7)溧阳江南烘缸制造有限公司于 2016 年 2 月供货日本川之江集团 2 台钢制扬克缸，配套其 BF1000 纸机，在广西林业集团下属桂海金浦纸业有限公司顺利开机。随后，又与日本川之江集团签订了 3 台钢制扬克烘缸，分别用于保定港兴纸业有限公司、绍兴唯尔福纸业有限公司。

(8)山东信和造纸工程股份有限公司供货山东泉林纸业有限责任公司的第一台直径 3660 毫米、幅宽 3250 毫米的生活用纸钢制扬克烘缸于 2016 年 1 月安装完成。该烘缸表面喷涂由福伊特公司完成。

(9)溧阳江南烘缸制造有限公司供货河北小人国纸业有限公司的直径 3660 毫米、幅宽 3950 毫米钢质扬克缸于 2016 年 1 月交货。

（10）轻工业杭州机电设计研究院 2015 年开发研制了超导烘缸装置，2016 年在杭州新华纸业有限公司成功应用，其烘缸直径 1500 毫米，面宽 1550 毫米，工作温度 180℃，现场测试烘缸表面温度差在 1℃以内。

三、涂布机及完成设备

1. 包装纸涂布机

沙市轻工机械有限公司供货河北阿木森滤纸有限公司的 1880/220 食品包装纸涂布机于 2016 月 2 月 1 日成功开机。设备原纸定量为 12 ~ 15 克/米^2；采用新型刮棒式膜转移施胶方式，施胶量在 0.2 克/米^2 范围内能精确控制，固含量 2% ~3%；采用气浮式干燥箱，使薄页纸幅以正弦曲线的气浮状态通过干燥器，运行平稳；采用高精度张力控制和传动技术，贴切准确。公司新近研发的新型余热回收装置也在该设备上首次成功使用，节能效率达 20%。

2. 无碳复写纸涂布机

沙市轻工机械有限公司于 2016 年 9 月成功改造了广西白莹纸业有限公司的 1760 毫米涂布机，将原生产普通无碳纸的两次气刀涂布器改造为组合刮刀涂布器，以满足市场对多功能涂布纸的要求。

3. 热敏纸涂布机

沙市轻工机械有限公司于 2016 年 8 月成功改造了湖南安妮特种涂布纸有限公司原 1760 毫米进口 BMB 涂布机生产线，将原生产普通热敏纸的刮刀涂布头 + 气刀涂布头改造为刮刀与计量棒快速互换的涂布头新方式。

4. 特种纸涂布机

（1）沙市轻工机械有限公司于 2016 年 12 月与上海 KINTA 公司签约干燥热（冷）风系统（导热油）4 条生产线、改造 1 套进口设备干燥热风系统，主要用于生产特种纸。这是继 2016 年 10 月成功交付 1640/600 特种纸涂布机 2 条生产线后的再次签约。

（2）轻工业杭州机电设计研究院供货浙江晶鑫特种纸业有限公司的 1600/300 特种涂布机（主机）改造项目于 2016 年 12 月正式开机投产，涂布方式为双面浸渍压榨涂布。

（3）河南大指造纸装备集成工程有限公司与桂林奇峰纸业有限公司于 2016 年 5 月 10 日签订了 2640/500 特种纸涂布整饰设备交钥匙工程的项目合作协议。此项目的安装工程已于 2016 年 11 月初开始动工。此次项目提供包括膜转移施胶段设备（含膜转移施胶机、空气转向器、热风干燥箱、胶料制备及上料系统）、新增后干燥部、可控中高软压光机、电气自动化改造、新增辅助设备、辅料系统以及设计、安装、调试服务。

（4）沙市轻工机械有限公司于 2016 年 11 月成功对鹤山荣达新材料科技有限公司 1300/250 美纹纸涂布机生产线进行了改造。将其刮刀计量改为了气刀计量，其涂布量可控制在 10 克/米^2 内，横幅误差小，涂后质量得到了很大提高。

（5）沙市轻工机械有限公司供货印度 Mehali 纸业有限公司的 4 台涂布头（3750/500）于 2016 年 11 月在现场完成所有机械、电气的安装及调试工作，并一次性试车成功。

5. 压光机

江阴市国光轧光机纤维辊有限公司供货浙江洁美电子科技股份有限公司的 2640/120 单压区分区可控中高软压光机于 2016 年交货。

6. 自动收（放）卷装置

（1）沙市轻工机械有限公司于 2016 年 10 月供货湖北拍马纸业股份有限公司 1 台新的 2400/350 水平卷纸机。该卷纸机采用 2 只油缸位于卷纸缸两侧，通过摇杆机构的作用，给卷纸辊加压，纸卷直径达到了 2600 毫米；因采用油缸加压，使卷纸过程更平稳，也更容易获得高质量纸卷。

（2）沙市轻工机械有限公司于 2016 年 9 月成功为河南仙鹤纸业有限公司累计升级更换 26 套收放卷装置（退纸、卷纸各 13 套，幅宽有 1300、1760、1880 毫米等），并改造了 3 套气刀装置（幅宽为 1300、1760 毫米）。

7. 部分关键部件产品

（1）沙市轻工机械有限公司供货枣庄华润纸业有限公司的 3940/600 石膏板护面纸冷风改造系统于 2016 年 7 月 18 日正式发货。该系统能够有效快速降低成纸表面温度，替代传统的调态缸组。

（2）沙市轻工机械有限公司供货内蒙古大兴安岭浆纸有限责任公司的分区可控中高辊于 2016 年 4 月顺利完成制造并发货。该可控辊幅宽 3500 毫米、车速 700 米/分、辊径达 635 毫米，且分区数量达 9 个之多，刷新了公司自制可控辊的多项记录。该辊在设计上实现了密封结构的优化，将国内普遍采用的唇形圈轴式密封方式创新为唇形接油盘式密封，确保不渗漏、不滴油；通过特殊工装，保证了可控辊跳动精度；运用动态试验平台，进行了中高打压测试和高车速下的打压密封测试，保证了分区可控中高辊的整体使用性能。

（杨　旭　冯阿团　徐国华　沈　栋）

2016 年我国造纸脱水器材行业概述

Review of the Dewatering Devices in Paper Industry in 2016

2016 年是我国“十三五”规划实施的第一年，是我国造纸工业深度调整并取得一定成效的一年。造纸脱水器材(造纸网毯)行业在这一年也有一定的发展，在提升自身实力，配合造纸工业的需求方面有了新的突破。

一、2016 年我国造纸网毯企业概况

1. 造纸网

据中国造纸学会造纸器材专业委员会统计，2016 年，国内主要规模以上造纸网企业 20 家(不包括外商在华独资网毯生产企业的生产量)。造纸网的生产量为：成形网 173.36 万米^2，三层成形网 91.09 万米^2，干网 113.93 万米^2，异形丝干网 57.71 万米^2，螺旋干网 7.20 万米^2，铜网 4.06 万米^2，不锈钢网 2.61 万米^2。与 2015 年相比，成形网生产量减少 4.17%，三层成形网增长 22.20%，干网减少 10.79%，异形丝干网减少 40.16%，螺旋干网减少 10%，铜网减少 27.50%，不锈钢网略有增加。

2016 年，我国主要造纸网企业的生产与销售情况与 2015 年的趋势基本相同，但也有一些新的变化。行业内骨干企业，如安徽华辰造纸网股份有限公司、江苏金呢工程织物股份有限公司、安徽太平洋特种网业有限公司生产量占比较大，产品质量较好，经扩大生产规模后，生产能力有了进一步的增长，生产量和销售量均有了较大的增长，反映出优势更优的趋势。尤其是江苏金呢工程织物股份有限公司，2016 年公司的三层成形网生产量 24.11 万米^2，比 2015 年的 18.9 万米^2 增长 27.57%。

河北鹤煌网业有限公司经历了大股东更换以及转制调整，2016 年成形网与干网的产销量均比 2015 年略有上升；广东江门鸿荣新材料科技有限公司在接手江门中奥网业有限公司的业务之后，在恢复生产与销售方面作了很大努力，业务有了较大的拓展；驻马店市红星网业有限公司、安徽环宇网业有限公司、河南华丰网业有限公司、泰安松源网业有限公司等企业 2016 年产销量与 2015 年持平。

2016 年，造纸网的价格之争出现了更加激烈的现象，有的造纸网企业销售量比 2015 年高，但是销售额却比 2015 年低。价格的竞争不但在国内企业间发生，而且在中外企业间也有发生。单纯的依赖降价并不能占领市场，提高产品质量尤其是服务质量，才是企业应该予以关注的。

在造纸工业大趋势下，一些规模不大的造纸网企业谋求产品多样化发展，在环保过滤网、洗浆网、水刺网、非织造用网帘等方面有所建树，取得了很好的成果。

2016 年总体经营状况比 2015 年略好，但这是相对 2015 年的困难状况而言。近期，国内造纸网企业在设备方面投入较大，装备水平有了很大提高，但不少企业在产品研发与质量管理方面疏于投入，设备的先进功能未能充分利用，因此，造纸网企业要想发展和巩固市场，还需做很大的努力。

就造纸网生产量统计来看，造纸网产品继续向大厂集聚的格局不变。

2. 造纸毛毯

2016 年，中国造纸学会造纸器材专业委员会统计全国规模以上 20 家造纸毛毯企业生产量(不包括外商在华独资网毯生产企业的生产量)合计为 6747 吨(以历年同口径推算，全国生产量 8772 吨)，同比增长 11.43%。造纸毛毯的骨干企业继续发挥着领头羊的作用。四川环龙技术织物有限公司在 2016 年取得了长足进步，以年生产量 1350 吨位于行业榜首。上海金熊造纸网毯有限公司作为四川环龙技术织物有限公司的高档造纸毛毯生产基地，2016 年高端造纸毛毯生产量取得了突破性的进展，高档造

纸毛毯生产量与销售量比 2015 年增长 370%。反映出我国造纸行业对高端造纸毛毯的巨大需求，也说明国内造纸毛毯企业有能力进入高端市场。

徐州三环工业用呢科技有限公司完成了所有制转换以及搬迁等工作，企业在新的领导班子领导下，甩掉了原国有企业的包袱，轻装上阵，2016 年公司对设备进行了技改和优化，完成了产品结构优化，确定了企业发展方向，并在产品出口方面取得了卓越的成果。

其他造纸毛毯企业，如东莞业兴网毯有限公司、山东聊城经纬造纸毛毯有限公司等，也致力于造纸毛毯的品质提升，这些企业在提高自身产品质量的同时，也扩大了产品的生产与销售量。广东东莞友邦造纸织物有限公司继续加大装备优化与投入，产品档次得到提升，获得了市场的认可。上海弘纶工业用呢厂、徐州金冠工业用呢有限公司、河南御槐工业用呢有限公司等企业，坚持在专业领域内下功夫，形成特色产品，在市场上占有一席之地。

2016 年大部分造纸毛毯企业的经营状况比 2015 年有所改善，这主要得益于我国造纸工业的回暖。造纸毛毯产品同样继续向大厂聚集。但这些企业仍有很强的危机意识，原来的客户群在继续萎缩（小造纸厂正在加速关闭和停产），若要维持生产总量，就必须提高毛毯的产品质量，就要有新的设备与技术投入，机会与风险并存。

3. 造纸网毯进出口概况

2003—2016 年造纸网毯产品的进出口情况见表 1 和图 1 ~ 图 4，2016 年与 2015 年造纸网毯产品进出口数据对比见表 2。

表 1　2003—2016 年造纸网毯产品的进出口情况

	年份	滤网、滤布		<650 克/米² 网毯成品		≥650 克/米² 网毯成品		合计	
		数量/千克	金额/美元	数量/千克	金额/美元	数量/千克	金额/美元	数量/千克	金额/美元
进口	2003	321789	13179434	83823	9716679	733393	34916174	1139005	57812287
	2004	467009	18160299	66449	11532430	928589	45849485	1462047	75542214
	2005	453136	24320356	122208	18246875	922277	52269799	1497621	94837030
	2006	515427	38570045	103272	19820917	1147141	66040034	1765840	124430996
	2007	554959	41072549	164659	28287534	1320591	73807104	2040209	143167187
	2008	606367	46872567	205248	32106550	1398726	81335714	2210341	160314831
	2009	390331	39433965	282476	27209593	1069939	63213073	1742746	129856631
	2010	674593	54817406	152683	26341596	1257074	79184329	2084350	160343331
	2011	676222	65364193	195048	36256563	1429448	93074967	2300718	194695723
	2012	5770638	127623854	199017	35487497	1490570	92340290	7460225	255451641
	2013	732491	65628557	198872	39304782	1627047	97683472	2558410	202616811
	2014	766924	73505067	203188	39711480	1743000	97563569	2713112	210780116
	2015	734838	59134296	165952	32030296	1445143	83667743	2345933	174832335
	2016	759584	56420052	147943	29761428	1426824	78753576	2334351	164935056
出口	2003	166319	2691934	39871	1702536	113572	2643469	319762	7037939
	2004	397701	3635438	86507	2015043	132979	3073069	617187	8723550
	2005	691723	6670480	96740	1814304	233327	5819276	1021790	14304060
	2006	1150572	7735693	105995	2413436	403741	11250884	1660308	21400013
	2007	347923	4749570	83953	3357880	494649	14671403	926525	22778853
	2008	314175	5957362	156664	5046002	654007	19577994	1124846	30581358
	2009	573145	8689102	151286	6749313	1165831	39476960	1890262	54915375
	2010	767435	14156715	217889	12617780	1606415	54910625	2591739	81685120
	2011	1224731	19875393	221262	15067260	1879750	59108654	3325743	94051307
	2012	1457557	24341877	270128	15958286	1825804	55543516	3553489	95843679
	2013	1417962	24751543	349271	13922038	2087560	64925996	3854793	103599577
	2014	1521356	28815705	356718	16888059	2132604	64032585	4010678	109736349
	2015	1561090	27321954	302251	16701516	2345550	62032012	4208891	106055482
	2016	1739765	28678311	246651	17073861	2478266	68236070	4464682	113988242

注：数据来源于海关总署。

表 2 2016 年与 2015 年造纸网毯产品进出口数据对比

年份		滤网、滤布			<650 克/米^{2}网毯成品			≥650 克/米^{2}网毯成品		
		数量/千克	金额/美元	单价/(美元/千克)	数量/千克	金额/美元	单价/(美元/千克)	数量/千克	金额/美元	单价/(美元/千克)
进口	2016	759584	56420052	74.3	147943	29761428	201.2	1426824	78753576	55.2
	2015	734838	59134296	80.5	165952	32030296	193.0	1445143	83667743	57.9
	同比/%	3.37	-4.59	-7.73	-10.85	-7.08	4.23	-1.27	-5.87	-4.66
出口	2016	1739765	28678311	16.48	246651	17073861	69.22	2478266	68236070	27.5
	2015	1561090	27321954	17.5	302251	16701516	55.3	2345550	62032012	26.4
	同比/%	11.45	4.96	-5.83	-18.40	2.23	25.17	5.66	10.00	4.28

2016 年造纸网毯企业纷纷配备了资源，加强了出口力度。滤网、滤布与≥650 克/米^2 网毯成品出口量均增长 10% 以上。≥650 克/米^2 网毯成品出口单价有所增长，<650 克/米^2 网毯成品出口单价增长显著，为 25.17%。从表 2 可以看出，在造纸网毯企业的重视与努力下，国外造纸行业对我国制造的造纸网毯认可度提升，因此，2016 年造纸网毯成品出口量价齐升。

国内造纸网毯企业在不断提升产品品质的同时，还加强了对纸厂的技术服务及交付后的处置响应力度，因此，国内造纸网毯企业逐步具备了强有力的竞争力，2016 年造纸网毯进口量与进口金额均明显下降。

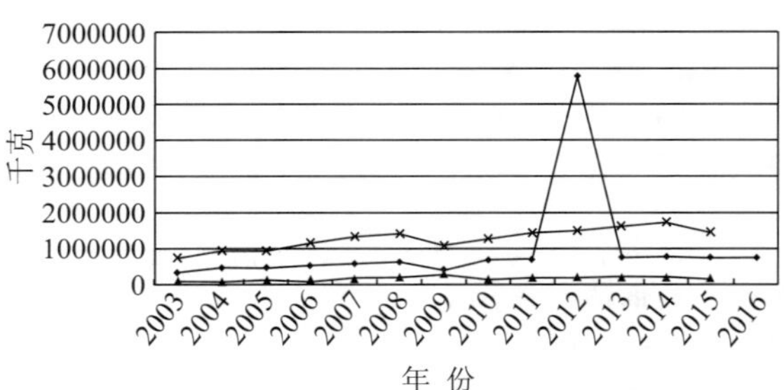

图1 2003—2016年我国造纸脱水器材产品进口量

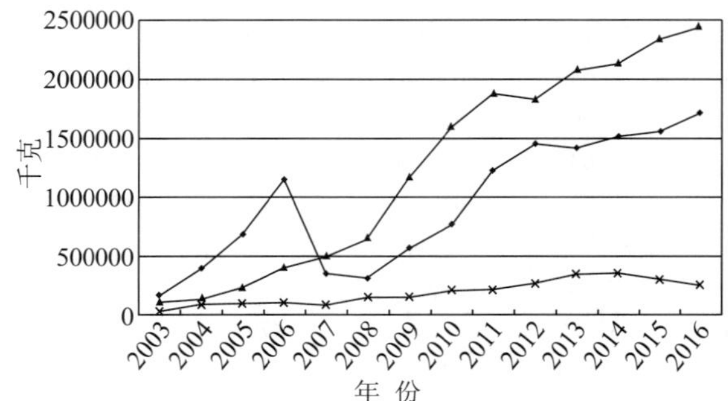

图2 2003—2016年我国造纸脱水器材产品出口量

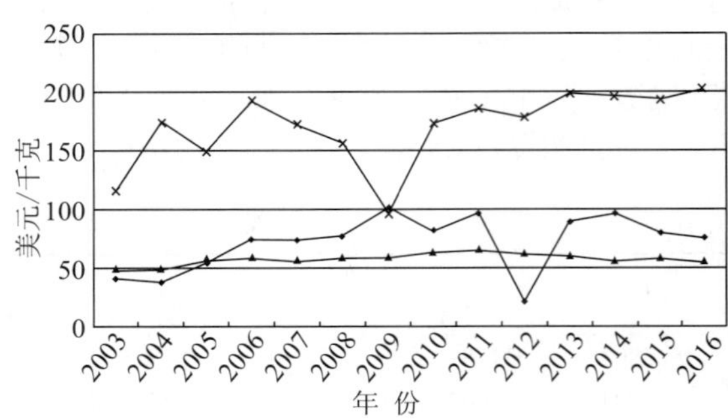

图3 2003—2016年我国造纸脱水器材进口产品单价

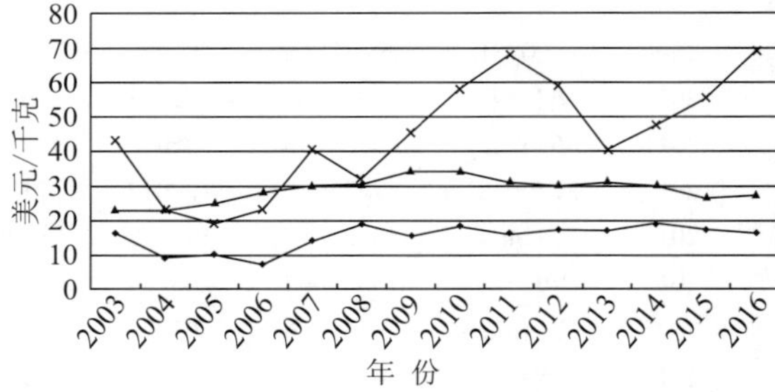

图4 2003—2016年我国造纸脱水器材出口产品单价

二、造纸网毯行业的分析与展望

1. 造纸网毯骨干企业的新追求

造纸网毯企业受产品形式的限制，一般规模不大，我国一些造纸网毯骨干企业，虽然相对大一些，但在全国范围内仍属于中小型企业。在经营发展的过程中，这些企业逐渐摆脱了一般小型企业的习惯性思维与行为方式，有了新的追求。

造纸网毯企业积极参与造纸及其相关行业的活动，并在造纸及其相关行业社团组织中担任重要职务；参与各种研讨、交流活动，从中获得了更多的信息与商机。

一些造纸网毯企业从更高的视角去思考企业的发展模式，已经或即将在证券市场上融资；有的企业兼并适合的企业，走上加速扩张的道路；有的企业积极放眼境外，与国外的资本或企业发展合作。一些造纸网毯企业与相关的大专院校、研究所开展科技合作，壮大自己的科研开发力量。

这些企业注意树立自己的企业形象，培育自己的企业文化，打造自己的品牌，正在或已经有别于原先单纯追求经济利益，满足于作坊式生产模式。这对行业的继续发展是十分有益的。

2. 对装备能力提高的新思考

造纸网毯产品的生产与使用的特殊性，形成了造纸网毯企业规模和造纸网毯专用设备的特殊性，而我国造纸网与造纸毛毯企业走的是两条截然不同的道路。造纸网企业大规模引进国际先进设备，产品档次提升速度快，但除少数企业盈利外，大多数造纸网企业经济效益相对较低，有的则陷入沉重的投资债务危机。而造纸毛毯企业一直是使用国内制造的装备，产品质量提升较慢，一些企业在扩大投资方面迟迟难以下决心。现在，造纸网与造纸毛毯企业都在反思原有发展道路的利弊，如何实现扬长避短，实现造纸网毯的高质又高速的发展。造纸网毯企业应该与国内外造纸网毯装备制造商进行深入的探讨，在充分理解造纸网毯制作与使用机理的基础上，寻找适合我国造纸网毯装备水平提高的道路。

3. 对原料能力提高的新思考

自 2016 年年底以来，造纸网毯用的单丝与短纤等产品数次提价，有的品种价格已比原价格增长 90%，这种前所未有的涨价，给造纸网毯企业造成极大的压力，再加上人力成本、包装成本、运输成本的显著提升，造纸网毯企业不堪重压。

中国造纸学会造纸器材专业委员会特邀东华大学材料学教授担任行业专家，加强与学校的合作，鼓励有条件的化纤企业参与造纸网毯用单丝与短纤的开发与研制。积极开展与苏州大学纺织学院的合作，开展造纸网毯基础理论的研究，完善产品结构与功能设计，提升造纸网毯行业与企业的技术力量。鼓励造纸网毯行业的上下游企业互相帮助、互相促进，形成共同进步的良性循环，达到“双赢”及“多赢”的局面。

4. 造纸网毯行业前进的新模式

为了提高造纸网毯企业的产品质量，改善供应渠道，降低原料成本，增强竞争活力，造纸网毯行业引入了新的投资方，加强了与研究院校、装备制造商、原料制造商的合作。在新的一年里这些合作会有实质性的进展，必将带来造纸网毯行业面貌的大变化。

造纸网毯行业在“十三五”期间，遵照供应侧改革的思路，积极从上游到自身，从本业到市场，正在进行实质性的变革，将会有更好的造纸网毯产品及服务，为我国造纸工业的发展作出新的贡献。

（杨金魁　韩静芬）

2016 年部分制浆造纸设备公司主要销售业绩

Sales Records of Part of Pulping and Papermaking Machinery Companies in 2016

一、维美德(中国)有限公司

序号	客户名称	设备名称	主要规格和参数	台(套)数	交货时间
1	玖龙纸业(控股)有限公司	箱纸板机及自动化系统	OptiConcept M	2 套	2018
2	理文造纸有限公司	生活用纸机	Advantage DCT 200	2 台	2017
3	菏泽佰世达木业有限公司	纤维热磨机	EVO 46	2 台	2017
4	吉安集团有限公司	纸机优化改造	服务包	3 台	2016
5	森叶(清新)纸业有限公司	流浆箱改造	稀释水改造	1 台	2016
6	安徽山鹰纸业股份有限公司	在线状态监控系统	Valmet DNA	5 套	2016

二、福伊特造纸(中国)有限公司

序号	客户名称	设备名称	主要规格和参数	台(套)数	交货时间
1	山东晨鸣纸业集团股份有限公司	文化用纸机	50 万吨/年	1 台	2018
2	福建联盛纸业有限责任公司	包装纸机	45 万吨/年	1 台	2017
3	理文造纸有限公司	卫生纸机	年产 6 万吨/台	2 台	2017
4	江西泰盛纸业有限公司	卫生纸机	年产 6 万吨/台	4 台	2017
5	日本大王公司	卫生纸机	6 万吨/年	1 台	2018
6	河北名联新材料有限公司	特种纸机	4 万吨/年	1 台	2017
7	湖北荣成再生科技有限公司	OCC 整线及流送系统	42 万吨/年 37 万吨/年	1 套	2017
8	江西理文造纸有限公司	OCC 整线	38 万吨/年	1 套	2017
9	越南正隆公司	OCC 整线	38 万吨/年	1 套	2017

三、安德里茨公司

序号	客户名称	供货范围	原料	交货时间
1	越南纸厂	整线	LOCC + JOCC + AOCC	2016
2	印度尼西亚纸厂	转鼓、粗筛	OCC、混合废纸	2016
3	Naini 卫生纸厂		UKP	2016
4	广州造纸集团有限公司		NBKP	2016
5	泰山石膏股份有限公司		APMP 杨木化学机械浆	2016
6	辽宁奥优美日用品制造有限公司		LBKP、NBKP	2016
7	金红叶纸业集团有限公司			2016
8	浙江常林特种纸业有限公司		NBKP、混合纸浆	2016
9	贵州赤天化纸业股份有限公司		LBKP、竹子	2016
10	联盛纸业(龙海)有限公司	碎浆机、抓斗、圆筒筛和粗筛、PMA 系统	LBKP、NBKP	2016
11	吉安集团有限公司	浆渣处理系统		2016
12	Pindo Deli 浆纸公司	PMA 系统	LBKP、NBKP	2016
13	浙江华川实业集团有限公司	SP & PMA 系统	LBKP、NBKP	2016
14	越南纸厂	PMA 系统	OCC、UKP	2016
15	维达纸业(浙江)有限公司	SP & PMA 系统	LBKP、NBKP	2016
16	Bashundhara 造纸公司	SP & PMA 系统	LBKP、NBKP	2016
17	江苏上善纸业有限公司	PMA 系统	OCC	2016
18	兖州永悦纸业有限公司	TwinFlow 磨浆机、ModuScreen 筛	杨木	2016
19	泸州永丰浆纸有限公司	压力筛 、中浓设备		2017
20	亚太森博(山东)浆纸有限公司	溶解浆生产线、蒸发站改造		2017

四、汶瑞机械(山东)有限公司

序号	客户名称	设备名称	主要规格和参数	台(套)数	交货时间
1	岳阳丰利纸业有限公司	双辊混合机	ZPH23	6 台	2016 - 07
		洗浆机	ZXIV60	1 台	2016 - 05
		漂白塔		12 台	2016 - 08
		氯碱化塔各及附属设备		2 套	2016 - 08
2	印度尼西亚 OKI 项目	管道支架增订 AA3		1 批	2016 - 04
		D + 管道增订 AA4		1 批	2016 - 07
		管架增订 AA5		1 批	2016 - 07
3	东莞建晖纸业有限公司	多圆盘浓缩机	DPL5208	1 台	2016 - 06
4	山东太阳宏河纸业有限公司	白液盘式过滤机、白泥盘式过滤机	YPL3006、BPG3704	各 1 台	2016 - 07
5	山东仁丰特种材料股份有限公司	多圆盘浓缩机	ZPLII338	2 台	2016 - 08
6	白山市琦祥纸业有限公司	无网袋白水多圆盘	XPL3615	2 台	2016 - 09

续表

序号	客户名称	设备名称	主要规格和参数	台(套)数	交货时间
7	山东太阳纸业股份有限公司	高效绿液澄清器	ZHQⅡ10	1台	2016－07
8	柳州两面针纸业有限公司	黑液过滤机	HYS80	1台	2016－08
9	柳州市鹿寨佳利造纸厂	白水圆盘过滤机	MPL80	1台	2016－05
10	中国轻工业长沙工程有限公司	石灰消化提渣机	TZ90	1台	2016－07

五、山东晨钟机械股份有限公司

序号	客户名称	设备名称	主要规格和参数	台(套)数	交货时间
1	山东伊斯泰造纸机械有限公司	双盘磨浆机、阶梯式疏解机	DD720、DD660、DF525	8台	2016－03
2	汇胜集团股份有限公司	双盘磨浆机主机	DD900	1台	2016－04
3	淄博欧木特种纸业有限公司	螺旋压榨机、泥饼破碎机、皮带输送机、螺旋压榨控制系统	CZLY600、P400、B650	4台	2016－03
4	岳阳华丰纸业有限公司	压力精筛	VJS10/10－3M2	1台	2016－02
5	保定钞票纸业有限公司	双盘磨浆机	DD550	3台	2016－04
6	山东太阳宏河纸业有限公司	螺旋挤压脱水机、旋转过滤机、立式絮凝反应器	CZLY-1100、CZGL-800-2、CZXN-1350	8台	2016－04
7	沂水鑫源纸业有限公司	高浓水力碎浆机 一段压力粗筛、单式纤维分离机	15M3、8M3 VCS08/05S、ZDF520	8台 5台	2016－05 2016－11
8	保定市聚润纸业有限公司	链板输送机、水力碎浆机、高浓除渣器、双盘磨浆机	B1200、FSV43M3、3500升、DD660	20台	2016－06
9	临沂利华纸业有限公司	转鼓式碎浆机	ZDG3250	1台	2016－11
10	山东标典纸业有限公司	螺旋压榨机、旋转过滤机、立式絮凝槽	CZLY-750、CZGL-800-1、CZXN-800	3台	2016.11.26
11	莱州鲁通特种纸业有限公司	旋转过滤机、螺旋挤压脱水机、立式絮凝反应器	CZNS-800-2、CZLY-1100、CZXN-1350	3台	2016－09
		网前压力筛、网前二段压力筛、稀释水筛	AWS15/13-6.4M2、VJS06/06-1.35M2、AWS06/08-1.5M2	8台	2016－08
12	白山市琦祥纸业有限公司	水力碎浆机、水力清洗机、圆筒筛、气动绞绳机、液压剪绳机、抓斗、一段高浓除渣器、二段中浓除渣器、一段压力粗筛、二段压力粗筛、浮选净化器、排渣圆筒筛、一段低浓除渣器、二段低浓除渣器、三段低浓除渣器、四段低浓除渣器、振框式平筛、一段压力精筛、二段压力精筛、盘式浓缩机	BFW2000、ZDS74M3D、5M3、2000毫米×5000毫米、CZSIII、FZ13、0.2M3、7500升/分、6500升/分、VCS12/05D-3.8M2、VCS10/06-1.8M2、2M3、850、600升/分、1500升/分、ZSK3M2、VJS12/12-4.5M2、VJS10/10-3.14M2、ZNP240M2	198台	2016－07
13	永丰余造纸(扬州)有限公司	螺旋挤压脱水机、旋转过滤机、立式絮凝反应器、输料无轴螺旋	CZLY-900、CZGL-650-2、CZNX-1350、WLX-320	9台	2016－07

续表

序号	客户名称	设备名称	主要规格和参数	台(套)数	交货时间
14	惠州福新纸业有限公司	链板输送机、转鼓碎浆机、压力粗筛、复合尾渣筛	BFW1400、ZDG2500、VCS08/05-1.25M2、T2C	8 台	2016－07
15	山东世纪阳光纸业集团有限公司	污泥浓缩螺旋压榨机		2 套	2017－01
16	内蒙古天浩纸业有限公司	转鼓碎浆机	ZDG3500	39 台	2016－12
17	广东理文造纸有限公司	脱墨污泥螺旋挤压机	PM17	2 台	2017－01

六、山东昌华机械科技有限公司

序号	客户名称	设备名称	主要规格和参数		台(套)数	交货时间
			幅宽/毫米	车速/(米/分)		
1	德州泰鼎新材料科技有限公司	长网多缸瓦楞原纸机	5300	550	1 台	2017
2	淄博欧木特种纸业有限公司	特种纸机	4500	200	1 台	2017
3	柏乡县华兴纸业包装有限公司	双叠网多缸箱纸板机	5200	550	1 台	2017
4	秦皇岛金茂源纸业有限公司	双叠网多缸箱纸板机	5200	600	1 台	2017

七、山东信和造纸工程股份有限公司

序号	客户名称	设备名称	主要规格和参数	台(套)数	交货时间
1	安徽格义循环经济产业园有限公司	新月型卫生纸机	2850/800	1 台	2016－10
2	保定市诚信纸业有限公司	新月型卫生纸机	3550/1000	2 台	2017－02
3	秦皇岛凡南纸业有限公司	新月型卫生纸机 长网双缸擦手纸机	3600/1200 3600/500	1 台 1 台	2017－06 2016－12
4	湖北荣成再生科技有限公司	多网多缸纱管纸机	3300/100	1 台	2017－03
5	浙江凯丰新材料有限公司	长网大缸特种纸机	2740/400	1 台	2016－09
6	贵州恒瑞辰科技股份有限公司	钢质烘缸	φ3660 毫米 × 4400 毫米	1 台	2016－09
7	东莞市美捷造纸技术有限公司	钢质烘缸	φ3660 毫米 × 4400 毫米	2 台	2017－01
8	保定市维拓造纸机械有限公司	钢质烘缸	φ3000 毫米 × 3900 毫米	1 台	2016－09
9	山东泉林纸业有限责任公司	钢质烘缸	φ3660 毫米 × 3370 毫米	1 台	2016－10
10	辽阳慧盛造纸机械有限公司	钢质烘缸	φ4572 毫米 × 4550 毫米	1 台	2017－03

八、山东海天造纸机械有限公司

序号	客户名称	设备名称/主要规格和参数	台(套)数	交货时间
1	江苏舜杰新材料国际贸易有限公司	3000/100 斜网特种纸机	1 台	2016－03
2	江苏常熟飞龙机械有限公司	2400/100 斜网特种纸机	1 台	2016－03
3	安徽万邦特种纸业有限公司	1575/120 斜网特种纸机	1 台	2016－04
4	广东茂名金墩纸业有限公司	3200/1200 下引纸高速复卷机	1 台	2016－05
5	俄罗斯	4200/350 长网多缸瓦楞原纸机	1 台	2016－07
6	卡塔尔	4200/1000 下引纸高速复卷机	1 台	2016－08
7	马来西亚	1760/250 长网多缸文化纸机 1760/800 下引纸高速复卷机	1 台 1 台	2017－03 2017－03
8	苏丹	3200/150 双叠网多缸纸机 3200/500 下引纸高速复卷机	1 台 1 台	2017－03 2017－03
9	淄博新华纸业有限公司	1880/350 长网文化用纸机	1 台	2017－04
10	内蒙古天浩纸业有限公司	4400/500 双叠网多缸纸机	1 台	2017－05
11	山东德艾普节能新材料有限公司	1360/30 斜网特种纸机	1 台	2017－06
12	江苏连云港	920/30 斜网特种纸机	1 台	2017－06
13	潍坊恒联桦林新材料有限公司	3150－300 长网双缸特种纸机	1 台	2017－07
14	柏乡县森昌纸业有限公司	4900/1500 下引纸高速复卷机	1 台	2017－07
15	柏乡县华兴纸业有限公司	5300/1800 下引纸高速复卷机	1 台	2017－08
16	于都县正亿纸品纸业有限公司	5000/1500 下引纸高速复卷机	1 台	2017－07
17	阳光王子(寿光)特种纸有限公司	1430/1800 下引纸高速复卷机	2 台	2017－12

九、凯登制浆设备(中国)有限公司

序号	客户名称	设备名称	规格参数	交货时间
1	山东天地缘实业有限公司	流送除渣器系统	600 吨高强瓦楞原纸	2017－03
2	四川华侨凤凰纸业有限公司	系统改造		2017－03
3	万利达纸制品有限公司	OCC 系统	1000 吨	2017 年三季度
4	永耀纸制品有限公司	OCC 系统	2500 吨	2017 年三季度
5	亚太森博(山东)浆纸有限公司	洗涤装置	溶解浆	2017
6	德州泰鼎新材料科技有限公司	系统改造 系统改造	900 吨瓦楞原纸、T 纸 瓦楞原纸	2017－02 2016－12
7	广东理文造纸有限公司	流送除渣器系统	1 套	2017－02
8	福建联盛纸业有限责任公司	OCC 系统	1250 吨 T 纸	2017－06
9	安徽山鹰纸业股份有限公司	OCC 除渣器系统	T 纸	2017－01
10	江西理文造纸有限公司	流送系统 碎浆系统	瓦楞原纸、T 纸 200 吨瓦楞原纸、T 纸	2017－05 2017－05
11	四川迅源纸业有限公司	流送除渣器系统	1 套	2016－12
12	烟台大展纸业有限公司	系统改造	瓦楞原纸	2016－09

十、凯登约翰逊(无锡)技术有限公司

序号	客户名称	设备名称	主要规格和参数	交货时间
1	理文造纸有限公司	旋转接头及虹吸器、蒸汽冷凝水系统	PTX/CSS	2016
2	浙江荣晟环保纸业股份有限公司	旋转接头及虹吸器	PTX/CSS	2016
3	金凤凰纸业(孝感)有限公司	旋转接头及虹吸器、干网清洗系统	PTX/CSS、M-clean	2016
4	维达纸业(中国)有限公司	旋转接头	PT	2016
5	福建联盛纸业有限责任公司	蒸汽冷凝水系统、白水过滤系统、干网清洗系统	M-clean	2016
6	璜涌集团	蒸汽冷凝水系统		2016
7	维美德公司	蒸汽冷凝水系统	TISSUE	2016
8	APP(中国)公司	卫生纸机刮刀系统	Conformatic XL	2016
9	广州造纸集团有限公司	抽拉式刮刀系统		2016
10	东莞建晖纸业有限公司	湿部刮刀系统		2016
11	福建青山纸业股份有限公司	清白水过滤器	RotoFlex	2016
12	江门明星纸业有限公司	布浆系统	Octopus	2016
13	山东太阳纸业股份有限公司	干网清洗系统	M-clean	2016
14	山东博汇集团有限公司	干网清洗系统	M-clean	2016

十一、郑州磊展科技造纸机械有限公司

序号	客户名称	设备(项目)名称	主要规格和参数	台(套)数	交货时间
1	河南兴泰纸业有限公司	年产12万吨高强瓦楞原纸和T纸全套制浆设备	BFW1600型链板输送机、ZG3250型转鼓碎浆机、高中浓除渣器、ZNS型中浓粗筛、精筛、FJS型分级筛、JB850型浆池推进器、NLS型网前压力筛等	20台	2016-12
2	新疆聚鑫隆纸业有限公司	年产12万吨高强瓦楞原纸和挂面箱纸板全套制浆设备	面浆：链板输送机、15米^{3}碎浆机、高浓除渣器、ZNS型中浓粗筛、KH600低浓除渣器、精筛、双盘磨浆机等；底浆：BFW1600型链板输送机、ZG3250型转鼓碎浆机、高中浓除渣器、ZNS型中浓粗筛、精筛、JB850型浆池推进器、NLS型网前压力筛等	45台	2016-10
3	新疆富力纸业有限公司	年产12万吨高强瓦楞原纸和T纸全套制浆设备	高中浓除渣器、ZNS型中浓粗筛、精筛、FJS型分级筛等	10台	2016-05
4	越南胡志明市明兴纸业有限公司	日产200吨瓦楞原纸全套制浆设备	BFW型链板输送机、25米^{3}连续碎解系统、高中浓除渣器、ZNS型中浓粗筛、精筛、JB850型浆池推进器、NLS型网前压力筛等	20台	2016-12
5	孟加拉国客户	包装纸	链板输送机、转鼓碎浆机、高浓除渣器、中浓筛、推进器等	8台	2016-08
6	马来西亚客户		链板输送机、碎浆机、高浓除渣器、网前筛、推进器等	20台	2016-09

续表

序号	客户名称	设备(项目)名称	主要规格和参数	台(套)数	交货时间
7	河北天天纸业有限公司	生活用纸	链板输送机、30 米^3 中浓碎浆机、高浓除渣器、推进器等	18 台	2016-09
8	乌鲁木齐五星利强纸制品有限公司	包装纸	链板输送机、3000 转鼓碎浆机、推进器、高浓除渣器、中浓筛、分级筛、网前筛等	20 台	2016-11
9	埃及客户	包装纸	链板输送机、D 型碎浆机、转鼓碎浆机、中浓筛、网前筛、分级筛等	30 台	2016-12
10	贵州东阳纸业有限公司	包装纸	碎浆机、高浓除渣器、中浓筛、排渣分离机、推进器等	12 台	2016-10
11	新乡新亚纸业集团股份有限公司	包装纸	25 米^3 碎浆机、高浓除渣器、排渣分离机、分级筛、分离机等	5 台	2017-02

十二、许昌中亚工业智能装备股份有限公司

序号	客户名称	设备名称	主要规格和参数		台(套)数	交货时间
			幅宽/毫米	车速/(米/分)		
1	河北宝石纸业有限公司	5200 型两叠网高强瓦楞原纸机	5200	700	1	2016
2	江门市桥裕纸业有限公司	5000 单长网瓦楞原纸机	5000	600	1	2017-09
3	湖北金庄科技再生资源有限公司	5200 型两叠网挂面箱纸板机	5200	750	1	2017-09
4	安徽国光纸业有限公司	4800 两叠网瓦楞原纸机	4800	500	1	2017-10
5	河北玉田顺发纸业有限公司	5600 三叠网箱纸板机	5600	900	1	2017-12
6	山东威海龙港纸业有限公司	5200 两叠网箱纸板机	5200	750	1	2018-02
7	河南省龙源纸业股份有限公司	5600 三叠网箱纸板机	5600	850	2	2018-05

十三、河南大指造纸装备集成工程有限公司

序号	客户名称	设备名称	主要规格和参数		台(套)数	交货时间
			幅宽/毫米	车速/(米/分)		
1	富阳市太平纸业有限公司	膜转移施胶机	2800	450	1	2015-06
2	新乡新亚纸业集团股份有限公司	膜转移施胶机 水力式流浆箱	2640 1880	600 250	1 1	2015-06 2016-03
3	辽宁振兴生态造纸有限公司	膜转移施胶机	2640	500	1	2015-09
4	泰安百川纸业有限责任公司	膜转移施胶机	2640	600	1	
5	海门市海天纸业有限公司	离型纸涂布机	1350	450	1	2016-06
6	石家庄方大包装材料有限公司	离型纸涂布机	1350	400	1	2016-01
7	长沙纸星机械工程有限公司	多缸纸机			1	2016-07
8	内蒙古运筹工贸有限责任公司	纸机改造	4200	600	1	2015-11
9	青岛蓝睿机械科技有限责任公司	膜转移施胶机	4240	1000	1	2016-05

十四、浙江华章科技有限公司

客户名称	设备名称	规格参数	台数	交货时间
维达纸业（中国）有限公司、山东太阳纸业股份有限公司、湛江晨鸣浆纸有限公司、保山鑫盛泰纸业有限公司、东莞金洲纸业有限公司、东莞市潢涌银洲纸业有限公司、东莞建晖纸业有限公司、湖北祥兴纸业有限公司、柏乡县华兴纸业包装有限公司、江苏长丰纸业有限公司、浙江荣晟环保纸业股份有限公司、湖北荣成再生科技有限公司、仙鹤股份有限公司等	传动控制系统	HZ AC3750	40 台	2016—2017
	MCC	VPAK MCC	14 台	2016—2017
	DCS	HZ DCS5000	8 台	2016—2017
	MCS	HZ MCS5000	10 台	2016—2017
	纸机改造		16 台	2016—2017
	废水、污泥除臭系统		3 台	2017
	造纸废水处理系统		2 台	2017
	RDF 造纸固体废渣处理系统		1 台	2017
	压滤机、钢带机	XMZZGQ 、GDY	16 台	2016—2017
	美辰 MCN 流浆箱（含水力式、气垫式及新月型、圆网、斜网成形器）		40 台	2016—2017
	美辰 MCN 摇振器		10 台	2016—2017

十五、杭州美辰纸业技术有限公司

序号	客户名称	设备名称	主要规格和参数	台（套）数	交货时间
1	仙鹤股份有限公司	1850/150 斜网，以旧换新	12 ~ 150 克/米^2	1 台	2016 - 12
		1880/300 高打浆度	24 ~ 70 克/米^2	1 台	2016 - 07
		PM24，1880/180 斜网	12 ~ 150 克/米^2	1 台	
		KH 型，3800/500 气垫式	30 ~ 100 克/米^2	3 台	2016 - 12
		PM17，4400/800 稀释水水力式	25 ~ 80 克/米^2	1 台	2016 - 08
2	浙江常林特种纸业有限公司	PM4，3800/200 斜网	50 ~ 150 克/米^2	1 台	2016 - 07
		PM3，2800/500 单长网	30 ~ 130 克/米^2	1 台	2016 - 07
3	元氏金鹏纸业有限公司	5000/550 纸机	10 ~ ~170 克/米^2	1 台	2017 - 02
4	义乌市义南纸业有限公司	3600/600 特种纸	55 ~ 90 克/米^2	1 台	2016 - 05
5	常州昊杰纸业有限公司	3750/330 长网纸	55 克/米^2	1 台	
6	淄博国际经济技术合作有限公司	3000/350 气垫式	17 ~ 45 克/米^2	1 台	2016 - 01
7	山东贵和显星纸业有限公司	4400/550 单长网	70 ~ 130 克/米^2	1 台	2016 - 02
8	山东天阳纸业有限公司	3520/250 单长网纸机	40 ~ 120 克/米^2	1 台	2016 - 11
9	中冶纸业银河有限公司	2640/600	50 ~ 120 克/米^2	1 台	2017 - 01
10	山东信和造纸工程股份有限公司	3600/1000 新月型	13 ~ 26 克/米^2	2 台	2017 - 01
		2850/800 新月型	13 ~ 42 克/米^2	2 台	2017 - 01
11	江苏华东造纸机械有限公司	3520/165 单长网纸机	50 ~ 62 克/米^2	1 台	2017 - 03
12	印度尼西亚集伟公司	2550/350 长网		1 台	2016 - 09

续表

序号	客户名称	设备名称	主要规格和参数	台(套)数	交货时间
13	维美德自动化(上海)有限公司	4600/650 水力式		1 台	
14	浙江荣晟环保纸业股份有限公司	4600/500 脉冲衰减器		1 台	
15	牡丹江恒丰纸业股份有限公司	1450/180 单长网纸机	8.5 ~ 25 克/米^2	1 台	2016 - 01
16	昌乐县科苑纸业有限公司	1300/250 单长网纸机	60 ~ 85 克/米^2	1 台	2016 - 01
17	浙江凯丰新材料股份有限公司	PM5, 3150/500KH 型	28 ~ 60 克/米^2	1 台	2016 - 11
18	河北阿木森滤纸有限公司	1880 斜网成形器	10 ~ 15 克/米^2	1 台	2016 - 11
19	贵州恒瑞辰科技股份有限公司	GZ3980/700 真空圆网 GZ2880/750 真空圆网	12 ~ 45 克/米^2 12 ~ 45 克/米^2	1 台 1 台	2016 - 12 2016 - 12
20	东莞市潢涌银洲纸业有限公司	PM2, 4600/800 纸机面网 PM1, 4600/800 纸机芯网 PM1, 4600/800 纸机面网	110 ~ 200 克/米^2 110 ~ 200 克/米^2 110 ~ 200 克/米^2	1 台 1 台 1 台	2017 - 01 2017 - 01 2017 - 01
21	贵州恒瑞辰机械制造有限公司	GZ3980/700 真空圆网	12 ~ 45 克/米^2	1 台	2016 - 06
22	天津天轻造纸机械有限公司	2880/600 真空圆网	13.5 ~ 18 克/米^2	1 台	2016 - 08
23	广州市启鸣纸业有限公司	2850/500 新月型	12 ~ 22 克/米^2	1 台	
24	福建省联盛纸业有限责任公司	5050/600 二叠网	60 ~ 110 克/米^2	1 台	2016 - 07
25	山东昌华造纸机械有限公司	1350/300 装饰原纸	55 ~ 120 克/米^2	1 台	2016 - 05
26	浙江新亚伦纸业有限公司	2800/350 长网	40 ~ 90 克/米^2	1 台	2016 - 01

十六、沙市轻工机械有限公司

序号	客户名称	设备名称	主要规格和参数	台(套)数	交货时间
1	湖南安妮特种涂布纸有限公司	热敏纸涂布机改造	1760/300	1 台	2016 - 04
2	湖北拍马纸业股份有限公司	涂布头改造	2400/350	1 台	2016 - 04
3	新乡新亚纸业集团股份有限公司	膜转移施胶机	2640/550	1 台	2016 - 07
4	上海金大塑胶有限公司	干燥热风系统	1300 毫米	5 套	2016 - 07
5	上海金大科技有限公司	干燥热风系统	1300 毫米	5 套	2016 - 07
6	河北阿木森滤纸有限公司	退纸机	1575/50	1 台	2016 - 07
7	枣庄华润纸业有限公司	冷风箱系统	3940/600	1 套	2016 - 07
8	河南仙鹤特种浆纸有限公司	自动退纸/收纸装置	1760/300	2 台	2016 - 08
9	湖北新成萃腾科技有限责任公司	特种涂布机	1100/10	1 台	2016 - 10
10	淄博国际经济技术合作有限公司	组合刮刀涂布器	3450/500	6 台	2016 - 11 2017 - 02
11	广东阿博特数码纸业有限公司	膜转移改造	3600/600	1 台	2016 - 10
12	上海金彩元有限公司	特种纸涂布机	1640/600	1 台	2017 - 04
13	江苏金大包装材料科技有限公司	干燥热风系统	1300 毫米	23 套	2016 - 07
14	印度 SILVERTON 公司	干燥箱、空气翻转器	3800/900	2 台	2017 - 04

(龚 凌)

2016 年部分企业投产的卫生纸机设备

Started-up Tissue Paper Machines in 2016

2016 年已投产的卫生纸机项目一览表

集团省份	公司名称	项目地点	阶段	规模/(万吨/年)	纸机					投产时间	供应商	备注
					形式	型号	数量/台	幅宽/毫米	车速/(米/分)			
河北	保定金能卫生用品有限公司	河北保定	新增	1.8	真空圆网型		2	2820	650	2016 年 10 月	贵州恒瑞辰机械制造有限公司	国产
	保定雨森卫生用品有限公司	河北保定	新增	2.6	真空圆网型	HC-1000/2850	2	2850	1000	分别于 2016 年 8 月、11 月	潍坊凯信机械有限公司	国产
	河北立发纸业有限公司	河北保定	新增	1.3	真空圆网型	HC-800A/3500	1	3500	950	2016 年 10 月	潍坊凯信机械有限公司	国产
	河北中信纸业有限公司	河北保定	新增	1.3	真空圆网型	HC-800A/3500	1	3500	950	2016 年 12 月	潍坊凯信机械有限公司	国产
	保定华康纸业有限公司	河北保定	新增	3.6	新月型	AL-FORM C1100-3550	2	3600	1100	2016 年 5 月、8 月	辽阳慧丰造纸技术研究所	国产
	河北新宇纸业有限公司	河北保定	新增	1.65	新月型	AL-FORM C1000-3550	1	3550	1000	2016 年 12 月	辽阳慧丰造纸技术研究所	国产
	河北小人国纸业有限公司	河北保定	新增	2.4	新月型	AL-FORM C1300-3650	1	3650	1300	2016 年 3 月	辽阳慧丰造纸技术研究所	国产
	满城县恒信纸业有限公司	河北保定	新增	0.8	真空圆网型	AL-FORM V500-3550	1	3550	500	2016 年 8 月	辽阳慧丰造纸技术研究所	国产

续表

集团省份	公司名称	项目地点	阶段	规模/(万吨/年)	纸机					投产时间	供应商	备注
					形式	型号	数量/台	幅宽/毫米	车速/(米/分)			
河北	保定市满城聚润纸业有限公司	河北保定	新增	1.8	新月型	AL-FORM C1100-3550	1	3600	1100	2016 年 11 月	辽阳慧丰造纸技术研究所	国产
	保定达亿纸业有限公司	河北保定	新增	4.3	新月型	钢制烘缸	2	2850	1500	分别于 2016 年 9 月、10 月	山东信和造纸工程股份有限公司	国产
	河北姬发造纸有限公司	河北保定	新增	1.7	新月型		1	2850	1300	2016 年 12 月(原计划于 2015 年投产)	上海轻良实业有限公司	国产
	保定明月纸业有限公司	河北保定	新增	0.8	真空圆网型		1	2900	600	2016 年	天津天轻造纸机械有限公司	国产
	保定立新纸业有限公司	河北保定	新增	1.0	真空圆网型		1	3500	600	2016 年	天津天轻造纸机械有限公司	国产
	保定金光纸业有限公司	河北保定	新增	0.8	真空圆网型		1	2880	600	2016 年	天津天轻造纸机械有限公司	国产
	保定豪峰纸业有限公司	河北保定	新增	1.0	真空圆网型		1	2880	800	2016 年	天津天轻造纸机械有限公司	国产
	保定市富民纸业有限公司	河北保定	新增	1.5	新月型		1	2850	1000	2016 年 1 月	西安维亚造纸机械有限公司	国产
	满城宝洁纸业有限公司	河北保定	新增	1.0	新月型		1	2850	700	2016 年 12 月	西安维亚造纸机械有限公司	国产
	满城纸业(天天纸业)有限公司	河北保定	新建	2.0	新月型		2	2850	800	分别于 2016 年 10 月、12 月	西安维亚造纸机械有限公司	国产
	保定市满城红升纸业有限责任公司	河北保定	新增	1.0	新月型		1	2850	800	2016 年 12 月	西安维亚造纸机械有限公司	国产
	河北雪松纸业有限公司	河北保定	新增	2.0	新月型	Intelli-Tissue® EcoEc1200	1	2850	1200	2016 年 1 月(原计划 2015 年年底投产)	波兰 PMP 集团	进口

续表

集团省份	公司名称	项目地点	阶段	规模/(万吨/年)	纸机					投产时间	供应商	备注
					形式	型号	数量/台	幅宽/毫米	车速/(米/分)			
河北	保定港兴纸业有限公司	河北保定	新增	1.6	真空圆网型	BF-1000S	1	2760	1100	2016 年 10 月	日本川之江造机株式会社	进口
河北	河北瑞丰纸业有限公司	河北保定	新增	1.2	真空圆网型		1	2860	900	2016 年 12 月（原计划于 2015 年 6 月投产）	佛山市南海区宝拓造纸设备有限公司	中外合作
辽宁	辽宁豪唐纸业股份有限公司	辽宁开原	新增	3.4	新月型		2	2850	1300	2016 年	上海轻良实业有限公司	国产
辽宁	辽宁阜新小保姆卫生用品有限责任公司（天合纸业）	辽宁阜新	新增	1.0	真空圆网型		1	3500	650	2016 年 11 月	天津天轻造纸机械有限公司	国产
江苏	永丰余造纸（扬州）有限公司	广东肇庆	新增	2.5	新月型	Intelli-Tissue® Advanced 1600	1	2800	1600	2016 年 1 月（原计划 2014 年投产）	波兰 PMP 集团	进口
江苏	金红叶纸业集团有限公司	四川遂宁	新建	6.0	新月型		1	5630	2000	2016 年 4 月（原计划 2014 年投产）	意大利亚赛利公司	进口
浙江	上海唯尔福集团有限公司	浙江绍兴	新增	1.2	真空圆网型	BF-W10S	1	2760	850	2016 年 10 月	日本川之江造机株式会社	进口
安徽	安徽格义循环经济产业园	安徽淮南	新增	2.5	新月型	钢制烘缸	1	2850	800	2016 年 12 月	山东信和造纸工程股份有限公司	国产
福建	恒安纸业有限公司	安徽芜湖	新增	12.0	新月型	DCT200	2	5600	2000	2016 年 8 月（原计划 2015 年投产）	维美德公司	进口
江西	江西晨阳纸业有限公司	江西九江	新增	1.0	真空圆网型		1	3650	650	2016 年	天津天轻造纸机械有限公司	国产
山东	山东德广工贸有限公司	山东东平	新增	1.2	真空圆网型		1	2860	800	2016 年 5 月（原计划 2014 年 6 月投产）	佛山市南海区宝拓造纸设备有限公司	中外合作

续表

集团省份	公司名称	项目地点	阶段	规模/(万吨/年)	纸机					投产时间	供应商	备注
					形式	型号	数量/台	幅宽/毫米	车速/(米/分)			
河南	平舆中南纸业有限公司	河南驻马店	新增	1.7	新月型	AL-FORM C1300-2850	1	2850	1300	2016年10月	辽阳慧丰造纸技术研究所	国产
		河南驻马店	新增	1.0	TAD型	TAD700-2850	1	2850	700	2016年	辽阳慧丰造纸技术研究所	国产
	河南宏涛纸业有限公司	河南沁阳	新增	1.0	新月型	BZ2850-I	1	2850	700	2016年3月	陕西炳智机械有限公司	国产
		河南沁阳	新增	1.5	新月型	BZ2850-II	1	2850	1000	2016年9月	陕西炳智机械有限公司	国产
广东	广东韶能集团南雄珠玑纸业有限公司	广东韶关	新增	3.0	新月型	12英尺钢制烘缸	1	2850	1600	2016年6月(原计划2015年投产)	安德里茨公司	进口
	理文造纸有限公司	重庆	新增	24.0	新月型	DCT200HS，软靴压	4	5600	2000	分别于2016年9月、10月、11月、12月	维美德公司	进口
	维达纸业(中国)有限公司	山东莱芜	新增	3.0	新月型	AHEAD 1.5M	1	3400	1500	2016年	意大利拓斯克公司	进口
		广东江门新会三江	新增	6.0	新月型	AHEAD 2.0M	2	3400	1600	2016年9月	意大利拓斯克公司	进口
广西	广西华欣纸业有限公司	广西来宾	新增	2.6	新月型		2	2800	900	2016年6月(原计划2014年8月投产)	山东华林机械有限公司	国产
	广西桂海金浦纸业有限公司	广西北海	新增	3.2	真空圆网型	BF-1000S	2	2760	1050	2016年2月	日本川之江造机株式会社	进口
四川	四川圆周实业有限公司	四川成都	新增	1.5	真空圆网型		1	3950	700	2016年1月	贵州恒瑞辰机械制造有限公司	国产
		四川成都	新增	3.0	真空圆网型		2	3950	700	2016年8月	贵州恒瑞辰机械制造有限公司	国产

续表

集团省份	公司名称	项目地点	阶段	规模/(万吨/年)	纸机					投产时间	供应商	备注
					形式	型号	数量/台	幅宽/毫米	车速/(米/分)			
四川	成都鑫宏纸品厂	四川成都	新增	1.0	真空圆网型		1	2850	750	2016 年 12 月	贵州恒瑞辰机械制造有限公司	国产
	四川犍为凤生纸业有限责任公司	四川乐山	新增	5.2	真空圆网型	HC-1000/2850	4	2850	1000	分别于 2016 年 10 月、12 月各投产 2 台	潍坊凯信机械有限公司	国产
	四川三角纸业有限公司	四川绵阳	新增	1.7	新月型	AL-FORM C1300-2850	1	2850	1300	2016 年 9 月(原计划 2014 年 5 月投产)	辽阳慧丰造纸技术研究所	国产
	四川绵阳超兰卫生用品有限公司	四川绵阳	新增	1.0	真空圆网型		1	2850	900	2016 年	绵阳同成智能装备股份有限公司	国产
贵州	惠水佳宇造纸厂	贵州惠水	新增	1.0	真空圆网型		1	3900	500	2016 年 3 月	贵州恒瑞辰机械制造有限公司	国产
甘肃	宝马纸业有限责任公司	甘肃平凉	新增	1.2	真空圆网型		1	2860	900	2016 年 5 月	佛山市南海区宝拓造纸设备有限公司	中外合作
总计				130.55			66					

(中国造纸协会生活用纸专业委员会)

造纸化学品工业发展概况与新趋势发展

Development and Trend of Paper Chemicals Industry

据英国纸世界网站最新出炉的《全球造纸工业报告》称，2015 年全球造纸工业市场规模 1.27 万亿美元，比 2014 年下降 6%，预计 2016 年市场规模将继续下降，销售额降幅约为 2%。数据显示，美国为全球纸产品第一大进口国，第二大生产国；巴西为第一大出口国；我国为第一大生产国。

从上游纸浆产业看，全球纸浆市场需求量持续减少。下游纸及纸板产业方面，亚洲需求量占全球纸及纸板市场需求量的 45%，虽然亚洲地区需求量有一定增长，但由于欧美地区纸及纸板需求量的持续走低，全球纸及纸板需求量仍处于相对低迷状态。

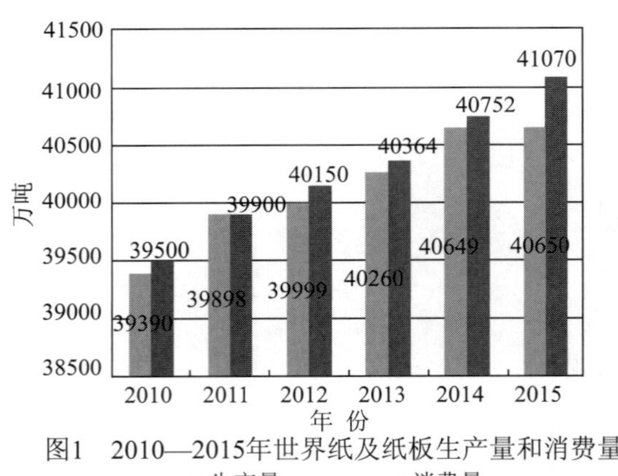

图1 2010—2015年世界纸及纸板生产量和消费量

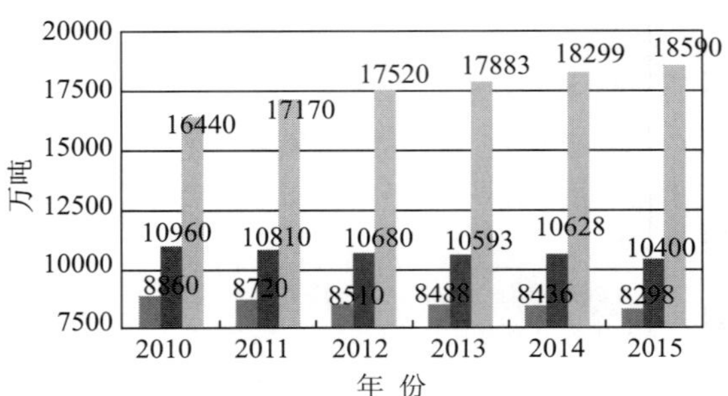

图2 2010—2015年世界主要地区纸及纸板生产量

全球造纸业正在转型。纸及纸板产业消费集中区域由北向南、由西向东转移，主要产品则由新闻纸、印刷书写纸向瓦楞原纸与生活用纸转移。在全球纸产品生产量和需求结构中，2015 年全球纸及纸板生产量约为 4.065 亿吨(见图 1)，西欧、北美、日本等成熟市场生产量约占总量的 45%，新兴市场则占 55%(见图 2)；新闻纸、印刷书写纸生产量占总量的 35%，包装纸与生活用纸则占 65%。

造纸化学品行业是造纸工业的上游产业，是造纸工业中必不可少的重要功能性材料。随着全球范围内制浆造纸装备日趋复杂，使用助剂解决造纸工业生产问题就变得更加普遍，造纸化学品逐渐成为继纤维原料和矿物之后第三个重要的制浆造纸原料。造纸化学品的应用对提高纸机生产量、增加造纸工业产品的品种和改善产品质量、降低生产污染以及提高经济效益等方面均起着十分重要的作用。目前，造纸化学品的应用涉及制浆造纸工艺的各个环节，产品种类之多、应用范围之广、工艺影响之大、重视程度之高都是前所未有的。进入 21 世纪以来，制浆造纸装备蓬勃发展，新工艺的涌现和新设备的应用接连不断。技术进步不仅提高和改善了生产效率和纸张品质，对化学品应用也提出了更高的要求，造纸化学品市场前景广阔。

一、全球造纸化学品行业发展概况

1. 全球造纸化学品市场规模

全球工业分析机构对外发布的《制浆和造纸化学品：全球战略业务报告》(简称《报告》)认为，随着废纸回用量的大幅度增加，预计到 2020 年全球制浆造纸化学品市场规模将达到 300 亿欧元，其增长水平将高于所服务的造纸工业。

推动全球制浆造纸化学品市场增长的动力来自于造纸工业对产品质量和效益的强劲需求，以及市场对特种纸需求的增加。此外，发展中国家纸张消费量增长的趋势也将有助于推动制浆造纸化学品市场的增长。

《报告》认为欧洲是最大的市场，其次是亚太地区。亚太地区特有的人口增长、稳定的经济增长、都市化发展、快速工业化趋势、基础设施投资加大以及对纸张生产和消费的增长都是促进该地区制浆造纸化学品市场增长的关键因素。亚太地区快速的经济增长推动对纸张的需求。亚太地区作为全球制浆造纸化学品市场增长最快的地区，其在过去的分析周期内的年均复合增长率为3.8%。美国由于经济衰退，正在逐渐失去其全球制浆造纸化学品工业主导地位。

从地区性来看，欧洲、北美和日本等地可能会有适度增长，而我国、东南亚、东欧和拉丁美洲会有较大的增长。

制浆造纸化学品公司将致力于帮助造纸工业提高产品质量和降低能源消耗的研究与开发。水处理方面将是另一个成为制浆造纸化学品公司今后长期持续关注与研究的领域。为应对全球性关注的诸如碳排放、造纸废水排放、人体安全健康等问题，环境友好型及生物基造纸化学品也将迎来更迫切的需求和快速的增长。

2. 全球造纸化学品发展现状和趋势

世界造纸工业继续朝着规模化、国际化的方向发展。同时，随着互联网及智能手机的飞速发展和普及，世界造纸工业的发展从西方成熟市场向拉丁美洲、亚洲和东欧等发展中市场转移的步伐进一步加快，这些因素必然对全球造纸化学品行业产生深刻的影响，使目前全球造纸化学品行业呈现出集团化、全球化，并逐步向亚洲、拉丁美洲等地区进行战略重心转移。

(1)通过兼并重组提高行业集中度，造纸化学品向集团化和全球化发展　国际造纸化学品公司继续兼并重组造纸化学品业务，全球大型造纸化学品公司数量进一步减少，其中最值得关注的有：2014年2月，美国亚什兰公司宣布将工业水处理和制浆造纸业务售予私募基金克杜瑞公司(CD&R)，新公司于2014年8月成立，更名为索理思(Solenis)公司。2014年2月，凯米拉公司宣布收购巴斯夫公司的全球AKD业务，前者在大力发展造纸化学品的同时，将施胶剂作为发展重点；2014年7月，阿克苏诺贝尔公司宣布将造纸化学品业务售予凯米拉公司，此次剥离不包括纸浆漂白和硅溶胶业务；2015年5月，凯米拉公司宣布已完成对阿克苏诺贝尔公司造纸化学品业务的收购。2013年9月专长于高岭土生产与销售的英格瓷公司，向专长于碳酸钙生产与销售的欧米亚公司出售4家主要用于造纸工业的碳酸钙生产厂，这4家工厂的其中3家位于欧洲(法国、瑞典和意大利)，1家位于美国。2010年6月中旬，陶氏化学公司在美国密歇根州米德兰市宣布，将其业务部门斯泰隆(Styron)出售给贝恩资本(Bain Capital Partners)公司，拥有70多年历史的斯泰隆公司脱离陶氏化学公司加盟贝恩资本公司后，成为一家崭新的全球性原材料制造企业，斯泰隆公司于2015年2月将所有附属公司更名为盛禧奥(Trinseo)公司。

(2)通过弱势业务剥离提高造纸化学品业务的核心化　全球造纸化学品市场的另一个特点是业务的核心化趋势，通过巩固核心业务，放弃非核心业务，优化产业结构，逐步实现从经营多元化到注重核心业务的战略发展。

由于西方发达地区造纸生产量处于下降趋势，造纸化学品企业间的竞争加剧，迫使化学品公司不断提高专业化程度。对于化学品供应商而言，不仅仅是简单地销售产品，而是需要提供相应的服务，同时不断开发出新的产品和技术，才能保持市场的竞争优势地位。为此，许多国际性造纸化学品公司在加强核心业务战略的同时，也及时择机剥离非核心的、缺乏竞争优势的业务，如巴斯夫公司分别于2010年和2014年剥离了非核心的淀粉、AKD乳液施胶剂及造纸用水洗高岭土业务，2014年阿克苏诺贝尔公司剥离了其非核心的造纸化学品业务而继续保留核心的制浆漂白化学品业务。

(3)随着造纸工业的发展适机转移战略重心布局　目前，全球主要的造纸化学品公司都以成熟市场作为总部所在地和主要的业务市场。2015年全球十大产纸国中，美国、加拿大、芬兰和瑞典的纸及纸板生产量继续负增长。这对那些规模较大、且跨洲经营造纸化学品业务的国际化学品公司影响较大。据行业权威机构的预测，2009—2024年的15年间，北美洲的纸及纸板需求量将减少23%，西欧将减少20%。与此相反，亚洲的纸及纸板消费量将增长39%，东欧的增长幅度最高，可达49%。而在亚洲市场中，我国纸及纸板生产量位居世界第一。鉴于此，国际造纸化学品供应商也纷纷调整其全球范围内的生产与供应布局，降低甚至关闭在成熟市场中的产能或工厂，同时，在新兴市场投资建设新工厂或扩大产能。考虑到造纸化学品和染料在我国、印度尼西亚和印度的未来增长市场，2010年巴斯夫公司关闭了在德国的造纸用增白剂生产线，将造纸增白剂、染料生产转移到印度；为了应对市场需求上升的趋势，2010年，巴斯夫公司分别在我国广东省惠州市和江苏省南京市投资兴建1座造纸涂布胶乳工厂和水处理造纸化学品生产基地，2014年巴斯夫公司减少了欧洲市场12万吨的胶乳产能，而在2013年，为满足北欧和俄罗斯的客户需求，巴斯夫公司在芬兰新建了造纸用胶乳工厂。

3. 全球代表性的造纸化学品公司

（1）凯米拉公司 凯米拉公司是芬兰一家大型跨国公司，从2001年开始通过收购兼并，从单一区域性公司一跃成为全球领先的制浆造纸化学品供应商之一。公司制浆造纸化学品业务收入从2000年的3.32亿欧元增长到2016年的14.57亿欧元，其中制浆造纸化学品占公司业务的62%。公司在亚洲的研发中心设在上海市，先后在山东省和江苏省投资设厂，其中应用于中高档纸张的ASA施胶剂生产规模全亚洲最大。

（2）索里思公司 2008年11月，赫克力士公司被亚什兰公司以33亿美元收购，后者通过整合于2011年改组成4个业务部门：水技术（由亚什兰公司的水处理剂造纸化学品相关业务与赫克力士公司的造纸化学品业务整合而成）、特种组分、特性材料和消费市场。2014年8月，亚什兰公司将其水技术业务以约18亿美元出售给克杜瑞旗下基金，并成为一家独立运作的新公司——索里思公司。从2015年到2016年9月，索里思公司又陆续收购了北美、印度、荷兰、澳大利亚、新西兰、挪威的7家造纸化学品专业公司，迅速布局全球市场。

（3）巴斯夫公司 巴斯夫公司是一家德国化工企业，2016年销售额高达580亿欧元，是一家综合化学品公司。造纸化学品是巴斯夫集团特性产品部所属功能性聚合物分公司的一个业务部门。包含过程性化学品、造纸染料、涂布黏合剂和添加剂。而造纸化学品业务主要集中在纸及纸板用涂布胶乳，是全球领先的涂布纸及纸板用丁苯胶乳、丙苯胶乳生产和供应商。

巴斯夫集团在2009年收购汽巴精化公司后，在特性产品业务部属下组建了相对独立的造纸化学品分公司，其造纸化学品业务规模曾一度处于全球领先地位。2014年9月，巴斯夫集团宣布改组其造纸化学品业务的组织架构，从2015年1月起，造纸化学品业务部被分拆。位于瑞士巴塞尔的造纸化学品总部于2014年年底关闭。造纸化学品业务被整合到特性产品业务领域的其他业务部，湿部化学品和高岭土业务被整合入特性化学品业务部。造纸用分散体业务被整合入分散体与颜料业务部。此外，2015年9月巴斯夫集团将其全球造纸用水洗高岭土（PHK）业务出售给英格瓷公司。

2015年11月，巴斯夫集团再次对特性化学品业务部中的造纸化学品、水处理、油田和采矿业务进行重组，将水处理解决方案和造纸化学品2个业务部门合并，成立了一个新的全球业务部门“造纸和水处理业务部”。

二、我国造纸化学品行业发展概况

1. 我国造纸化学品市场规模

根据中国造纸协会调查资料，2016年我国纸及纸板生产量1.086亿吨，同比增长1.35%，其中，新闻纸同比下降11.37%，而箱纸板和瓦楞原纸同比分别增长2.92%和1.93%，生活用纸同比增长4.53%。

生产量最大的纸种是包装纸（含箱纸板、瓦楞原纸和白纸板），占纸及纸板总生产量的61.3%以上；其次是印刷书写纸，占23.27%；生活用纸和新闻纸分别占8.48%和2.39%。2016年我国纸浆生产量7925万吨，其中80%为废纸浆。

纸浆和纸种结构以及生产量比例决定了我国造纸化学品中，制浆化学品和纸加工化学品的消耗量相对较低，消耗量最大的仍然是抄纸化学品。不同种类造纸化学品市场份额如图3所示。

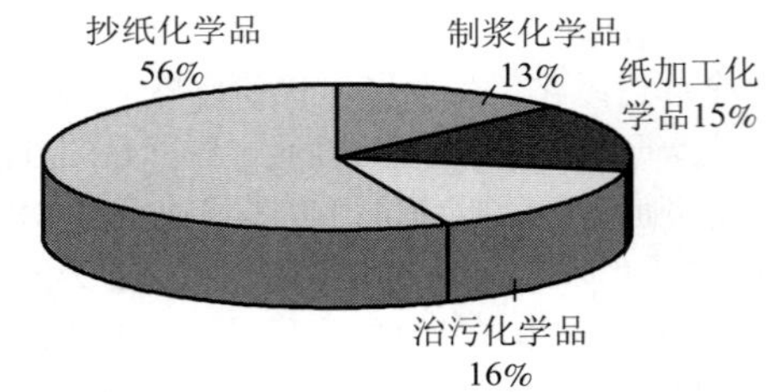

图3 不同种类造纸化学品市场份额

2016年，虽然我国造纸行业出现了回暖，但由于环保政策、供给侧改革，我国造纸行业继续淘汰落后及过剩产能，全年纸及纸板总生产量比2015年微增。受政策影响和国际国内上下游原料影响，综合考虑制浆、抄纸、纸加工和治污过程使用化学品的情况以及市场价格下跌因素，我国造纸化学品市场规模约为300亿元。

2. 我国造纸化学品发展现状和趋势

我国目前造纸化学品生产和销售企业有上千家。经过多年兼并重组，目前活跃于我国的国际造纸化学品公司只有凯米拉、巴斯夫、爱森、纳尔科、巴克曼、索理思、阿科玛、诺维信、罗盖特、高泰等几家公司，大部分在我国设厂生产。本土企业中较有代表性的企业有：苏州天马精细化学品股份有限公司、上海东升新材料有限公司、杭州杭化哈利玛化工有限公司、浙江传化华洋化工有限公司、杭州纸友科技有限公司、佛山市南海区骏能造纸材料厂、山东熙来淀粉有限公司、江苏富淼科技股份有限公司、常熟聚和化学有限公司(台资)等。由于国产化能力不断提升，造纸化学品市场一直呈现“国”进“外”退的局面。随着本土产品越来越多，越来越强，国际造纸化学品公司的整体市场份额已降至约20%。

(1)行业集中度和集团化提升　造纸作为传统行业，前几年由于产能过剩、小纸厂低价竞争等因素，行业持续低迷。然而在近期严格的环保督察下，排污不达标的小厂已被陆续关停。事实上，淘汰落后产能是近几年造纸行业的主要发展趋势之一。据中国造纸协会历年《中国造纸工业年度报告》数据显示，我国造纸行业的企业数已从2010年的3700家下降至2016年的2800家，造纸行业生产量前30名的企业造纸产能占全行业产能比例也由42%提升到57%。大厂在市场上的议价能力正在提升，毛利率随之增长。未来行业发展的格局将逐步往规范化、集聚化方向发展。而对于造纸类上市公司来说，将是扩大规模、增强赢利能力的良机。造纸化学品企业和我国造纸产业的发展形式是一致的，造纸化学品行业的集中度和集团化也明显提升。

(2)产品多样化、服务差异化　目前有规模的企业大多数都不是单一的造纸化学品企业，而是混合企业，即不仅生产销售造纸化学品，还经营其他化工产品，或面向其他行业。这在一定程度上反映出造纸化学品业务做大之难，同时也表明许多造纸助剂都是多用途的通用化学品。例如，苏州天马精细化学品股份有限公司的造纸化学品业务仅占主营业务的43%，浙江传化华洋化工有限公司的造纸化学品业务(含荧光增白剂)占主营业务的25%。但也有以造纸化学品业务为主业的造纸化学品企业，例如上海东升新材料有限公司的造纸化学品业务占主营业务的80%以上。

我国几千家造纸企业遍布全国，有些地区仅靠造纸化学品生产企业自产自销难以满足市场要求，因此大量的代理分销企业应运而生，销售各种造纸化学品并提供相关的售后服务。甚至有的纸厂要求造纸所用的化学品由供应商进行打包提供，这在一定程度上也节省了采购成本和时间，提高了效益。

(3)盈利水平低　经过十几年的激烈竞争，造纸化学品的利润一路向下，目前已经降到非常低的水平，造纸化学品行业普遍盈利艰难。在实践中，造纸化学品销售绝不只是简单的卖产品。供应商除了要安排供货，还须提供制备及加入设备，并负责这些设备的保养维护；为了应付日常管理和处理突发事故，造纸化学品供应商多在大中型造纸厂安排驻厂服务；此外造纸企业付款期限也有延长的趋势。同时，为了提供更具性价比的产品，造纸化学品企业还必须投入更大的科研力量来为纸厂提供降低污染、节能降耗、降低成本、提升品质的造纸化学品。此外，逐年上升的安全、环保方面的投入也是造纸化学品企业不得不面对的隐性成本的上升，但从长远看，造纸化学品企业的规范化经营对行业发展是必须而且是有利的。

(4)环保及安全政策监管升级　近几年，造纸行业环保和安全政策监管逐步升级，2015年，广东省东莞市财政投入17.2亿元，引导101家造纸企业退出，53家造纸企业已经停产关闭；2015年，汕头市潮阳区先后关闭20家造纸企业。江苏省海门市取缔造纸印染等十小行业，重点开展小型化工、印染、造纸等十小行业的取缔整治工作，2016年年底前全面依法取缔到位。2016年10月起，环境保护部开始前往各省市区督察环境执法监管工作，造纸企业首当其冲。在河北省保定市，已关停40余家纸厂。未来仍将有技术差、污染大的造纸企业不断淘汰，造纸行业或因此迎来整合机遇。

受造纸和化工行业影响，国家对造纸化学品行业的安全环保监管逐步升级，造纸化学品企业也立足在节能降耗、保护环境、提高产品质量、提高经济效益等方面加大力度，正朝着高效率、高质量、高效益、低消耗、低排放的绿色可持续方向发展。

(5)纸厂自建造纸化学品工厂趋势明显　随着造纸行业集中度的进一步提高，造纸企业为提高产品的综合竞争力，在市场议价中处于主导地位，国内主要大型造纸集团纷纷投资自建造纸化学品工厂，其中较有代表性的有：玖龙纸业(控股)有限公司旗下的广东诚铭化工科技有限公司，在东莞市和南通市拥有3个生产基地，公司主要以AKD中碱性施胶剂、表面施胶剂、造纸干强剂、羧基丁苯胶乳等产品为主；山东晨鸣纸业集团股份有限公司旗下的寿光蔡伦申兴精细化工有限公司，主要生产重质碳酸钙和各类造纸化学品；理文造纸有限公司旗下的理文化工有限公司，在广东和常熟设有生产基地；华泰集团有限公司旗下的化工业务占比已与造纸业务占比相当。

3. 国内代表性的造纸化学品公司

(1)苏州天马精细化学品股份有限公司　苏州天马精细化学品股份有限公司(简称“天马精化”)为国内首家造纸化学品上市公司，创立于1993年，是专业致力于原料药、中间体、精细化学品、造纸化学品等产品研发、生产与销售的综合性企业。公司位于我国经济最发达的长江三角洲地区，2010 年 7 月 21 日上市以后，通过一系列投资、并购，目前在江苏、福建、山东等地设有 6 家生产型子公司。

天马精化是国内最早从事造纸化学品开发与生产的企业之一，下属 2 家造纸化学品子公司：天禾化学品（苏州）有限公司和镇江润港化工有限公司，主要专注于造纸施胶剂 AKD 系列产品、造纸湿增强剂聚酰胺环氧氯丙烷湿强树脂（PAE）、造纸干强剂、助留剂、造纸涂布润滑剂和分散剂及其他相关造纸化学品等系列产品，尤其是根据客户实际需求，提供完整和专业的生产纸张企业终端应用方案，提供打包解决方案。

（2）上海东升新材料有限公司　上海东升新材料有限公司（简称“东升新材”）成立于 2001 年，是高新技术企业。公司研发中心位于上海市，并先后在山东、广东、安徽、河南、浙江等地设立了生产型基地。公司主要产品应用于造纸、印刷、日化、生物新材料等多个领域。

东升新材在我国造纸化学品领域的规模和实力均处行业领先地位，2016 年各类产品总生产量超过 100 万吨，与 80% 的国内造纸行业前 30 强造纸企业和国际龙头企业进行了紧密的业务合作。东升新材目前拥有 2 个省级技术中心，1 个博士后科研工作站，2 个研究生联合实验室，已获国家授权发明专利 250 余项。东升新材已成功开发出无机涂布颜料及填料、湿部功能型添加剂、涂布功能型添加剂及其他功能型添加剂四大系列 30 余种产品，其中，涂布重质碳酸钙、涂布轻质碳酸钙、分散剂、润滑剂产品市场占有率位居行业前列。公司目前拥有以高速全自动实验室涂布机、印刷适性仪、光谱/色谱分析仪、高速全自动印刷机等为代表的造纸行业先进仪器，建立了制浆、湿部抄造、涂布、印刷等全产业链的造纸化学品应用评估体系，能够全方位地模拟纸机的抄造和涂布生产过程。

东升新材经过多年的发展，已与我国多家造纸龙头企业进行了深入的战略合作，同时积极开辟印刷、日化、生物新材料等新领域。公司已先后获得高新技术企业、国家知识产权优势企业、造纸化学品领军企业、中国中小企业创新一百强等荣誉。

（3）浙江传化华洋化工有限公司　浙江传化华洋化工有限公司（简称“传化华洋”）成立于 1998 年，系传化集团有限公司和沈阳化工研究院合资组建的精细化工企业。自成立以来，始终专注于造纸化学品和塑料化学品领域，现已形成稳定剂、增白剂、阻燃剂三大产品体系。公司依托强大的产品研发能力和技术服务能力，为客户提供纸张调色、施胶、烘缸涂层、增强等系统解决方案，目前拥有生活用纸化学品、施胶剂、增白剂、增强剂、染色剂、消泡剂等产品系列。公司生产的增白剂 APC 市场占有率全球领先，增白剂、染料产品系列群已经逐步建立，荧光增白剂亚洲第一。

作为国家级重点高新技术企业，传化华洋已获得多项产品专利，参与起草 5 个我国行业产品标准，开发了工艺独特、自动化程度高、技术领先的多条生产线。公司现有员工近 500 名，其中大专以上学历者占 60% 以上，建有独立的标准实验室 9 个，积极引进国内外先进的仪器分析设备 70 余台。以沈阳化工研究院、传化博士后科研工作站等科研机构为技术依托，拥有通过一级认证的研发实验室系统和完善的科研条件。

（4）杭州杭化哈利玛化工有限公司　杭州杭化哈利玛化工有限公司成立于 1997 年，系杭州市化工研究院与日本哈利玛集团公司投资组建，是一家专注于造纸用化学品的研发、生产制造及销售和技术服务的企业。公司总部设在浙江省杭州市，并已在广东、山东等地设有全资子公司，合计年生产销售造纸用化学品 10 万吨。

公司系国家高新技术企业，并设有浙江省高新技术企业技术开发中心和研发中心，具备技术力量雄厚的开发应用人才队伍及先进的科研仪器和制造装备。公司早期的主要技术来源是与股东之一的杭州市化工研究院密切合作。杭州市化工研究院是国内最早从事造纸化学品研发和生产的科研院所，主要生产松香施胶剂。2004 年公司吸收合并了华科精细化工有限公司，使生产销售产品种类范围扩大至 PAM 干强剂、造纸湿强剂、柔软剂、剥离剂等多系列造纸用化学品。同时，还引进了日本哈利玛化成株式会社的全新聚丙烯酰胺增强剂技术。随后，公司技术逐步从引进吸收向自主开发迈进，成立了“杭州杭化哈利玛造纸化学品高新技术研发中心”。

目前，产品种类有造纸用干强剂和湿强剂、浆内（乳液松香）施胶剂和表面施胶剂、涂布用造纸助剂、造纸用生物酶制剂及其他特种造纸助剂五大系列 30 多个品种。具有较高的技术含量和优越的性价比，在造纸用化学品领域处于技术领先水平，产品覆盖全国多家大中型造纸企业。

（5）佛山市南海区骏能造纸材料厂　佛山市南海区骏能造纸材料厂是国内专业从事造纸精细化工产品生产销售的知名企业，多年来精心致力于造纸行业新型化学品的生产与研发，不断提高产品质量与技术。

公司引进了德国、美国、日本、中国台湾等国家和地区的高新技术，技术力量雄厚，与天津南开大学进行了全方位的技术合作，总部建有产品研发、检验和应用实验室；在广东、河北、浙江、福建、重庆、江西等地建立了生产基地；在广州市设有广州骏能化工有限公司，在上海市设有骏跃化工有限公司，在珠三角、长三角、华北和西南等设有技术应用服务和销售办事处。产品种类涵盖造纸化学品、特种纸用特殊化学品、纳米级水性色浆等。

三、造纸化学品行业发展预测

当前造纸行业有两个特点，一是收缩。目前造纸行业生产量增速放缓。除了包装纸和生活用纸增长较快外，其他大部分纸种呈现收缩态势。二是分化。大企业集中度提高，小企业淘汰出局加快。据中国造纸学会常务副理事长曹振雷介绍，近 3 年，国内造纸生产量及消费量稳定在 1 亿吨左右，造纸行业进入了深度调整时期。

在造纸行业的调整转型过程中，造纸化学品有着新的趋势：

（1）环保投入持续提高　进入 2017 年，随着环保政策和制度更加严格、系统、完善，会倒逼企业加大环保投入，比如，“水十条”“排污许可证”等新环保法规的出台也成为造纸行业的“紧箍咒”，这些举措对绿色环保的专用化学品构成了需求，包括水处理化学品、表面施胶剂、杀菌剂以及生物基化学品等。环保成本的增加迫使企业更多使用价格更低的原料，完成短纤维浆、化学商品浆对进口长纤维浆的替代。优质价低的化学浆成为国内企业未来发展的方向之一。

（2）在需求变局中，包装纸板正在成为造纸业转型升级的突破口　业内人士预测，将有部分文化用纸厂转产包装纸，也意味着对相关化学品的需求增加。包装纸市场主要包括瓦楞原纸、白纸板、白卡纸等。亚洲的瓦楞原纸需求量为 7200 万吨，占全球消费总量的 47%，而亚洲有超过 1/2 的消费需求在我国。过去十年间，亚洲的瓦楞原纸需求量增加了 3100 万吨，由于木浆资源匮乏，绝大部分增长量为再生等级，主要由进口及国内废纸生产。

据了解，造纸化学品的添加量虽然仅占纸张总量的 1% ~5%，但对纸张的生产和经济效益能起到决定性的作用，能使较差的纤维（如非木材纤维、二次纤维等）生产出与木材纤维接近或同样质量的高档优质纸。废纸用量增长也导致制浆漂白化学品和脱墨化学品的消费量上升。

（3）可持续促生新产品　对造纸化学品行业的另一个驱动力就是可持续性。当前的可持续发展趋势包括增加所有级别产品的回收比、通过设计和强度改良使包装轻量化及用纸基材料取代塑料包装等，这些趋势需要开发非石油基的新化学物质以及能提高纸张再生能力的化学物质。同时，造纸业的可持续性也为造纸化学品行业的发展提供了保障。美国制浆造纸工业技术协会（TAPPI）表示，造纸行业的碳足迹普遍较低，可以为其他行业提供重要的碳信用，特别是碳排放限额交易立法具体化并即将实施。从历史上看，虽然造纸及造纸化学品一直承受着环保压力，但最近几年这一压力已经有所减弱。自 20 世纪 90 年代末以来，采用二氧化氯漂白，减少了含元素氯漂白剂对环境的污染。而人类社会对生存环境的日益重视，绿色环保、生物基的新材料产品将会是行业发展的一大机遇。

四、造纸化学品行业前沿研究方向

1. 溶液型阳离子淀粉

淀粉是高等植物主要的贮存性多糖，由链淀粉和支淀粉两种大分子葡聚糖组成。目前造纸使用的阳离子淀粉的制备方法均是通过带正电的醚化剂对不带电性的原淀粉进行醚化使原淀粉带上正电性，从而转化成阳离子淀粉，其制备技术大致可以分为 3 类：湿法制备阳离子淀粉、半干湿法制备阳离子淀粉和干法制备阳离子淀粉。但是制备的淀粉溶解于水后会出现沉淀，使用时仍然需要糊化后使用。目前市场出现一种溶液型阳离子淀粉，既能以任何比例溶于水，又能保证淀粉溶解后放置一段时间不发生沉淀，淀粉溶液外观澄清，而且具有良好的纸张的增强效果和助留效果。更为重要的是这种溶液型阳离子淀粉可以省去传统阳离子淀粉在使用前需熬制糊化的过程，直接稀释在线添加，可以有效简化工艺流程，降低能耗，改善车间环境、降低综合使用成本。

2. 低氯湿强剂

传统的湿强剂多为聚酰胺环氧氯丙烷树脂（PAE），由二乙烯三胺与己二酸反应制得中间体，再与环氧氯丙烷反应得到。它已成为继三聚氰胺甲醛树脂、脲醛树脂、酚醛树脂之后又一性能优良的湿强剂品种。当今，PAE 树脂广泛应用于各种类型的湿强纸，包括纸巾、餐巾纸等生活用纸，液体和食品用包装纸，瓦楞原纸和纸袋纸等。且具有经济高效，适用 pH 值范围大，无毒环保兼有助留助滤的效果等优点，在湿强剂中占有重要地位。但是不可避免地也有一些缺点，如固含量低、有机氯含量高、使纸张变硬、PAE 增强剂对纸张湿强度提高不够，导致某些对柔软性和安全性有较高要求的纸张，使用传统的 PAE 不能满足要求。为了克服以上缺点，低氯湿强剂应运而生。

3. 低气味表面施胶剂

包装纸的发展趋势表现在：从高定量向低定量方向发展，采用废纸代替木浆，但成纸的强度差，吸水值高。由于内部施胶可变因素较多，所导致的纸张质量不稳定、档次很难提高的问题，使得生产厂家少用或放弃内部施胶，采用表面施胶进行弥补的工艺成为流行趋势。

针对新型表面施胶的施胶剂要求：提高环压强度；大幅降低 Cobb 值(吸水值)；熟化速度快，要求下机即熟化，抗返潮；气味低，能够满足食品包装相关要求。随着食品包装纸的需求增长以及消费者对食品安全的日益关注，对纸张的气味也越来越敏感，因此安全无毒无害、低气味的表面施胶剂的开发的应用显得尤其重要。

4. 超细涂布轻质碳酸钙

近年来，纸张涂布速度取得了惊人的进步，特别是机外涂布，其运行速度已达 1700 米/分，甚至超过 2000 米/分。在这样高速涂布条件下，会出现很多涂布质量和运行问题，特别是对涂布纸强度和光泽度要求较高，超细轻质碳酸钙应用于纸张涂布，其纸张平滑度、纸张表面强度、光泽度等性能都有显著增强，能够代替价格昂贵的进口高岭土及煅烧高岭土，由超细轻钙制成的涂料黏度低，用于纸张涂布可提高纸的质量，降低生产成本。

5. 丙烯酸胶乳

胶乳在涂布纸张的涂料制备中是必不可少且功能巨大的一种化学品，造纸行业合成胶乳用量巨大，其主要应用领域是涂布纸张的涂料配方，是涂料配方中必不可少且所占比例较高的主要原料之一，用以显著增加成纸的强度，改善印刷适应性。目前市场上根据原料组成不同主要有丁苯胶乳、苯丙胶乳和丙烯酸胶乳类型。丙烯酸胶乳是其中应用最广、发展潜力最大的一种胶乳。它是由丙烯酸脂单体和苯乙烯等共聚而成的阴离子型乳液树脂，它与传统的丁苯胶乳、聚醋酸乙烯乳液相比，具有结构稳定，耐老化、耐水解、保光、保色性好，对颜料承载力高等优点。

6. 替代 AKD 施胶剂的新型表面施胶剂

近期，随着国家对安全、环保监督力度的不断加强，使得部分造纸化学品关键原料的市场供应遇到了问题。例如，多种纸种生产过程中所需用到的 AKD 系列产品，由于 AKD 蜡生产企业的大规模整改、关停，使得纸厂不得不考虑选择用非 AKD 类型表面施胶替代 AKD 浆内施胶，这就给其他类型的能适应各个纸种、不同施胶环境的新型表面施胶剂带来了新的发展机遇。

7. 纸浆纤维增强剂随着国家环保部门对废纸进口管控的进一步加强和我国造纸原料长期依赖进口这一供需矛盾的不断加大，我国造纸工业必将面对除木浆以外尝试更多其他制浆资源的局面。因此，能够提高纸浆强度的纸张纤维增强剂也将是制浆化学品下一步的发展趋势，是造纸化学品企业未来发展的一大机遇。

五、结 语

业内专家指出，未来 5 年，全球造纸工业最大的增长市场仍在我国，预计化学商品浆需求累积增长 400 万吨，占全球的 80%。分析人士认为，高档纸、特种纸等产品以及海外市场都形成了新的需求，也将带动造纸化学品的结构调整。应用于高档纸、特种纸的造纸化学品无论在技术、质量还是数量上都仍有发展空间。

行业集中度、环保成本上升都成为我国造纸行业发展的瓶颈问题，同时，高端领域产品还大量依赖进口。来自外界的挑战将成为造纸行业发展废纸、废水等循环利用，提高产业集中度的良好契机。这或许将带动造纸化学品结构调整步伐的加快。

同时，我们也注意到，国内外造纸龙头企业已经呈现出链接传统造纸产业与生物质产业相融合的转型理念，这种趋势在芬兰造纸工业表现尤为突出，对纳米纤维素、生物燃料、生物质化学品的研究开展的如火如荼。生物基、生物降解、可再生、可循环是这些材料的共同特性。例如 UPM 公司已经研发出生物燃料并已形成产业化应用、斯道拉恩索公司的木制品业务发展迅速、山东太阳纸业股份有限公司溶解浆业务发展势头良好，都是传统造纸企业往生物质材料转型的例证。此外，全行业对造纸三大素的研究也不断加强。可以预见，在不久的将来，传统造纸的生物质化将日趋显著，这对造纸化学品企业也提出了更新的科研命题，但也迎来了更广阔的发展空间。生物质材料将成为全球造纸和造纸化学品行业又一大科研热点和产业发展风口。

（上海东升新材料有限公司）

科技 教育 出版

SCIENCE AND TECHNOLOGY, EDUCATION AND PUBLICATION

7

2016 年度造纸工业获奖情况

Winners of Science and Technology Awards in Paper Industry in 2016

一、2016 年度国家级(造纸)获奖项目

项目名称	完成单位	完成人
2016 年国家技术发明奖二等奖		
木质纤维生物质多级资源化利用关键技术及应用	北京林业大学 中南林业科技大学 山东龙力生物科技股份有限公司 华南理工大学	孙润仓　彭万喜　程少博 袁同琦　许　凤　肖　林
2016 年国家科学技术进步奖二等奖		
造纸与发酵典型废水资源化及超低排放技术与应用	广西大学 江南大学 广西博世科环保科技股份有限公司 广东理文造纸有限公司 青岛啤酒股份有限公司 广西农垦明阳生化集团股份有限公司	王双飞　阮文权　宋海农 覃程荣　李文斌　樊　伟 缪恒锋　黄福川　陈国宁 潘瑞坚

二、2016 年度中国轻工业联合会科学技术奖(造纸)获奖项目

项目名称	完成单位	完成人
技术发明奖一等奖		
基于植物纤维超微结构调控的废纸纤维高效利用关键技术及产业化	华南理工大学 东莞市绿微康生物科技有限公司 福建省晋江优兰发纸业有限公司 福建希源纸业有限公司	万金泉　马邕文　王　艳 陈克复　武书彬　陈长兴
科学技术进步奖二等奖		
造纸污泥与废渣焚烧综合利用技术	山东华泰纸业股份有限公司	李晓亮　张凤山　魏文光 周景蓬　刘燕韶　任君焘 谢士兵　郭启程
本色纤维防伪涂布白卡纸的研发与产业化	珠海红塔仁恒包装股份有限公司 红云红河烟草(集团)有限责任公司	季向东　余振华　吴义荣 詹建波　徐海东　张　莹 王翠艳
微量涂布胶版纸研究及应用	岳阳林纸股份有限公司 长沙理工大学	朱宏伟　周海东　王玉珑 刘成良　李　丹　李望南 肖友年　刘春景
机内整饰涂布纸(MFC)	河南江河纸业股份有限公司	姜丰伟　刘铸红　任红锐 胡年喜　屈军利　杨洪福 千法军　邓智莉

续表

项目名称	完成单位	完成人
SJA2272 新型双辊压榨挤浆机	汶瑞机械(山东)有限公司	徐　雷　马焕星　曹　钦 王永金　于佃梅　陈永林 王　涛　张立勋
靴式压榨装置	河南大指造纸装备集成工程有限公司 河南江河纸业股份有限公司	刘铸红　姜丰伟　王国玉 祝红军　孙卯生　李长国 冯育英　任红锐
科学技术进步奖三等奖		
CTP 版衬纸(计算机直接制版征用衬纸)	浙江凯丰新材料股份有限公司	计　皓　张　琦　刘佳文 王晓琴　詹素忠　沈国频
造纸涂布级超细滑石粉制造技术	凉山州锡成新材料股份有限公司 中国制浆造纸研究院	周锡成　刘金刚　王　文 李远春　穆兴洪　苏艳群
羟基乙叉二膦酸作为螯合剂在纸浆漂白中的应用	天津科技大学 华泰集团有限公司	刘　忠　张凤山　惠岚峰 刘鹏涛　郭启程

三、2016 年度主要省(区、市)科学技术奖(造纸)获奖项目

省(区、市)	项目名称	完成单位	完成人	获奖类别
内蒙古自治区	高铝粉煤灰制备多孔硅酸钙高加填造纸技术	大唐国际发电股份有限公司高铝煤炭资源开发利用研发中心 内蒙古大唐国际再生资源开发有限公司	孙俊民　苏　杰　王成海 魏晓芬　宋宝祥　陈　杨 徐　鹏	内蒙古自治区科学技术进步奖二等奖
江苏省	农林剩余物低能耗清洁制浆关键技术及产业化	中国林业科学研究院林产化学工业研究所 山东晨鸣纸业集团股份有限公司 山东华泰纸业股份有限公司 江苏金沃机械有限公司	房桂干　邓拥军　沈葵忠 耿光林　张凤山　施英乔 范刚华	江苏省科学技术奖三等奖
山东省	生物质高值化产品炼制技术研发及产业化	山东太阳纸业股份有限公司 齐鲁工业大学	应广东　杨桂花　刘泽华 吉兴香　刘延波　乔　军 张　伟　路庆辉　翟丙彦	山东省科技进步奖二等奖
	高电荷密度树脂型中性施胶乳液制备新技术开发与应用	青岛科技大学 青岛海王纸业股份有限公司	宋晓明　陈夫山　冷玉喜 刘丹凤　王松林　高珊珊 周家中	
河南省	6000～12000 毫米系列宽幅、高速造纸机械用铸铁烘缸	沁阳市第一造纸机械有限公司	张公文　张公义　黄孝全 张爱兵　宋明臣	河南省科学技术进步奖三等奖
广东省	本色纤维防伪涂布白卡纸的研发与产业化	珠海红塔仁恒包装股份有限公司 红云红河烟草(集团)有限责任公司	季向东　余振华　吴义荣 詹建波　徐海东　张　莹 王翠艳	广东省科学技术奖三等奖
四川省	耐热绝缘纸助剂研制和应用技术	中国科学院成都有机化学有限公司 玖龙浆纸(乐山)有限公司	姚　洁　王公应　余寿明 鲁礼洪　叶　剑　付小林 段明远　欧阳春	四川省科技进步奖二等奖
	多轴向多层造纸毛毯关键技术研究与应用	四川环龙技术织物有限公司 四川省纺织科学研究院 上海金熊造纸网毯有限公司	谢宗国　戴永君　陈丽萍 覃　俊　陈　凤　周兴富 王　敏　岳海生	

注：表中奖项均由各省市区人民政府发布公告整理所得，部分省市未在网站公告的没有收录。

（王　斌）

2016 年我国造纸工业授权专利

Granted Patents of China's Paper Industry in 2016

2016 年我国造纸工业授权专利共 788 项，其中制浆造纸工艺授权专利 165 项，占比 20.94%，制浆造纸装备授权专利 494 项，占比 62.69%，造纸化学品授权专利 97 项，占比 12.31%，环境保护相关技术授权专利 32 项，占比 4.06%。

2016 年我国造纸工业授权专利

分类号	专利名称	发明人	公告号	授权专利号
	制浆造纸工艺			
D04H	一种含碳纤维的防静电无尘纸造纸工艺	张　诚　等	CN105624915A	ZL201610000804
D21H	一种食盐袋纸的生产方法	王敏良　等	CN105603828A	ZL201610006357
D21H	一种防伪纸及其制造方法	韦　丹　等	CN105463943A	ZL201610011312
D21H	一种废纸回收生产低定量牛卡纸及生产工艺	杜　远　等	CN105484094A	ZL201610024234
D21H	一种造纸方法	翟凤卫　等	CN105696415A	ZL201610040743
D21H	一种导电纸及其制备方法	衣丽婷　等	CN105696420A	ZL201610050870
D21H	一种涂布复配天然草本香料的增香型卷烟纸及其制备方法	吴　彦　等	CN105672030A	ZL201610051738
H01G	一种断裂强度大收缩率小的超级电容器隔膜材料	杜其信	CN105990032A	ZL201610055295
H01G	一种润湿性佳耐高温的超级电容器隔膜材料	杜其信	CN105990033A	ZL201610055301
H01G	一种非织造布抗撕裂抗菌电容器复合隔膜材料	杜其信	CN105990034A	ZL201610055304
H01G	一种超薄阻抗低的超级电容器用隔膜材料	杜其信	CN105990035A	ZL201610055305
H01G	一种机械强度高的超级电容器复合隔膜材料	杜其信	CN105990036A	ZL201610055307
H01G	一种增强型无纺布静电纺丝纤维膜复合隔膜材料	杜其信	CN105990037A	ZL201610055336
H01G	一种安全环保制备简单的超级电容器隔膜材料	杜其信	CN105990038A	ZL201610055338
H01G	一种超级电容器用耐磨柔韧复合隔膜材料	杜其信	CN105990039A	ZL201610055339
H01G	一种孔隙率高的复合型超级电容器隔膜材料	杜其信	CN105990040A	ZL201610055340
H01G	一种氧化钡增强耐热性能的超级电容器复合隔膜材料	杜其信	CN105990041A	ZL201610055351
D21F	一种高定量生活用纸抄造工艺	魏代龙　等	CN105507056A	ZL201610061171
A47K	易过敏人群适用的纸巾及其制备方法	王　波　等	CN105476531A	ZL201610061565
D21H	一种以构树皮为原料的造纸工艺方法	刘　倩　等	CN105544282A	ZL201610067347
D21C	一种造纸制浆药液及使用该药液的制浆工艺	孔凡宾	CN105735022A	ZL201610100569
D21B	一种汉麻秆制取浆粕工艺	张民贵	CN105625074A	ZL201610100734
D21H	一种药香型卷烟纸的制作方法	苏加坤　等	CN105672050A	ZL201610101417
D21H	硬钢纸板及其制备方法	吴安波	CN105544283A	ZL201610104168
D21H	一种可自然降解的卡纸片或复合卡纸片的制作工艺	赵云田	CN105780588A	ZL201610111145
G01N	一种纸浆硬度值自动检测方法	张民贵	CN105738232A	ZL201610114836
D21B	热转移印花原纸的生产方法	余仕发　等	CN105672011A	ZL201610116414

续表

分类号	专利名称	发明人	公告号	授权专利号
D21H	一种含虾青素的卷烟纸	吴景强 等	CN105755892A	ZL201610126997
A24D	一种可降低烟气中气相自由基的纸质滤材的制备方法	吴景强 等	CN105686079A	ZL201610127482
B31D	一种聚芳噁二唑纤维纸蜂窝	隋广忠 等	CN105666953A	ZL201610132731
D21C	一种预处理分离木质纤维素类生物质的方法	李 滨 等	CN105625075A	ZL201610133959
D21H	一种锂离子电池隔膜纸的生产方法	毛慧敏 等	CN105926347A	ZL201610138294
B65H	一种抽纸包双面不干胶胶带的黏贴设备以及黏贴方法	刘守光	CN105621140A	ZL201610148768
D21H	一种超疏水阻燃再生纸的制备方法	郭志光 等	CN105803849A	ZL201610154366
D21F	一种复合非织造墙纸的制备工艺	李素英 等	CN105821698A	ZL201610155226
D21H	制浆方法	邹海平 等	CN105803848A	ZL201610176481
D21H	非木材类纸浆	邹海平 等	CN105780583A	ZL201610179306
G06F	一种基于机械浆纤维特性预测纸页抗张强度的方法	唐艳军 等	CN105868550A	ZL201610181373
D21H	棉秆制作可降解地膜纸的方法	滕铁生 等	CN105821699A	ZL201610181479
D21H	棉短绒制作可降解地膜纸的方法	滕铁生 等	CN105821700A	ZL201610181697
D21H	造纸用回收纤维改良酶的制备方法及其应用	徐书栋 等	CN105862498A	ZL201610187479
D21H	一种高透明超平滑纳米纸及其快速制备方法	方志强 等	CN105735049A	ZL201610199891
D21H	一种阻燃型牛皮纸的制备方法	顾建芳	CN105755889A	ZL201610200769
D21H	一种高透气性牛皮纸的制备方法	顾建芳	CN105862497A	ZL201610200856
D21H	一种纸张的制造方法	盛军明 等	CN105714596A	ZL201610201616
D21H	一种环保型阻燃纸及其制备方法	尹标林 等	CN105862490A	ZL201610210260
G01N	一种造纸生产线 pH 值在线检测装置	陈方勇 等	CN105651972A	ZL201610213970
D21H	一种防潮防虫文件封及其生产工艺	常 江	CN105887563A	ZL201610214168
D21H	一种加固文件封及其生产工艺	常 江	CN105887564A	ZL201610214381
D21H	一种含有聚烯烃纳米纤维的纳米纸及其湿法造纸方法	黄国铭	CN105887554A	ZL201610217358
D21H	一种无水微电抄造植物纤维的干法造纸方法及系统	朱玉国	CN105696401A	ZL201610221681
D21H	农作物秸秆浆制造快餐盒原料本色浆的方法	赵 峰 等	CN105862492A	ZL201610223481
D21H	一种采用硅酸钙与细小纤维复合填料的造纸方法	宋顺喜 等	CN105839453A	ZL201610228197
D21H	一种改善成纸强度性能的造纸方法	宋顺喜 等	CN105887555A	ZL201610228198
D21C	从造纸黑液中分离木质素和半纤维素并回收碱液的方法	杜奇石 等	CN105714590A	ZL201610233203
D21H	一种利用浒苔造纸的方法	陈长胜	CN105839450A	ZL201610238039
D21H	一种再生纸及其制作工艺	胡永明 等	CN105926343A	ZL201610255236
D21H	一种阻燃再生纸板的制备方法	赵秉盛 等	CN105862495A	ZL201610271530
C08L	一种可降解防潮阻燃蜂窝纸板的制备方法	赵秉盛 等	CN105924913A	ZL201610271539
B31D	一种可降解阻燃蜂窝纸板的制备方法	赵秉盛 等	CN105904778A	ZL201610271540
D21H	防水喷墨打印工程蓝图纸	夏建国	CN105803855A	ZL201610295427
D21H	一种防近视纸张及其生产工艺和应用	代克嘉	CN106012675A	ZL201610308795
H01M	电池隔膜及其制造方法	孔维增	CN105826507A	ZL201610316889
D21H	一种壳聚糖醋酸盐厨房用纸	滕钜海	CN106012663A	ZL201610320880
D21C	生物酶＋碱法农作物秸秆制浆生产本色餐桌用纸的方法	冯福德 等	CN106012635A	ZL201610328013
D21H	生物酶＋碱法农作物秸秆制浆生产本色坐便用纸的方法	杨淑芬 等	CN106012650A	ZL201610328014
D21H	农作物秸秆尾浆制造鸡蛋托盘原料本色浆的方法	杨淑芬 等	CN105970717A	ZL201610328015
D21B	一种以黄麻为原料的麻笺制备方法	黄建民	CN105951487A	ZL201610336697
D21C	一种以大麻为原料的麻笺制备方法	黄建民	CN106012632A	ZL201610336698
D21F	一种手工水彩画纸的制造方法	周裴灿 等	CN105970716A	ZL201610336760

续表

分类号	专利名称	发明人	公告号	授权专利号
D21H	一种平阳麻笺的制备方法	梁 虎 等	CN105970718A	ZL201610337213
D21H	一种环保高阻隔纸浆模塑复合材料及其制备方法	匡学明	CN106012656A	ZL201610338434
D21H	一种防火高强度蜂窝纸芯及其制备方法	匡学明	CN106012657A	ZL201610338482
D21H	一种全纤维素透明纸及其制备方法	何明辉 等	CN106012667A	ZL201610341731
D21C	一种造纸过程中变质纤维的处理方法	李义华	CN105970711A	ZL201610346182
D21H	一种用于瓜果疏菜包装运输的防水纸板制造方法	胡广国	CN106049186A	ZL201610350931
C02F	一种磁分离造纸行业废水处理提标改造装置	张宁迁	CN106007155A	ZL201610354226
D21H	纸产品以及用于制造该产品的方法和系统	M·梅多夫	CN106012674A	ZL201610355373
D21B	纸产品以及用于制造该产品的方法和系统	M·梅多夫	CN105839437A	ZL201610355382
D21H	一种以葵花籽壳制备本色浆的方法	刘 春 等	CN105862494A	ZL201610362717
D21H	521 型电容器云母纸及其制备方法	向维铭	CN106049166A	ZL201610362781
G06K	一种纸张横向定量往复扫描数据对位方法	刘文波 等	CN105975969A	ZL201610367302
D21H	一种耐水耐热挺括 PVC 壁纸原纸及其制备方法	叶传婢 等	CN106049169A	ZL201610376112
D21H	一种彩色礼品包装纸及其制备方法	陈志强 等	CN106012653A	ZL201610376117
D21C	一种蔗渣纳米纤维素的制备方法	古 菊 等	CN105839440A	ZL201610376820
D21H	一种礼品包装特种纸	柯吉熊 等	CN106012669A	ZL201610381236
D21H	一种高拉伸强度纸及其制备方法	陈建斌 等	CN106049163A	ZL201610391933
D21H	防霉玻璃板垫纸及制造方法	袁 麟 等	CN106087526A	ZL201610398403
D21C	一种利用秸秆制造纸浆的方法	不公告发明人	CN106012634A	ZL201610401616
D21H	一种废旧原料生产纱管纸的生产工艺	楼柯勇	CN105951503A	ZL201610414499
D21H	一种不漂白的喝水杯原纸及其制备方法	楼柯勇	CN106087535A	ZL201610420532
D21H	一种纱管纸的制备方法	楼柯勇	CN105951501A	ZL201610421998
D21C	一种油棕榈 EFB 作为造纸原料的湿法堆存方法	边 静	CN106087502A	ZL201610423698
B27N	农作物秸秆制造本色浆的废弃浆渣生产草纤维板的方法	汪 峰 等	CN106003353A	ZL201610440077
D21H	一种可水洗环保纸及其制备方法	周 凯	CN105839466A	ZL201610441179
D21H	一种阻燃抗菌复合空气滤纸的制备方法	仇颖莹 等	CN106087581A	ZL201610441778
D21F	一种热升华原纸生产工艺	刘洪奎 等	CN105951498A	ZL201610446694
D21H	一种防蚊虫抗辐射液体墙纸	程巧娜	CN105887578A	ZL201610448606
D21H	一种使用打浆酶生产半透明纸的方法	曹 旭 等	CN105908562A	ZL201610455400
D21H	一种再生本色转移印花纸的生产方法	陈承勇 等	CN106120435A	ZL201610461830
D21H	一种阻燃抗菌复合空气滤纸的制备方法	吴 迪 等	CN106087582A	ZL201610462049
D21H	一种可重复打印纸及其制备方法	卢志凯 等	CN106087577A	ZL201610471825
D21H	一种可重复打印纸	卢志凯 等	CN106120457A	ZL201610472225
H01G	一种环保可降解的超级电容器隔膜材料	褚诗泉 等	CN105977055A	ZL201610473234
D04H	一种超级电容器用抗击穿复合隔膜材料	刘 芳 等	CN106120156A	ZL201610473235
H01G	一种隔离性能好的复合型超级电容器隔膜材料	赵 鑫 等	CN106128793A	ZL201610473270
H01G	一种质地均一的高性能电容器隔膜材料	马 睿 等	CN105931859A	ZL201610473273
H01G	一种耐候性佳的抗老化超级电容器复合隔膜材料	鲍启兵 等	CN106128794A	ZL201610473293
D21H	一种阻燃抑烟植物纤维纸基材料及其制备方法	赵会芳 等	CN106120431A	ZL201610483833
D21H	一种缓释载药纸基地膜的制备方法	郭迎庆 等	CN106120477A	ZL201610483977
D21D	一种造纸高浓的磨浆方法	刘仙阳 等	CN106049157A	ZL201610486492
D21H	一种玻璃衬纸	黄长兴 等	CN106087591A	ZL201610491728
D21H	一种超低定量疏水性薄页纸的制备方法	陈德强 等	CN106120459A	ZL201610492251

续表

分类号	专利名称	发明人	公告号	授权专利号
D21H	一种疏水性柔软薄页纸	林淑芳 等	CN106149453A	ZL201610492261
D21F	一种 OCC 纸浆原料造纸白水的综合利用方法	戴红旗 等	CN106012642A	ZL201610492353
D21H	利用玉米苞皮一锅法制造纸浆的方法	刘延湘 等	CN106120432A	ZL201610495117
D21H	一种可直接转移型的水转移印刷纸的制备方法	赖代钾 等	CN106120440A	ZL201610501112
D21H	一种用亚硫酸盐生产高透明纸的方法	甘木林 等	CN106120460A	ZL201610506324
D21H	一种试卷纸及其制备方法	焦 东 等	CN106120461A	ZL201610506849
D21H	一种含高得率浆擦手纸的生产方法	乔 军 等	CN106120433A	ZL201610522493
D21B	一种利用废纸造纸的方法	刘宁新	CN106120419A	ZL201610532402
D21H	一种防水渗透纸及其制备方法	蔡建涛	CN106192577A	ZL201610539562
D21F	一种造纸中的浆水循环利用工艺	柳秋吉	CN106192531A	ZL201610540097
D06N	一种环保新型无污染负离子壁纸及其制备方法	朴一烈	CN106087462A	ZL201610546389
D21H	一种利用再生原纸生产壁纸的方法	焦学军	CN105951533A	ZL201610546524
D21H	一种中药材生活用纸	李明杰 等	CN106120437A	ZL201610554978
D21H	一种纸尿裤边角料吸收层纤维回用造纸的方法	孟卿君 等	CN106192544A	ZL201610556118
D21H	一种使用废纸生产条纹包装牛皮纸的工艺	赖耀康 等	CN106223124A	ZL201610566499
D21C	利用瓦楞原纸造纸污泥及渣浆生产环保再生纱管原纸的方法	赖耀康 等	CN106256952A	ZL201610566720
D21D	一种皮革废料配抄 OCC 废纸生产高强瓦楞原纸的方法	赖耀康 等	CN106256953A	ZL201610566737
D02G	一种针叶木纤维纸纱及其制备方法和应用	赵福兴	CN106222828A	ZL201610568845
D21H	一种压缩洁肤巾生产工艺和方法	马廷海	CN106223105A	ZL201610570039
C02F	一种去除造纸废水中纤维素的处理方法	张哲夫	CN106007230A	ZL201610570602
G01N	一种减少纸浆中甲醇含量的方法	阳玉琴 等	CN106053671A	ZL201610571550
B31F	一种瓦楞纸板生产线	李中顺	CN106042460A	ZL201610594018
D21F	一种纸浆纤维的回收方法	李飞明 等	CN106120423A	ZL201610594996
D21H	一种防锈原纸及其制备方法	楼旭军 等	CN106223107A	ZL201610602790
D21C	混合制浆造纸工艺	牛铭龙 等	CN106223094A	ZL201610609642
D21H	一种医药包装纸及其制备方法	楼旭军 等	CN106087592A	ZL201610611548
A47K	一种环保无荧光剂原纸面巾纸及其制备方法	楼旭军 等	CN106235936A	ZL201610615414
D21H	一种除菌防臭的防锈原纸及其制备方法	楼旭军 等	CN106223118A	ZL201610615415
C02F	一种污泥回收造纸方法	陈权荣 等	CN106007257A	ZL201610616825
D21F	一种机内涂布水转印纸底纸原纸的造纸方法	梁昌良 等	CN106087523A	ZL201610624412
D21H	一种使用高填料造纸污泥生产鞋用半托底纸板的方法	胡德鸿 等	CN106192545A	ZL201610639587
H01M	一种锂电池隔膜纸及其制备方法	樊慧明 等	CN106229448A	ZL201610661083
D21F	一种含有茉莉花香味的纸巾的制备方法	王国平	CN106149449A	ZL201610676360
D21H	一种含有兰花香味的纸巾的制备方法	王国平	CN106192579A	ZL201610680754
D21H	一种止痒杀菌纸巾的制备方法	王国平	CN106223108A	ZL201610682296
B01D	一种纤维素基阳离子选择性过滤膜的制备方法及其产品	吴 慧 等	CN106237875A	ZL201610686619
D21H	高强度芳纶纸及其制备方法	钟 洲 等	CN106192601A	ZL201610726530
D21F	一种牛皮箱纸板的制作工艺	李文斌	CN106192539A	ZL201610727993
D21H	一种高强度瓦楞原纸的制备方法	仇颖超 等	CN106192603A	ZL201610734968
D21H	一种卫生卷纸的生产方法	潘宜金	CN106245420A	ZL201610769005
D21H	一种竹基烟用商标纸及其制备方法	施丰成 等	CN106192597A	ZL201610804750

续表

分类号	专利名称	发明人	公告号	授权专利号
D21H	一种利用中草药渣制备本色浆的方法及利用该本色浆制备本色包装纸的方法	刘　苇　等	CN106245418A	ZL201610805732
D21H	防伪颗粒的防伪纸	李庆国	CN205557194U	ZL201620012961
D21H	压感复写纸	李庆国	CN205443803U	ZL201620013081
B65H	一种端面加强型纸芯筒	谢正拔　等	CN205527071U	ZL201620285163
D21H	一种烟用内衬纸	熊　伟　等	CN205741771U	ZL201620293328
	制浆造纸装备			
D21F	一种新型高效烘缸	李华彬　等	CN105484091A	ZL201610013425
D21F	烘缸冷凝水排出装置	陈海峰　等	CN105648822A	ZL201610023964
F26B	一种热平衡式烘干机	辛后安　等	CN105486065A	ZL201610036375
D21F	一种滤水网衬垫图案物的网笼	陈　强	CN105507053A	ZL201610039160
B65G	一种螺旋挤压出料装置	黄　浩　等	CN105775630A	ZL201610051954
D21F	一种双金属造纸烘缸及制备方法	屠挺挺　等	CN105544274A	ZL201610056973
C02F	草浆黑液处理装置及其方法	赵　亮　等	CN105668892A	ZL201610072164
B65H	一种全自动抽芯复卷一体机	程睿博	CN105645152A	ZL201610074786
D21C	连续卧式蒸煮锅	李　昊　等	CN105603796A	ZL201610077238
D21G	一种双向螺旋导纸辊	诸葛宝钧　等	CN105525531A	ZL201610078491
D21G	一种可控中高辊	诸葛宝钧　等	CN105648828A	ZL201610078492
D21G	一种超级压光机的滑座及超级压光机	诸葛宝钧　等	CN105544278A	ZL201610078494
D21G	一种超级压光机的压光辊单元	诸葛宝钧　等	CN105568735A	ZL201610078495
D21G	一种软压光机	诸葛宝钧　等	CN105525529A	ZL201610078511
D21G	一种超级压光机的平衡系统	诸葛宝钧　等	CN105525530A	ZL201610078515
D21G	一种超级压光机	诸葛宝钧　等	CN105544279A	ZL201610078568
D21F	活塞式真空脱水系统	侯俊民	CN105544270A	ZL201610091829
B02C	斜斗式拆包破碎机	侯俊民	CN105536951A	ZL201610091830
B26D	一种造纸厂出纸口智能剪切机	马　宁	CN105599023A	ZL201610109899
B32B	一种耐温造纸毛毯湿毯的生产工艺	丁　宁　等	CN105774088A	ZL201610131567
D21F	一种干法造纸装置及方法	韦周全	CN105648827A	ZL201610138616
D21F	造纸机湿部导辊及其运用	占正奉　等	CN105625081A	ZL201610153548
D21H	造纸设备的施胶装置及 AKD 表面直接施胶方法	蔡兆斌　等	CN105714605A	ZL201610170067
D21F	一种吸移辊	张小红　等	CN105648821A	ZL201610172418
C02F	一种处理造纸废水的组合式生物滤池装置及方法	张永锋　等	CN105668939A	ZL201610192532
D21H	一种造纸车间用晾晒支架	侯如升	CN105839459A	ZL201610218924
D21F	一种免回流可调锥形布浆器	侯顺利　等	CN105839444A	ZL201610223937
E03F	造纸污泥压滤水处理用废水提升系统	楼　军　等	CN105888051A	ZL201610252568
C02F	造纸污泥压滤水处理用曝气系统	叶明华　等	CN105858868A	ZL201610252569
C02F	造纸污泥压滤水处理用加酸系统	叶明华　等	CN105858854A	ZL201610252570
C02F	造纸污泥压滤水处理用 UASB 反应系统	盛洪产　等	CN105858877A	ZL201610252581
D21F	一种用于造纸业的压榨装置	徐　强　等	CN105714592A	ZL201610259742
B01D	一种新型造纸白泥脱硫装置以及脱硫工艺	王士平　等	CN105854559A	ZL201610287511
C02F	一种涂料废液与造纸油墨混合处理系统及处理方法	杨文恒　等	CN105923802A	ZL201610288273
D21F	改装套件、运行性部件及改进抽吸箱的方法	P·塞莱宁	CN106120424A	ZL201610291015
C22C	耐磨耐腐蚀复合合金轧辊辊筒及生产工艺	吴军旺　等	CN105951004A	ZL201610299221

续表

分类号	专利名称	发明人	公告号	授权专利号
C02F	处理造纸厂废水的蒸馏及热回收系统	不公告发明人	CN105776380A	ZL201610313465
C02F	处理造纸厂废水的蒸馏及热回收系统的工作方法	不公告发明人	CN105731570A	ZL201610315648
C02F	气升式非均相 Fenton 反应器	郭方峥　等	CN105948216A	ZL201610316611
C02F	回收纤维、造纸添加剂的造纸厂废水的蒸馏及热回收系统	不公告发明人	CN105776381A	ZL201610316859
G01B	一种造纸盘磨机磨盘磨损检测装置及方法	刘庆立　等	CN105841597A	ZL201610317787
C02F	一种工业废水处理的蒸馏及热回收系统的工作方法	不公告发明人	CN105905965A	ZL201610318456
C02F	回收造纸添加剂的造纸厂废水的蒸馏及热回收系统	不公告发明人	CN105819528A	ZL201610319213
D21C	一种秸秆造纸调浓设备	钟自锦	CN105926338A	ZL201610323139
C22C	一种造纸用浆液阀阀体的铸造方法	刘奎新　等	CN105839000A	ZL201610343137
C02F	一种造纸废水回用系统与工艺	吉茂盛	CN106045191A	ZL201610349940
D21H	一种造纸用调速稳速装置	李秀轩　等	CN105862512A	ZL201610366455
D21F	一种新型造纸机真空托辊	张　卓	CN105862488A	ZL201610366456
D21D	一种新型造纸用粗筛设备	任赞颂	CN106012639A	ZL201610366457
D21F	一种造纸机压辊	王炳钧	CN105839446A	ZL201610366459
B26D	一种造纸用切割装置	康伟昌	CN106003176A	ZL201610366461
D21F	一种新型造纸机织物	刘俊培	CN106012641A	ZL201610366462
D21F	一种节能造纸用烘缸设备	康伟昌　等	CN105908556A	ZL201610366463
D21F	一种新型造纸机真空网笼	王志闯	CN105862485A	ZL201610366464
D21D	一种新型造纸机用过滤网	任赞颂	CN106049158A	ZL201610366465
D21F	一种造纸机导辊	任赞颂	CN105839447A	ZL201610366467
D21B	一种废纸再生造纸碎浆装置及方法	周玉平	CN105926336A	ZL201610373599
D21B	一种磨木机	吴文勇	CN105908549A	ZL201610374375
C02F	造纸废水处理和养殖业粪便水处理结合的设施	高节义	CN106116012A	ZL201610379408
D21G	制浆造纸系统中胶黏物的捕获装置和方法	张福山　等	CN105887551A	ZL201610398559
G06T	造纸浆液中颗粒状胶黏物的图像获取系统和方法	张福山　等	CN105869180A	ZL201610398781
G01N	监测制浆造纸系统中胶黏物分布情况的方法	张福山　等	CN106053301A	ZL201610395180
D21D	离心机在造纸制浆系统上的应用	罗建雄　等	CN105821696A	ZL201610406436
D21H	鞭炮纸造纸机	邝井卫	CN105970736A	ZL201610413322
B65B	新型抽纸包双面不干胶胶带的黏贴设备	刘守光	CN105836232A	ZL201610413726
D21F	一种新型造纸胶辊	梁初营　等	CN106087520A	ZL201610436919
F17D	一种造纸机用空气压缩系统	王炳钧	CN106090609A	ZL201610436989
F24J	一种造纸机的热回收系统	康伟昌　等	CN106091449A	ZL201610437041
B09B	一种造纸废渣回收装置	田战红	CN106077028A	ZL201610437060
D21F	一种新型吸水箱	王志闯　等	CN105951496A	ZL201610437073
B21D	一种造纸机械零件冲压机	徐　明	CN106001292A	ZL201610450917
D21B	一种再生造纸尾渣再生处理过程中的漂洗槽	冯愚斌	CN106049144A	ZL201610459797
C04B	造纸污泥轻质通孔陶粒	王跃皓　等	CN106116636A	ZL201610478155
C08H	一种从造纸废水中提取木质素的装置	郑建团	CN106008997A	ZL201610485193
D21F	一种造纸设备及造纸方法	阳梅玉　等	CN105887547A	ZL201610486264
D21J	基于 PLC 的纸浆吸水控制系统	秦展田　等	CN106087600A	ZL201610488787
B26D	一种造纸厂专用新型智能切纸机	李永胜	CN106078829A	ZL201610497252
D21F	一种造纸毛毯及其制备方法	陆　平　等	CN106012646A	ZL201610543655

续表

分类号	专利名称	发明人	公告号	授权专利号
G06T	一种造纸设备的实时故障诊断方法	王亦红　等	CN106157314A	ZL201610546706
B31F	一种起皱刀及其制备方法	周　静　等	CN106182906A	ZL201610550529
C02F	一种超声波催化交联-纤维素压滤分离系统	叶　澄	CN106007220A	ZL201610555269
C02F	一种废水处理系统的工作方法	不公告发明人	CN106116023A	ZL201610570922
C02F	造纸废水处理系统	不公告发明人	CN105948425A	ZL201610570924
C02F	一种废水处理系统	不公告发明人	CN106186516A	ZL201610570925
D21D	一种小型造纸制浆的打浆设备	袁小厂	CN106087514A	ZL201610575983
B07B	一种可计量式造纸用滚筒筛	马先芝	CN106140607A	ZL201610576988
C02F	一种造纸废水处理池曝气系统	李飞明　等	CN106045013A	ZL201610581708
F23C	一种造纸用的循环流化床锅炉	苏建华	CN106122949A	ZL201610584650
C02F	一种造纸用锅炉补给水处理装置及清洗方法	黄庆基	CN106115958A	ZL201610584876
C02F	一种造纸废水处理反冲洗疏通曝气装置	李飞明　等	CN106045014A	ZL201610584900
D21H	一种造纸用无痕施胶机	甘可元　等	CN106049177A	ZL201610595197
B65D	一种造纸废水处理用厌氧颗粒污泥存储装置	李飞明　等	CN106043981A	ZL201610595261
C02F	一种造纸厂塑料洗渣废水处理池曝气装置	黄开森　等	CN106006943A	ZL201610597856
G01N	一种造纸厂锅炉湿法脱硫烟气检测装置	赖礼源　等	CN106124707A	ZL201610597857
C02F	用于造纸废水的臭氧双氧水联合处理装置及处理工艺	宋海农　等	CN106115975A	ZL201610598183
F16N	安全高效型造纸机润滑循环系统	王士平　等	CN106090590A	ZL201610603628
D21F	一种新型造纸机用导辊	周依琳	CN106049159A	ZL201610612008
D21F	造纸烘干机干燥部	王自强	CN106012645A	ZL201610628053
D21F	一种三层造纸网织造方法以及三层造纸网	陆　平　等	CN106192525A	ZL201610629569
D21F	造纸机用独立导索轮	朱健硕	CN106168001A	ZL201610645636
D21F	造纸机用无绳引纸系统	朱健硕	CN106120425A	ZL201610649827
D21F	一种长纤维流浆箱及其运行工艺	俞学兵　等	CN106192528A	ZL201610692456
D21F	一种造纸机网用布基底织物连接接缝区域制备工艺	谢宗国　等	CN106245404A	ZL201610713820
D01F	一种造纸网用高抗性复合工业单丝的制备方法	谢宗国　等	CN106222796A	ZL201610713834
D21F	一种具备高抗性的复合工业过滤织物结构	谢宗国　等	CN106192526A	ZL201610714114
D21F	一种复合纤维聚酯多层造纸网结构	谢宗国　等	CN106245403A	ZL201610714115
D21F	具有管式夹套结构的造纸机烘缸	张卫民	CN106223100A	ZL201610726267
B01D	造纸厂废气净化装置	李文斌	CN106178898A	ZL201610763387
B01D	一种造纸厂用布袋除尘机的布袋	李文斌	CN106139761A	ZL201610769558
D21F	一种应用在纱管纸生产中的新型造纸圆网箱	施云根	CN106223098A	ZL201610774283
C02F	一种应用在纱管纸生产中的沼气回收再利用系统	施云根	CN106219638A	ZL201610777679
B25B	一种造纸机干部稳纸风箱拆装装置	吴建雄　等	CN106181885A	ZL201610813029
C02F	一种造纸废水的多级沉降处理系统	不公告发明人	CN106186588A	ZL201610813670
C02F	造纸废水的多级沉降处理系统	不公告发明人	CN106186590A	ZL201610814474
C02F	一种造纸废水的多级沉降处理系统的工作方法	不公告发明人	CN106145569A	ZL201610814754
D21F	造纸装置	马志刚　等	CN106223101A	ZL201610814576
D21B	纸浆生产装置	钱柏安　等	CN106245393A	ZL201610822369
D21B	一种干法制浆工艺及设备	钱柏安　等	CN106223087A	ZL201610825225
D21C	一种造纸黑液提取机构的挤压装置	王宇飞　等	CN205276040U	ZL201620007320
D21C	一种造纸黑液提取机构的过滤装置	王宇飞　等	CN205276038U	ZL201620007321
D21C	一种造纸黑液提取机构	王宇飞　等	CN205276041U	ZL201620007323

续表

分类号	专利名称	发明人	公告号	授权专利号
D21C	一种造纸黑液提取机的上料机构	王宇飞 等	CN205276039U	ZL201620007346
B01F	一种造纸黑液提取机构的搅拌装置	王宇飞 等	CN205269452U	ZL201620007414
D21C	滚筒式植物纤维反应器	李风志	CN205276036U	ZL201620008340
B01F	凝絮剂搅拌器	宋景涛	CN205361153U	ZL201620008742
D21H	干燥纸幅表面施胶装置	屈 喆	CN205329416U	ZL201620009100
B01J	立式植物纤维反应器	李风志	CN205269662U	ZL201620009139
B01D	沉沙沟刮渣机	巩 朋	CN205323302U	ZL201620009164
B01D	沉沙沟刮渣机输送装置	巩 朋	CN205360698U	ZL201620009175
B05C	手动小型测试用表面施胶装置	宋景涛	CN205341157U	ZL201620009381
C02F	沉沙沟刮渣机调节装置	巩 朋	CN205328655U	ZL201620009396
B65G	渣料节能输送装置	宋景涛	CN205328116U	ZL201620009763
B01F	防结块 PAM 辅助溶解装置	屈 喆 等	CN205323555U	ZL201620009771
G01F	造纸黑液孔板节流装置	李厚琴	CN205352480U	ZL201620010277
D21F	造纸机加热辊装置	高晓明	CN205347878U	ZL201620014809
D21F	一种新型高效烘缸	李华彬 等	CN205741755U	ZL201620018866
D21F	一种牛卡纸造纸机的胸辊摇振系统	张成飞 等	CN205474569U	ZL201620020618
B08B	造纸用秸秆原料清洗设备	张秋婷	CN205463407U	ZL201620022960
B08B	一种用于造纸的秸秆原料清洗装置	张秋婷	CN205463408U	ZL201620023163
C02F	一种造纸生化污泥的综合处理装置	陆祥根 等	CN205347161U	ZL201620032788
D21F	一种造纸用干燥装置	洪宝臣 等	CN205347880U	ZL201620034000
D21B	一种造纸水力碎浆机	张连成 等	CN205313905U	ZL201620034888
D21D	一种用于制浆造纸的浆料除渣器	张连成 等	CN205313908U	ZL201620035107
F23C	一种掺烧造纸污泥的水煤浆流化床锅炉	王卫华 等	CN205402692U	ZL201620039883
B05B	清洗喷枪	张敏君 等	CN205462870U	ZL201620041634
D21F	造纸毛毯校正传感器	王 鹏	CN205329415U	ZL201620043779
C02F	造纸废水处理系统	张亚乖 等	CN205347144U	ZL201620050904
F26B	一种热平衡式烘干机	辛后安 等	CN205300185U	ZL201620053337
B01F	节能型集水池搅拌器	巩 朋	CN205340655U	ZL201620055488
B05C	滤纸双色涂胶机	王龙溪	CN205341159U	ZL201620055601
C02F	造纸废水高效处理装置	刘 雷	CN205442972U	ZL201620055602
E05F	纸卷输送线快开门装置	巩 朋	CN205330370U	ZL201620055635
D21F	真空脱水箱	屈 喆	CN205329414U	ZL201620055950
C02F	一种造纸废水用曝气池	王利标 等	CN205367854U	ZL201620056035
C02F	一种造纸白水处理系统	王利标 等	CN205382059U	ZL201620056796
B02C	一种用于造纸蔗浆板破碎机构	郑江城	CN205361554U	ZL201620057342
C02F	一种造纸厂污泥脱水装置	李小巧	CN205313357U	ZL201620057961
B65H	一种卷纸机的胀紧机构	周 洋 等	CN205328298U	ZL201620073412
B65G	一种螺旋挤压出料装置	黄 浩 等	CN205526323U	ZL201620077404
D21F	一种新型造纸压榨辊	宋敬志 等	CN205368885U	ZL201620077706
D21F	一种白水回收系统	宋敬志 等	CN205443776U	ZL201620077754
B26D	一种造纸过程中纸屑回收系统	宋敬志 等	CN205310389U	ZL201620079471
D21F	一种双金属造纸烘缸	屠挺挺 等	CN205368886U	ZL201620081829
D21F	一种造纸机上防止铜网跑偏的装置	鲁礼洪 等	CN205399078U	ZL201620084191

续表

分类号	专利名称	发明人	公告号	授权专利号
B65H	一种造纸机的纸张挤压传递装置	鲁礼洪　等	CN205381795U	ZL201620084192
D21F	一种控制纸张打折的卷取装置	魏代龙　等	CN205347881U	ZL201620085953
C02F	草浆黑液处理装置	赵　亮　等	CN205368009U	ZL201620104289
B65H	一种全自动抽芯复卷一体机	程睿博	CN205652882U	ZL201620107724
B01D	一种造纸废气处理系统	求才军	CN205461588U	ZL201620109841
D21C	一种 DCS 控制的碱回收系统	邱兵涛　等	CN205368882U	ZL201620112016
D21G	一种软压光机压光辊的动力连接结构	诸葛宝钧　等	CN205529669U	ZL201620112890
D21G	一种软压光机的热辊	诸葛宝钧　等	CN205529675U	ZL201620112902
D21G	一种软压光机	诸葛宝钧　等	CN205529670U	ZL201620112903
D21G	一种双向螺旋导纸辊	诸葛宝钧　等	CN205368889U	ZL201620112904
B65H	一种单向螺旋压纸辊	诸葛宝钧　等	CN205471828U	ZL201620112905
B65H	一种可控中高辊的芯轴	诸葛宝钧　等	CN205367263U	ZL201620112906
B65H	一种可控中高辊	诸葛宝钧　等	CN205367264U	ZL201620112907
D21G	一种超级压光机的滑座及超级压光机	诸葛宝钧　等	CN205529671U	ZL201620112908
D21G	一种超级压光机的压光辊单元	诸葛宝钧　等	CN205529676U	ZL201620112909
D21G	一种超级压光机的平衡系统	诸葛宝钧　等	CN205529672U	ZL201620112928
F23K	一种沼气循环利用系统	王备军	CN205383637U	ZL201620123293
C02F	一种造纸废水的厌氧处理系统	王备军	CN205442976U	ZL201620123809
D21F	活塞式真空脱水系统	侯俊民	CN205399073U	ZL201620124626
B02C	斜斗式拆包破碎机	侯俊民	CN205392655U	ZL201620125153
D21H	一种用于造纸过程中的生物酶添加装置	李文斌	CN205399083U	ZL201620127815
B01D	一种造纸废气高效处理装置	马文仔	CN205340471U	ZL201620128279
C02F	一种造纸高效节能废水处理装置	马文仔	CN205346892U	ZL201620128280
B01D	一种造纸厂废水处理装置	马文仔	CN205340324U	ZL201620128282
B01D	一种易于清理的造纸废水处理设备	马文仔	CN205340266U	ZL201620128284
B01F	一种混合均匀的造纸废水絮凝搅拌设备	马文仔	CN205340638U	ZL201620128285
B01D	一种造纸废气洗涤装置	马文仔	CN205340503U	ZL201620128315
D21F	一种用于造纸的节能型毛布清洗装置	李文斌	CN205474570U	ZL201620128834
B08B	一种用于造纸的环保型毛布清洗装置	李文斌	CN205463371U	ZL201620128835
D21F	一种节能型造纸机的压榨机构	李文斌	CN205474572U	ZL201620128839
D21G	一种用于造纸的节能型引纸装置	李文斌	CN205399081U	ZL201620128879
D21F	一种用于造纸机的节能型真空系统	李文斌	CN205474574U	ZL201620128890
B01D	一种用于造纸真空系统的环保型气水分离器	李文斌	CN205379771U	ZL201620128891
F04C	一种用于造纸真空系统的节能型真空泵	李文斌	CN205559286U	ZL201620128892
D21F	一种用于制造瓦楞原纸的节能型脱水装置	李文斌	CN205399074U	ZL201620130186
C01B	用造纸黑液制备三维石墨烯材料的装置	杜奇石　等	CN205419786U	ZL201620134983
B65G	一种改进的平板纸包装输送装置	黎　峰	CN205526182U	ZL201620146938
B05C	一种用于涂布机的刮刀结构	黎　峰	CN205413514U	ZL201620146939
D21D	一种磨浆机	黎　峰	CN205420898U	ZL201620146940
A61F	一种附带悬浮式芯体的纸尿裤	吴晓燕	CN205626291U	ZL201620146954
B65B	一种平板纸包装输送装置	黎　峰	CN205418238U	ZL201620148374
D21F	一种用于轻型纸生产的压榨设备	黎　峰	CN205420904U	ZL201620148508
D21F	一种用于双胶纸的脱水装置	黎　峰	CN205420903U	ZL201620148536

续表

分类号	专利名称	发明人	公告号	授权专利号
D21F	一种可以使纸面光滑的造纸机	柯锦海	CN205529665U	ZL201620159319
D21F	一种便于察看延长使用寿命的造纸机械用导辊轴头	柯锦海	CN205529666U	ZL201620159461
F04D	造纸系统及其离心泵	王　蒙　等	CN205401148U	ZL201620159502
D21B	一种具有蒸煮功能的造纸磨浆机	柯锦海	CN205399055U	ZL201620160890
D21D	一种造纸用便于移动的高效打浆机	徐玉梅	CN205399063U	ZL201620161026
D21B	一种造纸用自动进料高效切草机	徐玉梅	CN205399056U	ZL201620161182
D21B	一种造纸用自清洗高效碎浆机	徐玉梅	CN205636331U	ZL201620161184
D21B	一种造纸用带有转轴冷却装置的高效碎浆机	徐玉梅	CN205399061U	ZL201620161536
B01D	一种造纸机网部气液分离装置	刘颂华	CN205391953U	ZL201620163669
D21H	造纸机的涂胶机构	卢福全　等	CN205443792U	ZL201620167286
B65H	造纸机的回收机构	卢福全　等	CN205442144U	ZL201620167296
B65H	造纸机的复卷机构	卢福全　等	CN205442142U	ZL201620167298
B31B	造纸机的切边机构	卢福全　等	CN205439353U	ZL201620167710
D21H	用于造纸的淀粉喷雾机构	卢福全　等	CN205443789U	ZL201620169710
D21F	造纸用斜筛	卢福全　等	CN205443777U	ZL201620169941
D21D	造纸用磨浆机	卢福全　等	CN205443770U	ZL201620170013
D21B	造纸用水力碎浆机	卢福全　等	CN205443759U	ZL201620170281
B26D	一种高精度手工切纸机	胡哲俊	CN205394670U	ZL201620172649
B02C	一种耐用型碎纸机	胡哲俊	CN205386481U	ZL201620174092
B26D	一种切纸机	胡哲俊	CN205394671U	ZL201620174094
B01D	一种流体的高效除铁过滤器	刘智文　等	CN205461606U	ZL201620177296
D21D	造纸纸浆除砂器	卢福全　等	CN205443772U	ZL201620176653
D21C	造纸用洗浆机	卢福全　等	CN205443767U	ZL201620178926
C02F	造纸废水处理系统	卢福全　等	CN205442982U	ZL201620180604
C02F	一种造纸废水处理系统	卢福全　等	CN205442983U	ZL201620181719
C02F	内置膜分离式厌氧污泥内循环反应器	张元波	CN205398223U	ZL201620180605
C02F	一种造纸废水沼气发生装置	张且凡	CN205590501U	ZL201620182268
D21F	一种干法造纸装置	韦周全	CN205399079U	ZL201620187117
C02F	一种用于造纸废水处理的浮吸装置	高晓明	CN205419967U	ZL201620194767
D21B	一种新型耐磨造纸筛板结构	周宇璐　等	CN205529653U	ZL201620203547
D21F	一种接水盘及造纸设备	刘颂华	CN205399076U	ZL201620211209
C02F	一种造纸废水处理装置	陈　旭	CN205442888U	ZL201620215728
D21B	一种工业造纸用木材快速粉碎装置	郑炳湘	CN205617144U	ZL201620216639
F28F	一种废水降温、热能回收节能系统	张　炜　等	CN205808215U	ZL201620218887
F24H	一种节能改造能量补偿装置	张　炜　等	CN205505402U	ZL201620218888
D21B	一种用于分拣造纸废渣的环保分拣系统	林启群　等	CN205443760U	ZL201620220891
D21F	造纸压榨部纸页脱水成形装置	王士宝　等	CN205420905U	ZL201620226050
D21H	造纸设备的施胶装置	蔡兆斌　等	CN205775629U	ZL201620226919
F26B	一种造纸生产线的烘干装置	王　岚	CN205641876U	ZL201620227526
F16C	滚子轴承、连续铸造设备、造纸机、工程机械以及产业机械	丰田和也　等	CN205677975U	ZL201620229162
F16C	自动调心滚子轴承、造纸机械、电梯以及产业机械	小泷贤司	CN205677977U	ZL201620229163
D21F	一种吸移辊	张小红　等	CN205557177U	ZL201620230776

续表

分类号	专利名称	发明人	公告号	授权专利号
D21G	一种起皱刮刀装置及具有其的造纸机	李华彬　等	CN205576626U	ZL201620241165
D21C	一种带回收罐的废边角木料蒸煮器	李昌明	CN205603954U	ZL201620244767
D21C	一种废木料蒸煮器	李昌明	CN205420896U	ZL201620244790
D21C	一种用于处理废边角木料的蒸煮器	李昌明	CN205557173U	ZL201620244826
D21C	一种自控的废边角木料蒸煮器	李昌明	CN205443764U	ZL201620244827
D21C	一种废边角木料蒸煮器	李昌明	CN205443766U	ZL201620244828
D21F	一种造纸机的自动上浆系统	朱子衡	CN205443774U	ZL201620252983
D21H	一种造纸机的上浆系统	朱子衡	CN205443796U	ZL201620252985
D21F	一种造纸传输装置	朱子衡	CN205443781U	ZL201620252987
D21F	一种新型高效造纸设备	杨会斌　等	CN205443786U	ZL201620260751
D21H	一种造纸用的表面施胶剂的液渣回收装置	杨文恒　等	CN205529681U	ZL201620261710
C02F	用于造纸废水处理的化学处理池	廖淑凤	CN205634936U	ZL201620273344
B01D	用于造纸发水处理的沉淀池	廖淑凤	CN205613096U	ZL201620274234
C02F	造纸废水处理系统	柯锦海	CN205635193U	ZL201620275779
C02F	含餐巾纸的餐厨废水处理装置	王建选　等	CN205420107U	ZL201620279647
D21G	一种新型造纸机干部除尘装置	易　龙　等	CN205529677U	ZL201620284220
D21B	一种造纸机用液碱转移系统	谢正拔　等	CN205529655U	ZL201620284686
C02F	宣纸生产中的废水处理装置	胡明富	CN205528138U	ZL201620284746
G01N	一种造纸生产线 pH 值在线检测装置	陈方勇　等	CN205538969U	ZL201620285034
D21G	一种带有自动吹灰装置的造纸机	高　衡　等	CN205529678U	ZL201620285580
D21F	一种用于造纸的新型卫生纸造纸机	陈泉南	CN205443784U	ZL201620294692
D21B	一种造纸机械碎浆机	李国朋	CN205501719U	ZL201620294925
B01F	一种用于造纸的新型制浆机	陈泉南	CN205495405U	ZL201620295046
D21F	一种用于造纸的新型智能烘干机	陈泉南	CN205501723U	ZL201620295056
D21F	一种无水微电抄造植物纤维的干法造纸系统	朱玉国	CN205636352U	ZL201620295254
D21D	一种新型的智能化造纸机械	傅成志	CN205443769U	ZL201620295571
D21F	一种智能自动化的环保造纸机械	陈泉南	CN205443785U	ZL201620296815
B65H	造纸颗粒检出装置	贾中奇	CN205602803U	ZL201620311957
D21F	造纸机安定器	贾中奇	CN205603963U	ZL201620311959
D21F	造纸机及其辊压吸水装置	肖　辉　等	CN205591046U	ZL201620312455
D21D	一种造纸浆料筛	陈　彪	CN205591045U	ZL201620316586
C02F	一种基于自动投药装置的造纸废水处理设备	陈　彪	CN205500997U	ZL201620316588
C02F	一种造纸污水处理系统	姜兆宏　等	CN205501073U	ZL201620319002
C02F	一种工厂造纸发水处理系统	姜兆宏	CN205501074U	ZL201620319004
C02F	造纸污泥压滤水处理用曝气装置	叶明华　等	CN205603334U	ZL201620319168
D21F	一种直热型导热油烘缸	郭晨辉　等	CN205676725U	ZL201620321955
F04D	一种离心水泵自吸真空器	杨　朴	CN205605443U	ZL201620326381
C02F	造纸污泥压滤水处理用 UASB 反应器	盛洪产　等	CN205590414U	ZL201620328989
D21D	一种盘磨机的打浆系统	李文斌	CN205711530U	ZL201620329256
D21D	废纸渣浆的连续回收处理系统	李文斌	CN205711533U	ZL201620329257
C02F	造纸污泥压滤水处理用中心布水器	楼　军　等	CN205590330U	ZL201620329273
B01D	高效离子纤维束过滤系统	李文斌	CN205699637U	ZL201620329416
B07B	造纸重渣和纸浆的精细化分离系统	李文斌	CN205701373U	ZL201620329417

续表

分类号	专利名称	发明人	公告号	授权专利号
D21F	一种智能化纸浆回收装置	庄冰梅	CN205529664U	ZL201620341766
B01D	一种造纸燃煤废气处理装置	庄冰梅	CN205517101U	ZL201620341767
D21J	一种造纸机纸浆压榨装置	杨惠丽	CN205576632U	ZL201620344734
B02C	一种造纸机械用粉碎机	杨惠丽	CN205570442U	ZL201620344735
D21G	一种卫生纸机引纸水针	侯顺利　等	CN205603967U	ZL201620347052
D21H	一种用于造纸的烘干机装置	甘木林	CN205576631U	ZL201620350691
B01D	一种造纸废气净化排除装置	陈　彪	CN205570022U	ZL201620351184
C02F	造纸污泥压滤水处理用加酸装置	叶明华　等	CN205590390U	ZL201620351888
E03F	造纸污泥压滤水处理用废水提升装置	楼　军　等	CN205591338U	ZL201620351900
D21F	一种用于造纸业的压榨装置	徐　强　等	CN205557176U	ZL201620357845
F04D	多级透平真空泵叶轮	李月仙	CN205714938U	ZL201620374640
B01F	一种多级纸浆搅拌池	黄建民	CN205650153U	ZL201620378422
B26D	一种纸浆原料制备装置	黄建民	CN205651418U	ZL201620378423
D21F	一种捞纸装置	黄建民	CN205839472U	ZL201620378424
B02C	造纸用碾麻机	黄建民	CN205650275U	ZL201620378486
D21F	一种造纸白水槽浮渣清除装置	董立辰	CN205741754U	ZL201620379503
D21D	一种造纸除渣系统	张　洋　等	CN205529661U	ZL201620381938
C02F	造纸化工废水处理系统	刘明浩　等	CN205710316U	ZL201620382521
D21F	一种基于双向辊压装置的造纸设备	李　前　等	CN205617155U	ZL201620389470
D21F	一种造纸用红外光波干燥装置	甘木林	CN205591047U	ZL201620392539
C02F	造纸废水可生化处理装置	陈　群　等	CN205556417U	ZL201620394116
B04B	一种造纸用 CMC 离心甩干机	朱国生　等	CN205650348U	ZL201620396223
D21B	一种造纸用热磨机	张连腾　等	CN205711518U	ZL201620396954
B03D	一种造纸用气浮机	杨惠丽	CN205613584U	ZL201620398844
C02F	一种新型废水处理系统	张东耀　等	CN205740654U	ZL201620403733
D21F	一种造纸机械用烘干装置	陈　彪	CN205603961U	ZL201620404581
D21F	一种简单速干造纸机	邹先锋	CN205603964U	ZL201620404759
B01D	离心式除尘装置	邹华东　等	CN205730711U	ZL201620406168
E03F	一种造纸用排水管	李　前　等	CN205604410U	ZL201620408454
B01J	耐磨耐腐蚀复合合金轧辊	吴军旺　等	CN205683973U	ZL201620408774
G01N	低浓度纸浆浓度计	童方周　等	CN205580972U	ZL201620408997
B01F	一种卧式污泥混合搅拌机	王　方　等	CN205760712U	ZL201620412677
B30B	制浆造纸污泥深度脱水压榨机	赵　黎　等	CN205661058U	ZL201620420011
D21F	毛布吸湿箱陶瓷面板安装装置	乔微微	CN205617153U	ZL201620423856
B27L	一种原木全自动加工机	张振峰　等	CN205735397U	ZL201620424699
D21B	一种高效废旧纸制浆设备	李　明　等	CN205636329U	ZL201620426647
D21D	一种回收再生纸塑分离装置	李　明　等	CN205636344U	ZL201620426648
D21B	一种废旧纸制浆用的水力碎浆机	李　明　等	CN205636330U	ZL201620426649
D21C	一种纸浆脱水用真空覆辊气水分离装置	李　明　等	CN205636334U	ZL201620427821
B65H	一种造纸用的纸辊卷取机	李　明　等	CN205634340U	ZL201620427823
D21C	一种节能纸浆浓缩装置	李　明　等	CN205636335U	ZL201620427824
B65G	一种纸辊输送带纠偏装置	李　明　等	CN205633998U	ZL201620428920
D21C	一种纸浆脱水用吸水箱节能气水分离装置	李　明　等	CN205636336U	ZL201620429026

续表

分类号	专利名称	发明人	公告号	授权专利号
F17C	一种造纸生产气动控制系统	林家宝	CN205606170U	ZL201620429539
D21F	一种造纸烘干机冷凝水排放装置	王海军	CN205741757U	ZL201620429722
B01F	一种带有加热功能的造纸分散设备	欧淑香	CN205730988U	ZL201620430969
D21G	一种造纸压榨用刮刀以及带有该刮刀的压榨装置	顾亚萍	CN205775622U	ZL201620432200
G01B	一种造纸盘磨机磨盘磨损检测棒	刘庆立　等	CN205642273U	ZL201620435164
D21F	一种造纸机快速烘干装置	陈　彪	CN205636348U	ZL201620438882
D21F	一种造纸机烘干装置	陈　彪	CN205636349U	ZL201620438883
D21D	一种造纸磨浆机	陈　彪	CN205636338U	ZL201620438885
B01F	一种分散范围大的造纸分散设备	欧淑香	CN205683899U	ZL201620442699
D21G	一种造纸贮浆的双备用罐	刘会涛	CN205804038U	ZL201620447589
D21F	一种用于耐水性壁纸原纸生产干燥时的烘缸	邓仰兴	CN205741756U	ZL201620455535
D21H	一种疏水性薄页纸表面施胶系统	林淑芳	CN205775630U	ZL201620455571
C02F	一种新型造纸废水处理设备	万馨泽	CN205803165U	ZL201620456714
D21F	一种疏水性薄页纸机的短干燥端内的测量装置	丁明惠	CN205741759U	ZL201620457035
D21F	一种用于耐水性壁纸原纸生产时的干毯装置	李　雄	CN205741760U	ZL201620457063
D21F	一种造纸干燥装置	杨文恒　等	CN205636350U	ZL201620457338
D21H	一种造纸用的施胶装置及施胶系统	杨文恒　等	CN205636359U	ZL201620457355
D21F	一种造纸白水封闭循环利用系统	杨文恒　等	CN205662784U	ZL201620457416
D21F	一种脱水元件支撑组件	刘树有	CN205653663U	ZL201620462019
B26D	一种造纸烘干切割装置	林燕珠	CN205766444U	ZL201620464604
B09B	一种造纸废木材回收处理装置	林燕珠	CN205762911U	ZL201620464605
D21F	圆网造纸机的上网系统	卢福全　等	CN205636346U	ZL201620465252
D21F	一种高出水率的主压榨装置	严炳兴	CN205775601U	ZL201620469563
B65D	一种植物秸秆均匀喂料器	朱晓平	CN205633716U	ZL201620474010
D21B	一种封闭式纸浆制造箱	邹桂铃	CN205775583U	ZL201620480249
F04B	吊装方便的废水提升系统	李　璟	CN205677778U	ZL201620480471
C02F	造纸污泥压滤水处理用加酸系统	李　璟	CN205773572U	ZL201620480570
C02F	废水处理用便吊型 UASB 反应系统	李　璟	CN205676224U	ZL201620480586
C02F	一种造纸废水回用系统	吉茂盛	CN205773908U	ZL201620480929
D21F	一种造纸生产线上用的输送带	苏满调	CN205636345U	ZL201620481045
C02F	一种箱斗内自流式煤灰渣吸附截留法预处理废水装置	朱晓平	CN205634969U	ZL201620481417
D21B	一种应用于复印纸生产的碎浆装置	曹　旭	CN205821877U	ZL201620483643
B65H	一种造纸收卷纠偏装置	王　晓	CN205772258U	ZL201620487800
C02F	一种造纸制浆废水处理回收系统	王　晓	CN205773664U	ZL201620487802
D21F	一种造纸生产线专用烘干设备	王　晓	CN205775611U	ZL201620487803
D21B	一种基于空气炮技术的造纸专用浸泡装置	王　晓	CN205775578U	ZL201620487804
D21G	一种造纸机涂布用刮刀装置	王　晓	CN205775623U	ZL201620487806
B32B	一种可承重的防水纸板	王　晓	CN205767896U	ZL201620487808
D21B	一种便于卸料的造纸浸泡系统	王　晓	CN205775579U	ZL201620487814
D21F	一种设有加热器的造纸机烘缸罩	王　晓	CN205775603U	ZL201620487815
D21G	一种用于造纸机涂布的刮刀	王　晓	CN205775624U	ZL201620487817
D21H	一种造纸机涂布用刮刀	王　晓	CN205775631U	ZL201620487818
D21G	一种用于造纸设备中的硬压光机	王　晓	CN205775619U	ZL201620487820

续表

分类号	专利名称	发明人	公告号	授权专利号
B01D	一种造纸用空气循环系统	王　晓	CN205760386U	ZL201620487821
D21F	一种造纸用白水回收系统	王　晓	CN205775598U	ZL201620487823
B01F	一种造纸用连续式热分散机	王　晓	CN205760945U	ZL201620487828
B01D	一种应用于高透明纸生产的纤维回收装置	赖代钾	CN205815220U	ZL201620488202
D21F	一种用于低克重拷贝纸生产的造纸机胸辊摇震装置	曹　旭　等	CN205821889U	ZL201620488354
D21F	一种应用于高透明纸生产的节浆装置	陈梅兰	CN205821890U	ZL201620488455
D21D	一种应用于高叩解度拷贝纸生产的造纸磨浆机组合磨片	甘木林	CN205821884U	ZL201620488480
D21F	造纸用干网干燥支撑机构	刘　林　等	CN205741752U	ZL201620490240
D21F	造纸用干网干燥机构	刘　林　等	CN205741753U	ZL201620490287
D21F	造纸机压榨部的机架、压榨部及造纸机	马海林	CN205804033U	ZL201620491515
B01D	一种高效的造纸厂用空气除湿装置	袁素雯	CN205760509U	ZL201620491590
B24B	一种造纸机刮刀磨刀装置	王　晓	CN205765290U	ZL201620492008
B01D	一种造纸用过滤装置	王　晓	CN205759967U	ZL201620492009
D21F	一种造纸机真空吸水箱	王　晓	CN205775597U	ZL201620492010
B01D	一种用于造纸过滤网的清理装置	王　晓	CN205759985U	ZL201620492013
B01D	一种造纸过滤网用的清理装置	王　晓	CN205760036U	ZL201620492014
B01D	一种带有自清洗功能的造纸用过滤装置	王　晓	CN205760032U	ZL201620492015
F16L	造纸机用管路连接装置	王秀花	CN205806745U	ZL201620494301
D21G	造纸机用移动式换网平台	毛新秀　等	CN205804039U	ZL201620494303
C02F	一种用于造纸厂废水处理的净化装置	袁　涛　等	CN205773921U	ZL201620497785
D21F	一种造纸机导辊	任赞颂	CN205775613U	ZL201620502913
D21B	一种废纸再生造纸碎浆装置	周玉平	CN205775580U	ZL201620511953
D21B	一种磨木机	吴文勇	CN205775577U	ZL201620513137
C02F	一种造纸废水综合处理系统	张艳燕	CN205773940U	ZL201620524426
B01D	一种造纸废水固液分离装置	胡炜炜	CN205759971U	ZL201620527299
D21F	一种耐用的造纸毛毯	胡炜炜	CN205775616U	ZL201620527304
B01F	一种浆池搅拌器	胡炜炜	CN205760800U	ZL201620527306
G07C	一种基于 GPRS 技术的造纸机公共介质远程巡检装置	郭文强　等	CN205809929U	ZL201620534613
B02C	一种造纸用碎木粉碎装置	庄玉梅	CN205761523U	ZL201620537240
C02F	一种快速造纸废水处理装置	庄玉梅	CN205803243U	ZL201620537249
D21D	筛鼓和造纸机	欧德·古嘎麦戈　等	CN205821888U	ZL201620537288
B01D	一种高效的造纸废水处理装置	李文杰　等	CN205659468U	ZL201620540632
D21F	一种用于处理造纸白水的白水塔及系统	马新功	CN205775599U	ZL201620542043
D21G	制浆造纸系统中胶黏物的捕获装置	张福山　等	CN205711546U	ZL201620542484
G06T	造纸浆液中颗粒状胶黏物的图像获取系统	张福山　等	CN205750888U	ZL201620542938
D21B	一种齿轮齿条多级造纸纤维筛分装置	檀水利	CN205775576U	ZL201620568051
D21F	一种造纸设备的余热回收系统	郑康荣	CN205775612U	ZL201620568066
B65G	一种送纸的轨道小车	郑康荣	CN205771623U	ZL201620568068
F28D	一种造纸设备的换热器	郑康荣	CN205784719U	ZL201620568072
C02F	一种造纸废水的处理装置	范欣柯　等	CN205687642U	ZL201620568137
B02C	一种用于造纸行业的木头粉碎机	季百康	CN205797394U	ZL201620569882
D21C	一种用于造纸行业的可控温度的木屑蒸煮装置	季百康	CN205804027U	ZL201620569910
D21G	一种造纸厂用废纸回收装置	楼柯勇	CN205688278U	ZL201620570079

续表

分类号	专利名称	发明人	公告号	授权专利号
B01D	一种造纸渣浆的回收利用装置	郑康荣	CN205760140U	ZL201620576467
D21H	造纸上色机	邝井卫	CN205821897U	ZL201620576479
D21H	鞭炮纸造纸机	邝井卫	CN205821898U	ZL201620576480
B02C	一种带低噪造纸原料粉碎制浆机	檀水利	CN205761640U	ZL201620576540
F23G	一种造纸厂用废纸燃烧炉	楼柯勇	CN205690404U	ZL201620577452
D21D	一种自动可调节速度的造纸打浆机	季百康	CN205804028U	ZL201620585623
C02F	一种造纸废水处理装置	余大论	CN205803177U	ZL201620592680
D21F	一种红外造纸烘干机	潘晓锋 等	CN205804034U	ZL201620592691
B01F	一种造纸用原料快速搅拌装置	周立新	CN205797012U	ZL201620593132
D21G	一种造纸用压光机	康伟昌 等	CN205775620U	ZL201620598829
D21F	一种节能型造纸干燥部	梁初营 等	CN205775604U	ZL201620598886
D21C	一种造纸脱墨系统	杨文恒 等	CN205676721U	ZL201620599725
D21G	一种造纸机的刮刀	赵文博	CN205775625U	ZL201620604063
D21F	一种新型造纸机导辊	刘俊培	CN205775614U	ZL201620604838
D21C	一种连续式物料蒸煮装置	郑大强	CN205676722U	ZL201620622191
C02F	一种造纸厂废水复合生态工艺处理系统	杨　旭 等	CN205676332U	ZL201620623528
D21B	高精度分丝磨	程睿博	CN205688270U	ZL201620624363
C02F	一种造纸废水回用系统	杨文恒 等	CN205676279U	ZL201620624833
D21B	一种再生造纸尾渣再生处理过程中的漂洗槽	冯愚斌	CN205775582U	ZL201620625619
D21F	用于纸板生产线的飞浆回收装置	卢永灿	CN205839471U	ZL201620626728
F16C	一种用于造纸机械的直线型滚动导轨	陈美珠	CN205780303U	ZL201620628957
D21F	一种造纸用快速烘干装置	林　明	CN205775607U	ZL201620631629
D21F	一种造纸机的烘干装置	林　明	CN205775608U	ZL201620631630
D21F	一种纸张烘干机	邹桂铃	CN205775609U	ZL201620635453
D21F	一种造纸效率高的造纸机	林燕珠	CN205775610U	ZL201620636273
D21F	一种环保型造纸设备	林燕珠	CN205775617U	ZL201620636275
D21C	一种造纸用纸浆脱色装置	林燕珠	CN205775590U	ZL201620636278
D21F	一种造纸用清洗烘干设备	林燕珠	CN205775615U	ZL201620636279
D21B	一种工作快速高效的造纸用磨木机	詹延林	CN205711519U	ZL201620638753
B26D	一种可活动调节位置的造纸切割机用夹具	张诗萱	CN205766430U	ZL201620646168
B27L	一种造纸用削片机	李华彬 等	CN205735395U	ZL201620647214
B65H	一种造纸用收卷机	邓钊斌 等	CN205709031U	ZL201620647232
D21C	一种造纸用洗浆机	汤润湛 等	CN205688273U	ZL201620647282
D21F	一种环保节能的造纸机	林琴霞	CN205775600U	ZL201620649929
D21B	一种造纸用打浆机	廖　畅 等	CN205775586U	ZL201620651132
B01F	一种纸浆搅拌装置	谭忠民 等	CN205672862U	ZL201620651134
B01F	一种用于海藻造纸的纸浆搅拌装置	汤润湛 等	CN205672825U	ZL201620651239
C02F	造纸废水处理装置	刘　洁 等	CN205821052U	ZL201620654911
B65H	一种造纸用高效尾料附接装置	史静荣	CN205820472U	ZL201620655032
B01D	一种造纸厂废水处理池污泥清理装置	史静荣	CN205759930U	ZL201620655033
D21G	一种造纸用压光机	谭振雄 等	CN205688277U	ZL201620656080
D21C	一种造纸用高效率蒸煮器	詹延林	CN205711527U	ZL201620656346
D21D	一种操作简便且高效率的造纸用打浆机	詹延林	CN205711531U	ZL201620656359

续表

分类号	专利名称	发明人	公告号	授权专利号
D21C	一种便于清洗的高效率造纸用洗浆机	詹延林	CN205711528U	ZL201620656376
D21D	一种造纸纸浆筛选设备	余劲松 等	CN205688274U	ZL201620656769
F26B	一种造纸用干燥筒	余劲松 等	CN205690831U	ZL201620656770
B03D	造纸废渣浮选机构	林仲仙 等	CN205684200U	ZL201620656831
C02F	造纸厂废水回收利用装置	王恩岭	CN205803185U	ZL201620670016
D21F	一种造纸烘缸的烘缸气罩	柳秋吉	CN205821891U	ZL201620717105
D21D	小型造纸打浆机构	黄德英	CN205839464U	ZL201620724106
D21F	一种造纸毛毯	陆 平 等	CN205804036U	ZL201620728015
B66C	一种造纸厂起重机双小车吊钩自动同步装置	高国志	CN205820725U	ZL201620753734
D21F	三层造纸网	马 坤	CN205839468U	ZL201620796976
B01F	一种造纸用纸浆搅拌装置	庄杰祖	CN205833010U	ZL201620805263
D21H	表胶回流胶料处理装置	张成飞	CN205821895U	ZL201620810552
D21F	一种纬线自绑定成形网	许长云 等	CN106133239A	ZL201680000775
	造纸化学品			
C30B	一种磷石膏水热制备高长径比硫酸钙晶须的方法	罗康碧 等	CN105603505A	ZL201610001915
D21H	一种阳离子乳化剂制备的 AKD 中性施胶剂及方法和应用	陈夫山 等	CN105603818A	ZL201610024819
C08B	一种造纸用复合变性淀粉	缪鹏飞	CN105481992A	ZL201610033075
D21F	一种高湿强纸张抄造过程中胶黏物控制工艺	魏代龙 等	CN105672020A	ZL201610058647
C02F	一种树枝状纤维素基两性絮凝脱色剂及其制备方法	姚菊明 等	CN105540807A	ZL201610059898
C08L	一种造纸白泥改性制备聚乳酸复合材料的制备方法	许 斌 等	CN105504725A	ZL201610062840
C02F	一种造纸废水絮凝剂及其制备方法	范洲卫	CN105540802A	ZL201610062923
C08F	一种造纸涂料用改性瓜尔胶增稠剂及其制备方法	刘 阳 等	CN105601818A	ZL201610065499
C08F	一种造纸涂料用改性田菁胶增稠剂及其制备方法	刘 阳 等	CN105646802A	ZL201610066860
D21H	阳离子纳米微晶纤维素增强的造纸表面施胶剂的制备方法	唐艳军 等	CN105780589A	ZL201610069085
C02F	一种硅藻土造纸废水处理剂及制备方法	吴忠森	CN105481075A	ZL201610071812
C08G	一种超支化铵盐型阳离子表面活性剂及制备和应用	徐 敏 等	CN105669975A	ZL201610077459
C12N	一种新型生活用纸打浆促进纤维改性的复合酶制剂及其制备方法和应用	程海泳 等	CN105624138A	ZL201610080357
C08F	一种提升纸张内结合强度的聚合物及其制备方法	仲亚杰 等	CN105754042A	ZL201610092222
C08F	一种新型涂料流变改质剂及其制备方法	仲亚杰 等	CN105693911A	ZL201610126870
C08F	一种造纸涂料的流变剂合成方法	黎桂华	CN105754028A	ZL201610131601
C04B	一种造纸黑液改性氨基磺酸盐高效减水剂及其制备方法	董翠平 等	CN105819728A	ZL201610136906
D21H	一种造纸填料及其制备方法	李金平	CN105696407A	ZL201610153644
C30B	一种白泥碳酸钙晶须的制备方法	苏艳群 等	CN105839173A	ZL201610165008
D21H	一种鱼鳞胶原蛋白复合蛛丝蛋白改性造纸施胶剂的制备方法	周 荣 等	CN105672035A	ZL201610175423
D21H	一种特种纸专用复合填料的制备方法	施晓旦 等	CN105821703A	ZL201610181148
C08F	一种涂料流变保水调整剂的制备方法	仲亚杰 等	CN105801767A	ZL201610190085
C12N	一种利用沼液和造纸黑液制备木质素酶的方法	郭伟明 等	CN105695426A	ZL201610198271
D21H	利用脱硅液、纸浆纤维和石灰乳合成硅酸钙填料的方法	徐 鹏 等	CN105862501A	ZL201610199527
C09J	一种木质素基绿色胶黏剂的制备及使用方法	许 凤 等	CN105694781A	ZL201610206448
B01J	一种用于造纸废水处理的钙沸石负载铁离子掺杂的二氧化钛及其制备方法	陈 华 等	CN105854926A	ZL201610214466

续表

分类号	专利名称	发明人	公告号	授权专利号
C09C	造纸用膏状碳酸钙的制备方法	乐　毅　等	CN105885471A	ZL201610218704
C01F	造纸涂布用片状超细碳酸钙的制备方法	乐　毅　等	CN105883880A	ZL201610218715
C08J	一种聚合物多孔微球的制备方法	何艳萍　等	CN105754134A	ZL201610223725
C02F	一种用于造纸废水的废水处理剂及其制备方法	陈雪琴	CN105753078A	ZL201610224645
C08L	一种改性木屑及其制备方法与在增强表面施胶淀粉中的应用	颜进华　等	CN105860559A	ZL201610234855
D21H	造纸助剂组合物及其制备方法	不公告发明人	CN105970721A	ZL201610267740
D21H	一种造纸助剂	不公告发明人	CN105862505A	ZL201610267836
D21H	一种造纸助剂混合物及其制备方法	不公告发明人	CN105714600A	ZL201610267837
D21H	一种造纸助剂组合物	不公告发明人	CN105714601A	ZL201610267847
C08F	造纸钛白粉的阳离子型悬浮稳定剂的制备方法	张　川　等	CN105859959A	ZL201610268603
C08F	一种提升细小纤维－碳酸钙留着率的乳液聚合物及其制备方法	仲亚杰　等	CN105820290A	ZL201610287484
D21H	一种造纸用淀粉/改性聚乙烯亚胺/聚丙烯酰胺混合物	于有勤	CN106087537A	ZL201610336258
D21H	一种造纸用淀粉/聚乙烯亚胺混合物	于有勤	CN106087538A	ZL201610336259
D21H	一种造纸专用的碳酸钙	唐洪杨　等	CN105839452A	ZL201610336260
C02F	一种造纸废水处理剂及其制备方法	许　婷	CN105776576A	ZL201610373219
C02F	一种造纸废水专用的高效污水处理剂及其制备方法	许　婷	CN106064841A	ZL201610378655
D21H	一种装饰原纸增强剂及其制备方法	张　聪　等	CN105951517A	ZL201610382839
C02F	一种用于改善造纸废水沉降性能的改性复合絮凝剂	钟　华	CN105800799A	ZL201610395027
D21H	一种造纸杀菌防腐剂及其制备方法	戴文健	CN105887562A	ZL201610403272
C02F	一种无机絮凝剂，无机絮凝剂的制备方法及利用该无机絮凝剂的造纸污泥脱水工艺	王士平　等	CN105936581A	ZL201610406352
D21H	淀粉喷雾干燥制备胶囊型造纸填料的方法	罗旋清　等	CN106087540A	ZL201610406448
C02F	一种造纸废水净水剂	杨炯辉	CN105905959A	ZL201610441323
C12N	一种植物纤维改性复合酶制剂及其制备方法及应用	刘　浩　等	CN106011120A	ZL201610442987
D21H	一种水性硬脂酸锌分散液的制备方法及其产品与应用	施晓旦　等	CN106087552A	ZL201610445812
D21H	一种水性环保造纸增白剂及制备方法	杨广群	CN106120451A	ZL201610451184
D21H	一种改性硅酸钙造纸填料及其制备方法	不公告发明人	CN106120441A	ZL201610451261
D21H	一种淀粉改性填料及其制备方法	不公告发明人	CN106087541A	ZL201610452059
B01F	一种制备水性硬脂酸钙分散液的方法及其产品和应用	施晓旦　等	CN106111007A	ZL201610453163
D21H	一种造纸用低固含量的硬脂酸钙润滑剂及其制备方法	施晓旦　等	CN105862507A	ZL201610453233
D21H	一种低固含高效造纸用硬脂酸钙润滑剂及其制备方法	施晓旦　等	CN106087554A	ZL201610453304
D21H	一种制备水性硬脂酸锌分散液的方法及其产品与应用	施晓旦　等	CN106012671A	ZL201610453581
D21H	一种造纸增白剂及制备方法	不公告发明人	CN106087566A	ZL201610455036
C08B	一种氧化淀粉及其制备方法和应用	杨仁党　等	CN106117379A	ZL201610465125
D21H	一种生物质改性纸张湿强剂的制备方法	张　静　等	CN106087565A	ZL201610468630
D21H	一种界面均匀的纸基摩擦材料及其制备方法	陈毅忠　等	CN106120434A	ZL201610469304
D21H	一种清洁型制浆助剂的制备方法	周　荣　等	CN106087539A	ZL201610469771
C09J	一种无甲醛木质素基木材胶黏剂的制备方法	高大元　等	CN106085353A	ZL201610477145
C07C	木质素甲基化串联还原两步法降解木质素制备单苯环化合物的方法	邱学青　等	CN106117023A	ZL201610493576

续表

分类号	专利名称	发明人	公告号	授权专利号
C08B	一种高黏度羟丙基醚化和戊二酸酯化双重变性淀粉的制备方法	张本山 等	CN105906730A	ZL201610501951
C02F	一种造纸废水处理剂	陆明军	CN105967250A	ZL201610510166
C02F	复合高分子絮凝剂及其制备方法	何 建 等	CN106006904A	ZL201610513370
D21H	一种提高细菌纤维素基纸张增强剂纸张增强效果的方法	项舟洋 等	CN105970733A	ZL201610513452
G01N	一种定量测量细菌纤维素在纸张抄造过程中留着率的方法	项舟洋 等	CN106124267A	ZL201610515263
C08B	一种复合变性淀粉	黄全钦 等	CN106188319A	ZL201610547596
D21H	珍珠岩粉作为造纸用填料/颜料及方法	李 珠 等	CN106192556A	ZL201610550145
D01F	造纸用聚丙烯凹凸棒土复合纤维的制备方法	陈 炜 等	CN106048769A	ZL201610571629
D21C	玉米秆用 KOH 和 NaOH 混合碱法制浆黑液制备有机无机混合肥的方法	杨淑芬 等	CN106192521A	ZL201610572421
D21C	麦草用 KOH 和 NaOH 混合碱法制浆黑液制备有机无机混合肥的方法	赵 峰 等	CN106087512A	ZL201610572422
D21C	芦苇用 KOH 和 NaOH 混合碱法制浆黑液制备有机无机混合肥方法	冯福德 等	CN106192519A	ZL201610572635
D21C	稻草用 KOH 和 NaOH 混合碱法制浆黑液制备有机无机混合肥的方法	赵 峰 等	CN106192522A	ZL201610572636
C09D	一种含有造纸污泥的复合防水乳膏及制备方法	闫 正	CN106009936A	ZL201610573092
C02F	一种蔗渣膨润土高岭土复合型的废水处理剂	不公告发明人	CN106006795A	ZL201610592591
C08H	一种利用造纸黑液制备还原染料分散剂的方法	王洪卫 等	CN106220860A	ZL201610595650
C09D	一种生物质基载酶脱墨剂及其制备方法与应用	杨仁党 等	CN106147361A	ZL201610617932
C08F	一种阳离子聚丙烯酰胺助留助滤剂及其制备方法	焦 健 等	CN106188436A	ZL201610621193
C12N	一种稻草制浆用复合酶液及其应用	汤智龙	CN106222153A	ZL201610622443
D21H	一种高平滑度造纸涂布施胶用改性淀粉	汤智龙	CN106245426A	ZL201610622448
C08B	一种高强度造纸涂布施胶用改性淀粉	汤智龙	CN106243231A	ZL201610622449
C12N	一种麦草制浆用复合酶液及其应用	汤智龙	CN106191021A	ZL201610622727
C12N	一种玉米秸秆制浆用复合酶液及其应用	汤智龙	CN106244573A	ZL201610628366
C09D	废纸脱墨剂及其在废纸脱墨中的应用	熊 明 等	CN106009888A	ZL201610639398
C02F	一种造纸废水处理剂	王志英	CN106241900A	ZL201610641927
D21H	一种高性能膨润土造纸填料的生产工艺	戴云鹏 等	CN106049170A	ZL201610644871
C02F	一种造纸废水处理剂	虞永华	CN106082369A	ZL201610653348
C08F	一种造纸用重质碳酸钙分散剂的制备方法	朱燕华	CN106220775A	ZL201610686919
D21H	一种造纸用水溶性润滑剂及其制备方法	施晓旦 等	CN106245428A	ZL201610747555
D21H	一种造纸用润滑剂及其制备方法	施晓旦 等	CN106245429A	ZL201610747573
D21H	一种造纸用水性润滑剂及其制备方法	施晓旦 等	CN106245430A	ZL201610747586
C02F	一种造纸废水处理剂	陆应生 等	CN106145222A	ZL201610750345
B01J	一种木质素基水热炭磺酸催化剂的制备方法及应用	甘林火 等	CN106179496A	ZL201610836991
G01N	一种 PAE 树脂湿强剂有效固含量的紫外光谱检测方法	闫 宁 等	CN106248608A	ZL201610864088
	环境保护			
C05G	能降低土壤中重金属离子含量的缓释肥料及其制备方法	李文卓 等	CN105418337A	ZL201610016975
B09B	一种造纸生化污泥的综合处理方法	陆祥根 等	CN105478450A	ZL201610019367
C01B	用造纸黑液制备自组装全碳三维石墨烯的方法	杜奇石 等	CN105600779A	ZL201610098079
C02F	一种造纸废水处理方法	吕浩军	CN105731729A	ZL201610120431

续表

分类号	专利名称	发明人	公告号	授权专利号
C04B	一种利用制浆造纸白泥生产粉煤灰的方法	吴　兵	CN105645798A	ZL201610132734
C05G	一种造纸黑液改善处理后制成的缓释肥料及其制备方法	王乐乐　等	CN105967938A	ZL201610152085
C05F	利用稻秆造纸污泥生产有机肥的方法	滕铁生　等	CN105837274A	ZL201610181247
A23K	农作物秸秆浆+污泥发酵制备养殖蚯蚓饲料的方法	赵　峰　等	CN105767606A	ZL201610225011
C02F	一种工厂造纸废水处理系统	姜兆宏	CN105776754A	ZL201610236039
C05G	一种酸洗废液和废木质素生产海绵肥料的方法	罗健泉	CN105936602A	ZL201610274485
C09K	一种造纸白泥钻井液的制备方法	刘　洁　等	CN105802594A	ZL201610277675
C02F	一种污泥压榨方法	戈华根　等	CN105753295A	ZL201610279460
D21C	草浆黑液循环流化床直接碱回收方法	别如山　等	CN105970712A	ZL201610328500
C02F	废纸制浆造纸厂污泥与废渣混合干化工艺	曾小飞　等	CN106045270A	ZL201610337828
C02F	一种造纸过程中的废水处理方法	李义华	CN105906004A	ZL201610346181
C02F	混频驻波超声与臭氧协同处理制浆废水的方法	刘　洁　等	CN105967272A	ZL201610380581
C02F	一种造纸废水的处理方法及装置	范欣柯　等	CN105858884A	ZL201610419823
C04B	一种造纸白泥烧结页岩多孔砖的制备方法	黄榜彪　等	CN106083174A	ZL201610468101
C04B	造纸白泥烧结页岩多孔砖	黄榜彪　等	CN106116631A	ZL201610468103
C08L	造纸污泥/PVC 木塑复合材料及其制备方法	方晓钟　等	CN105949678A	ZL201610533486
C09D	一种利用造纸污泥制备外墙涂料的方法	韩　卿　等	CN106010035A	ZL201610560069
C02F	一种造纸填料化利用造纸污泥的方法	韩　卿　等	CN106186599A	ZL201610560070
C02F	高硬度高盐分造纸废水生化处理预处理工艺	张林生　等	CN106045215A	ZL201610566066
C01B	一种造纸脱墨污泥制备活性炭的方法	刘心中　等	CN106185933A	ZL201610595303
C02F	一种代替芬顿处理的造纸废水处理方法	李飞明　等	CN106242156A	ZL201610616791
C02F	一种制浆造纸废水处理工艺	詹延林	CN106116048A	ZL201610643788
C02F	一种适用于造纸废水处理污泥干化的配比工艺	张凤山　等	CN106082584A	ZL201610650206
F23G	一种造纸固体废弃物焚烧配比工艺	张凤山　等	CN106224980A	ZL201610651155
C01B	一种使用造纸黑液木质素制备活性炭的方法	向中华　等	CN106167263A	ZL201610697874
C01B	一种造纸黑液粗提取物木质素磺酸盐制备活性炭的方法	夏洪应　等	CN106241805A	ZL201610700903
B01D	一种茶叶袋滤纸造纸废水污染滤膜的物化综合清洗方法	张　勇　等	CN106215705A	ZL201610733742
C02F	一种集成膜分离技术处理造纸废水的方法	孙龙昌	CN106186403A	ZL201610765840

（王　斌）

2016 年我国造纸工业标准目录

Standards of China's Paper Industry in 2016

截止到 2016 年年底，造纸工业标准共有 454 项，其中国家标准 350 项，行业标准 104 项。2016 年新批准发布造纸标准 11 项。

以下列出最新造纸工业标准目录，表 1 为 2016 年新批准发布造纸标准目录，表 2 为现有造纸产品标准目录(229 项)，表 3 为现有造纸基础和测试方法标准目录(共 225 项)。

表 1　　2016 年新批准发布造纸标准目录

序号	标准号	标准名称	发布日期	实施日期	代替标准号
1	GB/T 1548—2016	纸浆 铜乙二胺(CED)溶液中特性黏度值的测定	2016-12-13	2017-07-01	GB/T 1548—2004
2	GB/T 2679. 8—2016	纸和纸板 环压强度的测定	2016-12-13	2017-07-01	GB/T 2679. 8—1995
3	GB/T 8942—2016	纸 柔软度的测定	2016-12-13	2017-07-01	GB/T 8942—2002
4	GB/T 13024—2016	箱纸板	2016-12-13	2017-07-01	GB/T 13024—2003
5	GB/T 20216—2016	纸浆和纸 有效残余油墨浓度(ERIC 值)的测定 红外线反射率测量法	2016-12-13	2017-07-01	GB/T 20216—2006
6	GB/T 22803—2016	鞋用纸板	2016-12-13	2017-07-01	GB/T 22803—2008
7	GB/T 33277—2016	生活用纸 可迁移性铅、砷含量的测定	2016-12-13	2017-07-01	
8	GB/T 33280—2016	纸尿裤规格与尺寸	2016-12-13	2017-07-01	
9	QB/T 4993—2016	宣纸邮票纸	2016-07-11	2017-01-01	
10	QB/T 4994—2016	古法技艺宣纸	2016-07-11	2017-01-01	
11	QB/T 4995—2016	宣纸用燎草	2016-07-11	2017-01-01	

表 2　　造纸产品标准目录

序号	标准号	标准名称	发布日期	实施日期
1	GB/T 1468—2011	描图纸	2011-12-30	2012-09-01
2	GB/T 1525—2006	制图纸	2006-03-10	2006-10-01
3	GB/T 1910—2015	新闻纸	2015-12-31	2016-07-01
4	GB/T 1911—2011	拷贝纸	2011-12-30	2012-07-01
5	GB/T 1912—2007	字典纸	2007-12-05	2008-09-01
6	GB/T 1913. 1—2005	未漂浸渍绝缘纸*	2005-03-23	2005-09-01
7	GB/T 1914—2007	化学分析滤纸	2007-12-05	2008-09-01
8	GB/T 2675—2006	地图纸	2006-03-10	2006-10-01
9	GB/T 2676—2006	海图纸	2006-03-10	2006-10-01
10	GB/T 3147—2006	信息处理未穿孔纸带	2006-03-10	2006-10-01
11	GB/T 3148—2008	漂白苇浆	2008-08-19	2009-05-01
12	GB/T 6544—2008	瓦楞纸板	2008-01-04	2008-09-01

续表

序号	标准号	标准名称	发布日期	实施日期
13	GB/T 7968—2015	纸袋纸	2015-12-31	2016-07-01
14	GB/T 7969—2003	电力电缆纸*	2003-10-20	2004-06-01
15	GB/T 7970—1999	通讯电缆纸*	1999-08-12	2000-02-01
16	GB/T 7971—2007	半导电电缆纸	2007-12-05	2008-09-01
17	GB/T 8938—2008	打字纸	2008-08-19	2009-05-01
18	GB/T 8939—2008	卫生巾(含卫生护垫)	2008-01-04	2008-09-01
19	GB/T 10335.1—2005	涂布纸和纸板　涂布美术印刷纸(铜版纸)	2005-03-23	2005-09-01
20	GB/T 10335.2—2005	涂布纸和纸板　轻量涂布纸	2005-03-23	2005-09-01
21	GB/T 10335.3—2004	涂布纸和纸板　涂布白卡纸	2004-03-15	2004-11-01
22	GB/T 10335.4—2004	涂布纸和纸板　涂布白纸板	2004-03-15	2004-11-01
23	GB/T 10335.5—2008	涂布纸和纸板　涂布箱纸板	2008-08-19	2009-05-01
24	GB/T 11541—2008	照相原纸	2008-08-19	2009-05-01
25	GB/T 12654—2008	书写纸	2008-08-19	2009-05-01
26	GB/T 12913—2008	电容器纸	2008-08-19	2009-05-01
27	GB/T 13023—2008	瓦楞芯(原)纸	2008-01-04	2008-09-01
28	**GB/T 13024—2016**	**箱纸板**	**2016-12-13**	**2017-07-01**
29	GB/T 13505—2007	高纯度绝缘木浆	2007-12-05	2008-09-01
30	GB/T 13506—2008	漂白亚硫酸盐木浆	2008-08-19	2009-05-01
31	GB/T 13507—1992	本色亚硫酸盐木浆	1992-06-12	1993-03-01
32	GB/T 16797—2008	无碳复写纸	2008-12-30	2009-09-01
33	GB 18585—2001	室内装饰装修材料　壁纸中有害物质限量	2001-12-10	2002-01-01
34	GB/T 19341—2015	育果袋纸	2015-12-31	2016-07-01
35	GB/T 20808—2011	纸巾纸	2011-12-30	2012-07-01
36	GB/T 20810—2006	卫生纸(含卫生纸原纸)*	2006-12-01	2007-06-01
37	GB/T 20811—2006	废纸再利用技术要求*	2006-12-01	2007-06-01
38	GB/T 21244—2007	纸芯	2007-12-05	2008-09-01
39	GB/T 21301—2007	喷墨打印纸	2007-12-05	2008-09-01
40	GB/T 21331—2008	绒毛浆	2008-01-04	2008-09-01
41	**GB/T 22803—2016**	**鞋用纸板**	**2016-12-13**	**2017-07-01**
42	GB/T 22806—2008	白卡纸	2008-12-30	2009-09-01
43	GB/T 22812—2008	半透明纸	2008-12-30	2009-09-01
44	GB/T 22813—2008	薄页包装纸	2008-12-30	2009-09-01
45	GB/T 22814—2008	防锈原纸	2008-12-30	2009-09-01
46	GB/T 22815—2008	封套纸板	2008-12-30	2009-09-01
47	GB/T 22816—2008	复写原纸	2008-12-30	2009-09-01
48	GB/T 22817—2008	钢纸管	2008-12-30	2009-09-01
49	GB/T 22818—2008	钢纸原纸	2008-12-30	2009-09-01

续表

序号	标准号	标准名称	发布日期	实施日期
50	GB/T 22820—2008	工艺礼品纸	2008-12-30	2009-09-01
51	GB/T 22821—2008	光学字符阅读纸	2008-12-30	2009-09-01
52	GB/T 22822—2008	厚纸板	2008-12-30	2009-09-01
53	GB/T 22823—2008	胶带原纸	2008-12-30	2009-09-01
54	GB/T 22824—2008	蜡光原纸	2008-12-30	2009-09-01
55	GB/T 22825—2008	蜡光纸	2008-12-30	2009-09-01
56	GB/T 22826—2008	盲文印刷纸	2008-12-30	2009-09-01
57	GB/T 22827—2008	手风琴风箱纸板	2008-12-30	2009-09-01
58	GB/T 22828—2008	书画纸	2008-12-30	2009-09-01
59	GB/T 22829—2008	书皮纸	2008-12-30	2009-09-01
60	GB/T 22830—2008	水彩画纸	2008-12-30	2009-09-01
61	GB/T 22831—2008	提花纸板	2008-12-30	2009-09-01
62	GB/T 22832—2008	涂布美术印刷纸原纸(铜版原纸)	2008-12-30	2009-09-01
63	GB/T 22833—2008	图画纸	2008-12-30	2009-09-01
64	GB/T 22834—2008	信封用纸	2008-12-30	2009-09-01
65	GB/T 22835—2008	信息处理用连续格式纸	2008-12-30	2009-09-01
66	GB/T 22865—2008	牛皮纸	2008-12-30	2009-09-01
67	GB/T 22869—2008	金属板带衬纸	2008-12-30	2009-09-01
68	GB/T 22870—2008	漂白浆挂面箱纸板	2008-12-30	2009-09-01
69	GB/T 22871—2008	普通玻璃纸	2008-12-30	2009-09-01
70	GB/T 22875—2008	卫生巾高吸收性树脂	2008-12-30	2009-09-01
71	GB/T 22905—2008	纸尿裤高吸收性树脂	2008-12-30	2009-09-01
72	GB/T 22920—2008	电解电容器纸	2008-12-30	2009-09-01
73	GB/T 22927—2008	口罩纸	2008-12-30	2009-09-01
74	GB/T 22928—2008	烟花爆竹用纸	2008-12-30	2009-09-01
75	GB/T 23758—2009	工业羊皮纸	2009-05-04	2009-11-1
76	GB/T 23759—2009	特细羊皮纸	2009-05-04	2009-11-1
77	GB/T 23760—2009	农业羊皮纸	2009-05-04	2009-11-01
78	GB/T 24285—2009	晒图原纸	2009-07-31	2010-03-01
79	GB/T 24286—2009	黑色不透光包装纸	2009-07-31	2010-03-01
80	GB/T 24287—2009	伸性纸袋纸	2009-07-31	2010-03-01
81	GB/T 24292—2009	卫生用品用无尘纸	2009-07-31	2010-03-01
82	GB/T 24320—2009	回用纤维浆	2009-09-30	2010-02-01
83	GB/T 24321—2009	未漂白硫酸盐针叶木浆	2009-09-30	2010-02-01
84	GB/T 24322—2009	漂白硫酸盐竹浆	2009-09-30	2010-02-01
85	GB/T 24393—2009	非正常成品纸和纸板规范	2009-09-30	2010-02-01
86	GB/T 24446—2009	铁木贴花衬纸	2009-10-15	2010-03-01

续表

序号	标准号	标准名称	发布日期	实施日期
87	GB/T 24455—2009	擦手纸	2009-10-15	2010-03-01
88	GB/T 24695—2009	食品包装用玻璃纸	2009-11-30	2010-05-01
89	GB/T 24696—2009	食品包装用羊皮纸	2009-11-30	2010-05-01
90	GB/T 24988—2010	复印纸	2010-08-09	2010-12-01
91	GB/T 24989—2010	装饰原纸	2010-08-09	2010-12-01
92	GB/T 24995—2010	铸涂原纸	2010-08-09	2010-12-01
93	GB/T 24999—2010	纸和纸板亮度(白度)最高限量	2010-08-09	2010-12-01
94	GB/T 25435—2010	精细过滤纸板	2010-11-10	2011-05-01
95	GB/T 25436—2010	热封型茶叶滤纸	2010-11-10	2011-05-01
96	GB/T 25437—2010	支撑过滤纸板	2010-11-10	2011-05-01
97	GB/T 26173—2010	超级压光纸	2011-01-14	2011-06-15
98	GB/T 26174—2010	厨房纸巾	2011-01-14	2011-06-01
99	GB/T 26187—2010	美纹纸	2011-01-14	2011-06-15
100	GB/T 26188—2010	漂白碱法麦草浆	2011-01-14	2011-06-15
101	GB/T 26199—2010	医用包装原纸	2011-01-14	2011-06-15
102	GB/T 26201—2010	育苗纸	2011-01-14	2011-06-15
103	GB/T 26202—2010	纸管纸板	2011-01-14	2011-06-15
104	GB/T 26204—2010	纸面石膏板护面纸板	2011-01-14	2011-06-15
105	GB/T 26390—2011	浸渍纸层压木质地板用表层耐磨纸	2011-05-12	2011-09-15
106	GB/T 26391—2011	马桶垫纸	2011-05-12	2011-09-15
107	GB/T 26454—2011	造纸用单层成形网	2011-05-12	2011-09-15
108	GB/T 26455—2011	造纸用多层成形网	2011-05-12	2011-09-15
109	GB/T 26456—2011	造纸用异形丝干燥网	2011-05-12	2011-09-15
110	GB/T 26457—2011	造纸用圆丝干燥网	2011-05-12	2011-09-15
111	GB/T 26462—2011	种子发芽纸	2011-05-12	2011-09-15
112	GB/T 26705—2011	轻型印刷纸	2011-06-16	2011-12-01
113	GB/T 27589—2011	纸餐盒	2011-12-05	2012-06-01
114	GB/T 27590—2011	纸杯 《纸杯》第 1 号修改单 2014-03-31	2011-12-05	2012-06-01
115	GB/T 27591—2011	纸碗	2011-12-05	2012-06-01
116	GB/T 27728—2011	湿巾	2011-12-30	2012-07-01
117	GB/T 27731—2011	卫生用品用离型纸	2011-12-30	2012-07-01
118	GB/T 27733—2011	心电图纸	2011-12-30	2012-07-01
119	GB/T 28004—2011	纸尿裤(片、垫)	2011-09-29	2012-02-01
120	GB/T 28005—2011	纸内裤	2011-09-29	2012-02-01
121	GB/T 28119—2011	食品包装用纸、纸板及纸制品　术语	2011-12-30	2012-08-01
122	GB/T 28120—2011	面粉纸袋	2011-12-30	2012-08-01
123	GB/T 28121—2011	非热封型茶叶滤纸	2011-12-30	2012-08-01

续表

序号	标准号	标准名称	发布日期	实施日期
124	GB/T 28207—2011	离型原纸	2011-12-30	2012-09-01
125	GB/T 28210—2011	热敏纸	2011-12-30	2012-09-01
126	GB/T 29282—2012	格拉辛纸	2012-12-31	2013-09-01
127	GB/T 29283—2012	水转移印花底纸	2012-12-31	2013-09-01
128	GB/T 30129—2013	壁纸原纸	2013-12-17	2014-12-01
129	GB/T 30130—2013	胶版印刷纸	2013-12-17	2014-12-01
130	GB/T 30132—2013	胶印书刊纸	2013-12-17	2014-12-01
131	GB/T 30133—2013	卫生巾用面层通用技术规范	2013-12-17	2014-12-01
132	GB/T 31122—2014	液体食品包装用纸板	2014-09-03	2015-02-01
133	GB/T 31123—2014	固体食品包装用纸板	2014-09-03	2015-02-01
134	QB/T 1014—2010	食品包装纸	2010-04-22	2010-10-01
135	QB/T 1016—2006	鸡皮纸	2006-09-14	2007-05-01
136	QB/T 1017—2006	仿羊皮纸	2006-09-14	2007-05-01
137	QB/T 1018—1991(2009)	仪表记录原纸	1991-03-30	1991-12-01
138	QB/T 1019—2010	水松原纸	2010-10-29	2011-04-01
139	QB/T 1020—2010	纸和纸板印刷适性用标准油墨	2010-04-22	2010-10-01
140	QB/T 1212—1991	信息处理未穿孔卡纸	1991-09-10	1992-04-01
141	QB/T 1312—2010	砂纸原纸	2010-04-22	2010-10-01
142	QB/T 1313—2010	中性包装纸	2010-04-22	2010-10-01
143	QB/T 1314—1991(2009)	标准纸板	1991-11-25	1992-08-01
144	QB/T 1319—2010	气相防锈纸	2010-04-22	2010-10-01
145	QB/T 1320—1991	玻璃纤维高效空气滤纸	1991-11-25	1992-08-01
146	QB/T 1455—2012	涂布邮票纸(含涂布邮票原纸)	2012-05-24	2012-11-01
147	QB/T 1456—1992	薄凸版纸	1992-04-14	1992-12-01
148	QB/T 1459—1992	感光纸原纸	1992-04-14	1992-12-01
149	QB/T 1597—1992(2009)	单页电传打字原纸	1992-11-10	1993-07-01
150	QB/T 1633—2010	贴花面纸	2010-04-22	2010-10-01
151	QB/T 1704—2010	铝箔衬纸	2010-12-29	2011-04-01
152	QB/T 1706—2006	条纹牛皮纸	2006-09-14	2007-05-01
153	QB/T 1712—1993	滤芯纸板	1993-04-15	1993-12-01
154	QB/T 1937—1994(2009)	照相原纸木浆	1994-04-23	1994-12-01
155	QB/T 2090—1995(2009)	沥青防潮纸	1995-05-08	1996-01-01
156	QB/T 2091—1995(2009)	沥青防潮原纸	1995-05-08	1996-01-01
157	QB/T 2103—2010	蚕种纸	2010-04-22	2010-10-01
158	QB/T 2104—1995(2009)	造纸铜网　单织网	1995-05-08	1996-01-01
159	QB/T 2105—1995(2009)	造纸铜网　三织网	1995-05-08	1996-01-01
160	QB/T 2192—2011	卷缠绝缘纸	2011-12-30	2012-07-01

续表

序号	标准号	标准名称	发布日期	实施日期
161	QB/T 2195—1996(2009)	火柴纸	1996-01-31	1996-09-01
162	QB/T 2199—1996(2009)	硬钢纸板	1996-03-22	1996-12-01
163	QB/T 2200—1996(2009)	软钢纸板	1996-03-22	1996-12-01
164	QB/T 2205—2012	重氮盐晒图纸	2012-05-24	2012-11-01
165	QB/T 2235—1996(2009)	中性石蜡原纸	1996-10-11	1997-07-01
166	QB/T 2236—1996(2009)	中性石蜡纸	1996-10-11	1997-07-01
167	QB/T 2237—1996(2009)	条纹柏油原纸	1996-10-11	1997-07-01
168	QB/T 2249—1996	凹版印刷纸	1996-10-11	1997-07-01
169	QB/T 2250—2005	单面白纸板	2005-03-19	2005-09-01
170	QB/T 2352—1997(2009)	单面书写纸	1998-01-16	1998-09-01
171	QB/T 2430—1999	铁笔蜡纸原纸	1999-05-06	1999-12-01
172	QB/T 2431—1999	打字蜡纸原纸	1999-05-06	1999-12-01
173	QB/T 2432—2013	打字蜡纸衬纸	2013-10-17	2014-03-01
174	QB/T 2433—1999(2009)	条纹柏油纸	1999-05-06	1999-12-01
175	QB/T 2688—2005	绝缘纸板	2005-03-19	2005-09-01
176	QB/T 2689—2005	滤嘴棒纸	2005-03-19	2005-09-01
177	QB/T 2692—2005	110～330 千伏高压电缆纸	2005-03-19	2005-09-01
178	QB/T 2693—2005	彩色胶版印刷纸	2005-03-19	2005-09-01
179	QB/T 2694—2005	热敏彩票纸	2005-03-19	2005-09-01
180	QB/T 2807—2006	扑克牌纸板	2006-09-14	2007-05-01
181	QB/T 2810—2006	吸尘器集尘袋外层纸	2006-09-14	2007-05-01
182	QB/T 2811—2006	造纸研磨碳酸钙	2006-09-14	2007-05-01
183	QB/T 2898—2007	餐用纸制品	2007-12-03	2008-06-01
184	QB/T 3502—1999(2009)	棉条筒钢纸板	1999-04-21	1999-04-21
185	QB/T 3504—1999(2009)	铸涂白纸板	1999-04-21	1999-04-21
186	QB/T 3505—1999(2009)	字型纸板	1999-04-21	1999-04-21
187	QB/T 3507—1999	电子计算机连续记录格式原纸	1999-04-21	1999-04-21
188	QB/T 3509—1999(2009)	工业自动化仪表用记录纸	1999-04-21	1999-04-21
189	QB/T 3517—1999	单面胶版印刷纸	1999-04-21	1999-04-21
190	QB/T 3518—1999(2009)	铸涂纸	1999-04-21	1999-04-21
191	QB/T 3520—1999(2009)	500 千伏油纸套管绝缘纸	1999-04-21	1999-04-21
192	QB/T 3524—1999(2009)	凸版印刷纸	1999-04-21	1999-04-21
193	QB/T 3525—1999(2009)	雪茄烟纸	1999-04-21	1999-04-21
194	QB/T 3528—1999(2009)	导火索纸(导火线纸)	1999-04-21	1999-04-21
195	QB/T 3531—1999	液体食品包装用复合材料	1999-04-21	1999-04-21
196	QB/T 3701—1999	造纸用原料　蔗渣	1999-04-21	1999-04-21
197	QB/T 4030—2010	电话纸	2010-04-22	2010-10-01

续表

序号	标准号	标准名称	发布日期	实施日期
198	QB/T 4031—2010	阻燃性汽车空气滤纸	2010-04-22	2010-10-01
199	QB/T 4032—2010	纸杯原纸	2010-04-22	2010-10-01
200	QB/T 4033—2010	餐盒原纸	2010-04-22	2010-10-01
201	QB/T 4034—2010	壁纸	2010-04-22	2010-10-01
202	QB/T 4039—2010	造纸用原料 芦苇	2010-04-22	2010-10-01
203	QB/T 4124—2010	造纸毯通用规范	2010-10-29	2011-04-01
204	QB/T 4125—2010	纸浆 亮度(白度)最高限量	2010-12-29	2011-04-01
205	QB/T 4250—2011	500 千伏变压器匝间绝缘纸	2011-12-30	2012-07-01
206	QB/T 4320—2012	鲜花包装纸	2012-05-24	2012-11-01
207	QB/T 4378—2012	蜂窝纸板	2012-12-28	2013-06-01
208	QB/T 4379—2012	手提纸袋	2012-12-28	2013-06-01
209	QB/T 4380—2012	无碳复写纸原纸	2012-12-28	2013-06-01
210	QB/T 4381—2012	吸尘器集尘袋内层纸	2012-12-28	2013-06-01
211	QB/T 4508—2013	卫生用品用吸水衬纸	2013-07-22	2013-12-01
212	QB/T 4509—2013	本色生活用纸	2013-07-22	2013-12-01
213	QB/T 4758—2014	强化木地板底层用平衡原纸	2014-07-09	2014-11-01
214	QB/T 4759—2014	灰纸板	2014-07-09	2014-11-01
215	QB/T 4760—2014	阔叶木碱性过氧化氢机械浆	2014-07-09	2014-11-01
216	QB/T 4761—2014	工业擦拭纸	2014-07-09	2014-11-01
217	QB/T 4762—2014	铅酸蓄电池护板用纸	2014-07-09	2014-11-01
218	QB/T 4763—2014	纸浆模塑餐具	2014-07-09	2014-11-01
219	QBT 4818—2015	无纺壁纸原纸	2015-04-30	2015-10-01
220	QBT 4819—2015	食品包装用淋膜纸和纸板	2015-04-30	2015-10-01
221	QBT 4820—2015	pH 试纸原纸	2015-04-30	2015-10-01
222	QB/T 4895—2015	载带封装用纸板	2015-10-10	2016-03-01
223	QB/T 4897—2015	镜头擦拭纸	2015-10-10	2016-03-01
224	QB/T 4898—2015	溶解浆	2015-10-10	2016-03-01
225	QB/T 4899—2015	标牌用仿皮纸	2015-10-10	2016-03-01
226	QB/T 4900—2015	双电层电容器纸	2015-10-10	2016-03-01
227	QB/T 4993—2016	宣纸邮票纸	2016-07-11	2017-01-01
228	QB/T 4994—2016	古法技艺宣纸	2016-07-11	2017-01-01
229	QB/T 4995—2016	宣纸用燎草	2016-07-11	2017-01-01

注：1. 黑体字为 2016 年新批准发布标准。

2. * 表示自 2017 年 3 月 23 日起，该标准转化为推荐性标准，不再强制执行。

表 3 造纸方法标准目录

序号	标准号	标准名称	发布日期	实施日期
1	GB/T 147—1997	印刷、书写和绘图用原纸尺寸	1997-06-26	1997-12-01
2	GB/T 148—1997	印刷、书写和绘图纸幅面尺寸	1997-06-26	1997-12-01
3	GB/T 450—2008	纸和纸板 试样的采取及试样纵横向、正反面的测定	2008-08-19	2009-05-01
4	GB/T 451. 1—2002	纸和纸板尺寸及偏斜度的测定	2002-06-13	2002-12-01
5	GB/T 451. 2—2002	纸和纸板定量的测定	2002-06-13	2002-12-01
6	GB/T 451. 3—2002	纸和纸板厚度的测定	2002-06-13	2002-12-01
7	GB/T 454—2002	纸耐破度的测定	2002-07-22	2003-02-01
8	GB/T 455—2002	纸和纸板撕裂度的测定	2002-07-22	2003-02-01
9	GB/T 456—2002	纸和纸板平滑度的测定(别克法)	2002-07-22	2003-02-01
10	GB/T 457—2008	纸和纸板 耐折度的测定	2008-08-19	2009-05-01
11	GB/T 458—2008	纸和纸板 透气度的测定	2008-08-19	2009-05-01
12	GB/T 459—2002	纸和纸板伸缩性的测定	2002-09-05	2003-01-01
13	GB/T 460—2008	纸 施胶度的测定	2008-08-19	2009-05-01
14	GB/T 461. 1—2002	纸和纸板毛细吸液高度的测定(克列姆法)	2002-09-06	2003-01-01
15	GB/T 461. 3—2005	纸和纸板 吸水性的测定(浸水法)	2005-09-26	2006-04-01
16	GB/T 462—2008	纸、纸板和纸浆 分析试样水分的测定	2008-08-19	2009-05-01
17	GB/T 464—2008	纸和纸板的干热加速老化	2008-03-24	2008-10-01
18	GB/T 465. 1—2008	纸和纸板 浸水后耐破度的测定	2008-08-19	2009-05-01
19	GB/T 465. 2—2008	纸和纸板 浸水后抗张强度的测定	2008-08-19	2009-05-01
20	GB/T 740—2003	纸浆 试样的采取	2003-10-20	2004-06-01
21	GB/T 742—2008	造纸原料、纸浆、纸和纸板 灰分的测定	2008-08-19	2009-05-01
22	GB/T 743—2003	纸浆 乙醚抽出物的测定	2003-08-25	2003-12-01
23	GB/T 744—2004	纸浆 抗碱性的测定	2004-03-15	2004-10-01
24	GB/T 745—2003	纸浆 多戊糖的测定	2003-08-25	2003-12-01
25	GB/T 747—2003	纸浆 酸不溶木素的测定	2003-08-25	2003-12-01
26	GB/T 1539—2007	纸板 耐破度的测定	2007-12-05	2008-09-01
27	GB/T 1540—2002	纸和纸板吸水性的测定 可勃法	2002-10-15	2003-04-01
28	GB/T 1541—2013	纸和纸板 尘埃度的测定	2013-10-10	2014-05-01
29	GB/T 1543—2005	纸和纸板 不透明度(纸背衬)的测定(漫反射法)	2005-09-26	2006-04-01
30	GB/T 1545—2008	纸、纸板和纸浆 水抽提液酸度或碱度的测定	2008-08-19	2009-05-01
31	GB/T 1546—2004	纸浆 卡伯值的测定	2004-03-15	2004-10-01
32	GB/T 1547—2004	纸浆 高锰酸钾值的测定	2004-03-15	2004-10-01
33	**GB/T 1548—2016**	**纸浆 铜乙二胺(CED)溶液中特性黏度值的测定**	**2016-12-13**	**2017-07-01**
34	GB/T 2677. 1—1993	造纸原料分析用试样的采取	1993-03-01	1993-10-01
35	GB/T 2677. 2—2011	造纸原料水分的测定	2011-12-30	2012-09-01
36	GB/T 2677. 4—1993	造纸原料水抽出物含量的测定	1993-03-01	1993-10-01
37	GB/T 2677. 5—1993	造纸原料 1% 氢氧化钠抽出物含量的测定	1993-03-01	1993-10-01

续表

序号	标准号	标准名称	发布日期	实施日期
38	GB/T 2677.6—1994	造纸原料有机溶剂抽出物含量的测定	1994-09-24	1995-03-01
39	GB/T 2677.8—1994	造纸原料酸不溶木素含量的测定	1994-09-24	1995-03-01
40	GB/T 2677.9—1994	造纸原料多戊糖含量的测定	1994-09-24	1995-03-01
41	GB/T 2677.10—1995	造纸原料综纤维素含量的测定	1995-07-06	1996-04-01
42	GB/T 2678.1—1993	纸浆筛分测定方法	1993-08-07	1994-03-01
43	GB/T 2678.2—2008	纸、纸板和纸浆　水溶性氯化物的测定	2008-03-24	2008-10-01
44	GB/T 2678.3—1995	纸浆氯耗量(脱木素程度)的测定	1995-07-06	1996-04-01
45	GB/T 2678.4—1994	纸浆和纸零距抗张强度测定法	1994-09-24	1995-03-01
46	GB/T 2678.6—1996	纸、纸板和纸浆水溶性硫酸盐的测定(电导滴定法)	1996-06-25	1997-01-01
47	GB/T 2679.1—2013	纸　透明度的测定　漫反射法	2013-12-17	2014-12-01
48	GB/T 2679.2—2015	薄页材料　透湿度的测定　重量(透湿杯)法	2015-09-11	2016-04-01
49	GB/T 2679.6—1996	瓦楞原纸平压强度的测定	1996-05-21	1996-012-01
50	GB/T 2679.7—2005	纸板　戳穿强度的测定	2005-09-26	2006-04-01
51	**GB/T 2679.8—2016**	**纸和纸板　环压强度的测定**	**2016-12-13**	**2017-07-01**
52	GB/T 2679.10—1993	纸和纸板短距压缩强度的测定法	1993-08-07	1994-03-01
53	GB/T 2679.11—2008	纸和纸板　无机填料和无机涂料的定性分析　电子显微镜/X 射线能谱法	2008-08-19	2009-05-01
54	GB/T 2679.12—2013	纸和纸板　无机填料和无机涂料的定性分析　化学法	2013-12-17	2014-12-01
55	GB/T 2679.14—1996	过滤纸和纸板最大孔径的测定	1996-06-25	1997-01-01
56	GB/T 2679.17—1997	瓦楞纸板边压强度的测定(边缘补强法)	1997-06-26	1997-12-01
57	GB/T 3332—2004	浆料　打浆度的测定(肖伯尔-瑞格勒法)	2004-03-15	2004-10-1
58	GB/T 3333—1999	电缆纸工频击穿电压试验方法	1999-08-12	2000-2-01
59	GB/T 3334—1999	电缆纸介质损耗角正切(tgδ)试验方法(电桥法)	1999-08-12	2000-2-01
60	GB/T 4687—2007	纸、纸板、纸浆及相关术语	2007-12-05	2008-09-01
61	GB/T 4688—2002	纸、纸板和纸浆纤维组成的分析	2002-10-15	2003-04-01
62	GB/T 5032—2002	纸、纸板和纸浆表示性能的单位	2002-10-15	2003-04-01
63	GB/T 5399—2004	纸浆　浆料浓度的测定	2004-03-15	2004-10-01
64	GB/T 5400—1998	纸浆铜价的测定	1998-05-19	1999-02-01
65	GB/T 5401—2004	纸浆　碱溶解度的测定	2004-03-15	2004-10-01
66	GB/T 5406—2002	纸透油度的测定	2002-09-06	2003-01-01
67	GB/T 6545—1998	瓦楞纸板耐破强度的测定法	1998-05-19	1999-02-01
68	GB/T 6546—1998	瓦楞纸板边压强度的测定法	1998-05-19	1999-02-01
69	GB/T 6547—1998	瓦楞纸板厚度的测定法	1998-05-19	1999-02-01
70	GB/T 6548—2011	瓦楞纸板粘合强度的测定法	2011-05-12	2011-09-15
71	GB/T 7973—2003	纸、纸板和纸浆　漫反射因数的测定(漫射/垂直法)	2003-10-20	2004-06-01
72	GB/T 7974—2013	纸、纸板和纸浆　蓝光漫反射因数 D65 亮度的测定(漫射/垂直法，室外日光条件)	2013-10-10	2014-05-01
73	GB/T 7975—2005	纸和纸板　颜色的测定(漫反射法)	2005-09-26	2006-04-01

续表

序号	标准号	标准名称	发布日期	实施日期
74	GB/T 7977—2007	纸、纸板和纸浆　水抽提液电导率的测定	2007-12-05	2008-09-01
75	GB/T 7978—2005	纸浆　酸不溶灰分的测定	2005-09-26	2006-04-01
76	GB/T 7979—2005	纸浆　二氯甲烷抽出物的测定	2005-09-26	2006-04-01
77	GB/T 8940.2—2002	纸浆亮度(白度)试样的制备	2002-10-15	2003-04-01
78	GB/T 8941—2013	纸和纸板　镜面光泽度的测定	2013-12-17	2014-12-01
79	**GB/T 8942—2016**	**纸　柔软度的测定**	**2016-12-13**	**2017-07-01**
80	GB/T 8943.1—2008	纸、纸板和纸浆　铜含量的测定	2008-01-04	2008-09-01
81	GB/T 8943.2—2008	纸、纸板和纸浆　铁含量的测定	2008-01-04	2008-09-01
82	GB/T 8943.3—2008	纸、纸板和纸浆　锰含量的测定	2008-01-04	2008-09-01
83	GB/T 8943.4—2008	纸、纸板和纸浆　钙、镁含量的测定	2008-01-04	2008-09-01
84	GB/T 8944.1—2008	纸浆　成批销售质量的测定　第1部分：浆板浆包及浆块(急骤干燥浆)浆包	2008-08-19	2009-05-01
85	GB/T 8944.2—2008	纸浆　成批销售质量的测定　第2部分：组合浆包	2008-12-30	2009-09-01
86	GB/T 10336—2002	造纸纤维长度的测定　偏振光法	2002-10-15	2003-04-01
87	GB/T 10337—2008	造纸原料和纸浆　酸溶木素的测定	2008-08-19	2009-05-01
88	GB/T 10338—2008	纸浆　羧基含量的测定	2008-08-19	2009-05-01
89	GB/T 10339—2007	纸、纸板和纸浆的光散射和光吸收系数的测定	2007-12-05	2008-09-01
90	GB/T 10340—2008	纸和纸板　过滤速度的测定	2008-08-19	2009-05-01
91	GB/T 10342—2002	纸张的包装和标志	2002-10-15	2003-04-01
92	GB/T 10739—2002	纸、纸板和纸浆试样处理和试验的标准大气条件	2002-09-06	2003-01-01
93	GB/T 10740—2002	纸浆尘埃和纤维束的测定	2002-10-15	2003-04-01
94	GB/T 10741—2008	纸浆　苯醇抽出物的测定	2008-08-19	2009-05-01
95	GB/T 10742—2008	造纸原料　果胶含量的测定	2008-08-19	2009-05-01
96	GB/T 12032—2005	纸和纸板　印刷光泽度印样的制备	2005-09-26	2006-04-01
97	GB/T 12033—2008	造纸原料和纸浆中糖类组分的气相色谱的测定	2008-08-19	2009-05-01
98	GB/T 12658—2008	纸、纸板和纸浆　钠含量的测定	2008-08-19	2009-05-01
99	GB/T 12659—2008	纸浆　实验室打浆　约克罗(Jokro)磨法	2008-08-19	2009-05-01
100	GB/T 12660—2008	纸浆　滤水性能的测定　“加拿大标准”游离度法	2008-08-19	2009-05-01
101	GB/T 12661—2008	纸和纸板　菌落总数的测定	2008-08-19	2009-05-01
102	GB/T 12910—1991	纸和纸板二氧化钛含量的测定法	1991-05-18	1992-03-01
103	GB/T 12911—1991	纸和纸板油墨吸收性的测定法	1991-05-18	1992-03-01
104	GB/T 12914—2008	纸和纸板　抗张强度的测定	2008-08-19	2009-05-01
105	GB/T 13528—2015	纸和纸板　表面 pH 的测定	2015-09-11	2016-04-01
106	GB/T 18402—2001	纸浆滤水性能的测定(滤水时间法)	2001-08-06	2002-2-01
107	GB/T 18829.6—2002	纤维粗度的测定	2002-09-05	2003-01-01
108	**GB/T 20216—2016**	**纸浆和纸　有效残余油墨浓度(ERIC 值)的测定　红外线反射率测量法**	**2016-12-13**	**2017-07-01**
109	GB/T 21245—2007	纸和纸板　颜色的测定(C/2°漫反射法)	2008-08-19	2009-05-01

续表

序号	标准号	标准名称	发布日期	实施日期
110	GB/T 21557—2008	废纸中胶黏物的测定	2008-03-24	2008-10-01
111	GB/T 22363—2008	纸和纸板 粗糙度的测定(空气泄漏法) 本特生法和印刷表面法	2008-08-19	2009-05-01
112	GB/T 22364—2008	纸和纸板 弯曲挺度的测定	2008-08-19	2009-05-01
113	GB/T 22365—2008	纸和纸板 印刷表面强度的测定	2008-08-19	2009-05-01
114	GB/T 22804—2008	纸浆、纸和纸板 汞含量的测定	2008-12-30	2009-09-01
115	GB/T 22805. 1—2008	纸和纸板 耐脂度的测定 第 1 部分：渗透法	2008-12-30	2009-09-01
116	GB/T 22805. 2—2008	纸和纸板 耐脂度的测定 第 2 部分：表面排斥法	2008-12-30	2009-09-01
117	GB/T 22811—2008	瓦楞纸板 分离后组成原纸定量的测定	2008-12-30	2009-09-01
118	GB/T 22819—2008	高透气纸张透气性的测定	2008-12-30	2009-09-01
119	GB/T 22836—2008	纸浆 纤维帚化率的测定	2008-12-30	2009-09-01
120	GB/T 22837—2008	纸和纸板 表面强度的测定(蜡棒法)	2008-12-30	2009-09-01
121	GB/T 22872—2008	强韧纸板 分层定量的测定	2008-12-30	2009-09-01
122	GB/T 22873—2008	瓦楞纸板 胶黏抗水性的测定(浸水法)	2008-12-30	2009-09-01
123	GB/T 22874—2008	单面和单瓦楞纸板 平压强度的测定	2008-12-30	2009-09-01
124	GB/T 22876—2008	纸、纸板和瓦楞纸板 压缩试验仪的描述和校准	2008-12-30	2009-09-01
125	GB/T 22877—2008	纸、纸板和纸浆 灼烧残余物(灰分)的测定(525℃)	2008-12-30	2009-09-01
126	GB/T 22878—2008	纸和纸板 杂质的估算	2008-12-30	2009-09-01
127	GB/T 22879—2008	纸和纸板 CIE 白度的测定，C/2°(室内照明条件)	2008-12-30	2009-09-01
128	GB/T 22880—2008	纸和纸板 CIE 白度的测定，D65/10°(室外日光)	2008-12-30	2009-09-01
129	GB/T 22881—2008	纸和纸板 粗糙度(平滑度)的测定(空气泄漏法) 通用方法	2008-12-30	2009-09-01
130	GB/T 22893—2008	纸和纸板 基本尺寸办公用纸 成包纸页卷曲的测定	2008-12-30	2009-09-01
131	GB/T 22894—2008	纸和纸板 加速老化 在 80℃和 65% 相对湿度条件下的湿热处理	2008-12-30	2009-09-01
132	GB/T 22895—2008	纸和纸板 静态和动态摩擦系数的测定 平面法	2008-12-30	2009-09-01
133	GB/T 22896—2008	纸和纸板 卷曲的测定 单个垂直悬挂试样法	2008-12-30	2009-09-01
134	GB/T 22897—2008	纸和纸板 抗透水性的测定	2008-12-30	2009-09-01
135	GB/T 22898—2008	纸和纸板 抗张强度的测定 恒速拉伸法(100 毫米/分)	2008-12-30	2009-09-01
136	GB/T 22899. 1—2008	纸和纸板 湿膨胀率的测定 第 1 部分：最大相对湿度增加到 68% 过程的湿膨胀率	2008-12-30	2009-09-01
137	GB/T 22899. 2—2008	纸和纸板 湿膨胀率的测定 第 2 部分：最大相对湿度增加到 86% 过程的湿膨胀率	2008-12-30	2009-09-01
138	GB/T 22901—2008	纸和纸板 透气度的测定(中等范围) 通用方法	2008-12-30	2009-09-01
139	GB/T 22902—2008	纸浆 丙酮可溶物的测定	2008-12-30	2009-09-01
140	GB/T 22903—2008	纸浆 物理试验用标准水	2008-12-30	2009-09-01
141	GB/T 22904—2008	纸浆、纸和纸板 总氯和有机氯的测定	2008-12-30	2009-09-01
142	GB/T 22906. 1—2008	纸芯的测定 第 1 部分：试样的采取	2008-12-30	2009-09-01
143	GB/T 22906. 2—2008	纸芯的测定 第 2 部分：试样的温湿处理	2008-12-30	2009-09-01

续表

序号	标准号	标准名称	发布日期	实施日期
144	GB/T 22906.3—2008	纸芯的测定　第3部分：水分含量的测定(烘箱干燥法)	2008-12-30	2009-09-01
145	GB/T 22906.4—2008	纸芯的测定　第4部分：尺寸的测定	2008-12-30	2009-09-01
146	GB/T 22906.5—2008	纸芯的测定　第5部分：同轴旋转特性的测定	2008-12-30	2009-09-01
147	GB/T 22906.6—2008	纸芯的测定　第6部分：弯曲强度的测定(三点法)	2008-12-30	2009-09-01
148	GB/T 22906.7—2008	纸芯的测定　第7部分：弹性模量的测定(三点法)	2008-12-30	2009-09-01
149	GB/T 22906.8—2008	纸芯的测定　第8部分：固有频率和弹性模量的测定(试验模型分析法)	2008-12-30	2009-09-01
150	GB/T 22906.9—2008	纸芯的测定　第9部分：平压强度的测定	2008-12-30	2009-09-01
151	GB/T 22921—2008	纸和纸板　薄页材料水蒸气透过率的测定　动态气流法和静态气体法	2008-12-30	2009-09-01
152	GB/T 23144—2008	纸和纸板　静态弯曲挺度的测定　通用原理	2008-12-30	2009-09-01
153	GB/T 23175—2008	纸浆　纤维长度的测定(光栅法)	2008-12-30	2009-09-01
154	GB/T 24288—2009	纸和纸板　主波长和兴奋纯度的测定　D65/10°漫反射法	2009-07-31	2010-03-01
155	GB/T 24289—2009	纸和纸板　镜面光泽度的测定　平行光束75°，DIN法	2009-07-31	2010-03-01
156	GB/T 24290—2009	造纸用成形网、干燥网测量方法	2009-07-31	2010-03-01
157	GB/T 24291—2009	纸和纸板　卷筒纸芯内径的规定	2009-07-31	2010-03-01
158	GB/T 24323—2009	纸浆　实验室纸页　物理性能的测定	2009-09-30	2010-02-01
159	GB/T 24324—2009	纸浆　物理试验用实验室纸页的制备　常规纸页成型器法	2009-09-30	2010-02-01
160	GB/T 24325—2009	纸浆　实验室打浆　瓦利(Valley)打浆机法	2009-09-30	2010-02-01
161	GB/T 24326—2009	纸浆　物理试验用实验室纸页的制备　快速凯塞法	2009-09-30	2010-02-01
162	GB/T 24327—2009	纸浆　实验室湿解离　化学浆解离	2009-09-30	2010-02-01
163	GB/T 24328.1—2009	卫生纸及其制品　第1部分：总则及术语	2009-09-30	2010-02-01
164	GB/T 24328.2—2009	卫生纸及其制品　第2部分：厚度、层积厚度和表观密度的测定	2009-09-30	2010-02-01
165	GB/T 24328.3—2009	卫生纸及其制品　第3部分：抗张强度、断裂时伸长率和抗张能量吸收的测定	2009-09-30	2010-02-01
166	GB/T 24328.4—2009	卫生纸及其制品　第4部分：湿抗张强度的测定	2009-09-30	2010-02-01
167	GB/T 24328.5—2009	卫生纸及其制品　第5部分：定量的测定	2009-09-30	2010-02-01
168	GB/T 24328.6—2009	卫生纸及其制品　第6部分：吸水时间和吸水能力(篮筐浸没法)	2009-09-30	2010-02-01
169	GB/T 24328.7—2009	卫生纸及其制品　第7部分：球形耐破度的测定	2009-09-30	2010-02-01
170	GB/T 24394—2009	非正常成品纸和纸板的检验	2009-09-30	2010-02-01
171	GB/T 24447—2009	纸浆　纤维粗度的测定　偏振光法	2009-10-15	2010-03-01
172	GB/Z 24987—2010	纸、纸板和纸浆　测试方法不确定度的评定	2010-08-09	2010-12-01
173	GB/T 24990—2010	纸、纸板和纸浆　铬含量的测定	2010-08-09	2010-12-01
174	GB/T 24991—2010	纸、纸板和纸浆　铅含量的测定　石墨炉原子吸收法	2010-08-09	2010-12-01
175	GB/T 24992—2010	纸、纸板和纸浆　砷含量的测定	2010-08-09	2010-12-01
176	GB/T 24993—2010	造纸湿部Zeta电位的测定	2010-08-09	2010-12-01

续表

序号	标准号	标准名称	发布日期	实施日期
177	GB/T 24994—2010	造纸湿部溶解电荷量的测定	2010-08-09	2010-12-01
178	GB/T 24996—2010	纸张中脱墨回用纤维的判定	2010-08-09	2010-12-01
179	GB/T 24997—2010	纸、纸板和纸浆　镉含量的测定　原子吸收光谱法	2010-08-09	2010-12-01
180	GB/T 24998—2010	纸和纸板　碱储量的测定	2010-08-09	2010-12-01
181	GB/T 25001—2010	纸、纸板和纸浆　7 种多氯联苯(PCBs)含量的测定	2010-08-09	2010-12-01
182	GB/T 25002—2010	纸、纸板和纸浆　水抽提液中五氯苯酚的测定	2010-08-09	2010-12-01
183	GB/T 26203—2010	纸和纸板　内结合强度的测定(Scott 型)	2011-01-14	2011-06-01
184	GB/T 26459—2011	纸、纸板和纸浆　返黄值的测定	2011-05-12	2011-09-15
185	GB/T 26460—2011	纸浆　零距抗张强度的测定(干法或湿法)	2011-05-12	2011-09-15
186	GB/T 26464—2011	造纸无机颜料亮度(白度)的测定	2011-05-12	2011-09-15
187	GB/T 27705—2011	BCTMP 系统能量平衡及能量效率计算方法	2011-12-30	2012-07-01
188	GB/T 27706—2011	PRC-APMP 系统能量平衡及能量效率计算方法	2011-12-30	2012-07-01
189	GB/T 27707—2011	草浆备料系统能量平衡及能量效率计算方法	2011-12-30	2012-07-01
190	GB/T 27709—2011	带二氧化氯的四段漂白系统能量平衡及能量效率计算方法	2011-12-30	2012-07-01
191	GB/T 27711—2011	叠网造纸机系统能量平衡及能量效率计算方法	2011-12-30	2012-07-01
192	GB/T 27712—2011	非木浆多效蒸发系统能量平衡及能量效率计算方法	2011-12-30	2012-07-01
193	GB/T 27713—2011	非木浆碱回收燃烧系统能量平衡及能量效率计算方法	2011-12-30	2012-07-01
194	GB/T 27714—2011	废纸脱墨浆系统能量平衡及能量效率计算方法	2011-12-30	2012-07-01
195	GB/T 27716—2011	横管式连续蒸煮系统能量平衡及能量效率计算方法	2011-12-30	2012-07-01
196	GB/T 27718—2011	间歇蒸煮(立锅)系统能量平衡及能量效率计算方法	2011-12-30	2012-07-01
197	GB/T 27720—2011	卡米尔连续蒸煮系统能量平衡及能量效率计算方法	2011-12-30	2012-07-01
198	GB/T 27721—2011	磨石磨木浆系统能量平衡及能量效率计算方法	2011-12-30	2012-07-01
199	GB/T 27722—2011	木浆备料系统能量平衡及能量效率计算方法	2011-12-30	2012-07-01
200	GB/T 27724—2011	普通长网造纸机系统能量平衡及能量效率计算方法	2011-12-30	2012-07-01
201	GB/T 27727—2011	筛选、CEHP 四段漂白系统能量平衡及能量效率计算方法	2011-12-30	2012-07-01
202	GB/T 27732—2011	洗涤筛选、氧脱系统能量平衡及能量效率计算方法	2011-12-30	2012-07-01
203	GB/T 27736—2011	制浆造纸企业生产过程的系统能量平衡计算方法通则	2011-12-30	2012-07-01
204	GB/T 27737—2011	制氧站系统能量平衡及能量效率计算方法	2011-12-30	2012-07-01
205	GB/T 27741—2011	纸和纸板　可迁移性荧光增白剂的测定	2011-12-30	2012-07-01
206	GB/T 28218—2011	纸浆　纤维长度的测定　图像分析法	2011-12-30	2012-09-01
207	GB/T 29285—2012	纸浆　实验室湿解离　机械浆解离	2012-12-31	2013-09-01
208	GB/T 29286—2012	纸浆　保水值的测定	2012-12-31	2013-09-01
209	GB/T 29287—2012	纸浆　实验室打浆　PFI 磨法	2012-12-31	2013-09-01
210	GB/T 29775—2013	纸浆　纤维粗度的测定　图像分析法	2013-10-10	2014-05-01
211	GB/T 29779—2013	纸浆　纤维长度的测定　非偏振光法	2013-10-10	2014-05-01
212	GB/T 31110—2014	纸和纸板　Z 向抗张强度的测定	2014-09-03	2015-08-01
213	GB/T 31479—2015	与食品接触染色纸和纸板色牢度的测定	2015-05-15	2015-12-01

续表

序号	标准号	标准名称	发布日期	实施日期
214	GB 31825—2015	制浆造纸单位产品能源消耗限额	2015-06-30	2016-07-01
215	GB/T 31905—2015	纸和纸板　边渗透的测定	2015-09-11	2016-04-01
216	**GB/T 33277-2016**	**生活用纸　可迁移性铅、砷含量的测定**	**2016-12-13**	**2017-07-01**
217	**GB/T 33280-2016**	**纸尿裤规格与尺寸**	**2016-12-13**	**2017-07-01**
218	QB/T 1938—2010	松软纸厚度的测定	2010-04-22	2010-10-01
219	QB/T 2804—2006	纸和纸板白度测定法　45/0 定向反射法	2006-07-27	2006-10-11
220	QB/T 2805—2006	纸和纸板表面吸收速度的测定	2006-07-27	2006-10-11
221	QB/T 2812—2006	纸张定量、水分的在线测定(近红外法)	2006-09-14	2007-05-01
222	QB/T 2896—2007	纸和纸板　湿拉毛和湿排斥的测定	2007-12-03	2008-06-01
223	QB/T 2897—2007	纸和纸板　表面疏松物的测定	2007-12-03	2008-06-01
224	QB/T 4319—2012	硫酸盐全无氯漂白纸浆的判定	2012-05-24	2012-11-01
225	QB/T 4896—2015	废纸浆脱墨效率的测定	2015-10-10	2016-03-01

注：黑体字为 2016 年新批准发布标准。

（全国造纸工业标准化技术委员会）

国内制浆造纸科研设计单位

Domestic Organizations of R&D, Engineering Consultant of Paper Industry

中国制浆造纸研究院

中国制浆造纸研究院(简称"中国纸院")始建于1956年,前身为轻工业部造纸工业科学研究所,1999年转制为科技型企业,现为国资委监管企业——中国轻工集团公司的全资子公司。

中国纸院作为国家级制浆造纸专业科研机构,科技资源丰富、行业服务功能全面,是制浆造纸国家工程实验室的依托建设单位和科技部认定的国家国际科技合作基地,并设有全国造纸工业标准化技术委员会、国家纸张质量监督检验中心、中国造纸杂志社、造纸工业生产力促进中心、全国造纸工业信息中心和生活用纸中心,具备技术和产品开发、工程试验、成果转化、质量监测、标准制(修)订、出版发行、会议展览、教育培训等一系列行业服务功能。

建院61年来,中国纸院先后主持/参与完成"六五"至"十二五"国家科技攻关、863计划、国家发展和改革委重大科技专项、国家自然科学基金、政府间科技合作等国家和省部级重大科研项目,以及大量的企业委托开发项目,形成科研成果1700多项,获得包括"国家科技进步奖"在内的国家或省部级奖励180多项;组织制订、修订国家和行业标准300多项;具备纸浆、纸和纸板等6大类219种产品检验能力和38类造纸检测仪器的校准能力;出版发行《中国造纸》《中国造纸学报》《造纸信息》《Paper and Biomaterials》《生活用纸》等专业刊物;承办"中国国际造纸科技展览会及会议""生活用纸国际科技展览会及会议""中国国际特种纸展览会及技术交流会"3大国际展会;拥有制浆造纸和造纸环境保护专业硕士学位授予权和博士后科研工作站,是推动我国造纸工业科技进步的重要力量。

2016年,中国纸院"纸基功能材料创新孵化平台"正式面向全行业开放。平台目前拥有8条中试生产线,功能涵盖长网/圆网成形、压榨、施胶、涂布、压光、起皱等主要造纸技术流程,可满足大多数纸品的中试试验和小批量生产。平台将本着"创新、开放、共进"的服务理念,以灵活多样的合作形式,竭诚为高校、科研机构和生产企业的科技创新活动提供全方位、高水平的定制服务,助力我国造纸科技转化迈向新的高度。

面向未来,中国纸院将继续秉承"传承文明、开拓创新"的理念,坚持以创新驱动发展的战略,积极开发、推广行业转型升级关键技术,为我国造纸工业的健康持续发展谱写新的篇章。

院长:曹春昱

地址:北京市朝阳区望京启阳路4号中轻大厦

邮编:100102

电话:010-64778000

传真:010-64778001

邮箱:bgs@ cnppri. com

网址:www. cnppri. com

中国中轻国际工程有限公司

中国中轻国际工程有限公司(CLIEC)即原中国轻工业北京设计院,成立于1953年1月。2000年10月成为交中央管理的大型科技型设计企业,2001年3月更名为中国轻工国际工程设计院,2003年1月23日经国家经贸委、财政部等有关部委批准,改制更名为中国轻鑫工程有限责任公司,2004年4月更名为中国中轻国际工程有限公司。现为国务院国资委监管的中央企业"中国轻工集团公司"的下属企业。

CLIEC是以咨询、设计、监理、项目管理、工程总承包为主体业务的大型工程公司，拥有的资质包括：进出口企业资格证书；轻纺全行业、化工石化医药行业(化工工程)、市政行业(排水工程、环境卫生工程)、农林行业(林产化学工程)、建筑行业(建筑工程)和环境工程(水污染防治工程、大气污染防治工程)专项设计甲级资质；城市规划、招标代理、化工石化医药行业(生化、生物药、化学原料药)、电力行业(火力发电)、商物粮行业、建材行业(新型建筑材料工程)、市政行业(给水工程、城镇燃气工程、热力工程)和环境工程(固体废物处理处置工程)专项设计乙级资质；机电安装工程施工总承包二级资质、建筑装饰装修工程设计与施工二级；工程咨询、工程造价、工程监理甲级资质以及压力容器设计、压力管道设计许可证；中华人民共和国海关进出口货物收发货人报关注册登记证书、对外贸易经营者备案登记表、中华人民共和国对外承包工程资格证书和自理报检单位备案登记证明书；质量、环境和职业健康安全管理体系认证证书；国家高新技术企业认证证书。

中轻国际是国际咨询工程师联合会(FIDIC)、中国勘察设计协会、中国国际工程咨询协会、中国工程咨询协会等国际及国内100余个协会、学会的主要成员。1995年1月在世界银行“DACON”数据库认可登记(登记号：576)。1992年6月在国内设计单位中首批获得国家授予的对外经营权。2009年通过国家高新技术企业认证，2015年通过复评审核。

中轻国际于1997年12月率先在轻工设计系统通过ISO 9001质量体系认证。2008年8月通过质量体系、环境管理体系、职业健康安全管理体系“三标”认证。

中轻国际现有注册员工656人，其中，国家级设计大师2人、享受政府特殊津贴的专家8人、轻工行业设计大师6人、教授级高级工程师106、高级工程师178人、工程师214；各类国家注册工程师274人次、工程总承包项目经理76人。

中轻国际为国内5000余家大中型企业，国外20多个国家、60余个大中型项目提供了工程设计、咨询、项目管理、总承包等服务，与国内外著名的350余家大型公司建立了实质性合作和业务往来关系。

中轻国际高度重视工程设计成果的创优评优工作。自1980年以来，共获得部(委)级以上各种嘉奖400余项，其中国家级优秀设计、咨询奖和科技进步奖60余项，共拥有92专利，其中发明专利20项。

经过六十余年的创业、发展、壮大，中轻国际已成为国内外知名的大型科技型企业，中轻国际坚持以市场为导向，以项目为中心，以创新为动力，以服务为宗旨，以质量为保证，为顾客提供全过程、多方位、专业化、质量高、效果好的满意服务。

中轻国际通过科技兴业、质量强业、管理治业的可持续发展之路，正在向科技型国际工程公司目标迈进。

法人代表、董事长：张建新

总经理：邢培栋

总工程师：李　耀

地址：北京市朝阳区白家庄东里42号

邮编：100026

电话：010－65826358

传真：010－65823590

邮箱：cliec@ cliec. cn

网址：www. cliec. cn

辽宁省轻工设计院有限公司

辽宁省轻工设计院有限公司成立于1955年，是具有较强综合技术实力，拥有国家轻工、化工甲级，电力、建筑、商物粮、环保乙级等多项资质的咨询设计单位。从事轻工、化工、电力、建筑、环保、农林等行业建设项目的工程咨询、工程设计、规划、设备成套、项目管理、工程总承包等业务的综合单位。

辽宁省轻工设计院有限公司造纸工程技术中心近年来的主要技术研究成果：

(1)尿素催化剂法生产本色或全无氯漂白纸浆、纸和纸板，综合利用农业秸秆，蒸煮废液可灌溉，废弃物制饲料、沼气，沼渣制硅肥。

(2)生物质精炼技术综合利用玉米秆。玉米秆除髓后，叶和穰添加ΠAB保鲜剂制饲料。皮制溶解浆，水解液制木糖醇、糠醛，蒸煮黑液制二甲亚砜后进行碱回收。清洁生产，节能减排，环境友好，经济效益突出。

(3)常压蒸煮－漂白一步法制漂白纸浆。

(4)菊芋秆制浆造纸及其尿素催化剂法制浆废液和硅肥相结合生产固沙沙漠改良剂。

(5)硅肥技术。硅肥可以提高农作物生产量、质量(抑制作物吸收有毒有机物和重金属)。当前稻米镉等有害物超标，此项研究更具深远意义，已于

2008 年 12 月 15 日通过沈阳市科技局验收。

法人代表、院长： 卢秉刚
总工程师： 徐军强
造纸中心主任： 罗少初
地址： 辽宁省沈阳市皇姑区泰山路 46 号
邮编： 110031
电话： 024 - 26115800
传真： 024 - 86802976
邮箱： lnqgy@ qq. com
网址： www. lnqgy. cn

黑龙江省造纸工业研究所

黑龙江省造纸工业研究所占地面积 2. 2 公顷，建筑面积 1. 2 公顷。设有黑龙江省制浆造纸中试基地，黑龙江省造纸技术研究中心。是省级专业期刊《黑龙江造纸》编辑部、黑龙江省造纸产品质量监督检验站、黑龙江省造纸学会挂靠单位。

黑龙江省造纸工业研究所为从事制浆造纸应用研究的省属研究所。主要研究方向为农业、工业特种纸材料，同时开展制浆造纸技术研究及相关咨询服务，促进造纸行业及地方经济发展。

现有正式员工 38 人，科技人员 17 人，其中，教授级高级工程师 3 人，高级工程师 11 人，中级职称 1 人；享受国务院政府津贴待遇 2 人。近年来，共取得科研成果 25 项，其中，获国家科技奖励 1 项，省级科技奖励 9 项，市级科技奖励 13 项，获国家专利 7 项。

现有 1 条特种纸中试生产线、3 条自主研发系列育苗纸筒生产线、1 条自主设计的印制板钻孔用上垫板生产线，水电气配套设施齐全。可进行纸张材料的基础研究、新产品研发、科研成果的转化及部分产品的批量生产。

目前，可批量生产的产品为甜菜、林木、蔬菜、玉米、棉花、西瓜等农林系列育苗纸筒；工农业用特种纸；区电印制板行业配套材料等。育苗纸册年生产能力 200 余万册，垫板年生产能力 20 万米^2。

法人代表、所长： 杨易平
总工程师： 任国庆
地址： 黑龙江省牡丹江市阳明区光华街 17 号
邮编： 157013
电话： 0453 - 6332195、6332060（销售）
传真： 0453 - 6332195、6332060（销售）
邮箱： hzskyb@ 163. com
网址： www. hljzzyjs. com

中国海诚工程科技股份有限公司

中国海诚工程科技股份有限公司隶属于国务院国资委管理的中国轻工集团公司，由成立于 1953 年的原轻工业部下属中国轻工业上海设计院经整体改制而设立，主要从事工程总承包、设计、咨询和监理，是国内第一家专业设计服务业上市公司（股票代码：002116）。公司服务领域囊括轻纺、商物粮、农林、机械、市政公用、化工医药、建筑等行业，其中制浆造纸工程的全过程服务是公司主要业务之一，客户遍及世界各地。

公司总部设在上海市，并在北京、广州、长沙、武汉、南宁、成都、西安等地拥有 11 家全资子公司。公司致力于从咨询、设计到开车、培训等全方位一站式工程服务，在轻工、食品、消费品工程建设领域占据行业领先地位。改制 10 年来，公司获得国家、省部级工程设计、工程咨询、工程总承包及科技进步奖近 800 项。被国家统计局编撰的《共和国之最》列为“获国家优秀设计项目最多的设计院”。

自 1992 年以来，公司连年被国家建设部、统计局评为中国勘察设计综合实力百强单位；自 2004 年起，公司连续 12 年被美国《工程新闻记录》（ENR）与中国《建筑时报》列入“中国工程设计企业 60 强”。公司还被认定为“高新技术企业”，连续 10 届蝉联上海市“文明单位”称号，并于 2015 年首次荣获“全国文明单位”荣誉称号。

法人代表： 严晓俭
地址： 上海市宝庆路 21 号
邮编： 200031
电话： 021 - 64370093
传真： 021 - 64334045
邮箱： info@ haisum. com
网址： www. haisum. com

中国林业科学研究院制浆造纸研究开发中心

中国林业科学研究院制浆造纸研究开发中心为国家林业局从事林纸一体化研究开发的专业机构，是博士、硕士学位培养点和博士后流动站。主要研究方向：①人工林制浆性能早期预报和技术经济评价；②速生材、小径材、木材加工剩余物、竹材和农业秸秆原料的高得率制浆技术研究及工程设计；③高效、低耗清洁制浆及漂白技术研究；④制浆造纸废水高效低成本处理工艺技术研究及工程设计；⑤制浆造纸过程生物质精炼技术开发。

研发中心拥有完备的纤维形态及化学成分分析、制浆造纸性能评价、废纸回收利用、废水污染物特征等检测分析手段，全套进口化学机械浆中试系统，中试涂布机及压光机，废水处理小试及中试系统，以及 FQA 纤维质量、胶黏物、纤维束分析仪，纤维筛分仪，毛细管孔隙仪，涂布器等大型专业测试仪器。致力于纤维资源及纸浆材性评估、制浆造纸新技术、造纸及环保化学品、有机废弃物资源化利用、造纸工业节能减排新技术的研究开发与工程化应用。承接高得率制浆生产线、废水处理系统的设计、工程建造、运行优化任务。

研发中心自 2016 年起将主持承担“十三五”国家科技课题和国家精准扶贫科技成果推广项目。承担了“七五”至“十二五”国家科技项目、自然科学基金倾斜项目、国家林业局“948”先进生产技术引进、国家外专局引智及江苏省科技攻关等项目。承担了 ACIAR、UNDP、SIDA、EU、UNESCO“BIO-DEV”等国际合作项目。与澳大利亚 CSIRO、法国国家农科院丝状真菌研究所、普鲁旺斯大学、波尔多第一大学、加拿大造纸研究所、魁北克大学、纽布朗斯维克大学、美国林产品实验室、安德里茨春田研究开发中心、马来西亚国家林业研究院等学术机构进行了密切的科技合作。多项科技成果在全国十多个省市 50 余家大中型企业获得推广应用。已在国内设计建造了具有自主知识产权的清洁制浆生产线 7 条，在马来西亚设计建造棕榈果串清洁制浆生产线 1 条。

中心主任：房桂干
地址：江苏省南京市锁金五村 16 号
邮编：210042
电话：025 - 85482542
传真：025 - 85482620
邮箱：fangguigan@ icifp. cn
网址：www. icifp. cn

浙江省造纸研究所（浙江省普瑞科技有限公司）

浙江省普瑞科技有限公司即浙江省造纸研究所，占地面积 4. 5 公顷（45000 米^2），建筑面积 3. 3 公顷（33000 米^2）。现有职工 100 余人，其中专业技术人员占比 1/3 以上，教授级高级工程师 6 人。技术力量雄厚，是国内以化学合成纤维、无机纤维、矿物纤维等特种纤维抄造特种功能纸技术的开拓者，成为我国特种功能纸科研生产基地，建有普瑞特种纸省级高新技术研究开发中心和浙江省特种纤维纸基功能材料技术研究重点实验室。装备有 2 条湿法造纸生产线、2 条干法造纸生产线，其中引进国际先进斜网成形器的湿法造纸生产线和引进气流成网干法造纸生产线各 1 条，配备了完善的造纸工艺试验设备、纸张性能测试仪器和特性指标测试仪器，为研制产品的中试与生产提供了良好条件。制定有完善的质量管理体系，通过中国新时代认证中心 GJB 9001B-2009 和 GB/T 19001-2008 质量管理体系认证。已完成的省部级以上科研成果 153 项中，国家科技攻关项目 6 项。获省部级科技进步奖 27 项。近年申请国家专利 17 项，其中发明专利 14 项，已授权的 13 项专利中，发明专利 10 项。主导产品有：电池隔膜材料系列、超净擦拭纸系列、高低温隔热材料系列、农用功能材料系列、过滤材料系列、医疗卫生用纸等特种功能纸。近年国内首创并批产的气凝胶隔热材料达到国际先进水平，投放市场后获得用户高度赞扬与好评。长期以来，全体员工本着“敬业、诚信、创新、实效”的企业精神，以“技术创新，质量一流，强化管理，用户至上”的方针，为高新工程和国民经济高新行业提供了大量优质材料和良好服务。

法人代表、董事长：蒋　冰
总经理、所长：郑鹏遵
地址：浙江省杭州市萧山经济技术开发区鸿兴路 181 号
邮编：311215
电话：0571 - 88170685
传真：0571 - 88173641
邮箱：zjprime@ 263. net
网址：www. zjprime. com

轻工业杭州机电设计研究院

轻工业杭州机电设计研究院是专业从事制浆造纸装备设计开发研制的国家级重点设计研究单位，同时具备制浆造纸工程设计、设备研发和配套电气控制系统研制能力，是国家发展和改革委“制浆造纸国家工程实验室”的依托建设单位之一。中国造纸学会机械设备专业委员会、全国轻工机械标准化委员会及造纸机械、食品机械分标委员会、全国压力容器标准化委员会专用压力容器分标委员会、全国食品加工机械标准化技术委员会、中国轻工总会造纸食品日用化工塑料机械质量监督检测中心、工业和信息部工业(轻工机械)产品质量控制和技术评价实验室、国家中小企业公共服务示范平台、中国科技核心期刊《轻工机械》杂志社等均设在本院。具有我国对外承包工程经营资质，工程设计甲级资质，工程咨询资质，一、二、三类压力容器设计资质和 GC1 级管道压力设计资质等证书。

近年来，承担国家科技攻关项目多项，其中承担和完成国家“863”项目 2 项、国家十一五科技支撑项目 3 项和科技部“科研院所技术开发研究专项资金”项目 10 项及“社会公益研究专项”项目 1 项，省科技计划项目 3 项。获得各种奖励共 90 项(其中，国家科技进步二等奖 1 项，三等奖 6 项，省部级科技进步一等奖 2 项，二等奖 11 项，三等奖 40 项，其他奖励 37 项)，取得中国专利 50 项，完成行业标准编制 80 多项。

共完成设备研究设计项目 900 余项，工程咨询项目 170 余项，工程设计项目 220 余项，产品生产 3000 余台(套)，生产线成套项目 30 余项。包括出口俄罗斯的隔音板等项目。

现有在职职工 174 人，其中教授级高级工程师 22 人，高级工程师 48 人，中级及初级技术人员 72 人，享受国务院特殊津贴专家 2 人，一级注册建筑师和注册结构师共 6 名，注册投资咨询师 12 名，注册化工师 8 名、注册电气工程师 2 名，公用设备注册工程师 4 个，注册设备监理师 18 人、注册监理工程师 19 人。拥有一大批中高级工程技术人员，应用先进的设计手段和 3D 设计开发软件，长期从事专业的研究设计，积累了丰富的实践经验。并拥有实力雄厚、装备完善的新产品开发试制基地。可以为企业提供从试验、研究、设备开发设计、工程咨询、项目管理服务、技术服务、工程设计、设备成套到项目总承包等全方位的服务。

法人代表：刘安江
总工程师：杨　旭
地址：浙江省杭州市体育场路 71 号
邮编：310004
电话：0571 - 85186716
传真：0571 - 85186432
邮箱：hzjdy@ hmei. com. cn
网址：www. hmei. com. cn

江西省轻工业研究所

江西省轻工业研究所始建于 1953 年，现隶属江西省工业和信息化委员会。研究所下设江西省纸张质量监督检验站、造纸研究室暨古纸工艺研究室、日用化工研究室、食品研究室、中试生产车间等业务机构。江西省造纸印刷工业协会暨江西省造纸学会也挂靠在研究所内，研究所所长是协(学)会的法人代表。

江西省轻工业研究所拥有一支高素质的工程技术人员队伍。全所现有职工 73 人，其中，科技人员 49 人，具备正高职称研究员或教授级高级工程师 7 人、高级工程师 16 人。建所 60 多年来，获国家、省、部级科技进步成果奖、优秀新产品奖多项，在省级以上的专业刊物或学术交流会议上共发表论文 300 多篇。

江西省轻工业研究所造纸研究室暨古纸工艺研究室有 20 多名工程技术人员，并拥有完备的小型和中型试验设备，所内设有制浆工艺研究室、造纸实验室、纸张物化性能实验室等。研究室主要开展纸和纸制品新产品开发暨工艺技术创新工作，同时开展造纸化学品新产品研究暨应用工艺技术条件工作，其主要宗旨是开发出符合市场需求的产品。江西省纸张质量监督检验站也设在研究所内，该站是省质量技术监督局首批授权的法定省级检验机构，也是国家质量监督检验检疫总局批准确定的食品包装纸、食品用纸容器制品生产许可发证检验定点检验单位。该站每年承担国家质检总局、省质监局及省工商局的监督抽查任务，同时承担省内外各类纸张、纸板、标准信封、扑克牌、食品包装纸包装材料、食品用纸容器制品、中小学生作业本等纸产品的委托及仲裁检验工作，检验数据在中华人民共和国境内均有效。

所长：管步军
分管造纸副所长：雷建民
地址：江西省南昌市北京东路 138 号
邮编：330029
电话：0791 - 88333891
传真：0791 - 88333891
邮箱：leijianmin1@ 126. com

济南市造纸科学研究所

济南市造纸科学研究所隶属济南市经济和信息

化委员会，主要从事造纸工业新产品、新工艺的研制，纸张物理检测和技术咨询服务。研究所拥有高中级工程技术人员。研制的电子阅卷纸曾荣获国家科技奖；煤矿井下堵炮眼纸、井下吸尘纸受到煤矿行业的好评；制浆造纸清洁新工艺得到了省专家的认可，已通过省级鉴定，此项目填补了国内空白。

所长：张建军

地址：山东省济南市槐荫区经一纬九路 273 号 1 号楼 2 单元 314 室

邮编：250012

电话：0531－86911272、86150010

传真：0531－86150010

邮箱：jnzzhkys@ 163. com

山东省造纸工业研究设计院

山东省造纸工业研究设计院始建于 1978 年 11 月，隶属于山东省轻工业协会。现有在职职工 100 人，专业技术人员 65 人，院内设有科研所、设计所、检测中心、《中华纸业》杂志社、技术开发公司、实验厂等主要业务部门。另外，山东省涂布加工纸技术重点实验室、山东省纸张质量监督检验站、山东造纸学会、山东省造纸行业生产力促进中心等均设在该院。

科研工作曾多次荣获省科技进步奖。目前与多家造纸企业及造纸化学助剂等相关企业建立了合作关系，已承担企业委托项目 200 余项。收到了良好的经济效益和社会效益。

设计工作具有国家建设部颁发的轻纺行业（制浆造纸）工程设计甲级证书及国家发展和改革委颁发的轻工工程咨询甲级证书。近年来，完成制浆造纸工程咨询设计项目 600 余项，多次荣获省级优秀勘察设计奖、省级优秀工程咨询成果奖和中国轻工业优秀工程咨询成果奖。

《中华纸业》是中国造纸协会会刊，由中国造纸协会和该院共同主办。它是由创刊于 1979 年的《山东造纸》发展而来，期间经历了《北方造纸》重要的阶段，《中华纸业》从原技术刊转型定位于“行业综合性”刊。自 1996 年以来的十多年间，由季刊改为半月刊，在内容、版面设计、广告策划上都具有自己的独特风格，成为中国造纸行业最有影响力的期刊之一。

检测工作主要承担全省纸张产品质量监督检验、第三方评价性检验、产品质量仲裁检验和各单位委托检验。为全省造纸企业提供检测技术服务、质检员培训、新标准宣贯等工作。山东省纸张质量监督检测站是山东省质量技术监督局授权机构。

技术开发公司主要致力于造纸工业新技术、新产品、新设备的开发应用，为造纸行业提升技术水平提供优质服务。

实验厂承担省科技厅下达的中试任务，实验生产了过滤纸、一次性医疗器械包装纸、水果吸湿纸等一系列具有先进水平的产品，同时研究开发无毒环保的纸塑复合包装产品。

近年来，该院在科研单位改革改制的推动下，树立以市场为导向，以优良的服务为纽带，以质量求生存，以信誉求发展的经营理念，解放思想，开拓创新，充分发挥自身优势，急企业之所急，全面服务企业。

法人代表、院长：王泽风

总工程师：陈　东

地址：山东省济南市工业南路 101 号

邮编：250100

电话：0531－88947041

传真：0531－88947041

邮箱：shandongpaper@ 163. com

安徽省轻工业设计院有限公司

安徽省轻工业设计院有限公司始建于 1979 年，2005 年成功转型改制为民营股份制有限公司，迄今已有近 35 年的历史，是专业从事轻工行业、民用建筑工程、环境工程设计的具有甲级设计资质的综合设计机构。现有员工近 200 人，专业设置齐全，拥有众多国家注册建筑工程师、注册结构工程师、注册规划工程师、国家注册化工工程师、注册设备工程师、注册电气工程师、注册咨询工程师、注册环保工程师等高级专业人才。

主要承接制浆造纸工程、食品发酵工程、皮革工程、烟草工程、五金工程、日化工程、塑料工程、家电电子及日用机械、日用硅酸盐工程、新能源工程等工业项目设计与规划；居住小区、公共建筑、商业地产、文化地产等民用建筑工程设计与规划、室内外装饰设计及景观设计；市政污水、工业园区废水、工业厂区内的废水处理等环境工程设计及总承包。提供项目咨询、项目建议书、可行性研究报告、节能评价报告、资金申请报告、项目立项报告、公司上市项目包装、产业发展规划、清洁生产审核报告等。

法人代表：李　伟

单位负责人： 陈明邦（13856081568）
地址： 安徽省合肥市马鞍山路富城大厦9-11层
邮编： 230022
电话： 0551－62628422
传真： 0551－63486209
邮箱： 1347335539@qq.com
网址： www.ahlidi.com

中国轻工业武汉设计工程有限责任公司

中国轻工业武汉设计工程有限责任公司（原中国轻工业武汉设计院）始建于1958年，现系中国海诚工程科技股份有限公司成员单位，是集工程总承包、工程咨询、工程设计、工程监理及工程项目管理等多功能于一体的知识密集型国有科技型企业。拥有国家颁布的轻工行业、民用建筑、医药、环保设计、工程咨询、工程监理等7项甲级资质，已形成工程设计、咨询、监理和总承包四大主业，并顺利完成了“三标一体”的认证工作。拥有中国轻工行业勘察设计大师3人，国家级、省部级专家及教授级高级工程师40余人，各类注册工程师160余人，高级工程师120余人。经营业绩20多年来保持近30%的高速增长。

制浆造纸是该公司工程设计的传统行业，有着50多年的设计历史。历年来完成制浆造纸行业工程设计及服务800余项，多项设计获部、省级奖励。

设计和服务范围涵盖制浆、造纸、碱回收、废水处理、纸加工、热电及综合利用等造纸行业的各个环节。在制浆及碱回收、无氯漂白、化学机械浆、特种纸、纸板、废水处理、污泥生物质发电等方面形成独立的技术集成、特色技术和多项专利专有技术，具有较高的市场占有率，其中非木材制浆（竹子、芦苇和秸秆）及碱回收是环境保护部最佳实用技术依托单位，项目地域覆盖全国包括我国台湾在内30多个省、市、自治区及俄罗斯、缅甸、巴基斯坦、尼泊尔、孟加拉、吉尔吉斯斯坦、印度尼西亚、马来西亚、埃塞俄比亚、越南、伊朗、加纳和加蓬等国家。

法人代表： 周　波
总工程师： 杨晓臻
联系人： 梁　斌
地址： 湖北省武汉市武昌区首义路176号
邮编： 430060
电话： 027－88044007、13808641636
传真： 027－88043744
网址： www.qgsj.com
邮箱： 13808641636@163.com

中国轻工业长沙工程有限公司

中国轻工业长沙工程有限公司（简称“CEC”）原名为中国轻工业长沙设计院，创建于1953年，是我国成立较早的大型咨询设计单位之一。2002年12月改制重组后，成为国务院国资委管理的中国轻工集团中国海诚工程科技股份有限公司的全资子公司，公司注册资金为2000万元。

CEC主营业务为工程设计、工程咨询、工程监理和工程总承包，服务于制浆造纸、能源环保、制盐及盐化工、家用电器、食品、建筑、市政等行业领域。持有国家主管部门颁发的轻纺、建材、市政、农林、建筑、环境工程（水污染防治工程、固体废物处理处置工程）甲级工程设计证书和与之相对应的甲级工程总承包资格、甲级工程咨询资格证书、甲级工程造价咨询单位资质证书；持有电力（火力发电、新能源）、化工、机械、商物粮、风景园林行业乙级设计资质证书，城市规划编制乙级资格证书，压力容器及压力管道设计许可证；持有工程监理综合资质证书；拥有对外经营权、对外承包工程经营资格。1998年通过ISO 9001质量管理体系认证，2007年通过ISO 14001环境管理及GB/T 28001职业健康安全管理体系认证；拥有60余项专利技术，并广泛运用于项目中，2008年被认定为高新技术企业。公司在制浆造纸行业的服务遍及各种类各环节，其中，制浆领域涵盖化学浆、机械浆、废纸浆等各个浆种；造纸领域涵盖了各类文化用纸、包装纸、生活用纸及特种纸等各类纸种；在该行业的服务还延伸到纸容器制造及彩印等。并与国内外众多知名制浆造纸企业建立了紧密的战略合作伙伴关系。

公司从事工程咨询设计60年，完成咨询、设计、承包、监理等项目4000余项，市场占有率和核心竞争力均位于行业前列。自1982年国家开展评选优秀设计以来，公司获得国家及省部级优秀设计奖、科技进步奖200余项，其中在制浆造纸行业获国家金银铜奖10余项。

CEC凭借多年的资源积累，与多家国际知名公司均有合作与交流，与业内知名企业形成了广泛的产业战略联盟，借助金融机构的融资平台，形成多方合作共赢的格局。公司现已发展成为集工程咨询、设计、造价、监理、项目管理和工程总承包于一体、为工程建设实施全方位、全过程服务的科技服务型企业。公司的工程总承包业务，涵盖了项目投资、选址、规划、技术经济分析、设计、造价、采购、施工、安装、开车等各个方面。作为总承包商，公司先后承建了加拿大、缅甸、巴基斯坦、埃及、印度、印度尼西亚、泰国、埃塞俄比亚等国外项目以及国内湖南湘丰特种纸业有限公司、焦作瑞丰纸业有限公司、福建青山纸业股份有限公司、中国造纸装备有限公司、江门星辉纸业有限公司、宜宾纸业股份有限公司、浙江景兴纸业股份有限公司、浙江传承实业有限公司等多项制浆造纸领域的总承包工程。其中，缅甸YENI制浆造纸项目获“第五届优秀工程总承包金钥匙奖”，江门星辉纸业有限公司总承包工程获“第八届优秀工程总承包铜钥匙奖”及“轻工业优秀工程项目管理一等奖”，湖南湘丰特种纸业有限公司总承包工程获“第五届优秀工程总承包铜钥匙奖”及“轻工行业第三届优秀工程总承包项目一等奖”，焦作瑞丰纸业有限公司总包工程获“轻工行业第四届优秀工程总承包项目二等奖”，福建省青山纸业股份有限公司项目获“第七届优秀工程总承包项目铜钥匙奖”。

CEC奉行“诚信、严谨、创新、高效”的理念，坚持以顾客满意为中心、以环境友好为己任、以安全健康为基点的价值观，坚持以打造国际知名的服务品牌作为CEC的企业目标，一如既往地为国内外顾客提供优质的技术服务和工程产品。

法人代表：樊　燕

总经理：陈志明

地址：湖南省长沙市雨花区新兴路268号

邮编：410114

电话：0731－85770333

传真：0731－85584415

邮箱：office@ cecchina. com

网址：www. cecchina. com

湖南省造纸研究所有限公司

湖南省造纸研究所有限公司是经湖南省科技厅认定的集科、工、贸于一体的由省属科研事业单位转制而成的高新技术企业，是湖南省造纸产品质量监督检验授权站、湖南省造纸学会等机构组织挂靠单位。始建于1972年，占地面积3.5公顷，固定资产1200万元。现有员工109人，其中，专业从事研究开发人员36人，本科以上学历28人，中级以上职称32人，高级职称6人。

多来年，先后完成了国家、部级科技攻关项目80余项。其中，27项获国家、部、省等各级科研成果技术奖，已有30多项科研成果转化为生产力。公司现有3条生产线，年生产能力在5000吨以上。其中，2条特种工业用纸生产线，年生产量3000吨，主要生产高强纱管封面纸、各类纤维板表层纸等。产品占国内市场较大份额。1条涂布纸生产线，年生产量可达2500吨，所产彩喷纸、高光数码相纸、名片纸等涂布纸，可以替代进口产品。

公司于2002年通过了ISO 9001:2000质量管理体系认证，本着“创造卓越品质，追求持续满意”的质量方针，建立了持续、稳定、有效的科学管理体系，产品质量达到了国际先进水平。近几年来，公司紧跟市场需求，发展更加迅猛，致力于文化创新、科技创新、管理创新，积极培育和提升核心竞争力，形成了以市场带动科研、以科研促进生产、以生产服务市场的良好循环轨道。

法人代表：宋善军

地址：湖南省湘潭市建设中路7号

邮编：411104

电话：0731－58523214、58561602

传真：0731－58561602

网址：www. hnprc. com

广东省造纸研究所

广东省造纸研究所创建于1973年，占地面积7500米^2，是广东省唯一的省级造纸研究所，是“广东省高新技术企业”，所内建设有“广东省造纸技术与装备公共实验室”和“广东省造纸精细化学品工程技术研究中心”，并通过了ISO 9001质量管理体系认证。拥有一支高素质(包括教授级高工在内)的工程技术人员队伍，全所在职职工80多人，专业技人员30多人。研究所以“打造品牌、开拓创新、持续发展”为宗旨，全体职工团结一致，共同奋斗，创造了优秀的业绩。

经过40多年的发展，广东省造纸研究所发展呈现出喜人局面，市场销售网络日趋成熟，经济、社会效益和企业知名度不断提高，企业信誉良好。已发展壮大成为业务范围涵盖造纸行业科研、开发、产品检测与鉴定、技术咨询、技术服务、技术培训、技术承包和项目设计，销售造纸原料、造纸仪器等多方面业务，集科研开发、检验检测、生产、销售于一体的多元化科技企业。每年承接省技监局、工商局、海关等政府机构的抽样检测任务。主要产品有PPE造纸湿强剂、干强剂、剥离剂、柔软剂，白钢纸、阻燃型绝缘钢纸板、复印纸等，是省内多家大型造纸企业的原料供应商。

研究所拥有1000多米^{2}的专业试验室，拥有完备的小型试验和中型试验装备，有设备齐全的制浆工艺研究室、造纸实验室、涂布加工纸实验室纸张物理性能实验室、纸张化学性能实验室和无菌实验室等。近年来，共承担省级以上科研项目20多项，拥有专利技术近20项，曾获得省部级奖励10多项。目前广东省造纸研究所在全国同类造纸科研院所中，科研综合实力排在前3名以内。

国家轻工业纸张质量监督检测广州站、广东省质量监督造纸产品检验站设在广东省造纸研究所内，是政府授权检测机构，检验站成立于1978年，1989年获得国家质量监督检验检疫总局和广东省质量技术监督局的认证和审查认可，其后多次通过了复评审，被授权具有造纸和包装产品145个品种及物理、化学、光学性能等40个参数的检验资格。检验设施完善，设备先进，拥有华南地区检测装备最为先进、实力最强的造纸专业检测室，在国内同类检验站处于领先水平。广东省造纸研究所是全国造纸标准化委员会第三分技术委员会主任单位，秘书处设在检验站。检验站致力于做好造纸标准化的推广和宣贯，近年先后主持制定国家标准、行业标准、地方标准十多项，2010年被广业公司评为标准化制定突出贡献单位。

该研究所和广东省造纸学会合办了《造纸科学与技术》期刊。近年来所内科技人员在国内核心刊物和省级以上刊物上发表论文多篇。

研究所科研产业化基地位于增城市中新镇大田工业区内，基地占地面积25000米^2，已建成了1800多米^{2}的造纸助剂生产车间、纸张整饰及涂布加工纸生产车间和特种纸车间，具有年产7000吨造纸助剂的能力。自主研发的造纸助剂、冷压自黏胶带纸、阻燃钢纸等科研成果已实现产业转化，经过多年的市场培育，造纸助剂形成的产业规模，助剂年产销量达到4400吨，省内外100多家造纸及相关企业使用该研究所的产品。

法人代表、所长：伍泽荣
副所长：马学逵
地址：广东省广州市海珠区新港西路154号
邮编：510300
电话：020－34300901
传真：020－34300901
业务电话：020－34300599
邮箱：gdpiri@ sti. gd. cn
网址：www. gdzaozhisuo. com

中国轻工业南宁设计工程有限公司

中国轻工业南宁设计工程有限公司(简称“中轻南宁公司”)创建于1974年，前身为轻工业部南宁设计院、中国轻工业南宁设计院。2002年12月改制成为由国务院国资委监管的中央企业——中国轻工集团公司下属的科技型企业。2010年荣获高新技术企业证书。

中轻南宁公司持有国家颁发的工程设计甲级、工程咨询甲级、工程总承包甲级、工程建设监理甲级、工程造价甲级、机电安装工程施工总承包贰级、工程招标代理等多项资质证书、对外承包工程经营资格和进出口经营许可证书。中轻南宁公司建立了严格规范的现代企业管理制度，获得了质量、环境、职业健康安全管理体系认证证书。

中轻南宁公司在制浆造纸方面具有很强的优势，一直致力于用成熟先进的技术为广大客户提供全方位的科技服务，所承担的制浆造纸工程咨询、设计、监理及总承包项目遍布广西、广东、湖南、江苏、云南、重庆等省区以及越南、缅甸、印度尼西亚、马来西亚、泰国、白俄罗斯等国家，项目多达500余项。制浆造纸工程项目涵盖碱法制浆、酸法制浆、废纸制浆、化学机械浆等，涉及的原料有木材(针叶木和阔叶木)和竹子、甘蔗渣、桑枝，产品涵盖国内现有的各种浆、纸品种。中轻南宁公司目前在漂白木浆、漂白甘蔗渣浆、漂白竹浆、纸张生产线等设计方面居国内领先地位，先后有多个项目荣获国家、省部级优秀工程一、二、三等奖。

法人代表：唐明明
地址：广西壮族自治区南宁市星光大道42号
邮编：530031
电话：0771－4800448
传真：0771－4830802
邮箱：cnec@ vip. 163. com
网址：www. zqnn. cn

重庆造纸工业研究设计院有限责任公司

重庆造纸工业研究设计院有限责任公司始建于1953年，是我国制浆造纸工业和轻工、军工重要的综合性科研和生产基地；是重庆制浆造纸工程中心和重庆市高新技术企业；是国家轻工业造纸质量监督站重庆站、重庆市造纸产品质量监督检验站和重庆市造纸产品计量站所在地。该院拥有较完备的制浆造纸和特种纸研究科研和中试手段；拥有大量的科研成果、高新技术产品和雄厚的研发实力；拥有一批高素质的管理、科研、生产团队；在玻璃纤维空气过滤、液体过滤和油气分离纸及特殊要求的玻璃纤维纸研制、生产、技术装备和检测手段方面处于国内领先地位。该院通过了 ISO 9001:2000 质量管理体系认证和军工生产许可证认证等，完善健全了现代化的管理体系，为科研生产良性循环奠定了基础。

重庆造纸工业研究设计院有限责任公司以雄厚的科技实力，优质的产品质量，良好的企业信誉，为客户提供满意的服务。

法人代表、院长：孙　骏

地址：重庆市南岸区茶园新区蔷薇路 26 号

邮编：401336

电话：023 – 63862408

传真：023 – 63609345

邮箱：cqzz666@163. com

网址：www. cqzzyiy. com

中国轻工业成都设计工程有限公司

中国轻工业成都设计工程有限公司（原中国轻工业成都设计院）始建于 1958 年，于 2002 年 12 月改制为国有控股的公司制企业，为国资委监管的中央企业——中国轻工集团公司控股的中国海诚工程科技股份有限公司（代码 002116）子公司。

公司已通过质量、环境、职业健康安全三标管理体系认证，是“成都市劳动关系和谐企业”“成都市模范单位”“高新技术企业”。

公司主要从事制浆造纸、烟草、食品加工、火力发电、新能源、环境工程、市政工程、物流配送等行业，拥有工程设计、工程咨询、工程造价咨询、工程总承包、环境影响评价、工程建设监理甲级以及商务部对外经营合格证书等资质。

公司现有员工 450 余人，专业技术人员占员工总数的 95%，其中已获得各类工程师职称的人员约占 60%，拥有中国轻工业勘察设计大师及享受国务院政府特殊津贴专家 1 人。50 余年来，成都公司先后承担了国内外工程咨询、工程设计、工程监理和工程总承包项目 3000 多个。其中，广安综合食品厂、焦作纸厂、长江纸厂、缅甸糖厂荣获工程设计“一等奖”；缅甸糖厂项目荣获中国勘察设计协会与中国工程咨询协会的“工程总承包银钥匙奖”；四川天竹竹纤维浆粕项目荣获中国轻工业勘察设计协会优秀工程咨询成果“一等奖”，也是目前国内建成投产的最大的专业竹纤维浆粕工厂。

制浆造纸是公司传统产业，涉及的原料有竹子、木材、麦草、废纸、龙须草、红麻、棉秆、蔗渣、棉短绒等；采用的制浆工艺有硫酸盐法、烧碱法、半化学机械制浆法等；蒸煮方法有连续蒸煮、超级间歇蒸煮（置换蒸煮）；生产的产品有漂白竹浆、文化用纸、生活用纸、包装纸、浆粕、绒毛浆等。设计的工程项目由于采用的工艺成熟可靠、设备选型先进合理、总体布置合理而受到用户的好评。在设计中通过采用科研成果和技术创新，大大地增加了设计的技术含量，使设计成果处于国内领先水平，有的还填补了国内的空白，目前设计均采用三维设计。

公司具有丰富的国内外项目咨询、设计、项目管理、工程总承包经验，先后完成了不同生产规模的大中型制浆造纸厂工程设计、工程总承包 120 余项。

联系人：罗建雄（13111868788）

地址：四川省成都市少城路 9 号

邮编：610015

电话：028 – 86630940、86634360

传真：028 – 86643706、86634360

邮箱：qrsjljx@126. com

网址：www. qrsj. com

中国轻工业西安设计工程有限责任公司

中国轻工业西安设计工程有限责任公司（简称“中轻西设”）是隶属于中国海诚工程科技股份有限公司的子公司，前身为成立于 1958 年的中国轻工业西安设计院，2003 年改制为有限责任公司，是集工程咨询、设计、总承包、监理、项目管理等多种功能为一体的知识、技术和管理密集型国有科技企业。

中轻西设拥有国家颁发的轻纺工程、建筑工程、工程咨询、工程造价、环境影响评价和工程监理的甲级资格证书；电力、电子通讯、广电、化工、石化、医药、农林、商物粮、市政公用工程、城市规划，劳动安全评价、压力容器和压力管道工程设计资格证书；同时具有工程总承包、工程招标代理、对外经济技术合作和出口企业等资质。

中轻西设长期从事制浆造纸、食品发酵、甜菜制糖、皮革轻化、农副产品加工、畜牧产品加工、塑料制品、民用建筑及市政公用工程等行业的咨询、设计和工程总承包服务，并积累了丰富的经验。近年来，在制浆造纸、生物能源、热电工程、环保工程、工程总承包和项目管理方面又有了新的开拓和发展，能为业主提供各类工程服务。

中轻西设具备完善的技术、经营、生产、财务管理制度。2000 年通过了 GB/T 19001 和 ISO 9001 质量管理体系认证；2009 年通过了陕西省高新技术企业认定；2010 年通过了三标管理体系认证，取得了认证证书。

第一工程咨询设计所是中轻西设以制浆造纸专业为主业的综合设计所，已有 50 多年的历史。现有专业人员 51 人（其中，制浆造纸工艺专业 18 人），具有高级职称 23 人（其中，教授级高级工程师 8 人），均长期从事制浆造纸行业的咨询、设计和总承包工作，具有丰富的工作和实践经验。

第一工程咨询设计所先后完成了 200 余项制浆造纸工程设计及服务项目，涵盖制浆、造纸、碱回收、造纸废水处理、纸加工、特种纸、热电联产等造纸行业的各个环节；项目覆盖全国 20 多个省、市、自治区及马来西亚、阿尔及利亚、越南等国家；设计产品包括生活用纸、包装纸、文化用纸、石头纸、特种纸等。在生活用纸、包装纸、非木材纤维制浆等方面居国内领先地位。

法人代表：李一文

总监（制浆造纸）：刘尚典（第一工程咨询设计所副所长）

地址：陕西省西安市柿园路 222 号

邮编：710048

电话：029－82400169、13519188228

传真：029－82487815

邮箱：liusdy@163.com

网址：www.haisum-xa.com

甘肃省轻工研究院

甘肃省轻工研究院（原甘肃省轻工业科学研究所）始建于 1959 年，是甘肃省最早成立的以轻工、化工研究开发为主的科研院所，2001 年 9 月转制为科技型企业。目前是集科研开发、技术服务、成果转化、工程咨询、清洁生产审核、节能审查、产品检验、人员培训为一体的应用开发研究单位。是甘肃省重点科研院所，同时被省科技厅认定为甘肃省高新技术企业。

内设部门：食品发酵研究室、分离中心、工艺设计室、造纸室、环境保护与资源综合利用研究室、中轻轻工产品质检有限责任公司、中试车间及华瑞新技术开发公司，行政职能部门有综合办公室、财务科、科技创新与服务中心、物业管理办公室。

科研队伍：在职职工 86 人，其中教授级高级工程师 4 人，高级工程师 15 人，中级职称 26 人，初级职称 11 人；注册咨询工程师 12 人，国家清洁生产审核师 7 人，节能评估师 9 人；甘肃省领军人才 2 人，省级学科带头人 1 人，省级科技专家、工程咨询专家委员会成员 6 人。

科研基础条件：拥有科研、办公、中试等建筑面积 10000 米^2，拥有超临界 CO_2 萃取设备、亚临界萃取设备、分子蒸馏设备、液相色谱仪、气相色谱仪、生化培养箱等天然产物提取、食品发酵、精细化工、产品检测等试验和中试科研仪器设备 200 多台套，总资产达到 6000 多万元。

具有国家轻工专业工程咨询甲级资质，医药、化工和商物粮专业工程咨询乙级资质；具有清洁生产审核资质、节能量审核机构资质和甘肃省固定资产投资项目节能评估机构资质、甘肃省固定资产投资项目节能评估文件评审机构资质；具有工业和信息化部备案的银河培训机构资质。

甘肃中轻轻工产品质检有限责任公司具备酒类、饮料、乳制品、糖果类、罐头、食用动植物油脂、米面制品、调味料、淀粉等食品制品检验能力，取得了甘肃省食品检验机构认证资质；具备化妆品、口腔清洁用品、洗涤用品等日用化学品及纸制品检验能力，取得了甘肃省检验机构计量认证资质。每年承担着甘肃省质量技术监督局和各级主管部门安排的轻工产品检测任务及企业委托的检测和仲裁工作。

多年来，甘肃省轻工研究院坚持"一手抓创新、一手抓成果转化与服务"，通过平台建设和创新服务体系的建设，不断提高自身的创新能力。拥有农副产品深加工、天然产物有效成分提取、食品发酵、生物技术等方面的科研成果和先进技术 260 多项，开发马铃薯和玉米淀粉及变性淀粉、特种葡萄酒、苦荞萌动茶等具有地方特色的新产品 40 多个，研究推广具有省地方特色的油橄榄、紫苏、当归等天然植物资源有效成分提取分离技术、科研成果和先进工艺技术 50 多项。自主研发"健稌牌橄榄岷归软胶囊"和"健秾牌沙棘苏籽油软胶囊"两个新产品，获国家保健食品注册批件，已转让企业，形成产业化。申请发明专利 10 项，授权 4 项，均在企业转化。

依托研究院建设的"甘肃省中小企业公共服务平台网络省枢纽服务平台"已建成运行，可为广大中小企业提供技术创新、创业、信息、管理咨询等八大类报务，年服务的中小企业都在 1000 家以上，服务的专业技术人员 500 人次以上。近年完成工程项目 1000 多项，帮助企业争取建设资金上亿元。

研究院有多项科技成果获得国家级、省部级奖励。2009 年轻工院"农副产品深加工创新团队"获"甘肃省五一劳动奖状"，2016 年又获全国总工会授予的"工人先锋号"称号。2010 年获国家科技部"技术市场金桥奖"，2016 年 10 月获中国轻工业联合会授予的"十二五"轻工业科技创新先进集体表彰。

法人代表、院长：赵　煜

总工程师：赵起政

地址：甘肃省兰州市城关区金昌南路 101 号

邮编：730000

电话：0931 - 8126510、8126518、13993170089

传真：0931 - 8124557

邮箱：707891113@ qq. com

网址：www. gsqgyjy. com

新疆轻工业设计研究院有限责任公司

新疆轻工业设计研究院有限责任公司前身为新疆轻工业设计研究院，成立于 1958 年。2001 年 3 月完成了企业化转制。现有专业技术人员 110 人，其中高级职称以上 40 多人，国家一级注册建筑师 5 人，国家一级注册结构工程师 5 人，国家注册监理工程师 19 人，注册造价工程师 3 人，其他注册工程师 30 余人。

公司在 2000 年 10 月通过"工程咨询、工程设计(含设备设计)" ISO 9001 和"工程建设监理"ISO 9002 标准质量体系认证。2003 年通过了换版认证。公司全力推广 CAD 技术，是新疆 CAD 应用先进单位，微机装备达到先进水平，拥有先进的计算机局域网络，CAD 出图率达到 100%。被国家科技部授予"全国 CAD 应用工程示范企业"，并获得"自治区 CAD 应用先进单位""自治区勘察设计行业 CAD 软件正版化示范单位"称号，获"自治区级文明单位"称号，2007 年取得首批"新疆勘察设计行业诚信单位"称号。

公司拥有轻纺、建筑、商物粮行业工程设计，工程咨询，房屋建筑工程监理、设备安装工程监理甲级资质；化工石化医药、农林、市政公用工程、电力行业工程设计乙级资质；压力管道 GB 类(GB2 级)、GC 类(GC2 级)设计资质；工程勘察、城市规划编制咨询、工程总承包乙级资质；国外承包工程劳务合作经营许可证及进出口企业资格证书。所从事的轻工行业工程有：甜菜制糖、食品、发酵、啤酒、麦芽、果酒、白酒、饮料、乳制品、味精、各类罐头、制浆造纸、毛革毛皮及其制品、塑料制品及节水灌溉设施、农副产品加工、制盐及盐化工、日用化工、日用硅酸盐等。

近年来，获得国家级、部级及自治区级和市级各种优秀设计、咨询、勘察奖项数 10 项。其中，年产 2 万吨农用节水滴灌材料项目获"2004 年国家优秀设计金奖"、自治区"第十二届优秀工程设计一等奖"，国家康居示范工程华美・文轩家园 2006 年获"国家康居住宅示范工程建筑设计金奖"。拥有国家专利局授予的 2 项发明专利、10 项实用新型专利。

法人代表：卢向豹

总工程师：董晓辉

地址：新疆维吾尔自治区乌鲁木齐市新华北路 8 号红山新世纪 A 座 30-31 层

邮编：830004

电话：0991 - 8861777 、8862777

传真：0991 - 2826506

邮箱：dL@ xjd. cn

网址：www. xjdl. cn

（王　斌）

国家认定的造纸企业技术中心

National Certificated Enterprise Technical Centers in Paper Industry

山东晨鸣纸业集团股份有限公司企业技术中心

山东晨鸣纸业集团股份有限公司企业技术中心（简称“晨鸣集团企业技术中心”）成立于1996年，1999年3月被山东省政府认定为省级企业技术中心，2000年1月被国家发展和改革委等部门认定为国家级企业技术中心。

晨鸣集团企业技术中心设有制浆工艺研究室、造纸工艺研究室、涂布印刷研究室、特种纸技术开发研究室、造纸湿部化学研究室、环保研究室和精密仪器分析室7个研究室。研发设施齐全，技术装备先进，现拥有国际先进的双管循环药液蒸煮器、纸样抄取器、高剪切黏度计、微观扫描仪、电动涂布机、实验用超级压光机等一大批制浆造纸研究实验仪器和设备140多台。拥有抗张强度测试仪、高精度厚度仪、粗糙度仪、撕裂度仪、匀度仪、挺度仪、耐折度仪、平滑度仪等国际先进的检测仪器和设备200多台，装备水平领先国内同行业。

晨鸣集团企业技术中心加大人才队伍建设，并积极与中国制浆造纸研究院、齐鲁工业大学、天津科技大学、青岛科技大学、中国科学院天津工业生物技术研究所等研究机构和高等院校开展产学研合作，培养了一大批技术水平高、具有实践经验的专业技术带头人。现技术中心拥有科技人员897人，其中，高级专家8人、博士16人，形成了一支知识层次合理、技术水平高，具有丰富实践经验的高素质创新人才队伍，逐步将技术中心打造成以企业为主体，以市场为导向，产学研用相结合的科研团队。

山东晨鸣纸业集团股份有限公司以国家级企业技术中心为依托，大力开展科技研发活动，每年开展科技活动达110项以上。近年先后投资4018万元对原有实验室进行了仪器功能完善和实验室室内环境的部分改造。主要针对制浆工艺研究室、涂布印刷研究室、纸张检测实验室及精密仪器分析室，先后购置引进了纤维分析仪、自动纸浆黏度测试仪、制浆分析仪、气体分析系统、PFI磨浆机、全自动沉降粒度分析仪、匀度测试仪、纸张物性自动检测仪、余热回收节能装置等国内外先进水平的关键实验仪器设备。实验装备水平处于国内同行业先进，显著提高了清洁制浆技术及应用实验室的研发创新能力。

法人代表：陈洪国
地址：山东省寿光市农圣街2199号
邮编：262700
电话：0536－2158571
传真：0536－2156111
邮箱：cmbgs09@163.com
网址：www.chenmingpaper.com

华泰集团有限公司企业技术中心

华泰集团有限公司企业技术中心组建于1997年，1999年被认定为省级企业技术中心，2001年被认定为国家级企业技术中心，是一家含二次纤维制浆研究所、涂布纸造纸研究所等8个科研所的大型企业技术中心。

技术中心现有员工379人，其中，高级专家36人，中高级职称200余人，形成了以博士和高级工程师为核心的研发团队，并且大部分研究人员为中青年专业技术人员，有效保证了团队的可持续性。技术中心拥有扫描电子显微镜、实验室压光机、涂布机、粒度分布仪、超高剪切黏度计、动态滤水仪等一大批国际一流的实验检测仪器。实验仪器设备原值达1.7亿元。依托完备的实验设施和充足的科研经费，中心重点进行废纸制浆关键技术、高得率制浆及其配抄技术、涂布印刷纸生产关键技术及造纸工业生物技术应用等领域的研究。

多年来，技术中心贯彻落实科学发展观，不断加大科研投入，技术创新工作取得了丰硕的成果。技术中心先后参与了“生物质基废纸再生环保助剂的研制及应用”“废纸制浆关键技术研究”等国家科技支撑计划项目5项；山东省自主创新专项、山东省科技攻关计划项目等省级以上科技计划项目20多项；授权专利80项，其中，发明专利12项；参与制定国家标准16项，其中，主持制定3项；获省部级以上科技奖励14项，特别是技术中心参与完成的“造纸纤维组分的选择性酶解技术及其应用”“废纸生产低定量高级彩印新闻纸”“制浆和碱回收过程优化控制系统的研究与应用”和“草浆的生物预漂白和酶法改性技术”4项获得国家科技进步二等奖。

法人代表： 李建华
总工程师： 张凤山
地址： 山东省东营市广饶县潍高路251号
邮编： 257335
电话： 0546－7798857
传真： 0546－6888018
邮箱： jszx@ huatai. com
网址： www. huatai. com

山东泉林纸业有限责任公司企业技术中心

山东泉林纸业有限责任公司企业技术中心成立于2000年，2007年9月20日被国家发展和改革委、科技部、财政部、海关总署、国家税务总局批准为国家认定企业技术中心。

技术中心以企业发展和环境保护的双赢为目的，以创新和环保为着力点，进行了一系列技术创新，构建了基于农作物秸秆综合利用的独具泉林特色的循环经济发展技术。目前已形成以涵盖秸秆收储、备料、制浆、纸制品制造、肥料、环保、热电铵法脱硫、装备制造八大系统的200余项专利技术和“秸秆清洁制浆”“环保型秸秆本色浆制品”等4项国际领先技术为支撑，以农作物秸秆为原料，构建并不断完善了秸秆生产本色浆及本色浆制品、制造黄腐酸肥料、废气氨法脱硫后副产品作为制浆化工原料、制浆中段水综合治理后回用于生产4项主要的循环经济生产技术，被誉为“泉林模式”。“泉林模式”不仅破解了制约造纸企业发展的纤维原料、环境保护和水资源三大技术瓶颈，还实现了资源－产品－再生资源的良性循环，环境、经济、社会效益显著，形成了公司独特的产业竞争优势。

截至目前，技术中心科技人员745人。其中，高级技术职称人员141人，泰山学者1人，享受国家、省政府津贴9人，博士13人，硕士36人，外部专家23人。下设浆纸、环保、肥料、纸浆模塑、装备等多个专业研究机构，技术力量雄厚。

法人代表： 李洪法
地址： 山东省高唐县光明东路15号
邮编： 252800
电话： 0635－3961721
传真： 0635－3961597
邮箱： quanlinhao@ 163. com
网址： www. tralin. com

山东太阳纸业股份有限公司企业技术中心

山东太阳纸业股份有限公司企业技术中心于1999年年底成立，2002年被认定为市级技术中心，2007年被认定为省级技术中心，2010年被认定为国家级企业技术中心。

（1）机构设置　技术中心拥有研发人员400多人。技术中心建筑面积5000米^2，拥有符合CNAS标准的恒温恒湿实验室、20多个专业实验室，包括生活用纸研发实验室，生物质材料实验室（溶解浆、木糖），包装纸研发实验室，制浆、环保、印刷实验室，中试车间等机构。配备先进的制浆造纸实验仪器设备，承担国家级企业技术中心创新能力建设项目1项。

（2）科研课题及成果　先后承担了国家科技部“863”项目，“十二五”科技支撑计划，工业和信息化部等国家、省部级重大科技项目。完成及在研科研项目50余项，完成新产品、新项目80多项，先后获得国家、省部级奖20多项，包括国家科技进步二等奖、国家教育部科技进步二等奖、中国轻工业联合会科技进步一等奖、山东省技术发明一等奖、中国林业产业（林浆纸类）科技进步一等奖和山东省科技进步奖等。

技术中心不断实现技术专利化，专利标准化，对创新成果实施有效保护，获得授权专利共计80项，其中，发明专利23项，国际发明专利4项，实用新型45项，外观设计12项，共主持参与14项国家行业标准的制订与修订。

(3)科研投入 技术中心不断加大科技研发经费的投入，研发费用占产品销售收入的4.0%以上，用于技术中心基础设施的建设、先进设备购置和科研开发经费，不断提高技术中心核心竞争力。

(4)产学研合作 与中国制浆造纸研究院、华南理工大学、齐鲁工业大学、陕西科技大学、天津科技大学、山东大学等一批科研院所和高等院校建立长期合作关系，实现产学研紧密结合和优势互补。

法人代表：李洪信

总工程师：应广东

地址：山东省兖州市友谊路1号

邮编：272100

电话：0537-7928719

传真：0537-7928719

邮箱：zhangwei@sunpaper.cn

网址：www.sunpapergroup.com

中冶纸业银河有限公司企业技术中心

中冶纸业银河有限公司企业技术中心成立于1995年，2006年被山东省经贸委认定为省级企业技术中心，2009年被认定为国家级企业技术中心。

技术中心科研楼总面积2000多米^2，包括中心实验室、化验分析室和恒温恒湿实验室，拥有纤维质量分析仪、Zeta电位测定仪、PCD-04胶体电荷测定仪、动态滤水仪、纸页动态成形器、IGT印刷适性仪、纸张匀度分析仪、L&W粗糙度测试仪、激光粒度分布测试仪、TSO测试仪等先进的仪器设备。

技术中心拥有专业技术人员132人，其中，具有中高级职称的56人，本科以上学历106人，形成了一支结构合理和业务水平较高的技术人才队伍。

技术中心在产品创新、麦草制浆及碱回收新工艺开发、制浆造纸环保技术创新和循环经济开展等方面处于国内领先水平。近几年，技术中心自主开发了一系列高附加值且在行业内具有重要影响力的产品，主要有高档轻型纸、高白纯质纸、雅质纸(《舌尖上的中国》及作家出版社出版的《莫言文集》用纸)、象牙白纸(《朱镕基讲话实录》及《乔布斯传》用纸)、银河书纸、高档纸杯原纸等产品。其中，开发项目“雅质印刷纸的生产技术”及“高白纯质纸生产技术”通过了山东省科技厅的鉴定，其技术水平均填补了国内空白。技术中心与陕西科技大学合作开发的“制浆和碱回收过程优化控制系统的研究与应用”项目荣获国家科学技术进步二等奖；国家火炬计划“草浆碱回收联产轻质碳酸钙研究”项目荣获全国造纸行业节能减排优秀技术创新成果一等奖及中国轻工业联合会科学技术进步三等奖；碱回收白泥精制碳酸钙荣获国家重点新产品证书；“10万吨/日造纸废水深度处理及中水回用技术”项目获得中国轻工业联合会科学技术进步二等奖；技术中心与清华大学合作开发的“有机酸法制浆技术与工艺研究”及自主研发的“造纸混合污泥生产有机肥技术”和“稳定并提高轻型纸白度的技术”项目通过了山东省科技厅的鉴定，技术水平均达到国内领先水平。技术中心共拥有有效专利62项，其中，发明专利11项。2012年技术中心被中国轻工业联合会评为“‘十一五’轻工业科技创新先进集体”。

“十三五”期间，技术中心将继续以研究开发为主要内容，加大创新能力建设力度。届时，技术中心将成为国内未涂布印刷纸工程技术的创新基地及产业化研发平台。

法人代表：许仕清

地址：山东省临清市西门里街297号

邮编：252600

电话：0635-2433943

传真：0635-2432945

邮箱：yhjszx@163.com

网址：www.mccyinhe.com

恒安国际集团有限公司企业技术中心

恒安国际集团有限公司(简称“恒安集团”)企业技术中心成立于1996年，2008年被国家5部委联合授予“国家认定企业技术中心”资格。

(1)主要职责 承担恒安集团新技术、新材料、新工艺、新产品的研究开发、产品测试以及对制造系统的技术支持，负责制定并实施企业中长期科技发展规划，同时担负公司标准、专利、成果等管理工作。

(2)运作情况 技术中心为主任负责制，由技术中心主任领导。由卫生巾、纸尿裤、纸品、卫生材料、精细化工5个品类的技术研究部门及浙江理工大学联合研究所组成，集团中心实验室、中心检验室、信息研究室、设备总工室等部负责技术支撑。截至2016年，技术中心共取得科技成果310多项，经鉴定达到国际先进水平的科技成果5项；累计申请专利460余项，版权870项，授权发明专利

29 项，实用新型 108 项；获省科技进步奖 5 次，多次获地市级科技、专利奖项；2010 年获“全国知识产权示范单位”“全国质量工作先进单位”“福建省第一批实施技术标准战略试点”等称号。

(3)现有技术平台　国家级工业设计中心，国家级企业技术中心，CNAS 国家认可实验室检测中心，省级重点实验室，省级工程技术研究中心。

(4)部门、人员构成情况　技术中心现有员工 205 人，其中，博士 8 人，硕士 18 人，高级职称 9 人，中级职称 45 人。

技术中心所辖材料应用、精细化工、产品开发、机电设备、专利情报等相关技术部门，均有高级工程师或以博士、硕士为主的技术带头人，涵盖了化学、化工、非织造布、高分子材料、工业设计、生物工程、机电、制浆造纸等不同专业背景，形成了老中青三代技术人员组成的梯次型创新队伍。

(5)几大产品的后续开发计划　①成品类研发：纸制品类新品研制、旧品升级，体现产品不同内在差异，以“品质优良、功能差异”为基础，稳固把持我国生活用纸行业领袖地位；卫生巾类按“七度空间、安尔乐、安乐”三个品牌定位，体现产品不同特色，通过新品研制、旧品升级(减薄、增柔等)，从设计角度，完善卫生巾/护垫产品架构；纸尿布类按品牌定位，高、中、低端合理布局，体现产品不同特色，集中优势资源，在重点解决“漏尿、红臀”两大核心问题的基础上，根据“超薄、柔软、舒适、便捷、时尚、价廉、环保等”需求发展趋势，逐步完善产品架构；湿纸巾类按“健康卫生、特殊护理、经济实惠”三大细分类型，重点加强婴儿湿巾的产品竞争力，以“品质优良、门类齐全”为基础，为跑赢行业增速提供技术支撑。②技术类研发：“自动化、信息化、精密化、柔性化、智能化、绿色化”制造技术，重点推进“信息化、工业化”两化融合工程，继续推进设备、工艺标准化建设，全面提升制造水平，促进企业由劳动密集型向技术密集型转型升级。③前沿技术：常态化跟踪信息技术、生物技术、新材料技术、先进制造技术、先进能源技术、资源环境技术等具有前瞻性、先导性和探索性的前沿技术研究进展，重点关注从学科交叉和技术融合中实现自主创新，积极抢占产业科技发展制高点，把握技术更新换代、实现跨越发展的先机。

2014—2016 年研发投入情况为：2014 年 1.31 亿，2015 年 1.36 亿，2016 年 1.69 亿。

(6)未来 3 年技术研发重点及工艺改进方向　以“合作创新”作为基本战略，包括与高等院校、科研院所、产业链合作伙伴、科技服务机构等各类创新资源的全方位共生经济型合作。

以“自主创新”作为长期战略，包括原始创新、集成创新、引进消化吸收再创新。在有效规避专利技术壁垒风险的前提下，以“模仿创新”作为纸尿裤等产品竞争力相对薄弱品项的赶超战略。

加强创新集群战略运用，包括基于技术轨道的顺轨性创新、基于技术平台的衍生性创新、向技术关联域发展的渗透性创新。

法人代表：许连捷
总经理：张群富
地址：福建省晋江市东石镇井林安东工业区
邮编：362271
电话：0595－85526583
传真：0595－85708666－5508
邮箱：zhangqf@ hengan. com
网址：www. hengan. com

河南江河纸业股份有限公司企业技术中心

河南江河纸业股份有限公司企业技术中心组建于 2002 年，2007 年被认定为省级企业技术中心，2013 年被认定为国家级企业技术中心，是一家主要从事高速、宽幅大型造纸成套装备，多功能、节能型造纸成套设备，关键造纸设备，特种纸后加工设备及成套化学机械浆设备的研发和制造，赶超世界造纸装备先进水平的企业技术中心。

技术中心现有员工 261 人，其中，中高级工程师 98 人，博士 9 人，硕士 5 人。技术中心与华南理工大学、浙江大学、天津科技大学等大专院校合作，形成了以“设备制造业”和“用户企业”紧密结合的研发创新体系。与行业大专院校及骨干企业建立产学研创新联盟，形成了以院士为指导，以享受国务院特殊津贴专家、博士、高级工程师为核心的研发团队。并且大部分研究人员为中青年专业技术人员。技术中心与行业院校联合培养专业人才，有效保证了团队的可持续性。技术中心拥有实验室纸机、压光机、涂布机、纸张抗张力实验机、纸张质量控制系统、石油产品水分试验机、压光机检测系统、粗糙度检测仪、硬度检测仪等一大批国际一流的实验检测仪器。技术中心仪器设备原值 7780 万元，拥有研究开发建筑面积 1965 米^2，中试基地面积 2916 米^2。

技术中心坚持贯彻科学发展观，以自主创新为主，以“适用、创新、经济、先进”为原则，研发造纸设备，提高产品质量档次，降低生产成本，提高企业核心竞争力和行业装备技术水平及节能减排技术水平。技术中心承担国家支撑计划项目 7 项，省级重大科技攻关项目 2 项，掌握并实践了高速纸机的关键、集成、运行技术，相继研制出 800 米/分、1000 米/分、1200 米/分造纸成套设备。并对稀释水流浆箱、夹网成形器、靴式压榨、膜转移涂布机等纸机核心基础部件有重大创新和突破。完成国家“十一五”重点科技支撑计划“国产高速纸机的研制”项目，研制 1 台幅宽 5600 毫米、工作车速达到 1350 米/分的高速文化用纸机，达到国际先进水平。已研制成功的造纸成套装备和单体装备都是国内领先或国际先进水平。拥有国家发明专利 7 项、实用新型专利 104 项，受理发明专利 8 项；省部级科技成果 15 项；获得省部级科技进步一等奖 2 项、二等奖 7 项、三等奖 1 项，多项技术成果获得行业和地市科技进步奖。

技术中心以“赶超世界先进水平，振兴民族造纸工业”为己任，经过长期卓有成效的创新和不懈追求，研发的造纸装备已经达到国际先进水平。独具特色的创新模式、稳固的产学研联盟、完善的研究开发试验条件和强有力的创新团队，必将在造纸装备自主化方面创造出更加显著的业绩，对于整个造纸行业结构调整和产业升级将产生重要的影响。

法人代表：姜丰伟

总工程师：刘铸红

地址：河南省武陟县文化路 555 号

邮编：454950

电话：0391－7268191

传真：0391－7268389

邮箱：wzjhzy@126.com

网址：www.jianghe.com

泰格林纸集团股份有限公司企业技术中心

泰格林纸集团股份有限公司企业技术中心（简称“泰格林纸技术中心”）成立于 2000 年 3 月，并于同年 7 月获湖南省省级技术中心认证。2005 年 10 月被国家发展和改革委等部委认定为国家级企业技术中心。泰格林纸技术中心拥有科技人员 218 人，其中，享受国家政府津贴的专家 1 人，博士 1 人，硕士 25 人，高级工程师 31 人，形成了一支知识层次合理，技术水平高，具有丰富实践经验的高素质创新人才队伍，逐步将技术中心打造成以企业为主体，以市场为导向，产学研相结合的科研团队。

泰格林纸技术中心承担着整个集团公司的新技术引进、消化吸收、推广应用及新产品开发、生产调研、工程设计、林业研究、技术咨询服务职能；承担着各类标准及新产品标准的制定、重大项目前期方案策划、知识产权保护等专业领域的科研工作。

泰格林纸技术中心拥有专门用于试验研究、设计开发、项目前期策划于一体的科技办公楼，符合 ISO 标准的恒温恒湿实验室和最新的 CAD 设计中心。拥有专门的调研分析实验室，各类分析、检测、实验设施齐全。近 2 年又不断添置了一批国际先进水平的科研仪器和设备，技术中心的科研开发条件居全国同行业之前列。

泰格林纸技术中心逐年加大企业科研开发经费的投入，研究开发经费支出已占到销售收入的 5.0% 以上。技术中心大力开展科技研发活动，每年开展科技活动近 100 余项。技术中心研发的“意大利杨 APMP 新工艺制浆及其应用”是造纸行业中屈指可数的企业独立完成的获国家科技进步二等奖项目，其核心专利技术意大利杨盘磨漂白制浆工艺获 2007 年第十届全国优秀专利奖。意大利杨 APMP 制浆新工艺研究应用，为我国速生丰产林高得率制浆技术的发展树立了样板，为缓解我国木材资源紧张局面、推动速生丰产林基地的建设、保护生态环境、带动地方经济发展等方面发挥了重要的作用。

泰格林纸技术中心已与奥地利安德里茨公司、芬兰美卓公司、德国福伊特公司、加拿大林产品创新研究所、中国制浆造纸研究院、中国林业科学研究院林产化学工业研究所、华南理工大学、陕西科技大学、长沙理工大学等 20 多所知名高校和科研院所建立了产学研合作关系。2002 年，泰格林纸技术中心与中国林业科学研究院林产化学工业研究所合办研究开发机构，成立泰格林纸集团技术中心南京实验室；2006 年，与华南理工大学合作成立泰格—华工生物质化工合作实验室；2009 年泰格林纸集团加入林产化工产业技术创新战略联盟。公司拥有高得率制浆及其应用、高得率浆配抄高档文化用纸、碱法草浆白泥精制碳酸钙作造纸填料、荻苇浆 ECF 漂白工艺、废纸脱墨浆配抄轻量涂布纸、木材纤维制浆等多项核心技术。

技术中心研究成果、专利及获奖情况：

(1) 知识产权建设　获国家授权有效专利 86 项，其中，发明专利 76 项，专利形成标准 10 项。同时公司获得“湖南省首批知识产权培育工程优势企业”“第四批全国企事业单位知识产权试点企业”等荣誉称号。

(2) 科技成果情况　先后获得国家级新产品 6 项，省部级以上科技进步奖 28 项，专利发明奖 6 项。

(3) 承担科技项目情况　先后承担国家科研计划项目 8 项，省级科研项目 22 项。

法人代表：黄　欣

总工程师：朱宏伟

邮编：414002

电话：0730－8590222

传真：0730－8561262

网址：www. tigerfp. cn

广西贵糖(集团)股份有限公司企业技术中心

广西贵糖(集团)股份有限公司企业技术中心成立于 1996 年，是国家认定的企业技术中心。企业技术中心抓住技术创新六要素(企业、市场、人才、技术基础、资金、环境)，制定企业创新规划和创新激励机制，充分实现创新资源的优化配置与创新活动的相互促进。

(1)组织建设　为了实现规范化、制度化，技术中心形成了领导重视，职工积极参与技术创新、产品创新、工艺创新的极好的创新环境和文化氛围。技术中心下属有博士后科研工作站、制糖研究所、造纸研究所、环保研究所、计算机信息中心“一站、三所、一中心”。

技术中心拥有各类专业工程技术人员 291 人，其中有博士后、博士、硕士和数百名专科以上学历的各层次和年龄结构合理的研究、生产、管理团队。为了拓展博士后研究工作的领域，企业博士后科研工作站先后招收了 7 名博士。博士在站期间作了多项研究，其中有 3 个课题的研究成果已应用于公司的生产实践中。

(2)创新机制建设　2013 年至今，公司强化科技投入保障机制，确保科技活动经费支出额占产品销售收入 3% 以上，提高科技活动经费的使用效率及项目研发取得的知识产权管理。2014 年以来，公司修订并不断完善的内控管理制度共十多项。

技术中心采取“走出去，请进来”等多种形式进行培训。2013 年至今，参加特种作业人员技能培训、制糖技术高级培训班、统计管理、造纸工艺、招标流程及招标知识、项目管理制度等各项内部及外出培训的人数达 21121 人次。通过培训，提高专业技术水平和管理水平，为企业持续发展、壮大提供了人才保证。

公司在核心技术的研发和保护、专利工作的管理、国内外相关行业先进(专利)技术的追踪、引进、消化等方面做了大量的工作，取得了一定的成绩，形成了专利制度和技术创新制度有机结合的新机制。经广西壮族自治区工业和信息化委员会、知识产权局推荐，公司成为全区企业专利试点企业之一，具有自主知识产权创新产品“纯点”“碧绿湾”品牌的生活用纸全系列产品已经全面投放市场，为贵糖注入新的活力。

技术中心根据自身的实际情况和未来发展要求，近 3 年来，共申请专利 17 项，其中发明专利 10 项，实用新型专利 7 项，获得授权发明专利 2 项，获得授权实用新型专利 7 项。

(3)合作创新情况　贵糖企业技术中心先后与华南理工大学、中国科学院过程工程研究所、中国科学院广西植物研究所、广西博世科环保科技股份有限公司、江苏久吾高科技股份有限公司等著名高校、科研机构进行了富有成效的合作。在国家科技部、广西壮族自治区科学技术厅、广西壮族自治区工业和信息化委员会、贵港市科技局等部门的大力帮助和支持下，先后完成国际合作项目 2 项、国家级项目 6 项、省部级项目 18 项、单位项目 158 项，获得国家农牧渔业丰收三等奖 1 项、省级科技进步奖 2 项、市级科技进步奖 2 项等十多项荣誉，获得省级新产品新技术证书 2 项。目前正在实施的省部级科技创新研究项目 3 项，正在开展结题验收的省部级科技创新项目 2 项。公司开展的《环保节水的精细化管理》创新研究，先后获得 2014 年第二十四届广东省企业管理现代化创新成果二等奖、2016 年第六届广西企业管理现代化创新成果一等奖。

(4)基础设施建设　公司建立中心综合实验室，各种科研设备进行集中调配，并不断添置用于新产品开发和研究的试验仪器设备，既有独立的实验室，又实现了资源共享；同时配备了一批具有研发能力的工程技术人员，取得了可喜的科研成果。如具有世界先进水平的运用甘蔗渣制浆抄造中高档文化用纸和生活用纸技术、造纸白水回收技术、中段废水处理技术等。2015 年技术中心开始筹建广西贵糖特种纸研究院，将进一步提升造纸的研发能力。

现具有的研究试验设施、检测设施、信息化设施包括：精制糖生产澄清工艺——糖汁碳酸法－离子交换树脂清净处理中试流程；制糖混汁上浮中试设备和流程；膜超滤技术应用的设备与生产流程；高速试验纸机研发生活用纸新品种流程；以蒸煮器、筛浆机、打浆机、纸页成形器为主的造纸中试及新产品开发的设备和流程；建立沼气提纯净化实验室，配备相应的分析仪器；IC厌氧中试反应器1套；碳酸钙小试设备和流程，并配备颗粒测量仪器和水分快速检测仪各1套，能通过配置的软件进行数据的分析处理；制浆造纸废水好氧生化处理中试设备1套；特种纸研究中试生产线1条。

法人代表：朱　冰

地址：广西壮族自治区贵港市幸福路100号

邮编：537102

电话：0775－4201380

传真：0775－4260088

邮箱：438229202@qq.com

网址：www.guitang.com

（雷　煌）

国内高校制浆造纸研究机构

Pulp and Paper Research Institutions in Domestic Universities

江南大学造纸技术研发中心

江南大学造纸研发中心成立于 2003 年 12 月，具有制浆造纸工程硕士、博士学位点及博士后流动站。拥有专业教师 5 名，其中，教授 1 名，副教授 3 名；博士生导师 1 名，硕士生导师 3 名。其中有 2 名教师分别入选江苏省青年骨干教师和无锡市社会事业领军人才计划。截至 2016 年 12 月底，已毕业博士生 5 名，硕士生 27 名。目前在校硕士和博士生共 16 名，在站博士后 2 名。研发中心在国内外学术刊物上发表 SCI 收录论文 30 余篇，出版专著 8 部，获得发明专利 19 项。主持和承担各类科研项目 50 余项，其中国家级和省部级科研项目 20 余项。荣获国家科技进步二等奖 1 项，省级科技进步二等奖 3 项、三等奖 4 项，市局级一等奖 10 余项。研发中心积极参与社会科技创新和服务体系建设，推进科技成果产业化，与国内外多家单位建立了全面合作关系，在特种纸、轻化工助剂等方面已初步形成了一定的特色。

隶属单位：教育部

法人代表：陈　坚

造纸研发中心主任：龙　柱

造纸研发中心所在学院：江南大学纺织服装学院

地址：江苏省无锡市蠡湖大道 1800 号

邮编：214122

电话：0510－85912107

手机：13771579993

传真：0510－85912009

邮箱：longzhu@ jiangnan. edu. cn

网址：www. jiangnan. edu. cn

研究生招生情况：每年招收硕士生 2～4 名，博士生 1 名，另招收博士后 1～2 名。

研究方向：纸基功能材料和特种纸，造纸等轻化工助剂，纤维素综合利用。

浙江理工大学制浆造纸研究所

浙江理工大学制浆造纸研究所 2003 年 9 月在“材料加工工程”和“材料物理与材料化学”两个硕士点招收制浆造纸工程和包装材料方向硕士研究生，2004 年 5 月申报成功“轻工技术与工程”领域工程硕士专业学位授权点，2004 年 9 月在“轻化工程”专业中开始招收制浆造纸工程专业方向本科生，2004 年 9 月在“轻工技术与工程”领域招收制浆造纸工程、包装材料和印刷技术方向工程硕士专业学位研究生，2008 年 9 月在纺织工程学科博士点招收制浆造纸工程和包装材料方向博士研究生。

制浆造纸研究所主要科研项目有国家重点研发计划政府间专项子课题、国家自然科学基金、中国博士后科学基金、浙江省科技厅计划重点项目、浙江省公益技术应用研究计划项目、浙江省环保厅计划项目、浙江省自然科学基金、国家或省部重点实验室基金等国家级、省部级纵向项目 40 多项。制浆造纸研究所成立以来主要成员获主要成果有国家环保部环境科学技术进步二等奖 1 项（2011 年 12 月），在国内外学术期刊和国际会议等发表论文 350 余篇（截至 2016 年 12 月），获国家授权发明专利 30 余项，培养硕士和博士生研究生（含在读）100 余名（截至 2016 年 12 月），参编国家级统编教材 1 本（获国家级精品教材），1 名教师获“浙江理工大学教学名师”称号和“香港桑麻基金会桑麻奖”。

隶属单位：浙江省教育厅

所在学院：浙江理工大学材料与纺织学院

制浆造纸研究所所长：薛国新

地址：浙江省杭州市下沙高教园区西区 2 号大街 928 号浙江理工大学 17 号楼 339 室

邮编： 310018

电话： 0571 – 86843263

传真： 0571 – 86843263

邮箱： xueguoxin@ 126. com

研究生招生情况： 制浆造纸研究所现有专业教师和工程技术人员 9 人，其中，教授 3 人(薛国新、唐艳军、夏新兴)、副教授 3 人、讲师 2 人、工程师(实验员)1 人，8 人具有博士学位，有 5 名专业教师有出国留学进修一年以上的经历，有 2 名博士后出站人员，有博士生导师 2 人、硕士生导师 6 人。

主要研究方向： 植物纤维资源化学加工与生物转化利用，制浆造纸科学技术，纺织用再生纤维素纤维和非织造材料，特种纸基功能材料和包装印刷材料等。

陕西科技大学造纸环保研究所

陕西科技大学造纸环保研究所成立于 2005 年，依托陕西科技大学雄厚的科研实力和广泛的国际交流与合作渠道，在借鉴和吸收国内外造纸环保领域先进技术的基础上，致力于工业及市政领域污染治理新技术的研究开发与科技成果的市场化、产业化、规模化。

研究所下设技术开发部、分析实验中心、综合办、咸阳得林环保设备有限公司及西安隆华环保技术有限公司。核心技术团队成员均具有造纸和环保双学历，同时聘请加拿大 UNB 大学倪永浩教授(加拿大工程院院士)担任技术顾问。研究所共有专家团队成员及工程技术人员 46 人，其中，教授、高级工程师 10 人，工程师 22 人。截至目前，研究所自主研发申请了供气式低压射流曝气器等 16 项国家专利，先后承担了国家及陕西省多项废水处理技术科技攻关项目，均通过了国家或省科委组织的鉴定和验收，其中，荣获中国轻工业联合会科学技术进步奖二等奖 1 项，陕西省科学技术奖二等奖 1 项。研究所于 2013 年获批为陕西省技术转移示范机构，于 2015 年获批为陕西省研究生联合培养示范工作站。

经过十几年的发展，研究所已在造纸、食品、饮料、发酵及化工等多个行业及市政领域完成近 150 项环保处理工程项目。其中，供气式低压射流曝气氧化沟工艺在工业废水好氧生化处理工程及市政脱氮除磷工程中的广泛应用证实了该工艺具有节能高效、运行稳定的突出优势。已建成运行 6 座 UASB 厌氧污泥床反应器和 16 座 HSASB 高速厌氧反应器，处理效果稳定，在冬季低温情况下运转良好，而且长期运行无结垢现象；为适应更严格环保排放标准而开发的 Fenton 流化床深度处理技术药剂消耗量少，运行成本低，已在多个实际工程中得到了成功应用；另外，针对加强高浓废水生化系统微生物活性的生物菌种及生物促生剂、废水深度处理专用 SF 系列强化絮凝剂、DC 系列脱色剂也已完成中试并正在进行推广。

环保研究所作为专业的高科技环保服务机构，将始终不渝地坚持以适用的先进技术为支撑，在专业技术团队的共同努力下治理环境污染，让环保扎根现在，用绿色昭示未来。

隶属单位： 陕西科技大学

法人代表及所长： 张安龙

手机： 13991006901

邮箱： anlongzh63@ 163. com

总工程师： 景立明

手机： 13891914541

邮箱： jingmolla@ 163. com

造纸研发中心所在学院： 陕西科技大学轻工科学与工程学院

地址： 陕西省西安市经济技术开发区凤城十二路凯瑞 B 座 704 – 705

邮编： 710021

电话： 029 – 89600026

传真： 029 – 89600026

邮箱： susthbs@ 126. com

网址： www. susthbs. com

研究生招生情况： 作为陕西省研究生联合培养示范工作站单位，每年与陕西科技大学联合培养 1 ~ 2名博士研究生和 2 ~ 5 名硕士研究生。

研究方向： 有机工业废水处理及废弃物污染控制技术。

湖北工业大学制浆造纸工程研究院

湖北工业大学制浆造纸研究所成立于 2009 年，2016 年更名为湖北工业大学制浆造纸工程研究院。研究院目前拥有专职和兼职科研人员共 20 余人，其中，教授 4 人，副教授 6 人，湖北省“楚天学者”特聘教授 1 名，湖北省有突出贡献中青年专家 1 名，享受国务院特殊津贴专家 1 名。实验仪器设备总值 1100 余万元，实验室面积 1200 米^2。

近 5 年来，研究院先后承担国家自然科学基金项目 8 项，省部级项目 27 项，企事业单位委托科研项目 60 多项，其中，获省部级奖 8 项，国家发明专利 16 项，发表学术论文 450 多篇，其中有近 150 篇被三大索引收录。

研究院针对造纸行业的资源、环境以及产业升级等问题，立足于造纸工业纤维原料的可持续供给的要求，在速生制浆材的选育、化学成分特点、纤维素/半纤维素/木素等主要成分的结构和综合利用等方面做了大量的工作。主要研究高得率制浆等新型制浆工艺、污染控制技术及关键设备。近年来，在新型造纸法烟草薄片、装饰原纸、无甲醛纤维板、木素基聚氨酯保温材料等产品的研发方面做了大量的研究工作。

研究生招生情况：研究院十分注重高层次人才培养，每年招收 8 ~ 10 名研究生。还与华中科技大学等国内著名院校联合培养了多名优秀研究生。近年来，国际交流也十分活跃，与日本名古屋大学、京都大学，美国佐治亚理工学院等院校建立了紧密的合作关系。

主要研究方向：植物纤维资源化学、绿色制浆技术与污染控制、特种纸及纸基复合材料。

隶属单位：湖北工业大学

院长：谢益民

地址：湖北省武汉市洪山区南李路 28 号

邮编：430068

电话：027 - 59750459

传真：027 - 59750459

邮箱：ppymxie@ 163. com

郑州大学制浆造纸研究所（造纸技术（河南）服务公司）

郑州大学制浆造纸研究所成立于 2003 年 6 月，是郑州大学校级科研机构，其职能主要是面向制浆造纸企业，进行全方位的产学研结合和技术服务，并将科研成果实施产业转化。

郑州大学制浆造纸研究所拥有一支高素质的科研开发队伍，现有人员 16 人，其中，特聘教授 1 名，教授 5 人，副教授和高级工程师 6 人，工程师 3 人。现有喷爆制浆、无元素氯漂白、特种纸等技术。

郑州大学与美国、芬兰、俄罗斯、加拿大、日本、澳大利亚、韩国、中国台湾等国家和地区的 80 所知名高校建立了校际合作关系。2008 年 6 月引进外资与技术联合成立“造纸技术（河南）服务公司”，立足河南省面向全国对制浆造纸企业提供技术服务。

郑州大学制浆造纸研究所（造纸技术（河南）服务公司）为企业提供如下便利服务。

（1）项目建议书、可研报告的编写，项目论证、工程咨询、工厂设计、专利申报等。

（2）清洁生产、节能减排、环境评价方案的制定等。

（3）“四新”（新产品、新技术、新设备、新工艺）技术的鉴定和推广等。

（4）名牌（河南、中国）产品的推荐工作等。

（5）国际 ISO 9000、ISO 14000、ISO 18000（质量、环境、安全）咨询认证等。

（6）为企业提供免费法律咨询服务、律师聘请等。

法人代表：王三保

单位负责人：李尚武

地址：河南省郑州市文化路 97 号

邮编：450002

电话：0371 - 87520359

传真：0371 - 63886906

邮箱：hnszzxh@ 126. com

华南理工大学造纸与污染控制国家工程研究中心

造纸与污染控制国家工程研究中心是国家发展和改革委于 1996 年 3 月批准依托华南理工大学建设的国家科技发展项目。研究中心建设资金包括世界银行贷款 300 万美元及人民币 2800 万元。2005 年通过国家发展和改革委建设验收，先后通过两年一度评价 5 次，均获得良好评价结果，被授予“重大成就奖”称号。2015 年完成了由国家发展和改革委批准投资 3000 万元的创新能力建设，完成多项技术研发平台建设，提高了技术成果工程化能力，持续为行业技术升级提供支撑。

研究中心是集高新技术装备研发和推广及人才培养于一体的工程化技术和装备研发机构，是科研成果向生产力转化的“通道”，是高新技术与产品的创新平台。其建设宗旨是将国内外有市场价值的重要科研成果进行后续工程化研究和系统集成，开发制浆造纸行业节能减排清洁生产、特种纸基材料等工程化共性集成技术与装备，提升我国制浆造纸节能减排清洁生产和特种纸生产技术水平。

目前，研究中心建设了多个工程化技术研发

平台，包括“制浆造纸废水循环回用技术研发平台”“节能技术与装备研发平台”“制浆造纸废弃物资源化研发平台”和综合实验室。研究中心下设清洁生产项目部、环境与生态项目部、纸页成形项目部、节能技术项目部、特征纸基项目部、生物工程项目部、固废资源化项目部等技术与产品研发部门，在制浆造纸清洁生产、纸浆绿色漂白、造纸废水处理与生态循环回用、企业系统能耗优化、高效节能中浓磨浆、固废资源化利用、特种纸基功能材料、生物工程等方面的技术和装备研发推广成绩卓越。

研究中心与相关企业建立了良好的合作关系，联合成立研发基地，实现技术与成果共享和对接。未来希望与更多的相关企业建立产学研合作关系。

研究中心现有各类人员 50 多人，其中，教授级高级工程师 15 人，副高 22 人和中级 6 人。其中，具有博士学位的 30 多人，参研研究生近 100 人，研发设计经营人员配套齐全。

研究生招生情况：每年招收硕士、博士研究生和博士后 40 多人。

主要研究方向：制浆造纸清洁生产与污染控制、节能与控制、资源化利用、纸基特种材料、生物工程等。

中心主任：李友明

单位负责人：王迎军

国家工程研究中心所在学院：华南理工大学轻工科学与工程学院

地址：广东省广州市五山路 381 号华南理工大学

邮编：510640

电话：020－87112614

传真：020－87113840

邮箱：pperc@ scut. edu. cn

网址：www. pperc. com. cn

广西大学造纸科学研究所

广西大学造纸科学研究所成立于 1997 年，隶属于广西大学，依托教育部“糖业及综合利用”工程研究中心、广西清洁化制浆造纸与污染控制重点实验室、广西清洁化制浆造纸与污染控制人才小高地、广西印刷包装工程技术中心等科研平台，其职能主要是面向企业，进行全方位的“产、学、研”合作，并将高等院校的科研成果实施产业化。经过十多年的建设发展，目前研究所已初具规模，并逐渐形成了自己的特色。已成为广西壮族自治区制浆造纸、轻工环保等行业的主要研究单位，在国内同行业中具有较高的影响力。研究所现有研究人员 25 人，其中，教授 6 人，副教授 5 人，拥有博士学位 20 人，留学回国人员 13 人，形成了结构较为合理的人才梯队。

研究所依托广西大学，具有良好的基础设施和实验设备条件，其中中试车间拥有小型制浆造纸生产线、工业有机废水厌氧及好氧中试线。ISO 标准恒温恒湿纸张检测室已通过国家气象计量站的认定，实验室拥有液相色谱仪、离子色谱仪、电感耦合等离子体发射光谱仪、顶空气相色谱质谱联用仪、红外光谱仪、紫外光谱仪等大型仪器。近年来，实验室不仅满足教师及学生的科研要求，还逐步办成了开放实验室，积极为企业提供分析检测服务，大大促进了企校之间的合作与交流。

近年来，研究所先后承担了国家 863 计划重大项目 1 项，国家 973 计划项目 1 项，国家自然科学基金 8 项，国家科技攻关项目 1 项，取得了多项科研成果。组合还原法、综合法等大型二氧化氯制备技术及关键装备打破了我国造纸企业大型二氧化氯生产系统均为国外成套进口的现状，提高纸浆漂白过程的清洁化程度推动造纸工业产业结构调整，成果已成功应用在 APP 集团印度尼西亚 IKPP 浆厂(35 吨/日)和 LONTAR 浆厂、海南金海浆纸业有限公司(35 吨/日)、广西永鑫华糖集团有限公司等国内外 20 多家企业，获 2015 年度广西科技进步奖一等奖。以高浓有机废水高效厌氧处理、高效异相催化氧化等技术和装备为核心的成果已成功应用于俄罗斯赤塔州阿玛扎尔北极星纸浆工业联合体、白俄罗斯戈梅里州多布鲁斯市劳动英雄造纸厂、缅甸 CTMP 新闻纸厂、玖龙纸业(控股)有限公司、广东理文造纸有限公司、山东博汇集团有限公司等国内外 140 多家企业，先后获得了 2013 年度教育部科技进步一等奖、2013 年度中国轻工业联合会科技进步一等奖、2016 年度国家科技进步二等奖。

所长：王双飞

地址：广西壮族自治区南宁市大学路 100 号

邮编：530004

电话：0771－3237097

传真：0771－3237079

网址：www. gxu. edu. cn

邮箱：wangsf@ gxu. edu. cn

（王　斌）

国内制浆造纸专业教育机构

Domestic Education Institutions Offering Pulping and Papermaking Courses

北京林业大学

造纸专业所在院系：材料科学与技术学院化学工程系

材料科学与技术学院院长：任　强

地址：北京市海淀区清华东路35号

邮编：100083

电话：010－62338152、62338358

隶属单位：教育部

专业设置时间：1987年

专业课程设置：植物纤维化学、制浆原理与工程、造纸原理与工程、制浆机械与设备、高效清洁制浆、造纸助剂、废纸再生利用技术、加工纸、制浆造纸工厂设计、林化概论、专业英语、造纸工业环境污染与控制、造纸专业实验技术、木质素利用技术、生物工程概论、专业课程设计、纸的结构与性能、纸张概论、纸张与包装、纸张与印刷等。

2016年在校专业学生人数：本科生180人，硕士生110人，博士生45人。

至2016年专业毕业生总人数：本科毕业生1145人，硕士生200人，博士生50人。

2016年毕业生人数：本科生45人，硕士生30人，博士生10人。

2016年专业教师情况：专业教师41人，其中，长江学者特聘教授2人，教授15人，副教授11人，讲师12人，高级实验师3人。

2016年招收本科生人数：44人。

2016年招收专业硕士生人数：42人。

2016年招收硕士生的指导教师：孙润仓、许凤、蒋建新、蒲俊文、张力平、樊永明、姚春丽、何静、雷建都、吴玉英、金小娟、宋先亮、张学铭、马明国、韩春蕊、李瑞、彭锋、王波、王堃、杨俊、李明飞、袁同琦。

2016年招收专业博士生人数：19人。

2016年招收博士生的指导教师：孙润仓、许凤、蒲俊文、蒋建新、张力平、樊永明、姚春丽、何静、雷建都、马明国、张学铭、宋国勇、宋先亮、彭锋、王波。

中国制浆造纸研究院

研究院院长：曹春昱

地址：北京市朝阳区望京启阳路4号中轻大厦

邮编：100102

电话：010－64778000

传真：010－64778001

网址：www. cnppri. com

隶属单位：中国轻工集团公司

专业设置时间：1982年

专业课程设置：制浆造纸生物技术、造纸助剂与湿部化学、纸张结构与性能、制浆化学、制纸科学、非木材造纸、造纸工业环境保护。

2016年在读专业学生人数：硕士生11人。

至2016年专业毕业生人数：硕士生74人。

2016年毕业生人数：4人。

2016年专业教师情况：专业教师11人。

2016年招收专业硕士生人数：3人。

2016年招收硕士生的指导教师：曹春昱、卢宝荣、刘文、彭建军、冯文英、庄金风、刘金刚、陈曦、张清文、李杰辉、陈雪峰。

天津科技大学

造纸专业所在院系：造纸学院

造纸学院院长：刘　忠

地址：天津市泰达开发区十三大街 29 号

邮编：300457

电话：022－60601293

传真：022－60601293

隶属单位：天津市

专业设置时间：天津科技大学前身为 1939 年的中央技术专业学校，随后相继与北洋大学、四川化工学院等相关学科合并迁至天津大学。1959 年和 1971 年分两次将造纸专业调至天津轻工业学院。2015 年 4 月天津科技大学造纸学院成立。至今该学科已有 70 多年的历史。

专业课程设置：植物纤维化学、植物纤维化学实验、制浆原理与工程、造纸原理与工程、制浆造纸工艺实验、高分子物理与化学、过程测控、制浆造纸工程设计、仪器分析、环保工程、化工设备、加工纸、废纸再生利用、化工助剂、高得率制浆、浆料流体力学、生物化学导论、制浆造纸清洁生产原理与技术、生物质精炼、制浆造纸导论等。

2016 年在校专业学生人数：本科生 451 人，硕士生 76 人，博士生 19 人。

至 2016 年专业毕业生人数：本科生 2868 人，专科生 496 人（包括高等教育自学考试），硕士生 321 人，博士生 90 人。

2016 年毕业生人数：本科生 121 人，硕士生 34 人，博士生 10 人。

2016 年专业教师情况：专业教师共 32 人，其中，教授 12 人，副教授 10 人，讲师 9 人。

2016 年招收本科生人数：117 人。

2016 年招收专业硕士生人数：36 人。

2016 年招收硕士生的指导教师：倪永浩、刘忠、侯庆喜、司传领、刘廷志、高玉杰、刘秋娟、李群、王高升、裴继诚、刘泽华、张红杰、惠岚峰、刘洪斌、刘鹏涛、洪义梅、张文晖。

2016 年招收专业博士生人数：4 人。

2016 年招收博士生的指导教师：倪永浩、刘忠、侯庆喜、李群、司传领、刘廷志、姜涛、曹振雷、王昶、陈嘉川、秦梦华。

大连工业大学

造纸专业所在院系：轻工与化学工程学院

轻工与化学工程学院院长：张绍印

地址：辽宁省大连市甘井子区轻工苑 1 号

邮编：116034

电话：0411－86323327－602

传真：0411－86323649

隶属单位：辽宁省教育厅

专业设置时间：1959 年

专业课程设置：植物纤维化学、制浆原理与工程、造纸原理与工程、轻化工仪表及自动化、轻化工设备、轻化工环境保护、轻化工工艺实验、热工与节能、文献检索、轻化工科技英语、轻化工工厂设计、废纸回收工程、制浆造纸化学品、植物纤维资源综合利用、加工纸、设备维护与过程控制、制浆造纸前沿技术等。

2016 年在校专业学生人数：本科生 337 人，硕士生 50 人。

至 2016 年专业毕业生总人数：本科生 2866 人，硕士生 254 人。

2016 年毕业生人数：本科生 74 人，硕士生 19 人。

2016 年专业教师情况：专业教师和工程技术人员 16 人，其中，教授 7 人，副教授（含副研究员和高级工程师）7 人，讲师（含工程师）2 人。

2016 年招收本科生人数：81 人。

2016 年招收专业硕士生人数：15 人。

2016 年招收硕士生的指导教师：周景辉、平清伟、牛梅红、韩颖、鲁杰、石海强、张健、孙广卫、李海明、郭延柱、王海松、李娜、张世杰（黄俊彦、霍李江、焦利勇、吕艳娜、姜洋、梁静）。

注：括号内的导师为印刷包装专业教师，在我校的一级学科硕士点下招生。

东北林业大学

造纸专业所在院系：材料科学与工程学院

材料科学与工程学院院长：刘守新

地址：黑龙江省哈尔滨市香坊区和兴路 26 号

邮编：150040

电话：0451－82191744、82190394

传真：0451－82191744

隶属单位：教育部

专业设置时间：1987 年

专业课程设置：无机化学、有机化学、分析化学、物理化学、化工原理、植物纤维化学、造纸原料各论、制浆原理与工程、造纸原理与工程、加工纸工艺、造纸助剂与湿部化学、制浆综合实验（含植物纤维化学、造纸原料各论、制浆分析、污染防治）、造纸综合实验（含造纸助剂与湿部化学、造纸分析、加工纸工艺）、专业外语（英）、制浆造纸过程测量与控制、制浆造纸机械与设备、制浆造纸工程设计、计算机在造纸工业中应用、高得率浆生产技术、制浆废液资源化利用、制浆造纸技术进展、轻化工程专业导论、制浆造纸节约技术、造纸企业污染防治等。

2016 年在校专业学生人数：本科生 212 人，硕士生 21 人，博士生 6 人。

至 2016 年专业毕业生总人数：本科毕业生 813 人，硕士生 71 人，博士生 10 人。

2016 年毕业生人数：本科生 39 人，硕士生 8 人。

2016 年专业教师情况：专业教师和工程技术人员 12 人，其中，中国工程院院士 1 人(外聘)；教授 3 人，副教授(含副研究员和高级工程师)5 人，讲师 2 人，助理工程师 1 人。

2016 年招收本科生人数：61 人。

2016 年招收专业硕士生人数：3 人。

2016 年招收硕士生的指导教师：钱学仁、刘文波、岳金权、沈静。

2016 年招收专业博士生人数：1 人。

2016 年招收博士生的指导教师：钱学仁。

齐齐哈尔大学

造纸专业所在院系：轻工与纺织学院

轻工与纺织学院院长：赵 欣

地址：黑龙江省齐齐哈尔市文化大街 42 号

邮编：161006

电话：0452－2738192

传真：0452－2738192

网址：www. qqhru. edu. cn

隶属单位：黑龙江省教育厅

专业设置时间：1988 年

专业课程设置：轻化工合成材料基础、轻化工生物技术、计算机在轻化工程中的应用、植物纤维化学、制浆造纸原理与工程、制浆造纸机械与设备、加工纸原理与技术、造纸助剂、造纸仪表与自动化、造纸环保与污染治理技术、制浆造纸工厂设计等。

2016 年在校专业学生人数：本科生 483 人(轻化工程专业)。

2016 年专业毕业生人数：本科生 121 人。

2016 年专业教师情况：专业教师 7 人，其中，教授 1 人，副教授 5 人，讲师 1 人。

2016 年招收本科生人数：122 人。

东北电力大学

造纸专业所在院系：化学工程学院

化学工程学院院长：时君友

地址：吉林省吉林市长春路 169 号

邮编：132013

电话：0432－4806371

传真：0432－4806620

隶属单位：吉林省教委

专业设置时间：中专 1950 年，本科 2001 年

专业课程设置：植物纤维化学、植物纤维化学实验、轻化工仪表自动化、轻化工计算机辅助设计、轻化工环境保护、制浆原理与工程、造纸原理与工程、工艺实验、印刷工艺学、包装原理与工程、文献检索、专业外语(英)、制浆造纸机械与设备、轻化工工厂设计、制浆漂白新技术(英)、造纸湿部化学、制浆造纸助剂、化工设备、生物技术在造纸工业中应用、加工纸与特种纸、二次纤维回用技术等。

2016 年在校专业学生人数：本科生 132 人。

至 2016 年专业毕业生总人数：本科生 836 人。

2016 年毕业生人数：本科生 32 人。

2016 年专业教师情况：专业教师和工程技术人员 32 人，其中，教授 6 人，副教授(含副研究员和高级工程师)24 人，讲师(含工程师)2 人。

2016 年招收本科生人数：31 人。

南京林业大学

造纸专业所在院系：轻工科学与工程学院

轻工科学与工程学院院长：张 辉

地址：江苏省南京市龙蟠路 159 号

邮编：210037

电话：025－85428793

传真：025－85428793

隶属单位：江苏省教育厅、国家林业局

专业设置时间：1964 年

专业课程设置：(1)本科生专业课程主要为：植物资源化学、制浆原理与工程、造纸原理与工程、制浆造纸机械与设备、制浆造纸过程系统控制、制浆造纸工程设计、纸加工原理与技术、废纸再生利用技术、植物资源化学实验、制浆造纸工艺实验、制浆造纸专业英语、现代造纸机械状态监测与故障诊断(加实验)、制浆造纸机械制造工艺、制

浆造纸设备腐蚀与防护(加实验)、制浆造纸设备安装与维修(加实验)等。(2)研究生专业课程主要为:高等木材化学研究方法(含实验)、木质素化学、糖类化学、制浆化学、造纸化学、制浆造纸专题、现代造纸机械监诊学、工程信号采集与处理、制浆造纸装备专题、高等纸浆与造纸分析方法等。

2016 年在校专业学生人数: 本科生 765 人,硕士生 94 人,博士生 26 人。

至 2016 年专业毕业生总人数: 专科生 1063 人,本科生 3267 人,硕士生 404 人,博士生 83 人。

2016 年毕业生人数: 本科生 206 人,硕士生 39 人,博士生 9 人。

2016 年专业教师情况: 专业教师和工程技术人员 52 人。国际木材科学院院士 1 人,江苏省"333"高层次人才培养工程中青年学术带头人培养对象 4 人,江苏省"青蓝工程"中青年学术带头人培养对象 3 人,美国特聘教授 1 人,国内外兼职教授 8 人;教授 14 人,副教授(含副研究员和高级工程师)22 人,讲师(含工程师)16 人。

2016 年招收本科生人数: 187 人。

2016 年招收专业硕士生人数(含全日制工程硕士): 39 人

2016 年招收硕士生的指导教师: 张辉、翟华敏、戴红旗、曹云峰、胡慕伊、周小凡、童国林、金永灿、景宜、龚木荣、吴彩娥、丁武、杨益琴、时留新、吴淑芳、苏二正、宋君龙、任浩、程金兰、王志国、吴伟兵、王琪、邢洁芳、石瑞、刘鸿斌、寇丽萍。

2016 年招收专业博士生人数: 8 人。

2016 年招收博士生的指导教师: 张辉、曹云峰、翟华敏、戴红旗、周小凡、童国林、金永灿、景宜、魏先福、房桂干、吴彩娥、宋君龙、丁武。

江南大学

造纸专业所在院系: 纺织服装学院轻化工程系

纺织服装学院院长: 付少海

地址: 江苏省无锡市蠡湖大道 1800 号

邮编: 214122

电话: 0510 - 85912107

传真: 0510 - 85912009

网址: www. jiangnan. edu. cn

隶属单位: 教育部

专业设置时间: 2003 年

专业课程设置: 现代制浆造纸理论及研究前沿、纤维表面物理与界面科学(双语)、造纸物理、造纸湿部化学、现代包装材料学、近代仪器分析实验、制浆化学、造纸助剂、制浆造纸分析与检测、纸页结构与性能、废纸再生技术、印刷适性与材料分析、生物质能源与化工、非织造技术进展、纤维材料表面功能化(双语)、二次纤维利用新技术、高聚物结构与性能、制浆造纸科技前沿讲座、加工纸与特种纸等。

2016 年在校专业学生人数: 硕士生 12 人,博士生 4 人。

至 2016 年专业毕业生总人数: 硕士生 27 人,博士生 5 人。

2016 年毕业生人数: 硕士生 3 人,博士生 1 人。

2016 年专业教师情况: 专业教师和工程技术人员 4 人,其中,教授 2 人,副教授 2 人。

2016 年招收专业硕士生人数: 4 人。

2016 年招收硕士生的指导教师: 龙柱、蒋学、张丹。

2016 年招收专业博士生人数: 0 人。

2016 年招收专业博士后人数: 2 人。

2016 年招收博士生的指导教师: 龙柱。

浙江科技学院

造纸专业所在院系: 生物与化学工程学院/轻工学院

生物与化学工程学院/轻工学院院长: 刘士旺

地址: 浙江省杭州市留和路 318 号

邮编: 310023

电话: 0571 - 85070782

传真: 0571 - 85070785

隶属单位: 浙江省教育厅

专业设置时间: 2005 年

专业课程设置: 植物纤维化学、植物纤维化学实验、制浆原理与工程、造纸原理与工程、制浆造纸过程模拟与控制、工艺实验、制浆造纸机械与设备、制浆造纸工厂设计、轻化工环保、加工纸与特种纸、制浆造纸专业英语、包装原理与工程、制浆造纸助剂、二次纤维回用技术等。

2016 年在校专业学生人数: 本科生 250 人,硕士生 12 人。

至 2016 年专业毕业生总人数: 本科生 371 人。

2016 年毕业生人数: 本科生 48 人。

2016 年专业教师情况: 专业教师和工程技术人

员 14 人，其中，校级特聘教授 1 人，教授 2 人，副教授（含副研究员和高级工程师）5 人，讲师（含工程师）6 人。

2016 年招收本科生人数：60 人。

浙江理工大学

造纸专业所在院系：材料与纺织学院制浆造纸研究所

材料与纺织学院制浆造纸研究所所长：薛国新

地址：浙江省杭州市下沙高教园区西区 2 号大街 928 号

邮编：310018

电话：0571－86843263

传真：0571－86843263

隶属单位：浙江省教育厅

专业设置时间：2004 年 9 月在"轻化工程"专业中开始招收制浆造纸工程专业方向本科生，2003 年 9 月在"材料加工工程"和"材料物理与材料化学"两个硕士点招收制浆造纸工程和包装材料方向硕士研究生，2004 年 5 月申报成功"轻工技术与工程"领域工程硕士专业学位授权点，2004 年 9 月在"轻工技术与工程"领域招收制浆造纸工程、包装材料和印刷技术方向工程硕士专业学位研究生，2008 年 9 月在纺织工程学科博士点招收制浆造纸工程和包装材料方向博士研究生。

专业课程设置：植物纤维化学、工业微生物、制浆原理与工程、造纸原理与工程、制浆造纸机械与设备、制浆造纸过程控制与自动化、废纸再生利用技术、制浆造纸工程综合实验、制浆造纸工程专业英语、制浆造纸环境保护、制浆造纸工程设计概论、纸与纸板的结构与性能、特种纸与加工纸制造技术、制浆造纸化学品与纸机湿部化学、植物资源化学与工程、制浆造纸新技术导论、包装印刷概论等。

2016 年在校专业学生人数：本科生 75 人，研究生 78 人。

至 2016 年专业毕业生总人数：本科生 240 余人，硕士生 79 人，博士生 1 人。

2016 年毕业生人数：本科生 21 人，硕士生 15 人。

2016 年专业教师情况：专业教师和工程技术人员 9 人，其中，教授 3 人（薛国新、夏新兴、唐艳军），副教授 3 人，讲师 2 人，工程师（实验员）1 人。

2016 年招收本科生人数：21 人。

2016 年招收硕士生情况：招收制浆造纸工程学术型硕士研究生 6 人。

2016 年招收硕士生的指导教师：薛国新、夏新兴、唐艳军、张秀梅、张勇、张俊华。

福建农林大学

造纸专业所在院系：材料工程学院轻化工程系

材料工程学院院长：陈礼辉

地址：福建省福州市闽侯县溪源宫路 63 号

邮编：350100

电话：0591－83715175

传真：0591－83715175

隶属单位：福建省教育厅

专业设置时间：1986 年设制浆造纸专科，1989 年设制浆造纸工程本科，2003 年设制浆造纸工程硕士点，2010 年设轻工技术与工程专业硕士点。

专业课程设置：化工原理、植物纤维化学、制浆原理与工程、造纸原理与工程、制浆造纸机械与设备、制浆造纸工厂设计、废纸再生利用技术、造纸化学品、天然产物化学、精细化学品生产工艺学。

2016 年在校专业学生人数：本科生 230 人，硕士生 67 人，工程硕士生 9 人，博士生 13 人。

2016 年毕业生人数：本科生 59 人，硕士生 13 人，博士生 5 人。

2016 年专业教师情况：专业教师 32 人，其中，教授 9 人，副教授 12 人，讲师 11 人。

2016 年招收本科生人数：61 人。

2016 年招收研究生人数：硕士生 19 人，博士生 7 人。

2016 年招收硕士生的指导教师：陈礼辉、谢拥群、黄六莲、黄彪、林金国、曹石林、黄方、欧阳新华、郑德勇、卢泽湘、罗小林、吴慧、苗庆显、刘凯、马晓娟、张敏、刘婧、胡会超。

齐鲁工业大学

造纸专业所在院系：造纸与植物资源工程学院

造纸与植物资源工程学院院长：孔凡功

地址：山东省济南市长清区大学路 3501 号

邮编：250353

电话：0531－89631681

传真：0531－89631163

隶属单位：山东省教育厅

专业设置时间：1978 年

专业课程设置：造纸植物资源化学、制浆原理与工程、造纸原理与工程、制浆造纸机械与设备、制浆造纸分析与检测、制浆造纸环境保护概论、制浆造纸助剂、加工纸与特种纸、制浆造纸设备安装与维修、制浆造纸工厂设计。

2016 年在校专业学生人数：本科生 665 人，硕士生 72 人。

至 2016 年专业毕业生总人数：本科生 2753 人，硕士生 314 人。

2016 年毕业生人数：本科生 158 人，硕士生 23 人。

2016 年专业教师情况：专业教师和工程技术人员 59 人，其中，泰山学者特聘教授 1 人，特聘教授 3 人；教授 20 人，副教授（含副研究员和高级工程师）20 人，讲师（含工程师）16 人。

2016 年招收本科生人数：184 人。

2016 年招收硕士生情况：13 人。

2016 年招收硕士生的指导教师：陈嘉川、秦梦华、赵传山、刘玉、杨桂花、刘温霞、傅英娟、韩金梅、徐清华、孔凡功、李宗全、王正顺、刘娜、王代启、吴朝军、王振、庞志强、王哲、王慧丽、王守娟、吕高金、王强、王锋、王海松、王习文。

青岛科技大学

造纸专业所在院系：海洋科学与生物工程学院

海洋科学与生物工程学院院长：陈夫山

地址：山东省青岛市四方区郑州路 53 号

网址：www. qust. edu. cn

隶属单位：山东省教育厅

专业设置时间：2003 年

专业课程设置：天然高分子化学、轻化工工艺、轻化工设备、轻化工环境保护、科技文献检索、造纸湿部化学、制浆造纸助剂、纤维素功能化、生物技术在造纸工业中应用、加工纸与特种纸、二次纤维回用技术等。

2016 年在校专业学生人数：本科生 232 人，硕士生 18 人，博士生 5 人。

至 2016 年专业毕业生总人数：本科生 482 人，硕士生 69 人。

2016 年毕业生人数：本科生 60 人，硕士生 13 人。

2016 年专业教师情况：专业教师和工程技术人员 17 人，其中，教授 5 人，副教授（含副研究员和高级工程师）8 人，讲师（含工程师）4 人。

2016 年招收本科生人数：58 人。

2016 年招收专业硕士生人数：26 人。

2016 年招收硕士生的指导教师：陈夫山、武玉民、于世涛、刘福胜、黎振球、范金石、张恒、何为、王松林、宋晓明。

2016 年招收专业博士生人数：6 人。

2016 年招收博士生的指导教师：陈夫山、武玉民、刘福胜、于世涛。

山东工业技师学院

造纸专业所在院系：海洋生化系

海洋生化系主任：郝培军

地址：山东省潍坊市西环路 6789 号

邮编：261053

电话：0536－8337236

传真：0536－8338768

网址：www. gyjsxy. com

隶属单位：山东省人力资源和社会保障厅

专业设置时间：1978 年

专业课程设置：制浆造纸工艺、制浆造纸设备与操作、制浆造纸化验与物检、制浆造纸自动控制、制浆造纸安装与维修。

2016 年在校专业学生人数：高级技工 40 人，技师 110 人。

至 2016 年专业毕业生总人数：中级技工 1300 人，高级技工 5060 人，技师 980 人。

2016 年毕业生人数：高级技工 100 人，技师 80 人。

2016 年专业教师情况：专业教师和工程技术人员 26 人，其中，副教授（含副高级实习指导教师）16 人，讲师（含工程师）10 人。

2016 年招收技师人数：40 人。

湖北工业大学

造纸专业所在院系：制浆造纸研究院轻化工程系

制浆造纸研究院院长：谢益民

地址：湖北省武汉市洪山区南李路 28 号

邮编：430068

电话：027－59750459

传真：027－59750459

隶属单位：湖北省

专业设置时间：1977 年湖北轻工业学院成立后，设置了化工系制浆造纸工艺教研室；1998 年该专业获得制浆造纸工程硕士授予权；1999 年本科专业制浆造纸工程更名为轻化工程；2002 年开始招收轻工技术专业工程硕士；2009 年制浆造纸工程批准为“湖北省楚天学者计划”设岗学科，同年成立了制浆造纸工程研究所，2016 年 3 月成立制浆造纸研究院（含轻化工程系）。

专业课程设置：植物纤维化学、植物纤维化学实验、制浆原理与工程、造纸原理与工程、制浆造纸工艺实验、无机化学、分析化学、有机化学、物理化学、化工原理、机械设计基础、机械设计与制造、加工纸工艺、制浆造纸机械与设备、轻工自动化仪表、造纸湿部化学、造纸化学品、轻工产品设计、废纸再生利用、高得率制浆、轻化工环保等。

2016 年在校专业学生人数：本科生 150 人，硕士生 15 人。

至 2016 年专业毕业生人数：本科生 2423 人，硕士生 142 人。

2016 年毕业生人数：本科生 90 人，硕士生 4 人。

2016 年专业教师情况：专业教师共 16 人，其中，教授 3 人，副教授 6 人，讲师 6 人，高级实验师 1 人。

2016 年招收本科生人数：60 人。

2016 年招收硕士生人数：5 人。

2016 年招收硕士生的指导教师：谢益民、袁世炬、杨海涛、文琼菊、刘智、王鹏、冯清华。

湖北轻工职业技术学院

造纸专业所在院系：轻化工程学院

轻化工程学院院长：徐　兵

地址：湖北省武汉市洪山区石牌岭东二路

邮编：430070

电话：027－87156391

传真：027－87156391

网址：www. hbliti. com

隶属单位：湖北省教育厅

专业设置时间：中专 1956 年、高职 2001 年

专业课程设置：植物纤维化学、制浆工艺、造纸工艺、制浆造纸机械设备与操作、制浆造纸分析与检验、纸加工工艺、制浆造纸环境保护概论、制浆造纸仪表自动化，新品小样制作。

2016 年在校专业学生人数：专科生（高职）123 人。

至 2016 年专业毕业生总人数：中专毕业生 1510 人，专科生（高职）1031 人。

2016 年毕业生人数：专科生（高职）30 人。

2016 年专业教师情况：副教授 5 人，讲师 2 人，工程师 1 人，高级实验师 1 人，楚天名师 1 人。

2016 年招收专科生（高职）人数：25 人。

长沙理工大学

造纸专业所在院系：化学与生物工程学院轻化工程系

化学与生物工程学院院长：杨荣华

地址：湖南省长沙市雨花区万家丽南路二段 960 号

邮编：410114

电话：0731－85258733

传真：0731－85258733

网址：www. csust. edu. cn

隶属单位：湖南省教育厅

专业设置时间：1958 年

专业课程设置：植物纤维化学、制浆原理与工程、造纸原理与工程、制浆造纸机械与设备、制浆造纸清洁生产、造纸化学品、涂布加工纸与特种纸、印刷工艺学、包装防伪技术等。同时开设以高新技术为主导的不同专业方向的系列选修课程及自主实践性强的综合性实验。

2016 年在校专业学生人数：本科生 235 人，硕士生 22 人。

至 2016 年专业毕业生总人数：本科生 568 人，硕士生 66 人。

2016 年毕业生人数：本科生 60 人，硕士生 10 人。

2016 年专业教师情况：专业教师和工程技术人员 21 人，其中，教授 5 人，副教授（含副研究员和高级工程师）11 人，讲师（含工程师）5 人。

2016 年招收本科生人数：50 人。

2016 年招收专业硕士生人数：12 人。

2016 年招收硕士生的指导教师：马乐凡、张运雄、胡可信、王萍、王玉珑、晏永祥、夏畅斌、肖忠良、陈启杰、张雄飞。

华南理工大学

造纸专业所在院系：轻工科学与工程学院

轻工科学与工程学院书记： 徐 兵

地址： 广东省广州市天河区五山街 381 号

邮编： 510640

电话： 020－87112841

传真： 020－87112841

网址： www. scut. edu. cn

隶属单位： 教育部

专业设置时间： 1952 年

专业课程设置： 植物纤维化学、植物纤维化学实验、轻化工仪表自动化、工业设计基础、轻化工计算机辅助设计、轻化工环境保护、制浆造纸原理与工程、制浆造纸工艺实验、印刷工艺学、包装原理与工程、科技文献检索、林产化学、专业英语、制浆造纸机械与设备、轻工工厂设计、制浆漂白新技术（双语教学）、造纸湿部化学、制浆造纸助剂、纤维素功能化、化学制浆技术（全英教学）、生物技术在造纸工业中应用、加工纸与特种纸、废纸回收回用技术等。

2016 年在校专业学生人数： 本科生 377 人，硕士生 262 人，博士生 108 人。

至 2016 年专业毕业生总人数： 本科生 2990 人，硕士生 674 人，博士生 283 人。

2016 年毕业生人数： 本科生 101 人，硕士生 74 人，博士生 23 人。

2016 年专业教师情况： 专业教师和工程技术人员 88（1 人返聘）人，其中，中国工程院院士 1 人，俄罗斯工程院外籍院士 1 人，教授 29 人（含教授级高级工程师），副教授（含副研究员和高级工程师）46 人，讲师（含工程师、助理研究员）13 人。

2016 年招收本科生人数： 本科生 109 人。

2016 年招收专业硕士生人数： 招收全日制学术型硕士研究生 71 人，全日制专业学位研究生 18 人。

2016 年招收硕士生的指导教师： 柴欣生、陈港、陈广学、陈克复、陈奇峰、陈小泉、樊慧明、何北海、侯轶、胡健、李擘、李海龙、李继庚、李军、李军荣、李友明、梁云、刘德桃、刘建安、刘江文、刘明友、马邕文、莫立焕、沈文浩、唐爱民、陶劲松、万金泉、万小芳、王习文、王宜、武书彬、徐峻、杨飞、杨进、杨仁党、叶君、曾劲松、张宏伟、赵光磊、赵丽红、朱小林、敖日格勒、谌凡更、付时雨、雷以超、刘传富、刘颖、吕发创、彭新文、钱丽颖、任俊莉、孙润仓、田英姿、王小慧、王小英、钟林新、周雪松、庄军平。

2016 年招收专业博士生人数： 28 人。

2016 年招收博士生的指导教师： 柴欣生、陈克复、李军、李友明、沈文浩、何北海、陈广学、胡健、梁云、陈港、谌凡 更、武书彬、付时雨、王小慧、吕发创、孙润仓、刘传富、杨仁党、任俊莉、王小英。

广东轻工职业技术学院

造纸专业所在院系： 轻化工学院

轻化工程系主任： 李 荣

地址： 广东省广州市海珠区新港西路 152 号

邮编： 510300

电话： 020 － 61230200（院办）、61230950（系办）

传真： 020 － 61230000（院办）、61230951（系办）

网址： www. gdqy. edu. cn

隶属单位： 广东省教育厅

专业设置时间： 1958 年

专业课程设置： 制浆工艺学、造纸工艺学、造纸化学品、纸的加工技术、制浆造纸工厂设计概论、制浆造纸企业管理、制浆造纸分析与检验、制浆造纸机械设备、制浆造纸设备安装修理、制浆造纸工业环境保护、专业英语。

2016 年在校专业学生人数： 专科生 286 人。

至 2016 年专业毕业生总人数： 本科生 191 人，专科生 941 人，中专生 1331 人，技工 415 人。

2016 年毕业生人数： 专科生 88 人。

2016 年专业教师情况： 专业教师和工程技术人员 9 人，其中，教授 4 人，副教授（含高级实验师）5 人。

2016 年招收专科生人数： 95 人。

广西大学

造纸专业所在院系： 轻工与食品工程学院

地址： 广西壮族自治区南宁市大学路 100 号

邮编： 530004

电话： 0771－3237301、3231382

传真： 0771－3237097

网址： www. gxu. edu. cn

隶属单位： 教育部

专业设置时间： 1978 年

专业课程设置： 植物纤维化学、制浆工艺学、造纸工艺学、制浆造纸设备、造纸湿部化学及化学品的应用、制浆造纸机械与设备、轻化工程设计概论、加工纸、化工仪表与自动化、二次纤维回用技术。

2016 年在校专业学生人数：本科生 180 人，硕士生 72 人，博士生 16 人。

至 2016 年专业毕业生总人数：本科生 1277 人，硕士生 280 人，博士生 34 人。

2016 年毕业生人数：本科生 38 人，硕士生 26 人，博士生 2 人。

2016 年专业教师情况：专业教师 18 人，其中，教授 7 人，副教授 5 人，讲师 6 人。

2016 年招收本科生人数：38 人。

2016 年招收专业硕士生人数：28 人。

2016 年招收硕士生的指导教师：王双飞、李可成、覃程荣、周敬红、朱红祥、黄崇杏、陈国宁、农光再、黄丽婕、宋雪萍、骆莲新、梁辰、王志伟、刘新亮。

2016 年招收专业博士生人数：5 人。

2016 年招收博士生的指导教师：王双飞、李可成、覃程荣、黄崇杏、朱红祥。

四川工商职业技术学院

造纸专业所在院系：轻工工程系

轻工工程系主任：余　勇

地址：四川省都江堰市天府大道聚源段 8 号

邮编：611830

电话：028－87282243

传真：028－87282095

网址：www. sctbc. net

隶属单位：四川省经济和信息化委员会

专业设置时间：1959 年

专业课程设置：植物纤维化学、制浆技术、造纸技术、制浆造纸机械设备与操作、制浆造纸分析与检验、纸加工技术、制浆造纸环境保护概论、制浆造纸化学助剂等。

2016 年在校专业学生人数：专科生 120 人。

至 2016 年专业毕业生总人数：2710 人，其中，中专生 1850 人，大专生 860 人。

2016 年毕业生人数：大专生 30 人。

2016 年招收大专生人数：0 人。

2016 年专业教师情况：专业教师 8 人，其中，教授 2 人，副教授 3 人，讲师 3 人。

四川理工学院

造纸专业所在院系：生物工程学院 轻化工程系

生物工程学院院长：罗惠波

地址：四川省自贡市汇兴路 180 号

邮编：643000

电话：0813－5505270

传真：0813－5505872

隶属单位：四川省教育厅

专业设置时间：1991 年

专业课程设置：专业导论、植物纤维化学、制浆原理与工程、造纸原理与工程、专业实验、制浆造纸机械与设备、制浆造纸环境保护、专业外语（英）、造纸助剂及湿部化学、加工纸与特种纸、二次纤维回用技术、制浆造纸工厂设计、化工仪表自动化、计算机辅助设计等。

2016 年在校专业学生人数：本科生 315 人。

至 2016 年专业毕业生总人数：本科生 893 人，专科生 355 人。

2016 年毕业生人数：本科生 68 人。

2016 年专业教师情况：专业教师 10 人，其中，教授 4 人，副教授 2 人，讲师 3 人。

2016 年招收本科生人数：91 人。

昆明理工大学

造纸专业所在院系：化学工程学院轻工工程系

化学工程学院院长：梅　毅

地址：云南省昆明呈贡大学城

邮编：650500

电话：0871－5920298

传真：0871－5920171

隶属单位：云南省教育厅

专业设置时间：1979 年

专业课程设置：植物纤维化学、制浆原理与工程、造纸原理与工程、制浆造纸机械与设备、植物纤维实验技术、造纸化学品、工业纸板生产与应用技术、纸加工技术、轻化工程设计概论、纸包装与印刷技术等。

2016 年在校专业学生人数：本科生 83 人，硕士生 15 人，博士生 2 人。

至 2016 年专业毕业生总人数：本科生 749 人，硕士生 43 人。

2016 年毕业生人数：本科生 26 人，硕士生 4

人，博士生 1 人。

2016 年专业教师情况：专业教师 11 人，其中，教授 2 人，副教授 5 人，讲师 3 人，实验师 1 人。

2016 年招收本科生人数：29 人。

2016 年招收专业硕士生人数：6 人。

2016 年招收硕士生的指导教师：陈克利、周学飞、刘玉新、孙兵、何洁、彭林才。

2016 年招收博士生的指导教师：陈克利。

陕西科技大学

造纸专业所在院系：轻工科学与工程学院

轻工科学与工程学院院长：弓太生

地址：陕西省西安市未央大学园区陕西科技大学

邮编：710021

电话：029 - 86168235

传真：029 - 86168236

网址：www. zaozhi. sust. edu. cn

隶属单位：陕西省教育厅

专业设置时间：1958 年

专业课程设置：有机化学、物理化学、化工原理、植物纤维化学、制浆原理与工程、造纸原理与工程、制浆造纸机械与设备、制浆造纸工程设计、制浆造纸实验、加工纸原理与技术、二次纤维利用技术、制浆造纸专业英语、制浆造纸环境工程技术等。

2016 年在校专业学生人数：本科生 767 人，硕士生 90 人，博士生 15 人。

至 2016 年专业毕业生总人数：本科生 5474 人，硕士生 434 人，博士生 21 人。

2016 年毕业生人数：本科生 186 人，硕士生 24 人，博士生 3 人。

2016 年专业教师情况：专业教师和工程技术人员 48 人，其中，中青年专家 1 名，教授 15 人，副教授(含副研究员和高级工程师)8 人，讲师(含工程师)15 人。

2016 年招收本科生人数：183 人。

2016 年招收专业硕士生人数：18 人。

2016 年招收硕士生的指导教师：张美云、王志杰、李新平、韩卿、李志健、张安龙、王海毅、徐永建、张素风、林涛、王建、李金宝、陆赵情、王森、李佩燚。

2016 年招收专业博士生人数：1 人。

2016 年招收博士生的指导教师：张美云、李新平、李志健、徐永建、张素风。

（林　媛）

国内主要造纸期刊介绍

Domestic Main Periodicals Related to Pulp and Paper

《中国造纸学报》

《中国造纸学报》是由中国造纸学会主办、中国制浆造纸研究院承办的造纸学术性期刊，创刊于1986年。主要刊登造纸专业研究论文、学术报告及综合性评述，反映我国造纸工业在原材料、制浆、造纸、废液综合利用及污染防治、机械设备、分析检验、工艺和质量控制自动化以及制浆造纸专业基础理论等方面的新进展和新成果，是我国造纸工业理论性强、水平高的学术性期刊。它为我国造纸工业提供了一个极好的学术交流平台，对国内造纸工业的技术进步作出了较大贡献。该刊的固定栏目有：研究论文与综述等。

《中国造纸学报》连续多年入选“中文核心期刊”“中国科技论文统计源期刊”“中国科学引文数据库来源期刊”“中国科学文献评价数据来源期刊”，入选“中国科协精品科技期刊工程第四期(2015—2017)项目”，并被Scopus、CA等国外著名期刊索引收录。《中国造纸学报》为国内外公开发行刊物。

《中国造纸学报》为季刊，出版日期为3月25日、6月25日、9月25日、12月25日；刊号：ISSN 1000-6842，CN 11-2075/TS，自办发行。

《中国造纸学报》为大16开本。国内定价：纸质版20元/期，电子版20元/期，纸质版+电子版30元/期；国外及港澳台地区定价：纸质版20美元/期，电子版20美元/期，纸质版+电子版30美元/期。

地址：北京市朝阳区望京启阳路4号院中轻大厦607室

邮编：100102

电话：010-64778162/8163(编辑部)
64778173(发行部)

传真：010-64778174

邮箱：tcpp@vip.163.com

网址：www.cppmp.com

《中国造纸》

《中国造纸》为专业科技性刊物，国内外公开发行，由中国造纸学会和中国制浆造纸研究院主办。主要报道我国造纸工业在原材料、制浆、造纸、废液综合利用及污染防治、机械设备、分析检验、工艺和质量控制自动化以及制浆造纸专业基础理论等方面的新成就和重要科技成果。

《中国造纸》除及时报道各研究机构、高等院校在科研理论方面取得的突破成果外，还注重报道各制浆造纸工厂引进或自行研究探索的新工艺、新技术。《中国造纸》将理论与实践有机结合，更好地满足了科研工作者以及制浆造纸工厂技术人员的需要。《中国造纸》是我国造纸界权威性技术期刊，连续入选“中文核心期刊”“中国科技论文统计源期刊”“中国科学引文数据库来源期刊”“中国科学文献评价数据来源期刊”，并已被Scopus、CA等国外著名的期刊索引收录。入选“中国科协精品科技期刊工程第四期项目”。

《中国造纸》(刊号：CN 11-1967/TS，ISSN 0254-508X)为月刊，每月25日出版，大16开，国内定价：纸质版10元/期，电子版10元/期，纸质版+电子版15元/期；国外及港澳台地区定价：纸质版20美元/期，电子版20美元/期，纸质版+电子版30美元/期。

《中国造纸》国内总发行：北京市报刊发行局，邮发代号：2-194；国外总发行：中国出版对外贸易总公司，发行代号：DK11070。

地址：北京市朝阳区望京启阳路4号院中轻大厦607室

邮编：100102

电话： 010－64778158/8159/810/8161（编辑部）
64778166/8168（广告部）
64778173（发行部）
传真： 010－64778174
邮箱： cpp2108@vip.163.com（编辑）
cpg@vip.163.com（广告）
网址： www.cppmp.com

《造纸信息》

《造纸信息》是由中国造纸协会、中国造纸学会和中国制浆造纸研究院共同主办的造纸综合信息类刊物。已被“中国期刊全文数据库”和“万方数据——数字化期刊群”收录。

《造纸信息》全面、及时、准确地报道我国和世界造纸工业以及相关行业的信息，是我国造纸行业唯一公开发行的综合信息类刊物。

《造纸信息》以为造纸企事业单位及相关行业提供国内外造纸工业信息服务为主要宗旨，汇集行业专家观点、聚焦行业热点问题、展示领军企业风采，及时报道行业政策、企业动态、新技术和新成果，以及全球造纸企业的最新动向，为读者全方位了解造纸行业提供独家参考，为企业提供政策性指导和经营决策信息。

常设栏目有：政策法规、行业纵横、新建扩建、企业报道、市场动态、分析/预测、行业热点·焦点论坛、管理与营销、新产品/新技术、全球视角、协会·学会动态、会展传真等。

为使海外读者更多了解中国造纸工业的发展情况，特在每年第8期增加英文内容。

《造纸信息》为国内外公开发行（刊号：ISSN 1006－8791，CN 11－3667/TS），月刊，每月10日出版。全彩色大16开，另附彩色及专色广告，国内定价：纸质版10元/期，电子版10元/期，纸质版＋电子版15元/期；国外及港澳台地区定价：纸质版10美元/期，电子版10美元/期，纸质版＋电子版15美元/期。邮发代号：82-881，国外发行代号：DK11071

地址： 北京市朝阳区望京启阳路4号院中轻大厦607室
邮编： 100102
电话： 010－64778169/8170/8171/8165（编辑部）
64778166/8168（广告部）
64778173（发行部）
传真： 010－64778174
邮箱： cpi@vip.163.com（编辑）
cpg@vip.163.com（广告）
网址： www.cppmp.com

《Paper and Biomaterials》

《Paper and Biomaterials》是由中国造纸学会和中国制浆造纸研究院主办的造纸及生物质材料方面的学术性英文期刊。本刊聚焦国内外制浆造纸及生物质材料学科的前沿热点，反应制浆造纸及生物质材料学科的科研成果、技术进步和发展趋势，促进国际间的学术交流与合作，推动制浆造纸技术和相关生物质产业技术快速发展；主要刊登制浆造纸及生物质材料方面的研究论文、技术进展及相关领域的文献综述。

《Paper and Biomaterials》为季刊，出版日期为1月25日、4月25日、7月25日、10月25日；刊号：ISSN 2096－2355，CN 10－1401/TS，自办发行。

《Paper and Biomaterials》为大16开本。国内定价：纸质版40元/期，电子版40元/期，纸质版＋电子版70元/期；国外及港澳台地区定价：纸质版40美元/期，电子版40美元/期，纸质版＋电子版70美元/期。

地址： 北京市朝阳区望京启阳路4号院中轻大厦607室
邮编： 100102
电话： 010－64778162/8163（编辑部）
64778173（发行部）
传真： 010－64778174
邮箱： pbm@vip.163.com
网址： www.cppmp.com

《中华纸业》

《中华纸业》是中国造纸协会会刊，行业综合指导类科技期刊，国内外公开发行，是中国学术期刊（光盘版）、中国期刊网、万方数据资源系统、中文科技期刊数据库、美国《化学文摘》等统计源期刊。

办刊宗旨：研讨发展战略、促进科学管理、推动技术进步、服务产业经济。

报道内容：国家产业政策，行业发展规划，市场分析预测，企业发展战略，行业技术进步，企业技术创新，企业生产实践，市场动态信息等。

内容特色：具有导向性、创新性、前瞻性、实用性和时效性。

读者对象：企业决策层，以及企业管理、经营及工程技术人员，行业协会组织，政府有关部门及产业经济研究人员，科研设计及大专院校有关工作人员。

《中华纸业》(刊号：CN 37－1281/TS，ISSN 1007－9211)为半月刊，大16开，彩色印刷。国内定价10元/期，全年订价240元；港澳台及国外地区10美元/期，全年240美元。邮发代号：24－136。

地址：山东省济南市工业南路101号中华纸业杂志社

邮编：250100

电话：0531－88522949、88929286、88935343

传真：0531－88926310

邮箱：adv@cppi.cn(广告部)

cbb@cppi.cn(采编室)

QQ：609352141、940438201

网址：www.cppi.cn

《纸和造纸》

《纸和造纸》系中国造纸学会主办，四川省造纸学会和四川工商职业技术学院联办，以知识性、实用性、导向性、科学性为特色制浆造纸专业权威性科技期刊。自1982年创刊以来，本刊始终坚持"普及制浆造纸科技知识，介绍先进适用的生产工艺、装备技术和管理经验，沟通相关信息，促进造纸工业的科技进步和持续发展，为提高造纸、用纸从业人员的素质服务"的办刊宗旨。曾被原轻工业部、中国科学技术协会评为优秀期刊，曾连续多年入选"中文核心期刊"，被"中国学术期刊综合评价数据库来源期刊""中国期刊全文数据库""万方数据——数字化期刊群"等大型刊库全文或摘要收录，是造纸科技期刊中，知名度很高、发行量很大和影响面很广的一种。

《纸和造纸》开设有专论与综述、企业风采、工艺技术、装备器材、试验研究、造纸化学品、环保与综合利用、分析检验、仪表自控、知识之窗、产品天地、探讨与质疑、信息传真等多个常设栏目。

《纸和造纸》为双月刊，大16开，内页双色印刷，逢单月出版，国内外公开发行。刊号：CN 11－2709/TS，ISSN 1001－6309，邮发代号：62－111。国内定价10元/期，全年60元；港澳台地区6美元/期，全年36美元；国外地区8美元/期，全年48美元。

地址：四川省都江堰市天府大道聚源段8号四川工商职业技术学院内

邮编：611830

电话：028－87281943(编辑)

87284769(广告)

87267806(发行)

传真：028－87203119

邮箱：myppm@263.net(编辑)

wuyingppm@126.com(发行)

《轻工机械》

《轻工机械》创刊于1983年，由中国轻工机械协会、中国联合装备集团有限公司与轻工业杭州机电设计研究院联合主办，是一份在国内有较高影响力、历史悠久的轻工机械领域的专业性科技期刊。以报道轻工机械、自动化技术、机电一体化、工艺设计及其应用为特色。

本刊系中国科技论文统计源期刊(中国科技核心期刊)，已加入《中国学术期刊(光盘版)》和"中国期刊网""万方数据资源系统""中文科技期刊数据库"，并被《中国学术期刊文摘》、英国《科学文摘》(SA，INSPEC)、美国《化学文摘》(CA)、美国剑桥科学文摘(CSA)、美国乌利希期刊指南(Ulrich)等收录。

《轻工机械》(刊号：CN 33－1180/TH、ISSN 1005－2895)为双月刊，大16开，每册定价10.00元，全年60.00元。邮发代号：32－94。

地址：浙江省杭州市体育场路71号

邮编：310004

电话：0571－85186130、85187520

邮箱：qgjxzz@126.com

网址：www.qgjxzz.com

《生活用纸》

由中国造纸协会生活用纸专业委员会承办的《生活用纸》杂志于1993创刊。

办刊宗旨：推进生活用纸及相关行业技术进步，促进科学管理，宣传产业政策，服务企业发展，提供国内外发展动态信息和市场产销信息。

内容：卫生纸、面巾纸、手帕纸、餐巾纸、厨房用纸、擦手纸等卫生纸品；女性卫生用品、婴儿纸尿裤/片、成人失禁用品、宠物卫生用品、擦拭巾、一次性医用非织造布制品等卫生用品；相关原辅材料及设备等。

主要栏目：协会工作、行业动态、发展论坛、市场与营销、质量与管理、技术与设备、他山之石、消费与流行趋势、环球资讯等。

本刊是国内唯一关于生活用纸行业的专业性科技类综合性刊物，内容丰富，专业性、时效性强，是生活用纸及相关行业的企业管理人员、市场营销人员、工程技术人员以及技术工人的良师益友。

本刊为月刊，每月 10 日发行，全年 12 期，大 16 开，全彩版印刷。刊号：CN 11－4571/TS，ISSN 1009－9069。国内零售 18 元/本，全年订价 240 元，国外及港台地区全年订价 700 元或 120 美元。

地址：北京市朝阳区望京启阳路 4 号院中轻大厦

邮编：100102

电话：010－64778181、64778182(编辑)
64778193、64778194(广告)
64778186、64778187(发行)

传真：010－64778197(编辑)
64778199(广告)

邮箱：editor@ cnhpia. org(编辑)
cidpex@ cnhpia. org(广告)

网址：www. cnhpia. org

《造纸化学品》

中国造纸化学品工业协会会刊《造纸化学品》是由中国造纸化学品工业协会、全国造纸化学品信息站、杭州市化工研究院联合主办的国内外公开发行、全面报道制浆造纸化学品唯一的全国性科技期刊。

主要报道造纸用化学品(尤其是精细化学品)的研制、开发、应用及国内外发展动向等。《造纸化学品》以造纸界、化工界、科研机构、事业单位从事科研、生产的广大科技人员、技术工人、管理干部及大专院校相关专业的师生为服务对象。

《造纸化学品》是“中国核心期刊(遴选)数据库”收录期刊，“中国学术期刊(光盘版)”“中国期刊网”“中国学术期刊综合评价数据库”“万方数据——数字化期刊群”“中文科技期刊数据库”全文收录期刊，“中国学术期刊综合评价数据库”统计源期刊。是美国《化学文摘》、波兰《哥白尼索引》收录期刊。

《造纸化学品》为双月刊(刊号：CN 33－1202/TQ，ISSN 1007－2225，为双月中旬出版，每年 6 期加 1 期增刊，共 7 期)，全年订价 140 元。

地址：浙江省杭州市上塘路石灰坝 7 号《造纸化学品》编辑部

邮编：310014

电话：0571－88315561

传真：0571－88315561

邮箱：paperchemj@ 163. com

网址：www. paperchemicals. org

《造纸科学与技术》

《造纸科学与技术》是广东省造纸学会会刊，荣获“中国科技核心期刊”(中国科技论文统计源期刊)收录证书，并编入“中国学术期刊(光盘版)”，获“中国学术期刊(光盘版)”“中国期刊网”全文收录证书、“中国学术期刊综合评价数据库”来源期刊证书以及“中国知网统计刊”证书。

《造纸科学与技术》由广东省造纸学会和广东省造纸研究所主办，华南理工大学制浆造纸工程国家重点实验室承办，由联合国教科文组织植物资源化学国际专家委员会委员、华南理工大学博士生导师陈嘉翔教授任主编。

主要刊登制浆造纸科学与工程的论文与报告、实践与经验，介绍制浆造纸原理与技术、造纸化学品、分析与检测、制浆造纸生物技术、设备与控制以及生物质精炼的研究进展与技术进步、企业转型升级、清洁生产与环境保护、节能减排与低碳经济，还设立了科普园地。内容丰富、可读性强，是造纸行业中水平较高的期刊之一。

《造纸科学与技术》为双月刊，逢双月底出版，大 16 开本，刊号：CN 44－1532/TS，ISSN 1671－4571，全年订费 90 元。

地址：广东省广州市华南理工大学制浆造纸工程国家重点实验室《造纸科学与技术》编辑部

邮编：510640

电话：020－87112854

传真：020－87112854

邮箱：gdtappi@ vip. 163. com

《华东纸业》

《华东纸业》是由上海、山东、江苏、浙江、福建、江西、安徽七省市造纸学会主办的科技类制浆造纸工业专业技术刊物。原《纸业周刊》于 2015 年并入《华东纸业》，进一步丰富了杂志内容。

《华东纸业》办刊宗旨：面向全国造纸行业，传播纸业信息，推广高新造纸技术与成果。打造纸业信息交流平台，使之成为经验交流的园地，市场信息的窗口，是拓展我国纸业技术、参与国际市场竞争的企业家和广大科技人员的良师益友。

《华东纸业》主要栏目：专题与综述、企业家论坛、制浆与造纸工艺、设备与电仪、涂布纸与特种纸、造纸化学品、环保与节能、脱水器材、国内外纸业信息等。全面报道有关造纸的新材料、新技术、新工艺、新产品、新装备的应用以及中国造纸工业的方针政策和技术经济信息、市场动态等内容。

《华东纸业》是广大企业家和工程技术人员科技活动的园地和论坛。

《华东纸业》为双月刊，大 16 开，面向国内外公开发行。刊号：CN 31 – 2034/TS，ISSN 1674 – 6937。每册定价 10 元，全年订价 60 元。

地址：上海市武宁路 1500 号南楼 403 室

邮编：200063

电话：021 – 52040673

传真：021 – 52040673

邮箱：menger2010@ 126. com

《造纸装备及材料》

《造纸装备及材料》是为造纸装备制造企业、材料制造企业专业服务的期刊，刊号：CN 43 – 1535/TS，ISSN 2096 – 3092，是中国核心期刊（遴选）数据库的入编期刊。

《造纸装备及材料》的办刊宗旨：传播造纸装备及材料制造行业先进科技，搭建造纸、纸加工企业与造纸装备、材料制造企业沟通桥梁，促进造纸科研与技术应用紧密结合，服务造纸装备与材料技术进步。

《造纸装备及材料》是湖南省造纸学会、湖南省造纸研究所有限公司主办，以及多家企业、公司、科研院校协办，面向全国发行的专业期刊。为了更好地服务于造纸装备制造企业、材料制造企业，本刊全新编排加入了新期刊栏目：造纸装备及材料制造企业风采；装备与自动化；材料制造和应用；造纸装备、材料产品介绍；造纸装备、材料项目简讯等。

造纸装备内容包括：制浆造纸装备、造纸自动化控制装备、加工纸装备、环保节能装备、造纸辅助设备。

造纸材料内容包括：造纸配件、造纸消耗品、造纸化学品。

《造纸装备及材料》全年共出版 4 期，大 16 开版，自办发行，每季度末出版，全年订费 46 元。

地址：湖南省湘潭市建设中路 7 号《造纸装备及材料》编辑部

邮编：411104

电话：0731 – 58523295

传真：0731 – 58523295

邮箱：paperem@ 163. com

《黑龙江造纸》

《黑龙江造纸》是由黑龙江省造纸工业研究所、黑龙江省造纸学会主办的制浆造纸综合性技术刊物，是中国学术期刊综合评价数据库统计源期刊，被中国期刊全文数据库全文收录，在“万方数据——数字化期刊群”全文上网，被“中国核心期刊（遴选）数据库”收录。

本刊立足黑龙江省内，报道国内外制浆造纸行业中科研、生产、经营、管理的先进技术、实践经验和市场信息，可供广大技术工人、科技人员、管理干部及大专院校的师生参考。

《黑龙江造纸》为季刊，刊号：CN 23 – 1258/TS，ISSN 1673 – 0283，全年订价 25 元。

地址：黑龙江省牡丹江市光华街 5 号黑龙江省造纸工业研究所《黑龙江造纸》编辑部

邮编：157013

电话：0453 – 6320013

传真：0453 – 6331516

邮箱：hlj_ zz@ sina. com

《天津造纸》

《天津造纸》于 1979 年创刊，由天津造纸厂有限公司和天津市造纸学会主办。已编入中国学术网络出版宗库、《中国学术期刊（光盘版）电子杂志社（CNKI）》、中华期刊网、北京万方数据核心期刊（遴选）数据库、重庆维普资讯中文期刊数据库、教育阅读网全文数据库。是“中国科技论文统计源期刊”“中国科学引文数据库来源期刊”及“中国科学文献评价数据来源期刊”。

本刊主要栏目有论著、制浆与造纸、造纸设备、环保节能、造纸化学品、新产品新技术、纸厂经验及经营管理等方面的科研成果和应用报告。主要报道行业内的最新技术成果、行业发展动向以及市场变化等情况。主要面向造纸企事业单位的工程技术人员、经营管理人员、技术工人、大专院校相关专业的教师和学生以及国内外相关行业机构和人士。

《天津造纸》为季刊，大 16 开，刊号：CN 12－1155/TS，ISSN 1674－5469，全年订价 25 元。

地址：天津市津南区双港工业园发港南路 29 号

邮编：300350

电话：022－88823020－8010

邮箱：tjzzs@126.com

（王　斌）

《中国造纸》2016 年度“金泉磨片杯”优秀论文获奖名单

“Jinquan Abrasive Disc Cup” Excellent Papers of *China Pulp & Paper* in 2016

《中国造纸》作为我国造纸行业最具权威和影响力的科学技术期刊，多年来，一贯秉承科学性与导向性并重的原则，积极倡导创新与实用、理论与实践相结合，始终把为行业服务、为生产科研一线服务放在首位，刊登了很多优秀的学术论文，深受各界人士的喜爱。

在丹东鸭绿江磨片有限公司的大力支持下，成功地举办了《中国造纸》2016 年度“金泉磨片杯”优秀论文评选活动。2016 年度的优秀论文评选活动是《中国造纸》优秀论文评选的第 17 次，活动在造纸及相关行业中产生了很好的影响，促进了造纸行业的学术交流，提高了《中国造纸》科技论文的质量与水平，对推动我国造纸业科技进步、科技创新起到了引领作用。本次评选依然坚持科学性、导向性、创新性与实用性的原则，邀请了我国造纸行业及相关领域的知名专家、学者担任评委，经初评（本次初评特邀请中国造纸杂志社编委会委员参加，由编委会委员推荐各自认为较好的论文）及复评（在初评的基础上由评选委员会成员进行评选）的两轮评选后，于 2017 年 1 月 19 日在北京召开了 2016 年度“金泉磨片杯”优秀论文终评会，评选委员会 20 余名专家参加了终评会，经专家评议，最终评选出 15 篇获奖论文。

一等奖（1 篇）

原位沉积法细胞内合成硅酸钙的加填效果与机理（第 1 期）
黄英剑　刘　忠　徐　鹏　惠岚峰
天津科技大学天津市制浆造纸重点实验室

二等奖（2 篇）

碱回收炉烟气 NO_x 排放面临的问题（第 10 期）
戚永宜
中国海诚工程科技股份有限公司

废涂布纸回用过程中胶黏物的分析和控制（第 9 期）
黄　聪　周明华　李　德　封彦鹏　丁　丽
民丰特种纸股份有限公司

三等奖（5 篇）

造纸机真空系统节能优化的研究（第 9 期）
李振波　李继庚
华南理工大学制浆造纸工程国家重点实验室

对位芳纶纸热稳定性及其热分解动力学研究（第 5 期）
张美云　王茹楠　陆赵情　江　明　李　涛
陕西科技大学
陕西省造纸技术及特种纸品开发重点实验室

利用助剂改善高得率浆纤维的结合强度（第 2 期）
李海龙　张红杰　李杰辉　胡惠仁
天津科技大学天津市制浆造纸重点实验室
中国制浆造纸研究院

微生物燃料电池处理 OCC 制浆废水及其产电

性能研究(第 2 期)

梁方圆　冯文英　苏振华　张升友　张　羽
中国制浆造纸研究院
制浆造纸国家工程实验室

置换蒸煮锅温度测量方法的改进及锅内温差控制(第 7 期)

汤　伟　杨鹏飞　党世红
陕西科技大学电气与信息工程学院
陕西科技大学轻工与能源学院

优秀奖(7 篇)

工业 4.0 时代下智能造纸工业的构建及其关键技术(第 3 期)

陈晓彬　李继庚
华南理工大学制浆造纸工程国家重点实验室

纤维素酶处理后造纸白水微细胶黏物失稳特性研究(第 9 期)

唐亚男　李　擘　王志伟　武书彬　刘道恒
华南理工大学制浆造纸工程国家重点实验室
南京林业大学江苏省制浆造纸科学与技术重点实验室
广西大学轻工与食品工程学院
广西清洁化制浆造纸与污染控制重点实验室

均质法和超声法制备 NFC 及其纳米纸性能研究(第 7 期)

姚志明　陈　港　方志强　况宇迪　邝其通　许雅希　张宝军
华南理工大学制浆造纸工程国家重点实验室

纳米硫化银 - 纸浆复合纤维的原位制备及抑菌性能研究(第 6 期)

李江漫　钱学仁　安显慧
东北林业大学材料科学与工程学院
东北林业大学生物质材料科学与技术教育部重点实验室

基于分子分离技术的装置在造纸废水处理中的研究(第 4 期)

程　峥　杨仁党　刘全祖
华南理工大学制浆造纸工程国家重点实验室

中国造纸业国际贸易摩擦的 DSIR 机理研究(第 6 期)

张智光　廖　冰
南京林业大学经济管理学院

双膜法造纸废水处理实例(第 9 期)

赵炳军　沈海涛　方剑其　邱　晖　李自朋
浙江景兴纸业股份有限公司
杭州天创环境科技股份有限公司

(马　忻)

大事记

EVENTS

2016 年中国造纸工业 10 项要闻

Top Ten News of China's Paper Industry in 2016

2016 年 12 月 23 日，由中国造纸杂志社《造纸信息》杂志举办的 2016 年中国造纸工业 10 项要闻评选会在中国制浆造纸研究院召开。中国造纸工业 10 项要闻评选活动自 2000 年开始举办，在全国部分省市的造纸协会、造纸学会、大专院校、科研院所和企业的领导及专家推荐的基础上进行评选，此届有 22 名京津地区的有关领导专家应邀出席了评选会。评选专家从我国造纸工业可持续发展的大局出发，认真梳理了我国造纸行业 2016 年所发生的重要事件，最终评出 2016 年度中国造纸工业 10 项要闻。

1. 1 月 8 日，中共中央、国务院在人民大会堂举行 2015 年度国家科学技术奖励大会。齐鲁工业大学陈嘉川教授主持完成的“速生阔叶材制浆造纸过程酶催化关键技术及应用”和华南理工大学邱学青教授主持完成的“碱木质素的改性及造纸黑液的资源化高效利用”两项造纸类项目荣获 2015 年度国家技术发明奖二等奖。

2. 1 月 12 日，国家发展和改革委发布《关于切实做好全国碳排放交易市场启动重点工作的通知》，通知提出，确保 2017 年启动全国碳排放权交易，实施碳排放权交易制度。包括造纸在内的 8 个重点排放行业被列为全国碳排放权交易市场第一阶段工作内容。

3. 3 月 28 日，中国造纸协会第四届理事会第三次会议(扩大)在河南省郑州市召开，赵伟和钱毅分别当选为中国造纸协会第四届理事会理事长和秘书长，会上讨论了造纸工业“十三五”发展研究框架，并探讨了“十三五”造纸工业政策与技术方向。

4. 4 月 7 日，中国轻工集团公司海诚股份所属的中国中轻国际工程有限公司和中国机械进出口(集团)有限公司以联合体的方式签订了阿联酋 ITTIHAD 国际投资有限公司投资的“年产 33 万吨文化用纸工程”总承包合同，合同额 2.55 亿美元。中国中轻国际工程有限公司主要负责项目的设计、采购、施工、指导开机和质保管理等工作。该项目是到目前为止中国轻工集团公司在国际市场上通过国际竞标签订的最大的工程总承包项目。

5. 7 月 7 日，在全国政协主席俞正声主持召开的“加强农作物秸秆综合利用”座谈会上，山东泉林纸业有限责任公司董事长兼总经理李洪法作为特邀专家出席会议并发言，他在发言中重点介绍了山东泉林纸业有限责任公司秸秆综合利用的成功经验及构建现代工农复合型循环经济模式的思路，并提出了完善和促进农业循环经济发展的引导和扶持政策的建议。

6. 7 月 8 日，斯道拉恩索集团在关闭其苏州工厂之后，正式将其旗下的“苏州紫兴 SPCO”品牌转让给华泰集团有限公司，并签署了品牌转让备忘录。经双方协作，华泰集团有限公司为此生产的纸品的技术指标已达到 SPCO 品牌的质量水平。

7. 7 月 15 日，由中国造纸学会与中国制浆造纸研究院主办，中国造纸杂志社编辑出版的《Paper and Biomaterials》(英文刊，季刊)创刊并出版发行，成为中国造纸行业出版的第一本英文期刊。

8. 8 月 5 日，工业和信息化部正式发布了《轻工业发展规划(2016—2020)》(工信部规〔2016〕241 号)，《规划》明确了造纸行业的主要发展方向：推动造纸工业向节能、环保、绿色方向发展。加强造纸纤维原料高效利用技术，高速纸机自动化控制集成技术，清洁生产和资源综合利用技术的研发及应用。

9. 8 月 18 日，在建院 60 周年之际，中国制浆造纸研究院举办了纸基功能材料创新孵化平台推介会。中国制浆造纸研究院依托制浆造纸国家工程实验室和全资子公司中轻特材有限公司，先后投资 2.6 亿元，于 2015 年年底在河北省廊坊市科技谷建成了纸基功能材料创新孵化平台。针对造纸创新技术工程化研发与验证的需求，平台设置了8条流程完整、功能各异的生产试验线及其他多套制浆造纸中试装置，是国内外综合设施条件与功能领先且开放共享的行业科技成果创新孵化平台。

10. 11月21日，国务院印发《控制污染物排放许可制实施方案》，对完善控制污染物排放许可制度，实施企事业单位排污许可管理作出总体部署和系统安排。排污许可证管理内容主要包括大气污染物、水污染物，并依法逐步纳入其他污染物。按行业分步实现对固定污染源的全覆盖，率先对火电、造纸行业企业核发排污许可证。

（郭彩云）

2016 年中国造纸工业大事记

Important Events of China's Paper Industry in 2016

1 月

1 月 4 日，美盈森发布公告称，公司于当日与河南省新郑市人民政府签署了《项目投资协议书》，协议约定公司总投资约 5 亿元，用于郑州市新郑新港产业集聚区投资建设战略性包装工业 4. 0 项目。

1 月 4 日，亚太森博(山东)浆纸有限公司正式获得劳氏质量认证公司颁发的 FSSC 22000 认证证书。

1 月 4 日，美国国际贸易委员会发布公告，决定对原产于中国和印度尼西亚的铜版纸进行反倾销和反补贴全面日落复审产业损害调查。

1 月 7 日，泉林集团与山东农业大学举行了战略合作签约仪式。根据合作协议，双方将合作设立“山东农业大学泉林黄腐酸肥料工程实验室”，依托实验室开展黄腐酸肥料、有机肥及生物肥料研发、应用与相关评价；围绕国家和区域产业发展的总体规划联合申报和实施各级各类科研项目；联合开展造纸废水的综合处理、利用研究，并就周边湿地生态构建进行规划布局和综合开发；合作培养企业发展急需的高水平人才，共同申报省级以上科技创新平台，共建教学科研实践基地。

1 月 8 日，2015 年度国家科学技术奖励大会在人民大会堂举行，共评选出 295 个获奖项目和 7 名外籍科技专家，其中有 2 项造纸类项目荣获国家技术发明奖二等奖。

1 月 11 日，山东省委、省政府公布了首届“泰山产业领军人才名单”，山东省共有 175 人入选为泰山产业领军人才，其中，华泰集团有限公司技术总工张凤山入选为传统产业创新类泰山产业领军人才。

1 月 11 日，美国商务部对原产于中国、澳大利亚、巴西、印度尼西亚和葡萄牙的进口未涂布纸作出反倾销终裁，同时对原产于中国和印度尼西亚的进口未涂布纸作出反补贴终裁。

1 月 14 日，ST 宜纸发布公告称，拟以 16. 27 元/股非公开发行 5531. 65 万股，作价 9 亿元收购寰慧科技集团有限公司 100% 股权；同时拟以 16. 27 元/股非公开发行股份募集配套资金总额不超过 9 亿元用于投建发电项目及补充公司流动资金等。

1 月 15 日，巴基斯坦对原产于中国、巴西、印度尼西亚、日本和泰国的未涂布印刷书写纸进行反倾销立案调查。

1 月 16 日，河北雪松纸业有限公司第 2 台 Intelli-Tissue® 1200 EcoEc 卫生纸机成功开机。该纸机设计幅宽 2850 毫米，设计车速 1200 米/分，产能 60 吨/日，定量范围 12. 5 ~ 20. 0 克/米^2。

1 月 17 日，华泰集团有限公司 10 号机升级改造项目顺利开机，并成功实现一次性上浆出纸。该条生产线改造投运后，可生产高档双胶纸、微涂纸、无碳复写原纸、淋膜原纸等低定量产品，预计实现年销售收入 7. 5 亿元、利税 1. 35 亿元。

1 月 18 日，中国轻工业联合会发布关于 2015 年度中国轻工业联合会科学技术奖励的决定，对我国轻工业科技进步、经济社会发展、轻工行业现代化建设作出较大贡献的科学技术人员和组织给予奖励。2015 年度中国轻工业联合会授奖项目共 144 项，其中，造纸相关项目 11 项。

1 月 18 日，潍坊凯信机械有限公司与保定雨森卫生用品有限公司再次签约 2 台 HC-1000 真空圆网型高速卫生纸机。

1 月 21 日，中国造纸杂志社《中国造纸》2015 年度“国昌天宇杯”优秀论文评选京津地区专家终评会在北京市召开，最终评选出优秀论文 15 篇。其中，一等奖 1 篇，二等奖 2 篇，三等奖 5 篇，优秀奖 7 篇。

1 月 22 日，安徽山鹰纸业股份有限公司发布公告称，根据财政部、国家税务总局“关于印发《资源综合利用产品和劳务增值税优惠目录》的通知”的规定，自 2015 年 7 月 1 日起，对销售自产的资源综合利用产品，纳税人可享受增值税即征即退政策。安徽山鹰纸业股份有限公司符合以废纸为原料生产原纸实现增值税即征即退 50% 的政策规定。

1 月 22 日，河北金博士集团有限公司与 PMP 集团签订了 2 台 Intelli-Tissue® EcoEc 3650/1200 环保经济型卫生纸机的购买合同。此次订购的 2 台纸机，设计幅宽 3650 毫米，运行车速 1200 米/分，单台产能 75 吨/日，产品定量 12.5 ~ 25.0 克/米^2。

1 月 27 日，中国轻工业联合会在北京市组织并主持召开了由河南大指造纸装备集成工程有限公司和河南江河纸业股份有限公司共同完成的“国产 5 万吨/年化学机械浆生产线项目”和由河南江河纸业股份有限公司完成的“机内整饰涂布纸(MFC)项目”技术鉴定会，鉴定委员会专家一致同意 2 个项目通过鉴定。

1 月 30 日，巴基斯坦对原产于中国、印度尼西亚和韩国的进口单面涂布双层纸板进行反倾销立案调查。

2 月

2 月 5 日，安徽山鹰纸业股份有限公司发布公告称，2 月 4 日，公司全资子公司山鹰投资管理有限公司与深圳市时代伯乐创业投资管理有限公司签署了《关于发起设立产业并购基金之协议》，山鹰资本与时代伯乐拟共同发起设立山鹰时代伯乐产业并购基金(暂定名)，基金规模 5 亿元，山鹰资本及募集的投资人出资 2 亿元，占基金总规模的 40%。

2 月 5 日，ST 宜纸发布公告称，公司控股股东宜宾市国有资产经营有限公司拟为本公司融资 2 亿元的借款事项提供担保。

2 月 8 日，巴基斯坦国家关税委员会发布公告，决定对从中国进口的涂布白纸板发起反倾销调查。

2 月 14 日，国家纸张质量监督检验中心实验室获得中国合格评定国家认可委员会(CNAS)颁发的能力验证提供者认可证书，成为首个通过 CNAS 认可的纸张行业的能力验证提供者，取得了独立组织 CNAS 承认的能力验证活动的资格。

2 月 17 日，湖北省公安县秦楚纸业有限公司在一期项目 30 万吨/年白纸板生产线即将投产的基础上，新征地 66700 米^2 建设二期项目，投资 2 亿元新增 10 万吨/年瓦楞原纸生产线。二期项目将新建 1 条幅宽为 4800 毫米的高档瓦楞原纸生产线，生产能力 10 万吨/年。

2 月 23 日，湖北省孝感市维达新城项目正式开工。该项目总投资 10 亿元，将新增生活用纸生产线 10 条、纸尿裤生产线 8 条、卫生巾生产线 16 条、湿纸巾生产线 10 条。

3 月

3 月 1 日，山东省环保厅官方网站对外公布了“2015 年度山东环保十大事件”。山东泉林纸业有限责任公司投资 20 亿美元在美国弗吉尼亚州建设制浆造纸项目因其成功突破麦草制浆污染防治技术瓶颈而入选。

3 月 10 日，ST 宜纸发布公告称，公司以自有资金 2000 万元投资成立全资子公司宜宾竹之琨林业有限责任公司，公司经营范围为原竹、原木收购，竹材、木材加工、销售，竹苗培育、销售，农、林产品的运输和贸易；林业项目的投资、开发建设；林地开发、生态旅游建设开发；运输及进出口贸易。

3 月 10 日，由汶瑞机械(山东)有限公司为浙江荣成纸业有限公司生产制造的用于白水回收的 DPL5209 型多圆盘过滤机成功投入运行。该设备采用先进的无网袋盘片技术，盘片由微孔不锈钢板一次冲压成型。

3 月 15 日，山东晨鸣纸业集团股份有限公司(简称“晨鸣纸业”)发布公告称，国开发展基金有限公司与晨鸣纸业签订协议，将以 2 亿元增资晨鸣纸业全资子公司湛江晨鸣的方式，对湛江晨鸣 60 万吨/年液体包装纸板项目进行投资。

3 月 16 日，由全国工商联纸业商会主办的 2016 中国国际纸浆高峰论坛在上海市召开，论坛以供给侧改革下的中国造纸“十三五”规划为主题。论坛上，中国森林认证委员会(CFCC)联合 9 家浆纸企业共同发起《中国森林可持续发展倡议》。

3 月 17 日，由 Hawkins Wright 和 Brian McClay & Associates 联合举办的 2016 第四届纸浆研讨会在上海市举行，来自中国、瑞典、加拿大、美国、瑞士、俄罗斯、新加坡、智利、澳大利亚、印度尼西亚等世界纸浆主要生产和应用国家的全球浆纸行业的顶级专家及相关企业 CEO，紧密围绕整个行业的市场趋势，尤其是中国的市场现状进行了广泛讨论和深入交流。

3 月 17 日，工业和信息化部公布了工业产品生态(绿色)设计试点企业(第二批)名单，泉林集团成功入选为此次试点企业。

3 月 17 日，山东晨鸣纸业集团股份有限公司非公开发行 2250 万股优先股，募集资金 22.5 亿元，并于 3 月 24 日在中国结算深圳分公司登记托管，成为造纸行业第一家发行优先股的企业，也成为深圳证券交易所第一家发行非银行优先股和山东省第一家发行优先股的上市公司。

3 月 17 日，由山东省造纸行业协会、山东省印刷物资有限公司主办的 2016 山东(国际)制浆造纸技术及装备展览会暨 2016 山东(国际)生活用纸及纸制卫生品展览会在山东省机械设备展览中心举办。展会期间，围绕造纸新技术和节能降耗举办了 3 场专题讲座。

3 月 22 日，由芬兰木业推广项目和中国木材保护工业协会、中国木材与木制品流通协会、中国家具协会、中国林产工业协会合作主办的中芬木业高峰论坛在北京市举办，以推动中芬两国在森林可持续经营和木材产业之间加强交流与合作。

3 月 28 日，中国造纸协会第四届理事会第三次(扩大)会议在河南省郑州市召开。会议选举产生了中国造纸协会调整后的第四届理事会理事长、秘书长，赵伟和钱毅分别当选为中国造纸协会第四届理事会理事长和秘书长。会上探讨了《造纸工业“十三五”发展研究》框架。

3 月 29 日，中国造纸协会在河南省郑州市举办 2016 中国纸业高峰论坛，探讨“十三五”造纸工业政策与技术方向。

3 月 30 日，山东晨鸣纸业集团股份有限公司与中国邮政储蓄银行山东省分行举行全面战略合作协议签约仪式。根据协议，中国邮政储蓄银行山东省分行向晨鸣纸业提供 100 亿元综合授信，用于重点支持晨鸣纸业重大项目。

4 月

4 月 8 日，依利姆集团在北京市举办了中国业务二十周年庆典新闻发布会。会上介绍了公司在中国市场 20 年的发展历程、与中国合作伙伴的合作情况以及未来投资和在中国进一步扩展业务的战略。

4 月 9 日，商务部发布终裁公告，最终裁定原产于美国、欧盟和日本的进口未漂白纸袋纸存在倾销，自 2016 年 4 月 10 日起，对原产于美国、欧盟和日本的进口未漂白纸袋纸征收反倾销税。

4 月 12 日，亚太森博(山东)浆纸有限公司与苏宁云商集团签订战略合作协议，在线上电商渠道、线下苏宁门店、招投标、仓储物流等领域展开深入合作。亚太森博(山东)浆纸有限公司成为中国造纸行业第一家也是唯一一家与苏宁云商达成深度合作的企业。

4 月 12 日，芬欧汇川集团(UPM)宣布其常熟工厂二期增资扩建项目 3 号纸机正式落成。项目总耗资 2.77 亿欧元，将生产包括高质量标签材料和全木浆非涂布纸在内的各类纸制品，采用“切换概念”，能够实现不同纸品之间的生产切换，不仅极大地提高了生产效率，还将有助于降低能耗。

4 月 15 日，黑龙江省佳木斯市 2016 年项目建设和第一批项目集中开工暨泉林秸秆综合利用二期项目开工仪式举行。二期项目总投资 190 亿元，年处理秸秆 350 万吨，建设年产 120 万吨秸秆本色浆、140 万吨纸、180 万吨黄腐酸有机肥，配套 25 万千瓦发电机组。

4 月 20 日，泰山学术论坛—生物炼制专题学术会议在山东省济南市齐鲁工业大学召开。会议邀请了本领域国内院士、知名学者、泰山学者和学科领军人物等，以生物炼制的研究进展为主要议题，就生物炼制科技创新，促进生物质能源、资源化利用等方面进行了广泛讨论和深入交流。

4 月 22 日，由中国造纸学会特种纸专业委员会主办的 2016 特种纸产业信息工作会议在浙江省德清县召开。会上发布了中国造纸学会特种纸专业委员会信息统计工作办法(讨论稿)。

4 月 26 日，山东太阳纸业股份有限公司董事长兼总经理李洪信与美国阿肯色州州长 Asa · Hutchinson 签订了项目投资合作备忘录，山东太阳纸业股份有限公司拟在阿肯色州投资建设 70 万吨/年生物质精炼项目，项目总投资约 10 亿 ~ 13 亿美元。

4 月 26 日，由中国造纸化学品工业协会联合浙江科技大学、浙江理工大学举办的 2016(第十一届)中国造纸化学品开发应用国际技术交流会暨中国造纸化学品工业协会第五届会员代表大会在浙江省杭州市召开。来自全国各地的近 200 名大专院校、科研院所、企业代表及国外的专家学者参加了会议。

4 月 27 日，工业和信息化部公布了《水污染防治重点工业行业清洁生产技术推行方案》(征求意见稿)，推进造纸、农副食品加工等 11 个重点行业实施清洁生产技术改造，降低工业新鲜水用量，提高水重复利用率，减少水污染物产生和排放，促进水环境质量持续改善。其中，造纸行业排在 11 个重点行业的第一位，共有6项技术入选。

4月27日，山东省造纸行业协会第六届会员代表大会暨2016全省造纸行业年会在华泰工业园召开。会议公布了2015年度山东省造纸行业十强企业和十佳企业，并进行了山东省造纸行业协会第六届会员代表大会换届选举。

5月

5月4日，由广西博世科环保科技股份有限公司承建的海南金海浆纸业有限公司35吨/日综合法二氧化氯项目一次性开机成功。该系统是我国第二套完全自主设计制造的国产化二氧化氯制备系统。

5月6日，国家林业局印发关于《林业发展"十三五"规划》的通知，提出了"十三五"时期重点完成的十大战略任务：开展大规模国土绿化行动，做优做强林业产业，全面提高森林质量，强化资源和生物多样性保护，全面深化林业改革，大力推进创新驱动，切实加强依法治林，发展生态公共服务，夯实林业基础保障，扩大林业开放合作。

5月9日，四川环龙新材料有限公司向广东宝索集团签订了6台SF12-1000真空网笼高速造纸机，计划于2016年12月底前投产2台，2017年投产4台。

5月9日，中国制浆造纸研究院代表团赴加拿大多伦多市参加了由中国科技部和加拿大安大略省研究与创新厅共同主办的第五届中国—加拿大(安大略)研究与创新合作论坛，并访问了多伦多大学制浆造纸中心、加拿大林产品创新研究院、麦吉尔大学制浆造纸中心、英属哥伦比亚大学制浆造纸中心，与多位国际知名制浆造纸专家、学者交流、会谈，并在科技合作、技术人员联合培养等方面达成多个合作意向。

5月13日，"你好，赫尔辛基"系列文化活动在北京市西单文化广场开幕，芬欧汇川(中国)有限公司在活动现场搭建的中式茶馆"Biofore茶馆—自心房"，成为活动的一大亮点。

5月13日，欧盟委员会发布公告称，对原产于中国的铜版纸发起反倾销、反补贴日落复审调查。

5月18日，中国科协发布《关于表彰第七届"全国优秀科技工作者"奖获奖者的决定》，中国造纸学会评选推荐的2名候选人陕西科技大学张美云教授、杭州市化工研究院郑丽萍主任被授予"全国优秀科技工作者"称号。

5月18日，以"智能技术，智慧跨越"为主题的"2016 ABB自动化世界"活动在湖北省武汉市举办，集中展示了ABB领先的产品和技术。本届活动通过1场主题论坛、7场行业论坛、130多场技术讲座和研讨会，与4000多名参会嘉宾共同探讨"物联网+"大趋势下各行业发展面临的挑战和机遇。

5月19日，2016第十三届广州国际纸展(Paper Expo China 2016)在广东省广州市举行。全面展示了各种新款纸张、制浆造纸设备及造纸化学品新产品，同期还举办了第三届巴基斯坦采购对接会、首届十省(区)纸业交流会及特种纸印刷包装行业联盟峰会。

5月19—20日，中国造纸学会第十七届学术年会在陕西省西安市成功召开。本次年会由中国造纸学会主办、陕西科技大学协办，大会得到玖龙纸业(控股)有限公司、山东太阳纸业股份有限公司、芬欧汇川(中国)有限公司、福建省晋江优兰发纸业有限公司、汶瑞机械(山东)有限公司和中国造纸杂志社的大力支持。来自国内众多高校、科研机构、知名企业的270名制浆造纸及相关领域的专家、学者和企业界人士参加了会议。

5月26日，2016年江苏省造纸行业协会第四次会员大会暨第四届一次会员大会在江苏省南京市召开。会上举行了江苏省造纸行业"十二五"标杆企业表彰典礼，并进行了江苏省造纸行业协会换届选举。

5月27日，维达国际控股有限公司与中国制浆造纸研究院签署战略合作协议，双方将在以木浆为原料的生活用纸领域开展包括市场与产品战略分析、新产品开发、生产线技术支持、卫生纸专用化学品研制、技术人员培训等内容在内的全面、深入合作。

5月30日，工业和信息化部发文公布了2016年两化融合管理体系贯标试点企业名单，全国共600家企业入围，其中有6家造纸相关企业。

6月

6月1日，保定金博士集团有限公司11.2万吨/年生活用纸项目一期竣工投产，预计年产值可达20亿元，年纳税2000万元以上。

6月11日，浙江省龙游工业园区维达纸业(浙江)有限公司个人护理用品项目正式投产。项目拥有4条全自动生产线，成人纸尿裤产能达1.3亿片/年，成人纸尿片和护理床垫产能分别是5500万片/年和4000万片/年。

6 月 13 日，中国—东盟合作项目——中国非木材纤维制浆技术研讨和培训在北京市举行，活动包括课程培训、参观考察和研讨交流。来自印度尼西亚、菲律宾、泰国、越南、马来西亚、缅甸、柬埔寨及中国的代表参加了研讨和培训。

6 月 13 日，维达 & 京东超级品牌发布会暨首个纸品科技发布会在北京市召开。发布会上推出了"立体美"4D-Deco 压花卷纸、全新升级维达超韧面纸、维达厨房纸巾、维达去菌湿巾四大新品。

6 月 15 日，以"精品制造 服务全球"为主题的第五届中国轻工企业家高峰论坛暨百强企业颁奖盛典在北京市举办。会上宣读了中国轻工业百强企业公告，发布了"2015 年度中国轻工业百强企业"荣誉榜单以及市场能力、盈利能力、价值能力、成长能力、电商能力、财政贡献及科研投入七大分项能力百强榜单。

6 月 16 日，斯道拉恩索集团在广西壮族自治区北海市举办了旗下北海包装纸板工厂的正式投产活动。斯道拉恩索北海工厂于 2016 年 5 月投入运营，预计将在 18 ~ 24 个月内达到满产，项目一期投资额达 8 亿欧元，北海包装纸板工厂年产能为 45 万吨高档包装纸板产品。

6 月 21 日，由博闻锐思商务咨询（北京）有限公司主办的 RISI 亚洲林纸行业峰会（暨原第十七届亚洲浆纸展望大会 & 第三届中国纸包装高峰论坛）在上海市召开。

6 月 23 日，中国纸业—华南理工大学技术交流暨 2016 年造纸新技术及造纸化学品高效利用研讨会在广东省广州市召开。

6 月 25 日，在中俄两国元首习近平和普京的共同见证下，中国国家林业局局长张建龙和俄罗斯联邦林务局局长瓦连基克在北京市签署了《中华人民共和国国家林业局和俄罗斯联邦林务局关于林业合作的谅解备忘录》。

7 月

7 月 4 日，浙江省杭州市富阳区政府发布消息称富阳第四家造纸大集团——浙江新胜大控股集团有限公司成立。组建后的新胜大控股集团有限公司集造纸、化工、进出口贸易、企业管理咨询服务、塑料制品、五金制品销售于一体，下属 13 家子公司，造纸产能近 100 万吨/年。

7 月 4 日，中国玖龙纸业（控股）有限公司与中国银行胡志明市分行签署了 1.68 亿美元银团贷款协议，以满足玖龙纸业（控股）有限公司投资建设越南正阳纸厂二期项目的需求。正阳纸厂新项目总投资 2.8 亿美元，规划新建 44.2 万吨/年牛卡纸项目，产品将覆盖以越南为主的东南亚市场。

7 月 4 日，工业和信息化部发布了"2016 年智能制造试点示范项目名单"，共涉及 63 家企业的 63 个试点示范项目，其中，福建恒安家庭生活用品有限公司的"生活用纸智能制造试点示范"项目上榜。

7 月 7 日，山东太阳纸业股份有限公司 80 万吨/年高档牛皮箱纸板项目正式开机投产。该项目的造纸主机设备 31 号纸机和 32 号纸机均由福伊特公司提供。

7 月 8 日，江西省造纸印刷工业协会、江西省造纸学会换届大会暨江西省生活用纸专业委员会成立大会在江西省南昌市召开。

7 月 8 日，斯道拉恩索—华泰铜版纸战略合作暨客户会议在山东省东营市举办。会议期间，举行了苏州紫兴 SPCO 品牌的转让仪式，合作双方代表签署了品牌转让备忘录。

7 月 10 日，山东太阳纸业股份有限公司 50 万吨/年低定量高档牛皮箱纸板项目正式开机投产。该项目采用左右手纸机同步布置，在一个生产车间同时建造 2 条不同的生产线，生产不同的包装纸。

7 月 11 日，山东华泰纸业股份有限公司因符合《资源综合利用产品和劳务增值税优惠目录》的通知中以废纸为原料生产的原纸实现增值税即征即退 50% 的政策规定，收到增值税退税款 19992095.32 元。

7 月 12 日，美国商务部发布公告，对我国的纸巾产品继续征收反倾销税。

7 月 12 日，安徽山鹰纸业股份有限公司发布公告称，拟出资 5000 万元设立祥恒创意包装有限公司，业务范围涵盖纸箱创意包装服务、包装制品、纸制品、生产技术咨询、销售及通过互联网销售、设计、研发、出口、货物配送（不含危险化学品运输及快递业务）。

7 月 13 日，《财富》（中文版）发布了 2016 年中国 500 强企业排行榜，其中有 6 家造纸企业上榜。

7 月 13 日，环保部环境保护对外合作中心与世界银行组成联合专家组，对"中国制浆造纸行业二噁英减排湖南林源纸业无氯漂白（ECF）技改项目"进行了 2016 年度年中评估，并就项目推进下一步计划与湖南省环保厅进行了交流。

7 月 14 日，湖南省城步苗族自治县银河纸业有限责任公司与城步工业集中区签订入园合同，正式进驻城步湘商产业园，建设10万吨/年再生特种纸升级扩能及技术改造项目。项目总投资32297万元，以废纸为原料，生产“苗乡牌”民族宗教特需用纸、一体机速印专用纸、烟花爆竹纸、黑卡纸、炸药包装纸等。

7月15日，潍坊凯信机械有限公司供货的山东泉林纸业有限责任公司HC-1600新月型高速卫生纸机下线仪式和保定雨森卫生用品有限公司4台HC-1100高速卫生纸机签约仪式在潍坊凯信机械有限公司内举办。HC-1100高速卫生纸机设计车速1100米/分，工作车速1000米/分，幅宽2850毫米。

7月15日，第三届中国造纸装备发展论坛在山东省潍坊市召开。本届论坛以“中国造纸装备2025并加快企业走出去”为主题，就造纸装备发展战略、技术创新升级、深度融合、智能制造等话题进行了研讨，为中国造纸装备业的发展提出了建设性的意见和建议。

7月20日，中国造纸协会发布关于表彰“2015年度中国轻工业造纸行业十强企业”的决定，授予10家造纸企业“2015年度中国轻工业造纸行业十强企业”称号。

7月25日，浙江省造纸工业标准化技术委员会成立大会暨第一届年会在浙江省衢州市召开。

7月27日，中国轻工业联合会下发了《关于认定首批中国轻工业重点实验室的通知》，共有高校、科研院所、公司等的87个实验室获得认定，其中有12个制浆造纸相关实验室获得认证。

8月

8月6日，金江集团宝马纸业有限公司5万吨/年生活用纸项目一期首台高速卫生纸机试机并成功投产。项目总投资5.3亿元，分两期实施。

8月8日，恒安(芜湖)纸业有限公司二期高档生活用纸项目第一条生产线暨恒安19号纸机开机试产。二期项目总投资8亿元，主要用于生产高附加值的心相印品牌面巾纸、卫生卷纸，产能12万吨/年。

8月17日，山东晨鸣纸业集团股份有限公司发布公告称，国开发展基金有限公司将以3.5亿元对湛江晨鸣60万吨/年液体包装纸板项目进行投资。增资完成后，国开发展基金持有湛江晨鸣15.49%的股权。

8月18日，中国制浆造纸研究院建院60周年暨纸基功能材料创新孵化平台推介会在河北省廊坊市举办。中国制浆造纸研究院自2009年开始共投资2.6亿元，于2015年年底在河北省廊坊科技谷建成占地面积33300米^{2}的纸基功能材料创新孵化平台。平台目前已经建成8条中试生产线。

8月25日，全国工商联在北京市召开2016中国民营企业500强发布会。会上先后发布了2016中国民营企业500强、2016中国民营企业制造业500强、2016中国民营企业服务业100强名单以及《2016中国民营企业500强发布报告》。造纸和纸制品业有6家企业入围2016中国民营企业500强，11家造纸和纸制品企业入围2016中国民营企业制造业500强。

8月26日，黑龙江佳宏纸业集团有限公司与黑龙江省龙兴投资有限公司签署了40万吨/年高档箱纸板项目框架协议。

8月28日，江西省生活用纸专业委员会在江西省南昌市成立并揭牌。

8月30日，由山东省造纸行业协会、山东博汇纸业股份有限公司、齐峰新材料股份有限公司、山东晨钟机械股份有限公司主办的2016山东造纸行业“四新”技术交流及推广会在山东省淄博市召开。

8月31日，云南云景林纸股份有限公司生活用纸产品系列又添新品，本色纸试生产成功，当天共生产本色纸30余吨。公司本色纸的成功研发生产，填补了云南省纯木浆本色纸市场空白。

8月，湖南永佳裕机电设备安装有限公司越南分公司——永佳裕(越南)工程技术责任有限公司成立。

9月

9月1日，工业和信息化部科技司发布消息称，根据行业标准制修订计划，相关标准化技术组织等单位已完成217项行业标准的制修订工作，其中涉及造纸行业的标准有12项。

9月9日，中国造纸协会竹浆工作委员会成立大会在四川省成都市召开，会议选举产生了中国造纸协会竹浆工作委员会第一届领导成员，审议并通过了中国造纸协会竹浆工作委员会工作条例和中国造纸协会竹浆工作委员会信息共享和数据交流工作方案。

9月19日，王子奇能纸业(上海)有限公司和王子特殊纸(上海)有限公司举行了合并仪式。

9月21日，由中国造纸学会特种纸专业委员会主办的2016全国特种纸技术交流会暨特种纸委员会第十一届年会在安徽省池州市召开。会上举行了特种纸专业委员会 10 周年庆典颁奖仪式。

9 月 23 日，由中国再生资源回收利用协会主办的首届中国回收纸行业大会在广东省东莞市召开。会议分为政策与秩序篇、战略与模式篇、信息与资本篇 3 部分。

9 月 28 日，由舍弗勒贸易(上海)有限公司主办、济南赢创动力机械(轴承)有限公司承办的 2016 SCHAEFFLER 舍弗勒集团大中华区制浆造纸行业关键客户轴承技术研讨会在山东省广饶县举行。此次会议是首次在造纸行业内召开的以轴承技术为专题的技术交流会，来自山东省造纸行业的用户代表、行业专家、行业媒体 180 余人出席会议。

9 月 30 日，澳大利亚反倾销委员会发布公告称，对进口自巴西、中国、印度尼西亚和泰国的 A4 复印纸做出反倾销肯定性初裁，同时对进口自中国和印度尼西亚的 A4 复印纸做出反补贴肯定性初裁。

10 月

10 月 4 日，维达纸业(中国)有限公司位于江门市新会区三江镇的新会分公司 26 万吨/年生活用纸项目竣工投产庆典举行。

10 月 10 日，全新的 RISI 亚太卫生用品行业论坛(RISI Asia Pacific Hygiene Products Symposium 2016)在上海市举行。该会议前身为 RISI 亚太非织造布产业论坛，已分别于 2013 年、2015 年成功举办两届。2016 年在更名之余，在内容上将原亚太非织造布产业论坛与新推出的生活用纸内容进行了整合。

10 月 11 日，由中国造纸协会、中国造纸学会和中国制浆造纸研究院联合主办，中国造纸杂志社承办的 2016 中国国际造纸科技展览会及会议在上海世博展览馆举行。来自 20 多个国家和地区的近 200 家造纸装备制造、造纸化学品及与造纸相关的知名企业参展，展会面积近万平方米。

10 月 11 日，由中国造纸学会、中国造纸协会和中国制浆造纸研究院共同主办，中国造纸杂志社承办的 2016 中国国际造纸创新发展论坛在上海世博展览馆举行。中国国际造纸创新发展论坛是国内首个以创新为核心理念的造纸行业论坛，论坛上首次发布了《2016 中国造纸产业竞争力报告》。

10 月 12 日，由中国造纸学会、德国造纸技术研究所(PTS)、中国制浆造纸研究院共同主办，中国造纸杂志社承办的 2016 CIPTE 国际造纸技术报告会在上海世博展览馆召开。来自中国、德国、加拿大的 7 位造纸行业专家就“工业 4.0”时代下创新技术在造纸工业中的应用、节能降耗新举措，以及中国造纸工业最新发展趋势和“新常态”下企业应如何应对等方面做了专题演讲。

10 月 19 日，世界贸易组织发布中国诉美国反倾销措施案专家组报告，裁定美国针对中国出口产品实施的 13 项反倾销措施违反世贸规则。

10 月 23 日，中国造纸杂志社组织了来自造纸企业、造纸装备公司、化学品供应商、大专院校、科研院所等 22 家单位的共计 27 名代表组成俄罗斯参(观)展团参加 2016(第十四届)俄罗斯国际纸浆造纸、林业、生活用纸及纸包装展览会(PAPFOR-RUSSIA 2016)，并前往 SFT 集团旗下的卡缅斯卡娅纸板厂参观交流。

10 月 26 日，由江西省造纸学会主办，江苏省造纸学会、山东省造纸学会、上海市造纸学会、浙江省造纸学会、福建省造纸学会、安徽省造纸学会协办的华东七省市造纸学会第三十届学术年会在江西省九江市召开。

10 月 28 日，由中国林业产业联合会、世界自然基金会(瑞士)北京代表处、中国林业产业联合会林浆纸分会、中国纸业投资有限公司主办，岳阳林纸股份有限公司承办的首届中国国际林浆纸可持续发展高峰论坛在湖南省长沙市举行。

11 月

11 月 3 日，2016(第二十八届)全国造纸化学品开发与造纸新技术应用研讨会暨 2016(第十一届)中国国际造纸化学品技术及应用展览会在上海世博展览馆召开。

11 月 7 日，由华南理工大学、天津科技大学和南京林业大学联合主办，华南理工大学制浆造纸工程国家重点实验室承办的第五届制浆造纸新技术国际研讨会(5th ISETPP)暨第三届国际造纸与环境学术大会(3th IPEC)在广东省广州市华南理工大学召开。

11 月 9 日，由中国造纸协会主办的 2016 中国国际造纸和装备博览会暨全国纸张订货交易会在宁夏回族自治区银川国际会议展览中心召开。博览会和交易会以“结构调整、转型升级”为主题，展览面积 1 万米^2。展会期间还举办了多场专题研讨会。

11 月 19 日，由全国工商联纸业商会主办的第九届中国纸业发展大会暨纸业商会十周年大会在北京市中国大饭店召开。来自工业和信息化部、全国工商联的领导，纸业商会会长、副会长、独立监事及国内外的业界大佬、专家、会员代表、媒体代表共计 300 余人出席了大会。

11 月 29 日，2016 年广东省造纸行业协会年会在广东省佛山市召开。广东省政府相关部门领导、中国造纸协会及各省造纸行业协会领导、造纸及相关企业代表约 230 人参加了本次年会。

12 月

12 月 8 日，第五届 RISI 中国国际废纸利用大会在广东省珠海市召开。来自 15 个国家和地区的 58 家公司的 100 余位行业代表参加了会议。

12 月 8 日，四川省造纸行业协会、四川省造纸学会换届大会暨 2016 年年会在四川省成都市召开。

12 月 9 日，道拉恩索集团在广西壮族自治区举办了北海工厂漂白化学热磨机械浆生产线（BCTMP）的正式投产仪式。漂白化学热磨机械浆生产线设计产能为 20 万吨/年，所有纸浆产品都将供应给北海工厂。

12 月 13 日，山东省政府新闻办举行新闻发布会，公布了山东省首批 15 项关键核心技术知识产权，山东泉林纸业有限责任公司“秸秆造纸清洁生产关键技术专利群”成功入选，是其中唯一一项资源综合利用领域核心专利技术群。

12 月 23 日，由中国造纸杂志社《造纸信息》杂志举办的“2016 年中国造纸工业 10 项要闻评选会”在北京市中国制浆造纸研究院召开，评选出了 2016 年度中国造纸工业 10 项要闻。

（郭彩云）

2016 年我国造纸行业会展信息

Exhibition and Conference News of Paper Industry in China in 2016

1 月 21 日，中国造纸杂志社《中国造纸》2015 年度“国昌天宇杯”优秀论文评选京津地区专家终评会在北京市召开，最终评选出优秀论文 15 篇。其中，一等奖 1 篇，二等奖 2 篇，三等奖 5 篇，优秀奖 7 篇。

3 月 16 日，由全国工商联纸业商会主办的 2016 中国国际纸浆高峰论坛在上海市召开，论坛以供给侧改革下的中国造纸“十三五”规划为主题，就宏观形势、行业热点、国际环境及市场走势等话题进行了交流与沟通。论坛上，中国森林认证委员会(CFCC)联合 9 家浆纸企业共同发起《中国森林可持续发展倡议》。来自全球 18 个国家和地区的 300 多位代表出席了论坛。

3 月 17 日，由 Hawkins Wright 和 Brian McClay & Associates 联合举办的 2016 第四届纸浆研讨会在上海市举行。会议围绕全球浆纸行业的市场趋势，尤其是中国的市场现状进行了广泛讨论和深入交流。来自全球 10 个国家和地区的 300 多位代表参加了此次会议。

3 月 17 日，由山东省造纸行业协会、山东省印刷物资有限公司主办的 2016 山东(国际)制浆造纸技术及装备展览会暨 2016 山东(国际)生活用纸及纸制卫生品展览会在山东省济南市山东机械设备展览中心召开。展会面积约 12000 米^2。展会期间还围绕节能降耗及行业新技术举办了 3 场专题讲座。

3 月 22 日，由芬兰锯木厂协会、“芬兰木 · 秀于林”芬兰木业推广项目、中国家具协会、中国林产工业协会、中国木材与木制品流通协会以及中国木材保护工业协会合作举办的中芬木业高峰论坛在北京市举办。大会以推动中芬两国在森林可持续经营和木材产业之间加强交流与合作，推动全球绿色发展进行了探讨交流。

3 月 28 日，中国造纸协会第四届理事会第三次会议(扩大)在河南省郑州市隆重召开。会议投票选举出了调整后的第四届理事会理事长、秘书长，赵伟当选中国造纸协会第四届理事会理事长，钱毅当选秘书长。会议探讨了造纸工业“十三五”发展研究框架，审议通过了“中国造纸协会第四届理事会第三次会议工作报告”“中国造纸协会第四届理事会 2016—2017 年度工作计划”“中国造纸协会第四届理事会 2015 年度财务报告”“中国造纸协会第四届理事会 2016 年度财务收支预算”“吸取新会员单位议案”“关于提名中国造纸协会第四届理事会理事长、秘书长选举总监票人、监票人、计票人的提案”。

3 月 29 日，中国造纸协会在河南省郑州市举办了 2016 中国纸业高峰论坛，探讨“十三五”造纸工业政策与技术方向。会上，专家围绕当前造纸产业经济运行情况、“十三五”供给侧改革、造纸工业发展新动力、行业污染防治政策及先进技术装备研发等热点问题进行了讨论发言。

4 月 11—13 日，由中国造纸协会生活用纸专业委员会主办的第 23 届生活用纸国际科技展览及会议(2016 年生活用纸年会暨妇婴童、老人卫生护理用品展会)在江苏省南京国际博览中心举行。700 多家国内外参展商参展，展览规模达 8 万米^2。展览期间还举办了 2016 生活用纸年会国际研讨会，500 多位代表参加了会议。

4 月 20 日，由山东省教育厅主办，齐鲁工业大学、制浆造纸科学与技术教育部重点实验室和山东省制浆造纸科学与技术重点实验室承办的泰山学术论坛——生物炼制专题学术会议在山东省济南市齐鲁工业大学召开。会议邀请了该领域国内院士、知名学者、泰山学者和学科领军人物等专家和教授，就生物炼制科技创新，促进生物质能源、资源化利用等方面进行了广泛讨论和深入交流。

4 月 22 日，由中国造纸学会特种纸专业委员会主办的 2016 特种纸产业信息工作会议在浙江省德清县召开。此次会议旨在完善我国特种纸产业的信息统计和分析工作，会上发布了中国造纸学会特种纸专业委员会信息统计工作办法(讨论稿)。

4 月 26—28 日，中国造纸化学品工业协会联合浙江科技大学、浙江理工大学举办的 2016(第十一届)中国造纸化学品开发应用国际技术交流会暨中国造纸化学品工业协会第五届会员代表大会在浙江省杭州市召开。会议通过了第四届理事会所做的工作总结报告，选举产生了第五届理事会理事、常务理事、秘书长、副理事长、理事长。赵文彦当选第五届理事会理事长，陆伟当选秘书长。交流会期间，与会人士围绕造纸化学品的发展和在行业中的应用进行了深入的探讨。来自全国各地的近 200 名大专院校、科研院所、企业代表及国外的专家学者参加了会议。

4 月 27—28 日，山东省造纸行业协会第六届会员代表大会暨 2016 全省造纸行业年会在山东省东营市华泰工业园召开。会议公布了 2015 年度山东省造纸行业十强企业和十佳企业，并召开了山东省造纸行业协会第六届会员代表大会，进行了换届选举，审议、表决通过了山东省造纸行业协会第五届理事会工作报告和财务工作报告、《章程》《会员会费标准及会费使用管理办法》和 5 个行业行规行约。会议期间进行了典型经验交流和专题技术交流。

5 月 19 日，中国造纸学会第七届理事会第三次(扩大)会议在陕西省西安市陕西科技大学召开。会议审议通过了《中国造纸学会 2015 年工作情况和 2016 年主要工作要点》《中国造纸学会 2015 年度财务报告》《中国造纸学会团体标准制修订程序》，进行了第二届中国造纸蔡伦奖颁奖仪式，宋明信、张美云、郑丽萍荣获第二届中国造纸蔡伦科技奖，陈劲、李晓亮、李继庚荣获第二届中国造纸蔡伦青年科技奖。

5 月 19—20 日，中国造纸学会第十七届学术年会在陕西省西安市召开。来自国内众多高校、科研机构、知名企业的 270 名代表参加了会议。本届年会安排了两天的技术交流活动，参会嘉宾和学者进行了热烈的交流和互动。此届年会共收到论文 107 篇，收录 100 篇，经过组委会专家评委的评审，评选出优秀论文 28 篇，其中，一等奖 3 篇，二等奖 10 篇，优秀奖 15 篇。年会还举办了“新技术、新产品成果展示”。会后，与会代表参观了陕西科技大学陕西省造纸技术及特种纸品开发重点实验室、制浆造纸工程实验室和陕西省商检纸张纸浆检测重点实验室。

5 月 19—21 日，由广东省、河南省、浙江省、四川省、广西壮族自治区造纸协会及山东省轻工机械协会、广东省造纸行业工会联合会共同主办，福建、湖南造纸协会及越南、泰国、马来西亚、印度、南非、巴基斯坦等国家造纸协会共同协办的 2016 第十三届广州国际纸展在广东省广州市举行。此届展会全面展示了各种新款纸张、先进的制浆造纸装备与技术、造纸化学品，同期举办了“第三届巴基斯坦采购对接会”“首届十省(区)置业交流会”及“特种纸印刷包装行业联盟峰会”。

5 月 26—27 日，江苏省造纸行业协会第四次会员大会暨第四届一次会员大会在江苏省南京市召开。会上举行了江苏省造纸行业“十二五”标杆企业表彰典礼，并进行了江苏省造纸行业协会的换届选举，牛庆民再次当选为新一届理事会会长，刘克当选为副会长兼秘书长，赵正新当选为监事会主席。

6 月 13 日，由印度尼西亚工业部制浆造纸研究中心主办、中国轻工业清洁生产中心承办、天津科技大学协办的中国－东盟合作项目——中国非木材纤维制浆技术研讨和培训在北京市举行。会议从生产、应用、环保等方面对非木材纤维制浆技术做了全面解析，来自印度尼西亚、菲律宾、泰国、越南、马来西亚、缅甸、柬埔寨及中国代表参加了研讨和培训。会后与会者前往天津科技大学制浆造纸重点实验室和驻马店市白云纸业有限公司进行了参观和交流。

6 月 15 日，由中国轻工业联合会主办，以“精品制造 服务全球”为主题的第五届中国轻工企业家高峰论坛暨百强企业颁奖盛典在北京市举办。会上宣读了中国轻工业百强企业公告，发布了“2015 年度中国轻工业百强企业”荣誉榜单以及市场能力、盈利能力、价值能力、成长能力、电商能力、财政贡献及科研投入七大分项能力百强榜单。

6 月 21—23 日，由博闻锐思商务咨询(北京)有限公司主办的 RISI 亚洲林纸行业峰会在上海市召开。此次论坛分别围绕“纸包装”“纸浆与文化纸”“林业与木纤维”三大板块展开了互动与分享。来自 24 个国家或地区的 200 多位代表参加了会议。

6 月 23—24 日，由中国纸业投资有限公司技术中心和华南理工大学共同主办的中国纸业投资有限公司－华南理工大学技术交流暨 2016 年造纸新技术及造纸化学品高效利用研讨会在广东省广州市召开。华南理工大学 13 位造纸专家针对中国纸业投资有限公司技术中心提出的 28 项课题需求与各生产平台展开了深入交流。研讨会期间，各位专家针对我国造纸行业产能相对过剩、环保压力加大、生产成本提高、企业效益下降的现状等问题进行了讨论交流。90 余位代表参加了会议。

7 月 8 日，江西省造纸印刷工业协会、江西省造纸学会换届大会暨江西省生活用纸专业委员会成立大会在江西省南昌市召开。管步军当选江西省造纸印刷工业协(学)会第五届理事会会长、雷建民当选常务副会长兼秘书长。

7 月 15—17 日，由中国轻工机械协会、中国造纸协会、中国造纸学会、全国工商联纸业商会、中国轻工集团公司、中国轻工业信息中心、中国轻工企业投资发展协会共同主办的第三届中国造纸装备发展论坛在山东省潍坊市召开。此届论坛以“中国造纸装备 2025 并加快企业走出去”为主题，就造纸装备发展战略、技术创新升级、深度融合、智能制造等话题进行了研讨，全国造纸、装备及相关行业的 400 多位嘉宾出席了论坛。

8 月 18 日，中国制浆造纸研究院建院 60 周年暨纸基功能材料创新孵化平台推介会在河北省廊坊市举办。中国制浆造纸研究院建院 60 年来，致力于造纸行业应用技术的研究开发，主持/参与国家和省部级重大科研项目以及大量的企业委托开发项目，形成科研成果 1700 多项，获得国家级或省部级奖励 180 多项。致力于研发创新及行业服务能力建设，致力于为行业培养和输送工程技术人才。中国制浆造纸研究院自 2009 年开始共投资 2. 6 亿元，于 2015 年年底在河北省廊坊科技谷建成占地面积 3. 33 公顷的纸基功能材料创新孵化平台，大力提升技术成果转化服务功能。会上，中国制浆造纸研究院与华南理工大学签署了“制浆造纸国家级实验室联合创新基金”协议，为科研工作者的科研活动提供支持。来自全国 90 余家造纸及相关行业生产企业、高等院校、科研院所、地方协会和学会的 120 多位代表参加了活动。

8 月 30—31 日，由山东省造纸行业协会、山东博汇纸业股份有限公司、齐峰新材料股份有限公司、山东晨钟机械股份有限公司主办的 2016 山东造纸行业“四新”技术交流及推广会在山东省淄博市召开。会议主要目的是助推产业创新和转型升级，交流推广“新技术、新工艺、新材料、新设备”的研发成果，提升节能降耗、节水减排和“三废”资源化综合利用水平。180 多位代表参加了此次会议。

9 月 9 日，中国造纸协会竹浆工作委员会成立大会在四川省成都市召开。会议选举产生了中国造纸协会竹浆工作委员会第一届领导成员，吴和均当选为主任委员，刘文龙为秘书长。会议审议并通过了中国造纸协会竹浆工作委员会工作条例和中国造纸协会竹浆工作委员信息共享和数据交流工作方案。

9 月 21—24 日，由中国造纸学会特种纸专业委员会主办的 2016 全国特种纸技术交流会暨特种纸委员会第十一届年会在安徽省池州市召开。此次会议邀请到了 14 位专家对特种纸产业的市场概况、发展趋势以及特种纸行业新产品、新技术进行了深入的探讨和交流。会上举行了特种纸专业委员会 10 周年庆典颁奖仪式和安徽江南产业集中区招商引资推介会。来自近 150 家企业的 215 位代表参加了会议。年会共收录论文 50 篇，评选出优秀论文 10 篇。

9 月 23 日，由中国再生资源回收利用协会主办的首届中国回收纸行业大会在广东省东莞市中堂镇举行。此届会议的主题是“规范与整合，构建有序竞争市场”。会议分为政策与秩序篇、战略与模式篇、信息与资本篇 3 部分，从政府、行业协会、企业不同视角深入分析了废纸回收行业面临的宏观政策与市场环境，企业管理与模式创新等问题。来自全国 180 多家单位的近 300 位代表参加了会议。

9 月 28 日，中国造纸学会《2016—2017 制浆造纸科学技术学科发展研究项目》启动工作会议在江苏省南京市召开。会议重点部署了开展 2016—2017 年学科发展研究项目工作任务，明确了编写组成员、编写进度及编写要求，针对秘书组提出的编写参考提纲组织全体参会人员进行了充分的讨论。确定了综合报告和专题报告编写提纲，并规定了提交初稿的具体时间。

10 月 10 日，中国造纸学会第七届常务理事会第七次会议在上海市召开。会议通报了中国造纸学会 2016 年上半年主要工作和即将开展的重要活动；讨论审议并通过了《中国造纸学会推选院士候选人工作方案》，并投票选举出评审委员会等机构具体成员名单；讨论近几年各专业委员会活动情况及主任委员、秘书长变动情况；对“第七届全国优秀科技工作者”获奖者张美云教授、郑丽萍主任颁奖；审议通过了《关于同意汶瑞机械(山东)有限公司特聘副理事长单位更换代表人的提议》；批准了苏州安美润滑科技有限公司的团体会员的申请；传达了中国科协《关于加强科技社团党建工作的若干意见》。

10 月 10—11 日，RISI 亚太卫生用品行业论坛(RISI Asia Pacific Hygiene Products Symposium 2016)在上海市举行。13 位海内外嘉宾从不同视角解读了

宏观经济、区域市场发展规律、婴儿纸尿裤、女性卫生用品以及成人失禁用品市场的趋势和热点。来自全球 76 家公司的 130 多位代表参加了会议。

10 月 11 日，由中国造纸学会、中国造纸协会和中国制浆造纸研究院共同主办，中国造纸杂志社承办的 2016 中国国际造纸创新发展论坛在上海市举行。中国国际造纸创新发展论坛是国内首个以“创新”为核心理念的造纸行业论坛。此届论坛以“创新驱动·智造未来”为主题，紧密围绕造纸行业最新发展趋势、前沿研究、技术热点、产品研发等话题进行研讨，共同关注行业创新发展，探讨行业未来之路，搭建创新交流平台。来自部委领导、创新专家、行业专家、国内外企业家等各界人士近 300 位代表出席。论坛上首次发布了《2016 中国造纸产业竞争力报告》。

10 月 11—13 日，由中国造纸协会、中国造纸学会和中国制浆造纸研究院联合主办，中国造纸杂志社承办的 2016 中国国际造纸科技展览会及会议在上海市举行。来自 20 多个国家和地区的近 200 家造纸装备制造、造纸化学品及与造纸相关的知名企业参展，展会面积 10000 米^2。

10 月 12 日，由中国造纸学会、德国造纸技术研究所(PTS)、中国制浆造纸研究院共同主办，中国造纸杂志社承办的 2016CIPTE 国际造纸技术报告会在上海市召开。此次会议重点围绕“工业 4.0”时代驱动下的造纸工业创新应用、废纸回收利用技术、造纸化学品、新型热风干燥技术、涂布技术等展开研讨。来自中国、德国、加拿大、日本、芬兰等国家的近 200 位代表参加了会议。

10 月 25—27 日，由江西省造纸学会主办，江苏省造纸学会、山东造纸学会、上海市造纸学会、浙江省造纸学会、福建省造纸学会、安徽省造纸学会协办的华东七省市造纸学会第三十届学术年会在江西省九江市召开。此次年会对七省市造纸行业运行情况、造纸设备、造纸助剂、新产品的研究成果进行了交流分享。此届年会共收录论文 63 篇。

10 月 28 日，由中国林业产业联合会、世界自然基金会(瑞士)北京代表处、中国林业产业联合会林浆纸分会、中国纸业投资有限公司主办，岳阳林纸股份有限公司承办的首届中国国际林浆纸可持续发展高峰论坛在湖南省长沙市举行。此届论坛的主题为“林浆纸可持续发展”旨在推动工业原料林可持续发展、林浆纸生产科技创新，探讨林浆纸产业发展的未来方向。200 多位代表出席了论坛。

11 月 3—4 日，2016(第二十八届)全国造纸化学品开发与造纸新技术应用研讨会暨 2016(第十一届)中国国际造纸化学品技术及应用展览会在上海世博展览馆召开。会议就进一步加强我国造纸化学品的技术创新与开发，促进新型造纸化学品和各种造纸新技术在造纸行业的应用进行了深入的研究和探讨。此届展会展出范围主要包括变性淀粉、施胶剂、水溶性高分子聚合物、功能性造纸化学品、过程性造纸化学品、填料、涂布黏合剂等。

11 月 7—9 日，由华南理工大学、天津科技大学和南京林业大学联合主办，华南理工大学制浆造纸国家重点实验室承办的第五届制浆造纸新技术国际研讨会(5th ISETPP)暨第三届国际造纸与环境学术大会(3th IPEC)在广东省广州市华南理工大学召开。此次会议主题是制浆造纸与生态环境，包括制浆造纸技术、植物纤维化学、纸张涂布、废水处理、印刷技术、生物质精炼技术及纳米纤维素功能材料等。大会共设 3 个分会场，开展了近 100 场高端学术交流活动，收录论文 460 篇，参会人员 513 人，其中，来自 11 个国家的海外学者 30 多位。大会安排了墙报展示活动并对墙报进行打分评奖，共评出一等奖 3 名，二等奖 5 名，三等奖 7 名。此次会议的交流加强了高校、研究机构与企业之间的合作，加强了中国与国际同行之间的合作，促进了科研成果的产业化。

11 月 8 日，中国造纸学会纳米纤维素及材料专业委员会(NMC)2016 年年会暨学术研讨会在广东省广州市召开。围绕纳米纤维素的规模化生产中的关键技术及高附加值应用、纳米纤维素的应用研究进展、细菌纤维素领域的进展、纳米纤维素复合材料的制备及其在食品包装中的应用等内容进行了交流与讨论。

11 月 8—11 日，由中国造纸协会主办的 2016 中国国际造纸和装备博览会暨全国纸张订货交易会在宁夏回族自治区银川国际会议展览中心召开。此次展览会以“结构调整、转型升级”为主题，展示范围涵盖纸浆、纸及纸板、纸制品、机械设备、原辅材料、造纸助剂及相关化学品等，展览面积 10000 米^2，参展企业 100 余家。展会期间还举办了 2016 年中国纸浆市场形势研讨会、造纸产业及技术装备发展研讨会等多场专题研讨会。

11 月 15—17 日，全国造纸工业标准化技术委员会年会在云南省昆明市召开。来自近 120 家生产企业、质检机构、科研院所和高校的 167 位委员及代表参加了会议。会议对《纸尿裤和卫生巾高吸收性树脂》《废纸回收与利用分类技术要求》《卫生巾

(护垫)》《壁纸》等 24 项国家标准和行业标准进行了审查，并对《婴儿纸尿裤》和《成人纸尿裤》2 项国家标准进行了研讨。

11 月 19—20 日，由全国工商联纸业商会主办的第九届中国纸业发展大会暨纸业商会十周年大会在北京市召开。此次会议以“下一个十年——寻找造纸行业可持续发展的新动力”为主题，对资源充分利用、智能制造、森林工业可持续发展的未来、未来十年的中国造纸行业状况展开了交流和讨论。来自业内领导、专家、会员、媒体代表共计 300 多人出席了大会。

11 月 29—30 日，2016 年广东省造纸行业协会年会在广东省佛山市召开，约 230 位代表参加了此次年会。大会通报了广东省造纸行业协会 2016 年工作报告、监事会总结报告(财务报告)、2016 年广东省造纸行业协会年会报告，对广东省造纸行业发展形势进行了分析和展望，大会审议通过了新入会的会员、新增和变更理事与副会长单位以及成立纸浆专业委员会等事宜。会上，广东省造纸行业协会向优秀专业委员会、能效“领跑者”和能效对标工作先进单位进行了颁奖。

12 月 8 日，第五届 RISI 中国国际废纸利用大会(RCP 2016)在广东省珠海市召开。来自 15 个国家和地区的 100 位代表参加了会议。此次会议致力于共同探讨行业遭遇的困境，研判市场未来发展趋势。会议期间还组织了两场圆桌论坛，分别以“国废”“外废”为主题，对 2016 年下半年废纸回收企业经营状况、回收价格、市场走向等问题进行了探讨。

12 月 8—9 日，四川省造纸行业协会、四川省造纸学会换届大会暨 2016 年年会在四川省成都市召开。180 余位代表出席了会议。会议表彰了四川省造纸行业 2015 年度十强及优秀企业，审议通过了协会第五届、学会第八届理事会工作报告，团体会费收支报告及章程修改报告，选举产生了四川省造纸行业协会第六届理事会、常务理事会、第一届监事会，四川省造纸学会第九届理事会、常务理事会。讨论通过了四川省造纸行业协会团体会员单位会费收取办法。吴和均当选四川省造纸行业协会第六届理事会理事长，罗福刚为副理事长兼秘书长。范谋斌当选四川省造纸学会第九届理事会理事长，罗建雄为秘书长。

12 月 23 日，由中国造纸杂志社《造纸信息》杂志举办的 2016 年中国造纸工业 10 项要闻评选会在北京市召开。

(王　斌)

地方造纸工业

LOCAL PAPER INDUSTRY

广东省造纸工业
浙江省造纸工业
山东省造纸工业
江苏省造纸工业
河南省造纸工业
福建省造纸工业
天津市造纸工业
湖北省造纸工业
广西壮族自治区造纸工业
四川省造纸工业
江西省造纸工业
山西省造纸工业
上海市造纸工业
辽宁省造纸工业

9

广东省造纸工业

Paper Industry in Guangdong Province

【行业概况】

广东省是我国的经济强省，也是造纸工业最发达的省份之一，2016 年，广东省造纸工业保持平稳增长，经济运行状况良好。全年造纸及纸制品业实现利润总额 119.2 亿元，同比增长 35.7%；主营业务收入 2052.5 亿元，同比增长 8.5%；资产 2001.3 亿元，同比增长 4.9%；负债 1087 亿元，同比减少 1.2%；完成工业增加值 475.3 亿元，同比增长 3.8%。广东省造纸工业规模以上企业 184 家，机制纸及纸板生产量 2127.5 万吨，同比增长 0.6%；平均用工总人数 21.8 万人，同比下降 4.6%。表 1 所示为 2016 年广东省重点造纸企业主要品种完成情况。

表 1　2016 年广东省重点造纸企业主要产品生产量　单位：万吨

纸及纸板品种	生产量		同比/%	占全国比例/%
	2016 年	2015 年		
纸及纸板	2127.5	2078	0.6	19.6
1. 新闻纸	43.2	56	-22.7	16.6
2. 未涂布印刷书写纸	165.0	163	1.2	9.3
3. 涂布纸(含白卡)	58.0	53	9.4	7.7
4. 生活用纸	96.0	94	2.4	10.4
5. 包装纸(含灰卡纸)	121.0	120	0.8	17.9
6. 白纸板	315.5	285	10.7	22.5
7. 箱纸板	728.0	725	0.4	31.6
8. 瓦楞原纸	510.0	487	4.7	22.5
9. 特种纸及纸板	50.2	45	11.6	17.9
10. 其他纸及纸板	40.6	51	-19.8	18.9
商品浆	115.0			

【原料】

广东省造纸工业所用的纤维原料主要来自回收纤维，占比超过 80%，其中大部分来自进口。自湛江晨鸣浆纸有限公司制浆线投产以后，自制商品木浆的生产量有了大幅提高，全省商品木浆的年生产量达到了 115 万吨，全部用于省内消费。另外，每年还要进口或从外省购买商品木浆约 200 万吨，非木材浆的使用比例很小，只是极少数卫生纸厂使用。

【生产企业】

2016 年，广东省纸及纸板年产能超过 10 万吨的造纸企业有 43 家，其中，100 万吨以上的企业有 5 家，30 万～100 万吨的企业有 18 家，10 万～30 万吨的企业有 20 家。2016 年广东省十大造纸企业主要产品生产量见表 2。

表 2　　2016 年广东省十大造纸企业主要产品生产量

企业名称	生产量/万吨	主要产品
玖龙纸业(控股)有限公司	525	牛卡纸、涂布纸板、瓦楞原纸、白卡纸
东莞理文造纸厂有限公司	295	箱纸板、瓦楞原纸、涂布白纸板
湛江晨鸣浆纸有限公司	165	漂白硫酸盐阔叶木浆 100 万吨，高档文化用纸 65 万吨
东莞建晖纸业有限公司	105	单面涂布灰底白纸板 65 万吨，环保牛皮箱纸板 40 万吨
亚太森博(广东)纸业有限公司	90	高档文化用纸
广州造纸集团有限公司	60	新闻纸 40 万吨，文化用纸 20 万吨
珠海经济特区红塔仁恒纸业有限公司	60	高档涂布白卡纸 30 万吨，高档涂布白纸板 30 万吨
东莞金洲纸业有限公司	70	高强瓦楞原纸 30 万吨，高档牛皮箱纸板 40 万吨
维达纸业(广东)有限公司	44	生活用纸
中顺洁柔纸业股份有限公司	29	生活用纸，另外有 12 万吨产能正在建设中
广东冠豪高新技术股份有限公司	16	无碳纸、热敏纸 13 万吨，不干胶 3 万吨

【名优产品】

2016 年有 15 个产品被评为广东省名牌产品，分别是广东天章信息纸品有限公司的“TANGO”牌打印纸、安兴纸业(深圳)有限公司的“傅美”牌打印纸、珠海红塔仁恒包装股份有限公司的“HT”牌高档涂布白卡纸、广州造纸集团有限公司的“广纸”牌新闻纸、东莞市汇林包装有限公司的纸浆模塑制品、韶能集团广东绿洲纸模包装制品有限公司的纸浆模塑制品、广东茵茵股份有限公司的“茵茵”牌纸尿裤/片、广东昱升个人护理用品股份有限公司的“吉氏”牌纸尿裤/片和“舒氏宝贝”牌纸尿裤/片、佛山市啟盛卫生用品有限公司的“美适”牌纸尿裤/片和“U 适宝宝”牌纸尿裤/片、东莞市常兴纸业有限公司的“一片爽”纸尿裤/片、广东昱升个人护理用品股份有限公司的“婴之良品”纸尿裤/片、广东凯迪服饰有限公司的“超级宝贝”纸尿裤/片和广东金冠科技股份有限公司的纸制品包装盒。

【清洁生产】

2016 年，广东省造纸行业有 6 家企业获“广东省清洁生产企业”称号，分别是汕头市澄海区隆庆造纸厂、汕头市澄海区振业纸品厂、广东博泰纸业有限公司、东莞顺裕纸业有限公司、汕头市龙湖区粤安纸业有限公司、广东比伦生活用纸有限公司。

【节能减排】

据广东省环保厅 2015 年对全省 619 家造纸及纸制品企业统计，用水量 27.5 亿吨，其中，清水用量 3.4 亿吨，重复用水 24.1 亿吨，占全省工业取水量的 11.5%，水重复利用率为 87.9%。造纸工业废水排放量 2.6 亿吨，占全省工业废水排放总量的 16%。排放废水中化学需氧量(COD_{Cr})4.0 万吨，占全省工业 COD_{Cr}排放量的 18.3%。造纸工业废水处理设施年运行费用 7.9 亿元。

【科研与技术进步】

2016 年是全面深化改革的关键之年，也是“十三五”规划的开局之年，广东省造纸工业进一步落实国家和省委政策，深入实施创新驱动发展战略，加快形成以创新为主要引领和支撑的经济体系和发展模式。坚定不移地把创新驱动发展战略作为经济社会发展的核心战略和经济结构调整的总抓手，进一步聚焦产业发展，突出科技支撑，强化技术转化。各骨干造纸企业都相继建成了自己的技术研究开发中心。另外，广东省内还有华南理工大学制浆造纸工程国家重点实验室、造纸与污染控制国家工程研究中心、广东省轻工职业技术学院、广东省造纸研究所、中科院广州化学研究所、广东省出入境检验检疫局技术中心和国家纸制品质量监督检验中心等院所及科研检测单位，上述单位研究开发力量强，技术创新基础好，坚持推动科技与产业、市场、资本高效对接，把更多科技成果转化为先进生产力，把创新落实到发展上，促进了广东省造纸工业的技术进步。2016 年共获得 4 项国家或省部级奖，华南理工大学参与合作完成的“木质纤维生物质多级资源化利用关键技术及应用”获得 2016 年度国家技术发明奖二等奖；华南理工大学万金泉教授团队完成的“基于植物纤维超微结构调控的废纸纤维高效利用关键技术及产业化”获得 2016 年中国轻工业联合会技术发明一等奖；华南理工大学李友明教授团队完成的“造纸法再造烟叶高效助留助滤节能减排技术的开发研究”获得 2016 年广东省科技进步奖二等奖；华南理工大学冯郁成老师等人完成的“现代造纸机纸页质量控制技术”获得 2016 年教育部技术发明奖二等奖。

2016 年 12 月 8 日，广东省造纸学会在广州造纸集团有限公司召开了第十一次会员代表大会暨 2016 年学术年会，大会选举了新一届广东省造纸学会理事会，大会分别授予广东冠豪高新技术股份有限公司等 5 家单位“广东省造纸学会科学技术奖”成果奖一等奖，东莞建晖纸业有限公司等 9 家单位“广东省造纸学会科学技术奖”成果奖二等奖；授予刘焕彬同志《工业 4.0 及构建智能造纸企业的思考》及其他同志等 4 篇论文为“广东省造纸学会科学技术奖”论文奖一等奖，刘建祥同志《漆酶催化提高纸浆中—COOH 含量机理研究》及其他同志等 11 篇论文为“广东省造纸学会科学技术奖”论文奖二等奖。

【环境保护与节能】

2016 年，广东省造纸工业继续深化供给侧结构性改革，推动经济转型升级。坚定不移把供给侧结构性改革作为经济工作的主线，注重用改革的办法破解深层次结构性问题，不断提高供给体系质量和效率。坚持推动产业结构调整和转型升级，坚决淘汰落后产能，大力改造提升传统产能，加快培育新动能。2016 年广东省造纸工业淘汰落后产能 10 万吨，各造纸企业加大对废气、废水和废渣的治理，大大地改善了环境；同时各企业积极采用新技术和新装备，提高生产线的自动化程度，在节能减排和生产效率方面都取得了不错的成果。

【重大活动】

广东省造纸学会第十一次会员代表大会于 2016 年 12 月在广州造纸集团有限公司召开。会议通过民主选举产生了第十一届理事会，新一届理事会由何北海等 65 人组成，其中，何北海任理事长和学会法定代表人，陈港任常务副理事长，吕发创、林润惠、周耘、伍泽荣、吴义荣、林伟民、钟天崎、胡启华、王波、雷江波等 10 人任副理事长，雷以超任秘书长。监事会由李臻、李荣、刘映尧、李朝晖、李倩钰等 5 人组成。

2016 年广州造纸集团有限公司成立 80 周年，广州造纸集团有限公司是我国造纸工业历史最悠久的企业之一。见证了我国造纸工业从落后到现代化迈进的发展经历，党和国家领导人毛泽东主席、江泽民总书记曾分别视察过该企业，年产 40 万吨的 9 号纸机是目前世界上装备最先进的新闻纸机之一，公司开展了一系列丰富多彩的庆祝活动。

2016 年 11 月 29 日至 12 月 1 日，广东省造纸行业协会年会在广东省佛山市隆重召开。广东省政府相关部门领导、中国工程院院士、中国造纸协会及各省造纸行业协会领导、造纸及相关企业代表共 240 人参加了本次会议，会议取得了圆满成功。会议同期还召开了“广东省造纸行业协会第六届第三次理事会(扩大)暨监事会会议”。会议对“新入会的会员”“新增和变更理事及副会长单位”“年会议程安排”进行了审议，还审议通过了成立“纸浆专业委员会”。会议还邀请了广州微碳投资有限公司蔡超总监介绍了造纸企业应对碳交易的措施。

(雷以超　陈　竹)

浙江省造纸工业

Paper Industry in Zhejiang Province

2016 年是我国“十三五”规划的开局之年，在经济增长乏力的大环境下，浙江省造纸产业供给侧改革知难而进，“去产能、去库存、去杠杆、降成本、补短板”成为浙江省造纸工业最重要的关键词。2016 年，是浙江省造纸行业思想、行动的新拐点，坚定不移调整步伐再出发，加快结构调整，优化产业结构，冷静投资，眼睛向内挖潜力。坚持低碳绿色健康发展，努力实现行业可持续发展成为浙江省造纸产业的共同誓言。浙江造纸人面对出现的诸多矛盾和问题叠加，各种风险隐患交汇的挑战，不忘初心，从容自信，沉着应对，开创了经济缓中回暖，稳中向好的良好局面，浙江省造纸工业的转型升级已初见成效，喜见行业经济指标的增长速度高于生产量增速，产品结构进一步改善，淘汰落后产能成绩斐然，产业集中度不断提高，节能减排效果显著，资源利用水平和环境保护能力显著提高，装备现代化水平和自主创新能力进一步提升，为实现向造纸强省转变打下了坚实的基础。

【行业概况】

据浙江省统计局统计，2016 年浙江省规模以上造纸企业 254 家，从业人员 61329 人。机制纸及纸板生产量 1889. 8 万吨，同比增长 6. 5%；完成工业产值 838. 1 亿元，同比增长 5. 1%；实现主营业务收入 734. 74 亿元，同比增长 5. 3%；实现利润 39. 79 亿元，同比增长 30. 1%；上缴税金 39. 09 亿元，同比增长 60. 9%。应收账款 164. 79 亿元，同比增长 2. 0%；产成品库存 39. 13 亿元，同比减少 7. 8%；全行业资产合计 1060. 58 亿元，同比增长 0. 3%；负债合计 655. 84 亿元，同比减少 0. 5%。

从以上数据可以看出，在经济增长乏力的大环境下，机制纸及纸板生产量比 2015 年净增 150 万吨。更为可喜的是实现利润和上缴税金双双创下行业历史的新高。

2016 年浙江省造纸工业一、二、三、四季度运行情况见表 1。

表 1　　2016 年浙江省造纸工业一、二、三、四季度运行情况

	完成机制纸及纸板生产量/万吨	实现工业产值/亿元	主营业务收入/亿元	上缴税金/亿元	实现利润/亿元
一季度	420. 2	183. 6	155. 2	6. 5	6. 5
二季度	506. 6	220. 4	182. 2	8. 5	10. 0
三季度	439. 8	198. 2	168. 8	8. 5	9. 4
四季度	523. 2	235. 9	228. 5	15. 6	14. 9
全年	1889. 8	838. 1	734. 7	39. 1	39. 8

从表 1 可以看出，一季度由于春节放假、检修因素，生产处于低潮。三季度由于杭州 G20 峰会而停产、限产，生产受到一定影响。四季度随着年底旺季及双“十一”的到来，纸业生产销售掀起高潮，出现已长久不见的销售旺季。

2016 年，可以说是原纸涨价贯穿全年，由于 2015 年原纸价格处于低位，从 1 月开始，瓦楞原纸、箱纸板生产厂商首先喊涨，但涨价的幅度不大，自 3 月开始逐渐蔓延到白卡纸、铜版纸和未涂布文化用纸及某些特种纸。整个上半年，涨价较为

温和有序，仅在5月有明显的上升并迅速回落，幅度在50元/吨左右，甚至有些涨价是试探性的，并未形成有效实单。

然而到下半年，行业供求形势转变，受G20杭州峰会影响，江浙地区造纸厂大面积限产、停产引发了峰会后的一次较大幅度的涨价。随后从10月开始，受原材料、物流、能源等价格大幅度上涨，人民币加速贬值影响，造纸企业也不得不较大幅度提高原纸价格来消化成本上涨的压力。11月之后，受密集出台的环保政策和环保督查的影响，全国范围内造纸、印刷包装企业不得不面临随时停产的风险，再次推动原纸价格的上涨。同时部分地区出现游资人为炒作现象，多数包装纸企业面临往年少有的"低库存"、甚至"零库存"现象，一方面推动原纸价格不断走高，出现了拿现金买不到纸的现象；另一方面企业补库存的预期又带来了上游废纸短期内飙升。多重因素叠加造成了最后2个月里，全行业价格飙升，上下游供应链极度紧张的状况。

【生产企业】

2016年浙江省规模以上造纸企业数和完成生产量的地区分布情况见表2。

2016年完成机制纸及纸板生产量10万吨以上的企业共有41家(见表3)。这41家企业合计生产量1600.4万吨，占全省总生产量的84.68%。其中，特种纸生产量在10万吨以上的企业有浙江夏王纸业有限公司(生产量191448吨)、仙鹤股份有限公司(生产量174234吨)、浙江五洲纸业有限公司(生产量156213吨)、民丰特种纸股份有限公司(生产量136000吨)、杭州华旺集团有限公司(生产量117000吨)和浙江华川实业集团有限公司(生产量103016吨)。

表2　2016年浙江省规模以上造纸企业数和完成生产量的地区分布情况

区域名称	企业数/个	生产量/吨	同比/%	占比/%
浙江省	254	18897640	6.51	100
杭州市	119	6360184	2.94	33.66
嘉兴市	21	4690947	2.59	24.82
宁波市	9	2831291	11.95	14.98
衢州市	35	1690225	3.71	8.94
绍兴市	13	971989	25.11	5.14
金华市	14	783019	-0.76	4.14
台州市	9	537297	48.01	2.84
湖州市	16	525776	-2.23	2.78
温州市	11	395480	53.43	2.09
浙水市	7	111433	3.56	0.59

表3　2016年浙江省完成机制纸及纸板生产量10万吨以上的造纸企业　　单位：万吨

序号	企业名称	生产量	主要品种
1	宁波亚洲浆纸业有限公司	171.4	白纸板、白卡纸
2	浙江吉安集团股份有限公司	158.8	箱纸板、瓦楞原纸、白面牛卡纸
3	浙江景兴纸业股份有限公司	131.0	箱纸板、瓦楞原纸、白面牛卡纸
4	浙江永正控股有限公司	130.0	白纸板
5	浙江鸿昊控股集团有限公司	106.0	白纸板
6	浙江春胜纸业集团有限公司	100.8	白纸板、瓦楞原纸
7	平湖荣成环保科技有限公司	93.5	箱纸板、瓦楞原纸
8	浙江新胜大控股集团有限公司	87.0	白纸板
9	宁波中华纸业有限公司	52.5	白纸板
10	浙江金龙纸业有限公司	48.4	箱纸板、瓦楞原纸、特种纸
11	浙江荣晟环保纸业股份有限公司	39.2	箱纸板、瓦楞原纸
12	浙江华川实业集团有限公司	36.5	箱纸板、瓦楞原纸、特种纸
13	浙江道勤纸业有限公司	35.0	白纸板
14	浙江台州森林纸业有限公司	33.3	箱纸板、瓦楞原纸
15	浙江三星纸业有限公司	26.5	白纸板
16	浙江秀舟纸业有限公司	26.2	瓦楞原纸、砂管纸

续表

序号	企业名称	生产量	主要品种
17	浙江华联纸业有限公司	19.4	箱纸板
18	浙江夏王纸业有限公司	19.1	特种纸
19	嘉兴大洋纸业股份有限公司	18.7	箱纸板
20	浙江道达纸业有限公司	17.5	白纸板
21	仙鹤股份有限公司	17.4	特种纸
22	浙江华鑫纸业有限公司	16.5	白纸板
23	浙江五洲纸业有限公司	15.6	特种纸
24	宁波牡牛纸业有限公司	14.0	瓦楞原纸、白纸板、特种纸
25	杭州引发纸业有限公司	14.0	白纸板
26	民丰特种纸股份有限公司	13.6	特种纸
27	杭州大众纸业有限公司	13.0	白纸板
28	杭州富享纸业有限公司	12.0	白纸板
29	杭州华旺纸业集团有限公司	11.7	特种纸
30	富阳钓鱼实业有限公司	11.0	白纸板
31	浙江华天纸业有限公司	10.9	白纸板
32	杭州金民源纸业有限公司	10.0	白纸板
33	浙江上游纸业有限公司	10.0	白纸板
34	杭州市富阳灵泰纸业有限公司	10.0	白纸板
35	杭州金龙纸业有限公司	10.0	白纸板
36	杭州海晨纸业有限公司	10.0	白纸板
37	富阳正华纸业有限公司	10.0	白纸板
38	富阳金顺纸业有限公司	10.0	白纸板
39	富阳茂源纸业有限公司	10.0	白纸板
40	富阳盈泰纸业有限公司	10.0	白纸板
41	富阳成功纸业有限公司	10.0	白纸板

2016年完成工业产值前10名的造纸企业见表4。这10家造纸企业合计完成工业产值340.54亿元，占全省造纸企业完成工业总产值的40.63%。

表4　2016年浙江省完成工业产值前10名的造纸企业

序号	企业名称	工业产值/亿元
1	宁波亚洲浆纸业有限公司	69.79
2	浙江景兴纸业股份有限公司	63.18
3	浙江吉安集团股份有限公司	42.83
4	浙江永正控股有限公司	34.42
5	宁波中华纸业有限公司	26.02
6	平湖荣成环保科技有限公司	24.04
7	浙江春胜集团有限公司	23.20
8	浙江夏王纸业有限公司	22.97
9	仙鹤股份有限公司	17.77
10	浙江华川实业集团有限公司	16.32

2016年实现主营业务收入前10名的造纸企业见表5。这10家造纸企业合计实现主营业务收入270.86亿元，占全省造纸企业实现主营业务收入的36.86%。

表5　2016年浙江省实现主营业务收入前10名的造纸企业

序号	企业名称	销售收入/亿元
1	浙江吉安集团股份有限公司	443446
2	浙江景兴纸业股份有限公司	368097
3	宁波亚洲浆纸业有限公司	362807
4	浙江永正控股有限公司	344797
5	平湖荣成环保科技有限公司	237658
6	浙江春胜集团有限公司	228800
7	宁波中华纸业有限公司	215103
8	浙江夏王纸业有限公司	188166
9	浙江金龙纸业有限公司	161565
10	民丰特种纸股份有限公司	158189

2016 年上缴税金前 10 名的造纸企业有：浙江吉安集团股份有限公司、浙江夏王纸业有限公司、浙江景兴纸股份有限公司、浙江永正控股有限公司、浙江华川实业集团有限公司、浙江荣晟环保纸业股份有限公司、仙鹤股份有限公司、民丰特种纸股份有限公司、浙江华联纸业有限公司和浙江秀舟纸业有限公司。这 10 家造纸企业合计上缴税金 13.40 亿元，占全省造纸企业上缴税金的 34.28%。

2016 年实现利润前 10 名的造纸企业有：宁波亚洲浆纸业有限公司、浙江景兴纸业股份有限公司、浙江吉安集团股份有限公司、仙鹤股份有限公司、浙江华川实业集团有限公司、杭州华旺集团有限公司、浙江永正控股有限公司、平湖荣成环保科技有限公司、浙江荣晟环保纸业股份有限公司和宁波中华纸业有限公司。这 10 家造纸企业合计实现利润 22.31 亿元，占全省造纸企业实现利润的 57.07%。

【新建和技改项目】

1. 2016 年建成投产的主要项目

浙江景兴纸业股份有限公司投资 5 亿元引进维美德公司的幅宽 5650 毫米、车速 1000 米/分、年产 30 万吨高强瓦楞原纸生产线，于 2016 年上半年建成投产。

平湖荣成环保科技有限公司投资 1.5 亿美元，引进维美德公司的年产 18 万吨瓦楞原纸生产线已于 2016 年初建成投产。

浙江荣晟环保纸业股份有限公司投资 2.5 亿元，建设 1 条 5200/600 瓦楞原纸生产线，于 2016 年 8 月建成投产，新增产能 20 万吨。

浙江台州森林纸业有限公司总投资 2.9 亿元，建设 1 条 5100 牛皮纸生产线，于 2016 年上半年建成投产，新增产能 10 万吨。

杭州华丰纸业有限公司在安吉新区建设的 1 条年产 1.5 万吨卷烟纸生产线于 2016 年年底调试成功，进行试生产。另一条生产线自 2016 年 2 月开始安装，预计 1 号机、2 号机经过最后阶段调试和验收，将在 2017 年上半年正式投产。

2. 2017 年在建的主要项目

仙鹤股份有限公司总投资 40641 万元建设 1 条 3800/500 和 2 条 1880/300 特种纸生产线，计划 3800/500 生产线于 2017 年初建成，另 2 条 1880/300 生产线于 2017 年 6 月建成投产。建成后新增产能 5 万吨，生产的特种纸品种有数码喷绘转印纸、食品包装原纸和电解电容器纸。

仙鹤股份有限公司旗下的浙江常林特种纸业有限公司总投资 5.3 亿元，建设 4400/800 造纸生产线 2 条，3800/300 生产线和 2800/500 生产线各 1 条。计划 3 条生产线将于 2017 年 7 月建成，第四条生产线将在 10 月建成。投产后将新增高档特种纸产能 15 万吨。

浙江永正控股有限公司总投资 9 亿多元年产 50 万吨包装纸生产线(包括 2 条生产线，其中一条年产牛皮箱纸板 30 万吨，另一条年产牛皮纸 20 万吨)计划于 2017 年 12 月建成。

因看好江浙沪市场，维达纸业(中国)有限公司将在浙江基地新增 6 万吨生活用纸产能。2016 年，维达纸业决定在浙江龙游的生产基地新上 2 台卫生纸机。纸机由意大利拓斯克公司提供，将于 2017 年春开始安装，预计将在 2017 年年中正式投产。

浙江吉安集团股份有限公司 3 条箱纸板生产线进行技术改造。其中 1 号机优化真空系统及增加湿部脱水能力；2 号机提升品质和增加生产量，进行流浆箱稀释水改造，网部脱水及真空优化，干网圈路优化和干燥部传动改造；3 号机网部摇振器，复卷机切纸刀及除尘系统改造。纸机优化改造由维美德公司提供服务。

【科研与技术进步】

1. 郑丽萍同志荣获“全国优秀科技工作者”称号

由浙江省造纸学会推荐，经中国造纸学会评选推荐，“全国优秀科技工作者”评审委员会评审，中国科协作出了《关于表彰第七届“全国优秀科技工作者”获奖者的决定》，全国造纸行业 2 名科技工作者获此殊荣，其中浙江省杭州市化工研究院郑丽萍主任被授予“全国优秀科技工作者”称号。该奖项由中央批准，每两年评选表彰一次，此称号被授予者只授一次，为终身荣誉。郑丽萍同志同时荣获 2016 年度浙江省优秀科技工作者称号。

2. 两家公司申报的项目荣获中轻联科技进步三等奖

2016 年 1 月 18 日，中国轻工业联合会发布关于 2015 年度中轻联科学技术奖励的决定，浙江金昌纸业有限公司申报的“化学长纤维经成束、分散与成形及其系列高增纸基复合材料研发”和浙江永泰纸业集团股份有限公司申报的“年产 20 万吨涂布牛卡纸国产现代高速纸机示范工程”获科技进步三等奖。

3. 浙江省造纸工业标准化技术委员会正式成立

根据浙江省质监局《关于批准成立浙江省造纸工业标准化技术委员会的复函》“浙质标函(2016)25号”文件要求，2016年7月25日在衢州市召开了浙江省造纸工业标准化技术委员会成立大会暨第一届年会。

标准化技术委员会的成立，是为了深入实施标准化战略，推进落实“标准化+”行动计划，发挥标准化对造纸产业发展的引领推动效应，助力浙江省造纸产业提升发展。鼓励造纸企业参与国家、行业、区域标准的制修订，抢占行业标准制高点。

4. 3家造纸企业获2016年衢州市科技进步奖

2016年11月，衢州市人民政府发布关于科技进步奖获奖项目的通知，仙鹤股份有限公司的高不透明度字典纸获得一等奖。浙江凯丰新材料股份有限公司的PS版衬纸和浙江华凯纸业有限公司的HK-1型热敏版纸原纸获得三等奖。

5. 浙江省特种纸产业技术创新战略联盟通过验收

2016年6月，浙江省科技厅组织专家对浙江凯恩特种材料股份有限公司等单位承担的“浙江省特种纸产业技术创新战略联盟”进行验收。联盟重点围绕储能、新能源等高端特种纸领域进行研发，设立了“超级电容器纸”“锂电池隔膜纸”和“双面热封茶叶滤纸”3个项目，针对原料配方，纤维细化及分散，成形技术，专用设备和热压技术等关键技术难点进行联合攻关，创新了一些制造工艺，形成了一批核心技术成果。

6. 杭州特种纸有限公司研发的定性、定量滤纸Ⅰ型通过省级新产品鉴定

2016年10月，专家组对杭州特种纸有限公司研发的定性、定量滤纸Ⅰ型省级新产品进行鉴定。该产品采用了新的纤维原料配方，采用特殊的打浆工艺及特殊的化工胶料处理，优化了生产工艺，形成了这两种产品的核心关键技术，其技术水平处于国内领先水平，是定性、定量滤纸创新的一个突破，用户对产品的技术指标和使用效果反映良好。

7. 民丰特种纸股份有限公司成功开发热升华数码转印纸

民丰特种纸股份有限公司研发团队经精心研究，已成功研发出热升华数码转印纸，该产品已投入市场，用户反映良好。热升华转印纸是对人像、风景、文字等图片使用装有热升华转印油墨的喷墨打印机以镜像方式打印在热升华转印喷墨纸上，再经过热转印设备加热到200℃左右使打印在转印纸上的油墨渗入到承印物上，从而把纸上的彩色图像逼真地转印到纺织品、瓷怀、瓷盘、瓷板及金属材料上的一种新工艺。与传统织花、印花不同，热升华转印无需蒸化、水洗等后处理过程，节省了大量水资源，也无废水排放，完全符合国家绿色环保理念。目前，热升华转印工艺在我国已被列入国家重点行业清洁生产技术目录(第一批)45号之中，热转移数码转印纸在我国有非常大的发展空间。

8. 杭州美辰纸业技术有限公司水力流浆箱创特种纸机记录

2016年12月，杭州美辰纸业技术有限公司向国内特种纸企业提供了一种全新的水力流浆箱，其幅宽为4850毫米，设计车速为800米/分。用于进口纸机上的原有进口流浆箱。此次提供的流浆箱是为客户量身定制，流浆箱为满流水力方式，配有自动稀释水横幅定量调节系统，箱体无需提供压缩空气，且有溢流，为用户进一步节能降耗提供了保障。现经过5天调试成功，开机一周后纸机车速从原有600米/分提高到800米/分，纸张的各项指标已超过进口流浆箱，是目前国产运行最快的特种纸机。

9. 浙江华邦特种纸业有限公司4个新产品通过成果评审

2016年11月，浙江华邦特种纸业有限公司研发生产的高阻菌性透析纸、高强度纯壁纸原纸、快速脱膜胶水原纸和高隐性壁纸原纸4个新产品通过了专家组的新产品成果评审。专家组认为该4个新产品的主要技术指标达到国内领先水平，制造工艺有创新。

【环境保护与节能减排】

1. 富阳造纸业登上中央电视台《新闻联播》头条

2016年4月17日，以“打造最严监管体制，还城市青山绿水好生态”为题，重点关注富春江治理水质改善情况，中央电视台记者暗访了杭州特种纸有限公司。晚上制浆，白天检测准吗？记者带着此疑问于晚上10时到杭州特种纸有限公司的排污口取了水样，送往国家城市供水水质监测网进行检测，结果完全符合国家地表水质标准。造纸废水直排企业经得起中央电视台记者暗访，其背后是富阳造纸行业转型提升，绿色发展的不懈努力的结果，也是浙江省造纸产业经整治提升后通过创新探索绿色造纸新模式，走环境友好型产业的反映。

2. 浙江景兴纸业股份有限公司“三循环”创造绿色造纸新模式

人民生活离不开纸，但在人们的印象中造纸行业是能耗大户，排污大户，浙江景兴纸业股份有限公司通过产品创新和技术创新诠释绿色发展理念，探索绿色造纸新模式。公司将治污作为己任，投入巨资的中水回用工程实现了神奇的“三循环”，产生的废水进入处理系统后，通过特殊装置回收纤维作为造纸原料，废水通过厌氧处理产生的沼气用来发电，这能为公司节省电费900万元。第三个循环是通过膜处理技术处理完毕的中水回用量达到600万吨/年。经全套装置处理后流出来的水和自来水一样清澈。

浙江景兴纸业股份有限公司通过与高校科研机构合作，共同承担了浙江省重大专项“废纸造纸废水微排放DCS控制关键技术研究及示范”。公司每年投入研发费用超过5000万元，通过相关领域关键技术研发，公司在资源产出率，资源消耗率，减少污染物排放等方面均有大幅提升，已达到或接近国际先进水平。

3. 宁波亚洲浆纸业有限公司聘请周边社区代表为环保义务监督员

宁波亚洲浆纸业有限公司除每天将污染排放情况在厂门口大屏幕上公示外，为监督企业的排污情况，还聘请周边社区6位代表为环保义务监督员。定时就周边居民关注的气味、噪声等问题与公司职能部门能源部进行沟通交流。环保义务监督员队伍的成立，搭建了公司与周边居民及时沟通交流的平台。这个平台既可倾听居民的心声，又能理解民意，真正发挥公司与群众之间的桥梁纽带作用，从而督促公司进一步做好环境保护工作。

4. 嘉兴民丰特种纸股份有限公司为达到锅炉烟气超低排放对热电厂进行升级改造

根据浙江省经济和信息化委员会、发展和改革委、环保厅、财政厅、物价局、能源局联合发布的“浙江省地方燃煤热电联产行业综合改造升级行动计划”的相关要求，嘉兴民丰特种纸股份有限公司拟淘汰2台链条炉和1台12兆瓦中压抽凝机组和1台6兆瓦背压机组，进行升级改造，同时实施锅炉烟气超低排放改造，确保烟气排放达到国家燃气轮机组大气污染排放浓度限值标准。公司出资9500万元对自备电厂进行技改。

该项目实施后可以从根本上确保公司实现锅炉烟气达到超低排放的目标，保证公司运行符合国家能源环保政策，为公司未来的生存发展拓展了空间，为打造绿色造纸企业，承担社会责任提供了有力保障。项目建成后虽然在一定程度上增加了公司的运营成本，但为了公司的生存发展是值得的。

【2016年重大事件】

1. 浙江荣晟环保纸业股份有限公司成功上市

2016年12月16日，中国证监会按法定程序核准了11家企业的上市申请，其中，浙江荣晟环保纸业股份有限公司赫然在列。并于2017年1月17日在上海证券交易所举行上市仪式。该公司前身为平湖造纸厂，创建于1980年，经1998年企业改制，2004年完成股份制改革。公司经多年快速发展，主业已形成造纸，热电联产，包装材料三足鼎立之势。

根据招股说明书，该公司本次发行不超过3168万股，拟募集资金2.94亿元，计划全部用于年产20万吨再生环保纸产品升级改造及中水回用项目。

2. 富阳造纸产业重组整合暂告一段落

自2014年起，富阳造纸企业积极重组，继2015年富阳首家浙江永正控股有限公司成立后，2016年浙江春胜控股集团有限公司、浙江鸿昊控股有限公司相继组建后，根据《2016年富阳区集团公司归并范围》，富阳第四大造纸集团浙江新胜大控股有限公司成功组建。至此，富阳由47家造纸企业通过兼并重组，组建了四大控股集团公司，富阳造纸行业的整合重组工作告一段落。

3. 宁波中华纸业有限公司入围2016年“浙江省成长性最快百强企业”

为贯彻落实“十三五”规划纲要精神，不断提高浙江省企业的综合实力，促进企业转型升级，创新发展，推动企业进一步做大做强。由浙江省企业联合会、浙江省企业家协会、浙江省工业经济联合会联合公布了浙江省百强企业名单，宁波中华纸业有限公司入围“浙江省成长性最快百强企业”。这是该企业继获得“浙江省合资合作百强企业”“浙江省外资投资杰出贡献企业”后又一省级荣誉。

4. 王敏良同志获“衢州市优秀工业企业家”称号

近日，衢州市“市长特别奖”和“市优秀企业家”出炉。衢州市人民政府公布了有关奖项，浙江五星纸业有限公司获得“亩产效益奖”第5名，并获得“工业企业上台阶奖”。仙鹤股份有限公司总经理王敏良获得“2015—2016年度衢州市优秀工业企业家”称号。

5. 浙江省5家造纸企业入围出口数量前50强

由中国海关公布的2015年造纸出口50强名单中，浙江省的宁波亚洲浆纸业有限公司和中华纸业有限公司分别排名第3位、第4位；浙江厦王纸业有限公司排名第31位，仙鹤股份有限公司排名第45位，浙江华旺新材料科技有限公司排名第48位。

6. 浙江恒达新材料有限公司收购浙江景丰纸业有限公司

浙江恒达新材料有限公司出资6500万元收购了位于龙游城北工业园的浙江景丰纸业有限公司，成立浙江恒川新材料有限公司，此项工作已于2016年6月完成交割，到2017年7月完成新建年产4.2万吨特种纸生产线及涂布加工项目的备案，总投资2亿元，固定资产投资1.5亿元，预计2017年增加产值1.5亿元。浙江恒川新材料有限公司的投产，意味着86666.7米^{2}土地，30048米^{2}厂房，6958.99万元存量资产得到了盘活。这是龙游特种纸产业继浙江凯丰纸业有限公司兼并了另一纸业后，又一次的兼并整合。

7. 浙江凯恩特种材料股份有限公司总工程师陈万平同志荣获2016年度全国五一劳动奖章

8. 浙江景兴纸业股份有限公司入选全国守合同重信用企业和接受海关高级认证现场审核

浙江景兴纸业股份有限公司入选2016年首次公示的2014—2015年度“守合同重信用”企业，是全国3家造纸企业之一。入选企业要求自成立之日满7年，规模较大，市场占有率较高，且在企业和品牌的社会影响力、合同信用管理、合同行为、合同履约状况、经营效益、社会信誉等方面达到较高水平。

2016年9月，浙江景兴纸业股份有限公司通过了海关高级认证现场审核。公司从2015年7月原海关AA类企业自动过渡到高级认证企业。海关高级认证相当于一张国际贸易的VIP证，可享受海关层面的VIP待遇，即降低进出口货物的查验率，简化进出口手续，提高通关效率，节省通关成本，同时也是企业形象和社会地位的一种体现。

【2017年展望】

2017年是实施“十三五”规划的重要一年，是供给侧结构性改革的深化之年，把握经济新方位，践行发展新理念，需要激发新状态，展现新作为，迎难而上，奋发有为。放眼全局，发展潜力巨大，也拥有诸多有利条件和优势，要坚定不移地走自己的路。

由于2017年国家继续奉行积极、稳健的财政政策，会推动制造业持续稳定的发展。浙江省政府也将出台十大制造业（包括造纸工业）改造提升方案，作为与国民经济和人民生活密切相关的造纸工业的生产和运行会继续保持平稳发展。

浙江省造纸行业多数产品市场价格会好于2016年，随着产业结构的调整和市场需求的拉动，纸张产品市场竞争虽然存在，但会趋向平淡，产品价格总体水平会好于2016年。

由于互联网在各行各业得到更多的应用，加上网购和新兴物流兴起，2016年快递业务量突破302亿件，业务收入达到4000亿元，分别增长40%和50%，快递业务还会进一步向跨境电商和农村物流发展。包装纸及纸板，特别是瓦楞纸箱用纸板的增长会好于其他品种。

造纸用原料（包括辅助原料）价格在2017年会在很长一段时期处于高位运行，再加上能源、运输、劳动力的成本会整体上升，而且环境压力持续加大，全面达到国家水、气、固废等排放要求，治污的投入会增多。由于以上各种因素，产品的成本压力肯定会逐步加大，必定会影响企业的盈利能力。

企业分化还会继续，且会加重和扩大，部分负债高、融资成本高的企业因现金流问题处境困难，有的企业将会被迫停产退出。同时2017年企业间的重组整合会继续进行，个别地区会列入政府的计划。产业会进入到整合时代，首当其冲是小型企业，可以在产业的转型升级的大潮中选择退出。优势企业肯定会力图减少竞争对手，扩大巩固本企业的市场份额，设备决定质量，管理决定品质，会充分发挥其规模，资产效应，最终在价格等方面提高话语权。

造纸业正面临品质革命，企业的成长比增长更重要。简单的数量增长只是一时的成功，不具有可持续性，对于追求卓越的企业而言，除了追求规模和销量的表观增长外，必须在企业内部打造一种适应市场变化的应对能力，甚至能对全面的把握而提前应对市场环境的变化，应用的工具可能是公司愿景、企业文化、管理模式、营销模式、品牌文化、基础培训、改善与合作伙伴的关系等。

我国经济已进入“新常态”，造纸工业的发展正经历“换档期”和“深度调整期”，产能过剩问题，市场低迷问题，环保治污问题，原材料等价格剧烈波动问题，金融环境振荡问题，创新驱动等，这一道道难题摆在面前，让企业家和行业从业者常常感到压力山大。压力和阵痛，也意味着深层次的变革，大家已认识到造纸产业正在进行新一轮的产业变革，从传统造纸向现代造纸转变。这场变革所带来的持续压力也带给我们更多的理性和韧性，我们表现得更加淡定，更从容地直面诸多挑战，学会在低谷期夯实内功。我们的眼光更加长远，视野更加广阔，行为更加理性。大家都认识到造纸业依然是一个好产业，是国民经济的基础性原材料产业，有信心在未来发展好。

2017 年，面临复杂多变的内外环境，我们要以市场为导向，以提高发展质量和效益为中心，以深度调整、创新提升为主线，以增强技术创新、质量管理和品牌建设能力为重点，推进智能和绿色制造，优化产业、产品结构，构建智能化、绿色化、服务化和国际化的新型纸业制造体系，通过加快转变方式，调整结构，依靠科技进步，练好内功，努力提升自身竞争力和抗风险能力，共同推进浙江省造纸行业向节能、环保、绿色、可持续的方向发展。

企业家应在内涵发展和素质提升上下功夫，做到处大事应明而能断，临大势应顺而有为，坚持问题导向，做事有度，处事有方，我们就能行稳致远。

（陆文荣）

山东省造纸工业

Paper Industry in Shandong Province

【行业概况】

2016年是山东省造纸工业“十三五”规划的开局之年，也是承上启下的一年。面对全球经济下滑等诸多不利因素影响，市场需求不旺，市场竞争异常激烈，产品的盈利空间大大缩窄，中小型造纸企业生存困难。在这种艰难的生产经营环境中，山东省造纸工业大浪淘沙，优胜劣汰，积极压缩落后产能，行业重新洗牌已成常态。山东省造纸企业积极适应新常态，深入进行转型升级，结构调整，坚持改革创新。经过深度调整，构筑了新的发展平台。全行业通过转型升级，进一步调整了产业布局，原料结构，产品结构，进一步提高了产品的档次和质量，不断开拓新市场，在激烈的市场竞争中求生存，求发展，在诸多不利因素的外部环境中，2016年全省造纸工业仍取得了可喜的成绩。实际上，山东省造纸工业的各项经济指标已经22年名列全国各省同行首位，受到国内外同行青睐。

据有关部门不完全统计，2016年全省纸及纸板生产量达到1850万吨，占全国纸及纸板生产量10855万吨的17.04%，比2015年增加70万吨，同比增长3.93%，略高于“十二五”期间的平均增长率3.34%，远高于全国平均增长率1.35%。尽管生产量与2015年相比提高幅度不大，但纸及纸板的档次和质量有明显提升，并为“十三五”期间的发展奠定了有力基础。

2016年，全省纸及纸板企业销售收入约1310亿元，同比增长6.5%；利税合计106亿元，同比增长10.42%；利润总额71亿元，同比增长18.33%。资产总计1670亿元，同比增长5.70%。统计数据表明，经济效益的增长率高于生产量的增长率。

2016年，全省自制原生浆495万吨，同比增长10%。其中，溶解浆55万吨，同比增长120%；造纸用浆440万吨，同比增长3.53%，略低于“十二五”年均增长率3.99%。总体来看，自制草浆占比继续下降，磨木浆生产量有所增加，废纸的消费量大幅增加，特别是国产废纸的回收应用增加较快。

2016年，山东省造纸工业继续坚持开拓国际市场，持续增加纸及纸板的出口量，从而缓解了国内市场压力。2016年，纸及纸板出口交货值约66亿元，同比增长8.2%，占全国纸及纸板出口贸易额的11%；纸及纸板出口量142万吨，同比增长7.57%，占全国出口量的19.37%。其中，印刷书写纸出口量19.5万吨，同比增长62%，扭转了之前连续4年出口量大幅降低的趋势。纸和纸板及纸制品出口贸易增加了3家，达到了18家。

2016年，山东省纸及纸板出口量142万吨，仅占全省纸及纸板生产量的7.68%。尽管在开拓国际市场方面做了很大努力，但出口量占比还不大。目前，山东省有出口贸易业务的造纸企业有：山东晨鸣纸业集团股份有限公司、山东太阳纸业股份有限公司、山东博汇纸业股份有限公司、华泰集团有限公司、山东恒联投资有限公司、山东鲁南纸业集团有限公司、枣庄华润纸业有限公司、齐峰新材料股份有限公司、亚太森博(山东)浆纸有限公司、山东华金集团有限公司等18家较大型的造纸企业。这些企业的纸及纸板出口量约占全省的90%以上。

2016年，山东省造纸企业尽管面临经济下滑的不利环境，但经济效益却创出近年最好水平，充分的体现了山东省造纸工业结构调整，去除落后生产能力，实现产业结构升级和产品结构的调整以及产品质量提高的成效，是实施改革创新和供给侧结构性改革的丰硕成果。

【原料】

多年来，造纸纤维原料的短缺一直制约着山东省造纸工业的发展，直接影响其产品结构的调整和产品档次的提升。山东省造纸工业的发展初始阶段主要原料是非木材纤维原料，特别是以麦草为主，随着环境保护和污染治理日趋严格，加之非木材纤维原料废液治理难度大，麦草制浆造纸企业纷纷下马，不得不关、停、并、转，现存的有麦草等非木材纤维原料制浆的造纸企业已寥寥无几，随之造纸纤维原料麦草的占比也急剧减少。目前省内仅存的非木材纤维原料浆的生产量不超过 50 万吨。尽管近年来大力发展造纸速生林，但所产木浆远远达不到造纸企业的实际需求，2016 年原生木浆生产量仅为 450 多万吨。造纸纤维原料仍然制约着山东省造纸工业的发展。

2016 年，山东省纸及纸板生产量为 1850 万吨，若按吨纸耗浆 800 千克估算，全省造纸企业约耗浆 1480 万吨，而 2016 年全省原生浆的生产量只有 495 万吨，其中，尚有溶解浆 55 万吨，即用于造纸的原生浆仅有 440 万吨。全省造纸用浆缺口 1040 万吨，其主要来源是进口木浆和自制废纸浆。

2016 年，山东省造纸原料比例为木浆∶废纸浆∶非木材浆约为 45∶50∶5。山东省造纸行业使用木浆的比例远大于全国平均水平，山东省造纸企业产品档次和质量要高于全国平均水平；非木材浆使用比例略低于全国平均水平，其主要生产和应用企业为山东泉林纸业有限责任公司；废纸浆的使用远低于全国平均水平，说明山东省造纸企业生产较低档的箱纸板、瓦楞原纸等品种的量较少。纸浆使用品种比例的改变也折射出山东省造纸企业原料品种和产品结构的调整力度非常大，产品结构逐步向高档次、高质量方向发展。

近几年，山东省造纸工业主要使用浆种为漂白硫酸盐针叶木浆、漂白硫酸盐阔叶木浆、化学机械浆、废纸浆和少量非木材浆。漂白硫酸盐木浆主要依靠进口，主要进口地区为北美和北欧。山东省造纸企业使用的化学机械浆多为自制。山东省造纸工业目前使用的废纸原料主要有两大部分，即进口废纸和国产废纸，随着纸及纸板产品档次的提高，国产废纸的质量也在不断提高，国产废纸回收利用前景广阔。山东省造纸工业在非木材纤维原料尤其是麦草制浆造纸方面累积了大量的宝贵经验，具有世界领先的技术，特别是近几年有更多的突破，为农作物秸秆制浆造纸开辟了新的路径，值得推广应用。

山东泉林纸业有限责任公司(简称“泉林纸业”)多年来为拓展综合利用农作物秸秆用于制浆造纸取得了成功的经验，解决了农作物秸秆用于制浆造纸的诸多难题，使制浆造纸继续利用农作物秸秆等非木材纤维原料成为可能。泉林纸业在农作物秸秆的原料收购、制浆方法、废液综合利用、新产品开发等方面均有重大突破，成为全国非木材纤维原料制浆造纸企业的典范，是名副其实的“绿色泉林，生态纸业”，得到了国家有关部门的认可及多方面的大力支持和肯定。受到国内外同行的密切关注。

原料结构调整是山东省造纸工业“十三五”规划重要战略之一。要使山东省造纸工业健康、快速和可持续发展，首先必须解决造纸纤维原料制约的瓶颈问题，这是山东省造纸工业的百年大计。近几年来，山东省造纸企业都非常重视原料结构的调整，积极开发应用新原料，不断提高产品的档次和质量，例如山东晨鸣纸业集团股份有限公司、华泰集团有限公司、山东太阳纸业股份有限公司、山东博汇纸业股份有限公司等企业对化学机械浆的研发应用，亚太森博(山东)浆纸有限公司对漂白木浆的研发应用，山东泉林纸业有限责任公司等对非木材纤维原料的研发应用，以及许多大中型造纸企业在废纸制浆方面的研发应用等。总之，山东省造纸企业采用各种渠道解决原料紧缺的问题，都做了大量工作，取得了可喜的成绩。

【生产企业】

据不完全统计，目前，山东省造纸企业有 200 多家，但其生产能力主要集中在前 30 家，或者更确切地讲，集中在前 10 家企业。据有关部门统计，2016 年，山东省纸及纸板生产量超过 10 万吨的企业 38 家，合计纸及纸板生产量占全省总量的 90% 以上。年产浆纸 100 万吨以上的企业有 6 家，分别为山东晨鸣纸业集团股份有限公司、华泰集团有限公司、山东太阳纸业股份有限公司、山东博汇纸业股份有限公司、山东世纪阳光纸业集团有限公司、亚太森博(山东)浆纸有限公司，其纸及纸板生产量均净增 50 万吨以上，其木浆生产量合计占全省总量的 88%，纸及纸板生产量合计占全省总量的 61%。大型企业的综合竞争力、抵御风险的能力和承担社会责任的能力显著增强，社会信誉度不断提升。2016 年，大型企业经济效益也不断提高，其中山东晨鸣纸业集团股份有限公司、华泰集团有限公司、山东博汇纸业股份有限公司、山东世纪阳光纸业集团有限公司等上市公司利润增长超过 100%，业绩支撑作用显现。

2016 年，山东省有关部门根据各项综合指标评选出山东省造纸行业“十强企业”和“十佳企业”，为全省造纸行业树立了榜样。“十强企业”为山东晨鸣纸业集团股份有限公司、华泰集团有限公司、山东太阳纸业股份有限公司、山东博汇纸业股份有限公司、山东泉林纸业有限责任公司、亚太森博（山东）浆纸有限公司、山东世纪阳光纸业集团有限公司、齐峰新材料股份有限公司、山东恒联投资有限公司、东顺集团股份有限公司。“十佳企业”为中冶纸业银河有限公司、山东贵和显星纸业有限公司、枣庄华润纸业有限公司、德州泰鼎新材料科技有限公司、山东江河纸业有限责任公司、山东天地缘实业有限公司、山东金蔡伦纸业有限公司、山东仁丰特种材料股份有限公司、山东天河纸业有限公司、青岛海王纸业股份有限公司。上述20家企业在2016年度生产经营、管理创新、技术进步、节能环保、安全生产、提质增效等各方面业绩突出，居山东省造纸行业前列。

山东晨鸣纸业集团股份有限公司（简称“晨鸣纸业”）不断加大高附加值、高端产品的研发，高档产品比例达到90%以上。2016年，晨鸣纸业纸及纸板生产量达到了384万吨，其中，印刷书写纸135万吨，涂布纸115万吨，涂布白卡纸72万吨，静电复印纸23万吨，新闻纸28万吨，生活用纸10万吨；木浆生产量90万吨。销售收入738.89亿元，利税总额41.24亿元，利润总额34.74亿元。各项主要经济指标稳居全省造纸行业首位。

华泰集团有限公司立足技术改造和研发优势，创新“新闻纸+”生产模式，对产品结构进行优化升级，丰富产品种类，实施了“新闻纸+文化用纸”“新闻纸+包装纸”“新闻纸+特种纸”等机台运行模式。2016年华泰集团有限公司取得了较好的经济效益、环境效益和社会效益。纸及纸板生产量达到了115万吨，销售收入667亿元，利税总额65.65亿元，利润总额33.81亿元。除此之外，华泰集团有限公司在拓展产业链方面也取得了可喜的成绩。

山东太阳纸业股份有限公司充分发挥其团队研发优势，积极创新，转型升级，积极调整产品结构和不断提高产品档次和质量，研发出柔白双胶纸、高松厚度面碗淋膜原纸、无荧光烟包铜版纸、高松厚度铜版纸、液晶玻璃衬纸、白牛皮纸、水转印原纸等一批适销对路产品。2016年，公司纸及纸板生产量379万吨，纸浆生产量119.04万吨，销售收入438亿元，产业基础扎实，经济效益稳定，取得了较好成绩。

山东博汇集团有限公司在发展制浆造纸产业的同时，不断向精细化工、食品级化工新材料拓展产业链，不少产品填补了国内空白。2016年纸及纸板生产量197.85万吨，其中，涂布白卡纸143.40万吨，印刷书写纸18.70万吨，石膏板护面纸板14.93万吨，箱纸板及瓦楞原纸20.82万吨。销售收入240.90亿元，利税总额10.85亿元，利润总额6.34亿元。

山东泉林纸业有限责任公司是国家创新型试点企业，国家第一批循环经济试点企业，公司坚守秸秆清洁制浆不动摇，构建了基于农作物秸秆综合利用，独具特色的泉林循环经济发展模式。受到国家领导人和著名专家的高度赞誉。绿色、环保、低碳、健康的“泉林本色”浆纸享誉国内外，引领了国内本色浆纸的发展趋势，改变了人们的纸张消费观念。2016年，公司自制本色秸秆浆46.81万吨，纸及纸板生产量93.05万吨，食品包装盒9.50万吨，黄腐酸肥料60.20万吨，销售收入146.66亿元，利税总额15.36亿元，利润总额12.54亿元。

亚太森博（山东）浆纸有限公司是山东省的木浆主要生产企业。2016年，漂白硫酸盐木浆生产量165万吨，白卡纸板、液体包装纸板等生产量47万吨，销售收入81亿元，利税总额4.7亿元，利润总额2000万元。公司漂白硫酸盐木浆系统处于国际技术领先水平。

山东世纪阳光纸业集团有限公司是近几年发展较快的公司，2016年纸及纸板生产量130万吨，主要产品为涂布/未涂布白面牛卡纸、纱管原纸、装饰原纸、预印面纸、瓦楞原纸等。销售收入57.4亿元，利税总额3.5亿元，利润总额1.4亿元。

齐峰新材料股份有限公司主要产品为特种纸，2016年生产量为35万吨，销售收入27.08亿元，利税总额2.99亿元，利润总额1.67亿元。其生产的装饰纸及壁纸原纸在全国市场占有较大的市场份额。

山东恒联投资有限公司是山东省国企成功转制的老企业。2016年本色苇浆生产量3.3万吨，漂白化学木浆10.9万吨，特种纤维素10.4万吨。生产双胶纸16.4万吨，涂布特种纸7.8万吨，生活用纸6.3万吨，特种纸原纸5.2万吨，再生纤维素薄膜1.06万吨。销售收入36.61亿元，利税总额1.95亿元，利润总额8539万元。公司生产的绿色纤维膜清洁生产新工艺处于世界领先地位。

除上述重点介绍的企业之外，还有一些企业在市场竞争中脱颖而出，例如东顺纸业股份有限公司、中冶纸业银河有限公司、山东贵和显星纸业有限公司、枣庄华润纸业股份有限公司、德州泰鼎新材料科技有限公司、山东江河纸业有限责任公司、山东天地缘实业有限公司、山东金蔡伦纸业有限公司、山东仁丰特种材料股份有限公司、山东天河纸业有限公司、青岛海王纸业股份有限公司等。这些企业都各有特色，在激烈的市场竞争中求生存，谋发展，都取得了较好的成绩。

【基建与技改】

晨鸣纸业山东本部在建年产 40 万吨化学浆项目、年产 51 万吨高档文化用纸项目，预计 2018 年 8 月投产；在湖北黄冈建设林浆纤一体化项目，该项目包括制浆、化纤、电厂、码头等工程，一期工程预计 2018 年 6 月投产。

山东泉林纸业有限责任公司山东本部在建年处理 150 万吨秸秆制浆造纸综合利用项目、自动化立体仓储物流项目；吉林泉德秸秆综合利用有限公司在建一期项目。完成了本部 150 万吨秸秆综合利用项目，60 万吨浆和 10 万吨文化用纸生产线，黑龙江泉林秸秆综合利用项目一期将于 2017 年 5 月投产。计划建设年处理 375 万吨秸秆综合利用项目，30 万吨厨房用纸项目，60 万吨食品包装纸项目，30 万吨生活用纸项目，60 万吨浆制品项目，375 万吨黄腐酸液体肥项目。黑龙江秸秆综合利用项目二期，年处理秸秆 350 万吨，年产 120 万吨本色浆、40 万吨本色纸、180 万吨有机肥，配套 25 万千瓦・时发电机组。

齐峰新材料股份有限公司在建热电联产项目。已完成年产 3 万吨素色装饰原纸项目，计划建设年产 3 万吨无纺壁纸原纸项目。

山东恒联投资有限公司完成了年产 9 万吨特种纤维素项目。在建生物基纤维素膜项目，年产 3 万吨特种纸项目，纤维素肠衣关键技术及产业化项目，转移印花纤维素基新材料关键技术研发和产业化项目，再生纤维素膜及系列化产品项目。

山东天地缘实业有限公司完成了年产 30 万吨碳纤维高强瓦楞原纸项目。计划建设年产 30 万吨防水防潮高档箱纸板项目，年产 25 万吨冷库专用高强瓦楞原纸项目。

德州泰鼎新材料科技有限公司年产 10 万吨低定量高强瓦楞原纸项目投产。

综上所述，2016 年受经济下滑的影响，多数山东省造纸企业增加新项目投资是非常谨慎的，从而产能的扩张也受到了限制。一些大型企业利用调整产品结构和企业转型期间，增加新产品和新的产能。2016 年企业投资更注重技术改造和环保等配套设施方面。

【科研与技术进步】

科技进步与技术创新是山东省造纸工业发展的基础，使山东省造纸工业始终保持着生机和活力，并推动了山东省造纸工业健康、快速和可持续发展。山东省造纸企业特别是骨干企业充分认识到科学技术是第一生产力，非常重视科技创新和技术进步，不断加大投入，将科技创新与技术进步放在企业发展的首位。山东省造纸企业每年均有大量的科研攻关课题和重大科研成果，众多科研成果在企业发展过程中迅速转化为生产力，增强了企业发展的实力。

2016 年，晨鸣纸业开发的“低等级混合材高得率制浆清洁生产关键技术及产业化”项目荣获 2016 年中国林学会林业科学技术奖一等奖；承担的国家 863 科技项目“生物造纸用酶研制与生物造纸工艺”已顺利通过国家科技部验收；“一种造纸污泥处理剂”“一种木片制浆工艺”“一种浆纸废水处理工艺” 3 项发明专利获国家授权。

华泰集团有限公司“低等级木材高得率制浆清洁生产关键技术”获国家林业局梁希林业科学技术一等奖；“造纸污泥与废渣焚烧综合利用技术”获中国轻工业联合会科技进步二等奖。

山东太阳纸业股份有限公司先后承担国家 863 计划项目，国家重大专项“小专项”“十一五”“十二五”科技支撑项目、山东省重大专项及济宁市重点科研开发项目 10 余项，先后获国家、省部级、市级奖 20 多项，其中，获国家技术发明二等奖 1 项，国家技术进步二等奖 1 项，其他省部级奖多项。获国际发明专利 4 项，其他专利 80 余项。

山东泉林纸业有限责任公司曾获国家技术发明二等奖、国家科技进步二等奖、技术创新奖、国家优秀专利奖等。在研山东省科技重大专项“秸秆制浆废渣酶解发酵生产燃料乙醇技术”等。2016 年，公司向国家知识产权局提交 8 项专利申请，累计申报专利数达到 235 项。新获授权专利 3 项，累计取得专利授权 187 项。“秸秆制浆及其废液肥料资源化利用技术”成功入选国家发展和改革委发布的《国家重点推广的低碳技术目录》；“秸秆造纸清洁生产关键技术专利群”成功入选山东省首批 15 项关键核心技术知识产权，成为其中唯一一项资源综合利用领域核心专利技术成果。

亚太森博（山东）浆纸有限公司每年有近 10 项成果通过省级专家鉴定。2016 年，“漂白硫酸盐纯桉木浆生产技术研究”“30 万吨浆线漂白硫酸盐针叶木浆生产技术研究”“高白高韧 SBS 白卡纸的研究开发”“浆纸厂气浮泥资源化利用技术研究与应用”“漂白硫酸盐阔叶木浆蒸煮卡伯值优化研究”“成分变化频繁的木片仓气体的处理研究”等项目通过省级专家鉴定。

山东世纪阳光纸业集团有限公司近几年加大科技投入，“废纸纤维分级生产包装纸与纸板集成技术”获得山东省科学技术奖二等奖；“包装纸板轻量化关键技术及应用”获中国包装联合会科学技术一等奖；“彩色瓦楞纸箱纸板关键技术及应用”获山东省科学技术三等奖。

齐峰新材料股份有限公司“阻燃无纺壁纸原纸的研究及开发应用”获淄博市科技进步二等奖；“高渗透专用纸”等 8 个项目列入山东省技术创新项目。

2016 年是山东恒联投资有限公司的科技成果收获年。“以自主发明的离子液体为溶剂的再生纤维素膜清洁生产新工艺与产业化示范”“绿色纤维素膜清洁生产新工艺”“基于清洁生产新工艺的再生纤维素膜及系列化衍生产品的产业化”“转移印花纤维素基新材料关键技术研发及产业化”“纤维素肠衣生产关键技术及产业化”“彩色吸水衬纸的研发”“打浆酶在吸水衬纸生产中的应用实践”“高档丽感纸的研发”“碱法制浆废气的处理方法研究”等项目均通过鉴定和验收，同时获得各种不同奖项。

山东凯丽特种纸股份有限公司“语音加密信息防伪纸的研发”“织物热升华转印纸的研发”“防伪专用邮票纸的研发”“磁性信息纸的研发”等项目获得了丰硕成果，并转化为生产力，为企业的可持续发展奠定了有力基础。“彩色水印防伪纸的研制”和“多重复合防伪纸的研制”分别获国家发明专利授权。

山东贵和显星纸业有限公司联合研究院，共同研发的“包装纸多次回收造纸纤维改良酶的研发和应用技术”和“100% 国内废纸箱生产高强度箱纸板的低消耗工艺技术”已申请国家专利。

德州泰鼎新材料科技有限公司获得“湿强废纸处理技术”等 8 项专利。

山东省造纸行业骨干企业非常重视科技创新，并不断加大科技创新、科研开发投入，取得了丰硕的成果，支撑并促进山东省造纸工业的发展。山东晨鸣纸业集团股份有限公司、华泰集团有限公司、山东太阳纸业股份有限公司、山东泉林纸业有限责任公司、齐峰新材料股份有限公司、中冶纸业银河有限公司等多家大型骨干造纸企业设有国家级企业技术中心、院士工作站或博士科研工作站，并与国内多家科研院所、高校建立了长期稳定合作关系。山东恒联投资有限公司、山东贵和显星纸业有限公司、山东华金集团有限公司、山东冠军纸业股份有限公司、德州泰鼎新材料有限公司、山东鲁南新材料股份有限公司、枣庄华润纸业有限公司等企业也与多家科研院所和高校建立了长期技术合作关系，并确立具体研发项目。科技兴企，不断加大科技创新投入已成为企业发展的共识。

【环境保护与节能】

山东省造纸企业视环境保护和污染治理为“生命线”，行业管理实行了环境保护“一票否决”制度。企业在新建项目时必须实现“三同时”，首先考虑环境保护和污染治理。同时，全行业狠抓节能降耗，节水减排，不断转化和应用“四新”技术研发成果，提升节能降耗，节水减排和“三废”资源化综合利用水平。众多大型企业积极调整原料结构，提高产品档次和产品质量，大力采用节能降水新技术，产品综合能耗、清水耗量居全国领先水平。很多企业在废水处理方面加大投入，采用水处理新技术，不断提高水的重复利用率。亚太森博(山东)浆纸有限公司、山东太阳纸业股份有限公司、山东贵和显星纸业有限公司等企业应用城市水处理厂和企业外排中水进行双膜法深度处理。净水用于电厂锅炉软化水，节省大量清水资源。山东省造纸行业不断推进三废治理及资源化综合利用，废渣、污泥脱水减量技术及混煤焚烧日趋成熟，应用企业不断增多；厌氧沼气处理利用技术不断优化，使其具有最大的利用价值。

2016 年，全省造纸行业以处理烟气、废气为主的环保工作取得了明显成效。山东省造纸企业坚决贯彻执行山东省环境保护法规，严于国家排放指标要求，严格控制大气污染物烟尘、二氧化硫、氮氧化物的限值。大型浆纸企业自备电厂烟气治理，投入资金实施超低排放技术改造。山东恒联投资有限公司、山东贵和显星纸业有限公司、山东江河纸业有限责任公司等企业已投资建设废气回收、异味处置、烟气报警等设施，为改善大气环境作出贡献。以山东泉林纸业有限责任公司、山东太阳纸业股份有限公司、亚太森博(山东)浆纸有限公司等为代表的企业积极履行社会责任，向社会设置科普教育、环境教育、循环经济示范基地，构建绿色生态、安全文明、节能环保的现代化纸业形象，为行业发展注入正能量。

山东省造纸工业在纸浆、纸及纸板生产环境治理全部达标的基础上，综合能耗、单位水耗和污染物排放量不断下降，达到了国内先进水平，很多大型企业或项目已达到国际先进水平，做到了"产能扩大，环保先行"，努力实现"绿色生态纸业"的目标。

晨鸣纸业先后投资 10 亿多元，进行不间断的污染治理技术改造，目前整体治理能力达到日处理 450 吨自制浆黑液配套 3000 千瓦·时发电机组的碱回收，日处理 13.5 万米^3 中段水，日处理 13 万米^3 中水回用，各项排放指标优于相关标准控制指标。

2016 年，华泰集团有限公司投资 6000 万元新增 2 台 135 兆瓦机组用于烟气超低排放项目，一期项目已经投入运行，二期项目 2017 年完工；在固体废物治理和综合利用方面，投资 8000 万元，新增污泥焚烧项目，对造纸废渣和水处理污泥进行焚烧处置，回收蒸汽；投资 3000 万元新增沼气提纯项目，将厌氧水处理每天产生的 5 万米^3 沼气全部回收制作天然气，年实现经济效益 1000 多万元。

山东太阳纸业股份有限公司追求企业、环境、社会的和谐统一与互惠共赢。截至 2016 年，累计投入 43 亿多元用于环保工作，使废水 COD_{Cr}出境水质达到 30 毫克/升以下，BOD_5 达到 10 毫克/升以下，化学机械浆废水全部实现零排放，平均吨纸耗水降到了 5 米^3，达到国际领先水平。同时，不断加大科技研发，从产品、原料等方面降低对环境的影响，积极植树造林，不断优化生态环境。

山东博汇纸业股份有限公司始终坚持"发展与治理同步"的原则，严格落实环保和节能工作目标责任书要求，积极推动节能减排，绿色发展。2016 年，投资 1634 万元新建日处理 3000 吨中水回用设施，投资 9400 万元对废水处理厂进行改造，新建 3 个直径 75 米的曝气池、2 个沉淀池、2 个 IC 厌氧塔，废水处理厂沉淀池膜封闭。环保项目建设为企业新建项目的审批、建设、投入生产提供了环保保障。污染治理设施运行正常，各项污染物排放指标均符合国家和地方的标准要求，实现了经济、社会和环境效益的有机统一。

山东泉林纸业有限责任公司环保治理采用了源头消减，过程控制，末端治理，循环利用等多项措施，将草浆生产的水处理效果做到了优于美国、欧盟木浆环保标准。应用秸秆制浆技术、取消漂白工段，杜绝了生产过程中有机卤化物 AOX 的产生。通过中段水深度处理回用和人工湿地自然降解，企业总排污口 COD_{Cr}浓度稳定在 30 毫克/升以下，遥遥领先于现行国家标准规定的≤90 毫克/升水质要求（山东地方标准 COD_{Cr} ≤60 毫克/升）。

亚太森博（山东）浆纸有限公司在过去 5 年投资 4 亿多元，累计投资 40 亿元建成运行废水芬顿处理项目、城市中水回用项目、木片堆场抑尘墙项目、沉淀池中和池封闭工程、应急池浮板封闭工程、臭氧处理系统无缝连接双电源改造工程、动力锅炉超低排放项目等。公司重视环境保护，加大投入治理污染取得显著的效果，受到同行赞誉。

山东世纪阳光纸业集团有限公司近 5 年累计投资 3 亿元，主要对大气治理、水污染防治和固废处理进行改造，新建脱硫、脱硝、除尘、生物脱硫塔、污泥螺旋压榨系统、异味处理系统等环保设施项目。

齐峰新材料股份有限公司投资 5000 万元建立 10000 米^3 水处理厂，投资 4800 万元建设锅炉超低排放项目。

山东恒联投资有限公司近 5 年投资 5100 万元建设了 20000 米^3/时废气回收改造项目；投资 1900 万元配套建设了 75 吨/时锅炉烟气深度处理项目；投资 3500 万元建设了工艺废气异味综合治理项目；投资 7000 余万元建设了废水余热回收利用技术改造项目；投资 900 万元建设了锅炉烟气深度除尘改造项目；投资 2400 万元建设了废气异味综合治理项目；投资 2000 万元建设了锅炉烟气超低排放升级改造项目。

山东天地缘实业有限公司近 5 年投入 2 亿多元建成了废水处理项目、脱硫脱硝及烟气除尘改造项目、污泥压滤及干化处理项目、白水回收利用项目、雨污分流改造项目等。

除此之外，中冶纸业银河有限公司、德州泰鼎新材料科技有限公司、山东金蔡伦纸业有限公司、山东华金集团有限公司、山东鲁南新材料股份有限公司、枣庄华润纸业有限公司、山东贵和显星纸业有限公司、山东仁丰特种材料股份有限公司、山东天和纸业有限公司、青岛海王纸业股份有限公司等都投入大量资金建设污染治理项目，各项排放指标都优于国家标准。

【发展目标及存在问题】

1. 发展目标

2016 年，山东省造纸工业仍处于深度调整筑底阶段，随着国内外经济形势的好转，种种迹象表明很可能出现一波反弹。按近年平均增长率 3.5% 推算，2017 年纸及纸板的生产量应该会超过 1900 万吨，或接近 2000 万吨，销售收入 1360 亿元，利税总额 110 亿元，利润总额 75 亿元。

2017 年，由于环保要求更加严格，预计环境保护、污染治理投入会进一步加大；由于市场竞争更趋激烈，预计科技创新、新产品开发投入会进一步加大。

2. 存在的问题

(1) 深度环保要求问题　随着国家环境标准的颁布和实施，对制浆造纸企业环境保护、污染深度治理、节能减排要求更高，这无疑会增加造纸企业的治污压力，增加产品成本。特别是制浆企业执行新标准，压力更大，治污投入会进一步加大。

(2) 原料资源与结构问题　由于山东省造纸原料资源环境所限，原料结构调整一直处于被动状态，这也是业界人士一直探讨研究的难题之一。

近几年，由于产品档次和环保政策倒逼造纸企业进行原料结构调整，已逐步实现了木浆和废纸为主，麦草等非木材制浆原料为辅的原料结构。解决山东省造纸原料结构问题应该是“开源节流，多渠道并举”。其一，坚持走“林纸结合”的道路，积极营造造纸用速生林，充分合理地利用林业资源；其二，加强废液的回收利用，尽快建立健全废液回收体系，建立国产废液标准，提高国产废液的回收利用率；其三，合理利用农作物秸秆可再生资源，实现“农纸结合”，加大非木材制浆造纸及污染治理的投入，解决非木材纤维原料制浆污染难题，充分利用农作物秸秆这一可再生资源，变废为宝，一举多得；其四，加大科技创新投入，改造造纸工艺的设备，加强污染治理深度研究，广泛使用先进的造纸化学助剂和填料，不断调整产品结构，提高产品的档次和质量，降低吨纸浆耗，节约纤维用量，特别是减少造纸过程中的长纤维用量。随着技术的进步将促进造纸纤维原料结构的调整。

(3) 水资源问题　山东省是全国严重缺水的省份之一，造纸用水问题是另一个制约山东省造纸发展的重要瓶颈。山东省是造纸大省，由于生产量不断增长，用水总量一直居高不下。尽管近几年采取了各种措施，采用了一些先进技术和设备，节水效果明显，但是目前水资源短缺矛盾依然突出。因此，节约用水和循环用水是山东省造纸工业的重大课题之一。必须加大投入，采取更先进的技术和装备，增加水的循环利用，节约用水，力争做到“增产不增水”或“增产降水”。目前一些大中型企业已经做到了这一点，通过原料结构的调整和产品结构的调整实现了节约用水。

综上所述，原料资源、深度环境治理要求、水资源、同业竞争、创新研发投入不足，市场秩序混乱，资金不足，专业人才流失，科研成果转化率低等都制约或影响行业发展，应引起足够重视。

山东省造纸工业发展到今天，可以说是一个奇迹。发展过程中存在问题也是在所难免，存在的这些问题，需要在发展的过程中逐一解决。发展是硬道理，相信经过大浪淘沙，优胜劣汰的山东省造纸工业会健康、快速和可持续发展，会取得更加丰硕的成果。

（张金声　牟洺铭　王桂卿）

江苏省造纸工业

Paper Industry in Jiangsu Province

【行业概况】

2016年是"十三五"的开局之年，宏观经济形势没有明显好转，物流、煤炭、废纸、纸浆等原料价格大幅上涨，各类纸张的价格均有所提升，特别是箱纸板和瓦楞原纸的价格在四季度出现"疯涨""一纸难求"，价格均创历史新高，2016年江苏省造纸企业销售普遍向好，经济效益水平大幅提升。

1. 机制纸及纸板生产量

据江苏省造纸行业协会调查统计，2016年全省造纸工业累计机制纸及纸板生产量达到1405万吨，比2015年的1331万吨增长5.6%。

(1)文化用纸　2016年全省文化用纸生产量392万吨，占全省机制纸及纸板生产量的27.9%，比2015年的398万吨下降1.5%。其中，铜版纸生产量240万吨，比2015年的258万吨下降7.0%；双胶纸和复印纸原纸生产量152万吨，比2015年的140万吨增长8.6%。

(2)包装纸及纸板　2016年全省包装纸及纸板生产量820万吨，占全省机制纸及纸板生产量的58.4%，比2015年的753万吨增长8.9%。其中，瓦楞原纸生产量271万吨，比2015年的255万吨增长6.3%；箱纸板生产量373万吨，比2015年的356万吨增长4.8%；涂布白纸板生产量85万吨，比2015年的61万吨增长39.3%；纸管原纸生产量9.82万吨，比2015年的10万吨下降1.8%；涂布白卡纸生产量81万吨，比2015年的71万吨增长14.1%。

(3)生活用纸　2016年全省生活用纸生产量144万吨，占全省机制纸及纸板生产量的10.2%，比2015年的135万吨增长6.7%。

(4)特种纸及纸板　2016年全省特种纸及纸板生产量为49万吨，包括无碳复写纸、防伪票证纸、热敏纸、纸杯原纸、三滤纸、蚊香片纸、箱包纸板、鞋底纸板等，占全省机制纸及纸板生产量的3.5%，比2015年的45万吨增长8.9%。

2. 区域生产量分布情况

2016年，苏南地区纸及纸板生产量1077万吨，占全省纸及纸板生产量的76.7%，比2015年的1040万吨增长3.6%；苏中地区纸及纸板生产量117万吨，占全省纸及纸板生产量的8.3%，比2015年的116万吨增长0.9%；苏北地区纸及纸板生产量211万吨，占全省纸及纸板生产量的15.0%，比2015年的175万吨增长20.6%。苏北地区的生产量提升较快。

3. 内、外(合)资企业生产量的比例

2016年全省内资造纸企业生产量305万吨，占全省机制纸及纸板生产量的21.7%，比2015年的18.7%上升了3个百分点，比2015年的249万吨增长22.5%，内资企业生产量大幅上升的原因在于京环隆亨纸业有限公司的投产及江苏长丰造纸有限公司、江苏博汇纸业有限公司、江苏金湟纸业有限公司和江苏飞翔纸业有限公司的增产；全省外(合)资企业生产量1100万吨，占全省机制纸及纸板生产量的78.3%，比2015年的81.3%下降了3个百分点，比2015年的1082万吨增长1.7%。虽然芬欧汇川(中国)有限公司、金红叶纸业集团有限公司、玖龙纸业(控股)有限公司、理文造纸有限公司、金东纸业(江苏)股份有限公司、江苏王子制纸有限公司等合资企业2016年度产能均有所提升，但是由于苏州紫兴纸业有限公司的关闭，永丰余纸业有限公司减产5.4万吨以及内资企业的增加及产能的提升导致合资企业占比下降。

4. 实现产值、销售收入、税金及利润情况

2016年全省造纸工业总计完成工业总产值539亿元，比2015年的506亿元增长6.5%；实现销售收入553亿元，比2015年的509亿元增长8.6%；上缴税金26亿元，比2015年的19亿元增长36.8%；实现利润30亿元，比2015年的18亿元增

长66.7%。2016年，全省制浆造纸亏损企业共3家，比2015年的7家减少了4家。

【原料】

2016年全省纸浆总用量1304万吨，比2015年的1088万吨增长19.9%。全省木浆、废纸浆、非木材浆原料结构分别为31.5%、68.3%、0.2%。其中，木浆用量411万吨，比2015年的420万吨减少了2.1%；占总用浆量的31.5%，比2015年的38.6%降低了7.1个百分点。废纸浆用量890万吨，比2015年的663万吨增长34.2%；占总用浆量的68.3%，比2015年的60.9%增加了7.4个百分点；折合耗用废纸1113万吨。非木材浆用量3万吨，比2015年的5万吨降低了40%；占总用浆量的0.2%，比2015年的0.5%下降了0.3个百分点。

【运营情况】

1. 主要纸种生产量变动分析

(1)2016年全省文化用纸生产量占全省机制纸及纸板生产量的比例同比下降了2.0个百分点，这是由于铜版纸生产量下降了18万吨，双胶纸和复印纸原纸生产量增加了12万吨，增减相抵文化用纸2016年共减少了6万吨。铜版纸生产量大幅下降的主要原因在于苏州紫兴纸业有限公司的关闭，导致江苏省铜版纸年产能减少了20万吨，金东纸业(江苏)股份有限公司和江苏王子制纸有限公司铜版纸生产量略有提升，增减相抵后全省铜版纸生产量同比减少18万吨；双胶纸和复印纸原纸生产量的增加是由芬欧汇川(中国)有限公司、金东纸业(江苏)股份有限公司、江苏王子制纸有限公司3家公司增加了12万吨造成的。

(2)2016年全省包装纸及纸板生产量占全省机制纸及纸板生产量的比例同比上升了1.8个百分点。2016年下半年包装纸行情飞涨，出现“一纸难求”，特别是四季度，甚至出现一天一个价这般10年难遇的火爆行情。瓦楞原纸年产能增加了16万吨，除了之前一些小厂的关闭及永丰余造纸(扬州)有限公司出现减产，玖龙纸业(太仓)有限公司、江苏长丰造纸有限公司、无锡荣成环保科技有限公司、江苏星光纸业有限公司、江苏飞翔纸业有限公司都出现了增产，特别是江苏长丰造纸有限公司和江苏飞翔纸业有限公司2家公司增加了23万吨的年产能；箱纸板年产能增加了17万吨，除了永丰余造纸(扬州)有限公司出现了减产，玖龙纸业(太仓)有限公司、江苏理文造纸有限公司、无锡荣成环保科技有限公司和江苏金湟纸业有限公司都出现了增产，4家公司增产22.5万吨；全省涂布白卡纸生产量增加了10万吨，主要是江苏博汇纸业有限公司产能增加造成的；涂布白纸板生产量增加了24万吨，主要原因是京环隆亨纸业有限公司的投产。

(3)2016年全省生活用纸生产量占全省机制纸及纸板生产量的比例同比上升了0.1个百分点。全省生活用纸生产量同比增加9万吨，主要是金红叶纸业集团有限公司生产量继续增长引起的。

2. 大型造纸企业的市场份额继续扩大，10万吨以上企业平均规模进一步提升

国家对落后产能的淘汰力度越来越大，小型造纸企业在多方面都处于劣势，盈利困难，2015年至今减产、停产现象较为普遍。2016年，全省年生产量50万吨以上的大型造纸企业合计生产量达到1133万吨，占全省纸及纸板生产量的80.6%，比2015年的1089万吨增长4.0%；10万吨以上的大型造纸企业合计生产量达到1318万吨，占全省纸及纸板生产量的93.8%，比2015年的1251万吨增长5.4%。2016年全省生产量10万吨以上的大中型造纸企业的平均规模达到69万吨，比2015年的63万吨又上升了6万吨。

3. 造纸行业整体复苏，利税大幅增长，产能的低速增长已成为新常态

2016年，江苏省造纸行业整体向好，全省造纸工业实现销售收入553亿元，比2015年的509亿元增长8.6%；上缴税金26亿元，比2015年的19亿元增长36.8%；实现利润30亿元，比2015年的18亿元增长66.7%，特别是生活用纸和包装纸及纸板利润增幅较大。生活用纸利润的大幅增长原因在于省内大型生活用纸生产企业金红叶纸业集团有限公司的利润增长。2016年下半年起国际纸浆价格不断升高，金红叶纸业集团有限公司得益于整个APP集团林、浆、纸一体化战略，原料成本优势大，从而获得了较好经济效益。

2016年下半年，包装纸市场出现了10年难遇的价格飞涨行情，许多企业增加产能并且库存销售一空都难以缓解市场上“一纸难求”的现象，包装纸总体销售收入比2015年同期增长17.8%，利润比2015年增长87.7%。江苏省造纸行业整体实现了阶段性向好，能否持续健康发展还取决于市场的检验。

4. 2016年包装纸行情火爆，纸价上涨、产能增加，大企业话语权进一步提升

2016年，废纸、物流、煤炭等原料成本的增

加，快递网购引起的包装纸需求量的增加及环保压力下的减产、停产导致的供应量减少等因素的综合作用引发市场供不应求的现象是 2016 年包装纸暴涨行情的起因，包装纸及纸板产能集中度的不断提升，使大企业在行业中的话语权进一步提高，最开始的相继提价是基于原料等成本增长的正常行为。加之下半年包装纸及纸板销售旺季的到来，面对市场价格的上涨，下游纸箱厂订单不降反升，造纸企业库存量的持续减少，让大型包装纸企业看到了机遇。价格的接连上涨，进而引发了下游纸箱厂一度出现恐慌心理，也有一些贸易中间商看准时机进行屯货，这种恐慌及屯货心理进一步推高了包装纸价格。大量的下游纸箱厂提前透支 2017 年一季度的订单需求，将这轮行情推至最高点。目前阶段，包装纸及纸板企业能否学好、用好煤炭行业控制价格在合理区间的做法，是纸及纸板价格恢复正常的关键所在。

5. 文化用纸、生活用纸价格稳步提升，但难以复制包装纸飞涨行情

同样在各项成本的增长下，文化用纸和生活用纸的价格增长较包装纸及纸板呈现出滞后、稳步提升的态势，这个原因主要取决于市场的供求关系，文化用纸和生活用纸的市场需要，不同于包装纸在下半年“双十一”“双十二”、过年期间需求大幅提升过程，文化用纸及生活用纸的需求是平稳、缓慢的释放，虽然同样面对成本的提升，复制包装纸此轮的价格飞涨，并没有市场需求的有力推动。

随着人们生活水平的不断提升，生活用纸的需求也在逐年递增，市场大量看好生活用纸前景，近年来，全国各地生活用纸的产能不断释放，行业出现了大、中、小型企业在市场中相互角逐的态势，竞争非常激烈，产品的质量也是参差不齐。特别是 2016 年纸浆价格的上涨，对大量中小企业带来了巨大困境，大型生活用纸企业由于其林、浆、纸一体化的管理及全球集团式原料采购方式等诸多优势，完全有能力抵御原料上涨带来的成本增加，因此大型企业迟迟不调整价格，甚至在一些节日做促销来抢占市场份额。因此，出现了生活用纸价格的滞后、缓慢增长，这也是产能过剩后，必经的行业整合过程。

【生产企业】

2016 年江苏省纸及纸板生产量 10 万吨以上的造纸企业共 19 家，生产量在 50 万吨以上的企业有 9 家（见表 1）。年产 200 万吨以上规模企业 2 家，这 2 家企业与 2015 年一致，其 2016 年生产量均比 2015 年略微增加；年产 100 万～200 万吨规模企业 3 家，比 2015 年增加了 2 家，原因在于芬欧汇川（中国）有限公司 3 号纸机产能的增加及金红叶纸业集团有限公司产能的小幅增加。2015 年产能为 120 万吨的江苏理文造纸有限公司由于行情较好，增产 7.6%。年产 50 万～100 万吨规模企业 4 家；年产 10 万～50 万吨规模企业 10 家，比 2015 年减少 1 家（苏州紫兴纸业有限公司）。

表 1　2016 年江苏省纸及纸板生产量 50 万吨以上的造纸企业

序号	企业名称	生产量/万吨
1	玖龙纸业（太仓）有限公司	287.5
2	金东纸业（江苏）股份有限公司	207.7
3	江苏理文造纸有限公司	129.1
4	金红叶纸业集团有限公司	103.7
5	芬欧汇川（中国）有限公司	100.0
6	无锡荣成环保科技有限公司	96.0
7	江苏博汇纸业有限公司	81.3
8	永丰余造纸（扬州）有限公司	65.1
9	金华盛纸业（苏州工业园区）有限公司	62.6
	合计	1133.0

【行业形势展望】

1. 中国造纸工业进入“新周期”，开始新一轮复苏，产业集中度将进一步提升，新一轮产业变革即将来临

2016 年，首先由包装纸及纸板拉开的纸价上升势头已逐步蔓延至全产品领域，文化用纸、生活用纸随后加入涨价，涨幅虽然没有包装纸那么迅猛，也是逐步有所提升，最后特种纸也加入了涨价的行列中。进入 2017 年，纸价的上涨势头仍然未减，虽然市场出现降价的迹象，但多家纸厂的轮番停机整修，导致价格波动很大。

经过这一轮的涨价，造纸企业的利润大幅提升。2016 年我国全行业机制纸及纸板利润达到 459.6 亿元，同比增长了 30.26%。在低谷期的几年全行业利润仅在 340 亿元左右。2008 年国际金融危机后，造纸工业进入低迷时期，特别是从 2010 年开始陷入“增收不增利”困局。这一周期利润的收益，是一种补偿性增长，近几年每年全行业固定资产的投资近 3000 亿元，前几年利润的微薄增长与

企业的巨额投资反差太大。经过这些年，企业环保及项目投资增长，企业已在逐步转型中，造纸企业的市场竞争力和话语权在扩大。

经过2016年包装纸价的暴涨行情，许多企业宣布未来将继续增加产能，据行业最新消息：2017年，我国最大包装纸生产企业玖龙纸业(控股)有限公司决定在三大基地同时启动新的包装纸生产项目，将新增包装纸年产能120万吨，如顺利投产，未来玖龙纸业(控股)有限公司全球总产能将突破1500万吨，将成为全球第二个产能超过1500万吨的造纸企业。山东太阳纸业股份有限公司也发布公告，将再投80万吨高档纸板项目。我国新闻纸龙头老大华泰集团有限公司也透露称，计划新增30万吨瓦楞原纸生产线。2017年，湖北荣成纸业有限公司新投产100万吨包装纸项目也将正式运行。未来两年全国新建的包装纸项目不胜枚举，预计将增加1000万吨以上的产能，产能的释放将削弱价格持续上涨的动力，也将引起新一轮行业的整合，行业的集中度将进一步提升，随后行业也将进入新一轮的调整时期。

2. 环保政策逐步加码，行业处于重大变革时期，企业发展面临诸多困难与挑战

2016年是“十三五”的开局年，为了促进我国造纸工业向绿色、清洁、节能、低碳方向发展，各部委加快推进节能环保。2016年11月10日，国务院办公厅印发《控制污染物排放许可证制实施方案》，2017年各地相继开始实施，这项政策对每一个造纸企业都具有深远的影响。与此同时，国家环保力度越来越大，2016年起已组成环保巡视组，进驻各省区开展为期一个月的环保督查，力争用两年的时间把全国各省区全部督查一遍。

近年来，由于进口废纸夹杂大量生活垃圾和违禁品的问题，为加强国内环境的保护，保障进口商权益，打击废纸进口非法贸易，全国海关开展了一场为期10个月的“绿篱”专项行动，加强源头治理。2015年，国家环保部调整《进口废物管理目录》将废纸列入限制进口类商品。国家对废纸的进口审批越来越严格，一些小厂或小贸易商已很难进口到废纸。

这一系列环保政策的推行将进一步推进江苏省造纸行业向绿色、节能、高效方向发展，也将迫使企业转型升级创新发展。

3. 行业进一步整合，生产企业集中度不断提高

随着环保等国家政策的变动，未来产能的进一步释放，行业将引来新一轮的竞争。一些经济规模不合理、能耗和水耗较高、环保治理水平较差、产品质量不稳定、生产成本明显偏高的造纸企业，生产经营的困难会继续加大，生存的狭缝将越来越小，主观上和客观上都会面临被整合重组的压力。在市场和政策的双重压力驱动下，落后产能将逐渐淘汰，加快行业结构的调整，生产企业的集中度会进一步提高，促使行业发展更具规模效应。造纸行业生产集中度的提高，有利于平衡市场供求关系，减少众多企业之间的恶性竞争，增强造纸企业对上下游的话语权，同时也有利于行业环保工作和节能降耗水平的提升，有利于造纸行业的技术进步，促进造纸行业的健康发展。

4. 紧跟国家“互联网＋”战略步伐，积极迎接“大数据”新时代

国务院总理李克强主持召开国务院常务会议时曾指出，加快发展快递业，促进农村电商和快递业发展。国务院之后还印发了《关于促进快递业发展的若干意见》(简称《意见》)。《意见》指出，到2020年，快递市场规模稳居世界首位，基本实现乡乡有网点、村村通快递，快递年业务量将达到500亿件，这个数字是2016年的1.7倍。农村市场很大，农村快递业的发展将进一步推动我国包装纸需求量的增加。

互联网改变了产品结构，同时未来“大数据”也将进入造纸行业，推进营销、渠道、产品和运营的互联网化。通过互联网和大数据的分析运用，在造纸行业目前总体供大于求的局面下，及时掌握市场的发展动态以制定更加精准有效的营销策略；洞悉行业变化趋势并迅速作出应对，让产品更加贴近客户和市场的需求；第一时间捕捉市场机遇，研判新的增长点，透过互联网和大数据成功探索出一条创新发展之路。

5. 应不断加强创新意识，提升企业核心竞争力

面对造纸行业的新常态，江苏省造纸企业在顺应外部环境变化的同时，应不断加强创新意识。面对行业进入深度调整期，造纸企业面临着市场竞争加剧和环保政策趋严的双重压力。中小企业要加强转型升级，找到适合企业自身的发展优势。大企业要进一步做大做强，争夺市场话语权，制定符合自身特点的企业运营方式，找准自身定位，大胆变革，逐步形成并努力提升企业核心竞争力。

(徐　媚)

河南省造纸工业

Paper Industry in Henan Province

【行业概况】

根据河南省造纸学会对综合信息资料调查，2016 年全省机制纸及纸板生产企业约 160 家，机制纸及纸板生产量 739.4 万吨，同比增长 2.0%；主营业务收入 625.74 亿元，同比增长 5.7%；利润总额 37.75 亿元，同比减少 6.2%。

2016 年河南省造纸企业生产能力超过 10 万吨的企业 28 家，占全省生产能力的 75% 以上。麦草等非木材浆造纸生产量约 30 万吨，占全省的 4.06%；废纸浆造纸生产量约 520 万吨，占全省的 70.36%；木浆造纸生产量约 189 万吨，占全省的 25.58%。主要产品：书刊印刷纸、双胶纸、书写纸、无碳复写纸等文化用纸、工业用纸约 190 万吨，箱纸板约 210 万吨，瓦楞原纸约 260 万吨，白纸板约 30 万吨，生活用纸约 35 万吨，其他纸及纸板约 14 万吨。

全省所有制浆造纸企业均按河南省和地方环保部门要求达标排放。重点骨干企业生产和效益都有所增加。

【原料】

河南省木材资源缺乏，全省有杨木枝桠材制浆企业 5 家，年生产能力 40 万吨，加上新乡新亚纸业集团股份有限公司、新乡鸿泰纸业有限公司等生产的木片化学浆，2016 年木浆实际生产量约 50 万吨。长期以来，河南省制浆造纸原料主要以麦草为主，现在原料结构主要以废纸、木浆为主。随着河南省纸及纸板生产量的平稳增加，原料结构调整已初见成效。2016 年河南省造纸工业非木材浆生产量约 25 万吨，占总用浆量的 4.23%；废纸浆生产量约 416 万吨，占总用浆量的 70.36%；商品木浆、自制浆用量达到 150 万吨(河南省自产木浆约 50 万吨)，占总用浆量的 25.38%。

为了解决造纸原料问题，河南省各级政府部门、大型造纸企业认真贯彻落实国家发展和改革委、财政部、林业局《关于加快造纸工业原料基地建设的若干意见》，从河南省国民经济和造纸工业发展的战略高度，积极倡导和实施林纸一体化，扎实细致地做好沿黄、沿淮及其他宜林地区的速生杨丰产林基地建设工作，已先后在三门峡、洛阳、焦作、新乡、开封、濮阳、南阳、信阳、商丘等地建立了造纸用林基地。河南省木浆生产企业引导木片供应商发动群众购买木片削片机，采取公司加农户方式，既降低了企业原料成本，又增加了农民及木片供应商的收入。

【生产企业】

截至 2016 年年底，河南省制浆造纸企业有 160 家，其中，以麦草等非木材为原料的化学、半化学制浆造纸生产企业 5 家；使用废纸造纸的企业 120 家；木浆造纸企业 35 家。

2016 年河南省纸及纸板生产量、主营业务收入、利税总额、利润总额前 10 名的企业情况见表 1 ~ 表 4。

表 1　2016 年河南省纸及纸板生产量前 10 名的造纸企业

序号	单位名称	生产量/万吨
1	新乡新亚纸业集团股份有限公司	75.9
2	大河纸业有限公司	59.3
3	漯河银鸽实业集团有限公司	58.6
4	河南省龙源纸业股份有限公司	51.1
5	河南江河纸业股份有限公司	32.9
6	濮阳龙丰纸业有限公司	30.0
7	驻马店市白云纸业有限公司	29.8
8	河南天邦纸业集团有限公司	14.9
9	新乡鸿泰纸业有限公司	11.2
10	河南华鑫纸业有限公司	10.6

表 2 2016 年河南省主营业务收入前 10 名的造纸企业

序号	单位名称	主营业务收入/亿元
1	大河纸业有限公司	34.3
2	新乡新亚纸业集团股份有限公司	31.0
3	河南江河纸业股份有限公司	23.7
4	漯河银鸽实业集团有限公司	23.4
5	驻马店市白云纸业有限公司	13.8
6	濮阳龙丰纸业有限公司	12.0
7	河南省龙源纸业股份有限公司	12.0
8	河南天邦纸业集团有限公司	7.6
9	河南华鑫纸业有限公司	6.3
10	新乡鸿泰纸业有限公司	5.2

表 3 2016 年河南省利税总额前 10 名的造纸企业

序号	单位名称	利税总额/万元
1	新乡新亚纸业集团股份有限公司	23515
2	河南江河纸业股份有限公司	18241
3	河南省龙源纸业股份有限公司	15300
4	漯河银鸽实业集团有限公司	14525
5	河南天邦纸业集团有限公司	5790
6	焦作瑞丰纸业有限公司	4500
7	新乡鸿泰纸业有限公司	3200
8	河南华鑫纸业有限公司	1950
9	河南永威安防股份有限公司	1940
10	郑州康华纸业有限公司	1600

表 4 2016 年河南省利润总额前 10 名的造纸企业

排序	单位名称	利润总额/万元
1	新乡新亚纸业集团股份有限公司	15825
2	河南江河纸业股份有限公司	12769
3	河南省龙源纸业股份有限公司	9600
4	河南天邦纸业集团有限公司	5520
5	河南华鑫纸业有限公司	2300
6	郑州康华纸业有限公司	2000
7	新乡鸿泰纸业有限公司	1560
8	焦作瑞丰纸业有限公司	1529
9	河南永威安防股份有限公司	1290
10	河南护理佳纸业有限公司	1200

【基建与技改】

2016 年河南省造纸工业发展困难，下半年情况有所好转，但基建和技改投资不多。2016 年完成和在建的造纸项目主要有：河南江河纸业股份有限公司新建 1 台 3200/600 型和 2 台 5600/1200 型文化用纸机生产线；河南天邦纸业集团有限公司年产 5 万吨脱墨浆项目；河南省龙源纸业股份有限公司年产 20 万吨瓦楞原纸项目；河南腾盛纸业有限公司年产 15 万吨瓦楞原纸改造项目等。

【科研与技术进步】

造纸科学技术为河南省造纸工业的发展起到了推动作用，并使产品档次逐渐提高，品种逐渐增多，也使造纸行业装备水平稳步提高。

河南江河纸业股份有限公司研制开发了 1000、1200、1500 米/分文化用纸机，河南大指造纸装备集成工程有限公司开发生产了水力式稀释水流浆箱、顶网和夹网成形器、靴式压榨、膜转移施胶(涂布)机、空气转向器、气浮干燥箱、可控中高软压光机、纸幅稳定器、自动全幅循环式高压网毯清洗装置、高压引纸水针、涂料压力筛、全自动高速分切机、盘纸分切机、热敏纸小卷分切机、纸病检测系统、纸机 DCS 系统、定量阀，年产 10 万吨化学机械浆生产线等新技术新设备；焦作市崇义轻工机械有限公司开发生产了 1200 米/分新月型高速卫生纸机；郑州磊展科技造纸机械有限公司研究开发了节能型压力筛；河南博奥泵业有限公司研究开发了高性能系列苏奥泵等。

河南省造纸工业在科技投入和人才培养方面，做了大量的工作，促进了造纸工业快速、健康、可持续发展。目前，许多企业认识到，市场竞争是产品竞争，产品竞争是技术竞争，技术竞争归根到底是人才竞争。许多企业在市场竞争中，尝到了重视科技、重视人才、重视新产品开发，加大科技和人才培养投入的甜头，不断转变观念，适应市场发展的需求，发展和壮大自己，抢占市场竞争制高点，抓人才、抓科技、抓产品、抓市场、抓效益。

【环境保护与节能】

为了贯彻国家保护生态环境的有关政策、法规，使淮河、黄河、海河等河流在河南省出境断面符合国家和人民的要求，河南省把治理污染作为全省造纸行业的重点工作来抓。随着国家加大对水污染防治立法、执法力度，全省造纸工业加快了废水治理的步伐，并取得了较大进展。

2016年年底，河南省又关、停、并、转麦草制浆造纸企业3家，3万吨/年以下废纸制浆造纸企业16家。各企业普遍注意清洁生产，减少污染物的产生和排放，加强废水治理和回收利用，大多数造纸企业都通过了环保部门的验收，能达到稳定达标排放。

2016年前没有做环评的历史遗留制浆造纸企业全部补充了环境评价，全年制浆造纸企业淘汰落后生产线产能60多万吨。

【发展目标】

近几年，河南省造纸工业实现传统造纸工业向可持续发展的现代绿色造纸工业转变的关键阶段。河南省造纸做了原料结构、产品结构调整，淘汰落后产能取得实效，产业集中度不断提升，装备水平提高很快，资源消耗不断降低，污染排放明显下降。

1. 发展目标

(1)原料结构　到2017年，全省纸浆生产能力达到660万吨/年；纸浆结构为：木浆36%、废纸浆61%、非木材浆3%。

(2)造纸生产量　到2017年，全省造纸生产能力达到1100万吨/年，中高档纸及纸板生产能力比例达到75%。实际生产量达760万吨，继续保持全国第五地位。

(3)企业规模　到2017年，全省造纸行业企业平均生产规模10万吨/年，综合实力前20位企业纸及纸板生产量占全行业80%～85%。10万吨/年以上企业数量达到30家，其中，50万～100万吨/年3家，30万～50万吨/年10家。

(4)节能减排　到2017年，全省重点造纸企业达到国家发展和改革委发布的《制浆造纸行业清洁生产评价指标体系(试行)》要求。全行业单位产品平均综合能耗和单位产品平均取水量分别比2016年降低8%和10%，污染物COD_{Cr}排放总量降低12%。“十三五”期间，河南省节能减排工作将继续走在全国前列。

2. 重点续建拟建项目

河南江河纸业股份有限公司续建10万吨/年特种纸、5万吨/年加工纸项目，河南天邦纸业集团有限公司建设10万吨/年化学机械浆项目，河南永威安防股份有限公司改建10万吨/年装饰面纸项目，河南省龙源纸业股份有限公司续建20万吨/年高强瓦楞原纸项目，河南中峰集团纸业有限公司在建15万吨/年瓦楞原纸项目，郑州浦发纸业有限公司建设30万吨/年包装纸项目，东华(河南)环保纸业有限公司开建30万吨/年瓦楞原纸项目等。

(李尚武)

福建省造纸工业

Paper Industry in Fujian Province

【行业概况】

2016 年福建省造纸及纸制品行业(以下简称“福建纸业”)年初运行比较困难，有不少造纸企业相继关停。福建纸业努力克服各种困难，通过供给侧结构改革，以创新思维为动力，优化福建纸业产业结构，着重提升企业对市场需求的适应能力，按市场需求提升行业技术装备水平、企业运行管理水平和绿色发展水平。随着电商快速发展和二胎政策的实施，纸业市场需求迅猛增长，在第四季度出现了产销基本平衡的局面，纸价大幅度回升，企业和行业的经济效益都迅速转好，福建纸业实现了恢复性增长，所有运行数据均达到 2011 年以来的最好水平。其经济指标摘要如下：

1. 生产量

2016 年福建省纸浆(原生浆及废纸浆)生产量 36.26 万吨，同比减少 2.0%。机制纸及纸板(外购原纸加工除外)生产量 726.99 万吨，同比增长 6.7%。其中，未涂布印刷书写纸 25.67 万吨，同比减少 20.4%。新闻纸生产量为零。涂布类印刷用纸 7.54 万吨，同比增长 12.5%。生活用纸原纸 33.29 万吨，同比增长 11.5%。包装纸及纸板 212.41 万吨，同比增长 12.1%；其中，箱纸板 191.89 万吨，同比增长 12.1%；包装纸 1.83 万吨，同比增长 65.7%。纸制品 425.52 万吨，同比增长 4.7%。其中，瓦楞纸箱 203.32 万吨，同比增长 11.0%；生活用纸制品 16.11 万吨，同比增长 23.7%。

2. 产值

2016 年，福建纸业工业总产值(现行价格) 1071 亿元，同比增长 8.6%。其中，制浆 7.08 亿元，同比增长 28.3%；造纸 406.40 亿元，同比增长 10.7%；纸制品 657.33 亿元，同比增长 7.2%。

3. 主要经济效益指标

福建纸业年销售额 2000 万元以上规模企业共计 438 家，比 2015 年增加 3 家。其中，制浆企业 3 家，与 2015 年相比企业数不变；造纸企业 124 家，比 2015 年减少 6 家；纸制品企业 311 家，比 2015 年增加 11 家。亏损企业 37 家，同比减少 5 家。

纸业存货 66.81 亿元，同比减少 2.1%。其中，制浆 0.66 亿元，同比减少 5.6%；造纸 31.42 亿元，同比减少 13.2%；纸制品 34.74 亿元，同比增长 11.3%。

资产总计 760.94 亿元，同比增长 5.8%。其中，制浆 4.09 亿元，同比减少 27.7%；造纸 378.73 亿元，同比增长 6.1%；纸制品 378.12 亿元，同比增长 6%。负债合计 408.01 亿元，同比减少 1.7%。其中，制浆 2.36 亿元，同比减少 44.2%；造纸 219.83 亿元，同比减少 1.4%；纸制品 185.81 亿元，同比减少 1.0%。

营业收入 974.14 亿元，同比增长 9.3%。其中，制浆 6.05 亿元，同比增长 23%；造纸 371.83 亿元，同比增长 11%；纸制品 596.25 亿元，同比增长 8.1%。营业成本 828.26 亿元，同比增长 8.2%。其中，制浆 5.41 亿元，同比增长 22.4%；造纸 317.46 亿元，同比增长 9.2%；纸制品 505.38 亿元，同比增长 7.5%。营业税金及附加值 5.27 亿元，同比增长 19.5%。其中，制浆 0.01 亿元，与 2015 年相比无变化；造纸 1.71 亿元，同比增长 18.8%；纸制品 3.54 亿元，同比增长 19.2%。

销售费用 26.88 亿元，同比增长 14.8%。其中，制浆 0.11 亿元，同比增长 22.2%；造纸 5.6 亿元，同比增长 5.5%；纸制品 21.17 亿元，同比增长 17.5%。

管理费用 34.15 亿元，同比增长 8.1%。其中，制浆 0.19 亿元，同比减少 9.5%；造纸 11.67 亿元，同比减少 2.8%；纸制品 22.29 亿元，同比增长 15.1%。

财务费用 14.22 亿元，同比增长 6.5%。其中，制浆 0.09 亿元，同比减少 18.2%；造纸 8.80 亿元，同比减少 11.4%；纸制品 5.33 亿元，同比增长 61.5%。

利息支出 10.60 亿元，同比增长 11.5%。其中，制浆 0.09 亿元，同比减少 18.2%；造纸 6.95 亿元，同比增长 8.1%；纸制品 3.56 亿元，同比增长 19.9%。

投资收益 2.81 亿元，同比增长 27.1%。其中，制浆为零；造纸 0.36 亿元，同比减少 33.3%；纸制品 2.46 亿元，同比增长 47.3%。

营业利润 66.29 亿元，同比增长 27.3%。其中，制浆 0.24 亿元，同比增长 200.0%；造纸 25.03 亿元，同比增长 98%；纸制品 41.02 亿元，同比增长 4.2%

利润总额 68.80 亿元，同比增长 26.7%。其中，制浆 0.26 亿元，同比增长 225.0%；造纸 26.24 亿元，同比增长 97.1%；纸制品 42.30 亿元，同比增长 3.4%。

亏损企业亏损总额 5.83 亿元，同比减少 51.7%。其中，制浆为零；造纸 4.73 亿元，同比减少 58%；纸制品 1.1 亿元，同比增长 41%。

税金总额 34.01 亿元，同比增长 7.2%。其中，制浆 0.12 亿元，同比增长 33.3%；造纸 17.16 亿元，同比增长 6.8%；纸制品 16.73 亿元，同比增长 7.4%。

应交增值税 28.95 亿元，同比增长 5.8%。其中，制浆 0.11 亿元，同比增长 37.5%；造纸 15.47 亿元，同比增长 5.7%；纸制品 13.37 亿元，同比增长 5.6%。

平均用工人数 8.30 万人，同比减少 4.8%。其中，制浆 0.06 万人，同比增长 20.0%；造纸 2.51 万人，同比减少 8.7%；纸制品 5.73 万人，同比减少 3.2%。

每百元主营业务收入中的成本 85.02 元，同比减少 0.79%。其中，制浆 89.42 元，同比减少 0.42%；造纸 85.44 元，同比减少 1.39%；纸制品 84.71 元，同比减少 0.45%。

主营业务收入利润率 7.16%，同比增长 0.99 百分点。其中，制浆 4.3%，同比增长 2.67 个百分点；造纸 7.15%，同比增长 3.14 个百分点；纸制品 7.2%，同比减少 0.34 个百分点。

主营活动利润 63.66 亿元，同比增加 22.33 亿元。其中，制浆 0.24 亿元，同比增长 200%；造纸 25.68 亿元，同比增长 70.74%；纸制品 37.74 亿元，同比增长 2.19%。

主营活动利润率 6.62%，同比增长 0.71%。其中，制浆 3.97%，同比增长 2.34%；造纸 7%，同比增长 2.46%；纸制品 6.42%，同比减少 0.39%。

4. 产销运行概况

2016 年，虽然大部分制浆造纸企业都有所好转，但是总的态势仍然是好的企业越来越好，差的企业越来越困难，尤其是中小型非薄型特种纸企业的产销运行压力越来越大。

（1）按产品品种分析　福建省是我国生态环境建设的先进省份，清新空气、绿水青山是福建省的名片，植物纤维原料（木竹草等）制浆对水环境污染比较严重，福建省政府有关部门不支持原生制浆生产，因此原生纸浆生产量下降，但是由于浆价上升，产值、销售值小幅上升。新闻纸已经处于衰退期，尤其是 2016 年，福建省新闻纸完全停产，生产量为零，所以造成非涂布文化用纸生产量大幅降低。由于二孩政策的实施，生活用纸市场需求旺盛，生活用纸需求上升，生活用纸原纸生产量同比增长 11.5%，生活用纸制品生产量同比增长 23.7%。电商的快速发展，促进市场对包装纸板需求的增长，2016 年包装纸及纸板生产量同比增长 12.1%。

（2）按生产量分析　2016 年福建省纸及纸板生产量增长较快的企业主要有：①恒安（中国）纸业有限公司高档生活用纸原纸生产量 25.40 万吨，同比增长 9.7%；②漳州友利达纸业发展有限公司牛皮箱纸板生产量 17.28 万吨，同比增长 12.0%；③漳州八龙纸业有限公司高强瓦楞原纸生产量 6.69 万吨，同比增长 25.0%；④漳州港兴纸业有限公司牛皮箱纸板生产量 21.30 万吨，同比增长 39.0%；⑤华发纸业（福建）股份有限公司生产量 13.00 万吨，同比增长 25.0%；⑥福建省联盛纸业有限责任公司 2016 年超产能发挥，高档包装纸板生产量 253.00 万吨，同比增长 5.0%；⑦福建省青山纸业股份有限公司纸袋纸生产量 18.67 万吨，同比增长 6.7%；⑧福建利树浆纸有限公司牛皮箱纸板生产量 11.78 万吨，同比增长 7.0%。

2016 年，福建优兰发集团实业有限公司虽然生产量同比增长幅度不大，但是其机制纸产品种类繁多，生产量基数大，生产量达 90.50 万吨，同比增长 4.3%，仍然保持福建省薄型特种纸的“龙头老大”身份。同样，玖龙纸业（泉州）有限公司生产量 61.00 万吨，同比增长 1.6%，虽然生产量增幅不大，但其产能发挥水平较好，该公司年产能 65.00 万吨，生产量 61.00 万吨，产能发挥水平达 94%。漳州盈晟纸业有限公司包装纸板生产量 19.47 万吨，同比增长 4.0%。福建铙山纸业集团有限公司薄型特种纸生产量 12.73 万吨，同比减少 3.0%。敦信纸业有限责任公司生产量 13.00 万吨，同比减少 10.0%。福建南纸股份有限公司生产量 9.73 万吨，同比减少 21%。

(3)按工业总产值(现价)分析 2016 年产值同比增长较大的企业有：①恒安(中国)纸业有限公司工业总产值(现价)29.96 亿元，同比增长 14%；②玖龙纸业(泉州)有限公司产值 16.00 亿元，同比增长 10%；③漳州港兴纸业有限公司产值 7.19 亿元，同比增长 44%；④华发纸业(福建)股份有限公司产值 5.10 亿元，同比增长 29%；⑤福建利树浆纸有限公司产值 4.87 亿元，同比增长 30%。⑥漳州友利达纸业发展有限公司产值 4.47 亿元，同比增长 34%；⑦漳州八龙纸业有限公司产值 3.06 亿元，同比增长 22%。

福建优兰发集团实业有限公司虽然同比增长不大，但总量大，产值达 44.51 亿元，同比增长 2.1%，是福建省造纸业产值最大的企业(不含纸制品产值)。若将纸制品产值统计在内，福建省造纸业产值最大的企业是恒安国际集团有限公司，产值超过 200.00 亿元。福建省青山纸业股份有限公司产值 14.25 亿元，同比增长 7.2%。福建铙山纸业集团有限公司产值 12.23 亿元，同比减少 0.16%。敦信纸业有限责任公司产值 5.32 亿元，同比减少 10%。福建省南纸股份有限公司产值 4.35 亿元，同比减少 12%。

福建纸业产业布局相对集中，以产值排位泉州市第一，其纸业产值占福建纸业的 43.7%；以生产量排位漳州市第一，其生产量占 40% 以上。

【原料】

2016 年福建省商品纸浆生产量 36.26 万吨，同比减少 2.0%。目前福建省制浆造纸企业，除福建省青山纸业股份有限公司等 3 家企业外，其余企业生产的纸浆主要是流体浆(湿浆)，是作为本企业生产纸及纸板的原材料，没有进入市场销售，因此没有计入纸浆生产量。福建省纸浆实际生产量比统计局公布的商品纸浆生产量要大得多。2016 年福建纸业使用纸浆约 730 万吨。其中，木浆 73 万吨，占 10%；非木材浆 30 万吨，占 4%；其他 627 万吨为废纸浆，占 86%。福建省使用的 73 万吨木浆中，约 30 万吨来自本省，43 万吨来自进口。30 万吨非木材浆中有 4 万吨来自本省(主要是竹浆和芒秆浆)，其他 26 万吨来自外省(主要是麦草浆和芦苇浆)。福建省造纸工业使用的废纸浆中 90% 以上是造纸企业自制，只有不到 10% 的废纸浆是市场上购买的商品废纸浆(主要为漂白废纸浆，其余是难以用普通方法制造的废纸浆，例如来自高湿强废纸制浆等)。废纸浆的原料(废纸)60% 来自国内，40% 来自进口。

【生产企业】

2016 年大型(年产能 100 万吨以上)、中型(年产能 30 万～100 万吨)和小型(年产能 30 万吨以下)制浆造纸企业的名称、数量、产能及生产量见表 1。

表 1 2016 年福建省不同规模的造纸企业产能和生产量

企业规模(年产能)	企业名称	生产能力/(万吨/年)	生产量/万吨
100 万吨以上(1 家)	福建省联盛纸业有限责任公司	250	253.0
30 万～100 万吨的造纸企业(6 家)	福建优兰发集团实业有限公司	95	90.5
	玖龙纸业(泉州)有限公司	65	61.0
	福建省青山纸业股份有限公司	37(+溶解浆 10)	18.9 (+溶解浆 8.4)
	福建省南纸股份有限公司	40	9.7
	恒安(中国)纸业有限公司	30	25.4
	漳州盈晟纸业有限公司	30	19.5
30 万吨以下企业(117 家)	略	400	249.0

注：福建省造纸企业的产能至少有两个概念，一是设备说明书标注的企业实际配置的装备设计产能；二是环保局总量控制允许的理论产能，上表中的数据是兼顾两者后综合处理出来的数据。

恒安国际集团有限公司年销售值 200 多亿元，但是其参加统计的仅仅是其在福建省的原纸生产基地——恒安(中国)纸业有限公司，所以将恒安(中国)纸业有限公司放在造纸企业中阐述。

2016年福建省造纸企业100万吨以上企业只有1家，即福建省联盛纸业有限责任公司，是一家生产高档包装纸板的企业，有2个生产基地：一个在漳州长泰县，年产能80万吨；另一个在漳州龙海市，年产能170万吨；按配置的设备说明书，2个基地合计年产能250万吨，2016年纸及纸板生产量为253万吨，属于超产能发挥。福建省联盛纸业有限责任公司是一个综合型废纸制浆造纸企业，含热电厂、废水处理厂和固废资源回收综合利用厂等，其生产线都是当今我国先进水平的废纸制浆造纸设备。

福建省年产能30万~100万吨的企业有6家：①福建省优兰发集团实业有限公司，产品品种主要是薄型特种纸，年产能95万吨；②玖龙(泉州)纸业有限公司，主要产品品种是高档牛卡纸，年产能65万吨，2016年生产量61万吨；③福建省青山纸业股份有限公司，商品硫酸盐纸浆年产能9.6万吨，机制纸年产能37万吨(含完成改造投产的3号机年产能12万吨)，2016年纸袋纸类产品生产量为18.87万吨，此外还有年产能10万吨的溶解浆生产线，未计入造纸行业(按规定计入纺织行业)；④福建省南纸股份有限公司，机制纸年产能38万吨，其中，5号机新闻纸年产能18万吨，6号机静电复印纸原纸年产能20万吨。目前主要是6号机在生产，2016年生产量9.7万吨，5号机已经停产；⑤恒安(中国)纸业有限公司，高档低定量生活用纸原纸年产能30万吨，2016年生产量25.4万吨；⑥漳州盈晟纸业有限公司，主要产品品种是包装纸板，年产能30万吨，2016年生产量19.5万吨。

福建省年产能30万吨以下较好的造纸企业有漳州港兴纸品有限公司，主要产品为牛卡纸，年产能25万吨，2016年生产量21.3万吨。另外，该公司在附近还有一个生产基地，企业名称为漳州港兴纸业有限公司，主要产品也是牛卡纸，年产能5万吨，目前处于停机待改造状态。漳州友利达纸业发展有限公司，主要产品为牛卡纸，年产能20万吨，2016年生产量17.3万吨。福建利树股份有限公司，因其位于兴宁工业区的生产基地被城市规划要求已经拆迁，整个公司年产能下降10万吨，其旗下福建利树浆纸有限公司，目前备案的造纸生产线只有1号机，主要产品是牛卡纸，年产能15万吨，2016年生产量为11.8万吨。该企业只有等到其年产15万吨餐桌农产品包装用挂面白纸板工程技改项目建成投产以后，才能恢复到年产能30万吨的规模。

2016年福建纸业按生产量产值考察，排名前10家的企业是：恒安国际集团有限公司、福建省联盛纸业有限责任公司、福建优兰发集团实业有限公司、玖龙纸业(泉州)有限公司、福建省青山纸业股份有限公司、漳州港兴纸品有限公司、华发纸业(福建)纸业有限公司、福建利树浆纸有限公司、漳州友利达纸业发展有限公司、福建铙山纸业集团有限公司。

2016年福建纸业实现利税总额前10名的企业是：恒安国际集团有限公司、福建省联盛纸业有限责任公司、福建优兰发集团实业有限公司、玖龙纸业(泉州)有限公司、敦信纸业有限责任公司、漳州港兴纸品有限公司、华发纸业(福建)股份有限公司、福建省青山纸业股份有限公司、漳州盈晟纸业有限公司和漳州友利达纸业发展有限公司。

【科研与技术进步】

2015年福建省青山纸业股份有限公司购买河南省滑县华森纸业有限责任公司及其专利权所有人刘洁的超声波制浆技术，非木材制浆已经成功，2016年继续深入研究，目前已经在木材制浆方面取得成果，下一步是建设年产3万吨的超声波竹木制浆中试生产线。同时公司在新改造完成的3号机上采用商品纸浆试产高档食品包装原纸，获得成功。

福建农林大学进行了2个可研项目：①中央财政林业科技推广项目“林木三剩物预汽蒸硫酸盐木浆粕生产技术示范”；②福建省技术联合创新项目“竹木溶解浆粕及其纤维素膜的研发与产业化”。

2016年1月，福建优兰发集团实业有限公司的“80%脱墨混合浆半透明纸的技术开发与应用”项目获泉州市科技进步二等奖。该项目于6月8日再获福建省科技进步二等奖。2016年12月5日，“60%再生浆在高透明礼品包装纸中应用的研究”获泉州市科技进步一等奖。“办公废纸脱墨技术及在低定量拷贝纸中的应用”获晋江市科技进步一等奖。

【环境保护与节能】

2016年福建省大中型造纸企业已经全部申报并领取排污许可证。目前福建省造纸企业正按照国家环保部发布的《排污许可证管理暂行规定(环水体【2016】186号)》文件、《关于开展火电、造纸行业和京津冀试点城市高架源排污许可管理工作的通知(环水体【2016】)189号》等文件，以及福建省环保厅发布的《关于做好核发污染物排放许可工作的通知(闽环保办【2017】2 号)》文件精神，在申办新版污染物排放许可证。在福建省环保厅支持下，福建省纸业协会举办了污染物排放许可证申领培训班，按国家环保部要求，全部造纸企业必须在 3 月 1 日前上网申领新版排污许可证，并针对排污许可证的要求，帮助企业进行有效地整改，以保证在 6 月 30 日前得到污染物排放许可。按计划，2017 年年底前，福建省所有制浆造纸企业要完成无元素氯漂白工艺和全无氯漂白的技术改造，该计划 2016 年已经完成。

【发展目标和专项工程】

1. 发展目标

(1)产值、生产量预估 “十三五”期间造纸产业生产量发展速度预计为年平均增长 4% 左右，产值预计年平均增长 9% 左右。到 2020 年纸及纸板生产量指标可能超过 800 万吨。预计 2020 年造纸及纸制品行业工业总产值可能达到 1200 亿元左右，其中，造纸工业产值可能达到 450 亿元左右。

(2)提高产业竞争力和经济效益 转变产业增长模式，由数量型增长向质量型增长转变，以提高产业竞争力和经济效益为主调，促进大型优势纸业的发展，以龙头企业引领，带动整个产业提升规模经济效益。以创新为动力，鼓励研发有市场潜力的新原料、新产品、新技术项目。

(3)提高产业集中度 福建省造纸产业“十二五”期间已经培育了 1 个年产百万吨以上企业集团，“十三五”期间拟再培育出 1 ~ 2 个年产百万吨以上的大型造纸企业或企业集团，再发展若干个年产 30 万吨以上造纸企业。到 2020 年年底，福建省前 20 名造纸企业的纸及纸板生产量占全省生产量的 85% 以上。

(4)节能减排，促进生态文明建设 在福建省建设全国生态文明省的总体精神指导下，造纸产业要强化节能减排工作，促进行业永续发展。到 2020 年，在纸及纸板生产量达到 800 万吨的前提下，水污染物排放总量、取水总量和能源消耗总量在 2015 年的基础上再下降 10%。

2. 专项工程

2016 年福建恒安国际集团有限公司在晋江市投资 63 亿元，项目已经建成投产，为福建省造纸产业大型企业技改方向提供了样板工程。2017 年其旗下主要从事原纸制造的子公司：恒安(中国)纸业有限公司拟建 3 个项目：①空压机系统联控节能改造，年均可节约电费 28 万元；②厂区屋顶太阳能发电项目，年均可节约电费 93 万元；③天然气改造，将目前的电加热装置改造为自然加温装置。

福建省青山纸业股份有限公司建设年产 50 万吨食品包装纸及纸板项目，包含 3 部分：①将 3 号机(高强瓦楞原纸机)技改成 12 万吨/年纸袋纸项目；②建设 25 万吨/年超声波制浆生产线，第一步是建设 1 条年产 3 万吨的超声波竹木制浆中试生产线；③新建年产能 30 万吨的涂布食品包装纸生产线。3 号机技改项目已经建成投产。25 万吨超声波制浆生产线中的年产 3 万吨的超声波竹木制浆中试生产线，已经开始启动，计划总投资 0.55 亿元，建设期为 9 个月。涂布食品包装纸生产线尚在前期工作中。

福建省联盛纸业有限责任公司新建 9 号机 45 万吨/年箱纸板项目和 10 号机 60 万吨/年白纸板项目，9 号机已在建，10 号机尚处于前期工作中。

玖龙纸业(泉州)有限公司二期工程建设，即新建年产 65 万吨牛卡纸生产线项目，投资 18.27 亿元，用地 20.67 万米^2。该项目含主要工艺生产系统、辅助系统和附属系统。主体工程为 2 条废纸制浆造纸生产线，其中，1 条年产 35 万吨牛卡纸生产线，1 条 30 万吨再生牛卡纸生产线。由于随着时间的推移，国家对污染物排放标准要求提高，所以项目技术水平需要变更和提升。该项目已经动工建设。

福建利树股份有限公司年产 15 万吨餐桌农产品包装用挂面白纸板项目。这是该公司的二期工程，计划固定资产投资 3.6 亿元，主要装备是 1 台高配的多叠网纸机。资金已陆续到位 1.5 亿元。计划 2017 年 3 月开始土建，12 月底前完成厂房及设备基础土建工程，2018 年上半年启动设备安装进程，争取下半年试机投产。

除此之外，由于 2016 年造纸产业形势较好，另有其他一些企业也在积极筹备或进行一些小规模项目。

(郑宝琛)

天津市造纸工业

Paper Industry in Tianjin City

【行业概况】

2016年，天津市造纸行业克服外部宏观经济的压力，紧密结合本地资源特点和周边市场需求，进一步发挥港口优势，以和谐发展、科学发展为指导思想，坚持环境友好型造纸企业建设理念，以废纸等再生植物纤维资源及生物制浆为原料，以现代化纸板生产线完成各种包装纸板产品大规模生产，进一步提高了产业的集中度和生产的集约化。2016年，天津市造纸工业规模以上机制纸生产量249.3万吨，同比下降0.2%，其产品种类以各等级的高强瓦楞原纸和挂面箱纸板为主，另外包括多种牛卡纸、白卡纸、白面牛卡纸以及部分高档证券纸、防伪纸等高附加值产品。

2016年，天津市有规模以上造纸及纸制品相关工业企业140家，工业总产值228.3亿元，较2015年下降3.3%，从业人员19786人。其中，大中型企业14家，工业总产值138.2亿元，较2015年增长0.8%，从业人数7947人。全市规模以上造纸及纸制品相关工业企业资产总值240.3亿元，固定资产总值110.7亿元，固定资产投资55.5亿元，较2015年增长33.2%。主营业务收入226.4亿元，同比下降0.8%，利税总额22.9亿元，利润总额14.1亿元，同比增长11.0%。

新建项目中以废纸为原料的白卡纸、灰底白卡纸、白面白卡纸为主要产品种类，逐步丰富天津市纸张产品类型。造纸原料来源主要依托港口优势，以进口美废为主，国废和少量自制浆原料的使用规模也在日益提高，不断适应周边市场对于不同等级产品的多层次需求。

【生产企业】

天津市造纸工业的发展面临着水资源和林产资源短缺等不利因素，同时也具有港口城市交通便利、进出口贸易发达等优势特点。这些因素共同决定了天津市的造纸工业发展必须遵循低污染、低消耗，主要原料和产品均为外购外销等发展途径。一些落后的生产经营方式难以适应新的发展形势和需求，因此必将被逐步淘汰。今后，随着天津市整体工业构架的逐步明晰和完善，具有一定生产规模、适应天津市资源特点的造纸企业，将逐步成为天津市造纸工业发展的中流砥柱。根据现有资料，发展态势较好并具有一定生产规模的部分企业包括：

1. 玖龙纸业（天津）有限公司

公司占地面积240公顷，计划总投资超百亿元，目前共分3期建成5条现代化生产线，引进世界一流的生产设备和先进工艺，主要生产牛卡纸、白卡纸、白面牛卡纸、高强瓦楞原纸等高档包装纸，建成行业最新、国内领先、国际先进的环保型现代化造纸基地。

一期工程于2009年9月投产，2条生产线产能80万吨。二期工程于2011年5月投产，2条生产线产能80万吨。三期工程于2012年6月投产，1条55万吨产能生产线，采用靴式压榨、红外干燥、软压光等先进工艺技术生产涂布白纸板、涂布白卡纸等产品，达到世界同类纸种生产最尖端水平。一、二、三期工程5条生产线总产能为215万吨，年销售收入75亿元，吸纳就业2700余人。

公司将引进世界最先进的造纸生产工艺，优先使用节能环保设备，严格执行国家和地方的环保政策，把基地建设成行业最新、国际领先的现代化企业，打造循环经济型、绿色环保型的工厂。

2. 天津中钞纸业有限公司

天津中钞纸业有限公司是中国印钞造币总公司所属的中钞实业有限公司控股的股份制公司，专业从事特种高档防伪水印纸和非防伪特种纸的生产。

公司占地面积75825米^2，总资产1.5亿元，拥有1条1760长网纸机生产线，2条1575圆网纸机生产线，年产各种防伪纸及证券纸等6000余吨，生活用纸700余吨。公司现有员工280人，工程技术人员38人，还有专门从事钞票纸生产的专家及高级管理人员数名。公司具有严格的质量保证体系，并通过了ISO 9001:2000质量体系认证以及上级主管部门的验收，完全达到防伪证券纸的生产、安全、保密的管理要求。

目前公司可生产40~300克/米^{2}的各种防伪证券纸、防伪水印纸、防伪纤维纸、防涂改纸及化学敏感性纸、带开窗或全埋安全线防伪纸及卡纸，可为金融系统、保险业等部门提供有价证券、银行票据、凭证等专用防伪纸。同时公司也在大力开拓民用防伪纸市场，为各行业订做各类专用防伪水印或防伪纤维的产品说明书、合格证、保修单、商标、吊牌以及书籍防伪扉页、各种代金券、各类防伪证书等用纸以及个性化办公用纸。其中，带有水印及开窗或全埋安全线卡纸已申报国家专利，其功能主要用于名烟、名酒、药品、保健品、化妆品等的防伪外包装，同时还可以生产多种非防伪特种纸、中性纸（环保不返黄）、花式纸、艺术纸及含棉纤维的系列生活用纸。

3. 天津广聚源纸业有限公司

天津广聚源纸业有限公司始建于2005年，厂区占地面积40公顷，建筑面积8万米^2，注册资金1.665亿元，现有员工400余名，拥有大批专业技术人才和生产骨干，企业年产值2亿元。公司曾荣获天津市劳动和社会保障局授予的“A级劳动关系和谐企业”、政府授予的“津南区纳税大户”“循环经济示范企业”等荣誉称号，已成为地区支柱产业。

公司经营范围涉及机制纸、纸板制造，生物制浆及销售等。拥有国内先进的生产技术和设备，公司现有1条造纸生产线，年生产能力6万吨。2016年建设节能型年产12万吨高档工业原纸（4200/500）生产线以及相应的辅助系统改造。包括新增1台DCS、QCS自控双叠网4200/500纸机、1套自动制浆生产线及6台可控热泵系统、密闭气罩热能回收装置等附属设备。

公司以高新技术为依托，本着建设资源节约型、环境友好型企业的宗旨，努力促进循环经济的发展，以农作物废弃物（稻草、棉秆）和生活包装废弃物（废纸箱）为纤维原料，将废弃物转化为再生资源，不仅变废为宝，而且保护了环境，促进了循环经济的发展。在实际生产中，企业积极引进科技手段，采用生物预处理机械浆制浆技术生产稻草、棉秆高得率本色浆，制浆得率高、能耗低、质量好、污染轻，形成了具有自主知识产权的清洁制浆技术。该公司主要使用城市污水处理厂的中水为主要生产用水，在工艺流程设计中对生产过程的用水采取了节流－治污相结合的方法，水的重复利用率超过了90%，保证企业步入了清洁、节能的生产轨道，实现了资源优化配置。

【基建与技改】

2016年天津市造纸及纸制品制造以及制浆设备制造行业投资项目完成62个，计划投资35亿元，2016年完成投资28亿元；新建技改项目20个，计划投资8.6亿元，2016年完成技改投资7.4亿元。

【科研与技术进步】

2016年企业科学研究与试验发展（R&D）活动经费内部支出总额3.56亿元，较2015年下降16.8%，R&D项目111个；大中型工业企业科技机构19个，科技机构R&D活动经费支出1.98亿元，较2015年增长128.1%，专利申请数204件，其中，发明专利36件，同比减少42%。

天津科技大学造纸学院自成立之初，就保持着与天津市乃至国内外众多造纸企业多年来的紧密合作关系。现已完成来自于国际合作、国家“十一五”规划、“十二五”规划和天津市科委以及全国大中型造纸企业的委托科研项目多项，对于促进我国造纸工业的技术进步和发展起到了重要的作用。

近两年来，天津科技大学承担的国家级重大科研项目有：

（1）国家自然科学基金项目，木质纤维超微结构的生物与化学修复以及其对纤维形变性能的响应机制研究，研究经费62万元。

（2）国家自然科学基金项目，纤维素酶在高得率浆纤维上的分布和扩散机制研究，研究经费62万元。

（3）国家自然科学基金项目，玉米秸秆分级直接液化机理的研究，研究经费65万元。

（4）国家自然科学基金项目，自水解预处理木质纤维超微结构及化学组成对后续制浆碱液吸收影响机制的研究，研究经费63万元。

（5）天津市重点基础项目，APMP制浆废水中化感物质的提取及对藻类化感效应的研究，研究经费20万元。

（6）天津市重点基础项目，多相催化氧化深度处理造纸废水机理研究，研究经费20万元。

（7）天津市重点基础项目，高浓/高剪切工况微纤化纤维素阳离子改性反应特性，研究经费20万元。

(8)天津市重点基础项目，农业剩余物联产纸浆、葡萄糖和沼气技术的研究，研究经费20万元；

(9)天津市科委项目，木质素催化解聚制备木脂素类化合物及其生物活性研究，研究经费6万元。

【环境保护与节能】

天津市造纸工业非常重视环境保护工作，在实际运行中，投入了大量的技术和资金力量对水资源利用和排放进行了重点治理。其中，比较有代表性的玖龙纸业(天津)有限公司，秉承没有环保就没有造纸的理念，积极推动碳减排，立足于循环经济，实现可持续发展，并取得了“中国环境标志产品”认证，实现了吨纸消耗清水5吨以下。通过采用荷兰的厌氧、好氧+三级深度处理技术，实现了废水COD_{Cr}排放低于60毫克/升；对烟气处理，增加了进口脱硫设备，采用炉内喷钙加湿法脱硫，实现了SO_2排放不超过100毫克/米^3，粉尘排放指标不超过30毫克/米^3；在综合利用方面，实现了废水处理系统产生的沼气收集进行生物发电；利用污泥干化再利用系统，废纸脱墨产生的脱墨污泥进行干化处理，作为燃料在热电锅炉中燃烧回收热能；在行业率先引入环保燃烧炉，对造纸轻废渣进行了燃烧利用。公司积极推行清洁生产，将工作重点放到实施生产工艺和设备的技术改造方面，进一步节能降耗，完成清洁生产审核和能源审计工作。

【发展中的问题】

天津市具有良好的制浆造纸工业基础，积极整合资源、充分发挥现有技术力量和设备条件，提高产业产品竞争力，充分利用口岸优势，扩大废纸资源利用率，提高农业废弃物等非木材植物纤维资源，解决原料问题，是天津市造纸工业保持良性发展的关键。

(惠岚峰)

湖北省造纸工业

Paper Industry in Hubei Province

【行业概况】

湖北省造纸企业主要分布在武汉、宜昌、孝感、荆州、襄樊、咸宁、仙桃、荆门等地区，2016年湖北省主要造纸企业机制纸及纸板生产量242.79万吨，同比增长19.01%；其中，瓦楞原纸、箱纸板、未涂布书写纸等产品生产量194.93万吨，生活用纸生产量46.51万吨。2016年造纸工业总产值1033833.76万元，主营业务收入835426.70万元，利税总额75317.85万元，利润总额32618.19万元。湖北省各地区主要造纸企业经济指标见表1。

表1　2016年湖北省主要造纸企业经济指标

区域	主要企业名称	2015年生产量/万吨	2016年生产量/万吨	同比/%	主要品种	工业产值/万元	利税总额/万元
武汉	武汉金凤凰纸业有限公司	47.30	47.00	-1	瓦楞原纸	120000	6238
	武汉晨鸣汉阳纸业股份有限公司	22.80	21.88	-4	生活用纸、特种纸	106979	-4344
	武汉木兰汉北集团有限公司	6.00	5.00	-17	瓦楞原纸	17500	3150
宜昌	宜昌书林纸业有限公司	8.50	10.10	19	瓦楞原纸	28000	2200
	湖北宜昌翔陵纸制品有限公司	15.90	16.8	6	箱纸板	46000	2100
	湖北宝塔沛博循环科技有限公司	6.93	6.65	-4	未涂布纸、新闻纸、特种纸	31095	4450
	湖北鑫物再生纸业有限公司	3.37	6.20	84	瓦楞原纸	13800	2730
	湖北金民纤维材料科技有限公司	2.60	3.07	18	未涂布纸、新闻纸	29580	1093
	湖北金庄科技再生资源有限公司	6.50	7.30	12	瓦楞原纸	14919	2071
孝感	金红叶纸业(湖北)有限公司	18.00	22.00	22	生活用纸	151863	14263
	金凤凰纸业(孝感)有限公司	13.31	26.22	97	瓦楞原纸	77880	9001
	中顺洁柔(湖北)纸业有限公司	1.27	1.87	47	生活用纸	30000	2888
	维达护理用品(中国)有限公司	16.11	16.23	1	生活用纸	190000	19100
广水	湖北广发纸业有限公司	5.80	6.71	16	瓦楞原纸	17833	1936
荆州	湖北骏马纸业有限公司	4.20	4.80	14	白卡纸	31200	2400
	湖北世纪雅瑞纸业有限公司	1.00	1.20	20	生活用纸	1200	150
荆门	钟祥市应强纸业有限公司	6.46	6.85	6	瓦楞原纸	16783	1148
襄樊	湖北华海纤维科技股份有限公司	9.70	12.00	24	特种纸	52000	2200
咸宁	赤壁晨力纸业有限公司	6.25	8.61	38	未涂布纸	37103	245
	湖北易立科技股份有限公司	2.00	2.30	15	特种纸	20100	2300
仙桃	湖北盛大纸业有限公司		10.00		瓦楞原纸		
合计		204.00	242.79			1033834	75318

【原料】

湖北省的主要造纸产品是瓦楞原纸，其主要原料为回收国内废纸，另外，湖北省位于长江中下游，水资源相对充裕，植被具有南北过渡特征，所以可利用的造纸原料还有芦苇、竹子、芒秆、麦草、稻草、龙须草等。

【生产企业】

2016 年湖北省纸及纸板产能 10 万吨以上的造纸企业和主要产品见表 2，纸及纸板生产量前 10 名的造纸企业见表 3，纸及纸板销售收入前 10 名的造纸企业见表 4，纸及纸板利税总额前 10 名的造纸企业见表 5，纸及纸板实现利润前 10 名的造纸企业见表 6。

表 2　2016 年湖北省纸及纸板产能 10 万吨以上的造纸企业和主要产品

序号	企业名称	产能/(万吨/年)	主要产品
1	武汉金凤凰纸业有限公司	50	高强瓦楞原纸
2	湖北拍马纸业集团有限公司	43	烟卡纸、生活用纸
3	湖北宏发再生资源科技发展有限公司	30	箱纸板
4	武汉晨鸣汉阳纸业股份有限公司	25	文化用纸、生活用纸
5	湖北宜昌翔陵纸制品有限公司	18	高强瓦楞原纸
6	金红叶纸业(湖北)有限公司	18	生活用纸
7	维达护理用品(中国)有限公司	17	生活用纸
8	金凤凰(孝感)纸业有限公司	20	高强瓦楞原纸
9	湖北华海纤维科技股份有限公司	12	文化用纸
10	赤壁晨力纸业有限公司	10	高强瓦楞原纸

表 3　2016 年湖北省纸及纸板生产量前 10 名的造纸企业

序号	企业名称	生产量/万吨
1	武汉金凤凰纸业有限公司	47.00
2	金凤凰纸业(孝感)有限公司	26.24
3	金红叶纸业(湖北)有限公司	22.00
4	武汉晨鸣汉阳纸业股份有限公司	21.88
5	湖北宜昌翔陵纸制品有限公司	16.80
6	维达护理用品(中国)有限公司	16.23
7	湖北华海纤维科技股份有限公司	12.00
8	宜昌书林纸业有限公司	10.10
9	赤壁晨力纸业有限公司	8.61
10	湖北金庄科技再生资源有限公司	7.30

表 4　2016 年湖北省纸及纸板销售收入前 10 名的造纸企业

序号	企业名称	纸及纸板销售收入/万元
1	维达护理用品(中国)有限公司	151500
2	武汉晨鸣汉阳纸业股份有限公司	107500
3	金红叶纸业(湖北)有限公司	105069
4	武汉金凤凰纸业有限公司	93000
5	金凤凰纸业(孝感)有限公司	52716

续表

序号	企业名称	纸及纸板销售收入/万元
6	赤壁晨力纸业有限公司	38493
7	湖北骏马纸业有限公司	36800
8	中顺洁柔(湖北)纸业有限公司	29899
9	宜昌书林纸业有限公司	28700
10	湖北宝塔沛博循环科技有限公司	26138

表 5　2016 年湖北省纸及纸板利税总额前 10 名的造纸企业

序号	企业名称	利税总额/万元
1	维达护理用品(中国)有限公司	19100
2	金红叶纸业(湖北)有限公司	14263
3	金凤凰纸业(孝感)有限公司	9001
4	武汉金凤凰纸业有限公司	6238
5	湖北宝塔沛博循环科技有限公司	4450
6	武汉木兰汉北集团有限公司	3150
7	中顺洁柔(湖北)纸业有限公司	2888
8	湖北鑫物再生纸业有限公司	2730
9	湖北骏马纸业有限公司	2400
10	湖北华海纤维科技股份有限公司	2200

表6 2016年湖北省纸及纸板实现利润前10名的造纸企业

序号	企业名称	利润/万元
1	维达护理用品(中国)有限公司	17800
2	金红叶纸业(湖北)有限公司	9763
3	湖北宝塔沛博循环科技有限公司	2722
4	中顺洁柔(湖北)纸业有限公司	1228
5	湖北金庄科技再生资源有限公司	1000
6	武汉金凤凰纸业有限公司	980
7	湖北鑫物再生纸业有限公司	723
8	湖北广发纸业有限公司	677
9	湖北金民纤维材料科技有限公司	636
10	湖北华海纤维科技股份有限公司	440

【基建与技改】

(1)湖北荣成再生科技有限公司在湖北省松滋市总投资9亿美元，建设年产150万吨高档箱纸板，配备105兆瓦热电联产项目。公司注册资金约3亿美元，占地面积78.9公顷。该项目分两期建设，根据项目工程进度，2017年3月下旬启动热电设备调试，2017年6月一期年产35万吨PM2生产线及1台130吨/时循环流化床生物质锅炉建成，2019年项目全面竣工。

(2)湖北华海纤维科技股份有限公司2016年利用原有车间新建鞋材中底板项目。该项目利用现有废浆、污泥、废纸为原料，生产特种专用纸板，新增产值1亿元。每年可减少固体废物排放3600吨。

(3)湖北金庄科技再生资源有限公司在当阳市金桥工业园区投资2亿元，新建2×6兆瓦热电联产项目。该项目占地面积1.33公顷，分两期建设，2017年9月试机投产。并且新建20万吨高强瓦楞原纸扩建项目，该项目总投资2亿元，占地面积5.67公顷，2017年6月—2018年3月完成设备安装。

(4)湖北金赞阳循环经济股份有限公司决定2016年在湖北省老河口建设年产50万吨再生纸项目，总投资21亿元，占地面积48.9公顷。该项目于2016年11月全面开工，项目建设周期为24个月。

(5)湖北骏马纸业(江陵)有限公司2016年在江陵县沿江产业园建设20万吨烟用卡纸项目，总投资6.5亿元，占地面积33.3公顷。目前该项目已完成土建工程，即将进行设备安装，预计2017年10月试车生产。

(6)武汉金凤凰纸业有限公司在孝感南区招商引资，建设年产130万吨大型包装纸项目。该项目一期30万吨包装纸生产线于2016年6月投产试运行。同期组建了金凤凰纸业(孝感)有限公司。

(7)湖北鑫物再生纸业有限公司扩建20万吨A级高强瓦楞原纸项目。该项目建设期为一年，预计2017年建成，届时企业高强瓦楞原纸年产能将达到30万吨。

(8)安徽山鹰纸业股份有限公司湖北包装纸生产基地拟在公安县青吉造纸工业园内建设年产200万吨的包装纸和再生纸生产基地，总投资约90亿元，占地面积200公顷。项目分两期建设完成。

【发展目标及重点在建项目】

近年来，湖北省主要发展目标倾向于环保工程项目建设，支持规模企业，淘汰落后产能企业。通过进行原料结构、产品结构调整，淘汰落后产能，将传统造纸工业向现代绿色造纸工业转变，不断提高装备水平，降低资源消耗，将污染排放降到最低值。

武汉金凤凰纸业有限公司、湖北保丽纸业有限公司合资重组金凤凰纸业(孝感)有限公司，建设年产160万吨大型包装纸项目。此项目位于孝感市孝武大道612号，即毛陈镇东海村107国道旁，公司区位优势独特，交通极为便利。公司占地面积含原湖北保丽纸业有限公司在内共计48.7公顷。该项目除原有年产20万吨已投入生产的包装纸生产线外，先期计划投资32.9亿元，分两期扩建年产110万吨包装纸生产项目，建设期为6年。一期投资14亿元，建设年产40万吨低定量高强瓦楞原纸生产线，2016年竣工投产；二期投资18.9亿元，建设年产60万吨再生环保箱纸板和年产10万吨纸管原纸生产线，2020年上半年竣工投产。

湖北荣成再生科技有限公司拟建年产150万吨高档箱纸板项目。此项目是台湾三大造纸厂之一的荣成纸业(中国)控股有限公司在华中地区布局的重大项目。该项目于2014年9月19日正式签约落户松滋市临港新区。该项目建设起点高、科技含量高，属国家鼓励项目，是迄今为止湖北省引进的县域最大台商投资项目。该项目分两期建设。一期建设3条纸机生产线(投资总额33000万美元、注册资金11000万美元)，二期建设2条纸机生产线(投资总额25200万美元、注册资金8400万美元)。该项目于 2015 年 10 月正式开工建设。目前工程建设顺利，一期工程主要建设 3 条年产 85 万吨低碳造纸生产线及 1 台 220 吨/时高温高压粉煤锅炉和 2 台 130 吨/时循环流化床生物质锅炉(一备一用)，以及废水处理站、行政办公区、员工宿舍、仓储区、原料堆棚等附属配套设施。目前，热电主厂房、造纸厂房、废水土建工程等主体工程全部建设完成，生活区食堂、文体馆现已建成投入使用，员工宿舍楼内部装修接近尾声，相关环保设施完成 85%，110 千伏电力专线建成并已通电。根据项目工程进度，2017 年 3 月下旬启动热电设备调试，2017 年 6 月，一期年产 35 万吨 PM2 生产线及 1 台 130 吨/时循环流化床生物质锅炉建成投产，2017 年 9 月，年产 45 万吨 PM1、5 万吨 PM3A 2 条生产线及 1 台 220 吨/时高温高压粉煤锅炉建成投产，实现一期 3 条 85 万吨生产线及 70 兆瓦热电联产项目全面投产。随后立即启动二期 35 兆瓦热电联产项目及年产 65 万吨高档箱纸板项目建设；年产 150 万吨高档箱纸板项目预计 2019 年全面竣工。

(湖北省造纸协会)

广西壮族自治区造纸工业

Paper Industry in Guangxi Zhuang Autonomous Region

【行业概况】

2016 年广西壮族自治区制浆造纸规模以上企业 104 家，主要分布在南宁市、柳州市、来宾市、贵港市、百色市、崇左市，从业人员约 4 万人。

全区纸浆生产量 154.6 万吨，同比下降 16.2%，其中，化学浆生产量 80.3 万吨(蔗渣浆 61.3 万吨，木浆 17.7 万吨，竹浆 1.3 万吨)，化学机械木浆 74.3 万吨。蔗渣浆生产量持续下滑，主要原因是甘蔗的减产导致原料不足；化学木浆生产量下降，主要是因为广西劲达兴纸业有限公司停机；化学机械木浆生产量上升，主要得益于广西金桂浆纸业有限公司生产量提升；竹浆生产量较少，目前只有柳州两面针纸业有限公司、广西金荣纸业有限公司等有部分竹浆。

全区机制纸及纸板生产量 236 万吨，同比下降 13.7%，其中，生活用纸 73.0 万吨，文化用纸 9.0 万吨，特种纸 9.5 万吨，白卡纸 94.5 万吨，砂管纸 18.0 万吨，瓦楞原纸 32.0 万吨。全区生活用纸、文化用纸、特种纸生产量下降，广西华美纸业集团有限公司、广西劲达兴纸业有限公司因资金问题停产，不少企业处于半开机状态；白卡纸生产量基本持平；瓦楞原纸生产量下降 8.6%；砂管纸生产量增加 1 倍。

全区造纸工业总产值 199.2 亿元，同比下降 11.2%；利税 16.3 亿元，同比下降 14.5%。

【原料】

制浆主要纤维原料为蔗渣、废纸、马尾松、桉木、竹子、林业加工剩余物等，其中，蔗渣 130.5 万吨(干)，木材 122.8 万吨(干)，竹子 2.6 万吨(干)，废纸 52.0 万吨(干)。造纸纤维原料结构为：蔗渣浆 28.5%，木浆 45.0%，竹浆 0.9%，废纸浆 25.6%。

【生产企业】

到目前为止，广西壮族自治区的大型制浆造纸企业只有广西金桂浆纸业有限公司和斯道拉恩索(广西)浆纸有限公司(2016 年投产，处于试生产阶段)，其余绝大多数是中小规模企业。主要生产企业见表 1。

表 1 2016 年广西壮族自治区主要造纸企业生产情况

序号	企业名称	产品	生产量/万吨
1	广西金桂浆纸业有限公司	化学机械浆	74.3
		白卡纸	93.6
2	广西来宾东糖纸业有限公司	化学浆	8.8
		生活用纸	2.1
3	横县东糖糖业有限公司纸业分公司	化学浆	8.1
4	田阳南华纸业有限公司	化学浆	7.1
		文化用纸	1.7
5	龙州南华纸业有限公司	化学浆	6.1
6	广西田东南华纸业有限公司	生活用纸	4.8

续表

序　号	企业名称	产　品	生产量/万吨
7	广西贵糖(集团)股份有限公司	化学浆	7.4
		生活用纸	6.1
		文化用纸	0.5
8	柳州两面针纸业/纸品有限公司	化学浆	5.3
		生活用纸	4.9
9	广西农垦集团华垦纸业有限公司	化学浆	4.7
		文化纸	2.5
10	广西博冠纸业有限公司	化学浆	7.5
11	广西永鑫华糖集团来宾纸业有限公司	化学浆	6.9
12	广西田东金荣纸业有限公司	高强瓦楞原纸	13.0
		化学浆	2.5
		生活用纸	2.3
13	广西林业荔浦纸业有限公司	化学浆	2.0
		特种纸	5.5
14	广西鹿寨凤糖纸业有限公司	化学浆	4.3
15	广西防城港宏源浆纸有限公司	化学浆	5.0
16	广西江南纸业有限公司	擦手纸	2.7
17	南宁市佳达纸业有限责任公司	生活用纸	2.4
18	广西天力丰生态材料有限公司	生活用纸	2.1
19	广西桂海金浦纸业有限公司	生活用纸	1.3
20	桂林奇峰纸业有限公司	特种纸	3.2

【基建与技改情况】

(1)广西桂海金浦纸业有限公司年产 3 万吨生活用纸项目，于 2015 年 6 月 8 日开工建设，项目建于广西壮族自治区合浦县工业园区，采用 ECF 漂白全木浆生产中高档生活用纸原纸，设备选用先进的 BF 系列卫生纸机，可以生产各种规格卫生纸、纸巾纸、厨房用纸、餐巾纸及卫生巾衬纸。2016 年上半年单机投料试机，2016 年下半年通过设备性能测试并投料生产。

(2)斯道拉恩索(广西)林纸一体化工业项目年产 20 万吨化学机械浆、45 万吨液体包装纸板和其他高档纸板；配套建设 13.7 万公顷(205.7 万亩)原料林基地。2016 年 5 月 26 日，包装纸板机成功投产。

(3)龙州南华纸业有限公司分别开展了以下技改项目：蔗髓回收系统技改项目、废水处理站好氧系统技改项目、漂白碱化段滤液通过技改用作洗涤段洗浆机喷淋水项目。

(4)桂林奇峰纸业有限公司第四造纸车间造纸生产线膜转移表面施胶及在线软、硬压光系统技改工程，项目主要建设内容：第四造纸车间 2640 毫米造纸生产线新增膜转移表面施胶系统及在线软、硬压光系统，项目总投资 1700 万元。项目建成后可使原生产线具备生产指定表面功能纸张产品的手段，为企业产品适应市场变化，不断优化产品结构打下坚实的基础。

(5)南宁市佳达纸业有限责任公司更新分切机组，淘汰旧设备，效率大幅提高。公司注重加强技术指标调控，产品质量稳定，“卡西雅”“清帕”连续两届被认定为“广西著名商标”，品牌影响力不断提高。2017 年 2 月将新增 2 台纸机，产能提高 2.5 万吨/年，计划投资兴建新厂，年产生活用纸 15 万吨。

(6)广西天力丰生态材料有限公司投资 1.5 亿元，新增 2 条 3500 毫米、1200 米/分新月型高速生活用纸机及后加工生产线，新增产能 4 万吨/年，产品升级换代；投资 50 万元，改造 1 号～11 号纸机烘缸蒸汽恒压控制系统；新增 2 套多圆盘白水回收处理系统，共计投入 120 万元用于环保设施建设，达到工厂降耗减排目标；投入 30 万元接入电厂蒸汽，停用原有 2 台锅炉，达到环保减排目标。

(7)广西贵糖(集团)股份有限公司纸机回用高压水安装自动反清洗过滤器技改项目：技改后回用

的高压白水质量达到使用要求，减少喷嘴堵塞的情况，提高水的循环利用率。磨浆流程技改项目：通过技改减少由于浆厂浆料问题造成的拉力低等质量问题，充分发挥针叶木浆料的作用，减少不合格品的产生。

(8)柳州两面针纸业/纸品有限公司低能耗蒸煮改造工程：将5台传统常规间歇蒸煮改造为4台置换蒸煮，新增了热白液槽、热黑液槽、温黑液槽、稀释黑液槽及相应白液泵、黑液泵、放锅泵等设备，配备先进的自动化控制系统。蒸煮臭气治理优化改造工程：采用降温除湿+光氧处理+碱吸收的复合处理工艺，目前系统运行正常。烟气脱硫脱硝项目：对锅炉烟气中二氧化硫、氮化物进行吸收、净化处理，使排放烟气符合环保要求。

(9)广西东糖投资有限公司进行项目技改：碱回收炉电除尘改造；130吨锅炉低氮燃烧改造；完成锅炉脱硝技改系统；进行无元素氯漂白技改工程方案研究。

(10)2016年1月，广西一哥纸业有限公司年产5万吨高档生活用纸项目、广西嵘兴中科发展有限公司年产5万吨高档生活用纸项目通过了南宁市环境保护局环境影响评价。

(11)2016年，投资总额5.42亿元、年产20万吨高档纸品的广西东南光纸业有限公司项目在钦州港区开工建设。广西东南光纸业有限公司成立于2015年4月，隶属于福建东南艺术纸品股份有限公司。东南光纸业项目位于钦州港大榄坪作业区，占地面积15.5公顷。

【科研与技术进步】

(1)广西大学、广西博世科环保科技股份有限公司及江南大学联合开发的“造纸与发酵典型废水资源化和超低排放技术关键技术及应用”项目获2016年度国家科技进步二等奖。该项目有效解决了造纸和发酵行业典型废水生物质能回收和超低排放的技术问题，成果已应用于100多家国内外企业。

(2)2016年8月，广西壮族自治区工业和信息化委员会公布了《2016年广西壮族自治区“互联网+”制造业示范项目名单》，共16个项目被认定为2016年广西壮族自治区“互联网+”制造业示范项目，其中，广西金桂浆纸业有限公司“互联网+”品质及订单系统榜上有名，试点方向为“互联网+”生产模式创新。

(3)广西东糖投资有限公司研究开发本色蔗渣浆、纸；完成全厂余热余压回收技改工程，并获得广西壮族自治区奖励资金。

(4)2016年3月，广西大学、广西博世科环保科技股份有限公司、广西永鑫华糖集团有限公司等共同完成的《大型还原法二氧化氯制备系统开发及其在纸浆无元素氯漂白中的应用》获得2015年度广西科学技术奖励——科学技术进步奖一等奖。

【发展目标】

广西壮族自治区总体发展目标是：优化升级、结构调整、狠抓重点、稳步发展。广西原料资源比较丰富，在“十三五”规划中，将重点培育有原料资源的制浆造纸企业，走糖纸一体化、林浆纸一体化道路；鼓励制浆造纸企业整合重组，节约、科学合理利用资源，避免恶性竞争，增强竞争力，健康发展。

(黄显南)

四川省造纸工业

Paper Industry in Sichuan Province

【行业概况】

2016 年是四川省造纸行业实施“十三五”规划开局之年，全省规模以上制浆造纸企业 115 家，共生产纸浆 30.28 万吨，机制纸及纸板 210.58 万吨，实现主营业务收入 502.62 亿元，同比增长 2.47%。规模以上纸制品企业 170 家，纸制品 346.55 万吨，实现主营业务收入 293.44 亿元，同比增长 6.54%。全行业实现利润 23.60 亿元，同比增长 8.5%，利税总额 38.57 亿元，同比增长 8.5%。规模以下造纸企业近 130 家，共生产机制纸及纸板 80 万吨。2016 年全行业共生产机制纸及纸板 290 万吨，同比增长 3.57%。

【原料与产品结构】

四川省制浆造纸原料结构：木浆 7%（进口或省外商品纸浆），自制竹浆 38%，废纸浆 55%（省内或进口）。产品有：商品竹浆板、食品包装纸板、包装纸板（高强瓦楞原纸、牛皮箱纸板、箱纸板、涂布白纸板、工业纸板等）、生活用纸、办公文化用纸（静电复印纸、双胶纸、书写纸、打字纸、无碳复写原纸等）、工业用纸（绝缘纸、电缆纸、电容器纸、育果袋纸等）、牛皮包装纸、新闻纸、特种纸及其他纸种。

【生产企业】

2016 年四川省纸及纸板生产量前 10 名的造纸企业：四川永丰纸业股份有限公司、玖龙浆纸（乐山）有限公司、四川金田纸业有限公司、宜宾纸业股份有限公司、四川新津晨龙纸业有限公司、四川华侨凤凰纸业有限公司、四川迅源纸业有限公司、成都美岭纸业有限公司、四川省犍为凤生纸业有限责任公司、中顺洁柔（四川）纸业有限公司。

2016 年四川省销售收入前 10 名的造纸企业：四川永丰纸业股份有限公司、玖龙浆纸（乐山）有限公司、宜宾纸业股份有限公司、四川金田纸业有限公司、四川新津晨龙纸业有限公司、四川华侨凤凰纸业有限公司、中顺洁柔（四川）纸业有限公司、维达纸业（四川）有限公司、四川迅源纸业有限公司、四川省犍为凤生纸业有限责任公司。

2016 年四川省上缴税金前 10 名的造纸企业：四川永丰纸业股份有限公司、玖龙浆纸（乐山）有限公司、四川新津晨龙纸业有限公司、四川华侨凤凰纸业有限公司、宜宾纸业股份有限公司、中顺洁柔（四川）纸业有限公司、四川金田纸业有限公司、四川迅源纸业有限公司、四川省犍为凤生纸业有限责任公司、维达纸业（四川）有限公司。

2016 年四川省实现利润前 10 名的责任企业：四川永丰纸业股份有限公司、玖龙浆纸（乐山）有限公司、中顺洁柔（四川）纸业有限公司、四川新津晨龙纸业有限公司、四川金田纸业有限公司、四川迅源纸业有限公司、四川华侨凤凰纸业有限公司、宜宾纸业股份有限公司、四川省犍为凤生纸业有限责任公司、维达纸业（四川）有限公司。

【基建与技改】

2016 年四川省扩建投产了一些项目：四川省犍为凤生纸业有限责任公司年产 5 万吨高档竹浆生活用纸项目，四川圆周实业有限公司年产 5 万吨高档竹浆生活用纸项目，四川福华竹浆纸业有限公司年产 3 万吨高档竹浆生活用纸项目，四川省绵阳超兰卫生用品有限公司年产 1.5 万吨高档竹浆生活用纸项目，四川石化雅诗纸业有限公司年产 5 万吨高档竹浆生活用纸加工项目，新建占地面积 33.3 万米^{2}什邡绿色低碳竹浆生活用纸加工工业园以四川望风青苹果纸业有限公司为首的 10 家生活用纸加工项目；四川金田纸业有限公司新建年产 60 万吨工业纸板项目一期年产 30 万吨已投产，四川金红叶纸业有限公司在遂宁市新建年产 12 万吨高档生活用纸项目一期年产 6 万吨已投产。

正在建设的项目有：四川永丰浆纸股份有限公司新建泸州叙永年产 20 万吨竹浆一体化项目，四川金红叶纸业有限公司在雅安市新建年产 12 万吨高档生活用纸项目，成都环龙工业用呢集团有限公司扩建年产 5 万吨高档竹浆生活用纸项目，成都居家生活造纸有限公司扩建年产 1.5 万吨高档竹浆生活用纸项目，成都鑫宏纸品厂扩建年产 1 万吨高档竹浆生活用纸项目，成都绿洲纸业有限公司扩建年产 1 万吨高档竹浆生活用纸项目。

【品牌建设情况】

四川省造纸行业协会、四川省造纸行业协会生活用纸分会先后推荐：四川永丰浆纸股份有限公司“永丰”牌，四川石化雅诗纸业有限公司“殴露”牌，四川友邦纸业有限公司“顶好面子”牌，成都百信纸业有限公司“舒颜”和“福竹”牌，成都市家家洁纸业有限公司“耶贝尔”牌，都江堰市海腾纸业有限公司“龙氏”牌，玖龙浆纸(乐山)有限公司“雪杉”和“玖龙”牌，彭州市大良纸厂产品为四川省、成都市、德阳市、乐山市等著名商标、知名商标和名牌产品。

【环境保护与节能】

四川省地处长江上游，为贯彻国家保护生态环境、节能减排、淘汰落后产能的相关政策，为保护长江上游生态屏障，四川省环保厅对全省制浆造纸企业实行严格监管措施，对企业排污口实施全天候监控管理，每个企业必须达标排放。四川省经济和信息化委员会每年向制浆造纸企业下达节能减排、淘汰落后产能工作目标，根据四川省淘汰落后产能工作协调小组办公室关于下达 2016 年全省淘汰落后和过剩产能目标任务的通知，全省淘汰落后制浆造纸企业 15 家，淘汰落后产能 25.5 万吨，关闭造纸企业 8 家。

【发展目标和拟建项目】

总体发展目标是：转型升级，结构调整，狠抓重点，稳步发展。

竹浆纸产业重点抓好：四川永丰浆纸股份有限公司叙永县江门 20 万吨/年竹浆纸一体化项目工程、宜宾纸业股份有限公司扩建年产 25 万吨竹浆纸一体化项目、雅安市拟建年产 15 万吨竹浆粕项目和竹浆纸一体化生产项目。

包装纸板重点抓好：四川金田纸业有限公司新建年产 60 万吨工业纸板二期 30 万吨项目、四川新津晨龙纸业有限公司 30 万吨/年强韧牛皮箱纸板项目、四川迅源纸业有限公司扩建年产 25 万吨强韧牛皮箱纸板项目、玖龙浆纸(乐山)有限公司扩建年产 45 万吨牛皮卡纸项目、四川内江金子山纸业有限公司异地搬迁建设年产 30 万吨高强瓦楞原纸项目和现有纸板企业的技改扩能。

生活用纸行业重点抓好：四川金红叶纸业有限公司在遂宁市新建年产 12 万吨高档生活用纸二期 6 万吨项目、在雅安新建年产 12 万吨高档生活用纸项目，中顺洁柔(四川)纸业有限公司、维达纸业(四川)有限公司技改扩能项目，宜宾纸业股份有限公司扩建年产 12 万吨高档生活用纸项目，四川省犍为凤生纸业有限责任公司扩建年产 13 万吨高档生活用纸项目，四川福华竹浆纸业有限公司扩建 7 万吨高档生活用纸项目，四川石化雅诗纸业有限公司年产 10 万吨本色竹浆生活用纸加工项目，四川圆周实业有限公司年产 3 万吨高档生活用纸生产与加工项目，成都志豪纸业有限公司扩建年产 1.5 万吨高档生活用纸项目。

（罗福刚）

江西省造纸工业

Paper Industry in Jiangxi Province

【行业概况】

2016年江西省造纸行业克服了经济运行过程中的各种困难，继续稳步发展。据江西省工业和信息化委员会统计，2016年全省规模以上造纸及纸制品工业企业实现工业增加值96.8亿元，同比增长7.7%，主营业务收入369亿元，同比增长8.8%，利税总额26.9亿元，同比增长11.9%。根据国家统计局的统计资料，2016年江西省机制纸及纸板生产量为200.34万吨，纸浆生产量15.87万吨，其中，未涂布印刷书写纸0.69万吨，箱纸板4.0万吨。纸制品146.44万吨。

造纸产品主要有以下四大类：

(1)文化印刷用纸　主要品种有：轻型纸、低定量涂布纸、教材专用纸、中小学生作业本专用纸、书写纸、双胶纸。

(2)包装纸　主要品种有：涂布白纸板、箱纸板、瓦楞原纸、砂管纸、牛皮纸、黑卡纸、牛皮卡纸。

(3)生活用纸　主要品种有：纸巾纸、卫生纸、湿巾、卫生巾、擦手纸、厨房用纸。

(4)特种纸与加工纸　主要品种有：鞋用纸板、载带封装用纸板、引线砂纸、电容器纸、烟花鞭炮纸、金银卡纸、鞭炮红纸、红炮包装纸、花炮纸、连四纸、迷信纸。

【原料】

江西省是国内生态环境较好的省份，植物纤维原料丰富。据省林业厅近期发布的公告，江西省森林资源覆盖率较高，仅次于福建，位于全国的第2位。但由于政府管理部门考虑制浆对环境的影响等多方面的原因，江西省内绝大部分丰富的可利用的造纸植物纤维原料均未得到充分的利用，这些廉价的植物纤维原料除少部分销往邻省外，均未得到利用，资源优势未转化为经济优势。

据调查，江西省内造纸企业采用原生植物纤维原料制浆的企业主要有江西晨鸣纸业有限责任公司，企业于2008年投资新建了1条采用木材为主要原料的漂白化学热磨机械浆(BTMP)生产线。该生产线实际年产能力达25万吨左右，主要用该浆配抄轻型纸暨低定量涂布纸系列产品。该生产线自投产后至今运行正常，年生产量从最初的18万吨到现在已实现年生产量达25万吨。江西晨鸣纸业有限责任公司另有1条脱墨浆生产线，多年来运行正常，年生产量约15万吨，除自用一部分脱墨浆外，剩余的脱墨纸浆全部外销。

赣州华劲纸业有限公司用立锅蒸煮自制的杂木原生浆配比生产纸巾纸、卫生纸及文化用纸产品。现该企业主要采用当地家具厂生产家具时产生的针叶木、阔叶木木材废料为原料制浆，生产生活用纸及文化用纸产品。由于充分利用了当地丰富又廉价的木材剩余物，降低了原料生产成本，企业经济及社会效益均较好。除以上2个企业采有原生植物纤维原料外，其他造纸企业所用的造纸纤维原料主要依靠外购各种浆板和废纸。生产生活用纸的企业除赣州华劲纸业采用自制木浆为主要原料外，其余企业均是采用针叶木、阔叶木浆板原料配比生产；生产牛皮纸的企业采用回收废报纸为原料生产；生产箱纸板的企业采用本色针叶木浆挂面，芯浆、底浆采用废纸原料生产；生产瓦楞原纸、涂布白纸板等产品的企业全部采用废纸原料生产。

【生产企业】

据统计资料，江西省规模以上制浆、造纸、纸制品企业有131家，其中规模以上的造纸企业有71家，纸制品制造企业60家。自制原生浆造纸的企业有2家。据调查，江西省年生产能力100万吨以上的大型企业仅1家，年生产能力30万～100万吨的中型企业2家，年生产能力5万～30万吨的企业有31家，剩余企业均是年生产能力5吨以下的小型企业。年生产能力30万吨以上的造纸企业情况见表1，年生产能力10万～30万吨的造纸企业情况见表2。规模以下生产企业年生产能力合计约100万吨以上。

表1　2016年江西省年生产能力30万吨以上的造纸企业

序号	企业名称	生产能力/(万吨/年)	主要品种
1	江西理文造纸有限公司	150	牛皮箱纸板、瓦楞原纸
2	江西晨鸣纸业有限责任公司	70	轻涂纸、低定量涂布纸、食品包装纸板
3	赣州华劲纸业有限公司	35	高档生活用纸、文化用纸

表2　2016年江西省年生产能力10万～30万吨的造纸企业

序号	企业名称	生产能力/(万吨/年)	主要品种
1	江西柯美纸业有限公司	30	箱纸板、牛皮卡纸、瓦楞原纸、烟花鞭炮纸
2	上栗县萍锋纸业有限公司	30	牛皮纸、涂布白纸板
3	上栗县恒达纸业有限公司	30	包装纸
4	江西省新洪兴纸业有限公司	20	高档包装纸
5	吉安丰顺达纸业有限公司	15	色卡纸
6	共青城顺风纸业有限公司	15	包装纸
7	江西明盛实业有限公司	15	涂布白纸板
8	江西富丰纸业有限公司	10	牛皮纸、涂布白纸板
9	萍乡旭日纸业有限公司	10	包装纸
10	江西泽晖纸业有限公司	10	原纸及特种纸
11	江西永新南方纸业有限公司	10	涂布白纸板
12	峡江县富兴纸业有限公司	10	涂布白纸板
13	泰和县金丰实业有限公司	10	涂布白纸板
14	江西顺达纸业有限责任公司	10	涂布白纸板
15	广丰县华龙实业有限公司	10	箱纸板、瓦楞原纸

【基建与技改】

1. 江西理文造纸有限公司新建项目

江西理文造纸有限公司是理文造纸企业在全球的第7个生产基地。该项目计划分3期建设，年产250万吨高档包装纸和30万吨生活用纸，总投资100亿元，其中固定总资产投资60亿元，是江西省最大的港资企业。该企业一期工程固定资产共投资38亿元，建设3条生产线，现已建成并投入生产，年产150万吨高档包装纸；二期固定资产投资16亿元，建设2条生产线，年产100万吨高档包装纸板，年产值40亿元，按计划已于2016年年底前投产。该项目三期工程计划拟建设5条年产30万吨的生活用纸生产线，年产值18亿元，该项目完成后，预计可实现年产值118亿元，利税5亿元，可解决3000人就业。截止2015年年底，江西理文纸业已完成投资37亿元，计划2016年完成投资16亿元，累计完成投资已达38亿元以上。

2. 江西芦林纸业有限公司扩建项目

广丰县芦林纸业有限公司年产70万吨高档纸板扩建项目于2014年4月开工建设，总投资16.4亿元，全部采用废纸原料生产高强瓦楞原纸和高档箱纸板。该项目主要建设内容包括新建1条高强瓦楞原纸生产线，1条牛皮箱纸板生产线，1座给水处理站，1座废水处理站，锅炉及2×12兆瓦汽轮发电机能力的自备动力车间、仓库、附属用房及环保设施等。目前已完成12000米^{2}成品库及2个造纸车间的土建工程，由于资金投入不及时等原因，预计2018年才能完成设备安装并开始调试生产。

3. 赣州华劲纸业有限公司

2016年上半年公司投资购买了5台3900毫米

生活用纸机。这些纸机单机产能为 1.8 万吨/年，主体设备 4 月份到货，2016 年下半年已完成设备安装和土建工程，并开始试运行生产。公司总投资为 28.3 亿元，现年生产能力约为 35 万吨，主要品种为生活用纸、文化用纸。现员工总人数为 1300 人。

4. 广丰县双鼎纸业有限公司年产 15 万吨纸制品新建项目

广丰县双鼎纸业有限公司位于江西省上饶市广丰县芦洋产业园 A 区，2016 年上半年开始开工建设。现企业生产各类纸制品，并有 1 条产年 2 万吨的瓦楞原纸生产线。新建项目总投资 2 亿元，占地面积 6 万米^2。计划新建年产 15 万吨的高强瓦楞原纸生产线。该项目仍在建设中，预计 2018 年投产试运行。

5. 亿发包装(南昌)有限公司新建项目

该新建项目总投资为 15 亿元，计划年产纸尿裤 3.2 亿片，年产湿巾 1.2 亿片等卫生用品，项目一期工程 2013 年 8 月开工建设，2015 年 3 月竣工，但现实际工程进度为设备采购安装阶段。现湿巾产品已正常生产。

6. 江西映山红纸业新建项目

该新建项目位于江西省吉安市峡江县造纸工业园区内，年产 10 万吨薄型纸，总投资为 12 亿元。预计 2018 年试运行。

7. 江西晨阳纸业有限公司新建项目

该项目由南昌旭亮卫生纸品公司投资建设，位于永修县云山工业园，总投资 3.5 亿元，占地面积约 2.67 公顷，生产生活用纸系列产品，该项目已于 2017 年上半年投入试生产。

8. 江西华旺纸业有限公司新建项目

该项目位于九江市工业园，2016 年宣布年产 10 万吨生活用纸项目开工建设，总投资 2.7 亿元，主要生产生活用纸、纸尿裤等产品。项目采用租用厂房形式，分 3 期建设。其中一期投资 1 亿元，建设 6 条全自动生产线。厂区占地面积 2 公顷，一期建设年产 2.58 亿片成人护理垫生产线和 2 条年产 8600 万片成人纸尿裤生产线。预计建成并达产达标后，可实现主营收入 1.5 亿元，利税 5000 万元，增加就业 200 人。

【科技与进步】

由江西省轻工业研究所和江西弘泰纸业有限公司共同研制与开发的载带用纸板研究与开发项目通过省工业和信息化委员会组织的省级鉴定。该特种纸产品填补了国内空白，技术国内领先，产品主要供电子信息行业使用。该产品已获 2016 年度江西省优秀新产品一等奖，抚州市人民政府科技进步成果二等奖。

【发展中存在的问题】

江西省造纸行业“十二五”期间获得了稳步发展，但整体发展缓慢，特别是与东部发达的省份相比差距较大。其主要原因是政府管理部门担心发展造纸产业后会对现有的自然生态环境产生不良影响，造纸行业没有列入工业优先发展行业，影响了行业的发展。

（雷建民）

山西省造纸工业

Paper Industry in Shanxi Province

【行业概况】

山西省造纸工业以中小规模企业为主。2016 年，山西省造纸行业规模以上企业 20 余家，从业人数约 9000 人。机制纸及纸板生产能力 135 万吨，受市场产能过剩和企业排污等因素影响，实际生产量约 75 万吨，其中，瓦楞原纸、箱纸板 30 万吨，石膏板护面纸板 30 万吨，防火阻燃类纸板 10 万吨，生活用纸 3 万吨，另外还有少量的新闻纸、炸药包装原纸、文化用纸、热敏特种纸。完成工业总产值 36 亿元，实现销售收入约 32 亿元，利税总额约 8500 万元，实现利润约 3500 万元，与 2015 年相比，各项指标均呈现增长趋势。

截至 2016 年年底，造纸企业 70 家，大部分是小型民营企业。2016 年在行业景气高位大背景下，整体上看，山西省造纸行业发展形势明显好转，流动资金充足；具体来看，分化依然明显，包装纸在电商的需求拉动下景气度较高，但卫生纸因被高档品牌挤压，生产下滑严重。由于新环保法的实行，个别小企业停产，面临淘汰的可能，随着“铁腕治污”行动实施，预计生产能力将会逐步集中，以便达到造纸行业产业政策要求。

2016 年，山西省造纸工业经济运行态势回升。从原料情况来看，麦草等农作物秸秆可收购量呈下降趋势，企业的产品结构有所调整。商品纸浆和废纸浆用量继续增加。从产品档次上来看，纸板类产品档次逐步提升，多数企业产品等级达到 B 级或 B 级以上。产品种类有：瓦楞原纸、箱纸板、石膏板护面纸板、防火阻燃类纸板、生活用纸、新闻纸、炸药包装原纸、文化用纸。使用麦草制浆的运城市 4 家企业，在废水处理过程中生产部分木质素磺酸盐，一方面使环保要求达标排放，另一方面提高了企业的经济效益。

【原料】

2016 年，山西省造纸工业使用的原料仍以废纸为主，麦草、棉秆、商品浆等占一定比例，个别企业使用废纺织物、灌木和枝桠材以及矿物纤维为原料。废纸占原料比例 82% 左右，其中，进口废纸占 20% 左右，当地收购废纸占 80%；商品浆占原料比例约 7%，麦草占 4%，其他种类原料占 7%。自制漂白化学麦草浆企业有 4 家，集中在晋南地区，汽爆制浆企业有 2 家，均在吕梁市。麦草、谷草等秸秆资源收购价格一直上升，麦草浆生产量和所占比例呈下降趋势。

【基建和技改】

(1) 长治海晟印业有限公司有序推进高档彩印包装生产线项目的建设，目前正在建设中。

(2) 运城闻喜县东方新闻纸业有限公司新建年产 10 万吨再生纸生产线技改项目，当年完成全部投资 1 亿元，目前已经建成投产。

(3) 运城市盐湖区锋星木业有限公司新建年产 20 万米^3 贴面纸项目，当年累积完成投资 9300 万元，目前正在进行设备购置和安装。

(4) 运城临猗县力达纸业有限公司新建年产 2 万吨绿色环保本色高档生活用纸项目，当年完成投资 5820 万元，目前建成试生产。

【科研与技术进步】

(1) 山西强伟纸业有限公司制浆系统设备和生产工艺技术全部从发达国家引进，电器及控制系统均选用先进的装备和技术。该企业是山西省造纸行业技术进步的示范企业。

(2) 山西鸿昌农工贸科技有限公司与太原工业大学合作的制浆蒸煮黑液生产治理沙漠有机肥技术研究取得较好成绩，推广初步见到成效。

(3) 太原玉盛源能源发展有限公司组织进行的

矿物纤维软化技术研究、矿物纤维配抄阻燃纸板技术成果不断转入生产过程。

【环境保护与节能】

山西鸿昌农工贸科技有限公司、山西志峰农科贸有限公司、山西昌兴纸业有限公司蒸煮黑液生产木质素磺酸盐系统运行良好，经济技术指标均达到较好水平，减排效果明显，同时给企业带来可观的经济利益。近两年来，淘汰落后产能、技术改造对环境保护和节能的贡献逐步释放出来。部分生产集中的小企业在市场竞争和环保压力下重组合并，有3家小企业因环保不达标自然淘汰。

【发展目标】

山西省造纸工业发展缓慢，整体装备水平不高，重点目标是提高装备水平、调整产品结构、适应市场需求、提高经济效益。由于政府近几年来强调转变经济增长方式，山西省造纸工业应抓住机遇，一方面下决心淘汰落后产能，一般纸种的生产需进一步集中；另一方面，对特种纸的生产企业予以支持和鼓励。根据总体规划，造纸工业将依托太原、晋中、运城的产业基础优势，培育以石膏板护面纸、特种工业用纸为主的特色造纸产业集群，推进以卫生纸、拷贝纸、高强瓦楞原纸为主的生活、包装用纸造纸产业集群，构建高效、清洁、低碳、循环的绿色造纸体系。推广应用废料、废渣以及无机矿物原料生产环保纸的成熟技术，鼓励造纸原料以废纸为主料，完善废纸回收市场体系，降低造纸企业原料成本，实现资源节约型、环境友好型、经济效益高的良性循环造纸产业链。发展薄页纸、生活用纸、包装装潢用纸和特种纸产品，鼓励造纸产品向低量化、高品质目标发展。

（高文珍）

上海市造纸工业

Paper Industry in Shanghai City

【行业概况】

2016 年是“十三五”发展的良好开局年，2016 年上海市政府主要抓住：坚持发展第一要务，把稳增长放在更加突出位置，全力以赴调结构，加快产业结构优化升级。解决“四新”经济发展瓶颈问题，制定“互联网 +”推进方案。实施旅游、体育等服务业促进政策，支持生产性、生活性服务业加快发展。制定实施智能制造、高端装备制造发展政策，淘汰高能耗、高污染、高危险和低效益的落后产能。

近年来，上海的产业结构调整进入加速通道，低端、污染企业关停并转，不适应上海定位的产业向外转移，资源要素逐渐向高端产业和新经济领域集聚。上海要统筹考虑国际发展趋势，市政府多次强调，谋划上海工作要有更大视野、始终把握大势，规划上海发展要把准定位、始终把中央指示要求作为贯穿一切的工作主线。凡是符合创新、协调、绿色、开放、共享发展理念的事，要勇于率先探索、真抓实干。始终依照中央要求，始终围绕国家战略，始终服务全国大局——这是上海所有工作的基本站位，也是一直遵循的朴素原则。

上海是国际大都市，造纸业在上海并不是被扶持的行业，曾经辉煌过的上海造纸工业，近几年都在实施关停并转。所以，上海市造纸产能逐年大幅度下降。

据上海市纸业行业协会统计，2016 年上海市机制纸及纸板总生产量 60.06 万吨，比 2015 年的 70.05 万吨减少 9.99 万吨，同比减少 14.26 %。2015—2016 年上海市造纸行业主要产品及生产量汇总见表 1。

表 1　2015—2016 年上海市造纸行业主要产品及生产量

产品名称	2015 年		2016 年		增减量/万吨	同比/%
	生产量/万吨	占总产品比例/%	生产量/万吨	占总产品比例/%		
新闻纸	3.57	5.10	0	0		
瓦楞原纸和箱纸板	39.77	56.77	40.39	67.25	0.62	1.56
其中：高强瓦楞原纸和箱纸板	39.77	占本品种 100	40.39	占本品种 100	0.62	1.56
食品卡纸和白卡纸	11.10	15.84	4.29	7.14	-6.81	-61.35
生活用纸	13.84	19.76	12.88	21.65	-0.96	-6.94
其中：高档生活用纸	12.12	占本品种 87.57	11.23	占本品种 87.19	-0.89	-7.34
其他	1.77	2.53	2.50	4.16	0.73	41.24
合计	70.05	100	60.06	100	-9.99	-14.26

从表 1 可以看出，2016 年新闻纸的生产量变化最大，生产量为零，其主要原因是上海最大的新闻纸生产企业上海殷泰纸业有限公司在 2015 年 6 月正式停产。

2016 年食品卡纸、白卡纸生产量只有 4.29 吨，因为金奉源纸业(上海)有限公司在 2016 年上半年正式停产。

【原料】

2016 年上海市造纸木浆用量 19.17 万吨，比 2015 年减少 5.80 万吨，同比下降 23.23%。木浆占全部原料的 34.13%，比 2015 年减少了 3.17 个百分点。废纸浆用量 36.66 万吨，比 2015 年减少 4.46 万吨，同比下降 10.85%，废纸浆占全部纸浆用量的 65.27%，比 2015 年减少了 3.85 个百分点。其中，国内废纸23.79万吨，比2015年减少2.85万吨，同比下降10.70%，占全部废纸的比例为51.92%，比2015年提高了0.09个百分点；进口废纸用量22.03万吨，比2015年减少2.73万吨，同比下降11.03%。国内废纸用量的比例与2015年相比，仍呈现上升态势。国产木浆用量3.55万吨，比2015年减少1.05万吨，占木浆比例18.52%，比2015年减少了1.71个百分点。2016年进口原料依存度59.18%，比2015年的59.34%降低了0.16个百分点。

【生产企业】

1. 金奉源纸业(上海)有限公司

2004年，由印度尼西亚金光集团(APP)和上海星火制浆造纸厂、开伦板纸总厂组建的合资企业，取名为金奉源纸业(上海)有限公司。公司设在上海市奉贤区星火工业开发园区内，占地面积约40万米^2，员工400人，拥有1台3300/350纸机，年生产量12万吨。企业改名后对企业的产品结构进行了重大调整，由原来生产涂布白纸板转产高附加值的食品系列涂布卡纸。其中，液体无菌包装原纸、高松厚度防油食品卡纸等先后被国家知识产权局授权实用新型专利。金奉源纸业(上海)有限公司，是上海市“五星级诚信创建企业”，2015年荣获“创新先锋，上海典范”荣誉称号。

2015年9月，公司结合设备大修期间，投资450万元对纸机流浆箱、白水系统、冲浆泵及浆池搅拌设备进行更新与改造，为能在2016年生产出更加优质的产品打下了坚实的基础。

最终金奉源纸业(上海)有限公司在2016年只生产了4.29万吨食品卡纸后，全线停产。

2. 上海中隆纸业有限公司

上海中隆纸业有限公司年生产高档纸板43万吨，公司员工300人。是我国台湾正隆集团投资的纸业公司。上海中隆纸业有限公司是目前上海地区造纸规模最大、生产量最高、消耗废纸量最多的造纸企业。

上海中隆纸业有限公司在建厂时起点标准就很高，公司主要生产设备都是引进欧、美最先进自动化设备及生产技术。公司奉行环保守则，维持高度环保标准，积极推动工业减废，资源节流，每年都要投入大量资金进行环保项目改造，走清洁生产、循环经济这一可持续发展道路。是上海市行业节能减排的先进单位，历年来多次获得节能减排奖项，是上海重点用能单位。目前上海中隆纸业有限公司周围都新建了不少居民住宅，针对居民对企业烟气排放的责疑，上海中隆纸业有限公司每天都要在网上公布烟囱排放出的二氧化硫净化率、浓度，烟尘净化率、浓度等指标，接受居民的监督。公司运行14年荣获了“节能减排奖”“轻工业节能减排十佳金点子奖”等多项集体与个人荣誉。在上海造纸业内率先获得ISO 14001及OHSAS 18001管理系统认证。上海中隆纸业有限公司在推动企业发展的同时，也履行其社会责任。

3. 上海东冠纸业有限公司

上海东冠集团有限公司是在原上海斯米克华洁纸业有限公司的基础上发展壮大起来的，是一家集原料、生产、加工、经营销售于一体的专业生活用纸生产企业。下属有上海东冠纸业有限公司、上海东冠华洁纸业有限公司和武汉东冠华洁纸业有限公司。

上海是我国生活用纸人均消耗量较高、对质量要求较严的大城市之一。上海东冠纸业有限公司本着以人为本，以质量为生命的经营理念，不断创新，积极开发以消费者利益为主的新产品，深获消费者的认同。尤其是“洁云”系列产品，多次被评为“上海市畅销品牌”及“上海市畅销快速消费品”称号。

上海东冠纸业有限公司是上海地区最大的生产生活用纸现代化企业，产品连续多年在上海市场排名第一，在全国生活用纸行业中名列前几位。上海东冠纸业有限公司的使命是：为消费者提供安全、贴心的优质产品及服务。

4. 上海新江南纸业有限公司

成立于2002年的上海新江南纸业有限公司，是一家专业生产涂布加工特种纸的工厂。近几年，我国造纸行业整体低迷，但是生产特种纸的企业生产量逐年上升，应用领域不断扩展。自公司成立以来，上海新江南纸业有限公司对生产品种正确定位，其主导产品有邮票纸、铜版纸、CCK纸。特别是邮票纸是我国唯一的定点生产企业。公司虽然企业规模不大，但产品的技术含量很高，企业从生产出第一代邮票纸开始就不断利用新技术、新工艺开发新产品，先后又开发了第二代、第三代邮票纸、防伪邮票纸、绢邮票纸、宣纸邮票纸系列产品。国内重大的具有特别纪念意义的特种邮票、年度生肖纪念邮票，都是由上海新江南纸业有限公司提供的邮票纸。

上海新江南纸业有限公司生产的产品都具有自主知识产权，被列为“上海市名牌产品”“上海市高新技术成果转化项目”。“先一步，高一格”是上海新江南纸业有限公司的企业精神，公司正以雄厚的技术力量，严谨的现代化管理，一流的产品质量，良好的商业信誉，深得客户的信赖。

5. 上海金佰利纸业有限公司

金佰利(中国)有限公司在我国已有4家生产机

构，上海金佰利纸业有限公司就是其中一家，生产规模年产 1.4 万吨各类高档生活用纸。尽管年生产量不能与其他生活用纸企业相比，但是，公司在生产、经营上一直非常稳定。公司自成立以来发展迅猛，特别是在新产品开发、技术创新、质量控制和环境保护等方面所做的努力被业界广泛称道。上海金佰利纸业有限公司生产的“舒洁”“好奇”“高洁丝”等品牌生活用纸系列产品，已成为我国知名品牌产品。上海金佰利纸业有限公司始终奉行“诚信求实，致力服务，唯求满意”的企业宗旨，将员工视为企业可持续发展的动力，营造积极和谐、充满活力的工作氛围。

6. 其他造纸企业

长谊特种纸(上海)有限公司是我国台湾独资企业，占地面积 4 万米^2，拥有员工 100 人，有全套进口造纸机械设备及后续加工机械设备。公司集传统造纸技术与现代加工为一体，专业生产各类高档立体彩纹纸、工业用纸、艺术纸等特种纸。公司本着“吸纳人才、发展人才、重视人才、善待人才”为宗旨，坚持以高档次、高品质的产品来填补国内市场的空白。

上海力德纸业有限公司是专业生产医用包装纸、氧化锌版纸的企业。

上海基隆腊光纸有限公司是专业生产各色蜡光纸的工厂，产品销往国内外市场。

上海乐凯纸业有限公司是中国乐凯胶片集团公司下属的分公司，主要生产系列影像用纸、涂塑纸基、铸涂相纸原纸等高档工业用纸，现在也已经停产。

【基建与技改】

上海中隆纸业有限公司，自从公司一期项目投产至今，在社会效益和经济效益上都取得了预期的效果。但是公司并不满足现状，每年在技改上都投入了大量资金，对现有的设备进行更新与完善。2016 年，企业又投入了大量资金对有些主要设备进行了改造和完善。

供汽锅炉经常会碰到需要冷态启炉点火或紧急点火，可是总不能一次性点火成功，有时需要耗时 3 ~ 4 小时才能点燃，尤其在冬季耗时更长。经过长期观察发现原锅炉设备上有些缺陷，公司对锅炉供油管道进行了技术改造，在原主油管道内新增一些元件，彻底解决了点火困难的问题，同时每年还能增加几十万元的经济效益。

上海中隆纸业有限公司对企业的热电锅炉推行了创新优化运行模式。结合企业实际用电及用汽情况，从设备、操作人员、操作方法等多方面同步改善，对原来燃料的质量、蒸汽的排放、多余电量的处置、水循环合理使用等工艺进行了合理的调整。经过一段时期的运行，燃料的用量、脱硝用的氨水量、脱硫用的氧化镁用量、锅炉运行需补水量等各类消耗都有明显的减少，通过优化模式操作每年可节约费用 100 多万元。

【环境保护与节能】

上海中隆纸业有限公司是上海市造纸行业节能减排的先进单位。每年企业在节能减排项目中投入几百万元，而且都收到了预期的效果。2016 年，企业开展了 2 项较有代表性的环保与节能项目。

(1)2016 年对纸机的压榨辊进行更换，原设计的压榨辊是橡胶材质，经多年的使用后脱水效果并不理想。企业有关部门的技术人员经过多次试验，对该压榨辊进行改造。①用聚氨酯 G2000 替代橡胶，②辊面增加 12% 开孔率，③表面沟纹形改为盲孔加沟纹。这样一来压榨辊容水空间增大，压区的线压力增大，脱水率有较大的提升，出压区纸的干度由原来的 50% 提升到 56%。经过这一项目的改造，平均每月能节约蒸汽 1000 多吨。

(2)企业热电厂有台 146 吨/时的锅炉，为了避免炉膛内壁结焦，每天吹灰 7 ~ 9 次。为了保证吹灰蒸汽质量，在吹灰前需要先疏水，经过十多年使用情况来看，在操作吹灰过程中有大量废蒸汽排放出来，既浪费能源又产生很大噪声，严重影响周围居民。经过改造，在原排放口重新进行管道设计，增加设备，废蒸汽能重新回用，每年为企业创收几十万元，同时也彻底解决了扰民问题。

【发展中的问题】

2016 年，上海始终牢记使命、不忘重托，以蹄疾步稳的改革创新发展实践，回应来自历史和人民的切实需求。保持锐意创新的勇气、敢为人先的锐气、蓬勃向上的朝气，贯彻落实创新、协调、绿色、开放、共享的发展理念，着力加强全面深化改革开放各项措施系统集成，着力加快具有全球影响力的科技创新中心建设步伐，着力推进供给侧结构性改革，当好全国改革开放排头兵、创新发展先行者。面向未来的上海，有着远大却真切的目标：创新之城、人文之城、生态之城，终究是幸福之城。所以，上海造纸企业在 2017 年形势更加严竣。

(姜海斌　蒋鸿勇)

辽宁省造纸工业

Paper Industry in Liaoning Province

【行业概况】

2016年辽宁省规模以上造纸及纸制品企业数量继续减少，比2015年的194家减少41家，现在为153家；目前的从业人员由2015年的2.72万人减少为约2.60万人；规模以上企业总生产量由41.2万吨降至36.0万吨，延续了从2011年开始辽宁省造纸及纸制品的生产量呈逐年下降的趋势。近几年造纸及纸制品生产量变化趋势如图1所示。

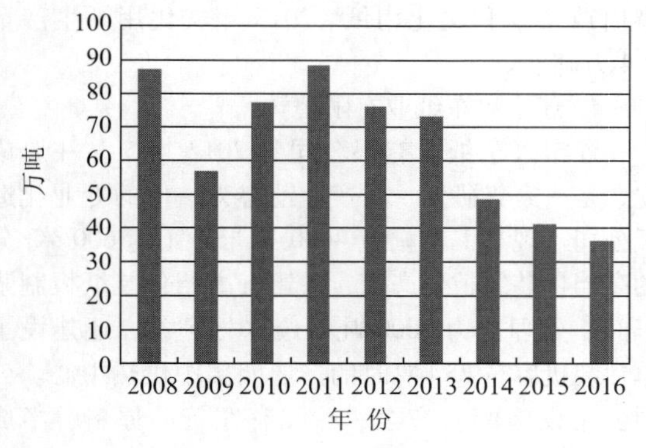

图1　近年来辽宁省造纸及纸制品生产量

目前，辽宁省造纸企业主要分布在沈阳、辽阳、丹东、大连、营口、朝阳、鞍山、本溪、抚顺、铁岭、锦州、阜新等几个规模较大的城市或地区，与2015年相比，不同地区规模以上企业的纸及纸板生产量变化如表1所示。

表1　2015—2016年辽宁省不同地区纸及纸板生产量对比　单位：万吨

年份	沈阳	大连	丹东	锦州	阜新	盘锦	铁岭
2015	4.9	16.3	7.7	4.5	1.8	5.2	—
2016	5.9	15.5	3.5	4.2	1.3	5.4	0.3*

注：*铁岭实际生产量应远高于0.3万吨。

现有的153家企业中，按资产投入分类，国有及国有控股企业1家，约占0.7%，外商投资企业较2015年增加了9家，达到25家，占16.3%，其余资金投入为127家，占比83.0%；按企业规模分类，大中型企业数量较少，较2015年减少了6家，只有13家，约占8.50%；从资产规模看，国有企业资产逐步退出，由15.83亿元减少为2.78亿元，占1.65%，外资企业资产加大，为58.02亿元，占37.20%，其余资产占60.50%。辽宁省造纸企业性质与经营情况见表2。

表2　2016年辽宁省造纸企业性质与经营情况

企业性质	数量/个	资产/亿元	主营业务收入/亿元	利税总额/亿元
国有企业	1	2.58	1.00	0.07
外商投资	25	58.02	59.47	6.70
其他	127	94.35	151.87	12.63
合计	153	155.95	212.34	19.40

2016年工业企业面临经济指标下滑趋势，加之辽宁省夯实GDP数据，造纸及纸制品加工企业主营业务收入212.34亿元，较2015年的354.36亿元降低了40.08%，利税总额由28.20亿元降至19.40亿元。由于辽宁省对制浆废液排放的严格限制，很多制浆造纸厂转型发展，现在生产特种纸和纸基功能材料的企业占大多数。这些企业的特点是，虽然生产规模不大，但仍保持较好经济效益。

从产品产销情况看，产销基本平衡，产品销售率仍保持较高水平，为99.34%。

【原料】

辽宁省造纸原料以芦苇和废纸为主，外购部分商品浆。盘锦辽河三角洲是我国第二大芦苇产区，金城造纸股份有限公司和辽宁振兴生态造纸有限公司就是以盘锦辽河三角洲的芦苇为原料制备文化用纸和商品浆板。废纸资源，国内外各占50%左右，琥珀纸业有限责任公司、大连金洋纸业有限公司箱纸板主要以国内废纸及欧美废纸为原料。

【生产企业】

1. 金城造纸股份有限公司

金城造纸股份有限公司原属大型国有企业，1993年通过改制、分立重组，改制发展成为国有大型股份制公司。1998年5月上市，2006年7月锦州鑫天纸业有限公司收购了金城造纸(集团)有限责任公司，2011年，锦州最大的房地产企业锦州宝地集团收购锦州鑫天纸业有限公司成为金城股份的实际控制人。

公司主要产品有胶印书刊纸、胶版印刷纸、书写纸、期刊专用纸。制浆废液(红液)浓缩后的产品为亚硫酸氢镁型黏合剂，主要使用在建材、冶金等行业，不仅拥有国内市场，作为世界上为数不多的酸法制浆工艺生产的木素磺酸盐还销售到日本、韩国、东南亚、中东等国际市场。

2016年公司机制纸共生产4.5万吨，黏合剂生产9.6万吨。实现销售收入2.3亿元，2017年公司将通过环保深度处理，实现环保达标排放，进一步提高产品质量、服务质量，不断提升品牌影响力。机制纸生产量将达到8万吨，黏合剂生产量将达到12万吨。

2. 琥珀纸业有限责任公司

琥珀纸业有限责任公司是抚顺矿业集团的全资子公司。一期工程投资64.5亿元，占地面积83万米^2，企业注册资金8.1亿元。目前已经建成投产5万吨/年生活用纸生产线和30万吨/年箱纸板生产线。

公司生活用纸生产线采用世界领先的奥地利安德里茨公司新月型纸机设备，深加工生产线采用来自美国、意大利等先进公司的设备。生产的产品有卫生卷纸、手帕纸、面巾纸、餐巾纸、宾馆小卷纸等。“琥珀”牌系列生活用纸产品采用100%进口原生木浆制造，原纸生产全程自动化控制，纸张经过510度超高温处理，全自动化的分切和包装，保证产品安全卫生，产品投放市场以来无论品质和市场占有率均取得了行业及消费者认可。

箱纸板生产线由制浆系统、抄纸系统、复卷机系统构成。抄纸机设计车速为1200米/分，卷纸宽度为6660毫米，定量范围100~250克/米^2。该生产线主体设备由世界一流制浆、造纸设备制造商德国福伊特公司提供，并采用世界先进的DCS、QCS控制系统，对整条生产线的车速、质量和操作全方位监控，设备配置属国际一流水准。该生产线主要附属设备均由国外造纸机械制造商亚赛利公司、西门子公司、GAW公司和杰利维(GL&V)公司等提供，与之相配套其他设备也由国内一流生产商供货。

箱纸板生产线于2013年5月投产，现已进入平稳高速运行阶段，其生产的“金珀”“银珀”“铜珀”系列牛卡箱纸板品质得到了下游用户认可，2016年公司生活用纸年生产量3.3万吨，箱纸板生产量12万吨。生活用纸原料主要为外购纸浆，箱板纸主要为国内废纸及欧美废纸。

3. 辽宁振兴生态造纸有限公司

辽宁振兴生态造纸有限公司是集芦苇原料基地、制浆、造纸生产为一体的大型企业，成立于2007年，注册资金5.7亿元。生产采用碱法连续蒸煮、氧脱木素、真空及双辊黑液提取、封闭热筛选、二氧化氯漂白(ECF)、白水封闭循环、碱回收、石灰脱硫和烟气净化，清洁生产高档无元素氯漂白芦苇浆和文化用纸。2016年文化用纸生产量5.4万吨。

4. 辽宁兴东纸业有限公司

辽宁兴东纸业有限公司于2012年5月注册成立，是一家集研发、生产、销售为一体的专业化造纸公司。现有1条幅宽4600毫米，车速600米/分的高档包装纸板生产线，并建有高档包装纸板制浆车间、处理能力6000吨的废水处理站，还建设了单台装机容量75吨/时的产业园集中供热中心。公司公用设施配套齐全，并配有完善的原料、半成品、成品检测、环境监测等分析手段和新产品开发研制试验等设备。公司的主要产品是高档牛皮挂面箱纸板和高强瓦楞原纸，年可生产各种包装纸板20万吨，总年产值预计达到6亿元以上。

辽宁兴东纸业有限公司二期、三期工程在计划中，二期工程正在平整场地，建成达产后，将达到年产各种包装纸板50万吨的产能。三期工程计划于2025年之前建成达产，届时将实现企业的总体建设发展规划。为了保障企业二期、三期工程建设的顺利实施，公司投资7000万元，对供热中心实施技术改造，通过改造实现环保节能和降低运行成本，并规划建设了员工宿舍和餐饮、文化活动中心，完善基础设施，进行厂区绿化亮化，提升企业形象。

5. 丹东奥美轻工机械有限公司

丹东奥美轻工机械有限公司是大型纸机和辅机

生产骨干单位，设计生产的清洁制浆生产线大大减少了废水排放量。设计生产的浓调设备，已经可以替代进口产品，成为我国市场上最具有竞争力的产品。公司主要产品有：造纸机系列、制浆设备系列、辅机设备系列及典型工艺流程。造纸设备销售覆盖了新疆、山西、陕西、广东、广西、四川、河北、山东、辽宁、吉林等多个省区市及朝鲜、马来西亚、越南、菲律宾、孟加拉等国家。

公司的机加车间建筑面积达 6800 余米^2，具有非常强的加工装配实力，有丹东地区最大、精度最高、机械加工设备多套。如大型卧式车床、大型卧式镗床、大型立式铣床、大型端面铣床，及满足工艺要求的各种型号的立式车床、普通车床、龙门刨床、铣床、龙门磨床、钻床、航吊、动平衡机等。

6. 大连金洋纸业有限公司

大连金洋纸业有限公司 2001 年建立，注册资金 9000 万元。公司集废纸再生造纸和纸板、纸箱制作印刷一条龙服务。曾经创下了“大连地区包装行业第一”“东北三省最大的包装企业”以及“同行业的龙头企业”的辉煌业绩。具有进出口商检许可、商标许可、环评认证。公司现有员工 300 余人，技术力量雄厚，中高级技术人员 30 余名。生产产品的主要原料是废弃纸制品，循环再生，利国利民。发展循环经济，实现资源的永续利用，即“原料 - 产品 - 废弃物 - 再生资源 - 产品”的新经济增长模式。走新兴工业化发展道路，清洁生产。

公司现有现代化造纸生产线多条，生产线连线生产，能充分对生产过程中的余热、余压、废渣、废水更好的综合利用。主机及配套设施采用高科技，节能、降耗、环保、循环利用。年产 30 余万吨高档箱纸板、高强瓦楞原纸，生产稳定，产品质量信得过，服务优化。在大连地区市场占有率 80% 左右。

7. 凤城市众合纸业有限公司

凤城市众合纸业有限公司成立于 2008 年，主要生产加工出口坐厕纸等特种纸，坐厕纸年生产量约 30 亿张(平均每月出口 30 个标准货柜)，其他特种纸生产量 3000 吨(水果套袋纸、染色纱管面纸、工业皱纹纸、过滤纸、玻璃隔层衬纸等)，系全国最大的坐厕纸成品生产厂家之一。年销售额 1 亿元。

该企业技术力量雄厚，现有特种纸机 5 台，员工 400 余人，10 余名造纸工艺高级工程师，能够生产 13 ~ 130 克/米^2 各种不同定量特种纸。企业具有自主出口资格，通过 ISO 9000 认证。

8. 沈阳思特雷斯纸业有限责任公司

沈阳思特雷斯纸业有限责任公司是以沈阳防锈包装材料有限责任公司为投资主体，立志于国内最专业的不锈钢垫纸及多金属用衬垫纸的研发、生产的专业造纸企业。

公司始建于 2005 年 11 月，2007 年 6 月竣工投产。现有员工 180 余人，拥有 2640 毫米、1092 毫米 2 条特种工业用纸生产线，具备 2 万吨/年的市场供应能力，是国内最大、具有鲜明特色的高品质不锈钢垫纸、其他金属及非金属行业衬垫纸的重要供应基地。着眼未来，公司与宁波宝新不锈钢有限公司战略合作，合资兴建的宁波思特雷斯金属防护材料有限公司，2014 年正式投产，综合产能达 4 万吨/年。

公司是国内最早研发和生产不锈钢垫纸的造纸企业，在国内不锈钢垫纸市场中占据大量市场份额，拥有 30 余名技术专家，在产品研发、生产、服务，尤其是不锈钢垫纸的系统应用与维护方面，处于国内领先地位。同时公司产品着眼多领域使用，在食品包装纸、医疗卫生包装纸、玻璃行业衬垫纸、农业用水果育袋纸等方面具备先进的研发与生产技术，优良的销售渠道与服务。

公司始终贯彻跟踪国际先进技术、跟踪市场需求动向，实施标准化管理。企业坚持贯彻现代企业管理制度，先后通过 ISO 9001 质量管理认证和 ISO 14001 环境管理认证。

企业拥有配套齐全的生产设施，可以生产幅宽在 2700 毫米以内，定量在 30 ~70 克/米^2 范围内的有不同强度性能、个性化的不锈钢垫纸系列产品，企业在技术、质量、品种、产销量、服务等诸方面，均以较大优势稳居国内同行业之首。

产品主要供应国内多家不锈钢板生产企业，并有部分产品出口至韩国、越南、我国台湾等国家和地区。

9. 辽宁豪唐纸业股份有限公司

辽宁豪唐纸业股份有限公司是一家集生活用纸研发、生产、销售为一体的专业化造纸企业。主要产品为中高档生活用纸及成人、婴童尿裤、尿片和卫生巾、湿巾等系列卫生用品。公司的造纸设备是新引进国际领先的新月型高速卫生纸机。原材料采用进口原生木浆，并以高科技治污、排污，环保达到国家标准。公司于 2015 年 7 月成立，注册资金 7900 万元。2015 年被列为铁岭市重大项目，2016 年被列为辽宁省十大重点支持企业。公司预计分 3 期投入，3 期总投资 10 亿元，规划征地 30.4 万米^2。其中，一期年产 3.5 万吨生活用纸，实现年产值 2.5 亿元，实现年利润 2500 万元；二期年产 9 万吨生活用纸及纸制品，实现年产值 6 亿元，实现年利润 6000 万元；三期年产 15 万吨生活用纸及纸制品，实现年产值 10 亿元，实现利润 12000 万元。3 期投产后将成为东北地区纸品行业的龙头企业。设备采用国际领先的韩国设备，采用新月型喷浆工艺。车速 1300 米/分，能耗低，生产量高，质量好。工厂形成自动化流水线，大大降低了产品成本。

【环境保护与节能】

金城造纸股份有限公司注重节能减排，公司现有 8 套环保设备，包括已经完成的三段漂白、白水回收、废水生化处理、废水厌氧处理、电厂脱硫除尘等系统以及废水生物净化及红液蒸发系统。

辽宁振兴生态造纸有限公司建立环保产业，公司拥有高度一致、超前的生态环保理念和区域综合利用措施，走可持续发展道路。公司斥巨资引进国内先进的碱回收生产线，有效解决造纸行业中的黑液污染难题。同时，在废水处理方面，引进具有国际先进水平的荷兰卡鲁塞尔 2000 版氧化沟、直径长达 15 米的超效浅层气浮器等设备和工艺，形成“厂内三级处理 + 厂外氧化塘、潜流湿地”废水处理系统，变废为宝，经过处理后的水再进入芦苇湿地灌溉区，实现水资源的综合循环利用，实现真正意义上的“绿色制浆，生态造纸”的理念。为实现循环经济打下了坚实的基础。

琥珀纸业有限责任公司通过技术改造，基本实现了用水的封闭循环，降低了吨纸用水消耗量，也为企业带来显著的经济效益。

辽宁兴东纸业有限公司建有日处理能力 6000 吨的废水处理站，还建设了单台装机容量 75 吨/时的产业园集中供热中心。

【发展目标】

辽宁省自 2012 年起陆续建起造纸产业（工业）园，便于废弃物集中处理，鼓励制浆造纸企业入园发展。目前已有抚顺造纸产业园、盘锦东郭造纸工业园、铁岭开原造纸产业园、丹东前阳造纸产业园、黑山胡家造纸产业园、鞍山台安造纸产业园、朝阳开发区造纸工业园等园区。抚顺矿业集团琥珀纸业有限责任公司入驻抚顺造纸产业园、辽宁兴东纸业有限公司（20 万吨包装纸）和辽宁豪唐纸业股份有限公司（15 万吨生活用纸）入驻开原造纸产业园、辽宁鞍安纸业有限公司（100 万吨箱纸板）入驻鞍山台安造纸产业园、辽宁振兴生态造纸有限公司入驻盘锦东郭造纸工业园、玖龙纸业（沈阳）有限公司（年产 12 万吨生活用纸）入驻新民市东城街工业园区。

（平清伟）

重点企业介绍

KEY ENTERPRISES

玖龙纸业(控股)有限公司
理文造纸有限公司
山东晨鸣纸业集团股份有限公司
山东太阳控股集团有限公司
安徽山鹰纸业股份有限公司
华泰集团有限公司
金东纸业(江苏)股份有限公司
宁波亚洲浆纸业有限公司
金红叶纸业集团有限公司
浙江景兴纸业股份有限公司
山东世纪阳光纸业集团有限公司
恒安国际集团有限公司
海南金海浆纸业有限公司
维达纸业(中国)有限公司
芬欧汇川(中国)有限公司
山东泉林纸业有限责任公司
无锡荣成环保科技有限公司
广西金桂浆纸业有限公司
新乡新亚纸业集团股份有限公司
大河纸业有限公司
金华盛纸业(苏州工业园区)有限公司
山东华金集团有限公司
漯河银鸽实业集团有限公司
宁波中华纸业有限公司
河南省龙源纸业股份有限公司
广州造纸集团有限公司
中顺洁柔纸业股份有限公司
亚太森博(山东)浆纸有限公司
上海中隆纸业有限公司
东顺集团股份有限公司
山东恒联投资有限公司
河南江河纸业股份有限公司
河北省保定市东方造纸有限公司
嘉兴民丰集团有限公司

10

玖龙纸业(控股)有限公司

Nine Dragons Paper (Holdings) Limited

【企业概况】

玖龙纸业(控股)有限公司(简称“玖龙纸业”)在各级领导的关心和支持下已成长为世界最大的废纸环保造纸的现代化包装纸制造集团。玖龙纸业(控股)有限公司于 2006 年 3 月 3 日在香港成功上市，目前已在东莞、太仓、重庆、天津、泉州、沈阳，以及位于“一带一路”的越南等地建立造纸基地。玖龙纸业是我国首个年产能超过千万吨的造纸集团(目前集团年产能超过 1300 万吨，年总产值 400 多亿元)，连续 4 年蝉联我国造纸行业榜首，2016 年名列中国民营企业 500 强第 79 位(中国民营企业制造业 500 强第 48 位)。

玖龙纸业引进国际领先的技术和设备并不断创新，代表着我国包装纸的最高水平。玖龙纸业高度重视系统化管理，应用先进的 SAP 系统管理平台，促进信息化与工业化“两化”深度融合，不断提升企业的科学管理水平，被评为“外商投资先进技术企业”“高新技术企业”和国家首批“信息化和工业化融合管理体系贯标试点企业”。

集团主要生产各类牛卡纸、高强瓦楞原纸、涂布灰底白纸板、涂布牛卡纸、环保型文化用纸等产品，为客户提供多元化产品系列和包装纸的一站式服务，占据行业龙头地位，引领纸包装行业往绿色低碳方向发展。“玖龙”商标被国家工商总局商标局评为“中国驰名商标”。

玖龙纸业一贯秉承“没有环保，就没有造纸”的理念，致力于环境保护和节能减排，倡导可持续发展的循环经济。不仅使用可以回收循环利用的废纸作原料，还与时俱进，不断加大环保投入，使玖龙纸业各项环保和能耗指标都做到优于国家标准，是资源节约型和环境友好型企业的典范。

制造业是 GDP 的基石，未来，玖龙纸业将以实现“六化”、打造企业工业 4.0 为目标，继续朝着环保、节能型、智能化管理的企业目标迈进，巩固行业龙头地位，奠定企业百年基业。

单位地址：广东省东莞市麻涌镇新沙港工业区(集团总部)　邮编：523147

联系电话：0769－88234888　联系传真：0769－88824198

联系邮箱：info_group@ndpaper.com　　单位网址：www.ndpaper.com

企业性质：香港上市集团公司

法人代表：张　茵

成立时间：1995 年，职工总数：1.7 万余人

主要产品：各类包装纸、环保型文化用纸、特种纸

主要纤维原料：废纸

纸机总数：38 台

【主要造纸生产线】

生产线名称	产品品种	纤维原料	生产能力/(万吨/年)
东莞、太仓、重庆、天津、泉州、沈阳、乐山、河北永新、越南基地	牛卡纸、高强瓦楞原纸、涂布白纸板、涂布牛卡纸、环保型文化用纸等	废纸	1373

(卢燕芳)

理文造纸有限公司

Lee & Man Paper Manufacturing Limited

【企业概况】

理文造纸有限公司于2003年9月在香港联合交易所上市，股份编码：02314。公司主要产品为包装纸和生活用纸。包装纸有牛皮箱纸板、瓦楞原纸及涂布白纸板等，年产能为537万吨；生活用纸有生活用纸原纸和成品纸，公司拥有2个生活用纸品牌："亨奇"和"理文原色"，品牌下设不同系列产品，年产能为48万吨。理文造纸有限公司是行业内最具规模及实力的造纸厂之一，也是亚太地区同类产品最大的造纸厂商之一。

理文造纸有限公司由创办之初至迅速发展，得到各方友好的鼎力支持。目前在我国设有5家造纸工厂，分别为广东理文造纸有限公司、东莞理文造纸有限公司、江苏理文造纸有限公司、重庆理文造纸有限公司、江西理文造纸有限公司；并设有3家生活用纸生产工厂，分别为重庆理文卫生用纸制造有限公司、江西理文卫生用纸制造有限公司、广东理文卫生用纸有限公司。同时还在越南的芹苴市设有越南理文造纸有限公司，在美国、欧洲等地也设有办事处。

理文造纸有限公司配有完善的配套设施，包括先进的造纸生产线、汽电一体化的发电站、水厂、废水处理站、码头、大型废纸堆场、成品仓库及庞大的运输车队等；并设有现代化的办公大楼及完善的生活设施，如饭堂、运动场、图书室、网吧及员工娱乐中心等。

理文造纸有限公司自有庞大的水陆运输队伍，能充分保障及时快捷地将成品送到客户指定的地点。公司采用全计算机化管理，从原料采购、原料运输、生产成品，到成品纸运送给客户的过程，可全程查询，供货更快捷、更准确、更可靠。

理文造纸有限公司非常注重节能环保工作，生产过程严格按照国际环境保护管理体系要求执行。公司已获得ISO 14001、ISO 9001、OHSAS 18001、QCO 80000、FSC－COC产销监管链国际认证，以及能源管理体系认证。

单位地址：香港九龙观塘敬业街61—63号利维大厦5字楼

联系电话：00852－2319－9889　联系传真：00852－2319－9393

联系邮箱：samco_liu@leemanpaper.com　单位网址：www.leemanpaper.com

企业性质：中外合资

法人代表：李文斌，经营负责人：李文俊，技术负责人：李文斌

成立时间：1994年，职工总数：10400人，其中技术人员数：1425人

2016年纸浆生产量：17万吨，纸板生产量：528.7万吨，生活用纸生产量：14.5万吨

2016年销售收入：169.3亿元，利税总额：27.2亿元，利润总额：21亿元

主要产品：牛卡纸、瓦楞原纸、涂布灰底白纸板、竹浆、生活用纸

主要纤维原料：废纸、竹浆、木浆

纸机总数：36台

蒸(球)煮器总数：7台

【主要生产线】

主要制浆生产线

生产线名称	纤维原料	制浆方法	蒸煮器	主体设备供货厂商	产品品种	生产能力/(万吨/年)	投产时间
BKP1	竹片	硫酸盐法	DDS 间歇蒸煮锅	GL&V 公司、潍坊凯信机械有限公司	漂白或本色(氧脱)竹浆	18	2008 - 10

主要造纸生产线

生产线名称	纸机			主体设备供货厂商	产品品种	纤维原料	生产能力/(万吨/年)	投产时间
	网部形式	幅宽/毫米	工作车速/(米/分)					
PM1	长网	3200	300	辽阳造纸机械厂	瓦楞原纸	废纸	5.5	1998 - 04
PM2	二叠网	3200	300	辽阳造纸机械厂	仿牛卡纸	废纸	5.5	1998 - 07
PM3	三叠网	4200	700	日本小林制作所	牛卡纸	废纸、木浆	22	2000 - 08
PM4	夹网	5500	1100	福伊特公司	牛卡纸	废纸、木浆	40	2002 - 09
PM5	三叠网	4400	750	日本小林制作所	牛卡纸	废纸、木浆	32	2003 - 11
PM6	二叠网	6600	900	韩国金星机械公司	仿牛卡纸	废纸	35	2004 - 10
PM7	三叠网	6650	1000	三菱重工业株式会社	牛卡纸	废纸	50	2006 - 01
PM8	三叠网	6600	1000	维美德公司	牛卡纸	木浆、废纸	50	2007 - 02
PM9	三叠网	6650	1000	维美德公司	牛卡纸	木浆、废纸	50	2007 - 06
PM10	三叠网	5500	800	日本小林制作所	白面牛卡纸	木浆、废纸	40	2007 - 09
PM11	三叠网	5500	750	日本小林制作所	牛卡纸	木浆、废纸	40	2007 - 07
PM12	二叠网 + 顶网	6650	1000	韩国金星机械公司	仿牛卡纸	废纸	45	2008 - 05
PM13	三叠网	5450	800	日本小林制作所	牛卡纸	废纸	40	2008 - 06
PM15	二叠网	6650	1100	维美德公司	牛卡纸	废纸	50	2011 - 08
PM16	长网 + 夹网	6000	900	韩国金星机械公司、日本小林制作所	仿牛卡纸	废纸	40	2011 - 11
PM17	四叠网 + MB 网	6650	750	维美德公司	涂布灰底白纸板	废纸、木浆	60	2012 - 07
PM18	长网	6650	1000	韩国金星机械公司	挂面箱纸板	废纸	35	2013 - 06
PM19	三叠网	6650	900	韩国金星机械公司	白面牛卡纸、挂面箱纸板、瓦楞原纸	废纸	40	2017 - 03(预计)
PM20	三叠网	6650	1000	维美德公司	瓦楞原纸	废纸	40	2014 - 07
PM21	二叠网	6650	1200	维美德公司	瓦楞原纸	废纸	40	2017 - 09(预计)
TM1	圆网	2760	1000	日本川之江造机株式会社	生活用纸	竹浆、木浆	1.5	2014 - 07
TM2	圆网	2760	1000	日本川之江造机株式会社	生活用纸	竹浆、木浆	1.5	2014 - 07
TM3	新月型	5600	2000	福伊特公司	生活用纸	竹浆、木浆	6	2015 - 06

续表

生产线名称	纸机			主体设备供货厂商	产品品种	纤维原料	生产能力/(万吨/年)	投产时间
	网部形式	幅宽/毫米	工作车速/(米/分)					
TM4	新月型	5600	2000	维美德公司	生活用纸	竹浆、木浆	6	2015－10
TM5	新月型	5600	2000	维美德公司	生活用纸	竹浆、木浆	6	2016－09
TM6	新月型	5600	2000	维美德公司	生活用纸	竹浆、木浆	6	2016－10
TM7	新月型	5600	2000	维美德公司	生活用纸	竹浆、木浆	6	2016－11
TM8	新月型	5600	2000	维美德公司	生活用纸	竹浆、木浆	6	2016－12
TM9	新月型	5600	2000	福伊特公司	生活用纸	竹浆、木浆	6	2017－04(预计)
TM10	新月型	5600	2000	福伊特公司	生活用纸	竹浆、木浆	6	2017－05(预计)
TM11	新月型	5600	2000	福伊特公司	生活用纸	竹浆、木浆	6	2017－09(预计)
TM12	新月型	5600	2000	福伊特公司	生活用纸	竹浆、木浆	6	2017－10(预计)
TM13	新月型	5600	2000	维美德公司	生活用纸	竹浆、木浆	6	2018－03(预计)
TM15	新月型	5600	2000	维美德公司	生活用纸	竹浆、木浆	6	2018－04(预计)
TM16	新月型	5600	2000	维美德公司	生活用纸	竹浆、木浆	6	2018－07(预计)
TM17	新月型	5600	2000	维美德公司	生活用纸	竹浆、木浆	6	2018－08(预计)

(刘　凯)

山东晨鸣纸业集团股份有限公司

Shandong Chenming Paper Group Co., Ltd.

【企业概况】

山东晨鸣纸业集团股份有限公司(简称“晨鸣集团”)是我国造纸行业龙头企业。公司历经半个多世纪的创业创新，现已发展成为以造纸、金融、纤纱、林业、地产五大产业板块为主体，同时涉足矿产、能源、物流、建材、酒店等领域的大型综合性现代化企业集团，是全国唯一一家 A、B、H 三种股票上市公司，以及造纸行业内第一家拥有财务公司和融资租赁公司的产融结合企业。目前晨鸣集团在山东省、广东省、湖北省、江西省、吉林省等地均建有生产基地，公司总资产 900 亿元，年浆纸产能 850 多万吨。企业经济效益主要指标连续 20 余年在全国同行保持领先地位，不仅是中国企业 500 强，还被评为中国上市公司百强企业和中国最具竞争力的 50 家蓝筹公司之一。

晨鸣集团拥有国家级企业技术中心、博士后科研工作站、国家认定 CNAS 浆纸检测中心等科研机构，获得国家授权专利 150 余项，其中，发明专利 12 项，7 个产品被评为“国家级新产品”，35 个产品填补国内空白，获得省级以上科技进步奖 21 项，承担国家级科技项目 5 项、省级技术创新项目 26 项。在全国同行业率先通过 ISO 9001 质量体系认证、ISO 14001 环保体系认证和 FSC-COC 体系认证，企业还先后荣获全国五一劳动奖状、中国企业管理杰出贡献奖、全国精神文明建设先进单位等国家级、省级荣誉称号 200 余项。

未来，晨鸣集团将准确把握新一轮产业变革趋势，按照《中国制造 2025》的规划要求，坚持走新型工业化道路，以提质增效为中心，以促进生产制造业与金融服务业产融结合、工业化与智能化深度融合为主线，以创新驱动、绿色发展、结构优化、以人为本为基本方针，加快产业转型升级，切实提高企业的核心竞争力和可持续发展能力，努力打造最受社会尊重、最具创新性和成长性的世界一流企业。

单位地址：山东省寿光市农圣东街 2199 号　邮编：262700
联系电话：0536－2158000　联系传真：0536－2156111
联系邮箱：cm2158571@hotmail.com　单位网址：www.chenmingpaper.com
企业性质：股份有限公司
法人代表：陈洪国，经营负责人：陈洪国，技术负责人：邵学军
成立时间：1958 年，职工总数：1.2 万人，其中技术人员数：2000 余人
2016 年纸浆生产量：246 万吨，纸和纸板生产量：462 万吨
2016 年销售收入：739 亿元，利税总额：41.6 亿元，利润总额：26 亿元
主要产品：机制纸及纸板
主要纤维原料：木片、商品针叶木浆/阔叶木浆、废纸
纸机总数：24 台

【主要生产线】

主要制浆生产线

生产线名称	纤维原料	制浆方法	蒸煮器	主体设备供货厂商	产品品种	生产能力/(万吨/年)	投产时间
化学机械浆线	木片	BCTMP		美卓公司	化学机械浆	25	2005
脱墨浆线	废纸	DIP		安德里茨公司	废纸浆	20	2006
寿光化学浆线	木片	碱法	连续蒸煮	GL&V 公司、安德里茨公司	化学浆	15	2009
湛江化学浆线	木片	碱法	连续蒸煮	安德里茨公司	化学浆	70	2011
机械浆线	木片	TMP		美卓公司	机械浆	18	2011

主要造纸生产线

生产线名称	纸机			主体设备供货厂商	产品品种	纤维原料	生产能力/(万吨/年)	投产时间
	网部形式	幅宽/毫米	工作车速/(米/分)					
轻涂纸生产线	叠网	4550	1280	美卓公司	高档低定量涂布纸	化学木浆	20	1998
铜版纸生产线	叠网	4685	1220	美卓公司	高档涂布铜版纸	化学木浆	30	2002
白卡纸生产线	叠网	5650	730	福伊特公司	高档涂布白卡纸	化学木浆、化学机械浆	40	2004
新闻纸生产线	夹网	11150	1750	美卓公司	高档彩色胶印新闻纸	废纸浆	40	2006
热敏纸生产线	叠网	4038	1050	美卓公司	热敏纸	化学木浆	12	2008
生活用纸生产线	新月型	5600	1800	安德里茨公司	卫生纸/面巾纸/手帕纸	针叶木浆、阔叶木浆	5. 6	2010
低定量铜版纸生产线	夹网	11150	1560	美卓公司	高档低定量铜版纸	化学木浆	80	2011
文化用纸生产线	夹网	11150	1750	美卓公司	高档静电复印纸、涂布纸	化学木浆	60	2011
液体包装纸生产线	叠网	9600	1000	福伊特公司、维美德公司、安德里茨公司	白卡纸	化学木浆、机械浆	120	2016

（徐振乾）

山东太阳控股集团有限公司

Shandong Sun Holding Group Co., Ltd.

【企业概况】

山东太阳控股集团有限公司（简称“太阳集团”）始创于1982年，是全球先进的跨国造纸集团和林浆纸一体化集团。业务涉及投资、造纸、酒店等领域。旗下主要有山东太阳纸业股份有限公司（股票代码：002078）、万国纸业太阳白卡纸有限公司、山东国际纸业太阳纸板有限公司、山东万国太阳食品包装材料有限公司、山东圣德国际酒店等。截至2016年，集团拥有资产总额283亿元，员工1万余人，位列中国500强企业第306位，旗下山东太阳纸业股份有限公司是我国造纸行业领军企业，位列世界造纸前50强。

太阳集团主导产品有高档涂布包装纸板、高档美术铜版纸、高档文化办公用纸、特种纤维溶解浆、生活用纸、工业用包装纸六大系列。拥有金太阳（中国驰名商标）、华夏太阳、天阳、幸福阳光、威尔等主要品牌。

企业、环境、社会的和谐统一与互惠共赢是全体太阳人的不懈努力和追求。截至2016年，太阳集团累计投入43多亿元用于环保工作，使废水COD_{Cr}出境水质达到30毫克/升以下，BOD_5达到10毫克/升以下，化学机械浆废水全部实现零排放，平均吨纸耗水降到5米^3，达到国际领先水平。同时，不断加大科技研发，从产品、原料等方面降低对环境的影响，积极植树造林，不断优化生态环境，取得了经济效益、环境效益和社会效益的多赢。

未来，太阳集团将继续走内涵式、绿色发展之路，加快战略结构调整和转型升级，实现“四三三”发展战略，努力把太阳集团打造成为可持续发展的、受人尊重的世界卓越企业。

单位地址：山东省济宁市兖州区友谊路一号　邮编：272100

联系电话：0537－7928711/13　联系传真：0537－7928489

联系邮箱：songweihua@sunpaper.cn　单位网址：www.sunpapergroup.com

企业性质：民营企业

法人代表：李　鲁，经营负责人：李洪信，技术负责人：应广东

成立时间：1982年，职工总数：11800人，其中技术人员数：628人

2016年纸浆生产量：119.04万吨，纸和纸板生产量：379万吨

2016年销售收入：438亿元，利税总额：23.83亿元，利润总额：15.36亿元

主要产品：高档涂布包装纸板、高档美术铜版纸、高档文化办公用纸、特种纤维溶解浆、生活用纸、工业用包装纸

主要纤维原料：外购木浆和自制木浆

制浆造纸生产线：7条

纸机总数：20台

【主要生产线】

主要制浆生产线

生产线名称	纤维原料	制浆方法	蒸煮器	主体设备供货厂商	产品品种	生产能力/(万吨/年)	投产时间
过氧化氢中浓漂白化学浆线	杨木板皮	碱法	四管连续蒸煮器	天津中轻机械有限公司	化学阔叶木浆	7	2003－07
碱性过氧化氢机械浆线	杨木片、桉木片等	APMP	高浓磨(主要磨浆设备)	安德里茨公司	化学机械浆	60	2008－01
溶解浆	进口木片	连蒸连煮	低固形物连续蒸煮	安德里茨公司	特种纤维	50	2015－10

主要造纸生产线

生产线名称	纸机			主体设备供货厂商	产品品种	纤维配比	生产能力/(万吨/年)	投产时间
	网部形式	幅宽/毫米	工作车速/(米/分)					
PM24	夹网	7280	1600	福伊特公司	高档美术铜版纸	针叶木浆、阔叶木浆、化学机械浆	40	2011－07
高档食品包装卡纸生产线	多层网	6100	950	美卓公司	高档食品白卡纸	针叶木浆、阔叶木浆、化学机械浆	60	2012－09
高档生活用纸生产线	夹网	5600	1900	安德里茨公司	高档生活用纸原纸	针叶木浆、阔叶木浆	12	2013－06
高档低定量牛皮箱纸板生产线	三叠网	6660	1200	福伊特公司	高档低定量牛皮箱纸板	未漂木浆、废纸浆	80	2016－07

（宋伟华）

安徽山鹰纸业股份有限公司

Anhui Shanying Paper Industry Co., Ltd.

【企业概况】

安徽山鹰纸业股份有限公司于2001年在上海证券交易所上市交易，股票代码为600567。2013年，公司与吉安集团有限公司进行了重大资产重组，实现了强强联合，公司实力大幅提升，现已发展成一家集造纸、包装、印刷、贸易、物流、投资等为一体的现代化跨国企业集团。

公司主要从事涂布白纸板、白面牛卡纸、箱纸板、高强瓦楞原纸、新闻纸、胶印书刊纸的生产和销售，以及各类纸箱、纸盒、彩盒、商标印刷包装业务及国外废纸贸易等业务。公司以上海为总部，产业辐射福建、浙江、安徽、湖北、江苏、天津、四川等省市，并成功迈向欧美、日本、中国香港等国家和地区。推行"调结构、控产能、优布局、抓内效"的造纸战略，倾力打造绿色、循环、智能造纸新理念。目前已形成354万吨造纸和11.61亿米^{2}纸板纸箱的年生产能力，规模排名位居行业前列，2015年名列全球纸业100强第53位。

公司以"生态山鹰百年基业"为愿景，肩负"引领'共创、共存、共享'的产业文明"的使命，以生态化的产业文明为驱动，铸就传承百年的商业品牌。

面向未来，公司将继续发挥集团化优势，坚持市场为导向、效益为中心、质量为保证、创新为重点、管理为手段，着力建设现代化、环保型、可持续发展、具有国际竞争力的新型造纸、包装、再生纤维企业，努力实现"引领循环经济，传承纸业文明"的愿景。

单位地址：上海市长宁区虹桥路2272号虹桥商务大厦6楼F座　邮编：200336

联系电话：021－62376587　联系传真：021－62376799

联系邮箱：stock@ shanyingpaper. com　单位网址：www. shanyingpaper. com

企业性质：民营企业

法人代表：吴明武

成立时间：1999年，职工总数：9226人

2016年纸和纸板生产量：354万吨

2016年销售收入：121.35亿元，利税总额：5.57亿元，利润总额：4.50亿元

主要产品：涂布白纸板、白面牛卡纸、箱纸板、高强瓦楞原纸、新闻纸

主要纤维原料：废纸

【主要生产线】

主要制浆生产线

生产线名称	产品品种	纤维原料	生产能力/(万吨/年)
海盐基地/马鞍山基地	涂布白纸板、白面牛卡纸、箱纸板、高强瓦楞原纸、新闻纸	废纸	354
湖北基地	箱纸板、高强瓦楞原纸	废纸	200(规划)

（刘　建）

华泰集团有限公司

Hua Tai Group Co., Ltd.

【企业概况】

华泰集团有限公司(简称“华泰集团”)是一家以造纸、化工为主导产业，集印刷、热电、物流、林业、环保、商贸、房地产、金融等十大产业于一体的全国500强企业集团。公司总资产320亿元，年造纸生产能力400万吨，化工及造纸助剂200万吨，年印刷能力80万色令，是全球最大的高档新闻纸生产基地和全国最大的盐化工生产基地。

按照林浆纸一体化发展模式，华泰集团分别在山东省、安徽省、河北省、广东省建成了六大浆纸生产基地。公司先后与德国福伊特公司、芬兰斯道拉恩索公司、比利时索尔维公司、美国杜邦公司等世界500强公司合资合作，引入国际最先进设备，建设的SC纸生产线、电子级和食品级双氧水生产线均填补国内空白。公司拥有全国造纸行业首批博士后科研工作站、国家级企业技术中心等六大省级以上科研平台，是国内造纸行业唯一一家荣获4项国家科学技术进步奖的企业。

多年来，华泰集团的发展成绩受到各级部门的认可，被国务院评为“全国就业先进企业”，被中组部评为“全国创先争优先进基层党组织”，先后荣获“国家重点高新技术企业”“中国上市公司百强企业”“全国守合同重信用企业”“全国五一劳动奖状”“首届山东省省长质量奖”等多项荣誉称号。2016年，华泰集团位居中国企业500强第227位，在山东省100强企业中名列第21位，在中国轻工业百强企业中排名第10位，位居全国造纸行业首位，彰显出强劲的发展势头和不俗业绩。

单位地址：山东省广饶县大王镇潍高路251号 邮编：257335

联系电话：0546－7798229 联系传真：0546－6888018

联系邮箱：huatairen@163.com 单位网址：www.huatai.com

企业性质：民营企业

法人代表：李建华，经营负责人：李晓亮，技术负责人：张凤山

成立时间：1976年，职工总数：12025人，其中技术人员数：1101人

2016年纸浆生产量：286万吨，纸和纸板生产量：319万吨

2016年销售收入：667亿元，利税总额：65.65亿元，利润总额：33.81亿元

主要产品：新闻纸、铜版纸、胶版纸

主要纤维原料：废纸、杨木片

纸机总数：12台

【主要生产线】

主要制浆生产线

生产线名称	纤维原料	制浆方法	蒸煮器	主体设备供货厂商	产品品种	生产能力/(万吨/年)	投产时间
8 号机	木浆板	碎浆、打浆		安德里茨公司	木浆	40	2011
9 号机	废纸、木浆板	浮选脱墨		福伊特公司	脱墨浆、木浆	16	2001
10 号机	废纸、木浆板	浮选脱墨		福伊特公司	脱墨浆、木浆	25	2003
11 号机	废纸	浮选脱墨		福伊特公司	脱墨浆	40	2005
12 号机	废纸	浮选脱墨		福伊特公司	脱墨浆	45	2006
杨木浆生产线	杨木片	BCTMP		美卓公司	杨木 BCTMP	10	2006
安徽华泰漂白化学浆	阔叶木、针叶木	硫酸盐法	超级间歇蒸煮	美卓公司、安德里茨公司	化学浆	30	2012
广东华泰 650 吨脱墨线	废纸	脱墨法		美卓公司	脱墨浆	40	2011
日照华泰 10 万吨阔叶木浆生产线	阔叶木、针叶木	DDS 间歇蒸煮	立锅	安阳机械厂、美国 ITT 公司等	针叶木浆、阔叶木浆	10	2010
河北华泰新闻纸机	废纸	浮选脱墨		福伊特公司	脱墨浆	30	2005

主要造纸生产线

生产线名称	纸机			主体设备供货厂商	产品品种	纤维原料	生产能力/(万吨/年)	投产时间
	网部形式	幅宽/毫米	工作车速/(米/分)					
8 号机	夹网	8100	1700	美卓公司	铜版纸	木浆	70	2011
9 号机	叠网	6500	1400	福伊特公司	文化用纸	脱墨浆、木浆	16	2001
10 号机	夹网	7100	1800	福伊特公司	文化用纸	脱墨浆、木浆	25	2003
11 号机	夹网	10200	1800	福伊特公司	新闻纸	脱墨浆	40	2005
12 号机	夹网	11000	2000	福伊特公司	新闻纸	脱墨浆	45	2006
安徽华泰 1 号机	叠网	4450	1000	美卓公司	文化用纸	自制化学浆、机械磨木浆	15	2012
广东华泰 1 号机	夹网	6100	1800	美卓公司	新闻纸	脱墨浆	40	2011
河北华泰新闻纸机	夹网	7900	1950	美卓公司	新闻纸	脱墨浆	30	2005

（任爱丽）

金东纸业(江苏)股份有限公司

Gold East Paper (Jiangsu) Co., Ltd.

【企业概况】

金东纸业(江苏)股份有限公司(简称“金东纸业”)地处长江第三大港——江苏省镇江大港，占地面积533万米^2，总投资35.1亿美元，年产铜版纸200万吨以上，已成为世界上单厂规模最大的铜版纸生产企业。

作为金光集团APP中国的旗舰企业，金东纸业秉承集团永续经营的理念，不断实践着循环经济和绿色造纸，走出了一条可持续发展的新型工业化道路，迄今环保投入已超17亿元。金东纸业在环保建设中所做的努力得到了我国各级政府的充分肯定，荣获国家级、省级、市级多项荣誉称号。

成立至今，金东纸业连续多年入选“中国500强企业”和“中国企业效益200佳”排行榜。在管理领域，金东纸业将6Sigma、CTR等先进工具引入企业管理中，提高了企业运营效率。先后通过了ISO 9001质量管理体系认证、ISO 14001环境管理体系认证、OHSAS 18001职业健康安全管理体系认证和PEFC(森林认证认可计划)认证。

金东纸业主要产品有：双面铜版纸、单面铜版纸、亚光铜版纸、轮转铜版纸、数码专用纸、手袋专用纸等。主要品牌有：“太空梭”“东帆”“长鹤”“神盾”“NEVIA”“Space Shuttle”“XPLORE”“Nireus”“Art-tech”“Sunbrite”等，其中“太空梭”于2007年被认定为“中国驰名商标”。

单位地址：江苏省镇江市大港兴港东路8号　邮编：212132

联系电话：0511－88998888　联系传真：0511－88997000

联系邮箱：service@goldeastpaper.com.cn　单位网址：www.goldeastpaper.com.cn

企业性质：中外合资

法人代表：黄志源，经营负责人：王自力，技术负责人：吴国泉

成立时间：1997年，职工总数：3745人，其中技术人员数：1173人

2016年纸和纸板生产量：208万吨

2016年销售收入：81.73亿元，利税总额：14.34亿元，利润总额：12.78亿元

主要产品：单面铜版纸、双面铜版纸、亚光铜版纸、轮转铜版纸、数码专用纸

主要纤维原料：原生木浆

纸机总数：3台

【主要生产线】

主要造纸生产线

生产线名称	纸机			主体设备供货厂商	产品品种	纤维原料	生产能力/(万吨/年)	投产时间
	网部形式	幅宽/毫米	工作车速/(米/分)					
福伊特纸机	夹网	9770	1500	福伊特公司	双胶纸和涂布原纸	原生木浆	54	1999－02
福伊特纸机	夹网	9770	1500	福伊特公司	双胶纸和涂布原纸	原生木浆	54	1999－05

续表

生产线名称	纸机			主体设备供货厂商	产品品种	纤维原料	生产能力/(万吨/年)	投产时间
	网部形式	幅宽/毫米	工作车速/(米/分)					
美卓涂布机		9770	1700	维美德公司	铜版纸	原生木浆	60	1999-06
美卓涂布机		9770	1700	维美德公司	铜版纸	原生木浆	60	2001-08
集造纸涂布于一体纸机	夹网	10600	1700	福伊特公司	不含磨木浆涂布纸、铜版纸	原生木浆	70	2005-05

〔APP(中国)〕

宁波亚洲浆纸业有限公司

Ningbo Asia Pulp and Paper Co., Ltd.

【企业概况】

宁波亚洲浆纸业有限公司项目总投资 118 亿元，实施分阶段建设，其中，一阶段项目年产能 100 万吨，于 2004 年年底建成；二阶段项目年产能 50 万吨，于 2014 年 6 月底投入生产。

公司现有 2 台大型现代化纸机，配备了世界上最完善的 QCS 质量控制系统及国际领先的 DCS 自动化控制系统，其中，一台为世界上单机产能最大、生产技术最先进的纸板机。

公司主要生产高档涂布白卡纸、铜版卡纸、扑克牌专用纸、烟包纸等系列产品。其中，“金采”单面涂布白卡纸，独具抗菌功能，适用于各式需抗菌功能保护的商品包装。扑克牌产品系列中的蓝芯扑克牌纸获国家专利。白纸板系列产品通过中国环境标志 II 型产品认证。

生产经营，环保先行。公司投资 9 亿多元用于环保建设，各项排放指标远低于国家标准。在废水回收利用方面，采用全封闭的白水回收系统，大幅提升了水的循环利用，成为国内耗水最低的造纸企业之一。公司先后通过 ISO 14001 环境管理体系、ISO 9001 质量管理体系、OHSAS 18001 职业健康安全管理体系、PEFC 森林监管链管理体系认证及 ISO 14064 温室气体排放监管体系核查申明，并获得“浙江省绿色企业”“宁波市‘十一五’节能降耗先进单位”“浙江省中外合资合作百强企业”等荣誉称号。

单位地址：浙江省宁波市北仑区小港青峙工业区宏源路 88 号　邮编：315012

联系电话：0574 - 86989888　联系传真：0574 - 86989898

单位网址：www. zhonghua - paper. com

企业性质：中外合资

法人代表：黄志源，经营负责人：王乐祥，技术负责人：刘继春

成立时间：2002 年，职工总数：1698 人，其中技术人员数：171 人

2016 年纸和纸板生产量：171 万吨

2016 年销售收入：34. 5 亿元，利税总额：4. 3 亿元，利润总额：3. 8 亿元

主要产品：单面涂布白卡纸、双面涂布环保铜版卡纸、蓝芯/黑芯扑克牌纸、烟包纸等

主要纤维原料：废纸、木浆

纸机总数：2 台

【主要生产线】

主要造纸生产线

生产线名称	纸机			主体设备供货厂商	产品品种	纤维原料	生产能力/(万吨/年)	投产时间
	网部形式	幅宽/毫米	工作车速/(米/分)					
6号纸机	五层长网	8100	1000	维美德公司	单面涂布白卡纸、双面涂布环保铜版卡纸、蓝芯/黑芯扑克牌纸、烟包纸等	木浆、废纸	100	2004-10
4号纸机	三层长网	6100	600	维美德公司	单面涂布白卡纸	木浆、废纸	50	2014-06

〔APP(中国)〕

金红叶纸业集团有限公司

Gold Hongye Paper Group Co., Ltd.

【企业概况】

金红叶纸业集团有限公司由 APP(中国)1996 年投资建设，专业生产、销售生活用纸系列产品，产品主要包括：卫生纸、面巾纸、手帕纸、餐巾纸、厨房纸巾、擦手纸和湿巾等。主要品牌有：唯洁雅、清风和真真。

目前公司拥有 6 个原纸生产基地，分布在江苏苏州、海南海口、湖北孝感、辽宁沈阳、四川遂宁(2016 年 4 月投产)和四川雅安(未投产，计划 2017 年投产)。在天津、沈阳、成都、武汉、福州、广东、海南、青岛等地设有后加工基地，并设有遍布全国的营运销售网络。是目前我国生活用纸行业产能和生产量最大的生产商。

单位地址：江苏省苏州市工业园区胜浦分区金胜路 1 号　邮编：215126

联系电话：0512 - 62810228　联系传真：0512 - 62818276

联系邮箱：customer_ service@ ghy. com. cn　单位网址：www. ghy. com. cn

企业性质：外商独资

法人代表：黄志源

2016 年纸和纸板产能：163 万吨

主要产品：生活用纸

主要纤维原料：木浆

纸机总数：46 台(至 2016 年)

【主要生产线】

主要造纸生产线

生产基地	产品品种	纤维原料	生产能力/(万吨/年)	纸机台数
江苏苏州	生活用纸	木浆	43	12
海南海口	生活用纸	木浆	84	28
湖北孝感	生活用纸	木浆	24	4
辽宁沈阳	生活用纸	木浆	6	1
四川遂宁	生活用纸	木浆	6	1
合　计			163	46

2016 年新增生产线

生产线名称	纸机			主体设备供货厂商	产品品种	纤维原料	生产能力/(万吨/年)
	网部形式	幅宽/毫米	设计车速/(米/分)				
卫生纸机(1 台)	新月型	5630	2000	亚赛利公司	生活用纸	木浆	6

（中国造纸协会生活用纸专业委员会）

浙江景兴纸业股份有限公司

Zhejiang Jingxing Paper Joint Stock Co., Ltd.

【企业概况】

浙江景兴纸业股份有限公司经过 32 年发展，由一家名不见经传的造纸作坊发展成为以造纸为龙头、集纸制品加工为一体的上市公司。公司主导产品为牛皮箱纸板、白面牛卡纸、瓦楞原纸、纸箱、生活用纸等系列产品。2006 年 9 月 15 日，景兴纸业 A 股在深圳证券交易所上市。通过上市和增发，公司迈入快速发展的轨道。公司先后被上级授予“全国首批资源节约型环境友好型企业试点”“首批国家节水标杆企业”“国家级工程实践教育中心”“国家高新技术企业”，并在同行中率先通过了 ISO 9001 质量体系认证和 ISO 14001 环境体系认证。目前公司拥有 8 条国际先进水平造纸生产线，其中，包装纸生产线 5 条，生活用纸生产线 3 条。

2016 年，公司推动各项技术改造实施，完成了 12 号机靴式压榨及施胶机、中水回用二期、13 号机稀释水流浆箱、沼气发电等技改项目；推进各部门精益管理以及流程再造优化，解决了一些部门和流程间衔接不畅问题。产品的原料消耗、电能单耗、废水处理费用与 2015 年同期相比均有明显下降。

单位地址：浙江省平湖市曹桥街道　邮编：314214

联系电话：0573－85960318　联系传真：0573－85966983

联系邮箱：283900268@ qq. com　单位网址：www. zjjxjt. com

企业性质：民营企业

法人代表：朱在龙，经营负责人：王志明，技术负责人：丁明其

成立时间：1984 年，职工总数：2096 人，其中技术人员数：1465 人

2016 年纸和纸板生产量：131 万吨(包装纸 126 万吨，生活用纸 5 万吨)

2016 年销售收入：36. 81 亿元，利税总额：6. 04 亿元，利润总额：3. 41 元

主要产品：牛皮箱纸板、白面牛卡纸、瓦楞原纸、生活用纸

主要纤维原料：废纸

纸机总数：8 台

【主要生产线】

主要造纸生产线

生产线名称	纸机			主体设备供货厂商	产品品种	纤维原料	生产能力/(万吨/年)	投产时间
	网部形式	幅宽/毫米	工作车速/(米/分)					
10 号箱纸板生产线	四叠网	4800	500	辽阳造纸机械股份有限公司	200～300 克/米^2 AJ/UJ 箱纸板	面：UKP 衬芯底：LOCC 浆/JOCC 浆/AOCC 浆	20	2002
12 号箱纸板生产线	三叠网	5650	1000	美卓公司	110～200 克/米^2 AJ/UJ 箱纸板	面：UKP 衬芯底：LOCC 浆/JOCC 浆/AOCC 浆	45	2007

续表

生产线名称	纸机			主体设备供货厂商	产品品种	纤维原料	生产能力/(万吨/年)	投产时间
	网部形式	幅宽/毫米	工作车速/(米/分)					
13 号瓦楞原纸生产线	二网超成形	5200	450	日本小林制作所	110～200 克/米^2 AJ/UJ/瓦楞原纸	面：UKP 衬芯底：LOCC 浆/JOCC 浆/AOCC 浆	15	2004
15 号白面牛卡纸生产线	三叠网＋顶网	4880	700	华东造纸机械有限公司	125～200 克/米^2 白面牛卡纸/石膏护面纸	面：NBKP/UBKP 衬：DIP 底：LOCC 浆/JOCC 浆/AOCC 浆	25	2010
16 号高强瓦楞原纸生产线	单长网＋顶网	5650	1000	维美德公司	70～120 克/米^2 AJ 瓦楞原纸	LOCC 浆/EOCC 浆/AOCC 浆	30	2015
1 号生活用纸机	真空圆网	2850	1800	安德里茨公司	12～24 克/米^2 面巾纸、卫生纸、餐巾纸等	100%原生木浆	3	2015
2 号生活用纸机	长网	2850	1800	安德里茨公司	12～24 克/米^2 面巾纸、卫生纸、餐巾纸等	100%原生木浆	3	2015
3 号生活用纸机	真空圆网	2850	800	佛山市南海区宝拓造纸设备有限公司	12～24 克/米^2 面巾纸、卫生纸、餐巾纸等	100%原生木浆	0.8	2014

（章爱其）

山东世纪阳光纸业集团有限公司

Shandong Century Sunshine Paper Group Co., Ltd.

【企业概况】

山东世纪阳光纸业集团有限公司于 2007 年在香港联交所主板挂牌上市，下设昌乐新迈纸业有限公司、阳光王子(寿光)特种纸有限公司、上海王的实业有限公司、昌乐盛世热电有限责任公司、潍坊大环再生资源有限公司、潍坊申易物流有限公司等 7 个子公司。公司总资产 80 亿元，拥有 37 项自主知识产权，荣获"国家级高新技术企业"称号。产品覆盖全国市场，畅销 30 多个国家和地区。公司以独特的产品定位和差异化战略，确立了在我国纸业细分市场的领先地位，成为亚洲白面牛卡纸、涂布白面牛卡纸及纸管原纸行业生产规模最大、装备能力最强、产品档次最高的龙头企业，全球最先进的预印产品基地，位列全国造纸 15 强。

为实现公司转型升级，打造新的核心竞争力，集团在建成阳光概念包装产业园、示范工厂和全球最先进的预印生产线基础上，注册成立了上海王的实业有限公司，组建了全国性的包装产业联盟，开始推进王的网"互联网 + 造纸包装"战略。公司正着力打造王的网云平台，将通过平台以创意设计为引领，以预印及技术创新为依托，以产业链整合和生产流程再造为手段，以资金、原料、装备和技术创新为基础，以产业联盟为保障，打通造纸包装供应链，打造生态圈，为终端用户提供从造纸、创意设计、印刷、制箱到物流配送的一站式阳光新概念包装解决方案服务。

单位地址：山东省昌乐县寿阳山路 607 号　邮编：262400

联系电话：0536 – 6856001　联系传真：0536 – 6856006

联系邮箱：sjygbgs@126.com　单位网址：www.sjygzyjt.com

企业性质：中外合资

法人代表：王东兴，经营负责人：王长海，技术负责人：周美萍

成立时间：2000 年，职工总数：2215 人，其中技术人员数：400 人

2016 年纸浆生产量：112.2 万吨，纸和纸板生产量：124.6 万吨

2016 年销售收入：57.4 亿元，利税总额：3.5 亿元，利润总额：1.4 亿元

主要产品：白面牛卡纸、涂布白面牛卡纸、纸管原纸、瓦楞原纸

主要纤维原料：木浆、白纸边、美废、国废等

纸机总数：5 台

【主要生产线】

主要制浆生产线

生产线名称	纤维原料	主体设备供货厂商	生产能力/(万吨/年)	投产时间
1 号线	木浆、白纸边、美废、国废	济宁华一轻工机械有限公司	13.3	2004 – 06
2 号线	木浆、白纸边、美废、国废	凯登制浆设备(中国)有限公司	22.4	2006 – 11
3 号线	国废、美废	凯登制浆设备(中国)有限公司	5.8	2008 – 11
4 号线	国废、美废	凯登制浆设备(中国)有限公司	20.4	2008 – 10
5 号线	木浆、美废、国废	凯登制浆设备(中国)有限公司	50.3	2010 – 10

主要造纸生产线

生产线名称	纸机			主体设备供货厂商	产品品种	纤维原料	生产能力/(万吨/年)	投产时间
	网部形式	幅宽/毫米	工作车速/(米/分)					
1 号线	四叠网	3400	557	江苏省太仓市国球造纸机械有限公司	白面牛卡纸	BKP、OCC 浆	13.8	2004－06
2 号线	三叠网	4500	777	昆山市中联第一造纸机械厂	白面牛卡纸	BKP、OCC 浆	23.1	2006－11
3 号线	长网	3200	681	山东昌华造纸机械有限公司	瓦楞原纸	OCC 浆	6.3	2008－11
4 号线	三叠网	3200	348	山东海天造纸机械有限公司	纸管原纸	OCC 浆	21.7	2008－10
5 号线	三叠网	6600	985	美卓公司	涂布白面牛卡纸	BKP、OCC 浆	59.7	2010－10

（董连胜）

恒安国际集团有限公司

Hengan International Group Co., Ltd.

【企业概况】

恒安国际集团有限公司(简称“恒安集团”)是我国最早进入卫生巾市场的企业之一，1997 年进军生活用纸行业。生产和经营领域涉及一次性卫生用品和生活用纸两大系列，销售和分销网络覆盖全国。恒安集团于 1998 年在香港成功上市。2016 年，生活用纸业务占整体收入的 47.0%，达到 90.66 亿元。2016 年再次获评“港股 100 强”，已连续 5 次入选。

恒安集团以中国驰名商标“安尔乐”和“心相印”，以及“安乐”“七度空间”“安儿乐”“安而康”等著名品牌为依托，生产、销售 100 多个规格、品种的妇女卫生巾、婴儿纸尿裤和成人纸尿裤、湿巾等一次性卫生用品，以及纸巾纸、卫生纸等生活用纸系列产品。2017 年，恒安集团将在新疆昌吉签约生活用纸项目，建立原纸生产基地。届时，恒安集团的生活用纸原纸在湖南常德、山东潍坊、福建晋江、安徽芜湖、重庆巴南、新疆昌吉共设有 6 个生产基地。

单位地址：福建省晋江市安海镇恒安工业城 邮编：362261

联系电话：0595－85708749 联系传真：0595－85708666

联系邮箱：hengan@hengan.com 单位网址：www.hengan.com.cn

企业性质：民营企业

法人代表：许连捷

成立时间：1985 年

2016 年纸和纸板产能：114 万吨

2016 年销售收入：192.77 亿元，利润总额：35.97 亿元

主要产品：生活用纸、卫生用品

主要纤维原料：木浆

纸机总数：20 台

【主要生产线】

主要造纸生产线

生产基地	产品品种	纤维原料	生产能力/(万吨/年)	纸机台数
湖南常德	生活用纸	木浆	30	6
山东潍坊	生活用纸	木浆	18	3
福建晋江	生活用纸	木浆	30	5
安徽芜湖	生活用纸	木浆	24	4
重庆巴南	生活用纸	木浆	12	2
合 计			114	20

2016 年新增生产线

生产线名称	纸机			主体设备供货厂商	产品品种	纤维原料	生产能力/(万吨/年)
	网部形式	幅宽/毫米	设计车速/(米/分)				
卫生纸机(2 台)	新月型	5600	2000	维美德公司	生活用纸	木浆	12

（中国造纸协会生活用纸专业委员会）

海南金海浆纸业有限公司

Hainan Jinhai Pulp & Paper Co., Ltd.

【企业概况】

海南金海浆纸业有限公司(简称“金海浆纸”)是APP(中国)投资建设的特大型制浆造纸企业，占地面积533.3万米^2。一期工程年产100万吨漂白硫酸盐桉木浆，总投资105亿元，项目于1999年注册成立，2003年5月动工兴建，2005年3月28日正式投产。金海浆纸二期年产160万吨造纸项目总投资115亿元，于2005年12月20日由国家发展和改革委批准成立，第一阶段年产90万吨文化用纸项目于2011年7月6日投产；第二阶段年产70万吨生活用纸项目已完成所有设备安装，进入试生产阶段。

公司以“绿色造纸，保护环境”为己任，先后投入34.5亿元用于环境治理，从源头控制，达到清洁生产、节能降耗、污染预防的目的，确保所有排放物经过处理后最终均达到或优于国家一级排放标准。

公司在取得生态效益、经济效益的同时，积极致力于公益捐赠、慈善事业来回报社会。截至到目前，在教育与环保等方面累计捐赠已达4400万元。

公司秉持“植树造林，造福自然；制浆造纸，服务人民”的经营理念，金海浆纸以“科学营林、环保制浆和绿色造纸”来实现经济效益、社会效益和生态效益同步发展，通过实践林浆纸一体化大循环和企业节能减排、综合利用的小循环，创造可持续发展的绿色循环经济。

单位地址：海南省洋浦经济开发区D12区 邮编：578001

联系电话：0898－28821568 联系传真：0898－28828256

联系邮箱：yp_secr@appjh.com.cn 单位网址：www.appjh.com.cn

企业性质：中外合资

法人代表：黄志源，经营负责人：陈志勤，技术负责人：杨长建、何建军

公司成立时间：1999年，职工总数：2643人，其中技术人员：115人

2016年纸浆生产量：160万吨，纸和纸板生产量：109万吨

2016年主营业务收入：83.42亿元，利税总额：10亿元，利润总额：3.88亿元

主要产品：漂白硫酸盐桉木浆、文化用纸、生活用纸

主要纤维原料：桉木

纸机总数：1台

蒸(球)煮器总数：1台

【主要生产线】

主要制浆生产线

生产线名称	纤维原料	制浆方法	蒸煮器	主体设备供货厂商	产品品种	生产能力/(万吨/年)	投产时间
制浆生产线	桉木	硫酸盐蒸煮及无元素氯(ECF)漂白	连续蒸解釜	克瓦纳公司	漂白硫酸盐桉木浆	100	2005

主要造纸生产线

生产线名称	纸机			主体设备供货厂商	产品品种	纤维原料	生产能力/(万吨/年)	投产时间
	网部形式	幅宽/毫米	工作车速/(米/分)					
文化用纸生产线	夹网	10960	1800	福伊特公司	高档文化用纸	漂白硫酸盐桉木浆	90	2011

〔APP(中国)〕

维达纸业(中国)有限公司

Vinda Paper (China) Co., Ltd.

【企业概况】

维达纸业(中国)有限公司(简称“维达”)专注研发生产高档生活用纸。2007 年在香港成功上市，时至今天，维达已从一个地方性民营企业成长为一个以“维达”品牌为核心的中国名牌企业。

维达时刻力求创新和进步，并以敏锐的目光洞察市场需求，产品推陈出新以满足消费者不断变化的需求。专注生产卫生卷纸、手帕纸、盒装面巾纸、软包抽取式面巾纸等高品质生活用纸系列产品。2012 年开始推出婴儿纸尿裤、卫生巾，以多元化的产品巩固了维达品牌地位。目前在全国有 9 个生产基地，形成了“米”字形的生产布局。第 10 个生产基地位于广东省阳江市，2015 年 9 月奠基，计划 2017 年建成投产，巩固维达“米”字形的生产战略布局。

2014 年 7 月，维达集团以总价 11.4 亿港元收购爱生雅集团(SCA)在我国内地、香港及澳门的商业营运业务，取得了 SCA 品牌“Tempo 得宝”“Dr. P 包大人”及“Sealer 嘘嘘乐”“TORK 多康”“TENA 添宁”“Libresse 轻曲线”“Libero 丽贝乐”在我国内地、香港及澳门的商标拥有权或独家使用权。新业务整合有助于维达拓展卫生用品业务，通过各品牌的市场定位及营销策略，提升集团整体市场份额。2016 年，维达完成了对爱生雅马来西亚、爱生雅韩国、爱生雅台湾的收购，为维达多元化发展奠定了基础。2016 年，维达生活用纸实现的收入占总收入的 83%。

单位地址：广东省江门市新会区东候工业开发区　邮编：529100

联系电话：0750－6168535　联系传真：0750－6124027

联系邮箱：guangdong@vinda.com　单位网址：www.vindapaper.com

企业性质：中外合资

法人代表：李朝旺

成立时间：1985 年

2016 年纸和纸板产能：104 万吨

2016 年销售收入：120.57 亿港元，利润：6.54 亿港元

主要产品：生活用纸、卫生用品

主要纤维原料：木浆

纸机总数：56 台

【主要生产线】

主要造纸生产线

生产基地	产品品种	纤维原料	生产能力/(万吨/年)	纸机台数
广东江门新会会城	生活用纸	木浆	6.0	3
湖北孝感	生活用纸	木浆	18.0	13
北京	生活用纸	木浆	3.0	3
四川德阳	生活用纸	木浆	7.5	5
广东江门新会双水	生活用纸	木浆	12.0	6
浙江龙游	生活用纸	木浆	15.0	8
辽宁鞍山	生活用纸	木浆	5.5	4
广东江门新会三江	生活用纸	木浆	26.0	10
山东莱芜	生活用纸	木浆	11.0	4
合　计			104.0	56

2016年新增生产线

生产线名称	纸机			主体设备供货厂商	产品品种	纤维原料	生产能力/(万吨/年)
	网部形式	幅宽/毫米	设计车速/(米/分)				
卫生纸机(2台)	新月型	3400	1600	拓斯克公司	生活用纸	木浆	6
卫生纸机(1台)	新月型	3400	1500	拓斯克公司	生活用纸	木浆	3

（中国造纸协会生活用纸专业委员会）

芬欧汇川(中国)有限公司

UPM (China) Co., Ltd.

【企业概况】

芬欧汇川(中国)有限公司(简称“芬欧汇川”)是芬欧汇川集团的全资子公司，是芬兰在华最大的单项投资项目，投资总额已达到20亿美元，年生产能力为140万吨，是我国最大的全化学木浆胶版纸、复印纸和未涂布特种纸生产企业之一。公司拥有代表当前国际最佳技术的3台纸机生产线，分别于1999年、2005年和2015年投产，同时配备有电厂、废水处理厂、码头等完善的现代化生产设施，集生产、研发、电力、环保、储运设施于一体。公司曾被评为中国进出口“红名单”企业，其自备电厂也成功并入国家华东电网。

芬欧汇川一贯坚持可持续发展的原则，不断提升自身的经济、社会和环境表现。在过去的十年间，芬欧汇川常熟纸厂的吨纸水耗降低了60%，吨纸能耗减少了25%，吨纸废物填埋量削减了60%，吨纸化学需氧量下降了75%，吨纸二氧化硫排放量减少了90%。在此期间，使用认证纤维的比例达到85%。凭借出色的环境表现，芬欧汇川常熟纸厂相继被授予“国家环境友好企业”“江苏省环境友好企业”“常熟绿色企业”的荣誉，其复印纸品牌也一直被列入中国政府绿色采购目录。除此之外，2016年，芬欧汇川第五次当选年度“中国杰出雇主”，并同时荣获首届美世“2016中国最佳健康雇主”十强的殊荣。

2015年11月中旬，芬欧汇川常熟纸厂二期增资扩建项目中的第三台造纸生产线顺利投入试生产。这条多功能纸机生产线能够生产不同规格的产品，让芬欧汇川能够更加高效、灵活地满足我国客户对高品质文化用纸和特种纸的需求。2016年4月12日，近500位中外嘉宾齐聚芬欧汇川常熟纸厂，共同见证了芬欧汇川在华开创并迈向卓越新纪元的历史时刻。第三台造纸生产线正式投产后，芬欧汇川常熟纸厂的年生产能力将达到140万吨。

不仅如此，芬欧汇川还将“芬兰式”的领导力文化和独具中国特色的运营方式相结合，把可持续发展和企业社会责任的理念引入中国，注重安全和员工健康，做到绿色环保和可持续发展，经济效益和社会效益共赢。

单位地址：江苏省常熟市经济技术开发区兴业路2号 邮编：215536

联系电话：0512－52651818 联系传真：0512－52650135

联系邮箱：hu. ronghui@ upm. com 单位网址：www. cn. upm. com

企业性质：外商独资

法人代表：BERNHARD EIKENS

成立时间：1995年，职工总数：1371人

2016年纸和纸板生产量：100万吨

主要产品：全化学木浆涂布纸和未涂布纸

主要纤维原料：长纤维和短纤维原料

纸机总数：3台

【主要生产线】

主要造纸生产线

生产线名称	纸机			主体设备供货厂商	产品品种	纤维原料	生产能力/（万吨/年）	投产时间
	网部形式	幅宽/毫米	工作车速/（米/分）					
1 号纸机	垂直式夹网	9700	2000	维美德公司	全化学木浆未涂布纸	长纤维、短纤维	45	2005
2 号纸机	水平式夹网	8660	1500	维美德公司	全化学木浆涂布纸和全化学木浆未涂布纸	长纤维、短纤维	35	1999
3 号纸机	复合网部	7500	1600	福伊特公司	全化学木浆未涂布纸、标签材料、特种纸	长纤维、短纤维	60	2015

（胡蓉晖）

山东泉林纸业有限责任公司

Shandong Tranlin Paper Co., Ltd.

【企业概况】

山东泉林纸业有限责任公司(简称“泉林纸业”)是以秸秆制浆造纸综合利用为核心的大型集团化企业。公司通过了国际质量、环境、职业健康与安全三合一管理体系认证和国家 AAAA 级标准化良好行为企业认证，建有国家级企业技术中心，是国家创新型企业、国家第一批循环经济试点单位、中国造纸行业十强企业，曾荣获“全国五一劳动奖状”“全国循环经济工作先进单位”“国家级循环经济标准化试点单位”“中国工业大奖表彰奖”“十二五轻工业科技创新先进集体”“实现可持续发展目标先锋企业”等多项荣誉称号。

公司主导产品有秸秆本色浆、本色文化用纸、本色生活用纸、食品包装盒、黄腐酸肥料五大类上百个品种。其中，本色浆系列制品不经传统漂白，更加环保、健康、安全；黄腐酸肥料产品对农作物提质增产效果明显，且具有提高化肥转化利用率、减少化肥农药用量和钝化作物重金属吸收等显著功效，对保障国家粮食安全、发展绿色生态农业具有重要意义。

公司依托自主创新技术，以小麦、水稻、玉米等农作物秸秆为原料，构建并不断完善了秸秆生产本色浆制品和黄腐酸肥料、废气氨法脱硫后副产品作为制浆化工原料、制浆中段水综合治理后用于农业灌溉和回用于生产等循环经济产业链，被誉为“泉林模式”。“泉林模式”不仅破解了制约造纸企业发展的纤维原料、环境保护和水资源三大技术瓶颈，形成了独特的产业竞争优势，还实现了秸秆资源高附加值全效利用，对传统行业转型升级、新时期农业发展、农民增收、治理大气污染、保护生态环境等具有重大意义。

单位地址：山东省高唐县光明东路 15 号　邮编：252800

联系电话：0635－3961106　联系传真：0635－3961597

联系邮箱：06353177@163.com　单位网址：www.tranlin.com

企业性质：民营企业

法人代表：李洪法，经营负责人：李洪法，技术负责人：宋明信

成立时间：1976 年，职工总数：14000 人，其中技术人员数：542 人

2016 年纸浆生产量：46.81 万吨，纸和纸板生产量：96.06 万吨

2016 年销售收入：146.66 亿元，利税总额：15.36 亿元，利润总额：12.54 亿元

主要产品：精制本色草浆、本色文化用纸、本色生活用纸、本色食品包装盒、黄腐酸肥料

主要纤维原料：本色草浆

纸机总数：10 台

蒸(球)煮器总数：6 台

(郭希燕)

无锡荣成环保科技有限公司

Wuxi Long Chen Greentech Co., Ltd.

【企业概况】

无锡荣成环保科技有限公司系苏台合资企业，注册资金 17180 万美元，投资总额 36090 万美元，占地面积 373333 米^2。长期以来全体员工秉持“致力于发展高效率利用资源的技术，制造生活必须的纸制品，我们有责任留给子孙更多的资源及更干净的生活环境”为经营信念。

目前公司生产规模为年产 90 万吨包装箱纸板，分三期投资：一、二期工程投资额为 9800 万美元，PM1 年产 10 万吨高档牛皮箱纸板于 2000 年投产，PM2 年产 25 万吨高强瓦楞原纸于 2004 年投产；三期工程投资总额 26290 万美元，PM3A 年产 25 万吨低定量高强瓦楞原纸生产线于 2010 年投产，PM3B 年产 30 万吨制浆造纸生产线于 2013 年 7 月投产。

配套环保设施投资 1.17 亿元，设置厌氧 + 好氧 + 深度氧化工艺处理废水，确保废水排水 COD_{Cr} 符合太湖流域国家标准要求的低于 60 毫克/升。

公司拥有良好的技术开发力、市场开拓力和品质竞争力，在江苏省乃至华东地区有较高的知名度和影响力。公司上下有强烈的环保意识，先后荣获“江苏省优秀包装企业”“中国 200 强先进包装企业”“江苏省环保先进企业”“全国模范职工之家”“全国五一劳动奖状”等称号。

单位地址：江苏省无锡市惠山区洛社镇中兴西路 43 号　邮编：214187

联系电话：0510－83316666　联系传真：0510－83311826

联系邮箱：w5015@longchengreentech.com　单位网址：www.longchengreentech.com

企业性质：苏台合资

法人代表：陶龙法，经营负责人：姚长坤，技术负责人：高威宏

成立时间：1997 年，职工总数：950 人，其中技术人员数：100 人

2016 年纸和纸板生产量：96 万吨

2016 年销售收入：23.1 亿元，利税总额：2.53 亿元，利润总额：1.36 亿元

主要产品：工业包装纸

主要纤维原料：废纸

纸机总数：4 台

【主要生产线】

主要造纸生产线

生产线名称	纸机		主体设备供货厂商	产品品种	纤维原料	生产能力/(万吨/年)	投产时间
	幅宽/毫米	工作车速/(米/分)					
PM1	3200	480	裕力机械股份有限公司、安德里茨公司	纸板	废纸	10	2000
PM2	4650	600	裕力机械股份有限公司、福伊特公司	瓦楞原纸	废纸	20	2004
PM3A	6600	825	韩国金星造纸技术有限公司、福伊特公司	瓦楞原纸	废纸	25	2010
PM3B	6600	825	裕力机械股份有限公司、福伊特公司	纸板	废纸	30	2013

（许武军）

广西金桂浆纸业有限公司

Guangxi Jingui Pulp & Paper Co., Ltd.

【企业概况】

广西金桂浆纸业有限公司(简称“金桂”)是金光集团 APP 在华投资建设的第 17 家制浆造纸企业，也是目前国内最早实现林浆纸一体化的企业之一。公司厂区实际占地面积 220 多万米^2，总投资 117 亿元，生产规模为年产 75 万吨浆和 100 万吨纸。

早在 1995 年，APP 就开始在广西营造人工林，金桂在广西已拥有自营林地 9.3 亿米^2。金桂是目前国内最大的桉木化学机械浆生产企业，制浆部分的主体设备由世界著名制浆造纸设备供应商奥地利安德里茨公司以及芬兰美卓公司所提供，生产的“金钱豹”桉木化学机械浆具备松厚度高、不透明度高的特性，可用于多种纸和纸板的抄造。金桂的造纸设备引自德国福伊特公司，是目前世界上最长、最快、最先进的机内涂布白卡纸机，设计最高车速 1400 米/分，纸幅净宽 8100 毫米。所生产的白卡纸产品印刷适性好，主打的食品级白卡纸适用于食品、药品、化妆品、香烟等产品的包装。

金桂是国家林业重点龙头企业、广西林业产业龙头企业，是国内浆纸行业中首家“信息化与工业化融合促进安全生产重点推进项目”承担单位，还先后荣获“中国林业产业突出贡献奖”“安全生产标准化二级企业”“广西北部湾经济区优秀创业企业”“广西五一劳动奖状”等多项荣誉称号。

金桂将透过林浆纸一体化，实践绿色循环，传承造纸文明，提升生活质量，致力于创造中国食品级白卡纸第一品牌，积极履行企业社会责任，不断推动我国造纸业的现代化革新。

单位地址：广西壮族自治区钦州市钦州港金光工业园　邮编：535008

联系电话：0777－3698888　联系传真：0777－3696666

联系邮箱：gxjg3696666@163.com　单位网址：www.appjg.com.cn

企业性质：中外合资

法人代表：黄志源，经营负责人：黄俊彦，技术负责人：周雪林

成立时间：2003 年，职工总数：1805 人，其中技术人员数：116 人

2016 年纸浆生产量：74.26 万吨，纸和纸板生产量：93.63 万吨

2016 年销售收入：51.66 亿元，利润总额：11.98 亿元

主要产品：化学机械浆、单面涂布白卡纸、高松厚度单面涂布白卡纸、超高松厚度艺能卡纸、单面涂布食品白卡纸、高松厚度涂布食品卡纸、超高松厚度涂布食品卡纸、超高松厚度餐盒原纸、超高松厚度纸杯原纸、超高松厚度面碗原纸、高档纸杯原纸

主要纤维原料：桉木

纸机总数：1 台

【主要生产线】

主要制浆生产线

生产线名称	纤维原料	制浆方法	主体设备供货厂商	产品品种	生产能力/(万吨/年)	投产时间
化学机械浆生产线	桉木	APMP	安德里茨公司	漂白化学机械浆	75	2011
		BCTMP	美卓公司			2015

主要造纸生产线

生产线名称	纸机			主体设备供货厂商	产品品种	纤维原料	生产能力/(万吨/年)	投产时间
	网部形式	幅宽/毫米	工作车速/(米/分)					
白卡纸生产线	三长网	8100	1000～1200	福伊特公司	高档白卡纸	桉木浆、松木浆	100	2013

〔APP(中国)〕

新乡新亚纸业集团股份有限公司

Xinxiang Xinya Paper Group Co., Ltd.

【企业概况】

新乡新亚纸业集团股份有限公司(简称“新亚纸业集团”)是以制浆造纸为主，集热电联产、医药化工、物流商贸、机械制造、农林开发、环保综合治理于一体的企业集团，年制浆能力 40 万吨，年造纸能力 80 万吨，总资产 36.6 亿元。是河南省最大的造纸企业，全国制浆造纸 20 强企业。

新亚纸业集团于 2005 年顺利通过了 ISO 14001 环境管理体系认证和 ISO 9001 质量管理体系认证。质量、成本控制处于国内领先水平。主要产品有涂布白卡纸、食品液包纸、高强瓦楞原纸、箱纸板、胶版印刷纸、书刊纸、彩胶纸、道林纸、口杯原纸、静电复印纸、电脑打印纸、双面书写纸、中高档生活用纸等。“新亚”“新辉煌”“新锦秀”“新亚雪锦”等系列品牌荣获“中国名优产品”“河南省十大驰名品牌”“河南省著名商标”。

新亚纸业集团累计投资近 5 亿元引进世界先进的环保技术与设施，先后对废水、废气实施了碱回收、中段水回用、废水深度处理、烟气回收、烟气脱硫脱硝等环保治理，以及有机复合肥等固废处理循环经济工程，并不断将其工艺提升改进。不仅废水和烟气的排放指标远低于国家和地方规定的排放标准，而且通过中水回用，包装纸生产实现了零排放。先后获得了由国家、省、市颁发的环境保护领域的多项殊荣。其中，麦草半化学浆黑液碱回收技术荣获“全国节能减排技术二等奖”，成为河南省造纸行业的典型和标杆。获得了“河南省污水防治优秀企业”“新乡市环保十大诚信企业”“全国首届践行生态文明优秀示范企业”和“河南省科技环保优秀企业”等荣誉称号。

新亚纸业集团在北京、上海、广州、武汉等地设有八大销售区，通过集团强大的销售网络，将产品销往全国各地。

单位地址：河南省新乡纸制品工业园区(107 国道 686 公里处)　邮编：453731

联系电话：0373 - 5681188　联系传真：0373 - 5680286

联系邮箱：xinyaren@ 126. com　单位网址：www. xinyapaper. cn

企业性质：民营企业

法人代表：宋敬志，经营负责人：宋敬亮，技术负责人：张　伟

成立时间：2003 年，职工总数：3800 人，其中技术人员数：500 人

2016 年纸浆生产量：26. 0 万吨，纸和纸板生产量：68. 6 万吨

2016 年销售收入：35 亿元，利税总额：2. 3 亿元，利润总额：1. 58 亿元

主要品种：包装纸、文化用纸、生活用纸三大系列

主要纤维原料：木片、麦草、废纸

纸机总数：23 台

【主要生产线】

主要制浆生产线

生产线名称	纤维原料	制浆方法	蒸煮器	主体设备供货厂商	产品品种	生产能力/(万吨/年)	投产时间
漂白麦草浆生产线	麦草、木皮	碱法	连蒸	天津中轻机械有限公司	化学浆	20	2004
杨木化学机械浆生产线	杨木	化学机械法		安德里茨公司	化学机械浆	10	2008
未脱墨废纸线	废纸	碎解筛选		郑州运达造纸设备有限公司	废纸浆	10	2010

主要造纸生产线

生产线名称	纸机			主体设备供货厂商	产品品种	纤维原料	生产能力/(万吨/年)	投产时间
	网部形式	幅宽/毫米	工作车速/(米/分)					
白卡纸	叠网	4260 3520	500 600	昆山中联造纸设备厂	白卡纸	杨木	20	2008
高强瓦楞原纸	长网	3200 3150	250 300		高强瓦楞原纸	麦草、废纸	30	2010
文化用纸（4 条）	长网	3520 3150 2640	500	辽阳造纸机械股份有限公司	全木浆高档双胶纸、彩胶纸	草浆、全木浆	25	2009
软包	三叠网	3200	250	宜宾造纸机械厂	口杯纸	全木浆	5	2013

（韩丽丽）

大河纸业有限公司

Dahe Paper Co., Ltd.

【企业概况】

大河纸业有限公司(简称“大河纸业”)系河南投资集团全资子公司，注册资金25亿元，企业资产总规模70亿元，受河南投资集团委托，按照集团化、精细化、专业化的要求，专业经营林、浆、纸、板业务。旗下控股浆、纸、板企业5家，分别为濮阳龙丰纸业有限公司、驻马店市白云纸业有限公司、焦作瑞丰纸业有限公司、周口大河林业有限公司和大河纸业(香港)有限公司。

大河纸业主要经营中高档全木浆文化用纸(双胶纸、热敏原纸、静电原纸等)、APMP杨木化学机械浆(湿浆、浆板)、中高密度纤维板生产和销售业务。目前文化用纸年产能突破65万吨、杨木化学机械浆年产能达35万吨、中高密度纤维板年产能22.5万米^3，拥有林地1.67亿米^2，是河南省首批林浆纸一体化示范企业。

大河纸业主要生产设备包括芬兰美卓公司立式夹网纸机生产线1条、奥地利安德里茨公司长网纸机生产线1条、德国迪芬巴赫公司中高密度纤维板生产线1条、奥地利安德里茨公司杨木化学机械浆生产线2条、ECF漂白工艺生产线1条和多条国产纸机生产线。拥有“纸立方”“云时代”“丰赢”“云之彩”“丰朵”“云之盈”等多个文化用纸知名品牌和“丰”“云台”“大河天”等化学机械浆、纤维板品牌。其中，公司全木浆文化用纸还远销到中东、东南亚、南美等多个国家和地区，深得广大用户的一致好评。

今天，大河纸业正在以饱满的热情、优质的产品、完善的服务，在“尊重客户，尊崇自然”的理念指导下飞速发展，阔步向前。

单位地址：河南省郑州市农业路41号河南投资大厦10楼　邮编：450008

联系电话：0371－69515191　联系传真：0371－69158697

联系邮箱：dhzy@dahepaper.com　单位网址：www.dahepaper.com

企业性质：国有企业

法人代表：王　根，经营负责人：王　根

成立时间：2010年，职工总数：3300人，其中技术人员数：470人

2016年纸浆生产量：35万吨，纸和纸板生产量：65万吨，纤维板生产量：22万米^3

2016年销售收入：43亿元

主要产品：50～120克/米^{2}胶版纸、米黄书写纸、复印纸、50～120克/米^{2}亚光和高光涂布纸，热敏原纸、铸涂原纸，镂铣门板、模压门板、砂光板、压光板等中高密度纤维板，杨木化学机械浆湿浆、浆板等。

主要纤维原料：漂白硫酸盐针叶木浆(NBKP)、漂白硫酸盐阔叶木浆(LBKP)、碱性过氧化氢机械浆(APMP)

纸机总数：7台

蒸(球)煮器总数：5台

【主要生产线】

主要制浆生产线

生产线名称	纤维原料	制浆方法	蒸煮器	主体设备供货厂商	产品品种	生产能力/(万吨/年)	投产时间
瑞丰化学机械浆生产线	杨木片	APMP		安德里茨公司	APMP 杨木浆	15	2006－04
龙丰化学机械浆生产线	杨木片	APMP		安德里茨公司	APMP 杨木浆	12	2005－11
白云二期制浆	麦草、木片	无元素氯漂白	连续蒸煮管	安德里茨公司	ECF 麦草浆、木片浆	8	2013－07

主要造纸生产线

生产线名称	纸机			主体设备供货厂商	产品品种	纤维原料	生产能力/(万吨/年)	投产时间
	网部形式	幅宽/毫米	工作车速/(米/分)					
龙丰纸机	夹网	7280	1400～1500	美卓公司	胶版纸、轻涂纸、复印纸、热敏纸、食品包装纸等	NBKP、LBKP、APMP	33	2008－12
白云 8 号机	长网	5850	1300～1400	福伊特公司	胶版纸、复印纸、热敏纸等	NBKP、LBKP、APMP	22	2012
白云 4 号、5 号、6 号、7 号机	长网	2640	200	宜宾造纸设备厂	胶版纸、轻型纸、书本纸等	NBKP、LBKP、APMP	5	2005－12
白云 1 号机	长网	2640	450	辽阳造纸设备厂	胶版纸、轻型纸、书本纸等	NBKP、LBKP、APMP	5	2002－12

（刘金令）

金华盛纸业(苏州工业园区)有限公司

Gold Huasheng Paper (Suzhou Industrial Park) Co., Ltd.

【企业概况】

金华盛纸业(苏州工业园区)有限公司(简称“金华盛”)是世界纸业十强之一的金光集团APP于1996年投资建设的现代化大型造纸企业，是目前我国大型的多元化的特种纸供应商。公司投资总额14.8152亿美元，生产的产品分为文化用纸和特种纸两大类，纸品种类丰富。

金华盛装备4台大型纸机以及多台涂布机，自备热电厂以及日供5万吨的废水处理厂，专业生产无碳复写纸(包括热敏纸)、双胶纸、铜版卡纸和办公用纸等系列产品。“立可得”“金球”“金彩蝶”等产品已经成为公司的主打品牌，“金彩蝶”“立可得”等被评为江苏省著名商标，“立可得”“金球”“金彩蝶”系列文化用纸被评选为江苏省名牌产品。其产品在国内外享有较高评价，曾被认定为2008年奥运会、2009年全国“两会”、2010年上海世博会、2011年世界园艺博览会、2015年米兰世博会中国馆指定用纸。依托APP贸易公司，目前金华盛的产品远销全球各地。

单位地址：江苏省苏州市苏州工业园区金胜路2号　邮编：215126

联系电话：0512-62836666　联系传真：0512-62815491

企业性质：中外合资

法人代表：黄志源，经营负责人：蔡贵量，技术负责人：陈汉彬

成立时间：1997年

2016年销售收入：36.98亿元，利税总额：4.31亿元，利润总额：3.53亿元

主要产品：双胶纸、铜版纸、无碳复写纸、热敏纸等

主要纤维原料：针叶木浆、阔叶木浆

纸机总数：4台

【主要生产线】

主要造纸生产线

生产线名称	纸机			主体设备供货厂商	产品品种	纤维原料	生产能力/(万吨/年)	投产时间
	网部形式	幅宽/毫米	工作车速/(米/分)					
PM1	夹网	7360	1500	日本 MHI 公司	无碳复写原纸、热敏原纸、双胶纸、静电复印原纸、账单纸	针叶木浆、阔叶木浆、机械浆	30	1999-05
PM2	长网+上网	3250	800	德国 ESCHER WYSS 公司	东方书纸、高定量双胶纸、特种双胶纸	针叶木浆、阔叶木浆、机械浆	11	2003-04
PM3	长网+上网	3300	500	福伊特公司、德国 KUFFERATH 公司	铜版原纸、双胶纸	针叶木浆、阔叶木浆	15	2003-09
PM4	长网+上网	3600	1100	日本 IHI 公司、福伊特公司	无碳原纸、热敏原纸、东方书纸	针叶木浆+阔叶木浆+机械浆	9	2006-03

〔APP(中国)〕

山东华金集团有限公司

Shandong Huajin Group Co., Ltd.

【企业概况】

山东华金集团有限公司是以造纸及纸制品加工为主，集发电、科研、贸易为一体，跨行业、跨地区的国家大型现代化企业集团。现有总资产 48.56 亿元，拥有国内先进水平造纸生产线 16 条，特种纸生产线 8 条，年生产能力 85 万吨。主要产品有：中高档工业用原纸，中高档办公自动化、文化用纸，无碳复写纸、三防无碳纸、条码纸、热敏纸，中高档包装纸五大系列 120 多个品种，产品远销海内外。2016 年实现出口创汇 5400 万美元。

公司先后荣获“中国民营企业 500 强”“中国造纸百强企业”“中国纸业功勋企业”“全国守合同重信用企业”“山东省造纸经济效益十佳企业”“全国造纸 20 强”“山东省造纸十强企业”“明星企业”、省级信誉“AAA”企业、“山东省诚信企业”“建国 60 周年功勋企业”“全国制浆造纸优秀企业”“全国最具发展潜力企业”“低碳山东贡献单位”等多项殊荣，是山东省淮河流域治污达标企业，ISO 9001 标准达标企业，2002 年被列入按国际标准划分的全国大型工业企业。

集团公司始终本着“环保为本，诚信经营”的理念，努力创建资源节约型、环保友好型企业，加强清洁生产，发展低碳经济。累计环保投资 6.8 亿元，先后建成碱回收、微电波反应、白水回用、物化处理、二级生化、深度脱治、氧化塘等序列系统工程，被国家环境保护部、山东省环保局列为行业治污示范工程。

面对当前严峻的经济大环境，公司积极调整结构，转型发展，适时投资、投运项目，新增纸板及涂布加工纸生产能力 30 万吨；同时配套新增发电机组及纸张深加工、治污设施等，使配套产业达到新的平衡点。集团力争“十三五”实现生产量过百万和销售收入过百亿的“双百”目标，使经营生产运行质量保持良好状态，为地方经济发展和国家造纸产业转型作出积极努力。

单位地址：山东省济宁市泗水县金庄镇 818 号　邮编：273201

联系电话：0537－3903897　联系传真：0537－3903813

联系邮箱：sdkxl2007@163.com　单位网址：www.huajinpaper.com

企业性质：民营企业

法人代表：邢东尚，经营负责人：王新立，技术负责人：甘建安

成立时间：1978 年，职工总数：2880 人，其中技术人员数：1200 人

2015 年纸浆生产量：5.2 万吨，纸和纸板生产量：61.2 万吨

2015 年销售收入：38.8 亿元，利税总额：4.01 亿元，利润总额：2.85 亿元

主要产品：食品包装纸、铸涂原纸、热敏原纸、无碳原纸、防黏原纸、无碳纸、三防无碳纸、热敏纸、条码纸

主要纤维原料：化学木浆

纸机总数：16 台

蒸(球)煮器总数：1 台连蒸，10 台蒸球

【主要生产线】

主要制浆生产线

生产线名称	纤维原料	制浆方法	蒸煮器	主体设备供货厂商	产品品种	生产能力/(万吨/年)	投产时间
制浆车间	杨木	碱法	四管连蒸	天津中轻机械有限公司	漂白化学浆	6	2002
化学机械浆车间	杨木	机械法	盘磨	美卓公司	化学机械浆	8	2013

主要造纸生产线

生产线名称	纸机			主体设备供货厂商	产品品种	纤维原料	生产能力/(万吨/年)	投产时间
	网部形式	幅宽/毫米	工作车速/(米/分)					
11 号机	长网	1880	600	维美德西安造纸机械有限公司	无碳原纸	针叶木浆、阔叶木浆	2.5	1997
1 号、2 号 3520 车间	长网	3520	600	维美德西安造纸机械有限公司	无碳原纸、防黏原纸	针叶木浆、阔叶木浆	11	2014
3 号 3520 车间	长网	3520	600	维美德西安造纸机械有限公司	铸涂原纸	针叶木浆、阔叶木浆	12	2015
3400 车间	四叠网	3400	550	山东昌华造纸机械有限公司	白卡纸	化学浆、机械浆	25	2011
1 号涂布车间		1800	550	沙市轻工机械有限公司	热敏纸、条码纸		3	2012
2 号涂布车间		1800	550	沙市轻工机械有限公司	无碳纸		3	2010

（孔祥莲）

漯河银鸽实业集团有限公司

Luohe Yinge Industrial Group Co., Ltd.

【企业概况】

漯河银鸽实业集团有限公司旗下拥有河南银鸽实业投资股份有限公司(证券代码 600069)、河南银鸽地产有限公司、漯河银鸽物业管理有限公司等多家企业，年生产能力 60 万吨，形成了以纸业为主、多元发展的大型现代化企业集团，是河南省百户重点企业、造纸行业十大领袖企业，享有“中国草浆第一股”的美誉。

公司依托“两站三中心”(即国家级博士后科研工作站、河南银鸽制浆造纸院士工作站、两个省级认定企业技术中心、河南省特种纸工程技术研究中心)，加强与科研院所合作，研发的超疏水纳米结构表面纸、防伪专用水印纸、格拉辛纸、聚银活性纸等多项技术填补了国内空白。目前已形成文化用纸、包装纸、特种纸、生活用纸四大纸种及湿巾、纸尿裤、床垫七个系列产品，先后通过了 ISO 9001、ISO 14001、OHS 18001 三标一体化认证，是安全生产标准化二级企业。银鸽纸品是河南省名牌产品，“银鸽”牌文化用纸、卫材纸是业内第一品牌，产品畅销全国，并出口亚洲、欧洲、非洲等地。

漯河银鸽实业集团有限公司将按“以发展主业链条为基线，积极整合资源，以园区化建设为依托，延长产业链，绿色发展”的思路进行布局，继续通过产品结构优化和技术水平提升来增强市场竞争力和经济效益，开展“短、平、快”的节能技改项目将进一步深挖潜能，倾力打造百年卓越银鸽。

单位地址：河南省漯河市中山路银鸽大厦　邮编：462300

联系电话：0395 - 5615581　联系传真：0395 - 5615583

联系邮箱：yinge123456@126. com　单位网址：www. yinge. com. cn

企业性质：国有企业

法人代表：贾粮钢，经营负责人：贾粮钢

成立时间：2002 年，职工总数：2838 人，其中技术人员数：190 人

2016 年纸和纸板生产量：58. 56 万吨

2016 年销售收入：23. 45 亿元

主要产品：文化用纸、生活用纸、包装纸、特种纸

主要纤维原料：商品浆、废纸、竹子

纸机总数：19 台

蒸(球)煮器总数：3 台

【主要生产线】

主要制浆生产线

生产线名称	纤维原料	制浆方法	蒸煮器	主体设备供货厂商	产品品种	生产能力/(万吨/年)	投产时间
置换蒸煮系统	竹子	硫酸盐法	立锅	GL&V 公司	竹浆	8	2013

主要造纸生产线

生产线名称	纸机			主体设备供货厂商	产品品种	纤维原料	生产能力/(万吨/年)	投产时间
	网部形式	幅宽/毫米	工作车速/(米/分)					
4400	三叠网	4400	500	辽阳机械厂	箱纸板	废纸	15	2005
4800	三叠网	4800	600	华金机械厂	箱纸板	废纸	20	2008
2650	斜网	2650	480	意大利	生活用纸	木浆	0.5	1994
2850	新月型	2850	1000	韩国	生活用纸	木浆	1.5	2008
2850	新月型	2850	1100	韩国	生活用纸	木浆	1.5	2011
5600	新月型	5600	1900	德国	生活用纸	木浆	6	2012
5600	新月型	5600	1900	德国	生活用纸	木浆	6	2012
2240	长网	2240	300	日本	特种纸	木浆	1.5	2007
3800	长网	3800	800	上海昆山	特种纸	木浆	5	2008

（齐云洹）

宁波中华纸业有限公司

Ningbo Zhonghua Paper Co., Ltd.

【企业概况】

宁波中华纸业有限公司(简称“中华纸业”)占地面积63万米^2，年产各类高档涂布白纸板50多万吨。

中华纸业利用回收废报纸、办公纸、杂志纸等作为主要原料，加工生产工业包装用纸，主要产品有：单面涂布白卡纸、单面涂布白芯白卡纸(烟包专用)、超高松厚度单面涂布白卡纸、双面涂布铜版卡纸、单面涂布灰底白纸板等。其中，双面涂布铜版卡纸曾被评定为国家级重点新产品，“金贝”牌单面涂布灰底白纸板曾获得国家质量金奖，“金贝”“金鸥”“彩蝶”牌涂布白纸板为浙江省名牌产品。“金鸥”品牌为浙江省著名商标称号。

公司投资3亿多元用于环保及其配套工程，对白水、废水、废渣、废气等污染物进行全面综合治理。1999年公司率先通过了SGS国际认证机构14001环境管理体系认证，成为我国首家通过该体系认证的造纸企业，并在2005年荣获国家环保局企业最好环保荣誉——“国家环境友好企业”称号。其后，公司相继通过了ISO 14064温室气体排放监管体系、PEFC森林监管链管理体系等认证。公司还积极进行节能技改，先后获得了“宁波市节能标兵”“浙江省节能先进集体”等荣誉称号。

单位地址：浙江省宁波市海曙区段塘镇丁家街108号　邮编：315000

联系电话：0574－87464811　联系传真：0574－87493450

单位网址：www. zhonghua－paper. com

企业性质：中外合资

法人代表：黄志源，经营负责人：王乐祥，技术负责人：刘继春

成立时间：1994年，职工总数：1196人，其中技术人员数：140人

2016年纸和纸板生产量：53万吨

2016年销售收入：18.5亿元，利税总额：1.29亿元，利润总额：0.91亿元

主要产品：单面涂布灰底白纸板、单面涂布黄芯白卡纸、高松厚度单面涂布白卡纸、双面涂布铜版卡纸、高档白卡纸及扑克牌纸

主要纤维原料：废纸、木浆

纸机总数：3台

【主要生产线】

主要造纸生产线

生产线名称	纸机		主体设备供货厂商	产品品种	纤维原料	生产能力/(万吨/年)	投产时间
	幅宽/毫米	工作车速/(米/分)					
1 号纸机	2400	150	日本小林制作所	单面涂布灰底白纸板	木浆、废纸	5	1994－09
2 号纸机	4270	500	福伊特公司	单面涂布灰底白纸板、单面涂布黄芯白卡纸、单面涂布高松厚度白卡纸等	木浆、废纸	55	1996－11
3 号纸机	4270	500	福伊特公司	单面涂布白芯白卡纸、双面涂布铜版卡纸、双面涂布环保铜版卡纸、双面涂布扑克牌专用纸	木浆、废纸		1997－05

〔APP(中国)〕

河南省龙源纸业股份有限公司

Henan Longyuan Paper Co., Ltd.

【企业概况】

河南省龙源纸业股份有限公司年生产能力55万吨，主导产品为A级高强瓦楞原纸、高档箱纸板，是一家集包装纸、热电、废水处理、供热和科研于一体的民营股份制公司。公司在河南省包装纸领域综合排名第一，2016年公司获得“河南民营企业纳税百强”和“河南民营企业制造业百强”称号，先后通过了ISO 9001:2008质量管理体系认证、ISO 14001:2004环境管理体系认证。

公司始终坚持“以质量求发展，以诚信求双赢”的宗旨，致力于“发展循环经济，推行生态造纸”的经营理念，把节能减排、环境治理作为企业的生命线。公司投资改造的燃煤锅炉超低排放工程，于2016年10月通过省、市环保部门验收，是河南省首家热电联产超低排放改造项目验收的企业。

公司立足纸业，在巩固其行业领先地位的同时，积极推进产品结构调整，计划于2017年投资2亿元开工建设年产25万吨高档箱纸板项目，建设期一年，建成后公司总年生产能力达到80万吨；并建设热电联产二期项目，1台130吨锅炉和1台12千瓦背压发电机组，届时，公司不仅实现热、电自给，并对外供电、供热，实现公司经营多元化；再通过兼并、收购等方式新增产能40万～50万吨，到“十三五”末，公司将力争建成年生产能力120万吨以上国内大型包装纸生产基地。

公司以“环境友好型和资源节约型”作为发展目标，坚持科学发展，绿色发展。采取节能减排、可持续发展的循环经济发展模式，使经营生产运营质量保持良好状态，成为全国最具发展潜力的民营企业之一，为国家繁荣昌盛和地方经济发展作出更大贡献。

单位地址：河南省太康县西二环路工业集聚区　邮编：450016

联系电话：0371－67187910　联系传真：0371－67187910

联系邮箱：mlc2888@126. com　单位网址：www. hnlyzy. com

企业性质：民营企业

法人代表：冯新建，经营负责人：冯新建，技术负责人：王玉州

成立时间：2004年，职工总数：1320人，其中技术人员数：200人

2016年纸和纸板生产量：51. 14万吨

2016年销售收入：11. 98亿元，利税总额：1. 53亿元，利润总额：0. 96亿元

主要产品：高档箱纸板、A级高强瓦楞原纸

主要纤维原料：国内废纸、木浆

纸机总数：5台

【主要生产线】

主要造纸生产线

生产线名称	纸机			主体设备供货厂商	产品品种	纤维原料	生产能力/(万吨/年)	投产时间
	网部形式	幅宽/毫米	工作车速/(米/分)					
4800/500	双叠网	4800	640	上海轻良实业有限公司	A 级高强瓦楞原纸	国内废纸	18	2010 - 12
4400/450	单叠网	4400	480	上海轻良实业有限公司	A 级高强瓦楞原纸	国内外废纸	14	2008 - 06

（马林冲）

广州造纸集团有限公司

Guangzhou Paper Group Co., Ltd.

【企业概况】

广州造纸集团有限公司（简称“广纸集团”）是集制浆、造纸、热电、环保于一体的大型现代化、综合性高端制造企业。现有资产总额80多亿元，纸及纸板年生产能力超过80万吨，主营产品新闻纸的产能规模达60万吨/年，生产工艺技术与装备达到了国际先进水平，拥有世界最先进的新闻纸机，单机产能40万吨，曾创造了世界最快开机车速的世界纪录。经过多年的经营开拓，广纸集团已形成稳定的销售渠道，产品畅销全国20多个省市，并远销东南亚等国家和地区，担负着全国绝大部分省、市、自治区200多家报社及印刷厂的用纸。

2014—2016年间，广纸集团通过自身的转产转型，对产能富余的新闻纸生产线进行设备技术改造、调整原料结构、工艺优化等，成功研发试卷纸、环保书写纸、环保牛皮纸、淋膜原纸等新产品，实现了应用普通新闻纸机生产多纸种的巨大飞跃。

广纸集团坚持走自主研发和科技创新之路，立足于新产品、新技术的研发，不断开发新资源、推广新技术、应用新装备、改进生产工艺技术。先后组建“广州市制浆造纸重点技术工程研究开发中心”和“广东省级企业技术中心”；建成符合国家工程实验室标准的研发实验室、分析检验室、产品测试室等；配备行业先进的各种制浆造纸实验、分析测试仪器和设备共300多台套。研发工作涉及制浆、造纸、节能、环保等专业领域，经过多年的技术改进和技术创新，多项生产科研成果达到国内领先水平，在行业中起到领先示范作用。近年来获得国家发明专利5项，软件著作版权8项，2016年自主研发成功的2个项目申请专利获受理；承担并完成4项国家、地方及行业标准的研制，2016年又承担1项国家标准的修订工作；多个科研项目成果荣获政府、行业科技奖；培养出技术能力强专业水平高的研发人才队伍，打造出行业领先的科研创新体系。

除了着重企业自身的创新机制建设，广纸集团还十分重视与相关高等院校、科研院所合作，推进我国制浆造纸行业发展的同时，不断增强企业的竞争力，实现强强联合。2016年与华南理工大学轻工科学与工程学院合作建设广纸集团-华工轻工全日制硕士专业学位研究生联合培养基地；与广东轻工职业技术学院共建轻工行业应用技术协同创新中心；并与华南理工大学联合申报多项广州市科学研究专项。

多年来，企业及其产品获得无数奖项和荣誉。广纸集团是全国首家进入世界造纸150强，并连续3年进入世界造纸150强的企业。近年来，分别被评为全国、省、市质量效益型先进企业和全国用户满意单位，被全国新闻纸用户评价委员会连续13年评为“用户满意单位”，被广东省评为诚信示范企业、质量信得过单位、实施卓越绩效模式先进企业、自主创新标杆企业等。成为全国造纸行业唯一一家、轻工行业第一批安全生产标准化一级企业。广纸集团2009年通过国家高新技术企业认证，2012年通过复审，2016年被再次认定为国家高新技术企业。

2016年适逢广纸集团建厂80周年，面对复杂的宏观经济形势和低迷的市场环境，广纸集团大力加强技术与工艺创新，不断开发新产品，拓展新市场，新产品转产向规模化和多元化发展，迈上转型转产的持续健康发展之路。在未来，广纸集团将秉持深耕主业与发展转型并行的战略，肩负起国有企业负责任有担当的光荣传统，坚守新闻纸事业，不断开拓创新，发挥自身优势，全面深入推进改革，向着打造“广纸梦、百年店”的目标努力奋斗！

单位地址：广东省广州市南沙区珠江街新广一路 29 号 邮编：511462
联系电话：020－34663302 联系传真：020－34663302
联系邮箱：gzpaper@ oa. gzpaper. cn 单位网址：www. gzpaper. cn
企业性质：国有企业
法人代表：周 耘，经营负责人：周 耘，技术负责人：周 耘
成立时间：1936 年，职工总数：837 人，其中技术人员数：190 人
2016 年纸浆生产量：51. 24 万吨，纸和纸板生产量：50. 53 万吨
2016 年销售收入：18. 2 亿元，利税总额：16. 8 亿元，利润总额：16. 4 亿元
主要产品：新闻纸、文化用纸、淋膜原纸、包装牛皮纸
主要纤维原料：废纸、废报纸
纸机总数：3 台

【主要生产线】

主要制浆生产线

生产线名称	纤维原料	制浆方法	主体设备供货厂商	产品品种	生产能力/(万吨/年)	投产时间
PM9 脱墨生产线	废报纸	脱墨	福伊特公司、安德里茨公司	脱墨浆	47	2007
PM1、PM5 脱墨生产线	废报纸	脱墨	福伊特公司、安德里茨公司	脱墨浆	22. 8	2006

主要造纸生产线

生产线名称	纸机			主体设备供货厂商	产品品种	纤维原料	生产能力/(万吨/年)	投产时间
	网部形式	幅宽/毫米	工作车速/(米/分)					
PM9	立式夹网	10200	1750	美卓公司	新闻纸	100% 脱墨浆	35	2007
PM1	水平夹网	4880	1550	美卓公司	新闻纸、环保书写纸、环保牛皮纸	100% 脱墨浆	15	2006
PM5	叠网	3950	700	美卓公司	新闻纸、环保书写纸、试卷纸、环保牛皮纸、淋膜原纸	100% 脱墨浆	6	1956

（王向华）

中顺洁柔纸业股份有限公司

C & S Paper Co., Ltd.

【企业概况】

中顺洁柔纸业股份有限公司(简称“中顺洁柔”)2010 年在 A 股上市，成为国内首家 A 股上市的生活用纸企业，专业生产生活用纸系列产品。公司分别在广东中山、广东江门、广东云浮、四川成都、浙江嘉兴、湖北孝感、河北唐山建有七大生产基地(2014 年年底宣布，中山基地的生产设备转移至浙江嘉兴基地，之后中山基地不再生产原纸)，其中广东云浮生产基地于 2014 年 5 月建成投产。销售网络辐射华东、华南、华西、华北、华中和港澳六大区域，产品远销东南亚、中东、大洋洲、非洲等海外市场。

七大生产基地分布在我国东、南、西、北、中部地区，串联散布全国的多家商贸公司、近 700 个经销商的营销网络，构筑了一个点线面结合、覆盖全国的全方位生产销售网络。

中顺洁柔依靠科技进步和科学管理促进发展，公司先后引进奥地利、德国、意大利、日本、韩国、中国台湾等国家和地区的先进造纸设备及加工设备。并通过了 ISO 14001 环境体系认证、ISO 9001 质量体系认证。2016 年实现营业总收入 38.09 亿元。

单位地址：广东省中山市西区彩虹大道 136 号　邮编：528411

联系电话：0760 - 88553333　联系传真：0760 - 88553033

联系邮箱：cnsnpaper@126.com　单位网址：www.zhongshungroup.com

企业性质：民营企业

法人代表：邓颖忠

2016 年纸和纸板产能：50.2 万吨

2016 年销售收入：38.09 亿元，利润：2.6 亿元

主要产品：生活用纸

主要纤维原料：木浆

纸机总数：22 台

【主要生产线】

主要造纸生产线

生产基地	产品品种	纤维原料	生产能力/(万吨/年)	纸机台数
广东江门	生活用纸	木浆	17.0	7
湖北孝感	生活用纸	木浆	2.0	2
四川成都	生活用纸	木浆	12.7	6
浙江嘉兴	生活用纸	木浆	4.0	4
河北唐山	生活用纸	木浆	2.5	1
广东云浮	生活用纸	木浆	12.0	2
合　计			50.2	22

(中国造纸协会生活用纸专业委员会)

亚太森博(山东)浆纸有限公司

Asia Symbol (Shandong) Pulp and Paper Co., Ltd.

【企业概况】

亚太森博(山东)浆纸有限公司是目前我国最大的木浆生产企业和山东省最大的外资企业之一，运营着世界上单条规模最大、工艺技术装备和环保水平领先的木浆生产线，是浆纸行业产业升级、技术进步、绿色发展的标杆企业。公司受邀参与了国家漂白硫酸盐木浆行业标准和涂布白卡纸国家标准的起草。

公司秉承“利民、利国、利业”的经营宗旨、“优质高效、节能减排、环境和谐”的运营方针和“零故障、零异味、零投诉”的环保管理目标，坚持经济效益、社会效益、环境效益相结合。

公司产品为漂白硫酸盐化学木浆、液体包装纸板、食品卡纸、烟卡纸等高档纸板。公司累计环保投资已达40亿元，无论是环保投资总额还是占总投资的比例，均创国内单个浆纸工厂之最，主要环保及可持续发展指标达到行业领先水平，优于芬兰、日本等发达国家标准。

公司能带动造林、造纸、印刷、包装、化工、农业、物流仓储、造船等相关产业，有利于增强临海大工业的产业集聚，降低国内造纸企业及纸制品的原料成本。公司每年缴纳各类税费(含国税、地税、海关税)13亿元左右，有力地促进了国民经济的发展。公司已累计投入9500万元用于救灾、文化、教育、扶贫、环保等社会公益事业。

公司已通过国际ISO 9001质量管理、ISO 14001环境管理、OHSAS 18001职业健康安全管理、PEFC-COC林产品产销监管链认证。公司被评为“中国优秀企业公民”“中国造纸工业环境友好企业”“中国社会责任典范企业”“全国优秀外商投资企业”“山东省节能及循环经济示范企业”“日照市功勋企业”“日照市环境教育示范基地”及“山东省科普教育示范基地”等。

单位地址：山东省日照市北京路369号　邮编：276826

联系电话：0633-3361270　联系传真：0633-3361280

联系邮箱：xiaolei_yang@asiasymbol.com　单位网址：www.asiasymbol.com

企业性质：中外合资

法人代表：李建绍，经营负责人：汪　波，技术负责人：陈德海

成立时间：2005年8月，职工总数：2048人

2016年纸浆生产量：165万吨，纸和纸板生产量：47万吨

2016年销售收入：81亿元，利税总额：5亿元，利润总额：0.2亿元

主要产品：漂白硫酸盐木浆、高档白卡纸、液体包装纸板

主要纤维原料：桉木、相思木、针叶木

纸机总数：2台

蒸(球)煮器总数：2台

【主要生产线】

主要制浆生产线

生产线名称	纤维原料	制浆方法	蒸煮器	主体设备供货厂商	产品品种	生产能力/(万吨/年)	投产时间
一期制浆生产线	针叶木	漂白硫酸盐法	低固形物连续蒸煮	安德里茨公司	漂白硫酸盐木浆		2002－10
二期制浆生产线	相思木、桉木	漂白硫酸盐法	紧凑蒸煮 G2 技术	美卓公司	漂白硫酸盐木浆	100	2010－11

主要造纸生产线

生产线名称	纸机			主体设备供货厂商	产品品种	纤维原料	生产能力/(万吨/年)	投产时间
	网部形式	幅宽/毫米	工作车速/(米/分)					
一期纸板生产线	多网	3625	600	福伊特公司	高档白卡纸	化学浆、机械浆	17	2002－10
液体包装纸板生产线	多网	4600	1000	福伊特公司	液体包装纸板	化学浆、机械浆	30	2014－06

（杨晓雷）

上海中隆纸业有限公司

Shanghai Chung Loong Paper Co., Ltd.

【企业概况】

上海中隆纸业有限公司为中隆控股旗下唯一一家造纸公司，公司目前拥有一台世界一流水准的工业用纸造纸机，主要产品为高档箱纸板、高档瓦楞原纸，年产能约43万吨，产品能耗达到世界领先水平。

制浆、造纸设备均采用国际知名品牌，主要有德国福伊特公司及芬兰美卓公司的设备，均采用计算机制程控制，并设有定量/水分控制设备(B/M计)，以确保品质稳定。公司已获ISO 9001质量管理体系、ISO 14001环境管理体系认证通过，并导入推行全面生产管理(TPM)，追求“零故障、零不良、零灾害”目标。

公司成立十余年来，坚持友善环境，开源节流。公司设备选用当时世界上最先进的高速纸机，用最少的能源，产出最优质的纸；生产原料选用90%以上的回收废纸加上少量的木浆，采用高循环率，用最省的水，多次循环，产出最多的纸；生产中的汽电和废水处理采用高效脱硫、除尘和低氨燃烧器以及先进的厌氧技术，产出最干净的纸。

公司将一如既往地秉持对社会、对环保事业的责任，持续作出自己的贡献。公司的愿景是：善用资源贡献社会，将绿树留在大地。

单位地址：上海市浦东康桥工业园秀浦路489号 邮编：201315

联系电话：021-58129798 联系传真：021-58128986

联系邮箱：clp@mail.clc.com.tw 单位网址：www.shclc.com.cn

企业性质：台资企业

法人代表：游晴辉，经营负责人：张荣毅，技术负责人：詹益发

成立时间：2002年，职工总数：300人，其中技术人员数：180人

2016年纸和纸板生产量：42万吨

2016年销售收入：10亿元

主要产品：箱纸板

主要纤维原料：废纸

纸机总数：1台

【主要生产线】

主要造纸生产线

生产线名称	纸机			主体设备供货厂商	产品品种	纤维原料	生产能力/(万吨/年)	投产时间
	网部形式	幅宽/毫米	工作车速/(米/分)					
PM1	双网夹缝和上网	6300	500~1200	福伊特公司	箱纸板(110~250克/米^2)	废纸和木浆	42	2004

（郑 霞）

东顺集团股份有限公司

Dongshun Group Co., Ltd.

【企业概况】

东顺集团股份有限公司专业生产、销售生活用纸和卫生用品，公司通过了 ISO 9001 国际质量体系认证及 ISO 14001 环境体系认证。主要产品有“顺清柔”牌高档生活用纸、“A & S”牌卫生巾、“哈里贝贝”牌婴儿纸尿裤、“伴宁”牌成人纸尿裤、“洁昕”牌湿巾。东顺集团股份有限公司是近几年来生活用纸领域快速发展的企业，2015 年公司的生活用纸总产能已位居全国第 5 位。集团公司先后在黑龙江肇东、湖南湘西、浙江临安、浙江杭州富阳设立了生产基地，实现了全国市场战略布局。公司引进全球领先的生活用纸和卫生用品生产设备，已经形成卫生卷纸、面巾纸、手帕纸、盒巾纸、擦手纸、纸尿裤、卫生巾、湿巾等生活用纸和卫生用品两个大系列 200 多种产品。2016 年，公司开发生产了木浆本色生活用纸。

单位地址：山东省东平县东顺工业园　邮编：271500

联系电话：0538 - 2820378　联系传真：0538 - 2820378

企业性质：民营企业

法人代表：陈树明

成立时间：2000 年

2016 年纸和纸板产能：40. 8 万吨

主要产品：生活用纸

主要纤维原料：木浆

纸机总数：20 台

【主要生产线】

主要造纸生产线

生产基地	产品品种	纤维原料	生产能力/(万吨/年)	纸机台数
山东东平	生活用纸	木浆	38	18
黑龙江肇东	生活用纸	木浆	2. 8	2
合计			40. 8	20

（中国造纸协会生活用纸专业委员会）

山东恒联投资有限公司

Shandong Henglian Investment Co., Ltd.

【企业概况】

山东恒联投资有限公司业务涉及制浆、造纸、绿色纤维素膜、无纺布清洁材料、特种纤维素、精细化工、房地产、热电等领域，是集新型绿色包装类材料、特种纸、清洁材料制造加工于一体的民营企业，是我国再生纤维素膜行业的龙头企业。

公司依托完善的法人治理结构和差异化发展战略，坚持推行“五化建设”、技术创新、管理创新、经营创新，全面实践“价值源于创新、规范孕育和谐”的核心价值观，围绕循环经济发展模式构建绿色纸业。现拥有山东恒联新材料股份有限公司、潍坊恒联特种纸有限公司、山东光华纸业集团有限公司、潍坊恒联美林生活用纸有限公司、潍坊恒联浆纸有限公司、岳阳丰利纸业有限公司、潍坊永新纸业有限公司、山东冠骏清洁材料科技有限公司、潍坊恒联特种纤维素有限公司、山东恒联化学有限公司等 19 家全资控股子公司，资产总额 45.34 亿元，银行信用等级为 AA。是山东省首批“泰山产业领军人才”设岗单位，潍坊市首批“鸢都学者”“潍坊市创新创业人才”和“鸢都产业领军人才”设岗单位。先后荣获中国包装龙头企业、全国民营企业 500 强、山东省造纸行业十强企业、山东省创新驱动发展能力百强企业、山东省轻工业先进企业、山东省轻工业建国六十周年功勋企业、全国工商联纸业商会十佳优秀会员企业、山东省安全生产先进单位、山东省管理创新优秀企业、全国工人先锋号等多项荣誉称号。

公司拥有省级企业技术中心、山东省玻璃纸工程技术研究中心、潍坊恒联玻璃纸有限公司—中国科学院化学研究所纤维素新材料联合研究中心、潍坊恒联玻璃纸有限公司—中国科学院化学研究所天然高分子材料联合实验室、山东省一企一技术创新企业、潍坊市再生纤维素膜工程实验室、潍坊市植物纤维特种纸企业重点实验室等科研平台，被工业和信息化部授予工业企业知识产权运用能力培育工程试点单位。到目前为止，公司拥有有效授权专利 107 项，其中，有效发明专利 28 项，排他许可发明专利 3 项，实用新型专利 49 项，外观设计专利 30 项。2016 年公司共获授权专利 23 项，其中，发明专利 4 项，实用新型专利 10 项，外观设计专利 9 项；同时申请受理专利 13 项，其中，发明专利 8 项，实用新型专利 5 项。

单位地址：山东省潍坊市高新区东风东街 3019 号　邮编：261000

联系电话：0536－8671538　联系传真：0536－8671538

联系邮箱：bairu888@163.com　单位网址：www.henglianpaper.com

企业性质：民营企业

法人代表：李瑞丰，经营负责人：李瑞丰，技术负责人：盛秀华

成立时间：1946 年，职工总数：4086 人，其中技术人员数：656 人

2016 年纸浆生产量：24.4545 万吨，纸和纸板生产量：36.6706 万吨

2016 年销售收入：36.6107 亿元，利税总额：1.9541 亿元，利润总额：0.8539 亿元

主要产品：预涂水转印底纸原纸、工程纸、米白纯质纸、米黄道林纸、超感纸、牛皮纸、双胶纸、果袋纸、无碳原纸、防黏原纸、医用及食品包装纸、卫生纸、纸巾纸、餐巾纸、擦手/擦拭纸、厨房纸巾、吸水衬纸等；杨木浆、特种纸用浆、未漂浆、醋酸系列特种浆、纤维素醚级系列用浆、硝化基系列用浆、币纸用浆等

主要纤维原料：针叶木(红松、云杉)、阔叶木(相思树、桉木)、自制漂白化学木浆、杨木片、棉短绒等

纸机总数：36 台
蒸(球)煮器总数：20 台

【主要生产线】

主要制浆生产线

生产线名称	纤维原料	制浆方法	蒸煮器	主体设备供货厂商	产品品种	生产能力/(万吨/年)	投产时间
光华制浆线	木片	烧碱法	蒸球	汶瑞机械(山东)有限公司	漂白化学木浆	6	2000
浆纸杨木浆线	杨木片	烧碱法	横管式连蒸器	天津中轻机械有限公司	杨木浆	7	2010
特种纤维素线	棉短绒	湿法备料连续漂白	蒸球	山东鲁能控制工程有限公司、河北高新泵业有限公司、烟台龙港耐腐蚀有限公司、济南兴宏远造纸机械有限公司、沁阳市聚能压力容器有限公司	特种纸用浆、未漂浆、醋酸系列特种浆、纤维素醚级系列用浆、硝化基系列用浆、币纸用浆	12	2013

主要造纸生产线

生产线名称	纸机			主体设备供货厂商	产品品种	纤维原料	生产能力/(万吨/年)	投产时间
	网部形式	幅宽/毫米	工作车速/(米/分)					
特种纸 4 号机	长网	1880	500	昆山太德隆机械有限公司	预涂水转印底纸原纸、超感原纸、米白纯质纸	针叶木、阔叶木	3.2	2006
涂布 1 号机	气刀涂布机	1880	700	潍坊凯信机械有限公司	超感纸、工程纸	针叶木、阔叶木	4.0	2000
光华 5 号机	长网	2640	600	淄博恒星造纸机械有限公司	胶版印刷纸	自制漂白化学木浆、进口商品木浆	6.0	2003
光华 6 号机	长网	1880	500	上海造纸机械厂	胶版印刷纸	自制漂白化学木浆、进口商品木浆	3.0	2012
PM3	夹网	3340	1100	美卓公司	餐巾纸、擦手/擦拭纸、吸水衬纸	进口木浆	3.5	2005
PM2	新月型	2150	1000	美卓公司	卫生纸、面巾纸、吸水衬纸	进口木浆	2.0	2005

(董正祥)

河南江河纸业股份有限公司

Henan Jianghe Paper Co., Ltd.

【企业概况】

河南江河纸业股份有限公司属国家级高新技术企业、国家知识产权优势企业，占地面积 56 万米^2，资产总额 33 亿元，年生产特种纸能力 40 万吨。公司采取多元化经营，现有山东江河纸业有限责任公司、河南大指造纸装备集成工程有限公司、河南南北纸业有限公司、河南江河生物质能热电有限公司、河南省武陟县广源纸业有限公司、河南开扩能源科技有限公司和焦作开通环保有限公司等多家关联子公司。

公司主导产品为无碳复写纸、热敏纸、离型纸等，国内市场占有率 20% 以上，并远销 50 多个国家和地区，其中"水"牌无碳复写纸荣获"中国轻工品牌竞争力优势产品""河南省名牌产品""河南省著名商标"和"河南省国际知名品牌"；生产的造纸装备主要产品有中高速宽幅文化用纸造纸成套设备和单体设备，技术水平国内领先。

公司拥有国家级企业技术中心、省级工程技术研究中心、省造纸装备院士工作站和省博士后研发基地等创新平台，并拥有 7 项国家发明专利、102 项国家实用新型专利，另获得 13 项省部级科技成果。公司先后被评为"中国造纸工业环境友好企业""全国轻工业卓越绩效先进企业""全国轻工业科技创新先进集体""河南省标准化良好行为 4A 级企业""焦作市市长质量奖"等荣誉称号。

单位地址：河南省武陟县文化路 555 号 邮编：454950

联系电话：0391－7268389 联系传真：0391－7268389

联系邮箱：jhr2002@126.com 单位网址：www.jianghe.com

企业性质：民营企业

法人代表：姜丰伟，经营负责人：姜丰伟，技术负责人：刘铸红

成立时间：2002 年，职工总数：2680 人，其中技术人员数：980 人

2016 年纸和纸板生产量：34 万吨

2016 年销售收入：23 亿元，利税总额：2.2 亿元，利润总额：1.1 亿元

主要产品：无碳复写纸、热敏纸、离型纸、机内整饰涂布纸等特种纸

主要纤维原料：商品木浆、脱墨浆、化学机械浆

纸机总数：5 台

【主要生产线】

主要造纸生产线

生产线名称	纸机			主体设备供货厂商	产品品种	纤维原料	生产能力/(万吨/年)	投产时间
	网部形式	幅宽/毫米	工作车速/(米/分)					
一线	叠网	2640	800	俄罗斯某公司	无碳复写纸、证券纸、格拉辛纸等	商品木浆、脱墨浆	5	2002－08
二线	叠网	3150	1000	大指造纸装备集成工程有限公司	无碳复写纸、胶带纸、双胶纸	商品木浆、脱墨浆	5	2007－08
三线	叠网	3200	1000	辽阳造纸机械股份有限公司	无碳复写纸、胶带纸、双胶纸	商品木浆	5	2009－08
五线	叠网	3300	1200	大指造纸装备集成工程有限公司	离型纸、无碳原纸	商品木浆	5	2010－08
六线	水平夹网	5600	1350	大指造纸装备集成工程有限公司	双胶纸、铸涂原纸等	商品木浆、化学机械浆	20	2012－09

（郭胜利）

河北省保定市东方造纸有限公司

Hebei Baoding Orient Paper Milling Co. , Ltd.

【企业概况】

河北省保定市东方造纸有限公司是集研发、生产、销售为一体的专业制造包装纸、文化用纸、生活用纸的企业。2009 年成功登陆美国纽交所上市，成为亚洲地区唯一一家在美国纽约证券交易所上市的造纸企业。上市以来，公司发展迅速，产能不断扩大，现已形成由生产基地带动加工基地，北以保定市、南以邢台市为中心，进而覆盖全国市场的大型造纸企业。

公司产品种类包括瓦楞原纸、箱纸板、双面胶版纸、书写纸、防伪纸、数码相纸和生活用纸，且产品规格齐全。公司生产基地主要采用环保且循环的旧纸板和白纸边作为原材料，并成功推出“光影”品牌优秀数码相纸和“青木”品牌生活用纸，得到消费者一致好评。

在我国市场，公司销售与服务网络遍及各大城市，市场占有率稳步增长，并与多家一流的企业结成战略合作伙伴。在全球市场，公司部分产品已进入南美、南亚和北非等多个国家和地区。

公司十分注重科研开发，拥有一支技术力量雄厚，研制设备和检测、试验设备齐全的强大团队，现已连续几年顺利通过了国家 ISO 14001:2004 环境管理体系认证和 ISO 9001:2008 质量管理体系认证。几年来不断加大环保治理力度，投资修建废水循环处理系统，立志实现废水零排放，达到国家环保要求。

在未来的发展中，公司将一如既往的秉承“传承华夏文明，弘扬东方纸业”的使命，打造世界品牌企业，不断超越，继续前进。

单位地址：河北省保定市徐水县巨力路　邮编：072550

联系电话：0312－8698215　联系传真：0312－8698212

联系邮箱：info@ orientpaperinc. com　单位网址：www. orientpaperinc. com

企业性质：民营企业

法人代表：刘振勇，经营负责人：刘振勇，技术负责人：梁树亭

成立时间：1996 年，职工总数：700 人，其中技术人员数：60 人

2016 年纸和纸板生产量：33. 5 万吨

2016 年销售收入：8. 92 亿元，利税总额：0. 65 亿元，利润总额：0. 99 亿元

主要产品：高强瓦楞原纸、隔热膜原纸、双胶纸、数码相纸、生活用纸

主要纤维原料：国废、木浆

纸机总数：9 台

【主要生产线】

主要造纸生产线

生产线名称	纸机			产品品种	纤维原料	生产能力/（万吨/年）	投产时间
	网部形式	幅宽/毫米	工作车速/（米/分）				
5600 叠网多缸纸机	叠网	5600	1200	高强瓦楞原纸	国废	36	2012
3200 叠网多缸纸机	叠网	3200	700	低定量瓦楞原纸、隔热膜原纸	国废	5	2014
2400 长网多缸文化用纸机	长网	2400	600	双胶纸	国废	5	2006
1880 长网多缸文化用纸机	长网	1880	500	双胶纸	国废	4	2008
1550 数码相纸机	长网	1550	50	高光/亚光数码相纸	木浆	0.25	2010
2850 卫生纸机	新月型	2850	1100	卫生纸、面巾纸、手帕纸	木浆	3	2014

（石彦思）

嘉兴民丰集团有限公司

Jiaxing Minfeng Group Limited

【企业概况】

嘉兴民丰集团有限公司注册资金近 6 亿元，系民丰特种纸股份有限公司、桐乡民丰房地产开发有限公司、湖州民丰置业有限公司的控股母公司，拥有一家分支机构嘉兴民丰医院，并参股上海天盈投资发展有限公司、成都农村商业银行、嘉兴银行。

2016 年，嘉兴民丰集团有限公司资产总额 13.59 亿元，净资产 6.98 亿元，年营业务收入 17.89 亿元，净利润 2796 万元，利税总额 3322 万元。

单位地址：浙江省嘉兴市角里街 70 号　邮编：314000

联系电话：0573 - 82839008

单位网址：www.mfspchina.com

企业性质：有限责任公司

法人代表：冯水祥

民丰特种纸股份有限公司

Minfeng Special Paper Co.，Ltd.

民丰特种纸股份有限公司总股本 35130 万元，在职员工约 1600 人，拥有世界先进水平的造纸装备，年产特种纸能力达 15 万吨，主导产品有：卷烟配套系列用纸、描图纸、电容器纸、格拉辛纸、涂布纸以及其他工业配套用纸。

2016 年，从行业看，国家环保整治、淘汰过剩产能以及需求增长促使造纸行业供应减少、价格上涨，造纸行业供需关系有所改善，景气度有所提高；但公司所处细分领域，受到国家控烟政策以及竞争激烈无序等因素影响，整体市场状况仍无明显改观。针对严峻的外部形势，公司牢固树立“依靠广大员工、弘扬优良传统、着力创新共赢、重振民丰雄风”的基本理念，一手抓经营，拓市场、稳生产、严管理；一手抓发展，精纸业、创新域、绘蓝图，在全体员工共同努力下，最终实现了扭亏为盈的经营目标。

2016 年，民丰特种纸股份有限公司共实现营业收入 14.68 亿元，同比增长 4.02%，利润总额 1368 万元，归属于母公司所有者的净利润 1255 万元。

单位地址：浙江省嘉兴市角里街 70 号　邮编：314000

联系电话：0573 - 82839051

单位网址：www.mfspchina.com

企业性质：上市公司

法人代表：吴立东(—2016 年 2 月)、卢卫伟(2016 年 2 月—至今)，经营负责人：曹继华

（韩　钧）

社团工作

ASSOCIATION AFFAIRS

11

中国造纸学会组织机构

The Organization of China Technical Association of Paper Industry (CTAPI)

顾问： 余贻骥　胡宗渊　潘锡五　陈克复

理事长： 陈学忠

常务副理事长： 曹振雷

副理事长： 刘　忠　李　耀　李义民　李友生　何北海　张　辉　张美云　陈鄂生　陈嘉川　赵　伟　胡开堂　姜海斌

（按姓氏笔画排序）

秘书长： 曹春昱（法人代表）

常务理事（31 人）

王双飞　卢宝荣　刘　忠　刘　琦　刘安江
关兴江　杨　旭　李　耀　李义民　李友生
何北海　张　辉　张金声　张美云　陈学忠
陈鄂生　陈嘉川　房桂干　赵　伟　胡开堂
姜丰伟　姜海斌　曹朴芳　曹春昱　曹振雷
戚永宜　韩　力　程言君　靳福明　詹怀宇
樊　燕

（按姓氏笔画排序）

个人理事（103 人）

马　宁　马乐凡　戈海华　王　蘅　王双飞
王华军　王茂君　王海佩　卢宝荣　平清伟
龙　柱　伍泽荣　关兴江　刘　文　刘　忠
刘　洁　刘　涛　刘　琦　刘安江　刘国造
孙　玲　孙　骏　牟洺铭　何北海　邸淑美
吴丹国　宋善军　应广东　张　云　张　辉
张凤山　张安龙　张自敏　张金声　张美云
张鼎军　李　艳　李　群　李　臻　李　耀
李义民　李友生　李尚武　李建国　杜　宏
杨　旭　杨本彬　杨易平　杨金魁　纳巨波
陈　健　陈　港　陈礼辉　陈克利　陈明邦
陈学忠　陈鄂生　陈嘉川　周　耘　周卫东
周后炼　房桂干　林　媛　林小琦　林伟民
罗建雄　范学斌　范谋斌　侯庆喜　姜丰伟
姜海斌　胡开堂　胡文军　赵　力　赵　伟
赵　林　赵　琳　赵　煜　程言君　袁建湘
钱　毅　高英杰　戚永宜　曹朴芳　曹春昱
曹振雷　梁　好　梅树亚　黄六莲　黄显南
彭国昌　景　宜　童来明　谢拥群　谢益民
韩　力　韩　彪　蒲俊文　詹怀宇　雷建民
靳福明　樊　燕　魏雨虹

（按姓氏笔画排序）

单位理事（23 个）

李建华　华泰集团有限公司
李洪信　山东太阳纸业股份有限公司
李洪法　山东泉林纸业有限责任公司
邸淑美　山东鲁南纸业股份有限公司
徐　祥　牡丹江恒丰纸业集团有限责任公司
宋敬志　新乡新亚纸业集团股份有限公司
林昭远　广州造纸集团有限公司
吴和均　四川永丰纸业股份有限公司
但昭学　广西贵糖（集团）股份有限公司
袁晓宇　芬欧汇川（中国）有限公司
黄志源　金光纸业（中国）投资有限公司
吕建中　亚太森博（山东）浆纸有限公司
柯吉熊　福建省晋江优兰发纸业有限公司
王敏良　仙鹤股份有限公司
彭国昌　唐山国泰纸业有限公司
李杰辉　中国造纸装备有限公司
童来明　中国纸业投资有限公司
刘安江　中国联合装备集团公司
蒋　鹏　汶瑞机械（山东）有限公司
李祥凌　福建省轻工机械设备有限公司
朱根荣　华章科技控股有限公司
沈根莲　四川环龙技术织物有限公司
姚献平　杭州市化工研究院有限公司

（排名不分先后）

特聘常务理事单位(22 个)

华泰集团有限公司 李建华
山东太阳纸业股份有限公司 李洪信
山东泉林纸业有限责任公司 李洪法
山东鲁南纸业股份有限公司 邸淑美
牡丹江恒丰纸业集团有限责任公司 徐 祥
新乡新亚纸业集团股份有限公司 宋敬志
广州造纸集团有限公司 林昭远
广西贵糖(集团)股份有限公司 但昭学
芬欧汇川(中国)有限公司 袁晓宇
金光纸业(中国)投资有限公司 黄志源
亚太森博(山东)浆纸有限公司 吕建中
仙鹤股份有限公司 王敏良
唐山国泰纸业有限公司 彭国昌
中国造纸装备有限公司 李杰辉
汶瑞机械(山东)有限公司 蒋 鹏
福建省轻工机械设备有限公司 李祥凌
福建省晋江优兰发纸业有限公司 柯吉熊
华章科技控股有限公司 朱根荣
四川环龙技术织物有限公司 沈根莲
杭州市化工研究院有限公司 姚献平
中国联合装备集团公司 刘安江
四川永丰纸业股份有限公司 吴和均
(排名不分先后)

特聘副理事长单位(21 个)

华泰集团有限公司 李建华
山东太阳纸业股份有限公司 李洪信
山东泉林纸业有限责任公司 李洪法
山东鲁南纸业股份有限公司 邸淑美
牡丹江恒丰纸业集团有限责任公司 徐 祥
新乡新亚纸业集团股份有限公司 宋敬志
广州造纸集团有限公司 林昭远
广西贵糖(集团)股份有限公司 但昭学
芬欧汇川(中国)有限公司 袁晓宇
金光纸业(中国)投资有限公司 黄志源
亚太森博(山东)浆纸有限公司 吕建中
仙鹤股份有限公司 王敏良
唐山国泰纸业有限公司 彭国昌
中国造纸装备有限公司 李杰辉
汶瑞机械(山东)有限公司 蒋 鹏
福建省轻工机械设备有限公司 李祥凌
福建省晋江优兰发纸业有限公司 柯吉熊
华章科技控股有限公司 朱根荣
四川环龙技术织物有限公司 沈根莲
杭州市化工研究院有限公司 姚献平
中国纸业投资有限公司 童来明 (排名不分先后)

办事机构

中国造纸学会秘书处为学会常设办事机构，由学术部、科普部、会员部、账务部组成。

秘书长：曹春昱
常务副秘书长：杜荣荣
副秘书长：齐晓东

资深专家顾问委员会

主 任：余贻骥
副主任：胡宗渊 潘锡五 陈克复
委 员：钟香驹 邝仕均 孙树建 刘焕彬
黄祖壬 刘福玉 李发祥 顾民达
黄运基 胡 楠 李有元 杨懋暹
黄润斌 李威灵 谭祖光 萧启寿
马石辉 谭国民 李忠正 蒋荣祺
张 熙 (排名不分先后)

分支机构

一、工作委员会

1. 学术交流工作委员会
主任：曹振雷
副主任：靳福明 陈嘉川 何北海 房桂干
顾问：邝仕均

2. 科普工作委员会
主任：曹春昱
副主任：张美云 胡开堂 张 辉 齐晓东
顾问：曹朴芳

3. 编辑工作委员会
主任：李 耀
副主任：刘 忠 卢宝荣 杜荣荣
顾问：孙树建

4. 组织工作委员会
主任：曹振雷
副主任：曹春昱 杜荣荣

5. 咨询工作委员会
主任：陈鄂生
副主任：赵 伟 姜海斌 李友生 李义民

二、专业委员会

1. 涂布加工纸专业委员会
主任委员：刘福玉

秘书长：姜海斌
挂靠单位：上海新江南纸业有限公司
通讯地址：上海市普陀区武宁路1500号408室
邮政编码：200063
电话：021－52040672

2. 新闻纸专业委员会
主任委员：周　耘
秘书长：焦　东
挂靠单位：广州造纸集团有限公司
通讯地址：广东省广州市南沙区万顷沙镇新广一路29号
邮政编码：511462
电话：020－34663163

3. 书写印刷纸专业委员会
主任委员：崔棣章
秘书长：孙　平
挂靠单位：山东省造纸工业研究设计院
通讯地址：山东省济南市工业南路101号
邮政编码：250100
电话：0531－88590468

4. 特种纸专业委员会
主任委员：李义民
秘书长：刘　文
挂靠单位：中国制浆造纸研究院
通讯地址：北京市朝阳区望京启阳路4号中轻大厦
邮政编码：100102
电话：010－64778096

5. 包装纸和纸板专业委员会
主任委员：伍泽荣
秘书长：马学逵
挂靠单位：广东省造纸研究所
通讯地址：广东省广州市海珠区新港西路154号
邮政编码：510300
电话：020－34301343

6. 非木材制浆专业委员会
主任委员：陈嘉川
秘书长：赵传山
挂靠单位：齐鲁工业大学
通讯地址：山东省济南市长清大学科技园大学路
邮政编码：250353
电话：0531－89631161

7. 木材制浆专业委员会
主任委员：李洪信
秘书长：应广东
挂靠单位：山东太阳纸业股份有限公司
通讯地址：山东省兖州市友谊路1号
邮政编码：272100
电话：0537－3658677

8. 手工纸与造纸史委员会
主任委员：陈学忠
秘书长：张黎雨
挂靠单位：中国造纸学会
通讯地址：北京市朝阳区望京启阳路4号中轻大厦B座10层
邮政编码：100102
电话：010－64778760

9. 节能与环保专业委员会
主任委员：邝仕均
秘书长：齐晓东
挂靠单位：中国造纸学会
通讯地址：北京市朝阳区望京启阳路4号中轻大厦B座10层
邮政编码：100102
电话：010－64778756

10. 造纸器材专业委员会
主任委员：杨金魁
秘书长：韩静芬
挂靠单位：上海金熊造纸网毯有限公司
通讯地址：上海市金山区枫泾镇兴塔工业园建安路78号
邮政编码：201502
电话：021－67361072

11. 制浆造纸化学品专业委员会
主任委员：沈一丁
秘书长：费贵强
挂靠单位：陕西科技大学
通讯地址：陕西省西安市未央大学园区
邮政编码：710021
电话：029－86168828

12. 废纸回收利用专业委员会
主任委员：曹春昱
秘书长：杜荣荣
挂靠单位：中国制浆造纸研究院
通讯地址：北京市朝阳区望京启阳路4号中轻大厦B座10层
邮政编码：100102

电话：010－64778156

13. 机械设备专业委员会

主任委员：刘安江
秘书长：杨　旭
挂靠单位：轻工业杭州机电设计研究院
通讯地址：浙江省杭州市体育场路 71 号
邮政编码：310004
电话：0571－85183937

14. 自动化专业委员会

主任委员：李　耀
秘书长：王　丹
挂靠单位：中国中轻国际工程有限公司
通讯地址：北京市朝阳区白家庄东里 42 号
邮政编码：100026
电话：010－65826241

15. 造纸技术经济专业委员会

主任委员：吴永和
秘书长：陈奇志
挂靠单位：中国中轻国际工程有限公司
通讯地址：北京市朝阳区白家庄东里 42 号
邮政编码：100026
电话：010－65826022

16. 纳米纤维素及材料专业委员会

主任委员：蒋兴宇
秘书长：查瑞涛
挂靠单位：中国科学院国家纳米科学中心
通讯地址：北京市海淀区中关村北一条 11 号
邮政编码：100190
电话：010－82545621

（中国造纸学会）

各省(区、市)造纸学会

Local Technical Association of Paper Industry

北京市造纸学会

理事长：孙树建

副理事长：马石辉(常务)　邝仕均　黄祖壬

秘书长：马石辉(兼)

副秘书长：赵　青

地址：北京市朝阳区广渠路 39 号院 1 号楼

邮编：100022

电话：010 – 67043033

传真：010 – 67043080

天津市造纸学会

名誉理事长：谭国民

理事长：刘　忠

副理事长：周国伟　徐永射　李相臣　李　群

秘书长：惠岚峰

地址：天津市泰达经济技术开发区 13 大街 29 号天津科技大学造纸学院

邮编：300457

电话：022 – 60602006、13752173746(惠岚峰)

传真：022 – 60601988

河北省造纸学会

理事长：刘国造

副理事长：龚德利(常务)　彭国昌　陈生龙　魏秋生　郭玉祥　张东和

秘书长：龚德利(兼)

地址：河北省石家庄市合作路北和街 18 号

邮编：050051

电话：13333042630

传真：0311 – 87086240

山西省造纸学会

理事长：刘　涛

秘书长：高文珍

地址：山西省太原市上肖墙 10 号

邮编：030002

电话：13835176139(刘　涛)
13613472031(高文珍)

内蒙古自治区造纸学会

理事长：范学斌

副理事长：高世明　郭建军

秘书长：王景文

地址：内蒙古呼和浩特市新城西街 4 号(内蒙古轻工业设计研究院)

邮编：010050

电话：13897861555(范学斌)

辽宁省造纸学会

理事长：张运展

秘书长：刘秉钺

代秘书长：平清伟

地址：辽宁省大连市甘井子区轻工苑一号

挂靠单位：大连工业大学

邮编：116034

电话：0411 – 86324620、13840903048(平清伟)

传真：0411 – 86323736

吉林省造纸学会

副理事长：马增源　方嘉华　刘　怀　柳风林　曹宪斌

秘书长：徐淑敏

地址：吉林省长春市人民大街副 54 号

邮编：130051

电话：0431 – 88829158

传真：0431 – 85518433

黑龙江省造纸学会

理事长：杨易平

副理事长：白晓明　苏文强　李劲松　陈海涛
　　　　　陈正旺　郑日亭　杨柏森　魏雨虹
秘书长：杨金玲
地址：黑龙江省牡丹江市阳明区光华街 17 号
邮编：157013
电话：0453－6330924、6320013（杨金玲）
传真：0453－6320013

上海市造纸学会

理事长：姜海斌
副理事长：尹　华　吴丹国　杨金魁　张荣毅
　　　　　戚永宜
秘书长：蒋鸿勇
地址：上海市普陀区武宁路 1500 号南楼 403 室
邮编：200063
电话：021－52040672、52040673
传真：021－52040673

江苏省造纸学会

理事长：张　辉
副理事长：王广州　王自力　田宝凤　刘　克
　　　　　李鸿斌　沈　斌　杜建功　房桂干
　　　　　洪文彦　胡巧忠　高威宏
秘书长：景　宜
地址：江苏省南京市龙蟠路 159 号南京林业大学轻工科学与工程学院 315 室
邮编：210004
电话：025－85428235（办公室）
传真：025－85428235、85428793

浙江省造纸学会

理事长：胡开堂
副理事长：戈海华　毛菊仙　黄晓钢　陈万平
　　　　　孙柏贵　吴明武　梁中平　陈建明
　　　　　姚向荣　王敏良　叶素芳　杨　旭
　　　　　刘川江　陆文荣
秘书长：陆文荣
副秘书长：李土根　郑梦樵
地址：浙江省杭州市留和路 318 号浙江科技学院 C2 楼 538、540 室
邮编：310023
电话：0571－85070795
传真：0571－86958853

安徽省造纸学会

理事长：蔡锡枢
副理事长：王德贤　何家富　魏宝华　朱春明
　　　　　包志保　宋作侃　李光源
秘书长：陈明邦
地址：合肥马鞍山路富城大厦 10 层安徽轻工设计院有限公司
邮编：230088
电话：0551－62627882、13856081568（陈明邦）
传真：0551－62627882

福建省造纸学会

名誉理事长：张道沛
理事长：谢拥群
副理事长：陈礼辉　林小琦　徐宗明　林孝帮
　　　　　柯吉熊　高晓明　李　艳　诸建华
　　　　　吴宗华　林秀英　刘明华　郭　盛
秘书长：黄六莲
地址：福建省福州市六一北路 204 号
邮编：350013
电话：0591－87577134（办公室）
　　　0591－83708361、13960786960（谢拥群）
　　　0591－83715175、13950283739（黄六莲）
传真：0591－83708361（谢拥群）、
　　　83715175（黄六莲）

江西省造纸学会

理事长：管步军
副理事长：雷建民　戴圣光
秘书长：雷建民（兼）
地址：江西省南昌市北京东路 138 号
邮编：330029
电话：0791－88333891、13507911422
传真：0791－88333891

山东省造纸学会

名誉理事长：李伟鸣　陈嘉川
理事长：滕建军
副理事长：秦梦华　崔棣章　张金声　王泽风
　　　　　陈洪国　李建华　李洪信　李洪法
　　　　　佟克本　李振忠　丁延莉　杨延良
　　　　　李学峰　徐　建　李树俭　田立忠
　　　　　邢东尚　王东兴　朱玉国
秘书长：张金声（兼）
地址：山东省济南市工业南路 101 号
邮编：250100
电话：0531－88191566、88519559

传真：0531－88191566

河南省造纸学会

理事长：王卫华

副理事长：高丹盈　李尚武　姜丰伟　刘　洁　郭　辉　马　冠　周大鹏　万洪安

秘书长：李尚武（兼）

地址：河南省郑州市文化路97号（郑州大学工学院）

邮编：450002

电话：0371－63886906、13608691192（李尚武）

传真：0371－63886906

邮箱：hnszzxh@126.com

网址：www.hnspaper.org

QQ：97881539

湖北省造纸学会

理事长：刘　力

副理事长：谢益民　梁　斌　徐功谨 彭宜纯　张厚蛟　周卫东

秘书长：邓振强

地址：湖北省武汉市汉口建设大道623号福星科技大厦B座1506室

邮编：430030

电话：027－88064312

传真：027－88041709

湖南省造纸学会

名誉理事长：刘晓明　吴佳林

理事长：宋善军

副理事长：樊　燕　马乐凡　魏冬云

秘书长：杨李双

地址：湖南省湘潭市建设中路7号

邮编：411104

电话：0731－58523295

传真：0731－58523295

广东省造纸学会

理事长：何北海

副理事长：陈　港（常务）　吕发创（名誉）　周　耘　林润惠　伍泽荣　王　波　黄阳旭　钟天崎　林伟民　胡启华　吴义荣　雷江波

秘书长：雷以超

地址：广东省广州市天河区五山街381号华南理工大学制浆造纸工程国家重点实验室旧楼301室

邮编：510640

电话：020－87112854

传真：020－87112854

广西壮族自治区造纸学会

理事长：覃程荣

副理事长：宁　俊　林伟民　陈　健　葛　友　谢鸿武　韦良斌　蒙广全　赖可宾

秘书长：梁　辰

地址：广西壮族自治区南宁市大学东路100号广西大学造纸科学研究所

邮编：530004

电话：0771－3237301、18275845299（梁　辰）

邮箱：gxtappi@163.com

四川省造纸学会

名誉理事长：李发祥

理事长：范谋斌

副理事长：吴和均　王康健　李文俊　赵　琳　梁　好　张佰丰　叶　剑　于渭东　左　建　罗建平　霍　军　周　骏　刘祥军　史宣树　李国友　高焱仁　罗建雄　罗福刚

秘书长：罗建雄

常务副秘书长：罗福刚

地址：四川省成都市人民东路66号四川省经信委轻工纺织处

邮编：610016

电话：028－86265842

传真：028－86785924

重庆市造纸学会

理事长：陈先谦

副理事长：米庆元　王友伦　冯地庆　彭支瑞

秘书长：王友伦

地址：重庆市江北区兴隆路1号蔚蓝世纪A栋6-6室

邮编：400020

电话：13330275860（王友伦）

贵州省造纸学会

联系人：林育德

地址：贵州省贵阳市青云路111号一轻公司宿舍

邮编：550002

电话：0851－85575624（林育德）

云南省造纸学会

顾问： 李元禄、孙鹤章、孙光宗

理事长： 彭增华

副理事长： 陈克利（常务） 王 水 王亚明 杨发甲

秘书长： 陈克利（兼）

地址： 云南省昆明市呈贡大学城昆明理工大学化工学院内

邮编： 650050

电话： 0871－65920329、13987638634（陈克利）

传真： 0871－65920329

甘肃省造纸学会

负责人： 赵 煜

地址： 甘肃省兰州市金昌南路101号甘肃省轻工业研究院

邮编： 730000

电话： 0931－8126518、13993170089（赵 煜）

传真： 0931－8124557

宁夏回族自治区造纸学会

名誉理事长： 聂有才 陈钟灵

顾问： 李沛春 雷道远

理事长： 李瑾明

副理事长： 刘德林（常务） 丁吉文 王宁成 李书庆 李秦龙 张弥金 郭旭斌

秘书长： 杜 宏

地址： 宁夏回族自治区银川市解放西街425号

邮编： 750001

电话： 0951－5043123、13895186087（杜 宏）

传真： 0951－5044986

陕西省造纸学会

理事长： 张美云

常务副理事长： 王志杰

副理事长： 张飞跃

秘书长： 张安龙

地址： 陕西省西安市未央大学园区陕西科技大学环境学院305室

邮编： 710021

电话： 029－86168825

传真： 029－86168230

新疆维吾尔自治区造纸学会

理事长： 梅树亚

副理事长： 董晓辉 徐 林 周俊英

秘书长： 李云德

地址： 新疆维吾尔自治区乌鲁木齐市民主路88号新疆轻工业行业管理办公室规划处

邮编： 830002

电话： 0991－2825525（李云德）
15109919125（梅树亚）

传真： 0991－2825525

（中国造纸学会秘书处）

2016 年中国造纸学会主要工作

Main Activities of CTAPI in 2016

2016 年，中国造纸学会在中国轻工业联合会和中国科学技术协会的领导下，以建设现代科技社团为目标，着力提升学会服务创新、服务社会与政府、服务科技工作者、服务自身发展的能力，不断拓展学会学术工作领域，推动学会整体工作可持续并向更高水平发展，使学会真正成为促进造纸科技事业和造纸行业持续健康发展的重要社会力量。

一、完成中国造纸学会 2016 年改革工作计划编写工作

按照中国科协“关于全国学会深入贯彻落实《科协系统深化改革实施方案》的通知”要求，中国造纸学会秘书处认真学习和研讨了《中国科协学会学术工作创新发展“十三五”规划》和《科协系统深化改革实施方案》内容，并重点依据《2016 年学会改革工作要点》的具体目标，结合学会的基础条件、机构现状及行业科技工作者需求，制定了 2016 年中国造纸学会改革计划方案。中国造纸学会将采取循序渐进、积极推进的方式，加速学会的改革力度与深度，尽快将学会建设成为具有政治性、先进性、群众性的现代科技社团。重点针对中国造纸学会目前存在的问题与不足，在学会治理结构、治理方式、办事机构、会员发展与服务、创新与服务能力提升等方面深化改革，逐步实现学会的规范运行、独立经营、可持续发展目标。

二、组织机构与自身建设

1. 召开常务理事会

2016 年 3 月 10 日，以通讯形式召开了七届常务理事会五次会议。对中国科协九次全国代表大会代表及九届全国委员会委员候选人进行了选举推荐，对学会申报中国科协 2016 年度学科发展研究项目等内容进行了审议。

2016 年 4 月 1 日，以通讯形式召开了七届常务理事会六次会议。对第七届“全国优秀科技工作者”推荐人选名单进行了审议。同意推荐张美云、郑丽萍 2 位同志作为候选人，上报中国科协参加评选。

2016 年 10 月 10 日，七届常务理事会七次会议在上海市召开。通报了学会 2016 年上半年主要工作和即将开展的重要活动。讨论审议并通过了《中国造纸学会推选院士候选人工作方案》并投票选举出评审委员会等机构具体成员名单，传达了中国科协《关于加强科技社团党建工作的若干意见》。

2. 召开理事会

2016 年 5 月 19 日，在西安市召开了中国造纸学会七届理事会三次(扩大)会议。会议由常务副理事长曹振雷同志主持，学会副理事长刘忠、李耀、李义民、何北海、张辉、张美云、陈鄂生、胡开堂等出席了会议并在主席台就座。会议对中国造纸学会 2015 年工作情况及 2016 年主要工作要点、中国造纸学会 2015 年年度财务报告、中国造纸学会团体标准制修订程序进行了审议，为第二届中国造纸蔡伦奖获奖者进行了颁奖。

3. 会员工作

(1)单位会员重新登记工作　自 2014 年 5 月换届以来，因部分单位会员法人、联系人、联系方式和地址因故发生了很大变化，为全面真实掌握单位会员的基本情况，建立会员电子档案和纸质档案，便于联系，确保与单位会员沟通，更好地开展工作和服务，建立健全造纸行业会员单位诚信体系。经秘书处工作会议研究决定，自 2016 年 1 月起，开展了中国造纸学会单位会员重新登记工作。目前已完成重新登记的单位有轻工业杭州机电设计研究院、亚太森博(山东)浆纸有限公司、上海金熊造纸网毯有限公司、山东恒联投资有限公司、四川永丰纸业股份有限公司、安徽山鹰纸业股份有限公司、中国

中轻国际工程有限公司、河南江河纸业股份有限公司等56家单位。有一家单位苏州安美润滑科技有限公司提出入会申请，并经常务理事会通过，已正式成为学会单位会员，另有一家单位河南新华物资集团有限公司进行了单位会员入会咨询。

(2)会员服务工作 目前学会使用中国科协学会个人会员管理系统进行会员重新登记工作。为推动会员重新登记工作，在学会年会、国际造纸技术报告会等学术活动中，加大了对会员资格的核实和参会的优惠力度。通过学会网站的局部调整，丰富了单位会员的展示窗口，增加了对按时缴费会员的宣传力度。向会员单位定期通报学会活动资讯及会议信息，定期寄赠《中国造纸年鉴》和由中国造纸学会主办的2016年《中国造纸》《造纸信息》《中国造纸学报》及《纸和造纸》等专业刊物。继续扩大“中国造纸蔡伦奖”在会员中的知晓和认可程度。积极组织会员参加科协和其他相关领域的活动，如世界机器人大会、人工智能大会，组织会员单位参与全国科普日活动。

4. 举荐优秀科技人才

按中国科协要求组织完成了“第七届全国优秀科技工作者”推荐评选工作。在推评过程中严格按科协文件要求实施，结合第六届常务理事会关于“全国优秀科技工作者”函审的决定：原则同意以“中国造纸蔡伦科技奖”的获奖者作为“全国优秀科技工作者”候选人。第二届“中国造纸蔡伦科技奖”的评审结果，经常务理事会审批、网上公示等程序，推荐了张美云、郑丽萍2位同志为候选人，上报中国科协参加评选。经“全国优秀科技工作者”评审委员会评审，中国科协于2016年6月3日作出了《关于表彰第七届“全国优秀科技工作者”获奖者的决定》(科协发组字〔2016〕45号)，张美云、郑丽萍2位同志被中国科协授予“全国优秀科技工作者”称号。2016年10月10日常务理事会期间为2位获奖同志颁发了证书、奖章。

5. 规范学会工作

2016年新修订了2项规章制度，进一步规范了学会工作。学会秘书处定期召开工作会议，讨论工作开展情况。

6. 财务工作

财务部认真完成了2015年国资委的部门决算报表、2015年固定资产投资报表及固定资产盘点、2015年住房改革支出决算报表和2015年科协的年终决算报表及财务分析。根据中轻联转发国资委《关于做好行政事业单位内部控制建设相关工作的通知》的精神，完成了《2015年中国造纸学会内部控制自我评价情况报告》工作。完成了中央行政事业单位国有资产年度决算报表(2015年度)、2015年年度审计与2015年税务审计两项审计等工作。完成了2015年学会年检工作及2016年度七届理事会关于2015年度“中国造纸学会财务报告”等工作。

为进一步做好全国学会财务决算工作，表扬先进，促进全国学会财务决算工作水平进一步提高，中国科协对2015年度全国学会财务决算工作进行了综合考核，共评选出71家先进单位，其中包括中国造纸学会。

7. 完成了科协组织的调查工作

(1)完成“学会治理体系改革与发展状况调查”抽样调查 2016年3月，为了贯彻落实《科协系统深化改革实施方案》的有关精神，全面落实中国科协党组书记处提出的“把学会工作作为科协主体工作，摆在重中之重的位置”的工作要求，总结分析学会组织的特点和制约其发展的主要因素，中国科协学会学术部开展了“学会治理体系与改革发展状况调查”。学会秘书处从专家库、个人会员管理系统中，抽取了100位热心学会工作的会员协助科协完成了调查问卷的在线填写、提交工作，完成率超过90%。

(2)科技创新资源分类分布情况调查 2016年6月，为解决科技资源分散重复、封闭孤岛、碎片化等现象，更好地服务科技创新和经济建设主战场，中国科协拟开展中国科技创新服务云平台建设，整合、集成中国科协系统现有人才、科技成果、科技信息等资源。为做好云平台的资源建设，中国科协学会学术部组织开展科技创新资源调查工作。为配合调查工作，学会秘书处抽取了40位热心学会工作的科研人员和科技管理人员，完成了相关调查工作。

两次调查工作得到了中国科协的肯定。

8. 微信公众平台和网站的管理工作

中国造纸学会开设官方微信公众号，定期发布学会动态和行业资讯，定期更新网站信息。

三、党建工作

1. 成立联合党支部

中国造纸学会秘书处工作人员中有共产党员2人，按照《党章》规定，党员人数未达3人无法成立党支部，2016年11月前2人的党组织关系在中国制浆造纸研究院，参加中国制浆造纸研究院第六支部组织生活。

按照中国科协党组要求，学会与中国照明学会成立了联合支部，得到中国轻工业联合会党委批复，同时报备中国科协社团党委。

2. 成立理事会层面的党委

按照科技社团党委关于推进中国科协所属学会党建工作“两个全覆盖”要求，要在学会理事会层面成立功能型党组织。学会于 2016 年 12 月 6 日以通讯形式召开常务理事层面党员专题会议，会议审议同意学会党建负责人推荐的学会党委组织架构和组成人选，并进行了投票选举，常务理事层面党员 27 人，全票通过。同意推选常务副理事长曹振雷同志担任党委书记，曹春昱同志担任党委副书记，李耀同志担任纪委委员、李义民同志担任组织委员、程言君同志担任宣传委员。提请中国科协社团党委批准，科协党组已批复《关于同意中国造纸学会成立党委及组成人选的批复》(科协社团党委〔2016〕70 号)。

3. 党员活动情况

(1)成立联合支部前的活动　积极参加中国制浆造纸研究院第六支部活动，参与无记名投票形式推荐优秀党员、党支部、优秀党务工作者；“两学一做”学习教育动员部署；进行“两学一做”学习教育的第一阶段：宣读党章，之后要求自学；参加优秀党员、党支部、优秀党务工作者表彰大会及新党员宣誓仪式，重温了入党誓词；缅怀先烈，参观“共产主义运动先驱——李大钊烈士陵园”；由中国制浆造纸研究院党委副书记谈《党史上的历次集中教育》及做人、做事、管理服务的看法等；观看《榜样》；参观红军长征胜利八十周年纪念展览。

(2)成立联合党支部期间活动　9 月 28 日参加中国科协学会党建工作领导小组组织的《加强学会党建工作，实现“两个全覆盖”》主题活动。着手准备成立功能型党委工作。为贯彻落实中央关于社会组织党建工作的有关精神，加强社会组织党建工作，实现在社会组织中党的组织全覆盖和党的工作全覆盖目标，中国造纸学会组织开展了学习贯彻活动，并根据社会组织党建工作要求初步制定了党建工作推进方案。于 2016 年 12 月经中国科协社团党委批准成立了学会常务理事会层面党委。

四、学术交流工作

1. 积极申报中国科协项目

为了做好 2016 年中国科协学会学术项目的申报工作，2016 年 2 月 17 日，学会学术工作委员会根据中国科协 2015 年中国科协学会学术项目申报指南讨论了 2016 年学会申报的项目。2016 年 3 月学会陆续申报了包括创新驱动助力工程、学术交流示范工程 4 个部分 5 个项目，分别是学科发展引领与资源整合集成工程项目“构建制浆造纸科学技术学科资源共享平台”，学科发展引领与资源整合集成工程项目“制浆造纸科学技术学科发展报告”，中国科协新观点新学说学术沙龙，高端专题学术交流活动择优项目“2016 国际造纸技术报告会”，创新驱动助力工程项目“链状试点单位”。其中学科发展报告、国际报告会和创新驱动助力工程试点单位项目经中国科协审批通过，获得项目经费资助。

2. 中国造纸学会第十七届学术年会

2016 年 5 月 19—20 日，中国造纸学会第十七届学术年会在陕西省西安市成功召开。本次年会由中国造纸学会主办、陕西科技大学协办，大会得到玖龙纸业(控股)有限公司、山东太阳纸业股份有限公司、芬欧汇川(中国)有限公司、福建省晋江优兰发纸业有限公司、汶瑞机械(山东)有限公司和中国造纸杂志社的大力支持。来自国内众多高校、科研机构、知名企业的 270 名制浆造纸及相关领域的专家、学者和企业界人士参加了会议。

本次年会共收到论文 107 篇，收录 100 篇，经过组委会专家评委的评审，评选出 28 篇优秀论文，其中一等奖 3 篇，二等奖 10 篇，优秀奖 15 篇。论文集以《中国造纸学报》2016 年增刊的形式出版发行。

本届学术年会的交流涵盖了纸基功能材料、造纸企业智慧系统、节能降耗与提产增效、制浆造纸固废资源化利用、造纸化学品和造纸行业项目的 EPC 总承包管理等方面，内容丰富、信息量大，较全面地反映了我国造纸工业近年的研发成果和技术进步，促进了专家学者与企业科技人员之间的学术交流，并将推动我国制浆造纸科学与技术的进一步发展。

会议期间，还组织了企业风采展，多家企业向参会代表展示了企业的新装备、新工艺和新产品。参观了陕西省造纸技术及特种纸品开发重点实验室、制浆造纸工程实验室和陕西省商检纸张纸浆检测重点实验室。

3. 创新驱动 · 智造未来——2016 中国国际造纸创新发展论坛

2016 年 10 月 11 日，由中国造纸学会、中国造纸协会和中国制浆造纸研究院共同主办的 2016 中国国际造纸创新发展论坛在上海市成功召开。中国国际造纸创新发展论坛是国内首个以“创新”为核心理念的造纸行业论坛，来自部委领导、创新专家、行业专家、国内外企业家和各界人士近300人出席论坛。

4. 2016 CIPTE 国际造纸技术报告会

由中国造纸学会、德国造纸工业研究所和中国制浆造纸研究院联合举办的2016 CIPTE 国际造纸技术报告会于2016年10月12日在上海世博展览馆召开。会议为期1天，邀请了7位来自中国、德国和加拿大的造纸专家围绕“中国造纸工业‘十二五’回顾及发展展望”“纸和纤维2030—工业4.0时代驱动下造纸工业的创新应用”“超声空穴技术用于废纸制浆以改善成纸强度和光学性能”“利用红外－热风干燥技术提高加工纸的干燥效率和成品质量”“利用高固含量涂布降低生产成本提升纸张质量”“废纸回收新技术”“造纸化学品的现状及发展”议题进行演讲。来自世界各地的近170名制浆造纸及相关领域专家、学者参加了此次会议。根据演讲嘉宾的演讲内容会议出版中英文对照论文集。

5. 第三届中国造纸装备发展论坛

2016年7月15—17日，第三届中国造纸装备发展论坛在山东省潍坊市成功召开。本届论坛以“中国造纸装备2025并加快企业走出去”为主题，汇集了行业领导、专家、企业家及各界人士，就造纸装备发展战略、技术创新升级、深度融合、智能制造等话题进行了研讨，为中国造纸装备业的发展提出了建设性的意见和建议。

论坛由中国轻工机械协会、中国造纸学会等7家全国性行业组织和集团共同主办。全国造纸、装备及相关行业的400多位嘉宾出席了论坛。收到论文55篇。

6. 创新驱动助力工程项目工作

(1)联合浙江省科协、中国制浆造纸研究院和衢州市科协，对浙江省衢州市内重点特种纸企业能耗状况开展调研，详细了解各企业目前的生产用水、用电、用热和能源回收利用状况。同时了解使用的设备和采用的技术等。

(2)组织专家进行学术研讨，针对衢州市特种纸企业的特点制定相应节能减排方案。为衢州凯乐特种纸材料股份有限公司和浙江晶鑫特种纸业有限公司出具了详细的改造方案，等待企业安排时间进行节能改造工作。

(3)5月31日，在衢州市举办特种纸产业讲座，学会特种纸专业委员会秘书长主讲，主题为造纸工业现状与特种纸产业创新发展。衢州市、衢江区和龙游县政府领导，各企事业单位代表近200人参加了活动。

(4)9月21—24日，2016全国特种纸技术交流会暨特种纸委员会第十一届年会在安徽省池州市召开。邀请了国内外14位专家、学者和企业家对特种纸产业的市场概况、发展趋势以及新产品、新技术进行了深入的探讨和交流。来自150家企业的215名代表参加了会议。本届年会收录论文50篇，评出了优秀论文10篇。

7. 2016年学科发展研究项目工作

经中国科协批准，中国造纸学会承担的《制浆造纸科学技术学科发展研究报告(2016—2017)》的编写委员会已成立。根据科协《中国科协学科发展研究项目管理实施办法》的精神，于2016年9月27—28日在江苏省南京市召开项目启动会，有关学科专家及相关工作人员19人参加了会议。

会上传达了《中国科协学科发展研究项目管理实施办法》主要内容，部署了开展2016—2017年学科发展研究项目工作任务。基本确定了综合报告和专题报告编写提纲，并规定了提交初稿的具体时间。

五、年鉴及期刊出版工作

《2016中国造纸年鉴》按计划完成全部编辑、出版和广告征集工作。3月召开了年鉴启动会，年鉴编辑工作正式启动。经过约稿、审稿、编辑、排版、校对、核红，完成全部稿件的编辑工作，7月组织编委会如期召开了年鉴终审会议，将年鉴框架和内容定稿。9月年鉴进入印刷出版阶段，10月进入发行阶段。《2016中国造纸年鉴》客观系统地介绍了2015年我国造纸工业的发展状况，为《中国造纸年鉴》出版发行的第20卷，共有13个栏目，正文共计755页。

通过编辑人员积极组稿、严格审稿、认真编辑和校对，《中国造纸学报》《中国造纸》《纸和造纸》《造纸信息》专业期刊按时完成了2016年的编辑出版发行工作。《造纸与生物质材料(英文)》完成编委会的建立，第一期于7月中旬正式出版。

按照中国科协的要求，完成了《中国造纸学报》《中国造纸》《纸和造纸》《造纸信息》的年检工作，提交了期刊的工作总结，完成了期刊年检的网上申报和纸质材料的报送。针对《纸和造纸》稿件征集的情况，为该刊办理了变更刊期的工作，2016年该刊将由月刊改为双月刊。

六、科普工作

参加了中国科协召开的年度科普工作会议，组织学会工作人员参加了中国科协组织的科普工作者业务培训活动。

按照中国科协文件要求，学会积极参与了 2016 年全国科普日主场“健康伴我行”的主题活动。根据行业特点，组织安排了以“纸为健康”为主题的活动。引导公众对日常纸品进行绿色、智慧、健康消费。“纸为健康”活动以展品和展板，同时结合专家的现场讲解和试验活动形式进行。2016 年 9 月 17—23 日一周的时间内，共接待了近 300 人的现场参观和咨询。

活动期间中国科协领导和中国药学会的组织者为我们提供了大力的支持和帮助。中国科协书记处徐延豪书记亲临我会活动区给予了亲切的指导和问候。人民网专访了我会活动展位，并请我会的造纸科普专家冯文英博士详细地介绍了活动的内容和特点。对生活用纸的特殊性和专业性问题进行了深入的了解。

此次活动除上级部门领导的支持外，我们还得到了为活动提供展品和样品的山东太阳纸业、山东泉林纸业及四川环龙新材料等单位的支持。特别是中国制浆造纸研究院为活动提供了相应的人力和物力的帮助。

七、社团评估工作

中国造纸学会 2015 年申请参加了民政部组织的社会组织评估。为了全力做好申报和现场评估工作，切实提升学会自身能力，为建设现代学术社团打好基础。学会秘书处从 2015 年春节后就开始认真准备 2010 年以来需要申报及现场评估的资料，并将《社会组织评估申报书》打印后和申报材料装订成册（正、副本各一份），于 2015 年 10 月 30 日报送民政部民间组织服务中心进行参评资格审核。

之后，学会秘书处认真、仔细、系统地准备现场评估资料和制作 PPT，PPT 经过了多次修改。

从 2015 年开始社会组织评估委托社会组织第三方评估机构依照参评社会组织所属类型的评估指标，从基础条件、内部治理、工作绩效和社会评价四个方面，对参评社会组织进行综合考察，而且 5A 和 4A 有一票否决指标。由于学会领导的精心组织及秘书处工作人员的辛苦工作，经过 2016 年 4 月 1 日社会组织第三方评估机构专家现场评估考察，经专家评估，中国造纸学会获得全国性学术类社团评估 4A 等级。

八、友好交流

2016 年 2 月 24 日，芬欧汇川（中国）有限公司执行副总裁 Bernd Eikens 先生、公共和政府事务总负责人袁晓宇女士一行 4 人对我学会进行了访问，中国造纸学会常务副理事长曹振雷、秘书长曹春昱和常务副秘书长杜荣荣共同接待了来宾，双方共同回顾了芬欧汇川（中国）有限公司与中国造纸学会长期以来建立的友好合作，并一致表示双方今后会有良好的合作前景和机遇。

2016 年 7 月 13 日，日本惠尔得株式会社大山芳男、铃木淳一一行 4 人到访中国造纸学会，学会常务副秘书长杜荣荣、副秘书长齐晓东会见到访客人，日本惠尔得株式会社是学会多年的会员单位，此次拜访双方就我国造纸工业发展现状、日本惠尔得株式会社在华销售情况进行了沟通交流，日本惠尔得株式会社计划将最新的节能脱水器材引入我国造纸行业。

2016 年 8 月 29 日，美国矿物技术有限公司副总裁 Rand Mendez 一行 4 人到访中国造纸学会，学会常务副理事长曹振雷、常务副秘书长杜荣荣等人会见到访客人，双方就造纸行业现状、公司在华拓展业务发展战略、白泥精制碳酸钙的资源化利用等方面展开深入探讨。

2016 年 11 月 29 日—12 月 2 日，为进一步推动纸基功能材料（特种纸）技术服务工作深入开展，中国造纸学会常务副秘书长杜荣荣、学术部副主任雷煌在学会特种纸专业委员会秘书长刘文和副秘书长曾慧均的陪同下走访了中国制浆造纸研究院衢州分院、浙江金昌特种纸股份有限公司、浙江省龙游特种纸产业技术创新服务平台、浙江华邦特种纸业有限公司、浙江佳维康特种纸有限公司、浙江仙鹤特种纸有限公司、浙江夏王纸业有限公司、浙江晶鑫特种纸业有限公司和浙江常林纸业有限公司 9 家位于衢州市特种纸产业园区内的科研单位和生产企业。这次走访，了解到特种纸生产企业普遍存在企业规模小，自主研发能力有限的问题，他们迫切需要有一个公共研发平台或得到有实力的研发单位的技术支持。希望中国造纸学会针对企业普遍存在的问题开展一些岗位培训、技术交流、合作开发等活动。更希望能多组织专家到企业走一走，指导企业解决各自存在的关键技术难题，真正为企业创新发展做好服务。

九、分支机构情况

1. 涂布加工纸专业委员会

涂布加工纸专业委员会业务上挂靠在上海新江南纸业有限公司，与上海市造纸学会一起进行办公，所以涂布加工纸专业委员会无论在人才、技术和资金上都有可靠的保证。专业委员会在新班子的领导下，充分发挥人才技术优势，广泛开展科研活动。2016 年与上海市造纸学会共同做了以下几项工作：

(1)2016 年 2 月 2 日，涂布加工纸专业委员会与上海市造纸学会联合举办了迎新春茶话会，72 位出席者中有 28 位是加工纸企业的代表。

(2)2016 年 4 月 19 日，由福建省造纸学会主办，芬兰兰泰克系统有限公司协办的 2016 中芬纸机真空系统节能与优化论坛在江苏省常熟市召开。福建省造纸学会要求上海市造纸学会积极配合与支持，组织了 6 位企业及研究所专家参加了这次论坛，其中 3 位代表来自涂布加工企业。

(3)服务会员单位，主动为企业排忧解难。上海新江南纸业有限公司是专业委员单位之一，2016 年 7 月企业进行管理体系认证申请，专业委员会组织一位专家积极配合企业进行申报，8 月通过审核。

(4)《华东纸业》是一本面向全国发行的造纸技术刊物，由上海市造纸学会主办，已经发行 256 期。其中有专门刊登涂布加工纸技术的栏目。专业委员会平均每期有 2 篇技术文章供交流。

(5)2016 年 10 月 15 日，中国产业用纺织品行业协会造纸用纺织品分会、2016 中国造纸网毯行业年会在上海市召开。专业委员会副秘书长参加会议并发表祝贺词。

(6)2016 年 10 月 25 日，华东七省市造纸学会第三十届学术年会在江西省九江市隆重召开。会议收到论文 63 篇，其中 3 篇文章由专业委员会提供。

(7)2016 年 11 月 2 日，2016(第二十八届)全国造纸化学品开发与造纸新技术应用展览会及 2016(第二十八届)全国造纸化学品开发与造纸新技术应用研讨会在上海市召开。专业委员会秘书长代表上海市造纸学会及专业委员会祝贺词。

2. 书写印刷纸专业委员会

2016 年应造纸企业要求，书写印刷纸专业委员会为造纸企业质检人员进行了检测技术培训。2016 年 6 月，为山东太阳纸业股份有限公司 150 名质检人员进行了 2 天培训；2016 年 8 月，为山东泉林纸业有限责任公司 150 名质检人员进行了 2 天培训；2016 年 9 月，为山东凯丽纸业股份有限公司 11 名质检人员进行了 2 天培训；2016 年 10 月，为中冶纸业银河有限公司 70 名质检人员进行了 3 天培训。共计培训质检技术人员 381 人。培训内容：纸张产品性能检验方法；亮度标准量值传递的相关知识；常用仪器的维护保养；测量结果误差状况及消除。培训方式为理论培训和操作技能考核，经考试考核参加培训人员均合格，为企业提高检测技术水平起到了积极作用。

3. 特种纸专业委员会

(1)2016 年特种纸专业委员会为庆祝成立十周年，举办了系列活动：有奖征文、创意大赛、特种纸品牌评选以及制作企业家、专家、领导祝贺特种纸专业委员会成立十周年的祝福视频和十年回顾视频。

(2)2016 年 9 月 21—24 日，成功举办了 2016 全国特种纸技术交流会暨特种纸委员会第十一届年会。年会上，还举行了特种纸专业委员会成立十周年庆典颁奖仪式，对在本次活动获奖的个人和企业颁发了证书和奖杯。本届年会共有来自近 150 家企业的 215 位代表参加了会议。共收录了论文 50 篇，评出优秀论文 10 篇。

(3)2016 年 4 月 21—23 日，在浙江省德清市成功举办了首次特种纸产业信息工作会议。国内共有 40 余家特种纸企业的 60 余人参加了会议。

(4)在浙江省杭州市与浙江化工进出口有限公司共同举办了特种纸出口市场研讨会。来自国内 30 余家特种纸企业的 70 位代表参加了会议。

(5)完成了 2015 年全国特种纸产业情况的调查报告；调查了特种纸专利完成情况；更新了我国特种纸厂家和特种纸品种情况。开展特种纸产品深加工和下游产业链的调查分析。

(6)参加造纸行业举办的会议和展览，利用行业平台，宣传特种纸专业委员会和 2017 年第二届特种纸展览会。2016 年 5 月，参加中国造纸学会第十七届学术年会(西安)；10 月，参加中国国际造纸科技展览及会议(上海)；11 月，参加 2016 中国国际造纸和装备博览会暨全国纸张订货交易会(银川)等。多次赴衢州商议 2017 年第二届特种纸国际展览会筹备事宜，以便提前开展展位招租工作。

(7)接待会员单位及相关单位的来访，以及走访外地会员企业，以增进了解，加强合作。

(8)微信公众平台和网站的管理工作：定时上传，更新微信和网站信息。

(9)与新乡市科协建立合作关系，开展了新乡市 2016 年特种纸产量调查工作。应广东省轻工进出口股份有限公司邀请，商议合作事宜。

(10)陪同学会领导调研特种纸企业，发展个人和单位会员。2016 年发展了会员单位 30 家，截至年底，会员单位共计 281 家。

4. 非木材制浆专业委员会

(1)参加造纸行业相关会议：2016 年 5 月，组织 13 人参加中国造纸学会第十七届学术年会；2016 年 9 月，组织 5 人参加中国造纸学会特种纸专业委员会十年庆典及学术年会、特种纸展览会，发表论文 6 篇，其中 1 篇被评为优秀论文；2016 年 10 月，派人参加华东六省一市造纸会，发表论文 3 篇；2016 年 11 月，15 人参加华南理工大学举办的国际制浆造纸会议，发表论文 12 篇。

(2)到非木材制浆造纸厂进行交流：如山东泉林纸业有限责任公司等。

(3)2016 年 4 月 20—22 日，在齐鲁工业大学举办泰山学术论坛生物炼制专题会议。会议邀请陈克复院士等 18 位专家学者做了精彩的学术报告，校长陈嘉川出席大会并致辞。会议内容包括生物质材料和能源，自催化乙醇制浆生物质水解糖化等。

5. 造纸器材专业委员会

2016 年，造纸器材专业委员会围绕着技术交流、标准建设、会员单位走访、行业产能与装备调研、技术服务等工作积极开展活动。

(1)2016 年 10 月 14—16 日，中国造纸学会造纸器材专业委员会 2016 年会暨造纸用纺织品分会换届改选成立第四届分会在上海市召开。行业领导及 70 多位业内人士参加了此次会员大会。会上进行了技术交流。

(2)2016 年 10 月 15 日在上海市举行了标准讨论会。参加标准讨论会的有 15 家企业 26 人。经讨论取长补短对标准进行了完善，形成了标准讨论稿；由于行业标准底网造纸毛毯颁布多年，目前多轴向造纸毛毯/接缝造纸毛毯等已经应用成熟，造纸用纺织品行业协会向纺织品标准化委员会提出标准修订，由四川环龙技术织物有限公司承担底网造纸毛毯修订的初稿起草。

(3)进行了合格供应商评选活动。造纸器材专业委员会征求并制定了优秀原料供应商的评选标准与方法，对造纸网毯的原料供应商进行评选，从而促使原料供应商在产品与质量上更上一层楼。

(4)2016 年，造纸器材专业委员会对主要造纸网毯企业的生产经营情况进行了调查统计并进行了汇总。

6. 机械设备专业委员会

(1)2016 年进入“十三五”的新常态年，制造业面临前所未有的局面，为了国产造纸装备的长远发展，可持续发展，需要凝聚全行业共识，在国家“一带一路”大规划和“大众创新，万众创业”的政策指引下，机械设备专业委员会于 2016 年 11 月 22—23 日在浙江省杭州市召开了造纸装备企业发展座谈会，共有 12 家企业 28 人参会。会上大家充分讨论了企业走出去的战略，尤其是如何联合起来，相互取长补短，共同面对国际市场的方式；同时也对国际上不同地域市场对产品技术的需求和质量要求进行分析讨论，认为国产装备市场还是大有可为，但必须避免无序竞争。

(2)2016 年 6 月，机械设备专业委员会组织专家为第三届中国造纸装备发展论坛撰写论文 3 篇，其中 2 篇被评为优秀论文。应中国造纸协会的邀请，杨旭专家以机械设备专业委员会秘书长身份出席了 4 月举行的中国造纸高峰论坛，并作了《国产造纸装备的机遇和挑战》的发言，重点分析了国产造纸装备未来的技术发展方向和面临的问题，为同行交流提供了参考。

(3)机械设备专业委员会受中国造纸学会的委托，对行业内约 30 家机械公司的产品结构及产品研发应用进行了调查分析，初步摸清了行业发展的主要情况。在此基础上完成了《中国造纸年鉴》的编辑工作。

(4)机械设备专业委员会还动员组织了浙江省内的 3 家机械公司和 5 家特种纸厂约 30 人参加了中国造纸学会在上海市举办的国际造纸展览会和技术报告会。

7. 纳米纤维素及材料专业委员会

(1)2016 年 1 月，向 ISO/TC 229(国际标准化组织/纳米技术委员会)推荐中国大陆地区关于纳米纤维素领域的专家名单。

(2)2016 年，纳米纤维素及材料专业委员会组织相关委员单位就国内纳米纤维素领域最近十年的进展进行调研，调研成果将发表在《中国造纸学报》(2017 年)。

(3)2016 年 11 月 8 日，纳米纤维素及材料专业委员会(NMC)2016 年年会暨学术研讨会在华南理工大学召开，与会人员 60 余名。本届年会就纳米纤维素的应用研究进展、细菌纤维素领域的进展、改性聚乳酸与纳米纤维素复合材料的制备及其在食品包装中的应用及当前国内纳米纤维素研究中的一些共性问题进行了讨论。委员会特别邀请了中国制浆造纸杂志社陈丽卿编辑就中国造纸学会英文期刊《Paper and Biomaterials》的办刊宗旨、征稿范围、稿件处理流程等进行了详细讲解，并与大家进行了交流。浙江科技学院王立军教授就 2017 年第一届纳米纤维素材料国际会议的筹备事宜向与会委员做了详细汇报。

（中国造纸学会）

中国造纸协会办事及分支机构

Administrative and Affiliated Agency of China Paper Association (CPA)

理事长： 赵　伟

1. 秘书处

秘书长： 钱　毅

副秘书长： 卢慧敏　张新平　巴永红

(1)办公室

电话： 010－68396540

传真： 010－68396572

(2)会员部

电话： 010－68396541

传真： 010－68396572

(3)会展部

电话： 010－68396542

传真： 010－68396672/6572

(4)综合业务部

电话： 010－68396544

传真： 010－68396572

(5)信息咨询部

电话： 010－68396546

传真： 010－68396572

2. 中国造纸协会环境保护专业委员会
3. 中国造纸协会标准化专业委员会
4. 中国造纸协会能源专业委员会
5. 中国造纸协会生活用纸专业委员会
6. 中国造纸协会造纸工业林专业委员会
7. 中国造纸协会造纸芦苇基地分会
8. 中国造纸协会无碳复写纸、热敏纸分会
9. 中国造纸协会铜版纸分会
10. 中国造纸协会卷烟纸分会
11. 中国造纸协会新闻纸分会
12. 中国造纸协会包装纸及纸板分会
13. 中国造纸协会专家工作委员会
14. 中国造纸协会溶解浆工作委员会
15. 中国造纸协会蔗渣浆工作委员会

（中国造纸协会）

2016 年中国造纸协会主要工作

Main Activities of CPA in 2016

2016 年，我国造纸行业生产运行整体情况基本保持平稳态势，产销基本平衡。从国家统计局快报统计数据来看，全年造纸行业主营业务收入及利税利润等主要经济指标完成情况均好于 2015 年，但主营业务中的纸及纸板生产和市场销售实际情况还是不温不火，虽然个别产品市场价格有所上涨，但多数产品市场价格还是维持在低位运行，整个行业尚未完全走出困境，市场信心仍需恢复。

依据行业发展状况，在过去的一年里，中国造纸协会在全体会员单位的共同努力和各级政府相关部门的支持下，根据协会理事会制定的工作计划和政府有关部门安排的工作内容，认真有序地开展了各项活动，基本完成了预定的工作任务目标，取得了较好的工作效果和成绩。

一、充分发挥协会服务功能、努力做好行业各项工作

积极配合、协助国家发展和改革委、工业和信息化部、环境保护部、商务部、水利部、中国轻工业联合会等相关部门的工作，在造纸行业发展规划研究、产业结构调整、淘汰落后产能、节能减排、清洁生产、环境保护、商务贸易、信息统计、技术合作、资源利用等方面做了大量调查研究工作，为政府部门制定相关政策和决策提供了参考意见、建议和技术支撑。

(1)受国家发展和改革委产业协调司委托，中国造纸协会承接了造纸工业“十三五”发展规划研究工作，在充分调研的基础上，编制完成了《造纸工业“十三五”发展研究报告》终稿并提交国家发展和改革委，后经与国家发展和改革委、工业和信息化部有关部门商讨同意，拟以《造纸工业发展“十三五”指导意见》形式对外发布，协会又参加了工业和信息化部消费品司组织的《造纸工业发展“十三五”指导意见》讨论会，并在此基础上完成了《造纸工业发展“十三五”指导意见(建议稿)》，上报工业和信息化部消费品司。

(2)根据国家“十三五”规划的总体部署，为了确保《节水型社会建设“十三五”规划》编制工作顺利进行，协会参与了国家发展和改革委环资司组织的《节水型社会建设“十三五”规划(讨论稿)》的修改；协助中国水利水电科学研究院对《中国节水技术政策大纲》中造纸部分进行了修订，并提交造纸行业的相关节水材料。

(3)按照国家发展和改革委组织开展国家重点节能技术征集和更新工作的要求，协会组织推荐了行业重点节能技术并更新了现行国家重点节能技术推广目录；参加并协助国家发展和改革委环资司和中国国际工程咨询公司完成了“十三五”节能减排综合性工作方案中造纸行业主要能耗指标分析；组织完成了国家发展和改革委开展《国家重点推广的低碳技术目录(第三批)》的申报工作。

(4)对国务院法制办提出的《碳排放权交易管理条例》意见稿，国家发展和改革委气候司提出的《生产企业温室气体排放核算方法》及造纸行业碳减排覆盖范围回复了修改建议和意见。

(5)协会参加了工业和信息化部组织的长江经济带水污染防治相关重点行业现状座谈会，并向工业和信息化部节能司汇报了造纸行业沿江各地市工业水污染防治有关情况；对工业和信息化部提出的《重点用水行业水效领跑者引领行动》实施细则征求意见稿做了回复。

(6)协会对工业和信息化部开展消费品“三品”专项活动方案，提出了造纸行业具体方向、主要内容、产品(技术)要求和实施目标等建议；对工业和信息化部拟定的《关于加快我国包装产业转型发展的指导意见(征求意见稿)》提出修改意见和建议。

(7)为稳定造纸废纸原料供应问题，协会主动

向国务院法制办、环境保护部、工业和信息化部、国家发展和改革委、商务部、税务总局、海关总署等有关部门提报了“关于废纸进口的意见和相关情况汇报”等汇报材料；并为环境保护部固废中心提交了废纸回收利用环境管理的相关研究材料。

（8）协会承接的全球环境基金“中国制浆造纸行业二噁英减排项目”——中国制浆造纸行业应用最佳可行技术/最佳环境实践（BAT/BEP）的技术经济可行性调研评估子项目通过了验收，并提交了现场调研报告和最终报告；参加环境保护部对外合作中心与世界银行组织召开的“中国制浆造纸行业二噁英减排项目”工作会议。

（9）受环境保护部规划院委托，协会承接了《造纸行业排污管理关键措施研究》课题，完成了研究报告并于 12 月通过验收。协助环境保护部完善了造纸行业排污许可证试点相关文件；参与了《造纸、火电行业及部分区域流域排污许可证管理工作方案》《实施工业污染源全面达标排放计划》《固定污染源源强核算技术手册 制浆造纸》等文件的制修订工作。

（10）中国造纸协会与华南理工大学及山东太阳纸业股份有限公司、华泰集团有限公司、驻马店市白云纸业有限公司等纸业公司共同承接了国家“重点流域水污染治理与控制重大科技专项”项目。该项目整体进度正在按要求进行实施；2016 年完成并通过了水专项办组织的中期评估。

（11）为解决国内造纸企业与国际相关企业间的倾销与反倾销、补贴与反补贴等贸易纠纷问题，协会配合商务部有关部门和相关企业积极开展了对美国、欧盟、澳大利亚、巴基斯坦等国对华未涂布书写纸和印刷纸进行反倾销反补贴立案调查应对协调工作；配合商务部进行了造纸行业全球并购中反垄断审查；参加了商务部组织的年度贸易预警信息工作座谈会，并针对造纸行业经济运行与产业安全情况及进出口异动对本行业的影响做了分析汇报。

（12）参与了《轻工业发展规划（2016—2020）》《轻工装备技术进步“十三五”发展指导意见》和《轻工业技术进步“十三五”发展指导意见》等文件的制修订工作，提供了《造纸行业“十二五”完成情况、存在问题和“十三五”目标》等材料并针对造纸产业提出了相关建议和意见。

（13）继续完善中国造纸协会纸浆指数平台，更好服务于行业发展。协会每月定期发布中国造纸协会纸浆指数，纸浆指数包括总指数与分类指数两大部分，总指数包括价格与物量总指数，分类指数包括漂白硫酸盐阔叶木浆、漂白硫酸盐针叶木浆和本色浆三大类。该指数的编制和发布为纸浆市场的关注者和参与者提供了一个纸浆价格监测平台，为相关操作提供了数据基础。

（14）组织各主要省（区、市）造纸协会、重点制浆造纸企业填报 2015 年造纸工业主要经济技术指标完成情况，搜集各种数据，在充分调研的基础上，于 2016 年 5 月完成了 2015 年造纸工业年度报告，为行业和有关部门提供了完整的生产运行及消费情况，得到了社会的好评，同时为指导行业生产和发展奠定了基础。

二、积极组织、参加多项行业活动，增强行业协会凝聚力

（1）中国造纸协会第四届理事会第三次会议（扩大）于 2016 年 3 月 28 日在河南省郑州市召开，来自 107 个理事单位和全国地方造纸协会、行业骨干企业、大专院校、科研院所以及与造纸相关行业的会员单位共计 146 位代表出席了会议。

大会审议并通过了《中国造纸协会第四届理事会第三次会议工作报告》《中国造纸协会 2015—2016 年度工作计划》《中国造纸协会第四届理事会 2015 年度财务报告》《中国造纸协会第四届理事会 2016 年度财务收支预算》《关于吸收 13 个单位为中国造纸协会团体会员的议案》。

根据协会领导成员情况和上级党委推荐，经过与会全体理事的酝酿，以无记名投票方式，选举赵伟为中国造纸协会第四届理事会理事长，钱毅为中国造纸协会第四届理事会秘书长，中国轻工业联合会副会长、中国造纸协会第三届理事长钱桂敬到会祝贺。

（2）根据中国轻工业联合会《关于开展 2015 年度轻工行业十强、轻工业百强企业评价工作的通知》要求，协会于 2016 年 1 月下发了《关于开展 2015 年度轻工行业造纸十强企业、轻工百强企业评价工作的通知》，经过近两个月的工作，共有华泰集团有限公司等 20 家企业申报参评，经中国轻工业联合会评价审定，华泰集团有限公司、玖龙纸业（控股）有限公司、山东晨鸣纸业集团股份有限公司、山东太阳控股集团有限公司、理文造纸有限公司、山东泉林纸业有限责任公司、安徽山鹰纸业股份有限公司、金东纸业（江苏）股份有限公司、海南金海浆纸业有限公司、山东博汇集团有限公司 10 家企业被评为 2015 年度轻工行业造纸十强企业。

(3)根据中国轻工业联合会《关于2016年度中国轻工业联合会科学技术奖励申报工作的通知》要求，协会组织并推荐了行业内多项成果参加此次评选活动。经中国轻工业联合会审定，协会推荐的山东华泰纸业股份有限公司"造纸污泥与废渣焚烧综合利用技术"项目、岳阳林纸股份有限公司"微量涂布胶版纸研究及应用"项目、河南江河纸业股份有限公司"机内整饰涂布纸(MFC)"项目荣获2016年度中国轻工业联合会技术进步奖二等奖，浙江凯丰新材料股份有限公司"CTP版衬纸(计算机直接制版用衬纸)"项目荣获2016年度中国轻工业联合会技术进步奖三等奖。

(4)根据《关于组织推荐"杰出工程师奖"候选人的通知》要求，中国造纸协会组织了此次推荐评选工作。经协会研究决定，推荐山东泉林纸业有限责任公司李洪法高级工程师参加评选，协助申报人完成了网上申报和企业公示等工作。最终经中华国际科学交流基金会"杰出工程师奖"办公室审定，授予李洪法杰出工程师奖。"杰出工程师奖"由中华国际科学交流基金会于2011年经国家科技部、国家科学技术奖励工作委员会批准设立。2014年进行首次评选表彰，每两年评选一次，是我国历史上第一个面向全国各生产建设领域、以"工程师"命名的企业工程技术人员奖项，是我国科技奖励领域的有益探索和重大突破。

(5)根据中国轻工业联合会下发的《关于推荐"十二五"轻工业科技创新先进集体和个人表彰的通知》要求，组织行业内企业积极参加此次评选活动。经中国轻工业联合会审定，协会推荐的华泰集团有限公司、山东泉林纸业有限公司荣获"'十二五'轻工业科技创新先进集体"奖项，华泰集团有限公司李晓亮荣获"'十二五'轻工业科技创新先进个人"奖项。

(6)中国造纸协会作为金砖工商理事会成员单位，派员参加了金砖国家中方理事会及秘书处会议并参与了工作安排讨论；全程参加了在印度召开的金砖国家工商理事会会议。

(7)组织会员企业参加在日本召开的"第五届亚洲浆纸工业可持续发展会议"，参与会议交流并发表演讲。参与了中国－东盟合作项目中由中方组织的非木材纤维制浆的培训活动。协会还接待了埃塞俄比亚国家政策研究中心代表团来访，与他们就行业发展有关情况及合作进行了交流沟通。

(8)中国造纸协会派员出席了APP(中国)在北京举行的"APP(中国)利益相关方圆桌会"，会议邀请了来自各方利益相关群体的专家，就APP(中国)可持续发展管理、可持续发展报告编制及传播等议题进行深入探讨和交流，分享各方的经验和优秀实践，共同推进可持续发展。

三、积极组织会展活动、努力丰富会议内容

(1)中国造纸协会于2016年11月在宁夏回族自治区银川市组织召开了2016中国国际造纸和装备博览会暨全国纸张订货交易会。本届博览会和交易会展示面积近1万米^2，来自全国各地的采购商，参展企业近3万余人参加了会议。

为了使广大参展企业和参会代表从此次大会中获得更多的信息，在博览会和交易会期间还举办了2016年中国纸浆市场形势研讨会、2016造纸产业及技术装备发展研讨会等多场专题研讨会。研讨会会议内容丰富、数据翔实、信息量大，为企业领导层的战略决策提供了有力支撑，同时对广大造纸及相关产业企业的生产与销售起到了很强的指导作用，得到了与会代表的一致好评。

(2)中国造纸协会与河南省造纸行业协会联合主办，中华纸业杂志社承办的2016中国纸业高层峰会在河南省郑州市召开，来自国内20余个省(区、市)、125家企业的240名业界专家学者、企业家领导和嘉宾参加了此次峰会。本次会议围绕"谋划'十三五'——科学有序发展，提高供给质量"主题，结合当前行业热点话题，针对新形势下行业面临的困难和问题，共商行业和企业如何通过深度调整，实现产业升级发展，以顶层智慧、前瞻思维、谋划行业未来发展方向。

(3)2016年10月，由中国造纸协会、中国造纸学会和中国制浆造纸研究院共同主办，中国造纸杂志社承办的2016中国国际造纸科技展览会在上海市召开，展会期间举办的造纸科技发展研讨会，有来自政府有关部门领导、行业专家、国内外企业家和业界人士近300人出席。

四、加强协会内部建设

(1)认真贯彻落实党的十八届六中全会精神，组织学习习近平同志系列重要讲话，及时了解政府机构改革和职能转变背景下，协会工作所面临的新形势和新机遇，按照民政部、国资委等单位的要求，制定协会脱钩试点实施方案，理顺各方面关

系，以促进协会健康、平稳发展和提升服务水平。

(2)根据改革和协会发展的需要，协会申请并完成了制定行业团体标准的注册工作，为行业和企业制定、发布产品等团体标准打下基础。

(3)根据协会工作安排，并经协商相关企业同意和前期筹备，协会于2016年9月，在四川省成都市召开了中国造纸协会竹浆工作委员会成立大会，同时建立起信息共享和数据交换平台。

(4)针对各分支机构特点和出现的问题，积极组织协会内部各分支机构开展政策研究和市场分析及信息交流。其中，新闻纸分会、铜版纸分会、箱纸板和瓦楞原纸分会、标准化委员会、生活用纸委员会等先后召开主任会议或工作会议，就共同关心问题和发展开展讨论交流。

(5)在协会领导和各专业委员会的支持下，积极发展新会员，2016年共发展新会员16个。

(6)努力克服困难，积极收缴会费。由于2016年经济增速放缓，企业面临的困难和压力增大，行业内并购持续加速，部分企业停产或退出，会费的催缴面临一定的困难，针对这些不利情况，会员部加强了与企业的沟通，在各会员单位支持下，较好地完成了2016年收缴会费目标和任务。

(7)加强协会与会员企业之间的联系和沟通，积极汇总企业反映的意见、诉求和建议，上报有关部门；完善《纸协通讯》的编制工作，向国家有关部委和造纸骨干企业提供最新的协会动态和行业资讯，2016年共出版12期；努力做好网站的维护和运营，及时发布相关政策、协会动态、企业信息、行业报告，使网站信息与内容更加完整、统一，并使内容更加丰富、新颖，有效提升了协会在行业中的影响力和知名度。

(8)2016年，中国造纸协会创建了微信公众号，通过公众号及时发布了行业内政策法规及热点关注，并借助公众号这一平台对协会举办的会议等活动进行了前期推广和会后报道，通过微信公众号的宣传，助力协会快速传播信息、扩大影响力。

（中国造纸协会）

中国造纸学会部分团体会员单位介绍

Introduction of Partial CTAPI's Company Members

中国制浆造纸研究院

企业性质：全民所有制企业
地址：北京市朝阳区望京启阳路4号院中轻大厦
邮编：100102
法人代表：曹春昱
技术负责人：曹春昱
电话：010－64778000
传真：010－64778001
网址：www. cnppri. com
联系人：田　超
电话：010－64778028
邮箱：bgs@ cnppri. com

企业详细介绍见“国内制浆造纸科研设计单位简介”栏目。

中国造纸装备有限公司

企业性质：国有企业
地址：河北省廊坊市永清工业园区一纬道东首
邮编：065600
法人代表：孙　波
经营负责人：李杰辉
技术负责人：李杰辉
电话：0316－6655505
传真：0316－6655505
网址：www. cpmcchina. cn
联系人：赵　涛
电话：0316－6655505
邮箱：zhaotao@ cpmcchina. cn
投产日期：2012 年 10 月

中国造纸装备有限公司是中国轻工集团公司的全资子公司，集造纸及其他通用装备研发设计、制造、系统集成、安装、调试生产及技术服务于一体，具备全面核心技术的国际一流轻工装备制造和技术服务商。现有河北分公司(永清基地)、中轻国泰机械有限公司(岳阳基地)。

ABB(中国)有限公司

企业性质：外商独资企业
地址：北京市朝阳区酒仙桥路10号恒通商务园
邮编：100015
法人代表：顾纯元
电话：010－84566688
传真：010－64231626
联系人：管　静
电话：010－64231317
邮箱：jing. guan@ cn. abb. com

ABB 集团位列全球500强，是电力和自动化技术领域的领导企业。ABB 致力于帮助电力、工业、交通和基础设施等领域客户提高业绩，同时降低对环境的影响。ABB 集团业务遍布全球近 100 个国家，拥有 14 万名员工。ABB 集团在我国拥有研发、制造、销售和工程服务等全方位的业务活动，员工 1.9 万名，拥有 39 家本地企业和遍布全国 126 个城市的销售与服务网络。

中轻特种纤维材料有限公司

企业性质：国有企业
地址：河北省廊坊市开发区紫杉路50号
邮编：065001
法人代表：朱晓红
经营负责人：刘文波
技术负责人：刘文波
电话：0316－2575530

传真：0316－2575609
联系人：任　彪
电话：0316－2575782
网址：www. sinopaper. com
投产日期：2010 年
职工总数：120 人
技术人员：20 名

中轻特种纤维材料有限公司前身为廊坊中轻造纸工程技术有限公司，成立于2008 年8 月，坐落于河北省廊坊市中科科技谷园区内，占地面积 3. 33 公顷，注册资金 8000 万元，为中国制浆造纸研究院全资子公司，主要从事特种纤维材料的生产开发工作。公司现有员工 120 人，已通过 ISO 9001：2008 质量管理体系认证。

一期建设用地 2. 0 公顷，建筑面积约 1. 5 万米^2，其中，中试车间建筑面积 1. 1 万米^2，规划建设有 1260/80 双圆网特种纸生产线（2 号纸机）、1260/20 高性能造纸法无石棉纤维复合密封材料生产线（1 号纸机）、1092/80 超薄型电容器纸生产线（3 号纸机），以及 600 毫米多功能涂布机试验线（4 号纸机）。

二期建设用地 1. 33 公顷，由实验中心楼、实验中心服务楼 2 栋建筑物组成，建筑面积约 2. 7 万米^2。其中，实验中心楼规划建设 1 条 600 毫米圆网试验线、1 条 600 毫米长网试验线、1 条 800 毫米长网试验线、化学助剂试验室、仪器仪表加工车间、培训中心及仓库。

中轻特种纤维材料有限公司在中国制浆造纸研究院的统一领导下，主要依托制浆造纸国家工程实验室（国家发展和改革委批复建设）的科技创新实力，以“成为行业一流的制浆造纸工程化、产业化研究生产平台”为发展方向，充分把握“产研结合，以产促研，以研保产”的科学发展模式，为行业的发展和科技的进步作出突出贡献。

目前公司已形成食品过滤纸、邮资机专用签条纸、全热交换纸、药检纸、育果用纸、烟用滤纸、吸尘器纸袋纸、高透成型纸、化纤壁纸、高性能无石棉纤维复合密封材料和超薄型电容器纸等多系列产品的生产能力，在食品、医药、光学电子、建筑装潢、军工、航空航天、邮政、烟草等行业和领域得到广泛应用，是特种纸行业一个重要的研发、中试和高端特种纸产品生产的综合基地。

牡丹江恒丰纸业股份有限公司

企业性质：股份有限公司
地址：黑龙江省牡丹江市阳明区恒丰路 11 号
邮编：157013
法人代表：徐　祥
经营负责人：李迎春
技术负责人：李劲松
电话：0453－6886999
传真：0453－6886302
网址：www. hengfengpaper. com
联系人：韩艳萍
电话：0453－6886772
邮箱：6321678@ 163. com
投产时间：1952 年
职工总数：2019 人
技术人员：207 名

牡丹江恒丰纸业股份有限公司是 1952 年建立的大型国有企业——牡丹江造纸厂（现已改制更名为“牡丹江恒丰纸业集团有限责任公司”）以主要生产经营性资产出资，以定向募集方式设立的股份有限公司，是我国首家通过科技部和中国科学院认证的造纸行业重点高新技术上市公司，是我国最大、世界排名第三的卷烟用纸生产企业。

公司现拥有 19 条国内外先进水平的造纸生产线。年产特种薄页纸 16. 2 万吨。产品包括“恒丰纸业”牌卷烟纸、滤棒成形纸、烟用接装纸原纸、铝箔衬纸、圣经纸等近千个规格品种。另有 4 条印刷机、1 条高白度连续漂白亚麻浆等延伸企业产业链的专业生产线，可满足个性化的卷烟纸、滤棒成形纸、烟用接装纸原纸、铝箔衬纸等特种薄页纸的生产需求。

通过全方位实施客户满意宗旨和品牌战略，牡丹江恒丰纸业股份有限公司已形成了立足中国、遍布亚太、辐射欧美的国际营销网络，产品在我国市场的覆盖率达到 100%，份额占据中国烟草的 1/3 以上，同时也是以生产“万宝路”为品牌代表的世界最大烟草公司菲莫国际、世界最大滤棒生产企业益升华公司（原菲尔创纳）的重要供货商。

作为烟草行业用纸及特种薄页纸行业的专业供应商，牡丹江恒丰纸业股份有限公司以中国烟草及特种纸行业的发展为己任。承担并完成了 3 个国家火炬计划、2 个国家重点新产品和 120 余项科研开发项目，参与主持制定了 20 余项国家或行业标准，目前持有 13 项国内发明专利、15 项国际发明专利授权及 8 项国内实用新型专利授权。公司已成为我国特种纸行业中卷烟用纸和特种薄页纸领域的领军企业。

牡丹江恒丰纸业股份有限公司在我国造纸业享有盛誉，具有良好的声誉和公众形象，是中国造纸学会副理事长单位，中国造纸学会特种纸专业委员会副主任单位和全国工商联纸业商会常务理事单位。多年的诚信合作，快捷、周到、体贴、增值的服务，让牡丹江恒丰纸业股份有限公司与广大客户建立良好业务关系和深厚友谊的同时，也赢得众多的赞誉和良好的口碑。

纸媒心桥，海纳百川。牡丹江恒丰纸业股份有限公司将竭尽全力打造国际一流纸制品研发和生产机构，更好地服务于造纸、烟草事业，与深圳烟草工业有限责任公司同谋发展，共创未来。

索理思(上海)化工有限公司

企业性质：外资企业
地址：上海市莘庄工业区申富路688号
邮编：201108
法人代表：丁波波
电话：021－54422323
传真：021－54421739
网址：www. solenis. com
联系人：姚丹丹
电话：021－54422323－5729
邮箱：dandan_yao@ solenis. com
投产时间：2008年
职工总数：230人
技术人员：40名

索理思(上海)化工有限公司是世界领先的特种化学品公司，为制浆造纸、石油天然气、化学过程、采矿、生物精炼、电力和市政建设等耗水产业提供解决方案。该公司的产品组合包括一系列工艺过程、功能性及水处理化学品以及尖端监控系统，可用于提高操作效率和产品质量，同时保护设备资产并减少对环境的影响。

公司总部位于美国特拉华州威尔明顿市，在五大洲118个国家拥有30座生产基地以及3500名员工。

美国特种矿物有限公司上海代表处

企业性质：外资企业
地址：上海市长宁区江苏路369号兆丰世贸大厦7楼F座
邮编：200050
法人代表：黄国辉
技术负责人：旺忻曙
电话：021－62093079
传真：021－62195894
联系人：胡承伟
电话：021－62093279
邮箱：aaron. hu@ mineralstech. com
职工总数：250人
技术人员：12名

美国特种矿物有限公司上海代表处是一家资源和科技型公司，隶属于美国上市公司美国矿物技术有限公司，股票代码MTX。该公司造纸轻质碳酸钙工厂共62个，其中，北美地区25个，欧洲9个，亚洲21个，拉丁美洲6个，非洲1个。1997年公司正式进入我国，在我国的第一个造纸轻质碳酸钙卫星厂于1999年开机投入运营。目前，在我国有10家企业正在运营或正在建设卫星工厂。

美国特种矿物有限公司采用石灰、水、二氧化碳气体，利用化学方法生产轻质碳酸钙，通过对轻质碳酸钙晶型结构、粒径大小、粒径分布、比表面积及表面化学进行有效控制，为客户量身定制高质量的轻质碳酸钙产品。

采取轻质碳酸钙卫星厂的经营模式，通过管道将轻质碳酸钙(固含量20%左右)直接运输到纸机，省去巨额运输费用，达到综合效益最大化。

产品有填料级和涂布级轻质碳酸钙两大系列几十种产品。

日惠得造纸器材(上海)贸易有限公司

企业性质：外资企业
地址：上海市长宁区娄山关路85号东方国际大厦C1108室
邮编：200336
法人代表：川口和信
经营负责人：佐藤吉保
技术负责人：村木德親
电话：021－62350159
传真：021－62195442
网址：www. felt. co. jp
联系人：丁莉勤
电话：13764306237
邮箱：lqding@ felt. co. jp
职工总数：605人
技术人员：48名

主要产品：制浆造纸用毛毯、网、靴套和其他工业用毛毯。造纸用毛毯，制浆用毛毯，石板及建材制造用毛毯，造纸及其他工业用塑料织物。

业务内容：纸张、纸浆、石板及其他工业用毛毯的制造、加工及销售。各种纤维制品的制作、加工及销售。工业用洗涤剂、其他化学工业药品的制造及销售等。

上海新江南纸业有限公司

企业性质：有限责任公司
地址：上海市武宁路1500号南楼408室
邮编：200063
法人代表：姜海斌
经营负责人：王基辉
技术负责人：芮坚克
电话：021－62543871
传真：021－62543871
联系人：王利生
电话：021－62543871
邮箱：shpapers@163.com
投产日期：2002年
职工总数：160人
技术人员：48名

由创立于1925年的江南造纸厂改制而成的上海新江南纸业有限公司，是上海造纸行业中的大型骨干企业之一，也是全国铜版纸制造业为数不多的高新技术企业之一。上海新江南纸业有限公司在产品开发能力和产品技术含量方面均居行业领先水平。“福鹿”牌铜版纸、防伪特种邮票纸多次被评为上海市名牌产品；CCK纸、防水瓶贴纸、医用防菌包装纸等皆为新开发的高技术含量高附加值产品。上海新江南纸业有限公司迄今已连续4届获得“上海市文明单位”荣誉称号。公司于1997年10月正式通过ISO 9002质量体系认证，2004年6月又通过了ISO 9001:2000版质量体系认证审核。公司全体员工在“先一步，高一格”六字企业精神的引导下，正以雄厚科技力量，高端企业管理，一流产品质量，良好商业信誉四大优势，在激烈的市场竞争中继续谱写美好篇章。

上海新江南纸业有限公司主要产品有：防伪特种邮票纸、医用防菌包装纸、单双面铜版纸、静电复印纸、CCK纸、防水瓶贴纸等。

迪蔼姆国际贸易(上海)有限公司

企业性质：外国法人独资
地址：江苏省昆山经济技术开发区大通路1189号
邮编：215333
法人代表：Markus Hallapuro
技术负责人：成国民
经营负责人：Markus Hallapuro
电话：0512－57001571
传真：0512－57001570
网址：www.tmsystems.com
联系人：张　鹰
电话：15850348160
邮箱：zhang.ying@tmsystems.cn
职工总数：25
技术人员：22

迪蔼姆国际贸易(上海)有限公司长期专注于工业通风解决方案，同时帮助增加产能和节约单位能耗，公司的最新技术针对纸厂排放管控，满足环保及迅速发展的市场需求。

公司的专业知识和服务基本覆盖所有制浆造纸相关的空气和热系统。产品使用范围从工厂调研到完整的交钥匙工程。主要产品为：Zero-Ex®排放控制系统；节能系统包括烘干部气罩、烘干部通风系统、热回收系统、湿部抽湿系统、Trimvac®纸边处理系统、除尘系统；技术服务包括升级改造、测量分析和评估；通风系统包括厂房通风系统、空气处理系统；纸幅稳定部件；降噪系统；通风系统部件等。

无锡荣成环保科技有限公司

企业性质：苏台合资
地址：江苏省无锡市惠山区洛社镇中兴西路43号
邮编：214187
法人代表：陶龙法
经营负责人：姚长坤
技术负责人：高威宏
电话：0510－83316666
传真：0510－83301903
网址：www.longchenpaper.com
联系人：许武军
电话：13961848775
邮箱：w5015@longchenpaper.com

投产日期：1997 年
职工总数：950 人
技术人员：100 名

企业详细介绍见"重点企业介绍"栏目。

江苏王子制纸有限公司

企业性质：中外合资企业
地址：江苏省南通市经济技术开发区通达路 18 号
邮编：226017
法人代表：渡边正
技术负责人：张　威
联系人：山田信夫
电话：0513－81198108
传真：0513－81198465

一期工程：40 万吨/年铜版纸（2011 年 4 月营业生产）。主要利用外购硫酸盐浆板生产高档铜版纸。主要工段由浆料制备、抄造系统、涂布系统、白水回收系统和分切组成。辅助配套设施有：给水处理厂、废水处理厂、热电厂、码头及仓库等。

二期工程：70 万吨/年化学木浆（建设中）。采用外购木片经过备料、蒸煮、洗涤筛选、氧脱木素、漂白等工段制成成品浆。碱回收车间由蒸发、燃烧、苛化、石灰回收等工段组成。化学品制备车间由二氧化氯、二氧化硫、制氧及臭氧制备工段组成。

以生产木浆时产生的废弃物作为燃料，通过碱回收锅炉的蒸汽，进行热电联产，在提高废弃物能源利用效率的同时，可大幅减少煤炭的使用量，抑制 SO_2、NO_x、CO_2 的生成。此外，燃煤锅炉采用了循环流化床锅炉，废水和污泥等废弃物都可以进行燃烧和热回收。

制浆和造纸工序等主要设备及相关附属设备从资源的利用效率、节水和节能等方面出发，采用了最新的高科技。同时，还力求通过纸机的大型化和高速化来实现节能和高效化。

日本王子制纸株式会社创立于 1873 年，是日本最早的造纸企业，也是日本首家股份有限公司。经过不断地兼并、重组等产业活动，现已发展成为以生产和销售各种纸及纸板为主的综合性制浆造纸企业集团。江苏王子制纸（南通）有限公司由日本王子制纸集团和南通经济技术开发区共同出资，于 2003 年 9 月 28 日在工商局注册并被批准成立。2007 年开工建设，2010 年下半年投入生产。

金东纸业（江苏）股份有限公司

企业性质：中外合资企业
地址：江苏省镇江市大港兴港东路 8 号
邮编：212132
法人代表：黄志源
经营负责人：王自力
技术负责人：吴国泉
电话：0511－88998888
传真：0511－88997000
网址：www. goldeastpaper. com. cn
邮箱：service@ goldeastpaper. com. cn
联系人：卜正芳
电话：0511－88996512
投产日期：1997 年
职工总数：3745 人
技术人员：1173 名

企业详细介绍见"重点企业介绍"栏目。

芬欧汇川（中国）有限公司

企业性质：外商独资企业
地址：江苏省常熟市经济开发区兴业路 2 号
邮编：215536
法人代表：Bernhard Eikens
经营负责人：Pentti Putkinen
技术负责人：杨国柱
电话：010－85570866
传真：010－85570856
网址：www. upm. com；www. cn. upm. com
联系人：胡蓉晖
电话：010－85718479
邮箱：hu. ronghui@ upm. com
投产时间：1999 年
职工总数：1371 人

企业详细介绍见"重点企业介绍"栏目。

徐州工业用呢厂

企业性质：国有企业
地址：江苏省徐州市城泉山经济开发区时代大道 7 号
邮编：221000
法人代表：陈国荣

经营负责人：刘洪伟
技术负责人：付　玲
电话：0516－66692378
传真：0516－85796891
网址：www. xzgyync. com
联系人：王金萍
电话：0516－66692378
邮箱：xzwangjinping@ 163. com
投产日期：1996 年
职工总数：609 人
技术人员：180 名

徐州工业用呢厂始建于 1981 年，是从事产业用布生产的国有企业，江苏省高新技术企业。厂区占地面积 10. 87 公顷，注册资金 8888 万元，总投资 3. 18 亿元。企业主要生产经营工业用造纸毛毯、过滤布、皮革毡套、转移印花毡套、螺旋干网等产业用纺织品，2013 年 10 月被中国产品用纺织品行业协会评为非织造布行业“最具成长性十强企业”。

多年来，企业十分重视科技进步、产学研工作，以江南大学、南京林业大学等院校为技术依托单位，以公司的企业技术中心为开发载体，引进国外先进技术，结合企业自有技术，先后开发了具有“专毯专用、功能细化”特色的多种系列造纸毛毯新产品上百种。2013 年 5 月企业与江南大学共同成立“徐州三环江南大学造纸毛毯研究中心”。

近几年，企业相继承担并完成了国家级、省级火炬计划项目，开发完成了国家级新产品及省级新产品数十项，多次荣获科技进步奖。企业通过了 ISO 9001 质量管理体系、ISO 14001 环境管理体系、OHSAS 18001 职业健康安全管理体系认证。拥有国内最宽的瑞典宽幅重型织机（宽幅 26. 6 米），技术最先进的 10 米梳理预刺生产线，奥地利产 13. 2 米主针刺机和 10. 2 米热定型生产线，产品以生产量、质量、品种、销售 4 个领先的优势使企业成为全国造纸毛毯行业的领军企业，在同行享有很高的声誉。

华章科技控股有限公司

企业性质：外资企业
地址：浙江省杭州市祥园路 99 号运河广告产业大厦 2 号楼 11 层
邮编：310012
法人代表：朱根荣
技术负责人：金　皓
电话：0571－88994499
传真：0571－88994466
网址：www. hzeg. com
联系人：张　菁
电话：0571－88994499－830
邮箱：zhangjing@ hzeg. com

华章科技控股有限公司（简称“华章科技”，股票代码：08276）是一家提供一站式高品质综合自动化系统和固液分离产品的研发、设计、制造、销售及增值服务供货商。公司在自动化系统行业拥有超过 10 年的经验，主要服务造纸行业，也逐步拓展至冶金、电力、市政等行业。根据权威机构 Euromonitor 的统计，华章科技在我国造纸工业自动化行业拥有重大市场份额，在造纸行业与国际知名企业已形成鼎足竞争之势，成为我国造纸工业自动化产品的领先供应商之一。华章科技的业务以强大的研发力量和工程师队伍为依托，目前已获得 28 项发明专利，40 项实用新型专利和 3 项软件登记，依靠自己的品牌及独有的专利产品和技术，日益见证华章科技的实力。

华章科技在 2008 年被国家认定为高新技术企业，是中华全国工商业联合会纸业商会副会长单位、浙江造纸学会/协会副会长单位、全国分离机械标准化技术委员会常务理事单位。公司于 2013 年在香港联合交易所成功上市。

同时，华章科技以保护环境、节能减排为己任，自主研发了钢带式压榨过滤机，拥有多项国家发明和实用新型专利，并于 2011 年获得国家重点新产品证书。华章科技创新地将全自动厢式隔膜压滤机和钢带式压榨过滤机结合，真正做到了污泥高效、深度脱水，实现污泥低成本、成量化、无害化、绿色循环处理。在市场上，华章科技的固液分离处理产品已是知名品牌。

华章科技拥有完善的质量、环境和职业健康安全的保障体系，在同行业中率先通过了 ISO 9001 质量体系认证、ISO 14001 环境管理体系认证以及 OHSAS 18001 职业健康安全管理体系认证。

展望未来，华章科技始终把“节能减排”作为核心使命，不断加大投入，提高自主创新能力，顺应国家未来发展方向。公司的目标是实现多行业多领域协同发展，成为我国自动化行业重要领导者，成为世界固液分离创新设备的创造者。

民丰特种纸股份有限公司

企业性质：股份制企业

地址：浙江省嘉兴市甪里街 70 号
邮编：314000
法人代表：卢卫伟
经营负责人：曹继华
技术负责人：韩继友
电话：0573－82839051
传真：0573－82831135
网址：www. mfspchina. com
联系人：王洪祥
电话：0573－82839052
邮箱：zjb@ mfspchina. com

企业详细介绍见“重点企业介绍”栏目。

仙鹤股份有限公司

企业性质：民营企业
地址：浙江省衢州市衢江区通江路 81 号
邮编：324022
法人代表：王敏良
经营负责人：李志敏
技术负责人：戴贤中
电话：0570－2833055
传真：0570－2931631
网址：www. xianhepaper. com
联系人：张　诚
电话：0570－8755298
邮箱：cnzhangcheng@ 126. com
投产日期：1998 年
职工总数：1500 人
技术人员：500 名

仙鹤股份有限公司创建于 1997 年，注册资金 4. 5 亿元，总资产 25 亿元，员工 1500 多人，是一家生产经营高档薄型特种纸的股份制民营企业。公司坚持“自主创新，特色经营”策略，把握市场、苦练内功，一步一个台阶滚动式发展，短短的十几年，已成为我国规模最大、设备最先进的特种纸生产企业之一。公司主要生产卷烟配套用纸、裱潢装饰用纸、薄型印刷用纸、食品包装纸、医用包装纸、电气材料用纸、防伪票据用纸、间隔材料用纸、标签离型纸九大系列 60 多个品种的特种纸。

公司生产全面推行 6S 管理，通过 ISO 9001:2008 质量管理体系、ISO 14001:2004 环境管理体系、OHSAS 18001:2007 职业安全管理体系、ISO 测量管理体系、SGS 国际森林 5 项认证，先后获得首批“浙江省绿色企业”“浙江省名牌产品”“浙江省著名商标”“浙江省‘十一五’节能降耗先进集体”等荣誉。

公司拥有独资、合资造纸企业 8 家，及其他资本运作公司，目前已达到造纸设备装机能力年产特种纸及纸制品 50 万吨，已建成纸机生产线 25 条，涂布、印刷、超压生产线 20 多条。已有浙江省衢州市的衢江区和常山县、河南省南阳市 3 个造纸基地，占地面积 200 公顷，加快特种纸产业布局，还涉足热电联产、光伏发电等产业，预计到 2020 年可实现工业总产值 100 亿元。

杭州市化工研究院

企业性质：科研院所
地址：浙江省杭州市拱墅区石灰坝 7 号
邮编：310014
法人代表：赵文彦
技术负责人：陆　伟
经营负责人：赵文彦
电话：0571－87893088
传真：0571－88030316
网址：www. hhs. cn
联系人：张亚萍
电话：0571－88030316
邮箱：hhy_ zyp@ 163. com
职工总数：335 人
技术人员：140 名

杭州市化工研究院成立于 1958 年，2003 年整体转制为股份制科研院所。专业从事造纸化学品、石油加工助剂、高分子材料抗静电剂、新材料等领域的研发和成果转化；编辑出版《造纸化学品》《杭州化工》期刊；是中国造纸化学品工业协会理事长单位，国家造纸化学品工程技术研究中心、全国造纸化学品信息站、浙江省造纸化学品开发工程试验基地的依托单位；领衔组建浙江省造纸化学品关键技术开发与应用创新团队；建有变性淀粉、水溶性高分子、石油化工助剂等省级企业技术研发中心，浙江省、杭州市企业技术中心。曾获得 130 多项次国家、部省市科技成果奖，14 项国家级重点新产品，41 项发明专利，多项技术具有国际领先或先进水平。在浙江、吉林、山东、广东等地建立了成果转化基地，造纸化学品产业化能力达 40 万吨/年。转制以来，成果转化收入累计 50 多亿元，利税 10 亿元，上缴税收 3. 5 亿元。

造纸化学品主要产品有：干强剂、湿强剂、乳液松香施胶剂、表面施胶剂、涂布耐水剂、纸浆纤维素酶、湿强解离剂、树脂障碍控制剂、柔软剂、剥离剂、固色剂、填料处理剂、防水剂、湿部添加淀粉系列、表面施胶淀粉系列、层间喷雾淀粉 HCT 系列、涂布润滑剂、生物基胶乳、填料改性剂、高分子增强剂。化学品专用设备有淀粉连续蒸煮器及造纸化学品喷射混合器等。

轻工业杭州机电设计研究院

企业性质：国有企业
地址：浙江省杭州市体育场路 71 号
邮编：310004
法人代表：刘安江
经营负责人：于　宏
技术负责人：杨　旭
电话：0571－85186716
传真：0571－85186432
网址：www. hmei. com. cn
联系人：王　飞
电话：0571－85186596
邮箱：hzjdy@ hmei. com. cn
职工总数：174 人
技术人员：135 名

企业详细介绍见“国内制浆造纸科研设计单位简介”栏目。

华泰集团有限公司

企业性质：民营企业
地址：山东省广饶县大王镇潍高路 251 号
邮编：257335
法人代表：李建华
经营负责人：李晓亮
技术负责人：张凤山
电话：0546－6888818
传真：0546－6888018
网址：www. huatai. com
联系人：任文涛
电话：18354603888
邮箱：htjt0546@ 163. com
投产日期：1993 年
职工总数：12025 人
技术人员：1101 名

企业详细介绍见“重点企业介绍”栏目。

山东泉林纸业有限责任公司

企业性质：民营企业
地址：山东省高唐县光明东路 15 号
邮编：252800
法人代表：李洪法
经营负责人：李洪法
技术负责人：宋明信
电话：0635－3961106
传真：0635－3961597
网址：www. tralin. com
联系人：郭希燕
电话：0635－3961847
邮箱：06353177@ 163. com
成立时间：1976 年
职工总数：14000 人
技术人员：542 名

企业详细介绍见“重点企业介绍”栏目。

亚太森博（山东）浆纸有限公司

企业性质：中外合资企业
地址：山东省日照市北京路 369 号
邮编：276826
法人代表：李建绍
经营负责人：汪　波
技术负责人：陈德海
电话：0633－3361270
传真：0633－3361280
网址：www. asiasymbol. com
联系人：杨晓雷
电话：0633－3369188
邮箱：xiaolei_ yang@ asiasymbol. com

企业详细介绍见“重点企业介绍”栏目。

山东恒联投资有限公司

企业性质：民营企业
地址：山东省潍坊市高新区东风东街 3019 号
邮编：261061
法人代表：李瑞丰
经营负责人：李瑞丰
技术负责人：盛秀华
电话：0536－8671516

传真：0536－8665348
网址：www. henglianpaper. com
联系人：董正祥
电话：0536－8671538
邮箱：bairu888@ 163. com
成立时间：1946 年
职工总数：4086 人
技术人员：656 名

企业详细介绍见“重点企业介绍”栏目。

山东鲁南新材料股份有限公司

企业性质：股份有限公司
地址：山东省郯城县人民路 313 号
邮编：276100
法人代表：邸淑美
经营负责人：张余民
技术负责人：邸淑美
电话：0539－6130908
传真：0539－6130863
网址：www. lunanpaper. com
联系人：刘长冬
电话：0539－6788168
邮箱：lunanpaper@ 126. com
投产时间：2005 年
职工总数：850 人
技术人员：266 名

山东鲁南新材料股份有限公司是国内著名的特种纸及工业特种材料生产企业，是国内最大的建筑装饰用纸生产基地，年生产能力 12 万吨。公司的主要产品有：装饰原纸、生态纸、无纺纸、无纺滤材、电解电容器纸、隔膜纸等。其中，装饰原纸有素色类、印刷类、平衡类三大系列 200 多个品种；无纺纸有短纤维无纺纸、长纤维无纺纸、无纺纯纸、阻燃无纺纸等系列产品；电解电容器纸有低压、中高压系列产品。

公司现为山东省高新技术企业，拥有博士后科研工作站省级企业技术中心，目前共获得 32 项专利，其中，发明专利 8 项，实用新型专利 13 项，外观设计专利 11 项。参与制定了《人造板饰面专用纸》国家标准、《无纺壁纸原纸》和《装饰装修材料售后服务管理规范(壁纸原纸)》行业标准。化纤无纺壁纸原纸等多个项目被列入国家火炬计划项目和国家重点新产品。

公司长期以来重视创新和可持续发展，通过了质量管理体系、环境管理体系、职业健康安全管理体系认证，企业发展战略方向重点放在特种纸及工业特种材料领域，在国内外特种纸生产行业具有很高的企业知名度和品牌知名度。

中冶纸业银河有限公司

企业性质：国有企业
地址：山东省临清市西门里街 297 号
邮编：252600
法人代表：许仕清
经营负责人：李良英
技术负责人：张义华
电话：0635－2433877
传真：0635－2433968
联系人：刘　静
电话：0635－2433968
传真：0635－2433968
网址：www. mccyinhe. com
邮箱：yhzybgs@ 126. com
投产日期：1958 年
职工总数：4896 人
技术人员：267 名

中冶纸业银河有限公司(简称“银河纸业”)，坐落于山东省临清市，系国有大型制浆造纸企业。现有员工近 5000 人，占地面积 133. 33 公顷，拥有 5280、4400、3600、2640 等不同型号纸机 35 台，造纸生产能力 80 万吨/年，制浆能力 50 万吨/年，发电能力 7 万千瓦。产品有印刷文化用纸、包装纸和加工纸三大系列上百个花色品种。主导产品为：高档双胶纸、高档复印纸、雅质纸、胶版印刷纸、象牙白双胶纸、米色道林双胶纸、轻型印刷纸、静电复印纸、铸涂原纸、电脑打印纸、信封纸、防黏原纸、120～450 克/米^2 高定量双胶纸、食品包装纸、纸杯原纸、淋蜡原纸、铜版原纸、无碳复写原纸、精印书写纸、纯质纸、银河书纸和高强瓦楞原纸，其中，胶版印刷纸为“国家免检产品”，静电复印纸、精印书写纸为“山东省名牌产品”，精印书写纸、多功能办公用纸、铸涂原纸、高强瓦楞原纸为“中国名优产品”。产品畅销全国各省、市、自治区，并出口到世界 80 多个国家和地区。

企业拥有“瑞雪”“皓月”“华章”“银光”“祥云”“如意”“书纸”七大商标，其中，“银光”和“瑞雪”商标为“山东省著名商标”，“银光”商标被中国企业联合会评为“中国驰名商标”。公司通过了 ISO

9001 质量管理体系认证、ISO 4000 环境管理体系认证、OHSAS 18000 职业健康安全管理体系认证和FSC-COC 产销监管链体系认证，拥有自营进出口权；曾获“全国五一劳动奖状”“中国轻工业造纸行业十强企业”“全国企业文化建设优秀单位”“全国造纸行业劳动关系和谐企业”“产品质量(国家)免检单位”“山东省守合同重信用企业”等60 多项省级以上荣誉称号。

山东凯丽特种纸股份有限公司

企业性质：股份有限公司
地址：山东省荣成市河阳东路198 号
邮编：264300
法人代表：王本昌
技术负责人：丛永宁
经营负责人：车明阳
电话：0631 –7510288
传真：0631 –7571946
网址：www. kailipaper. cn
联系人：王　竹
电话：13706499458
邮箱：laotouo@ 126. com
职工总数：650 人
技术人员：85 人

山东凯丽特种纸股份有限公司成立于1998 年，总资产3.2 亿元，员工650 人，“凯丽”“荣皎”“久恒”牌机制纸采用全商品浆绿色造纸技术，年生产能力4 万吨。通过ISO 9001 质量认证、ISO 14001 环境认证、FSC 国际森林认证以及信息安全认证和职业健康安全体系认证，产品涵盖28 ~450 克/米^{2}定量范围，包括字典纸、高档艺术纸、特种防伪纸、工业用纸四大系列200 多个品种。公司2016 年销售收入2.8 亿元，高新技术产品收入超过80%，践行“以科技打造持续成长型企业”的发展理念。

公司为高新技术企业，具有山东省唯一的特种防伪纸工程技术研究中心和山东省企业技术中心两大省级研发平台，2010 年研发的再生超感纸成为上海世博会官方导览手册专用纸，用于收藏与赠送国外政要；2011 年公司系列特种纸获得第20 届全国发明展览会金奖；高档艺术纸系列进入欧洲、东南亚以及我国香港、台湾市场，成为Cumus、Dior、Gucci、Chloé 等国际知名品牌包装纸；防伪纸系列被税务、银行、财政、公安等部门优选为防伪专用纸定点生产单位；共有35 项产品技术获得国家发明专利授权及获得国家、行业、省、市级科学技术奖；字典纸、防伪纸、艺术纸均获得名牌产品称号，并获2 项著名商标荣誉；连年获得省级管理示范企业、诚信企业、专利明星企业、清洁生产先进单位、环保模范企业、慈善企业、重合同守信用单位等荣誉称号。

未来5 年，公司将继续致力于满足新型印刷、特种涂布应用、特种防伪纸深入开发、环保系列高档包装纸4 个领域，产品技术接近国际特纸制造水平，实现“凯丽”作为具有中国特色的特种纸张的第一品牌。

汶瑞机械(山东)有限公司

企业性质：外资企业
地址：山东省安丘市潍徐南路287 号
邮编：262100
法人代表：翟京丽
经营负责人：蒋　鹏
技术负责人：马焕星
电话：0536 –4186588
传真：0536 –4933617
联系人：梁　刚
电话：0536 –4362288
网址：www. wenrui. com. cn
邮箱：info@ wenrui. com. cn
职工总数：569 人
技术人员：186 名

汶瑞机械(山东)有限公司始建于1956 年，坐落于山东省安丘市，拥有2 个主要生产基地，总占地面积32.2 公顷，厂房面积约18 万米^2。公司持续的努力和创新，使产品品质和市场占有率在行业内保持领先。

公司是我国造纸行业最大的制浆洗选漂及碱回收装备研发基地，国家环保总局认定的重点技术依托单位，国家重点高新技术企业。

公司拥有山东省造纸制浆装备工程技术研发中心和制浆造纸研究所，技术及生产加工实力雄厚，并打造了完善的客服体系。

公司于1999 年在行业内率先通过了ISO 9001 质量体系认证，2013 年通过了美国地区压力容器制造ASME“U”钢印认证。是加拿大焊接协会认定的焊接考试中心。

产品涵盖制浆、造纸、蒸发、苛化、白水回收系统等60 多个品类。目前为全球1000 余家浆纸企业提供了3500余台(套)设备，产品出口至美国、加拿大、法国、印度、印度尼西亚、俄罗斯、泰国、缅甸、越南、巴西、阿根廷、孟加拉、巴基斯坦、伊朗等国家。

公司下属控股子公司潍坊汶瑞环保过滤机械股份有限公司，主要产品有：过滤机械、灌装、除尘、蒸发、结晶等设备，广泛服务于烟草、粮食淀粉深加工、医药、制糖、饮料、化工、矿山、电力、环保等行业。

公司重要生产加工基地金顺重机(江苏)有限公司，占地面积16.7万米^2，主要生产造纸机械，成功研发5630、2860新月型高速卫生纸机，设计车速1800米/分，实现国内首创，达到国际先进水平。公司坚持以客户为导向、科技为动力、人才为基石、品质为生命的企业宗旨，不断开拓创新，以一流产品和完善的服务为广大用户创造更高的价值。

滕州力华米泰克斯胶辊有限公司

企业性质： 合资企业
地址： 山东省滕州市经济开发区恒源北路366号
邮编： 277500
法人代表： 朱宏伟
经营负责人： 龙敦东
技术负责人： 赵曰永
电话： 0632－5699259
传真： 0632－5699275
网址： www.sdliua.com
联系人： 秦佑凤
电话： 0632－5699298
邮箱： sdlihua@vip.163.com
投产日期： 1985年
职工总数： 428人
技术人员： 100名

滕州力华米泰克斯胶辊有限公司2001年与德国米泰克斯胶辊有限公司合资。2003年在江苏省昆山市投资建成苏州力华米泰克斯胶辊制造有限公司。滕州公司占地面积8万米^2，昆山公司占地面积4万米^2，公司拥有资产3亿元，职工428人，工程技术人员100多名。公司拥有30多年制造胶辊的经验、技术，是山东省高新技术企业、省级胶辊工程研发中心。公司能够根据客户需求提供设计，包覆材料优选，辊体加工制造，维修，在线测试等业务。产品应用于造纸、钢铁、纺织印染、塑料、矿山机械、木业、印刷等工业领域。

公司始终坚持科研开发，自主创新的技术理念，适应客户需求变化，不断加大产品研发创新的力度，提升产品质量和档次。形成了橡胶、聚氨酯、纤维树脂复合材料、喷涂四大覆层系列；以及真空辊、高速导辊、大辊径制造配套的产品体系，同时还可提供辊面磨削、钻孔、动平衡等维修服务。完全能够满足纸机装备、不锈钢连续退火酸洗、碳钢酸洗、镀锌、彩涂、有色金属板带箔、高密度板辊压平压、纺织浆纱印染、塑膜等生产线的高速、高线压、高温、耐酸碱介质腐蚀等工艺性能要求。具有研磨周期长，使用寿命长，性价比高的特点。公司将以客户需求为关注焦点，提供优质的产品和服务；以技术创新为驱动力，努力打造成国内外最值得信赖的胶辊生产制造商。

新乡新亚纸业集团股份有限公司

企业性质： 民营企业
地址： 河南省新乡市新乡县七里营工业园区
邮编： 453731
法人代表： 宋敬志
经营负责人： 宋敬亮
技术负责人： 张 伟
电话： 0373－5681188
传真： 0373－5680286
网址： www.xinyapaper.cn
联系人： 胡封亮
电话： 0373－5699008
邮箱： xinyaren@126.com
投产日期： 2003年
职工总数： 3800人
技术人员： 500名

企业详细介绍见“重点企业介绍”栏目。

武汉锅炉集团工程技术有限公司

企业性质： 国有企业
地址： 湖北省武汉市江夏区江夏大道特一号
邮编： 430070
法人代表： 王保华
经营负责人： 王大伟
技术负责人： 杨文海
电话： 027－87655092
传真： 027－87655494
网址： www.whtzgl.com

联系人：杜秀珍
电话：15997459609
邮箱：40535213@qq.com
职工总数：147 人
技术人员：90 名

武汉锅炉集团工程技术有限公司是集研发、设计、市场经营与销售及工程成套服务的专业化公司，具有对外自主经营权。公司产品规格齐全，以总承包/成套经营各种类型的锅炉(碱回收锅炉、电站锅炉、皂化液锅炉、燃油/气锅炉、立式旋风锅炉、循环流化床锅炉、水煤浆锅炉、甘蔗渣锅炉、余热锅炉及垃圾焚烧锅炉等)而著称，产品及工程成套项目遍及国内外市场。

武汉锅炉集团工程技术有限公司自 20 世纪 60 年代初研究试制碱回收锅炉，是长期坚持碱回收技术开发的专业化公司。具有丰富的碱回收技术经验，拥有碱回收锅炉设计的自主知识产权和技术专利。公司结合我国造纸工业原料的特点，潜心研究开发了以麦草浆为代表的草浆碱回收锅炉并广泛推广应用，对我国造纸工业的飞速发展作出了显著的贡献，麦草浆黑液焚烧技术处于世界领先地位。为适应造纸工业规模化、集团化发展和节能减排的需要，公司设计开发了以日处理 2200 吨黑液固形物为代表的大型碱回收锅炉及其专用辅助设备，将自动清焦、垫层火焰监视、高低浓臭气收集和处理等系统技术成功地应用于碱回收工程。

已设计生产的碱回收锅炉日处理固形物量 37.5～2500 吨/日、蒸汽出口压力 1.27～8.4 兆帕、蒸汽出口温度 194～480℃，满足制浆造纸企业供汽或发电的要求；产品适用性广，已设计运行的碱回收锅炉能处理木材、芦苇、竹子、甘蔗渣、红麻、麦草、棉秆、桑枝等化学浆、化学机械浆和溶解浆废液；具有运行性能好、碱回收率高、连续运行时间长、吨碱耗油指标低、投资回收周期短、经济效益高等优点。

武汉锅炉集团工程技术有限公司已设计制造 300 余台碱回收锅炉。目前公司已研制开发了固形物处理量为3300 吨/日和5500 吨/日的碱回收锅炉，具有更高的经济效益和环保指标，将逐渐抢占碱回收锅炉高端市场。

中国轻工业长沙工程有限公司

企业性质：国有企业
地址：湖南省长沙市雨花区新兴路 268 号
邮编：410114
法人代表：樊　燕
经营负责人：陈志明
电话：0731－85770333
传真：0731－85584415
联系人：曹　静
电话：0731－85770333

企业详细介绍见“国内制浆造纸科研设计单位简介”栏目。

四川永丰纸业股份有限公司

企业性质：股份制企业
地址：四川省乐山市沐川县永福镇
邮编：614500
法人代表：吴和均
技术负责人：赵　琳
电话：0833－4651066
传真：0833－4651066
联系人：张　燕
电话：0833－4651066
投产日期：1982 年
职工总数：1500 人
技术人员：500 名

四川永丰纸业股份有限公司是四川省规模最大的林浆纸产业集团，生产基地集中在四川省沐川县。现下设 5 个子公司，总资产 16 亿元，制浆造纸生产能力 20 多万吨/年，销售收入 10 亿元以上。公司相继被评为“四川省优秀企业”“四川省 88 家重点优势企业”“省级扶贫龙头企业”，被国家九部委确定为“农业产业化国家重点龙头企业”“国家级农业产业化优秀龙头企业”。

公司拥有 40 年竹浆造纸经验，生产规模、工艺技术、产品质量在全国竹浆造纸领域处于领先水平。主体装备包括：2 条制浆生产线，7 条高档文化用纸及多条生活用纸生产线；其中，年产 16.5 万吨制浆线采用 DDS 低能耗超级置换蒸煮、封闭筛选、二氧化氯中浓漂白等国际先进技术。主导产品包括：高档竹浆板、文化用纸、生活用纸等。

公司于 1996 年在全国同行业中首批获得 ISO 9001 质量体系及产品认证。产品经 SGS 国际机构检测不含有毒元素，主导品牌“永丰”牌 2005 年被认定为中国驰名商标。产品畅销全国各地，深受客户青睐，产销率多年来保持 100%。据统计，静电复印纸占西部市场份额的60%，生活用纸占四川省市场份额的近20%。

四川环龙技术织物有限公司

企业性质： 有限责任公司
地址： 四川省成都市温江区海峡两岸科技产业开发园新华路西段
邮编： 611130
法人代表： 周　骏
经营负责人： 谢宗国
技术负责人： 周兴富
电话： 028－82782930
传真： 028－82782920
联系人： 邱卫宁
电话： 028－82782930
网址： www. vanov. cn
邮箱： huanlongglb@126. com

四川环龙技术织物有限公司是我国最大的造纸网毯研发、生产与销售的专业供应商，拥有“GOBEAR”和“VANOV”2个造纸毛毯知名品牌，是中国造纸学会副理事长单位、中国造纸学会脱水器材专业委员会成员单位，是国家级高新技术企业，并通过了ISO 9001:2008国际质量体系认证，拥有先进的管理模式，丰富的生产技术经验。

公司的“多向多层叠网造纸毛毯”获得2014年中国产业用纺织品行业十大创新产品、技术。公司首创研发出的国内第四代新产品，在高速造纸机上运用技术已达到国际先进水平。与国外同类产品相比，在毛毯吨纸耗量上能够节约3～5元/吨，为主流纸机高效率运行创造新价值。其中，斜织毛毯是针对高车速包装纸/文化用纸机所研发的高抗压性毛毯，适用于500～1000米/分车速纸机。通过使用斜织毛毯，给纸机运行带来优异的毛毯厚度保持能力，稳定的毛毯容水空间，持续的毛毯脱水能力，延长毛毯的使用寿命。接缝毛毯针对包装纸、文化用纸机研发，适用于800米/分包装纸机所有部位、文化用纸机部分位置。更换毛毯省时（常规毛毯4～6个小时，接缝毛毯2个小时）、保证纸机高速安全运行，使用接缝毛毯是一种行业趋势（目前国际上接缝毛毯的使用率北美70%以上、欧洲30%以上）。无交织毛毯是最新一代的造纸毛毯，通过核心的无交织基网结构取代常规的织造基网，适用于所有纸种高速纸机。

公司20多年来一直专注于造纸压榨织物的技术研发和生产，着眼造纸毛毯基础理论的前沿研究，不断提升应用研发水平。在稳定和持续优化叠层、多层复合造纸压榨毛毯品质的同时，大力研发接缝压榨毛毯、斜织复合造纸压榨毛毯、非织造压榨造纸毛毯，与国际造纸毛毯技术接轨，实现了第三代压榨织物叠层技术跨入第四代国际先进技术的质的飞跃，达到国际先进水平，为提高主流纸机运行效率创造新价值。经过多年的发展，公司业务已覆盖全国及北美、欧洲、东南亚等国际市场，赢得了客户的广泛信赖。公司致力于做世界一流的造纸毛毯供应商，做亚洲知名的过滤材料供应商，以技术、研发为先导，做专家型企业，建立世界一流的工业滤材自主高端品牌。

广东省造纸研究所

企业性质： 国有企业
地址： 广东省广州市海珠区新港西路154号
邮编： 510300
法人代表： 伍泽荣
经营负责人： 马学逵
技术负责人： 陈新泉
电话： 020－34301776
传真： 020－34301776
网址： www. gdzaozhisuo. com
联系人： 马学逵
邮箱： xuekma@126. com
成立时间： 1973年
职工总数： 92人
技术人员： 49名

企业详细介绍见“国内制浆造纸科研设计单位简介”栏目。

广州造纸集团有限公司

企业性质： 国有企业
地址： 广东省广州市南沙区珠江街新广一路29号
邮编： 511462
法人代表： 周　耘
经营负责人： 周　耘
技术负责人： 周　耘
电话： 020－34663302
传真： 020－34663302
网址： www. gzpaper. cn
联系人： 王向华

电话：020－34663158
邮箱：13527876705@139.com
投产时间：1936 年
职工总数：837 人
技术人员：190 名

企业详细介绍见“重点企业介绍”栏目。

广西金桂浆纸业有限公司

企业性质：中外合资企业
地址：广西壮族自治区钦州市钦州港金光工业园
邮编：535008
法人代表：黄志源
经营负责人：黄俊彦
技术负责人：周雪林
电话：0777－3698888
传真：0777－3696666
网址：www.appjg.com.cn
联系人：姚志桂
电话：0777－3698012
邮箱：gxjg3696666@163.com
投产时间：2003 年
职工总数：1805 人
技术人员：116 名

企业详细介绍见“重点企业介绍”栏目。

广西贵糖(集团)股份有限公司

企业性质：国有企业
地址：广西壮族自治区贵港市幸福路 100 号
法人代表：但昭学
经营负责人：陈　健
技术负责人：蓝贤州
电话：0775－4201380
传真：0775－4260088
网址：www.guitang.com
联系人：韩伟荣
电话：0775－4201682
邮箱：438229202@qq.com
投产日期：1956 年
职工总数：2188 人
技术人员：268 名

广西贵糖(集团)股份有限公司(简称“贵糖”)，由广西贵港甘蔗化工厂独家发起定向募集改组创立，其前身是广西贵县糖厂，于 1956 年建成投产，是国家“一五”期间的重点建设项目之一。1994 年贵糖完成了股份制改造，1998 年 11 月 11 日，贵糖股票在深圳证券交易所上市(股票代码：000833)。

贵糖经过近 60 年的技改扩建，滚动发展，制糖产能由原来日榨甘蔗 1500 吨发展为目前的日榨 10000 吨规模，并依靠科技创新对甘蔗资源进行全面的综合开发，利用甘蔗渣生产的文化用纸、生活用纸等综合利用产品已占全公司工业总产值的 70% 以上。2015 年 7 月，贵糖与广东广业云硫矿业有限公司进行了资产重组，公司的主业在制糖、制浆造纸基础上增加了硫铁矿开采业务及硫化工业。主要产品年生产能力为：白砂糖 15 万吨、可加工原糖 30 万吨、机制纸 16 万吨、甘蔗渣漂白浆 15 万吨、酒精 1 万吨、轻质碳酸钙 3 万吨、回收烧碱 3.5 万吨、硫精矿 140 万吨、硫铁矿 50 万吨、硫酸 12 万吨、铁矿粉 5 万吨、普通过磷酸钙 10 万吨。

贵糖是全国 100 家现代企业制度试点单位和 512 家重点扶持企业之一，国家农业产业化重点龙头企业。2005 年 11 月，贵糖被国家发展和改革委等 6 部委列入全国首批循环经济试点企业。贵糖拥有国家认定企业技术中心和博士后科研工作站，是广西壮族自治区首批 13 家自治区级人才小高地单位之一。公司先后荣获“全国企业管理优秀奖(金马奖)”“全国企业管理杰出贡献奖”“国家农业产业化重点龙头企业”“全国资源综合利用先进企业”“全国环境保护先进企业”“全国用户满意企业”“中国食品企业百强企业”“全国五一劳动奖状”“广西食品卫生等级 A 级单位”等荣誉称号。1998 年，贵糖取得了 ISO 9001:1994 版国际质量体系认证，是全国制糖行业首家通过 ISO 9001 国际质量体系认证的企业；2005 年导入 HACCP 管理理念，建立了食品安全管理体系，并于 2007 年获取 ISO 2200 食品安全管理体系认证证书；2007 年建立和实施了 ISO 10012:2003 标准测量管理体系。

近几年来，贵糖以循环经济“减量化、再利用、资源化”的原则为导向，推行清洁生产，实施清洁生产中高费方案，应用环保新技术、新工艺和新设备，重点对废水减排、工业废水循环利用、烟气脱硫等方面进行综合治理，不断增强高效利用资源和保护环境的能力。“变废为宝、节能降耗、推行清洁生产、打造循环经济”成为贵糖的主旋律。

2014 年 12 月 29 日开工建设的粤桂(贵港)热电循环经济产业园投资建设为贵糖提供了一个很好的发展平台，主要是立足于本地资源优势，按照“减量化、再利用、再循环”的原则，借助华电贵港电厂的能源优势，以公司现有制糖、浆纸业务为依托，发挥贵糖股份龙头企业带动作用，延伸制糖、浆纸产业链，实现资源整合和利用；同时，将产业与资本市场、产业与科研和创新应用、产业与现代工业互联和大数据应用、产业与新型城镇化进行有机结合，走新型工业化之路，努力将产业园建设成为生产永续下的特色现代产业与绿色数字化园区。

面对新的机遇与挑战，贵糖将遵循科学发展观，加快技术创新和产业升级，提升企业核心竞争力，寻求新的突破，进一步发展壮大。

（雷　煌）

附 

APPENDIXES

2016 年国民经济与社会发展统计公报(节选)
2016 年相关政策法规摘要
2015 年世界造纸工业概况
“一带一路”沿线国家纸及纸板发展概况
国外开设制浆造纸专业的大学
中国轻工业出版社造纸工业图书出版目录
《PPI》杂志 2015 年全球造纸排名前 100 位的公司及地域分布
国外主要造纸期刊介绍
国外制浆造纸相关团体与研究机构名录

12

2016 年国民经济与社会发展统计公报(节选)

Annual Statistic Report on National Economic and Social Development (Excerpt) in 2016

2016 年，面对复杂多变的国际环境和国内繁重艰巨的改革发展稳定任务，在以习近平同志为核心的党中央坚强领导下，各地区各部门全面贯彻党的十八大和十八届三中、四中、五中、六中全会精神，认真落实党中央、国务院决策部署，统筹推进“五位一体”总体布局和协调推进“四个全面”战略布局，坚持稳中求进工作总基调，坚持新发展理念，以推进供给侧结构性改革为主线，适度扩大总需求，坚定推进改革，妥善应对风险挑战，引导形成良好社会预期，经济社会保持平稳健康发展，实现了“十三五”良好开局。

一、综　合

初步核算[1]，全年国内生产总值 744127 亿元，比 2015 年增长 6.7%。其中，第一产业增加值 63671 亿元，同比增长 3.3%；第二产业增加值 296236 亿元，同比增长 6.1%；第三产业增加值 384221 亿元，同比增长 7.8%。第一产业增加值占国内生产总值的比例为 8.6%，第二产业增加值比例为 39.8%，第三产业增加值比例为 51.6%，比 2015 年提高 1.4 个百分点。全年人均国内生产总值 53980 元，比 2015 年增长 6.1%。全年国民总收入 742352 亿元，同比增长 6.9%。2012—2016 年国内生产总值及增长速度见图 1，三次产业增加值占国内生产总值比例见图 2。

2016 年年末全国大陆总人口 138271 万人，比 2015 年年末增加 809 万人，其中，城镇常住人口 79298 万人，占总人口比例(常住人口城镇化率)为 57.35%，比 2015 年年末提高 1.25 个百分点。全年出生人口 1786 万人，出生率为 12.95‰；死亡人口 977 万人，死亡率为 7.09‰；自然增长率为 5.86‰。

图1　2012—2016年国内生产总值及其增长速度

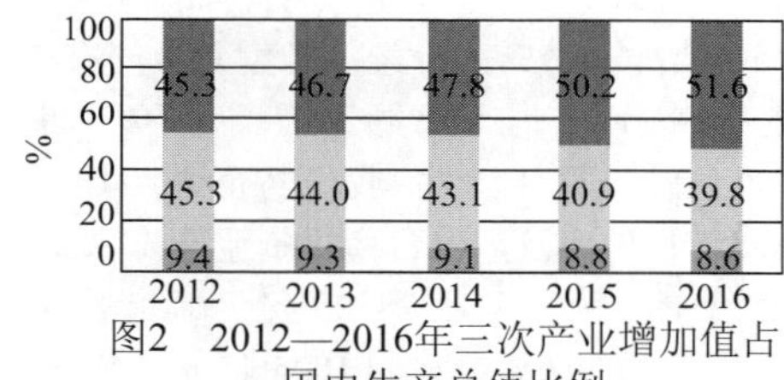

图2　2012—2016年三次产业增加值占国内生产总值比例

2016 年年末全国就业人员 77603 万人，其中，城镇就业人员 41428 万人。全年城镇新增就业 1314 万人。2016 年年末城镇登记失业率为 4.02%。全国农民工总量 28171 万人，同比增长 1.5%。全年全员劳动生产率为 94825 元/人，比 2015 年提高 6.4%。

全年居民消费价格比 2015 年上涨 2.0%。全年全国一般公共预算收入 159552 亿元，比 2015 年同口径[2]增加 6828 亿元，增长 4.5%。2016 年年末国家外汇储备 30105 亿美元，比 2015 年年末减少 3198 亿美元。全年人民币平均汇率为 1 美元兑 6.6423 元人民币，比 2015 年贬值 6.2%。

二、农　业

全年粮食种植面积 11303 万公顷，比 2015 年减少 31 万公顷。棉花种植面积 338 万公顷，比 2015

年减少42万公顷。油料种植面积1412万公顷，比2015年增加8万公顷。糖料种植面积168万公顷，比2015年减少6万公顷。

全年粮食生产量61624万吨，比2015年减少520万吨，减产0.8%。全年谷物生产量56517万吨，同比减产1.2%。全年棉花生产量534万吨，同比减产4.6%。油料生产量3613万吨，同比增产2.2%。糖料生产量12299万吨，同比减产1.6%。

全年木材生产量6683万米[3]，同比下降7.0%。

三、工业和建筑业

全年全部工业增加值247860亿元，同比增长6.0%。规模以上工业增加值增长6.0%。在规模以上工业中，分经济类型看，国有控股企业增长2.0%；集体企业下降1.3%；股份制企业增长6.9%；外商及港澳台商投资企业增长4.5%；私营企业增长7.5%。分门类看，采矿业下降1.0%，制造业增长6.8%，电力、热力、燃气及水生产和供应业增长5.5%。

全年规模以上工业企业实现利润68803亿元，比2015年增长8.5%。分经济类型看，国有控股企业实现利润11751亿元，同比增长6.7%；集体企业477亿元，下降4.2%；股份制企业47197亿元，增长8.3%；外商及港澳台商投资企业17352亿元，增长12.1%；私营企业24325亿元，增长4.8%。分门类看，采矿业实现利润1825亿元，比2015年下降27.5%；制造业62398亿元，增长12.3%；电力、热力、燃气及水生产和供应业4580亿元，下降14.3%。

全年全社会建筑业增加值49522亿元，比2015年增长6.6%。全国具有资质等级的总承包和专业承包建筑业企业实现利润6745亿元，增长4.6%。其中，国有控股企业1879亿元，增长6.8%。

四、固定资产投资

全年全社会固定资产投资606466亿元，比2015年增长7.9%，扣除价格因素，实际增长8.6%。其中，固定资产投资(不含农户)596501亿元，同比增长8.1%。在固定资产投资(不含农户)中，第一产业投资18838亿元，同比增长21.1%；第二产业投资231826亿元，增长3.5%；第三产业投资345837亿元，增长10.9%。2016年按领域分固定资产投资(不含农户)及其占比见图3。

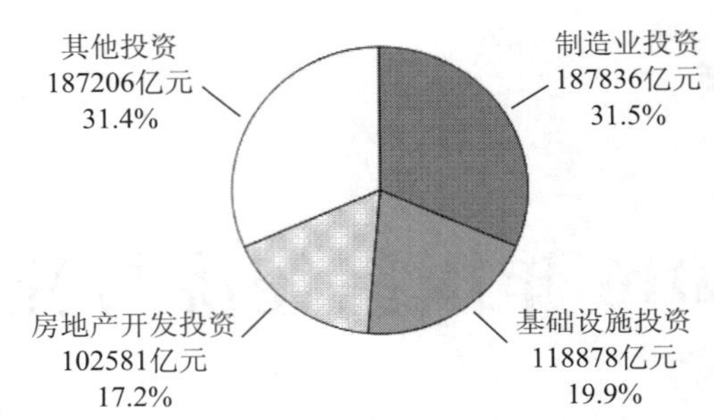

图3　2016年按领域分固定资产投资(不含农户)及其占比

五、国内贸易

全年社会消费品零售总额332316亿元，比2015年增长10.4%，扣除价格因素，实际增长9.6%。全年网上零售额51556亿元，比2015年增长26.2%。其中，网上商品零售额41944亿元，增长25.6%，占社会消费品零售总额的比例为12.6%。

六、对外经济

全年货物进出口总额243386亿元，比2015年下降0.9%。其中，出口138455亿元，下降1.9%；进口104932亿元，增长0.6%。货物进出口差额(出口减进口)33523亿元，比2015年减少3308亿元。其中，纸浆进口量2106万吨，同比增长6.2%，进口金额808亿元，同比增长2.1%。对"一带一路"沿线国家进出口总额62517亿元，比2015年增长0.5%，其中，出口38319亿元，增长0.5%；进口24198亿元，增长0.4%。

全年吸收外商直接投资(不含银行、证券、保险)新设立企业27900家，同比增长5.0%。实际使用外商直接投资金额8132亿元(折1260亿美元)，增长4.1%。其中，"一带一路"沿线国家对华直接投资新设立企业2905家，增长34.1%；对华直接投资金额458亿元(折71亿美元)。全年对外直接投资额(不含银行、证券、保险)11299亿元，同比增长44.1%。其中，对"一带一路"沿线国家直接投资额145亿美元。

全年对外承包工程业务完成营业额10589亿元，同比增长3.5%。其中，对"一带一路"沿线国家完成营业额760亿美元，增长9.7%，占对外承包工程业务完成营业额比例为47.7%。

七、交通、邮电和旅游

全年货物运输总量440亿吨，比2015年增长5.7%。全年旅客运输总量192亿人次，比2015年下降1.2%。

2016年年末全国民用汽车保有量19440万辆(包括三轮汽车和低速货车881万辆)，比2015年年末增长12.8%，其中私人汽车保有量16559万辆，增长15.0%。

全年完成邮电业务总量43344亿元，比2015年增长52.7%。其中，邮政行业业务总量7397亿元，增长45.7%；电信业务总量35948亿元，增长54.2%。移动电话普及率上升至96.2部/百人。互联网普及率达到53.2%，其中，农村地区互联网普及率达到33.1%。

全年国内游客44亿人次，同比增长11.2%，国内旅游收入39390亿元，同比增长15.2%。国际旅游收入1200亿美元，同比增长5.6%。

八、人民生活和社会保障

全年全国居民人均可支配收入23821元，比2015年增长8.4%，扣除价格因素，实际增长6.3%；全国居民人均可支配收入中位数20883元，同比增长8.3%。

全国居民人均消费支出17111元，比2015年增长8.9%，扣除价格因素，实际增长6.8%。

2016年年末全国参加城镇职工基本养老保险人数37862万人，比2015年年末增加2501万人。年末全国领取失业保险金人数230万人。年末全国共有1479.9万人享受城市居民最低生活保障，4576.5万人享受农村居民最低生活保障，496.9万人享受农村特困人员[3]救助供养。全年资助5620.6万人参加基本医疗保险，医疗救助3099.8万人次。国家抚恤、补助各类优抚对象877.2万人。按照每人每年2300元(2010年不变价)的农村贫困标准计算，2016年农村贫困人口4335万人，比2015年减少1240万人。

九、科技教育

全年研究与试验发展(R&D)经费支出15500亿元，比2015年增长9.4%，与国内生产总值之比为2.08%。全年国家重点研发计划共安排42个重点专项1163个科技项目，国家科技重大专项共安排224个课题，国家自然科学基金共资助41184个项目。截至2016年年底，累计建设国家重点实验室488个，国家工程研究中心131个，国家工程实验室194个，国家企业技术中心1276家。全年受理境内外专利申请346.5万件，授予专利权175.4万件。截至2016年年底，有效专利628.5万件，其中，境内有效发明专利110.3万件。全年共签订技术合同32.0万项，技术合同成交金额11407亿元，比2015年增长16.0%。

年末全国共有产品检测实验室34487个，其中，国家检测中心681个。全国现有产品质量、体系认证机构312个，已累计完成对152525个企业的产品认证。全国共有法定计量技术机构3933个，全年强制检定计量器具7878万台(件)。全年制定、修订国家标准1763项，其中新制定1255项。

十、资源环境

全年全国国有建设用地供应总量[4]52万公顷，比2015年下降2.9%。

全年水资源总量30150亿米^3。全年平均降水量730毫米。年末全国监测的614座大型水库蓄水总量3409亿米^3，比2015年末蓄水量略有减少。全年总用水量6150亿米^3，同比增长0.8%。万元国内生产总值用水量[5]84米^3，同比下降5.6%。万元工业增加值用水量53米^3，同比下降6.0%。人均用水量446米^3，同比增长0.2%。

全年完成造林面积679万公顷，其中，人工造林面积381万公顷，占全部造林面积的56.1%。森林抚育面积837万公顷。截至2016年年底，自然保护区达到2750个，其中，国家级自然保护区446个。

初步核算，全年能源消费总量43.6亿吨标准煤，同比增长1.4%。煤炭消费量下降4.7%，原油消费量增长5.5%，天然气消费量增长8.0%，电力消费量增长5.0%。煤炭消费量占能源消费总量的62.0%，比2015年下降2.0个百分点；水电、风电、核电、天然气等清洁能源消费量占能源消费总量的19.7%，上升1.7个百分点。全国万元国内生产总值能耗下降5.0%。

在监测的338个城市中，城市空气质量达标的城市占24.9%，未达标的城市占75.1%。细颗粒物($PM_{2.5}$)未达标地级及以上城市年平均浓度52微克/米^3，比2015年下降8.8%。

年末城市污水处理厂日处理能力 14823 万米^3，比 2015 年末增长 5.6%；城市污水处理率为 92.4%，提高 0.5 个百分点。城市生活垃圾无害化处理率为 95.0%，提高 0.9 个百分点。

注释：

[1]本公报中数据均为初步统计数。各项统计数据均未包括香港特别行政区、澳门特别行政区和台湾省。部分数据因四舍五入的原因，存在着与分项合计不等的情况。

[2]为推进财政资金统筹使用，2016 年起将政府住房基金等 5 个项目从政府性基金预算转列一般公共预算，将从国有资本经营预算调入一般公共预算的资金由直接列为一般公共预算收入调整列为财政调入资金。因此，2015 年基数中考虑了上述因素影响，并以此为基础计算同口径增减额和增减幅。

[3]农村特困人员是指无劳动能力，无生活来源，无法定赡养、抚养、扶养义务人或者其法定义务人无履行义务能力的农村老年人、残疾人以及未满 16 周岁的未成年人。

[4]国有建设用地供应总量是指报告期内市、县人民政府根据年度土地供应计划依法以出让、划拨、租赁等方式将土地使用权提供给单位或个人使用的国有建设用地总量。

[5]万元国内生产总值用水量、万元工业增加值用水量和万元国内生产总值能耗按 2015 年价格计算。

附表　　2012—2016 年国民经济与社会发展总量指标

指标	单位	2012 年	2013 年	2014 年	2015 年	2016 年
人口	万人					
总人口(年末)		135404	136072	136782	137462	138271
男性人口		69395	69728	70079	70414	70815
女性人口		66009	66344	66703	67048	67456
城镇人口		71182	73111	74916	77116	79298
乡村人口		64222	62961	61866	60346	58973
国民经济核算	亿元					
国内生产总值		534123	588019	636463	676708	744127
第一产业		50893	55322	58332	60863	63671
第二产业		240200	256810	271392	274278	296236
第三产业		243030	275887	306739	341567	384221
固定资产投资	亿元					
全社会固定资产投资总额		374695	446294	512761	562000	606466
城镇固定资产投资		364854	435747	502005	551590	596501
房地产开发完成投资额		71804	86013	95036	95979	135284
对外贸易	亿元					
货物进出口总额		244160	258169	264334	245741	243386
出口额		129359	137131	143912	141255	138455
进口额		114801	121037	120423	104485	104932
外商投资	亿美元					
外商直接投资		1117	1176	1196	1263	1260
资源和环境						
石油储量	亿吨	33.3	33.7	34.3	35.0	
煤炭储量	亿吨	2299	2363	2400	2440	
天然气储量	亿米^3	43790	46429	49452	51940	

续表

指标	单位	2012 年	2013 年	2014 年	2015 年	2016 年
能源消费总量	亿吨标准煤	36.2	37.5	42.6	43.0	43.6
水资源总量	亿米^3	29527	27958	28370	28306	30150
用水总量	亿米^3	6142	6183	6220	6180	6150
造林总面积	万公顷	560	610	603	632	679
主要产品产量						
农林牧渔业总产值	亿元	89453	96995	102226	107056	
工业总产值	亿元	204540	217264	227991	228974	247860
粮食	万吨	58958	60193	60710	62144	61624
木材	万米^3	8175	8438	8178	6832	6683
原煤	亿吨	36.5	36.8	38.7	37.5	34.1
原油	万吨	20571	20947	21143	21456	19968
天然气	亿米^3	1070	1170	1302	1346	1369
卷烟	亿支	25161	25604	26098	25891	23826
水泥	亿吨	22.1	24.2	24.8	23.6	24.1
钢材	万吨	95578	106762	112557	112350	113801
科技教育文化						
研究与试验发展经费支出	亿元	10298	11847	13312	14220	15500
技术市场成交额	亿元	6437	7469	8577	9835	11407
图书总印数	亿册	79.2	83.1	84.0	81.0	86.0
期刊出版总印数	亿册	33.5	32.7	32.0	30.0	27.0
报纸出版总印数	亿份	482.3	482.4	465.0	440.0	394.0
交通、邮电、旅游						
旅客运输量	亿人	380.4	212.3	220.7	194.0	192.0
货物运输量	亿吨	410.0	409.9	439.1	417.0	440.0
民用汽车保有量	万辆	10933	12670	15447	17228	19440
私人汽车保有量	万辆	8839	10502	12584	14399	16559
邮电业务总量	亿元	15019	18432	21846	28220	43344
国内游客	亿人	29.6	32.6	36.1	40.0	44.0
国内旅游收入	亿元	22706	26276	30312	34195	39390
医疗卫生						
医疗卫生机构数	万个	95.0	97.4	98.2	99.0	99.3
医疗卫生机构床位数	万张	572.5	618.2	652.0	708.0	747.0
卫生技术人员数	万人	667.6	721.1	739.0	803.0	844.0

注：资料来源于中华人民共和国国家统计局。

（杨　扬　整理）

2016 年相关政策法规摘要

Abstracts of the Policies and Regulations Related to Paper Industry in 2016

《大气污染防治法》修订后正式实施

1 月 1 日，新修订的《大气污染防治法》正式实施。新的大气污染防治法共 129 条，涉及法律责任的条款有 30 条，具体的处罚行为和种类接近 90 种，大大提高了这部法律的可操作性和针对性。新大气法将加大处罚力度，取消对涉污企业罚款的 50 万元罚款封顶限额、“双罚制”等一系列规定，相比原法在污染防治、处罚力度、政府监管责任、监督举报方面都有了更详细的规定。

国家发展和改革委发布《关于切实做好全国碳排放权交易市场启动重点工作的通知》

1 月 22 日，国家发展和改革委发布了《关于切实做好全国碳排放权交易市场启动重点工作的通知》(简称《通知》)。《通知》表示，2016 年是全国碳排放权交易市场建设攻坚时期，希望各地方主管部门及相关单位积极配合，按照国家统一部署扎实推进各项工作，切实做好 2017 年全国碳排放权交易市场启动前的重点准备工作。

《通知》指出了关于碳排放权交易市场启动前的工作目标，明确的工作任务有以下 4 个方面：(1)提出拟纳入全国碳排放权交易体系的企业名单。全国碳排放权交易市场第一阶段将涵盖石化、化工、建材、钢铁、有色、造纸、电力、航空等重点排放行业，参与主体初步考虑为业务涉及上述重点行业，其 2013—2015 年中任意一年综合能源消费总量达到 1 万吨标准煤以上(含)的企业法人单位或独立核算企业单位。(2)对拟纳入企业的历史碳排放进行核算、报告与核查。(3)培育和遴选第三方核查机构及人员。(4)强化能力建设。

财政部发布《关于取消、停征和整合部分政府性基金项目等有关问题的通知》

1 月 29 日，财政部发布《关于取消、停征和整合部分政府性基金项目等有关问题的通知》，宣布从 2016 年 2 月 1 日起将育林基金征收标准降为零。现行的《森林法》规定：育林基金的征收必须专项用于森林资源的培育、保护和管理，按照最高不超过林木产品销售收入 10% 计征。现在该项收费政策取消后，拥有林地资源的造纸企业将大大降低原材料成本费用。仅此一项，每年可为林地规模较大的造纸企业节省资金超千万元。

《全国“十三五”期间年森林采伐限额》发布

2 月 16 日，《国务院关于全国“十三五”期间年森林采伐限额的批复》(简称《批复》)发布。《批复》表示，原则同意林业局审核确定的全国“十三五”期间年森林采伐限额。“十三五”期间，全国年森林采伐限额为 25403.6 万米^3。其中，年非商业性天然林采伐限额为 4950.1 万米^3。

《批复》指出，森林关系国家生态安全，实施采伐限额管理，对保障我国森林资源持续增长和生态环境不断改善发挥了重要作用。各级人民政府和有关部门要牢固树立绿色发展理念，坚持保护优先、自然修复为主，坚持数量和质量并重、质量优先，坚持封山育林、人工造林并举，确保森林资源持续稳定增长。

《批复》明确，“十三五”期间年森林采伐限额是每年采伐森林、消耗林木蓄积的最大限量，各地区、各部门必须严格按照森林法等有关法律法规执行，不得突破。采伐限额要分解落实到限额编制单位，省、市级均不得截留，不同单位间的采伐限额不得挪用，同一单位各分项限额不得串换使用。

工业和信息化部发布《工业强基 2016 专项行动实施方案》

4 月 12 日，工业和信息化部发布了《关于开展工业强基 2016 专项行动的通知》（工信部规〔2016〕126 号），并印发了《工业强基 2016 专项行动实施方案》（简称《方案》）。

《方案》指出，2016 年，要加强顶层设计，完善政策环境，引导各类要素向工业基础领域集聚。推动重点领域发展，实施"一揽子"突破行动，重点突破 40 种左右标志性核心基础零部件（元器件）、关键基础材料、先进基础工艺；继续开展重点产品示范应用，实施重点基础产品和工艺"一条龙"应用计划，促进整机和基础技术的协同发展；创建产业技术基础体系，提升 10 家左右产业技术基础公共服务平台的能力，形成与重点产业和技术发展相适应的支撑能力；推进"四基"军民融合发展。逐步解决重大工程和重点装备的基础瓶颈，形成整机和基础协调发展的产业环境。

工业和信息化部发布《绿色制造 2016 专项行动实施方案》，全面推行绿色制造

4 月 18 日，工业和信息化部印发了《绿色制造 2016 专项行动实施方案》（简称《方案》），旨在加快实施绿色制造工程，全面推行绿色制造，构建绿色制造体系。将在钢铁、造纸等高耗水行业，筛选推广一批先进适用的节水技术。

《方案》确定了绿色制造 2016 专项行动的整体目标：（1）进一步提升部分行业清洁生产水平，预计全年削减化学需氧量 8 万吨、氨氮 0.7 万吨。筛选推广一批先进节水技术。（2）建设若干资源综合利用重大示范工程和基地，初步形成京津冀及周边地区资源综合利用产业区域协同发展新机制。（3）会同财政部启动绿色制造试点示范，发布若干行业绿色工厂创建实施方案或绿色工厂标准。

《方案》提出了专项行动的重点工作：实施传统制造业绿色化改造；推进绿色制造体系试点；开展京津冀及周边地区资源综合利用产业协同发展示范。

《水污染防治重点工业行业清洁生产技术推行方案》（征求意见稿）公布，造纸行业 6 项技术入选

4 月 28 日，工业和信息化部公布《水污染防治重点工业行业清洁生产技术推行方案》（征求意见稿），推进造纸等 11 个重点行业实施清洁生产技术改造，降低工业新水用量，提高水重复利用率，减少水污染物产生和排放，促进水环境质量持续改善。

其中，造纸行业排在 11 个重点行业的第一位，共有 6 项技术入选，分别是：本色麦草浆清洁制浆技术；置换蒸煮工艺；氧脱木素技术；无元素氯漂白技术；镁碱漂白化机浆生产关键技术；白水循环综合利用技术。

三部门联合发布《国家鼓励的工业节水工艺、技术和装备目录（第二批）》

5 月 10 日，工业和信息化部、水利部和全国节约用水办公室于联合发布了《国家鼓励的工业节水工艺、技术和装备目录（第二批）》。

其中，与造纸行业有关的节水工艺、技术和装备有 12 项，分别是：干法剥皮技术、备料洗涤水循环节水技术；多段逆流洗涤封闭筛选技术；纸浆中高浓筛选与漂白技术；置换压榨双辊挤浆机节水技术；碱法蒸煮和碱回收蒸发系统污冷凝水分级、汽提及回用技术；纸机白水多圆盘分级与回用技术；网、毯喷淋水净化回用技术；网、毯高压洗涤节水技术；纸机干燥冷凝水综合利用技术；纸机湿部化学品混合添加技术；透平机真空系统节水技术；造纸分级处理梯级利用集成节水技术。

两部委联合发布《关于实施制造业升级改造重大工程包的通知》

5 月 19 日，国家发展和改革委、工业和信息化部联合发布《关于实施制造业升级改造重大工程包的通知》（简称《通知》）。

《通知》称，为做好制造业稳预期、稳信心、稳投资、稳增长工作，促进转型升级、提质增效，加快制造强国建设，国家发展和改革委、工业和信息化部组织实施了制造业升级改造重大工程包。通过

实施重大工程包，力争通过 3 年努力，规模以上制造业增加值年均增长 7% 以上，企业技术改造投资年均增长 15% 左右，企业自主创新能力、工业新产品产值率明显提升，先进产能比重、资源能源利用效率、清洁生产和企业安全水平明显提高。

制造业升级改造重大工程包聚焦制造业高端化、智能化、绿色化、服务化，组织实施十大重点工程。在这十大重点工程中，与制浆造纸行业相关的工程如下：绿色制造推广工程（其中的生产过程清洁化工程、水资源利用高效化工程）；高端装备发展工程（其中的轻纺高端装备制造工程）；关键新材料发展工程（其中的先进复合材料发展工程）。

国务院发布《土壤污染防治行动计划》，土地污染将终身追责

5 月 31 日，国务院发布《土壤污染防治行动计划》（下称“土十条”）。“土十条”提出，到 2020 年，受污染耕地安全利用率达到 90% 左右，污染地块安全利用率达到 90% 以上。到 2030 年，受污染耕地安全利用率达到 95% 以上，污染地块安全利用率达到 95% 以上。为确保实现这些目标，“土十条”提出了 10 条 35 款，共 231 项具体措施。

“土十条”的重要改革创新举措包括：完善土壤环境管理制度；推动大数据应用、提升土壤环境管理信息化水平；建立污染地块名录及其开发利用的负面清单；理顺土壤环境监管体制；完善耕地土壤环境保护制度；推行废物循环利用和安全处置；严格监管污染物排放、强化环境执法；实行生态环境损害赔偿制度、落实企业责任；强化责任终身追究；推动环境信息公开；创新土壤污染防治投融资机制。

修订后的《中华人民共和国环境影响评价法》审议通过

7 月 2 日，修订后的《中华人民共和国环境影响评价法》等六部法律由中华人民共和国第十二届全国人民代表大会常务委员会第二十一次会议审议通过并公布，将于 2016 年 9 月 1 日起实施。

《关于加快中国林业大数据发展的指导意见》正式出台，推进数据资源开放共享

7 月 13 日，国家林业局正式发布了《关于加快中国林业大数据发展的指导意见》（简称《指导意见》）。该《指导意见》的出台，旨在充分发挥林业大数据在生态建设中的重要功能和巨大潜力，推进数据资源开放共享，积极培育林业发展新业态，提升政府行为透明度和公信力，实现林业大数据规模、质量和应用水平的同步提升。

《指导意见》指出，林业大数据主要任务是建设林业大数据采集体系、应用体系、开放共享体系和技术体系四大体系；要充分利用大数据技术，建设生态大数据共享开放服务体系项目、京津冀一体化林业数据资源协同共享平台、“一带一路”林业数据资源协同共享平台、长江经济带林业数据资源协同共享平台、生态服务大数据智能决策平台五大示范工程。

《轻工业发展规划(2016—2020 年)》正式发布

8 月 5 日，工业和信息化部发布《轻工业发展规划（2016—2020 年）》（简称《规划》）。《规划》从大力实施“三品”战略、增强自主创新能力、积极推动智能化发展、着力调整产业结构、全面推行绿色制造、统筹国内外市场等 6 个方面提出了具体任务部署。

《规划》明确了造纸行业的主要发展方向：推动造纸工业向节能、环保、绿色方向发展。加强造纸纤维原料高效利用技术，高速纸机自动化控制集成技术，清洁生产和资源综合利用技术的研发及应用。重点发展白度适当的文化用纸、未漂白的生活用纸和高档包装用纸以及高技术含量的特种纸，增加纸及纸制品的功能、品种和质量。充分利用开发国内外资源，加大国内废纸回收体系建设，提高资源利用效率，降低原料对外依赖过高的风险。

《规划》指出了造纸装备制造业的主要发展方向：重点开发新一代制浆技术和装备，新型高效节能造纸装备以及污染物处理装备，生物质衍生新材料技术和装备，加快智能化、信息化和机器人技术应用。将智能化高速卫生纸机、化机浆高浓盘磨产业化技术、靴式压榨技术列入到“重点装备制造水平提升工程”中。

在“新材料研发及应用工程”“智能化发展推进工程”及“节能减排技术推广工程”等重点工程领域，《规划》强调并细化了造纸行业与造纸装备制造业的发展方向。

国务院印发《关于开展第二次全国污染源普查的通知》

10 月 26 日，国务院印发了《关于开展第二次全国污染源普查的通知》（简称《通知》），决定于 2017 年进行第二次全国污染源普查，普查对象是我国境内有污染源的单位和个体经营户。

《通知》明确，普查的标准时点为 2017 年 12 月 31 日，时期资料为 2017 年度资料。普查对象是中华人民共和国境内有污染源的单位和个体经营户。包括：工业污染源，农业污染源，生活污染源，集中式污染治理设施，移动源及其他产生、排放污染物的设施。普查内容包括普查对象的基本信息、污染物种类和来源、污染物产生和排放情况、污染治理设施建设和运行情况等。本次普查的具体范围和内容，由国务院批准的普查方案确定。

《控制污染物排放许可制实施方案》发布，率先在造纸、火电两个行业实施

11 月 21 日，国务院办公厅印发了《控制污染物排放许可制实施方案》（简称《实施方案》），对完善控制污染物排放许可制度，实施企事业单位排污许可证管理作出部署。

根据《实施方案》要求，2016 年底，率先在火电、造纸两个行业推动排污许可改革，2017 年要对大气十条、水十条确定的重点行业企业核发排污许可证，到 2020 年，基本完成各行业排污许可证核发。

根据要求，排污许可证中应明确许可排放的污染物种类、浓度、排放量、去向等事项，载明污染治理设施、环境管理要求等相关内容。根据污染物排放标准、总量控制指标、环境影响评价文件及批复要求等，依法合理确定许可排放的污染物种类、浓度及排放量。

国务院强调，纳入排污许可管理的所有企事业单位必须按期持证排污、按证排污，不得无证排污。《实施方案》还提出，将严厉查处违法排污行为，根据违法情节轻重，依法采取按日连续处罚、限制生产、停产整治、停业、关闭等措施，严厉处罚无证和不按证排污行为，对构成犯罪的，依法追究刑事责任。同时，对于积极减排的企事业单位，国务院也提出了明确的激励方案。

《实施方案》指出，对自愿实施严于许可排放浓度和排放量且在排污许可证中载明的企事业单位，加大电价等价格激励措施力度，符合条件的可以享受相关环保、资源综合利用等方面的优惠政策。与拟开征的环境保护税有机衔接，交换共享企事业单位实际排放数据与纳税申报数据，引导企事业单位按证排污并诚信纳税。

《关于实施工业污染源全面达标排放计划的通知》发布，达标排放时间节点确定

11 月 29 日，环境保护部发布了《关于实施工业污染源全面达标排放计划的通知》（简称《通知》），要求到 2017 年底，钢铁、火电、水泥、煤炭、造纸、印染、废水处理厂、垃圾焚烧厂等 8 个行业达标计划实施取得明显成效，污染物排放标准体系和环境监管机制进一步完善。环境守法良好氛围基本形成。到 2020 年底，各类工业污染源持续保持达标排放，环境治理体系更加健全，环境守法成为常态。

《通知》还部署了全国实现污染物全面达标排放的时间节点：

2016 年年底前，各省级环保部门应将本行政区域内的各地级市（区）重点排污单位名录和企业环保信息公开情况报送环境保护部。环境保护部将对相关工作开展抽查，并将结果予以通报。

2017 年起，通过环境保护部污染源监控中心平台，向污染源所在地的省级、地市级环保部门发送污染源超标排放电子督办单，对严重超标的企业，要求 24 小时内反馈核实情况。

2017 年 6 月底前，各省级环保部门重点组织开展本行政区域钢铁、火电、水泥、煤炭、造纸、印染、废水处理厂、垃圾焚烧厂等 8 个行业污染物排放情况评估工作，并将有关结果报送环境保护部。

2017 年 7 月起，各省级环保部门可根据本行政区域实际情况，分步组织实施其余行业污染物排放情况评估工作。

2017 年年底前，各地要完成钢铁、火电、水泥、煤炭、造纸、印染、废水处理厂、垃圾焚烧厂等 8 个行业超标问题整治任务。

2018 年年底前，完成全部行业污染物排放情况评估工作。

2019 年年底前，基本完成各类工业污染源超标问题整治工作。

2020 年，进一步巩固提升工业污染源超标问题

整治成效。

《中华人民共和国水污染防治法修正案(草案)》审议通过，超标排放将加大处罚力度

12 月 7 日，国务院常务会议审议并通过了《中华人民共和国水污染防治法修正案(草案)》。草案将提请全国人大常委会审议。

针对水污染防治中存在的问题，草案提出，着重强化地方责任，完善排污许可与总量控制、区域流域水污染联合防治等制度，加强水污染防治措施，加大对超标、超总量排放等的处罚力度。对违法排污企业来说，可能面临更高的罚金。

《中华人民共和国环境保护税法》表决通过，2018 年起将正式实施

12 月 25 日，第十二届全国人大常委会第二十五次会议表决通过了《中华人民共和国环境保护税法》(简称《环境保护税法》)。这是我国第一部推进生态文明建设的单行税法，《环境保护税法》将于 2018 年 1 月 1 日起施行。

依据《环境保护税法》，以直接向环境排放应税污染物的企业事业单位和其他生产经营者为纳税人。征税对象指《环境保护税法》所附《环境保护税目税额表》《应税污染物和当量值》规定的大气污染物、水污染物、固体废物和噪声 4 类应税污染物。

这一税法的出台，实质上体现了“谁污染，谁付钱”的精神，征收环保税使得企业多排放必然就要多缴税。环保税并非凭空新增的税种，而是在“费改税”的原则之下，由新的环保税替代既有的排污费。另外，环保税作为工具有一定的调节作用，但不是治理污染的最终解药。治理污染还需要政府机构、污染企业、环保企业，甚至是每个公民的努力。

(王 岩)

2015 年世界造纸工业概况

General Situation of Global Paper Industry in 2015

一、全球纸和纸板、纸浆的生产量及消费量

1. 纸和纸板生产量

2015 年全球纸和纸板总生产量为 4.0760 亿吨，比 2014 年的 4.0612 亿吨增长 0.36%。各大品种生产量分别是新闻纸 2411 万吨，比 2014 年的 2646 万吨减少 8.9%；印刷书写纸 1.0139 亿吨，比 2014 年的 1.0424 亿吨减少 2.8%；生活用纸 3478 万吨，比 2014 年的 3345 万吨增长 4.0%；瓦楞材料(瓦楞原纸和箱纸板)1.5780 亿吨，比 2014 年的 1.5362 亿吨增长 2.7%；其他纸板 5742 万吨，比 2014 年的 5634 万吨增长 1.9%。在产品结构方面，新闻纸占 5.9%，印刷书写纸占 24.9%，生活用纸占 8.5%，瓦楞材料占 38.7%，其他纸板占 14.1%。新闻纸在纸和纸板总生产量中，所占比例连续多年保持下降趋势，2015 年仅占 5.9%；相反，生活用纸和瓦楞材料所占比例逐年上升，2015 年所占比例分别是 8.5% 和 38.7%。

2015 年全球纸和纸板生产量仍以亚洲最高，欧洲其次，北美洲居第 3 位，生产量分别为 1.8469 亿吨、1.0653 亿吨和 0.8299 亿吨，分别占全球纸和纸板总生产量的 45.3%、26.1% 和 20.4%。与 2014 年相比，亚洲生产量增长 1.0%，欧洲生产量增长 0.3%，北美洲生产量下降 1.5%。

2015 年中国纸和纸板生产量名列首位，美国居第 2 位，日本居第 3 位，生产量分别为 1.071 亿吨、7267 万吨和 2623 万吨，分别比 2014 年增长 2.3%、下降 0.7% 和下降 0.9%。这 3 个国家纸和纸板生产量分别占全球纸和纸板总生产量的 26.3%、17.8% 和 6.4%，这 3 个国家纸和纸板总生产量占全球纸和纸板总生产量的 50.5%，已超过 1/2。中国纸和纸板总生产量在全球纸和纸板总生产量所占比例由 2005 年的 15.3% 增长至 2015 年的 26.3%，超过全球纸和纸板总生产量的 1/4。

表 1 为 2015 年纸和纸板生产量排名前 10 位的国家。2014 年排名前 5 位的国家在 2015 年仍位列前 5 位。印度从第 8 位上升至第 6 位，加拿大则从第 6 位退至第 9 位。巴西则替代瑞典第一次入围前 10，位列第 8 位。在这 10 个造纸大国中，有 6 个国家纸和纸板生产量是负增长，尤以加拿大为甚，为 -6.7%；而印度和中国分别以 3.1% 和 2.3% 的速度增长。

表 1　2015 年纸和纸板生产量排名前 10 位的国家

排序	国家	生产量/万吨	同比/%
1	中国	10710	2.3
2	美国	7267	-0.7
3	日本	2623	-0.9
4	德国	2261	0.3
5	韩国	1160	-0.9
6	印度	1124	3.1
7	印度尼西亚	1089	0
8	巴西	1036	-0.4
9	加拿大	1032.1	-6.7
10	芬兰	1031.9	-0.9

2. 纸和纸板消费量

2015 年全球纸和纸板表观消费量为 4.1070 亿吨，比 2014 年增长 0.4%。全球人均表观消费量为 56.6 千克。世界各地区中以北美洲人均表观消费量最高，为 215.0 千克，其次是欧洲和大洋洲，分别为 116.5 千克和 116.3 千克。拉丁美洲地区人均表观消费量为 46.0 千克，亚洲为 46.4 千克，非洲只有 7.9 千克。

2015 年世界各国中，中国纸和纸板表观消费量

最高，为1.0352亿吨；其次是美国，为7092万吨；再次是日本，为2676万吨。这3个国家的人均表观消费量分别是75.0千克、220.7千克和210.9千克。

表2和表3分别列出了2015年纸和纸板表观消费量和人均表观消费量排名前10位的国家。

表2　2015年纸和纸板表观消费量排名前10位的国家

排序	国家	表观消费量/万吨	同比/%
1	中国	10352	2.8
2	美国	7092	-0.8
3	日本	2676	-2.2
4	德国	2057	0.5
5	印度	1312	3.6
6	意大利	1009	2.2
7	韩国	969	0
8	巴西	950	-6.0
9	英国	907	-2.6
10	法国	868	-0.7

表3　2015年纸和纸板人均表观消费量排名前10位的国家

排序	国家	人均表观消费量/千克
1	比利时	312.7
2	德国	254.3
3	奥地利	241.0
4	阿联酋	236.3
5	斯洛文尼亚	229.4
6	美国	220.7
7	芬兰	214.0
8	日本	210.9
9	荷兰	204.6
10	韩国	197.2

上述表观消费量超过1000万吨的6个国家中，印度、中国、意大利和德国的表观消费量比2014年分别增长了3.6%、2.8%、2.2%和0.5%；日本和美国是负增长，分别为-2.2%和-0.8%。

3. 纸浆生产量和消费量

2015年全球纸浆总生产量为1.7877亿吨，比2014年的1.7909亿吨下降0.18%。其中，化学浆生产量1.3532亿吨，比2014年增长0.89%；机械浆生产量2777万吨，比2014年下降2.4%。北美洲纸浆总生产量为6431万吨，比2014年下降1.7%，北美洲纸浆总生产量占全球纸浆总生产量的36%。欧洲和亚洲纸浆生产量分别为4385万吨和3929万吨，分别占全球纸浆总生产量的24.5%和22.0%。全球机械浆生产集中在北美洲和欧洲，生产量分别为998万吨和1086万吨。这2个地区机械浆生产量总和占全球机械浆总生产量的75.0%。

2015年美国、巴西和加拿大是纸浆生产量最多的3个国家，其纸浆生产量分别是4776万吨、1740万吨和1655万吨。

表4列出了2015年纸浆生产量排名前10位的国家。2014年排名前10位的国家全部入围2015年的前10位，除了巴西和中国的排名对调，巴西位列第2位，中国位列第4位，其余排名不变。10个国家中有7个国家是负增长，其中中国为-4.1%，日本为-3.1%。中国木浆生产量略有增加，主要是非木材浆生产量有较大幅度下降。相反，巴西和俄罗斯增幅分别为5.5%和3.8%。

表4　2015年纸浆生产量排名前10位的国家

排序	国家	生产量/万吨	同比/%
1	美国	4776	-1.4
2	巴西	1740	5.5
3	加拿大	1655	-2.4
4	中国	1646	-4.1
5	瑞典	1120	0.9
6	芬兰	1030	-0.4
7	日本	869	-3.1
8	俄罗斯	769	3.8
9	印度尼西亚	690	-1.3
10	智利	516	-1.4

2015年全球纸浆表观消费量为1.7937亿吨，比2014年的1.7971亿吨下降0.2%。

二、全球纸业贸易概况

1. 纸浆

表5和表6分别是纸浆净进口量、出口量较多的国家。纸浆净进口量较多的国家有中国、德国、意大利、韩国、法国5个国家。5个国家纸浆净进口量和2014年相比除法国下降2.9%外，其余4国均有较大幅度增长，中国、德国、意大利、韩国分别增长10.4%、4.8%、4.1%和8.4%。除上述5个国家外，纸浆净进口量较多的国家还有日本(123万吨)、英国(107万吨)和土耳其(104万吨)。纸浆净出口量较多的国家是巴西、加拿大、智利、瑞典和芬兰，净出口总量为2958万吨。巴西、加拿大和芬兰的净出口量分别为1111万吨、901万吨和256万吨，增幅分别为9.0%、4.7%和3.7%。智利和瑞典的净出口量各为430万吨和260万吨，同比分别下降7.6%和4.1%。巴西超越加拿大稳坐纸浆净出口

第一大国。此外，印度尼西亚、乌拉圭、俄罗斯、葡萄牙、美国纸浆净出口量也较大，分别为237万吨、215万吨、197万吨、108万吨、99万吨。

表5　2015年主要纸浆净进口国

排序	国家	净进口量/万吨
1	中国	1973.8
2	德国	354.7
3	意大利	324.0
4	韩国	241.8
5	法国	140.3

表6　2015年主要纸浆净出口国

排序	国家	净出口量/万吨
1	巴西	1111.4
2	加拿大	901.4
3	智利	429.7
4	瑞典	259.5
5	芬兰	255.5

2. 废纸

2015年全球废纸回收量为2.4069亿吨，回收率为58.6%。欧洲废纸回收量为6626万吨，回收率为67.5%；北美洲回收量为5159万吨，回收率为67.3%；亚洲回收量为9952万吨，回收率为53.5%。北美洲是最主要的废纸净出口地区，2015年净出口量为2034万吨；欧洲净出口量915万吨；大洋洲净出口量173万吨。上述3个地区净出口总量为3122万吨。这些数据表明全球可供应的废纸量在3000万吨左右。亚洲2015年废纸净进口量为3133万吨。

2015年废纸进口量最多的国家是中国，高达2928万吨，比2014年的2752万吨增长了6.4%，2015年中国的废纸进口量占亚洲废纸净进口总量3133万吨的93.5%。

表7为2015年部分国家的废纸回收量及进出口量。

表7　2015年部分国家的废纸回收量及进出口量

国家	回收量/万吨	回收率/%	利用率/%	出口量/万吨	进口量/万吨	废纸用量/万吨
美国	4731	66.7	38.5	1946	71	2800
日本	2120	79.2	64.8	426	4	1698
德国	1531	74.4	74.1	254	398	1675
英国	808	89.1	84.1	499	25	334
法国	715	82.4	66.3	287	101	529
意大利	635	62.9	53.8	182	33	485
中国*	4849	46.8	72.6	0.07	2928	7777

注：*根据中国造纸协会统计1吨废纸=0.815吨废纸浆。

3. 纸和纸板产品

表8和表9分别是部分国家纸和纸板的净出口量和净进口量。

表8　2015年部分国家纸和纸板净出口量

排序	国家	净出口量/万吨
1	芬兰	915
2	瑞典	859
3	加拿大	461
4	中国	358
5	印度尼西亚	354
6	奥地利	288
7	德国	204
8	韩国	191
9	美国	175
10	俄罗斯	167

表9　2015年部分国家纸和纸板净进口量

排序	国家和地区	净进口量/万吨
1	英国	510
2	墨西哥	280
3	土耳其	216
4	印度	188
5	越南	153
6	比利时	142
7	马来西亚	131
8	波兰	120
9	沙特阿拉伯	109
10	意大利	107

由表 8 可见，芬兰、瑞典和加拿大是纸和纸板净出口量最多的国家，芬兰净出口量为 915 万吨，占其纸和纸板总生产量的 89%，瑞典和加拿大净出口量分别占其纸和纸板总生产量的 85% 和 45%。从表 9 可见，英国是纸和纸板净进口量最多的国家，其净进口量为 510 万吨，占其表观消费量的 56%，1/2 以上的消费量依赖于进口。净进口量较多的国家还有墨西哥、土耳其和印度，其净进口量分别为 280 万吨、216 万吨和 188 万吨。

表 10 是 2015 年部分国家新闻纸生产量及进出口量。2015 年加拿大的新闻纸无论是生产量还是出口量都位列第 1 位，生产量 354 万吨，出口量为 290 万吨，出口量占其生产量的 82%。日本新闻纸生产量 299 万吨，位列第 2 位。中国新闻纸生产量 295 万吨，退居第 3 位。俄罗斯新闻纸出口量 111 万吨，占其生产量的 72%，是国际上第 2 大新闻纸出口国。加拿大、日本和中国 3 个国家新闻纸总生产量 948 万吨，占全球新闻纸总生产量的 39%。中国新闻纸生产量占全球新闻纸总生产量的 12%。美国是进口新闻纸最多的国家，2015 年进口量为 172 万吨，占新闻纸表观消费量的 57%。美国新闻纸消费量由 2008 年的 681 万吨连续减至 2015 年的 301 万吨，7 年时间下降了 56%，这也反映了全球新闻纸消费量不断下降的大趋势。进口新闻纸较多的国家和地区还有印度(141 万吨)、德国(91 万吨)、英国(61 万吨)、意大利(59 万吨)、荷兰(38 万吨)、土耳其(35 万吨)、法国(32 万吨)及中国的香港地区(19 万吨)和台湾省(18 万吨)。

表 10　2015 年部分国家新闻纸生产量及进出口量　　单位：万吨

国家	生产量	进口量	出口量
加拿大	354	1.5	290.0
日本	299	4.9	0.6
中国	295	6.0	2.0
美国	168	172.0	39.6
德国	177	91.0	77.0
俄罗斯	155	0.1	111.0
韩国	133	0	75.0
瑞典	120	1.0	95.0
英国	66	61.0	18.0
法国	60	32.0	55.0

表 11 是 2015 年部分国家印刷书写纸的生产量和进出口量。生产量位居前 3 位的是中国、美国和日本，分别为 2515 万吨、1453 万吨和 839 万吨。印刷书写纸出口量最多的依次是芬兰(546 万吨)、德国(533 万吨)和印度尼西亚(281 万吨)，出口量分别占其生产量的 98%、78% 和 64%；印刷书写纸进口量最多的依次是德国(480 万吨)、美国(462 万吨)和法国(231 万吨)，进口量分别占其消费量的 76%、27% 和 80%。2015 年，上述国家除中国印刷书写纸的生产量同比略有增加，其余国家的印刷书写纸生产量都有不同程度的下降。

表 11　2015 年部分国家印刷书写纸生产量及进出口量　　单位：万吨

国家	生产量	进口量	出口量
中国	2515	71	264
美国	1453	462	186
日本	839	114	75
德国	685	480	533
芬兰	559	7.2	546
印度尼西亚	440	9.7	281
加拿大	304	79	252
瑞典	287	12	277
法国	174	231	115

表 12 是 2015 年部分国家涂布印刷纸的生产量和进出口量。涂布印刷纸生产量最高的依次是中国(770 万吨)、美国(572 万吨)、日本(497 万吨)、芬兰(355 万吨)和德国(337 万吨)；与 2014 年相比，表 12 中各国均为减产。出口量最多的是芬兰(352 万吨)和德国(328 万吨)。进口量最多的也是德国(271 万吨)。净出口量最多的是芬兰，达 348 万吨。芬兰、日本和德国的涂布印刷纸生产量占其印刷书写纸比例分别高达 64%、59% 和 49%；而中国涂布印刷纸生产量仅占其印刷书写纸生产量的 31%。涂布印刷纸是中国出口量最大的纸种，2015 年出口量达 162 万吨，仅在芬兰、德国之后。

表 12　2015 年部分国家涂布印刷纸生产量及进出口量　　单位：万吨

国家	生产量	进口量	出口量
中国	770	34	162
美国	572	157	87
日本	497	49	54
芬兰	355	4	352
德国	337	271	328
意大利	214	62	139
奥地利	127	29	128
比利时	97	89	85
瑞典	77	7	81
法国	76	121	58

表 13 是 2015 年部分国家瓦楞材料的生产量和进出口量，中国的瓦楞材料生产量比美国多 1000 万吨以上，中国和美国的瓦楞材料生产量分别为 4470 万吨和 3254 万吨，占全球瓦楞材料总生产量的 28% 和 21%，中国和美国的瓦楞材料生产量已占全球总生产量的 1/2。瓦楞材料净出口量最大的仍属美国，净出口量达 456 万吨；净出口量较大的国家还有瑞典(169 万吨)和德国(154 万吨)。净进口量较大的国家有意大利(143 万吨)和中国(55 万吨)。

表 13　2015 年部分国家瓦楞材料的生产量和进出口量　单位：万吨

国家	生产量	进口量	出口量
中国	4470	93	38
美国	3254	103	559
日本	919	5.6	31
德国	769	243	397
韩国	468	12	24
法国	347	102	143
俄罗斯	328	10	77
意大利	240	156	13
瑞典	210	26	195
加拿大	186	92	102

表 14 是 2015 年部分国家生活用纸生产量和进出口量。生活用纸生产量以中国和美国最高，分别为 885 万吨和 772 万吨。这两个国家生活用纸生产量占全球生活用纸总生产量的 47.6%。生活用纸的贸易量较少，在表 14 所列几个国家中，只有意大利(76 万吨)和中国(68 万吨)的净出口量较高。

表 14　2015 年部分国家生活用纸生产量和进出口量　单位：万吨

国家	生产量	进口量	出口量
中国	885	3	71
美国	772	89	57
日本	176	19	2.4
意大利	160	8	84
德国	146	72	73

参考资料：RISI 有关数据和中国造纸协会发布的《中国造纸工业 2015 年度报告》。

(庍仕均)

"一带一路"沿线国家纸及纸板发展概况

Development of Paper and Paper Board in "the Belt and Road" Countries

一、"一带一路"沿线国家纸及纸板供需概况

一带，指的是"丝绸之路经济带"，是在陆地。它有三个走向，从中国出发，一是经中亚、俄罗斯到达欧洲；二是经中亚、西亚至波斯湾、地中海；三是中国到东南亚、南亚、印度洋。一路，指的是"21世纪海上丝绸之路"，重点方向是两条，一是从中国沿海港口过南海到印度洋，延伸至欧洲；二是从中国沿海港口过南海到南太平洋。

1. "一带一路"沿线国家情况

"一带一路"相关国家共有64个，其中，亚洲43个国家，中东欧16个国家，独联体4个国家，非洲1个国家。按区域划分有：

(1)东南亚11个国家　印度尼西亚、马来西亚、菲律宾、新加坡、泰国、文莱、越南、老挝、缅甸、柬埔寨、东帝汶。

(2)南亚7个国家　尼泊尔、不丹、印度、巴基斯坦、孟加拉国、斯里兰卡、马尔代夫。

(3)中亚6个国家　哈萨克斯坦、土库曼斯坦、吉尔吉斯斯坦、乌兹别克斯坦、塔吉克斯坦、阿富汗。

(4)独联体4个国家　俄罗斯、白俄罗斯、乌克兰、摩尔多瓦。

(5)西亚18个国家　伊朗、伊拉克、格鲁吉亚、亚美尼亚、阿塞拜疆、土耳其、叙利亚、约旦、以色列、巴勒斯坦、沙特阿拉伯、巴林、卡塔尔、也门、阿曼、阿联酋、科威特、黎巴嫩。

(6)中东欧16个国家　阿尔巴尼亚、波斯尼亚和黑塞哥维那、保加利亚、克罗地亚、捷克、爱沙尼亚、匈牙利、拉脱维亚、立陶宛、马其顿、黑山、罗马尼亚、波兰、塞尔维亚、斯洛伐克、斯洛文尼亚。

(7)其他　蒙古、埃及。

2. "一带一路"沿线国家造纸工业发展潜力巨大

(1)巨大的人口总量　2015年"一带一路"相关国家人口31.49亿，占全球人口总数的43.40%。

(2)人均纸及纸板消费量很低　2015年"一带一路"相关国家人均纸及纸板消费量24.06千克，为全球平均值的42.51%，是我国纸及纸板人均消费量的30.15%；2015年沿线国家纸及纸板消费总量7577.4万吨，占全球总消费量的18.45%。

(3)纸及纸板生产量和消费量增长较快　2007—2015年，"一带一路"相关国家纸及纸板消费量和生产量年均增长率分别为3.07%和2.99%，远高于全球平均水平0.51%和0.42%。

(4)消费量大大高于生产量　2007—2015年，"一带一路"相关国家纸及纸板消费量和生产量平均差值大于1355.7万吨，2013年的差值最大，为1596.5万吨，2009年差值最低，为1074.7万吨。由于其消费量的增长率高于生产量的增长率，因此，差距有逐年拉大的趋势。2007—2015年"一带一路"相关国家纸及纸板生产量和消费量见图1。

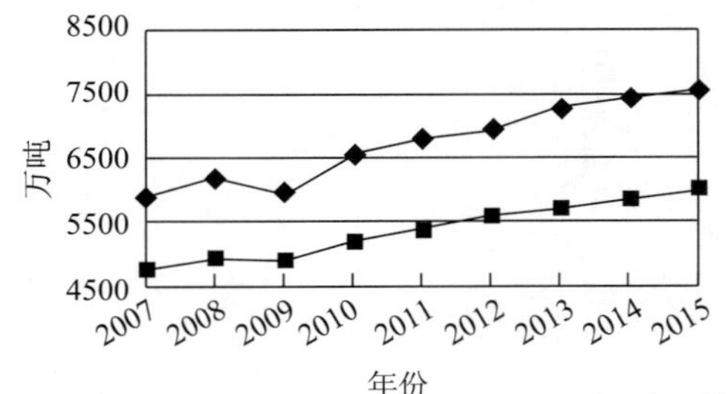

图1　2007—2015年"一带一路"相关国家纸及纸板生产量和消费量

—◆— 消费量　—■— 生产量

3. 东南亚11国纸及纸板生产量和消费量概况

2015年东南亚11国(东帝汶无数据)纸及纸板生产量2094.7万吨，2007—2015年年均增长率2.73%；生产量前4名为：印度尼西亚1089.1万吨，泰国485.9万吨，越南232.6万吨，马来西亚

177.6 万吨。4 国生产量占该地区生产总量的 94.77%，新加坡、文莱、老挝和柬埔寨无生产量数据。

2015 年东南亚 11 国纸及纸板消费量 2238.5 万吨，2007—2015 年年均增长率 3.74%；消费量前 4 名为：印度尼西亚 735.2 万吨，泰国 476.5 万吨，越南 385.5 万吨，马来西亚 308.8 万吨，4 国消费量占该地区消费总量的 85.15%（见图 2）。

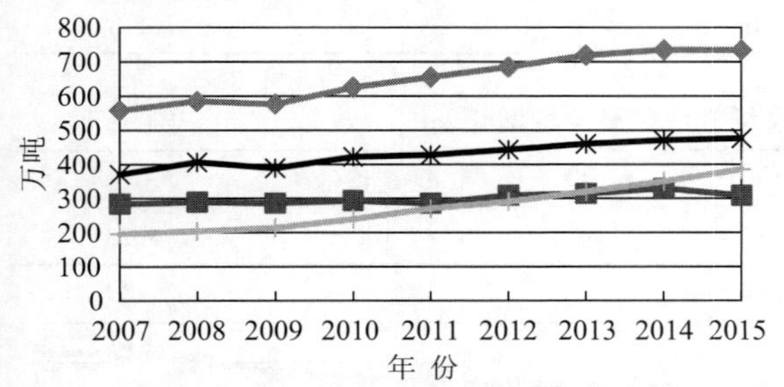

图2　2007—2015年东南亚部分国家纸及纸板的消费量

2007—2015 年东南亚 11 国纸及纸板生产量和消费量情况见图 3。从图 3 可以看出，该地区消费量增速高于生产量，2015 年差值为 143.8 万吨，2014 年为历年最高，达 156.3 万吨。

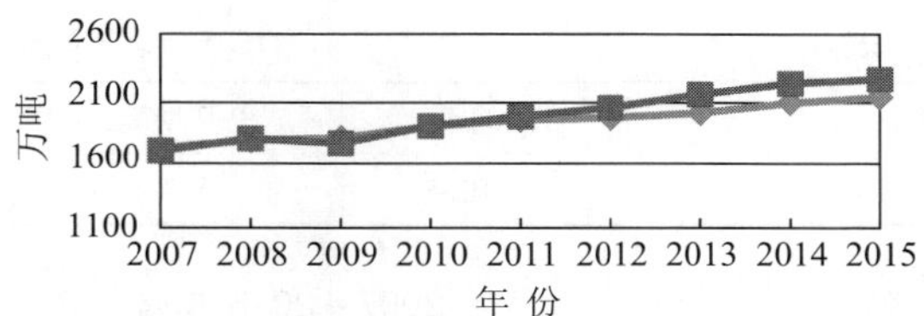

图3　2007—2015年东南亚11国纸及纸板生产量和消费量

2015 年东南亚 11 国纸及纸板人均消费量 35.3 千克，为全球平均值的 62.3%，除新加坡、马来西亚（人均超过 100 千克）和泰国（人均接近 70 千克）外其他国家仍处于较低水平（见表 1）。2007—2015 年东南亚 11 国纸及纸板消费量年均增长率见表 2。

表 1　2015 年东南亚 11 国纸及纸板人均消费量　单位：千克

	印度尼西亚	马来西亚	菲律宾	新加坡	泰国	文莱	越南	老挝	缅甸	柬埔寨
人均消费量	28.7	101.2	19.3	108.9	70.1	32.2	40.9	4.9	7.8	17.4

表 2　2007—2015 年东南亚 11 国纸及纸板消费量年均增长率　单位：%

	印度尼西亚	马来西亚	菲律宾	新加坡	泰国	文莱	越南	老挝	缅甸	柬埔寨
年均增长率	3.52	1.04	2.67	-3.10	3.19	1.25	8.78	22.46	18.41	15.46

从表 1、表 2 可以看出，纸及纸板人均消费量较低的国家年均增长率较高，如老挝、缅甸纸及纸板消费量年均增长率高达 22.46% 和 18.41%；而人均消费量较高的国家，如新加坡则是负增长。

进出口方面，印度尼西亚是纸及纸板出口国，泰国能够实现自给自足，而马来西亚和越南是进口国。

4. 南亚 7 国纸及纸板生产量和消费量

2015 年南亚 7 国纸及纸板生产量 1264.7 万吨，2007—2015 年年均增长率 4.66%；生产量前 4 名为：印度 1123.6 万吨，巴基斯坦 77.7 万吨，孟加拉国 52.2 万吨，斯里兰卡 10.3 万吨。4 国纸及纸板生产量占该地区生产总量的 99.93%，不丹和马尔代夫无生产数据。

2015 年南亚 7 国纸及纸板消费量 1605.3 万吨，2007—2015 年年均增长率 4.94%；消费量前 4 名为：印度 1311.5 万吨，巴基斯坦 134.6 万吨，孟加拉国 101.4 万吨，斯里兰卡 51.5 万吨，4 国消费量占该地区消费总量的 99.60%。

2007—2015 年南亚 7 国纸及纸板生产量和消费量情况见图 4。该地区纸及纸板消费量与生产量差距约 340 万吨。2015 年，印度是该地区纸及纸板生产量和消费量最大的国家，2007—2015 年印度纸及纸板的生产量和消费量情况见图 5。

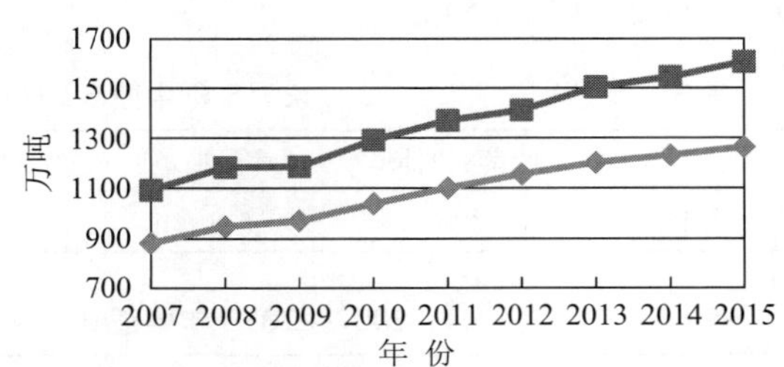

图4　2007—2015年南亚7国纸及纸板生产量和消费量

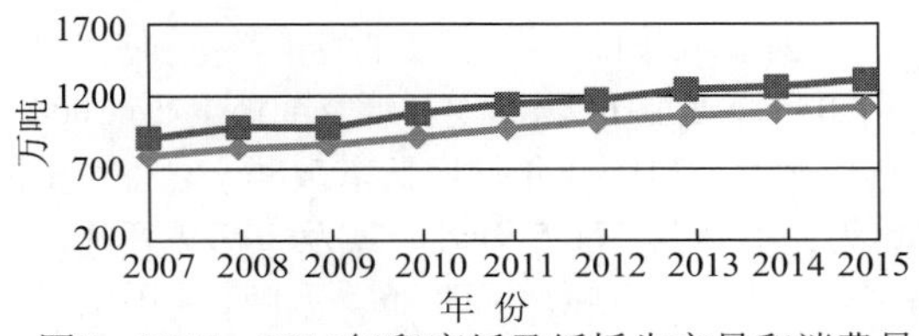

图5　2007—2015年印度纸及纸板生产量和消费量

2015 年南亚 7 国纸及纸板人均消费量 9.6 千克，除斯里兰卡人均 21.4 千克外，其余人均消费量为 2～10 千克，为全球较低水平地区之一（见表 3）。2007—2015 年南亚 7 国纸及纸板消费量年均增长率见表 4。鉴于巨大的人口总量（16.5 亿），南亚地区纸及纸板消费量增长空间很大，且消费量增速在 5% 左右，是值得研究和关注的地区。

表 3　　2015 年南亚 7 国纸及纸板人均消费量　　单位：千克

	印度	巴基斯坦	孟加拉国	斯里兰卡	尼泊尔	不丹
人均消费量	10.5	6.8	6.0	21.4	2.0	2.1

表 4　　2007—2015 年南亚 7 国纸及纸板消费量年均增长率　　单位:%

	印度	巴基斯坦	孟加拉国	斯里兰卡	尼泊尔	不丹
消费量年均增长率	4.60	5.78	7.87	6.12	10.19	5.23

5. 中亚 6 国和蒙古纸及纸板生产量和消费量

2015 年中亚 6 国和蒙古纸及纸板生产量 23.8 万吨，2007—2015 年年均增长率 4.07%。4 国有纸及纸板生产数据，哈萨克斯坦 12 万吨，土库曼斯坦 2.8 万吨，吉尔吉斯斯坦 1.8 万吨和乌兹别克斯坦 7.2 万吨。

2015 年中亚 6 国和蒙古纸及纸板消费量 64.0 万吨，2007—2015 年年均增长率 3.80%；消费量较大的为哈萨克斯坦 30.4 万吨，乌兹别克斯坦 18.6 万吨，总体消费水平较低。

2007—2015 年中亚 6 国和蒙古纸及纸板生产量和消费量情况见图 6。

2015 年中亚 6 国和蒙古纸及纸板人均消费量 6.3 千克，除哈萨克斯坦和蒙古人均消费量超过 10 千克外，其余国家均在 10 千克以下，为全球最低水平地区之一（见表 5）。

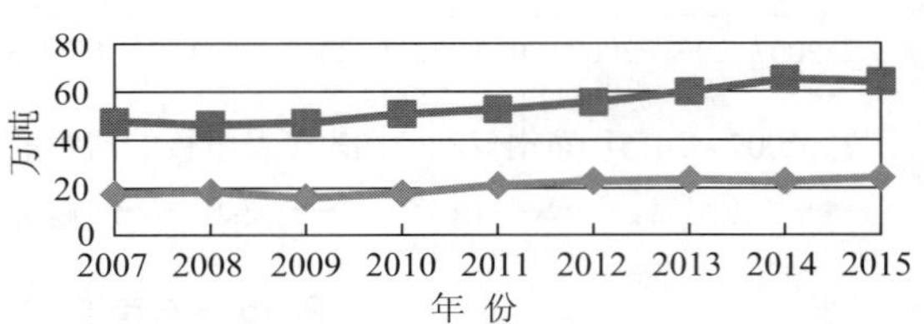

图6　2007—2015年中亚6国和蒙古纸及纸板生产量和消费量情况

生产量　消费量

2007—2015 年中亚 6 国和蒙古纸及纸板消费量年均增长率如表 6 所示。该地区消费量极低，哈萨克斯坦近年来经济发展较快。蒙古、土库曼斯坦、吉尔吉斯斯坦和乌兹别克斯坦纸及纸板的消费增速很快。阿富汗由于受战乱的影响，其消费量仅为 8 年前的 76%。中亚 6 国和蒙古为内陆国家，资源和自然条件是否适合发展制浆造纸工业值得研究。

表 5　　2015 年中亚 6 国和蒙古纸及纸板人均消费量　　单位：千克

	哈萨克斯坦	土库曼斯坦	吉尔吉斯斯坦	乌兹别克斯坦	塔吉克斯坦	阿富汗	蒙古
人均消费量	16.8	5.8	9.7	6.4	1.4	0.2	15.7

表 6　　2007—2015 年中亚 6 国和蒙古纸及纸板消费量年均增长率　　单位:%

	哈萨克斯坦	土库曼斯坦	吉尔吉斯斯坦	乌兹别克斯坦	塔吉克斯坦	阿富汗	蒙古
消费量年均增长率	0.49	12.00	7.27	6.58	3.03	-3.38	20.85

6. 西亚 18 国和埃及纸及纸板生产量和消费量

2015 年西亚 18 国和埃及纸及纸板生产量 868.2 万吨，2007—2015 年年均增长率 5.86%；生产量前 4 名为：土耳其 374.5 万吨，埃及 149.9 万吨，沙特阿拉伯 117.2 万吨，伊朗 96.5 万吨；4 国生产量占该地区总生产量的 85%。该地区有 7 国无生产数据或生产量极低。

2015 年西亚 18 国和埃及纸及纸板消费量 1659.6 万吨，2007—2015 年年均增长率 3.27%；消费量前 4 名为：土耳其 590.1 万吨，埃及 242.0 万吨，沙特阿拉伯 226.3 万吨，伊朗 185.0 万吨。除此之外，阿联酋和以色列也分别达到 136.6 万吨和 102.4 万吨，6 国消费量占该地区消费总量的 89.31%。

2007—2015 年西亚 18 国和埃及纸及纸板生产量和消费量情况见图 7。2014 年生产量比消费量低 832 万吨，2015 年生产量比消费量低 791.4 万吨。

2015 年西亚 18 国和埃及纸及纸板人均消费量 40.10 千克，与东亚地区相仿，但极为不平均，土耳其和中东地区人均消费量高于全球平均值(见表 7)。2007—2015 年西亚 18 国和埃及纸及纸板消费量年均增长率见表 8。2007—2015 年西亚部分国家纸及纸板消费量情况见图 8。2007—2015 年土耳其纸及纸板生产量和消费量情况见图 9。

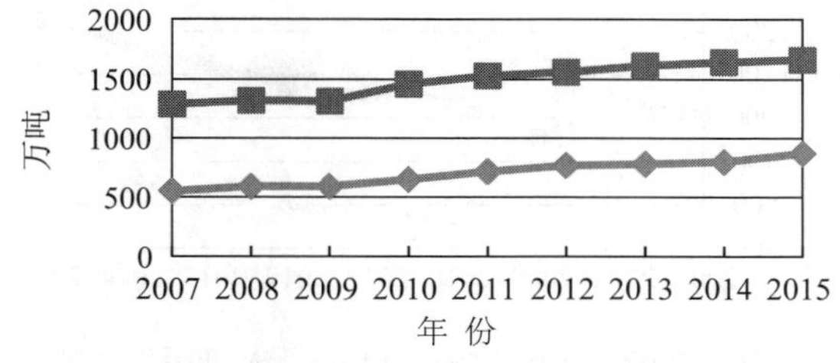

图7 2007—2015年西亚18国和埃及纸及纸板生产量和消费量情况

生产量　消费量

表 7　**2015 年西亚 18 国和埃及纸及纸板人均消费量**　单位：千克

	伊朗	伊拉克	格鲁吉亚	亚美尼亚	阿塞拜疆	土耳其	叙利亚	约旦	以色列
人均消费量	22.6	3.9	10.4	13.5	8.0	74.3	9.5	35.7	127.2
	沙特阿拉伯	巴林	卡塔尔	也门	阿曼	阿联酋	科威特	黎巴嫩	埃及
人均消费量	81.5	64.2	37.5	2.4	40.1	236.3	100.4	53.8	27.3

表 8　**2007—2015 年西亚 18 国和埃及纸及纸板消费量年均增长率**　单位:%

	伊朗	伊拉克	格鲁吉亚	亚美尼亚	阿塞拜疆	土耳其	叙利亚	约旦	以色列
年均增长率	0.34	17.78	5.28	13.38	8.26	3.62	-9.90	0.51	-0.85
	沙特阿拉伯	巴林	卡塔尔	也门	阿曼	阿联酋	科威特	黎巴嫩	埃及
年均增长率	6.54	2.65	6.44	-2.49	5.94	6.16	1.53	1.92	4.77

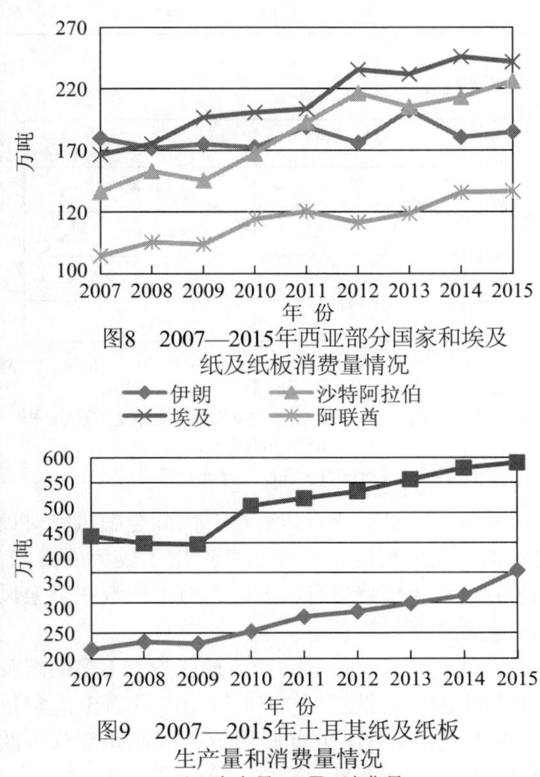

图8 2007—2015年西亚部分国家和埃及纸及纸板消费量情况

伊朗　沙特阿拉伯　埃及　阿联酋

图9 2007—2015年土耳其纸及纸板生产量和消费量情况

生产量　消费量

该地区纸及纸板消费量增速较快，尤其是沙特阿拉伯、卡塔尔、阿曼和阿联酋 4 国，目前已在考虑后石油时期的工业发展，对发展制浆造纸兴趣较大。该地区消费量常年比生产量高出约 800 万吨，具有一定的造纸工业发展的需求和潜力。

7. 中东欧 16 国纸及纸板生产量和消费量

2015 年中东欧 16 国纸及纸板生产量 879.0 万吨(黑山数据含在塞尔维亚之中，故仅有 15 国数据)，2007—2015 年年均增长率 1.87%；波兰是该区域最大生产国，2015 年生产量 436.7 万吨，占该地区总生产量的 49.68%，其余国家均未超过 100 万吨。

2015 年中东欧 16 国纸及纸板消费量 1223.1 万吨，2007—2015 年年均增长率 2.32%；波兰也是该地区最大消费国，2015 年消费量 556.4 万吨，占该地区总消费量的 45.49%；消费量超过 100 万吨的国家还有捷克，达 157.9 万吨。

2007—2015 年中东欧 16 国纸及纸板生产量和消费量情况见图 10，2007—2015 年波兰纸及纸板生产量和消费量情况见图 11。

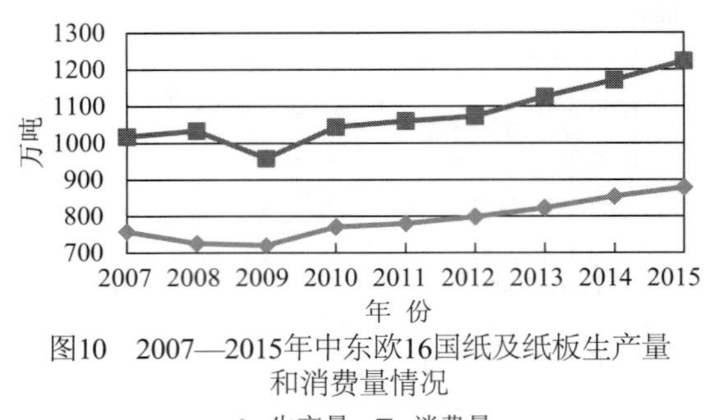

图10 2007—2015年中东欧16国纸及纸板生产量和消费量情况

—◆—生产量 —■—消费量

2015 年中东欧 16 国纸及纸板人均消费量 98.1 千克，除阿尔巴尼亚和巴尔干半岛部分国家外，人均消费量处于较高水平。2015 年中东欧 16 国纸及纸板人均消费量情况见表 9。2007—2015 年中东欧 16 国消费量年均增长率见表 10。

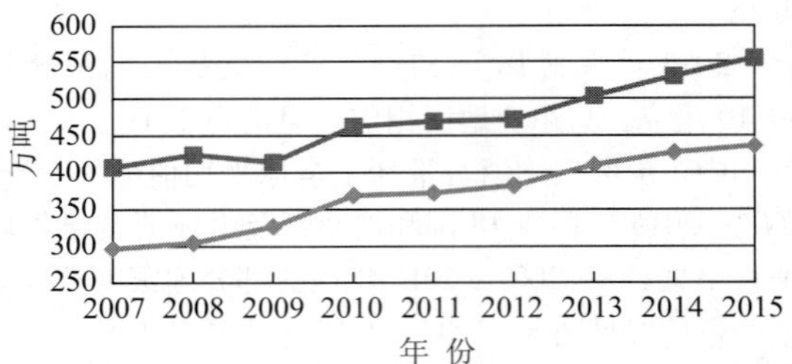

图11 2007—2015年波兰纸及纸板生产量和消费量情况

—◆—生产量 —■—消费量

表 9　2015 年中东欧 16 国纸及纸板人均消费量　单位：千克

	阿尔巴尼亚	波黑	保加利亚	克罗地亚	捷克	爱沙尼亚	匈牙利	拉脱维亚
人均消费量	21.1	32.3	54.8	104.8	148.3	130.4	99.7	89.6
	立陶宛	马其顿	罗马尼亚	波兰	塞尔维亚	斯洛伐克	斯洛文尼亚	
人均消费量	104.0	37.6	42.7	144.3	45.4	93.3	229.4	

表 10　2007—2015 年中东欧 16 国纸及纸板消费量年均增长率　单位:%

	阿尔巴尼亚	波黑	保加利亚	克罗地亚	捷克	爱沙尼亚	匈牙利	拉脱维亚
消费量年均增长率	7.25	3.78	-0.42	0.92	0.30	1.86	-0.08	-0.68
	立陶宛	马其顿	罗马尼亚	波兰	塞尔维亚	斯洛伐克	斯洛文尼亚	
消费量年均增长率	6.44	2.53	2.62	3.96	0.97	0.47	2.50	

从表 9 和表 10 数据可以看出，该地区除个别国家之外，纸及纸板消费量的增长速率并不快，甚至某些国家呈负增长的趋势。

8. 独联体 4 国纸及纸板生产量和消费量

2015 年独联体 4 国纸及纸板生产量 915.1 万吨，比 2014 年下降 0.25%；2007—2015 年年均增长率 0.43%。俄罗斯是本地区最大生产国，2015 年纸及纸板生产量 805.1 万吨，占该地区总生产量的 87.98%，占绝对优势。

2015 年独联体 4 国纸及纸板消费量 786.9 万吨，比 2014 年下降 5.95%，比 2007 下降 6.09%。俄罗斯也是本地区最大消费国，2015 年消费量 638.2 万吨，占该地区总消费量的 81.1%。由于政治动荡，乌克兰 2015 年纸及纸板消费量比 2014 年下降 12.4%，比 2007 年下降 24.1%。

2007—2015 年独联体 4 国纸及纸板生产量和消费量情况见图 12。2007—2015 年俄罗斯纸及纸板生产量和消费量情况见图 13。

2015 年独联体 4 国纸及纸板人均消费量 39.3 千克，为全球同期平均值的 69.5%，与东欧相比有一定差距。

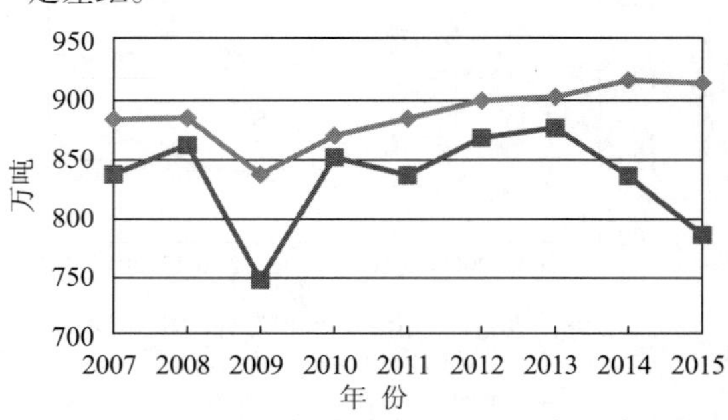

图12 2007—2015年独联体4国纸及纸板生产量和消费量情况

—◆—生产量 —■—消费量

从图 12 和图 13 可以看出，国际金融风暴对该地区的纸及纸板的生产和消费产生了较大的影响，俄罗斯近年来消费量有所下降，但生产量在金融风暴后恢复了缓慢增长。

该地区是“一带一路”沿线地区为数不多的纸及纸板输出地区，俄罗斯 2015 年生产量高出消费量 166.9 万吨，填补了原苏联中亚、西亚和部分东欧及该地区国家消费量的缺口。

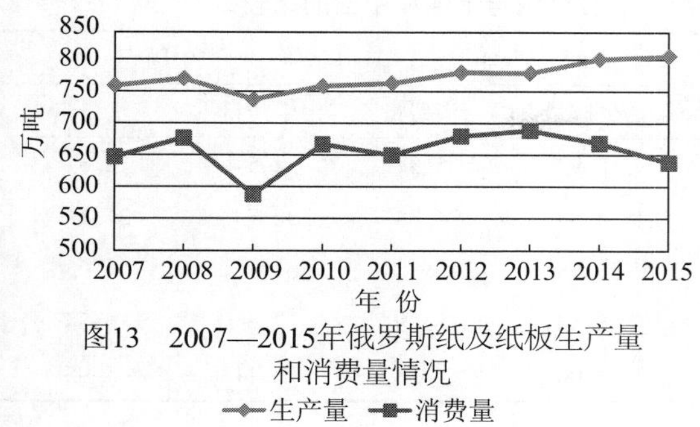

图13　2007—2015年俄罗斯纸及纸板生产量和消费量情况

二、"一带一路"沿线国家纸及纸板生产和消费产品分布概况

1. 总体情况

2015 年"一带一路"沿线国家纸及纸板生产量 6198.4 万吨，比 2014 年增长 2.96%。其中，新闻纸 392.5 万吨，占沿线国家纸及纸板生产量的 6.33%，比 2014 年下降 7.80%；印刷书写纸 1508.9 万吨，占 24.34%，比 2014 年增长 1.67%；包装纸及纸板 3684.6 万吨，占 59.44%，比 2014 年增长 4.50%；生活用纸 482.5 万吨，占 7.78%，比 2014 年增长 7.30%；其他纸及纸板 129.8 万吨，占 2.09%，比 2014 年下降 3.2%。

2015 年"一带一路"沿线国家纸及纸板消费量 7579.4 万吨，比 2014 年增长 1.46%。其中，新闻纸 566.9 万吨，占沿线国家纸及纸板消费量的 7.48%，比 2014 年下降 6.90%；印刷书写纸 1926.2 万吨，占 25.41%，比 2014 年增长 0.26%；包装纸及纸板 4394.9 万吨，占 57.98%，比 2014 年增长 2.90%；生活用纸 451.6 万吨，占 5.96%，比 2014 年增长 5.00%；其他纸及纸板 239.8 万吨，占 3.16%，比 2014 年增长 0.7%。

"一带一路"沿线国家的制浆造纸生产工艺和设备相对简单，因此，生产的纸种大部分为包装纸及纸板中的箱纸板及瓦楞原纸，占全部纸及纸板生产量的 40.75%，占包装纸及纸板的 68.56%；未涂布印刷书写纸占全部纸及纸板生产量的 20.96%，占印刷书写纸的 86.10%。

"一带一路"沿线国家纸种消费比例与生产情况类似，包装纸及纸板中的箱纸板及瓦楞原纸占全部纸及纸板消费量的 36.70%，占包装纸及纸板的 63.29%；未涂布印刷书写纸占全部纸及纸板消费量的 16.66%，占印刷书写纸的 65.54%。

2015 年"一带一路"沿线国家纸及纸板生产、消费及进出口情况见表 11。2015 年"一带一路"沿线国家纸及纸板中各纸种的生产、消费比例与全球和中国的比较见表 12。

表 11　　2015 年"一带一路"沿线国家纸及纸板生产、消费及进出口情况　　单位：千吨、%

	生产量	同比	消费量	同比	进口量	同比	出口量	同比
纸及纸板总量	61984	2.96	75794	1.46	32457	-0.42	17166	2.84
新闻纸	3925	-7.80	5669	-6.90	3391	-4.20	1590	-2.90
印刷书写纸	15089	1.67	19262	0.26	10314	-2.46	5731	-1.71
其中：未涂布木浆印刷书写纸	12991		12625		4793		4969	
涂布木浆印刷书写纸	1559		3830		2829		444	
未涂布机械浆印刷书写纸	59		1101		1120		73	
涂布机械浆印刷书写纸	480		1707		1561		245	
包装纸及纸板	36846	4.50	43949	2.90	15215	1.80	7097	8.40
其中：箱纸板及瓦楞原纸	25260		27815		7416		4406	
折叠纸板	8723		12792		6059		1544	
包装纸	2863		3341		1704		1147	
生活用纸	4825	7.30	4516	5.00	1840	-0.50	2188	5.50
其他纸及纸板	1298	-3.20	2398	0.70	1695	1.20	559	-7.10

表 12 2015 年"一带一路"沿线国家各纸种的生产、消费比例与全球和中国的比较 单位:%

	"一带一路"国家		全球		中国	
	生产量	消费量	生产量	消费量	生产量	消费量
新闻纸	6.33	7.48	5.92	5.87	2.54	2.67
印刷书写纸	24.34	25.41	24.88	24.88	22.84	21.49
包装纸及纸板	59.44	57.98	56.68	56.38	61.16	63.05
生活用纸	7.78	5.96	8.53	8.49	7.35	6.84
其他纸及纸板	2.09	3.16	4.00	4.38	6.11	5.95

2. 东南亚国家概况

2015 年东南亚 11 国纸及纸板生产量 2094.7 万吨，比 2014 年增长 2.19%。其中，新闻纸 89.1 万吨，占东南亚 11 国纸及纸板生产量的 4.25%，比 2014 年下降 2.94%；印刷书写纸 618.5 万吨，占 29.53%，比 2014 年下降 1.98%；包装纸及纸板 1224.9 万吨，占 58.48%，比 2014 年增长 4.24%；生活用纸 123.7 万吨，占 5.91%，比 2014 年增长 9.66%；其他纸及纸板 38.5 万吨，占 1.84%，比 2014 年下降 1.79%。

2015 年东南亚 11 国纸及纸板消费量 2238.4 万吨，比 2014 年增长 1.46%。其中，新闻纸 103.7 万吨，占东南亚 11 国纸及纸板消费量的 4.63%，比 2014 年下降 13.75%；印刷书写纸 505.2 万吨，占 22.57%，比 2014 年增长 1.23%；包装纸及纸板 1462.1 万吨，占 65.32%，比 2014 年增长 2.68%；生活用纸 88.6 万吨，占 3.96%，比 2014 年增长 3.62%；其他纸及纸板 78.8 万吨，占 3.52%，比 2014 年增长 1.87%。

该地区印刷书写纸的进出口量较大，特别是未涂布印刷书写纸，2015 年未涂布印刷书写纸出口量达 290.0 万吨(主要出口源为印度尼西亚)，进口量 131.1 万吨，两者相抵，净出口 167.9 万吨，占生产量的 32.60%。除此之外的各种纸及纸板进口量均高于出口量。

2015 年东南亚 11 国纸及纸板生产、消费和进出口情况见表 13。

表 13 2015 年东南亚 11 国纸及纸板生产、消费和进出口情况 单位：千吨、%

	生产量	同比	消费量	同比	进口量	同比	出口量	同比
纸及纸板总量	20947	2.19	22384	1.46	7191	-0.08	5754	2.14
新闻纸	891	-2.94	1037	-13.75	422	-19.88	276	13.88
印刷书写纸	6185	-1.98	5052	1.23	2242	2.02	3375	-4.03
其中：未涂布木浆印刷书写纸	5149		3470		1311		2990	
涂布木浆印刷书写纸	753		1130		551		174	
未涂布机械浆印刷书写纸	12		59		47		0	
涂布机械浆印刷书写纸	271		392		333		211	
包装纸及纸板	12249	4.24	14621	2.68	3640	0.88	1268	13.34
其中：箱纸板及瓦楞原纸	8635		9464		1683		855	
折叠纸板	2763		3891		1498		370	
包装纸	851		1266		459		44	
生活用纸	1237	9.66	886	3.62	271	7.54	622	18.49
其他纸及纸板	385	-1.79	788	1.87	616	0.63	213	-7.63

3. 南亚国家概况

2015 年南亚 7 国纸及纸板生产量 1264.7 万吨，比 2014 年增长 2.62%。其中，新闻纸 103.7 万吨，占南亚 7 国纸及纸板生产量的 8.20%，比 2014 年下降 12.81%；印刷书写纸 473.2 万吨，占 37.41%，比 2014 年增长 6.74%；包装纸及纸板 649.6 万吨，占 51.36%，比 2014 年增长 2.65%；生活用纸 20.7 万吨，占 1.64%，比 2014 年增长

2.48%；其他纸及纸板 17.6 万吨，占 1.39%，比 2014 年增长 2.24%。

2015 年南亚 7 国纸及纸板消费量 1605.3 万吨，比 2014 年增长 3.85%。其中，新闻纸 264.7 万吨，占南亚 7 国纸及纸板消费量的 16.49%，比 2014 年增长 0.54%；印刷书写纸 547.9 万吨，占 34.13%，比 2014 年增长 4.99%；包装纸及纸板 750.4 万吨，占 46.74%，比 2014 年增长 4.30%；生活用纸 20.0 万吨，占 1.25%，比 2014 年增长 3.04%；其他纸及纸板 22.4 万吨，占 1.39%，比 2014 年增长 2.16%。

该地区新闻纸和印刷书写纸消费量所占的比例很高，两项合计 50.62%，包装纸及纸板占 46.74%，生活用纸仅占 1.25%。

2015 年南亚 7 国纸及纸板生产、消费和进出口情况见表 14。

表 14　　2015 年南亚 7 国纸及纸板生产、消费和进出口情况　　单位：千吨、%

	生产量	同比	消费量	同比	进口量	同比	出口量	同比
纸及纸板总量	12647	2.62	16053	3.85	3972	8.78	566	9.45
新闻纸	1037	-12.81	2647	0.54	1615	11.10	5	-53.63
印刷书写纸	4732	6.74	5479	4.99	1101	2.95	354	24.55
其中：未涂布木浆印刷书写纸	4227		4336		383		274	
涂布木浆印刷书写纸	505		829		405		80	
未涂布机械浆印刷书写纸	0		126		126		0	
涂布机械浆印刷书写纸	0		188		188		0	
包装纸及纸板	6496	2.65	7504	4.30	1183	11.71	175	-9.22
其中：箱纸板及瓦楞原纸	3617		4072		457		2	
折叠纸板	2538		2978		574		134	
包装纸	341		454		153		39	
生活用纸	207	2.48	200	3.04	25	13.12	32	6.67
其他纸及纸板	176	2.24	224	2.16	48	1.85	0	—

4. 中亚 6 国和蒙古概况

2015 年中亚 6 国和蒙古纸及纸板生产量 23.8 万吨，比 2014 年增长 5.58%。该地区无新闻纸生产；印刷书写纸 6.6 万吨，占 27.72%，比 2014 年增长 10%；包装纸及纸板 14.5 万吨，占 60.94%，比 2014 年增长 2.54%；生活用纸 2.7 万吨，占 11.34%，比 2014 年增长 12.5%；无其他纸及纸板生产。

2015 年中亚 6 国和蒙古纸及纸板消费量 64.0 万吨，比 2014 年下降 1.63%。其中，新闻纸 4.7 万吨，占中亚 6 国和蒙古纸及纸板消费量的 7.29%，比 2014 年下降 13.82%；印刷书写纸 21.0 万吨，占 32.84%，比 2014 年下降 3.09%；包装纸及纸板 27.9 万吨，占 43.65%，比 2014 年下降 0.59%；生活用纸 7.2 万吨，占 11.26%，比 2014 年增长 7.45%；其他纸及纸板 3.2 万吨，占 4.95%，比 2014 年增长 0.68%。

该地区纸及纸板近 65% 的消费量来自于进口，最大生产国纸及纸板生产量仅 12 万吨，2015 年人均消费量 6.3 千克，处于极低水平。

2015 年中亚 6 国和蒙古纸及纸板生产、消费及进出口情况见表 15。

表 15　　2015 年中亚 6 国和蒙古纸及纸板生产、消费及进出口情况　　单位：千吨、%

	生产量	同比	消费量	同比	进口量	同比	出口量	同比
纸及纸板总量	238	5.58	640	-1.63	415	-6.86	13	-36.12
新闻纸	0		47	-13.82	47	-13.82	0	
印刷书写纸	66	10.00	210	-3.09	153	-10.4	9	-35.7
其中：未涂布木浆印刷书写纸	66		181		124		9	

续表

	生产量	同比	消费量	同比	进口量	同比	出口量	同比
涂布木浆印刷书写纸	0		18		18		0	
未涂布机械浆印刷书写纸	0		2		2		0	
涂布机械浆印刷书写纸	0		10		10		0	
包装纸及纸板	145	2.54	279	-0.59	138	-4.55	4	-26.67
其中：箱纸板及瓦楞原纸	118		139		25		4	
折叠纸板	27		125		98		0	
包装纸	0		15		15		0	
生活用纸	27	12.50	72	7.45	45	2.25	0	
其他纸及纸板	0		32	0.68	32		0	

5. 西亚 18 国和埃及概况

2015 年西亚 18 国和埃及纸及纸板生产量 868.2 万吨，比 2014 年增长 8.73%。其中，新闻纸 9.2 万吨，占西亚 18 国和埃及纸及纸板生产量的 1.06%，比 2014 年下降 5.15%；印刷书写纸 69.7 万吨，占 8.03%，比 2014 年下降 1.55%；包装纸及纸板 624.8 万吨，占 71.96%，比 2014 年增长 10.06%；生活用纸 156.6 万吨，占 18.04%，比 2014 年增长 9.89%；其他纸及纸板 8 万吨，占 0.92%，比 2014 年增长 1.27%。

2015 年西亚 18 国和埃及纸及纸板消费量 1656.8 万吨，比 2014 年增长 0.97%。其中，新闻纸 74.4 万吨，占西亚 18 国和埃及纸及纸板消费量的 4.49%，比 2014 年下降 18.25%；印刷书写纸 379.6 万吨，占 22.91%，比 2014 年下降 2.45%；包装纸及纸板 1003.6 万吨，占 60.58%，比 2014 年增长 2.76%；生活用纸 150.4 万吨，占 9.08%，比 2014 年增长 11.24%；其他纸及纸板 48.7 万吨，占 2.94%，比 2014 年下降 0.22%。

该地区纸及纸板超过 55% 的消费量来自于进口，比例最高的是新闻纸和印刷书写纸，进口量占消费量的比例分别达到 87.78% 和 83.17%；折叠纸板的比例也较高，达到了 61.75%；生活用纸产销虽然基本平衡，但进出口量仍分别达到消费量和生产量的 36.90% 和 39.40%。2015 年生活用纸的生产量和消费量增幅很大。

该地区情况比较复杂，叙利亚和也门受到战乱影响严重，其消费量仅为最高期的 40% 和 49%，而伊拉克战后纸及纸板的消费量增长迅速，2007—2015 年的年均增长率达 17.78%。

2015 年西亚 18 国和埃及纸及纸板生产、消费及进出口情况见表 16。

表 16　2015 年西亚 18 国和埃及纸及纸板生产、消费及进出口情况　单位：千吨、%

	生产量	同比	消费量	同比	进口量	同比	出口量	同比
纸及纸板总量	8682	8.73	16568	0.97	9240	-4.15	1354	11.35
新闻纸	92	-5.15	744	-18.25	653	-19.8	1	0
印刷书写纸	697	-1.55	3796	-2.45	3157	-2.33	58	18.37
其中：未涂布木浆印刷书写纸	647		2318		1714		53	
涂布木浆印刷书写纸	10		884		875		2	
未涂布机械浆印刷书写纸	29		250		223		2	
涂布机械浆印刷书写纸	11		344		334		1	
包装纸及纸板	6248	10.06	10036	2.76	4456	-3.65	667	24.91
其中：箱纸板及瓦楞原纸	4755		6422		2150		514	
折叠纸板	1179		2730		1686		138	
包装纸	314		884		584		15	
生活用纸	1566	9.89	1504	11.24	555	1.28	617	-0.64
其他纸及纸板	80	1.27	487	-0.22	419	-0.50	11	0

6. 中东欧 16 国概况

2015 年中东欧 16 国纸及纸板生产量 879 万吨，比 2014 年增长 2.81%。其中，新闻纸 27 万吨，占中东欧 16 国纸及纸板生产量的 3.07%，比 2014 年下降 3.23%；印刷书写纸 156.2 万吨，占 17.77%，比 2014 年下降 0.89%；包装纸及纸板 537.2 万吨，占 61.11%，比 2014 年增长 5.52%；生活用纸 112.1 万吨，占 12.75%，比 2014 年增长 1.63%；其他纸及纸板 46.5 万吨，占 5.29%，比 2014 年下降 7.19%。

2015 年中东欧 16 国纸及纸板消费量 1223.1 万吨，比 2014 年增长 4.45%。其中，新闻纸 67 万吨，占中东欧 16 国纸及纸板消费量的 5.48%，比 2014 年下降 3.87%；印刷书写纸 308 万吨，占 25.18%，比 2014 年下降 0.09%；包装纸及纸板 677 万吨，占 55.35%，比 2014 年增长 8.48%；生活用纸 116.3 万吨，占 9.51%，比 2014 年增长 1.48%；其他纸及纸板 54.8 万吨，占 4.48%，比 2014 年增长 0.74%。

2015 年中东欧 16 国纸及纸板生产、消费及进出口情况见表 17。

表 17　2015 年中东欧 16 国纸及纸板生产、消费及进出口情况　　单位：千吨、%

	生产量	同比	消费量	同比	进口量	同比	出口量	同比
纸及纸板总量	8790	2.81	12231	4.45	9635	4.32	6194	1.94
新闻纸	270	−3.23	670	−3.87	583	−1.85	183	3.98
印刷书写纸	1562	−0.89	3080	−0.09	3033	0.51	1516	0.28
其中：未涂布木浆印刷书写纸	1396		1157		1012		1252	
涂布木浆印刷书写纸	117		728		786		175	
未涂布机械浆印刷书写纸	12		639		686		59	
涂布机械浆印刷书写纸	37		556		549		30	
包装纸及纸板	5372	5.52	6770	8.48	4782	8.14	3384	3.41
其中：箱纸板及瓦楞原纸	3783		4615		2901		2069	
折叠纸板	803		1676		1472		599	
包装纸	786		479		409		716	
生活用纸	1121	1.63	1163	1.48	855	1.42	813	1.63
其他纸及纸板	465	−7.19	548	0.74	382	6.11	299	−5.68

2015 年传统意义上的西欧净出口量达 1289.4 万吨，有可能大部分弥补了该区域消费的空缺。

该地区人均纸及纸板消费量高于全球和中国，其各纸种消费比例与全球相近，但与传统意义上的西欧有所不同(见表 18)。

表 18　2015 年中东欧 16 国纸及纸板各纸种生产、消费比例与全球和西欧的比较　　单位:%

	中东欧 16 国		全球		西欧	
	生产量	消费量	生产量	消费量	生产量	消费量
新闻纸	3.07	5.48	5.92	5.87	7.98	8.01
印刷书写纸	17.77	25.18	24.88	24.88	32.45	28.86
包装纸及纸板	61.11	55.35	56.68	56.38	47.66	49.49
生活用纸	12.75	9.51	8.53	8.49	7.74	9.14
其他纸及纸板	5.29	4.48	4.00	4.38	4.17	4.50

7. 独联体 4 国概况

2015 年独联体 4 国纸及纸板生产量 915.1 万吨，比 2014 年下降 0.25%。其中，新闻纸 157.6 万吨，占独联体 4 国纸及纸板生产量的 17.22%，比 2014 年下降 7.35%；印刷书写纸 142.3 万吨，占 15.55%，比 2014 年增长 3.87%；包装纸及纸板

529.8 万吨，占 57.90%，比 2014 年下降 0.08%；生活用纸 70.2 万吨，占 7.67%，比 2014 年增长 9.52%；其他纸及纸板 15.2 万吨，占 1.66%，比 2014 年下降 5.00%。

2015 年独联体 4 国纸及纸板消费量 786.9 万吨，比 2014 年下降 5.95%。其中，新闻纸 52.1 万吨，占独联体 4 国纸及纸板消费量的 6.61%，比 2014 年下降 11.40%；印刷书写纸 163.1 万吨，占 20.73%，比 2014 年下降 9.94%；包装纸及纸板 471.5 万吨，占 59.92%，比 2014 年下降 5.19%；生活用纸 68.7 万吨，占 8.73%，比 2014 年增长 0.44%；其他纸及纸板 31.5 万吨，占 4.00%，比 2014 年下降 1.87%。

该地区新闻纸出口量 112.6 万吨，占新闻纸生产量的 71.47%。其中，俄罗斯新闻纸出口量 110.6 万吨，占其生产量的 71.40%。

该地区是"一带一路"沿线国家中唯一生产量大于消费量的区域。除新闻纸大量出口外，箱纸板和瓦楞原纸出口量占其生产量的 25%，包装纸出口量占其生产量的 67.68%，未涂布印刷书写纸出口量占其生产量的 30.27%，其中涂布木浆印刷书写纸消费量的 81.51%、折叠纸板 52.97%、其他纸及纸板 63.17% 来自于进口，而生活用纸产销基本平衡。

该地区纸及纸板人均消费量仅为全球平均值的 70%，乌克兰仅为全球平均值的 43.6%，2015 年纸及纸板消费量仅为 2007 年的 3/4，与东欧一些国家如保加利亚、匈牙利等国相比也有一定的差距。虽然近期纸及纸板消费量有较大的下滑，但其存在市场空间，各纸种均有一定的发展潜力。

2015 年独联体 4 国纸及纸板生产、消费及进出口情况见表 19。

表 19　2015 年独联体 4 国纸及纸板生产、消费及进出口情况　单位：千吨、%

	生产量	同比	消费量	同比	进口量	同比	出口量	同比
纸及纸板总量	9151	-0.25	7869	5.95	2003	-17.30	3285	1.73
新闻纸	1576	-7.35	521	-11.40	71	-26.04	1126	-6.87
印刷书写纸	1423	3.87	1631	-9.44	627	-29.23	419	-7.91
其中：未涂木浆印刷书写纸	1295		1152		249		392	
涂布木浆印刷书写纸	56		238		194		12	
未涂机械浆印刷书写纸	0		25		37		12	
涂布机械浆印刷书写纸	72		216		147		3	
包装纸及纸板	5298	-0.08	4715	-5.19	1017	-7.21	1600	12.28
其中：箱纸板及瓦楞原纸	3852		3090		201		963	
折叠纸板	954		1382		732		304	
包装纸	492		243		84		333	
生活用纸	702	9.52	687	0.44	89	-36.43	104	7.22
其他纸及纸板	152	-5.00	315	-1.87	199	-2.45	36	-16.28

三、"一带一路"沿线国家的纸浆供需概况

1. 总体情况

2015 年"一带一路"沿线国家纸浆生产量 5163.5 万吨，比 2014 年增长 3.82%。其中，木浆 2087.7 万吨，占"一带一路"沿线国家纸浆生产量的 40.43%，比 2014 年增长 1.18%；废纸浆 2707.7 万吨，占 52.44%，比 2014 年增长 6.42%；非木材浆 368 万吨，占 7.13%，比 2014 年增长 0.59%。

2015 年"一带一路"沿线国家纸浆消耗量 5702.8 万吨，比 2014 年增长 2.98%。其中，木浆 2179.5 万吨，占"一带一路"沿线国家纸浆消耗量的 38.22%，比 2014 年增长 0.73%；废纸浆 3155.3 万吨，占 55.33%，比 2014 年增长 4.89%；非木材浆 368 万吨，占 6.45%，比 2014 年增长 0.57%。

2015 年，"一带一路"沿线国家纸浆生产、消费及进出口情况见表 20。

表 20　2015 年"一带一路"沿线国家纸浆生产、消费及进出口情况　单位：千吨、%

	生产量	同比	消耗量	同比	进口量	同比	出口量	同比
纸浆总量	51635	3.82	57028	2.98	14484	-3.13	10211	-0.30
木浆	20877	1.18	21795	0.73	7136	-2.10	6219	-1.09
其中：漂白硫酸盐针叶木浆	2312		4250		3272		1334	
漂白硫酸盐阔叶木浆	11218		10097		2929		4240	
亚硫酸盐浆	507		575		96		29	
未漂浆	3838		3829		375		324	
半化学浆	654		659		5		0	
机械浆	2208		2385		459		292	
废纸浆	27077	6.42	31553	4.89	7348	-4.11	3992	0.96
非木材浆	3680	0.59	3680	0.57	0	—	0	—

从表 20 可以看出，"一带一路"沿线国家纸浆整体供需基本平衡，但由于地域生态环境差异巨大，经济发展状况各异，因此各地区的情况有很大的差异。

2. 东南亚国家概况

2015 年东南亚 11 国纸浆生产量 1785.7 万吨，比 2014 年增长 2.49%。其中，木浆 828 万吨，占东南亚 11 国纸浆生产量的 46.37%，比 2014 年下降 0.92%；废纸浆 898 万吨，占 50.29%，比 2014 年增长 6.01%；非木材浆 59.7 万吨，占 3.34%，与 2014 年持平。

2015 年东南亚 11 国纸浆消耗量 1961.1 万吨，比 2014 年增长 2.19%。其中，木浆 658.2 万吨，占东南亚 11 国纸浆消耗量的 33.56%，比 2014 年降低 1.59%；废纸浆 1243.2 万吨，占 63.39%，比 2014 年增长 4.41%；非木材浆 59.7 万吨，占 3.04%，与 2014 年基本持平。

该地区生态环境及自然条件适于速生丰产林的培育和种植，是全球硫酸盐木浆的主要供应来源之一。2015 年漂白硫酸盐阔叶木浆生产量中的 44.64% 用于出口，但由于经济发展等原因，除印度尼西亚和泰国之外，其他国家尚无大型的纸浆生产线。

2015 年东南亚 11 国纸浆生产、消费及进出口情况见表 21。

表 21　2015 年东南亚 11 国纸浆生产、消费及进出口情况　单位：千吨、%

	生产量	同比	消耗量	同比	进口量	同比	出口量	同比
纸浆总量	17857	2.49	19611	2.19	4629	-10.49	3994	-7.83
木浆	8280	-0.92	6582	-1.59	1717	-13.61	3416	-6.61
其中：漂白硫酸盐针叶木浆	0		944		944		1	
漂白硫酸盐阔叶木浆	7650		4712		287		3415	
亚硫酸盐浆	0		45		45		0	
未漂浆	287		482		255		0	
半化学浆	0		0		0		0	
机械浆	203		399		186		0	
废纸浆	8980	6.01	12432	4.41	2911	-8.54	578	-14.44
非木材浆	597	0.03	597	0	0	—	0	0

3. 南亚国家概况

2015 年南亚 7 国纸浆生产量 817.5 万吨，比 2014 年增长 3.11%。其中，木浆 180.6 万吨，占南亚 7 国纸浆生产量的 22.09%，比 2014 年增长 0.67%；废纸浆 379.9 万吨，占 46.47%，比 2014 年增长 6.29%；非木材浆 257 万吨，占 31.44%，

比 2014 年增长 0.39%。

2015 年南亚 7 国纸浆消耗量 1185.6 万吨，比 2014 年增长 1.51%。其中，木浆 302.3 万吨，占南亚 7 国纸浆消耗量的 25.50%，比 2014 年降低 2.34%；废纸浆 626.3 万吨，占 52.83%，比 2014 年增长 3.97%；非木材浆 257 万吨，占 21.68%，比 2014 年增长 0.39%。

该地区纸浆生产量远低于消耗量，约 1/3 的纸浆来自于进口。

该地区是除中国之外的第二大非木材浆生产区域，其生产和消耗量占全球的 23.93%（中国占 57.79%），印度是其中的主要生产国，2015 年非木材浆生产量 240 万吨，为整个地区的 93.4%。

2015 年南亚 7 国纸浆生产、消费及进出口情况见表 22。

表 22　2015 年南亚 7 国纸浆生产、消费及进出口情况　单位：千吨、%

	生产量	同比	消耗量	同比	进口量	同比	出口量	同比
纸浆总量	8175	3.11	11856	1.51	3841	-1.11	160	20.15
木浆	1806	0.67	3023	-2.34	1232	-5.69	15	200.00
其中：漂白硫酸盐针叶木浆	0		288		290		2	
漂白硫酸盐阔叶木浆	1434		2172		747		9	
亚硫酸盐浆	0		2		2		0	
未漂浆	210		249		43		4	
半化学浆	0		0		0		0	
机械浆	162		312		150		0	
废纸浆	3799	6.29	6263	3.97	2609	1.21	145	13.13
非木材浆	2570	0.39	2570	0.39	0		0	

4. 中亚 6 国和蒙古概况

2015 年中亚 6 国和蒙古纸浆生产量 19.1 万吨，比 2014 年增长 16.57%。无木浆生产记录；废纸浆 14.6 万吨，占 76.49%，比 2014 年增长 22.82%；非木材浆 4.5 万吨，占 23.51%，与 2014 年持平。

2015 年中亚 6 国和蒙古纸浆消耗量 22 万吨，比 2014 年增长 4.17%。其中，木浆 2.1 万吨，占中亚 6 国和蒙古纸浆消耗量的 9.56%，与 2014 年持平；废纸浆 15.4 万吨，占 69.95%，比 2014 年增长 6.08%；非木材浆 4.5 万吨，占 20.49%，与 2014 年持平。

该地区生态环境及自然条件是否适合发展制浆造纸工业值得深入研究，目前制浆造纸工业水平处于很低水准。

2015 年中亚 6 国和蒙古纸浆生产、消费及进出口情况见表 23。

表 23　2015 年中亚 6 国和蒙古纸浆生产、消费及进出口情况　单位：千吨、%

	生产量	同比	消耗量	同比	进口量	同比	出口量	同比
纸浆总量	191	16.57	220	4.17	32	-33.20	4	150.00
木浆	0		21	0	21		0	
其中：漂白硫酸盐针叶木浆	0		5		5		0	
漂白硫酸盐阔叶木浆	0		14		14		0	
亚硫酸盐浆	0		0		0		0	
未漂浆	0		2		2		0	
半化学浆	0		0		0		0	
机械浆	0		0		0		0	
废纸浆	146	22.82	154	6.08	11	-58.82	4	150.00
非木材浆	45	0	45	0	0		0	

5. 西亚 18 国和埃及概况

2015 年西亚 18 国和埃及纸浆生产量 703.1 万吨，比 2014 年增长 8.15%。其中，木浆 39.6 万吨，占西亚 18 国和埃及纸浆生产量的 5.63%，比

2014 年降低 0.25%；废纸浆 632.5 万吨，占 89.96%，比 2014 年增长 9.16%；非木材浆 31 万吨，占 4.41%，与 2014 年持平。

2015 年西亚 18 国和埃及纸浆消耗量 845.8 万吨，比 2014 年增长 8.18%。其中，木浆 239.9 万吨，占西亚 18 国和埃及纸浆消耗量的 28.37%，比 2014 年增长 5.67%；废纸浆 574.9 万吨，占 67.97%，比 2014 年增长 9.74%；非木材浆 31 万吨，占 3.67%，与 2014 年持平。

该地区极少的木浆生产量主要来自于伊朗(占 84.34%)，少量来自于土耳其(占 15.66%)；非木材浆主要来自于埃及(占 74.19%)，少量来自于伊朗(占 24.19%)和土耳其(占 1.61%)，其余国家无纸浆生产记录。木浆中主要是未漂浆、半化学浆和机械浆，所需漂白硫酸盐针叶木、阔叶木浆全部依赖进口。该地区废纸回收和利用率较高。

2015 年西亚 18 国和埃及纸浆生产、消费及进出口情况见表 24。

表 24　　2015 年西亚 18 国和埃及纸浆生产、消费及进出口情况　　单位：千吨、%

	生产量	同比	消耗量	同比	进口量	同比	出口量	同比
纸浆总量	7031	8.15	8458	8.18	2291	6.60	865	3.99
木浆	396	-0.25	2399	5.67	2003	6.93	0	0
其中：漂白硫酸盐针叶木浆	0		1121		1121		0	
漂白硫酸盐阔叶木浆	0		821		821		0	
亚硫酸盐浆	0		7		7		0	
未漂浆	186		215		29		0	
半化学浆	84		87		3		0	
机械浆	126		148		22		0	
废纸	6325	9.16	5749	9.74	288	4.35	865	3.99
非木材浆	310	0	310	0	0		0	0

6. 中东欧 16 国概况

2015 年中东欧 16 国纸浆生产量 753.1 万吨，比 2014 年增长 5.70%。其中，木浆 270.3 万吨，占中东欧 16 国纸浆生产量的 35.89%，比 2014 年降低 0.48%；废纸浆 482.2 万吨，占 64.03%，比 2014 年增长 9.54%；非木材浆 0.6 万吨，占 0.08%，比 2014 年降低 14.29%。

2015 年中东欧 16 国纸浆消耗量 787.6 万吨，比 2014 年增长 3.80%。其中，木浆 397.7 万吨，占中东欧 16 国纸浆消耗量的 50.49%，比 2014 年增长 2.65%；废纸浆 389.4 万吨，占 49.43%，比 2014 年增长 5.03%；非木材浆 0.6 万吨，占 0.08%，比 2014 年降低 14.29%。

虽然该地区木浆生产量的 1/4 用于出口，但其消耗量的 50% 依靠进口。从纸浆供需平衡看，木浆消耗量大于生产量，废纸回收量大于消耗量。

2015 年中东欧 16 国纸浆生产、消费及进出口情况见表 25。

表 25　　2015 年中东欧 16 国纸浆生产、消费及进出口情况　　单位：千吨、%

	生产量	同比	消耗量	同比	进口量	同比	出口量	同比
纸浆总量	7531	5.70	7876	3.80	3158	0.12	2812	4.53
木浆	2703	-0.48	3977	2.65	1947	4.72	673	3.94
其中：漂白硫酸盐针叶木浆	317		1016		781		82	
漂白硫酸盐阔叶木浆	999		1600		990		389	
亚硫酸盐浆	0		40		40		0	
未漂浆	960		997		37		0	
半化学浆	120		122		2		0	
机械浆	307		201		96		202	
废纸浆	4822	9.54	3894	5.03	1211	-6.49	2139	7.52
非木材浆	6	-14.29	6	-14.29	0		0	

7. 独联体 4 国概况

2015 年独联体 4 国纸浆生产量 1084.9 万吨，比 2014 年增长 2.41%。其中，木浆 769.2 万吨，占独联体 4 国纸浆生产量的 70.90%，比 2014 年增长 4.37%；废纸浆 300.5 万吨，占 27.70%，比 2014 年降低 2.57%；非木材浆 15.2 万吨，占 1.40%，比 2014 年增长 8.57%。

2015 年独联体 4 国纸浆消耗量 900.7 万吨，比 2014 年增长 1.33%。其中，木浆 579.3 万吨，占独联体 4 国纸浆消耗量的 64.32%，比 2014 年增长 1.86%；废纸浆 306.2 万吨，占 33.99%，比 2014 年增长 0.03%；非木材浆 15.2 万吨，占 1.69%，比 2014 年增长 8.57%。

2015 年独联体 4 国纸浆生产、消费及进出口情况见表 26。该地区的俄罗斯是全球漂白硫酸盐木浆的主要出口国之一。表 26 的生产和出口数据基本是源自于俄罗斯。

表 26 2015 年独联体 4 国纸浆生产、消费及进出口情况 单位：千吨、%

	生产量	同比	消耗量	同比	进口量	同比	出口量	同比
纸浆总量	10849	2.41	9007	1.33	534	-2.16	2376	5.53
木浆	7692	4.37	5793	1.86	216	-10.52	2115	9.93
其中：漂白硫酸盐针叶木浆	1995		877		131		1249	
漂白硫酸盐阔叶木浆	1135		777		69		427	
亚硫酸盐浆	507		480		2		29	
未漂浆	2195		1884		9		320	
半化学浆	450		450		0		0	
机械浆	1410		1325		5		90	
废纸浆	3005	-2.57	3062	0.03	318	4.47	261	-20.29
非木材浆	152	8.57	152	8.57	0	—	0	0

四、结 语

“一带一路”沿线国家纸及纸板生产和消费量低于全球平均水平，2015 年低于全球人均消费量(56 千克)的国家 36 个，其中，人均 10 千克以下的有 15 个国家，10~20 千克的 6 个国家，20~30 千克的 5 个国家，30~55 千克的 10 个国家。

生产量超过 1000 万吨的仅有印度和印度尼西亚，分别为 1123.6 万吨和 1089.1 万吨；生产量低于 100 万吨的国家 52 个，其中，无纸及纸板生产的有 14 个国家，除个别国家外，大多数沿线国家纸及纸板的生产水平处于较低水准。

除印度尼西亚和俄罗斯外，大多数国家纸及纸板消费量大于生产量，生产量不能满足消费的需求，尤其是涂布纸及纸板生产量严重不足。

2007—2015 年“一带一路”沿线国家纸及纸板生产和消费量的增长率高于全球总体水平，消费量增长超过 5% 的有 22 个国家，其中，超过 10% 的有 8 个国家。中东地区经济富裕的沙特阿拉伯、卡塔尔、阿曼和阿联酋，人口众多的南亚地区和经济快速增长的越南增长强劲。

据统计，2015 年沿线国家中有 40 个国家只有废纸浆生产。从生态环境和自然条件以及资源情况来看，部分区域不适合生产纸浆，但东南亚和俄罗斯等地区适宜生产阔叶木和针叶木浆。

近年来，我国的设备供应商和工程技术单位应用国内生产装备和工艺技术，为部分沿线国家制浆造纸工业服务，取得了一定的成果，但与其他工业相比仍有一定的差距。

虽然“一带一路”沿线国家纸及纸板生产和消费量增长潜力很大，但由于政治、经济和宗教信仰各有不同，生态和自然条件、资源的情况差异很大，价值观和思考问题的角度和方式与我国也不一样，因此要针对不同的区域不同的国家研究走进去的策略，才能取得成功。

（戚永宜）

国外开设制浆造纸专业的大学

Foreign Universities Offering Pulping and Papermaking Courses

美国(AMERICA)

奥本大学

奥本大学是美国一所规模比较大的有着全面教育的公立大学，成立于1856年。位于阿拉巴马州的奥本大学城。奥本大学设有农业学院、建筑学院、商学院、教育学院、塞缪尔吉恩工程学院、林业和野生生物科学院、研究生院、荣誉学院、人文科学院、文理学院、护理学院、哈里森药学院、数学科学院和兽医学院，另外还设有 MBA 项目。可授予本科、硕士和博士学位，专业设置广泛。与制浆造纸相关专业有：生物工程/森林工程、化学工程、环境科学、林业、材料工程。

下设 Alabama 造纸和生物资源工程研究中心。有制浆造纸基金会。

佐治亚理工学院

佐治亚理工学院始建于1885年10月13日，最初被称作佐治亚技术学校，位于美国佐治亚州的亚特兰大，是一所公立研究型大学。佐治亚理工学院是佐治亚大学系统的一部分，该校在佐治亚州的沙瓦纳、法国的梅斯、爱尔兰的阿斯龙、中国的上海和新加坡等地设有卫星校区。学院最初成立时，仅设立机械工程专业。1901年，该校的专业已扩展到电子工程、土木工程、化学工程专业。1948年，学校正式更名为佐治亚理工学院。目前，佐治亚理工学院共下设6所学院，包括31个系别，学科重点设在自然科学和技术领域。学校著名的专业有工程学、计算机、自然科学，颁发建筑学、文学和管理学。佐治亚理工学院的排名情况一直很好，在最近10年里，该校一直居于美国十大公立大学行列。

佐治亚理工学院的代表学科是工科。该校是美国最好的理工学院之一。造纸科技研究所(IPST)专门从事造纸科学与技术的研究及教育，是佐治亚理工学院下设的机构，在造纸科技方面处于世界一流水平。造纸科技研究所于1989年搬到佐治亚理工学院所在的校区，并与其建立了多方面的合作关系。学校提供有专科证书、硕士学位和博士学位，其中，硕士专业有化学与生物分子工程、化学和生物化学、材料科学与工程和机械工程等。此外还有众多的研究项目，包括防护涂层、智能包装、纤维复合材料、纳米材料、森林生物学、新化工产品、热加工、回收、环境控制、二氧化碳减排、环境可持续发展的化学处理、制浆和漂白、化学回收、脱水和干燥、涂料、腐蚀、能源、传感器和控制、全球化的影响、企业效益等。造纸科技研究所的造纸以及相关产业一直处于行业科学技术的领先水平，有着非常悠久的历史。

迈阿密大学

迈阿密大学成立于1925年，是一所私立的非宗教大学。迈阿密大学目前拥有建筑学院、教育学院、工学院、法学院、通信学院、工商管理学院、艺术与科学学院、海洋与大气科学学院、医学院、音乐学院、护理与卫生学院、研究生学院12个学院，提供180多个本科、硕士和博士专业。有造纸科学与工程基金会。

北卡罗莱纳州立大学

北卡罗莱纳州立大学是一所公立的研究型大学，位于美国北卡罗莱纳州雷利市，是北卡罗莱纳州教育系统的主要教育机构。北卡罗莱纳州立大学于1887年3月7日由北卡罗莱纳州联合会成立。如今，北卡罗莱纳州立大学在校学生超过3万名，是目前北卡罗莱纳州规模最大的大学。学校在农业、设计、工程和纺织品方面有着非常悠久的历史，目前学校可授予学士、硕士和博士学位，同时开设有相关领域的证书课程，专业设置广泛。

下设森林与生物材料科学系和木材与造纸科学系。

纽约州立大学

纽约州立大学最初于1816年成立于纽约波茨坦，随着各个州立大学的成立，直至1948年纽约州立大学趋于完善，由64个学院组成，近47万名在校学生和8万多名教职员工。在众多分校中以宾汉姆顿、布法罗、石溪和奥尔巴尼分校4所国家级研究型大学最为卓著。四大分校中又以宾汉姆顿分校排名和声望最高，被誉为纽约州立大学“皇冠上的珍珠”。

环境科学与林业学院——造纸与生物处理工程系设有造纸研究所。

威斯康星大学麦迪逊分校

威斯康星大学麦迪逊分校创建于1848年，位于美国威斯康星州首府麦迪逊市，是美国顶尖公立研究型大学，也是世界上最负盛名的公立大学。该校是威斯康星大学系统的旗帜性学校，是美国大学协会的创始会员之一，也是美国知名的十大联盟的创始成员之一，被誉为“公立常春藤”，与加州大学伯克利分校和密歇根大学齐名。

该校拥有人文科学研究所、埃尔维耶姆艺术博物馆、科勒艺术图书馆、米尔斯音乐图书馆、自然科学实验室、空间科学与工程中心、威斯康星临床癌症研究中心、生物技术中心、农业试验研究所、食品研究所、酶研究所、植物园、材料科学研究中心、贫困问题研究所、罗伯特－拉福莱特公共事务研究所、社会科学研究所、教育研究和发展中心、环境研究所、人口统计学和生态学中心、工业关系研究所、USDA林产品实验室、国立大气研究中心、伍兹·霍尔海洋生物学实验室等一大批知名的科研教学设施。

该校设有生物化学专业和生物能源研究中心。

缅因大学

缅因大学于1865年成立，前身是缅因农业与机械艺术学院，1897年成为缅因大学。1968年，发展成为拥有7所独立大学校园和10个独立教学中心的缅因大学体系，现为缅因州最大的大学。缅因大学主校区位于美国东北部缅因州欧洛诺市(Orono)。缅因大学下设5个学院，分别是商业、公共政策与健康学院，教育与人类发展学院，工程学院，文学院，自然资源、森林与农业学院。学校可提供学士、硕士、博士学位课程，同时开设语言中心和继续教育网络课程，为更多的学生提供学习机会。

与造纸相关的有林业生物质产品研究所，包括制浆造纸、生物质精炼等研究方向。

明尼苏达大学

明尼苏达大学双城分校是一所位于美国明尼苏达州双城(即明尼阿波利斯市－圣保罗市都会区)的公立大学，为明尼苏达大学系统中历史最悠久、规模最大的分校，常被直接称为明尼苏达大学。校园主体面积达1104.8公顷，位列全美第6位。

明尼苏达大学始建于1851年。经过160多年的发展，已经成为拥有5所分校、370个专业、5万多名在校学生以及众多国际知名教授和学者的高等教学和研究机构。明尼苏达大学是十大联盟的成员大学之一，位居最负盛名的大学之列，具有优秀的教育、体育和服务社会传统，被誉为“公立常青藤”。明尼苏达大学也是美国最具综合性的高等学府，该校共有161个学士专业、218个硕士专业和114个博士专业。明尼苏达大学拥有顶尖的理工学院，其排名一直保持在全美前20名之列。

华盛顿大学

华盛顿大学(西雅图)建于1861年，是一所公立研究型大学，也是美国西岸历史最悠久的公立大学，为美国大学协会的成员。大学建校时是私立学校，到1889年被收归华盛顿州所有。该校设有多个学院，如人造环境学院、艺术与科学学院、迈克尔G·福斯特商学院、口腔学院、教育学院、工程学院、森林资源学院、信息学院、亨利M·杰克逊国际研究学院、法学院、医学院、护理学院、海洋与渔业科学学院、药学院、丹尼尔J·埃文斯公共事务学院、公共健康学院、社会工作学院。华盛顿大学开设了多个本科、硕士、博士课程，如美国伦理研究、人类学、应用数学、艺术、亚洲语言和文学、生物学、化学、古典学、通信学、比较文学、计算机科学、舞蹈、数字艺术和实验媒体、戏剧、地球与空间科学、经济学、英语、环境研究、地理学、日耳曼语、历史、科学史与科学哲学、人文学、国际研究、法学等。

美国佛罗里达大学

佛罗里达大学(简称“UF”)是位于美国佛罗里达州盖恩斯维尔(Gainesville)的一所著名的公立研究型大学。是北美顶尖大学联盟美国大学协会(AAU)成员之一，建校可追溯至1853年。

佛罗里达大学是全美入学人数排名第三的大学，在新闻传播、工程、法律、药学等多个领域都设有研究生项目，在87个院系共设有123个硕士项目和76个博士项目。

UF是由21个专门院校、100多个研究、服务机构以及教育中心所组成，提供了超过100种大学部主修科系与近200项研究所课程，且多数的课程采用小班制，一个班级通常少于 25 人，因此教学品质能维持在较高水平。

佛罗里达大学也是研究多种能源的领先者，重点是乙醇燃料、核能和太阳能领域。该校也是世界上最大的蝶类和蛾类标本收集中心之一。

UF 设置的学院包括：农学与生命科学、商业管理、建筑设计与规划、牙医、教育、工程、现代艺术、健康与人类行为、新闻传播、法律、人文艺术与科学、医学、护理、药学、公共卫生与健康、兽医。

西密歇根大学

西密歇根大学建于 1903 年，坐落于美国密歇根州喀拉马索市，是密歇根州第四大公立大学。西密歇根大学是一所研究型大学，可提供学士、硕士、博士学位。西密歇根大学设有艺术与科学学院、航空学院、哈沃什商业学院、教育学院、工程与应用科学学院、美术学院、卫生与公共服务学院和研究生学院。

与造纸相关的有造纸工程、化学工程专业。

巴西(BRAZIL)

维索萨联邦大学

维索萨联邦大学成立于 1922 年，是一所中型规模的公立研究型综合大学。

加拿大(CANADA)

新布伦瑞克大学

新布伦瑞克大学是加拿大一所坐落在新布伦兹维克省的公立大学，是加拿大资格最老的英语语言大学，也是北美地区最早的公共院校。主校区于 1785 年建立在弗雷德里克顿市，分校区于 1964 年建立于圣约翰市。另外，还有 2 个小的卫星健康科学校区分别坐落在巴瑟斯特市和蒙克顿市。新布伦瑞克大学曾被《麦克林》杂志誉为加拿大最著名的 5 所综合性大学之一。

与造纸相关的有利莫瑞克制浆造纸中心，位于加拿大新布伦瑞克省弗雷德里顿市。

英属哥伦比亚大学

英属哥伦比亚大学是加拿大著名的 8 所大学之一。成立于 1908 年，距今已有 100 多年历史。英属哥伦比亚大学以其极高的声望和影响力，以及广泛的专业设置，吸引成千上万的国内外学生前来就读。英属哥伦比亚大学不仅是北美名牌大学之一，在国际上也享有盛誉。

与造纸相关的有制浆造纸中心。

魁北克大学三河分校

魁北克大学是为了满足魁北克社会发展需要于 20 世纪 70 年代成立的一所法语大学，由分布在魁北克省几个重要地区的 10 个分校组成，是目前加拿大办学规模最大，在校学生最多的大学。魁北克大学各个分校及学院既有合作又保持相对独立，其办学方向及课程设置各具特色，其中，蒙特利尔分校(UQAM)规模最大，三河分校(UQTR)位居第二。

三河分校地处魁北克省中心地带，位于美洲第二大法裔文明古城三河市内，建校于 1969 年，开设了包括本科、硕士、博士 3 个阶段的教育，近 150 个专业的课程，现有学生 11000 多人，其中，包括来自 57 个国家的近 900 名国际学生。

魁北克大学三河分校的办学特色在于其“以人为本，研究为上”的办学方针和宽松的学习研究氛围。全校共有约 20 多个研究团队，集中在纸浆与造纸、生物工程、工业电子、中小型企业管理等领域，具备极强的科研实力。对于母语不是法语的国际学生而言，三河分校的另一个显著特点及优势是设有帮助学生更快融入法语学习的国际法语学院。

麦吉尔大学

麦吉尔大学(McGill University)，坐落在加拿大魁北克省蒙特利尔市，于 1821 年遵循 James McGill 先生的遗嘱所建，百年来一直在国际上极负盛誉，历史上与哈佛大学齐名，是一所蜚声全球的世界顶尖研究型大学。麦吉尔大学吸引了加拿大、美国及世界各地最优秀的学生，其新生入学平均分数位居加拿大第一，是全加拿大最难申请的大学。麦吉尔大学有着辉煌历史和非凡成就，长期以来，在欧美声誉崇高，极受推崇和青睐。教学及研究水准被认为可媲美美国八大常春藤盟校，其研究水平享誉世界，被称为“北方哈佛”。多次名列加拿大第一，世界大学排名前 20 位。

与造纸相关的有环境工程、生物资源工程。

麦克马斯特大学

麦克马斯特大学成立于 1887 年，位于加拿大安大略省汉密尔顿市。作为加拿大中型规模的大学，麦克马斯特大学以其独特的创新性和求实理念而成为加拿大最著名的大学之一。其革新性的教学，具有国际竞争性的奖学金和研究成果人所共知。在加拿大一流大学评比中，麦克马斯特大学连年被誉为最富有创造力与革新精神的学府。麦克马斯特大学在能源、材料、制造、机械等传统工业方面的研究能力首屈一指，在数字通讯和电脑硬件等高科技领域也堪称一流。

制浆造纸研究中心归属化学工程系。

多伦多大学

多伦多大学是加拿大最古老、最著名的公立大学之一，学校始于1827年英国乔治四世颁布的皇家宪章，是殖民时代加拿大最早建立的高等学府。受英国大学制度影响，多伦多大学是美洲少数实行独立书院制的学府，各书院享有高度自治权。多伦多大学共有3个校区，分别是位于乔治校区（St-George Campus），也是多伦多大学的主校区；位于士嘉堡的士嘉堡校区（University of Toronto at Scarborough）；以及位于密西沙加的密西沙加校区（University of Toronto at Mississauga）。多伦多大学以其极高的声望和影响力，吸引了世界各地的大批优秀学生前来就读。多伦多大学已连续多年位于加拿大国内大学排名榜榜首，被公认为加拿大综合实力最强的顶尖学府。

制浆造纸中心归属于化学工程和应用化学系，始建于1987年，由Doug Reeve教授创建。

肯高迪亚大学

肯高迪亚大学是加拿大一所综合性的公立大学，学校位于加拿大魁北克省蒙特利尔市。该校也是加拿大最大的高等教育机构之一。肯高迪亚大学的学术根源可以追溯到19世纪后期，学校最早作为2个独立的学校存在——基督教经营的罗耀拉大学和香港中华基督教青年会的乔治·威廉姆斯大学。学校在1974年由这2个机构合并而成，名字来源于蒙特利尔市的座右铭——肯高迪亚萨卢斯，意味着安宁和睦。据巴黎高等矿业学院的全球排名统计，肯高迪亚大学毕业生占据财富五百强CEO位置的比例加拿大排名第一，世界排名第33名。肯高迪亚大学也是公认的加拿大顶级的工程学院之一。

湖首大学

湖首大学于1946年成立，位于安大略省的桑德贝市。学校靠近五大湖之一的苏必利尔湖。大学地处市中心，拥有良好的天然教育环境与天然实验室。

澳大利亚（AUSTRALIA）

莫纳什大学

莫纳什大学是澳大利亚规模最大的国立大学之一，始建于1958年。莫纳什大学是澳大利亚八大名校之一，是一所国际性的大学，在墨尔本本部有6个校区；在南非、马来西亚设有分校；在全球共设有75个研究中心，此外还与美洲、亚洲、非洲、中东地区、欧洲超过110个研究中心建立了全球化研究网络与交流链接。2014年，该校将其吉普斯兰校区分离出来，与原巴拉瑞特大学合并成了澳大利亚联邦大学。莫纳什大学设有十大学院，包括艺术与设计学院、文学院、商学与经济学院、教育学院、工程学院、信息技术学院、法学院、医学护理与健康学院、制药学院以及理学院。学校的优势学科有商业与经济学、信息技术、教育、艺术与设计、工程学、法律、医学等。莫纳什大学被评为澳大利亚五星级大学。

澳大利亚制浆造纸研究院成立于1989年，是莫纳什大学化学工程系的一部分。

悉尼大学

悉尼大学（The University of Sydney）是一所世界顶尖研究型学府，始建于1850年，是澳大利亚第一所大学。悉尼大学是澳大利亚6所砂岩学府（Sandstone Universities）之一，也是澳大利亚八大名校（Group of Eight）的核心盟校成员，国际著名研究型大学联盟组织环太平洋大学联盟（APRU）、亚太国际贸易教育暨研究联盟（PACIBER）的成员大学之一。

与造纸相关专业有可持续技术、化学与生物分子工程。

日本（JAPAN）

东京大学

东京大学诞生于1877年，初设法学、理学、文学、医学4个学部，是日本第一所国立大学，也是亚洲最早的西制大学之一。学校于1886年更名为帝国大学，这也是日本建立的第一所帝国大学。1897年，易名东京帝国大学，以区分同年在京都创立的京都帝国大学；1947年9月，正式定名为东京大学。

造纸相关：农业与生命科学院生物材料科学系木材化学实验室。

北海道大学

北海道大学是日本一所国立大学，也是历史上7所旧制帝国大学之一，建立于1876年，1918年开设大学教育。硕士、博士专业开设有文学研究科、教育学研究科、法学研究科、经济学研究科、理学院研究院、医学研究科、齿学研究科、药学研究科、工学研究科、农学院研究院、兽医学研究科、水产科学院、水产科学研究院、国际广报媒体研究科、情报科学研究科、环境科学院、地球环境科学研究院、生命科学院、先端生命科学研究院、公共政策学教育部、连协研究部。大学附属研究所包括低温科学研究所、电子科学研究所、遗传因子病制御研究所、机器分析中心、高等教育机能开发综合中心、高等法政教育中心、综合博物馆等。在日本高等教育学府中占有举足轻重的地位。

造纸相关：农学院，工学院，环境学院。

韩国(KOREA)

忠北国立大学

忠北国立大学位于韩国忠清北道清州市，至今已有半个世纪的历史，是韩国的主要 10 所大学之一。自 1957 年大学最初以清州初级农业学院成立以来，现今忠北国立大学已经成长为在韩国教育和研究领域处于领先地位的综合机构。大学共设有 12 个学院，包括人文学院、社会科学学院、自然科学学院、商业管理学院、工程学院、农学院、法学院、教育学院、人类生态学院、兽医学院、制药学院、医学院，10 个学校，55 个系和 6 个研究生院。

大学在信息通讯、保健医疗、生命工程、农业、林业、水产业等方面独具特色，特别是被指定为国家重点支援大学。

造纸相关：农生学院木材与造纸科学系。

忠南大学

忠南大学是韩国一所 4 年制国立大学，于 1952 年成立，地处具有韩国“硅谷”之称的大德研究基地。忠南大学共开设了 13 个研究生院(包括一般研究生院、经营研究生院、教育研究生院、行政研究生院、保健研究生院、产业研究生院、专利法务研究生院、安全保障研究生院、医学专门研究生院、法学专门研究生院、分析科学技术研究生院、绿色能源技术专门研究生院、新药专门研究生院)、15 个单科学院(人文学院、社会科学学院、自然科学学院、经商学院、工科学院、农业生命科学学院、法学院、医学院、药学院、生活科学学院、艺术学院、兽医学院、师范学院、看护学院、生命系统科学学院)和 1 个自由专门学部。

造纸相关：生命科学与农业学院 - 生物质材料。

联系方式：Dept. of Biobased Materials，College of Life Science and Agriculture，Chungnam National University，Daejeon，South Korea。

江原大学

江原大学建校于 1947 年，为国立综合大学，位于韩国东北部的江原道省会城市春川，由 17 个本科大学(4 年制、5 年制)，5 个研究生院(硕士 2 年、博士 3 年、硕博连读 5 年)，2 个专门研究生院(法学专门研究生院、医学专门研究生院)，共有 288 个本科专业、120 个研究生专业、59 个博士生专业，已获得博士学位的教授占 99%。

大学设有造纸工学系。

首尔国立大学

首尔国立大学原名汉城大学，是韩国最有名望的国立大学，也是韩国三大名校之一。1946 年 10 月 15 日，根据《国立汉城大学设立相关法令》合并汉城附近 10 所学校成立汉城大学，合并的学校有：京城大学、京城法学专门学校、京城工业专门学校、京城矿山专门学校、京城医学专门学校、水原农林专门学校、京城经济专门学校、京城齿科医学专门学校、京城师范学校、京城女子师范学校。开设本科、硕士和博士课程，设立人文学院、社会科学院、自然科学院、看护学院、经营学院、理工科学院、农业生命科学学院、美术学院、法学院、生活科学学院、兽医学院、药学院、音乐学院、医科学院、自由专业学院、联合专业学院等本科学院。研究生院包括一般研究生院和专门研究生院，包括保健研究生院、行政研究生院、环境研究生院、国际研究生院、齿科研究生院、经营专门研究生院、医学研究生院、法学研究生院、融合科学技术研究生院。

造纸相关：农业与生命科学学院林业科学系。

联系方式：Department of Forest Sciences，College of Agriculture and Life Sciences，Seoul National University，151 - 921，Seoul，Korea。

庆熙大学

庆熙大学是 1949 年创办的一所综合性大学，是韩国的著名高等学府，现有 3 个校区及 20 多个系科，分布在首尔、水原和光陵。现已是代表韩国的最佳私立大学之一，在韩国排名第 5 位。该校至今开设了人文、社会、理工、医学、艺术、体育等方面的 100 多个专业，其中，经营学、经济学、医学、新闻信息学方面的研究业绩尤为突出，而且正积极引入酒店观光经营学等新学部制度。

庆熙大学开设 26 个学院和 16 个研究生院，并设有庆熙网络大学。庆熙大学开设本科、硕士、博士课程。

造纸相关：化学工程、环境工程、环境化学及新材料科学、高分子纤维新材料。

联系方式：Center for Environmental Studies, Department of Environmental Science and Engineering, Kyung Hee University, Seocheon-dong 1, Gyeonggi-Do, 446－701, Korea。

印度尼西亚(INDONESIA)

茂物农业大学

茂物农业大学(IPB)兼具农、林、渔、畜以及社会科学的多种学科和领域的综合性大学，尤其热带作物研究处于世界领先水平。

马来西亚(MALAYSIA)

马来西亚国民大学

马来西亚国民大学是一所马来西亚教育部和我国教育部一致认可的公立大学。创立于 1970 年，是马来西亚一所极负盛名的综合性大学，同时也是马来西亚政府创办的第 3 所公立大学。学校排名居全亚洲前 20 位，具备学士、硕士、博士颁发资格，其工程和科技专业一直处于国内大学的领先水准。学校共设有 12 个学院，作为一所综合性大学，专业非常广泛，包括文科、理科、商科、教育、工程、法律、医学、伊斯兰研究等各类学科。

造纸相关：材料科学、环境科学。

泰国(THAILAND)

亚洲理工学院

亚洲理工学院(Asian Institute of Technology，简称 AIT)，始创于 1959 年，当时是东盟为了促进亚洲高级工程方面的教育而成立的，1967 年 11 月开始正式使用目前的学院名称。现已发展成为由全世界许多国家和地区的政府(包括我国政府)、国际组织、基金会、商务机构和个人资助的亚洲最大的国际性研究生院之一。

亚洲理工学院位于泰国巴吞他尼府，是泰国一所私立性综合大学。由 4 个学校构成：高级技术学校、内部工程学校、环境资源与开发学校和管理学校。每一个学校都具有授予博士学位、硕士学位及学士学位的资格。

造纸相关：制浆与造纸技术，环境工程管理。

印度(INDIA)

印度理工学院卢克里分校

印度理工学院是由印度政府所建设，被称为印度“科学皇冠上的瑰宝”，是印度最顶尖的工程教育与研究机构。印度理工学院培养的 IT 人才遍及世界各地，美国硅谷更是这些 IT 人才的聚集地。印度理工学院为印度软件业在世界范围内的成功做出了不可磨灭的贡献。

印度理工学院创建于 1951 年，在全国共设有 7 所校区，分别是：德里(Delhi)理工学院、坎普尔(Kanpur)理工学院、卡哈拉格普尔(Kharagpur)理工学院、马德拉斯(Madras)理工学院、孟买(Mumbai)理工学院、瓜哈提(Guwahati)理工学院和卢克里(Roorkee)理工学院。

卢克里理工学院的基础学科领域有：化学、地球科学、人类学、物理和数学；工程学科领域有：建筑、生物、化工、土木、地震、电力、电子与计算机、机械与工业、冶金以及造纸；应用研究领域有水文地理学、管理和水资源。

伊朗(IRAN)

古尔甘农业科学和自然资源大学

古尔甘农业科学和自然资源大学成立于 1957 年，大学设置 9 个学院，包括本科及研究生共 2800 人。大学位于历史古城戈勒斯坦省(Golestan)的戈尔甘市(Gorgan)。

造纸相关：制浆造纸系，林业和木材技术。

伊斯兰自由大学

伊斯兰自由大学是世界上第三大大学，世界上第一大的私立大学。总部位于伊朗德黑兰。成立于 1982 年，150 万名在校生，在国内及国外有 100 多个分支机构。

造纸相关：农业科学与自然资源系。

德黑兰大学

德黑兰大学是伊朗最古老的现代化大学，也被称作“伊朗的母亲大学”，被冠以“伊朗最好的大学”的美誉。提供 111 个学士学位项目，177 个硕士学位项目及 156 个博士学位项目。

造纸相关：自然资源系。

奥地利(AUSTRIA)

维也纳农业大学

维也纳农业大学是奥地利的一所公立高等院校，成立于 1872 年。该校教学与研究方向以自然科学、工程学和社会经济学等专业为主。现设有多个专业院系：材料科学与工艺技术、生物技术、水－大气－环境、纳米生物技术、化学、综合生物学和生物多样性研究、食品科学与技术、景观空间与基础设施、经济学和社会学、可持续发展农业体系、工程学与自然灾害、森林与土壤科学、应用植物科学与植物生物技术、农业生物技术和应用遗传学和细胞生物学等学院。维也纳农业大学本科课程有：食品学与生物技术、环境与生物资源管理、木材研究、农业学等；硕士专业课程有：环境与生物资源管理、景观规划与景观设计、水资源与环境、森林资源、动物学、农业生物学等；博士学位课程有：土地开垦、社会经济学。此外，维也纳农业大学还为留学生提供德语培训课程。

英国(ENGLAND)

伯明翰大学

伯明翰大学(University of Birmingham)，位于英国第二大城市伯明翰市，始建于 1825 年，世界百强名校，英国顶尖学府，在英国乃至全世界一直享有极高美誉。英国著名的 6 所“红砖大学”之一，英国名校联盟“罗素大学集团”和国际大学组织“Universitas 21”的创始成员。伯明翰大学以其优秀的教学质量与科研水平在国际上享有较高声誉。

造纸相关：环境科学。

威尔士大学

威尔士大学是一所联合大学，于 1893 年根据英国皇家宪章成立。2007 年学校由联邦制改为独立机构，从而使其旗下的几所大学于 2008 年获得自主授予学位的权利，并就此成为独立的教育机构，如邦格大学、斯旺西大学、艾伯瑞斯特维斯大学等。威尔士大学因其注重教育而广为人知。

威尔士大学由 6 所分校和 2 所学院组成，这 6 所大学和 2 所学院承担了威尔士大学主要的教学和科研任务。威尔士大学是其分校和英国国内外数十所成员学院的学位证书颁发的认证和管理机构，在国内外有较大的影响。学校开设从预科到博士各种层次的专业课程，包括表演、古代史、人类学、应用哲学、考古学、中国研究、古典研究、算法、创意写作、神学、数码插图、英语与英语教学、历史学、管理与信息技术、摄影、心理学、小学教育、宗教研究、体育、旅游等。学校同时开设网络教育，主要提供研究生阶段学位和证书课程。

造纸相关：生物合成研究中心。

法国(FRENCH)

巴黎综合理工大学

巴黎综合理工大学，系 1794 年创立的法国工程师学校，创立时校名为“中央公共工程学院”。它是一所公立的教学、科研机构，隶属于法国国防部。从 2007 年起，综合理工大学成为法国高等教育和科研的核心之一——巴黎高科集团的创立成员。

巴黎综合理工大学每届培养 500 名工程师学生。学校还培养博士生(从 1985 年起)和硕士生(从 2004 年起)。“综合理工人”毕业后大多进入法国或者国际上的私有企业，还有 20% 的优秀毕业生选择进入国家高级机关单位。

麻省理工学院和哥伦比亚大学认为它是法国最负盛名的工程师大学。在世界大学排行中，《泰晤士报》将巴黎综合理工大学排在第 34 位；在上海交通大学的排名中位居第 201 位；巴黎矿业学校的“国际高等教育机构专业排名”将其排在第 14 位。

格勒诺布尔理工大学

格勒诺布尔理工大学(又称 le groupe Grenoble INP)成立于 2007 年，是由创办于 1970 年的国立格勒诺布尔理工学院和创建于 1900 年的电气学院合并而成。到 2008 年初，国立格勒诺布尔综合理工学院是由 6 所工程师学院(土木工程学院，流体机械及环境工程学院，应用数学与信息学院，物理、电子与材料学院，国际造纸工程、印刷通讯和生物材料学院，先进系统与网络学院)、1 个工程师预科班(与洛林国立理工学院和图卢兹国立理工学院合作开办)、1 所博士生研究院和 26 个研究实验室所组成的联合体。学校主要开设的专业有：电力工程、信号处理、自动化技术、造纸工程、材料、电化学、工艺工程、机械工程、土木工程、电子学与电信、计算机信息与应用数学、核物理、固体物理、工业工程、先进工业系统。学校每年可以提供 1100 个文凭和近 200 篇博士研究论文。

下设的造纸与印刷工程学院建立于 1988 年，

是一所国际性的关于造纸、印刷通讯及生物材料的学校。该校是欧洲最大的工程师培训中心，属于格勒诺布尔省。法国造纸与印刷工业学校获得了 ISO 9001 认证，为有关文件印刷、包装和环境等方面培养未来的领导人。该校课程设置广泛，有很多与基础工程相结合的涉及到具体课程的选择性学科，不断适应行业的需要，随着社会的发展而发展。学校还提供了对数字信息管理的专业执照，制定了与欧洲大学合作的国际培训。该校与工业界建立了密切的合作伙伴关系，每年允许 60 个毕业生能够获得在法国甚至国外的学习机会。在纸浆和纸张工程实验室进行有助于改善流程的创新研究，以满足特定的环保要求。该校所有的这些活动都确保得到科学技术发展中的前沿教育。

芬兰(FINLAND)

阿尔托大学

阿尔托大学是一所具有古老建校历史，拥有百年经验的北欧知名全新大学，在欧洲乃至全世界享有盛誉。阿尔托大学是由欧洲顶尖级理工类院校赫尔辛基理工大学(Helsinki University of Technology)和北欧最大的艺术类院校赫尔辛基艺术设计大学(The University of Art and Design Helsinki)、全欧洲第一所商学院赫尔辛基经济学院(The Helsinki School of Economics)3 所芬兰著名大学合并建立而成，这 3 所大学分别是理工类、艺术类、经济类所属专业领域的佼佼者。世界排名第 180 位左右，国家高校排名第 2 位。

赫尔辛基理工大学于 1849 年成立于赫尔辛基市，1908 年升级为大学。目前有 246 位教授任职，超过 15000 名注册学生，分设 12 个科系，19 个学位项目。阿尔托大学颁发以下方面学位：工程学位、建筑学位、环境设计学位。

造纸相关：科技学校化学与材料科学学院林产工艺系：木材科学方向、生物质精炼方向、生物质材料方向。

埃博学术大学

埃博学术大学建于 1918 年，是一所瑞典语教学的公立大学。埃博学术大学下辖 7 个学院，分别是：艺术学院、数学与自然科学学院、经济与社会科学学院、技术学院(该学院下设信息技术系与化学工程系)、神学院、教育学院、社会与保健科学学院。埃博学术大学的主要授课语言为瑞典语，但为了吸引国际学生，该校还开设了 4 个英语授课的硕士学习项目，包括化学工程、电子与移动商务、嵌入式计算以及国际人权法。

造纸相关：纤维与纤维素工艺技术实验室。

赫尔辛基大学

赫尔辛基大学是位于芬兰首都赫尔辛基的世界级著名高等学府。1640 年创建于芬兰古都土尔库，1828 年迁至赫尔辛基。赫尔辛基大学以其悠久的历史，丰富的藏书，一流的设备，齐备的专业以及杰出的成就，闻名欧洲。它同时也是芬兰在国际上享有盛誉的著名高等学府，全球广泛使用的 Linux 操作系统于 1991 年 10 月 5 日诞生于此。世界排名第 60 位左右，国家高校排名第 1 位。

造纸相关：森林与环境工程。

坦佩雷理工大学

坦佩雷理工大学是芬兰第二大理工科类大学。约有教职员工 1800 名，其中，80% 从事教学和科研工作。学生人数为 11700 名，有 120 名海外学生在此攻读硕士学位，130 名攻读博士学位。近年来，坦佩雷理工大学吸引了越来越多的国外学生的关注，仅 2003 年就有 400 名本科交换学生。

造纸相关：造纸与包装。

奥卢大学

奥卢大学是芬兰北部城市奥卢的一所公立综合性大学，是 LAOTSE 成员学校。1958 年 7 月 8 日，奥卢大学正式成立。最早设立的学科主要为理科、工科和师范类。奥卢大学设有 6 个学院，分别是人文学院、教育学院、理学院、医学院、经济学院以及工学院。奥卢大学以研究生层次的教育为主，专业有：教育与全球化、财政与管理会计、国际商务、财政与经济学、蛋白质科学与技术、环境工程、建筑设计、极地地区的健康和福利等。

塞马应用科技大学(原南卡列里拉理工学院)

南卡列里拉理工学院位于芬兰的南芬兰省，其校区分布在该省的拉彭兰塔城和伊马特拉城，现更名为塞马应用科学大学。下辖工商管理学院、美术设计学院、卫生保健与社会服务学院、技术学院、旅游与酒店管理学院 5 个学院。塞马应用科学大学提供本科与硕士层次的高等教育，其主要授课语言为芬兰语，但为了吸引国际学生，该校还开设了一部分用英语授课的专业。塞马理工学院的本科专业有：国际商务、工商管理学、视觉艺术、设计、紧急救护、物理疗法、护理学与卫生保健、社会服务、职业病治疗、机械工程与生产、机械与制造技术、物流学、造纸技术、土木与施工工程、电气工程等，硕士专业为英语授课的工商管理学(国际商业管理方向)。

造纸相关：造纸技术。

德国(GERMAN)

弗里德里希·席勒-耶拿大学

弗里德里希·席勒-耶拿大学简称“耶拿大学”，位于德国图林根州耶拿市。耶拿大学正式成立于1558年，是一所公立的综合型大学，也是德国最古老的大学之一。

翻看耶拿大学的光辉历史，众多世界名人曾在耶拿大学讲学和进行学术研究，他们的成功和名望推动了耶拿大学成为德国学术科研的中心，耶拿市也成为闻名德国和欧洲的大学城。

德国达姆施塔特工业大学

德国达姆施塔特工业大学(Technische Universitat Darmstadt)成立于1877年，是一所世界知名的综合性大学，现有学生25000人，教职工4000人，在德国大学中综合排名前20位，工学排名第2位。该校的工程学、计算机科学和政治学等领域在国际上享有较好声誉。目前，与清华大学、同济大学、南京大学、西安交通大学、大连理工大学、香港大学、香港理工大学开展了广泛的合作与交流。

挪威(NORWAY)

挪威科技大学

1996年挪威科技大学由Tyrondeheim大学发展而成，Tyrondeheim大学是由挪威技术学院、艺术科学学院、自然历史和考古博物馆合并而成。下有7个二级学院、74个系，包括农业与美术学院、艺术学院、信息技术、数学、电气工程学院、工程科学和技术学院、药学院、自然科学与技术学院、社会科学和技术管理学院。共有在校生2000人，其中700名为外国留学生。大学每年将授予2000个专业硕士或博士学位。学校有教职工3300人。学校占地面积50公顷，学校图书馆藏书250万册，收集杂志15000册。

造纸相关：化工系生物精炼和纤维技术组。

葡萄牙(PORTUGAL)

阿威罗大学

阿威罗大学成立于1973年，迅速成为最具活力和创新的大学之一。阿威罗大学拥有近15000名学生就读本科和研究生。学校的研究领域有：环境科学与教育、自然科学与教育、数学教育、英语、葡萄牙语、葡萄牙语、法语、教育与素质教育、幼儿教育到高等教育的教师培训、工业管理、音乐、旅游、材料、工业化学品和新技术。

造纸相关：环境科学与工程。

瑞典(SWEDEN)

卡尔斯塔德大学

卡尔斯塔德大学位于瑞典卡尔斯塔德市，是一所公立大学。下设有4个系：经济学系、通讯及信息技术系、科学技术系、社会与生命科学系和艺术与教育系。大学开设了门类丰富的本科与研究生专业，包括化学、生物学、商业管理、化学工程、比较文学、计算机科学、教育学、教育工作、英语、环境和能源系统、人类地理学、信息系统、材料工程、数学、媒体和通信、护理学、物理、政治学、心理学、公共卫生学、宗教学和神学、社会学、工作生命科学、计算机科学、能源和环境工程、工程物理、地理信息系统工程、工业工程与管理、信息技术、测绘学、机电工程、创新与设计工程、信息技术、生物医学分析药剂、牙科保健等。

造纸相关：纸张表面处理中心，制浆造纸技术中心。

皇家理工学院

皇家理工学院(KTH)位于瑞典首都斯德哥尔摩市，建于1827年，与芬兰的赫尔辛基理工大学(TKK)并称为斯堪的纳维亚半岛上最大的理工类高校，同时也是欧洲理工大学的顶尖院校之一。皇家理工学院开设有丰富的英语和瑞典语授课的本科和硕士专业，如化学工程与技术、生物技术、建筑照明设计、经济创新和增长、环境和可持续的基础设施工程、大地测量学和地理信息、基础设施工程、土地管理、房地产管理、空间规划、运输系统、城市规划和设计、水系统技术、化学科学与工程、电力工程、材料科学与工程、数学、科学计算法、航空航天工程等。

造纸相关：纤维与聚合物技术学院。

(田　超　赵雨萌)

中国轻工业出版社造纸工业图书出版目录

Catalogue of Books Related to Paper Industry Published by China Light Industry Press

一、造纸专业科学与技术图书

序号	书名	著者	定价/元	开本	书号
1	中高浓制浆造纸技术的理论与实践(精装)——"十一五"国家重点图书/国家科学技术学术著作出版基金	陈克复 主编	60.00	16开	ISBN978－7－5019－5877－1
2	制浆造纸现代节水与污水资源化技术——"十一五"国家重点图书出版规划项目	林跃梅 主编	58.00	异16开	ISBN978－7－5019－6844－2
3	纸张颜料涂布与表面施胶——芬兰造纸科学技术丛书11分册	[芬]Esa·Lehtinen 著/曹邦威 译	88.00	16开	ISBN7－5019－4651－5
4	制浆造纸工业的环境治理——造纸科学与技术丛书	曹邦威 编著	45.00	异16开	ISBN978－7－5019－6054－5
5	制浆造纸节能新技术——造纸科学与技术丛书	刘秉钺 主编	58.00	异16开	ISBN978－7－5019－7114－5
6	纸和纸板的后加工——造纸科学与技术丛书	曹邦威 编著	38.00	异16开	ISBN978－7－5019－6643－1
7	造纸工业安全生产——造纸科学与技术丛书	万金泉 等编著	30.00	异16开	ISBN978－7－5019－7504－4
8	当代废纸制浆技术——实用造纸技术丛书	陈庆蔚 编著	59.00	大32开	ISBN7－5019－4827－5
9	造纸毛毯技术与应用——实用造纸技术丛书	吕向阳 等编著	25.00	16开	ISBN978－7－5019－6996－8
10	造纸车间技术管理的优化及技术支持——实用造纸技术丛书	张承武，段永成 编著	18.00	大32开	ISBN978－7－5019－6953－1
11	制浆造纸厂化验室化验检验方法——实用造纸技术丛书	吴楠 等编著	42.00	16开	ISBN978－7－5019－6868－8
12	英汉造纸工业词汇	许向阳 编	50.00	32开	ISBN7－5019－4269－2
13	英汉－汉英造纸工业词汇	许向阳 编	80.00	32开	ISBN978－7－5019－6966－1
14	造纸辞典	刘仁庆 编著	35.00	大32开	ISBN7－5019－5153－5
15	中国造纸原料纤维特性及显微图谱	王菊华 主编	200.00	16开	ISBN978－7－5019－2345－0

续表

序号	书名	著者	定价/元	开本	书号
16	简明中国手工纸(书画纸)及书画常识辞典	刘仁庆　编著	39.00	异16开	ISBN978－7－5019－6391－1
17	纸浆性质软测量原理与技术——造纸科学与技术专著丛书	刘焕彬　著	55.00	16开	ISBN978－7－5019－6629－5
18	废纸回用过程中胶黏物障碍与控制——造纸科学与技术专著丛书	王双飞，骆莲新编著	35.00	16开	ISBN978－7－5019－6954－8
19	纸包装结构设计(第二版)	孙　诚　著	35.00	异16开	ISBN7－5019－5216－7
20	造纸趣话妙读	刘仁庆　著	28.00	大32开	ISBN978－7－5019－6055－2
21	最新纸机抄造工艺	[美] B. A. Thorp 编/曹邦威　译	98.00	16开	ISBN7－5019－2536－4
22	制浆造纸手册——第九分册－纸张抄造	张承武　主编	68.00	大32开	ISBN7－5019－2004－4
23	造纸工业环境工程导论	万金泉，马邕文编著	30.00	大32开	ISBN7－5019－4935－9
24	造纸湿部化学原理及其应用	张光华　编	16.00	大32开	ISBN7－5019－2254－3
25	工业纸板制造与应用	李锡香　编著	25.00	大32开	ISBN7－5019－2562－3
26	制浆造纸节能技术	刘秉钺　编著	30.00	大32开	ISBN7－5019－2405－8
27	麦草浆碱回收技术指南	张　珂　主编	23.00	大32开	ISBN7－5019－2461－9
28	纸加工原理与技术	张美云　编著	34.00	大32开	ISBN978－7－5019－2127－X
29	制浆技术问答(第二版)	梁实梅　编著	40.00	大32开	ISBN7－5019－4270－6
30	造纸技术问答	梁实梅　编著	40.00	大32开	ISBN978－7－5019－1417－6
31	制浆造纸工业环境管理	联合国环境署　著	23.00	大32开	ISBN7－5019－2236－5
32	最新碱法制浆技术	曹邦威　译	98.00	16开	ISBN978－7－5019－1417－3
33	表面活性剂在造纸中的应用技术	张光华　编著	25.00	大32开	ISBN978－7－5019－3083－8
34	棉短绒制浆概论	陈嘉川　编著	35.00	16开	ISBN978－7－5019－7894－6
35	制浆造纸工艺计算手册	王忠厚，许志晔主编	68.00	16开	ISBN978－7－5019－8037－6
36	制浆造纸经济学——中芬合著：造纸及其装备科学技术丛书(中文版)第一卷	姜丰伟，曹振雷，胡　楠　著	68.00	16开	ISBN978－7－5019－8692－7
37	禾草类纤维制浆造纸——中芬合著：造纸及其装备科学技术丛书(中文版)第二卷	李忠正　著	68.00	16开	ISBN978－7－5019－9156－3
38	制浆技术——造纸及其装备科学技术丛书	詹怀宇　主编	89.00	16开	ISBN978－7－5019－8866－2
39	纸张结构与印刷适性——造纸及其装备科学技术丛书	周景辉　主编	60.00	16开	ISBN978－7－5019－9014－6
40	现代造纸机械状态监测与故障诊断	张　辉　主编	50.00	16开	ISBN978－7－5019－9188－4
41	造纸助留剂与干湿增强剂的理论与应用——造纸科学与技术丛书—十二五国家重点图书出版规划项目	曹邦威　编著	58.00	异16开	ISBN978－7－5019－8146－5
42	植物纤维资源化学	李忠正　主编	79.00	16开	ISBN978－7－5019－8701－6
43	化学制浆 II 化学品和能量回收——中芬合著：造纸及其装备科学技术丛书(中文版)第三卷	刘秉钺　等译著	120.00	16开	ISBN978－7－5019－8118－2

续表

序号	书名	著者	定价/元	开本	书号
44	环境管理和控制——中芬合著：造纸及其装备科学技术丛书(中文版)第四卷	程言君　等译	68.00	16 开	ISBN978 – 7 – 5019 – 9735 – 0
45	森林资源的生物质精炼——中芬合著：造纸及其装备科学技术丛书(中文版)第五卷	孙润昌　等译	68.00	16 开	ISBN978 – 7 – 5019 – 9736 – 7
46	江苏造纸简史	张　辉　主编	48.00	异 16 开	ISBN978 – 7 – 5019 – 9545 – 5
47	造纸技术——造纸及其装备科学技术丛书	张美云　主编	68.00	16 开	ISBN978 – 7 – 5019 – 9488 – 5
48	机械制浆——中芬合著：造纸及其装备科学技术丛书(中文版)第六卷	詹怀宇　等译著	140.00	16 开	ISBN978 – 7 – 5184 – 0036 – 2
49	化学制浆 I——中芬合著：造纸及其装备科学技术丛书(中文版)第七卷	刘秋娟　等译著	200.00	16 开	ISBN978 – 7 – 5184 – 0668 – 5
50	造纸化学——中芬合著：造纸及其装备科学技术丛书(中文版)第八卷	张素风　等译著	90.00	16 开	ISBN978 – 7 – 5184 – 0588 – 6
51	造纸 I　纸料制备与湿部——中芬合著：造纸及其装备科学技术丛书(中文版)第九卷	刘温霞　等译著	140.00	16 开	ISBN978 – 7 – 5184 – 0494 – 0
52	造纸 III　纸页完成——中芬合著：造纸及其装备科学技术丛书(中文版)第十一卷	何北海 等译	110.00	16 开	ISBN978 – 7 – 51841102 – 3
53	森林资源与可持续性管理——中芬合著：造纸及其装备科学技术丛书(中文版)第十二卷	殷锡纬 等译著	160.00	16 开	ISBN978 – 7 – 5184 – 0997 – 6
54	纸和纸板加工——中芬合著：造纸及其装备科学技术丛书(中文版)第十三卷	张美云 等译著	100.00	16 开	ISBN978 – 7 – 5184 – 1105 – 4
55	中国造纸工业绿色进展及其工程技术	陈克复 主编	70.00	16 开	ISBN978 – 7 – 5184 – 0659 – 3
56	纸张物理性能——中芬合著：造纸及其装备科学技术丛书(中文版)第十五卷	刘金刚　等译	100.00	16 开	ISBN978 – 7 – 5184 – 1337 – 9
57	材料及其防腐和维护——中芬合著：造纸及其装备科学技术丛书(中文版)第十六卷	周　耘　等译	110.00	16 开	ISBN978 – 7 – 5184 – 1355 – 3
58	森林产品化学——中芬合著：造纸及其装备科学技术丛书(中文版)第十七卷	冯文英　等译	90.00	16 开	ISBN978 – 7 – 5184 – 1499 – 4
59	造纸过程控制与维护管理——中芬合著：造纸及其装备科学技术丛书(中文版)第十八卷	沈文浩　等译	120.00	16 开	ISBN978 – 7 – 5184 – 1505 – 2
60	纸浆与纸张检测——中芬合著：造纸及其装备科学技术丛书(中文版)第十九卷	吕卫军　等译	80.00	16 开	ISBN978 – 7 – 5184 – 1461 – 1

二、造纸专业高等学校专业教材

序号	书名	著者	定价/元	开本	书号
1	制浆造纸工程大全(第二版)——北欧及北美造纸专业本科教材	[加拿大]G. A. 斯穆克 著/曹邦威 译	50.00	16 开	ISBN7-5019-3132-1
2	造纸工业清洁生产原理与技术——教育部高等学校轻化工程教学指导委员会推荐特色教材	何北海 主编	34.00	16 开	ISBN7-5019-5681-2
3	制浆造纸概论——教育部高等学校轻化工程教学指导委员会推荐特色教材	刘忠 主编	30.00	16 开	ISBN978-7-5019-5740-8
4	制浆造纸专业英语——高等学校专业教材	曹邦威、张东成 编	18.00	16 开	ISBN7-5019-5349-3
5	制浆原理与工程(第三版)——普通高等教育"十一五"国家级规划教材	詹怀宇 主编	58.00	16 开	ISBN978-7-5019-6532-8
6	造纸原理与工程(第三版)——普通高等教育"十一五"国家级规划教材	何北海 主编	58.00	16 开	ISBN978-7-5019-4411-3
7	纸页的结构与性能——教育部高等学校轻化工程教学指导委员会推荐特色教材	胡开堂 主编	40.00	16 开	ISBN7-5019-5060-1
8	植物纤维化学(第四版)——高等学校专业教材	裴继诚 主编	48.00	16 开	ISBN978-7-5019-8744-3
9	制浆造纸分析与检测——普通高等教育"十五"国家级规划教材	石淑兰 主编	48.00	16 开	ISBN7-5019-3920-9
10	制浆造纸机械与设备(上)(第三版)——普通高等教育"十一五"国家级规划教材	陈克复 主编	58.00	16 开	ISBN7-5019-8137-3
11	制浆造纸机械与设备(下)(第三版)——普通高等教育"十一五"国家级规划教材	陈克复 主编	58.00	16 开	ISBN7-5019-8221-9
12	制浆造纸助剂——高等学校专业教材	安郁琴,刘忠 主编	28.00	大 32 开	ISBN7-5019-3925-X
13	制浆造纸污染控制——普通高等教育"十一五"国家级规划教材	刘秉钺 主编	35.00	16 开	ISBN978-7-5019-6271-6
14	制浆造纸工程设计——普通高等教育"十一五"国家级规划教材	王志杰 主编	34.00	16 开	ISBN978-7-5019-6660-8
15	制浆造纸过程自动测量与控制(第二版)——普通高等教育"十一五"国家级规划教材	刘焕彬 主编	54.00	16 开	ISBN7-5019-6886-2
16	加工纸与特种纸(第三版)——普通高等教育"十一五"国家级规划教材	张美云 主编	39.00	16 开	ISBN978-7-5019-7130-5
17	热工基础与造纸节能(第二版)——教育部高等学校轻工与食品学科教学指导委员会推荐教材	刘秉钺 主编	36.00	16 开	ISBN978-7-5019-7086-5
18	制浆造纸实验——普通高等教育轻工与食品专业实验类系列规划教材	王双飞 主编	23.00	16 开	ISBN978-7-5019-7489-4

续表

序号	书名	著者	定价/元	开本	书号
19	造纸湿部化学——普通高等教育"十一五"国家级规划教材	刘　忠　主编	35.00	16 开	ISBN978－7－5019－7740－6
20	加工纸与特种纸实验教程——普通高等教育"十二五"规划教材	刘文波　主编	24.00	16 开	ISBN978－7－5019－8847－1
21	现代造纸机械状态监测与故障诊断(第二版)——普通高等教育"十二五"规划教材	张　辉　主编	50.00	16 开	ISBN978－7－5019－9188－4
22	现代造纸机械状态监测与故障诊断(第三版)——普通高等教育"十二五"规划教材	张　辉　主编	65.00	16 开	ISBN978－7－5184－0833－7
23	制浆造纸工程设计——"十三五"普通高等教育本科规划教材	陈务平　主编	45.00	16 开	ISBN978－7－5184－0819－1
24	制浆造纸污染控制(第二版)——"十二五"普通高等教育本科国家级规划教材	韩　颖　主编	55.00	16 开	ISBN978－7－5184－0732－3

三、造纸专业高等职业教育教材

序号	书名	著者	定价/元	开本	书号
1	制浆造纸分析与检验	林润惠　主编	36.00	大 32 开	ISBN7－5019－2662－6
2	制浆工艺及设备	邝守敏　主编	48.00	16 开	ISBN7－5019－2912－2
3	造纸工艺及设备	吴葆敦　主编	45.00	16 开	ISBN978－7－5019－2735－9
4	制浆造纸工厂设计概论	李土根　主编	36.00	16 开	ISBN7－5019－2759－6
5	制浆造纸专业英语	李桂芳　主编	15.00	大 32 开	ISBN7－5019－2795－2
6	纸加工技术	沙力争　主编	32.00	16 开	ISBN978－7－5019－6657－8/TS. 3874
7	制浆造纸设备安装与维修(第二版)	李向华　主编	28.00	16 开	ISBN978－7－5019－7041－4
8	制浆造纸助剂及其应用技术	刘一山　主编	30.00	16 开	ISBN978－7－5019－7720－8
9	制浆技术	陈向斌　主编	48.00	16 开	ISBN978－7－5019－9473－1

四、造纸专业技工教材

序号	书名	著者	定价/元	开本	书号
1	制浆造纸设备与操作(第二版)	王忠厚　主编	45.00	16 开	ISBN7－5019－5266－3
2	制浆造纸工艺(第二版)	王忠厚　主编	42.00	16 开	ISBN 7－5019－5205－1
3	长网纸机抄造	曹邦威、张周宏　编	18.00	大 32 开	ISBN7－5019－2167－9

五、造纸工业行业标准

序号	书名	著者	定价/元	开本	书号
1	中国轻工业标准汇编(造纸卷)上册	本书编写组编	108	大 16 开	ISBN978－7－5019－7025－6
2	中国轻工业标准汇编(造纸卷)下册	本书编写组编	138	大 16 开	ISBN978－7－5019－7026－1

购书办法：各地新华书店，本社网站(http//www. chlip. com. cn)、当当网(http：//list. dangdang. com/01. 63. 18. htm)、卓越网(http：//www. joyo. com/)、邮购联系电话：010－65241695

造纸专业编辑　林媛：010－85119815/1399084423@ qq. com

(林　媛)

《PPI》杂志 2015 年全球造纸排名前 100 位的公司及地域分布

Top 100 Paper Companies Selected by *PPI* and Its Geographical Distribution in 2015

表 1　　2015 年全球造纸排名前 100 位的公司(按销售额排名)

公司名称及总部地址	制浆、造纸及纸加工业务				2015 年生产量/万吨		雇员人数/个
	2015 年排名	2014 年排名	2015 年销售额/亿美元	同比/%	商品浆	纸和纸板	
International Paper(Memphis, TN, 美国)	1	1	223.650	−5.3	157.5	2331.5	56000
Procter & Gamble(Cincinnati, Ohio, 美国)	2	2	202.470	−3.4	0	—	110000
Oji Paper(Tokyo, 日本)	3	4	118.433	6.4	220.0	911.5	33605
WestRock (Norcross, Georgia, 美国)	4		110.793		22.5	1248.7	41400
UPM(Helsinki, 芬兰)	5	3	109.927	3.3	240.0	977.1	19578
Svenska Cellulosa Aktiebolaget (SCA) (Stockholm, 瑞典)	6	7	96.035	10.2	25.8	526.7	44051
Kimberly Clark(Dallas, TX, 美国)	7	8	94.100	−6.2	0	—	43000
Stora Enso(Helsinki, 芬兰)	8	5	92.858	0.2	187.3	918.8	26783
Smurt Kappa Group(Dublin, 爱尔兰)	9	6	89.995	0.3	0	700.0	43354
Marubeni(Tokyo, 日本)	10	10	77.571	−0.9	0	63.1	4437
Nippon Paper(Tokyo, 日本)	11	11	75.712	−1.1	26.4	654.2	11741
Mondi(Addlestone, 英国; Johannesburg, 南非)	12	12	75.678	6.5	57.0	527.9	25300
DS Smith(Maidenhead, Berkshire, 英国)	13	15	57.818	7.5	0	680.2	26065
Packaging Corporation of America(Lake Forest, IL, 美国)	14	14	57.417	−1.9	9.8	432.9	13000
Sappi(Johannesburg, 南非)	15	13	53.900	−11.1	0	730.6	12548
Domtar(Montreal, QC, 加拿大)	16	18	52.640	−5.4	141.4	286.9	9850
Metsä Group(Espoo, 芬兰)	17	16	49.585	3.5	200.7	191.1	9599
玖龙纸业(控股)有限公司(中国广东)	18	19	49.322	6.2	0	1263.0	17000
Graphic Packaging(Marietta, GA, 美国)	19	22	41.602	−1.9	0	238.7	12000
Rengo(Osaka, 日本)	20	20	41.389	1.8	0	262.1	13999
Daio Paper(Ehime, 日本)	21	23	39.165	8.5	0	351.8	8174

续表

公司名称及总部地址	制浆、造纸及纸加工业务				2015 年生产量/万吨		雇员人数/个
	2015 年排名	2014 年排名	2015 年销售额/亿美元	同比/%	商品浆	纸和纸板	
Empresas CMPC(Santiago，智利)	22	24	38.920	-0.8	310.4	126.9	17562
Sonoco Products(Hartsville，SC，美国)	23	25	38.520	-0.3	0	163.3	21000
Sequana(Paris，法国)	24	21	36.624	-2.0	0	56.0	9283
Verso Paper(Memphis，TN，美国)	25	58	31.220	140.7	37.8	296.5	5200
Resolute Forest Products(Montreal，QC，加拿大)	26	26	31.090	-15.1	141.6	375.0	8000
Suzano Papel e Celulose(Sao Paulo，巴西)	27	28	30.691	40.7	337.3	120.9	7590
Fibria Celulose(São Paulo，巴西)	28	30	30.261	42.3	526.8	0	4197
Cascades(Kingsey Falls，QC，加拿大)	29	27	30.214	8.4	0	271.4	11000
山东晨鸣纸业集团股份有限公司(中国山东)	30	31	29.020	0.5	0	415.0	11893
KapStone Paper & Packaging(Northbrook，IL，美国)	31	36	27.890	21.3	0	244.9	6400
BillerudKorsnäs AB(Solna，瑞典)	32	29	25.869	4.6	—	273.4	4223
Mayr-Melnhof Karton(Vienna，奥地利)	33	32	24.211	4.5	0	167.7	9938
理文造纸有限公司(中国香港)	34	37	22.722	3.0	0	525.0	6500
Arauco(Santiago，智利)	35	38	22.431	2.5	360.3	0	14748
Lenzing Group(Lenzing，奥地利)	36	34	21.361	9.6	0	0	6127
Siam Cement Public Company(Bangkok，泰国)	37	42	20.707	10.5	0	309.1	53096
Sodel(Rome，意大利)	38	33	20.081	2.3	0	105.8	5514
永丰余纸业有限公司(中国台湾)	39	49	20.012	13.7	0	314.3	10821
Hokuetsu Kishu Paper(Tokyo，日本)	40	40	19.695	8.1	21.1	190.4	4801
Weyerhaeuser(Federal Way，WA，美国)	41	45	18.600	-3.9	182.2	25.5	12600
Mitsubishi Paper Mills(Tokyo，日本)	42	43	17.872	3.7	0	137.2	3622
Burgo Group(Altavilla，Vicentina，意大利)	43	39	17.746	-1.4	16.7	214.1	3679
Clearwater Paper(Spokane，Washington，美国)	44	44	17.524	-10.9	0.2	107.8	3300
Klabin(São Paulo，巴西)	45	41	17.075	16.2	0	183.3	12651
Glatfelter(York，PA，美国)	46	51	16.610	-7.8	0	95.3	4375
Heinzel Group(Vienna，奥地利)	47	47	16.430	5.3	18.4	57.3	2115
山东太阳纸业股份有限公司(中国山东)	48	60	15.889	26.0	0	182.0	6390
Portucel Soporcel(Setúbal，葡萄牙)	49	50	15.829	3.8	25.3	160.4	2662
Catalyst Paper(Richmond，BC，加拿大)	50	72	15.581	79.5	34.5	180.3	2800
Lecta(Barcelona，西班牙)	51	48	15.566	0.5	0	156.5	3329
Palm(Aalen，德国)	52	52	14.982	8.0	0	0	4000
安徽山鹰纸业股份有限公司(中国安徽)	53	63	14.963	30.0	0	303.3	9640
Norske Skog(Skøyen，Oslo，挪威)	54	46	14.313	-5.0	0	244.4	2557

续表

公司名称及总部地址	制浆、造纸及纸加工业务				2015 年生产量/万吨		雇员人数/个
	2015 年排名	2014 年排名	2015 年销售额/亿美元	同比/%	商品浆	纸和纸板	
恒安国际集团有限公司(中国福建)	55	56	13.931	-0.5	0	102.0	29700
Prinzhorn Holding(Wiener Neudorf，奥地利)	56	53	13.664	1.5	0	—	5522
正隆纸业有限公司(中国台湾)	57	55	13.657	-1.0	0	183.7	9260
Holmen(Stockholm，瑞典)	58	35	13.537	-28.4	5.6	178.9	3315
华泰集团有限公司(中国山东)	59	62	12.232	3.8	0	314.4	7913
维达纸业有限公司(中国广东)	60	70	12.070	18.9	0	95.0	8327
Ahlstrom(Helsinki，芬兰)	61	57	11.927	7.4	0	36.6	3310
Hansol Paper(Seoul，韩国)	62		11.923		0	137.8	840
Moorim Group(Seoul，韩国)	63	59	11.659	-2.1	26.0	155.1	1373
Eldorado Brasil Celulose(São Paulo，巴西)	64	66	11.272	50.2	159.7	0	5000
山东博汇集团有限公司(中国山东)	65	64	11.212	1.5	0	148.6	4990
Fedrigoni SpA(Verona，意大利)	66	82	10.842	59.8	0	44.9	2653
Bio-PAPPEL(Durango，墨西哥)	67	77	10.699	1735.8	0	121.9	10583
Södra(Växjö，瑞典)	68	61	10.524	6.8	151.2	0	3599
VPK Packaging(Aalst，比利时)	69	67	9.711	9.4	0	86.0	4100
Mercer International(Seattle，WA，美国)	70	65	9.462	-11.9	145.8	0	1469
Rayonier Advanced Materials (Jacksonville，FL，美国)	71	75	9.410	-1.8	71.6	0	1200
Canfor(Vancouver，BC，加拿大)	72	73	9.275	7.5	123.5	13.7	6047
BILT-Ballarpur Industries(New Delhi，印度)	73	92	9.054	60.1	0	78.1	1521
EUROPAC Papeles y Cartones de Europa(Madrid，西班牙)	74	68	8.941	3.9	0	90.3	2289
Kruger Products(Montreal，QC，加拿大)	75	76	8.921	9.0	0	36.3	2500
Neenah Paper(Alpharetta，GA，美国)	76	78	8.877	-1.7	0	—	2340
岳阳林纸股份有限公司(中国湖南)	77	71	8.801	-11.3	19.6	106.9	5193
荣成纸业股份有限公司(中国台湾)	78		8.444		0	201.3	3729
Chuetsu Pulp and Paper(Tokyo，日本)	79	79	8.255	5.0	0	71.8	786
Tembec(Montreal，QC，加拿大)	80	69	8.162	-7.1	72.7	34.4	3250
Papierfabrik August Koehler SE (Oberkirch，德国)	81	80	8.082	8.2	0	50.9	1796
Arctic Paper(Poznań，波兰)	82	74	7.695	1.2	0	67.1	1770
West Fraser Timber(Vancouver，BC，加拿大)	83	84	7.043	10.8	114.2	13.3	7900
Appvion(Appleton，Wisconsin，美国)	84	83	7.000	-13.6	0	—	1424
LEIPA Georg Leinfelder(Schwedt，德国)	85	81	6.881	-4.6	0	92.6	1220
Greif(Delaware，Ohio，美国)	86	88	6.761	-4.3	0	63.5	13150

续表

公司名称及总部地址	制浆、造纸及纸加工业务				2015 年生产量/万吨		
	2015 年排名	2014 年排名	2015 年销售额/亿美元	同比/%	商品浆	纸和纸板	雇员人数/个
Exacompta Clairefontaine（Etival，Clairefontaine，法国）	87	85	6. 338	3. 7	0	22. 8	3130
Altri（Porto，葡萄牙）	88	87	6. 267	5. 8	102. 2	0	666
ITC（Kolkata，印度）	89	91	6. 007	5. 9	0	72. 8	25564
KleanNara Co. Ltd（Seoul，韩国）	90		5. 995		0	49. 9	630
SWM（Alpharetta，GA，美国）	91	98	5. 839	17. 7	0	15. 1	3100
Celulose Nipo-Brasileira （CENIBRA）（Belo Oriente，Minas Gerais，巴西）	92	90	5. 788	26. 3	109. 3	0	4314
山东世纪阳光纸业集团有限公司（中国山东）	93	95	5. 672	7. 9	0	120. 0	2780
De la Rue（Basingstoke，Hampshire，英国）	94	97	5. 388	10. 9	0	1. 0	3566
ENCE（Madrid，西班牙）	95	89	5. 360	-3. 8	88. 5	0	852
Jeonju Paper Corporation（Seoul，韩国）	96		5. 133		0	85. 4	533
Reno de Medici SpA（Milan，意大利）	97	93	4. 861	2. 8	0	82. 4	1166
Hankuk Paper Manufacturing Ltd. （Seoul，韩国）	98		4. 694		0	50. 7	518
Progroup（Landau/Pfalz，德国）	99	94	4. 661	2. 8	0	102. 5	956S
Lintec（Tokyo，日本）	100	99	3. 093	0. 4	0	0	4246

注：全球造纸排名前 100 位的公司是按照纸浆、纸和纸板、纸加工及纸品贸易的净销售额进行的排名。2014 年数据为 2015 年修订后的财务数据，并非 2015 年《PPI》出版的数据。除非下文指出，财务年度报告是从 2015 年 1 月 1 日到 2015 年 12 月 31 日。收入指税后和去除特殊项目后的净收益。“ —”表示未知。

表 2　　2015 年全球造纸排名前 100 位公司的地域分布

地区	公司数量[1]/个	2015 年销售额[2]/亿美元	2014 年销售额/亿美元	同比/%	占 2015 年总销售额的比例/%	商品浆生产量[3]/万吨	占商品浆总生产量的比例/%	纸和纸板生产量[4]/万吨	占纸和纸板总生产量的比例/%
欧洲	34	929. 59	1072. 16	-13. 3	31. 5	1118. 7	24. 9	6813. 4	30. 4
亚洲	31	714. 30	715. 42	-0. 2	24. 2	313. 1	7. 0	7855. 5	35. 0
北美	26	1090. 67	1003. 12	8. 7	36. 9	1255. 3	27. 9	6475. 0	28. 9
拉丁美洲	8	167. 14	169. 30	-1. 3	5. 7	1803. 8	40. 2	553. 0	2. 5
非洲	1	53. 90	65. 88	-18. 2	1. 8		0	730. 6	3. 2
大洋洲	0		14. 93	-100. 0	0		0		0

注：1. 由于一些公司进行了兼并重组，进入全球造纸排名前 100 位的公司有所变动，其地域分布情况也随之变动。发生变动的公司按照总部所在地列在特定的区域。
2. 以上仅包括纸浆、纸及纸制品加工销售额。
3. 只包括生产商品浆的公司。
4. 只包括生产纸和纸板的公司。

（王　岩）

国外主要造纸期刊介绍

Main Foreign Periodicals Related to Pulp and Paper

《澳大利亚和新西兰纸浆与造纸工业技术协会志》
Appita Journal (APPITA J)

主要刊载纸浆、纸张、印刷和包装方面的研究论文、技术报告等专题文章，报道国内外造纸工业动态和该协会的会议活动等。

创刊时间： 1947 年

主办单位： 澳大利亚和新西兰纸浆与造纸技术协会

出版周期： 季刊

ISSN： 1038 - 6807

出版国： 澳大利亚

地址： Appita Inc., P. O. Box 816 MACLEOD VIC 3085 Australia

电话： +61 - 3 - 9467 - 9722

传真： +61 - 3 - 9467 - 9778

邮箱： admin@ appita. com

网址： www. appita. com

《亚洲纸业》
Paper ASIA

亚洲领先的纸浆和造纸杂志，也涵盖了瓦楞、加工和包装。其读者覆盖的行业广泛，包括一些行业的专业人士和决策者。该杂志在 20 个国家发行。2007 年，该杂志首次刊登中文对照，此举深受行业供应商和最终用户的喜爱。

创刊时间： 1985 年

出版单位： SHP Media Sdn. Bhd.

出版周期： 双月刊

ISSN： 0218 - 4540

出版国： 马来西亚

地址： 1203, 12th Floor, Block E, Phileo Damansara 1, 9, Jalan 16/11, off Jalan Damansara, 46350 Petaling Jaya, Selangor, Malaysia

电话： +603 - 79601148

传真： +603 - 79601152

邮箱： paperasia@ shpmedia. com

网址： www. shpmedia. com/pub_ paperasia. htm

《中东生活用纸》
ME Tissue

中东地区生活用纸及无纺布行业的第一本杂志。该杂志致力于为从事生活用纸及无纺布行业的专业人士提供有关节能、安全、优质的生产解决方案、原料、技术、研究和开发等更多信息。其内容涵盖了整个生活用纸的供应链，从原材料到生活用纸生产，与生产、加工、包装相关的技术，以及无纺布行业的新趋势、新技术及研究和发展。为英语和阿拉伯语双语期刊。

创刊时间： 2008 年

主办单位： MEAC Group Holding

出版周期： 季刊

出版国： 黎巴嫩

地址： P. O. Box. 45 - 134 Hazmieh-Lebanon

电话： +961 - 3 - 798 - 204

传真： +961 - 5 - 450 - 930

邮箱： info@ metissue. com

网址： www. metissue. com

《日本造纸技术》
Japanese Journal of Paper Technology

内容涵盖制浆造纸、深加工、精加工、涂布、测量和分析技术及能源和环保措施等。

创刊时间：1958 年
主办单位：Paper Industry Times Company
出版周期：月刊
ISSN：0453－1507
出版国：日本
地址：日本东京都中央区日本桥人形町 1-9-2
电话：＋81－3－5651－7161
传真：＋81－3－5651－7201
网址：www. st-times. co. jp

《制浆造纸技术》
Journal of Pulp and Paper Technology

出版单位：Shizuoka Pulp and Paper
出版周期：月刊
ISSN：0287－5586
出版国：日本
地址：日本静冈县富士市大渕 2590 番地-1（静冈县工业技术研究所富士工业 技术支援中心内）〒417－0801
电话：＋81－545－35－5025
传真：＋81－545－35－5027
邮箱：skamipagk@ cotton. ocn. ne. jp
网址：www. shizuoka-tappi. or. jp

《日本制浆造纸协会志》
Japan TAPPI Journal

内容涉及制浆造纸行业的广泛信息，主要包括：最新研究技术公告；运行经验介绍；最新的研究技术成果；科研机构介绍；海内外制浆造纸动态及相关会议；专利信息和新产品；先进测试技术；商业新闻和显性统计；协会新闻等。
主办单位：日本制浆造纸技术协会
创刊时间：1996 年
出版周期：月刊
ISSN：0022－815X
出版国：日本
地址：日本东京都中央区银座 3-9-11（制浆造纸会馆 11 层）〒104-8139
电话：＋81－3－3248－4841
传真：＋81－3－3248－4843
网址：www. japantappi. org

《印度制浆造纸技术协会会志 ZA》
The Official International Journal of the Indian Pulp & IPPTA Paper Technical Association（IPPTA）

主办单位：印度浆纸技术协会
出版周期：季刊
ISSN：0379－5462
出版国：印度
地址：C. P. P. R. I. Campus，Paper Mill Road Near Himmat Nagar，P. O. Box 47，Saharanpur-247001（India）
电话：＋91 132－2714081/82
邮箱：ipptainfo@ gmail. com
网址：www. ipptaonline. org

《纸业 360°》
Paper 360°

报道世界各地造纸行业最新的资讯。
主办单位：美国制浆造纸工业技术协会、美国造纸工业管理协会
出版单位：Naylor Association Solutions
出版周期：双月刊
ISSN：1933－3684
出版国：美国
地址：15 Technology Parkway South，Suite 115，Peachtree Corners，GA 30092，USA
电话：＋1－978－750－8400
传真：＋1－770－209－7206
邮箱：jbottiglieri@ tappi. org
网址：www. tappi. org

《纸浆与造纸工业技术协会志》
TAPPI Journal

自创刊以来一直是造纸行业同行评审论文的首选论坛，提供行业内最新、最相关的研究。2009 年 12 月，从印刷期刊转为电子期刊。2011 年 6 月开始，内容涵盖来自独家刊物《纸张回收进展》（*Progress in Paper Recycling*，*PPR*）的内容。*PPR* 是一本有关纸浆、纸和纸板产品回收的科学、技术和经济性探索的杂志。
主办单位：美国制浆造纸工业技术协会

出版周期：月刊
ISSN：0734 - 1415
出版国：美国
地址：15 Technology Parkway South，Suite 115 Peachtree Corners，GA 30092，USA
电话：+1 - 770 - 446 - 1400
传真：+1 - 770 - 446 - 6947
邮箱：memberconnection@ tappi. org
网址：www. tappi. org

《纸浆与纸》
Pulp & Paper

刊载美国国内外造纸业经济与市场动态，造纸技术和设备的进展与新产品等方面的论文和简讯。

出版单位：C M P Media LLC
出版周期：月刊
ISSN：0033 - 4081
出版国：美国
地址：2018 Powers Ferry Rd，Ste 600，Atlanta，
电话：+1 - 678 - 598 - 8800
传真：+1 - 678 - 589 - 8888
邮箱：kferguson@ mfi. com
网址：www. cmp. com

《国际纸浆与造纸》
Pulp and Paper International（PPI）

制浆造纸行业生产和管理者阅读最广泛的杂志，可使读者随时了解世界各地最新的业务发展、经营技巧和技术创新。发行覆盖北美、欧洲、亚洲、拉丁美洲、中东和非洲等地区。

出版单位：RISI，Inc.
出版周期：月刊
ISSN：0033 - 409X
出版国：美国
地址：PPI，RISI，P. O. Box 288，Bedford，MA 01730-0288，USA
电话：+1 - 866 271 8525
传真：+1 - 781 734 8998
邮箱：info@ risi. com
网址：www. ppimagazine. com

《纸张时代》
Paper Age

世界上造纸行业重要的专业期刊之一，涉及的内容包括：制浆、造纸、纸品加工、技术开发、公司介绍及与主要行业领导者独家采访。

出版单位：O'Brien Publications，Inc.
创刊时间：1884 年
出版周期：双月刊
ISSN：0031 - 1081
出版国：加拿大
地址：P. O. Box 25058，London BRC. Ontario，N6C 6A8，Canada
电话：+781 - 923 - 1016
传真：+781 - 923 - 1389
邮箱：jobrien@ paperage. com
网址：www. paperage. com

《纸浆与造纸科学杂志》
Journal of Pulp and Paper Science

刊载制浆和造纸科学和技术方面的研究论文和评论，是加拿大造纸工业的主要学术期刊。

主办单位：加拿大制浆造纸技术协会
出版单位：加拿大制浆造纸技术协会
创刊时间：1983 年
出版周期：季刊
ISSN：0826 - 6220
出版国：加拿大
地 址：740 Notre-Dame St. W.，suite 1070，Montréal（Québec）H3C 3X6，Canada
电话：+01 - 514 - 392 - 0265
传真：+01 - 514 - 392 - 0369
邮箱：tech@ paptac. ca
网址：www. paptac. ca

《加拿大纸浆与纸》
Pulp & Paper Canada

刊载加拿大造纸、纸浆和木材化学等相关技术和设备应用等领域的技术论文、设备与产品介绍和消息报道。

主办单位：加拿大制浆造纸技术协会
出版单位：Annex Business Media

出版周期：双月刊
ISSN：0316－4004
电子版 ISSN：1923－3515
出版国：加拿大
地址：80 Valleybrook Drive，Toronto，Ontario M3B 2S9，Canada
电话：+1－416－442－5600 ext 3539
传真：+1－416－510－5140
邮箱：follow@ pulppapercanada. com
网址：www. pulpandpapercanada. com

《造纸工业》
Paper Industry

北美制浆造纸行业新产品资讯的权威性刊物。报道造纸行业密切相关的技术、工艺、服务及行业新闻、产品和服务评价等最新信息。
出版单位：Paper Industry Publishing Office
出版周期：月刊
出版国：加拿大
地址：62 Birch Hill，P. O. Box 263，Hudson，Quebec，Canada
电话：+1－450－458－4571
传真：+1－450－458－4571
邮箱：editor@ paperindustrymag. com
网址：www. paperindustrymag. com

《纸张、薄膜及箔片加工》
Paper，Film & Foil Converter（PFFC）

刊载的内容涵盖纸张、薄膜、箔片加工及包装印刷行业的各个部分和加工行业的业务发展趋势和技术创新。
创刊时间：1927 年
出版周期：月刊
ISSN：0031－1138
出版国：美国
地址：5624 W. Wilson Ave. Chicago，USA
电话：+1－303－674－0577
传真：+1－303－674－0577
邮箱：tjanes@ PFFC-online. com
网址：www. pffc-online. com

《纸业技术》
Paper Technology

造纸工业技术领域的权威性刊物，报道行业的新闻、产品和服务信息，技术更新，案例研究和评论，造纸工业技术协会会议报告等。特色栏目有纸机织物备件、造纸化学品、设备维护和自动化等。涉及的领域包括造纸及林产品等行业。
创刊时间：20 世纪 60 年代
主办单位：美国制浆造纸工业技术协会
出版周期：双月刊
ISSN：0958－6024
出版国：英国
地址：5 Frecheville Court，Bury，Lancs BL9 0UF，United Kingdom
电话：+44－161 746 5858
传真：0300 3020 160
邮箱：info@ pita. co. uk
网址：www. pita. co. uk

《国际纸业》
International Paper World（IPW）

德国制浆造纸化学工程师协会（ZELLCHEMING）的官方贸易刊物。报道浆纸生产商、供应商及其国际活动。重点是报道新技术、未来发展趋势、新兴市场以及如何提高可持续性（或环境影响）。涉及的内容涵盖从森林到客户的整个产业链。
主办单位：德国制浆造纸化学工程师协会
出版单位：Keppler-Junius GmbH & Co. KG
创刊时间：1957
ISSN：1615－1720
出版周期：每年 10 期
出版国：德国
地址：Keppler-Junius GmbH & Co. KG，Ruesterstr. 11，Frankfurt a. M.，60325，Germany
电话：+49－69－20－73－76－20
传真：+49－69－20－73－75－84
邮箱：edit@ ipwonline. de
网址：www. ipwonline. de

《专业造纸》
Professional Papermaking

深受国际造纸行业龙头企业（造纸厂、纸品供应和加工企业）领导者和高层决策者（包括业务管理人员、采购人员、销售经理等）喜爱的贸易刊物。内容涉及纸浆、纸和纸板生产的科学技术报告及公司有关提高生产力、改善质量、降低成本方面创新的信息，全球市场发展趋势，经济和公司的最新报告，涵盖贸易展览会、会议、政策等最新文章。主要栏目有备料、造纸、纸加工、废水处理和涂布。

出版周期： 半年刊

出版单位： Deutscher Fachverlag GmbH

出版国： 德国

地址： Mainzer Landstr. 251, 60326 Frankfurt am Main, Germany

电话： +49 - 69 - 7595 - 1291

传真： +49 - 69 - 7595 - 1290

邮箱： info@ professional-papermaking. com

网址： www. professional-papermaking. com

《造纸技术》
Wochenblatt Fur Papierfabrikatipn

刊载纸张、纸板和纸浆工业生产技术方面的技术报告、会议论文和文摘，报道造纸工业技术进展与国内外行业动态。

出版单位： DFV 传媒集团

出版周期： 月刊

ISSN： 0043 - 7131

出版国： 德国

地 址： Deutscher Fachverlag GmbH, Mainzer Landstr 251, Frankfurt am Main, 60326, Germany

电话： +49 - 69 - 7595 - 20151/52/61

传真： +49 - 69 - 7595 - 2055

邮箱： wochenblatt@ dfv. de

网址： www. dfv. de/presse

《国际纸业经济》
IPW International Papierwirtschaft

刊载有关木浆、纸浆、纸张与纸板的生产，纤维素化学工艺和造纸业历史方面的文章，涉及专利、文摘、技术通讯、国外消息和书评等。

出版周期：月刊

ISSN： 0070 - 4296

出版国： 德国

地址： Verein Zellcheming, Emilstr. 21, Darmstadt, 64293, Germany

电话： +49 - 6151 - 33264

传真： +49 - 6151 - 311076

邮箱： zellcheming@ zellcheming. de

网址： www. zellcheming. de

《纸张与木材》
Paper and Timber

论述芬兰制浆、造纸、纤维与木材化学方面工艺技术与设备的研究和开发成果，报道芬兰林业的发展，介绍芬兰在造纸方面与国外的经济和技术合作以及行业动态。文章以英文、芬兰文或瑞典文发表。

主办单位： 芬兰森林工业协会

出版单位： Paperi ja Puu Oy

出版周期： 季刊

ISSN： 0031 - 1243

出版国： 芬兰

地址： Paperi ja Puu Oy, Spektri Business Park, Metsänneidonkuja 4, 02130 Espoo, Finland

电话： +358 - 10 - 229 - 1631

邮箱： irmeli. hannula@ paperjournal. fi

网址： www. paperijapuu. fi

《法国造纸工业技术协会志》
ATIP

主办单位： 法国造纸工业技术协会（ATIP）

出版周期： 季刊

ISSN： 0997 - 7554

出版国： 法国

地址： 23, rue d'Aumale F-75009 Paris, France

电话： +33 - 145 62 1191

传真： +33 - 145 63 5309

邮箱： atip@ wanadoo. fr

网址： www. atip. asso. fr

《北欧纸浆和造纸研究杂志》
Nordic Pulp & Paper Research Journal（NPPRJ）

一本国际性的科学杂志，刊载木材或生物质成分、制浆造纸及其所涉及的植物纤维原料和废纸原

料，以及制浆、生物质精炼副产品的基础研究及能源问题等方面的研究论文。

主办单位： Mid Sweden Uniersity（瑞典中部大学）

出版周期： 季刊

ISSN： 0283－2631

出版国： 瑞典

地址： Mid Sweden University，Holmgatan 10，SE-851 70 Sundsvall，Sweden

电话： ＋46(0)10－142 84 93

邮箱： info@ npprj. se

网址： www. npprj. se

《浆·纸·纸板》
Pulp·Paper·Board

为俄罗斯和独联体国家制浆造纸行业的专家所喜爱的刊物。主要栏目有技术、效率和质量、设备、自动化等。

创刊时间： 1904 年

出版周期： 每年 10 期

出版国： 俄罗斯

地址： 4，bldg. 2，Dmitrovsky per.，Moscow p/o 107031，Russia

电话： ＋7－495－258－39－36/37/38

传真： ＋7－495－258－39－36

邮箱： info@ cbk. ru

网址： www. cbk. ru

《纤维素》
Cellulose

刊载纤维素及其衍生物的化学、生物化学、物理学和材料科学特性的研究论文，以及纤维素技术开发和应用方面的研究论文、评论文章及技术说明。

创刊时间： 1994 年

出版周期： 季刊

ISSN： 0969－0239

电子版 ISSN： 1572－882X

出版国： 荷兰

地 址： Springer，Van Godewijckstraat 30，Dordrecht，3311 GZ，Netherlands

电话： ＋49－6221－345－4303

网址： www. springer. com/10570/

《纤维素化学与工艺》
Cellulose Chemistry and Technology

刊载食品、纺织品、造纸、木材、黏合剂、医药、油田等领域碳水化合物工业应用的研究论文。栏目主要包括结构和性能研究、生物和产业开发、分析方法、化学和微生物改性、与其他材料的相互作用。除刊登原创研究论文外，也刊登短通讯、书评和读者来信等。

创刊时间： 1966 年

出版周期： 双月刊

ISSN： 0576－9787

电子版 ISSN： 2457－9459

出版国： 罗马尼亚

地址： Editura Acad Romane，Calea 13 Septembrie NR 13，SECTOR 5，Bucuresti，050711，Romania

邮箱： vipopa@ ch. tuiasi. ro

网址： www. cellulosechemtechnol. ro

《南非制浆造纸工业技术协会志》
TAPPSA Journal

主要服务于南非地区的纸浆、纸张和森林产品行业。刊登南非地区造纸行业的技术论文，以及报道全球造纸行业的发展概况。

主办单位： 南非制浆造纸工业技术协会

出版周期： 双月刊

出版国： 南非

地址： PO Box 1633，Kloof 3640，Southern Africa

电话： ＋27－31－764－2494

邮箱： mwtappsa@ iafrica. com

网址： www. tappsa. co. sza

（郭彩云）

国外制浆造纸相关团体与研究机构名录

Foreign Associations and Research Institutions of Paper Industry

韩国纸业协会(KPMA)
Korea Paper Manufactures' Association
505, Sinsa-dong, Gangnam-gu, Seoul, Korea
TEL: +82-2-549-0981
FAX: +82-2-549-0980
E-mail: kpma@paper.or.kr
URL: www.paper.or.kr

韩国制浆造纸工业技术协会(KTAPPI)
Korea Technical Association of the Pulp & Paper Industry
Suite 701, Chungmu Bidg., 7, Yeouidaebang-ro 69 (yuksipgu)-gil, Yeongdeungpo-gu, Seoul, 07333, Korea
TEL: +82-2-786-8620
FAX: +82-2-786-8621
E-mail: ktappi@ktappi.or.kr
URL: www.ktappi.or.kr

菲律宾造纸商协会(PPMAI)
Philippine Paper Manufacturers Association Inc.
2F FMF Bus. Center, 126 Pioneer St., Mandaluyong City, Philippines
TEL: +63-2-703-9124; 405-4069
FAX: +63-2-815-9460
E-mail: philippinepaper@gmail.com

菲律宾制浆造纸技术协会(TAPPI-phils)
Technical Association of the Pulp and Paper Industry of Philippines
c/o Fiber Processing and Utilization Laboratory, Fiber Industry Development Authority, BAI Compound, Visayas Avenue, Diliman, 1104 Quezon City, Philippines
TEL: +63-2-929-1396
FAX: +63-2-920-0427

越南制浆造纸协会(VPPA)
Vietnam Pulp and Paper Association
18C Pham Dinh Ho St., Hai BaTrung District, Ha Noi, Vietnam
TEL: +84-4-3821-0455
FAX: +84-4-9718684
E-mail: vietnampaper@hn.vnn.vn
URL: www.vppa.com.vn

泰国制浆造纸行业协会(TPPIA)
The Thai Pulp and Paper Industries Association
6th Fl, Bldg. 4, 1 Siam Cement Rd., Bangsue, Bangkok, 10800, Thailand
TEL: +66-2-586-4504
FAX: +66-2-586-2999
E-mail: kanungnc@scg.co.th

马来西亚制浆造纸协会
Malaysia Pulp and Paper Manufacturers Association
Bangunan Muda, Lot No. 7 Jln. 51 A/241, Petaling Jaya, Selangor, 46100 Malaysia
TEL: +60-3-77859988
FAX: +60-3-77856888

马来西亚森林研究所(FRIM)
Forest Research Institute Malaysia
Selangor Darul Ehsan, 52109 Kepong, Malaysia
TEL: +60-3-62797000
FAX: +60-3-62731314
E-mail: feedback@frim.gov.my
URL: www.frim.gov.my

印度尼西亚制浆造纸协会
Indonesian Pulp & Paper Association

Jalan, Cimandiri No. 6, Flat 1/2, 10330 Jakaruta, Indonesia

TEL: +62 -21 -31926084

FAX: +62 -21 -3911351

E-mail: ippasec@ indo. net. id

印度纸业生产商协会(IPMA)

Indian Paper Manufacturers Association

PHD House (4th Floor), 4/25 Siri Institutional Area, Opp. Asian Games Village, 110 016 New Delhi, India

TEL: +91 -11 -2651 -8379; 4161 -7188

FAX: +91 -11 -2651 -3415

E-mail: sg@ ipma. co. in; secretariat@ ipma. co. in

URL: www. ipma. co. in

印度制浆造纸技术协会(IPPTA)

Indian Pulp and Paper Technical Association

CPPRI Campus, P. O. Box 47, 247001 Saharanpur, Uttar Pradish, India

TEL: +91 -132 -2714082

FAX: +91 -132 -2714081

E-mail: sg@ ipma. co. in

URL: www. ipptaonline. org

印度中央制浆造纸研究所(CPPRI)

Central Pulp & Paper Research Institute

萨哈兰普尔: 174, Paper Mill Road, Himmat Nagar, Saharanpur-247001, India

TEL: +91 -132 -2714050; 2714061; 2714062; 2714059

FAX: +91 -132 -2714052

E-mail: info@ cppri. org. in; director@ cppri. org. in

新德里: I-10, First Floor, Jungpura B, Near Kargil Park (Bhogal Bus Stand), New Delhi-110014, India

TEL: +91 -11 -24375401/65903444

E-mail: cppri@ yahoo. com; info@ cppri. org. in

URL: www. cppri. org. in

澳大利亚/新西兰制浆造纸技术协会(APPITA)

Technical Association of the Australian and New Zealand Pulp and Paper Industry

澳大利亚: P. O. Box 816, Macleod Vic 3085, Australia

TEL: +61 -3 -9467 -9722

FAX: +61 -3 -9467 -9778

E-mail: admin@ appita. com. au

新西兰: P. O. Box 6042, Whakarewarewa Rotorua, New Zealand

TEL: +64 -7 -350 -2252

FAX: +64 -7 -350 -2253

E-mail: appita. nz@ xtra. co. nz

URL: www. appita. com

澳大利亚林产及造纸工业委员会(A3P)

Australian Plantation Products and Paper Industry Council

29 Torrens Street, Braddon ACT 2612, Australia

TEL: +61 -2 -6273 -8111

FAX: +61 -2 -6273 -8011

E-mail: info@ a3p. asn. au

URL: www. a3p. asn. au

欧洲造纸工业联合会(CEPI)

Confederation of European Paper Industries

250 Avenue Louise, Box 80, B-1050 Brussels, Belgium

TEL: +32 -2 -627 -4911

FAX: +32 -2 -646 -8137

E-mail: mail@ cepi. org

URL: www. cepi. org

欧洲纸板制造工业联合会(FEFCO)

The European Federation of Corrugated Board Manufacturers

Avenue Louise 250, BE-1050 Brussels, Belgium

TEL: +32 -2 -646 -4070

FAX: +32 -2 -646 -6460

E-mail: info@ fefco. org

URL: www. fefco. org

挪威制浆造纸工业技术协会(PTF)

The Technical Association of the Norwegian Pulp and Paper Industry

Essendrops gate 3, 7, etasje, No-0305 Oslo, Norway

TEL: +47 -90 -93 -87 -13

FAX: +47 -23 -08 -78 -99

E-mail: irene. skjefstad. ptf@ treteknisk. no

URL: www. ptf . no

瑞典森林工业协会(Skogs Industrierna)

Swedish Forest Industries Federation

Box 55525, SE-102 04 Stockholm, Sweden

TEL: +46 -8 -762 -72 -60

FAX：+46 - 8 - 611 - 71 - 22
E-mail：info@ forestindustries. se
URL：www. forestindustries. se

瑞典制浆造纸研究所(INNVENTIA AB)

Drottning Kristinasvag 61，SE-11486 Stockholm，Sweden
TEL：+46 - 8 - 676 - 7000
FAX：+46 - 8 - 411 - 5518
E-mail：info. innventia@ ri. se；info@ innventia. com
URL：www. innventia. com

芬兰森林研究所(METLA)

Finnish Forest Research Institute
Jokiniemenkuja 1，Box 18，FI-01301 Vantaa，Finland
TEL：+358 - 10 - 2111
FAX：+358 - 10 - 211 - 2103
E-mail：kirjaamo@ metla. fi
URL：www. metla. fi

芬兰森林工业联合会

Finnish Forest Industries Federation
Snellmaninkatu 13，P. O. Box 336，FI-00171 Helsinki，Finland
TEL：+358 - 9 - 132 - 61
FAX：+358 - 9 - 132 - 4445
E-mail：forest@ forestindustries. fi；
firstname. lastname@ forestindustries. fi
URL：www. forestindustries. fi

芬兰造纸工程师协会(PI)

Finnish Paper Engineers Association
Snellmaninkatu 13，P. O. Box 118，00171 Helsinki，Finland
TEL：+358 - 9 - 132 - 6688
E-mail：info@ papereng. fi
URL：www. papereng. fi

芬兰制浆造纸研究所(KCL)

The Finish Pulp and Paper Research Institute (Oy Keskuslaboratorio-Centrallaboratorium AB)
Tekniikantie 2，02150 Espoo，Finland
TEL：+358 - 20 - 7477 - 100
FAX：+358 - 9 - 464 - 305
E-mail：kcl@ kcl. fi
URL：www. kcl. fi

捷克制浆造纸工业协会(ACPP)

Association of the Czech Pulp and Paper Industry
Litomericka 272，CZ-411 08 Steti，Czech Republic
TEL：+420 - 416 - 803 - 934
FAX：+420 - 416 - 803 - 935
E-mail：acpp@ acpp. cz
URL：www. acpp. cz

比利时制浆造纸工业协会(COBELPA)

Association of the Belgian Pulp，Paper and Boards Industries
Avenue Louise 306 Bte，b-1050 Brussels，Belgium
TEL：+32 - 2646 - 6450
FAX：+32 - 2646 - 8297
E-mail：general@ cobelpa. be
URL：www. cobelpa. be

奥地利造纸工业协会(Austropapier)

The Association of the Austrian Paper Industry
Gumpendorferstr. 6，A-1061 Wien Austria
TEL：+43 - 1 - 58 - 8860
FAX：+43 - 1 - 58 - 886 - 222
E-mail：austropapier@ austropapier. at
URL：www. austropapier. at

奥地利制浆造纸技术研究所(IPZ)

Institute for Paper，Pulp and Fiber Technology
University of Technology Graz，Inffeldgasse 23，A-8010 Graz，Austria
TEL：+43 - 316 - 873 - 30751
FAX：+43 - 316 - 873 - 30752
E-mail：Claudia. Baeumel@ TUGraz. at
URL：www. ipz. tugraz. at

德国制浆造纸协会(VDP)

German Pulp and Paper Association
Adenauerallee 55，Bonn 53113，Germany
TEL：+49 - 228 - 267050
FAX：+49 - 228 - 2670562
E-mail：info@ vdp-online. de
URL：www. vdp-online. de

德国造纸技术研究所(PTS)

The Paper Technology Specialists

Hess-Strasse 134, D-80797 Munich
TEL: +49 -89 -121460
FAX: +49 -89 -1214636
E-mail: info@ ptspaper. de
URL: www. ptspaper. de

英国木浆协会(BWPA)
The British Wood Pulp Association
Penrallt, Copthill Lane, Kingswood, Surrey KT20 6HL, United Kingdom
TEL: +44 -1737 -358444
FAX: +44 -1737 -363069
E-mail: bwpasec@ tiscali. co. uk
URL: www. bwpa. org. uk

英国纸业联合会(CPI)
The Confederation of Paper Industries
1 Rivenhall Road, Swindon, Wiltshire SN5 7BD United Kingdom
TEL: +44 -1793 -889600
FAX: +44 -1793 -878700
E-mail: info. dept@ paper. org. uk; cpi@ paper. org. uk
URL: www. paper. org. uk

英国造纸工业技术协会(PITA)
Paper Industry Technical Association
5 Frecheville Court, Bury Lancashire BL9 0UF, United Kingdom
TEL: +44 -161 -764 -5858
FAX: +44 -161 -764 -5353
E-mail: info@ pita. co. uk
URL: www. pita. co. uk

意大利纸及纸制品行业协会(ASSOCARTA)
Association of Italian Paper, Board and Pulp Production
Bastioni di Porta Volta, 7-20121 Milano, Italy
TEL: +39 -2 -29003018
FAX: +39 -2 -29003396
E-mail: assocarta@ assocarta. it
URL: www. assocarta. it

意大利制浆造纸技术协会(ATICELCA)
Technical Association of the Italian Pulp and Paper Industry
Bastioni di Porta Volta, 7-20121 Milano, Italy
TEL: +39 -2 -29003018
FAX: +39 -2 -29003396
E-mail: assocarta@ assocarta. it
URL: www. assocarta. it

法国造纸工业联盟(COPACEL)
The French Association of Paper Industries (COPACEL)
23-25, rue d'Aumale-75009, Paris, France PARIS
TEL: +33 -153 -89 -2400
FAX: +33 -153 -89 -2401
E-mail: contacts@ copacel. fr
URL: www. copacel. fr/en

法国造纸技术协会(ATIP)
Technical Association of the French Paper Industry
23, rue d'Aumale-75009 Paris, France
TEL: +33 -1 -4562 -1191
FAX: +33 -1 -4563 -5309
E-mail: atip@ wanadoo. fr
URL: www. atip. asso. fr

西班牙制浆造纸协会(ASPAPEL)
Spanish Paper Institute
Association of Spanish Pulp and Paper Manufacturers
Avenida de Baviera, 15, 28028 Madrid, Spain
TEL: +34 -91 -576 -3003
FAX: +34 -91 -577 -4710
E-mail: aspapel@ aspapell. es
URL: www. aspapel. es

西班牙造纸研究所(IPE)
Instituto Papelero Espanol
Avenida de Baviera 15, 28028 Madrid, Spai
TEL: +34 -91 -576 -3003
FAX: +34 -91 -577 -4710
E-mail: ipe@ ipe. es
URL: www. ipe. es

葡萄牙纸和纸板工业协会(ANIPCI)
National Association of Paper and Board Industries
Rua 14, No. 871 P-4500-233 Espinho, Portugal
TEL: +351 -227 -346 -416
FAX: +351 -227 -343 -085
E-mail: geral@ anipc. pt

URL：www. anipc. pt

俄罗斯制浆造纸企业协会(BUMPROM)

Russia Association of Pulp and Paper Organization and Enterprises
3rd krasnoselsky lane 21, str. 1 Rm. 307, 107140 Moscow, Russia
TEL：+7 -495 -651 -9102
FAX：+7 -495 -651 -9340
E-mail：office@ bumprom. ru
URL：www. bumprom. ru

俄罗斯造纸科学研究所(CNIIB)

Central Scientific & Research Institute of Paper
u1. Lenina 15/1, 21460 pos. Pravdinskiy, Pushkinskiy rayon, Moskovskaya Obl. , Russia
TEL：+7 -095 -993 -3623
E-mail：cniib@ pues. ru
URL：www. cniib. ru

美国林业及纸业协会(AF&PA)

American Forest & Paper Association
1111 19th Street, NW Suite 800 Washington, DC 20036, USA
TEL：+1 -202 -463 -2700
FAX：+1 -202 -463 -2785
E-mail：info@ afandpa. org
URL：www. afandpa. org

美国制浆造纸技术协会(TAPPI)

Technical Association of the Pulp and Paper Industry
15 Technology Parkway South, Norcross, GA 30092, USA
TEL：+1 -770 -446 -1400
FAX：+1 -770 -446 -6947
E-mail：dbell@ tappi. org
URL：www. tappi. org

加拿大林产品协会(FPAC)

Forest Products Association of Canada
Suite 410-99 Bank Street, Ottawa, Ontario, Canada, K1P 6B9
TEL：+1 -613 -563 -1441
FAX：+1 -613 -563 -4720
E-mail：ottawa@ fpac. ca
URL：www. fpac. ca

加拿大制浆造纸技术协会(PAPTAC)

Pulp and Paper Technical Association of Canada
740 Notre-Dame West, Suite 1070, Montreal, QC, Canada, H3C 3X6
TEL：+1 -514 -392 -0265
FAX：+1 -514 -392 -0369
E-mail：tech@ paptac. ca
URL：www. paptac. ca

巴西纸浆和纸业协会(BRACELPA)

Brazilian Pulp and Paper Association
RuaOlimpiadas, 66, 9 andar Vila Olimpia, Sao Paulo, CEP 04551-000, Brazil
TEL：+55 -11 -3018 -7800
FAX：+55 -11 -3018 -7813
E-mail：faleconosco@ bracelpa. org. br
URL：www. bracelpa. org. br

巴西制浆造纸技术协会(ABTCP)

Brazilian Pulp and Paper Technical Association
Rua Zequinha de Abreu, 27, Pacaembu, 01250-050-S, Sao Paulo, SP, Brazil
TEL：+55 -11 -3874 -2700
FAX：+55 -11 -3874 -2730
E-mail：abctp@ abctp. org. br
URL：www. abtcp. org. br

巴西制浆造纸研究所(IPT)

Institute for Technological Research, Pulp and Paper
Av. Prof. Almeida Prado, 532 Cid.
Universitaria. 05508-901 Sao Paulo, SP, Brazil
TEL：+55 -11 -3767 -4126
FAX：+55 -11 -3767 -4002
E-mail：sac@ ipt. br
URL：www. ipt. br

智利纤维素与造纸技术协会(ATCP Chile)

Chile or the Technical Association of Cellulose and Paper
janequeo 884 Depto. 402, Concepcion Ⅷ-Region del Biobio Chile
TEL：+56 -41 -288 -8130
FAX：+56 -41 -288 -8133

E-mail：atcpchile@ atcp. cl
URL：www. atcp. cl

阿根廷纸浆、纸张行业协会(AFCP)

Association of Pulp and Paper Manufacturers
Av. Belgrano 2852 (C1209AAN), Buenos Aires, Argenctina
TEL：+54 - 011 - 4931 - 0051
FAX：+54 - 11 - 4931 - 0053
E-mail：afcparg@ afcparg. org. ar
URL：www. afcparg. org. ar

南非造纸行业协会(PAMSA)

Paper Manufacturers Association of South Africa
Corner Austin&Morris Sts. , Woodmead Sandton, Rivonia, 2128 South Africa
TEL：+27 - 11 - 803 - 5063
FAX：+27 - 11 - 803 - 6708
E-mail：jane. molony@ pamsa. co. za
URL：www. pamsa. co. za

南非制浆造纸技术协会(TAPPSA)

Technical Association of the Pulp and Paper Industry of Southern
Africa, 20 Impangele Road, Kloof, 3610 South Africa
TEL：+27 - 31 - 7642494
FAX：+27 - 31 - 7640676
E-mail：mwtappsa@ iafrica. com
URL：www. tappsa. co. za

(郭彩云)

企业名录

ENTERPRISES LIST

国内制浆造纸企业名录
国内造纸机械及其他相关产业名录
国内造纸化学品企业名录

13

国内制浆造纸企业名录

Directory of Domestic Pulping and Papermaking Companies

北 京 市

北京京纸集团有限公司
北京市朝阳区广渠路 39 号院 1 号楼
邮编：100022
电话：010－67043080、67043081
传真：010－67043080
网址：www.bjjzjt.com
产品：利乐包装纸、办公印刷纸

中国纸业投资有限公司
北京市丰台区南四环西路 188 号总部基地 6 区 17 号楼
邮编：100070
电话：010－83673111
传真：010－83673151
网址：www.chinapaper.com.cn
邮箱：admin@chinapaper.com.cn
产品：白卡纸、白纸板、文化用纸、薄型包装纸、特种纸、溶解浆

北京造纸一厂
北京市顺义区空港工业 B 区安庆大街 9 号
邮编：101318
电话：010－80484585
传真：010－80490790
网址：www.sanyipaper.com
邮箱：office@sanyipaper.com
产品：办公用纸、文化用纸、印刷纸

利乐包装(北京)有限公司
北京市亦庄经济技术开发区东环南路 15 号
邮编：100176
电话：010－67887117
网址：www.tetrapak.com
产品：液体复合包装材料(利乐包装纸)

维达北方纸业(北京)有限公司
北京市平谷区航宇街 16 号
邮编：101200
电话：010－69932777
网址：www.vinda.com
产品：生活用纸

永丰余家纸(北京)有限公司
北京市平谷区马坊工业区东区 1 号
邮编：101204
电话：010－60999688
传真：010－60999686
网址：www.yfycpg.com
产品：生活用纸

北京坤隆纸业有限公司
北京市房山区韩村河镇西南章村
邮编：102406
电话：010－61320196
传真：010－61320058
产品：涂布白纸板

北京市鑫宏鹏纸业有限公司
北京市房山区周口店镇瓦井
邮编：102452
电话：010－69309918
传真：010－61397195
邮箱：bjsxhpzy@163.com
产品：精制牛皮纸、纸袋纸、复合纸

北京爱华中兴纸业有限公司
北京市海淀区西三旗东路
邮编：100096
电话：010－82929866、82918325
传真：010－82927452
网址：www.yipianyun.com
邮箱：yipianyun@yipianyun.com
产品：生活用纸

北京倍舒特妇幼用品有限公司
北京市密云县经济开发区远光街 1 号
邮编：101500
电话：010－69061748、84721230(营销中心)
网址：www.bjbest.com.cn
产品：女性卫生用品、婴幼儿纸尿裤、湿巾

天 津 市

玖龙纸业(天津)有限公司
天津市宁河县经济开发区五纬路
邮编：301500
电话：022－59326666
传真：022－59329148
网址：www.ndpaper.com
邮箱：info_tj@ndpaper.com
产品：高档包装纸

天津造纸厂有限公司
天津市津南区双鑫工业园发港南路 29 号

邮编：300350
电话：022－88823020/022
产品：瓦楞原纸、热敏纸、复印纸

天津广聚源纸业有限公司
天津市津南区咸水沽海河工业园福鑫路 16 号
邮编：300021
电话：022－88510939
传真：022－88823029
网址：www. gjyzy. cn
邮箱：tjgjyzy@ 163. com
产品：高强瓦楞原纸

天津市中钞纸业有限公司
天津市西青经济开发区兴华道 38 号
邮编：300381
电话：022－23960572
网址：www. tjzczy. com. cn
邮箱：zhchpaper@ vip. sina. com
产品：防伪证券纸、防伪水印纸、安全线纸

天津市韩东纸业有限公司
天津市北辰区北辰科技园景顺路 12 号
邮编：300402
电话：022－26735940
产品：生活用纸

天津津滨造纸有限公司
天津市河东区津塘路 178 号
邮编：300300
电话：022－84393208
传真：022－84397060
网址：www. tjjbpaper. com
产品：复印纸、铜版纸

天津市宝坻区发达造纸有限公司
天津市宝坻区黑狼口工业区
邮编：301822
电话：022－82489065
传真：022－82488988
邮箱：fdzaozhi@ 126. com
产品：高强瓦楞原纸

天津广大纸业有限公司
天津市北辰区红光农场工业园
邮编：300401
电话：022－26952860
产品：心电图纸、脑电图纸、胎儿监护记录纸

天津弗西比纸业有限公司
天津市津南区八里台工业园南区禄纬道 1 号
邮编：300353
电话：022－88814868
网址：www. wastepaper. com
邮箱：fcb@ wastepaper. net
产品：废纸、空白报纸、白卡纸、卫生纸、牛卡纸

河　北　省

石家庄市

元氏县金鹏纸业有限责任公司
河北省元氏县嘉惠街南段
邮编：051130
电话：0311－84623867
传真：0311－84623867
网址：www. jpzy. cn
邮箱：jpzy@ jpzy. cn
产品：高强瓦楞原纸

河北华泰纸业有限公司
河北省赵县石塔西路工业一街
邮编：051530
电话：0311－84955555－217
邮箱：jejaa@ 163. com
产品：高档彩色新闻纸

河北吉藁化纤有限责任公司
河北省石家庄市藁城区东宁路 2 号
邮编：052160
电话：0311－88042886、88041472
传真：0311－88048224、88158418
网址：www. jghx. cn
邮箱：jghx@ jghx. cn
产品：棉浆粕、纤维浆粕

石家庄市顺发纸业有限公司
河北省石家庄市鹿泉区曲寨工业园
邮编：050200
电话：0311－82295524
传真：0311－82296144
邮箱：quzhaizhiye@ 163. com
产品：箱纸板

石家庄大章纸业有限公司
河北省石家庄市藁城区南董镇南大章工业园区
邮编：052161

电话：0311－88061031
传真：0311－88469867
产品：双灰纸板、全灰纸板、高光纸板

石家庄辰泰滤纸有限公司
河北省晋州市马于镇后彭头开发区
邮编：052260
电话：0311－84455123
传真：0311－84359900
邮箱：376434659@qq.com
产品：空气滤纸、机油滤纸、空调专用滤纸、各种化工滤纸

河北辛集市宏业滤纸有限公司
河北省辛集市路南街15号
邮编：052300
电话：0311－83263083、15032102029
传真：0311－83263083
产品：滤纸、墙纸、壁纸、工业用纸

河北阿木森滤纸有限公司
河北省辛集市安定大街东段辛集工业区
邮编：052360
电话：0311－83312259
传真：0311－83312269
邮箱：ams@amslz.com
产品：阻燃纸、特种滤纸、定量滤纸、汽车滤纸

唐山市

河北永新纸业有限公司
河北省唐山市滦南县城关西马路88号
邮编：063500
电话：0315－5708150
传真：0315－4123486
邮箱：wenzuozhi@163.com
产品：牛皮箱纸板、高强瓦楞原纸、涂布白纸板

唐山融丰特种纸业有限公司
河北省唐山市路南区文化南北街88号
邮编：063001
电话：0315－7063258、7063208
传真：0315－2860340
产品：防伪纸、水松原纸、铝箔衬纸、滤嘴棒成型纸

唐山国泰纸业有限公司
河北省唐山市丰润区银城道中国动车城内
邮编：064000
电话：0315－7760089、7760096
传真：0315－7760088、7760051
邮箱：tsguotaizhiye@163.com
产品：涂布白纸板、高强瓦楞原纸、白牛皮纸

国昌天宇集团有限公司
河北省唐山市玉田县杨家套乡李官屯村西北
邮编：064102
电话：0315－7679900
传真：0315－7679901
网址：www.gtpaper.cn
产品：包装纸

河北昌泰纸业有限公司
河北省唐山市玉田县杨家套乡李官屯村北
邮编：064102
电话：0315－7679914
传真：0315－7679900
产品：石膏板护面纸、低定量瓦楞原纸

秦皇岛市

秦皇岛金茂源纸业有限公司
河北省秦皇岛市抚宁区留守营镇保安庄村
邮编：066301
电话：0335－7977778
产品：高档涂布白纸板

秦皇岛市前韩纸业有限公司
河北省秦皇岛市抚宁区留守营镇前韩家林村
邮编：066301
电话：0335－6468196
传真：0335－6468196
邮箱：qhzy.88@163.com
产品：涂布白纸板、箱纸板、瓦楞原纸

邢台市

河北东大特种纸业有限公司
河北省邢台市柏乡县西汪工业区
邮编：055000
电话：0319－7716269、13603398909
传真：0319－7716269
产品：钢纸、钢纸原纸、绝缘纸、电缆纸、干电池基纸、皱纹纸

邯郸市

汉青国际纸业有限公司
河北省邯郸市经济开发区北仓路与世纪大街交叉口汉

青工业园
邮编：056017
电话：0310 – 6039696
传真：0310 – 8058282
网址：www. hanqingpaper. com
邮箱：hqzy@ hanqingpaper. com
产品：复印纸、打印纸、热敏纸、印刷纸

保定市

保定钞票纸业有限公司
河北省保定市盛兴西路 98 号
邮编：071071
电话：0312 – 3176416
传真：0312 – 3178167
网址：www. bdcz. cbpm. cn
产品：钞票纸、罗纹水印纸、彩色双胶纸

保定市三联纸业有限公司
河北省保定市新市区江城乡大汲店村
邮编：071000
电话：0312 – 3218136
传真：0312 – 3250899
网址：www. bdslzy. com
邮箱：bdslzy@ 126. com
产品：牛皮箱纸板、瓦楞原纸

保定市华融纸厂
河北省保定市新市区南章村东
邮编：071000
电话：0312 – 3173094
传真：0312 – 3173094
网址：www. bdhrzc. com
邮箱：010203_happy@ 163. com
产品：乳胶纸、静电原板纸、水彩画纸、素描纸、标签纸、沟槽纸等特种纸

保定市东升卫生用品有限公司
河北省保定市满城区大册营造纸工业园区
邮编：072151
电话：0312 – 5578886、5578889、5578887
传真：0312 – 5572790
网址：www. dshpaper. com. cn
邮箱：mail@ dshpaper. com. cn
产品：高档生活用纸

保定市港兴纸业有限公司
河北省保定市满城区大册营造纸工业园区
邮编：072150
电话：0312 – 7021908
传真：0312 – 7021728
产品：卫生纸、纸巾纸、湿纸巾、卫生巾、盘纸、轴纸

保定市江城造纸厂
河北省保定市天威路
邮编：072150
电话：0312 – 3204686
传真：0312 – 3250182
产品：箱纸板、包装纸

保定市新市区天华纸制品厂
河北省保定市新市区尹家庄村
邮编：071051
电话：0312 – 3192458
传真：0312 – 3192458
产品：螺旋纸管、复合纸板

保定市兴冀特种纸业有限责任公司
河北省保定市利民街 600 号
邮编：071000
电话：0312 – 2113318、2110518
传真：0312 – 2116666
邮箱：rex800@ tom. com
产品：A 等晒图原纸、1 号制图纸、图画纸、水彩画纸、高档全木浆生活用纸

河北义厚成日用品有限公司
河北省满城区建业路 333 号
邮编：072150
电话：0312 – 5576900
传真：0312 – 5576655
产品：妇婴卫生用品

保定市满城永兴纸业有限公司
河北省保定市满城区造纸工业园区
邮编：072150
电话：0312 – 7021019
传真：0312 – 7022288
产品：卫生纸

保定市满城金光纸业有限公司
河北省保定市满城区大册营镇方上村
邮编：072150
电话：0312 – 7021707
传真：0312 – 7021899
邮箱：maowangpaper@ 126. com

产品：生活用纸

河北省保定市东方造纸有限公司
河北省保定市徐水县巨力路
邮编：072550
电话：0312－8698215
传真：0312－8698212
产品：高强瓦楞原纸、低定量瓦楞原纸、隔热膜原纸、双胶纸、数码相纸、生活用纸

河北小人国纸业有限公司
河北省保定市建国路968号
邮编：071000
电话：0312－2177998
传真：0312－2173636
网址：www. hbxiaorenguo. com
邮箱：xrgzhiye@163. com
产品：生活用纸、湿巾

满城县恒达纸业有限公司
河北省保定市满城区北外环胡町村南
邮编：072150
电话：0312－7068999
传真：0312－7068858
产品：箱纸板、灰纸板、双灰纸板、牛皮箱纸板、厚灰纸板、涂布原纸

保定华康纸业有限公司
河北省保定市满城区满城镇城东村
邮编：072150
电话：0312－7074774
传真：0312－7065101
网址：www. huakangzhiye. com
邮箱：huakangzhiye@sina. cn
产品：灰纸板、茶纸板、瓦楞原纸、生活用纸

涿州市东立纸业有限责任公司
河北省涿州市刁窝镇塔照村南
邮编：072750
电话：0312－3750268、3752299
产品：石膏板护面纸板

河北雪松纸业有限公司
河北省保定市满城区大册营造纸工业园区
邮编：072150
电话：0312－7021606、7027008、7027007
传真：0312－7020869
网址：www. hbxuesong. cn
邮箱：xuesonghb@126. com
产品：卫生纸、餐巾纸、面巾纸、卫生巾

保定市中信纸业有限公司
河北省保定市满城区大册营镇
邮编：072150
电话：0312－7021807、7131212
手机：13933267755
传真：0312－7022988
网址：www. zhongxinpaper. com
邮箱：zx@zhongxinpaper. com
产品：卫生纸

河北亚光纸业有限公司
河北省保定市满城区造纸工业区
邮编：072150
电话：0312－7021008
传真：0312－7021609、7026609
邮箱：yaguangpaper@163. com
产品：生活用纸

河北大发纸业有限公司
河北省保定市容城县容城镇东牛村大发大街1号
邮编：071700
电话：0312－5692818、5692828
传真：0312－5692838
网址：www. dafapaper. com
邮箱：dafapaper@163. com
产品：机制纸及纸板、加工纸

徐水县前进纸业有限公司
河北省保定市徐水县遂城镇栗元庄
邮编：072557
电话：0312－8903975、7021904
产品：卫生纸

河北顺达纸业有限公司
河北省保定市顺平县汽车站西两公里
邮编：072250
电话：0312－7628050
传真：0312－7628050
产品：高光防水彩喷相纸、普通高光彩喷相纸、RC高光防水相纸、育果袋纸

张家口市

张家口市华鑫纸业有限公司
河北省张家口市桥东区姚家庄村

邮编：075000
电话：0313－4085359
产品：卫生纸

沧州市

青县恒伟纸业有限公司
河北省沧州市青县流河镇南辛房村
邮编：062650
电话：0317－4171141
产品：箱纸板、瓦楞原纸

泊头市龙达纸业有限责任公司
河北省泊头市开发区
邮编：062150
电话：0317－8318556
传真：0317－8318655
产品：高强瓦楞原纸

沧州临港资通纸业有限公司
河北省沧州市临港经济技术开发区
邮编：061108
电话：0317－5483108
产品：本色草浆、木浆

任丘市星火纸业集团有限公司
河北省任丘市新中驿乡张施村
邮编：062556
电话：0317－3326999
产品：胶印书刊纸、瓦楞原纸

廊坊市

中轻特种纤维材料有限公司
河北省廊坊市开发区紫杉路 50 号
邮编：065001
电话：0316－2575530
传真：0316－2575609
网址：www. sinolightpaper. com
邮箱：ifzq22163@ 163. com
产品：超薄型电容器纸、厚纸板、吸尘器纸袋纸、化纤壁纸、育果袋纸、烟用滤纸等

衡水市

安平金城滤纸有限公司
河北省衡水市安平县徐疃工业区
邮编：053600
电话：0318－7660566、7660888
传真：0318－7616233
产品：三滤滤纸

衡水国威滤纸有限公司
河北省衡水市安平县工业园东区纬二路北侧
邮编：053600
电话：0318－7882007
传真：0318－7515918
产品：木浆滤纸、空气滤纸、燃油滤纸、阻燃滤纸、水滤滤纸

山　西　省

太原市

太原家盛纸业有限公司
山西省太原市晋源区晋祠镇王郭村
邮编：030050
电话：0351－6985356
产品：高强瓦楞原纸

太原市晋源区吉兴造纸厂
山西省太原市晋源区姚村镇西邵村
邮编：030050
电话：13209821268
产品：高强瓦楞原纸、箱纸板

太原玉盛源能源发展有限公司
山西省太原市清徐县清源镇小北村旧 307 国道旁
邮编：030400
电话：0351－5709366
传真：0351－5722001
网址：www. tyysy. com
邮箱：taiyuanyushengyuan@ 163. com
产品：防火阻燃类纸板

晋中市

山西强伟纸业有限公司
山西省晋中市寿阳县朝阳镇半月村
邮编：045400
电话：0354－3909710
传真：0354－3909710
网址：www. qwpaper. com
邮箱：info@ qwpaper. com
产品：石膏板护面纸

运城市

山西合盛工贸有限公司造纸分公司
山西省运城市稷山县汾河桥西
邮编：043200
电话：0359－5562768
传真：0359－5562768
邮箱：jywzm@163.com
jywzm1788@yahoo.com.cn
产品：单面书写纸、胶版纸

山西运城市瑞马纸业有限公司
山西省运城市夏县朱吕村
邮编：043000
电话：0359－8948188
传真：0357－3016118－8002
产品：机制纸

临汾市

临汾新晋达纸业有限公司
山西省临汾市解放东路
邮编：041000
电话：0357－3016118、3016141
传真：0357－3016118－8002
产品：箱纸板、瓦楞原纸、再生新闻纸

襄汾县宏峰林纸有限公司
山西省临汾市襄汾县邓庄镇
邮编：041503
电话：0357－3690259
产品：邮封纸、拷贝纸

山西华达纸业有限公司
山西省临汾市襄汾县邓庄镇
邮编：041503
电话：0357－3699066
产品：邮封纸

吕梁市

山西则天浆纸有限公司
山西省吕梁市文水县胡兰镇胡兰村
邮编：032100
电话：0358－3449706
传真：0358－3081701
产品：瓦楞原纸、纸浆

内蒙古自治区

呼和浩特市

内蒙古荣信纸业有限公司
内蒙古自治区呼和浩特市土默特左旗毕克齐镇杨家堡村
邮编：010100
电话：0471－8213033
传真：0471－8213033
产品：高强瓦楞原纸

内蒙古天浩纸业有限公司
内蒙古自治区呼和浩特市金川开发区南区金2路东
邮编：010010
电话：0471－2370016
传真：0471－2370016
产品：高档箱纸板

呼伦贝尔市

内蒙古大兴安岭浆纸有限责任公司
内蒙古自治区扎兰屯市富伦街33号
邮编：162650
电话：0470－3396509
传真：0470－3302447
邮箱：zltlzr@sina.com
产品：木浆、纸袋纸、精制牛皮纸、复合原纸

辽宁省

沈阳市

玖龙纸业（沈阳）有限公司
辽宁省沈阳市新民市东城街工业园区
邮编：110300
电话：024－31782611/88999
传真：024－31782630
产品：牛卡纸

沈阳久九纸板有限公司
辽宁省沈阳市铁西新区卫工街北二中路39号
邮编：110000
电话：024－25847459
传真：024－25848459
网址：www.syjjzb.com
邮箱：wanghuaijun@sina.com

产品：纸板、瓦楞原纸

沈阳市宝洁纸业有限责任公司
辽宁省沈阳市和平区长白西街 68 号
邮编：110000
电话：024 – 23738811
传真：024 – 23736599
网址：www. baojiezhiye. cn
邮箱：846192331@ qq. com
产品：生活用纸、成人护理系列

沈阳市长城过滤纸板有限公司
辽宁省沈阳市皇姑区鸭绿江北街 45 号
邮编：110032
电话：024 – 86616852
传真：024 – 86671668
网址：www. cclz. com. cn
邮箱：cclz8462@ sina. com
产品：过滤纸板、滤纸

沈阳思特雷斯纸业有限责任公司
辽宁省沈阳市经济技术开发区十三号路六甲二号
邮编：110027
电话：024 – 89303888
传真：024 – 89303866
网址：www. stls. cn
邮箱：systlszy@ 163. com
yjsu1997@ 126. com
产品：金属板带衬纸、不锈钢垫纸、金属板衬纸、玻璃衬垫用纸、医用包装纸、防锈包装纸

沈阳市沙金纸业有限责任公司
辽宁省沈阳市大东区莲花街 11 号
邮编：110042
电话：024 – 24239280
传真：024 – 24239280
邮箱：sjzy@ 21cn. com
产品：书刊纸、造纸脱水器材

辽宁尚阳纸业有限公司
辽宁省沈阳市大东区东贸路 1 号 5 – 2 号楼
辽宁省铁岭市清河工业园区（厂址）
邮编：112000
电话：024 – 31810270
网址：www. lnsyzy. com
邮箱：zuolp8888@ 163. com
产品：生活用纸原纸、卷纸、手帕纸、面巾纸、抽取式卫生纸

大连市

大连吉丽纸业有限公司
辽宁省大连市经济技术开发区辽宁街 27 号
邮编：116000
电话：0411 – 87511908
传真：0411 – 87511438
网址：www. propitious. hk
邮箱：wangli@ propitious. hk
产品：工业擦拭纸、擦拭纸、吸油棉、擦拭布、无尘布、无尘纸

瓦房店大森纸业有限公司
辽宁省大连市瓦房店市轴承产业园区中拥塞纳城西北 200 米
邮编：116300
电话：0411 – 85646227
传真：0411 – 85665369
网址：www. dldszy. com
邮箱：dasen@ dldszy. com
产品：纸管、螺旋纸管

大连中诚纸业有限公司
辽宁省大连市金州区大魏家镇王家村
邮编：116110
电话：0411 – 87897288
传真：0411 – 87897555
邮箱：dlhgbz@ 126. com
产品：箱纸板、瓦楞原纸

大连金洋纸业有限公司
辽宁省大连市金州新区中长街道中长村
邮编：116110
电话：0411 – 87814748
产品：高档箱纸板、高强瓦楞原纸

鞍山市

维达纸业（辽宁）有限公司
辽宁省鞍山市千山区红旗南街 15 号
邮编：114011
电话：0412 – 8772558
传真：0412 – 8772528
网址：www. vindapaper. com
邮箱：sun. ql@ vinda. com
产品：高中档卫生卷纸、纸巾纸、盒装面巾纸、软包抽取式面巾纸、餐巾纸

抚顺市

抚顺矿业集团琥珀纸业有限公司
辽宁省抚顺市望花区古城子路 4 号
邮编：113001
电话：024－52595858
传真：024－52595858
网址：www. hpzy. com. cn
www. hupozy. com
邮箱：hanbiao2009@ 163. com
产品：生活用纸、箱纸板

本溪市

本溪尚琳纸业有限公司
辽宁省本溪市明山区程家街 78 栋 1 层 3 号
邮编：117000
电话：024－44841067
传真：024－44841067
网址：www. shanglinzhiye. com
产品：高档卫生纸

丹东市

辽宁铭笙纸业有限公司
辽宁省东港市前阳经济开发区
邮编：118301
电话：0415－7816888、7816666
传真：0415－7816669、7816611
产品：高强瓦楞原纸、黄纸板

丹东市新华纸业有限公司
辽宁省东港市前阳开发区安阳大街 1－68 号
邮编：118301
电话：0415－6677377
传真：0415－6677377
产品：瓦楞原纸、覆膜皱纹包装纸、型材包装纸

锦州市

锦州宝地纸业有限公司
辽宁省锦州市凌海市金城街
邮编：121203
电话：0416－8350111、8350222
传真：0416－8350333
网站：www. jinchengpaper. com
邮箱：jinquandisc@ 163. com
产品：胶印书刊纸、双胶纸、书写纸

营口市

营口特种纸业有限公司
辽宁省营口市西市区辽河里 75 号
邮编：115003
电话：0417－2638628
产品：氧化锌版纸、再湿胶带纸、浆层纸、复合纸

辽阳市

辽阳赛伦工业纸板有限公司
辽宁省辽阳市太子河区建设路 21 号
邮编：111000
电话：0419－3306969
邮箱：liaoyangsai@ 163. com
产品：绝缘纸板、进口木浆

辽阳博隆纸业有限公司
辽宁省辽阳市太子河区望水台委道西庄街道
邮编：111000
电话：0419－3306115
传真：0419－3301581
邮箱：lnblzy@ lnblzy. com
产品：餐巾纸原纸、生活用纸、工艺品编织用纸、马桶圈纸

辽阳嘉丰纸业有限公司
辽宁省辽阳市刘二堡经济开发区
邮编：111212
电话：0419－7166958
传真：0419－7167118
邮箱：jiafengzhiye@ 163. com
产品：瓦楞原纸

盘锦市

辽宁振兴生态造纸有限公司
辽宁省盘锦市盘山县东郭造纸工业园区
邮编：124112
电话：0427－6577000
传真：0427－6577088
网址：www. zxstjt. com
邮箱：lnstzyxzb@ 126. com
产品：文化用纸、浆板

铁岭市

辽宁省开原荣信纸业有限公司
辽宁省开原市新城街后石东村

邮编：112300
电话：004－73617698
传真：024－73617398
网址：www. rxzy. net
产品：打印纸、单胶纸、双胶纸、办公用纸、复印纸、纸品原材料

辽宁兴东纸业有限公司
辽宁省开原市八宝镇大湾村造纸工业园区
邮编：112322
电话：024－73672222
传真：024－73900168
网址：www. lnxdzy. com
产品：牛皮箱纸板、纱管纸

朝阳市

朝阳纸板总厂
辽宁省朝阳市北环路 8 号
邮编：122000
电话：0421－2814799
传真：0421－2805675
产品：包装纸板、涂布白纸板、瓦楞原纸

朝阳华晟纸业有限公司
辽宁省朝阳市双塔区朝阳大街一段 21 号
邮编：122000
电话：0421－2720324
传真：0421－2720961
产品：印刷纸

吉 林 省

白城市

吉林省华金纸业有限公司
吉林省白城市铁东区纸厂街 8 号
邮编：137000
电话：0434－3274600
产品：印刷纸、书写纸、静电复印纸、票据纸

白山市

白山市琦祥纸业有限公司
吉林省白山市八道江区东兴街长白路 49 号
邮编：134300
电话：0439－3389008
传真：0439－3389000
产品：瓦楞原纸、箱纸板

黑龙江省

佳木斯市

佳木斯龙江福浆纸有限公司
黑龙江省佳木斯市光复路 306 号
邮编：154005
电话：0454－6066887
传真：0454－6066860
邮箱：wxyjz@ 163. com
产品：精制白牛皮纸、伸性纸袋纸、本色木浆

黑龙江省佳木斯东方纸业有限公司
黑龙江省佳木斯市建国街 5 号
邮编：154005
电话：0454－8390368
传真：0454－8387461
邮箱：309290259@ qq. com
产品：打印纸、图画纸、白牛皮纸

佳木斯纸业集团有限公司
黑龙江省哈尔滨市香坊区衡山路 18 号 B 座 9 层
邮编：158000
电话：0451－82351620
传真：0451－82352489
邮箱：lzw3966@ 163. com
zwh8098@ 163. com
产品：工业包装纸、纸袋纸、水泥包装袋纸、防锈原纸、染色牛皮卡纸

牡丹江市

牡丹江恒丰纸业集团有限责任公司
黑龙江省牡丹江市阳明区恒丰路 11 号
邮编：157013
电话：0453－6331111、6886000、6886500
传真：0453－6331063、6886868
网址：www. hengfengpaper. com
邮箱：gsb@ hengfengpaper. com
产品：铜版纸、卷烟纸、铝箔衬纸、滤嘴棒纸、水松原纸、无碳复写原纸

牡丹江市三都特种纸业有限公司
黑龙江省牡丹江市爱民区大庆街 19 号
邮编：157009
电话：0453－6899237

传真：0453－6899237
产品：卫生纸、纸巾纸、擦拭纸

海林市柴河林海纸业有限公司
黑龙江省海林市柴河镇铁东路 2 号
邮编：157131
电话：0453－7528590
传真：0453－7528390
邮箱：lhzyxsb@ 163. com
产品：箱纸板、高强瓦楞原纸

上 海 市

上海中隆纸业有限公司
上海市浦东康桥工业区秀浦路 489 号
邮编：201315
电话：021－58129798
传真：021－58128986
网址：www. shclc. com. cn
产品：高档牛皮箱纸板、高强瓦楞原纸

金奉源纸业(上海)有限公司
上海市奉贤县星火开发区莲塘路 251 号
邮编：201419
电话：021－57505588
传真：021－57501100
网址：www. jfy-paper. com
邮箱：jfy-paper@ app. com. cn
产品：高档食品卡纸

上海嘉龙纸业有限公司
上海市金山区金张公路 5207 号
邮编：201517
电话：021－57371450、57371707
传真：021－57371305
网址：www. jialongzy. com
邮箱：jialong00001@ 163. com
产品：瓦楞原纸、阻燃纸、纸浆

上海同孚纸制品厂
上海市崇明区港沿中路 588 号
邮编：202158
电话：021－59461824
传真：021－59461268
邮箱：sh-tongfu@ citiz. net
产品：纸浆模塑制品

上海金佰利纸业有限公司
上海市福州路 666 号金陵海欣大厦 10 楼
邮编：201600
电话：021－37813030、61327755
传真：021－37813030
网址：www. kimberly-clark. com. cn
产品：高档生活用纸

上海新江南纸业有限公司
上海市武宁路 1500 号南楼 408 室
邮编：200061
电话：021－62543871
传真：021－62543871
邮箱：xinjiangnan2006@ 126. com
产品：防伪邮票纸

上海乐凯纸业有限公司
上海市普陀区常和路 308 号
邮编：200331
电话：021－62848733、62059984
传真：021－63639043、62845219
网址：www. shanghaizhiye. luckyfilm. com. cn
产品：高档彩色相纸

上海力德纸业有限公司
上海市沪青平公路 6098 号
邮编：201713
电话：021－59230220
传真：021－59230221
网址：www. leadpaper. com
邮箱：lead@ leadpaper. com
产品：透析纸、氧化锌印版纸、心电图纸

长谊特种纸(上海)有限公司
上海市宝山城市工业园区丰翔路 1369 号
邮编：200436
电话：021－36160789、62113737
传真：021－36160787、62113232
网址：www. cypnet. com. cn
产品：特种纸

骏源新材料(上海)有限公司
上海市青浦工业园区汇联路 1739 号
邮编：201707
电话：021－59706666
传真：021－59706688
网址：www. sinjunyuan. com
邮箱：webmaster@ sinjunyuan. com

产品：特种纸、耐磨纸

上海三五纸厂有限公司
上海市青浦区练塘镇朱枫公路 688 弄 2 号
邮编：201715
电话：021－59251102、59251121
产品：热敏纸、电火花纸

上海合和纸业有限公司
上海市青浦区华新镇宝丰西路 888 号
邮编：201708
电话：021－59798680、59798808
传真：021－59798812、59798660
网址：www. shhehepaper. com
邮箱：hehezhiye@ 163. com
产品：牛皮纸、加工纸

阿波制纸(上海)有限公司
上海市奉贤区星火开发区莲塘路 355 号
邮编：201419
电话：021－57505800
传真：021－57505805
邮箱：hdh@ aws. net. cn
产品：过滤纸

上海虹灵－迪茨根纸业有限公司
上海市闵行区中春路 6889 弄 3 号
邮编：201101
电话：021－64061122
传真：021－54881149
产品：晒图纸

上海全兴纸业有限公司
上海市银都西路 215 号
邮编：201612
电话：021－57684318
传真：021－56784318
产品：晒图纸

上海亚傲纸业有限公司
上海市闵行区梅陇镇金都路 1515 号
邮编：201108
电话：021－64341587
传真：021－64341587
产品：晒图纸

上海国峰纸业有限公司
上海市南汇区老港化工工业园区同强路
邮编：201302
电话：021－58053886
传真：021－58055656
产品：邮票原纸、晒图原纸

上海繁锦纸业有限公司
上海市南汇区祝桥东海盐朝北路 8 号 209 室
邮编：201325
电话：021－68265628
传真：021－62473126
产品：晒图纸

金光纸业(中国)投资有限公司
上海市长宁区娄山关路 533 号金虹桥国际中心 II 座 30 层
邮编：200051
电话：021－22838888
网址：www. app. com. cn
产品：漂白硫酸盐桉木浆、印刷纸、包装纸、生活用纸

上海殷泰纸业有限公司
上海市蕴川路盛桥工业小区
邮编：200942
电话：021－56649708
传真：021－56646488
产品：彩色胶印新闻纸

上海开伦造纸印刷集团有限公司
上海市奉贤区莲塘路 251 号
邮编：200050
电话：021－62400224、62104040
传真：021－62401113
网址：www. kai-lun. com
邮箱：kailun@ kai-lun. com
产品：静电复印纸、瓦楞原纸、牛皮箱纸板、折叠涂布白纸板、单面涂布白纸板、茶纸板

上海基隆腊光纸有限公司
上海松江区佘山镇天马新宅路 600 号
邮编：201603
电话：021－57662899、57663729
传真：021－57663729
网址：www. shjl-lgz. com
邮箱：tianmaxue@ sina. com
产品：各色蜡光纸

江 苏 省

南京市

南京经纬纸业有限公司
江苏省南京市江宁开发区九竹路 98 号
邮编：211100
电话：025 - 52106598
传真：025 - 52100881
网址：www. jwpaper. com
产品：纸杯纸、碗面纸、冰淇淋纸

南京瑞达纸业有限公司
江苏省南京市丰富路石榴园 330 号
邮编：210000
电话：025 - 84209796
传真：025 - 84213096
网址：www. njrdzy. com
产品：联单、热敏纸、气相防锈纸、防锈纸

南京天府纸业有限公司
江苏省南京市秦淮区龙蟠中路 536 号
邮编：210000
电话：025 - 84587466、84614407
传真：025 - 84587466
网址：www. tfpaper. com
邮箱：304157937@ qq. com
产品：书写纸、双胶纸

无锡市

无锡双龙信息纸有限公司
江苏省无锡市太湖国家旅游度假区 5 号碧波支路 3 号
邮编：214092
电话：0510 - 85996606、85996848
传真：0510 - 85995909
网址：www. slpz. com
邮箱：slpz@ sohu. com
产品：电脑打印纸、静电复印纸、票据纸、传真纸

无锡荣成环保科技有限公司
江苏省无锡市惠山区洛社镇中兴西路 43 号
邮编：214187
电话：0510 - 83316666
传真：0510 - 83311826
网址：www. longchenpaper. com
产品：牛皮纸板、瓦楞原纸、瓦楞纸板、瓦楞纸箱

无锡侨颂特种纸有限公司
江苏省无锡市滨湖区碧波支路 11 号
邮编：214092
电话：0510 - 85990528
传真：0510 - 85997742
产品：无碳复写纸

无锡锡山恒丰纸业有限公司
江苏省无锡市锡山区东亭镇杨亭村
邮编：214102
电话：0510 - 88260560
传真：0510 - 88261049
网址：www. wxhfzy. com
邮箱：wxhfzy@ 126. com
产品：纸箱、瓦楞原纸

无锡市锡山华盛纸业有限公司
江苏省无锡市东亭二泉东路赛维拉包装市场西
邮编：214000
电话：0510 - 88259207
传真：0510 - 88251877
网址：www. wxhszy. com
产品：铜版纸、双胶纸、白底白卡纸、白底白纸板、白底灰纸板、高档白卡纸和轻涂纸

无锡市齐力纸业有限公司
江苏省无锡市新世界国际印刷包装产业交易中心 B - 32 号
邮编：214000
电话：0510 - 88231801
传真：0510 - 88083459
网址：www. qilizhiye. com
邮箱：qilizhiye@ 126. com
产品：包装纸、印刷纸、特种纸

无锡市天昱纸业有限公司
江苏省无锡市惠山经济开发区城塘路 18 号
邮编：214177
电话：0510 - 83766599
传真：0510 - 83761808
网址：www. wxstyzy. com
邮箱：2274739357@ qq. com
产品：淋膜口杯纸、碗面纸、餐盒纸、牛皮包装纸、白卡纸、双胶纸、化工包装纸、食品包装纸和各种防潮防水用纸

无锡市三元纸业有限公司
江苏省无锡市新区长江路 8 号

邮编：214028
电话：0510－85225388、85225088、85215127、85217491
传真：0510－85225699
网址：www. wxsyzy. com
邮箱：168163510@ qq. com
产品：双胶纸、铜版纸、轻涂纸、优光铜版纸、无碳压感原纸、牛皮纸

无锡泰极纸业有限公司
江苏省无锡市锡山经济开发区团结大道春雨路
邮编：214101
电话：0510－88262053、88266679
传真：0510－88261990
网址：www. wxtjpaper. com
邮箱：sales@ wxtjpaper. com
产品：化纤纸管、氨纶纸管、工业丝纸管、蜂窝板

无锡市越丰纸业有限公司
江苏省无锡市江海西路(312 国道)红星段
邮编：214037
电话：0510－83071988、83072988、83070988
传真：0510－83075576
网址：www. yfpaper. com
邮箱：yf-paper@ 163. com
产品：无碳复写纸、无碳复写纸用微胶囊、电脑打印纸

无锡市江海信息纸业有限公司
江苏省无锡市新区锡达路 580 号 3 号楼
邮编：214112
电话：0510－85626099、85627393
传真：0510－85627699
网址：www. jianghaipaper. com
邮箱：jhzy163@ 163. com
产品：无碳复写票证纸、记录纸、静电复印纸、传真纸、不干胶贴纸

无锡西瑞玛纸业有限公司
江苏省无锡市扬名高新技术产业园 B 区 076 号
邮编：214024
电话：0510－85418959、85418969
传真：0510－85418979
网址：www. sunrise-paper. com
　　　www. diamondpaper. cn
邮箱：info@ sunrise-paper. com
产品：描图纸、绘图纸、草图纸、彩激纸、工程复印纸和设计蓝图纸

江阴比图特种纸板有限公司
江苏省江阴市长泾镇经济开发区兴隆路 2 号
邮编：214411
电话：0510－86305989、86301263
传真：0510－86302212
网址：www. chinabesto. com
邮箱：xuyulian@ chinabesto. com
　　　jybesto@ chinabesto. com
　　　patrick_ besto@ hotmail. com
产品：中底纸板、快巴纸板

江阴美源实业有限公司
江苏省江阴市梅园路 91 号
邮编：214400
电话：0510－86890068、86877625、86891508
传真：0510－86877610、86891721
网址：www. meiyuan. com
邮箱：sales@ meiyuan. com
产品：涂布纸

江阴永丰余造纸有限公司
江苏省江阴市通江南路 258 号
邮编：214433
电话：0510－86114181、86105973
传真：0510－86118748
网址：www. yfy. com
产品：涂布白纸板

无锡市江南纸业有限公司
江苏省宜兴市官林镇
邮编：214251
电话：0510－87206896
传真：0510－87200108
产品：瓦楞原纸、茶纸板

江阴新浩再循环纸业有限公司
江苏省江阴市南外环路 665 号
邮编：214433
电话：0510－68826000、68822228、68821804
传真：0510－86111319、86101863
网址：www. china-haoran. com
　　　www. xinhaopaper. com
邮箱：sales@ xinhaopaper. com
　　　yy-sunflower@ live. cn
产品：白纸板、废纸浆

无锡市一正纸业有限公司
江苏省宜兴市丁蜀镇陶瓷工业园

邮编：214200
电话：0510－88566366、80383311
传真：0510－88567366
网址：www.wxyizheng.com
邮箱：jinjie6366@163.com
产品：卷筒卫生纸、面巾纸、餐巾纸、卫生纸、成人纸尿片、成人纸尿裤

宜兴市苏南纸业有限公司
江苏省宜兴市张渚镇渚钢路 18 号
邮编：214231
电话：0510－87318286
传真：0510－87301375
产品：箱纸板、瓦楞原纸

宜兴市华法纸业有限公司
江苏省宜兴市经济开发区
邮编：214200
电话：0510－87125536、87125502、87121276
传真：0510－87121839
网址：www.yxhfzy.com
邮箱：sales@yxhfzy.com
产品：箱纸板、瓦楞原纸

江苏湟里纸业有限公司
江苏省江阴市璜土镇工业园
邮编：214117
电话：0510－86652218
传真：0510－86652208
网址：www.hlpaper.cn
产品：箱纸板

徐州市

江苏星光纸业有限公司
江苏省徐州市铜山区刘集镇工业园区
邮编：21000
电话：0516－85197688
传真：0516－85197687
产品：瓦楞原纸、耐磨纸、装饰纸

常州市

常州市五环纸业有限公司
江苏省常州市戚墅堰劳动东路 308 号
邮编：213011
电话：0519－88771206、88771258
传真：0519－88772494、88771258
网址：www.wuhuan-cn.cn
邮箱：fivering@wuhuan-cn.cn
产品：高强瓦楞原纸、牛皮箱纸板、茶纸板、防潮纸、包装纸、牛皮纸、条纹牛皮纸

溧阳市阳光纸业有限公司
江苏省溧阳市平陵西路 180 号
邮编：213300
电话：0519－87101328
产品：纱管纸、瓦楞原纸、箱纸板、茶纸板、白纸板

苏州市

金华盛纸业（苏州工业园区）有限公司
江苏省苏州工业园区胜浦镇金胜路 2 号
邮编：215126
电话：0512－62832118、62836666、62832600
传真：0512－62815491
网址：www.goldhs.com.cn
邮箱：webmaster_ghs@app.com.cn
产品：无碳复写纸、热敏纸、双胶纸、铜版卡纸

金红叶纸业集团有限公司
江苏省苏州工业园区胜浦分区金胜路 1 号
邮编：215126
电话：0512－62810228
传真：0512－62818276
网址：www.ghy.com.cn
邮箱：customer_service@chy.com.cn
产品：卷筒卫生纸、盒装面纸、纸杯、纸巾

江苏理文造纸有限公司
江苏省常熟市经济技术开发区沿江工业园理文路
邮编：215536
电话：0512－52698888、52653333
传真：0512－52653688
网址：www.leemanpaper.com
产品：BSKP、BHKP、牛皮箱纸板、瓦楞原纸

芬欧汇川（中国）有限公司
江苏省常熟市沿江经济开发区兴业路 2 号
邮编：215536
电话：0512－52651818
传真：0512－52652173
网址：www.upm.com
邮箱：upm.asia@upm.com
产品：办公用纸、印刷纸

亚龙纸制品(昆山)有限公司
江苏省昆山市新南西路 369 号
邮编：215300
电话：0512－57536988
传真：0512－57538395
网址：www.yalongpaper.com
产品：办公用纸、纸袋、美术用纸、高光相纸

苏州新业造纸有限公司
江苏省吴江市梅堰镇工业开发一区
邮编：215225
电话：0512－63681399、63688102
传真：0512－63680888
网址：www.sz-xinye.com
邮箱：service@sz-xinye.com
产品：过滤纸

永丰余纸业(昆山)有限公司
江苏省昆山市城北镇永丰余路
邮编：215316
电话：0512－53212041、57179678
网址：www.yfy.com
产品：生活用纸、高档纸板

耐斯特纸业(昆山)有限公司
江苏省昆山市周市镇优比路 358 号
邮编：215314
电话：0512－57628333、57629081、57629088
传真：0512－57629088
网址：www.nicetekpaper.com.cn
邮箱：sales@nicetekpaper.com.cn
产品：白卡纸、黑卡纸、彩卡纸、珠光纸、荧光纸、背胶纸、彩色包装纸

利乐包装(昆山)有限公司
江苏省昆山市开发区顺帆南路 108 号
邮编：215301
电话：0512－57703148
传真：0512－57717729
网址：www.tetrapak.com
产品：包装纸、包装袋

昆山钞票纸业有限公司
江苏省昆山市震川东路 1188 号
邮编：215301
电话：0512－57703333
传真：0512－57702033
网址：www.kscz.cbpm.cn
产品：钞票纸、艺术纸、防伪纸

江苏荣成环保科技股份有限公司
江苏省昆山市陆家镇金阳东路 33 号
邮编：215331
电话：0512－57876688－111
传真：0512－57878080
网址：www.longchenpaper.com
产品：箱纸板、瓦楞原纸

王子制纸妮飘(苏州)有限公司
江苏省苏州市苏州新区金山路 98 号
邮编：215300
电话：0512－68258526
传真：0512－68259395
网址：www.nepia.com.cn
邮箱：nepiamk@nepia.com.cn
产品：生活用纸

苏州红光纸业有限公司
江苏省苏州市苏福公路
邮编：215009
电话：0512－68202971
传真：0512－68202971
产品：纸板

苏州名冠纸业有限公司
江苏省吴江市梅堰镇北路 168 号
邮编：215200
电话：0512－63682788
传真：0512－63682788
邮箱：su_crown@sina.com
产品：工业滤纸、食用油滤纸、汽车滤纸

玖龙纸业(太仓)有限公司
江苏省太仓市港口开发区玖龙路 1 号
邮编：215009
电话：0512－53703888
传真：0512－53703751、53703800
网址：www.ndpaper.com
邮箱：info_tc@ndpaper.com
产品：纸板

常熟第三造纸厂有限公司
江苏省常熟市梅李镇赵市
邮编：215518
电话：0512－52388089
传真：0512－52381190

产品：箱纸板、瓦楞原纸

苏州胜宏纸业有限公司
江苏省太仓市沙溪镇河南街 84 号
邮编：215421
电话：0512－53212041
传真：0512－53212041
产品：箱纸板、瓦楞原纸

国一制纸(张家港)有限公司
江苏省张家港市凤凰镇韩国工业园
邮编：215614
电话：0512－58423721
传真：0512－58421207
网址：www. kookilpaper. com
邮箱：maeter@ kookilpaper. com
产品：胶版纸、静电复印纸、不锈钢衬纸、纸杯原纸、无尘原纸、离型原纸、装饰原纸

张家港市华兴纸业有限公司
江苏省张家港市锦丰镇经济开发区东区郁家桥东首
邮编：250000
电话：0512－58951518
传真：0512－58951555
网址：www. jshuaji. com
产品：箱纸板、瓦楞原纸

张家港市华申纸业有限公司
江苏省张家港市后塍镇袁家桥
邮编：215631
电话：0512－58771241
传真：0512－58785231
产品：箱纸板、瓦楞原纸

南通市

南通造纸厂
江苏省南通市唐闸北市街 63 号
邮编：226002
电话：0513－85544167
传真：0512－53703800
产品：牛皮箱纸板、高强瓦楞原纸

江苏王子制纸有限公司
江苏省南通市经济技术开发区通达路 18 号
邮编：226017
电话：0513－85996555
传真：0513－85996382
网址：www. ojipaper. cn
产品：文化用纸

淮安市

江苏金莲纸业有限公司
江苏省金湖县建设东路 89 号
邮编：211600
电话：0517－86882961
传真：0517－86892515、86882875
网址：www. jlian. com
邮箱：jhzzc@ pub. hy. jsinfo. net
产品：生活用纸

江苏嘉德纸业有限公司
江苏省洪泽县工业园区东二道 5 号
邮编：223100
电话：0517－87801336
传真：0517－87801339
邮箱：zhuyuanlu@ 163. com
产品：包装纸

盐城市

胜达集团江苏双灯纸业有限公司
江苏省射阳县黄沙港镇双灯工业园
邮编：224341
电话：0515－82263415、82263555
传真：0515－82263999
网址：www. chinasund. com
产品：生活用纸、女性卫生用品

江苏美灯纸业有限公司
江苏省滨海县城南丁字港船闸西 300 米
邮编：224500
电话：0515－4101662、84100565
产品：生活用纸

江苏博汇纸业有限公司
江苏省盐城市大丰港石化产业园
邮编：224100
电话：0515－83287878
产品：高档包装纸

江苏京环隆亨纸业有限公司
江苏省盐城市响水县陈家港镇沿海经济开发区
邮编：224600
电话：0515－68870115

传真：0515 – 82076356
网址：www. longhornwin. com. cn
邮箱：ganjiping@ 163. com
产品：涂布白纸板

扬州市

永丰余造纸（扬州）有限公司
江苏省扬州市春江路 168 号
邮编：225131
电话：0514 – 7529888 – 2601
产品：高强瓦楞原纸、牛皮纸

高邮市卫星卷烟材料有限公司
江苏省高邮市海潮东路 8 号
邮编：225600
电话：0514 – 84631158
传真：0514 – 84631158、84061050
产品：复合铝箔纸、烫金水松纸

镇江市

江苏长丰造纸有限公司
江苏省丹阳市后巷镇
邮编：212312
电话：0511 – 86326666、86323088
传真：0511 – 86326006、86326600
网址：www. cfpaper. com
邮箱：ygz@ cfpaper. com
产品：高强瓦楞原纸

金东纸业（江苏）股份有限公司
江苏省镇江市大港兴港东路 8 号
邮编：212132
电话：0511 – 88998888、800 – 8283768
传真：0511 – 88997000
网址 www. goldeastpaper. com. cn
产品：铜版纸、双面胶版纸、静电复印纸、画刊纸、低定量涂布纸、杂志纸、喷铝专用纸、铜版卡纸

镇江大东纸业有限公司
江苏省镇江市镇江新区大港东方路 8 号
邮编：212132
电话：0511 – 88820202
传真：0511 – 88820201
网址：www. zjddzy. com
邮箱：dadong@ zjddzy. com
产品：税务发票专用纸、文化用纸、工业配套用纸、食品包装纸、餐盒用纸、防伪纸

镇江市京口纸业有限责任公司
江苏省镇江市九里街宗泽路 3 号
邮编：212008
电话：0511 – 85988902
传真：0511 – 88805606、88807606
产品：玻璃卡纸、白卡纸、铜版纸、纸杯纸

泰州市

泰州魏德曼高压绝缘有限公司
江苏省泰州市海阳路 40 号
邮编：225300
电话：0523 – 86566972
传真：0523 – 86560610
网址：www. weidmann. com. cn
邮箱：michael. xu@ weidmann. com. hk
xuluping@ weidmann. com. cn
产品：绝缘纸板、绝缘成型件

泰州劲松纸业有限公司
江苏省泰州市海阳路 52 号
邮编：225300
电话：0523 – 82848683
产品：新闻纸、高压电缆纸、电力电缆纸、晒图纸、离型纸、透析纸

浙　江　省

杭州市

杭州金泰纸业有限公司
浙江省富阳市春江街道建设村
邮编：311421
电话：0571 – 63583095
传真：0571 – 63582088
产品：涂布白纸板

杭州华胜纸业有限公司
浙江省富阳市春江工业区江南路 69 号
邮编：311421
电话：0571 – 63583157
传真：0571 – 63587098、63581717
网址：www. hzhspaper. com
产品：双面涂布白纸板、纱管纸、工艺纸板、灰纸板、厚纸板

杭州富春江宣纸有限公司
浙江省富阳市大源镇新关方家地 1 号
邮编：311414
电话：0571－63543079
传真：0571－63543518
产品：宣纸

杭州富阳亨通纸业有限公司
浙江省富阳市东州街道红旗村
邮编：311401
电话：0571－63465918
传真：0571－63465888
产品：涂布白纸板、白卡纸

杭州富阳汇泰纸业有限公司
浙江省富阳市春江工业园区华共村
邮编：311421
电话：0571－63580973
传真：0571－63580972
产品：白纸板

杭州富阳万马纸业有限公司
浙江省富阳市春江街道新建村
邮编：311421
电话：0571－63587913
产品：涂布白卡纸

杭州富阳康楠纸业有限公司
浙江省富阳市春江街道建华村
邮编：311421
电话：0571－23210111、23202260
传真：0571－23022279
网址：www. kangnan. net
产品：高档灰底白纸板、白底白纸板

浙江万信纸业有限公司
浙江省富阳市春江造纸工业园区
邮编：311421
电话：0571－63587561
传真：0571－63587870
网址：www. wxpaper. com
邮箱：xmq@ wxpaper. com
传真：涂布白纸板

浙江富阳华天纸业有限公司
浙江省富阳市春江造纸工业园区
邮编：311421
电话：0571－63581808、63584818
传真：0571－63150123
网址：www. huatianpaper. com
邮箱：huatianpaper@ 163. com
产品：涂布白纸板

浙江永正控股有限公司
浙江省富阳市春江造纸功能区
邮编：311413
电话：0571－63583521
传真：0571－63581426
产品：涂布白纸板、扑克牌纸、防伪纸

富阳中富纸业有限公司
浙江省富阳市场口镇桥头路 5 号
邮编：311411
电话：0571－63571116
产品：半透明纸、防油纸、医用包装纸、果袋纸

杭州富阳中南纸业有限公司
浙江省富阳市春江街道民主村
邮编：311421
电话：0571－63159969、63159977
传真：0571－63159911
产品：涂布白纸板、扑克牌纸、白卡纸

杭州板桥纸业有限公司
浙江省富阳市春江街道八一工业区
邮编：311401
电话：0571－63585686
传真：0571－63582058
产品：涂布白纸板

杭州富阳大华造纸有限公司
浙江省富阳市灵桥镇江丰村
邮编：311418
电话：0571－63555098
产品：卫生纸

杭州华丰纸业有限公司
浙江省杭州市拱墅区和睦路 555 号
邮编：310011
电话：0571－88091424
传真：0571－88091536
网址：www. hfpaper. com
邮箱：sales@ hfpaper. com
产品：卷烟纸、滤嘴棒纸、牛皮箱纸板、复印纸、贴花面纸、铝箔衬纸、拷贝纸、电话簿纸

浙江正大纸业集团有限公司
浙江省富阳市春联工业区 1 号
邮编：311421
电话：0571－63583878
传真：0571－63583838
产品：涂布白纸板

杭州新华纸业有限公司
浙江省杭州市桐庐县春江东路 1518 号
邮编：310500
电话：0571－88075514、69817688、88803319
传真：0571－88074838、69812345
网址：www. xinhuapaper. com
邮箱：webmaster@ xinhuapaper. com
产品：打字蜡纸、滤纸、茶叶袋纸

杭州新兴纸业有限公司
浙江省富阳市大源镇新关村
邮编：311414
电话：0571－63543299、58836104
传真：0571－63543147
网址：www. xinxing. cn
邮箱：xinxing@ xinxingpaper. cn
产品：各种中高档薄型包装纸

临安市青山纸业有限公司
浙江省临安经济开发区南环路 168 号
邮编：311305
电话：0571－63783698、63783628
传真：0571－63781525
网址：www. ladqspaper. com
邮箱：bgs@ laqspaper. com
bcl@ laqspaper. com
产品：牛皮纸、白牛皮纸、钢纸原纸、胶带原纸、不干胶衬纸、涂塑纸

浙江远大纸业有限公司
浙江省富阳市春江工业园区
邮编：311421
电话：0571－63586969
传真：0571－63586969
网址：www. ydpaper. cn
邮箱：yuandapaper_china@ 126. com
产品：涂布白纸板

浙江永泰纸业集团股份有限公司
浙江省富阳市春江街道造纸功能区
邮编：311421
电话：0571－63583521、63587935
传真：0571－63583055、63581426
网址：www. yongtaipaper. com
产品：涂布白纸板、白卡纸、扑克牌纸、防伪纸

浙江万众纸业有限公司
浙江省富阳市春江街道山建村
邮编：311421
电话：0571－63580926
传真：0571－63580988
产品：涂布白纸板

杭州特种纸业有限公司
浙江省富阳市鹿山街道上里工业区
邮编：311407
电话：0571－63488222、63488158、63488821
传真：0571－63488497
网址：www. special－paper. com
邮箱：newstar@ newstarpaper. cn
产品：化学分析滤纸、汽车滤纸、钢纸

浙江东方纸业有限公司
浙江省杭州市艮山西路 182 号
邮编：310004
电话：0571－86096056、86095438
总机：0571－86090161
传真：0571－86944972
网址：www. eastpaper. cn
产品：纸浆

浙江金东纸业有限公司
浙江省富阳市灵桥造纸工业园区
邮编：311418
电话：0571－63558799、63525888、63558733
传真：0571－63552789、63558969
网址：www. zjjdpaper. com
邮箱：jindongpaper@ 163. com
产品：单面涂布灰底白纸板

浙江三星纸业股份有限公司
浙江省富阳市春江街道山建工业区
邮编：311421
电话：0571－63153833（销售）、63580990、63153892（办公室）
传真：0571－63581003
网址：www. zjsxpaper. com
邮箱：zjsxpaper@ fy. hz. zj. cn
产品：涂布白纸板、双面涂布白纸板、扑克牌纸

浙江涌金纸业有限公司
浙江省富阳市春江街道临江区
邮编：311421
电话：0571－63151202、0571－63151288
传真：0571－63151222
网址：www. zjyjpaper. com
邮箱：yj@ zjyjpaper. com
产品：高档涂布白纸板

杭州众力纸业有限公司
浙江省杭州市拱墅区上塘街道储鑫路 17－1 号 501 室
邮编：310015
电话：0571－88259111
产品：文化用纸、办公用纸

浙江万邦浆纸集团有限公司
浙江省杭州市庆春路 11 号凯旋门商业中心 21 楼
邮编：310009
电话：0571－87218800
传真：0571－87218822
网址：www. welbon. com
产品：纸浆、特种纸

杭州盛源纸业有限公司
浙江省杭州市绍兴路 290 号
邮编：311000
电话：0571－81826201
传真：0571－85381639
网址：www. whsyzp. com
产品：各种花纹纸、平板金银卡纸、艺术纸、珠光纸

杭州华锦特种纸有限公司
浙江省杭州市临安青山湖街道滨河北路 18 号
邮编：311300
电话：0571－63757385
传真：0571－63757936
网址：www. hzhj. cxswzx. com
产品：新闻纸、书籍用纸

杭州华旺纸业集团有限公司
浙江省临安经济开发区滨河北路 18 号
邮编：311305
电话：0571－63750043
传真：0571－61077680
邮箱：hw@ hwpaper. net
产品：新闻纸、装饰纸

杭州富桥纸业有限公司
浙江省富阳市渌渚镇百前村百丈 26 号
邮编：311400
电话：0571－63296908
传真：0571－63296918
邮箱：312080750@ qq. com
产品：淋膜原纸、口杯原纸

富阳恒富特种纸业有限公司
浙江省富阳市春江街道春联工业园 3 号
邮编：311421
电话：0571－63587198
传真：0571－63587737
网址：www. hengfuzy. com
邮箱：yaming28@ 126. com
产品：转移印花原纸、复合原纸、装饰原纸、特种包装纸

浙江高阳纸业有限公司
浙江省富阳市春江街道工业区东区块
邮编：311421
电话：0571－63153808
传真：0571－63150598
网址：www. zjgyzy. com
产品：A 级单面灰底涂布白纸板、A 级双面涂布白纸板

富阳明盛纸业有限公司
浙江省富阳市春江街道江南路 25 号
邮编：311421
电话：0571－63587983
产品：印花纸、离型纸原纸、平衡纸、壁纸原纸、滤纸原纸

浙江春胜控股集团有限公司
浙江省富阳市春江街道造纸工业园江南路 68 号
邮编：311421
电话：0571－63582288
传真：0571－63582288
网址：www. hzcspaper. com
邮箱：326232839@ qq. com
产品：白纸板

浙江上游纸业有限公司
浙江省富阳市春江街道春联村
邮编：311421
电话：0571－63583118、63587378
传真：0571－63583111

网址：www. zjshangyou. com
邮箱：webmaster@ zjshangyou. com
产品：涂布白纸板

杭州科博纸业有限责任公司
浙江省桐庐县经济开发区求实路 117 号
邮编：311500
电话：0571 – 64609887、64219333
传真：0571 – 64609887
网址：www. hzkbpaper. com
邮箱：hhbhz@ 163. com
产品：茶叶滤纸、咖啡滤纸、高透气度滤棒成型纸、热封型干燥剂包装纸、口罩纸

宁波市

宁波中华纸业有限公司
浙江省宁波市海曙区段塘丁家街 108 号
邮编：315012
电话：0574 – 87464811 – 3006
传真：0574 – 87493450
网址：www. zhonghua-paper. com
邮箱：infor@ mail. zhonghua-paper. com
产品：白纸板、铜版纸、白卡纸、扑克牌纸

宁波亚洲浆纸业有限公司
浙江省宁波市北仑区小港青峙工业区宏源路 88 号
邮编：315012
电话：0574 – 86989888、86989123
传真：0574 – 86989898
网址：www. nbasia. com. cn
产品：单面涂布白底白纸板、白卡纸、双面涂布环保铜版卡纸、蓝芯扑克牌纸

宁波牡牛集团有限公司
浙江省宁波市鄞州区姜山镇周韩村
邮编：315915
电话：0574 – 88464815、88463725、88464807、88464811
传真：0574 – 88465016、88463725
网址：www. muniupaper. com
邮箱：muniu@ pack. net. cn
产品：高强瓦楞原纸、箱纸板、涂布白纸板

宁波三 A 集团有限公司
浙江省慈溪市周巷镇环城东
邮编：315324
电话：0574 – 63301978、63330727
传真：0574 – 63301978、63301888
网址：www. aaa-poker. cn
邮箱：poker@ aaa-poker. cn
产品：扑克牌纸、玻璃卡纸、铜版纸、不干胶纸、高光泽金银纸

宁波市东腾纸业有限公司
浙江省宁海县茶院乡庙岭村
邮编：315000
电话：0574 – 65125999
传真：0574 – 65126156
产品：高强瓦楞原纸

宁波宁兴纸业有限公司
浙江省宁波市宁海科技园区环保城西
邮编：315000
电话：0574 – 65395996、13706841083
传真：0574 – 65395888
产品：高强瓦楞原纸、包装纸

宁波鸿运纸业有限公司
浙江省宁波市望春工业园区云林中路 168 号
邮编：315177
电话：0574 – 88156808
传真：0574 – 88156860
产品：食品防油纸、食品涂蜡纸原纸、半透明纸、防黏烘烤纸

温州市

瑞安市玉海特种纸业有限公司
浙江省瑞安市汀田镇工业园区
邮编：325200
电话：0577 – 65103878
传真：0577 – 65103878
邮箱：lizuolin1962@ hotmail. com
产品：印花纸、纱管原纸、绝缘纸

温州新意特种纸业有限公司
浙江省温州市滨海园区三道 4222 号
邮编：325025
电话：0577 – 55560918
传真：0577 – 55562085
网址：www. wzxinfeng. com
邮箱：1095260485@ qq. com
产品：格拉辛离型纸、CCK 离型纸、半透明纸、包装纸

嘉兴市

浙江景兴纸业股份有限公司
浙江省平湖市曹桥街道
邮编：314214
电话：0573－85966228、85966256
传真：0573－85966983
网址：www.zjjxjt.com
邮箱：jxtjl5@163.com
产品：牛皮箱纸板、高强瓦楞原纸、纱管原纸

民丰特种纸股份有限公司
浙江省嘉兴市角里街 70 号
邮编：314099
电话：0573－82839051
网址：www.minfenggroup.com
邮箱：wujianming@mfspchina.net
产品：卷烟纸、工业配套用纸、描图纸

嘉兴市丰莱桑达贝纸业有限公司
浙江省嘉兴市角里街吴泾桥堍
邮编：314000
电话：0573－82820459
传真：0573－82820134
邮箱：liuhaining@mfspchina.net
产品：高档离型原纸、彩色喷墨纸、格拉辛纸、奶面纸、无碳复写纸、环保型防黏纸、热敏纸

浙江民丰罗伯特纸业有限公司
浙江省嘉兴市角里街 70 号
邮编：314000
电话：0573－82814766－805
传真：0573－82819766
产品：卷烟纸、特种纸

浙江本科特水松纸有限公司
浙江省嘉兴市南湖工业园(大桥)
邮编：314006
电话：0573－83286342
产品：水松纸

浙江荣晟环保纸业股份有限公司
浙江省平湖经济开发区
邮编：314213
电话：0573－89173322
传真：0573－85986598
网址：www.rszy.com
产品：牛皮箱纸板、瓦楞原纸

浙江丰舟特种纸有限公司
浙江省嘉兴市南湖区凤桥镇工业园区
邮编：314007
电话：0573－83181738、139573344682
传真：0573－83181738
产品：包装纸、医药包装纸

浙江吉安纸容器有限公司
浙江省海盐县大桥经济开发区海港大道 2099 号
邮编：314304
电话：0573－86861625
传真：0573－86861625
邮箱：2952795798@qq.com
产品：高档牛卡纸、轻量涂布白面牛卡纸、高强瓦楞原纸、砂管纸

浙江海利纸业股份有限公司
浙江省海盐县经济开发区新城村
邮编：314305
电话：0573－86856130
邮箱：hzx@zjhaili.cn
产品：牛皮箱纸板

嘉兴大洋纸业股份有限公司
浙江省海盐县沈荡镇林家浜 1 号
邮编：314311
电话：0573－86722998
邮箱：chenjianming001@126.com
产品：牛皮箱纸板、高强瓦楞原纸

海盐县华联纸业有限责任公司
浙江省海盐县沈荡镇大桥东堍
邮编：3114311
电话：0573－86587122、13511309648
传真：0573－86766492
邮箱：Longyousheng2006@163.com
123456789@qq.com
产品：箱纸板、牛皮纸

绍兴市

嵊州市宇丰纸业有限公司
浙江省嵊州市仙岩镇西鲍村
邮编：312400
电话：0575－83151888
产品：高强瓦楞原纸、砂管纸

金华市

浙江兰天纸业有限公司
浙江省金华市浦江县浦江工业园区
邮编：322205
电话：0579－84293535
传真：0579－84293399
产品：灰纸板、白纸板

衢州市

浙江恒达新材料股份有限公司
浙江省衢州市龙游县湖镇工业园区大明路 8 号
邮编：324401
电话：0570－7061199、7061686、7061111
传真：0570－7061234
网址：www. hengdapaper. com
邮箱：hd@ hengdapaper. com
391852323@ qq. com
产品：接装原纸、卷烟辅料配套用纸、医用包装原纸、装饰原纸、工业技术配套用纸

浙江天天虹特种纸业有限公司
浙江省衢州市龙游县城北开发区金星大道 33 号
邮编：324400
电话：0570－7258891、7258386
传真：0570－7258908
网址：www. tthpaper. com
邮箱：yjq@ tthpaper. com
产品：黑卡纸、彩卡纸、彩色书写纸

浙江金龙纸业有限公司
浙江省衢州市龙游县湖镇镇沙田湖工业区
邮编：324401
电话：0570－7036518
传真：0570－7035455
网址：www. jinlongpaper. cn
邮箱：mail@ jinlongpaper. cn
产品：白面牛卡纸、箱纸板、瓦楞原纸、纱管纸、厚灰纸板

仙鹤股份有限公司
浙江省衢州市沈家经济开发区
邮编：324022
电话：0570－2833055、8500999
传真：0570－2931631
网址：www. xianhepaper. com
邮箱：zjxianhe@ xianhepaper. com. cn
产品：烟用配套用纸、裱潢装饰用纸、薄型印刷纸、食品包装纸、医用包装纸、标签离型纸等

浙江夏王纸业有限公司
浙江省衢州市天湖南路 20 号
邮编：324022
电话：0570－8768600/621
传真：0570－8468777
网址：www. kingdecor. cn
邮箱：jin. wang@ kingdecor. cn
产品：印刷纸、素色纸

江山华盛纸业制造有限公司
浙江省江山市贺村十里牌
邮编：324109
电话：0570－4550085
传真：0570－4550085
产品：瓦楞原纸、牛皮纸板、纸袋纸、半透明纸

浙江晶鑫特种纸业有限公司
浙江省衢州市衢江区沈家经济开发区天湖西路 3 号南山路 66 号
邮编：324000
电话：0570－2831088
产品：美纹纸

浙江莱勒克纸业有限公司
浙江省衢州市沈家经济开发区春苑中路
邮编：324000
电话：0570－8520666、8520669
传真：0570－8520660
网址：www. zjlillac. com
邮箱：lilac@ zjlillac. com
产品：电解电容器纸

衢州双熊猫纸业有限公司
浙江省衢州黄坛口
邮编：324005
电话：0570－3621120
产品：特种纸、木浆纸、脱墨浆纸

浙江鑫丰特种纸业股份有限公司
浙江省衢州市衢江区经济开发区南山路 68 号
邮编：324022
电话：0570－2933322
传真：0570－2933322
网址：www. xinfengpaper. com

邮箱：510113951@ qq. com
产品：育果袋纸、美纹纸

浙江金昌特种纸股份有限公司
浙江省龙游工业园区金星大道 37 号
邮编：324400
电话：0570 - 7563509、7566665
传真：0570 - 7566675
网址：www. jinchangzj. 1688. com
邮箱：402625276@ qq. com
产品：壁纸原纸、白牛皮纸、转印纸等

浙江佳维康特种纸有限公司
浙江省衢州市龙游县工业园区金星大道 88 号
邮编：324400
电话：0570 - 7289999
传真：0570 - 7289999
网址：www. zjjwk. com
邮箱：569097797@ qq. com
产品：食品、医疗包装原纸、手术衣原纸、转印原纸、耐水标签原纸、喷铝原纸、信息记录原纸

浙江美鑫特种纸有限公司
浙江省衢州市东港五路 12 号
邮编：324400
电话：0570 - 8888177
传真：0570 - 8882997
网址：www. zjkjingwin. com
邮箱：fangjj@ zjmeixin. net
产品：热转印纸、特种纸

浙江圣丰纸业有限公司
浙江省衢州市龙游县工业园区北斗大道 37 号
邮编：324400
电话：0570 - 7551002
传真：0570 - 7551555
邮箱：814884992@ qq. com
产品：晒图原纸、壁纸原纸、高档食品包装纸

浙江海景纸业有限公司
浙江省衢州市龙游县工业园区金星大道 32 号
邮编：324400
电话：0570 - 7858899
传真：0570 - 7858871
网址：www. zjhjzy. com
邮箱：zj@ zjhizy. com
产品：壁纸原纸

龙游塔恩纸业有限公司
浙江省衢州市龙游县龙兰路 151 号
邮编：324400
电话：0570 - 7835580
传真：0570 - 7835211
邮箱：zhuopeng. ni@ tanngroup. com
产品：水松纸

衢州市东大特种纸有限公司
浙江省衢州市衢江区天湖西路 1 号
邮编：324022
电话：0570 - 2831966
传真：0570 - 2831966
网址：www. qudongda. com
邮箱：631335772@ 163. com
产品：食品包装原纸、热转移印花原纸

艾科赛仑有限公司
浙江省衢州市衢江市临湖北路 18 号
邮编：324000
电话：0570 - 3666873
传真：0570 - 8885298
网址：www. zgaksl. com
邮箱：Zjb2@ zjaksl. com
产品：医用、食品、烟用等特种纸

浙江天耀纸业有限公司
浙江省衢州市龙游县工业园区金星大道 36 号
邮编：324400
电话：0570 - 7258812
传真：0570 - 7258812
产品：花纹纸

浙江大盛新材料股份有限公司
浙江省衢州市龙游县工业园区金星大道 82 号
邮编：324400
电话：0570 - 7331329
传真：0570 - 7330999
网址：www. zjds-paper. com
邮箱：jzw@ zjds-paper
产品：高档装饰原纸

浙江琅素实业有限公司
浙江省衢州市衢江区天湖南路 66 号
邮编：324000
电话：0570 - 8877899
传真：0570 - 3377888
网址：www. luxss. com

邮箱：1317466798@ qq. com
产品：高档壁纸

浙江龙游辰港宣纸有限公司
浙江省衢州市龙游县灵江园区祥云路 17 号
邮编：324400
电话：0570 – 7251826
传真：0570 – 7251827
产品：宣纸

浙江凯伦特纸业有限公司
浙江省衢州市龙游县工业园区金星大道 86 号
邮编：324400
电话：0570 – 7029116
传真：0570 – 7029818
网址：www. krentpaper. com
邮箱：postmaster@ krentpaper. com
产品：高档白卡纸、口杯原纸

阿尔诺维根斯（衢州）有限公司
浙江省衢州市东港工业园区四路 9 号
邮编：324022
电话：0570 – 3832616
传真：0570 – 3832828
网址：www. arjowiggins. com
邮箱：qin. yao@ arjowiggins. com
产品：创意纸、技术用纸

浙江新亚伦纸业有限公司
浙江省衢州市龙游县工业园区同舟路 48 号
邮编：324400
电话：0570 – 7181601
传真：0570 – 7181616
网址：www. zjxylzy. com
邮箱：603853573@ qq. com
产品：食品包装原纸、离型原纸、壁纸原纸、烟用接装原纸、医用包装原纸、转移印花原纸

浙江罗贝壁纸有限公司
浙江省衢州市龙游县工业园区北斗大道 81 号
邮编：324400
电话：0570 – 7380188
网址：www. lobel. com
邮箱：lobel@ lobel. cn
产品：壁纸

维达纸业（浙江）有限公司
浙江省衢州市龙游县工业园区凤坤路 9 号
邮编：324000
电话：0570 – 7788968
传真：0570 – 7788968
邮箱：yang. zf@ vinda. com
产品：纸巾纸、面巾纸、餐巾纸、卫生纸

浙江五星纸业有限公司
浙江省衢州市东港四路 1 号
邮编：324000
电话：0570 – 8566059
传真：0570 – 3838208
网址：www. fivestarpaper. com
邮箱：Fan. yang@ fivestarpaper. com
产品：包装纸、口杯原纸、淋膜原纸、晒图原纸、壁纸原纸

衢州五洲特种纸业有限公司
浙江省衢州市衢江区经济开发区通波北路 1 号
邮编：324000
电话：0570 – 8877311
产品：高档描图纸、格拉辛纸、装饰原纸、晒图原纸

浙江常林纸业有限公司
浙江省常山县生态园区
邮编：324200
电话：0570 – 5125529
传真：0570 – 5125811
邮箱：649497670@ qq. com
产品：特种装饰纸板、多功能彩色纸板、功能性牛皮纸板

浙江华凯纸业有限公司
浙江省衢州市东港开发区东港五路 2 号
邮编：324000
电话：0570 – 8882826
传真：0570 – 8882831
网址：www. huakaipaper. com
邮箱：huakai@ huakaipaper. com
产品：热敏版纸原纸、湿强纸、蓄电池涂板纸系列、电解电容器纸、皮纸（机制宣纸）、薄型包装纸

衢州凯乐特种纸材料有限公司
浙江省衢州市衢江经济开发区乌江东路 18 号
邮编：324000
电话：0570 – 3375236
传真：0570 – 3375319
邮箱：854163439@ qq. com
产品：热敏蜡纸原纸、火药引线纱纸

浙江舜浦纸业有限公司
浙江省衢州市龙游县工业园区金星大道 22 号
邮编：324400
电话：0570－7390001、13757012787
传真：0570－7390018
网址：www. shunpupaper. com
邮箱：Group808@ shunpuzy. com
产品：高湿强薄型彩色纸、纸绳纸

台州市

台州市开来纸业有限公司
浙江省临海市经济开发区清化路
邮编：317000
电话：0576－85133001
传真：0576－85133488
产品：淋膜纸、涂布纸

台州华通纸张有限公司
浙江省临海市古城街道振兴街 172 号
邮编：317000
电话：0576－85114091、85225091
传真：0576－85117311
邮箱：ht-paper@ ht-paper. com
产品：双胶纸、铜版纸、白卡纸、办公用纸

台州市玫瑰纸业有限公司
浙江省台州市涌泉镇梅岘村
邮编：317021
电话：0576－89119709
传真：0576－89119708
网址：www. tzrose. 1688. com
邮箱：rose5680728@ 163. com
产品：美纹纸、砂管纸、和纸、美光纸、可冲散湿巾纸

丽水市

浙江凯恩集团有限公司
浙江省丽水市遂昌县环城南路 9 号
邮编：323300
电话：0578－8180210、8180221、8180220
传真：0578－8180230
网址：www. kangroup. com
邮箱：admin@ kangroup. com
产品：电容器纸、吸尘袋纸、不锈钢衬纸

浙江凯恩特种材料股份有限公司
浙江省丽水市遂昌县凯恩路 1008 号
邮编：323300
电话：0578－8123029
传真：0578－8121286
网址：www. kangroup. com
产品：电解电容器纸、电池用纸、高透气度纸、无纺壁纸、茶叶滤纸

浙江惠同纸业有限公司
浙江省丽水市遂昌县上江工业园区
邮编：323000
电话：0578－8185288、8185266
传真：0578－8185288
网址：www. huitongzy. cn
产品：耐磨纸、淋膜原纸、双面胶带原纸、工业隔离纸、礼品纸

湖州市

湖州立丰纸业有限公司
浙江省湖州市安吉县孝丰镇
邮编：313301
电话：0572－5620123
传真：0572－5620207
产品：白牛皮纸、包装纸、装饰原纸、卫生纸

安徽省

合肥市

合肥造纸厂
安徽省合肥市瑶海区大兴镇
邮编：230000
电话：0551－64539170
产品：生活用纸

合肥嘉东生活用纸有限公司
安徽省合肥市庙岗路 2 号
邮编：230011
电话：0551－64533152
传真：0551－64526915
邮箱：635690683@ qq. com
产品：卫生纸

安徽集友纸业有限公司
安徽省合肥市高新技术经济开发区
邮编：230088

电话：0551－63844008
产品：卷烟材料

合肥兴东纸业有限公司
安徽省合肥市瑶海区大兴东岗
邮编：230011
电话：0551－64525707、13905609405
传真：0551－64525707
邮箱：285081469@ qq. com
产品：机械包装纸及纸制品

合肥金红叶纸业有限公司
安徽省合肥市古河路 20 号
邮编：230041
电话：0551－67750182
传真：0551－67750162
产品：生活用纸

合肥博达纸业有限公司
安徽省合肥市庐阳区濉溪路 26 号
邮编：230000
电话：0551－65537733
传真：0551－65537733
产品：牛皮纸、瓦楞原纸

合肥荣昌纸业有限责任公司
安徽省合肥市庐阳区阜阳北路
邮编：230000
电话：0551－65547636
传真：0551－65539270
产品：牛皮纸、双胶纸

合肥恒生纸业有限责任公司
安徽省合肥市庐阳区濉溪路 32－10 号
邮编：230000
电话：0551－65533800
产品：无碳复写纸、双胶纸、书写纸、牛皮纸、双胶纸、书写纸

安徽康盛纸业有限公司
安徽省合肥市胜利路与琅琊山路交口蓝鲸国际大厦 2106 室
邮编：230011
电话：0551－64219078、62917396
传真：0551－62917388
QQ: 873360675
邮箱：xieming@ chinadailyuse. com
产品：办公用纸

安徽精诚纸业有限公司
安徽省合肥市肥东循环经济工业园纬五路
邮编：230000
电话：0551－62520880
传真：0551－62520818
邮箱：lzw@ jcfzzb. com
产品：医用纸、生活用纸

合肥嘉富特纸业有限公司
安徽省合肥市肥东县撮镇工业聚集区
邮编：230011
电话：0551－67360257
传真：0551－67360257
邮箱：635690683@ qq. com
产品：工业包装纸、卫生纸

安徽源进包装材料有限公司
安徽省合肥市包河区南淝河路卫乡产业园
邮编：230051
电话：0551－64841544
传真：0551－64841544
邮箱：13966747344@ 163. com
产品：图书专用包装纸

芜湖市

安徽天力纸业有限公司
安徽省芜湖市四褐山路 101 号
邮编：241009
电话：0553－5801199
传真：0553－5805674
产品：箱纸板、瓦楞原纸

安徽耀华纸业有限公司
安徽省芜湖市经济技术开发区
邮编：241006
电话：0553－5841588
产品：瓦楞原纸

安徽豪森纸业有限公司
安徽省芜湖市新芜经济开发区
邮编：241100
电话：0553－8127996/9
产品：瓦楞原纸

恒安（芜湖）纸业有限公司
安徽省芜湖三山区临江工业区
邮编：241000

电话：0553－3912888
网址：www. hengan. com
产品：卫生巾、纸尿裤和生活用纸

蚌埠市

安徽中亿纸业有限公司
安徽省蚌埠市怀远县工业园区
邮编：233400
电话：0552－8501799、8501838
产品：纸杯原纸

淮南市

安徽景丰纸业有限公司
安徽省淮南市经济技术开发区建设南路29号
邮编：232008
电话：0554－3312663
传真：0554－3312663
产品：卷烟纸、成型纸、包装纸、文化用纸

马鞍山市

安徽山鹰纸业股份有限公司
安徽省马鞍山市金家庄区勤俭路3号
邮编：243021
电话：0555－2826300、2826390、2826360
传真：0555－2810496
网址：www. shanyingpaper. com
邮箱：sale@ shanyingpaper. com
产品：箱纸板、牛卡纸、高强瓦楞原纸、涂布白纸板

安徽比伦生活用纸有限公司
安徽省马鞍山市当涂经济开发区
邮编：246317
电话：0555－6751888、6751889
产品：生活用纸

安庆市

安徽省潜山县汉皮纸厂
安徽省安庆市潜山县槎水镇逆水村
邮编：246317
电话：0556－8686005
产品：长纤维纸、新闻纸

安徽万邦特种材料有限公司
安徽省安庆市怀宁县高河镇高埠路75号
邮编：246121
电话：0556－4616019、4616040
传真：0556－4617888
网址：www. welbon. com
邮箱：gaosen@ cntmi. com
产品：电池隔膜纸

安徽三木特纸有限公司
安徽省安庆市怀宁县高河镇高埠路36号
邮编：246121
电话：0556－4616888
传真：0556－4616288
网址：www. mikitoku. co. jp
产品：电气绝缘纸

安徽华泰林浆纸股份有限公司
安徽省安庆市迎江区老峰镇西湖村皖江大道1号
邮编：246003
电话：0556－5423758、5979326
传真：0556－5979279
邮箱：huatailfz@ 126. com
产品：针叶木浆、高档文化用纸

安徽美妮纸业有限公司
安徽省安庆市潜山综合经济开发区
邮编：246300
电话：0556－8686005
产品：生活用纸

安徽省三环纸业集团有限公司
安徽省怀宁工业园
邮编：246121
电话：0556－4669858、4669626
传真：0556－4669629
QQ：479878892
网址：www. ah3hjt. com
邮箱：hntzzc@ 126. com
产品：卷烟用纸

太湖集友纸业有限公司
安徽省安庆市太湖县观音路
邮编：246000
电话：0556－4180527
产品：卷烟用纸

安徽省潜山县鸣丰纸业有限公司
安徽省潜山县舒州东路68号
邮编：246000

电话：0556－8965019
手机：13855692188
网址：www. mfpaper. com
邮箱：mfpaper@ 163. com
产品：银行用纸

安庆市新宜造纸厂
安徽省安庆市人民路 130 号
邮编：246000
电话：0556－8729098
传真：0556－5513008
产品：生活用纸

黄山市

安徽华邦特种材料有限公司
安徽省黄山市歙县
邮编：245202
电话：0559－6523166、6523028
传真：0559－6523588
网址：www. welbon. com
产品：机制纸、转移印花纸

黄山金仕特种包装材料有限公司
安徽省黄山市歙县富堨镇徐村
邮编：245200
电话：0559－6523228
传真：0559－6523870
邮箱：850012312@ qq. com
产品：机制纸、食品包装纸

滁州市

安徽兆隆纸业有限公司
安徽省天长市万寿镇
邮编：239300
电话：0550－7791111
邮箱：1826861682@ qq. com
产品：高强瓦楞原纸

阜阳市

安徽天都纸业有限公司
安徽省阜阳市颍上县六十铺工业开发区
邮编：236219
电话：0558－4171024
产品：瓦楞原纸、纱管原纸

太和县鸿盛纸业有限公司
安徽省阜阳市太和县经济开发区 256 号
邮编：236600
电话：0558－8219069
产品：瓦楞原纸、纱管原纸

安徽金亿禾特种纸有限公司
安徽省阜阳市颍上经济开发区港口路
邮编：236000
电话：0558－2225677
传真：0558－2225698
邮箱：10120476962@ qq. com
产品：高中档无碳复写纸、热敏纸

宿州市

安徽省灵璧县东风造纸厂
安徽省宿州市灵璧县东关外 2 公里
邮编：234200
电话：0557－6161102、6161617
传真：0557－6161102
产品：瓦楞原纸

安徽萧县林平纸业有限公司
安徽省宿州市萧县圣泉乡北城
邮编：235231
电话：0557－5526888
传真：0557－5526115
邮箱：linpingzhiye@ 126. com
产品：瓦楞原纸

安徽鑫光纸业股份有限公司
安徽省宿州市萧县圣泉乡薛庄
邮编：235232
电话：0557－5506918、5527980
传真：0557－5527933
产品：瓦楞原纸

六安市

安徽德森特种纸有限公司
安徽省六安市经济开发区经六路
邮编：237000
电话：0564－3630428
邮箱：ahdszy@ 126. com
产品：防锈原纸、胶带原纸

安徽霍山晨风纸业有限公司
安徽省六安市霍山县落儿岭镇
邮编：237283
电话：0564－3902007、3902680
邮箱：hscfzy@ sina. com
产品：高强瓦楞原纸、箱纸板

六安市裕安自豪纸业有限公司
安徽省六安市裕安区独山镇龙井村
邮编：237000
电话：0564－2910107
产品：高档卫生纸

池州市

浙沅纸业有限公司
安徽省池州市贵池区梅里工业园
邮编：247100
电话：0566－2241111
产品：机制纸、瓦楞原纸

安徽合顺纸业有限公司
安徽省池州市青阳县经济开发区
邮编：247100
电话：0566－5114799
传真：0566－5114388
网址：www. ahhszy. com
邮箱：kfu@ ahhszy. com
产品：生活用纸

安徽嘉合纸业有限公司
安徽省池州市贵池区百牙西路 199 号
邮编：247100
电话：0566－2123250
产品：包装纸、瓦楞原纸

宣城市

安徽省泾县泾川宣纸厂
安徽省宣城市泾县丁家桥镇鹿园村
邮编：242540
电话：0563－5700483
传真：0563－5701585
产品：宣纸

安徽省泾县汪六吉宣纸有限公司
安徽省宣城市泾县泾川镇
邮编：242530
电话：0563－5510041、13605632355
传真：0563－5510078
网址：www. wljxz. com
邮箱：lzm0101@ 163. com
产品：宣纸

安徽省泾县汪同和宣纸有限公司
安徽省宣城市泾县泾川镇官坑
邮编：242530
电话：0563－5500608
传真：0563－5500688
网址：www. wangtonghe. com
邮箱：anhui@ wangtonghe. com
产品：宣纸、书画纸

中国宣纸股份有限公司
安徽省宣城市泾县榔桥镇乌溪村
邮编：242511
电话：0563－5600008、5601218
传真：0563－5601040、5600353
网址：www. hongxingxuanpaper. com. cn
邮箱：zgxzgfyxgs@ 163. com
hxxzxsb@ hongxingxuanpaper. com. cn
产品：宣纸

安徽阳光纸业有限公司
安徽省宣城市广德县开发区国华路 3 号
邮编：247100
电话：0563－8958137、13909662167
产品：办公用纸

安徽广德新星纸业有限公司
安徽省宣城市广德经济技术开发区
邮编：242200
电话：0563－6010997、6010669、6010905
传真：0563－6012213
产品：白纸板、瓦楞原纸

宁国市兆丰纸业有限公司
安徽省宁国市汪溪镇工业园
邮编：242300
电话：0563－4441678、4441598、4441679、4440777
传真：0563－4441589
邮箱：276112816@ qq. com
产品：卫生纸、环保用纸

安徽省泾县常春纸业有限公司
安徽省宣城市泾县丁家桥镇工业区

邮编：242540
电话：0563－5700348
传真：0563－5700375
产品：宣纸

安徽省泾县三星纸业有限公司
安徽省宣城市泾县丁家桥镇李元村
邮编：242540
电话：0563－5700538
产品：宣纸

安徽木易纸业有限公司
安徽省宣城市广德县桃州镇祠山岗私营工业区
邮编：242200
电话：0563－6823080
产品：宣纸

安徽泾县华盛纸业有限公司
安徽省宣城市泾县丁家镇工业区观溪路 8 号
邮编：242540
电话：0563－5700398
传真：0563－5700398
产品：卫生纸

安徽宣城万里纸业有限公司
安徽省宣城市宣州区迎宾大道 11 号
邮编：242540
电话：0563－3377177/277
传真：0563－3377177/277
邮箱：xcwlzypj@ 163. com
产品：瓦楞原纸

安徽省绩溪县向阳纸业有限公司
安徽省宣城市绩溪县临溪镇曹渡桥
邮编：245300
电话：0563－8335227、13857113338
产品：瓦楞原纸

淮北市

安徽天象龙盟环保纸业有限公司
安徽省淮北市杜集区段园镇工业集中区天汇大道 8 号
邮编：235058
电话：0561－5235888－8000
传真：0561－5236888
网址：www. ahtxlm. com
邮箱：lm@ ahtxlm. com
产品：环保纸

福　建　省

福州市

东联纸业(福州)有限公司
福建省福州市马尾区马江路 2 号
邮编：350015
电话：0591－83970330
传真：0591－83970352
产品：纸板、纸箱

歌芬卫生用品(福州)有限公司
福建省福清市出口加工区围网外北侧(自贸试验区内)
邮编：350311
电话：0591－62833660
传真：0591－62833660
产品：卷筒生活用纸、面巾纸、手帕纸等

厦门市

厦门安发纸业有限公司
福建省厦门市同安区大同镇城东工业区榕溪路 22－26 号
邮编：361100
电话：0592－7035258、7035259、7035260
传真：0592－7033859、7135133
邮箱：xmanfa@ vip. 163. com
产品：瓦楞纸板、纸箱

德彦纸业(厦门)有限公司
福建省厦门市海沧新阳工业区霞飞路 66 号
邮编：361022
电话：0592－6512288
传真：0592－6512277
网址：www. kingpaper. com
邮箱：service@ kpp. com. tw
产品：纱管原纸、各类纸管、高档高强耐高速纸管纸板、厚纸板、灰纸板

厦门建发纸业有限公司
福建省厦门市环岛东路 1699 号建发国际大厦 24 楼
邮编：361001
电话：0592－2101696
传真：0592－2101695
网址：www. cndpaper. com
邮箱：fjzz@ cndpaper. com
产品：铜版纸、白卡纸、白纸板、双胶纸、纸浆、废

纸、造纸化学品

厦门同安兴浪纸业有限公司
福建省厦门市同安区洪塘镇石浔村
邮编：361100
电话：0592－7132070
传真：0592－7028258
产品：挂面箱纸板

厦门安妮股份有限公司
福建省厦门市集美区锦园南路99号
邮编：361022
电话：0592－3152336、3152188
传真：0592－3152289、3152280
网址：www. anne. com. cn
邮箱：anne@ anne. com. cn
产品：热敏纸、商务办公用纸

永丰余纸业(厦门)有限公司
福建省厦门市湖里区常和路6－12号
邮编：361006
电话：0592－5627266
传真：0592－5627141
产品：瓦楞纸板、瓦楞纸箱

厦门市麒龙纸业有限公司
福建省厦门市同安区新民镇柑岭村同明北二路1号
邮编：361100
电话：0592－7366477
产品：瓦楞原纸

厦门新阳纸业有限公司
福建省厦门市海沧区新阳街道龙门岭南路88号
邮编：361026
电话：0592－6197666
传真：0592－6197676
邮箱：xmxyzy@ 163. om
产品：中高档生活用纸、高级商务书写纸、静电复印纸、无碳复写纸、热敏打印纸

莆田市

莆田市南方福利涂布纸品总厂
福建省莆田市城厢区铁岭村
邮编：351100
电话：0594－2691946
邮箱：438820676@ qq. com
产品：灰纸板

三明市

大田弘惠纸业有限公司
福建省三明市大田县宝山路16号
邮编：366100
电话：0598－7222688
产品：卫生纸、工业用包装纸

福建华闽纸业有限公司
福建省三明市大田县城关福田工业区
邮编：366100
电话：0598－7260618、7228026
传真：0598－7222143
网址：www. fjhmzy. com
邮箱：hmzy2000@ 163. com
产品：工业用纸

福建省青山纸业股份有限公司
福建省三明市沙县青州镇
邮编：365506
电话：0598－5656888
传真：0596－5653336
网址：www. qingshanpaper. com
邮箱：web@ qingshanpaper. com
产品：纸袋纸、牛皮卡纸、高强瓦楞原纸

福建省沙县盛春纸业有限公司
福建省三明市沙县涌溪桥南
邮编：365507
电话：0598－5681898、5681888
传真：0598－5681689
产品：精制牛皮纸、精制白牛皮纸、胶带原纸、复合原纸、手提袋纸、信封纸、薄页纸

沙县华佳纸业有限公司
福建省三明市沙县高桥镇
邮编：365503
电话：0598－5556099
产品：箱纸板、瓦楞原纸、纸箱

福建腾荣达制浆有限公司
福建省三明市将乐县古镛镇龟山北路225号
邮编：353300
电话：0598－2332400、2324172
传真：0598－2339566
邮箱：trdzj@ taison. cn
huzg@ taison. cn

产品：绒毛浆、本色浆、化学机械浆

福建铙山纸业集团有限公司
福建省三明市建宁县塔下路 20 号
邮编：354500
电话：0598－3988840、3982712、3986762、3959766
传真：0598－3982705
产品：高档薄型包装用纸、拷贝纸、薄页纸、炊蒸原纸、半透明纸、打字纸、静电复印纸、生活用纸

泰宁县绿山大有纸业有限公司
福建省三明市泰宁县开善乡池塘工业区
邮编：354400
电话：0598－7729633
传真：0598－7729633
产品：牛皮纸、文化用纸、特种纸

泉州市

恒安(中国)纸业有限公司
福建省晋江市安海镇恒安工业城
邮编：362261
电话：0595－85729667、85708888
传真：0595－85729962
网址：www. hengan. com
邮箱：zhangqf@ hengan. com
产品：生活用纸

泉州贵格纸业有限公司
福建省南安市码头镇佛内工业区
邮编：362312
电话：0595－86461222、86451788
传真：0595－86461188
网址：www. guigepaper. com
邮箱：guige@ vip. 163. com
产品：牛皮卡纸

福建省晋江优兰发纸业有限公司
福建省晋江市西滨镇
邮编：362200
电话：0595－85123879、85123519
传真：0595－85123889
网址：www. youlanfa. com
产品：拷贝纸、薄型纸、复印纸、传真纸、文化用纸、牛皮箱纸板、高强瓦楞原纸

玖龙纸业(泉州)有限公司
福建省泉州市台商投资区
邮编：362123
电话：0595－27399888
传真：0595－27399889
邮箱：info_ qz@ ndpaper. com
产品：高档包装纸

福建恒利集团有限公司
福建省南安市省新工业区
邮编：362300
电话：0595－86252666、86251768
传真：0595－86252099
网址：www. fjhl. com. cn
邮箱：hengli@ fjhl. com. cn
产品：生活用纸

南安市联发纸业有限公司
福建省南安市诗山镇凤坡村五星工业区
邮编：362311
电话：0595－86483926
产品：挂面箱纸板

福建省南安市盈顺纸品有限公司
福建省南安市水头镇
邮编：362342
电话：0595－86811333
产品：再生纸

福建宏泰实业有限公司
福建省泉州市永春县榜德工业区
邮编：362600
电话：0595－23860199、23860299、23860399
传真：0595－23860499
产品：箱纸板、瓦楞原纸

福建省永春县宏美纸业有限公司
福建省泉州市永春县坑子口镇
邮编：362615
电话：0595－23991888
产品：涂布白纸板、印刷纸、包装纸

泉州联新纸业有限公司
福建省南安市码头镇丰联工业区
邮编：362312
电话：0595－86462889
产品：箱纸板

福建泰兴特纸有限公司
福建省安溪县同美工业区

邮编：362400
电话：0595－23139616、23139626、23139636
传真：0595－23269988
网址：www.fjtaixing.com
产品：特种包装纸

漳州市

福建糖业股份有限公司
福建省漳州市芗城区古塘路55号
邮编：363000
电话：0596－7095026
传真：0596－7095027
产品：蔗渣漂白浆

联盛纸业(龙海)有限公司
福建省龙海市角美镇凤山工业园
邮编：363900
电话：0596－6781681、6636222、6781707
传真：0596－6782678、6781501
网址：www.fjlszy.com
邮箱：fjlazyhr@163.com
产品：高强瓦楞原纸、灰底白纸板、牛皮箱纸板

龙海榜山民政三星造纸厂
福建省龙海市榜山镇北溪头村
邮编：363100
电话：0596－6598219
传真：0596－6597698
产品：机制纸、瓦楞原纸

福建省联盛纸业有限责任公司
福建省漳州市长泰官山工业园区
邮编：363900
电话：0596－8313788
传真：0596－8313766
网址：www.fjlszy.com
邮箱：fjlszyhr@163.com
产品：高强瓦楞原纸、牛皮箱纸板

福建省漳州友利达纸业发展有限公司
福建省漳州市南靖县丰田镇工业区
邮编：363612
电话：0596－7672333
传真：0596－7672988
产品：高强瓦楞原纸

漳州盈晟纸业有限公司
福建省漳州市华安县丰山工业集中区长富片区
邮编：363801
电话：0596－7288668、7286555
传真：0596－7288789
网址：www.zzyszy.com
邮箱：zys0999@163.com
产品：牛皮箱纸板、高强瓦楞原纸、灰纸板、纱管纸

敦信纸业有限责任公司
福建省漳州市长泰岩溪工业园区
邮编：363900
电话：0596－8313999、8288316
传真：0596－8313998、8289468
网址：www.dxwj.com
邮箱：zdm@dxwj.com
产品：白面牛卡纸、本色牛卡纸、高强瓦楞原纸、扑克牌纸、瓦楞纸箱

福建希源纸业有限公司
福建省漳州市台商投资区吴宅工业园
邮编：363900
电话：0596－6383383
传真：0596－6760989
邮箱：xyhr@youlanfa.com
产品：拷贝纸、薄页纸、半透明纸、转移印花纸、文化用纸(复印纸)、壁纸原纸

南平市

福建省南平延润纸业有限责任公司
福建省南平市滨江北路177号
邮编：353000
电话：0599－8808948
传真：0599－8802888
产品：静电复印纸、双胶纸、书刊纸、书写纸、轻涂纸、白牛皮纸、包装纸、纸袋纸、纱管纸、新闻纸、宗教纸、各种有色纸及各类造纸助剂

福建省南平南纸有限责任公司
福建省南平市滨江北路177号
邮编：353000
电话：0599－8808888
传真：0599－8808689、8808312
网址：www.nanpingpaper.com
邮箱：webmaster@nanpingpaper.com
产品：胶印新闻纸、本色硫酸盐商品木浆、静电复印纸、人纤浆粕

邵武中竹纸业有限责任公司
福建省邵武市下王塘
邮编：354000
电话：0599－6541168、6541018
传真：0599－6541090
产品：漂白硫酸盐竹浆、漂白桉木浆、漂白马尾松浆、胶版印刷纸、静电复印纸、涂布原纸、白牛皮纸

福建利树浆纸有限公司
福建省建瓯市瓯宁街道兴宁工业区
邮编：353100
电话：0599－3738906、3738909
传真：0599－3738901
产品：高强瓦楞原纸、竹浆

福建利树股份有限公司
福建省建瓯市中国笋竹城D区
邮编：353100
电话：0599－3699909
传真：0599－3699920
网址：www. lishugroup. com
邮箱：fjlsgfyxgs@ 163. com
产品：挂面箱纸板、高强瓦楞原纸

福建惜恩纸业有限公司
福建省建瓯市汇丰城市花园47幢
邮编：353100
电话：0599－3738908
传真：0599－3738901
产品：高强瓦楞原纸、挂面箱纸板、卫生纸

龙岩市

福建省龙岩市祥泰造纸包装有限公司
福建省龙岩市铁山开发区
邮编：364001
电话：0597－2348234
传真：0597－2348432
邮箱：lyxt-1@ 163. com
产品：防锈纸、防水纸、涂塑纸、硅油纸、水果护套纸、全木浆生活用纸

龙岩南纸有限公司
福建省龙岩市铁山工业路36号
邮编：364001
电话：0597－2348087
传真：0597－2348737
产品：新闻纸

福建省连城县东方经济开发有限公司
福建省龙岩市连城县姑田镇新街211号
邮编：366208
电话：0597－8269869
传真：0597－8269888
产品：特种牛皮纸、精制牛皮纸

福建省龙岩市铭丰集团有限公司
福建省龙岩市龙雁新区龙雁工业集中区
邮编：364002
电话：0597－2208988
传真：0597－2790869
网址：www. mingfengzy. com
邮箱：mingfengjt@ mingfengjt. com
产品：生活用纸

福建省长汀县瑞华纸业有限公司
福建省龙岩市长汀县工贸新城
邮编：366300
电话：0597－6819256
传真：0597－6884688
产品：薄页纸、有光纸、单胶纸、书写纸

福建连城莲龙纸业有限公司
福建省连城县姑田镇九顺坪
邮编：366300
电话：0597－3128528
邮箱：648017454@ qq. com
产品：特种纸、育果袋纸及其纸袋、食品包装纸和民用纸

宁德市

福鼎市南阳纸业有限公司
福建省福鼎市管阳镇章边村
邮编：355215
电话：0593－7637988、7637999
传真：0593－7637288
网址：www. nanyangzy. com
产品：面巾纸、餐巾纸、卷筒纸、手帕纸及各种规格分切盘纸

福鼎万泰纸业有限公司
福建省福鼎市双岳工业区
邮编：355200
电话：0593－7883333

邮箱：825488002@ qq. com
产品：瓦楞原纸

江 西 省

南昌市

江西晨鸣纸业有限责任公司
江西省南昌市昌北经济开发区白水湖工业园
邮编：330013
电话：0791－83951998、83951968
传真：0791－83951889
网址：www. chenmingpaper. com
产品：轻型纸、低定量涂布纸

南昌五丰纸业有限公司
江西省南昌市青山湖区罗家镇货场工业园
邮编：330012
电话：0791－88394989、88395989
传真：0791－88395989
产品：卫生纸

江西特种纸业有限责任公司
江西省南昌市进贤县民和镇西门路569号
邮编：331700
电话：0791－85693372
产品：电容器纸

八一乡淡溪造纸厂
江西省南昌市南昌县八一乡淡溪
邮编：330201
电话：13907009689
产品：包装纸

江西省轻工实业有限公司
江西省南昌市北京东路彭桥工业园区
邮编：330029
电话：0791－8182414、8314201
传真：0791－8323123
产品：无碳复写纸

景德镇市

乐平市加金纸业有限公司
江西省景德镇市乐平市塔山工业园区内
邮编：333300
电话：0798－6832428、6702787
产品：箱纸板、瓦楞原纸

萍乡市

上栗县萍峰纸业有限公司
江西省萍乡市上栗县金山镇小水村
邮编：337009
电话：0799－3885168
产品：箱纸板、瓦楞原纸、牛皮卡纸、烟花用纸

莲花县纸业有限公司
江西省萍乡市莲花县新建东街85号
邮编：337100
电话：0799－7216158
产品：书写纸、新闻纸

上栗县萍锋纸业有限公司
江西省萍乡市上栗县小水村
邮编：337011
电话：0799－3885168
传真：0799－3885688
网址：www. slpfzy. com
产品：鞭炮烟花用纸、箱纸板

九江市

江西理文造纸有限公司
江西省瑞昌市码头工业区
邮编：332207
电话：0792－8996888－8117
产品：箱纸板

共青城顺风纸业有限公司
江西省九江市德安县甘露镇
邮编：330400
电话：0792－4371273、4349575
产品：包装纸

江西省永修县恒达纸业有限公司
江西省九江市永修县东风农贸公司
邮编：330300
电话：0792－3081801
产品：包装纸

江西兴辉纸业有限公司
江西省九江市武宁县盘溪工业园
邮编：330400
电话：13870272001
产品：文化用纸

江西绮玉纸业有限公司
江西省九江市德安县
邮编：330400
电话：0792－4551111
传真：0792－4551111
产品：纸巾纸、卫生纸

江西泽晖纸业有限公司
江西省九江市永修县虬津镇泽晖工业园
邮编：330300
电话：0792－3115646
产品：文化用纸

赣州市

赣州华劲纸业有限公司
江西省赣州市水西乡桑芫下 168 号
邮编：341000
电话：0797－8251388
网址：www. hwagain. com
产品：文化用纸、生活用纸

华劲集团赣州纸品有限公司
江西省赣州市章贡区水西基地
邮编：341000
电话：0797－8251388
网址：www. hwagain. com
产品：高档生活用纸

赣州市崇星实业有限公司
江西省赣州市沙石镇沙石村龙石头
邮编：341000
电话：0797－8185588
传真：0797－8185599
产品：卫生纸

吉安市

江西永新南方纸业有限公司
江西省吉安市永新县小屋岭
邮编：343400
电话：0796－7850858
产品：涂布白纸板

江西同泰纸业有限公司
江西省吉安市泰和县工业园区
邮编：343700
电话：0796－5404868
产品：涂布白纸板

江西明盛实业有限公司
江西省吉安市青原区富滩工业园区 A 区
邮编：343000
电话：0796－8630978
传真：0796－8630980
产品：木浆黑卡纸、木浆红卡纸

峡江县金威纸业有限公司
江西省吉安市峡江县造纸工业园区 4 号
邮编：331400
电话：0796－3683689
产品：涂布白纸板

江西运宏特种纸业有限公司
江西省吉安市永丰县工业园南区
邮编：331500
电话：0796－2221882、13507962872
传真：0796－2221616
产品：牛皮纸、防近视纸、书写纸、双胶纸、防锈原纸

泰和县华胜实业有限公司
江西省吉安市泰和县沿溪工业园区
邮编：343700
电话：0796－5403018
产品：涂布白纸板

宜春市

江西省万载县万盛纸业有限公司
江西省宜春市万载县环城北路 438 号
邮编：336100
电话：0795－8917999
产品：书写纸、转移印花纸

江西富宏纸业有限公司
江西省宜春市奉新县宋阜镇青湖村郑家洲
邮编：330702
电话：0795－4605178
产品：牛皮纸

宜丰县黄岗山兴丰造纸厂
江西省宜春市宜丰县黄冈山垦殖场内
邮编：336300
电话：0795－2923767
产品：牛皮纸、炸药包装纸

江西省樟树市临江造纸厂
江西省宜春市樟树市临江镇沿河桥
邮编：336300
电话：0795－7812756
产品：包装纸

江西省上高县造纸厂
江西省宜春市上高县镇渡乡镇南
邮编：336400
电话：0795－2540337
产品：卫生纸

宜春金太阳纸品厂
江西省宜春市袁州区新坊乡
邮编：336000
电话：0795－3195886
产品：卫生纸

抚州市

江西抚州银丰纸业有限公司
江西省抚州市临川区桐源乡
邮编：344000
电话：0794－8638558
产品：涂布白纸板

江西富临纸业有限公司
江西省抚州市临川区桐源乡
邮编：344000
电话：0794－8638386
产品：涂布白纸板

抚州金圣纸业有限公司
江西省抚州市临川区工业开发区
邮编：344000
电话：0794－8638618
产品：涂布白纸板

江西华南纸业有限公司
江西省抚州市宜黄县六里铺
邮编：344400
电话：0794－7605598、7602569
产品：涂布白纸板

抚州市兴业实业有限公司
江西省抚州市抚州北工业园区
邮编：344400
电话：0794－8457336
传真：0794－8457333
产品：瓦楞原纸、卫生纸

江西弘泰电子信息材料有限公司
江西省抚州市宜黄县六里铺工业园区
邮编：344400
电话：0794－7601995、7607069
产品：特种纸、白卡纸、电子载体纸

江西乐门纸业有限公司
江西省抚州市宜黄县六里铺工业园区
邮编：344400
电话：0794－7617077
产品：水砂原纸、牛皮纸

江西联兴纸业有限公司
江西省抚州市崇仁县巴山镇西郊3号
邮编：344200
电话：0794－6334588、6330937
产品：箱纸板、瓦楞原纸

恒安(江西)家庭用品有限公司
江西省抚州市东乡县(省级)经济开发区
邮编：331801
电话：0794－4381172
传真：0794－4382392
产品：生活用纸系列产品

上饶市

江西顺达纸业有限公司
江西省上饶市弋阳县圭峰大道
邮编：334400
电话：0793－5845666、5845777、5845999
产品：涂布白纸板

广丰县芦林纸业有限公司
江西省上饶市广丰县经济开发区
邮编：334600
电话：0793－2620499、2620987
传真：0793－2620486
网址：www.ll-zy.com
邮箱：554670598@qq.com
产品：箱纸板、牛皮箱纸板、茶纸板、纱管纸

江西省余干县洪家嘴造纸厂
江西省上饶市余干县洪家嘴信和中学旁
邮编：335100

电话：13879315846
产品：瓦楞原纸、爆竹纸

广丰县月兔卫生用品有限公司
江西省上饶市广丰县芦林工业园
邮编：334600
电话：0793－2610001、2625515
传真：0793－2651900
产品：生活用纸

江西含珠实业有限责任公司
江西省上饶市铅山县城西工业园区
邮编：334500
电话：0793－5187877
传真：0793－5187777
网址：www. jxhzsy. com
邮箱：webmaster@ jxhzsy. com
产品：连四纸

上饶市林氏玉融纸业有限公司
江西省上饶市信州区同心村三江桥
邮编：334000
电话：0793－7089916
传真：0793－8157108
产品：卫生纸

山 东 省

济南市

济南灏源纸业有限公司
山东省济南市历城区西州南路 30 号
邮编：250100
电话：0531－88918888、88023100
传真：0531－88023109
产品：印刷纸、办公用纸原纸

济南含章印务有限公司
山东省济南市历城区西周大辛河东郊
邮编：250100
电话：0531－88918888
传真：0531－88012000
网址：www. hanzhang. com
邮箱：hzmaster@ sina. com
产品：电脑打印纸、静电复印纸、防伪水印纸、晒图原纸

济南银星纸业有限公司
山东省济南市历城区荷花路 67 号
邮编：250100
电话：0531－88262596
传真：0531－88262596
产品：字典纸、圣经纸、涂炭原纸、特种印刷纸、税票纸、表层纸、玻璃衬纸

章丘金华世纸业有限公司
山东省济南市章丘市明水荷花路 17 号
邮编：250200
电话：0531－83253305
传真：0531－83252347
邮箱：sdhuashi@ 126. com
产品：轻型印刷纸、无碳原纸、离型原纸、食品包装纸

济南晨光纸业有限公司
山东省济南市济洛路 158 号
邮编：250031
电话：0531－81601619
传真：0531－85951458
网址：www. jinanchenguang. cn. alibaba. com
邮箱：cgzy888@ tom. com
产品：羊皮纸

山东天阳纸业有限公司
山东省济南市济阳济北开发区泰兴东街 5 号
邮编：250000
电话：0531－58689186
传真：0531－58689187
网址：www. sdtianyangzy. 1688. com
邮箱：sdtianyang7799@ 163. com
产品：艺术类卡纸、包装纸、涂布纸、画材料用纸、工业加工用纸

济南欣易特种纸业有限公司
山东省济南市历城区临港开发区温泉西路中段
邮编：250100
电话：0531－88734376
邮箱：35427584@ qq. com
产品：高档文化用纸

青岛市

青岛奥华纸业有限公司
山东省青岛市四方区四流南路 245 号

邮编：266042
电话：0532－84885257（生产）/288（销售）
传真：0532－84863863
产品：无碳复写纸

青岛海王纸业股份有限公司
山东省青岛市海王路 342 号
邮编：266400
电话：0532－86118663、86118509
传真：0532－86115522、86117100、86118509
网址：www. haiwangpaper. com
邮箱：haiwang@ haiwangpaper. com
产品：文化用纸、工农业技术用纸、生活用纸、包装纸、打字纸、彩色皱纹纸、纱管封面纸、防菌纸袋

青岛天丰造纸有限公司
山东省青岛市四方区四流南路 20 号
邮编：266400
电话：0532－84851688
产品：钢纸、绝缘纸

淄博市

山东博汇纸业股份有限公司
山东省淄博市桓台县马桥镇工业路北首
邮编：256405
电话：0533－8539966、8530387
传真：0533－8530372
网址：www. bohui. com
邮箱：05338866@ 163. com
zqb@ bohui. com
产品：涂布白卡纸、双胶纸、轻型纸、箱纸板、石膏板护面纸板

山东贵和显星纸业有限公司
山东省淄博市桓台县唐山镇工业园
邮编：256408
电话：0533－8081493
邮箱：webmaster@ sdguihe. com
产品：瓦楞原纸、特种纸

山东仁丰特种材料股份有限公司
山东省淄博市桓台县起凤镇仁丰路 1 号
邮编：256407
电话：0533－8697688、8688836
传真：0533－8698159
网址：www. zbrenfeng. com
产品：高强瓦楞原纸、滤纸、壁纸原纸

山东金海洋纸业有限公司
山东省淄博市桓台县田庄镇
邮编：256402
电话：0533－8580035
传真：0533－8582888
网址：www. sdcljt. cn
邮箱：sdchenlong@ 126. com
产品：新闻纸、箱纸板

山东淄博华光纸业有限公司
山东省淄博市张店区湖田镇
邮编：255075
电话：0533－2060471
传真：0533－2060623
产品：牛皮箱纸板

山东淄博玉丰实业有限公司
山东省淄博市淄川区东坪镇
邮编：255174
电话：0533－5310325－8019
传真：0533－5310396
产品：陶瓷及玻璃用贴花纸

山东北金集团淄博广信纸业有限公司
山东省淄博市临淄区召口乡
邮编：255419
电话：0533－7602106、13616430712
传真：0533－7602106
产品：夹筋纸袋纸、牛皮纸

齐峰新材料股份有限公司
山东省淄博市临淄区朱台镇齐峰路 22 号
邮编：255432
电话：0533－7780161、7780179
传真：0533－7788998
网址：www. qifeng. cn
邮箱：qifengtezhi@ 163. com
qifengtezhi@ qifeng. cn
产品：可印刷装饰原纸、素色装饰原纸、表层耐磨纸、平衡原纸、壁纸原纸

淄博市博山环球皱纹纸厂
山东省淄博市博山区北园路 198 号
邮编：255202
电话：0533－4231497、4231498
传真：0533－4232499

产品：皱纹纸、薄页纸

淄博王村纸业有限公司
山东省淄博市周村区王村
邮编：255311
电话：0533－6680128
传真：0533－6680128
产品：纱管原纸、箱纸板、涂布纸板

山东青苑纸业有限责任公司
山东省淄博市高青县城齐东路 43 号
邮编：256300
电话：0533－6961745、6967531
传真：0533－6961492
网址：www. qingyuan. com
产品：精制胶版纸、箱纸板

山东奥龙纸业有限公司
山东省淄博市高青县经济开发区
邮编：256300
电话：0533－6258156
传真：0533－6258117
网址：www. aolongzhiye. cn
产品：植物羊皮纸、装饰原纸

山东淄博沣泰纸业有限公司
山东省淄博市博山开发区银龙路
邮编：255213
电话：0533－4666299
传真：0533－4666199
产品：高档纯质纸、荷兰白卡纸、白牛皮纸、超感纸、涂布原纸、防伪纸

淄博双成纸业有限公司
山东省淄博市周村区王村镇王村村火车站
邮编：255311
电话：0533－8171250
传真：0533－6695079
产品：装饰用石膏板接缝纸、护角带纸、手提袋纸

山东标典纸业有限公司
山东省淄博市高青县城市东路 43 号
邮编：256300
电话：0533－6961745、15853329361
传真：0533－6967561
产品：胶版纸

枣庄市

远通纸业(山东)有限公司
山东省枣庄市薛城区常庄镇金河枣曹路 3388 号
邮编：277014
电话：0632－4401860
传真：0632－4401828、4401739
网址：www. upp-yt. com
邮箱：sales@ upp-yt. com
产品：牛皮箱纸板、涂布白纸板、金银卡纸

枣庄华润纸业有限公司
山东省枣庄市山亭区新城工业园区
邮编：277200
电话：0632－8861908、8813851、8861956
传真：0632－8811556、8818558
网址：www. huarunpaper. com
邮箱：marketing@ huarunpaper. com
产品：石膏板护面纸板

滕州华闻纸业有限公司
山东省枣庄市滕州市级索工业园区
邮编：277518
电话：0632－2446928、2449888
传真：0632－2446556、2449567
网址：www. sdhwzy. com
产品：双胶纸、书写纸、新闻纸

山东秦世集团天龙纸业有限公司
山东省枣庄市台儿庄区长安路东首
邮编：277400
电话：0632－6699877
传真：0632－6699111
网址：www. qsjt. com. cn
邮箱：mangongwei521@ 163. com
产品：特种装饰原纸

东营市

华泰集团有限公司
山东省东营市广饶县
邮编：257335
电话：0546－6888808、6888818
传真：0546－6888018、6888158
网址：www. huatai. com
邮箱：htjt@ huatai. com
　　　htxsgs@ huatai. com

产品：新闻纸、双面胶版纸、书写纸、铜版纸、涂布白纸板、低定量涂布纸、生活用纸

山东斯道拉恩索华泰纸业有限公司
山东省东营市广饶县大王镇
邮编：257335
电话：0546－7797206
传真：0546－7797216
产品：超级压光纸、改良新闻纸、新闻纸

烟台市

莱阳银通纸业有限公司
山东省莱阳市丹崖路 129 号
邮编：265202
电话：0535－7318208、7327228
传真：0535－7318208
网址：www. yinhaipaper. com
邮箱：lcz@ yintongpaper. cn
cxm@ yintongpaper. cn
lygzd@ yintongpaper. cn
产品：水果套袋纸、防伪纸、静电复印纸、书写纸

烟台隆祥纸业有限公司
山东省烟台市牟平区路兴街 403 号
邮编：264100
电话：0535－4659810、4652031
传真：0535－4652032
网址：www. ytlongxiang. com
邮箱：jiangliangxu@ vip. sina. com
longxiang@ ytlongxiang. cn
产品：离型纸、防黏纸、复合纸、轻型纸、纯质纸、再生新闻纸、双胶纸

烟台锦宏纸业有限公司
山东省海阳市经济技术开发区
邮编：265118
电话：0535－3205358
产品：文化用纸、铜版原纸

烟台市大展纸业有限公司
山东省烟台市牟平区沁水韩国工业园大展大街 388 号
邮编：264117
电话：0535－4659078、4659077
传真：0535－4659076
网址：www. yantaidazhan. com
邮箱：zjq@ yantaidazhan. com
产品：瓦楞原纸、牛皮箱纸板

山东省烟台滋禾科技发展有限公司
山东省烟台市芝罘区南大街 156 号平安大厦 709 室
邮编：264000
电话：0535－6696559
传真：0535－6696559
产品：牛卡纸、涂布牛卡纸

龙口市诸由纸板厂
山东省龙口市诸由观镇西河阳
邮编：265705
电话：0535－8562189、8561225
传真：0535－3616535
产品：双胶纸

龙口玉龙纸业有限公司
山东省龙口市滨海旅游度假区黄河营村北
邮编：265712
电话：0535－8589536、8589501
传真：0535－8589555
网址：www. yulongpaper. com
邮箱：xs@ yulongpaper. com
bgs@ yulongpaper. com
产品：胶版书刊纸、书写纸、双胶纸、静电复印纸、轻型纸、纯质纸

莱州市莱星工业纸板有限公司
山东省莱州市掖柴路
邮编：261400
电话：0535－2216646、2265906
传真：0535－2235248
网址：www. chinalaixing. com
邮箱：lzlxzb@ sohu. com
产品：工业纸板

莱州市鲁通特种纸业有限公司
山东省莱州市海庙东路 238 号
邮编：261400
电话：0535－2480641、2483050
传真：0535－2480447
产品：书写纸、有光纸、箱纸板、果袋纸、工艺品纸

莱州市圣林纸制品有限公司
山东省莱州市云峰北路北首东
邮编：261437
电话：0535－2293178
传真：0535－2293178

网址：www. lz-zb. com
邮箱：sl@ lz-zb. com
产品：双灰纸板、复合纸板、工业用纸板

潍坊市

临朐玉龙造纸有限公司
山东省潍坊市临朐县城华特路 5311 号
邮编：262600
电话：0536 - 3158797、3158872
传真：0536 - 3158568
网址：www. wanhao. com
邮箱：ylong@ china. com
产品：各种规格铜版纸、特种纸

山东恒联投资有限公司
山东省潍坊市高新区东风东街 3019 号
邮编：261061
电话：0536 - 8671516、8671509
传真：0536 - 8665348
网址：www. henglianpaper. com
邮箱：hl8671516@ 163. com
产品：铜版纸、玻璃纸、生活用纸

汇胜集团股份有限公司
山东省潍坊市高新区潍胶路 999 号
邮编：261201
电话：0536 - 8669008
传真：0536 - 8669008
网址：www. cnpaper. cn
www. huishenggroup. com
邮箱：huisheng@ cnpaper. cn
产品：纸管原纸、绝缘纸板

潍坊恒联特种纸有限公司
山东省潍坊市寒亭区海龙路 1526 号
邮编：261100
电话：0536 - 7288200
传真：0536 - 7288222
产品：水转移印底纸原纸、环保无尘纸、标签纸、白牛皮纸、胶版印刷纸

潍坊恒联新材料股份有限公司
山东省潍坊市寒亭区海龙路 609 号
邮编：261100
电话：0536 - 7288338
传真：0536 - 7288333
网址：www. hlblz. com
邮箱：www@ hlblz. com
产品：食品包装用纸、烟花包装用纸、医药包装用纸、香蜡烛包装用纸、透明胶带专用纸、电池专用纸、硅胶管专用纸、鱼竿专用纸

潍坊恒联浆纸有限公司
山东省潍坊市寒亭区海龙路 601 号
邮编：261100
电话：0536 - 7283106、7283107
传真：0536 - 7251647
邮箱：hljzxsb@ 163. com
产品：木浆、棉浆、竹浆、高档文化用纸

潍坊恒联美林生活用纸有限公司
山东省潍坊市寒亭区海龙路 609 号
邮编：261100
电话：0536 - 7283237、7283210
传真：0536 - 7283228
产品：吸水衬纸、擦手纸、餐巾纸、纸巾纸、面巾纸、卫生卷纸

潍坊华港包装材料有限公司
山东省潍坊市奎文区宝通东街 162 号
邮编：261041
电话：0536 - 8823918、8823899、8823878
传真：0536 - 8823919
网址：www. wfhgbz. com
邮箱：hgbz@ wfhgbz. net
产品：接装纸原纸、铝箔衬纸、嘴棒成型纸、接装纸、铝箔纸、真空镀铝纸、印花纸、装饰纸

青州市东南坝造纸厂
山东省青州市东坝镇
邮编：262517
电话：0536 - 3531031
传真：0536 - 3531031
产品：牛皮纸

青州市东方铜版纸有限公司
山东省青州市东阳河工业区 1188 号
邮编：262517
电话：0536 - 3531888、3536888
传真：0536 - 3536366
网址：www. dftbz. com
邮箱：dftbz@ 163. com
产品：铜版纸、玻璃卡纸

山东省青州市板纸厂
山东省青州市青州南路东一街 5 号
邮编：262500
电话：0536－3200541
传真：0536－3203802
产品：牛皮纸、离型原纸、无碳原纸、铝箔衬纸、水松原纸

山东青州齐鲁纸业有限公司
山东省青州经济开发区
邮编：262500
电话：0536－3290118、13806493038
产品：铝箔衬纸、印花原纸、木纹原纸、淋膜原纸、覆塑原纸、白牛皮纸、离型原纸、工业用原纸

山东晨鸣纸业集团股份有限公司
山东省寿光市农圣东街 2199 号
邮编：262705
电话：0536－2158000、2156333、800－918－6818
传真：0536－2156111
网址：www. chenmingpaper. com
产品：双面胶版纸、低定量涂布纸、铜版纸、胶印书刊纸、书写纸、牛皮箱纸板、静电复印纸、新闻纸、无碳复写纸、高档电话簿纸、橙色施胶新闻纸

寿光市三利板纸有限责任公司
山东省寿光市抬头镇牛头镇村东
邮编：262736
电话：0536－5542652、13805362255
传真：0536－5542652
产品：打字纸、彩书皮纸、条纹牛皮纸

山东万豪纸业集团股份有限公司
山东省潍坊市临朐县城华特路 5311 号
邮编：262600
电话：0536－3163364
传真：0536－3165340
网址：www. wanhao. com
邮箱：wanhao@ wanhao. com
产品：铜版纸、双胶纸、胶印书刊纸、防油纸、高档包装纸、卫生纸、打字纸、工艺纸、电信电缆纸、双面胶带原纸、造纸化工产品及纸业包装材料

临朐恒丰造纸有限公司
山东省潍坊市临朐县城工业街 32 号
邮编：262600
电话：0536－3165465、2198910、13335258879、13964768286
传真：0536－3163465
产品：防油纸、汉堡原纸、淋膜汉堡纸、食品包装纸、白牛皮纸、漂白防油纸、未漂防油纸、邮封纸、医用包装纸、卫生纸、爆米花纸袋纸

山东世纪阳光纸业集团有限公司
山东省潍坊市昌乐经济开发区
邮编：262400
电话：0536－6856001、6856009
传真：0536－6856006
网址：www. sunshinepaper. com. cn
邮箱：sjygbgs@ 126. com
zhanghm@ sunshinepaper. com. cn
产品：纸管原纸、牛卡纸、瓦楞原纸

山东恒安纸业有限公司
山东省潍坊市坊子区北海路 7209 号
邮编：261200
电话：0536－7666888
传真：0536－7666888
网址：www. hengan. com
产品：生活用纸

潍坊永新纸业有限公司
山东省潍坊市昌乐县营邱镇河头工业园
邮编：261200
电话：0536－6911126、6911033
传真：0536－6911126、6911033
邮箱：15064680331@ 163. com
maliping85222@ 163. com
产品：铝箔衬纸、皱纹原纸、双面胶带棉纸、淋膜原纸、马桶坐垫原纸

诸城市新星纸业有限公司
山东省潍坊市诸城市辛兴镇工业园
邮编：262200
电话：0536－6062721
传真：0536－6063867
产品：新闻纸

中天纸业股份有限公司
山东省潍坊市奎文区则尔庄路 6 号
邮编：261031
电话：0536－7675079
传真：0536－7675079
网址：www. cnpaper. cn

邮箱：sunyanqing93110@ sina. com
产品：绝缘纸板、纸管原纸、白面牛卡纸、箱纸板

昌乐县科苑纸业有限公司
山东省潍坊市昌乐县经济开发区新昌北路 369 号
邮编：262400
电话：0536 – 6295208、6295106
传真：0536 – 6280662
网址：www. keyuanpaper. com
邮箱：clkyzy@ 163. com
产品：育果袋纸

威海市

荣成荣昌纸制品有限公司
山东省威海市荣成市荣安路
邮编：264300
电话：0631 – 7512678
传真：0631 – 7512456
网址：www. homely. com. cn
产品：水印纸

荣成海盛纸业有限公司
山东省威海市荣成市好当家工业园区
邮编：264305
电话：0631 – 7438223
传真：0631 – 7438223
网址：www. homely. com. cn
产品：箱纸板、瓦楞原纸

山东凯丽特种纸股份有限公司
山东省威海市荣成市河阳东路 198 号
邮编：264300
电话：0631 – 7510288、7571777
传真：0631 – 7571946
网址：www. kailipaper. cn
邮箱：kaili@ kailipaper. cn
产品：防伪纸

威海龙港纸业有限公司
山东省威海市羊亭镇凤凰山路 989 号
邮编：264204
电话：0631 – 5764806、5764338、5769888
传真：0631 – 5764806
网址：www. lgzhiye. com
邮箱：lgzhiye@ 163. com
产品：箱纸板、瓦楞原纸

济宁市

济宁恒丰纸业有限责任公司
山东省济宁市安居工业园区
邮编：272059
电话：0537 – 2312038
传真：0537 – 2559310
网址：www. jnhfzy. com
产品：半透明纸、铜版纸、格拉辛纸、玻璃卡纸

山东太阳纸业股份有限公司
山东省兖州市友谊路 1 号
邮编：272100
电话：0537 – 7925888、7928711、7928710
传真：0537 – 7928489
网址：www. sunpapergroup. com
邮箱：sun@ sunpapergroup. com
taiyangzhiye@ 163. com
产品：牛皮箱纸板、高档文化用纸、静电复印纸、牛皮卡纸、涂布白纸板、白卡纸、双胶纸、新闻纸、不干胶纸、电脑打印纸、书写纸、轻涂纸、铜版纸、扑克牌面纸、蜡光原纸、无酸档案纸、素描纸

山东宏河矿业集团邹城恒翔纸业有限公司
山东省邹城市营西路 52 号
邮编：273500
电话：0537 – 5300318
传真：0537 – 5312183
网址：www. sdhhjt. com
邮箱：13583731886@ 126. com
产品：新闻纸

山东华金集团有限公司
山东省济宁市泗水县金庄镇 818 号
邮编：273201
电话：0537 – 4036894、4036807、4036979
传真：0537 – 4031210
网址：www. huajinpaper. com
邮箱：huajinlbz@ 126. com
产品：涂布白卡纸、无碳复写纸、静电复印纸、双面胶版纸、电脑打印纸、票据专用纸、离型原纸、防黏纸、书写纸

济宁昊源纸业有限公司
山东省济宁市任城区长沟镇后刘东村
邮编：272100
电话：0537 – 2580263

传真：0537－2580766
邮箱：haoyuanzhiye@163. com
产品：牛皮挂面纸、建筑模板纸、水松原纸、食品包装纸、防伪纸、卡纸、高档文化用纸、仿牛皮纸、单面光牛皮纸

泰安市

泰山石膏股份有限公司
山东省泰安市岱岳区大汶口
邮编：271026
电话：0538－8811449、8811293、8811078
网址：www. taihegroup. com
邮箱：tssgbgs@163. com
产品：石膏板护面纸

泰安百川纸业有限公司
山东省新泰市小协镇经济开发区
邮编：271221
电话：0538－7866147、7866947
传真：0538－7866447
网址：www. tabczy. com
邮箱：sdtabczy@163. com
产品：轻型纸、字典纸、羊皮纸、石膏板护面纸、纸管纸

东顺集团股份有限公司
山东省泰安市东平县东顺工业园
邮编：271500
电话：0538－2820378、2825077
传真：0538－2820378
网址：www. dongshunpaper. com
产品：生活用纸、一次性卫生用品

山东天和纸业有限公司
山东省泰安市宁阳文化街 1857 号
邮编：271499
电话：0538－5630399
传真：0538－5630399
网址：www. tianhepaper. net
产品：电脑打印纸、静电复印纸、热敏纸、工程纸

泰山泰和纸业有限公司
山东省泰安市岱岳区大汶口
邮编：271026
电话：0538－8812958
传真：0538－8812958
邮箱：878110856@qq. com
pufengyang@163. com
产品：石膏板护面纸

山东省东平县华东纸业有限公司
山东省东平县城平湖路南段
邮编：271500
电话：0538－6359666
传真：0538－6350009
邮箱：HDZY6350009@163. com
产品：高档静电复印纸、水印防伪纸、无碳原纸、热敏纸、防水铜版原纸、白卡纸、白牛皮纸、高档票据彩印纸

日照市

亚太森博（山东）浆纸有限公司
山东省日照市北京路 369 号
邮编：276826
电话：0633－3361270、3361111、3361000
传真：0633－3369069
网址：www. asiasymbol. com
产品：白卡纸、纸浆

日照华泰纸业有限公司
山东省日照市莒县莒州路 119 号
邮编：276500
电话：0633－6882076、6881688
传真：0633－6882881、6882519
网址：www. huatai. com
www. huataipaper. com
产品：双胶纸、铜版纸

莱芜市

山东百伦纸业有限公司
山东省莱芜市涞城区方下镇
邮编：271125
电话：0634－6611308、6613520、8675996、8675777
传真：0634－6611122
邮箱：baronpaper@163. com
产品：轻量涂布纸、铜版纸、书写纸、双胶纸、高档书写纸、精制双胶纸、静电复印纸、新闻纸

临沂市

临沂市鑫惠纸业公司
山东省临沂市小商品城 11 号楼 283 号
邮编：276000

电话：0539 – 8068186
产品：有光纸、书写纸、双胶纸、绘图纸、朱红纸、蜡光纸

临沂震元纸业有限公司
山东省临沂市苍山县建设路 72 号
邮编：277700
电话：0539 – 5213232
传真：0539 – 5211961
产品：书写纸、双胶纸

山东新凯电子材料有限公司
山东省临沂市郯城县人民路 313 号
邮编：276100
电话：0539 – 6221670、6128100、6130729、6130904
传真：0539 – 6130656
产品：耐磨纸、化妆原纸、电容器纸、墙壁原纸

山东鲁南新材料股份有限公司
山东省临沂市郯城县人民路 313 号
邮编：276100
电话：0539 – 6788168
传真：0539 – 6788168
网址：www. lunanpaper. com
产品：电解电容纸、化妆板原纸、平衡纸、耐磨纸、壁纸原纸

山东永泰纸业有限公司
山东省临沂市莒南县开发区黄海路西段
邮编：276600
电话：0539 – 7319666
传真：0539 – 7318039
邮箱：ytzy8008@ 163. com
产品：瓦楞原纸

山东光华纸业集团有限公司
山东省临沂市费县上冶镇
邮编：273401
电话：0539 – 5811602
传真：0539 – 5811102
产品：铜版纸、双面胶版纸、静电复印纸、书写纸、卫生纸

临沂华辰纸业有限公司
山东省临沂经济开发区延安路 109 号（延安路与杭州路交汇处）
邮编：276023
电话：0539 – 6013888
传真：0539 – 6013000
网址：www. huachenzhiye. com
邮箱：huachenpaper@ 163. com
产品：无碳复写纸

临沂成和银座纸业有限公司
山东省临沂市兰山区解放路 419 号
邮编：276000
电话：0539 – 8338215
传真：0539 – 8333703
网址：www. chengheyinzuo. com
产品：工业用纸、描图纸、晒图纸、复印纸、数码彩色激光纸

德州市

德州华北纸业集团有限公司
山东省德州市德城区二屯镇政府驻地
邮编：253035
电话：0534 – 2189079、2187309、2188791
传真：0534 – 2182388、2187566
网址：www. dzhbzy. net
邮箱：dzhbzy@ 163. com
产品：书写纸、复印纸、轻型纸

德州沪平永发造纸有限公司
山东省德州市平原县王打卦工业园
邮编：253102
电话：0534 – 4520002
传真：0534 – 4520598
产品：高强瓦楞原纸

山东中茂圣源纸浆有限公司
山东省德州市陵城区经济开发区
邮编：253500
电话：0534 – 2133500、2133535
传真：0534 – 2133508
产品：杨木化学机械浆

山东冠军纸业有限公司
山东省德州市齐河县潘店镇工业园
邮编：251125
电话：0534 – 5972085、5972888
传真：0534 – 5972085、5975888
网址：www. guanjunzhiye. com
邮箱：sdgjzy@ 163. com
产品：铜版纸、双面胶版纸、静电复印纸

山东江河纸业有限责任公司
山东省德州市齐河县晨鸣东路 1 号
邮编：251100
电话：0534－5691899、5028501、5678500
传真：0534－5028599
网址：www.sdjhpaper.cn
邮箱：qhcmrzc@126.com
产品：纸杯原纸、双胶纸、轻型纸、道林纸

德州泰鼎新材料科技有限公司
山东省德州市平原县王杲铺镇
邮编：253105
电话：0534－4562766、2162333
传真：0534－4562044、4561258
网址：www.tdxcl.com
邮箱：zd4562766@163.com
产品：铜版原纸、书写纸、胶印书刊纸、静电复印纸、箱纸板、卫生纸

山东泉林纸业夏津有限公司
山东省德州市夏津县建设街 45 号
邮编：253200
电话：0534－3313381
传真：0534－3312139
网址：www.tralin.com
产品：双胶纸、静电复印纸、中涂纸、轻量涂布纸、文化用纸

聊城市

中冶纸业银河有限公司
山东省临清市西门里街 297 号
邮编：252600
电话：0635－2433886、2433348、2433825
传真：0635－2436952、2433346
网址：www.cctyinhe.com
产品：书写纸、胶版纸、胶印书刊纸、静电复印纸、瓦楞原纸

茌平泉林纸业有限公司
山东省聊城市茌平县信发办事处工交路 2 号
邮编：252100
电话：0635－7115116
传真：0635－7115116
网址：www.cptralin.com
邮箱：cptralin@126.com
产品：特种纸、食品包装纸、文化用纸

山东信成纸业有限公司
山东省聊城市茌平县西外环高新技术工业园
邮编：252100
电话：0635－4285466、4283298
传真：0635－4287566
网址：www.sdxcgroup.cn
产品：干法无尘纸、湿纸巾、餐巾纸、柔巾卷纸、擦拭纸、分盘无尘纸

山东泉林纸业有限责任公司
山东省聊城市高唐县光明东路 15 号
邮编：252800
电话：0635－3951080
传真：0635－3953497
网址：www.tranlin.com
产品：铜版纸、复合软包装、双面胶版纸、低定量涂布纸、静电复印纸、胶印书刊纸、防黏原纸、书写纸、证券纸、字典纸、电话簿纸

山东金蔡伦纸业有限公司
山东省聊城市阳谷县华山路 8 号
邮编：252300
电话：0635－6173998、6173961
传真：0635－6173956
网址：www.gclpaper.com
www.goldencailun.com
产品：轻型印刷纸

滨州市

博兴兴华纸业有限公司
山东省滨州市博兴县湖滨镇寨郝工业园
邮编：256511
电话：0543－2809565
传真：0543－2800565
产品：箱纸板、瓦楞原纸

山东博兴金山联纸业公司
山东省滨州市博兴县博城三路 83 号
邮编：256500
电话：0543－2307892
传真：0543－2307890
网址：www.kinsany.com
邮箱：haoxl163@tom.com
产品：双胶纸、彩色胶版纸、不干胶底纸、铜版纸、书写纸、静电复印纸、胶印书刊纸、低定量涂布纸、牛皮纸、有光纸

山东群星纸业有限公司
山东省滨州市邹平县长山镇长星工业园
邮编：256206
电话：0543－4853668
传真：0543－4853668
产品：高档装饰原纸、静电复印纸

山东省博兴县华辰纸业有限公司
山东省滨州市博兴县寨郝工业园
邮编：256511
电话：0543－2809045
传真：0543－2809045
产品：彩色胶版纸、无碳复写纸、白牛皮纸

山东天地缘实业有限公司
山东省滨州市邹平县长山镇魏桥工业园创业大道176号
邮编：256212
电话：0543－4737999、4890528
传真：0543－4732777
产品：高强瓦楞原纸、生活用纸

山东省博兴县华辰纸业有限公司
山东省滨州市博兴县湖滨镇寨郝工业园
邮编：256511
电话：0543－2809045
传真：0543－2809488
邮箱：13181035689@163.com
产品：文化用纸、无碳复印纸、彩色胶版纸

山东普瑞富尔特纸业有限公司
山东省滨州市渤海六路696号
邮编：256600
电话：0543－3988503
传真：0543－3402216
邮箱：dhtwq@163.com
产品：汽车滤纸、商标纸、扑克牌纸、不干胶纸、瓦楞原纸

菏泽市

菏泽市宏泰纸业有限公司
山东省菏泽市牡丹区黄罡镇侯集工业园
邮编：274000
电话：0530－5660486
传真：0530－5663262
网址：www.sdhzhtzy.com
邮箱：htzy688@126.com
产品：文化用纸

菏泽牡丹纸业有限公司
山东省菏泽市牡丹区黄罡工业园
邮编：274000
电话：0530－5660775
传真：0530－5663618
邮箱：hanzhaoyun@126.com
产品：生活用纸

河　南　省

郑州市

新密市恒丰纸业有限公司
河南省新密市大隗镇铁匠沟村
邮编：452383
电话：0371－69288516
传真：0371－69288516
产品：瓦楞原纸、箱纸板

郑州华丰工贸纸业有限公司
河南省新密市大隗镇铁匠沟村工业区
邮编：450000
电话：0371－65839063、69286949
传真：0371－65839062
邮箱：gongmao1991@126.com
产品：瓦楞原纸、箱纸板

郑州永光纸业有限公司
河南省郑州市大隗镇观砦村罗湾工业区
邮编：452383
电话：0371－69276199、69271175
传真：0371－69276199
产品：瓦楞原纸、箱纸板

新密市宏远纸业有限公司
河南省郑州市大隗镇观砦村
邮编：452383
电话：0371－69288556、69288501
传真：0371－69288559
产品：箱纸板

郑州康华纸业有限公司
河南省新密市大隗镇进化村
邮编：452383
电话：0371－69288698、69271138
传真：0371－69288699

邮箱：zzkanghua001@126.com
产品：瓦楞原纸

郑州浦发纸业有限公司
河南省新密市大隗镇
邮编：452382
电话：0371－69286798、69271166、63152338
邮箱：13703986206@163.com
产品：瓦楞原纸、箱纸板

新密市荣昌纸业有限公司
河南省新密市来集镇卢村
邮编：452382
电话：0371－63150739
产品：瓦楞原纸、箱纸板

新密市汇丰纸业有限公司
河南省苟堂镇小刘砦村巴家岗
邮编：452384
电话：0371－69251337、15038252888
产品：特种纸

河南东盛纸业有限责任公司
河南省新密市矿区新华路办事处杨砦村
邮编：452370
电话：0371－69786848、69730666
传真：0371－69730666
网址：www.dongshengzhiye.cn
邮箱：dfzjbjb@sina.com
产品：高强瓦楞原纸、涂布白纸板

郑州复兴纸业有限公司
河南省登封市卢店镇唐庄工业区
邮编：452472
电话：0371－60287756、4007889169
传真：0371－69833766
网址：www.fxzhi.com
邮箱：fx55288@163.com
产品：白纸板、箱纸板

郑州东盛纸业有限公司
河南省中牟县城关镇青年路东段
邮编：451450
电话：0371－62184772
传真：0371－62193066
产品：生活用纸

舞阳银鸽纸产有限公司
河南省郑州市红旗路
邮编：450000
电话：0371－65526879
传真：0371－65526879
产品：轻型纸、打印纸

大河纸业有限公司
河南省郑州市金水区农业路东41号
邮编：450008
电话：0371－69515167
传真：0371－69518697
网址：www.dahepaper.com
邮箱：shichangbu@dahepaper.com
产品：胶版纸、书写纸、微涂纸、静电复印原纸、热敏原纸、铸涂原纸

洛阳市

偃师市博毅纸业有限公司
河南省偃师市偃登路
邮编：471943
电话：0379－67798566、13937986188
产品：生活用纸

洛阳市洁达纸业有限公司
河南省偃师市首阳山镇
邮编：471943
电话：0379－67568819
邮箱：ysjieda@126.com
产品：生活用纸

偃师市首阳山第二卫生纸厂
河南省偃师市首阳山镇前纸庄村
邮编：471943
电话：0379－67557919
产品：生活用纸

平顶山市

舞钢市海明纸业有限公司
河南省舞钢市安寨路1号
邮编：462512
电话：0375－8388005、8388319
传真：0375－8388868
邮箱：hmkj2007@126.com
产品：文化用纸

河南中峰集团纸业有限公司
河南省平顶山市湛河区南环路中段三和电厂院内
邮编：462512
电话：0375－7300018
产品：箱纸板

舞钢市群望纸板有限公司
河南省舞钢市八台镇人民西路
邮编：462541
电话：0375－7280291
网址：www. wgqwzb. com
产品：包装纸板

安阳市

安阳华森纸业有限责任公司
河南省滑县文明路南段
邮编：456400
电话：0372－8113988
网址：www. anyanghuasen. com
邮箱：huaxianyubei2009@ 163. com
产品：麦草浆、生活用纸

滑县光明纸业股份有限公司
河南省滑县道口镇道康路 59 号
邮编：456400
电话：0372－8133399
产品：水果套袋纸

林州市实验纸业有限公司
河南省林州市茶店贝村
邮编：456574
电话：0372－6741193
产品：特种纸

林州市众乐包装食品有限公司
河南省林州市临淇镇东淇河桥西
邮编：456575
电话：0372－6711094
产品：瓦楞原纸

鹤壁市

河南博民纸业加工有限公司
河南省鹤壁市淇县铁西工业区 66 号
邮编：456750
电话：0392－7223378
传真：0392－7275888
产品：生活用纸

鹤壁瑞洲纸业有限公司
河南省鹤壁市淇县铁西区工业路 66 号
邮编：456750
电话：0392－7277111、7277088、7277688
传真：0392－7277000
网址：www. rzpaper. com
邮箱：ruizhou2006@ 163. com
产品：无碳复写纸、生活用纸

鹤壁市恿协纸业有限公司
河南省鹤壁市山城区东环路故县村南
邮编：456750
电话：0392－2438888、2431388
产品：无碳复写纸、生活用纸

新乡市

河南省龙泉集团豫北纸业有限公司
河南省新乡县龙泉工业园
邮编：453731
电话：13837389664
传真：0373－5651627
网址：www. yubei. tcsw. cn
邮箱：827838894@ qq. com
产品：文化用纸、瓦楞原纸

河南新乡鸿泰纸业有限公司
河南省新乡经济开发区鸿泰大道 168 号
邮编：453700
电话：0373－5580219
传真：0373－5586269
网址：www. htzygroup. com
邮箱：htzy1@ 126. com
产品：文化用纸、无碳复写纸

新乡市兴泰纸业有限公司
河南省新乡市经济开发区
邮编：453700
电话：0373－5634908
传真：0373－5634908
产品：文化用纸、白纸板

河南奥博纸业有限公司
河南省新乡市辉县市赵固乡奥博工业园
邮编：453633
电话：0373－6956951、6955976

传真：0373－6955561
邮箱：hnabo@ 126. com
产品：无碳复写原纸、生活用纸

新乡新亚纸业集团股份有限公司
河南省新乡市新乡纸制品工业园（107 国道 686 公里处）
邮编：453731
电话：0373－5681188、5680286
传真：0373－5699888
网址：www. xinyapaper. com
邮箱：xinyapaper@ 163. com
产品：包装纸、文化用纸、生活用纸

河南天邦集团纸业有限公司
河南省辉县市东二环北段
邮编：453613
电话：0373－6855118、6855299
传真：0373－6855333
网址：www. hntbsy. cn
产品：高档双胶纸、静电复印纸、特种纸

新乡市嘉禾文化用品有限公司
河南省新乡市凤泉区新秀路中段
邮编：453012
电话：0373－5420769
传真：0373－5420769
网址：www. xxjhzy. com
邮箱：820511731@ qq. com
产品：无碳复写纸

新乡市腾飞纸业有限公司
河南省新乡市获嘉县城东楼村路口向南 100 米路西
邮编：453800
电话：0373－4778166
传真：0373－4778299
网址：www. xxtfzy. com
邮箱：tengfeizhjye@ 126. com
产品：高档无碳复写纸

焦作市

河南江河纸业股份有限公司
河南省焦作市武陟县文化路 555 号
邮编：454950
电话：0391－7268383、7268153
传真：0391－7268991
网址：www. jianghe. com
邮箱：jianghe-1@ jianghe. com
产品：无碳复写纸、无碳复写原纸、文化用纸

焦作瑞丰纸业有限公司
河南省焦作市武陟县迎宾大道 175 号
邮编：454950
电话：0391－7268809、7268650、7268710
传真：0391－7268605、7268176
网址：www. ruifengpaper. com
邮箱：jzrfzy@ 163. com
产品：化学机械浆

河南华丰纸业有限公司
河南省焦作市武陟县西滑封工业区
邮编：454981
电话：0391－7566549、7565111、7565222
传真：0391－7566548
产品：文化用纸、生活用纸

河南天虹纸业有限责任公司
河南省孟州市黄河大道东段
邮编：454750
电话：0391－8571688、8576658
传真：0391－8571688
产品：新闻纸

河南永威安防股份有限公司
河南省沁阳市西向镇
邮编：454591
电话：0391－5089666、5089700
传真：0391－5089711
网址：www. yongwei. net
邮箱：info@ yongwei. net
vip@ yongwei. net
产品：特种纸、装饰板

沁阳市盛兴纸业有限公司
河南省沁阳市灯塔街
邮编：454550
电话：0391－5622550
产品：高强瓦楞原纸、特种纸

沁阳市景瑞纸业有限公司
河南省沁阳市香港街 1 号
邮编：454550
电话：0391－5611697、5618258
产品：高档生活用纸

沁阳市宏涛纸业有限公司
河南省沁阳市西向镇洪道村
邮编：454550
电话：0391－5093354、5093431
产品：生活用纸

沁阳市联盟纸业有限公司
河南省沁阳市沁圆办事处联盟街
邮编：454550
电话：0391－5690019
产品：瓦楞原纸

河南双马纸品包装有限公司
河南省沁阳市沁北产业集聚区
邮编：454562
电话：0391－5970538、5970515
传真：0391－5970539、5970519
网址：www. henanshuangma. com
邮箱：henanshuangma@ 163. com
产品：箱纸板、瓦楞原纸

濮阳市

濮阳龙丰纸业有限公司
河南省濮阳市胜利西路西段
邮编：457000
电话：0393－8990895、8912388
传真：0393－8961906
网址：www. lfpaper. com
邮箱：lfzy@ dahepaper. com
产品：漂白杨木化学机械浆、高档文化用纸

河南省民通华瑞纸业有限公司
河南省濮阳市台前县孙口工业区
邮编：457600
电话：0393－2733777、2733888
网址：www. mthr. biz
邮箱：bnmintong@ 126. com
产品：轻型纸

濮阳市通宇纸业有限公司
河南省濮阳市范县王楼工贸示范区
邮编：457500
电话：0393－5977888、5972369
传真：0393－5977999
邮箱：pytyzy@ 163. com
产品：文化用纸、生活用纸

许昌市

河南飞达纸业有限公司
河南省许昌市许昌县河街工业园
邮编：461105
电话：0374－5668188、5666666
传真：0374－5668888
网址：www. fdgroup. com. cn
邮箱：fdgroup@ 126. com
产品：白纸板

漯河市

漯河银鸽实业集团有限公司
河南省漯河市人民东路与中山路交叉口
邮编：462000
电话：0395－5615519、5615569
传真：0395－5615583、5615569
网址：www. yinge. com. cn
邮箱：yinge@ yinge. com. cn
产品：双面胶版纸、静电复印纸、书写纸、电脑打印纸、水果套袋纸、低定量涂布纸、口杯纸、字典纸、铝箔衬纸、防伪票据纸、书写纸

漯河市银凤纸业有限公司
河南省漯河市裴城镇苏侯村
邮编：462300
电话：0395－6955241
产品：双胶纸、书写纸、彩色纸

漯河银鸽特种纸有限公司
河南省漯河市中山路银鸽第二生产基地
邮编：462005
电话：0395－2355599
传真：0395－2355117
网址：www. yinge. com. cn
产品：无碳复写原纸、离型纸原纸、格拉辛离型原纸

南阳市

河南仙鹤特种浆纸有限公司
河南省南阳市内乡县湍东工业园区
邮编：474350
电话：0377－65317785、60939188
传真：0377－65315570
网址：www. nxxhzy. com
邮箱：neixiangxh@ 126. com

产品：特种纸、麦草浆板

新野方正纸业有限公司
河南省南阳市新野县工业园区（上港乡）
邮编：473511
电话：0377－66381097
传真：0377－66381098
产品：生活用纸

邓州市一鑫实业有限公司
河南省邓州市穰东镇
邮编：474165
电话：0377－62983579
产品：文化用纸

邓州市老廷实业有限公司
河南省邓州市构林镇邓襄路58号
邮编：474172
电话：0377－62637188
产品：文化用纸

南阳市亿远昌纸业有限公司
河南省南阳市卧龙区龙凤路丁奉店
邮编：473000
电话：0377－66199992
传真：0377－66199992
邮箱：2651951896@qq.com
产品：水转印纸

邓州复兴纸业有限公司
河南省邓州市构林镇邓襄路58号
邮编：474172
电话：13838778311
邮箱：13838778311@139.com
产品：双胶纸、静电复印纸、卫生纸、漂白龙须草浆板

商丘市

虞城县泰乐纸业有限公司
河南省商丘市虞城县城关镇东环路南段
邮编：476300
电话：0370－3028888
产品：纱管纸

周口市

河南省龙源纸业股份有限公司
河南省周口市太康县西二环路工业区
邮编：461400
电话：0394－6915906
传真：0394－6915908
网址：www.hnlyzy.com
邮箱：longyuan412724@163.com
产品：瓦楞原纸

河南护理佳纸业有限公司
河南省周口市鹿邑县产业集聚区迎宾大道西侧
邮编：477200
电话：0394－7490998
传真：0394－7491168
网址：www.hulijia.com
产品：生活用纸

驻马店市

驻马店市白云纸业有限公司
河南省驻马店市遂平县工人路14号
邮编：463100
电话：0396－4902206、4902211、4902218
传真：0396－4902331
网址：www.baiyunpaper.com
邮箱：byzy@dahepaper.com
产品：书写印刷纸

西平县兴华综合纸业有限公司
河南省驻马店市西平县环城乡芳庄村
邮编：463900
电话：0396－6200888
产品：生活用纸

河南金桂特纸科技有限公司
河南省泌阳县工业集聚区
邮编：463000
电话：0396－2629298
传真：0396－2388886
邮箱：48120688@qq.com
产品：经纬复合纸

济源市

济源市腾盛纸业有限公司
河南省济源市轵城工业园区
邮编：454672
电话：0391－6081666
传真：0391－6095666
邮箱：jystszy@163.com

产品：麦草浆

湖 北 省

武汉市

武汉市江岸区春晖生活用纸厂
湖北省武汉市江岸区后湖乡消湖村余家墩 57 号
邮编：430030
电话：027－85628425
传真：027－85628425
产品：生活用纸

大枫纸业集团股份有限公司
湖北省武汉市东西湖区吴家山六顺路大枫工业园
邮编：430040
电话：027－83259909、83259890、83220067
传真：027－83223133
网址：www. maxleaf. com
邮箱：maxpaper@ maxleaf. cn
产品：书写纸、双胶纸、静电复印原纸、特种彩色纸

武汉晨鸣汉阳纸业有限公司
湖北省武汉市经济技术开发区神农大道 33 号
邮编：430057
电话：027－84894245
传真：027－84896241
网址：www. whcmhy. com
邮箱：whcm@ whcmhy. com
产品：书写纸、胶版印刷纸、新闻纸、铜版原纸、静电复印原纸、铸涂原纸、轻型纸

武汉市中兴纸制品有限公司
湖北省武汉市江岸路特 1 号
邮编：430011
电话：027－82313846
产品：纸板

湖北烟草民意纸业有限公司
湖北省武汉市汉阳区黄金口工业园金砖路 8 号
邮编：430051
电话：027－84872965、84882857(销售)
传真：027－84874713
产品：水松纸

武汉金凤凰纸业有限公司
湖北省武汉市江夏区金口工业园
邮编：430209
电话：027－87987777、87988111、87988222
传真：027－87987779
网址：www. whgpp. com
邮箱：whgpp@ 163. com
whgpp123@ 126. com
产品：A 级高强瓦楞原纸

武汉市木兰纸业有限公司
湖北省武汉市黄陂区滠口经济开发区关山工业园
邮编：430311
电话：027－61864818、61864815
传真：027－61862801
网址：www. whmlpaper. com
邮箱：whmlpaper@ 163. com
产品：高强瓦楞原纸

黄石市

黄石帅伦纸业有限公司
湖北省黄石市黄石大道 105 号
邮编：435001
电话：0714－6410433、6410745
产品：双胶纸、胶印书刊纸、装饰板底衬纸、口杯原纸

宜昌市

湖北宜昌翔陵纸制品有限公司
湖北省宜昌市夷陵区龙泉镇钟家畈创业园
邮编：443112
电话：0717－7788606
传真：0717－7788166
网址：www. hbycxlzy. com
邮箱：xlzy@ 163. com
hbycxlzy@ 163. com
产品：单面白纸板、箱纸板、瓦楞原纸、纱管纸、灰纸板

湖北舒云纸业有限公司
湖北省宜昌市猇亭大道 438 号
邮编：443007
电话：0717－6536742
邮箱：bgs@ shuyunpaper. com
产品：生活用纸

湖北宝塔纸业有限公司
湖北省宜昌市猇亭工业园
邮编：443007

电话：0717－6917272、6917288
传真：0717－6917298
网址：www. baota-paper. com
邮箱：hbycbt@126. com
产品：新闻纸、双胶纸、书写纸

襄樊市

襄樊大枫纸业有限公司
湖北省襄樊市樊城区建设路 30 号
邮编：441002
电话：0710－3251087
传真：0710－3251290
产品：胶印(彩色)书刊纸、单双面胶版纸

湖北华海纤维科技股份有限公司
湖北省襄樊市南漳县城关镇便河路 1 号附 1 号
邮编：441500
电话：0710－5250358、5231705
传真：0710－5250398、5250386
网址：www. huahaizhiye. com. cn
邮箱：hhzy2011@126. com
产品：文化用纸

襄樊百灵纸业有限公司
湖北省襄樊市樊城区建设路 53 号
邮编：441002
电话：0710－3223408
产品：文化用纸、铜版原纸、低定量食品包装原纸

孝感市

恒安(湖北)心相印纸制品有限公司
湖北省孝感市湖北孝南经济开发区 316 国道复线
邮编：432100
电话：0712－2366189
传真：0712－2516299
产品：生活用纸

维达纸业(湖北)有限公司
湖北省孝感市孝南区南经济开发区 316 国道复线
邮编：432122
电话：0712－2519099
网址：www. vindapaper. com
产品：生活用纸

中顺洁柔(湖北)纸业有限公司
湖北省孝感市 107 国道八一大桥旁
邮编：432122
电话：0712－2515566
传真：0712－2515508
网址：www. zhongshungroup. com
产品：生活用纸

金凤凰纸业(孝感)有限公司
湖北省孝感市孝南经济开发区孝武大道 612 号
邮编：432020
电话：0712－2366973、13807130389
产品：高强瓦楞原纸

湖北森源纸业有限公司
湖北省孝感市孝南区东山头农场沦河咀村
邮编：432018
电话：0712－2553188
传真：0712－2553188
邮箱：1594046544@qq. com
产品：瓦楞原纸、口杯原纸

金红叶纸业(湖北)有限公司
湖北省孝感市孝南经济开发区孝武路 468 号
邮编：432100
电话：0712－2570792
传真：0712－2570961
产品：生活用纸

荆州市

荆州麒天纸业有限公司
湖北省荆州市公安县杨厂镇新正街 188 号
邮编：434303
电话：0716－5393373
传真：0716－5393041
产品：牛皮箱纸板、涂布白纸板

公安县龙腾纸业有限责任公司
湖北省荆州市公安县藕池镇解放路 37 号
邮编：434305
电话：0716－5716728
传真：0716－5716718
产品：牛皮箱纸板

湖北监利大枫纸业有限公司
湖北省监利县容城镇沿江路 41 号
邮编：433300
电话：0716－3287457
传真：0716－3275119

产品：胶印书刊纸、书写纸、双面胶版纸、水松纸

湖北骏马纸业有限公司
湖北省荆州市荆州区拍马工业园
邮编：434034
电话：0716－8416625、8416156
传真：0716－8416156
产品：涂布白卡纸(烟卡纸)

湖北秦楚纸业有限公司
湖北省荆州市公安县青吉工业园
邮编：434300
电话：15399059511
邮箱：574817854@qq.com
产品：涂布白纸板

黄冈市

永昌万利造纸厂
湖北省黄冈市蕲春县蕲州镇永昌路 88 号号
邮编：436315
电话：0713－7511725、7511289
传真：0713－7511852
产品：染色压纹原纸、色卡纸、喷墨打印纸、高光相纸

随州市

湖北雅都恒兴纸业有限公司
湖北省广水市广水沿河大道特 1 号
邮编：432721
电话：0722－6495555、15997897170
传真：0722－6494666
网址：www.whyadu.com
邮箱：hbyadu@163.com
产品：A 级高强瓦楞原纸

随州市兴丰源纸业有限责任公司
湖北省随州市淅河镇青春村 1 组
邮编：441326
电话：0722－4510125、4510539
传真：0722－4510539
邮箱：1046628857@qq.com
产品：B、C、D 级箱纸板和瓦楞原纸

襄阳市

湖北老河口市金赞阳纸业有限公司
湖北省襄阳市老河口市
邮编：441800
电话：0710－8247392
传真：0710－8247392
产品：挂面纸、高强瓦楞原纸、高级箱纸板

恩施土家族苗族自治州

恩施市锦华纸业有限公司
湖北省恩施土家族苗族自治州巴公路 30 号
邮编：445000
电话：0718－8200925、8200569
传真：0718－8200924
网址：www.esjinhua.com
邮箱：4554541182@qq.com
产品：卷烟纸、成型纸、卫生纸

湖　南　省

长沙市

湖南泰格林纸集团股份有限公司
湖南省长沙经济技术开发区东升路 48 号
邮编：410100
电话：0731－84025555
传真：0731－84025555
网址：www.tigerfp.com
产品：胶印书刊纸、轻涂纸、新闻纸

长沙市诗玉纸业有限公司
湖南省长沙市天心区友谊路 55 号星语林名园 6 栋 4－1007 室
邮编：410004
电话：0731－85016276
传真：0731－85016276
产品：印刷拷贝纸

湖南飞翔纸品有限公司
湖南省长沙市隆平高科技园
邮编：410125
电话：0731－84671127
产品：白卡纸、片烟纸

湖南绿洲浆纸有限公司
湖南省长沙市芙蓉中路新时代广场
邮编：410000
电话：0731－84213811
传真：0731－84213811

产品：牛皮纸、红色半透明纸

浏阳市晨鸣纸业有限公司
湖南省浏阳市大瑶镇天和社区
邮编：410312
电话：0731－83812059
产品：箱纸板、牛皮纸

浏阳市宏鑫福利造纸厂
湖南省浏阳市枨冲镇红卫村
邮编：410309
电话：0731－83741588
产品：花炮纸

中旺纸业有限公司
湖南省浏阳市金刚镇新星村
邮编：410181
电话：0731－83890076、83628666
传真：0731－83628666
产品：鞭炮纸

浏阳市东宇福利造纸厂
湖南省浏阳市大瑶镇工业园
邮编：410312
电话：0731－83810039
产品：鞭炮纸

浏阳市宏源造纸厂
湖南省浏阳市太平桥镇宏源村
邮编：410300
电话：0731－83742889
传真：0731－83742889
产品：竹胶板复合纸

浏阳集里大栗特种纸厂
湖南省浏阳市集里办事处平水村大栗坪电站
邮编：410300
电话：0731－83660462
传真：0731－83660462
产品：引线纱纸

浏阳市文家市星华纸厂
湖南省浏阳市文家市镇中洲村
邮编：410000
电话：0731－83774769
传真：0731－83774769
产品：机制纸

浏阳市连心造纸厂
湖南省浏阳市大瑶镇瑶礼路
邮编：410300
电话：0731－83801578
传真：0731－83801578
产品：高强瓦楞原纸、黄纸板

浏阳市九玖纸业有限责任公司
湖南省浏阳市大瑶镇工业园
邮编：410000
电话：0731－83805399
传真：0731－83805299
产品：高强瓦楞原纸、烟花纸、油黏原纸

浏阳市青草运辉造纸厂
湖南省浏阳市枨冲镇青草乡
邮编：410000
电话：0731－83716856、13507415541
产品：瓦楞原纸

浏阳市金江造纸厂
湖南省浏阳市普迹镇塘湾村
邮编：410000
电话：0731－83140268
传真：0731－83140268
产品：瓦楞原纸

恒辉纸业包装有限公司
湖南省长沙市宁乡县城郊纸业园
邮编：410624
电话：0731－87809218
传真：0731－87809218
产品：瓦楞原纸

湖南恒瀚高新技术有限公司
湖南省长沙市宁乡市经济开发区城郊纸业园
邮编：410600
电话：0731－88981896、88981899
传真：0731－87859217
网址：www. henghanpaper. com. cn
邮箱：sales@ henghanpaper. com. cn
产品：涂布纸、热敏纸、无碳复写纸

浏阳市天和纸业有限公司
湖南省浏阳市大瑶镇造纸工业基地
邮编：410312
电话：0731－8380036
传真：0731－8381848

产品：高档涂布白纸板

湘潭市

湖南省造纸研究所有限公司
湖南省湘潭市建设中路7号
邮编：411104
电话：0731－57816249
传真：0731－57816249
网址：www. bpxc. cn
邮箱：sales@ bpxc. cn
产品：工业涂布纸、压纹名片纸、特种工业用纸

邵阳市

绥宁县宝庆联纸有限公司
湖南省邵阳市绥宁县长铺路工业路98号
邮编：422600
电话：0739－7611455、7611234
传真：0739－7616616、7600276
产品：纸袋纸、绝缘纸板

城步苗族自治县银河纸业有限责任公司
湖南省邵阳市城步苗族自治县儒林镇城南路78号
邮编：422500
电话：0739－7369158
传真：0739－7369880
产品：书写纸、广告纸、静电复印纸

绥宁县天成造纸有限公司
湖南省邵阳市绥宁县城工业路101号
邮编：422600
电话：0739－7602689
传真：0739－7602698
产品：红色半透明纸

湖南广信电工科技股份有限公司
湖南省邵阳市新邵县酿溪镇东西路8号
邮编：422900
电话：0739－3605663、3600756、3601566
传真：0739－3603966
网址：www. gx-ei. com
邮箱：guangxin@ gx-ei. com
产品：电绝缘纸板

湖南湘丰特种纸业有限公司
湖南省邵阳市隆回县城东南工业园区
邮编：422200
电话：0739－8187993
传真：0739－8247998
产品：卷烟纸

隆回县六都寨祁都纸业有限公司
湖南省邵阳市隆回县六都察镇工业小区
邮编：422000
电话：0739－8734227
传真：0739－8733927
产品：双面拷贝纸、单面拷贝纸

南飞页纸业有限公司
湖南省邵阳市洞口县山门镇
邮编：422317
电话：0739－7240047
产品：防近视双胶纸

邵东县黄桥造纸厂
湖南省邵阳市邵东县黑田铺乡
邮编：422000
电话：0739－2123555
产品：玻璃卡纸

新宁县先锋纸业有限公司
湖南省邵阳市新宁县金石镇观双瀑桥头
邮编：422000
电话：0739－4810243
产品：拷贝纸

新邵县金龙纸业有限责任公司
湖南省邵阳市新邵县酿溪镇新阳路253号
邮编：422900
电话：0739－3663302
传真：0739－3667858
产品：半透明纸、书写纸

岳阳市

岳阳林纸股份有限公司
湖南省岳阳市城陵矶
邮编：414002
电话：0730－8590563、8590247
传真：0730－8560335、8561262
网址：www. yypaper. com
产品：低定量涂布纸、胶印新闻纸、轻型印刷纸、颜料整饰胶版纸、牛皮纸

岳阳丰泰纸业有限公司
湖南省岳阳市城陵矶
邮编：414002
电话：0730－8590178、8590350
传真：0730－8590300、8560451
产品：轻型纸、相册原纸、高定量双胶纸、精致书写纸、工业淋膜纸

湖南省汨罗市罗城纸业有限公司
湖南省汨罗市罗城桥区
邮编：414400
电话：0730－5223534
传真：0730－5222864
产品：白纸板

岳阳华丰纸业有限公司
湖南省岳阳县筻口镇双港村
邮编：414113
电话：0730－7370232
产品：挂面纸

汨罗市汨江造纸厂
湖南省汨罗市新市镇梅家桥
邮编：414413
电话：0730－5611605
传真：0730－5611388
产品：白纸板

汨罗市寰宇再生资源有限公司
湖南省汨罗市智峰乡
邮编：414400
电话：0730－5880868
传真：0730－5880868
产品：瓦楞原纸、箱纸板

常德市

恒安（湖南）心相印纸业有限公司
湖南省常德市德山开发区桃林路
邮编：415001
电话：0736－7307185、7300008
传真：0736－7306353、7300332
产品：生活用纸、卫生纸

湖南雪丽造纸有限公司
湖南省常德市津市襄窑路 301 号
邮编：415400
电话：0736－4212801
传真：0736－4212619
产品：静电复印纸、双胶纸

湖南常德华耀浆纸有限公司
湖南省常德市德山沿河路 1 号
邮编：415001
电话：0736－7312763
传真：0736－7312819
产品：双胶纸

常德中冶美隆纸业有限公司
湖南省常德市西洞庭管理区东北湾
邮编：415137
电话：0736－7501888
传真：0736－7501369
产品：热敏纸、无碳复写原纸

常德市天耀纸业有限公司
湖南省常德市汉寿县洋淘湖镇朱家湾村
邮编：415901
电话：0736－2031777
传真：0736－2031180
网址：www. tpghk. com
产品：色卡纸

益阳市

泰格林纸集团沅江纸业有限责任公司
湖南省沅江市书院路 358 号
邮编：413100
电话：0737－2850278、2850026
传真：0737－2850258
产品：胶印书刊纸、双胶纸

湖南金太阳纸业有限公司
湖南省沅江市南嘴镇余百新村
邮编：413104
电话：0737－2296712
传真：0737－2297399
网址：www. jty-paper. com
邮箱：jty2297399@ 163. com
产品：文化用纸

沅江漉湖林源纸业有限公司
湖南省沅江市漉湖芦苇场
邮编：413000
电话：0737－2491235、13870099572
传真：0737－2491186

网址：www. linyuanzc. com
产品：道林纸、静电复印纸、素描纸、双胶纸

湖南跃宇纸业有限公司
湖南省益阳市桃江县桃花江镇曾家坪
邮编：413400
电话：0737－8203989、8202258、15898408859
产品：拷贝纸、卫生纸

永州市

泰格林纸集团永州湘江纸业有限责任公司
湖南省永州市冷水滩区下河线路105号
邮编：425000
电话：0746－8470404
传真：0746－8470498
产品：铜版纸、牛皮纸、纸袋纸

怀化市

泰格林纸集团洪江纸业有限公司
湖南省怀化市洪江区萝卜湾45号
邮编：418201
电话：0745－7691692
传真：0745－7694376
产品：本色木浆、牛皮纸、纸袋纸

湖南五强溪特种纸业有限公司
湖南省怀化市沅陵县五强溪镇刘公溪
邮编：419635
电话：0745－4734158
传真：0745－4732958
产品：炸药纸、卫生纸

泰格林纸骏泰浆纸有限责任公司
湖南省怀化市中方县中方镇
邮编：418000
电话：0745－2837009
传真：0745－2837009
产品：纸浆

会同县宝庆恒达纸业有限公司
湖南省怀化市会同县林城镇
邮编：418000
电话：0745－8853699
传真：0745－8852660
产品：木浆板、溶解浆

娄底市

湖南正佳特种材料有限公司
湖南省娄底市双峰县
邮编：417700
电话：0738－8955673
传真：0738－8955679
产品：空气滤纸、无纺布纸、PU纸、装饰纸

广　东　省

广州市

广州造纸集团有限公司
广东省广州市南沙区珠江管理区新广一路29号
邮编：511462
电话：020－34663302
传真：020－84946051
网址：www. gzpaper. com. cn
产品：新闻纸、灰底涂布白纸板

广州市花都安达纸品制造有限公司
广东省广州市花都区狮岭镇安达路1号
邮编：510850
电话：020－86846886、13710821573
传真：020－86846922
产品：瓦楞纸板、瓦楞纸箱

广州市天河棠下纸业制造有限公司
广东省广州市天河区五横路新圩纸厂1号
邮编：510655
电话：020－85530129
产品：瓦楞原纸

广州威达高实业有限公司
广东省广州市番禺区万倾沙新广一路39号
邮编：511462
电话：020－84947642
传真：020－84946021
产品：涂布白纸板、白纸板、灰纸板

番禺灵山宏达造纸厂
广东省广州市番禺区南河镇墩塘村三沙街127号
邮编：511480
电话：020－84928108
产品：卫生纸

广州市花都长兴纸业有限公司
广东省广州市花都区花东镇大塘村 2 队 29 号
邮编：510890
电话：020 – 86763218
传真：020 – 86764838
产品：瓦楞原纸

广州宝中宝纸塑制品有限公司
广东省广州市白云区钟落潭镇宝中宝工业区
邮编：510550
电话：020 – 87410008、87410818
传真：020 – 87410838
网址：www. baozhongbao. net
产品：离型纸、胶带原纸、纸杯纸、纸餐盒纸

永丰余纸业(广州)有限公司
广东省广州市黄埔经济技术开发区东基工业区夏园路 5 号
邮编：510730
电话：020 – 82217761
网址：www. yfypeng. cn. gongchang. com
产品：瓦楞纸板、纸箱

广州市辽板纸业有限公司
广东省广州市经济技术开发区明珠路 16 号
邮编：510730
电话：020 – 82001966
传真：020 – 82001321
网址：www. liaoban. b2b. hc360. com
产品：精装书灰纸板、装帧灰纸板、文具灰纸板、拼图灰纸板、礼品盒灰纸板、硬纸包装箱灰纸板

广州宏港纸业有限公司
广东省广州市南沙区东涌镇南涌工业区
邮编：511460
电话：020 – 39010025
传真：020 – 39010025
网址：www. honggangpaper. com
邮箱：honggangpaper@ foxmail. com
产品：热升华转印纸、印花纸

韶关市

乐昌市裕兴纸业有限公司
广东省乐昌市城关镇河南街 143 号
邮编：512219
电话：0751 – 5508628
传真：0751 – 5503607
产品：卫生纸、瓦楞原纸

韶能集团韶关南雄珠玑纸业有限公司
广东省南雄市雄南路 38 号
邮编：512400
电话：0751 – 3822990
传真：0751 – 3870018
网址：www. snzjzy. com
产品：胶版印刷纸、中性复印纸、教材用纸

始兴县国升造纸有限公司
广东省韶关市始兴县太平镇瑶村坳城东
邮编：512500
电话：0751 – 3321082
产品：白色水松纸

韶关市联进纸业有限公司
广东省韶关市乳源瑶族自治县桂头镇仙湖工业园
邮编：518000
电话：0751 – 5395168
产品：生活用纸

韶关市始兴县联兴造纸实业有限公司
广东省韶关市始兴县太平镇瑶村坰
邮编：512500
电话：0751 – 3330223
产品：食品包装纸

珠海市

珠海经济特区红塔仁恒纸业有限公司
广东省珠海市前山金鸡路 508 号
邮编：519070
电话：0756 – 8666888
传真：0756 – 8615037
网址：www. htrh-paper. com
邮箱：zhhtrh@ htrh-paper. com
产品：包装纸板、饮料包装纸、口杯纸

汕头市

汕头市金平区飘合纸业有限公司
广东省汕头市鮀浦举丁工业区
邮编：515061
电话：0754 – 82530777、88279165、82533777
传真：0754 – 82515777、82543324
网址：www. piaohe. com
邮箱：piaohe1660@ sina. com

产品：生活用纸

汕头市造纸二厂
广东省汕头市杏花村护堤路 11 号
邮编：515021
电话：0754 - 88220921
产品：包装纸

澄海溪南东社造纸厂
广东省汕头市澄海区溪南镇东社联青路南侧
邮编：515832
电话：0754 - 85756188、85332618
传真：0754 - 85758618、85309908
网址：www. stdongshe. com
产品：瓦楞原纸、灰纸板、茶纸板

广东省汕头市万安纸业有限公司
广东省汕头市濠江区三联工业区
邮编：515031
电话：0754 - 82516877
传真：0754 - 82516877
网址：www. wananpaper. com
产品：生活用纸

汕头市造纸实业有限公司
广东省汕头市护堤路 11 号
邮编：515021
电话：0754 - 8220921
产品：服装百褶裙纸、压褶皱纹纸、灯饰褶景纸、裁衣纸、包装纸

佛山市

佛山市南海区嘉凌纸业有限公司
广东省佛山市南海区罗村工业园 9 号
邮编：528226
电话：0757 - 86411942
产品：白纸板、铜版纸、双胶纸、白卡纸

佛山市高明鸿源纸业有限公司
广东省佛山市高明区高明大道兴源路
邮编：528500
电话：0757 - 88986218
传真：0757 - 88986228
网址：www. hy-paper. com. cn
邮箱：88622228n@ 163. com
hy89930668@ 163. com
产品：文化用纸、白牛皮纸、热敏纸、转印原纸、装饰原纸

佛山市顺德区千禧纸业有限公司
广东省佛山市顺德区陈村镇南新栏路 78 号
邮编：528313
电话：0757 - 23355799
产品：箱纸板

广东顺德勒流信东纸制品厂
广东省佛山市顺德勒流东风中路入西闸
邮编：528322
电话：0757 - 25567553
产品：扎钞专用纸条、纸绳、盘纸

广东省南海市西樵蓝天鹅造纸有限公司
广东省南海市西樵海舟管理区
邮编：528212
电话：0757 - 86828868
产品：瓦楞原纸、挂面纸

佛山市海南大冲造纸有限公司
广东省佛山市南海区里水镇大冲村
邮编：528244
电话：0757 - 85669589
产品：机制纸

顺德联信纸业有限公司
广东省佛山市顺德区北滘镇都宁工业区水闸边
邮编：528312
电话：0757 - 26636726
产品：瓦楞原纸

佛山市南海区华展造纸厂
广东省佛山市南海区里水镇丰岗
邮编：528244
电话：0757 - 85663210、85663773
传真：0757 - 85663773
产品：灰纸板、复合纸板

江门市

鹤山市造纸厂有限公司
广东省江门市鹤山市沙平镇杰州工业区
邮编：529721
电话：0750 - 8821033
传真：0750 - 8821819
产品：箱纸板、卫生纸

江门市新华造纸厂
广东省江门市文昌沙 130 号
邮编：529020
电话：0750－3616668、3354176
传真：0750－3354176
产品：瓦楞原纸、牛皮箱纸板、涂布白纸板

维达纸业(广东)有限公司
广东省江门市新会区东侯工业开发区
邮编：529100
电话：0750－6122846、6168333
传真：0750－6120239
网址：www. vindapaper. com
邮箱：guangdong@ vinda. com
产品：纸巾纸、盒装面巾纸、餐巾纸、卫生卷纸、卫生巾、卷装擦手纸、多用纸抹布、分切盘纸

维达纸业(江门)有限公司
广东省江门市新会区双水镇广东银洲湖纸业基地
邮编：529153
电话：0750－6413111
传真：0750－6413068
产品：生活用纸

亚太森博(广东)纸业有限公司
广东省江门市新会区双水镇沙路村
邮编：529153
电话：0750－6503150
传真：0750－6503166
网址：www. aprilasia. com
邮箱：marketing@ asiasymbol. com
产品：高档文化用纸

江门明星纸业有限公司
广东省江门市新会区睦洲镇丰达路 1 号
邮编：529143
电话：0750－6222828、6539808、6222422
传真：0750－6222965
网址：www. sspaper. com
邮箱：business@ sspaper. com
产品：牛皮卡纸、挂面纸、瓦楞原纸

江门日佳纸业有限公司
广东省江门市蓬江区招商工业园 1 号
邮编：529090
电话：0750－3726381
产品：生活用纸

江门市长裕纸业有限公司
广东省江门市文昌沙 130 号
邮编：529060
电话：0750－3686266
产品：涂布白纸板

江门市新会区银湖纸业有限公司
广东省江门市新会区崖门镇崖西坑口村
邮编：529100
电话：0750－6441176
产品：箱纸板

江门市桥裕纸业有限公司
广东省江门市新会区崖门镇洞南村沙荞
邮编：529152
电话：0750－6440088
产品：箱纸板

广东华泰纸业有限公司
广东省江门市新会区双水镇工业开发区
邮编：529153
电话：0750－3411769、3411768
网址：www. huataipaper. com
产品：新闻纸、文化用纸、纸浆

江门市新会区宝达造纸实业有限公司
广东省江门市新会区大泽镇新园工业开发区
邮编：529162
电话：0750－6896236
传真：0750－6899252
网址：www. baodapaper. com
邮箱：baoda@ baodapaper. com
sale@ baodapaper. com
产品：生活用纸

旺佳纸业有限公司
广东省江门市新会区双水镇能源综合利用开发区
邮编：529153
电话：0750－6408002、6408018
传真：0750－6408128
产品：生活用纸

江门星辉造纸有限公司
广东省江门市新会区双水镇银洲湖纸业基地能源开发区
邮编：529153
电话：0750－6407890
传真：0750－6407999、6407878
产品：涂布白纸板

中烟摩迪(江门)纸业有限公司
广东省江门市蓬江区棠下镇堡棠路 15 号
邮编：529085
电话：0750－3626262
传真：0750－3385228
网址：www. ct-pdm. com. cn
邮箱：zhaojingxian@ ct-pdm. com
产品：烟卡纸

江门市新龙纸业有限公司
广东省江门市新会区三江镇白庙工业区
邮编：529142
电话：0750－6208668
传真：0750－6211278
网址：www. yourapaper. com
邮箱：slxs@ yourapaper. com
产品：生活用纸

江门市阿博特数码纸业有限公司
广东省江门市新会区双水镇广东银洲湖纸业基地 B 区－2
邮编：529153
电话：0750－6418488
网址：www. abtpaper. com
邮箱：linjh@ abtpaper. com
产品：数码相纸

江门仁科绿洲纸业有限公司
广东省江门市新会区双水镇广东银洲湖纸业基地内
邮编：529153
电话：0750－6419038、6419188
传真：0750－6416666
网址：www. sivlake. com
邮箱：xz@ sivlake. com
产品：生活用纸

湛江市

广东冠豪高新技术股份有限公司
广东省湛江市经济技术开发区乐怡路 6 号
邮编：524022
电话：0759－3399898
传真：0759－3382109、2820999
网址：www. guanhao. com
邮箱：guanhao@ guanhao. com
产品：无碳复写纸、热敏记录纸、热敏传真纸、彩色喷墨纸、心电图纸、特殊防伪纸、水印纸、登机卡纸、无碳多联电脑纸

湛江冠龙纸业有限公司
广东省湛江市麻章区太平镇
邮编：524084
电话：0759－2738001、2738123
传真：0759－2738009、2738068
网址：www. glpaper. com
邮箱：guanglong@ glpaper. com
产品：热敏传真原纸、无碳复写纸原纸、CF 纸

湛江市吉城纸业有限公司
广东省湛江市遂溪县遂城镇湛化路
邮编：524300
电话：0759－7784003
传真：0759－7784509
邮箱：baixiaoming404@ 163. com
产品：瓦楞原纸、箱纸板、刮面纸

茂名市

茂名市全年红对联纸厂
广东省茂名市羊角镇东风路 112 号
邮编：525000
电话：13828635188
传真：0668－2670591
产品：红对联纸

高州市金墩纸业有限公司
广东省茂名市高州市石鼓镇西基山村
邮编：525252
电话：0668－6360345、6360380
传真：0668－6360020
网址：www. jindunzy. com
邮箱：jindunzy@ 126. com
产品：牛皮卡纸、纸袋纸、瓦楞原纸

肇庆市

广东鼎丰纸业有限公司
广东省肇庆市广宁县南街镇首约
邮编：526300
电话：0758－8659022
传真：0758－8659168
网址：www. gddfpaper. com
邮箱：dingfung@ gddfpaper. com
产品：竹木混合纸浆

广东肇庆明珠纸业有限公司
广东省肇庆市德庆县城朝阳西路 238 号

邮编：526600
电话：0758－7762615
网址：www.mingzhu-paper.com.cn
产品：浆层纸、蜡纸

封开华信纸业有限公司
广东省肇庆市封开县江口镇三元西路 8 号
邮编：526500
电话：0758－6712225
传真：0758－6712338
产品：箱纸板、静电纸、轻型纸

广东珠江特种纸股份有限公司
广东省肇庆市广宁县横迳工业区
邮编：526343
电话：0758－8719099
产品：无碳复写纸、电脑打印纸、防伪票据纸

广宁阳光特种纸品有限公司
广东省肇庆市广宁县石涧工业区
邮编：526342
电话：0758－8712349
传真：0758－8712349
产品：中性牛皮纸、超低定量牛皮纸、再湿性胶带原纸、淋膜胶带原纸等

广宁县顺发造纸厂
广东省肇庆市广宁县排沙镇新城大道 88 号
邮编：526339
电话：0758－8828398
产品：新闻纸

广宁东阳纸业有限公司
广东省肇庆市广宁县石涧工业园
邮编：526342
电话：0758－8711999
产品：高强瓦楞原纸

高要市基业纸品有限公司
广东省高要市回龙镇步步高工业园澄湖小区
邮编：526112
电话：0758－8155299
产品：双单面白纸板、灰卡纸板

广宁县鸿程纸业有限公司
广东省肇庆市广宁县古水镇古水大道 45 号
邮编：526352
电话：0758－8751609
产品：生活用纸

惠州市

惠州市福和纸业有限公司
广东省惠州市博罗县园洲镇高头村
邮编：516123
电话：0752－6812888
网址：www.fookwoo.com
产品：生活用纸、灰纸板

惠州志豪特种纸业有限公司
广东省惠州市中星工业区仲恺二路 49 号
邮编：516000
电话：0752－2602226
传真：0752－2600729
网址：www.zhihaochina.com
邮箱：zhhaper1@zhihaochina.com
产品：涂布热敏纸、彩喷纸

惠州市博罗凤达纸业有限公司
广东省惠州市博罗县龙溪镇龙桥大道
邮编：516121
电话：0752－6677830
产品：生活用纸

惠州市惠阳区浩德实业有限公司
广东省惠州市惠阳区淡水排坊工业区
邮编：516000
电话：0752－3356328
传真：0752－3340683
网址：www.haodeshiye.com.cn
邮箱：hdsy@haodeshiye.com.cn
产品：生活用纸

惠州泰美纸业有限公司
广东省惠州市泰美镇金龙大道板桥工业区
邮编：516166
电话：0752－6609882
产品：生活用纸

梅州市

蕉岭县纸业有限责任公司
广东省梅州市蕉岭县文福镇乌土溪
邮编：514160
电话：0753－7883309
产品：箱纸板

清远市

森叶(清新)纸业有限公司
广东省清远市清新县太和镇工业区森叶工业城
邮编：511850
电话：0763－5383348、5383618
传真：0763－5383358、5383668
网址：www. hopfunggroup. com
邮箱：gfqx@ hopfunggroup. com
产品：高强瓦楞原纸

建滔(佛冈)绝缘材料有限公司
广东省清远市佛冈县石角镇建滔路 1 号
邮编：511600
电话：0763－4293000
传真：0763－4293558
网址：www. kingboard. com
产品：绝缘纸

金鑫(清远)纸业有限公司
广东省清远市高新技术开发区建设 3 路 11 号
邮编：511517
电话：0763－3483520
传真：0763－3483510
网址：www. appjpi. com
产品：文化用纸

金钰(清远)卫生纸有限公司
广东省清远经济开发区 15 号区
邮编：511517
电话：0763－3483520、3483530
传真：0763－3483777
网址：www. jti. com. cn
产品：生活用纸

广东省连州市联发造纸有限公司
广东省清远市连州市河南路 1 号
邮编：513400
电话：0763－6611118、6611108
传真：0763－6611238
邮箱：42172360@ qq. com
产品：瓦楞原纸、包装纸

东莞市

东莞金洲纸业有限公司
广东省东莞市中堂镇潢涌村
邮编：523221
电话：0769－88181288
传真：0769－88881664、88181277
产品：瓦楞原纸

东莞理文造纸厂有限公司
广东省东莞市中堂镇潢涌管理区
邮编：523221
电话：0769－88888168
传真：0769－88899101、88885188
网址：www. leemanpaper. com
产品：牛皮箱纸板、瓦楞原纸、牛皮卡纸

广东理文造纸有限公司
广东省东莞市洪梅镇河西工业区
邮编：523160
电话：0769－88432168
传真：0769－88432188
网址：www. leemanpaper. com
产品：牛皮箱纸板、瓦楞原纸

东莞市昌众造纸有限公司
广东省东莞市长安镇莲花路 8 号
邮编：523848
电话：0769－85535571
传真：0769－85531805
产品：铜版纸、牛皮纸

东莞市大步纸业有限公司
广东省东莞市麻涌镇大步工业区
邮编：523143
电话：0769－88286288、88281718
传真：0769－88286222
网址：www. dgdabu. com
邮箱：dgdbzy@ 163. com
产品：瓦楞原纸、牛皮卡纸

东莞市东发纸品有限公司
广东省东莞市道滘镇大罗沙工业区
邮编：523061
电话：0769－88388771
传真：0769－88380279
邮箱：dongfa888@ 163. com
产品：包装纸

东莞市天盛特种纸制品有限公司
广东省东莞市虎门镇第五工业区
邮编：523932

电话：0769－85169468、85267080、85267330
传真：0769－85169959
网址：www.china-tiansheng.com
邮箱：dgts85267080@sohu.com
产品：防伪无碳发票纸

东莞建晖纸业有限公司
广东省东莞市中堂镇潢涌村
邮编：523221
电话：0769－88888363
传真：0769－88183833
产品：涂布白纸板

东莞市龙腾实业有限公司
广东省东莞市麻涌镇麻四村
邮编：523147
电话：0769－88826898
产品：灰底白纸板、牛皮卡纸、瓦楞原纸

玖龙纸业(控股)有限公司
广东省东莞市麻涌镇新沙港工业区
邮编：523147
电话：0769－88234888
传真：0769－88824198、88828111
网址：www.ndpaper.com
邮箱：info_dg@ndpaper.com
info_group@ndpaper.com
产品：牛皮卡纸、包装纸

东莞海龙纸业有限公司
广东省东莞市麻涌镇新沙港工业区
邮编：523147
电话：0769－88234888
产品：牛皮卡纸、白卡纸、包装纸、文化用纸

东莞地龙纸业有限公司
广东省东莞市麻涌镇新沙港工业区
邮编：523147
电话：0769－88234888
产品：涂布白纸板、箱纸板

东莞天龙纸业有限公司
广东省东莞市麻涌镇新沙港工业区
邮编：523147
电话：0769－88234888
产品：文化用纸、白卡纸

东莞双洲纸业有限公司
广东省东莞市中堂镇吴家涌第二工业区
邮编：523227
电话：0769－88182618
产品：瓦楞原纸、挂面纸

东莞市潢涌银洲纸业有限公司
广东省东莞市中堂镇潢涌第三工业区
邮编：523221
电话：0769－88899113、88813393
传真：0769－88180293
网址：www.dgyzzy.com
邮箱：sales@dgyzzy.com
xsb@dgyzzy.com
产品：瓦楞原纸、箱纸板

东莞市建桦造纸有限公司
广东省东莞市中堂镇潢涌村
邮编：523221
电话：0769－88887988
传真：0769－88898303
产品：牛皮箱纸板、瓦楞原纸

东莞市华兴纸业实业有限公司
广东省东莞市万江区滘联工业区
邮编：523046
电话：0769－22180399
传真：0769－22180366
网址：www.huaxing-dg.com
邮箱：hxzy@huaxing-dg.com
产品：卫生纸、挂面纸、妇幼用品、蜂窝纸板

东莞市宝力造纸厂
广东省东莞市洪梅镇梅沙工业大道
邮编：523160
电话：0769－88843278
产品：双灰纸板

东莞市石龙联兴实业有限公司
广东省东莞市石龙镇西湖区江南中路98号
邮编：523325
电话：0769－86110186、88496066、88496089
传真：0769－86114793、86110138
网址：www.landsing-paperpackaging.com
邮箱：sales@landsing-paperpackaging.com
产品：纸袋纸、牛皮卡纸

东莞市祥兴纸业有限公司
广东省东莞市中堂镇袁家涌北潢公路
邮编：523223
电话：0769－88815238
传真：0769－88816788
产品：瓦楞原纸、箱纸板、挂面纸

东莞市道滘兴隆造纸厂
广东省东莞市道滘镇北丫工业区
邮编：523170
电话：0769－88835233、88381063
产品：瓦楞原纸

东莞市银丰纸业有限公司
广东省东莞市东城温塘砖窑工业区三横路19号
邮编：523120
电话：0769－22297441
传真：0769－22486787
产品：白纸板、双胶纸、铜版纸

东莞市中联造纸厂
广东省东莞市中堂镇
邮编：523220
电话：0769－88811027、88116573
传真：0769－88811705
产品：瓦楞原纸

东莞市金田纸业有限公司
广东省东莞市万江区大汾工业区
邮编：523047
电话：0769－22280688
传真：0769－22772255
网址：www. jintianpaper. com
邮箱：sales@ jintianpaper. com
产品：灰纸板

东莞市新富发纸业有限公司
广东省东莞市万江区流涌尾工业区
邮编：523051
电话：0769－22711928
产品：灰纸板

东莞市伟虹纸业有限公司
广东省东莞市望牛墩杜屋村工业区
邮编：523200
电话：0769－88558198
产品：生活用纸

东莞市白天鹅纸业有限公司
广东省东莞市万江区谷涌工业区
邮编：523047
电话：0769－22172128
网址：www. dgbte. com
产品：生活用纸

东莞市上隆纸业有限公司
广东省东莞市中堂镇潢涌管理区
邮编：523221
电话：0769－88112119、88180073
传真：0769－88186968
网址：www. shanglongpaper. com
邮箱：shanglongpaper@ 126. com
zeng_ chunming@ 126. com
产品：瓦楞原纸、箱纸板

东莞市常兴纸业有限公司
广东省东莞市石牌镇横山管理区钟屋工业区
邮编：523330
电话：0769－86559888、86559008
传真：0769－86559933
网址：www. changxinggd. com
www. changxingpaper. com. cn
邮箱：helena0628@ yahoo. com. cn
helena0628@ changxinggd. com
产品：纸尿裤

东莞顺裕纸业有限公司
广东省东莞市望牛墩镇朱平沙港口工业园
邮编：523213
电话：0769－88557988
产品：箱纸板

东莞市恩兴纸业有限公司
广东省东莞市万江油九工业区
邮编：523039
电话：0769－22288043
传真：0769－22288043
产品：生活用纸

东莞市泰昌纸业有限公司
广东省东莞市望牛墩镇下漕区
邮编：523219
电话：0769－88852607
产品：牛卡纸

东莞市达林纸业有限公司
广东省东莞市中堂镇槎滘村新沙
邮编：523231
电话：0769－88887388、88881788
传真：0769－88121882
网址：www.dalinpaper.com
邮箱：dalinpaper@gmail.com
产品：生活用纸

东莞市致远纸业有限公司
广东省东莞市万江区简沙洲虾公坝工业区连新路
邮编：523000
电话：0769－26381080
传真：0769－23291008
网址：www.zhiyuanpaper.com
邮箱：zhiyuan_88@126.com
产品：纸板

东莞市天山纸业有限公司
广东省东莞市大朗镇犀牛陂工业区
邮编：523790
电话：0769－83120598
传真：0769－83120599
网址：www.tianshanpaper.com
邮箱：tianshanpaper.com
产品：双灰纸、黑卡纸、彩色拷贝纸、包装礼盒纸

中山市

永丰余纸业（中山）有限公司
广东省中山市火炬开发区
邮编：528436
电话：0760－85335366
传真：0760－85335575
产品：瓦楞纸板、纸箱

中顺洁柔纸业股份有限公司
广东省中山市西区彩虹大道136号
邮编：528411
电话：0760－88553333
传真：0760－88553006、23886886
网址：www.zhongshungroup.com
产品：生活用纸

中山联合鸿兴造纸有限公司
广东省中山市105国道中山三桥西侧
邮编：528471
电话：0760－87796524、87395633
传真：0760－87796222
网址：www.zsrghh.com
邮箱：pmco@zsrghh.com
sales@zsrghh.com
产品：瓦楞原纸、箱纸板

中山永发纸业有限公司
广东省中山市黄圃镇新明南路173号
邮编：528429
电话：0760－23220773
产品：瓦楞原纸

揭阳市

广东揭阳洁新纸业股份有限公司
广东省揭阳市揭东县新亨开发区
邮编：515500
电话：0663－3434888
传真：0663－3434999
产品：生活用纸

揭阳市信达纸业有限公司
广东省揭阳市榕城区渔湖阳美村
邮编：528445
电话：0663－8771738、8782928
传真：0663－8772738、8782283
网址：www.xinda-paper.com
邮箱：xinda@xinda-paper.com
产品：生活用纸

云浮市

中顺洁柔（云浮）纸业有限公司
广东省云浮罗定市双东街道
邮编：527200
电话：0766－3903888
传真：0766－3902966
产品：生活用纸

云浮市新兴县龙腾纸业有限公司
广东省云浮市新兴县新城镇雨洞工业园
邮编：527300
电话：0766－2911161
产品：生活用纸

新兴县林丰造纸有限公司
广东省云浮市新兴县河头镇雅古郎公路边
邮编：527435

电话：0766 – 2221089
产品：白纸板、牛皮卡纸、灰纸板

新兴县兴民造纸厂有限公司
广东省云浮市新兴县车岗工业区
邮编：527425
电话：0766 – 2386998、2388828
传真：0766 – 2388888
网址：www. xxxmpaper. com
邮箱：bangwei_ li@ 126. com
产品：珠光纸、卡纸等特种纸

新兴县天堂纸业有限公司
广东省云浮市新兴县天堂镇大湾电站侧
邮编：527434
电话：0766 – 2221737
产品：灰纸板、牛皮卡纸

广西壮族自治区

南宁市

广西华美纸业集团有限公司
广西壮族自治区南宁市民族大道 157 号财富国际广场 2 号楼 17 层
邮编：530028
电话：0771 – 5775518
传真：0771 – 5776100
网址：www. hmpaper. cn
邮箱：hm@ hmpaper. cn
产品：生活用纸原纸、卷筒纸、盒抽纸、手帕纸

广西华劲集团股份有限公司
广西壮族自治区南宁市民族大道 131 号航洋国际城 1 号楼 22 层
邮编：530028
电话：0771 – 5568819 – 5112
传真：0771 – 5535766
网址：www. hwagain. com
邮箱：hwagain@ hwagain. com
产品：制浆、造纸、制糖、竹木产业

广西南宁凤凰纸业有限公司
广西壮族自治区南宁市星光大道 158 号
邮编：530031
电话：0771 – 4590299、4590261、4590265
传真：0771 – 4516683、4590268
网址：www. nppc. cn
邮箱：master@ phoenix-paper. com
产品：生活用纸、漂白木浆

广西南宁糖业股份有限公司
广西壮族自治区南宁市古城路 10 好
邮编：530022
电话：0771 – 4911323
传真：0771 – 4912771
网址：www. nnsugar. com
邮箱：nnty@ nnsugar. com
产品：复印纸、书写纸、食品包装用原纸、生活用纸、无尘纸

广西洁宝纸业有限公司
广西壮族自治区南宁市金湖路 67 号梦之岛广场 15 楼
邮编：530022
电话：0771 – 5739686
传真：0771 – 5739688
网址：www. jeanper. com
产品：生活用纸

横县冠桂糖业有限公司纸业分公司
广西壮族自治区南宁市横县横州镇谢圩
邮编：530304
电话：0771 – 7382533
传真：0771 – 7382533
产品：漂白蔗渣浆

广西南宁恒业纸业有限责任公司
广西壮族自治区南宁市江南区沙井定津路杜屋二巷 16 号
邮编：530031
电话：0771 – 4862003
传真：0771 – 4862006
产品：生活用纸

广西横县六景北墨造纸厂
广西壮族自治区南宁市六景工业园区
邮编：530313
电话：0771 – 7265998、7372132
传真：0771 – 7265998、7372132
产品：五色有光纸、高档卫生纸

广西横县江南纸业有限公司
广西壮族自治区南宁市六景工业园景港路
邮编：530313
电话：0771 – 7371808
传真：0771 – 7371908

网址：www. gxjnzy. com
邮箱：jn-lwj@ 263. net
产品：A 级原生浆擦手原纸、B 级仿木浆擦手原纸

南宁市鑫利纸业有限公司
广西壮族自治区南宁市宾阳县新桥镇工业开发区（宾邕公路旁）
邮编：530001
电话：0771 – 8482137
传真：0771 – 8482137
网址：www. gxxlzy. com. cn
邮箱：xl-hx@ 263. net
产品：生活用纸

柳州市

柳州中迪纸业有限公司
广西壮族自治区柳州市鱼峰区雒容工业园西区富容路 13 号
邮编：545616
电话：0772 – 6510368、6668628、13807724821
传真：0772 – 6510013
产品：卫生纸（以蔗渣浆、竹浆为原料）

柳州市丰源纸业有限责任公司
广西壮族自治区柳州市柳东新区雒容镇象岩南路 31 号
邮编：545616
电话：0772 – 6511372
传真：0772 – 6510311
产品：卫生纸

柳州两面针纸业有限公司
广西壮族自治区柳州市柳东新区洛埠镇
邮编：545011
电话：0772 – 2068368/369
传真：0772 – 2750177
网址：www. lmzzy. com. cn
邮箱：lmz0772@ 163. com
产品：漂白化学竹浆、生活用纸

桂林市

广西林业荔浦纸业有限公司
广西壮族自治区荔浦县荔城镇玉雷湾
邮编：546600
电话：0773 – 7233377、7233098、7233398、13878386308
传真：0773 – 7233397、7233464
产品：工业包装纸、牛卡纸、黑卡纸、牛皮纸

桂林奇峰纸业有限公司
广西壮族自治区桂林市苏桥经济开发区苏桥（工业）园南北大道 12 号
邮编：541805
电话：0773 – 6935399
传真：0773 – 6935326
网址：www. guilinpaper. com
邮箱：694968243@ qq. com
产品：高档特种薄型纸

防城港市

广西防城港宏源浆纸有限公司
广西壮族自治区防城港市防城区茅岭工业园
邮编：538021
电话：0770 – 3092918、18277024325
传真：0770 – 3092918
产品：漂白浆、文化用纸

钦州市

广西金桂浆纸业有限公司
广西壮族自治区钦州市钦州港金光工业园
邮编：535008
电话：0777 – 3698042、3221583、3698888
传真：0777 – 3696666、3221639
网址：www. appjg. com. cn
产品：半化学机械浆、食品包装纸及纸板

贵港市

广西贵港市安丽纸业有限公司
广西壮族自治区贵港市南梧公路覃塘收费站往东 1.5 千米
邮编：450804
电话：0775 – 4869589、4569125
传真：0775 – 4562672
产品：生活用纸、卫生纸

广西华怡纸业有限公司
广西壮族自治区贵港市江南工业园区
邮编：537100
电话：0775 – 4555653
传真：0775 – 4592299
产品：生活用纸、卫生纸、分盘纸、纸浆

广西贵糖（集团）股份有限公司
广西壮族自治区贵港市幸福路 100 号

邮编：537102
电话：0775－4201833
传真：0775－4260088
网址：www.guitang.com
邮箱：guitangjszx@sina.com
产品：文化用纸、生活用纸

百色市

广西劲达兴纸业有限公司
广西壮族自治区田林县新昌片2号
邮编：533300
电话：0776－7201170
产品：文化用纸、淋膜原纸、牛皮纸、离型纸、食品包装纸

广西田东县金荣纸业有限公司
广西壮族自治区田东县思林镇工业集中区
邮编：531504
电话：0776－5151808
传真：0776－5151808
网址：www.jinrongpaper.com
产品：高强瓦楞原纸、卫生纸、竹浆、蔗渣浆、卫生卷纸、抽纸、餐巾纸、面巾纸、手帕纸、纸筒芯等

广西田阳南华纸业有限公司
广西壮族自治区田阳县田州镇民乐街106号
邮编：533600
电话：0776－3236366
产品：化学浆、文化用纸

贺州市

广西贺州市红星纸业有限公司
广西壮族自治区贺州市平桂管理区西湾工业园
邮编：542800
电话：0774－8832889
传真：0774－8833018
产品：拷贝纸、打字纸、票证纸、环保纸、卷烟纸、食品包装纸、半透明纸、字典纸、各种规格卷筒/平板纸

来宾市

广西来宾东糖纸业有限公司
广西壮族自治区来宾市河西工业园区
邮编：546100
电话：0772－4066666
传真：0772－4066622
网址：www.donta.com.cn
产品：漂白蔗渣浆、竹木浆、胶版纸、静电复印纸、淋膜纸、卫生纸

广西象州莲桂纸业有限公司
广西壮族自治区来宾市象州县石龙镇石象路88号
邮编：545800
电话：0772－4394988
传真：0772－4394989
网址：www.lgpi.com.cn
邮箱：lgpaper@163.com
产品：生活用纸

海 南 省

海口市

海南金海浆纸业有限公司
海南省洋浦经济开发区D12区
邮编：578101
电话：0898－28822288
传真：0898－28821260
网址：www.appjh.com.cn
产品：漂白硫酸盐桉木浆、文化用纸

海南金红叶纸业有限公司
海南省洋浦经济开发区D12区
邮编：578101
电话：0898－28822288
传真：0898－28828705
网址：www.apphghy.com.cn
产品：生活用纸

重 庆 市

玖龙纸业(重庆)有限公司
重庆市江津区珞璜工业园A区
邮编：402279
电话：023－65558888
传真：023－65558999
网址：www.ndpaper.com
邮箱：info_cq@ndpaper.com
产品：包装纸

重庆飞龙纸业有限公司
重庆市铜梁县蒲吕镇穆莲街7号
邮编：402566

电话：023－45488342
产品：皱纹卫生纸

重庆高峰造纸厂
重庆市垫江县高峰镇
邮编：408328
电话：023－74566988
产品：瓦楞原纸

重庆市超科纸业有限公司
重庆市万州区双河口工业园
邮编：404155
电话：023－58830138
产品：无碳复写纸、彩喷纸、复印纸

重庆市恒丰纸业有限公司
重庆市梁平县屏锦镇明月路 540 号
邮编：405212
电话：023－53512217
产品：文化用纸、瓦楞原纸、黄纸板、箱纸板、竹浆牛皮纸、黄裱纸

重庆龙璋纸业有限公司龙泉分公司
重庆市铜梁县虎峰镇工农街 27 号
邮编：402568
电话：023－45589806
产品：竹浆、文化用纸

重庆市潼南简氏纸业包装有限责任公司
重庆市潼南县双江镇金龙寺
邮编：402675
电话：023－44860588、44863306
传真：023－44860018
网址：www. jians. com
产品：箱纸板、彩印纸、纸箱、高强瓦楞原纸

重庆江津造纸厂
重庆市江津区夏坝镇
邮编：402268
电话：023－47681124
产品：生活用纸、油毡原纸、瓦楞原纸

重庆梁平县邵新纸业有限公司
重庆市梁平县袁驿镇邵新村
邮编：405218
电话：023－53635377
产品：瓦楞原纸

重庆盛贸纸业有限公司
重庆市铜梁县安居镇工业园区
邮编：402564
电话：023－45859158
传真：023－45859198
产品：皱纹卫生纸

重庆市富发纸业有限责任公司
重庆市潼南县双江镇金龙寺
邮编：402675
电话：023－44860388
产品：瓦楞原纸、单面白纸板、箱纸板

重庆理文造纸有限公司
重庆市永川区朱沱镇港桥工业园区
邮编：402191
电话：023－49603333－8112/8107
产品：箱纸板

重庆永川市达江纸业有限公司
重庆市永川区海通大道 69 号－1－10
邮编：402160
电话：023－49827888
传真：023－49806788
产品：生活用纸

重庆永川市渝西纸板厂
重庆市永川区红炉镇(兰天化工有限公司内)
邮编：402194
电话：023－49331215
传真：023－49331215
产品：瓦楞原纸、高强度瓦楞原纸

重庆市开县富余再生造纸厂
重庆市开县铁桥镇双桥街
邮编：405409
电话：023－52172118
产品：有光纸、包装用纸

重庆兴康纸业有限公司
重庆市巴南区金竹工业园 8 号
邮编：401320
电话：023－66219878、66230451
传真：023－66230451
网址：www. sckdl. com
产品：瓦楞原纸、纸箱

重庆市伟杰纸业有限责任公司
重庆市潼南县双江镇金龙寺
邮编：402675
电话：023－44860888
产品：瓦楞原纸、箱纸板

重庆金禾纸业制品有限公司
重庆市铜梁县华兴镇
邮编：402572
电话：023－45393098
产品：瓦楞原纸、箱纸板

重庆龙璟纸业有限公司
重庆市丰都县水天坪工业园区
邮编：408200
电话：023－67565272
邮箱：longjingxmx@ 126. com
产品：生活用纸、复印纸

重庆理文卫生用纸制造有限公司
重庆市永川区朱沱镇四望山村
邮编：402191
电话：023－49603333
网址：www. leemanpaper. com
邮箱：unitc. 6if@ convoy. 169electricroad
产品：高档生活用纸

四　川　省

成都市

成都郫县唐昌纸厂
四川省成都市郫县唐昌镇外北街
邮编：611733
电话：028－87869151
传真：028－87869151
产品：生活用纸

中冶峡山纸业有限公司
四川省邛崃市羊安镇工业区
邮编：611530
电话：028－88791961
传真：028－88791961
产品：漂白竹浆板

中顺洁柔（四川）纸业有限公司
四川省彭州市牡丹大道中段 80 号
邮编：611930
电话：028－83806688
产品：生活用纸

成都天天纸业有限公司
四川省彭州市工业开发区
邮编：611930
电话：028－83806888、83806688
传真：028－83806666
产品：生活用纸

成都印钞有限公司
四川省成都市温江区新建路 60 号
邮编：611130
电话：028－82723590－2078、82755999
传真：028－82755168
网址：www. cdyc. cbpm. cn
产品：钞票纸、防伪水印纸、证券纸

四川锦丰纸业股份有限公司
四川省成都市温江区成都海峡两岸科技产业开发园
邮编：611137
电话：028－82630751
传真：028－82630174
邮箱：zxyemail@ 263. net
产品：卷烟纸、卷烟工业配套纸

成都宏图纸业有限公司
四川省成都市双流县蛟龙工业港滨江大道三段
邮编：610200
电话：028－85737134
传真：028－85737144
产品：复合双灰纸板、灰底白纸板

四川新津晨龙纸业有限公司
四川省成都市新津工业园区
邮编：611430
电话：028－82591878
网址：www. xjclzy. com
邮箱：scxjclzy@ 163. com
产品：箱纸板、瓦楞原纸

四川迅源纸业有限公司
四川省大邑县晋原镇工业集中发展区兴业大道南段兴业七路
邮编：611330
电话：028－69268361
网址：www. f-sourcepaper. com
产品：瓦楞原纸、纸箱

成都纤姿纸业有限公司
四川省成都市郫县团结镇团三路 666 号
邮编：611745
电话：028－87896011
传真：028－87896041
产品：生活用纸

四川福华竹浆纸业有限公司
四川省成都市温江区海峡两岸科技开发园柳台大道西段 515 号
邮编：611137
电话：028－61711558
传真：028－61711558
邮箱：471181563@ qq. com
产品：机制纸

自贡市

富顺县安溪纸业有限公司
四川省自贡市富顺县安溪镇
邮编：643219
电话：0813－7480335
产品：纸板

泸州市

四川银鸽竹浆纸业有限公司
四川省泸州市纳溪区渠坝乡
邮编：646300
电话：0830－4390666、4390160
传真：0830－4390777
产品：牛皮纸、胶版纸、打字纸、书写纸、信封专用纸

德阳市

四川纵横纸业有限公司
四川省德阳市八角井镇
邮编：618003
电话：0838－2600016、2600913
传真：0838－2600911
产品：黄纸板、茶纸板

四川华侨凤凰纸业有限公司
四川省广汉市向阳镇顺江南路 8 号
邮编：618308
电话：0838－6098090
传真：0838－6098001
网址：www. hqfhzy. com
邮箱：602049713@ qq. com
产品：涂布白纸板、金银卡纸、工业纸板

四川友邦纸业有限公司
四川省广汉市经济开发区（南区）友邦工业园
邮编：618300
电话：0838－5400028
传真：0838－5400158
网址：www. eupon. com
邮箱：sale@ eupon. com
产品：卫生用品、生活用纸、母婴用品

绵阳市

三台三角生活用纸制造有限公司
四川省绵阳市三台县潼川镇南河路 48 号
邮编：621100
电话：0816－5229928
传真：0816－5221277
产品：生活用纸

乐山市

乐山佳印纸业有限责任公司
四川省乐山市长清路 1458 号
邮编：614000
电话：0833－2497332
传真：0833－2497329
产品：无碳纸、票据印刷纸、打印纸

四川省夹江万安纸业有限责任公司
四川省乐山市夹江县甘江镇
邮编：614102
电话：0833－5771666
传真：0833－5772366
产品：中高档生活用纸

玖龙浆纸（乐山）有限公司
四川省乐山市犍为县清溪镇工业园区
邮编：614005
电话：0833－2299999
传真：0833－2299666
网址：www. ndpaper. com
邮箱：lsping64@ 163. com
产品：电容器纸、绝缘纸板、瓦楞原纸

四川省犍为凤生纸业有限责任公司
四川省乐山市犍为县城北凤凰山

邮编：614400
电话：0833－4251386、4251716
传真：0833－4254579
网址：www.fengshenggroup.com
邮箱：fszy666@hotmail.com
产品：白色及彩色打字纸

四川永丰纸业股份有限公司
四川省乐山市沐川县永福镇
邮编：614500
电话：0833－4651066
传真：0833－4651066
网址：www.yfzy.com
产品：打字纸、双面胶版印刷纸、静电复印原纸、静电复印纸

四川省金福纸品有限责任公司
四川省乐山市沙湾区福禄镇
邮编：614000
电话：0833－3560358
传真：0833－3560358
邮箱：fhzb2008@126.com
产品：静电复印纸、有光纸、打字纸、双胶纸、书写纸

乐山三江特种纤维材料有限公司
四川省乐山市市中区苏稽镇新联村
邮编：614000
电话：0833－2558888
传真：0833－2558800
网址：www.63tx.cn
邮箱：lssjtx@163.com
产品：导电发热纸、纸质超滤材料、无纺壁纸原纸、耐磨纸、电容器纸、电缆纸

宜宾市

宜宾市屏山龙华造纸厂
四川省宜宾市屏山县龙华镇
邮编：645354
电话：0831－5760278、5760858
产品：竹浆牛皮纸、包装纸

广安市

广安市拓世纸业有限公司
安琪日用品有限公司
四川省广安市观塘镇三台梨子滩
邮编：638016
电话：0826－2731093
传真：0826－2731093
产品：生活用纸

雅安市

金安浆业有限公司
四川省雅安市雨城区姚桥镇爱国路 2 号
邮编：625000
电话：0835－2850858、2850801
传真：0835－2850801、2850092
网址：www.appjap.com.cn
产品：漂白硫酸盐竹浆、胶版印刷纸

眉山市

四川绿果林农业特种纸业有限公司
四川省眉山市东坡区尚义镇熊公村六组
邮编：620000
电话：13890350222
邮箱：852813290@qq.com
产品：农业用特种纸

巴中市

平昌县再生纸业有限责任公司
四川省巴中市平昌县江口镇小桥街东段 60 号
邮编：635400
电话：0827－6297055
产品：文化用纸、纸板

贵 州 省

贵阳市

贵阳金康包装有限公司
贵州省贵阳市乌当区金伍路 123 号
邮编：550008
电话：0851－84841603
产品：高强瓦楞纸板、纸箱

遵义市

贵州赤天化纸业股份有限公司
贵州省赤水市金华理泰路 1 号
邮编：564707
电话：0852－2879721、2879800、2879570

传真：0852－2879729、2876048
网址：www. cthzhiye. cn
产品：全竹浆 TCF 浆板、全竹浆轻 ECF 浆板、本色浆

黔南布依族苗族自治州

贵州省都匀顺发纸业有限责任公司
贵州省黔南布依族自治区都匀市黔南环东北路 8 号
邮编：558013
电话：0854－8224598
产品：纸及纸制品

云 南 省

昆明市

云南宜良红星兄弟纸业有限公司
云南省昆明市宜良县汇东桥南侧小渡口段
邮编：652100
电话：0871－67541679
传真：0871－67541689
产品：箱纸板、瓦楞原纸

昆明爱华卫生制品有限责任公司
云南省昆明市二环西路 449 号
邮编：650101
电话：0871－68310051
传真：0871－68320196
产品：生活用纸、卷纸、餐巾纸、面巾纸、盒抽纸、纸杯纸

云南科海电子有限公司
云南省昆明市人民中路 216 号丰园大厦 20 层
邮编：650051
电话：0871－63385999
传真：0871－63312778
网址：www. sciencesea. com. cn
邮箱：khgs@ sciencesea. com. cn
产品：打印纸、复印纸

曲靖市

云南陆良银河纸业有限公司
云南省曲靖市陆良县西桥工业区
邮编：655600
电话：0874－6869046
传真：0874－6869091
产品：胶印书刊纸、铝箔衬纸、水松原纸、成型纸

玉溪市

玉溪市高仓造纸厂有限公司
云南省玉溪市高仓镇
邮编：653100
电话：0877－2076532
产品：白纸板、灰底白纸板

玉溪市水松纸厂
云南省玉溪市大营街工业区
邮编：653103
电话：0877－2771902、2771667
传真：0877－2771528
产品：凹印水松纸

云南江川翠峰纸业有限公司
云南省玉溪市江川县江城镇翠峰
邮编：652601
电话：0877－8095268
传真：0877－8095268
产品：生活用纸

云南新平南恩糖纸有限责任公司
云南省玉溪市新平彝族傣族自治县夏洒镇
邮编：653405
电话：0877－7391061、13988490777
传真：0877－7391061
产品：卫生纸

云南通海汉光纸业有限公司
云南省玉溪市通海县礼乐西路 154 号
邮编：652700
电话：0877－3805792
传真：0877－3805592
产品：卫生纸

云南江川恒昌造纸有限公司
云南省玉溪市江川县大街镇朱家庄村
邮编：652600
电话：0877－8016181
传真：0877－8016181
产品：箱纸板、瓦楞原纸

玉溪华宁昊兴纸业有限公司
云南省玉溪市华宁县宁州镇环城东路白塔山脚
邮编：653899

电话：0877－5019866
产品：铝箔衬纸、水松原纸、滤嘴棒成型纸、文化用纸

保山市

云南昌宁建新纸业有限公司
云南省保山市昌宁县漭水镇共裕村
邮编：678100
电话：0875－7810566
传真：0875－7810561
产品：书写纸、双胶纸

普洱市

云南云景林纸股份有限公司
云南省普洱市景谷傣族彝族自治县林纸路 300 号
邮编：666400
电话：0879－5410198、5410634、5410228
传真：0879－5410193、5410223
网址：www. yjlzh. com
产品：针叶木浆、桉木浆、混合阔叶木浆、生活用纸

临沧市

云南双江南华化学纤维浆粕有限公司
云南省临沧市双江拉祜族佤族布朗族傣族自治县勐省镇
邮编：677300
电话：0883－7641916、7641888、7641578
传真：0883－7641569
产品：溶解竹浆板

临沧南华纸业有限公司
云南省临沧市耿马傣族佤族自治县四排山乡石佛洞村委会
邮编：677500
电话：0883－6120555
传真：0883－6120559
产品：漂白蔗渣浆、双胶纸、书写纸

红河哈尼族彝族自治州

开远泸江纸业有限责任公司
云南省开远市乐百道
邮编：661600
电话：0873－7223348
产品：卫生纸、瓦楞原纸、箱纸板

开远市明威有限公司
云南省开远市中寨
邮编：661600
电话：0873－7171169、7171158、7171218
产品：双胶纸、书写纸、打字纸

云南红塔蓝鹰纸业有限公司
云南省红河哈尼族彝族自治州建水县
邮编：654300
电话：0873－7652341
传真：0873－7652061
网址：www. ynhtbe. com
邮箱：blue_eagle@ ynhtbe. com
产品：卷烟纸、水松纸、滤嘴成型纸

建水春秋纸业有限公司
云南省红河哈尼族彝族自治州建水县羊街工业园区
邮编：661400
电话：13769327865
产品：包装纸板

陕 西 省

西安市

西安兄弟纸业有限公司
陕西省西安市长安区镐京工业园区
邮编：710100
电话：029－85800003
传真：029－85800003
产品：A 级、C 级高强瓦楞原纸

西安市蔡伦造纸厂
陕西省西安市三桥镇北西宝高速公路口北
邮编：710086
电话：029－84517518、84518071
传真：029－84519897
产品：高强瓦楞原纸、箱纸板、白纸板、茶纸板、牛皮纸、牛皮挂面纸

陕西中港铜版纸有限公司
陕西省西安市灞桥镇东街 15 号
邮编：710024
电话：029－83610216
传真：029－83610216
产品：铜版纸

西安市惠强纸业有限公司
陕西省西安市长安区镐京工业园区
邮编：710100
电话：029－85903888
传真：029－85903666
产品：白纸板

西安秦悦纸业有限公司
陕西省西安市西户路中段
邮编：710116
电话：029－85900789
传真：029－85800110
产品：生活用纸

宝鸡市

陕西兴翔纸业有限责任公司
陕西省宝鸡市凤翔县城东
邮编：721400
电话：0917－7251114
传真：0917－7251173
产品：高强瓦楞原纸、箱纸板

陕西圣龙纸业有限责任公司
陕西省宝鸡市岐山县蔡家坡经济技术开发区西宝路龚刘工业园区
邮编：722405
电话：0917－8580189、8580821
传真：0917－8580884
产品：牛皮箱纸板、瓦楞原纸、牛皮纸、淋膜纸、水果套袋纸、彩色封面纸、纱管纸、高强瓦楞原纸

陕西法门寺纸业有限责任公司
陕西省宝鸡市扶风县城东坡路 3 号
邮编：722207
电话：0917－5211493、5211148
产品：印刷纸、书写纸、有光纸、卫生纸

岐山县圣龙箱板纸有限责任公司
陕西省宝鸡市岐山县蔡家坡经济技术开发区西宝路龚刘工业园区
邮编：722405
电话：0917－8580095
传真：0917－8580828
产品：箱纸板

眉县恒发纸业有限公司
陕西省宝鸡市眉县火车站道南 6 号
邮编：722301
电话：0917－5666369
产品：有光纸、卫生纸

岐山县全兴纸业包装有限公司
陕西省宝鸡市岐山县蔡家坡另胡村
邮编：722405
电话：0917－8582968
产品：有光纸、卫生纸

宝鸡科达特种纸业有限责任公司
陕西省宝鸡市岐山县蔡家坡经济技术开发区西三路 005 号
邮编：722405
电话：0917－8565320
传真：0917－8565320
网址：www. baojikeda. com
邮箱：keda0816@ 126. com
keda0917@ 163. com
产品：引线纸、扎钞纸、热压垫纸板、覆铜纸板、胶带原纸、高透纸

宝鸡市建忠五一纸业有限公司
陕西省宝鸡市陈仓区潘溪镇杨家店
邮编：721306
电话：0917－6751077
传真：0917－6751099
产品：各色半透明纸、拷贝纸、防油纸、捆纱纸、水果套袋纸

咸阳市

陕西兴包企业集团有限责任公司
陕西省咸阳市兴平市丰仪工业园
邮编：713100
电话：029－38266112
传真：029－38266112
网址：www. sxxingbao. com
邮箱：xsb@ sxxingbao. com
产品：生活用纸

咸阳华西纸业有限公司
陕西省咸阳市秦都区沣东镇南关
邮编：712044
电话：029－33818655

传真：029－33816516
产品：A 级高强瓦楞原纸、C 级茶纸板

渭南市

陕西大荔安盛纸业有限责任公司
陕西省渭南市大荔县许庄镇
邮编：715105
电话：0913－3649292
传真：0913－3649525
产品：高强瓦楞原纸

蒲城县永丰利亚造纸有限责任公司
陕西省渭南市蒲城县永丰镇大浴河北段
邮编：715502
电话：0913－7715138
传真：0913－7715138
产品：高强瓦楞原纸

合阳县康洁纸业有限责任公司
陕西省渭南市合阳县王村镇管家河村
邮编：715307
电话：0913－6712190
传真：0913－6712190
产品：卫生纸

安康市

安康恒丰纸业包装有限公司
陕西省安康市汉滨区恒口镇工业区
邮编：725021
电话：0915－3619898
传真：0915－3619898
产品：纱管纸、瓦楞原纸、花炮纸

安康市汉滨区永林再生纸有限公司
陕西省安康市汉滨区五里镇五茨路口
邮编：725018
电话：0915－3911236
传真：0915－3911236
产品：纱管纸、茶纸板

商洛市

洛南县洛神纸业有限公司
陕西省商洛市洛南县城东郊 158 号
邮编：726100
电话：0914－7381801
产品：茶纸板

甘　肃　省

兰州市

甘肃省甘草水泥集团兰州造纸厂
甘肃省兰州市东岗镇雁儿湾
邮编：730020
电话：0931－8491189
产品：瓦楞箱纸板、涂布纸板

天水市

天水东方纸业有限公司
甘肃省天水市麦积区渭南镇南河川缑家庄 168 号
邮编：741027
电话：0938－2821318
传真：0938－2821318
产品：箱纸板、高强瓦楞原纸

平凉市

平凉市宝马纸业有限公司
甘肃省平凉市四十里铺镇
邮编：744024
电话：0933－8410019
传真：0933－8410019
产品：卫生纸

平凉市峡门造纸厂
甘肃省平凉市峡门乡白坡村
邮编：744022
电话：0933－8570035
传真：0933－8570035
产品：卫生纸

青　海　省

西宁市

青海省造纸厂
青海省西宁市傅家寨 1 号
邮编：810015
电话：0971－8238142
产品：瓦楞原纸、凸版印刷纸

宁夏回族自治区

银川市

宁夏金丰源实业有限责任公司
宁夏回族自治区银川市永宁县红星桥北侧
邮编：750100
电话：0951－8018555
传真：0951－8011578
产品：面巾纸、卫生纸

宁夏紫荆花纸业有限公司
宁夏回族自治区银川市永宁县红星桥南
邮编：750100
电话：0951－8014871、8011888、8017666
传真：0951－8014871、8013808
网址：www. zijinhua. com. cn
产品：面巾纸、餐巾纸、卫生纸

宁夏美洁纸业股份有限公司
宁夏回族自治区银川市贺兰县东街90号
邮编：750200
电话：0951－8061280
传真：0951－8061553
产品：中高档面巾纸、餐巾纸、卫生纸

石嘴山市

宁夏伊斯兰地质造纸厂
宁夏回族自治区石嘴山市平罗县太西镇
邮编：753401
电话：0952－6681178、6691758
传真：0952－6681178
产品：高强瓦楞原纸

吴忠市

宁夏昊盛纸业有限公司
宁夏回族自治区吴忠市侯家湾
邮编：751102
电话：0953－2661111、2661726、2662188
传真：0953－2661726
产品：书写纸、印刷纸、生活用纸

中卫市

中冶美利云产业投资股份有限公司
宁夏回族自治区中卫市柔远地区
邮编：755000
电话：0955－7679218、7679430
传真：0955－7679216
网址：www. china-meili. com
产品：书写纸、印刷文化用纸、工业包装用纸

新疆维吾尔自治区

乌鲁木齐市

新疆沙驼股份有限公司
新疆维吾尔自治区乌鲁木齐市米东区稻香北路204号
邮编：831400
电话：0991－3379121、3372762
产品：箱纸板、瓦楞原纸、瓦楞纸箱、彩印纸箱(盒)

昌吉回族自治州

新疆昌吉市江北再生纸业有限公司
新疆维吾尔自治区昌吉高新技术产业开发区经二路8号
邮编：831100
电话：0994－2260566、2260588、2260599
传真：0994－2260588
网址：www. china-jbzy. com
产品：箱纸板、瓦楞原纸

巴音郭楞蒙古自治州

新疆博湖苇业股份有限公司
新疆维吾尔自治区库尔勒市新城区楼兰路
邮编：841001
电话：0996－2159728、2160000
传真：0996－2152533、2153164
网址：www. bohureed. com
邮箱：343174664@ qq. com
产品：漂白苇浆、胶版印刷纸、静电复印纸

石河子市

新疆天宏纸业股份有限公司
新疆维吾尔自治区石河子市西三路17号
邮编：832009
电话：0993－7526011、7526027
传真：0993－7526088
网址：www. xjth. cn
邮箱：th-jszx@ sohu. com
产品：卫生纸、静电复印纸

国内造纸机械及其他相关产业企业名录

Directory of Domestic Papermaking Machinery Companies and Other Related Companies

北京市

ABB(中国)有限公司
ABB 制浆造纸部
北京市朝阳区酒仙桥路 10 号恒通广厦 B7-3
邮编：100015
电话：010-84566688
传真：010-84567626
网址：www. abb. com. cn
产品：电力、自动化技术

维美德造纸机械技术(中国)有限公司北京分公司
北京市朝阳区东三环北路 19 号中青大厦 601
邮编：100022
电话：010-65666600
传真：010-65662567
网址：www. valmet. com
产品：造纸机械

奥地利安德里茨股份有限公司北京代表处
北京市朝阳区光华路 7 号汉威大厦西区 18 层
邮编：100004
电话：010-85262720
传真：010-65006413、65006415
网址：www. andritz. com
产品：制浆造纸设备

霍尼韦尔(中国)有限公司北京办事处
北京市朝阳区霄云路 26 号鹏润大厦 B 区 17 层
邮编：100125
电话：010-64103000、64103300
传真：010-64103414、64103420
网址：www. honeywellps. com. cn
产品：自动化控制系统、传感器与控制元件

芬兰温德造纸湿部技术公司北京代表处
北京市朝阳区建国路 118 号招商局大厦 1829 室
邮编：100022
电话：010-59233822、59233823
传真：010-65662723
网址：www. wetend. com
邮箱：min. zhang@ wetend. com
产品："创捷"化学品混合添加技术及装备

舍弗勒贸易(上海)有限公司北京分公司
北京市朝阳区东三环北路甲 19 号嘉盛中心 2801 室
邮编：100020
电话：010-65123621、65150288
传真：010-65123433
网址：www. schaeffler. com
产品：工业轴承

NDC 红外技术公司
北京市海淀区西直门北大街 60 号首钢国际大厦 1810 室
邮编：100088
电话：010-59935830
传真：010-59935831
网址：www. ndcinfrared. com. cn
邮箱：ndcbj@ ndcinfrared. com. cn
产品：纸张水分定量检测及控制

瑞士 BMB 公司
北京市建国门内大街 18 号恒基中心 2 座 10 层
电话：010-85198688
传真：010-85198699
网址：www. bmbag. ch
www. kroenert. de
邮箱：info@ bmbag. ch
产品：造纸机械

斯普瑞喷雾系统有限公司北京办事处
北京市朝阳区建国路 71 号惠通时代广场 B2-101 室
邮编：100025
电话：010-68562800、68561180
传真：010-68561036
网址：www. spray. com
邮箱：beijing@ spray. com. cn
产品：喷嘴

德国冯·诺顿西工程技术有限公司
北京市朝阳区北土城西路 7 号国恒基业大厦 A 座 1102 室
邮编：100029
电话：010-82275609
传真：010-82275350
网址：www. biolak. com. cn
产品：废水处理设备

美国凯登百利可乐生公司(KBC)
北京市朝阳区东三环北路中青大厦 1809 室
邮编：100020
电话：010-65813011
传真：010-65812268
产品：制浆造纸设备、废纸处理

中国造纸装备有限公司
北京市朝阳区启阳路 4 号中轻大厦 18 楼
邮编：100102
电话：010－64778200、64778300
传真：010－64778211
网址：www.cpmcchina.cn
邮箱：cpmcchina@cpmcchina.cn
产品：中高档高速宽幅纸机、纸板机和卫纸机

北京恒捷科技有限公司
北京市立水桥北北方明珠大厦 1520－1522 号
邮编：102218
电话：010－58607441、58607442
传真：010－58607440
网址：www.hengjietech.com
邮箱：bjhj@hengjietech.com
产品：轻重质除渣器及除渣器备品配件、废纸制浆生产线的工艺设计及设备配套、废水处理气浮设备、纤维回收弧形筛、流浆箱孔板的设计和制造、技术咨询以及安装调试等工程项目

北京春辉新吉造纸机械厂
北京市石景山区吴家村路京城新能源（原华电大楼）108 室
邮编：100040
电话：010－68650010、68657754
传真：010－68650010
网址：www.chunhuixinji.com
邮箱：bjchxjzzjx@163.com
产品：高浓盘磨机、热磨机、磨片

北京伟伯康科技发展有限公司
北京市海淀区曙光花园中路农林科学院畜牧研究所
邮编：100097
电话：010－51503883
传真：010－51503796
网址：www.webcon-tech.com
邮箱：sales@webcon-tech.com
产品：DFE 张力控制器

北京协力旁普包装制品有限公司
北京市大兴区旧宫镇工业园区北西甲 1 号
邮编：100076
电话：010－87962699
传真：010－87962476
网址：www.xlpp.com
邮箱：xlpp@public3.bta.net.cn
产品：纸浆模塑工业包装、餐具

北京高中压阀门有限责任公司
北京市东城区东直门外大街 40 号楼
邮编：100027
电话：010－69260852
传真：010－69258687
网址：www.bvc.cc
邮箱：zzy@bvc.cc
产品：阀门

中国联合装备集团公司
北京市西城区西黄城根南街 33 号
邮编：100032
电话：010－66075588
传真：010－66052828
网址：www.cnue.com.cn
邮箱：cnue@cnue.com.cn
产品：纸机、APMP 设备、纸机配件

中国轻工机械协会
北京市西城区西四东斜街 14 号
邮编：100032
电话：010－66039347、66031220
传真：010－66031224、66073257
网址：www.clima.org.cn
业务：行业标准制定、产品认证及科学成果鉴定

中国制浆造纸研究院
北京市朝阳区望京启阳路 4 号院中轻大厦
邮编：100102
电话：010－64778000
传真：010－64778001
网址：www.cnppri.com
邮箱：bgs@cnppri.com
　　　kb@cnppri.com
业务：造纸工业标准化、质量监督检验、信息服务等行业技术管理工作

国家林业局林产工业规划设计院
中国林业工程咨询公司
北京市东城区朝内大街 130 号
邮编：100010
电话：010－85128008
传真：010－85128008
网址：www.cfecc.com
业务：工程咨询、工程设计、工程监理、工程总承包

中国轻工建设工程有限公司
北京市丰台区洋桥北里甲 6 号

邮编：100077
电话：010－67247895
传真：010－67247882
网址：www. clcc. com. cn
邮箱：clcchyb@ 163. com
业务：工程咨询、监理、总承包

中国中轻国际工程有限公司
北京市朝阳区白家庄东里 42 号
邮编：100026
电话：010－65826121、65826125、65826118、65826358
传真：010－65823590
网址：www. bcel-cn. com
邮箱：cliec@ cliec. cn
业务：造纸工程咨询、设计、监理、项目管理、工程总承包

中冶京诚工程技术有限公司
北京市经济技术开发区建安街 7 号
邮编：100176
电话：010－67835128
传真：010－67835133
网址：www. ceri. com. cn
业务：造纸工程咨询、设计、监理、项目管理、工程总承包

中招国际招标有限公司
北京市海淀区皂君庙 14 号院 9 号楼
邮编：100081
电话：010－62108062
传真：010－62108218
网址：www. cntcitc. com. cn
业务：代理招标、政府采购

中国国际工程咨询公司
北京市海淀区车公庄西路 32 号中咨大厦
邮编：100048
电话：010－68733109
网址：www. ciecc. com. cn
邮箱：wangzhan@ ciecc. com. cn
业务：工程咨询

中国技术进出口总公司
北京市丰台区西三环中路 90 号通用技术大厦 16－22 层
邮编：100055
电话：010－63349206、63349195
传真：010－63373713
网址：www. cntic. com. cn
邮箱：cntic@ cntic. genertec. com. cn
业务：引进大型制浆和纸机成套设备、造纸设备制造技术

中国包装进出口总公司
北京市朝阳区东三环北路 3 号幸福大厦 B 座
邮编：100027
电话：010－64616359、64616369
传真：010－64616437
网址：www. chinapack. net
邮箱：biz@ chinapack. net
cpmail@ chinapack. net
业务：包装材料、机械进出口贸易

中国纸张纸浆进出口公司
北京市朝阳区劲松九区 910 号
邮编：100021
电话：010－67780346
传真：010－67747294
网址：www. chinalight. com. cn
邮箱：info@ cnppc. com
业务：纸浆、纸张、木材进出口贸易

颇尔过滤器(北京)有限公司
北京市经济开发区宏达南路 12 号
邮编：100176
电话：010－87225588
传真：010－67802329、67802328
网址：www. pall. com
邮箱：china_ls@ ap. pall. com
产品：过滤器

中国国旅贸易有限公司
北京市朝阳区永安东里通用国际中心 A 座 19 层
邮编：100022
电话：010－58793322
传真：010－58793093
网址：www. cittc. com. cn
邮箱：cittc@ mx. cei. gov. cn
经营：SC、LWC、铜版纸、双胶纸、白卡纸、牛皮卡纸

美国纸源有限公司北京办事处
北京市海淀区花园东路 30 号 5204 室
邮编：100083
电话：010－62360817
传真：010－62365579
经营：不干胶纸、硅油纸、涂塑原纸、铜版纸

英特耐国际纸业贸易(上海)有限公司北京办事处
北京市朝阳区建国门外大街 19 号国际大厦 1905A 室
邮编：100004
电话：010－65271825
传真：010－65270603
产品：进口牛皮卡纸、白卡纸

北京浩宇星光纸业有限公司
北京市永定门外沙子口西革新里 120 号
邮编：100077
电话：010－87258232
传真：010－67248325
网址：www. haoyuxingguang. com
经营：办公、文化、制图系列用纸

北京文满原纸业有限责任公司
北京市永定门外沙子口革新南路 2 号
邮编：100077
电话：010－67229598、67224105
经营：厂家代理

北京汇森纸制品有限公司
北京市丰台区分钟寺倪庄二分公司院内
邮编：100078
电话：010－87692442
传真：010－87697826
经营：日本纪州纸、黑卡纸、彩狐色花纹纸、彩狐珠花纸、牛皮纸

北京市华伦纸业有限公司
北京市朝阳区王四营路百子湾火车站旁胜墅旅馆 118 号
邮编：100023
电话：010－67383602
传真：010－67379442
经营：胶版纸、书写纸、轻型纸及纸浆

北京兴普森商贸有限公司
北京市丰台区莱户营西街 235 号
邮编：100073
电话：010－63363371、13901224404
传真：010－63367723
网址：www. xingpusen. com
邮箱：lhy8166@ sina. com
经营：牛皮纸、白牛皮纸、黄牛皮纸

北京云中赢纸业有限公司
北京市大兴区瀛海镇笃庆堂村笃庆北路 4 号
邮编：100076
电话：010－69281750
传真：010－69281750
经营：铜版纸、灰纸板、书写纸

天　津　市

斯普瑞喷雾系统有限公司天津办事处
天津市和平区南京路 129 号世贸广场 B－1303 室
邮编：300051
电话：022－27126918
传真：022－27126928
网址：www. spray. com
邮箱：tianjin@ spray. com. cn
产品：喷嘴

丹佛斯(天津)有限公司
天津市武清开发区 5 号路
邮编：301700
电话：022－82126400
传真：022－82126407
网址：www. danfoss. com/china
产品：变频器

天津环球高新造纸网业有限公司
天津市西青区杨庄子大堤外玉门路
邮编：300112
电话：022－27795246
传真：022－27796246
产品：造纸用聚酯网、聚酯干网、螺旋干网

天津市轻工业机械厂
天津市西青区西青道杨柳青
邮编：300380
电话：022－27392930
传真：022－27390401
产品：制浆设备、碱回收设备

天津市第一轻工机械厂
天津市南开区长江道怀安环路 11 号
邮编：300193
电话：022－27380290、27380260
产品：长网、圆网纸机，烘缸，辊胎等

天津市华星工业用呢新技术开发有限公司
天津市南开区玉泉路岳湖道 18 号
邮编：300193
电话：022－27372507

传真：022－27372507、27495045
网址：www.tjgynch.com.cn
产品：造纸用呢、工业用呢

天津派普伟业造纸科技有限公司
天津市南开区航海道金航大厦 2－4－802（科技园）
邮编：300192
电话：022－87898375
产品：特种纸技术、造纸设备及材料

天津中天宏大纸业有限公司
天津市北辰区小淀镇刘安庄工业园区佳丰道 22 号
邮编：300402
电话：022－86994250、26992717
传真：022－26991355
网址：www.abypaper.com
邮箱：mxy@abypaper.com
产品：标签、热熔胶涂布机、不干胶材料分切机

天津市轻工业设计院
天津市南开区长江道 179 号
邮编：300193
电话：022－27380422
传真：022－27380423
网址：www.tlidi.com
邮箱：jy@tlidi.com
业务：工程总承包、工程咨询、工程设计、工程管理、工程监理

天津市轻工业造纸技术研究所
天津市津南区双港工业园发港南路 29 号
邮编：300350
电话：022－81312685
传真：022－81312685
产品：特种纸、过滤纸、制浆造纸技术、过滤材料、滤芯等

国家轻工业纸张质量监督检测天津站
天津市津南区辛庄工业园区发港路
邮编：300350
电话：022－88823003
业务：一般纸张类、纸浆检测

天津市禹晖科技有限公司
天津市南开区鑫茂科技园
邮编：300081
电话：022－27373367
传真：022－27373367
产品：气浮器

威宁（天津）国际贸易有限公司
天津市北辰区津围公路小淀刘安庄工业区
邮编：300402
电话：022－26997137
传真：022－26997093
经营：硅油纸、不干胶、美纹纸、过滤纸、彩喷纸、照相纸、热敏纸、白卡纸、无尘纸

天津中包进出口有限责任公司
天津市河西区宾水道 9 号
邮编：300061
电话：022－28371658、28371659
传真：022－28371678
网址：www.ticpack.com
经营：白纸板、进口白纸板、进口牛皮卡纸、进口胶版纸

天津力天世纪国际贸易有限公司
天津市河西区大沽南路 501 号恒华大厦 1－1505
邮编：300202
电话：022－58196268、8071809、15902240996
传真：022－58196298
经营：箱纸板、PP 膜卡纸、无碳复写原纸、涂层胶版纸、OCR 纸、布纹铜、玻璃铜版卡纸、白卡纸、防湿纸

天津中海商贸有限公司
天津市南开区黄河道 467 号
邮编：300110
电话：022－27419209、13302022371
经营：淋膜纸、PE 相纸、照相原纸、胶版纸、轻涂纸、铜版纸、牛皮纸、彩喷纸、高光相纸、硅油纸、墙壁原纸、无碳纸

天津市俄林浆纸商贸有限公司
天津市北辰区万科新城
邮编：300402
电话：022－26300100
传真：022－26300100
经营：废纸、卫生纸切边、桉木浆、漂白针叶木浆、竹浆、本色浆、硬杂木

河　北　省

石家庄市

福利造纸毛毯厂
河北省石家庄市晋州市马于镇吕家庄

邮编：052260
电话：0311－84359142
产品：造纸毛毯

唐山市

唐山天兴科技有限公司
河北省唐山市开平区现代装备制造工业区南路
邮编：063000
电话：0315－6322550、6322551、8086688
传真：0315－6322552
网址：www. txtech. cn
邮箱：csy@ txtech. cn
　　　tstxhb@ sina. com
产品：CQF 气浮系统

唐山市热力强盛工贸有限公司
河北省唐山市路北区朝阳道 22 号
邮编：063000
电话：0315－2022779、2015822
传真：0315－2031273
网址：www. tsrlqs. com
邮箱：religs@ 163. com
产品：铜版纸、拷贝纸

邯郸市

邯郸市造纸机械设备厂
河北省邯郸市成安县东彭留村
邮编：056700
电话：0310－7260612
产品：盘磨磨片

保定市

高阳县津联工业用呢有限公司
河北省保定市高阳县城东 2 公里路北
邮编：071500
电话：0312－6602373
传真：0312－6603733
产品：工业用呢

保定市晨光造纸机械有限公司
河北省保定市北二环路 699 号
邮编：071051
电话：0312－3173685、3530191、3173703
传真：0312－3172452
网址：www. chgjx. com. cn
邮箱：chenguangjixie@ 126. com
产品：造纸设备、废水处理工程

保定市华光机械有限公司
河北省保定市周庄村东
邮编：071051
电话：0312－3117623、3128810、3017250
传真：0312－3128810、3174481
网址：www. bdhuaguang. com
邮箱：bdhuaguang@ 126. com
产品：生活用纸加工设备

保定巨龙高能开发有限公司
河北省保定市合作路副 10 号
邮编：071000
电话：0312－5066001、5013685
传真：0312－5028183
网址：www. bdjulong. com. cn
邮箱：julong@ bdjulong. com. cn
产品：红外加热设备

保定市晨光环保设备厂
河北省保定市隆兴西路 3132 号
邮编：071051
电话：0312－5555518
传真：0312－5955517
网址：www. cghb. com. cn
邮箱：chengguanghuanbao@ sina. com
产品：TWC 系列同向流净水器及纤维回收、脱泥设备

保定市中通泵业有限公司
河北省保定市南二环 2162－8 号
邮编：071000
电话：0312－2138886、2139278、8920037
传真：0312－2138887
网址：www. zhongtongpump. com
邮箱：pump@ zhongtongpump. com
产品：泵

中国造纸开发保定设计公司
河北省保定市广济路 230 号
邮编：071000
电话：0312－2025534
传真：0312－2036695
业务：工程设计

保定华融经贸总公司
河北省保定市纸厂路 98 号

邮编：071071
电话：0312－3198353、3172128
经营：机制纸、防伪纸

沧州市

沧州市通用造纸机械有限公司
河北省沧州市经济技术开发区东海路 33 号
邮编：061000
电话：0317－3098909、3098959、3098346
传真：0317－3098959、3098909
网址：www. cztyzzjx. com. cn
邮箱：zjf. 576@ 163. com
产品：磨浆机

东兴纸箱机械厂
河北省沧州市东光县城南古树于工业区
邮编：061001
电话：0317－7752228
传真：0317－7752228
产品：各种纸箱、包装机械

官厅特种工业用呢厂
河北省沧州市沧县官厅乡
邮编：061029
电话：0317－4058201
产品：造纸毛毯

爱美德网带有限公司
（原东光县造纸网厂）
河北省沧州市东光县找王镇后屯
邮编：061600
电话：0317－7780800、7780610、7725002
传真：0317－7780610
网址：www. hbamity. com
邮箱：amity@ vip. 163. com
产品：造纸网

青县拓实新兴冲筛有限公司
河北省沧州市青县城东觉道庄老子湖工业区
邮编：062650
电话：0317－4087374、4299898、4087027
传真：0317－4087027
网址：www. tsxxcs. cn
邮箱：root@ tsxxcs. cn
产品：筛板

廊坊市

廊坊开发区东润卫生材料有限公司
河北省廊坊经济技术开发区汇源道
邮编：065001
电话：0316－6071870
传真：0316－6088171
产品：一次性医用敷料、柔中卷、湿纸巾、清洁擦布

东纶科技实业有限公司
河北省廊坊经济技术开发区汇源道 8 号
邮编：065001
电话：0316－6086145、6071866、6087699、6071870
传真：0316－6088171
网址：www. eastex-china. com
产品：涤纶、黏胶、锦纶、丙纶等原料的水刺非织造布

衡水市

河北鹤煌网业股份有限公司
河北省衡水市安平县新盈大街 17 号
邮编：053600
电话：0318－7524840、7978279
传真：0318－7520806
产品：造纸网

河北华强网业有限公司
河北省衡水市枣强县肖家镇
邮编：053100
电话：0318－8489236
传真：0318－8489288
网址：www. hbhuaqiang. com
邮箱：huaqiangwangye666@ aliyun. com
产品：造纸网

河北冀州市亚华特种胶辊厂
河北省冀州市兴华南大街 1666 号
邮编：053200
电话：0318－6829928
传真：0318－6829956
产品：造纸、冶金用胶辊

河北深州市王家井东斌胶厂
河北省深州市王家井镇王庄
邮编：053873
电话：0318－3465347
产品：造纸橡胶、尼龙制品

河北亚圣实业有限公司
河北省枣强县玻璃钢城
邮编：053100
电话：0318－8228718
传真：0318－8222297
产品：刮刀

河北衡水长虹包装装潢有限公司
河北省衡水市红旗南大街 117 号
邮编：053000
电话：0318－2123321
传真：0318－2123321
经营：各种规格彩色印刷包装纸箱、纸盒、商标

山　西　省

晋中市

山西省轻工机械厂
山西省晋中市榆次区
邮编：030600
电话：13303544343
产品：造纸机械设备

内蒙古自治区

呼和浩特市

内蒙古轻纺工业设计研究院有限责任公司
内蒙古自治区呼和浩特市新城区艺术厅南街 82 号怡海明苑 B 座 3 楼
邮编：010010
电话：0471－6923184 转 8005
业务：工程咨询、工程设计

辽　宁　省

沈阳市

辽宁飞鸿达蒸汽节能设备有限公司
辽宁省沈阳市东陵区泉园 3 路 69 号
邮编：113122
电话：024－54319988、54319989
传真：024－54319990
网址：www. syfhd. com. cn
www. lnfhd. com
邮箱：syfhd@ 163. com
产品：纸机烘干热泵、蒸球乏汽回收成套装置、热泵式凝结水回收装置

沈阳春光造纸机械有限公司
（原沈阳市造纸机械厂）
辽宁省沈阳市铁西区卫工南街 46 号
邮编：110141
电话：024－85400088、85400666
传真：024－85361535
网址：www. syzzjxc. cn
邮箱：bqwsy@ 126. com
产品：浆泵、卫生纸机、压力泵、真空泵、除渣器

大连市

大连迈仕通机械有限公司
辽宁省大连市金州工业配套园区银泉街 3 号
邮编：116100
电话：0411－87663998
传真：0411－87663938
网址：www. microstone. com
邮箱：2003@ microstone. com
产品：超微粉新型竖式立磨机、超微湿式研磨机、高效气流式分级系统、全自动精密过滤器、除铁过滤器、活性处理设备

大连嘉迅机械有限公司
（原大连民乐工业总厂）
辽宁省大连市甘井子区辛寨子镇小辛工业园区
邮编：116033
电话：0411－86310998、86310596
传真：0411－86310998
产品：真空泵、减速机、筛浆机

丹东市

丹东东方轻工机械有限公司
辽宁省丹东市同兴镇龙兴街 69 号
邮编：118011
电话：0415－6135777、6135888
传真：0415－6135999
网址：www. ddf. com. cn
邮箱：dfqj999@ 126. com
产品：制浆造纸设备及零件

丹东市江城轻工机械有限公司
辽宁省丹东市振兴区安民镇
邮编：118004
电话：0415－7600777 7608280
传真：0415－7608629

网址：www. ddjcm. cn
邮箱：jcjx@ ddjcm. com
产品：制浆造纸机械设备及零件

丹东鸭绿江磨片有限公司
辽宁省丹东市浪头镇
邮编：118009
电话：0415－6155888、6155355
传真：0415－6156158
网址：www. jinquan-disc. com
邮箱：jinquandisc@ 163. com
产品：高浓磨磨片

丹东兴和机械有限公司
辽宁省丹东市振兴区浪头镇天津街 201 号
邮编：118009
电话：0415－6155458
传真：0415－6155207、6279276
网址：www. ddxinghe. net
邮箱：dd-syg@ 126. com
产品：长网、叠网、圆网造纸机、涂布机、压光机、复卷机、切纸机、包装机

丹东山河技术有限公司
辽宁省丹东市汤池工业园区 35 号
邮编：118303
电话：0415－6256966、6256906
传真：0415－6256956
网址：www. sunhightech. com
邮箱：mail@ sunhightech. com
sunhightech@ 163. com
产品：造纸过程传感器与控制系统

丹东烘缸制造厂
辽宁省丹东市东港市前阳镇平安村
邮编：118000
电话：0415－7162062
传真：0415－7162062
产品：烘缸、压榨辊

辽阳市

辽阳造纸机械股份有限公司
辽宁省辽阳市铁西路 76 号
邮编：111004
电话：0419－3132329
传真：0419－3132877
网址：www. lyzj. com
邮箱：lyzj@ lyzj. com
产品：纸机

辽阳天义造纸设备有限公司
辽宁省辽阳市太子河区望水台乡庞夹河村 10 号
邮编：111000
电话：0419－3229841、3991577
传真：0419－3229841
网址：www. lytyzz. com
邮箱：007hanfei@ 163. com
lytyzz@ lytyzz. com
产品：打包捆扎机、油压机、切板机、叠包机

吉 林 省

长春市

吉林省轻工业设计研究院
吉林省长春市飞跃路 2688 号
邮编：130021
电话：0431－85657719、85652015、85653595
传真：0431－85657579
网址：www. jlsqgy. com
邮箱：qgy@ public. cc. jl. cn
业务：工程咨询、工程设计、工程监理

长春纸张试验机有限责任公司
吉林省长春市安达街 1456 号
邮编：130061
电话：0431－88528095
传真：0431－88527195
网址：www. cczzsyi. net
邮箱：xsk@ cczzsyj. net
产品：纸张物理检测仪器

长春市月明小型试验机有限责任公司
（原长春小型试验机厂）
吉林省长春市经济技术开发区会展大街（乐群街）906 号
邮编：130033
电话：0431－84627751、84627353
传真：0431－84627752
网址：www. ccxxsyj. com
产品：纸张检测仪器

吉林市

吉林轻工业设计院
吉林省吉林市林荫路 16 号

邮编：132002
电话：0432－6946813、6946842
传真：0432－2775622
网址：www.eli.cn
业务：工程设计、监理、咨询

吉林市诚信实业有限责任公司
吉林省吉林市丰满区二道 120 号
邮编：132107
电话：0432－64721456
传真：0432－64722622
网址：www.jlcxmp.com
邮箱：jlcx@jlcxmp.com
产品：特钢磨片

四平市

四平市桦鑫包装有限公司
吉林省四平市铁东区北八马路 19 号
邮编：136001
电话：0434－3520221
产品：纸制品

黑龙江省

哈尔滨市

哈尔滨宇达电子技术有限公司
黑龙江省哈尔滨市动力区和兴路 17 号
邮编：150040
电话：0451－82131929、82120636、82190118
传真：0451－82120636
网址：www.yudadz.com
邮箱：544893590@qq.com
产品：纸张水分仪、稻麦草水分仪、纸浆浓度测定仪

哈尔滨泽恩磨浆机有限公司
黑龙江省哈尔滨市南岗区文库街智力大厦 503 室
邮编：150040
电话：0451－82293443
产品：双螺旋辊式磨浆机

黑龙江省轻工业设计院
黑龙江省哈尔滨市动力区和平路 121 号
邮编：150040
电话：0451－82620961
传真：0451－82655374
网址：www.hcel.cn
邮箱：post@hcel.cn
业务：工程设计、工程咨询与规划、工程勘察与监理

佳木斯市

佳木斯造纸网有限公司
黑龙江省佳木斯市东风区光复路 302 号
邮编：154005
电话：0454－8375399、8332018
产品：造纸网

牡丹江市

黑龙江省造纸工业研究所
黑龙江省牡丹江市阳明区光华街 5 号
邮编：157013
电话：0453－6332195、6332060
传真：0453－6332195
业务：工农业特种纸研制开发、制浆造纸技术的研究与开发

牡丹江市中德轻工机械制造厂
黑龙江省牡丹江市西小太平路 28 号
邮编：157000
电话：0453－6424176
产品：分切机

上　海　市

恩斯克投资有限公司(日本精工中国总部)
上海市仙霞路 319 号远东国际广场 A 栋 10 楼
邮编：200051
电话：021－62350198
传真：021－62351033
网址：www.cn.nsk.com
产品：造纸设备专用轴承

贝卡尔特管理(上海)有限公司
上海市遵义南路 88 号协泰中心 16 楼
邮编：200000
电话：021－62952233
传真：021－62193158、62952234
网址：www.bekaert.com.cn
产品：打包钢丝、非接触式干燥系统、装订钢丝

上海大晃泵业有限公司
上海市奉贤区南桥镇桥行工业区 128 号
邮编：201400

电话：021－57196294－16
传真：021－57196294－18
网址：www.shzz.org.cn
产品：多头螺旋离心泵、双螺杆泵系列

霍尼韦尔（中国）有限公司
上海市遵义路100号虹桥上海城A座35楼
邮编：200051
电话：021－62370237
传真：021－63272827、62372332
网址：www.honeywell.com
产品：自动化控制系统传感器与控制元件

布鲁奇维尔（上海）通风技术有限责任公司
上海市奉贤区坞桥镇环北路2号
邮编：201402
电话：021－57406923
传真：021－57406923
网址：www.brunnschweiler.com
产品：气罩、风箱、冷凝水系统、热回收系统

川佳机械集团股份有限公司
川佳机械（集团）华东办事处（上海）
上海市徐汇区宛平南路381号宛轻大楼509室
邮编：200032
电话：021－64283706、64283716
传真：021－64283652
网址：www.new-bonafide.com
邮箱：newbona@ms25.hinet.net
产品：制浆造纸机械

光华爱而美特仪器有限公司
上海市闵行经济技术开发区东川路3160号
邮编：200245
电话：021－64300150
传真：021－64300812
产品：电磁流量计等

华阳检测仪器有限公司
上海市长宁区昭化路515号
邮编：200050
电话：021－62400193
传真：021－62403841
网址：www.sh-huayang.com
邮箱：hy@sh-huayang.com
产品：造纸检测、测量仪器

帕克环保技术（上海）有限公司
上海市浦东张江郭守敬路351号
邮编：201203
电话：021－50800101
传真：021－50800221
网址：www.paques.com.cn
邮箱：info@paques.com.cn
业务：废水处理、厌氧处理技术

上海本真造纸技术有限公司
上海市普陀区中山北路1295号8号楼316室
邮编：200065
电话：021－56090615
传真：021－56090615
业务：制浆、造纸生产工艺和机械设备咨询、设计、制造、改造、安装和调试、新产品研制，兼营造纸原料和化学助剂

上海承天制浆造纸机械工程成套设备有限公司
上海市中心北路1060号1501室
邮编：200070
电话：021－56558038、56550377
传真：021－56558038
产品：工业滤纸成套设备、涂布机、浸渍机、二辊单压、四辊双压区、软压光机

上海泛邦自控技术研究所
上海市大木桥路111号26D
邮编：200032
电话：021－64173777、64169325
传真：021－54520510
网址：www.sh-fbauto.com
邮箱：fbauto@sina.com
fbzkjs@shcei.com.cn
产品：高精度节能型恒温自控系统

上海弘纶工业用呢有限公司
上海市金山区枫泾镇纺织工业园区建安路78号
邮编：201502
电话：021－67360980、67361100
传真：021－57365916
产品：造纸毛毯、工业用呢

上海开港造纸机械制造有限公司
上海市幸福路117号
邮编：200052
电话：021－62803874
传真：021－62803871

邮箱：liming-kaigang@ 126. com
产品：喷嘴及其移动装置、常用制浆设备及配件

上海科创设备防腐防漏技术有限公司
上海市松江区新五开发区
邮编：201606
电话：021 - 57874310
传真：021 - 57877400
产品：烘缸堵漏、表面处理

上海威尔泰工业自动化股份有限公司
上海市闵行区虹中路 263 号
邮编：201103
电话：021 - 64656465
传真：021 - 64659677
网址：www. welltech. cn
邮箱：sales@ welltech. com. cn
产品：自动化控制系统

上海赛德造纸机械电控技术有限公司
上海造纸机械电控技术研究所
上海市宝山路 888 弄 2 号 306 室
邮编：200081
电话：021 - 65871936
传真：021 - 56716875
网址：www. sh-sied. com
产品：SIED 全数字交直流调速系统产品、抄纸车间集散控制系统

上海紫华企业有限公司
上海市闵行区北松路 999 号
邮编：201111
电话：021 - 64093456
传真：021 - 64090612
网址：www. pefilm. com. cn
产品：PE 流延压纹膜、透气性流延膜和耐刺穿底膜

上海宏亚机泵制造有限公司
上海市交通西路 129 号 10 号
邮编：200065
电话：021 - 56533064、56080539
传真：021 - 56080539
网址：www. hongyapumps. com
邮箱：sales@ hongyapumps. com
产品：CZ 系列化工离心泵、G 型螺杆泵、WB 型旋涡泵、FCB 型不锈钢齿轮泵、TWZB 型无堵塞浆泵等

上海永锚泵业制造有限公司
上海市闸北区共和新路 111 弄 9 号 203 信箱
邮编：200070
电话：021 - 63802299、63171166
传真：021 - 63537433
网址：www. ympumps. com
邮箱：sales@ ympumps. com
产品：G 型系列单螺杆泵，QBY 型气动隔膜泵，ISG 系列单级单吸立式管道离心泵，CQ 型磁力驱动泵，JMZ、FMZ 自吸泵等

上海爱凯思机械刀片有限公司
上海市青浦工业园区崧泽大道 7477 号
邮编：201707
电话：021 - 59869050
传真：021 - 59868220
网址：www. iks-sh. com
产品：打浆机刀具

上海新阿波隆数控设备有限公司
上海市闸北区共康路 658 弄 28 号
邮编：200443
电话：021 - 56488221
传真：021 - 56438622
产品：数控及普通软压光机、配件

上海宝刀机械刀片厂
上海市青浦工业区盈中
邮编：201700
电话：021 - 59203592
产品：机械刀片

上海大禹自控阀门有限公司
上海市南汇区航头镇大麦湾工业园区文汇报航川路 66 号
邮编：201204
电话：021 - 68220075
传真：021 - 68220798
网址：www. dayupv. com
邮箱：sales@ dayupv. com
产品：调节阀门

上海东华高压匀浆泵厂
上海市沪闵路镇泾河东 11 号
邮编：201108
电话：021 - 64890907
产品：高压浆泵

上海福昌造纸机械厂
上海市浦东新区黄楼镇西首
邮编：201205
电话：021－58941309
产品：切纸机

上海高新造纸技术有限公司
上海市南大路 15 号
邮编：200436
电话：021－66507871
网址：www. nhpaper. cn
邮箱：nhpaper@ sina. com
业务：造纸制浆技术开发、造纸工程设备成套技术、造纸机械

上海工业用呢厂诸翟分厂
上海市闵行区金辉路 1688 号
邮编：201107
电话：021－62211136
产品：工业用呢

上海沪昌造纸机械有限公司
上海市沪太路 555 弄 3 号 503 室
邮编：200070
电话：021－56557226
传真：021－56555227
产品：压力筛、冲浆泵、造纸机

上海化工机械厂有限公司
上海市奉贤区上海工业综合开发区肖南路 368 号
邮编：201400
电话：021－33655535
传真：021－33655532
网址：www. scmp. net. cn
邮箱：sale@ scmp. net. cn
产品：过滤机、洗浆机

上海荟安筛网实业有限公司
上海市中原路 60 弄 1 号
邮编：200438
电话：021－65572389
网址：www. huian. com. cn
邮箱：web@ huian. com. cn
产品：丝网

上海吉井环保设备有限公司
上海市长宁区宋园路 46 弄 9 号楼
邮编：200336
电话：021－62083399
传真：021－62706689
网址：www. yosii. com. cn
邮箱：yosii@ sh163. net
yosii@ nikkiso. com. cn
产品：系列计量泵、输送泵、环保设备

上海金熊造纸网毯有限公司
上海市金山区枫泾镇兴塔建安路 78 号 2 栋
邮编：201502
电话：021－67361666
传真：021－67361071
网址：www. vanov. cn
产品：造纸毛毯、工业用呢

上海浦东合丰造纸机械有限公司
(原上海造纸机械配件厂)
上海市浦东新区合庆镇奚阳路朝阳村
邮编：200052
电话：021－58971946
传真：021－62820949
产品：疏解机、圆盘磨

上海轻良实业有限公司
上海市青浦白鹤工业区鹤祥路 68 号
邮编：201709
电话：021－59741536
传真：021－59741437
网址：www. shqlsy. com
邮箱：shqlsy@ shqlsy. com
产品：造纸设备

上海瑞华(集团)有限公司
上海市广顺路 8 号
邮编：200335
电话：021－52186390
传真：021－62617381
网址：www. ruihuagroup. com. cn
邮箱：ruihua@ ruihuagroup. com. cn
产品：传动及控制系统、造纸机械

上海瑞沪造纸机械有限公司
上海市南翔镇新翔黄路 625 号
邮编：201802
电话：021－59173130
产品：切纸机

上海太新造纸机械有限公司
上海市交通路 4703 弄 6 号 702 室
邮编：200331
电话：021－62778894
传真：021－62778886
产品：活动弧形辊、纸机配件

上海星空自动化仪表有限公司
上海市青浦工业园区新水路 575 号
邮编：201701
电话：021－59702153、59705999
传真：021－59705989
网址：www. xk-sh. com
邮箱：xsb@ xk-sh. com
产品：流量计等仪表

上海新光明泵业制造有限公司
（原光明水泵厂）
上海市武定路 576 号
邮编：200040
电话：021－62156413、62586878、62583382
传真：021－62156276
网址：www. gmpumps. com
邮箱：info@ xinguangminggroup. com
产品：隔膜泵、高温油泵、清水离心泵、化工泵、污水泵

新华控制技术（集团）有限公司
上海市闵行经济技术开发区文井路 160 号
邮编：200245
电话：021－64304308
传真：021－64302778
网址：www. xinhuagroup. com
邮箱：xhg@ xinhuagroup. com
产品：自动控制

意大利亚赛利造纸机械有限公司上海代表处
上海市凯旋路 3500 号华苑大厦 1 号楼
邮编：200030
电话：021－64870654
传真：021－64872928
网址：www. acellipaper. it
产品：造纸及无纺布机器

中达工业用呢有限公司
上海市金山区吕巷镇新浜村 12 组 5000 号
邮编：201517
电话：021－57371309
传真：021－57371242
产品：工业用呢

中国海诚工程科技股份有限公司
中国轻工业上海工程咨询有限公司
上海市宝庆路 21 号
邮编：200031
电话：021－64717908
传真：021－64718347
网址：www. haisum. com
邮箱：info@ haisum. com
业务：工程设计、工程咨询、工程监理

ITT 工业公司
上海市遵义路 100 号虹桥城市中心 A 座 30 楼
邮编：200051
电话：021－22082888
传真：021－22082999
网址：www. gouldspumps. com
　　　www. pumpsmart. net
产品：泵

中国船舶重工集团公司第 704 研究所
上海市衡山路 10 号
邮编：200031
电话：021－64718118－4506
传真：021－64330521
网址：www. smeri. com. cn
邮箱：jy704@ 21cn. com
产品：纸卷输送系统

九益机电（上海）有限公司
上海市嘉定区宝安公路 2775 弄 98 号
邮编：201802
电话：021－69158205、69158208
传真：021－69158209
网址：www. cutes. com. tw
邮箱：sales@ cutes. com. tw
产品：真空泵、鼓风机

法国 PCM 泵业公司上海代表处
上海市延安西路 2299 号世贸商城 10A01
邮编：200336
电话：021－62362521
传真：021－62362428
网址：www. pcm-pump. com
产品：泵

上海理查包装机械有限公司
上海市军工路 1300 号
邮编：200433
电话：021－65482025、65338674、65483939
传真：021－65492533
网址：www. shrichard. com. cn
www. richard. online. sh. cn
邮箱：shangrichard@ 126. com
产品：包装机

福伊特造纸(中国)有限公司
上海市长宁区兴义路 8 号上海万都中心 25 楼
邮编：200336
电话：021－52080388
传真：021－52080355
网址：www. voithpaper. com
www. voith. com. cn
产品：造纸机械

柯尔柏机械设备(上海)有限公司
上海市外高桥保税区华京路 418 号 41 号楼 C 部位
邮编：200131
电话：021－50462933、50462822
传真：021－50462303
网址：www. kpl. net
www. koerberprocess. com
邮箱：mirjam. rolfe@ koerber. de
产品：复卷机、分切机

斯普瑞喷雾系统(上海)有限公司
上海市松江工业区书林路 21 号
邮编：201611
电话：021－57684882、67600882
传真：021－67600548
网址：www. spray. com
www. autojet. com
邮箱：shanghai@ spray. com. cn
产品：喷嘴

上海乾丰轻工机械厂
上海市嘉定区江桥工业园区丰华公路 1580 号
邮编：201803
电话：021－59143443
传真：021－69111165
邮箱：chunginglu@ 126. com
产品：磨刀机、复卷机、除渣器

埃尔依(上海)工业设备有限公司
上海市嘉定区曹安路 3652 号
邮编：201812
电话：021－39115191
传真：021－39115192
网址：www. l-e. de
产品：纸机密闭气罩、袋通风与热回收系统、车间通风系统、涂布机干燥系统、蒸汽冷凝水系统

丹佛斯(上海)自动控制有限公司
上海市宜山路 900 号科技大楼 C 座 20 层
邮编：200233
电话：021－61513000
传真：021－61513100
网址：www. danfoss. com/china
邮箱：shanghai@ danfoss. com
产品：变频器

上海东方泵业(集团)有限公司
上海市宝山区富联路 1588 号
邮编：201906
电话：021－33718888
传真：021－56025566
网址：www. eastpump. com
邮箱：eastpump@ 163. net
产品：泵

罗斯蒙特公司
艾默生过程控制有限公司
上海办事处：021－38954788
北京办事处：010－58211188
广州办事处：020－83486098
西安办事处：029－83255563
乌鲁木齐办事处：0991－5802277
网址：www. ap. emersonprocess. com
邮箱：csc. china@ emerson. com
产品：压力变送器

西派克(上海)泵业有限公司
上海市浦东新区宣中路 399 号
邮编：201300
电话：021－38108888
传真：021－38108889
网址：www. seepex. com
邮箱：info. cn@ seepex. com
产品：泵

瑞士 BMB – Kroenert 集团公司
中国总代理香港捷成洋行有限公司
上海市延安东路 588 号东海商业中心 11 楼 C 座
邮编：200001
电话：021 – 63527002
传真：021 – 63527330
网址：www. bmbag. ch
产品：涂布加工设备

博索尼奥拉茂（上海）叉车属具有限公司
上海市闵行区陪昆路 206 号 B 区 11 号
邮编：201111
电话：021 – 64093050
传真：021 – 64093060
网址：www. bolzoni-auramo. com
产品：纸浆包夹、废纸包夹、纸箱夹

上海奥鼎机械设备有限公司
上海市番禺路 390 号时代大厦 3 楼 E – F 室
邮编：200052
电话：021 – 62815511
传真：021 – 52581476
网址：www. aoding. com
邮箱：info@ aoding. com
产品：造纸机械

深圳市联欧贸易发展有限公司上海分部
上海市浦东桃林路 18 号环球广场 B 座 702 室
邮编：200135
电话：021 – 68556062
传真：021 – 58214208
网址：www. euro-me. com
邮箱：euromesh@ euro-me. com
产品：纸机

铁姆肯（中国）投资有限公司总部
上海市虹桥路 1 号港汇中心 1 座 27 层
邮编：200030
电话：021 – 61138000
传真：021 – 61138001
网址：www. timken. com
产品：轴承

伊顿工业过滤（上海）有限公司
上海市长宁区临虹路 280 弄 3 号楼
邮编：200335
电话：021 – 52000400
网址 www. eaton. com. cn
产品：造纸过滤设备

上海恒伦纸业有限公司
上海市广中西路 99 弄 30 号 201 室
邮编：200072
电话：021 – 66310898
传真：021 – 66310090
经营：漂白针叶木浆、针阔叶木混合浆、本色浆、漂白桉木浆、高强瓦楞原纸、新闻纸、双胶纸、书写纸、包装纸

美国福瑞斯国际贸易有限公司
上海盛托瑞国际贸易有限公司
上海市定西路 988 号 507 室
邮编：200050
电话：021 – 62112130、62116810
传真：021 – 62120563
经营：牛卡纸、白牛皮纸、PE 口杯纸、彩色卡纸、轻涂纸、废纸

上海德杰实业发展有限公司
上海市宁国路 313 弄 9 号 709 室
邮编：200090
电话：021 – 65196311
传真：021 – 65196311
经营：轻涂纸、铜版纸、哑光纸、灰纸板、白卡纸、玻璃卡纸、布纹纸、双胶纸

瑞典赛尔玛（CELLMARK）有限公司上海代表处
上海市茂名南路 205 号瑞金大厦 2007
邮编：200020
电话：021 – 64730266
传真：021 – 64730030
经营：漂白针叶木浆、桉木浆、漂白阔叶木浆、本色浆、化学机械浆、牛皮纸、牛皮卡纸、瓦楞原纸、涂布白卡纸、废纸

上海华宝物资实业有限公司
上海市真诚路 426 号
邮编：200331
电话：021 – 66270073
传真：021 – 66270090
经营：废纸、纸筒芯

新鸿纸业有限公司
上海市黄浦区宁波路 633 号
邮编：200001
电话：021 – 63225771
传真：021 – 63225771
经营：双胶纸、打字纸、书写纸、拷贝纸、牛皮纸、

新闻纸、彩色半透明纸、热敏纸、电缆纸、电话簿纸、铝箔衬纸、水果袋原纸、防油纸

上海云开纸业有限公司
上海市南翔惠平路 12 弄 3 号
邮编：201802
电话：021－59128010、59128011
传真：021－59128011
经营：牛皮纸、纸袋纸、白卡纸

上海万戈工贸发展有限公司
上海市共祥路 255 号
邮编：201906
电话：021－51099553
传真：021－51879227
经营：卡纸

上海中立贸易发展有限公司
上海市杨浦区大连路 950 号海上海新城 8 号楼 407 室
邮编：200092
电话：021－55969137
传真：021－65625655
经营：废纸

上海宾高纸业有限公司
上海市青浦区支家路 21 弄 3 号楼 110 室
邮编：201700
电话：021－59720299、13801662351
传真：021－59731297
经营：牛卡纸、牛皮纸

经纶全讯(香港)有限公司上海代表处
上海市浦东张杨路 707 号生命人寿大厦 1405－6 室
邮编：200041
电话：021－58360371
传真：021－52921841
经营：单面铜版纸

上海润泰纸业有限公司
上海市宝山区富锦路 3159 号
邮编：201901
电话：021－56390688
传真：021－56865815
经营：铜版纸、双胶纸、白纸板、美国进口白卡纸

上海峰联浆纸有限公司
上海市浦东南路 855 号世界广场 30H
邮编：200120
电话：021－58209888
传真：021－58888056
经营：漂白针叶木浆

上海年瑞进出口有限公司
上海市浦东崂山路 528 号江苏大厦(紫金山大酒店)14 楼 A5 室
邮编：200122
电话：021－58358662、68868850
传真：021－58358676、68868577
网址：www. yearich. com
邮箱：poster@ yearich. com
经营：牛皮纸

上海伟忠纸业有限公司
上海市闵行区 788 弄 9 号 1204 室
邮编：201103
电话：021－62951710、62951713、62951712
传真：021－62951711
网址：www. weizhongzhiye. cn
经营：废纸

上海吉圣包装纸业有限公司
上海市南翔镇扬子路 18 号
邮编：201802
电话：021－59179049、13901911699
传真：021－59179049
经营：牛卡纸、牛皮纸

上海华臻绫术文化传播有限公司
上海市闸北区灵石路 721 号 8 幢 201 室
邮编：200000
电话：021－36030216、36030217、56034661
传真：021－56034661
网址：www. chinalinks. org
邮箱：chinalinks@ sh163. net
sales@ chinalinks. org
经营：双面灰纸板、白牛皮纸、未涂布白铜版卡纸

上海千悦贸易有限公司
上海市延安西路 2077 号 2501 室
邮编：200000
电话：021－62190989、62191189、62192806
传真：021－62192806
经营：白卡纸

上海爱建纸业有限公司
上海市大田路 129 号 A 栋 28 楼 D 座

邮编：200041
电话：021－62170000
传真：62870433
经营：纸张

上海田源纸业有限公司
上海市天平路 248 号 3 楼 I 座
邮编：200030
电话：021－64077805、64073270、64077842
经营：铜版纸

上海中产纸业有限公司
上海市龙漕路 135 弄 8 号楼 801 室
邮编：200235
电话：021－64757868、64517782
传真：021－64757868、64517782
经营：进口纸

大仓纸业商事（上海）有限公司
上海市仙霞路 88 号太阳广场东塔 501
邮编：200336
电话：021－62700643、62700645、62700644
传真：021－62700645
网址：www. okurash. com
邮箱：homepage@ okurash. com
经营：白纸板

日惠得造纸器材（上海）贸易有限公司
上海市长宁区娄山关路 85 号东方国际大厦 C1108 室
邮编：200336
电话：021－62350159
传真：021－62195442
网址：www. felt. co. jp
邮箱：lqding@ felt. co. jp
产品：制浆造纸用毛毯、网以及其他工业用塑料织物

上海晶杨商贸有限公司
上海市建国西路 91 弄 5 号楼 902 室
邮编：200020
电话：021－63049414、51532091、51532092
传真：021－63049974
网址：www. sha-jingyang. com
邮箱：support@ sha-jingyang. com
经营：液体染料、有机颜料分散液、进口 Manildra 造纸专用系列淀粉、进口荧光增白剂、测色仪器、在线颜色测色系统

上海景兴实业投资有限公司
上海市南京西路 1366 号恒隆广场 48 楼 01 室
邮编：200040
电话：021－62882866
传真：021－62887671
网址：www. zjjxjt. com
邮箱：shanghaijingxing@ 163. com
经营：废纸、木浆、纸板、瓦楞原纸、胶版纸

上海宝星纸浆模塑有限公司
上海市宝山区盛桥石太路 699 号
邮编：200942
电话：021－56152355
传真：021－56158568
产品：一次性餐盒

江　苏　省

南京市

中国林科院林产化工研究所
江苏省南京市锁金五村 16 号
邮编：210042
电话：025－85482401
传真：025－85413445
网址：www. forinchem. com
邮箱：info@ forinchem. com
业务：木质和非木质林产品化学加工与利用

江苏省出版印刷物资公司
江苏省南京市中央路 276－1 易发五洲大厦 2 楼 208 室
邮编：210037
电话：025－83113670
传真：025－83112029
经营：卷筒纸、铜版纸、双胶纸、木浆

松林国际刮刀锯制造有限公司
江苏省南京市中山北路 281 号虹桥新城市广场 01 幢 1815 室
邮编：210003
电话：025－58811772、83171371
传真：025－58812039
网址：www. paperblade-ssl. com
邮箱：ssl@ paperblade-ssl. com
产品：刮刀、圆刀、切刀、开槽刀、专用磨床

清来机械有限公司南京办事处
江苏省南京市白下区太平南路 333 号金陵御景园 2 幢

203 座
邮编：210012
电话：025－84505849
传真：025－84505849
网址：www. chinglai. com. tw
产品：控制复卷机、裁纸机附叠纸机、刮刀、直降系统、散浆机、去污机、磨浆机、浓缩机、脱水机、筛、分离机、离解机

南京神克隆科技有限公司
江苏省南京市江宁区东山华意泰富广场 2 幢 1101 室
邮编：211100
电话：025－52196484
传真：025－52196654
网址：www. shenkelong. com
产品：废水处理

南京君昇包装有限公司
（原南京纸箱总厂纸板圆桶分厂）
江苏省南京市江宁区江宁街道上湖工业园
邮编：210000
电话：025－52814369、84573359
传真：025－52803452
网址：www. nxzt. com
邮箱：lhj@ nxzt. com
产品：环保纸板圆桶及各类纸罐

苏宁新技术应用研究所
江苏省南京市虎踞路 175 号环保楼
邮编：210013
电话：025－83706725
产品：新型臭氧发生器、废水处理设备

无锡市

无锡沪东麦斯特环境工程有限公司
江苏省无锡市国家高新技术开发区
邮编：214142
电话：0510－85300555、85300777
传真：0510－85300878
网址：www. chinahudong. com
邮箱：hz. hudong@ 263. net
产品：气浮设备、废水处理设备

敷岛工业织物（无锡）有限公司
江苏省无锡市国家高新技术产业开发区 B－18－G 号
邮编：214112
电话：0510－85258665
传真：0510－85258607
网址：www. shikibo. co. jp
产品：造纸用干网

华都琥珀环保机械制造有限公司
江苏省宜兴市高腾镇隔湖路 8 号
邮编：214214
电话：0510－87894476
产品：废水处理设备

江阴市利港羊毛辊厂
江苏省江阴市利港镇黄丹街
邮编：214444
电话：0510－86631242
传真：0510－86631051
产品：压花辊、轧光辊

江阴市国光轧光机纤维辊有限公司
江苏省江阴市利港镇西利路 88 号
邮编：214444
电话：0510－86631242
传真：0510－86631051
网址：www. cngrand. cn
邮箱：cngrand@ yahoo. cn
产品：压光机、辊筒

江阴市利港针织印染机械厂
江苏省江阴市利港镇新街村 38 号
邮编：214444
电话：0510－86631469
传真：0510－86092290
产品：压花辊、轧光辊、纤维辊、橡胶辊、羊毛辊

江阴市双叶化工机械有限公司
江苏省江阴市北外北国镇北新街 48 号
邮编：214413
电话：0510－86351528、86351508、86354777
传真：0510－86951386、86351029、86351030
网址：www. shuangye. cn
邮箱：shuangye@ shaungye. cn
产品：高岭土研磨设备

无锡德华彩印包装有限公司
江苏省无锡市锡山区鹅湖镇
邮编：214116
电话：0510－88748181
传真：0510－88741377
产品：彩印包装产品

无锡江川环境工程成套设备有限公司
江苏省无锡市东亭镇民营科技工业园 A 区 10 号
邮编：214131
电话：0510 - 85601196
传真：0510 - 85601665
产品：环境工程设备

锡山鸿顺机械制造有限公司
江苏省无锡市锡山区鸿声镇鸿后路 5 号
邮编：214115
电话：0510 - 88582317
产品：真空辊、漂白设备、废纸处理设备

无锡市蓝星轻工机械设备有限公司
江苏省无锡市硕放镇薛典村
邮编：214142
电话：0510 - 85304690
产品：造纸辊、吸水箱

无锡市瑞普环保工程有限公司
江苏省无锡市苏锡西路 163 号
邮编：214131
电话：0510 - 85602199
传真：0510 - 85610899
网址：www. ruipuchina. com
产品：气浮净水设备

无锡市荣成造纸机械厂
江苏省无锡市滨湖区硕放镇硕放村
邮编：214144
电话：0510 - 85302971
产品：真空辊

无锡腾旋技术有限公司
江苏省无锡市新区梅村工业集中区新都路 6 号
邮编：214112
电话：0510 - 8159438、8159440
传真：0510 - 8159405
网址：www. tengxuan. net
邮箱：sales@ tengxuan. net
market@ tengxuan. net
产品：虹吸器、扰流棒、视镜

凯登约翰逊(无锡)技术有限公司
江苏省无锡市新区闽江路 1 号
邮编：214028
电话：0510 - 85212218
传真：0510 - 85212038
网址：www. kadantjohnson. com. cn
产品：蒸汽冷凝水系统、烘干部检测、烘干部系统优化软件、虹吸器、旋转接头、扰流棒、热泵、过热蒸汽降温器、汽水分离器工作站、金属软管、视镜、安装服务

无锡林州干燥机厂
江苏省无锡市前洲镇塘村
邮编：214181
电话：0510 - 83391436、83391336
传真：0510 - 83391442
网址：www. linzhou. com
www. linzhou. net
邮箱：wollen101010@ gmail. com
产品：干燥设备

无锡市德意机电设备制造有限公司
(原江苏省宜兴市第三纺织机械厂)
江苏省宜兴市屺亭镇骏马路 90 号
邮编：214213
电话：0510 - 87861769、87861868、87868222
传真：0510 - 87861769、87867909
网址：www. deyijidian. com
邮箱：deyi@ deyijidian. com
产品：无级变速系列、调速电机系列、防爆电机系列

铁姆肯(中国)投资有限公司无锡分公司
江苏省无锡市锡锦路 8 号
邮编：214028
电话：0510 - 85523888
传真：0510 - 85523885
网址：www. timken. com
产品：轴承

无锡市金城应用电子仪器厂
江苏省无锡市扬名高新技术开发区 C 区 38 号
邮编：214024
电话：0510 - 85407018、85744385
传真：0510 - 85407028
产品：静电消除器

无锡中联造纸机械有限公司
江苏省无锡市锡山区鸿声镇新兴路 2 号
邮编：214115
电话：0510 - 88580431
传真：0510 - 88580719
网址：www. wxzlzj. com
邮箱：sales@ wxzlzj. com
产品：真空辊、压榨辊、吸移辊

锡山天元轧辊厂
江苏省无锡市锡山区南泉镇
邮编：214128
电话：0510－85952034
产品：造纸胶辊

无锡东亭气动自动化设备厂
江苏省无锡市东亭二泉东路 228 号
邮编：214101
电话：0510－88700891
传真：0510－88700891
网址：www. wxyyzdh. com
邮箱：info@ wxyyzdh. com
产品：电磁阀

无锡市阿丹纸业有限公司
江苏省无锡市长降路降上 10 号
邮编：214000
电话：0510－82447047
传真：0510－82447047
经营：各类书写纸、有光纸、双胶纸

徐州市

徐州工业用呢厂
江苏省徐州市湖北路 30 号
邮编：221006
电话：0516－85795900、85795904
传真：0516－85696034、85796891
网址：www. xzgyync. com
邮箱：fulin@ xzgyync. com
产品：造纸毛毯

常州市

佩姆派(常州)造纸设备有限公司
江苏省常州市新北区天山路 49 号
邮编：213022
电话：0519－85068585、85068586
传真：0519－88222812
产品：造纸设备

常州市伯山机械有限公司
江苏省常州市新北区薛家工业园
邮编：213125
电话：0519－85951315
传真：0519－85951315
网址：www. czboshan. com
邮箱：boshanjixie@ 163. com
产品：辊筒、压光机、施胶机

常州轻工机械厂
江苏省常州市钟楼区大仓路 85 号
邮编：213016
电话：0519－86852274
产品：造纸机、完成设备

江苏武进松海轻工机械厂
江苏省常州市武进区潘家镇南宅街
邮编：213178
电话：0519－86201239
产品：网笼、压光机

常州市优力干燥设备有限公司
江苏省常州市青龙路 61 号
邮编：213017
电话：0519－88899987、85350288
传真：0519－85351388
网址：www. you-ly. com
邮箱：youxiaod@ gmail. com
产品：纸机干燥设备

常州市科艺钢印花辊厂
江苏省常州市马杭大路工业园
邮编：213162
电话：0519－86700665、86550788
传真：0519－86700757
网址：www. kyhg. com
邮箱：kyhg@ kyhg. com
产品：压花辊

江苏五龙机械有限公司
江苏省常州市湟里镇镇北开发区
邮编：213151
电话：0519－83341024、83346278
传真：0519－83341556
网址：www. china-wulong. com
邮箱：wulong@ china-wulong. com
产品：污泥脱水机、压滤机

江苏保龙机电制造有限公司
江苏省溧阳市经济开发区昆仑北路 75 号
邮编：213300
电话：0519－87301885、87302016、87303618、87305803
传真：0519－87301886
网址：www. jsbaolong. com
邮箱：baolongco@ 163. com
产品：剥皮设备、削片机、摇筛、输送设备、料仓

苏州市

常熟市金鹰工业用呢厂
江苏省常熟市冶塘镇和平村
邮编：215554
电话：0512－52406507
产品：造纸毛毯

常熟市轻工机械厂
江苏省常熟市南门洙泾桥堍常熟造纸厂内
邮编：215500
电话：0512－52787309
产品：疏解机、磨浆机

太仓市造纸机械一厂
江苏省太仓市王秀镇
邮编：215426
电话：0512－53855469、53855180
产品：制浆、造纸设备

江苏华机集团
江苏省张家港市江苏经济开发区振兴路5号
邮编：215600
电话：0512－58189158、58951518
传真：0512－58989366、58951518
网址：www. jshuaji. com
邮箱：hjjt@ public 1. sz. js. cn
产品：湿法备料及连续蒸煮系统、黑液蒸发器、二氧化氯制备系统、碱回收苛化系统

江苏华机环保设备股份有限公司
江苏省张家港市民营科技园振兴路5号
邮编：215600
电话：0512－58189158
传真：0512－58989366
网址：www. jshuaji. com
产品：黑液蒸发器、冷凝器、换热器

铨展环能设备(昆山)有限公司
江苏省昆山市东部工业区珠竹路18号
邮编：215331
电话：0512－57874691、57874692、57874693
传真：0512－57874791
网址：www. cjks. com. cn
邮箱：support@ cjks. com. cn
产品：气罩、隔音罩、热回收和通风系统

苏州工业区亚太纸品加工有限公司
江苏省苏州市跨塘镇镇北路212号
邮编：215122
电话：0512－62743888
传真：0512－62742005
网址：www. ascend-stationery. com
产品：双胶纸、白卡纸(全木浆各种规格)、办公用纸

苏州静冈刀具有限公司
江苏省太仓市郑和东路55号
邮编：215400
电话：0512－53569377、53570761
传真：0512－53569376
网址：www. shizuoka. com. cn
产品：刮刀

苏福马股份有限公司
江苏省苏州市新区何山路378号
邮编：215129
电话：0512－66627621、66627806、66627810
传真：0512－66627620、66627818
网址：www. sufoma. com
产品：削片机、剥皮生产线

杰而固中国有限公司苏州代表处
江苏省苏州工业园区馨都广场1A02号－03号A2
邮编：215021
电话：0512－62521441
传真：0512－62521551
网址：www. clouth. com
产品：刮刀系统及零附件

远东化工(集团)
中国业务总部电话：021－63048833
苏州办事处电话：13706212929
珠海办事处电话：0756－3351082、3351102
济南办事处电话：13706410637
网址：www. chemcentralgroup. com. cn
产品：实验室涂布机

太仓嫦娥工业用呢有限公司
江苏省太仓市沙溪镇新北西路132号
邮编：215421
电话：0512－53212049、53213490
传真：0512－53214871
网址：www. chang-e. net. cn
　　　www. tcce. cn
邮箱：change@ vip. 163. com
产品：造纸毛毯

太仓沪太嫦娥造纸设备有限公司
江苏省太仓市沙溪镇新北西路 130 号
邮编：215421
电话：0512－53221907、53229628、53212629
传真：0512－53212993
网址：www. tchtce. cn
产品：纸机、复卷机、卷纸机、压光机、烘缸

太仓市兴良造纸制浆成套设备有限公司
江苏省太仓市沙溪镇民营科技园区 2 号
邮编：226000
电话：0512－53221744
传真：0512－53221758
网址：www. xlpaper. com
邮箱：webmaster@ xlpaper. com
产品：圆网浓缩机、复式纤维分离机、高浓压力筛、内流压力筛、不锈钢片式圆网笼、喷浆成形器

巨桥造纸毛毯有限公司
江苏省张家港市鹿苑镇
邮编：215616
电话：0512－58477783
产品：造纸毛毯

太仓市宇航造纸机械厂
江苏省太仓市璜泾镇王秀管理区
邮编：215426
电话：0512－53857323
产品：水印辊、真空辊、浓缩机

吴江凯富纺织工业有限公司
江苏省吴江市平望镇
邮编：215221
电话：0512－63661058
传真：0512－63661801
产品：造纸毛毯、石棉板、管板毯及工业用过滤材料

张家港市鸿新机械密封件有限公司
江苏省张家港市德积镇
邮编：215635
电话：0512－58751485
产品：机械密封件

张家港市华杭造纸制浆设备有限公司
江苏省张家港市民营科技园振兴路 5 号
邮编：215600
电话：0512－58189666
产品：湿法备料、连续蒸煮制浆生产线、真空洗浆机、碱性过氧化氢机械浆生产线（APMP）

昆山福乐国际贸易有限公司
江苏省昆山市长江南路 1128 号日月星城国际商务广场三楼 307 室
邮编：215300
电话：0512－86165538
传真：0512－86165539
网址：www. formulaintl. com
经营：热敏纸、镜面铜版纸、黄牛皮纸

江苏华东造纸机械有限公司
江苏省昆山市玉山镇古城中路 368 号
邮编：215300
电话：0512－57800000
传真：0512－57800001
网址：www. kszlzz. com
邮箱：kszllgq@ 163. com
　　　kszljjg@ 126. com
产品：成套造纸装备

南通市

海安县金剑轻工机械刀片厂
（原海安县轻工机械刀片厂）
江苏省南通市海安县鑫来路 80 号
邮编：226600
电话：0513－88921192、88911085
传真：0513－88833485、88921192
网址：www. jjdp. net
邮箱：lx@ jjdp. sina. net
产品：打浆刀片

海门造纸毛毯厂
江苏省海门市三条桥
邮编：226132
电话：0513－82662300
产品：造纸毛毯

江苏金呢工程织物股份有限公司
江苏省海门市悦来三条桥路 153 号
邮编：226100
电话：0513－82181300、82181369
传真：0513－82181100
网址：www. jsjinni. cn
产品：造纸毛毯、聚酯成形网

江苏省海门市工业用呢厂
江苏省海门市麒麟镇通海路 129 号
邮编：226125

电话：0513－82615001
传真：0513－82615001
网址：www. hmgyyn. cn
邮箱：info@ hmgyyn. cn
产品：造纸毛毯

海门纸毛毯二厂
江苏省海门市德胜镇
邮编：226101
电话：0513－82281511
产品：造纸毛毯

连云港市

江苏省连云港市机电设备总厂
江苏省连云港市新浦区康泰南中 55 号
邮编：222004
电话：0518－85413716
产品：生活用纸加工设备

连云港根深纸制品有限公司
江苏省连云港市连云开发区云山企业园新光路
邮编：222043
电话：0518－82341648、82340456、82802003、82800298
传真：0518－82341472、82346812、82802223
网址：www. genshen. net. cn
产品：淋膜口杯纸、瓦楞纸板、纸箱

连云港市精达计量泵有限公司
江苏省连云港市灌南县六塘街东首
邮编：222000
电话：0518－83462697、83462888
传真：0518－83461697
网址：www. gn900. com
www. lygjlb. cn
邮箱：lygjdjlb@ 163. com
产品：单、双缸计量泵

淮安市

江苏淮安第一出版印刷物资有限公司
江苏省淮安市(原淮阴市)爱民路 38 号
邮编：223001
电话：0517－83676058、83939915
传真：0517－83650488、83939915
网址：www. jspmc. com
邮箱：jspmc@ 163. com
经营：胶版纸、铜版纸、铜版卡纸

盐城市

盐城市宏宇造纸机械有限公司
江苏省盐城市盐都区楼王镇人民路 188 号
邮编：224031
电话：0515－88650158、88656969、88658777
传真：0515－88659588
网址：www. hongyuyj. com
邮箱：hongyugs@ 126. com
产品：脱水原件

盐城市文港造纸机械厂
江苏省盐城市文港北路 49 号
邮编：224002
电话：0515－88249806
产品：密封件、脱水器材

盐城市佳诚机械有限公司
江苏省盐城市秦南工业园区泽夫南路 1 号
邮编：224000
电话：0515－89805252、89807272、89882680
传真：0515－89806278、89806378
网址：www. jxmachine. com
邮箱：jcsw000001@ 163. com
jcsw000002@ 163. com
产品：流浆箱、卫生纸机、成形板、刮水板、吸水箱

扬州市

扬州市尚宝罗泵业有限公司
江苏省扬州市宝应城西(二桥)工业集中区尚宝罗路 1 号
邮编：225800
电话：0514－88209222、13901440177
传真：0514－88224929
网址：www. sblpump. com
邮箱：sblpump@ 163. com
产品：泵

江都新风造纸网业有限公司
江苏省江都市真武镇真武路 59 号
邮编：225265
电话：0514－86271080、86274767
传真：0514－86271080
网址：www. lkxf. com
邮箱：lk@ lkxf. com
产品：造纸铜网

扬州双扬机械有限责任公司
江苏省扬州市洼字街 22 号
邮编：225003
电话：0514－87246044、87243768、87243956
传真：0514－87246169
网址：www. yzsy. com. cn
邮箱：sym@ yzsy. com. cn
xsb@ yzsy. com. cn
产品：切纸机、减速机

江苏迎浪科技集团有限公司
江苏省扬州市宝应县北郊工业区
邮编：225806
电话：0514－88362429、8366888、8366999
传真：0514－88366111、88366777
网址：www. yinglang. com
www. ylpump. com
邮箱：yl@ ylpump. com
产品：造纸用泵

镇江市

金顺重机（江苏）有限公司
江苏省镇江市大港兴港东路 18 号
邮编：212132
电话：0511－88998082
传真：0511－88998988
网址：www. goldsunmachinery. com
邮箱：goldsun@ goldsunmachinery. com
产品：高速卫生纸机、复卷机、烘缸、纸机改造工程

镇江恒星科技有限公司
江苏省镇江市中山西路 89 号凯旋广场 5 号楼
邮编：212000
电话：0511－85027947
传真：0511－85636500
网址：www. hx-kj. com
邮箱：china@ hx-kj. com
产品：烘缸堵漏

镇江澳志金茂轻工机械制造有限公司
江苏省镇江市丹徒区阳谷镇镇南工业集中区宝路 1 号
邮编：212143
电话：0511－85935601
传真：0511－85935602
网址：www. zjjinmao. com
邮箱：zjjinmao@ 263. net
产品：备料、制浆、输运设备

江苏大唐机械制造有限公司
江苏省镇江市润州民营开发区镇句路东 88 号
邮编：212021
电话：0511－85621574、85630399、85992667
传真：0511－85621574
网址：www. jzdt. net
邮箱：thaoa@ 163. com
产品：备料设备

镇江良久轻工机械制造有限公司
江苏省镇江市朱芳路 108 号
邮编：212005
电话：0511－85632962
传真：0511－85623415
产品：制浆设备

镇江中富马机械有限公司
江苏省镇江市学府路 300 号
邮编：212016
电话：0511－88798188、88798618、88781320
传真：0511－88798066、88781062
网址：www. zjzfm. com
邮箱：zjzfm@ jsmail. com. cn
zjzfmyxb@ 126. com
产品：造纸备料设备

镇江金龙包装材料有限公司
江苏省镇江新区机电工业园
邮编：212132
电话：0511－83378588
经营：包装纸

江苏句容市兴文包装有限公司
江苏省句容市经济开发区航北路 108 号
邮编：212400
电话：0511－87266201、87271390
传真：0511－87262705
网址：www. xingwen. com
产品：瓦楞纸板、纸箱、彩印包装

泰州市

泰州市永达绳业器材厂
江苏省泰州市高港科技创业园高港区许田路许南
邮编：225324
电话：0523－86110982、13801432315
传真：0523－86116788
网址：www. yongkui. com

邮箱：admin@ yongkui. com
产品：引纸绳、柔性吊带、吊钩系列、起重链条系列

靖江耐腐蚀泵厂
江苏省靖江市新港套闸西首
邮编：214518
电话：0523 - 84211906
产品：浆泵、泵阀

靖江市飞驰环保实业有限公司
江苏省靖江市四墩子北大街
邮编：214536
电话：0523 - 84331256、84334512
传真：0523 - 84331256
网址：www. jjfchb. com
邮箱：fc_ hope@ yahoo. com. cn
产品：废水处理设备

江苏靖江市大地机械制造有限公司
江苏省靖江市城北工业园长新路 8 号
邮编：214513
电话：0523 - 84852441、84850441
传真：0523 - 84820441
网址：www. 84852441. com
邮箱：d05234852441@ 126. com
产品：黑液磺化设备

江苏苏东化工机械有限公司
江苏省泰兴市古溪镇溪镇工业园区苏东路 1 号
邮编：225417
电话：0523 - 87791016
传真：0523 - 87795139
网址：www. aaa-ylj. com
邮箱：wthtx@ pub. tz. jsinfo. net
sales@ aaa-ylj. com
产品：造纸环保设备

泰兴市金星筛板制造有限公司
江苏省泰兴市江平北路杨庄桥北收费站南 200 米
邮编：225400
电话：0523 - 87685583
传真：0523 - 87739428
网址：www. txjinxin. com
邮箱：txjxsb@ yahoo. com. cn
产品：造纸机械配件

江苏省泰兴市电除尘设备厂
江苏省泰兴市城区工业园振兴路 6 号
邮编：225400
电话：0523 - 87683876、87683865
传真：0523 - 8686865
网址：www. landiancn. com
邮箱：lddccq@ landiancn. com
产品：造纸碱回收除尘器

泰兴市仕宁机械有限公司
江苏省泰兴市城区工业园
邮编：225401
电话：0523 - 87996001、87996032
传真：0523 - 87996031
网址：www. cnjsn. com
邮箱：cw@ cnjsn. com
产品：压力筛鼓、平筛、多孔板、鳞形板、装饰消声板

泰州市鑫龙吊装器材有限公司
江苏省泰州市高港区田河振兴北路 53 号
邮编：225322
电话：0523 - 86938626
传真：0523 - 86933199
网址：www. js-xinlong. com
邮箱：info@ js-xinlong. com
产品：吊装备品、引纸绳等

兴化市造纸网厂
江苏省兴化市阳山西路西首(昭阳工业园区)
邮编：225700
电话：0523 - 83266368、88328158
传真：0523 - 83263581
产品：聚乙烯(尼龙)网、各种工业网带、塑料传送链板

泰兴市瑞和纸业有限公司
江苏省泰兴市江平北路 178 号
邮编：225400
电话：0523 - 87688777
传真：0523 - 87688888
经营：各种纸张

浙　江　省

杭州市

杭州碱泵有限公司
浙江省杭州市西湖区三墩西湖科技园西园五路 12 号
邮编：310030
电话：0571 - 89905760、89905601
传真：0571 - 89905602

网址：www. alkalipump. com
邮箱：sales@ alkalipump. com
产品：泵

富阳武林机械有限公司
浙江省富阳市劳动路 10 号
邮编：311400
电话：0571 －63369991
产品：压光机、涂布机

杭州大路实业有限公司
浙江省杭州市萧山区红山
邮编：311234
电话：0571 －82699042、82699052
传真：0571 －82699410
网址：www. chinalulutong. com
邮箱：lulutong168@ hotmail. com
产品：工业泵、盘磨机、浆泵

杭州美辰纸业技术有限公司
浙江省杭州市建国北路 586 号 1601 室
邮编：310004
电话：0571 －85096526、85096527
传真：0571 －85096527
网址：www. papermech. com
邮箱：headbox@ 126. com
产品：流浆箱

杭州高新自动化仪器仪表公司
浙江省杭州市五常工业区五常大道 150 号
邮编：310023
电话：0571 －88730918
传真：0571 －88730917
产品：物理检测仪器

浙江华章科技有限公司
浙江省杭州市文三路 252 号伟星大厦 12 楼 E 座
邮编：310012
电话：0571 －88366555
传真：0571 －88856077
网址：www. hzeg. com
邮箱：sales@ hzeg. com
产品：综合自动化系统、固液分离设备

浙江中控技术股份有限公司
浙江省杭州市滨江区六合路 309 号中控科技园
邮编：310053
电话：0571 －88851888
传真：0571 －86667518
网址：www. supcon. com
邮箱：supcon@ supcon. com
产品：自动化

杭州华加造纸机械制造有限公司
杭州华加纸业技术发展有限公司
浙江省杭州市文晖路大塘新村 20 号
邮编：310005
电话：0571 －88801313、88801222
传真：0571 －88801222
网址：www. hzhuajia. com
邮箱：yeke@ mail. hz. zj. cn
产品：流浆箱、斜网成形器

杭州轻通博科自动化技术有限公司
浙江省杭州市舟山东路 66 号
邮编：310015
电话：0571 －88293902、88026010、88023152
传真：0571 －88290716
网址：www. hzqtbk. cn
产品：压缩强度测试仪、电脑抗张试验机、耐折度测定仪、拉力仪、白度测定仪、光泽度测定仪、纸管抗压仪、白度颜色测定仪、平滑度测定仪、吸水性测定仪、打浆度仪、纸板耐破测定仪、整箱抗压机、纸箱抗压机

杭州萧山美特轻工机械有限公司
浙江省杭州市萧山区坎山大道 265 号（萧山国际机场旁）
邮编：311243
电话：0571 －82519727
传真：0571 －82519726
产品：滤液泵、高浓除渣器

杭州西湖阀门厂
浙江省杭州市西湖区留下镇百家园路 2 号
邮编：310023
电话：0571 －85225864
传真：0571 －85220115
网址：www. hzxhfmc. com
产品：蒸汽阀门、疏水阀、止回阀

杭州新余宏机械有限公司
浙江省杭州市瓶窑
邮编：311115
电话：0571 －88541156、88542958
传真：0571 －88543365
网址：www. yhjg. com
产品：生活用纸机设备

浙江武林造纸机械有限公司
浙江省富阳市春江工业园区裕丰村
邮编：311421
电话：0571－63587966、63587967、63587968
传真：0571－63150990
网址：www.zjwulin.com
邮箱：sales@zjwulin.com
产品：造纸机械

桐庐造纸机械设备有限公司
浙江省杭州市桐庐县横村镇
邮编：311512
电话：0571－64671173、89825164、64671778
传真：0571－64671305
网址：www.ztpm.com
邮箱：ztpm@ztpm.com
产品：造纸设备

杭州振兴工业泵制造有限公司
浙江省杭州市萧山区红山农场3号桥
邮编：311234
电话：0571－82600999、82699701、22822991
传真：0571－82699329、82699856
网址：www.zhenxingpump.com
产品：泵

浙大双元科技开发有限公司
浙江省杭州市莫干山路1418号
邮编：310015
电话：0571－88867823
传真：0571－88910049
网址：www.zjusy.com
邮箱：info_zjusy@163.com
产品：自动控制系统

中国轻工业总会自动化研究所
浙江省杭州市舟山东路66号
邮编：310015
电话：0571－88290715
传真：0571－88290716
网址：www.qgyzdh.com
邮箱：qgyzdhyjs@163.com
业务：传感器、智能仪器仪表、生产过程自动控制装置和系统机电一体化产品

轻工业杭州机电设计研究院
浙江省杭州市体育场路71号
邮编：310004
电话：0571－85186556、85186716（总机）
传真：0571－85186432
网址：www.hmei.com.cn
邮箱：hmi@mail.hz.zj.cn
hzjdy@hmei.com.cn
产品：造纸设备

杭州董氏工贸有限公司
浙江省杭州市东兴路551号颜三路8号
邮编：310005
电话：0571－85383446、85386422
传真：0571－85386423
经营：灰底白纸板、白卡纸、瓦楞原纸、箱纸板、铜版纸、双灰纸、包装牛皮纸、双胶纸、书写纸、拷贝纸

浙江省普瑞科技有限公司
浙江省杭州市萧山经济技术开发区鸿兴路181号
邮编：311215
电话：0571－88170685
传真：0571－88173641
经营：隔膜纸、过滤纸

宁波市

宁波鹏程纸业有限公司
浙江省宁波市鄞奉路536号
邮编：315010
电话：0574－87474197
传真：0574－87481099
经营：高、中、低档灰底、白底纸板，白卡纸，铜版纸，双胶纸

上海振华港机（集团）宁波传动机械有限公司
宁波伟隆传动机械有限公司
浙江省宁波市东钱湖旅游度假区工业区
邮编：315121
电话：0574－88372266（总机）、88370604、88373131
传真：0574－88372264
网址：www.weilongme.com.cn
邮箱：wlme@mail.nbptt.zj.cn
产品：传动机械

宁波宁菱机器制造有限公司
宁波宁菱磁粉离合器有限公司
浙江省宁波市嵩江西路86号
邮编：315192
电话：0574－88213463、88215639

传真：0574－88213753
产品：分切机、涂布机

宁波市奇兴无纺布有限公司
浙江省慈溪市掌起工业开发区
邮编：315313
电话：0574－63751612、63742606、63751608、63744609
传真：0574－63740408
网址：www. china-nonwoven. com
www. airlaids. com
邮箱：qxgx@ public. cx. nbptt. zj. cn
产品：无纺布、无尘纸及其生产线、一次性卫生制品、湿面巾、生活及工业用各种擦拭布

宁波远东进出口有限公司
浙江省宁波市环城北路东段 287－2 号远东仓库
邮编：315000
电话：0574－87308169、13736010054
传真：0574－87300054
经营：涂布白卡纸、金银卡纸、牛皮纸、档案袋专用纸、画框卡纸、黑卡纸进出口

宁海精工机械有限公司
浙江省宁波市宁海强蛟工业区
邮编：315612
电话：0574－65198067、65198523
传真：0574－65198599
网址：www. nhjg. cc
邮箱：nhjg@ nhjg. cc
产品：涂布机系列、高速切纸机系列

温州市

瑞安市金斯顿喷淋机械有限公司
浙江省瑞安市塘下镇上金工业区
邮编：325204
电话：0577－65500050、65354710
传真：0577－65380926
网址：www. jinsidun. cn
邮箱：jinsidun123@ tom. com
产品：喷头、喷嘴、校网器

浙江瑞萌自动化设备有限公司
（原瑞安调节阀厂）
浙江省瑞安市汀田镇寨下东新路 18 号
邮编：325206
电话：0577－65500100
传真：0577－65505510
网址：www. cn-rtf. com
邮箱：rtf@ cn-rtf. com
产品：调节阀

瑞安市金邦喷淋技术有限公司
浙江省瑞安市塘下镇里北垟村旺垟东路 84 号
邮编：325204
电话：0577－65380305、65359286
传真：0577－65380306
网址：www. jinwenpin. com
邮箱：gfssnozzle@ yahoo. com. cn
jw@ jinwenping. com
产品：喷嘴、除渣器头

瑞安市远洋机电有限公司
浙江省瑞安市塘下镇上金工业区 5 号地
邮编：325204
电话：0577－65390539
传真：0577－65397900
产品：轴承退卸套、紧定套、切草机、飞刀、底刀、喷嘴、匀浆机、卷纸辊、磨浆机主轴、浆泵衬套、浆泵叶轮、烘缸刮刀、疏水阀

温州金虎包装材料有限公司
浙江省温州市平阳县敖江机电工业园区 104 国道 130 号
邮编：325401
电话：0577－63018373、63696666、63696601
传真：0577－63696606
网址：www. wzjinhu. com
产品：纸塑复合包装及塑料复合包装

温州市曙光起动设备有限公司
浙江省乐清市柳市大兴西路 431 号
邮编：325604
电话：0577－62726973、61720973
传真：0577－62721973
网址：www. china-shuguang. com
邮箱：info@ china-shuguang. com
产品：起动器

温州市利普自控设备有限公司
浙江省温州市鹿城区炬光园中路 125 号
邮编：325007
电话：0577－88608601
网址：www. leap. com. cn
产品：工业过程控制阀及自控设备

德宝纸杯机械有限公司
浙江省瑞安市飞云镇远东路 21－29 号
邮编：325207
电话：0577－65568789
传真：0577－65568799
网址：www. debaochina. com
邮箱：db@ debaochina. com
产品：纸杯、纸杯机、纸碗机、碟盒机等

温州仪器仪表有限公司
浙江省温州市经济技术开发区经八路
邮编：325011
电话：0577－86533644
传真：0577－86554149
产品：光学分析仪器、白度计

温州市华威机械有限公司
浙江省温州市龙湾区沙城镇南片工业区永工南路 6 号
邮编：325025
电话：0577－86810726、86817863
传真：0577－86821728
网址：www. hwd-cn. com
邮箱：zhangchao6698@ vip. sina. com
产品：压力筛、分散槽、弧形筛、过滤器

温州银翼造纸筛选设备有限公司
浙江省温州市高新技术园区炬光园（牛山北路）
邮编：325000
电话：0577－88609960、88609899、88609860
传真：0577－88608862、88608861
网址：www. wzyinyi. com
邮箱：yinyi@ wzyinyi. com
产品：压力筛、除节机、过滤机、分级筛

浙江力诺阀门有限公司
浙江省瑞安市潘岱泸浦力诺工业园
邮编：325211
电话：0577－65097777
传真：0577－65386988
网址：www. cn-linuo. com
邮箱：linuo@ linuovalve. com
产品：造纸控制阀

浙江瑞安市金斯顿喷淋机械有限公司
浙江省瑞安市汽摩配产基地登峰路 588 号
邮编：325204
电话：0577－65500050、65354710
传真：0577－65380926
网址：www. jinsidun. cn
邮箱：jinsidun123@ 163. com
产品：喷嘴

浙江亚达不锈钢制造有限公司
浙江省温州市龙湾区沙城镇食品机械工业园区安兴路 155 号
邮编：325025
电话：0577－86812378
传真：0577－86810869
网址：www. cnyada. net
产品：不锈钢输送管道及管件阀门

温州巨顺机械有限公司
浙江省温州市郭溪街道长城路 20 号
邮编：325017
电话：0577－86106117、13600666117
传真：0577－86110931
网址：www. cnjushun. cn
邮箱：master@ cnjushun. cn
产品：G 型单螺杆泵、浓浆泵、刀型闸阀、浆液阀、浆料阀、气动插板阀、疏水阀、造纸机专用螺丝、喷淋管、喷嘴

苍南自动化仪器总厂
浙江省温州市苍南县城堡西路 5 号
邮编：325800
电话：0577－64700611、64775191
传真：0577－64758918
产品：电动机保护器

中国丰华科技发展有限公司
浙江省温州市金乡朝阳东路 279 号
邮编：325805
电话：0577－64562111、64561700
传真：0577－64575088
网址：www. fenghua-china. com
邮箱：fh@ cn-fenghua. com
经营：不干胶系列产品

嘉兴市

浙江德威不锈钢管业制造有限公司
浙江省嘉兴市经济开发区城北路 1522 号沭阳路口
邮编：314001
电话：0573－82222170、82211692、82220928、82223107、82224609

传真：0573－82224609、82219891
网址：www. dwbxg. com
邮箱：sales@ zjdewei. cn
产品：不锈钢大、中、小口径焊管及不锈钢管件

海宁市浙宁印刷包装机械有限公司
（原海宁市伊桥轻工机械厂）
浙江省海宁市联合西路
邮编：314400
电话：0573－87224695
传真：0573－87222033
产品：电脑凹版印刷机、盘纸分切机、纸膜横切机、金卡纸印刷机

平湖市青云建材机械有限公司
（原平湖市建材机械厂）
浙江省平湖市通界桥
邮编：314215
电话：0573－85944078、13706739400
传真：0573－85944032
网址：www. phqy2008. com
邮箱：zj@ phqy2008. com
产品：输送机、捆包机

桐乡市造纸毛毯厂
浙江省桐乡市晚村镇
邮编：314513
电话：0573－88511541
产品：造纸毛毯

湖州市

安吉美伦纸业设备有限公司
浙江省湖州市安吉县递铺镇阳光工业园区
邮编：313300
电话：0572－5302977、5302966
传真：0572－5302977
网址：www. china-meilun. com
邮箱：qmf@ china-meilun. com
产品：饰面辊

绍兴市

诸暨造纸机械厂
浙江省诸暨市牌头工业区
邮编：311825
电话：0575－87051260
网址：www. zjzzj. cn
邮箱：zjzzj@ zjzzj. cn
产品：切纸机

绍兴市恒申纸业有限公司
浙江省绍兴市袍江工业区郡贤路南区 A 块群贤路
邮编：312071
电话：0575－88036188
传真：0575－88037333
网址：www. sxhengshen. com
邮箱：web@ sxhszy. com
经营：工业用纸管、化纤

金华市

浙江武义华东印刷机械有限公司
浙江省金华市武义县环城东路 18 号
邮编：321200
电话：0579－87625769
传真：0579－87622188
网址：www. wyhdpm. com
邮箱：303373352@ qq. com
产品：扑克机械、包装机械

台州市

浙江省临海市王开机筛有限公司
浙江省临海经济开发区东方大道 138 号
邮编：317000
电话：0576－85121181、85121418
传真：0576－85121428
网址：www. wangkai. com
邮箱：hengwei@ wangkai. com
产品：筛板、筛鼓

温岭市南方粉体设备制造厂
浙江省温岭市肖家桥工业区
邮编：317502
电话：0576－86580583
传真：0576－86581283
网址：www. nf-sb. com
邮箱：nf-sb@ nf-sb. com
产品：振动筛分机、高效混合机、加热搅拌机、制粒机、输送机、乳化机、溶解机

台州神通烫印机械有限公司（纸品部）
浙江省台州市天台县城西工业区上科山
邮编：317200
电话：0576－83730208、83730598

传真：0576－83730818
网址：www. ttshentong. com
经营：纸制笔记本、纸制文具套装、纸制相册

安 徽 省

合肥市

安徽华联造纸机械联合公司
安徽省合肥市潜山路 287 号
邮编：230031
电话：0551－5562211
传真：0551－5562211
产品：造纸机械

安徽省轻工设计院有限公司
安徽省合肥市马鞍山南路富成大厦 10 层
邮编：230001
电话：0551－62677951、62673909、62628422
传真：0551－62673755
网址：www. ahlidi. com
邮箱：ahlidi@ 163. com
业务：工程设计、咨询、监理、环境工程、总承包

芜湖市

安徽华辰造纸网股份有限公司
安徽省芜湖市开发区港湾路 33 号
邮编：241006
电话：0553－5848295
传真：0553－5848290
产品：聚酯网、铜网

安庆市

安庆市朝阳胶辊密封件有限责任公司
安徽省安庆市十里乡吴咀村 206 国道旁
邮编：246005
电话：0556－5369004
产品：造纸胶辊、油封件

滁州市

天马泵阀集团有限公司
安徽省天长市新河北路 53 号
邮编：239300
电话：0550－7029888、7321888
传真：0550－7029688、7321688
网址：www. ahtmbv. com
邮箱：sales@ ahtmbv. com
产品：泵及泵阀

阜阳市

安徽华泰网业有限公司
安徽省阜阳市太和县城关镇工业园
邮编：236600
电话：0558－8668196
传真：0558－8669196
产品：造纸网、聚酯成形网、螺旋干网

福 建 省

福州市

福建省浆纸质量监督检验站
福建省福州市台江区上海东市场 2 层
邮编：350005
电话：0591－83334751
传真：0591－83362442
业务：浆、纸和纸板及纸制品的检测

福建省建筑轻纺工业设计院
福建省福州市东大路华源大厦
邮编：350001
电话：0591－87550637
传真：0591－87520875
网址：www. fjaltdi. com
邮箱：admin@ fjaltdi. com
　　　fjaltdi@ 163. com
业务：造纸工程设计、咨询

福建省造纸工业公司
福建省福州市省府路 1 号金皇大厦 13 层
邮编：350001
电话：0591－87527473
传真：0591－87520308
经营：造纸原料、造纸设备、仪器仪表

福州灵丰造纸开发有限公司
福建省造纸工业研究所
福建省福州市西洋路 163 号西洋公寓 1034 室
邮编：350005
电话：0591－83319455、13600855541
传真：0591－83304465

产品：造纸铜网毛毯、检测仪器、化工产品

星光造纸新技术研究开发中心
福建省福州市工业路祥坂第三工业区 8 号楼
邮编：325002
电话：0591－83053185
传真：0591－83053196
网址：www. linbaohua. com
邮箱：fjxglbh@ 163. com
产品：造纸脱水器材

福建省轻工机械设备有限公司
福建省福州市闽侯县铁岭北路 3 号
邮编：350100
电话：0591－22079888、22079666
传真：0591－22079777
网址：www. fjqj. com
邮箱：fjqj@ fjqj. com
fjqj_ yxb@ vip. 163. com
业务：提供年产 30 万吨废纸 OCC 浆、年产 15 万吨废纸脱墨浆和化学机械浆全套设备，高浓水力碎浆机、脱墨浮选机、双网挤浆机、盘式热风散等设备，项目咨询、工艺设计、设备制造、安装、试车、人员培训等全套交钥匙工程服务

福建福州杭华实业有限公司
福建省福州市塔头路 3 号山明水秀大厦 6101 室
邮编：350011
电话：0591－87336866、87330076
传真：0591－87338818、87330053
网址：www. fjhanghua. com
经营：纸张、纸浆、松香

厦门市

卡斯卡特（厦门）叉车属具有限公司
福建省厦门市海沧区阳光路 668 号
邮编：361026
电话：0592－6512500、6512570
传真：0592－6512571
网址：www. cascorp. com. cn
邮箱：cascade@ cascorp. com. cn
产品：侧移器、纸卷夹、纸箱夹、旋转器

厦门乘工阀门制造有限公司
福建省厦门市湖里工业区枋湖东路 958 号 2 号厂房
邮编：361000
电话：0592－5560772
传真：0592－5560773
网址：www. xmcgfm. com
邮箱：13806030138@ 139. com
产品：造纸专用系列阀门

厦门永顺纸业开发有限公司
福建省厦门市江头圆山工业区 2 号厂房
邮编：361009
电话：0592－5521851、5521852、5521853
传真：0592－5520291
经营：纸制品印制

厦门新友联贸易有限公司
福建省厦门市思明区湖滨北路 15 号外贸大厦 9 层 9010－9012
邮编：361000
电话：0592－5166709
传真：0592－5166707
网址：www. xmxyl. com
邮箱：xinyoulian@ yahoo. com. cn
经营：文化用纸

厦门鸿益顺环保科技有限公司
福建省厦门市海沧区南海路 689 号
邮编：361000
电话：0592－6585525
邮箱：flyhys@ 163. com
产品：造纸行业专用水煤浆

莆田市

莆田市东南纸业工贸有限公司
福建省莆田市城厢区天妃路 278 号
邮编：351100
电话：0594－2391389、2291389
传真：0594－2381389
网址：www. ptdnzy. com
邮箱：gmanager@ ptdnzy. com
产品：彩色薄页纸、彩色纸巾纸、彩色皱纹纸、彩色印刷工艺花纸、彩色碎纸条、金银印刷工艺纸

国家浆纸产品质量监督检验中心
福建省莆田市东圳东路三亭街
邮编：351100
电话：0594－2692330
邮箱：gz2692330@ 126. com
业务：食品包装用纸及容器、纸板，生活用纸，印刷用纸和纸板，文化、办公用纸和纸板及其他制浆造纸

类产品的检测

三明市

福建省三明三洋造纸机械设备有限公司
福建省三明市列东高岩新村一幢 402 室
邮编：365000
电话：0598－8245329
产品：制浆设备

泉州市

福建省石狮市锦兴机械制造有限责任公司
福建省石狮市厝仔工业区
邮编：362700
电话：0595－88912783
传真：0595－88913636
网址：www. cnjxjx. com
邮箱：sales@ cnjxjx. com
产品：瓦楞纸板生产设备

漳州市

华发（福建）实业有限公司
福建省龙海市东园镇厚境华发纸地
邮编：363102
电话：0596－6708555
传真：0596－6709811
经营：原纸

南平市

福建南平星光机械制造安装有限公司
福建省南平市滨江北路 177 号
邮编：353000
电话：0599－8810277
传真：0599－8810277
业务：制浆、造纸设备制造、安装维修

福建顺昌蓝海轻工机械设备有限公司
福建省南平市顺昌县新屯工业园
邮编：353200
电话：13656966006
传真：0599－7824116
产品：碎浆机、筛、除渣器、废水处理设备

福建南平福一轻工机械有限公司
福建省南平市江南新区工业园祥瑞路 17 号
邮编：353000
电话：0599－8635577、8635262
传真：0599－8635416
业务：造纸制浆设备、年产 20 万吨废纸 OCC 浆处理系统成套设备和年产 10 万吨废纸脱墨浆处理系统成套设备

福建省南平星光纸业设计有限公司
福建省南平市滨江北路 177 号
邮编：353000
电话：0599－8808505、8808501
邮箱：huang. c. b@ nanpingpaper. com
npwrs@ 163. com
业务：从事轻纺行业制浆造纸工程设计、乙级资质相应范围内的建设工程总承包业务以及项目管理和相关的技术与管理服务

龙岩市

长汀县宝顺纸品厂
福建省龙岩市长汀县汀州镇中心坝变电站路 2 号
邮编：366300
电话：0597－6831545
传真：0597－6831545
产品：瓦楞纸箱

宁德市

福安城阳磨片厂
福建省福安市大溪边
邮编：355000
电话：0593－6381286
产品：盘磨机磨片

福安市轻工机械一厂
福建省福安市城北荷塘坪 89 号
邮编：355000
电话：0593－6382064、6588531
传真：0593－6382472
产品：打浆机、纸机配件

江　西　省

南昌市

江西洪都精工机械有限公司
江西省南昌市新溪桥
邮编：330024

电话：0791－8467083、8468229
传真：0791－8467080、8468228
网址：www. jxhdjg. com
邮箱：zwf@ jxhdjg. com
salse@ jxhdjg. com
产品：压力筛、水力碎浆机

江西省轻工业研究所
江西省南昌市北京东路 138 号
邮编：330029
电话：0791－8333891
传真：0791－8329214
业务：相关油墨制品研发、造纸相关研究

江西省纸张质量监督检验站
江西省南昌市北京东路 138 号
邮编：330029
电话：0791－8333891
传真：0791－8329214
业务：纸张质量检验

南昌轻工机械厂
江西省南昌市迎宾大道 77 号
邮编：330030
电话：0791－5212116
产品：纸机打浆机、碱回收设备

宜春市

江西特种电机股份有限公司
江西省宜春市城南工业园环城南路 581 号
邮编：336000
电话：0795－3272270、3267900、3278147
传真：0795－3263554、3274523
网址：www. jiangte. com. cn
邮箱：jtsales@ 263. net
产品：变频调速电机

山 东 省

济南市

ABK 中国代表处
山东省济南市高新区世纪财富中心 B 座 10 楼 1002 室
邮编：250101
电话：0531－86510508、13705315507
传真：0531－86510507
网址：www. abkmachinery. com
产品：流浆箱、上网成形器、软压光机、膜转移施胶涂布机及整台纸机和特种纸机等

济南金拓亨机械制造有限责任公司
山东省济南市经济开发区南园国道路 6001 号
邮编：250301
电话：0531－87229688、13905411910
传真：0531－87367881
网址：www. jintuoheng. com
邮箱：jintuoheng@ 163. com
产品：造纸机械、制浆设备、筛选设备

济南华章实业有限公司
山东省济南市天桥区东宇大广街以西
邮编：250032
电话：0531－85719751、85704203
传真：0531－85704203
网址：www. jinanhuazhang. com
www. jinanhuike. com
邮箱：jnhuazhang@ 163. com
产品：纸机部件

济南机械装备实业公司
山东省济南市经十路 388 号
邮编：250022
电话：0531－87966524
传真：0531－87957271
产品：纸机、涂布机、拉幅机

济南兰光机电技术中心
山东省济南市无影山路 144 号
邮编：250031
电话：0531－85953155
传真：0531－85062108
网址：www. labthink. cn
邮箱：marketing@ labthink. cn
产品：胶黏剂检测试验仪器、包装印刷检测仪器

济南市长清育才机械厂
山东省济南市长清区城南孙庄村
邮编：250300
电话：0531－87263421
产品：打浆备件

济南鑫泰液压机械有限公司
山东省济南市北工业园
邮编：251400

电话：0531－81171588、81171599
传真：0531－81171599
网址：www. xtsjj. com
www. xintaijixie. com
产品：挤浆机、洗浆机、浓缩机、碎浆机、磨浆机、精浆机、纤维疏磨机、筛、除渣器、纤维分离机、脱墨机、热分散机、除节机、混合器、漂白塔、输送机、推进器、搅拌器

济南城东机械制造有限公司
山东省济南市经十东路刘志远路口
邮编：250100
电话：0531－88882862、88883478、88886385
传真：0531－88882576
网址：www. dongchengchina. com
邮箱：jndcjx@ sina. com
产品：螺旋卷管机、封灌机、制袋机、铸涂机、挤出复合机、贴标机

济南兴宏远造纸机械有限公司
山东省章丘市官庄开发区
邮编：250217
电话：0531－83320518、15966303999
网址：www. xhyjxzz. com
产品：复卷机、切纸机、卷纸机等造纸完成系列设备

山东造纸机械厂有限公司
山东省济南市荷花路65号
邮编：250100
电话：0531－88265149、88263157
传真：0531－88263129
网址：www. sdzzjxc. com
邮箱：szj@ sd-zzjx. com
产品：压榨辊、分切机、切纸机、复卷机、卷纸机、压光机、接纸台

山东省造纸工业研究设计院
山东省济南市工业南路101号
邮编：250100
电话：0531－88952358、88590459
传真：0531－88934142
网址：www. sprd. cc
邮箱：sprd@ 163. com
产品：离心甩浆机

山东章丘大星造纸机械有限公司
山东省章丘市埠村镇商业街南首
邮编：250215
电话：0531－83711050、13356683703
传真：0531－83713868
网址：www. sd-daxing. com
邮箱：3711050@ sd-daxing. com
sdzqdaxing@ 163. com
产品：铸造压榨压光系列辊、卷纸缸

长春纸张试验机有限责任公司山东办事处
山东省济南市天桥区东工商河路18－1号7号楼2单元202室
邮编：250031
电话：0531－85910865
传真：0531－85910865
网址：www. cczzsyj. net
产品：纸张物理检测仪器

山东省章丘市造纸机械厂
山东省章丘市枣园镇
邮编：250214
电话：0531－83651411、83650068
传真：0531－83651869
网址：www. zq-zzjx. com
邮箱：zzjx@ zq-zzjx. com
产品：压光机、卷纸机、复卷机、单，双刀切纸机、接纸台、退纸架、理纸机、施胶机、打包机、分切机

长清吉祥造纸机械有限公司
山东省济南市长清区城南孙庄
邮编：250300
电话：0531－87263639
传真：0531－87263639
产品：造纸机械

长清县恒振兴造纸机械有限责任公司
山东省济南市长清区城南
邮编：250300
电话：0531－87263412
传真：0531－87263418
产品：筛选设备、浓缩机、双盘磨浆机

长清县中联造纸机械厂
山东省济南市长清区城南三公里孙庄
邮编：250300
电话：0531－87263422
产品：纸机打浆备件

济南新世纪造纸机械有限公司
山东省济南市明水赭山工业园内

邮编：250200
电话：0531－83261898
传真：0531－83261878
网址：www. ctrl. net. cn
邮箱：jnxsjzzjx@163. com
产品：复卷机、切纸机、压光机、卷纸机、打包机

川佳机械集团股份有限公司华北办事处
山东省济南市无影山东路 38 号
邮编：250031
电话：0531－85863156、85863256
传真：0531－85863056
网址：www. new-bonafide. com
产品：废纸制浆、打浆等成套设备

青岛市

麦斯凯包装系统（青岛）有限公司
山东省青岛市南京路 2 号绮丽大厦 1803 室
邮编：266000
电话：0532－85797620
传真：0532－85797619
网址：www. msk-covertech. cn
邮箱：info@msk-covertech. cn
产品：燃气热缩包装机

青岛恩东物产有限公司
山东省青岛市城阳区流亭赵红路
邮编：266108
电话：0532－84908345、84908348
传真：0532－84908349
网址：www. eundong. com
邮箱：lilyvci@eundong. com
产品：气化性防锈膜、防锈纸、防锈粉末、防锈液

青岛乾坤机械有限公司
山东省青岛市延安三路 114 号金环广场 C 座 1303 室
邮编：266071
电话：0532－85820485、83652556
产品：化学品计量泵

青岛欧美进出口有限公司
山东省青岛市市南区东海西路 35 号 4 栋 12 层
邮编：266071
电话：0532－85757515
传真：0532－85710992
网址：www. qea. cn
邮箱：qea@qea. cn
经营：桉木浆、蔗浆、漂白阔叶木浆、漂白针叶木浆、本色木浆、脱墨浆

青岛达全洋进出口有限公司
山东省青岛开发区江山南路 628 号贵信花园 2－404 室
邮编：266555
电话：0532－86768605、15969884768
传真：0532－86769605
经营：美国乱码纸、牛皮卡纸、牛皮纸、铜版纸、玻璃卡纸进出口

青岛冠宇纸业有限公司
山东省青岛市李沧区玖水东路市南工业区旁边
邮编：266100
电话：0532－87609718、87608628、87608608
传真：0532－87609799、87609798
经营：牛皮卡纸

青岛澳宇贸易有限公司
山东省青岛市崂山区海尔路 63 号数码科技中心北楼 703 中港大厦 1405 房间
邮编：266061
电话：0532－80998176、13953200097
传真：0532－80999990
经营：牛皮卡纸、白纸板、挂面纸、废纸

青岛茂源经贸有限公司
山东省青岛市衡阳路 1 号甲
邮编：266000
电话：0532－84683966、84683988、84685999
传真：0532－84683977
经营：纸张

青岛瑞宝纸业有限公司
山东省青岛市瞿塘峡路 43 号金色海岸
邮编：266002
电话：0532－82688762
传真：0532－82654552
经营：纸、纯白纸边、卫生纸边、扑克牌原纸、牛皮纸袋纸、牛卡切边

青岛森信商贸有限公司
山东省青岛市浦口路 8 号 504
邮编：266021
电话：0532－83021477、83024166、13906421070
经营：铜版纸、双胶纸、邮封纸、PE 牛皮纸、牛皮卡纸

青岛坤博进出口有限公司
山东省青岛市福州南路9号1028室
邮编：266071
电话：0532－85770827
传真：0532－85770827
经营：废铝箔纸、铝箔包装纸、卫生纸边、废塑料、铝塑膜、半透明纸、白包装用纸

青岛宏业林浆纸有限公司
山东省青岛市观音峡路24号2504室
邮编：266002
电话：0532－82685988
传真：0532－82670827
经营：漂白针叶木浆

淄博市

临淄闻韶世兴源机械配件服务部
山东省淄博市临淄区稷下办
邮编：255400
电话：0533－7314282
传真：0533－7314282
产品：造纸机、塑料机零配件、造纸网毯洗涤器、校正器

山东恒星股份有限公司
山东省淄博市周村区恒星路98号
邮编：255300
电话：0533－6553030、6556038
传真：0533－6553041
产品：各种型号、系列造纸机，板纸机，超级压光机等

山东晨钟机械股份有限公司
山东省淄博市桓台田庄镇
邮编：256402
电话：0533－8580059、8580366
传真：0533－8588059
网址：www. chenzhong. com. cn
邮箱：chenzhong@ chenzhong. com. cn
产品：系列圆盘、锥度等磨浆机及其配件，搓浆机，制浆、筛选等设备

山东海天造纸机械有限公司
山东省淄博市王村兴华路320号
邮编：255311
电话：0533－6682999
传真：0533－6680898
网址：www. haitianjx. com
邮箱：haitianjx@ 126. com
产品：1760～4400毫米系列长网多缸文化用纸机，2400～4400毫米系列圆网压力成形器，超短网成形器纸板机，2400～4400毫米系列长网多缸瓦楞原纸机，2400～4400毫米系列三叠网、四叠网纸板机

山东硅苑新材料科技股份有限公司
（原山东省硅酸盐研究设计院）
山东省淄博市高新区柳泉路286号
邮编：255086
电话：0533－3582419
传真：0533－3582244
网址：www. sicer. com
邮箱：sicer@ sicer. com
产品：陶瓷系列脱水器件、除砂器、除杂器

山东省淄博市临淄区宏强造纸设备厂
山东省淄博市临淄区炼厂西路
邮编：255400
电话：13355231527
产品：气动洗涤驱动装置、水动成套配件、水动装置、气动校正器

山东省淄博市临淄区辛店富发造纸设备厂
山东省淄博市临淄区大武生活区分146号
邮编：255400
电话：0533－7481761
传真：0533－7481761
产品：造纸网毯洗涤器

山东富安集团真空科技有限公司
山东省淄博市博山区富安工业园
邮编：255200
电话：0533－4208888、4208666
传真：0533－4208999
网址：www. shandongfuan. com
邮箱：shandongfuan@ sina. com
产品：真空泵

佶缔纳士机械有限公司
纳西姆工业（中国）有限公司
山东省博山经济开发区纬五路18号
邮编：255213
电话：0533－4650168、4654888、4652266
传真：0533－4651466、4650166
网址：www. gdnash. com. cn
邮箱：mk. gdnc@ gardnerdenver. com
产品：系列真空泵、压缩机

淄博东方机械有限公司
山东省淄博市桓台县田庄西外环路北首
邮编：256402
电话：0533－8581000
产品：制浆设备及配件

淄博国信轻工机械有限公司
山东省淄博市桓台新城
邮编：256403
电话：0533－8880446
传真：0533－8880440
网址：www. gxqj. net
邮箱：gxqj@ gxqj. net
产品：转鼓式碎浆机等废纸制浆设备

淄博明信造纸机械有限公司
山东省淄博市周村区正阳路 1688 号
邮编：255339
电话：0533－6161856、13905335172
传真：0533－6161058
产品：文化用纸机、瓦楞原纸机、箱纸板机

淄博锦秀电器自动化有限公司
山东省淄博市周村区正阳路北首
邮编：255339
电话：0533－6531786、6536726、6536797
传真：0533－6531786
网址：www. zbjxdq. com
邮箱：zbjxdq@ 163. com
产品：制浆 DCS 系统、变频传动系统、定量水分析

淄博泰鼎造纸机械有限公司
山东省淄博市周村区恒星路 98 号
邮编：255300
电话：0533－6556085
传真：0533－6557368
网址：www. zbtd. com. cn
邮箱：sdzbtd@ sina. com
产品：超级压光机系列

淄博市周村庆宁过滤设备厂
山东省淄博市周村区米河路北首
邮编：255300
电话：0533－8775090、6804678
传真：0533－6804678
产品：过滤设备

淄博全通机械有限公司
山东省淄博市王村镇
邮编：255311
电话：0533－6680247、6681128
传真：0533－6680249
网址：www. cnquantong. com
邮箱：quantong@ cnquantong. com
cnquantong@ sina. com
产品：双螺旋高效挤浆机、纸板机、复合纸机、软辊压光机

淄博市临淄春光机电有限公司
山东省淄博市临淄区梧台镇温江路 3 号
邮编：255420
电话：0533－7666048
传真：0533－7669098
网址：www. cgjd. com
邮箱：cgjd@ cgjd. com
产品：造纸网毯洗涤器及其驱动装置，中、低浓双盘磨浆机，长网双辊挤浆机，长网洗浆机

淄博市临淄科比造纸设备厂
山东省淄博市临淄区
邮编：255400
电话：0533－7327902
传真：0533－7327902
产品：网毯洗涤、校正器、造纸设备

淄博水环真空泵厂有限公司
山东省淄博市博山区柳杭路 48 号
邮编：255200
电话：0533－4178155、4175945
传真：0533－4179957
网址：www. shzkb. com
邮箱：shzkb@ shzkb. com
产品：2BEC、2BEA、2BVA、SZ、SZB、SK、2SK、2SK－P等系列水环式真空泵，压缩机及真空机组，HZN 柠檬酸强制循环泵

淄博陶瓷机械厂
山东省淄博市淄川区昆仑镇铁路街 203 号
邮编：255129
电话：0533－5780113、5781921
产品：高速超细粉碎机

淄博市临淄八方园包装制品有限公司
山东省淄博市临淄区金岭镇金岭南路 1905 号
邮编：255410

电话：0533－7480058
传真：0533－7480128
产品：纸杯、纸碗、纸餐盒

枣庄市

山东鲁台集团凯利得数控设备有限公司
山东省枣庄市台儿庄区经济开发区
邮编：277400
电话：0632－6662999、6662998、6687999
传真：0632－6662998
网址：www. lutaikld. com
邮箱：calender@ 126. com
产品：软压光机、数控传动

山东鲁台造纸机械集团有限公司
山东省枣庄市台儿庄工业园鲁台路 1 号
邮编：277400
电话：0632－6681888、6681999、13561113888
传真：0632－6611569
网址：www. lutaijt. com
邮箱：lutaigroup@ 163. com
产品：SD 压滤机、造纸机、碎浆机、烘缸

山东台儿庄万通纸业总公司
枣庄市亿利达造纸机械有限公司
山东省枣庄台儿庄区长捷西路
邮编：277400
电话：0632－6618915、6611105、6618626
传真：0632－6612639
网址：www. zzyld. com
邮箱：yldtec@ 163. com
产品：软压光机、污泥脱水机、湿抄机、造纸机

枣庄市亿丰造纸机械有限公司
山东省枣庄市台儿庄区长捷路中段（区党校东）
邮编：277400
电话：0632－6666068
传真：0632－6661958
产品：造纸机械

枣庄市得盛机械设备有限公司
山东省枣庄市驻地西昌路
邮编：277100
电话：0632－3318777、13361438256
传真：0632－3555558
产品：流浆箱、污泥脱水机、烘缸、压光机、压榨洗涤过滤机

枣庄市汉森造纸数控设备有限公司
山东省枣庄市台儿庄区鸿发街北段
邮编：277400
电话：0632－6637338、13906326595
传真：0632－6602988
网址：www. hastenzz. com
邮箱：hastenzz@ 126. com
　　　hs@ hastenzz. com
产品：压光机

山东省滕州市臻宇造纸环保设备厂
山东省滕州市平行路 268－3 号
邮编：277500
电话：0632－5573861
传真：0632－5573861
产品：黑液提取设备、浆液分离机

山东省滕州市科创轻工机械有限公司
山东省滕州市东城经济工业园
邮编：277500
电话：0632－5687391、5687390
传真：0632－5687390
网址：www. sdkechuang. com
邮箱：tzkechuang@ 163. com
产品：制浆造纸废水处理、废纸脱墨设备

滕州力华米泰克斯胶辊有限公司
山东省滕州市平行南路 76 号
邮编：277500
电话：0632－5699298、5699450
传真：0632－5699275
网址：www. sdlihua. com
邮箱：salihua@ vip. 163. com
　　　lihua@ sdlihua. com
产品：工业胶辊、其他金属零件覆胶

滕州市晨光波纹管有限公司
山东省滕州市长途汽车总站北后屯工业区
邮编：277500
电话：0632－5552837
传真：0632－5552171
网址：www. cgbwg. com
邮箱：chengguanggongsi@ 126. com
产品：旋转接头、波纹补偿器

滕州市东方波纹管有限公司
山东省滕州市平行北路 41 号
邮编：277500

电话：0632 －5512430
传真：0632 －5513248
网址：www. tzdfbwg. com
邮箱：dfjs2008@ 163. com
产品：金属软管、旋转接头

滕州市锻压机床二厂
山东省滕州市学院路 1 号
邮编：277500
电话：0632 －5512006、5502318
传真：0632 －5599753
网址：www. tz2d. com
www. tz2d. com. cn
邮箱：tz2d@ sina. com
产品：挤浆机、洗浆机、污泥脱水

滕州市华方旋转接头有限责任公司
山东省滕州市大同北路 5 号
邮编：277500
电话：0632 －5525608、5594683
传真：0632 －5528571、5516498
网址：www. 5525608. com
邮箱：5525608@ 163. com
产品：旋转接头及不锈钢金属软管

滕州市金旋波纹管有限公司
山东省滕州市平行南路 88 号
邮编：277500
电话：0632 －5585138、5553666
传真：0632 －5586527
网址：www. xzjt. com
邮箱：tzjinxuan@ 163. com
产品：金属软管、旋转接头

滕州约翰逊旋转接头制造有限公司
山东省滕州市大同北路 139 号(北首)
邮编：277500
电话：0632 －5513203、5512111
传真：0632 －5516244
产品：各种规格、型号的旋转接头及配套金属软管、疏水阀

烟台市

烟台华正轻工机械有限公司
山东省烟台市牟平区北关大街 755 号(汽车站向西 500 米路北)
邮编：264100
电话：0535 －4223727、4266018
传真：0535 －4266016
网址：www. hzqj. net
产品：打浆、除渣设备，真空泵

烟台造纸机械总厂
山东省烟台市莱山区
邮编：264101
电话：0535 －6752024
产品：磨浆、浓缩、除渣、真空系列浆泵

莱州市永丰造纸机械有限公司
山东省莱州市平里店镇驻地
邮编：261414
电话：0535 －2615565 －8318
0535 －2615566 －8318
传真：0535 －2615567
网址：www. yongfenggroup. com
邮箱：admin@ yongfenggroup. com
产品：制浆造纸设备、单/复式纤维分离机、外流式高浓压力筛、双锥体高浓除渣器、方浆池推进器、浆池搅拌器、卧/立式水力碎浆机、自洗式振动平筛、槽式打浆机、出口五金工具、硬度计、工业纸板、纸塑制品

山东莱州市磁粉离合器厂
山东省莱州市城山路 200 号
邮编：261416
电话：0535 －2754132
产品：纸机用离合器

蓬莱市自控设备成套厂
山东省蓬莱市海市路
邮编：265600
电话：0535 －5641224、5631224
传真：0535 －5601224
网址：www. penglaisugar. com
邮箱：plwzq@ 163. com
产品：汽水分离、冷凝水排出

潍坊市

山东科力华电磁设备有限公司
(原山东省临朐县科力电磁设备厂)
山东省潍坊市临朐县城南工业园
邮编：262600
电话：0536 －3181088、3181099、3181077、13953602126

传真：0536－3181099
网址：www. sdklh. net
www. sdklh. com
邮箱：kelidianci@ hotmail. com
产品：电磁除铁器、磁滚筒、永磁铁、金属探测仪

潍坊同步造纸技术有限公司
山东省安丘市经济开发区
邮编：262100
电话：0536－4733666、4224610、13953661000
传真：0536－4733667
网址：www. wftbzz. com
邮箱：dgt777@ 126. com
产品：纸幅横向水分调节系统、纸幅横向定量调节系统、刮刀、空气转向器、纸幅稳定器、洗涤器、分条机，水力式流浆箱等

潍坊天宏机械制造有限公司
山东省安丘市华安路中段西首
邮编：262100
电话：0536－4256398
传真：0536－4256397
网址：www. wfth. cn
邮箱：th6230@ sohu. com
产品：除渣器

山东华特磁电科技股份有限公司
山东省潍坊市临朐县经济开发区华特路中段
邮编：262600
电话：0536－3214543、3158866、3112577
传真：0536－3110552
网址：www. sdhuate. com
邮箱：htcd@ chinahuate. com
产品：除铁器、给料器

潍坊开发区造纸毛毯厂
山东省潍坊市北海路 628 号
邮编：261061
电话：0536－8883680
传真：0536－8888367
产品：造纸毛毯

潍坊凯信机械有限公司
山东省潍坊市高新技术开发区桐荫街 7 号
邮编：261061
电话：0536－2966966、2966902
传真：0536－2966999
网址：www. hicredit. net
邮箱：wfkxjx@ vip. sina. com
产品：造纸机械成套设备及相关自控系统、气垫式干燥浆板机

潍坊市石辊厂
山东省安丘市红沙沟街
邮编：262124
电话：0536－4671466
传真：0536－4671957
产品：纸机用辊

潍坊扬帆机械有限公司
山东省潍坊市胜利西街 3858 号
邮编：261011
电话：0536－8552655、8552366
传真：0536－8550840
网址：www. yangfanjixie. com
邮箱：yangfan@ yangfanjixie. com
产品：备料、制浆设备，废水处理设备

潍坊科创浆纸工程有限公司
山东省安丘市经济开发区
邮编：262123
电话：0536－4732506、2269600
传真：0536－4732507
网址：www. wfkc. cn
产品：除渣器、螺旋挤浆机、搅拌器

青州市益丰造纸机械有限公司
山东省青州市南郊
邮编：262501
电话：0536－3810143
传真：0536－3811611
网址：www. chinayifeng. cn
邮箱：yifengjixie@ sohu. com
产品：备料、制浆设备

山东青州市鸿立造纸机械有限公司
（原青州市益都造纸机械厂）
山东省青州市东方路 678 号
邮编：262500
电话：0536－3201582、3297849
传真：0536－3205539
网址：www. sdyidu. com
邮箱：zcl@ sdyidu. com
zhaichangli@ sdyidu. com
产品：制浆、备料设备

山东诸城国安机械有限公司
山东省诸城市经济开发区西首
邮编：262233
电话：0536－6017288
传真：0536－6017288
产品：制浆造纸设备、废水处理设备

诸城市明大机械有限公司
山东省诸城市皇华工业园
邮编：262233
电话：0536－6587669、6589330
传真：0536－6342866
网址：www. mingdajixie. cn
邮箱：mdjixie330@ 163. com
产品：卫生纸机

山东省诸城市汉通奥特造纸设备有限公司
山东省诸城市龙都工业园
邮编：262200
电话：0536－6218640
传真：0536－6113828
网址：www. chinahantong. com
邮箱：aote7910@ 163. com
产品：制浆设备、卫生纸机、废水处理设备

山东省弘扬机械有限公司
山东省诸城市龙都街道办事处西土墙工业园
邮编：262200
电话：0536－6358838
传真：0536－6358278
产品：筛选、碎浆、打浆、除砂及纸加工设备，废纸脱墨成套设备，废水处理成套设备及工艺设计，制浆造纸工艺设计及技术指导，爆破法制浆，新型环保制浆方法技术咨询

山东省诸城市精益造纸机械厂
山东省诸城市密州街道办事处东徐工业园
邮编：262200
电话：0536－6065718、6083680、
13606476897、13791630807
传真：0536－6083680
产品：纤维分离机、挤浆机、脱墨机、压滤机、离解机、精浆机、碎浆机、气动刮刀、双盘磨浆机、圆网浓缩机、旋翼筛

诸城市中天机械有限公司
山东省诸城市西土墙工业园
邮编：262200
电话：0536－6358676、6881548、6358673
传真：0536－6358679、6358675
网址：www. zhongtianjixie. com
邮箱：ztjxxx@ 163169. net
zhongtianhuanbao@ sohu. com
产品：环保设备、造纸设备、承接环保工程

山东省诸城市金三扬机械设备制造厂
山东省诸城市经济开发区横五路东首
邮编：262200
电话：0536－6125578、6125588、13806366474
传真：0536－6184876
产品：废水处理设备、制浆设备、脱墨设备、锅炉除尘设备

山东省诸城市金隆机械制造有限责任公司
山东省诸城市德利斯大道中段
邮编：262200
电话：0536－6081658、6116888
传真：0536－6081808
网址：www. cnjinlongjixie. com
邮箱：jl@ cnjinlongjixie. com
产品：打浆设备、磨浆设备、筛选净化设备、浮选脱墨设备、浓缩洗浆设备、废水处理设备、高速卫生纸机、机械制浆设备、热分散系统、浆泵、推进器

山东诸城市东泰造纸机械有限公司
山东省诸城市西外环中段化肥厂西 300 米
邮编：262200
电话：0536－6017669、6018669、13505369679
网址：www. dongtaijixie. com
邮箱：dongtai6018669@ 126. com
产品：筛、除渣器、污泥压滤机、气浮废水处理、纸机、湿抄机、脱墨设备、洗涤磨浆设备、磨浆机、爆破制浆技术及设备

山东省诸城市新日东机械厂
山东省诸城市皇华工业园
电话：0536－6067736、6060117
传真：0536－6060796
网址：www. xrdjx. com
www. xinridong. cn
www. sdxrd. com. cn
邮箱：xinridong@ sina. com
产品：脱墨机、碎浆机、磨浆机、洗浆机、搓磨分丝机、纤维分离机、卫生纸机、压力筛

山东省诸城市双益机械有限公司
山东省诸城市密州路 29 号
邮编：262200
电话：0536－6327018
传真：0536－6050758
产品：压力筛、纤维分离机、磨浆机、脱墨机、浓缩机、压滤机、气浮机

诸城市中泰机械有限公司
山东省诸城市龙都工业园
邮编：262200
电话：0536－6350336、6184887
传真：0536－6356235
网址：www. zhongtaijixie. com
邮箱：mail@ zhongtaijixie. com
产品：卫生纸机、压力筛、分离器、纤维分离器、脱墨机、洗浆机、碎浆机、挤浆机、污泥脱水机、搓磨机

山东省诸城市金日东造纸机械有限公司
山东省诸城市开发区压山路 18 号
邮编：262200
电话：0536－6213740、6213221
传真：0536－6213221
网址：www. ridong. com
产品：卫生纸机、螺旋网带洗浆机

山东省诸城市天工造纸机械有限公司
山东省诸城市开发区顺都路 263 号
邮编：262233
电话：0536－6805066、6805088
传真：0536－6805000
网址：www. tiangongmachinery. com
邮箱：fam@ tiangongmachinery. com
产品：废纸处理设备、制浆设备、环保设备

山东省诸城市增益造纸设备有限公司
山东省诸城市密州路东首外贸街 9 号
邮编：262200
电话：0536－6066260、6065123
传真：0536－6065719
网址：www. zengyihuanbao. com
产品：碎浆机、筛浆机、脱墨机、浓缩机、废水处理设备和纸机

山东惠祥专利造纸机械有限公司
（原山东省诸城市专利造纸机械厂）
山东省诸城市辛兴镇兴中路 38 号
邮编：277400
电话：0536－6011600
传真：0536－6011700、6011800
网址：www. zlzzjx. com
邮箱：zl@ zlzzjx. com
sales@ zlzzjx. com
产品：废纸设备

山东诸城市宏升机械有限公司
山东省诸城市东城工业项目区（昌城行寺路南）
邮编：262216
电话：0536－6406869、6402998
传真：0536－6407989
网址：www. hongshengjixie. com
邮箱：hsjx@ hongshengjixie. com
产品：制浆造纸设备

山东诸城市旭日东机械有限责任公司
山东省诸城市隆源路
邮编：262200
电话：0536－6081238
传真：0536－6087785
网址：www. xuridong. com
邮箱：mail@ xuridong. com
产品：制浆、抄纸、纸加工、废水处理设备

诸城市大正机械有限公司
山东省诸城市南外环路东段南侧
邮编：262200
电话：0536－6329913、15095299364
传真：0536－6056488
网址：www. dzco. net. cn
邮箱：dazhengjixie2002@ dzco. net. cn
产品：链式压滤机、卫生纸机

诸城市汇川机械厂
山东省诸城市郝戈庄镇（诸城西南外环交点向南 13 公里处）
邮编：262226
电话：0536－6591383
传真：0536－6591855
网址：www. jienengshebei. com
邮箱：hcjxshj@ 163. com
shj6699@ 163. com
产品：造纸机械环保设备

诸城市造纸机械厂
山东省诸城市密州路 26 号

邮编：262200
电话：0536－6213221
产品：制浆、脱墨设备

山东荣光不锈钢制品有限公司
山东省寿光市高新技术开发区
邮编：262703
电话：0536－5196955
传真：0536－5109897
产品：造纸容器

汶瑞机械(山东)有限公司
山东省安丘市潍徐南路 287 号
邮编：262100
电话：0536－4362288、4361880
传真：0536－4372633
网址：www. wenrui. com. cn
邮箱：info@ wenrui. com. cn
产品：黑液提取碱回收设备、双螺杆制浆机

安丘市石辊厂
山东省安丘市红沙沟镇驻地
邮编：262124
电话：0536－4671098
传真：0536－4671065
网址：www. aq-sg. com
邮箱：aqsg@ aq-sg. com
产品：石辊、盘磨、打浆机刀片

安丘科扬机械有限公司
山东省安丘市东城工业园
邮编：262100
电话：0536－4261398、4709888
传真：0536－4252598
网址：www. keyang. cc
邮箱：keyang108@ 163. com
产品：气浮、净水器、洗浆机、换热器、搅拌器

安丘市天利机械制造有限公司
山东省安丘市南工业园石泉路口
邮编：262100
电话：0536－4252801、4252805
传真：0536－4252813
网址：www. sdtljx. com
邮箱：tljt6699@ sohu. com
产品：除渣器、压力筛、苛化器、挤浆机

安丘天瑞机械制造有限公司
山东省安丘市石泉路口南 1. 5 公里路东
邮编：262100
电话：0536－4250801、13964701658
传真：0536－4255979
网址：www. aqtianrui. com
邮箱：tianruijixie@ 163. com
产品：制浆设备

安丘市峰胜永安机械有限责任公司
山东省安丘市东外环路南首
邮编：262100
电话：0536－4381608
传真：0536－4381608
产品：洗浆机、碎浆机、脱墨、除渣器

安丘市信金机械制造有限公司
山东省安丘市和平路中段
邮编：262100
电话：0536－4262678
传真：0536－4265977
网址：www. shine-xinjin. com
邮箱：gxn@ shine-sinjin. com
产品：除渣器系列、造纸机械

实耐格(潍坊)包装有限公司
山东省寿光市西环路
邮编：262702
电话：0536－5211111
传真：0536－5211611
产品：纸芯、纸管

济宁市

济宁新华天机械有限公司
山东省济宁市高新技术开发区机电二路
邮编：272000
电话：0537－2481588、13605371432
传真：0537－2481598
网址：www. xhtjx. com
邮箱：jnxhtjx@ 163. com
产品：筛鼓

济宁安联轻工机械有限公司
山东省济宁市嘉祥经济开发区嘉诚路中段
邮编：272400
电话：0537－3218138、3218139
传真：0537－3218137

网址：www. alqj. com
邮箱：alqj@ alqj. com
alqjx@ 163. com
产品：碎浆机、纤维分离机、粗选机、压力筛、黑液过滤机、纸机流送系统、除渣器、除气器、苛化器

山东高新机械设备有限公司
山东省邹城市经济开发区兴业路 618 号
邮编：273500
电话：0537 – 5342256、5353899
传真：0537 – 5344036
网址：www. gaoxfc. com
邮箱：gaoxfc@ gaoxfc. com
产品：压力筛、除杂器等

昌平集团科技开发公司
山东省邹城市宏达路中段
邮编：273500
电话：0537 – 5296863
产品：疏解泵、中浓泵

泰安市

山东泰安松源网业有限公司
山东省泰安市泰山区省庄工业园九星街 77 号
邮编：271000
电话：0538 – 8332939
传真：0538 – 8332939
产品：造纸用聚酯成形网、双层网、双层半网、聚酯干网、螺旋网、洗浆网、压滤网、造纸铜网

威海市

文登市永飞刀片厂
山东省文登市米山南郑
邮编：264424
电话：0631 – 8872082
产品：涂布、烘缸刮刀

临沂市

山东华源锅炉有限公司
(原山东临沂锅炉厂)
山东省临沂市枣沟头镇永安路 55 号
邮编：276004
电话：0539 – 8164060、8153350
传真：0539 – 8162423
网址：www. lyboiler. com
www. hyboiler. cn
邮箱：hyboiler@ msn. cn
0539glc@ 163. com
产品：固体废弃物焚烧锅炉

沂春机械股份有限公司
山东省临沂市费县胜利街
邮编：273400
电话：0539 – 5221136
产品：纸机、分切机、真空泵

聊城市

聊城诚信造纸技术服务有限公司
山东省聊城市东昌东路 58 号
邮编：252021
电话：0635 – 8315880、8973915
传真：0635 – 8315880
产品：专利技术及设备

山东信和造纸工程股份有限公司
山东省聊城开发区黄河路 26 号
邮编：252000
电话：0635 – 2933333
传真：0635 – 2938333
网址：www. sdxhzz. com
产品：长网、圆网纸机

聊城华林机械有限公司
山东省聊城市凤凰工业园纬一路 8 号
邮编：252000
电话：0635 – 2126008、2126001
传真：0635 – 2126006、2126001
网址：www. cnchanghua. com
邮箱：hmcqin@ 163. com
产品：中高速卫生纸机

山东聊城联舰造纸技术服务有限公司
山东省聊城市东昌府区凤凰工业园富民路 2 号
邮编：252000
电话：0635 – 6969248、13561275265、13646380001
传真：0635 – 6969248
产品：楔斜式压力挤浆机、喷浆式压力纸幅成形器

山东昌华造纸机械有限公司
山东省聊城市凤凰工业园南外环路 178 号

邮编：252000
电话：0635－2128866、2128818
传真：0635－2128877
网址：www. cnchanghua. com
产品：1760～5280 系列文化用纸机、2850～6000 系列长网瓦楞原纸机、2640～4800 系列叠网纸板机、烘缸、气垫式流浆箱、BM 成形器、宽压区压榨

山东茌平鲁丰机械厂
（原茌平县造纸机械厂）
山东省聊城市茌平县城工业区
邮编：252100
电话：0635－4282839、13963006273、15063599901
传真：0635－4282839
产品：除渣器、分浆箱、搅拌罐、碎浆机、校正器、张紧器、振框筛

富尔德－富元制浆造纸机械有限公司
山东省临清市北门里街
邮编：252600
电话：0635－2437377、2437677
传真：0635－2437930
产品：造纸机械

滨州市

山东黄河玻璃钢厂
山东省滨州市阳信县城南
邮编：251800
电话：0543－8231322
产品：除渣器

山东博兴铁龙泵业有限责任公司
（原博兴水泵厂）
山东省滨州市博兴县兴福镇
邮编：256510
电话：0543－2422457、2888863
网址：www. tlby. com. cn
邮箱：xiaoshou@ tlby. com. cn
产品：LJ、WLJ 系列纸浆泵、Y 型醪料泵

滨州东瑞机械有限公司
山东省滨州市博兴县曹王镇纬中路 113 号
邮编：256509
电话：0543－2413186、2413189、2300468
传真：0543－2413186
网址：www. bzdrjx. com
产品：中高端纸浆泵系列

山东长星集团有限公司
山东省滨州市邹平县长山镇朱家村
邮编：256206
电话：0543－4852225、4833999
传真：0543－4819128、4833999
产品：真空辊

山东省邹平兴忠光泽缸表面处理厂
山东省滨州市邹平县临池镇望京村
邮编：256200
电话：0543－4537555、13605336222
传真：0543－4537777
网址：www. xingzhongguangzegang. com
产品：各种规格镀铬辊、印花辊等及烘缸修复翻新

山东杰锋机械制造有限公司
山东省滨州市邹平县长山工业园
邮编：256206
电话：0543－4851388
传真：0543－4851918
网址：www. sdjiefeng. com
邮箱：jishaichang@ 163. com
产品：中高端压力筛、浓缩机

邹平电镀厂
山东省滨州市邹平县临池镇东黄村
邮编：256200
电话：0543－4531538
传真：0543－4531538
产品：电镀烘缸、电镀辊

山东北方造纸机械有限公司
山东省邹平北方起重机设备有限公司
山东省滨州市邹平县临池镇古城村
邮编：256220
电话：0543－4534999、13708946611
传真：0543－4534999
产品：纸机、起重机、烘缸表面处理

邹平鲁伟机械有限公司
山东省滨州市邹平县长山镇开发区
邮编：256206
电话：0543－4859777、13465050999
传真：0543－4819666
网址：www. luweijixie. com
邮箱：luweijixie@ 163. com
产品：切草机、切竹机、劈木机、剥皮机、削片机

邹平县顺鑫造纸机械有限责任公司
山东捷登机械制造有限公司
山东省滨州市邹平县好生镇工业园
邮编：256219
电话：0543－4502588、13805431944
传真：0543－4504999
网址：www. sdshunxin. com
邮箱：sdzp1944@ 163. com
产品：制浆成套设备及配件

河 南 省

郑州市

河南轻工业设计院有限公司
河南省郑州市纬四路 12 号北楼
邮编：450003
电话：0371－65944137、65944125
传真：0371－65944137
网址：www. yqsj78. com
邮箱：hnqgsjy@ 163. com
业务：造纸工业项目设计、咨询

河南博奥泵业有限公司
河南省郑州市上街区阀门产业园锦江南路
邮编：450041
电话：0371－63279997
传真：0371－63279995
网址：www. suaop. com
邮箱：suaop@ 126. com
产品：纸浆泵、废水泵、浆渣泵

郑州磊展科技造纸机械有限公司
河南省郑州市新密大隗镇河屯工业区
邮编：452383
电话：0371－69288115、69272219
传真：0371－69271850
网址：www. zzleizhan. com
邮箱：Liujianpo@ hotmail. com
产品：制浆设备

河南省弘达造纸设备有限公司
河南省新密市大槐镇河屯工业区
邮编：452383
电话：0371－69272219
传真：0371－69271850
产品：制浆造纸设备

郑州运达造纸设备有限公司
河南省郑州国际机场薛店工业园世纪大道 168 号
邮编：451162
电话：0371－62586196
传真：0371－62581811
网址：www. zzyuda. com
产品：制浆设备

河南曙光两相流泵厂
（原河南省巩义市两相流泵厂）
河南省巩义市米河镇
邮编：451263
电话：0371－64339559
传真：0371－64338181
网址：www. cnlxl. com
邮箱：cnlxl@ cnlxl. com
产品：纸浆泵、废水泵、浆渣泵

郑州非尔特网毯有限公司
河南省新密市袁庄村工业园
邮编：452370
电话：0371－69821471、69875777
传真：0371－69875000
网址：www. hnyn. com
邮箱：3321838@ qq. com
产品：造纸毛毯

河南润扬环境科技有限公司
河南省郑州市航海路东段
邮编：450000
电话：0371－86662338
传真：0371－86662338
产品：环保设备及工程安装

河南亚神环保科技有限公司
河南省郑州市金水东路 122 号
邮编：450000
电话：0371－66832103
传真：0371－66832103
网址：www. hnyshbkjgs. com. cn
邮箱：yashen0371@ 163. com
产品：环保设备及工程安装

开封市

开封市第四机床厂
河南省开封市城隍庙后街 3 号
邮编：475001

电话：0378－5696872、5696409
传真：0378－5696500
网址：www.kfdsjcc.com
产品："两相流"纸浆泵、除渣器、盘磨机、螺旋推进器、水力碎浆机、纤维回收机

安阳市

中国联合装备集团安阳机械有限公司
河南省安阳市长江大道158号
邮编：455000
电话：0372－2160928
传真：0372－2160985
网址：www.ayqj.com
产品：多圆盘过滤机、蒸煮锅、喷放锅、真空洗浆机

安阳鑫炬环保设备有限公司
河南省安阳市汤阴城东工业园
邮编：456150
电话：0372－5527868
传真：0372－5527868
产品：锅炉配套设备

鹤壁市

淇县双盘磨造纸设备厂
河南省鹤壁市淇县铁西工业区袁庄路口
邮编：456750
电话：0392－7271329、7270989
传真：0392－7222118
网址：www.qxspm.com
邮箱：zxm_918@163.com
产品：纸浆高浓磨

新乡市

新乡市金利达化纤有限公司
河南省新乡市封丘县产业集聚区186号
邮编：453300
电话：0373－8252898
传真：0373－8252577
网址：www.jldhx.com
邮箱：jldhxc@163.com
产品：底网造纸毛毯、聚酯螺旋网

新乡市蓝海环保机械有限公司
河南省新乡市新乡县古固寨工业区玉源路
邮编：453700
电话：0373－5795999
传真：0373－5795916
网址：www.lhhbjx.com
邮箱：lhhbjx.@163.com
产品：环保设备

辉县市造纸机械有限公司
河南省辉县市东二环中段
邮编：453600
电话：0373－6883299
产品：造纸机械

新乡市工业泵厂有限公司
河南省新乡市牧野区吕村工业区
邮编：453000
电话：0373－3692900、3692901
传真：0373－3692906
网址：www.xxgybgs.com
邮箱：cnxxgyb@163.com
产品：纸浆泵

新乡工神锅炉有限公司
河南省新乡市北环386号
邮编：453002
电话：0373－2693893
传真：0373－2693717
网址：www.gongshen.cn
产品：工业锅炉

焦作市

焦作市崇义轻工机械有限公司
河南省沁阳市建设南路10号
邮编：454500
电话：0391－5611697、5055120
传真：0391－5611697
网址：www.cyqg.com
邮箱：cyqg1958@163.com
产品：纸机、涂布机

河南省德沁高新辊业有限公司
河南省沁阳市葛村工业区
邮编：454586
电话：0391－5938539
传真：0391－5938539
产品：胶辊包胶

沁阳市第一造纸机械有限公司
河南省沁阳市葛村工业区
邮编：454500
电话：0391－5936384、5936945
传真：0391－5936384
网址：www.qyyj.com.cn
产品：纸机

河南大指造纸装备集成工程有限公司
河南省焦作市武陟县迎宾大道388号
邮编：454950
电话：0391－7268787、7268933
传真：0391－7268787
网址：www.dazhipaper.com
邮箱：dazhipaper@163.com
产品：化学机械浆生产线，高速纸机、特种纸涂布机

沁阳市运强环保造纸机械厂
河南省沁阳市太行办事处马坡工业区
邮编：454550
电话：0391－5687369
传真：0391－5687369
产品：制浆设备

许昌市

许昌中亚工业智能装备股份有限公司
河南省许昌市延安路18号
邮编：461000
电话：0374－3313662
传真：0374－3318978
产品：造纸机械

漯河市

河南省四海工业用呢公司
河南省漯河市人民路25号
邮编：462000
电话：0395－2624572
传真：0395－2624572
产品：工业用呢

临颍工业用呢有限公司
河南省漯河市临颍县黄龙工贸城
邮编：462600
电话：0395－8662688
传真：0395－8662688
产品：工业用呢

周口市

河南锦弘网业有限公司
河南省周口市沈丘县沙北工业园区
邮编：466300
电话：0394－5206586
传真：0394－5206586
产品：聚酯干网、螺旋网

河南省华丰网业有限公司
河南省周口市沈丘县工业园区
邮编：466300
电话：0394－5108788
传真：0394－5108588
网址：www.huafeng999.com
邮箱：henanhuafeng999@163.com
产品：聚酯干网、螺旋网

驻马店市

驻马店市安装工程有限公司
河南省驻马店市雪松路16号
邮编：463000
电话：0396－3813750
传真：0396－3813750
网址：www.zmdaz.com
产品：碱回收设备安装

驻马店市红星网业有限公司
河南省驻马店市文化路西段刘阁工业园
邮编：463000
电话：0396－2873188
传真：0396－2873588
网址：www.zmdhxwy.com
邮箱：hnzmdhxwy@163.com
产品：造纸毛毯

湖　北　省

武汉市

武汉船用机械有限责任公司
湖北省武汉市武昌青山区武东街9号
邮编：430084
电话：027－68867114、68867018、68867088
传真：027－68867461、68867462

网址：www. wmmp. com. cn
邮箱：whcj@ wmmp. com. cn
产品：浆料推进器

武汉同力机电有限公司
湖北省武汉市洪山区武昌珞狮路 122 号武汉理工大学东院内
湖北省武汉市东西湖九支沟武汉中小企业城内（厂址）
邮编：430070
电话：027 - 82666969、87217887、87877876
传真：027 - 87663469
网址：www. whtem. com
邮箱：tlem@ whtem. com
产品：传动控制

武汉研发张力自动控制有限公司
湖北省武汉市汉口永清路 7 号
邮编：430010
电话：027 - 82410195
传真：027 - 82867573
网址：www. yfzl. com
邮箱：yfzl@ yfzl. com
产品：张力控制装置

武汉中轻机械有限责任公司
（原武汉轻工业机械厂）
湖北省武汉经济技术开发区枫树二路 21 号
邮编：430056
电话：027 - 83832237、84951266、84951286
传真：027 - 83831892
网址：www. cwlm. com. cn
邮箱：whqj@ cwlm. com. cn
产品：聚氨酯成套设备、复合薄膜包装设备

武汉市红桥橡胶厂
湖北省武汉市汉口三眼桥路 155 号
邮编：430015
电话：027 - 82627905、82630814
传真：027 - 82605825
产品：胶辊、密封件、减震制品、耐腐蚀橡胶衬里

武汉市生威自动化工程有限公司
湖北省武汉市江岸区解放公园路 34 号 1 - 2
邮编 430010
电话 027 - 82932923、82932823
传真 027 - 82932923
产品：制浆造纸行业专用仪表、特种阀门

武汉特种锅炉成套设备工程有限责任公司
湖北省武汉市武珞路 586 号江天大厦 12 楼
邮编：430070
电话：027 - 87655853
传真：027 - 87655055
网址：www. whtzgl. com
邮箱：whtzgl@ 263. net. cn
产品：碱回收炉及其系列配套辅助设备

武汉宇通仪表有限公司
湖北省武汉市汉口惠济路 50 号
邮编：430019
电话：027 - 82432896
产品：纸浆浓度变送器

中国轻工业武汉设计工程有限责任公司
湖北省武昌市首义路 176 号
邮编：430060
电话：027 - 88043744
传真：027 - 88043744
网址：www. qgsj. com
邮箱：qgsj@ qgsj. com
业务：工程设计、工程咨询、工程监理

武汉中轻工程设计有限公司
湖北省武汉市新华路 231 号阳光新天地大厦 20 层
邮编：430022
电话：027 - 59526528、59526513
传真：027 - 59526529
网址：www. chinalid. net
邮箱：zqdesi@ chinalid. net
zhaopin@ chinalid. net
业务：工程设计、工程咨询

湖北省轻工业科研设计院
湖北省武汉市汉阳区杨泗港路 1 号
邮编：430052
电话：027 - 84520635、84523440、84520283
传真：027 - 84523440
网址：www. hbqgy. com
邮箱：hbqgy@ 163. com
业务：科研、工程设计、工程监理

武汉金申伦科技发展有限公司
湖北省武汉经济技术开发区佳和馨居 12 - 13
邮编：430056
电话：027 - 84476289
传真：027 - 84476289

邮箱：zhj0725@126. com
产品：造纸相关产品

荆门市

荆门市万泰机械有限公司
湖北省荆门市掇刀区深圳大道 34 号
邮编：448000
电话：0724－2447008
传真：0724－2447007
网址：www. jmwt. cn
邮箱：hw@jmwt. cn
产品：固体废弃物处理装备

孝感市

应城市恒达工业用呢有限公司
湖北省应城市民营经济园
邮编：432400
电话：0712－3251880
传真：0712－3251885
网址：www. tcce. cn
www. chang-e. net
邮箱：change@vip. 163. com
产品：造纸毛毯

荆州市

荆州市江海泵业机械有限公司
湖北省荆州市开发区江津东路与红光路交汇处
邮编：434000
电话：0716－8311559、8311881
传真：0716－8311008、8311881
网址：www. gaokecn. com
邮箱：info@gaokecn. com
tel@gaokecn. com
产品：造纸用泵

沙市轻工机械有限公司
湖北省荆州市汇湖路 21 号
邮编：434000
电话：0716－8524393、8524381、4314148
传真：0716－8103654、8524375、4314180
网址：www. slmc. com. cn
邮箱：slmc@vip. 163. com
产品：涂布机，制浆、造纸设备

黄冈市

武穴市轻纺机械厂
湖北省武穴市大桥边 136 号
邮编：436401
电话：0713－6222689
产品：洗浆机、除尘器

仙桃市

仙桃市华伟造纸机械有限公司
湖北省仙桃市杜台经济开发区 8 号
邮编：433000
电话：0728－3206812
传真：0728－3206035
网址：www. hwzzjx. com
邮箱：hw@hwzzjx. com
产品：纸机配件、橡胶胶辊

广水市

湖北省风机厂有限公司
湖北省广水市十里河工业区 001 号
邮编：432700
电话：0722－6249111
手机：13872855618
传真：0722－6249222
网址：www. hbfan. com
邮箱：hbfan777@163. com
产品：纸机真空系统透平风机、废水处理风机

湖　南　省

长沙市

长沙长泰智能装备有限公司
湖南省长沙市湖南环保科技产业园新兴路 118 号
邮编：410117
电话：0731－85651518、88238288
传真：0731－85570597、88238287
网址：www. chaint. net
邮箱：chaint99@yahoo. com. cn
产品：造纸输送包装设备

湖南正大轻科机械有限公司
湖南省长沙市雨花区洞井镇桃阳村环保科技产业园
邮编：410116
电话：0731－82883828
传真：0731－82883812

网址：www. zdqk. com
邮箱：cszdjrqc@ vip. sina. com
产品：纸机烘干部通风、干燥系统

中国海诚长沙工程院
中国轻工业长沙设计院
湖南省长沙市雨花区环保科技园新兴路 268 号
邮编：410114
电话：0731 –85770333
传真：0731 –85584415
业务：制浆造纸工程咨询、设计

湖南省轻工纺织设计院
湖南省长沙市向东南路 168 号
邮编：410005
电话：0731 –85152081
传真：0731 –85153047
网址：www. xqfs. cn
业务：制浆造纸工程咨询、设计

长沙市神州机械有限公司
湖南省浏阳市永安制造产业基地纬 1. 5 路
邮编：410323
电话：0731 –83285566
传真：0731 –83204889
网址：www. changsha-cathy. com
邮箱：changsha-cathy@ qq. com
srjsrj@ vip. sina. com
产品：纸机通风设备等

株洲市

株洲新时代输送机械有限公司
湖南省株洲市栗雨工业园 E 区
邮编：412007
电话：0731 –22877833、22877838
传真：0731 –22877822
网址：www. nte. com. cn
邮箱：shusong@ nte. com. cn
产品：链式拉木输送机、剥皮鼓、辊式输送机、皮带输送机、沙石输送机、脱水输送机、木片螺旋输送机

岳阳市

中轻国泰机械有限公司
湖南省岳阳市康王经济开发区
邮编：414000
电话：0730 –8751189
传真：0730 –8751192
网址：www. gtjx. cn
邮箱：yygtj@ guotaijx. com
产品：纸机

广 东 省

广州市

广东省造纸研究所
广东省广州市海珠区新港西路 154 号
邮编：510300
电话：020 –34300599
传真：020 –34301273、34300613
网址：www. gdzaozhisuo. com
产品：离型纸、黏胶带纸、防霉纸、扬声器用黑纸、黑白钢纸、涂布纱面纸、涂布彩纸、湿水胶带纸、无碳复写原纸、水稻育秧纸、唛架纸、电脑绣花纸、食用油滤纸、清新香片、PPE 湿强剂、干强剂、剥离剂、分散松香乳液、脱墨剂

斯普瑞喷雾系统有限公司广州分公司
广东省广州市科学城彩频路 11 号 D 座 302 室
邮编：510045
电话：020 –83546866
传真：020 –83546829
产品：喷嘴

浙江嘉兴亚达不锈钢制造有限公司华南分公司
广东省广州市番禺区南村镇坑头东线路七横路 4 号
邮编：511442
电话：020 –34699222
传真：020 –34699277
网址：www. cnyada. net
产品：不锈钢管件、阀门

广州华工环源绿色包装技术有限公司
广东省广州市科学城科学大道 99 号科汇金谷 C3 栋 1103
邮编：510640
电话：020 –62327808
传真：020 –62327809
网址：www. hghuanyuan. com
邮箱：hghy@ vip. 163. com
产品：纸浆模塑设备

广州广一泵业有限公司
（原广州市第一水泵厂）
广东省广州市科韵南路 133 号

邮编：510320
电话：020－66834613、66834616、66834618
传真：020－66834619
网址：www. gygcn. com
邮箱：sales@ gygcn. com
产品：泵

华南理工大学造纸与污染控制国家工程研究中心
广东省广州市天河区五山路华南理工大学造纸与环境工程楼
邮编：510640
电话：020－87112614、87112982
传真：020－87113840
网址：www. pperc. com. cn
产品：成形器、技术服务

丹佛斯（天津）有限公司广州办事处
广东省广州市珠江新城花城大道 87 号高德置地广场 B 塔 704 室
邮编：510623
电话：020－28348000
传真：020－28348001
网址：www. danfoss. com/china
邮箱：guangzhou@ danfoss. com
产品：变频器

番禺市沙西造纸机械有限公司
广东省广州市番禺区沙湾镇拱桥路 1 号
邮编：511483
电话：020－84732328
产品：碎浆机、分离机、打孔机

川佳机械集团股份有限公司华南办事处
广东省广州市东风西路 233 号
邮编：510180
电话：020－83543253
传真：020－83543257
产品：内流式压力筛

中国轻工业广州设计工程有限公司
广东省广州市盘福路医国后街 1 号
邮编：510180
电话：020－81326513
传真：020－81325759
网址：www. gdecn. com
邮箱：gzgs@ gdecn. com
业务：工程设计、工程咨询、工程管理

广东省轻纺建筑设计院
广东省广州市东风东路 744 号
邮编：510080
电话：020－87621916
传真：020－87621911
网址：www. gladi. com. cn
业务：工程设计、工程咨询、工程管理

广州欧克机械制造有限公司
广东省广州市番禺区沙湾镇福龙工业区 2 号
邮编：511483
电话：020－84732658
传真：020－84734555
网址：www. gz-ok. com
邮箱：sales@ gz-ok. com
gz-ok@ 163. com
产品：包装机、纸品包装机

广州约顿电子科技有限公司
广东省广州市科学城科学大道 182 号创新大厦 C1 栋 1102 室
邮编：510663
电话：020－28065028、87303571
传真：020－28065018
网址：www. joton-guangzhou. com
邮箱：postmaster@ joton-guangzhou. com
产品：恒温恒湿空调机

广州瑞辰盛达生物技术有限公司
广东省广州开发区科学城开源大道 11 号科学城 A1 座 3 楼
邮编：510500
电话：020－32203968
传真：020－32203392
网址：www. rcsd. com. cn
邮箱：gzrcsd@ 163. com
产品：聚能酶 TM 纤维改性技术

广州御信机械设备有限公司
广东省广州市天河区东圃镇珠村灵山路珠村十社工业园内
邮编：510620
电话：020－82167943、82168513
传真：020－82168513
网址：www. xin-square. com
邮箱：grom@ 21cn. com
产品：高速卷筒纸分切机

奥伯尼国际(中国)有限公司
广东省广州市番禺区桥南街陈涌中荣工业园 H 座
邮编：511400
电话：020－34832876
网址：www. albanydoors. com
邮箱：sales. ads. cn@ albint. com
产品：高速卷帘门

国际纸业(广州)包装有限公司
广东省广州市新滘仑头村工业区 2 号
邮编：510320
电话：020－34088208
产品：瓦楞纸箱、纸板

广州嘉承纸品有限公司
广东省广州市番禺区兴业路东三横路
邮编：511483
电话：020－34732527
产品：瓦楞纸板、纸容器

广州市同昌纸品有限公司
广东省广州市花都区莲塘村
邮编：510800
电话：020－36822020
产品：瓦楞纸板、纸箱

广州市浚龙纸业有限公司
广东省广州市番禺区沙湾镇奥林匹克花园文化长廊 64 号
邮编：511400
电话：020－34733083、34733080
传真：020－34736613
经营：衬纸、环保纸、丝毛棉、稻香纸、纯质纸、莱妮纹、云彩纸、虎皮纹、自在纹、古石纹、色书纸、彩色描图纸、牛油纸

广州市鸣瑞贸易有限公司
广东省广州市中山大道 190 号骏景花园骏翔轩 G1203 室
邮编：510630
电话：020－38671842、38671985、38671377
传真：020－38671269
经营：双铜纸、单铜纸、白卡纸、双胶纸、白纸板

南蒲纸业广州销售部
广东省广州市芳村区海北西浦
邮编 510378
电话：13829756552
传真：020－81419835
经营：有光纸、书写纸、胶版纸、纸杯原纸、卫生原纸

百孚纸业有限公司
广东省增城市新塘镇甘湖工业区
邮编：511340
电话：020－82776488
传真：020－82774942
经营：特种纸

广州市多宝纸业有限公司
广东省广州市芳村区东教北路茶窖大田仓 3 号
邮编：510370
电话：020－81576005
传真：020－81593169
经营：印刷纸

韶关市

广东绿洲纸模包装制品有限公司
广东省南雄市全安镇营堡前
邮编：512426
电话：0751－3703889
网址：www. sn0601. com
产品：一次性纸盘、一次性纸饭盒、一次性纸托盘、一次性纸碗等

深圳市

深圳光荣机械有限公司
广东省深圳市上梅林梅华路 103 号
邮编：518049
电话：0755－83318564、83310794
传真：0755－83310783
网址：www. koeiind. com. cn
邮箱：sz_ koei@ 126. com. cn
产品：电动执行器

长江机械设备股份有限公司
广东省深圳市沙井镇街道办上寮蚝四南安科技工业园
邮编：518104
电话：0755－29887068
产品：卷筒纸分切机、卷筒切纸机、复印纸分切机

深圳市新环机械工程设备有限公司
广东省深圳市福田区彩田南路中深花园 B 栋 2103 室
邮编：518033
电话：0755－82997309、82997256
传真：0755－82995262、82996258

网址：www. sznecn. com
邮箱：xh@ sznecn. com
产品：机械格栅、除砂机、砂水分离器、滗水器、刮吸泥机、自动溶药投药装置

深圳市联欧贸易发展有限公司
广东省广州市天河北路 616 号金海花园金灏阁 607 室
邮编：510630
电话：0755 -38735296
传真 0755 -38735297
网址：www. euro-me. com
邮箱：euromegz@ euro-me. com
经营：驱动传动系统、液压气动部件、自动化元器件

鸿源实业（深圳）有限公司
广东省深圳市布吉镇上水径恒通工业城 6 栋 2 楼
邮编：518112
电话：0755 -28522294
传真：0755 -28522748
经营：卫生纸、盒装面纸、手帕纸、妇女卫生巾

安兴纸业（深圳）有限公司
广东省深圳市龙岗区同富裕工业园
邮编：518112
电话：0755 -28557320
经营：复印纸、传真纸

深圳市永利隆纸品有限公司
广东省深圳市布吉上李朗莱茵工业城
邮编：518112
电话：0755 -89702138
传真：0755 -89702117
经营：瓦楞原纸、纸箱、彩盒

深圳市悦声纸业有限公司
广东省深圳市龙华镇龙城工业区 12 幢 1 楼
邮编：518109
电话：0755 -27740846
传真：0755 -27741089
经营：花纹纸

元丰纸业（深圳）有限公司
广东省深圳市宝安区松岗镇沙埔围第二工业区
邮编：518105
电话：0755 -27052676
传真：0755 -27052259
经营：瓦楞原纸、牛皮纸

深圳协利纸业有限公司
广东省深圳市宝安区应人石区村外贸轻工业区
邮编：518108
电话：0755 -27625336
经营：瓦楞纸板、纸箱

致昌纸品（深圳）有限公司
广东省深圳市龙岗区白泥坊村横东岭工业区
邮编：518111
电话：0755 -84663188
经营：白纸板、铜版纸

富士达纸品（深圳）有限公司
广东省深圳市龙岗区中浩工业区
邮编：518129
电话：0755 -89600129
经营：卫生纸、纸面巾、纸手帕

珠海市

珠海凌丰机械有限公司
广东省珠海市前山梅溪双龙山工业区
邮编：519070
电话：0756 -8508438
传真：0756 -8532585
网址：www. winfull. cn
www. winfull. com. cn
邮箱：sales@ winfull. com. cn
产品：复卷机、分切机

珠海天力哈希仪器仪表有限公司
广东省珠海市翠微西路 668 号
邮编：519071
电话：0756 -8623616、8610123、13809800007
传真：0756 -8623636
网址：www. teknik. cn
邮箱：teknik9@ 188. com
teknik@ 126. com
产品：流量计、变送器、数显控制仪表

广东天章信息纸品有限公司
广东省珠海市人民东路 125 号工商大厦 19 楼东座
邮编：519002
电话：0756 -2629000
传真：0756 -8157555、2629012
网址：www. tzpaper. com
经营：复印纸、打印纸、传真纸、收银纸

珠海市宏进纸业发展有限公司
广东省珠海市斗门区珠峰大道西富山工业区
邮编：519100
电话：0756－5655777
传真：0756－5652576
经营：瓦楞原纸

汕头市

广东省汕头市国平纸类包装厂有限公司
广东省汕头市光华北二路15号
邮编：515000
电话：0754－88222129
传真：0754－88113762
产品：彩箱、彩盒、纸筒、胶纸

汕头市化建纸业公司
广东省汕头市达濠区达濠西山前
邮编：515071
电话：0754－87380165
传真：0754－87360788
经营：黄纸板、灰纸板、复合纸板、白纸板、双胶印刷纸、热压纸板、书写纸

汕头市中联胜贸易有限公司
广东省汕头市长平路丽涛大厦B座U902室
邮编：515041
电话：0754－88736835、88873996
传真：0754－88736535
网址：www. zlstrade. com
经营：糖纸、轻涂纸、防水单铜纸、牛皮纸、标签纸、玻璃卡纸

佛山市

索戴包装（佛山）有限公司
广东省佛山市南海区牡丹灶镇横江环保工业园
邮编：528216
电话：0757－85445688、85407817
传真：0757－85443278
网址：www. stek. cn
邮箱：afbi007@ vip. 163. com
产品：塑钢带、打包机

佛山安德里茨技术有限公司
广东省佛山市禅城区城西工业区天宝路9号
邮编：528000
电话：0757－82969257
传真：0757－82969209
产品：制浆造纸设备

德昌誉机械制造有限公司
广东省佛山市南海区罗村大桥南侧镇岐岗工业区内
邮编：528227
电话：0757－86435166、86435177、86435188
传真：0757－86435199
网址：www. dechangyu. com
邮箱：master@ dechangyu. com
产品：卫生纸加工设备

顺德区光阳包装机械有限公司
广东省佛山市顺德区北滘镇碧江工业区1号
邮编：528311
电话：0757－26636485
产品：纸箱、纸品包装机械

佛山市精拓机械设备有限公司
广东省佛山市顺德陈村镇赤花工业区4路南2号
邮编：528313
电话：0757－23301128
传真：0757－23301128
网址：www. jingtuo. net
邮箱：jt2007best@ 163. com
产品：卷筒纸包装机

宝索机械制造有限公司
广东省佛山市南海区平洲夏南一工业区
邮编：528252
电话：0757－86763798、82777529、86799938
传真：0757－86785529
网址：www. baosuo. com. cn
邮箱：master@ baosuo. com
产品：生活用纸设备

宝拓造纸设备有限公司
广东省佛山市南海区平洲夏南一工业区
邮编：528251
电话：0757－81273377
产品：生活用纸设备

佛山市南海区新力机械制造有限公司
广东省佛山市南海区狮山科技工业园C区恒兴北路7号
邮编：528226
电话：0757－86688191、86688182、86688183、86688184
传真：0757－86688186
网址：www. nhxinli. com

邮箱：master@ nhxinli. com
产品：生活用纸设备

江门市

新会远东网厂有限公司
新会中兴造纸网厂
广东省江门市新会区会城镇城东工业开发区
邮编：529100
电话：0750－6100456
传真：0750－6126202
网址：www. tianjian-china. com
产品：聚酯成形网、干网

开平市宏兴造纸机械厂
广东省开平市水口镇台山路段
邮编：529321
电话：0750－2732222、2718889、2996619、2732838
传真：0750－2726619
产品：磨浆机、磨片、碎浆机、筛浆机、筛、脱墨机、洗浆机、纤维分离机、浆池推进器、除砂机

江门晶华轻工机械有限公司
广东省江门市东升路 138 号
邮编：529000
电话：0750－3065011、3979999
传真：0750－3565002
网址：www. jm-jinghua. com
邮箱：3979999@ jmjhqj. com
产品：各类型号的造纸设备和备品备件

湛江市

广东伟兴机械制造有限公司
（原东莞市伟兴造纸机械有限公司）
广东省湛江市坡头区麻坡路
邮编：524057
电话：0759－3957098
产品：造纸设备

东莞市

东莞佳鸣机械制造有限公司
广东省东莞市沙田镇民田工业区
邮编：523991
电话：0769－88862099、88866210、88864360、88688201
传真：0769－88862066
网址：www. jumping. com
邮箱：jumping@ jumping. com. cn
产品：卫生纸机及后加工设备

东莞市业兴网毯有限公司
广东省东莞市高埗镇护安围
邮编：523279
电话：0769－88731749、88734262
传真：0769－88737340
网址：www. dgyexing. com
邮箱：yxwf1991@ 163. com
产品：造纸毛毯、特种工业用呢、电热衬毯、螺旋网、聚酯网

东莞市中堂镇金峰造纸机械厂
广东省东莞市中堂镇中兴路悦和街 5 巷 21 号
邮编：523220
电话：0769－88895138
产品：制浆造纸专用通用设备、水力碎浆机、纤维热碎解机、双圆盘磨浆机、纤维分离机、压力筛、除渣器等

东莞市兴发纸业（贸易）有限公司
广东省东莞市万江区万兴路
邮编：511717
电话：0769－22282516
传真：0769－22177603
经营：文化用纸、包装纸

中山市

中山市中侨纸业有限公司
广东省中山市东区东苑路 62 号
邮编：528403
电话：0760－88286098、88290298
传真：0760－88286089
网址：www. zhongqiao. net
邮箱：zhongqiao@ china. com
经营：复合金银卡纸、紫外光防伪卡纸、珠光卡纸、玻璃卡纸

潮州市

潮州市海博机械有限公司
广东省潮州市永护路 4 号
邮编：521011
电话：0768－2356894
产品：中浓液压磨浆机，中低压力容器，废水处理

设备

广西壮族自治区

南宁市

广西轻工业科学技术研究院
广西壮族自治区南宁市国家经济技术开发区迎凯路8号
邮编：530031
电话：0771－4518909
传真：0771－4518912
网址：www. gxqgy. com
邮箱：gx-qgy@ qq. com
业务：科研、设计

广西壮族自治区国营林场开发公司
广西壮族自治区南宁市东葛路107号
邮编：530022
电话：0771－5633460、5633461
传真：0771－5633460
产品：原木、板材

中国轻工业南宁设计工程有限公司
广西壮族自治区南宁市星光大道42号
邮编：530031
电话：0771－4800448、4800493
传真：0771－4830802、4800493
网址：www. zqnn. cn
邮箱：cnec@ vip. 163. com
业务：制浆造纸工程咨询、设计、监理和总承包

南宁市庆维造纸设备有限公司
广西壮族自治区南宁市良庆区银海大道西四里六巷20号
邮编：530200
电话：0771－4503343
传真：0771－4505353
产品：高浓磨浆机，高、低浓或D型水力碎浆机，立、卧推进器，中、低浓抽浆泵，除砂器，压滤机，压力筛，文化用纸机，卫生纸机，塑料网槽，压力成形器以及二手造纸机设备

广西横县华宇工贸有限公司
广西壮族自治区南宁市六景工业园区
邮编：530313
电话：0771－7265998、7372132
传真：0771－7265998、7371038
网址：www. gxhyzy. com
产品：五色有光纸、高级卫生纸

南宁市乖仔工贸有限责任公司
广西壮族自治区南宁市福建路15－1号（江南区政府对面巷直入）
邮编：530031
电话：0771－4885918、4885968、4885998
传真：0771－4885968
网址：www. nngzgm. com
邮箱：1195173656@ qq. com
经营：生活用纸、纸巾、纸盒

柳州市

永丰利机械刀片有限公司
广西壮族自治区柳州市柳邕路二区3号
邮编：545005
电话：0772－3224776
传真：0772－3226174
产品：打浆机、切纸机刀片、各种刀片

梧州市

瑞典FORITECAB造纸咨询公司中国办事处
广西壮族自治区梧州市西堤三路1号21座703单元
邮编：543002
网址：www. foritec. com
业务：工程咨询、技术咨询

玉林市

广西玉林市江南造纸器材经营部
广西壮族自治区玉林市城站路17号
邮编：537001
电话：0775－3825202、13907756395
经营：造纸器材

重 庆 市

重庆造纸工业研究设计院
重庆市南岸区茶园新区蔷薇路26号
邮编：401336
电话：023－63862408
传真：023－63609345
网址：www. cqzzyjy. com
邮箱：cqzz666@ 163. com
业务：科技服务、咨询服务、生产玻璃纤维纸系列产品和特种工业用纸

四　川　省

成都市

成都工业用呢总厂
四川省成都市青羊区文家
邮编：610091
电话：028－87074323、87074901
传真：028－87074901
产品：工业用呢

四川环龙技术织物有限公司
四川省成都市温江区成都海峡两岸科技产业开发园新华西路 519 号
邮编：611130
电话：028－82782682
传真：028－82782615
网址：www. hl-cd. cn
邮箱：huanlong_ sale@ vanav. cn
产品：压榨毛毯

成都拓世达科技有限公司
四川省成都市武侯区洗面桥街 22 号 12 楼 6 号
邮编：610041
电话：028－85537128、85537138
传真：028－85571538
产品：变频器、纸机传动设备

成都希望森兰变频器制造有限公司
四川省成都市西南航空港经济开发区机场路 181 号
邮编：610225
电话：028－85964751、85960127、85963211
传真：028－85962488
网址：www. chinavvvf. com
邮箱：markd@ chinavvvf. com
产品：变频器

四川天一科技股份有限公司
四川省成都市外南机场路近都段 87 号
邮编：610225
电话：028－85961873、85964843、85881771、85965341
传真：028－85884502、85881909、85884329
网址：www. tianke. com
邮箱：zjb@ tianke. com
wuke@ tianke. com
产品：制氮机、制氧机、浓缩乙烯、提纯氢气、提纯一氧化碳、提纯二氧化碳

四川省纸联浆纸有限公司
四川省成都市福兴街 30 号
邮编：610016
电话：028－86754023
传真：028－86740587
经营：造纸纤维原料及专、辅材料

四川省都江堰华西轻工机械有限责任公司
四川省都江堰市灌温路 78 号
邮编：611830
电话：028－87284625
传真：028－87283997
产品：真空泵、浆泵

绵阳市

奥科工控技术开发有限公司
四川省绵阳市绵兴路西段 40 号
邮编：621000
电话：0816－2531108
传真：0816－2543272
产品：ZNS－纸浆浓度实时控制仪、特殊防腐型 ZNS－纸浆浓度控制仪

绵阳同成智能装备股份有限公司
四川省绵阳市高新区火炬东街 47 号
邮编：621000
电话：0816－2536111、2531333
传真：0816－2543408
网址：www. tchngh-tec. com
产品：制浆造纸、化工、电厂、垃圾处理等行业生产过程自动化控制

绵阳星恒节能环保有限公司
四川省绵阳市梓潼县城外北街 92 号
邮编：622150
电话：0816－8212197、8260288
传真：0816－8212219
网址：www. myxingheng. com
邮箱：xh@ myxingheng. com
产品：蒸汽回收、除尘

四川高达科技有限公司
四川省绵阳市游仙区绵山路 64 号
邮编：640000
电话：0816－2489999、800－8861199
传真：0816－2281210
网址：www. scgdkj. com

邮箱：gd@ scgdkj. com
产品：自动化技术

内江市

四川省资中县隆升机械有限公司（原资中轻工机械厂）
四川省内江市资中县城区永兴路 28 号
邮编：641200
电话：0832 －5510532、5529418
传真：0832 －5529419
网址：www. zzlsjx. com
邮箱：zzlsjx@ 163. com
产品：制浆设备、黑液及中段废水处理设备，城市生活污水处理设备，中小型制糖设备的设计、制造和研发

乐山市

乐山市泰辉机械制造有限公司
四川省乐山市高新技术开发区东高路 4 号
邮编：614000
电话：0833 －2595661
传真：0833 －2595038
产品：纸板机、浆板机、文化用纸机、涂布机、压光机

四川井研轻工机械厂
四川省乐山市井研县研城镇和平街 114 号
邮编：613100
电话：0833 －3715668、3712312
传真：0833 －3711459
产品：新闻纸机、文化用纸机、特种纸机、浆板机、箱纸板机、瓦楞原纸机、涂布白纸板机、涂布白卡纸机、纸机后续整饰完成设备

宜宾市

四川省宜宾市造纸旋转接头厂
四川省宜宾市青年街 5 号
邮编：644000
电话：0831 －8223747
传真：0831 －8224270
产品：旋转接头、密封件

宜宾长江造纸仪器厂
四川省宜宾市马鞍石
邮编：644004
电话：0831 －3601740
产品：造纸检测仪器

宜宾市纺织器材厂
四川省宜宾市南岸蜀南大道西段 5 号
邮编：644002
电话：0831 －2382278
传真：0831 －5193308
产品：聚四氟乙烯密封件、机械密封圈、管套、轴套、复卷机轴承、烘缸旋转进汽接头、蒸球进汽和喷放接头

中国联合装备集团宜宾机械有限公司
四川省宜宾市宜宾县城北新区
邮编：644600
电话：0831 －6233668、6233518、6233528
传真：0831 －6233669
网址：www. zlzbyb. com. cn
邮箱：ybzjc8245@ 163. com
产品：文化用纸机、包装纸机、卫生纸机、箱纸板机、浆板机和特种纸机

贵 州 省

遵义市

凤冈县天河纸业股份合作公司
贵州省遵义市凤冈县龙泉镇
邮编：564200
电话：0858 －5222597
产品：造纸机械及行业设备、纸加工机械

云 南 省

昆明市

昆明轻工业机械厂
云南省昆明市西郊大普吉
邮编：650102
电话：0871 －8307251
产品：造纸设备、碱回收机、压力容器

云南省轻纺工业设计院
云南省昆明市东风东路 169 号
邮编：650041
电话：0871 －3315932
传真：0871 －3315482
业务：工程设计、咨询、承包

玉溪市兴伦纸业有限公司
云南省玉溪市
邮编：653100

电话：0877－2050233
产品：纸箱

陕　西　省

西安市

中国轻工业西安设计工程有限责任公司
陕西省西安市东关柿园路 222 号
邮编：710054
电话：029－82497399、82477822
传真：029－82487813、82487815
网址：www. haisum-xa. com
邮箱：webmaster@ haisum-xa. com
业务：工程设计、咨询

美卓造纸机械技术(西安)有限公司
陕西省西安市阿房四路
邮编：710086
电话：029－84363218、84363155
传真：029－84363000、84363433
网址：www. mesto. com
产品：高级文化用纸机、无碳复写原纸机、新闻纸机、涂布纸板机、挂面纸板机、薄页纸机

西安中轻造纸机械集团公司
陕西省西安市阿房四路 6 号
邮编：710086
电话：029－84363019、84363428、8436410
传真：029－84363418
网址：www. xianpm. com
邮箱：xianpm@ xianpm. com
产品：纸机、纸板机

轻工业西安机械设计研究所
陕西省西安市阿房四路 6 号
邮编：710086
电话：029－84363407、84369596
传真：029－84369035
网址：www. xaqys. com
产品：全自动纸箱封箱机、圆孔打孔机

凯德(西安)造纸机械织物有限公司
陕西省西安市长安区马王街办
邮编：710115
电话：029－85850701、85850750
传真：029－85851282
产品：聚酯网

斯普瑞喷雾系统有限公司西安办事处
陕西省西安市二环南路西段 88 号老三届世纪星大厦 9D
邮编：710065
电话：029－88310727、88312157
传真：029－88310337
网址：www. spray. com. cn
邮箱：xian@ spray. com. cn
产品：喷嘴

西贝胶辊有限公司
陕西省西安市西郊阿房四路
邮编：710086
电话：029－84623445
传真：029－84514448
网址：www. xianpm. com
产品：造纸胶辊

西安维亚造纸机械有限公司
陕西省西安市三桥老街 146 号
邮编：710086
电话：029－84517451
传真：029－84517451－803
网址：www. wyjx. com
邮箱：weiya500@ sina. com
产品：70～1200 米/分不同车速的水力式、气垫式、开启式流浆箱

陕西科技大学造纸环保研究所
陕西省西安市未央区大学园
邮编：710021
电话：029－86168229
传真：029－86168230
网址：www. susthbs. com
邮箱：susthbs@ 126. com
经营：造纸工业废水生物处理技术及设备、废水深度处理及回用技术和设备

西安力源光电科技有限责任公司
陕西省西安市高新区科技二路 77 号西安光电园 A209
邮编：710075
电话：029－88452568
传真：029－88452578
网址：www. xalygd. cn
邮箱：xalygd95@ 126. com
产品：DCS、QCS 控制系统

陕西欧润造纸机械有限公司
陕西省西安市雁塔区鱼化工业园三排 1 号
邮编：710077
电话：029－84686114、84217343
传真：029－84686114
网址：www. all-run. com
产品：脱水元件、张紧器、校正器

咸阳市

咸阳通达轻工设备有限公司
（原陕西科技大学机械厂）
陕西省咸阳市人民西路 49 号
邮编：712081
电话：029－33617016，400－698－9690
传真：029－33617775
网址：www. tdqg. cn
邮箱：xy3361@ 163. com
产品：实验蒸煮器、蒸煮小群罐、漂洗机、筛浆机、实验室打浆机、PFI 磨浆机、打浆度测定仪、纸页成形器、纸页压榨机、实验纸机、水力碎浆机、浮选脱墨机、纤维筛分仪、纤维标准疏解机、离心脱水机、回转干燥机

陕西西微测控工程有限公司
陕西省咸阳市沈兴北路 2 号众亿温泉大厦 1208 室
邮编：712000
电话：029－33577113
传真：029－33577920
网址：www. xiweigroup. com
邮箱：qywjs@ 163. com
wtang906@ 163. com
业务：制浆造纸行业测控系统研发、工程服务及成果推广，可为浆纸企业提供整机全集成自动化解决方案

陕西科达电气有限公司
陕西省咸阳市人民西路明远华庭 B 座
邮编：712000
电话：029－38100692
传真：029－38100693
网址：www. kedadq. com
产品：造纸机的变频传动、复卷机的传动控制、DCS 和 QCS

汉中市

陕西省汉中聚贤日化产品商贸有限公司
陕西省汉中市西环路民航路
邮编：723000
电话：0916－2237171
传真：0916－2237171
经营：纸张、纸制品

商洛市

商洛市华阳造纸专利技术有限公司
陕西省商洛市商州区南门路 28 号
邮编：726000
电话：0914－2320526
传真：0914－2391666
网址：www. slhyzz. com
产品：耐腐漂液阀、真空液氯旋转混合器、除胶脱墨剂、除胶剂等

甘 肃 省

兰州市

甘肃省轻工业科研所
甘肃省兰州市玉泉路 162 号
邮编：730000
电话：0931－8126511、8126518
业务：工程设计、工程咨询

耐驰（兰州）泵业有限公司
甘肃省兰州高新技术产业开发区刘家滩 506 号
邮编：730010
电话：0931－8555000
传真：0931－8556650
网址：www. netzsch. com. cn
邮箱：info@ nlp-netzsch. com. cn
产品：单螺杆泵

国内造纸化学品企业名录

Directory of Domestic Papermaking Chemicals Enterprises

北京市

瓦克化学(中国)有限公司北京分公司
北京市朝阳区太阳宫中路12A 太阳宫大厦11层1108室
邮编：100028
电话：010－84439700
传真：010－67877107
网址：www. wacker. com
邮箱：jenny. xiao@ wacker. com
产品：VAE乳液、聚合物树脂、多晶硅、聚乙烯醇溶液、硅烷及硅酸盐、有机硅树脂等

陶氏化学(中国)投资有限公司北京分公司
北京市东城区东长安街1号东方广场东方经贸城西三办公室11层1101室
邮编：100738
电话：010－85279199
传真：010－85279299
网址：www. dow. com/greaterchina/ch
产品：丁苯胶乳、造纸用杀菌剂

恩赛华垦(北京)科技有限公司
北京市西城区阜成门外大街37号国侨宾馆416室
邮编：100037
电话：010－88360919
传真：010－88367023
网址：www. ensaibio-tech. com
邮箱：business@ ensail. com
产品：RAP强效型中性施胶剂、SAA表面施胶剂、阳离子松香胶、改性松香胶、ASA专用乳化剂、高分子松香专用乳化剂

中粮集团生化能源事业部
北京市朝阳区朝阳门南大街8号中粮福临门大厦16F－05
邮编：100020
电话：010－85018581
传真：010－85623866
网址：www. cofco. com
邮箱：bcbe@ cofco. com
产品：玉米淀粉、L乳酸

杜邦中国集团有限公司北京分公司
北京市朝阳区建国路91号金地中心A座18层
邮编：100022
电话：010－85571000
传真：010－85571888、85571999
网址：www. dupont. com
产品：纸浆、纸张防油剂，化工制剂

北京兴美亚化工有限公司
北京市朝阳区北苑路170号凯旋中心3号楼1单元2002室
邮编：100012
电话：010－59273092
传真：010－59273091
代理：罗地亚、陶氏化学等公司助剂

巴斯夫(中国)有限公司北京分公司
北京市朝阳区东三环北路霞光里18号佳程广场A座25层
邮编：100027
电话：010－56831500
传真：010－56831751
网址：www. greater-china. basf. com
产品：化学品、功能性聚合物、特性化学品、聚氨酯

万源荷田生物化工有限公司
北京市建国门外大街19号国际大厦16层1605室
邮编：100004
电话：010－85262436、85262438
传真：010－85261607
网址：www. wanyuanhetian. com
邮箱：info@ wanyuanhetian. com
产品：马铃薯、红薯淀粉

信汇集团
北京市海淀区西小口路66号东升科技园北领地C1三层
邮编：100192
电话：010－82156616
传真：010－82156606
网址：www. cenway. com
邮箱：dyestuff@ cenway. com
产品：液体荧光增白剂、直接染料、酸性染料

诺维信(中国)投资有限公司中国总部暨研发中心
北京市海淀区上地信息路14号
邮编：100085
电话：010－62987888
传真：010－62981283
网址：www. novozymes. com
邮箱：pzho@ novozymes. com
产品：造纸工业酶制剂等

北京施澳德瑞科技有限公司
北京市西城区广义街 4 号 8 幢 611 室
邮编：100053
电话：010－63031356、13701105795
传真：010－63031356
产品：消泡剂、防腐剂

北京达瑞森化工有限责任公司
北京市通州区永乐店工业开发区东路 1 号
邮编：101105
电话：010－69564430
传真：010－69564437
网址：www. chinapam. cn
邮箱：daruisen4430@ 126. com
产品：聚丙烯酰胺絮凝剂、造纸分散剂、纸张增强剂、助留助滤剂

北京瑞普特商贸有限公司
北京市朝阳区西大望路 27 号
北京市平谷区平谷镇西寺渠村
邮编：100021
电话：010－87704710、13439605558
传真：010－67768643
邮箱：miula3036@ sina. com
产品：白乳胶、聚乙烯醇

北京恒聚化工集团有限责任公司
北京市通州区漷县工业开发区
邮编：101109
电话：010－80589588
传真：010－80585511、80587077
网址：www. hengju. com. cn
邮箱：jianglixin@ hengju. com. cn
hengju@ hengju. com. cn
产品：助留助滤剂、增强剂、聚合氯化铝、絮凝剂、聚丙烯酰胺

北京天使专用化学技术有限公司
北京市通州工业开发区广源东街 4 号
邮编：101114
电话：010－61566998、61502702、61506173
传真：010－61503113
邮箱：tianshi@ ashland. com
产品：助留助滤剂、纸张干强剂、还原性漂白剂、消泡剂、除气剂、多功能水质稳定剂、絮凝剂

北京天擎化工有限公司
北京市平谷区中关村科技园平谷园光谷 A 区兴谷西路 3－5 号
邮编：101200
电话：010－89983180、89982440
传真：010－89989252、89989251
网址：www. tianqing. com. cn
邮箱：zhangjb@ tianqing. com. cn
产品：纸浆防腐剂、造纸污泥及沉淀物控制剂、纸机系统清洗助剂、造纸网毯保洁剂、浆块及树脂障碍控制剂

北京东方亚科力化工科技有限公司
北京市通州区滨河路 143 号
邮编：101149
电话：010－61564660、61564437、61502343
传真：010－61568154、61502343
网址：www. act-chem. com
邮箱：actmarket@ act-chem. com
产品：丙烯酸乳液

天 津 市

天津新研化工科贸有限公司
天津市武清区曹子里乡瓦同道 9 号
邮编：300203
电话：022－82910357、82910307
传真：022－23062515
网址：www. surfyane. com
邮箱：shane@ surfychem. com
产品：防腐杀菌剂、涂布消泡剂、分散剂、润湿剂

天津市合成材料工业研究所有限公司
天津市河西区洞庭路 29 号
邮编：300220
电话：022－28341651、28347200
传真：022－28340113
网址：www. tsmri. cn
邮箱：tsmri@ vip. 163. com
产品：阳离子表面施胶剂、阳离子中性施胶剂、湿强剂等

天津市迪赛福技术有限公司
天津市滨海新区大港海洋石化科技园区凯旋街 1602 号
邮编：300270
电话：022－63100717
传真：022－63100717
邮箱：tjzxtt@ sina. com
产品：多硫化钠蒸煮助剂、防腐杀菌剂

天津赛菲化学科技发展有限公司
天津市武清区曹子里开发区正华道 2 号增 1 号
邮编：300203
电话：022－82910355、82910317
传真：022－23062515
网址：www. surfychem. com
邮箱：shane@ surfychem. com
产品：水基消泡剂、防腐剂

诺维信(中国)生物技术有限公司
天津市经济技术开发区南海路 150 号
邮编：300457
电话：022－25322062
传真：022－25322064
网址：www. novozymes. com
邮箱：pzho@ novozymes. com
产品：酶制剂

天津市尤奈特科技发展有限公司
天津市南开区华苑产业区物化道 2 号 A 座 3065 室
邮编：300384
电话：022－23728608
传真：022－23728608
产品：防水剂、纸箱防潮剂、阻燃剂、特种纸防油剂、杀菌灭藻剂

天津市昌维生物科技有限公司
天津市东丽区金钟河大街 1499 号
邮编：300350
电话：022－84459017
传真：022－84459017
邮箱：caitf@ changzyme. com
　　　cw@ changzyme. com
产品：生物酶加工

天津亚东化工有限公司
天津市滨海新区大港中塘镇东河筒村栖凤南里 29 号
邮编：300221
电话：022－63132064
传真：022－63131296
网址：www. yadongchem. com
邮箱：yadongchem@ tjyadong. cn
产品：染料

天津市雄冠科技发展有限公司
天津市北辰区大张庄镇二闫庄村九园公路南
邮编：300405
电话：022－86852685、86852666
传真：022－86852381
网址：www. xgkj. com
邮箱：xg@ xgkj. com. cn
产品：废纸脱墨剂、造纸毛毯清洁剂、消泡剂 GPS 系列、抑泡剂 PS 系列

中海油天津化工研究设计院有限公司
天津市红桥区丁字沽三号路 85 号
邮编：300131
电话：022－26689009、26370175、26647736
传真：022－26689070、26689067
网址：www. trici. cn
　　　www. trici. com. cn
邮箱：trici@ trici. cn
产品：分散剂、絮凝剂、清洗剂、杀菌剂

天津天女化工集团股份有限公司
天津东丽区津赤路 9 号
邮编：300300
电话：022－84783830、84781332
传真：022－84783658
网址：www. angeichem. com
邮箱：postmaster@ angeichem. com
产品：颜料、表面活性剂

天津达一琦精细化工有限公司
天津经济技术开发区汉沽现代产业园区翠薇街 8 号
邮编：300480
电话：022－67162002、67162057、67162018
传真：022－67162001、67162027
网址：www. dai-ichi. com. cn
邮箱：webmaster@ dai-ichi. com. cn
产品：造纸助剂、脱墨剂、表面活性剂

中化塑料有限公司天津分公司
天津市河西区南京路 58 号
邮编：300042
电话：022－23146216
传真：022－23146215
网址：www. sinochemtianjin. com
邮箱：tianjin@ sinochem. com
产品：染料、颜料、助剂(荧光增白剂、阻燃剂、硅油)

河　北　省

石家庄市

石家庄天源淀粉衍生物有限公司
河北省石家庄市高新技术开发区昆仑大街 55 号

邮编：050035
电话：0311－87786216
传真：0311－87770584
网址：www. tianyuanjia. com. cn
邮箱：wugangchem@ 126. com
产品：涂布剂等系列淀粉衍生物产品

石家庄通力化学品有限公司
河北省石家庄市鹿泉区北降壁
邮编：050225
电话：0311－83823893、83804877
传真：0311－83823893
邮箱：info@ tonglichem. com
产品：湿强剂，助留增强剂，AKD 中、碱性施胶剂，消泡剂等

石家庄市乔多造纸化工助剂有限公司
河北省石家庄市新华区中华业大街 298 号颐宏大厦 02 单元 0816
邮编：050061
电话：0311－87721245、13833175940
传真：0311－87709314
产品：湿强剂、漂白助剂、助留剂、消泡剂、分散剂、荧光增白剂 VBL 等

石家庄天宏伟业贸易有限公司
河北省石家庄市新华区高东街 115 号
邮编：050061
电话：0311－87735240
传真：0311－87735240
邮箱：jintianhong@ sohu. com
产品：废纸脱墨剂、毛毯清洗剂、助留助滤剂、阳离子淀粉、分散剂、湿强剂等

石家庄旺纸科技有限公司
河北省石家庄市元氏县天山国际制造产业园伟业路 1 号
邮编：050081
电话：0311－86782869、13731103560
传真：0311－84531706、83993905
网址：www. wangzhitech. com
邮箱：sales@ wangzhitech. com
产品：表面施胶剂、中性胶、高效助留剂

河北星宇化工有限公司
河北省鹿泉区获鹿镇石柏南大街 9 号
邮编：050200
电话：0311－69122818、69122831
传真：0311－69122813、69122838
网址：www. xingyuchem. com
邮箱：jacky@ xingyuchem. com
产品：荧光增白剂及其中间体系列、碱性染料及其中间体系列、二氧化硫脲

石家庄市三兴钙业有限公司
河北省石家庄市井陉县北固底工业区
邮编：050300
电话：0311－82359777
传真：0311－82359555
网址：www. sjzssxgy. com
邮箱：sjzssxgy@ 163. com
产品：轻质碳酸钙、轻质活性碳酸钙

石家庄冀亨助剂有限公司
河北省石家庄市赵县新寨店工业区
邮编：051530
电话：0311－85941169
传真：0311－85941136、67660963
网址：www. hbjh. com. cn
邮箱：sjyhgysh@ 163. com
产品：湿强剂、AKD 等造纸助剂

晋州市富强精细化工有限公司
河北省晋州市后彭头工业开发区
邮编：052260
电话：0311－84358066、4008778066
传真：0311－84359666
网址：www. cellulose-cn. com
邮箱：fuqiang@ cellulose-cn. com
产品：非离子型纤维素醚、阳离子醚化淀粉、表面施胶淀粉、磷酸酯淀粉、增强助留剂

晋州市大成变性淀粉有限公司
河北省晋州市后彭头工业开发区
邮编：052260
电话：0311－84359111、84359555
传真：0311－84319239
产品：氧化淀粉、阳离子淀粉、表面施胶剂、助留剂、蜡乳液等

晋州市三木助剂纸品厂
河北省晋州市东台村
邮编：052260
电话：0311－84301148
传真：0311－84301138
产品：AKD 蜡粉、AKD 施胶剂、湿强剂

晋州市万达纸业材料有限公司
河北省晋州市总十庄镇工业区
邮编：052260
电话：0311－84301296
传真：0311－84301296
产品：中性施胶剂、湿强剂、蜡乳液、涂布乳胶、抗水剂等

河北兴泰纤维素有限公司
河北省石家庄市晋州小樵开发区
邮编：052260
电话：0311－85128833、13383210317、18931111383
传真：0311－85125050、0311－84404728
网址：www. hebhec. cn
www. xingtaixws. com
邮箱：youlangte@ yahoo. com. cn
hbxtxws666@ 126. com
产品：羧甲基纤维素、羟丙基甲基纤维素等

唐山市

唐山奥东化工有限公司
河北省唐山市唐海镇孙家林北
邮编：063200
电话：0315－98713056、98711511
传真：0315－98711512
网址：www. oba. cn
邮箱：akd100@ 126. com
产品：荧光增白剂，阴离子松香系列中性施胶剂，阳离子松香系列施胶剂，AKD 中、碱性施胶剂

秦皇岛市

秦皇岛市金佳絮凝剂有限公司
河北省秦皇岛市高新经济技术开发区六盘山路 14 号
邮编：066004
电话：0335－8500966、8017706
传真：0335－8500609
网址：www. jinjiaxnj. com
邮箱：jinjiaxnj@ 163. com
产品：羟丙基瓜尔胶、聚丙烯酰胺助留剂、助滤剂

邯郸市

河北信佳生物淀粉科技有限公司
河北省邯郸市成安工业区聚良大道 4 号
邮编：056700
电话：0310－5231206、5231209
传真：0310－5231200
网址：www. china-xinjia. com
邮箱：business@ china-xinjia. com
产品：复合改性淀粉辅料(造纸表面施胶剂)、阳离子改性淀粉辅料(造纸浆内添加及涂布)

邢台市

沙河市白错利恒造纸瓷土厂
河北省邢台市沙河市八里庄村西
邮编：654100
电话：13623290251
产品：造纸瓷土加工、销售

沙河市远辉造纸瓷土厂
河北省邢台市沙河市白错村北
邮编：054102
电话：0319－8891056
产品：造纸瓷土加工、销售

沙河市富源造纸瓷土厂
河北省邢台市沙河市新城镇新城村东
邮编：054102
电话：0319－8886925
产品：造纸瓷土、涂布纸

沙河市顺达造纸瓷土厂
河北省邢台市沙河市白错村东北(沙河市第二运输公司院内)
邮编：054102
电话：0319－8889256
传真：0319－8889256
邮箱：13653337518@ 139. com
产品：瓷土加工

沧州市

沧州康宏化工有限公司
河北省沧州市献县河街支路 8 号(老化肥厂院内)
邮编：062250
电话：0317－4601777
传真：0317－4601666
网址：www. kanghongchem. com
邮箱：khhg2016@ 126. com
产品：羟基丁苯胶乳、丁二烯、苯乙烯、丙烯酸

河北威尔化工有限公司
河北省河间市束城镇工业园区威尔大街 23 号

邮编：062450
电话：0317－3219668、3219588、3813188
传真：0317－3219778
产品：改性造纸施胶剂、湿强剂、干强剂

任丘市万方化工有限公司
河北省任丘市梁召镇辛安庄工业区
邮编：062550
电话：0317－2225851、2913996
传真：0317－2212299、2913788
网址：www. wanfangchem. com
邮箱：wanfanghuagong@163. com
产品：聚丙烯酰胺、分散剂、复合型高效废水处理剂、絮凝剂、聚丙烯酸钠

廊坊市

廊坊市盛源化工有限责任公司
河北省廊坊市开发区鸿润道 20 号
邮编：065001
电话：0316－6070680、6082666、6086611
传真：0316－6060808
网址：www. lfsychem. com
邮箱：service@lfsychem. com
产品：干、湿增强剂，聚丙烯酰胺，助留剂，助滤剂，分散剂，废水处理剂，染料

文安县亿源化工有限公司
河北省廊坊市文安县孙氏化工园区
邮编：065812
电话：0316－5012861
传真：0316－5012368
网址：www. yiyuanhg. com
邮箱：yiyuanhg@126. com
产品：造纸专用分散剂、造纸助剂、增强剂、废水处理剂，并代理日本三井株式会社产品

廊坊亚太龙兴化工有限公司
河北省廊坊市大城县东汪工业园
邮编：065903
电话：0316－5708338、5706548
传真：0316－5709699、0316－5706338
网址：www. ytlx-chem. com
邮箱：15128678801@163. com
13833673703@163. com
ytlxchem@163. com

产品：氯化钙、高纯度硫酸亚铁

山　西　省

太原市

山西长庆化工有限公司
山西省太原市晋源区北关街 16 号号
邮编：030025
电话：0351－4050417、4845966
传真：0351－4168444
邮箱：sxcqhggs@163. com
产品：钛白粉

晋中市

山西琚丰高岭土有限公司
山西省晋中市榆次工业园区
邮编：030600
电话：0354－2666606、2666608
传真：0354－2666607
网址：www. jufengkaolin. com
邮箱：jf@jufengkaolin. com
产品：煅烧高岭土

忻州市

山西金洋煅烧高岭土有限公司
山西省忻州市忻府区兰村乡北场 211 地质队院内
邮编：034001
电话：0350－2136545、2641111
传真：0350－2136242、2136958
网址：www. jinyangkaolin. com
邮箱：jinyang@jinyangkaolin. com
产品：涂布级煅烧高岭土

内蒙古自治区

呼和浩特市

内蒙古三保高岭土有限公司
内蒙古自治区呼和浩特市金川开发区金海路
邮编：010080
电话：0471－3601393、3601037
传真：0471－3601169
产品：造纸涂布级煅烧高岭土

鄂尔多斯市

内蒙古蒙西高岭粉体股份有限公司
内蒙古自治区鄂尔多斯市蒙西工业园
邮编：016014
电话：0473－2552329、2554516、2552340
传真：0473－2552329、2554291
网址：www.mxkaolin.com
邮箱：glftxs@mengxigroup.com
产品：高岭土

内蒙古鹏博高岭土有限责任公司
内蒙古自治区鄂尔多斯市准格尔旗薛家湾镇工业开发区
邮编：010300
电话：0477－4701366
传真：0477－4701777
产品：高白度煅烧高岭土

辽 宁 省

大连市

大连星原化学有限公司
辽宁省大连市西岗区新开路 99 号珠江国际大厦 1205 室
辽宁省大连市普湾新区松木岛化工园区（厂址）
邮编：116011
电话：0411－83702309、83702329
传真：0411－83702319
网址：www.dlxingyuan.com
邮箱：info@dlxingyuan.com
产品：异噻唑啉酮、有机溴等系列杀菌防腐剂

大连汇邦化学有限公司
辽宁省大连市甘井子区玉境路 74 号 1－6 号
邮编：116038
电话：0411－85990185
传真：0411－85990187
邮箱：hb－tina@163.com
产品：防腐剂、杀菌灭藻剂、水处理剂、防霉剂、杀菌剂、异噻唑啉酮

鞍山市

合山化工（辽宁）有限公司
辽宁省海城市经济技术开发区泰山街 5 号
邮编：114235
电话：0412－3600699
传真：0412－3600325
网址：www.microstone.cn
邮箱：microstone@126.com
产品：超细碳酸钙粉、超微细造纸滑石粉

海城市合成微细钼石粉厂
辽宁省海城市牌楼镇北铁村工业区
邮编：114207
电话：0412－3939970
传真：0412－3204553
网址：www.hcwxf.com
邮箱：hctalc@126.com
产品：滑石粉、轻烧镁粉、氧化镁粉、硅石粉、重质碳酸钙粉

辽宁东宇化矿集团有限公司
辽宁东宇新材料有限公司
辽宁省海城市英落镇草庙工业园
邮编：114213
电话：0412－3172999
网址：www.cnlndy.com
产品：滑石粉

海城天慈滑石有限公司
辽宁省海城市海州管理区新立委
邮编：114200
电话：4006168611、13998010576
网址：www.mhsytalc.com
邮箱：services@mhsytalc.com
2756293453@qq.com
产品：造纸级滑石粉、涂料级滑石粉

海城市正欣滑石粉有限公司
辽宁省海城市马风镇范马峪
邮编：114204
电话：0417－6221940
传真：0417－6221940
网址：www.zxtalc.com
产品：碳酸钙、滑石粉

海城市他山滑石粉厂
辽宁省海城市感王镇他山村
电话：0412－3798028
网址：www.tshsf.com
邮箱：tshsf@tshsf.com
产品：滑石粉

抚顺市

佳化化学股份有限公司
辽宁省抚顺市顺城区方晓工业园
邮编：113122
电话：024－56109152
网址：www. jiahua-china. com
邮箱：sales@ jiahua-china. com
产品：表面施胶剂

锦州市

辽宁沈宏集团股份有限公司
锦州宏塔高岭土开发有限公司
辽宁省凌海市班吉塔镇
邮编：121225
电话：0416－8840495、8841065
传真：0416－8840495
网址：www. singhorn. com
邮箱：singhorn@ singhorn. com
产品：超细煅烧高岭土、耐火级煅烧高岭土

营口市

营口康如科技有限公司
辽宁省营口市老边区钢铁工业园区
邮编：115005
电话：0417－6659759、13130577987
传真：0417－3801048
网址：www. kangru. com
邮箱：kangru@ kangru. com
产品：施胶剂、脱墨剂

辽阳市

辽宁科隆精细化工股份有限公司
辽宁省辽阳市宏伟区万和七路 36 号
邮编：111003
电话：0419－5589880、4001555678
传真：0419－5589837
网址：www. kelongchem. com
邮箱：kelong@ kelongchem. com
产品：表面活性剂

辽宁奥克化学股份有限公司
辽宁省辽阳市宏伟区万和七路 38 号
邮编：111003
电话：0419－5169268、5161428
传真：0419－5314298
网址：www. oxiranchem. com
产品：环氧乙烷及其衍生精细化工材料

辽宁华兴集团化工股份有限公司
辽宁省灯塔市西马峰镇新生开发区
邮编：111302
电话：0419－8320928、8320388
传真：0419－8320808、8322991
网址：www. huaxingchemical. com
邮箱：inquiry@ huaxingchemical. com
产品：废纸脱墨剂、脂肪醇、脂肪醇聚氧乙烯醚、壬基酚聚氧乙烯醚、聚乙二醇

盘锦市

盘锦兴建助剂有限公司
辽宁省盘锦市经济开发区兴隆工业园新开东路北
邮编：124010
电话：0427－2887131、2886669
传真：0427－2886660
产品：聚丙烯酰胺助留剂、助滤剂、水处理助剂

吉　林　省

长春市

吉林省正豪改性淀粉科技开发有限公司
吉林省长春高新技术产业开发区创新路 761 号
邮编：130012
电话：0431－86773871、86773872、86773873、86773878
传真：0431－86773875
网址：www. jilinzh. com
邮箱：ccyuhuai2005@ sina. com
yuhuai@ jilinzh. com
产品：酯化淀粉、氧化淀粉、酸变性淀粉

长春大成实业集团有限公司
吉林省长春市西环城公路 886 号
邮编：130062
电话：0431－87879541、87879944
传真：0431－87870773
网址：www. ccdccg. com
产品：表面施胶剂、喷淋淀粉、涂布淀粉、浆内添加淀粉

长春市大地精细化工有限责任公司
吉林省长春市二道区三道镇卫星工业园区
邮编：130123
电话：0431－84840674
传真：0431－84840674
邮箱：1123603226@qq.com
产品：聚氧化乙烯（PEO）

吉林省轻工业设计研究院
吉林省长春市飞跃路 2688 号
邮编：130012
电话：0431－85652015、85633297
传真：0431－85657579
网址：www.jlsqgy.com
邮箱：qgykyc@163.com
产品：玉米变性淀粉

吉林市

吉林市莲花化工厂
吉林省吉林市昌邑区珲春北街 6 号号
邮编：132001
电话：0432－62735352
产品：蒸煮助剂

松原市

嘉吉生化有限公司
吉林省松原经济技术开发区江南工业开发区
邮编：138000
电话：0438－2779061、2779096
传真：0438－2779027、2779063
网址：www.cargill.com.cn
产品：氧化淀粉、表面施胶剂、阳离子玉米变性淀粉

黑龙江省

绥化市

黑龙江省兰西县国文造纸助剂厂
黑龙江省兰西县粮食路 118 号
邮编：151500
电话：0455－5620787、13845527782
传真：0455－5620787
网址：www.guowenchem.com
产品：生物制浆促进剂、蒸煮助剂、纸品挺硬剂、纸品拉力增强剂、消泡剂、脱墨剂

上 海 市

道康宁（上海）有限公司
上海市浦东张江高科技园区张衡路 1077 号
邮编：201203
电话：021－38997919、38995500、4008807110
传真：021－50796567
网址：www.dowcorning.com.cn
产品：有机硅

上海吉康生化技术有限公司
上海市黄家路 18 号 10 楼（中华路口）
邮编：200010
电话：021－63761515
传真：021－63767366
网址：www.shluckychem.com
邮箱：luo@shluckychem.com
产品：热敏、压敏色素（结晶紫内酯），感光及电子化学品，染料，助剂

上海晶杨商贸有限公司
上海市建国西路 91 弄瑞金花园 5 号楼 902 室
邮编：200020
电话：021－63049414、51532091
传真：021－63049974
网址：www.sha-jingyang.com
邮箱：support@sha-jingyang.com
产品：液体直接染料、碱性染料、活性染料、荧光增白剂、淀粉、助留助滤剂、湿强剂、消泡剂、表面施胶剂

上海大宇生化有限公司
上海市淮海中路 887 号永新大厦 1206 室
邮编：200020
电话：021－64378211、64310031
传真：021－64379012、62505763
网址：www.caco3.cn
邮箱：sales@caco3.cn
产品：碳酸钙系列产品

杜邦中国集团有限公司上海分公司特殊化学品部
上海市浦东新区张江高科技园科苑路 399 号 11 号楼
邮编：201203
电话：021－38622888、63866366－2007
传真：021－38622889
网址：www.dupont.com
邮箱：Techy-n.l.Du@chn.dupont.com

产品：防油剂、大豆蛋白聚合物

索理思(上海)化工有限公司
上海市莘庄工业区申富路 688 号
邮编：201108
电话：021－54422323、54425533、54422085
传真：021－54424580
产品：水处理化学品与技术、造纸助剂

陶氏化学(中国)投资有限公司
上海市浦东张江高科技园区张衡路 936 号
邮编：201203
电话：021－23019436、38511000
传真：021－53535508、58951818
网址：www. dow. com/china/cn
产品：丁苯胶乳、造纸用杀菌剂

池上交易株式会社
浪速(上海)包装贸易有限公司
上海市黄浦区宁海东路 200 号申鑫大厦 1809 室
邮编：200021
电话：021－63743992、63743993
传真：021－63747978
网址：www. ikegamikoeki. com
邮箱：ikegamib@ public. bta. net. cn
产品：分散剂、脱墨剂、消泡剂、柔软剂、絮凝剂

名远化工贸易(上海)有限公司
上海市徐汇区赵家滨路 388 号华泰大厦 6 楼 B 座
邮编：200031
电话：021－63048833
传真：021－63048822
网址：www. chemcentralgroup. com. cn
邮箱：chq@ chemcentralgroup. com. cn
产品：湿部、施胶及涂布用淀粉，CMC，瓷土

登吉化工(苏州)有限公司上海销售部
上海市宛平南路 420 弄 4 号 103 室
邮编：200030
电话：021－34240708
传真：021－54248558
产品：纸张刚挺剂、涂料用耐水剂、表面上胶剂、纸力干强剂、湿强剂

上海康亦兴贸易有限公司
上海亦立兴业股份有限公司
上海市漕溪北路 737 弄 2 号楼 103 室
邮编：200030
电话：021－64272772、64644599
传真：021－64285786
网址：www. yie-lie. com
邮箱：yieliesh@ public. sta. net. cn
产品：高岭土、碳酸钙、涂布用助剂、淀粉衍生物（包括湿部、喷淋、表面施胶及涂布）、杀菌剂、网毯清洗剂

圣诺普科(上海)有限公司
上海市肇家浜路 680 号金钟大厦 503 室
邮编：200031
电话：021－64662391－106
传真：021－64662393
网址：www. sannopco-sh. com
邮箱：sst@ sannopco-sh. com
产品：消泡剂、抑泡剂、分散剂、润滑剂、分离剂

美国特种矿物有限公司上海代表处
上海市长宁区江苏路 369 号兆丰世贸大厦 7 楼 F 座
邮编：200050
电话：021－62093079
传真：021－62195894
产品：轻质碳酸钙

纳尔科化学(苏州)有限公司上海办事处
上海市大渡河路 168 弄 18 号
邮编：200062
电话：021－61832500
传真：021－61832400
网址：www. nalco. com
产品：树脂障碍控制剂、消泡剂、ASA、助留助滤剂

星悦精细化工商贸(上海)有限公司
上海市静安区恒丰路 638 号 1201 室
邮编：200040
电话：021－52283211
传真：021－62187200
网址：www. seikopmc. com. cn
邮箱：otoiawasechina@ seikopmc. co. jp
产品：抗水剂、表面施胶剂、干强剂、湿强剂

上海欣盛颜料化工有限公司
上海市静安区武定路 1088－1 号阳光科技广场 5 号楼 3 层 310 室
邮编：200041
电话：021－62533265、62583662
传真：021－62583662、62154215
网址：www. shxsyl. com

邮箱：webmaster@ shxsyl. com
产品：造纸调色剂、乳胶着色剂

上海恒宜化工有限公司
上海市嘉定区江桥镇高潮路 11 号
邮编：200052
电话：021 －59117391
传真：021 －69115376
网址：www. hy-chem. cn
邮箱：hy@ hy-chem. cn
产品：湿强剂、干强剂、助留助滤剂、纸浆专用分散剂、苯丙乳液、烘缸剥离剂

上海埃格环保科技有限公司
上海市共和新路 912 号云华科技大厦 1003 室
邮编：200070
电话：021 －66600285
传真：021 －51172969
网址：www. higradechemicals. com. cn
邮箱：zhuyq@ 133sh. com
产品：松香中性胶、清洁造纸助剂、脱墨剂

上海青草地环保科技有限公司
上海市虹口区海伦路 178 号 3 楼
邮编：200086
电话：021 －27596129
传真：021 －65034003
网址：www. shqcd. cebiz. cn
邮箱：hecaoming@ 163. com
产品：聚合硫酸镁、聚双酸铝铁、聚丙烯酰胺、复合混凝剂、高效脱色剂、钛白粉、造纸助留助滤剂

凯米拉化学品(上海)有限公司
上海市东方路 69 号裕景国际商务广场 A 座 1001 室
邮编：200120
电话：021 －58778550
传真：021 －58797128
网址：www. kemirachina. com
邮箱：kemira-sh@ kemira. cn
产品：助留剂、杀菌剂、毛毯清洗剂、固着剂、分散剂、AKD、ASA、松香施胶剂、水处理用化学剂

凯米拉(上海)管理有限公司
上海市虹梅路 1801 号 A 区凯科国际大厦
2504 －2507 室
邮编：200233
电话：021 －60375999
传真：021 －33678400
邮箱：colin. liu@ kemira. com
网址：www. kemira. com
产品：施胶剂、助留剂、消泡剂、黏合剂

三井化学(上海)有限公司
上海市浦东银城中路 200 号中银大厦 2501 室
邮编：200121
电话：021 －58886336
传真：021 －58886337
网址：mccn. mitsuichemicals. cn
产品：助留剂、分散剂、高分子絮凝剂聚丙烯酰胺

上海开爻化工有限公司
上海市五莲路 1769 弄 41 号 401 室
邮编：200129
电话：021 －87660162
传真：021 －33828633
网址：www. kaiyaochem. com
邮箱：kaiyaochem@ hotmail. com
产品：阳离子乳液松香施胶剂、特级消泡剂、荧光增白剂、荧光消除剂、过氧化氢漂白剂

上海谊久化工有限公司
上海市浦东新区季景路 19 弄 70 号 11 室
邮编：200137
电话：021 －58624554
传真：021 －58624554
网址：www. 19chem. com
邮箱：info@ lgchem. com
产品：造纸专用阴离子、阳离子、非离子乳化蜡，造纸用特效防水剂，表面施胶乳化蜡，纸内施胶乳化蜡

上海新诺化工有限公司
上海市奉贤区楚华北路 858 号
邮编：201400
电话：021 －68660222
传真：021 －58612099
网址：www. sinowax. com
邮箱：root@ sinowax. com
产品：乳化蜡、施胶剂、防水剂、上光剂

上海高桥巴斯夫分散体有限公司
上海市浦东新区浦东北路 1929 弄 99 号
邮编：200137
电话：021 －58670303、20680800
传真：021 －58675050
网址：www. sgbd. com. cn
邮箱：sgbd@ sgbd. com. cn

产品：涂布用胶乳（羧基丁苯胶乳）、塑性颜料

巴斯夫（中国）有限公司
上海市浦东江心沙路 333 号
邮编：200137
电话：021－20391000
传真：021－20394306
网址：www. greater-china. basf. com
产品：化学品、功能性聚合物、特性化学品、聚氨酯

浙江日华化学有限公司上海分公司
上海市松江区民益路 201 号 12 楼 3 层
邮编：201600
电话：021－54277288、54277300
传真：021－54277377
网址：www. nicca-sh. com
邮箱：solution@ nicca. com. cn
产品：表面活性剂、螯合分散剂、低聚物分散剂、渗透剂、消泡剂、柔软剂、固色剂、平滑剂、防水剂

科莱恩化工（中国）有限公司
上海市徐汇区漕河泾开发区桂箐路 69 号 25 幢 1－3 楼
邮编：200233
电话：021－64851000
传真：021－64851388
网址：www. paper. clariant. com
www. clariant. cn
邮箱：paper－china@ clariant. com
产品：染料、增白剂、防油剂

巴斯夫特性产品有限公司
上海市漕河泾开发区田州路 99 号 13 号楼 202 室
邮编：200137
电话：021－20391072
产品：染料、助留助滤剂、涂布胶乳、施胶剂

上海众高化工有限公司
上海市徐汇区漕宝路 70 号（光大会展中心）
C 座 1004 室
邮编：200235
电话：021－64326322、64326317
传真：021－64326566
网址：www. zhonggao. cn
邮箱：zgc@ zhonggao. cn
产品：防腐杀菌剂、氟碳类防霉杀菌剂、清洗剂和保洁剂

上海东升新材料有限公司
上海市田林路 388 号 1 幢楼 7 层
邮编：200233
电话：021－64838680
传真：021－64518499
网址：www. dssun. com
邮箱：dssun@ dssun. com
产品：PCC、GCC、苯丙胶乳、瓜尔胶、干强剂、阴离子捕捉剂、AKD 中性施胶剂、分散剂、絮凝剂、脱墨剂、润滑剂

上海恩脉化学有限公司
上海市宝山工业园上大路 218 号
邮编：200436
电话：021－66516340、60962322、60962092
传真：021－66516340、56670591
网址：www. enmai88. com
邮箱：dfyu8728@ 126. com
产品：荧光增白剂、干强剂、湿强剂、中性施胶剂、表面施胶剂

上海浩天变性淀粉有限公司
上海市宝山区共康路 651 号
邮编：200443
电话：021－56416150
传真：021－56433814
邮箱：haotians@ eastday. com
产品：涂布淀粉系列、湿部淀粉、特种表面施胶淀粉

卡马斯化工（上海）有限公司
上海市宜山路 2016 号（合川大厦）7 楼 B 座
邮编：201103
电话：021－61280488
传真：021－61280490
产品：毛毯、成形网、干网保洁剂，杀菌剂，消泡剂，抑泡剂，胶黏物处理剂

上海源泉石油化工有限公司
上海市浦东向城路 29 号爵士大厦 A29C 室
邮编：201200
电话：021－58318532
传真：021－68670836
邮箱：yqpcc@ yqpcc. com
产品：淀粉、湿强剂、干强剂、表面施胶剂、湿强解离剂、高强表面增强剂

上海必康国际贸易有限公司
上海市龙阳路 1880 弄万邦都市花园 15 号 501 室

邮编：201204
电话：021－58446691
传真：021－58446680
邮箱：slw_become@sina.com
产品：PAM 高分子凝集剂、聚合氯化铝（PAC）、重金属捕集剂

上海吉臣化工有限公司
上海市浦东东陆路 95 号
邮编：201206
电话：021－58341051、58341052
传真：021－58341052
网址：www.jichenchem.com
邮箱：jichen@jichenchem.com
产品：烘缸剥离剂、干/湿强剂、脱墨剂、湿强解离剂、助留助滤剂、柔软剂、抗水剂、杀菌剂、水处理絮凝剂

上海联胜化工有限公司
上海市浦东新区曹阳路镇华东路 1069 号
邮编：201209
电话：021－68680248、68681055
传真：021－68681497
网址：www.peo.com.cn
邮箱：liansheng@lainsheng-chemical.com
产品：PEO 分散剂、PEA 湿强剂、剥离剂、消泡剂、助留助滤剂、抗水剂、杀菌剂、水处理絮凝剂

上海天坛助剂有限公司
上海市星火开发区浦星公路 9500 号
邮编：201419
电话：021－57502198
传真：021－57502679
网址：www.chinasam.com
邮箱：atc@chinasam.com
产品：BLA 液体增白剂、脱墨剂、柔软剂、涂料分散剂、消泡剂、渗透剂

巴克曼实验室化工（上海）有限公司
上海市青浦工业区崧泽大道 8500 号
邮编：201700
电话：021－69210188
传真：021－69210500
网址：www.buckman.com
邮箱：asia@buckman.com
产品：胶黏物控制酶、沉积物控制剂、蒸煮助剂、洗涤助剂、系统清洗与网毯保洁剂、湿部及涂料消泡剂、除垢剂、抑垢剂、助留助滤剂、干/湿强剂

久联化学工业（上海）有限公司
上海市外高桥保税区芬菊路 152 号
邮编：200131
电话：021－50481691
传真：021－50480635
产品：造纸涂料、地毯背胶、食品包装用胶黏剂

上海申伦科技发展有限公司
上海市虹口区汶水东路 181 弄三九大厦 2 栋 1608 室
邮编：200437
电话：021－65360566
传真：021－65605707
产品：纸用化学品

上海湛和贸易有限公司
上海市徐汇区南丹东路 188 号久隆大厦 2101 室
邮编：200030
电话：021－64873737
传真：021－64873700
经营：贸易、科研、生产以及技术服务为一体，代理日本明成化学工业株式会社造纸化学品

上海赫达富化工科技有限公司
上海市嘉定区金华路 168 号
邮编：201824
电话：021－59192480
传真：021－59192480
产品：蒸煮催化剂、造纸助剂

上海恒皓创新酰胺有限公司
上海市杨浦区定海港路 434 号
邮编：200090
电话：021－65660734
传真：021－65660735
产品：聚丙烯酰胺系列产品

上海宏达着色剂厂
上海市静安区共和新路 3737 号 B 栋 706－708 室
邮编：200435
电话：021－36360002
传真：021－66530468
产品：造纸用调色、增白剂

上海化工研究院有机化工研究所
上海市普陀区云岭东路 345 号
邮编：200062

电话：021－52809752
传真：021－52800850
产品：杀菌剂

上海浦东菱花造纸助剂厂
上海市浦东新区中高路 8 号
邮编：200137
电话：021－58642136
产品：分散松香、分散剂

上海碳酸钙厂
上海市徐家汇路 558 弄 1 号 C 座
邮编：200025
电话：021－64158822
传真：021－64673933
产品：造纸用碳酸钙

创恩国际贸易(上海)有限公司
上海市普陀区白兰路 137 号 B 座 2604 室
邮编：200063
电话：021－62863397
传真：021－62863389
产品：瓷土、瓜尔胶、CMC、保水增稠剂、抗水剂、印刷适应改良剂、消泡剂

三菱商事(中国)有限公司
上海市浦东新区迎春路 96 号三菱商事办公楼
邮编：200127
电话：021－68543030
传真：021－68541911
网址：www. mitsuhishicorp. com. cn
产品：化学品

瓦克化学(中国)有限公司
上海漕河泾开发区虹梅路 1535 号 3 号楼
邮编：200233
电话：021－61655683
传真：021－61655697
邮箱：henry. fan@ wacker. com
产品：造纸助剂

池上交易株式会社浪速包装(上海)有限公司
上海市漕河泾开发区虹梅路 1535 号 3 号楼
邮编：200233
电话：021－51035209
传真：021－63747978
邮箱：han. weinhui@ naniwapack. com
产品：分散剂、脱墨剂、消泡剂、柔软剂、絮凝剂

上海瑞治贸易有限公司
长宁区遵义南路 8 号锦明大厦 5D
邮编：200336
电话：02162592075
传真：02162592162
网址：www. mariocottach. com
邮箱：smsh@ switchmeans. com
产品：造纸助剂

上海格纳斯化工有限公司
上海市莘松路 415 弄 2 号 902 室
邮编：201100
电话：021－54132280
传真：021－54132280
邮箱：byjcn@ 163. com
产品：杀菌剂、防腐剂、防霉剂、水处理剂

上海怡括贸易有限公司
上海市宝山区陆翔路 111 号 6 号楼 1112 室
邮编：201907
电话：021－61126202
传真：021－56751125
网址：www. ecorcn. com
邮箱：fa037998@ 163. com
产品：钢水清净剂、除渣剂、保温发热剂、丝光化木浆

易力淀粉(上海)科技有限公司
上海市松江区九亭工业区 9 州匕路 777 号
邮编：201615
电话：021－61994566
传真：021－69583396
网址：www. eli-starch. com
邮箱：armin@ eli-starch. com
产品：木薯淀粉、木薯变性淀粉、马铃薯变性淀粉

可乐丽国际贸易(上海)有限公司
上海市徐汇区虹桥路 3 号港汇中心二座 2207 单元
邮编：200030
电话：021－61198111/2305
传真：021－61198585
网址：www. kuraray-sh. com. cn
邮箱：liming_ zhu@ kuraray. co. jp
产品：聚乙烯醇、聚乙烯醇缩丁醛

惠彩化学材料(上海)有限公司
上海市漕河泾开发区古美路 1515 号凤凰大厦 1004B 座
邮编：200233

电话：021 －54037399
传真：021 －54041968
网址：www. hccchem. com
邮箱：derek. ytr@ hccchem. com
产品：异氰酸酯、胶黏剂

爱森（中国）絮凝剂有限公司
上海市北京西路 1465 号国立大厦 1401
邮编：200040
电话：021 －52120049
传真：021 －52120057
网址：www. snfchina. com
邮箱：zhangqi@ snfchina. com
产品：絮凝剂

蓝星有机硅（上海）有限公司
上海市莘庄工业区金都路 3966 号
邮编：201108
电话：021 －54426600
传真：021 －54423733
网址：www. bluestarsilicones. com
邮箱：kevin. sun@ bluestarsilicones. com
产品：有机硅

栗田工业（大连）有限公司上海分公司
上海市浦东张杨路 500 号华润时代广场 11 楼 C－D 室
邮编：200122
电话：021 －58873948
传真：021 －58876867
网址：www. kurita. cn
邮箱：likelei@ kurita-chemical. com
产品：造纸助剂、造废废水处理

宁柏迪特种化学（上海）有限公司
上海市化学工业区北银河路 100 号
邮编：201507
电话：021 －64863366、64863168
传真：21 －64874855
邮箱：jerry. hu@ lamberti-cn. com
产品：印花糊料印花浆料

拓纳贸易（上海）有限公司
上海市吴中路 1099 号吴中商务大楼 701 －704 室
邮编：201103
电话：021 －61271988
传真：021 －61202900
网址：www. tanatexchemicals. com
邮箱：tony. sun@ tanatexchemicals. com
产品：三防整理剂

路博润管理（上海）有限公司
上海市浦东新区芳甸路 1088 号紫竹国际大厦 10 楼
邮编：200120
电话：021 －38660366
传真：021 －58876987
网址：www. lubrizol. com
邮箱：paul. yu@ lubrizol. com
产品：树脂、助剂、丙烯酸树脂、黏合剂

中核华原（上海）钛白有限公司
上海市浦东新区祖冲之路 2290 弄展想广场 1001 室
邮编：201203
电话：021 －60729988、5634
传真：021 －60729977
网址：www. sinotio2. com
邮箱：tangshangbin@ sinotio2. com
产品：钛白粉、金红石钛白粉

万华化学集团股份有限公司
上海市浦东新区秀浦路 2500 号招商中心 11 楼
邮编：201315
电话：021 －22151541
传真：053 －56837390
网址：www. whchem. com
邮箱：yiqian@ whchem. com
产品：异氰酸酯系列产品、芳香多胺系列产品、热塑性聚氨酯弹性体系列产品

路博润特种化工（上海）有限公司
上海市浦东新区芳甸路 1088 号紫竹国际大厦 10 楼
邮编：201204
电话：021 －38660366
传真：021 －58877687
网址：www. lubrizol. com
邮箱：york. lu@ lubrizol. com
产品：树脂及基料、丙烯酸树脂、聚氨酯树脂、助剂及溶剂、防结皮剂、表面活性剂及分散剂、流变改进剂、流平剂、增滑助剂及滑润剂

栗田工业（大连）有限公司
上海市浦东新区浦东南路 1289 号华融大厦 2201 室
邮编：200122
电话：021 －58873948
传真：021 －58876867
邮箱：sunflower_312@ sohu. com
产品：水处理药剂、石油添加剂、锅炉水处理药剂

斯泰隆丁苯胶乳(张家港)有限公司上海分公司
上海市张江高科技园区华佗路 68 号 10 号楼 101 室
邮编：201203
电话：021 - 38520512/13
传真：021 - 33847657/55
网址：www. styron. com
邮箱：aichen@ styron. com
产品：丁苯胶乳

上海埃玛森化学品有限公司
上海市松江区乐都路 251 号 15C 座 1501 室
邮编：201600
电话：021 - 62090079
邮箱：guwenbiao@ amazon-papyrus. com
产品：树脂、沉积物控制剂、黄色染料及包裹型树脂分散剂、毛布清洗剂

上海孚惠德工业油净化科技有限公司
上海市青浦区公园路 348 号 509 - 1 室
邮编：201700
电话：021 - 59735081
邮箱：Fanghy123@ 163. com
产品：净化剂

赢创特种化学(上海)有限公司
上海市闵行区春东路 68 号
邮编：201108
电话：021 - 61191032
传真：021 - 61191473
网址：www. evonik. com
邮箱：violin. huang@ evonik. com
产品：有机硅表面活性剂等化学品

盛禧奥聚合物(张家港)有限公司上海分公司
上海市浦东新区张江高科技园区华佗路 68 号 10 号楼 101 室
邮编：201203
电话：021 - 38520654
网址：www. trinseo. com
产品：丁苯胶乳、聚碳酸酯混合物及聚碳酸酯/ABS 混合物

双日纤维(上海)有限公司
上海市延安西路 2201 号 2702
邮编：200040
电话：021 - 62781001 - 228
传真：021 - 62787722
网址：www. sojitz. com
产品：化工、合成树脂

可乐丽贸易(上海)有限公司
上海市淮海中路 918 号 18 楼 F
邮编：200020
电话：021 - 64155216
传真：021 - 64157285
网址：www. kuraray-sh. com. cn
www. kuraray. ypb. cn
产品：可乐丽的 EVOH 树脂(乙烯 - 乙烯醇共聚物)

上海申伦科技发展有限公司
上海市虹口区汶水东路 181 弄 2 座 1608 室
邮编：200437
电话：021 - 65360566
传真：021 - 65605707
产品：表面施胶剂、高电荷密度的水性树脂、除气消泡剂、造纸增强树脂、合成涂布增稠剂与涂料辅助粘合剂、颜料涂布用涂料消泡、抑泡剂、颜料涂布用 PH 稳定剂

上海世展化工科技有限公司
上海市钦州北路 1199 号 88 幢 8 楼
邮编：200233
电话：021 - 54277770
传真：021 - 54277771
产品：造纸助剂

江　苏　省

南京市

江苏精科嘉益工业技术有限公司
江苏省南京市黄埔路 2 - 2 号黄埔大酒店 12 楼 D 座
邮编：210016
电话：025 - 56213209
传真：025 - 56213208
网址：www. jts. cn
邮箱：charlee@ all-plus. net
产品：杀菌防腐剂、施胶剂、微生物和黏泥控制剂、助留助滤剂、脱气剂、消泡剂、胶黏物树脂控制剂、干/湿强剂

南京四新科技应用研究所有限公司
江苏省南京市鼓楼区幕府东路 199 号紫金(下关)科技创业特别社区 A22 栋
邮编：210028
电话：025 - 85080901、85080914、

85080928、85080923
传真：025－85080900、85080904
网址：www. sixinchem. com
邮箱：sixin@ sixinchem. com
产品：制浆及黑液工序、湿部及白水循环脱水、涂布、废水处理用消泡剂

南京四诺精细化学品有限公司
江苏省南京市江东北路 91 号典雅居大厦 1506 室
江苏省南京市雨花工业区(厂址)
邮编：210036
电话：025－86472370
传真：025－86473843
网址：www. snowfc. cn
邮箱：snowchemnanjing@ yahoo. com. cn
产品：分散剂、助留助滤剂、干强剂、施胶剂、脱墨剂、废水处理剂、污泥脱水剂

南京东正化轻有限公司
江苏省南京市鼓楼区建宁路 61 号中央金地广场 1 楼 1605 室
邮编：210037
电话：025－85634308
传真：025－85619676
网址：www. njdz. com. cn
邮箱：yang@ njdz. com. cn
产品：分散剂、水处理剂、纸浆黑液专用消泡剂、助留剂、高吸水树脂

林产化学工业研究所
中林(江苏)胶黏剂有限责任公司
江苏省南京市玄武区锁金五村 16 号
邮编：210042
电话：025－85482476、85482442
传真：025－85429691
网址：www. forinchem. com
邮箱：wangcpg@ hotmail. com
forinchem@ 163. com
产品：乳液黏合剂、造纸用乳液胶

沙索(中国)化学有限公司
江苏省南京市化学工业园方水路 68 号
邮编：210047
电话：025－58391111－2806
传真：025－58392285、58392222
网址：www. sasolasia. com. cn
邮箱：in. li@ cn. sasol. com
产品：表面活性剂、消泡剂

南京宏桥精细化工科技开发有限公司
江苏省南京市高新技术产业开发区经一北路 17 幢
邮编：210061
电话：025－58840197、57673881
传真：025－57673881、57672881
网址：www. hongqiaochem. com
邮箱：water@ hongqiaochem. com
产品：造纸白水浮选剂、无泡沫生物黏泥剥离剂、有机溴氯杀菌灭藻剂

南京久三生物化学品研究所
江苏省南京市孝陵卫 200 号南京理工大学 525 栋 21 号
邮编：210094
电话：025－86205540
传真：025－86180359
邮箱：feiyang79@ 21cn. com
产品：速效净水剂、杀菌杀藻剂、絮凝剂、消泡剂

无锡市

无锡市兴顺助剂化工厂
江苏省无锡市锡山区东港镇
邮编：214199
电话：0510－88761431、13951509592
传真：0510－88761488
产品：阳离子乳液松香中性施胶剂、环压增强剂、助留剂及聚合氯化铝

宜兴市绿波水处理化学品有限公司
江苏省宜兴市东山西路 66 号
邮编：214205
电话：0510－87975887
传真：0510－87975997
产品：阳离子高效有机混凝剂、聚合氯化铝、聚合硫酸铁、高效脱色絮凝剂、杀菌灭藻剂、高效消泡剂

宜兴市天使合成化学有限公司
江苏省宜兴市芳庄镇
邮编：214246
电话：0510－87674303、87678600
传真：0510－87671303
网址：www. jsjhc. com
邮箱：lzj@ jsjhc. com
产品：光稳定剂、抗氧剂、聚合氯化铝、净水剂、水处理化学品

宜兴市绿科环保有限公司
江苏省宜兴市洋溪镇
邮编：214262
电话：0510－87572928
传真：0510－87572929
网址：www. lvkeyx. cn. alibaba. com
邮箱：liwind042@ sina. com
产品：废水处理脱色剂、絮凝剂、消泡剂、分散剂

江阴市恒达化工有限公司
江苏省江阴市华士镇
邮编：214421
电话：0510－86201302、86201303、86201304
传真：0510－86201304
产品：造纸和涂布专用 CMC

宜兴市通达化学有限公司
江苏省宜兴市分水镇
邮编：214262
电话：0510－87551228
产品：CMC、高效絮凝剂

徐州市

徐州市昌盛化工材料供应站
江苏省徐州市中山路 163 号 1 楼 26－29 号
邮编：221005
电话：0516－83879398
传真：0516－83879398
产品：脱墨剂、膨化剂、分散剂、消泡剂、毛毯清洗剂、显白剂、防腐剂、助留助滤剂

常州市

常州市科威天使环保科技股份有限公司
江苏省常州市天宁区武澄工业园舜三路 8 号
邮编：213114
电话：0519－88107275
传真：0519－88107275
产品：高分子絮凝剂（聚丙烯酰胺阴、非、阳离子系列）、生物药剂系列高效水处理产品、表面施胶剂、杀菌剂

常州汉诺斯化学品有限公司
江苏省常州市北大街 96 号兰洋大厦 A－905
邮编：213000
电话：0519－82619888、81000008
传真：0519－82619000、81000009
网址：www. hanschina. cn
邮箱：admin@ hans-china. com
产品：纤维素纤维改性剂、涂料染色阳离子改性剂、功能性整理剂

常州市梅港淀粉有限公司
江苏省常州市戚墅堰经济开发区
邮编：213011
电话：0519－88773640
传真：0519－85015021、88374238
邮箱：kzqjlj@ 163. com
产品：变性淀粉产品（表面施胶淀粉、喷淋淀粉、磷酸酯淀粉、阳离子淀粉、PVA 替代品）

常州市天义化工有限公司
江苏省常州市新北区太湖东路府琛大厦 1－617
邮编：213022
电话：0519－85120181、85120182
传真：0519－85120180
网址：www. cntychem. com
邮箱：zhangyi@ cntychem. com
产品：杀菌剂、防霉剂、消泡剂、水性分散剂

常州精科霞峰精细化工有限公司
江苏省常州市新北区长江北路 29 号
邮编：213022
电话：0519－85132088、85130788
传真：0519－85133788
网址：www. jincoxf. com
邮箱：adminjcxf@ jincoxf. com
产品：清洗剂、除垢剂、分散剂、缓蚀剂、杀菌剂等系列产品

常州碳酸钙有限公司
江苏省常州市洛阳镇洛阳路 206 号
邮编：213104
电话：0519－88791230、88520658
传真：0519－88522128
网址：www. cn-wunan. com
邮箱：wunan8@ hi2000. com
产品：纳米碳酸钙、微细活性碳酸钙、轻质活性碳酸钙、轻质（沉淀）碳酸钙、重质及重质活性碳酸钙

江海环保有限公司
江苏省常州市天宁区郑陆镇武澄工业园
邮编：213116
电话：0519－88902294、88902295、88905378
传真：0519－88902149

网址：www. jhhg. com
邮箱：jhhg@ jsmail. com. cn
产品：水处理剂、杀菌灭藻剂

江苏永葆环保科技有限公司
江苏省常州市武进区横山桥镇朝阳路朝阳大桥西侧
邮编：213119
电话：0519 – 86393009
传真：0519 – 86390093
网址：www. jsyongbao. com
邮箱：yangb@ jsyongbao. com
产品：聚合氯化铝、聚合氯化铝铁、聚丙烯酰胺

常州市武进运波化工有限公司
江苏省常州市前黄镇运村
邮编：213175
电话：0519 – 86131034
传真：0519 – 86134317
网址：www. yunbochem. com
邮箱：info@ yunbochem. cn
产品：无甲醛抗水剂、改性三聚氰胺甲醛树脂抗水剂、润滑剂、表面施胶剂、分散剂、纸品乳液、PAE湿强剂

苏州市

苏州市恒康造纸助剂技术有限公司
江苏省苏州市桐泾北路 26 – 6 恒丰大厦 362 室
邮编：215000
电话：0512 – 67209673、87679776
传真：0512 – 67202673
网址：www. hkzj. cn
邮箱：rainbow_2525@ 163. com
产品：丝光柔顺剂、剥离增光剂、造纸湿强剂、卫生纸多元增强剂、防腐杀菌剂、纸浆分散剂、树脂控制剂

苏州汇鸿复合材料有限公司
江苏省苏州市西园路 430 号
邮编：215008
电话：0512 – 62037751
传真：0512 – 68298894
网址：www. cmccms. com
产品：羧甲基纤维素钠、对羟基苯甲醛、苯亚磺酸钠

纳尔科化学（苏州）有限公司
江苏省苏州市苏州新区塔园路 88 号
邮编：215009
电话：0512 – 68255001
传真：0512 – 68250130
上海：021 – 63588282
宁波：0574 – 87052235
广州：020 – 34402066
网址：www. nalco. com
产品：蒸煮剂、增强剂、助留助滤剂、消泡剂及助洗剂、树脂控制剂、微生物/沉积物控制剂、涂布添加剂、废水处理剂

天禾化学品（苏州）有限公司
江苏省苏州市吴中区木渎镇花苑东路 199 号
邮编：215101
电话：0512 – 68097320、66261097
传真：0512 – 68240792
网址：www. tianmapharma. com
邮箱：gurry@ tianmapharma. com
paperchem@ tianmapharma. com
产品：AKD 蜡、AKD 中性施胶剂、阳离子松香胶、表面施胶剂、助留助滤剂、阳离子醚化剂、湿强剂、脱气剂、杀菌防腐剂

苏州市佑震化工有限公司
江苏省苏州市吴中区木渎镇西跨塘
邮编：215101
电话：0512 – 66363293
传真：0512 – 66369890
邮箱：yuyqxt@ tianmapharma. com
产品：表面施胶剂、抄纸用脱水剂、干强剂、助留剂、树脂分散剂等浆内添加和表面处理用药品，以及润滑剂、保水剂、分散剂等

苏州市鸿绮化工有限公司
江苏省苏州市吴中区友新路旺吴路西 50 号
邮编：215100
电话：0512 – 65277776
传真：0512 – 65272603
邮箱：52willgood05@ hotmail. com
产品：造纸用直接、盐基性、酸性染料，活性染料，分散型染料

依卡化学品（苏州）有限公司
江苏省苏州工业园区苏虹中路 302 号
邮编：215122
电话：0512 – 62582276
传真：0512 – 62586772
网址：www. akzonobel. com. cn
产品：制浆化学品、施胶剂

苏州高峰精细化工有限公司
江苏省苏州市吴中经济开发区双桥工业园
邮编：215128
电话：0512－65654153
传真：0512－65629401
网址：www.gaofengstarch.com
邮箱：business@gaofengstarch.com
产品：阳离子表面施胶淀粉、变性淀粉

苏州峰达精细化工有限公司
江苏省苏州市相城区黄桥金峰
邮编：215132
电话：0512－65461729、65850753
传真：0512－65461729
网址：www.fdhg.cn
邮箱：fdjxhg@163.com
产品：杀菌防腐剂、抄纸分散剂、湿增强剂、沉积物控制剂、消泡剂、烘缸剥离剂、助留助滤剂、网毯保洁剂

苏州联胜化工有限公司
江苏省苏州市相城区渭塘镇沿塘工业区 1 号
邮编：215134
电话：0512－65907588
传真：0512－65901660
网址：www.lshx.cn
邮箱：service@lshx.cn
产品：羟乙基乙二胺、乙二胺四乙酸四钠

登吉化工(苏州)有限公司
江苏省苏州市吴江市同里镇(屯村)
邮编：215216
电话：0512－63375899
传真：0512－63376099
产品：纸张刚挺剂、涂料用耐水剂、表面上胶剂、纸力干强剂、湿强剂、表面干强剂

昆山密友实业有限公司
江苏省昆山市民营科技工业园望山南路 16 号
邮编：215316
电话：0512－5796666、57767965
传真：0512－57791241
网址：www.miyou.com.cn
邮箱：miyou@miyou.com.cn
产品：重质微细碳酸钙、重质微细碳酸钙(研磨)浆、超细滑石粉

苏州天马化工原料有限公司
江苏省苏州市浒关工业园
邮编：215101
电话：0512－66261097
产品：AKD 施胶剂

常熟市支塘粮油食品厂
江苏省常熟市支塘镇林园路 6 号
邮编：215531
电话：0512－52551634
产品：阳离子淀粉

欧米亚钙业(常熟)有限公司
江苏省苏州市常熟市碧溪镇沿江工业园通港路长春路 18 号
邮编：215537
电话：0512－52649708
产品：高级重质碳酸钙

张家港市

张家港市国业施胶材料厂
江苏省张家港市南丰镇港路 1 号
邮编：215628
电话：0512－58629197
传真：0512－58629197
产品：粉状施胶剂、改性松香胶、脱墨剂、助留助滤剂

星光精细化工(张家港)有限公司
江苏省张家港市金港镇江苏扬子江国际化学工业园长江路 18 号
邮编：215634
电话：0512－58937250
传真：0512－58937601
产品：印刷适性改良剂、干强剂、表面施胶剂、湿强剂、起皱剂、抗水剂

张家港市三惠化工有限公司
江苏省张家港市凤凰镇西
邮编：215613
电话：0512－56887377、58400502
传真：0512－58491329
网址：www.cmcsanhui.com
产品：纤维素钠、CMC

张家港市一星日化厂
江苏省张家港市凤凰镇
邮编：215613
电话：0512－58496121

传真：0512 - 58496158
网址：www. cmcyixing. com
产品：CMC

南通市

海安县正达化工有限公司
江苏省南通市海安县海化路 28 号
邮编：226600
电话：0513 - 88832111
传真：0513 - 88866940
网址：www. zhendachem. com
邮箱：info@ zhendachem. com
产品：乳化剂、洗净剂、消泡剂

南天农科化工有限公司
江苏省如皋市白蒲镇
邮编：226511
电话：0513 - 88573113
传真：0513 - 88573112
产品：聚丙烯酰胺系列

淮安市

江苏天士力淀粉有限公司
江苏省淮安市清浦区城南西路 29 号
邮编：223002
电话：0517 - 82806173
传真：0517 - 83806173
产品：表面施胶类、喷雾淀粉、涂布专用系列

镇江市

镇江市天亿化工研究设计院有限公司
江苏省镇江市千秋桥街 16 号
邮编：212001
电话：0511 - 85033207
传真：0511 - 85030898
邮箱：tianyiche@ sohu. com
产品：干强剂、湿强剂、中性施胶剂 AKD 乳液、AKD 乳化剂

镇江科力生物技术有限公司
江苏省镇江市丁卯桥路 160 号
邮编：212009
电话：0511 - 8888991、8888832
传真：0511 - 8888891
网址：www. koly. cn
邮箱：xgf@ koly. cn
产品：杀菌剂、防霉剂

泰州市

江苏九洲化工有限公司
江苏省泰州市永安洲化学工业园区
邮编：225321
电话：0523 - 86967813
传真：0523 - 86967814
网址：www. ncc-js. com
产品：表面施胶剂、润滑剂、防腐杀菌剂、分散剂、涂料保水剂

江苏聚成精细化工有限公司
江苏省泰州市泰兴商城 D 区 4 楼
邮编：225400
电话：0523 - 87722751、87722761
传真：0523 - 87722753
网址：www. jucheng-chem. com
邮箱：jucheng-chem@ 163. com
产品：聚丙烯酰胺，阳、阴、非离子高分子絮凝剂，水处理剂，甲基丙烯酸二甲氨乙脂（DM），甲基丙烯酰氧乙基三甲基氯化铵（DMC）

泰兴市中纺助剂厂
江苏省泰兴市大生工业开发区（三联）
邮编：225400
电话：0523 - 87626328、87906508
传真：0523 - 87623833
网址：www. zfchem. cn
邮箱：tjh3921@ 163. com
产品：水性聚氨酯固化剂、水性分散剂

江苏省姜堰市华光化工有限公司
江苏省姜堰市溱潼镇溱西路 125 号
邮编：225508
电话：0523 - 88616339、88616327
传真：0523 - 88619365
网址：www. jyhuaguang. com
邮箱：sales@ jyhuaguang. com
产品：黏合剂、纸品乳液、羧基丁苯胶乳、CMC、抗水剂

盐城市

江苏康乐新材料科技有限公司
江苏省盐城市滨海县滨淮镇头罾村

邮编：224555
电话：0515－89907616、88334667、89908216、88203550
传真：0515－88243418
网址：www. calechem. com
产品：叔丁基二甲基氯硅烷、5-溴吲哚、1-乙烯基咪唑、咪唑醛、咪唑、2-甲基咪唑、1，2-二甲基咪唑、N-甲基咪唑、4-硝基咪唑、HD-100 交联剂、盐酸、硫酸、甲醇

浙　江　省

杭州市

杭州佳波化工有限公司
浙江省杭州市西湖区莫干山路 569 号副楼 2402 室
邮编：310005
电话：0571－88823021
传真：0571－88823543
网址：www. hzjiabo. cn
产品：造纸制浆增稠粉、分散剂、杀菌剂

浙江金科化工股份有限公司
浙江省杭州市密渡桥路 1 号白马大厦 8 楼（总部）
邮编：312369
电话：0571－85812300
传真：0571－85812333
网址：www. jinke-chem. com
邮箱：jinke@ jinke-chem. com
产品：低温漂白活性剂、过碳酸钠、过硼酸钠、过氧化钙、过氧化乙酸消毒剂

杭州德高化工开发有限公司
浙江省杭州市清秦街 509 号富春大厦 19 层
邮编：310009
电话：0571－87831038、87832038
传真：0571－87989060、87827833
网址：www. dekao. com
邮箱：dekao@ 163. com
产品：杀菌防腐剂、脱墨剂、消泡剂、增白剂、螯合剂

杭州银湖化工有限公司
浙江省杭州市天目山路 224 号中融城市花园 2 幢 1 单元 1201 室
邮编：310012
电话：0571－85028645
传真：0571－85028640
网址：www. yinhuchem. com
邮箱：yuping0571@ hotmail. com
yinhuchem@ yinhuchem. com
产品：纸用导电剂、助留剂、纸浆分散剂、湿强剂、抗水剂、杀菌灭藻剂、消泡剂、絮凝剂

杭州丹江化工科技有限公司
浙江省杭州市拱墅区仓基新村 2 幢 2 单元
邮编：310014
电话：0571－88082805
传真：0571－88082805
网址：www. seihan. co. kr
邮箱：dlz670330@ yahoo. com. cn
产品：表面施胶剂、树脂控制剂、滤水促进剂、淀粉硬化剂、耐水滑剂、防黏剂、干强剂

杭州纸友科技有限公司
浙江省杭州市下沙经济技术开发区白杨街道 3 号大街 50 号
邮编：310018
电话：0571－86911227、86912268、86840952
传真：0571－86913870
网址：www. hzzykj. cn
邮箱：zykjgs@ mail. hz. zj. cn
zykj@ hzzykj. cn
产品：湿部添加淀粉、层间或表面喷雾淀粉、聚合物表面施胶剂、彩喷纸专用淀粉

杭州绿兴环保材料有限公司
杭州绿色助剂研究所
浙江省杭州市石桥路永华街 127 号
邮编：310022
电话：0571－85818982－8206
传真：0571－85818953
网址：www. hzlvxinghuanbao. cn
邮箱：green@ greenadditive. com
产品：烘缸剥离剂、柔软剂、消泡剂、固色剂、促白剂

杭州格林费尔生活技术有限公司
浙江省杭州市滨江区东流路 1805 号
邮编：310053
电话：0571－86697638、86696238－1660
传真：0571－86697618、86697628
网址：www. greenphile. com
邮箱：greenphilebiotech@ gmail. com
产品：生物酶树脂控制剂、生物酶脱墨剂、生物酶助漂剂、生物酶腐浆控制剂

杭州绿典化工有限公司
浙江省杭州市萧山区新街镇双圩村
邮编：311217
电话：0571－82853800、82853881
传真：0571－82853883
网址：www. ldchemical. com
邮箱：ld@ ldchemical. com
产品：荧光增白剂、脱墨剂、固色剂、柔软剂

杭州凯丽化工有限公司
浙江省杭州市萧山区河庄镇一工段
邮编：311222
电话：0571－82962668、82961777
传真：0571－82962777、82965706
网址：www. kalichemical. com
邮箱：sales@ kailichemical. com
产品：彩色纸专用色浆、造纸调色剂、装饰纸用色浆

浙江传化华洋化工有限公司
浙江省杭州市萧山经济技术开发区鸿达路 125 号
邮编：311231
电话：0571－82696688、82695822
传真：0571－82696488
网址：www. transfarwhyyon. com
邮箱：whyyon@ etransfar. com
产品：荧光增白剂、染料、脱墨剂、网毯清洗保洁剂、助留助滤剂

杭州杭化哈利玛化工有限公司
浙江省杭州市萧山经济技术开发区桥南区鸿达路 87 号
邮编：311231
电话：0571－82697060、82695381
传真：0571－82697129
网址：www. hh-harima. com
邮箱：info@ hh-harima. com
产品：乳液松香、增强剂、涂布加工纸用化学品系列、脱墨剂系列、表面施胶剂系列、纸张固色剂、防水剂、消泡剂

浙江日华化学有限公司特殊精密化学品部
浙江省杭州市萧山经济技术开发区桥南区鸿达路 289 号
邮编：311231
电话：0571－82697366、82697550
传真：0571－82697551
网址：www. nicca. cn
邮箱：m-kusakabe@ nicca. com. cn
产品：纸用固色剂、分散剂、柔软剂、膨松剂、脱墨剂、消泡剂

杭州致远印染助剂有限公司
浙江省杭州市萧山区临港工业园区
邮编：311234
电话：0571－82507795、82507790
传真：0571－82507790、82507796
网址：www. chinaositerchem. com
邮箱：IBD@ chinaositerchem. com
产品：荧光增白剂

临安市神马化工有限公司
浙江省临安市横潭路 58－8 号
邮编：311300
电话：0571－63746418
传真：0571－63746428
网址：www. hzsmhg. com
邮箱：webmaster@ hzsmhg. com
产品：湿强剂、表面施胶剂、消泡剂、阳离子分散松香胶、阴离子松香施胶剂、AKD-4 新型中性施胶剂

临安市荣盛化工有限公司
浙江省临安市於潜镇衡横山工业区
邮编：311311
电话：0571－63885968
传真：0571－63888819
网址：www. larshg. com
邮箱：rs968@ 163. com
产品：表面施胶剂、涂布抗水剂、干/湿强剂、中性施胶剂

富阳宏帆化工有限公司
浙江省杭州市富阳富春街道春华村
邮编：311400
电话：0571－63368915
传真：0571－63369917
网址：www. 3814332. 7lab. com
产品：超细轻质碳酸钙、分散剂、抗水剂、润滑增光剂、硬脂酸盐

富阳市发泰造纸净水材料厂
浙江省富阳市大源镇四季路 6 号
邮编：311400
电话：0571－63398046
传真：0571－63581007
网址：www. zdjbbn. b2b168. com
邮箱：zdjbbn@ 126. com
产品：新型净水助剂（蒽醌废酸、苯乙酮废酸、以及

所有含铝离子废酸均可使用)、硫酸铝、聚合氯化铝

富阳飞马化工有限公司
浙江省富阳市富春街道春华朱山路
邮编：311400
电话：0571－63369968
传真：0571－63369522
产品：干强剂、湿强剂、脱墨剂、表面施胶剂

杭州先进科技化工有限公司
浙江省富阳市富春街道春华村
邮编：311401
电话：0571－23296888
传真：0571－23299777
网址：www. hzacc. com
邮箱：acc@ hzacc. com
产品：纳米级轻质碳酸钙

富阳市万通化工有限公司
浙江省富阳市大源镇大源村
邮编：311413
电话：0571－23225198
传真：0571－23225197
网址：www. fywthg. com
邮箱：webmaster@ fywthg. com
产品：松香施胶剂、表面施胶剂、消泡剂

浙江三力星化学品有限公司
浙江省富阳市春江工业园区蔡伦西路
邮编：311421
电话：0571－63589277
传真：0571－63589277
网址：www. sanlixing. com
邮箱：libin@ sanlixing. com
产品：浆内施胶剂、助留剂、表面施胶剂、杀菌剂、清洗剂

富阳市固能粉体材料有限公司
浙江省富阳市春江造纸工业园区 10 号楼
邮编：311421
电话：0571－63587761
传真：0571－63587763
邮箱：info@ llgn. com
产品：超细重质碳酸钙

桐庐贝斯特化工有限公司
浙江省杭州市桐庐县横村镇方埠工业园区
邮编：311502
电话：0571－64698303
传真：0571－64698302
邮箱：196317462@ qq. com
产品：浆内消泡剂、纸张隔离剂

谢菲尔考克碳酸钙(杭州)有限公司
浙江省杭州市和睦路 567 号
邮编：310011
电话：0571－88186166、88091424－523
传真：0571－88186166
网址：www. schaeferkalk. net. cn
产品：碳酸钙

杭州市化工研究院有限公司
浙江省杭州市湖墅石灰坝 7 号
邮编：310014
电话：0571－88314437、88319461
传真：0571－88314437
网址：www. hhs. cn
产品：增强剂、湿强剂、废纸脱墨剂、阻燃剂、中性施胶剂、印刷适性改进剂(无甲醛型)、卫生纸起皱黏合剂、烘缸剥离剂、柔软剂、固色剂、变性淀粉、松香施胶剂

杭州颜料化工厂
浙江省杭州市萧山区义莲镇外六工段
邮编：311225
电话：0571－82989828
传真：0571－82989920
产品：颜料、染料、中间体

宁波市

宁波乐嘉化工有限公司
浙江省宁波市中兴路 717 号华宏国际中心 15B－1
邮编：315040
电话：0574－87849999－101
传真：0574－87858833－101
网址：www. lkchem. com
邮箱：zlhcheer@ 163. com
产品：醇醚溶剂、非离子表面活性剂、氯化溶剂、环氧树脂

宁波亚中精细化工有限公司
浙江省宁波市科技园区(梅墟工业区)光华路 323 号
邮编：315103
电话：0574－88482178
传真：0574－88487713

网址：www. nb-yaguang. com
邮箱：yazhong@ mail. nbppt. zj. cn
产品：脱墨剂、絮凝剂、增白剂、漂白剂、胶黏物控制剂、液体无铁硫酸铝、分散剂、增强剂、烘缸剥离剂、毛毯清洗剂

宁波天源化学有限公司
浙江省宁波市鄞州区宁南北路 818 号
邮编：315192
电话：0574－88216239
传真：0574－88216417
网址：www. tianyuan818. com
邮箱：sale@ tianyuan818. com
产品：造纸润滑剂、耐水化剂、PAE 湿强剂、纸用上光涂料(水性油光)、流变改质剂

温州市

浙江省苍南县望鑫制胶厂
浙江省温州市苍南县灵溪镇兴城街 13 号
邮编：325800
电话：0577－64804168
传真：0577－64804168
网址：www. yp. com. cn/wangxin
邮箱：zxcvgtyu@ 126. com
产品：阴离子分散胶、阳离子分散胶、阳离子助留剂、阳离子废水处理剂

嘉兴市

嘉兴瑞升化工贸易有限公司
浙江省嘉兴市泰坤国际大厦 622 室
邮编：314010
电话：0573－82106320
传真：0573－82208763
网址：www. xsd7063. chinapaper. net
邮箱：xsd7063@ 126. com
产品：分散剂聚丙烯酰胺产品、助留剂、瓜尔胶、烟草薄片助留剂、阴离子膨润土

绍兴市

浙江弘利防渗胶有限公司
浙江省绍兴市滨海工业区
邮编：312073
电话：0575－85523026
传真：0575－85523022
网址：www. zjhlhg. com
邮箱：zjhl@ zjhlhg. com
zjhlzcl@ sina. com
产品：中性造纸施胶剂、表面施胶剂、中性施胶 AKD 乳液、助留助滤剂、阴/阳离子高分散松香胶

绍兴市南方化工有限公司
浙江省嵊州市罗柱岙工业园区嵊州大道 619－1 号
邮编：312000
电话：0575－83102159
传真：0575－83187126
网址：www. sousacide. com
邮箱：sousacide@ 163. com
产品：系列防腐杀菌剂

金华市

兰溪市泛士达造纸化学品厂
浙江省兰溪市婺江路 60 号 2 座 2－102
邮编：321100
电话：0579－88823238
传真：0579－88823238
网址：www. fanshida. cn. alibaba. com
产品：脱墨剂、蜡乳液、润滑增光剂、消泡剂、中性表面施胶剂、网毯清洗剂、絮凝剂

浙江益纸淀粉有限公司
浙江省金华市金磐开发区(新区)尖山路 1 号
邮编：321016
电话：0579－84662081、89171868
传真：0579－84669939
产品：增强剂、新闻纸专用增强剂、中性施胶剂、季铵型阳离子淀粉、阳离子助留助滤剂、喷雾淀粉

衢州市

龙游富田造纸精化有限公司
浙江省衢州市龙游县城南开发区德贤路 29 号
邮编：324400
电话：0570－7255255
传真：0570－7029436
网址：www. lyftpaper. com
邮箱：yoyosf@ mail. china. com
产品：AKD 中性施胶剂、阳离子分散松香胶、表面施胶剂、明矾、造纸复合型保留助剂、胶乳、抗水剂、杀菌剂、脱气剂、湿强剂

浙江奥仕化学有限公司
浙江省江山市经济开发区江东区兴工七路 2 路

邮编：324123
电话：0570－4351991、4351873
传真：0570－4351772、4351775
网址：www. chinaositerchem. com
邮箱：Ositer@ chinaositerchem. com
产品：荧光增白剂

丽水市

浙江池禾化工有限公司
浙江省丽水市遂昌县妙高镇梅溪路 90 号
邮编：323300
电话：0578－8170374
传真：0578－8170685
网址：www. chihechem. com
邮箱：scch@ mail. lsptt. zj. cn
产品：纸板增强剂、湿强剂、柔软剂、阳离子松香胶、表面施胶剂、分散剂、润滑剂、耐水剂、烘缸剥离剂

安　徽　省

合肥市

合肥健坤化工有限公司
安徽省合肥市黄山路 459 号华林家园 12－204
邮编：230022
电话：0551－2361108
传真：0551－2361108
网址：www. chempowder. com
邮箱：chempowder@ 126. com
产品：硅藻土、高岭土、碳酸钙、造纸废水处理净化剂、纳米碳酸钙

芜湖市

安徽芜湖三维造纸助剂有限公司
安徽省芜湖市长江路 223 路
邮编：241004
电话：0553－5842013
传真：0553－5843138
产品：阴离子分散松香胶、中性分散松香胶、阳离子分散松香胶、消泡剂、助留助滤剂、液体荧光增白剂

芜湖华仁科技有限公司
安徽省芜湖市高新技术开发区
邮编：241000
电话：0553－5842013
传真：0553－5843138
产品：施胶剂、消泡剂、助留剂、助滤剂、液体荧光增白剂

马鞍山市

马鞍山市华吉实业有限公司
安徽省马鞍山市当涂县城关东门经济开发区
邮编：243100
电话：0555－6717488、6730033
传真：0555－6711204
网址：www. anhui-huaji. com
邮箱：hjsy@ ah163. com
产品：松香胶、阳离子分散松香胶、湿强剂、干强剂、AKD 中性施胶剂、中/碱性施胶剂、表面施胶剂

淮北市

安徽巨成精细化工有限公司
安徽省淮北市濉溪开发区水杉路 33 号
邮编：235102
电话：0561－6063692、6063507
传真：0561－6063507、6065121
网址：www. cjccchem. com
邮箱：sales@ cjccchem. com
产品：分散剂、水处理絮凝剂、聚丙烯酰胺

滁州市

安徽省明光市曼迪矿业科技有限公司
安徽省明光市池河大道 98 号
邮编：239400
电话：0550－8153100、8582888
传真：0550－8156979
网址：www. medyfk. com
邮箱：mgmd@ medyfk. com
产品：膨润土系列、硅藻土系列、碳酸钙系列

宿州市

安徽省宿州市金兄弟化工有限公司
安徽省宿州市砀山西城开发区
邮编：235300
电话：0557－8185681
传真：0557－8186688
邮箱：717934375@ qq. com
产品：多元助留增强剂、分散剂、中性施胶剂、脱墨剂、增柔膨化剂、聚丙烯酰胺、荧光增白剂、丁苯乳

液、苯丙乳液

池州市

安徽巢东九华钙业高新材料有限责任公司
安徽省池州市青阳县木镇河南村
邮编：242803
电话：0566－2833838
传真：0566－2833838
产品：重钙粉及其改性造粒产品

福 建 省

福州市

威尔(福建)生物有限公司
福建省福州市工业北路548号创业大厦北楼4层
邮编：350002
电话：0591－83774227、83770618
传真：0591－83770328
网址：www.welltouch.com.cn
邮箱：welltouch@163.com
产品：消泡剂、脱墨剂、稳定剂

福清达青化工有限公司
福建省福州市福清元华路东刘村
邮编：350300
电话：0591－85160968
传真：0591－85160887
网址：www.terceltraing.com
邮箱：tom@howellco.com.cn
产品：微生物控制剂、白水系统污染控制剂、防腐剂、造纸涂料专业微生物、防霉剂、抗菌剂

福建大学环境与资源学院
福建省福州市闽侯上街大学城内
邮编：350108
电话：0591－22866078
传真：0591－22866070
网址：www.er.fzu.edu.cn
产品：水处理化学品(絮凝剂、吸附剂、除油剂、还原剂、阻垢剂、缓蚀剂)、印染助剂、水煤浆添加剂、染料分散剂、油田降黏剂、胶黏剂等

厦门市

三洋化学(中国)有限公司
福建省厦门市嘉禾路永升新城嘉园里45号大厦1103座
邮编：361024
电话：0592－5151598
传真：0592－5151858
网址：www.sunyo.ebigchina.com
产品：聚乙烯酰胺系列、助留助滤剂、消泡剂、阴离子干扰物固定剂、沉积物控制剂、杀菌剂、干强剂、还原性漂白剂、多功能水质稳定剂、清洗剂和保洁剂

三明市

福建省嘉丰生物化工有限公司
福建省永安市尼葛开发区尼葛路2233号
邮编：360000
电话：0598－3802233
传真：0598－3632233
产品：生物脱墨酶JFM-958、脱墨剂F-80、脱墨剂F-80A

泉州市

南安市应用化学研究所
福建省南安市帽山工业区
邮编：362300
电话：0595－86353508、13905066005
产品：中性松香胶、强化松香胶、分散松香胶、助留剂、表面施胶剂

福建省晋江市银响精细化工科技开发有限公司
福建省晋江市永和镇英墩沪坑工业区7号
邮编：362235
电话：0595－88081961
传真：0595－88022901
网址：www.yinxiang-cn.com
邮箱：webmaster@yinxiang-cn.com
产品：湿强剂、剥离剂、分散剂、消泡剂、柔顺剂、FAS纸浆漂白剂、造纸固色剂、打浆酶、生物施胶酶、防腐杀菌剂、漂水、水玻璃、水处理剂

南平市

福建南平市星光永昇造纸化工有限公司
福建省南平市滨江北路177号
邮编：353000
电话：0599－8808838
传真：0599－8808838
网址：www.liujianhua.chinapaper.net
邮箱：jianhualiu8616@163.com
产品：脱墨剂、双氧水稳定剂、柔软剂、施胶剂、变

性复合淀粉、助留助滤剂、泡花碱、分散松香胶

龙岩市

龙岩高岭土有限公司
福建省龙岩市登高东路 154－13 号
邮编：364000
电话：0597－2325664、2332166
传真：0597－2325664
网址：www. lka. com. cn
邮箱：lkc0915@ publi. lyptt. fj. cn
产品：高岭土原矿、水洗高岭土

福建龙岩三虹科技有限公司
福建省龙岩市新罗区适中工业区
邮编：364011
电话：0597－2978888
传真：0597－2972270
邮箱：fjsanhong@ 263. net
产品：硅灰石造纸专用复合材料系列、造纸用超细重钙系列、纳米碳酸钙系列、超细研磨碳酸钙

福建漳平市振幅化工有限公司
福建省龙岩市漳平市永福工贸小区
邮编：364401
电话：0597－7882735
传真：0597－7881088
邮箱：fjzfhg@ 126. com
产品：脱墨剂、涂布润滑剂、高效废水处理剂、无水硅酸铝、超细硅酸铝

江　西　省

南昌市

江西省兴沪助剂有限公司
江西省南昌市洪都中大道 158 号 B 栋 B 单元 402 室
邮编：330001
电话：0791－8518310
传真：0791－8518310
产品：湿强剂、脱墨剂、增白剂、分散剂、生活用纸调色剂、乳化剂

南昌市龙然实业有限公司
江西省南昌市长堎外商投资工业区物华路 229 号
邮编：330013
电话：0791－3671122、3671121
传真：0791－3671123
网址：www. longran. cn
邮箱：nclongran@ longran. cn
产品：松香胶、AKD 乳液、中/碱性施胶剂、干强剂

江西嘉汇商贸有限公司
江西省南昌市广州路华东工业博览城 E6 栋 9 号江大南路 149 号 4－198
邮编：330029
电话：0791－8488808
传真：0791－8488808
网址：www. jxjhsm. com
邮箱：jiahuifanna@ 163. com
产品：分散剂、荧光增白剂、湿强剂、柔软剂、脱墨剂、施胶剂

江西东永科技发展有限公司
江西省南昌市高新大道中段南昌大学科技园 A708 室
邮编：330000
电话：0791－8112636
产品：变性淀粉

江西东永实业有限公司
江西省南昌市莲塘龚南路 3 号
邮编：330200
电话：0791－5713982、5712489
传真：0791－5734961
网址：www. dysygs. com. cn
邮箱：dysy2002@ sina. com
产品：变性淀粉

南昌市安义县凤凰化工厂
江西省南昌市安义县京庄苍 63 号
邮编：330500
电话：0791－3421113
传真：0791－3421113
产品：造纸助剂

江西省高科合成化工厂
江西省南昌市进贤县工业园区东一路
邮编：331700
电话：0791－5650033
传真：0791－5656003
产品：废纸脱墨剂、湿强纸解离剂、防腐杀菌剂

九江市

瑞昌市全游离松香胶厂
江西省瑞昌市黄金北路

邮编：332200
电话：0792－4222518
产品：全游离分散松香胶

萍乡市

萍乡市碳酸钙实业有限公司
江西省萍乡市湘东镇狮形山工业区道田村
邮编：337019
电话：0799－3375368
传真：0799－3375098、3375978
网址：www. pxtsg. com
邮箱：webmaster@ pxtsg. com
产品：轻质碳酸钙、活性碳酸钙、纳米碳酸钙

赣州市

江西嘉龙造纸助剂工业有限公司
江西省赣州市龙南县龙泉大道 71 号(县委党校院内)
邮编：341700
电话：0797－3540440
传真：0797－3540440
产品：纸张增强剂、湿强剂、脱水助滤剂、消泡剂、毛毯清洗剂、废水处理剂、脱墨剂、柔软剂、纤维分散剂

抚州市

江西博大化工有限公司
江西省抚州市东乡县(省级)经济开发区
邮编：331800
电话：0794－4380168
传真：0794－4380166
网址：www. jxbdhg. com
邮箱：bodahg2007@ 163. com
产品：变性淀粉，纸箱黏合剂，增强、助留助滤剂，新闻纸专用增强剂，表面施胶剂

江西顺昌隆实业有限公司
江西省抚州市东乡县大富岗工业开发区
邮编：331800
电话：0794－4332619
传真：0794－4332586
网址：www. scl-starch. com. cn
邮箱：jxsclsy@ scl-starch. com. cn
产品：浆内添加淀粉、表面施胶淀粉、涂布淀粉、喷雾淀粉、瓦楞纸板黏合剂、胶带纸瓶签黏合剂

江西省东乡县宏大化工有限公司
江西省抚州市东乡县圩上桥镇东乡工业区
邮编：331801
电话：0794－4330506
传真：0794－4330508
邮箱：company@ jxhongda. net
产品：阳离子淀粉、表面施胶淀粉、喷雾淀粉、涂布淀粉、浆内添加淀粉、纸箱黏合剂

江西添光化工有限公司
江西省抚州市抚北镇工业区
邮编：344001
电话：0794－8355555
传真：0794－8352555
网址：www. tg-chem. com
邮箱：yxb@ tg-chem. com
产品：钛白粉、硫酸、精制硫酸铝、硫酸亚铁、普钙

江西红星变性淀粉有限公司
江西省抚州市东乡县红星省级经济开发区
邮编：331801
电话：0794－4383169、4383013
传真：0794－4383088
产品：变性淀粉

江西雨帆化工有限公司
江西省抚州市东乡县
邮编：331800
电话：0794－4332239
传真：0794－4332281
网址：www. jxyufan. com
邮箱：jxyfan@ sina. com
产品：变性淀粉

山　东　省

济南市

济南市顺康助剂有限公司
山东省济南市英雄山路南首
邮编：250002
电话：0531－82772228
传真：0531－82776966
邮箱：jnzxdz@ 163. com
产品：分散剂、拉力剂、助留助滤剂、脱墨剂、膨化剂、蒸煮助剂、消泡剂、废水处理剂、荧光增白剂、聚丙烯酰胺、挺硬剂

济南市化工研究所
山东省济南市工业南路 106 号
邮编：250100
电话：0531－88195963
传真：0531－88528627
网址：www. jnhg. com
邮箱：jnhgs@ 163. com
产品：氨基树脂抗水剂、工业防腐剂、高效助燃剂、高分散游离松香乳液、松香乳液（阴离子酸性施胶用）专用乳化剂、石蜡松香乳液专用乳化剂

济南塑邦精细化工有限公司
山东省济南市历城区高新技术产业开发区大学科技园
邮编：250100
电话：0531－81901282、81901583
传真：0531－81901283
网址：www. sbchem. com
邮箱：sbchem@ yahoo. com
产品：荧光增白剂、有机颜料、染料中间体及有机胺催化剂

济南金星助剂有限公司
山东省济南市历城区荷花路西段
邮编：250108
电话：0531－86898689
传真：0531－88770218
网址：www. jnjx. com
邮箱：sdjn-gs@ 163. com
产品：防腐剂、分散剂、润滑剂、抗水剂、PAE 湿强剂

山东达盛科技有限公司
山东省济南市经十东路东部达盛集团工业园
邮编：250220
电话：0531－83684656、83684256
传真：0531－83682426
网址：www. sddsjt. com
邮箱：sakosako@ 163. com
sddsjt@ 163. com
产品：消泡剂、脱墨剂、润滑剂、分散剂、脱墨剂、施胶剂

青岛市

青岛市海大化工有限公司
山东省青岛市新泰安路 27 号如意大厦 2105 室
邮编：266001
电话：0532－82867216、82867217
传真：0532－82867215
网址：www. hualuqd. com
邮箱：haida@ hualuqd. com
dingdl@ public. qd. sd. cn
产品：造纸专用特种色素碳黑系列产品、阻燃剂、钛白粉、荧光增白剂、煅烧高岭土、防水剂

青岛三中化成精密有限公司
山东省青岛市城阳区钱桃树村委南 100 米路西
邮编：266109
电话：0532－87733585
传真：0532－87733631
邮箱：jly318@ hanmail. net
产品：脱墨剂、毛毯清洗剂、消泡剂、污染防治剂、凝固剂

青岛圣博生物科技有限公司
山东省青岛市胶州市中云工业园
邮编：266300
电话：0532－87298077
传真：0532－87298078
邮箱：hi7810@ tom. com
产品：聚合物分散剂、减水剂、灭菌剂、杀菌防腐剂、阻垢剂

青岛如相化工有限公司
山东省平度市平度同和工业园
邮编：266706
电话：0532－82696059
传真：0532－87360020
产品：防腐杀菌剂、工业灭藻剂、网毯清洗剂、水处理剂、消泡剂、荧光增白剂

淄博市

淄博万科化工有限公司
山东省淄博市张店区潘南西路 20 号
邮编：255047
电话：0533－3181892
传真：0533－3183893
网址：www. zbwanke. com
邮箱：wang@ zbwanke. com
产品：抗氧化剂、PAE 湿强剂、湿强废纸再生剂、助留助滤剂

淄博振河塑胶化工有限公司
山东省淄博市张店区昌国路良乡工业园
邮编：255071

电话：0533－2092016
传真：0533－2091839
产品：聚合氯化铝、聚丙烯酰胺、聚合硫酸铁系列净水剂、助留剂、表面施胶剂、消泡剂等造纸助剂

淄博东方聚合物有限公司
山东省淄博市张店区昌国路良乡工业园(内环路原309国道)1号路2号门
邮编：255071
电话：0533－2090527、2090973
传真：0533－2090799
网址：www.eastpolymer.com
邮箱：fengxiangyuan@eastpolymer.com
产品：聚丙烯酰胺、高吸水性树脂、N-羟甲基产品丙烯酰胺

张店东方化学股份有限公司
山东省淄博市张店区东四路南首
邮编：255071
电话：0533－2081515、2092157
传真：0533－2081047
网址：www.orientchem.com
邮箱：zhaijun@orientchem.com
产品：助留剂、废水处理剂

淄博爱普浆纸科技有限公司
山东省淄博开发区高科技创业园B座309室
邮编：255086
电话：0533－6219777
传真：0533－6207207
网址：www.zbalpu.cn
邮箱：aipu@163.com
产品：脱墨剂、中性施胶剂、阴离子分散松香剂、表面处理剂、助留助滤剂、制浆造纸设备

山东省桓台县金龙化工有限公司
山东省淄博市桓台县新城镇工业园区
邮编：256403
电话：0533－8886555、3151273
传真：0533－8886555
网址：www.jinlongchem.net
邮箱：jinlong@jinlongchem.net
产品：水处理药剂、水质稳定剂系列、高效杀菌剂、灭藻剂

淄博津利精细化工厂
山东省淄博市周村区南郊镇永和村
邮编：255302
电话：0533－6061262、6063068
传真：0533－6062320
网址：www.jinlichem.com
邮箱：jinlichem@126.com
产品：造纸助剂

淄博竹林超细化工材料厂
山东省淄博市博山区山头南圈路1号
邮编：255215
电话：0533－4418510
产品：超细重质碳酸钙

山东聚鑫化工有限公司
山东省淄博市桓台县唐山镇
邮编：256401
电话：0533－8510968
传真：0533－8519379
网址：www.juxinchem.cn
邮箱：juxin@juxinchem.cn
产品：聚丙烯酰胺干粉、胶体

瑞丰化工公司有机化工厂
山东省淄博市沂源县城保丰路26号
邮编：256100
电话：0533－3220025
产品：造纸助剂、脱墨剂

枣庄市

枣庄林美发展有限公司
山东省枣庄市峄城经济开发区福兴中路7号
邮编：277300
电话：0632－7789888
传真：0632－7721388
网址：www.linmeichem.com
邮箱：lm@linmeihg.com
产品：变性淀粉系列、涂布黏合剂、湿部添加剂、表面施胶剂、羧甲基纤维素钠、固体胶乳胶黏剂

山东神州翔宇科技集团有限公司
山东省枣庄市台儿庄区马兰屯镇淀粉工业园
邮编：277412
电话：0632－6711135
传真：0632－6711177
网址：www.xiangyudianfen.com
邮箱：xydf@xiangyudianfen.com
产品：醋酸酯淀粉、磷酸酯淀粉、氧化淀粉、阳离子淀粉、阳离子表面施胶剂

东营市

东营市德胜化工有限公司
山东省东营市东营开发区大渡河路 251 号
邮编：257091
电话：0546－8313666
传真：0546－8739138
邮箱：deshengshiye@163.com
产品：表面施胶剂、塑性颜料、湿强剂、废纸再生剂、分散剂、剥离剂、抗水剂、消泡剂

山东东营华泰精细化工有限责任公司
山东省东营市东营开发区东二路 2 号
邮编：257091
电话：0546－8351964
传真：0546－8351967
网址：www.huatai.com
邮箱：sp0546@sohu.com
产品：增白剂、废纸脱墨剂、螯合剂、中性表面施胶剂、杀菌灭藻剂、废水处理剂

东营瑞特精细化工有限公司
山东省东营市广饶县经济开发区兵圣路 817 号
邮编：257300
电话：0546－6923636、6440020
传真：0546－6923599、6445118
网址：www.right-china.com
邮箱：rightgroup@126.com
产品：废水处理剂、助留助滤剂、湿强剂、纸张增强剂、施胶剂、聚丙烯酰胺乳液

东营市三龙精细化工有限责任公司
山东省东营市广饶县李鹊镇高新技术园区
邮编：257333
电话：0546－6286210
传真：0546－6286268
网址：www.chinaslhg.com
邮箱：web@chinaslhg.com
产品：表面施胶剂、脱气剂、树脂控制剂、杀菌剂、助留助滤剂、AKD 施胶剂、淀粉硬化及纸粉防止剂、保水剂、阳离子松香胶

利津县冠亚化工有限责任公司
山东省东营市利津县工业区
邮编：257440
电话：0546－5318788
网址：www.sdguanya.com.cn
产品：丙烯酰胺、造纸分散剂、助留助滤剂、水解聚丙烯酰胺、杀菌灭藻剂、缓蚀阻垢剂

烟台市

烟台鸿成精细化工有限公司
山东省烟台市福山高新产业区振华街 887 号
邮编：265500
电话：0535－6326779、6326087
传真：0535－6301817
网址：www.ythongcheng.com
邮箱：hc@ythongcheng.com
产品：荧光增白剂系列、施胶剂系列、消泡剂、抗水剂

龙口市华瑞新材料科技有限公司
山东省龙口市遇家复兴机械北临
邮编：265701
电话：0535－8529786
传真：0535－8543088
网址：www.hray-chem.com
邮箱：wn.yang@163.com
产品：微乳化合成蜡乳液、有机硅乳液消泡剂、微乳化蜡纸箱防水剂、造纸消泡剂

龙口市联源纸张助剂有限责任公司
山东省龙口市诸由观镇辛家
邮编：265705
电话：0535－8572299
传真：0535－8572299
网址：www.lyxez.com
邮箱：lzx@lyxez.com
产品：烷基烯酮二聚体（AKD 蜡粉）、乳化剂、中性施胶剂、湿强剂

达斯特克化工有限公司
山东省烟台市化工路
邮编：264002
电话：0535－6530669
传真：0535－6530939
网址：www.dasteck.com
邮箱：ytd@dasteck.com
产品：造纸漂白剂

潍坊市

潍坊信业化学有限公司
山东省潍坊市潍城区 309 国道 338 公里处路北
邮编：261000

电话：0536－8399162
传真：0536－8399062
网址：www.xinyehx.com
邮箱：xinyehx@163.com
产品：无甲醛抗水剂、聚酰胺聚脲（PAPU）抗水剂、涂布用抗水剂、湿强剂、消泡剂、防腐杀菌剂、螯合剂、有机分散剂

潍坊恒兴化工有限公司
山东省潍坊市奎文区鸢飞路912号
邮编：261031
电话：0536－8665901、8671737
传真：0536－8665900
网址：www.hengxingchem.cn
邮箱：gxjchem@126.com
sdmzl@163.com
产品：中性施胶剂、润滑剂、重质液体碳酸钙、防腐杀菌剂、涂布抗水剂、消泡剂、有机分散剂

潍坊润丰造纸助剂有限公司
山东省潍坊市玄武东街123号
邮编：261031
电话：0536－8661277
传真：0536－8662837
网址：www.rfzj.com
邮箱：rfzj888@yahoo.com.cn
产品：醚化剂、PPE、助留助滤剂、脱墨剂、制浆消泡剂、网毯清洗剂、挺度剂、涂布润滑剂、抗水剂

潍坊千龙造纸助剂有限公司
山东省潍坊市寒亭区益新街342号
邮编：261100
电话：0536－8659603
传真：0536－8659603
网址：www.wfql.com
邮箱：grgrth66@163.com
产品：防腐杀菌剂、剥离剂、抗水剂、增白剂、助留剂

潍坊瑞光化工有限公司
山东省潍坊市寒亭区东环路南首
邮编：261100
电话：0536－7262976、7252436
传真：0536－7270136
网址：www.ruiguangchem.com
邮箱：ruiguang@ruiguangchem.com
产品：颜料分散剂、有机硅消泡剂、柔软剂、脱墨剂、涂料色浆、表面活性剂、增强剂

潍坊金水源化工有限公司
山东省潍坊市寒亭区河滩镇北庄（309）国道北庄处
邮编：261112
电话：0536－7580515
传真：0536－7580595
网址：www.wfjsy.com
邮箱：yuliqu@126.com
产品：非硅高效消泡剂、分散剂、抗水剂、脱墨剂、中碱性施胶剂、纸品柔软剂

华普化学品（潍坊）有限公司
山东省安丘市关王工业园区
邮编：262122
电话：0536－2261336
传真：0536－4331198
网址：www.huapuchem.com
邮箱：mail@huapuchem.com
产品：显（助）白剂、抄纸消泡剂、玻璃纸用保湿剂、AKD中碱性施胶剂、松香施胶剂、防腐杀菌剂

潍坊浩鑫造纸助剂有限公司
山东省潍坊市昌乐县城南歇头仓
邮编：262408
电话：0536－6762567
传真：0536－6762567
邮箱：jianghai@zaozhizhuji.com
产品：纸板挺度剂、高效生物酶脱墨剂、纸张表面强度剂、阳离子淀粉、喷淋淀粉、阳离子助留增强剂

山东省青州市万利化工有限公司
山东省青州市开发区东方北路2066号（北50米）
山东省青州市南环路55号（公司）
邮编：262500
电话：0536－3529668
传真：0536－3529667
网址：www.wanlichem.com
邮箱：djx@wanlichem.com
产品：纸品乳液、颜填料分散剂、增稠剂、杀菌剂

山东青州友邦化工有限公司
山东省青州市开发区东方一路东侧
邮编：262500
电话：0536－3262828
传真：0536－3262688
网址：www.henglichem.com
邮箱：hllm@henglichem.com

产品：纸浆漂白剂、脱墨剂

青州市晨鸣变性淀粉有限公司
山东省青州市北西关
邮编：262500
电话：0536－3262808、3260762
传真：0536－3260762
产品：表面施胶剂、喷淋淀粉、涂布淀粉、石膏板增强剂

潍坊兆冠化工集团有限公司
山东省潍坊市临朐县经济技术开发区秦池路 38 号
邮编：262600
电话：0536－3212680、3121055
传真：0536－3120817
网址：www. zhaoguan. com
邮箱：mail@ zhaoguan. com
产品：二氧化氯、消毒剂、杀菌剂、保鲜剂、漂白剂、防腐剂、除臭剂、脱色剂

山东万豪集团临朐纸业化工有限公司
山东省临朐县治源工业园
邮编：262605
电话：0536－3631262
传真：0536－3631262
网址：www. wanhao. com
邮箱：wanhao@ china. com
产品：AKD 中性施胶剂

寿光蔡伦申兴精细化工有限公司
山东省寿光市晨鸣工业区
邮编：262700
电话：0536－2156339、2156421
传真：0536－2156416
网址：www. cailunchem. com
邮箱：sales@ cailunchem. com
产品：中性施胶剂、重质碳酸钙、AKD 乳液、松香胶、增白剂、消泡剂

寿光金远东变性淀粉有限公司
山东省寿光市学院路北首
邮编：262700
电话：0536－5185399
传真：0536－5110077
网址：www. cn-jyd. com
邮箱：jyd@ cn-jyd. com
产品：表面施胶淀粉、湿部添加剂、多元变性淀粉、漂白淀粉、阳离子淀粉

潍坊天方圣鸿化学有限公司
山东省寿光市晨鸣工业园（建新西街与文昌路交叉口）
邮编：262700
电话：0536－5672088
传真：0536－5672058
邮箱：tfsh@ tfshchem. com
产品：湿强剂、表面施胶剂、抗水剂、消泡剂、润滑剂、无甲醛抗水剂、柔软剂、湿强解离剂、中性施胶剂

青州市北联淀粉有限公司
山东省青州市海军路 568 号
邮编：262500
电话：0536－3260906、3263278
传真：0536－3260906
网址：www. sdbldf. com
邮箱：qzbldf@ 163. com
产品：造纸用淀粉

济宁市

济宁新格瑞水处理有限公司
山东省济宁市嘉祥工业园
邮编：272415
电话：0537－6985888、6988006
传真：0537－6988088
网址：www. jngreen. net
邮箱：jngr@ jngreen. net
xingerui@ yahoo. com. cn
产品：施胶剂、系统清洗剂、系统除垢剂、阻垢缓蚀剂、生物酶脱墨剂、聚丙烯酰胺、废水絮凝剂、杀菌消毒剂、消泡剂

山东阳光颜料有限公司
山东省济宁市车站南路
邮编：272000
电话：0537－2317897、2311908
传真：0537－2311908
网址：www. sino-pigment. com
邮箱：market@ sino-pigment. com
产品：有机颜料、无机颜料、荧光颜料、高档彩色专用色浆

济宁市华强化工有限公司
山东省济宁市任城区开发区济邹路南接庄镇政府西 1 公里
邮编：272015
电话：0537－2631588

传真：0537－2631088
网址：www. hqchem. com. cn
邮箱：sales@ hqchem. com. cn
产品：高效造纸助留剂、多功能造纸增强剂、絮凝剂

济宁市信慧化工科技有限公司
山东省济宁市任城经济开发区山博路
邮编：272100
电话：0537－2316691
传真：0537－2333786
网址：www. cenwise. cn
邮箱：jnxhhg@ 263. com
产品：松香胶、液体染料、增白剂、PAM 干强剂

兖州天成化工有限公司
山东省兖州市北站西路 66 号
邮编：272100
电话：0537－3482493
传真：0537－3414528
网址：www. yztchg. com
邮箱：yztchg@ 163. com
产品：AKD、干/湿增强剂、复合型中性胶

兖州东升精细化工有限公司
山东省兖州市兴隆庄镇驻地
邮编：272101
电话：0537－3873264、3873331
传真：0537－3873918
网址：www. dssun. com
产品：表面施胶剂、PP 塑性颜料、阳离子胶乳、分散剂、AKD 施胶剂、脱墨剂、净水剂、废水絮凝剂、超细重质碳酸钙、超细轻质碳酸钙、高白度高岭土、润滑剂

济宁红日化工轻化助剂有限公司
山东省济宁市 105 国道与 327 国道交汇处
邮编：272141
电话：0537－2113179
传真：0537－2113179
网址：www. hrqh. cn
邮箱：hrqhzjgs@ 163. com
产品：造纸制浆催化剂、高效消泡剂系列、柔软剂

泰安市

泰安市东岳助剂厂
山东省泰安市泰汶路 199 号
邮编：271000
电话：0538－6611988
传真：0538－6610809
网址：www. dyzjc. com
邮箱：dylh-paper@ tom. com
产品：抄纸分散剂、增白剂系列、废纸脱墨剂、助留助滤剂、蒸煮助剂、聚丙烯酰胺、树脂障碍消除剂、消泡剂、废水处理剂

泰安鑫泉精细化工有限公司
山东省泰安市高新技术开发区北集坡
邮编：271000
电话：0538－8920760、13563803298
传真：0538－8920388
网址：www. xq1688. com
邮箱：zhanghong8513@ 163. com
产品：多元助留助滤增强剂、纸品挺度增强剂、瓦楞纸杯环压增强剂、烘缸剥离剂、消泡剂

山东省新泰市兰泰化工有限公司
山东省新泰市翟镇西 1 公里
邮编：271204
电话：0538－7500078
传真：0538－7500078
网址：www. lthuagong. com
邮箱：lthugnong@ 163. com
产品：硫酸铝、AKD 乳液、中碱性造纸施胶剂、分散松香胶

山东一滕化工有限责任公司
山东省肥城市工业二路西首
邮编：271600
电话：0538－3368999、3368666
传真：0538－3366226
网址：www. yitengchem. cn
www. sdytjt. com
邮箱：yitengchem@ 163. com
产品：聚阴离子纤维（PAC）、羧甲基纤维素（CMC）、羟丙基甲基纤维素（HPMC）

山东鲁岳化工有限公司
山东省肥城市安站镇
邮编：271603
电话：0538－3680358、3680386
传真：0538－3680368
网址：www. luyue. com
邮箱：sales@ luyue. com
产品：二烯丙二甲氯化铵、助留助滤剂、干湿增强剂、

阴离子导电剂、阳离子熟化促进剂

泰安市山口环保化工厂
山东省泰安市岱岳区山口镇
邮编：271038
电话：0538－8611946
传真：0538－8611946
产品：净水剂

威海市

威海凯瑞造纸技术有限公司
山东省威海市高新技术开发区创新创业基地318室
邮编：264200
电话：0631－5629496
传真：0631－5629496
网址：www.whchrom.com.cn
邮箱：market@whchrom.com.cn
whchrom@163.com
产品：表面施胶剂、表面处理剂、浆料预处理剂、树脂控制剂、生物助留剂

日照市

日照金马化工有限公司
山东省日照市山东路589号
邮编：276825
电话：0633－3387318
传真：0633－3387358
网址：www.jinmachem.com
邮箱：info@jmchem.com
产品：羧基丁苯胶乳、苯丙乳液、分散剂、润滑剂、增稠剂

临沂市

临沂爱森化工有限公司
山东省临沂市鲁南化工城A区450号
邮编：276000
电话：0539－3120808
传真：0539－3120809
网址：www.lyaisen.cn
邮箱：guoguo19810520@sina.com
产品：阳离子、阴离子、非离子聚丙烯酰胺系列，造纸分散剂，造纸助留助滤剂

临沂市天科工贸有限公司
山东省临沂市中国商城会展中心化工区A区22号
邮编：276000
电话：0539－8020352
传真：0539－3120331
网址：www.cntianke.com
邮箱：yuemingqiang@hotmail.com
tiankegongmao@yahoo.cn
产品：废纸胶黏物去除剂、瓦楞纸杯环压增强剂、纸浆分散剂、助留助滤剂、干强剂、脱墨剂、絮凝剂

临沂市成丰化工有限公司
山东省临沂市临西十一路与双玲路交汇处
鲁南化工市场A区－76号
邮编：276000
电话：0539－3120238
传真：0539－3120238
产品：荧光增白剂、蒸煮助剂、消泡剂、防腐杀菌剂、ABC调色剂、高效分散剂、脱墨剂、湿强剂

临沂欧贝化学有限公司
山东省临沂市临沭县白旄镇周官庄村
邮编：276715
电话：0539－6341099
传真：0539－6090617
网址：www.oubei66.com
产品：表面施胶剂、脱墨剂、过氧化氢稳定剂、干强剂、纸力增强剂、助留剂、杀菌剂、涂布纸用料、消泡剂、脱气剂

德州市

陵县佳隆化工染料厂
山东省陵县陵城镇威灵小区
邮编：253500
电话：0534－8223215
产品：造纸助剂、脱墨剂、清洗剂

聊城市

聊城市凤民净水原料有限公司
山东省聊城市东昌府区双力路58号
邮编：252000
电话：0635－8688000、8465670、13869598799
传真：0635－8688256
网址：www.fmjs.com.cn
邮箱：fmjs123@163.com

产品：聚丙烯酰胺及其他水处理药剂、聚丙烯酸钠、生物脱墨剂、卫生纸用分散剂、网毯清洗剂、拉力增强剂

山东阳光化工(集团)有限公司
山东省聊城阳谷县城西工业园区化工路
邮编：252300
电话：0635－6381010、6381105
传真：0635－6324198、6383729
网址：www. sdyghg. com
邮箱：jcf926@ sohu. com
产品：聚丙烯酰胺、造纸助剂、硫酸铵、羧甲基纤维素、聚丙烯酸钾、二氯异氰尿酸钠

山东阳谷鲁燕淀粉加工有限公司
山东省聊城市阳谷县大布工业区
邮编：252300
电话：0635－6580666、18906350700
传真：0635－6580333
邮箱：ygluyan@ 126. com
产品：变性淀粉

滨州市

博兴县天元化工有限公司
山东省滨州市博兴县工业园区顺河路 6 号
邮编：256500
电话：0543－2303345
传真：0543－2303345
产品：造纸用中性施胶剂 AKD 蜡粉、AKD 乳液、AKD 专用乳化剂及系列产品

山东滨州嘉源环保有限责任公司
山东省滨州市滨城区黄河五路 560 号
邮编：256619
电话：0543－2118158
传真：0543－3312324
产品：二甲基二烯丙基氯化铵、有机高分子絮凝剂、阳离子絮凝剂系列、脱色剂、复合絮凝剂、反相破乳剂

菏泽市

山东菏泽阿可迪化工科技有限公司
山东省菏泽市牡丹区牡丹办事处日东高速入口东 500 米
邮编：274000
电话：0530－5644488
传真：0530－5644488
网址：www. sdakd. com
邮箱：gwww-lyf@ 163. com
产品：AKD 蜡粉、表面施胶剂、高效干增强剂、湿强剂、乳液松香施胶剂

山东润鑫精细化工有限公司
山东省菏泽市定陶县东外环路南段路东
邮编：274000
电话：0530－2264418、2263168
传真：0530－2264466
网址：www. runxinchemical. com
邮箱：salesdirector@ runxinchem. com
kelvinsong1982@ runxinchem. com
产品：2-溴丁酸甲酯、DT 杀菌灭藻剂、N-4-异噻唑-3-酮

河 南 省

郑州市

郑州市中瑞洁水化工原料有限公司
河南省郑州市陇海路与桐柏路交叉口
邮编：450000
电话：0371－68632711
传真：0371－68633711
产品：水处理药剂、聚丙烯酰胺

河南南浦化工有限公司
河南省郑州市玉凤路与福元路交叉口南浦国际金融中心
邮编：450002
电话：0371－65655608、86560100、86560977
传真：0371－65655609
邮箱：nanpu. huagong@ 163. com
产品：阴、阳、非和两性离子聚丙烯酰胺，无机高分子絮凝剂，XM 系列浮选剂，PFS 聚合硫酸铁(液体)，PFS 聚合硫酸铁(固体)，PAC 聚合氯化铝

河南省道纯化工技术有限公司
河南省郑州市文化路 128 号航天大厦 15 楼 A8
邮编：450002
电话：0371－63563761、63563762、63563763
传真：0371－63563936
网址：www. dchg. com. cn
邮箱：dchgyx@ tom. com
产品：施胶剂、氧漂稳定剂、蒸煮助剂、脱墨剂、消

泡剂、氧漂激活剂、分散剂、湿强剂、杀菌剂、显白剂、乳化剂

郑州中吉精细化工有限公司
河南省郑州市民航路 19 号企业 1 号 614 室
邮编：450003
电话：0371－66560787
传真：0371－63284918
网址：www. zjpp. com
邮箱：info@ zjpp. com
产品：乳液造纸助留增强剂、瓦楞原纸环压增强剂、增光剥离剂、增柔膨化剂、纸张挺硬剂、中性施胶用分散松香胶、显白剂、阳离子淀粉、消泡剂

郑州金源微粉材料有限公司
河南省郑州市中原区郑上路 744 号
邮编：450042
电话：0371－67811493
传真：0371－67813794
产品：煅烧高岭土、硅微粉、重质碳酸钙、高白滑石粉

郑州市恒茂昌贸易有限公司
河南省郑州市南阳路 170 号清华园商贸楼
16 楼 166 室
河南省郑州市惠济区新城街道固城村南（厂址）
邮编：450053
电话：0371－63603392、63673216
传真：0371－63673216
邮箱：zzhmc@ sina. com
产品：分散剂、助留剂、生物酶脱墨剂、湿强剂、干强剂、表面施胶剂、染料、聚丙烯酰胺

巩义市奥林滤材有限公司
河南省巩义市东区嵩山路
邮编：451200
电话：0371－85602626
传真：0371－85602626
网址：www. aolinlc. com
邮箱：aolinlc@ 163. com
产品：阻垢分散剂、杀菌灭藻剂、净水药剂系列、活性炭系列

巩义市益民淀粉厂
河南省巩义市八零八路
邮编：451250
电话：0371－64371718
传真：0371－64371792
产品：变性淀粉、磷酸酯淀粉、酸化淀粉、玉米氧化淀粉、阳离子淀粉、醋酸酯淀粉

巩义市清滢精细化工厂
河南省巩义市康店镇黑石关 665 仓库（康店镇工业园区）
邮编：451200
电话：0371－64126767、64116356
传真：0371－64126767
邮箱：hngyqy@ 126. com
产品：防腐杀菌剂、润滑增光施胶剂、消泡剂、絮凝剂聚合氯化铝

巩义市宇清净水材料有限公司
河南省巩义市河洛镇工业区
邮编：451251
电话：0371－64156198、64158648
传真：0371－64156198
网址：www. yqjs. com
邮箱：yqjs1995@ 163. com
产品：聚合氯化铝、聚合氯化铝铁、复合铝铁、硫酸铝、铝酸钙粉、结晶氯化铝

巩义市恒豪净化材料有限公司
巩义市豫泉净化材料有限公司
河南省巩义市芝田镇羽林庄工业区
邮编：451252
电话：0371－64108882
传真：0371－64108883
网址：www. hnyuquan. com
邮箱：hnhenghao@ hnhenghao. com
产品：聚合氯化铝、碱式氯化铝、聚丙烯酰胺、活性炭、铝酸钙粉

郑州华旗助剂有限公司
河南省新密市大隗工业区黄湾寨
邮编：452370
电话：0371－69281615
传真：0371－69281811
邮箱：zzhqzj@ 163. com
产品：松香系列施胶剂、中性施胶剂、湿强剂、助留剂、剥离剂、乳化剂

巩义市华麟化工有限公司
河南省巩义市开发区永安路 12 号
邮编：451281
电话：0371－64031888
传真：0371－64031999
邮箱：lilian64032111@ 163. com

产品：水处理剂

河南省新密市力达化工实业公司
河南省新密市大镇观寨村 34 号
邮编：452383
电话：0371－69271070
传真：0371－69271070
邮箱：xueling2004007@eyou.com
产品：聚合氯化铝、涂布纸专用乳液、分散型松香胶、涂布分散剂、防水剂、消泡剂、润滑剂、高效脱色助沉剂、助留剂、增强剂、中性施胶剂、淀粉黏合剂

洛阳市

偃师太学染化有限公司
河南省洛阳偃师市佃庄镇东大郊
邮编：471942
电话：0379－67436138
传真：0379－67436438
网址：www.chinataixue.com
产品：造纸粉状染料、造纸液体染料、造纸专用染料

新乡市

卫辉市通达变性淀粉有限公司
河南省卫辉市唐庄工业开发区 107 国道旁（代庄村）
邮编：453100
电话：0373－4221908、4225055
传真：0373－4221908
邮箱：tongdadianfen@sohu.com
产品：氧化淀粉、AKD 乳化剂离子型专用淀粉、涂布淀粉、多元变性淀粉、磷酸酯淀粉、接枝淀粉、氧化醋酸淀粉、阳离子淀粉

新乡市永平助剂厂
河南省新乡市大召营镇文营村
邮编：453700
电话：0373－5470178
传真：0373－5469308
网址：www.xxypzj.com
邮箱：xxypzjc@126.com
产品：液体荧光增白剂、显白剂、脱墨剂

新乡市飞马化工有限公司
河南省新乡市大召营工业区
邮编：453700
电话：0373－5469199
传真：0373－5461595
邮箱：fm811@feimahg.com
产品：AKD 中性施胶剂、PAE 湿强剂、助留助滤剂、蒸煮助剂

新乡市瑞丰化工有限责任公司
河南省新乡市新乡县大召营镇（新获路北）工业园
邮编：453700
电话：0373－5466556、5466665
传真：0373－5466000
网址：www.sinoruifeng.com
邮箱：sale@sinoruifeng.com
产品：无碳复写纸树脂显色剂、活性白土显色剂、阳离子醚化剂、高碱性硫化烷基酚钙

新乡市和诚化工有限公司
河南省新乡市朗公庙镇曲水村北
邮编：453731
电话：0373－5712168
传真：0373－5712366
产品：聚丙烯酰胺、高效聚合引发剂、聚二甲基二烯丙基氯化铵

新乡县长明冶炼有限公司
河南省新乡市新乡县小冀镇西环路
邮编：453731
电话：0373－5592335
产品：聚丙烯酰胺、增强剂

焦作市

河南佰利联化学股份有限公司
河南省焦作市中站区
邮编：454191
电话：0391－3126553、3126903
传真：0391－3126818、3126275
网址：www.billionschem.com
邮箱：zztcwmb@sina.com
sales@billionschem.com
产品：钛白粉、硫酸铝、二氧化锆、碳酸锆

河南省沁阳市新兴化工有限公司
河南省沁阳市南洛公路 7 公里处/崇义工业区
邮编：454550
电话：0391－5056698、5051606
传真：0391－5055042
网址：www.qysxxhg.com
邮箱：qysxxhg@163.com

产品：涂布淀粉、造纸淀粉、卫生纸增韧剂、助留助滤剂

河南省武陟县智辉化工有限责任公司
河南省焦作市武陟县城东占泗路北贾桥西
邮编：454950
电话：0391－7268190、7268192
传真：0391－7268193
网址：www. zhihuichem. com
邮箱：zhihuichem@ 163. com
产品：无碳复写纸专用树脂显色剂、活性白土显色剂、微胶囊、无碳压敏染料溶剂油、微胶囊专用分散乳化剂、石蜡乳液

温县宏泰水处理材料厂
河南省焦作市温县岳村工业区 66 号
邮编：454800
电话：0371－66551628、66551601、66558919
传真：0371－68396167、66551938、66558918
网址：www. wxhtgs. com
邮箱：wxhtscl@ 163. com
产品：聚合氯化铝、碱式氯化铝、活性炭系列产品、填充系列产品

濮阳市

濮阳市中润聚合物有限公司
河南省濮阳市东高新技术开发区前县徐岭村南
邮编：457600
电话：0393－5326588
传真：0393－2217588
产品：污泥脱水剂、分散剂、助留剂、聚丙烯酰胺、羧甲基纤维素

许昌市

许昌凯特精细化工厂
河南省许昌市经济技术开发区屯里东段
邮编：461000
电话：0374－8306088、8306090
传真：0374－8306087、8306091
网址：www. xckate. com
邮箱：kate7888@ 163. com
产品：消泡剂、脱墨剂、分散剂、增白剂、显白增强剂

许昌市远征化工有限公司
河南省许昌市北郊营庄村
邮编：461000
电话：0374－4391909
传真：0374－4391909
产品：VBL 增白剂、脱墨剂、新型固体膨松剂、PEO 分散剂、光亮剂、除胶剂、挺力剂、显白剂、剥离剂、消泡剂、干/湿强剂、助留剂、聚丙烯酰胺

漯河市

漯河市天马化工有限公司
河南省漯河市衡山路 21 号
邮编：462000
电话：0395－2637588
传真：0395－2650929
邮箱：1214192437@ qq. com
产品：AKD 中性施胶剂、阳离子分散松香胶、硅溶胶、分散剂、乳化剂

商丘市

商丘市金茂工业助剂有限公司
河南省商丘市虞城县李家工贸区
邮编：476300
电话：0370－4833167
传真：0370－4833167
产品：聚丙烯酰胺、水处理剂、造纸助剂

驻马店市

西平县佳佳纸业有限公司
河南省驻马店市西平县王店工业区
邮编：463900
电话：0396－6253336
传真：0396－6253336
产品：助留助滤剂、增强互补型造纸专用助剂、生物强力助剂、强力渗透剂

济源市

河南清水源科技股份有限公司
河南省济源市轵城镇
邮编：454650
电话：0391－6698121、6089345
传真：0391－6086299
网址：www. qywt. com. cn
邮箱：qysales@ qywt. com. cn
产品：水处理剂产品（单体）和复配剂，提供配方筛选和水处理技术服务

湖　北　省

武汉市

武汉华东化工有限公司
湖北省武汉市汉口西北湖新世界国贸大厦十八楼
邮编：430012
电话：027－82944688、59523266、59523188
传真：027－82944743
网址：www. ecch. com. cn
邮箱：hdhg@ ecch. com. cn
lignin027@ ecch. com. cn
产品：木质素磺酸钙、碱木质素、木质素磺酸盐、羧甲基淀粉钠

武汉新大地环保材料股份有限公司
湖北省武汉市硚口区南泥湾 8 号长丰科技产业园（西区）8 号
邮编：430034
电话：027－83305573、83305779
传真：027－83305570
网址：www. newlandchem. com
邮箱：ywx@ newlandchem. com
产品：防腐杀菌剂

武汉市羽佳化工有限公司
湖北省武汉市东湖高新开发区大学园路 11 号
邮编：430074
电话：027－52101188
传真：027－52101188
网址：www. yj1188. com
产品：干强剂、水处理剂、消泡剂

武汉市雨田高分子材料有限公司
湖北省武汉市蔡甸区永安街万岭特 1 号
邮编：430105
电话：027－69305728、59843713
传真：027－69304916
产品：CMC、脱墨剂、润滑剂、抗水剂、分散剂

武汉市新洲区耀华化工有限公司
湖北省武汉市阳逻开发区平江东路 123 号
邮编：430415
电话：027－86963113
传真：027－86963113
产品：新型造纸制浆蒸煮剂、脱墨剂、固体/液体消泡剂、剥离剂、助留剂

武汉葛化集团有限公司
湖北省武汉市洪山区葛化街化工路 31 号
邮编：430078
电话：027－87602513
传真：027－87600357
网址：www. whghjt. com
邮箱：whghjt@ chem. com. cn
产品：烧碱、液氯

黄石市

黄石龙骏化工科技有限公司
湖北省黄石市沈下路 661 号
邮编：435004
电话：0714－5379335
传真：0714－5379336
产品：阴/阳离子松香胶专用乳化剂、松香胶、中性施胶剂、表面施胶剂、AKD 熟化促进剂、助留增强剂、絮凝剂

大冶市鑫晟精细化工有限公司
湖北省黄石市大冶市金湖街道栖儒村
邮编：435102
电话：0714－8990989
传真：0714－8990989
邮箱：hs8483@ 163. com
产品：干/湿强剂、中性造纸施胶剂、印刷适性改良剂、AKD 乳液、荧光增白剂、瓦楞纸板环压增强剂、纸浆消泡剂、废纸脱墨剂

宜昌市

湖北宜化集团有限责任公司
湖北省宜昌市沿江大道 52 号
邮编：443000
电话：0717－8868298
传真：0717－8868298
网址：www. hbyihua. cn
邮箱：hgb@ hbyihua. cn
产品：烧碱

襄樊市

襄樊惠邦化工有限公司
湖北省襄樊市江汉路 25 号
邮编：441002
电话：0710－3955939
传真：0710－3112389

产品：分散剂、胶黏剂

襄樊市化工设计研究所
湖北省襄樊市江北路 60 号
邮编：441002
电话：0710－3963009
传真：0710－3220183
邮箱：xb-email@163.com
产品：造纸用增光润滑剂、分散剂、抗水剂、施胶剂、渗透剂

湖北新四海化工股份有限公司
湖北省枣阳市南城王家湾社区居委会五组 3 幢（华夏工业园区）
邮编：441200
电话：0710－6221764、6245064
传真：0710－6229927
网址：www.hbxshhg.com
邮箱：z6241188@163.com
sihaichem@163.com
产品：消泡剂、抗水剂、润滑剂

荆门市

钟祥市金汉江纤维素有限公司
湖北省钟祥市金汉江大道
邮编：431900
电话：0724－6318585、6318532
传真：0724－6318536
网址：www.chinajhj.com
邮箱：jhj@chinajhj.com
产品：精制棉、CMC

荆州市

湖北达雅生物科技股份有限公司
湖北省荆州市国家经济开发区达雅西路 86 号
邮编：434000
电话：0716－8806608
传真：0716－8806618
网址：www.hbdaya.com
邮箱：hbdaya@126.com
产品：涂布专用 CMC、润滑剂、纳米级微粒高效造纸助留助滤剂

荆州市旭升化工助剂有限公司
湖北省荆州市荆州区纪南镇拍马工业园区
邮编：434020
电话：0716－8480596、8677782、8416799
传真：0716－8416699
网址：www.jzxshg.com
邮箱：xshg2002@163.com
产品：阳离子淀粉、助留助滤剂、交联表面施胶剂、高效废纸脱墨剂、阴离子分散松香胶、中碱性施胶剂、蒸煮助剂、湿强剂

咸宁市

湖北中之天科技股份有限公司
湖北省咸宁市嘉鱼县鱼岳镇徐家庄 167 号
邮编：437200
电话：0715－6321909、6364417
传真：0715－6329868
网址：www.laopeng.com.cn
邮箱：13807247197@vip.163.com
产品：蒸煮助剂、高效漂白剂、荧光增白剂、脱墨剂、湿强剂、显白剂

湖北省赤壁市明光化工厂
湖北省赤壁市中伙镇
邮编：437315
电话：0715－5600149、13707242141
产品：涂层、保温层

仙桃市

仙桃市闻捷福工贸有限责任公司
湖北省仙桃市经济开发区青鱼湖路 16 号
邮编：433000
电话：0728－3257939、3200828
传真：0728－3257939
产品：脱墨剂、蒸煮助剂

湖北嘉韵化工科技有限公司
湖北省仙桃市刘口工业园叶河二路 1 号
邮编：433000
电话：0728－3255688、3601188
传真：0728－3255601
网址：www.jiayunchem.com
邮箱：666@jiayunchem.com
999jiayun@163.com
产品：环氧聚酯湿强剂、蒸煮催化剂、固着剂、AKD 中性施胶剂、表面施胶剂、助留助滤剂、防腐杀菌剂、干增强剂、抗水剂、柔软剂、剥离剂

湖北新恒兴材料科技有限公司
湖北省仙桃市郭河工业园区
邮编：433013
电话：0728－2745177
传真：0728－2745990
网址：hbxhx. bm；ink. com
邮箱：newhengxing@163. com
产品：阳离子中碱性施胶剂、阳离子中性表面施胶剂、新型涂料胶乳、湿强剂、干强剂

湖 南 省

长沙市

湖南超牌化工有限公司
湖南省长沙市芙蓉中路二段198号新世纪大厦9003室
邮编：410015
电话：0731－85179028、85179029、85819266
传真：0731－85179099
网址：www. hnsuper. com. cn
邮箱：fjming88@21cn. com
cplcb@superkaolin. com
产品：超细研磨碳酸钙、超细煅烧高岭土

长沙市力波化工有限公司
湖南省长沙市马王堆凌霄路301号
邮编：410001
电话：0731－84786498、84735309
传真：0731－84720135
网址：www. lbsun. com
邮箱：sales@lbsun. com
产品：分散剂、脱墨剂、光亮剂、施胶剂等造纸化学品及各种羧甲基纤维素、甲基纤维素、羟丙基甲基纤维素、聚合氯化铝、聚丙烯酰胺

湖南美莱精化有限公司
湖南省长沙市国家高新技术开发区火炬城M0号
邮编：410003
电话：0731－88809919、88496308
传真：0731－88911458
网址：www. hnmeilai. com
邮箱：meilai2013@sina. com
产品：蒸煮助剂

长沙鸿鹰化工科技有限公司
湖南省长沙市西湖路34号鸿信大厦北B座906室
邮编：410002
电话：0731－85132075
传真：0731－85132075
产品：造纸化学品

株洲市

株洲升阳精细化工有限责任公司
湖南省株洲市董家段南路南方航空摩托厂内
邮编：412300
电话：0731－22789788
传真：0731－28559469
产品：氟化钠、氟硅酸钠、白炭黑

湖南省醴陵市华中化工有限公司
湖南省醴陵市王仙科技工业园
邮编：412200
电话：0733－23518818、5324411
传真：0733－23518818
产品：分散松香胶、干强剂、脱墨剂、毛毯洗净剂、松香、乳化剂

湘潭市

湖南省湘潭市弘联科技开发有限公司
湖南省湘潭市高新区芙蓉中路9号
邮编：411100
电话：0731－58377118
传真：0731－58377118
产品：瓦楞纸板线用淀粉胶抗水剂、增强剂、耐水增强剂

湘潭市森泰化工有限公司
湖南省湘潭市岳塘区板竹路8号
邮编：411132
电话：0731－55543398
传真：0731－55578818
产品：羧甲基纤维素钠、羧甲基淀粉钠、甲基纤维素、羟丙基甲基纤维素、涂布黏合剂

湘潭市麓安造纸材料研究所有限公司
湖南省湘潭市雨湖区高岭路
邮编：411100
电话：0731－58270759
传真：0731－58270759
产品：造纸化学品

衡阳市

湖南超牌粉体科技有限公司
湖南省耒阳市水东江振兴路

邮编：421800
电话：0734－4370523
传真：0734－4370470
邮箱：hncphg@163.com
产品：超细 GCC、高岭土

邵阳市

湖南省邵阳市天成实业(集团)公司
湖南省邵阳市桃花工业园
邮编：422000
电话：0739－5385276
传真：0739－5385277
邮箱：sytcsy@163.com
产品：蒸煮催化剂、松香胶

广 东 省

广州市

广州纬森普化科技有限公司
广东省广州市越秀区寺右新马路南二街 22 号
邮编：510000
电话：020－87362138
传真：020－87371198
邮箱：meilan20@yeah.net
产品：湿强剂

广东迪美生物技术有限公司
广东省广州市先烈中路 100 号科学院内
(广东省微生物研究所)
邮编：510070
电话：020－87688093、87688061
传真：020－87688093、87685989
网址：www.gd-demay.com
邮箱：gddemay@126.com
产品：防腐剂、防霉剂、抗藻剂、消毒剂

广州市中化贸易有限公司
广东省广州市人民北路 691 号金信大厦 15 楼
邮编：510170
电话：020－81083877、81080060
传真：020－81084009
产品：有机硅消泡剂、防腐剂、杀菌剂、防霉剂、钛白粉、煅烧高岭土、滑石粉、光引发剂、分子式吸附剂

广州宇洁化工有限公司
广东省广州市海珠区宝岗大道 268 号中新大厦 12 楼 12－13B 室
邮编：510240
电话：020－34371818、34371600
传真：020－34141884
网址：www.yujiechem.cn
产品：聚丙烯酰胺、丙烯酰胺、聚合氯化铝、脱色剂

广州精细化学工业公司
广东省广州市海珠区工业大道中石岗路 11 号
邮编：510288
电话：020－84352112
传真：020－84309844
产品：聚丙烯酰胺、分散剂、湿强剂、助留助滤剂、水处理絮凝剂、脱水剂、表面活性剂

广州欧普龙化工科技有限公司
广东省广州市机场路景丽街 9 号翠逸家园三区 303－306 室
邮编：510403
电话：020－86446416
传真：020－86446215
产品：有机硅消泡剂、蒸煮助剂、净水剂、抗水剂、绒毛浆膨松剂

广州市黄埔天泰化轻有限公司
广东省广州市越秀区五羊新城寺右新马路 111 号五羊新城广场 2209 室
邮编：510600
电话：020－87383533、87391206、87390588
传真：020－87392590、87382704
网址：www.tt020.com
邮箱：info@tt020.com
产品：纸浆专用防霉防腐杀菌剂、荧光增白剂、钛白粉、超细滑石粉

广州兰泉环保科技有限公司
广东省广州市增城宁溪镇融海高新产业园
邮编：510600
电话：020－32035350、82525387、82318552
传真：020－32035330
网址：www.jiequanhuanbao.com
邮箱：jiequan07@163.com
产品：废水处理药剂、循环冷却水处理药剂、RO 膜反渗透水处理剂

广州元源造纸化学品有限公司
广东省广州市天河区黄埔大道西 191 号广信大厦
牡丹阁 1005 房
邮编：510620
电话：020 - 38900979
传真：020 - 38900552
邮箱：guangzhouyuanyuan@ 163. com
产品：浆内施胶剂、瓦楞纸杯环压增强剂、多元助留增强剂、表面施胶剂

广州汇普化工新材料有限公司
上海和氏璧化工有限公司
广东省广州市黄埔大道 159 号富星商贸大厦西塔 25 楼
邮编：510620
电话：020 - 22220222、87568088 - 2294
传真：020 - 87595606
网址：www. ncmchem. com
产品：聚乙烯醇、防黏硅油、高效消泡剂

华夏化工集团
广州市华夏助剂化工有限公司
广东省广州市天河北路 177 号祥龙花园祥龙阁 1703 室
邮编：510620
电话：020 - 85251113
传真：020 - 85251290
网址：www. cn-hpc. com
邮箱：gzhxadd@ cnhxg. com
产品：国外系列涂料助剂、华夏品牌助剂

广州市君伦纸业化工有限公司
广东省广州市天河区龙口西路 577 号天隆花苑
三楼 3130 号
邮编：510635
电话：020 - 38470568
传真：020 - 38470569
邮箱：gz-kingdom@ 163. com
产品：杀菌防腐剂、流程清洗剂、系统保洁剂、杀菌抑菌剥离剂

广州智尚化工技术开发有限公司
广东省广州市五山路华南理工大学科技园
2 号楼 606 室
邮编：510640
电话：020 - 22237168
传真：020 - 81408303
邮箱：keepwon128@ 163. com
产品：水处理用水溶性消泡剂、异噻唑啉酮类、季铵盐类杀菌防腐剂、缓蚀阻垢剂、造纸用杀菌防腐剂、絮凝剂、新型含氟聚有机硅氧烷类油溶性流平剂

广州慧谷化学有限公司
广东省广州市黄埔区永和经济区新业路 62 号
邮编：511356
电话：020 - 32222928、85283301、85280932
传真：020 - 32222928 - 6026、38676620
网址：www. humanchem. com
邮箱：hg@ huamanchem. com
产品：纳米二氧化硅消光新材料、彩色喷墨打印纸涂料

广州市华鹏高岭土厂
广东省广州市花都区梯面镇
邮编：510870
电话：020 - 86782018
传真：020 - 86782018
产品：高岭土

广州市慧之海(集团)科技发展有限公司
广州市瑞洋表面活性剂有限公司
广东省广州市番禺区石基镇新桥村
泰安路西横六街 3 号
邮编：511400
电话：020 - 84553577
传真：020 - 84553788
网址：www. surfactantchem. com
邮箱：sales@ surfactantchem. com
ruiyang@ how188. com
产品：乳化剂、消泡剂、杀菌防腐剂

中科院广州化学研究所
广东省广州市天河区兴科路 368 号广州化学研究所
邮编：510650
电话：020 - 85231815、85231295、85231230、85232176
网址：www. gic. ac. cn
产品：胶黏剂

深圳市

深圳市三力星聚合同创科技发展有限公司
广东省深圳市福田区梅林街道北环路梅林多丽工业区
1 栋 409
邮编：518000
电话：0755 - 83733558
传真：0755 - 83733596
网址：www. sanlixing. com
邮箱：info@ sanlixing. com

产品：助留助滤剂、增强剂、表面施胶剂、染料、颜料、中性施胶剂、清洗剂、消泡/抑泡剂、脱墨剂、防腐杀菌剂、分散松香胶、纸张成形剂

深圳市华苏科技发展有限公司
广东省深圳市南山区南山大道南海大厦B栋6G
邮编：518054
电话：0755－86250096
传真：0755－86250096
网址：www.tengtuo.com
产品：杀菌防腐剂、荧光增白剂、水处理药剂、甲基纤维素、羟乙基纤维素、聚乙烯醇、分散剂

深圳绿微康生物工程有限公司
广东省深圳市南山区龙珠大道龙珠三路光前工业区21栋7－8楼
邮编：518057
电话：0755－26031010、86005292
传真：0755－26031910
网址：www.leveking.com
邮箱：leveking@leveking.com
产品：生物脱墨剂、胶黏物处理剂、废水处理剂

深圳市索雷亿科技有限公司
广东省深圳市宝安区宝民一路碧涛苑1栋B座103室
邮编：518133
电话：0755－86251400
传真：0755－27803785
邮箱：solaye@chinasolsye.com
产品：过氧化物引发剂、抗氧化剂、紫外线吸收剂、光引发剂、防腐剂、抗静电剂

深圳清源净水器材有限公司
广东省深圳市南山区南海大道水务集团南山大楼8楼
邮编：518052
电话：0755－26978809、26978819
传真：0755－26978825
产品：聚合氯化铝废水处理剂、造纸施胶剂、杀菌灭藻剂、重金属捕集剂

珠海市

珠海市骏兆丰进出口有限公司
广东省珠海市红山路288号珠海国际科技大厦B508室
邮编：519000
电话：0756－3331388
传真：0756－3362737
网址：www.bikin.cn
邮箱：info@bikin.cn
产品：造纸化工涂料

广东溢多利生物科技股份有限公司
广东省珠海市南屏科技工业园屏北一路8号
邮编：519060
电话：0756－8676888
传真：0756－8673999
网址：www.yiduoli.com.cn
邮箱：vtr@vtrbio.com
产品：生物酶

佛山市

佛山市华昊华丰淀粉有限公司
广东省佛山市文沙路晒莨地1号
邮编：528000
电话：0757－82827301
传真：0757－82828713
邮箱：rjc@foshan.sti.gd.cn
产品：湿部添加剂、涂布黏合剂、表面施胶剂、阳离子淀粉、纸制品再湿胶黏剂

佛山市南海大田化学有限公司
广东省佛山市南海区狮山科技工业园B区科园路1号
邮编：528000
电话：0757－82262088、82267788
传真：0757－86698585
网址：www.dtdefoamer.com
邮箱：datian@dtdefoamer.com
产品：纸浆、涂布、废水处理用消泡剂

佛山市特森化工有限公司
广东省佛山市同华西2路南华1街13号首层（同济派出所侧）
邮编：528000
电话：0757－82386663、83330428、83330783
传真：0757－83331428
网址：www.fstesen.com
邮箱：fstesen@163.com
产品：净水剂、聚丙烯酰胺、高效脱色剂、聚合硫酸铁、硫酸铝

佛山市骏能化工有限公司
广东省佛山市南海区狮山镇罗村芦塘工业区
邮编：528226
电话：0757－86414462、86413060、86410016
传真：0757－86414522、88395329
网址：www.jn668.com
邮箱：jn@jn668.com

产品：干强剂、湿强剂、挺硬剂、助留助滤剂、涂布胶乳、中性松香胶、中碱性施胶剂、表面施胶剂、防水防潮剂、脱墨剂、消泡剂、絮凝剂

广东奇力士石油化工有限公司
广东省佛山市顺德区大良大门堤围路 8 号
邮编：528333
电话：0757 -22329333
传真：0757 -22329308
产品：聚硅氯化铝、聚硅氯化铝铁、硫酸铝、聚丙烯酰胺、无铁硫酸铝、复合聚硅氯化铝、复合聚硅氯化铝铁

佛山市高明区友本化工有限公司
广东省佛山市高明区明城镇官迳路
邮编：528518
电话：0757 -88930638
传真：0757 -88836686
产品：中性施胶剂、干/湿增强剂、离缸剂、助虑增强剂

江门市

江门市慧信净水材料有限公司
广东省江门市港口二路 10 号
邮编：529000
电话：0750 -3167388
传真：0750 -3167343
邮箱：wealthchem@ 163. com
产品：水处理剂

赫克力士化工(江门)有限公司
广东省江门市高新技术开发区金瓯路 345 号
邮编：529081
电话：0750 -3866500、3866590
传真：0750 -3866561、3866580
产品：造纸专用 CMC

江门市新会区辉昊化工有限公司
广东省江门市新会区会城朝江路 6 号 103
邮编：529100
电话：0750 -6116733、6807018
传真：0750 -6116733
邮箱：hww82830@ 126. com
产品：干强剂、分散剂、脱墨剂、助留助滤剂

江门市大中科技企业发展有限公司
广东省江门市礼乐文昌花园 99 座首层
邮编：529060
电话：0750 -3610763、3612763、3615763
传真：0750 -3612762
产品：造纸化学品

量子高科生化工程有限公司
广东省江门市高新区金瓯路 184 号
邮编：529081
电话：0750 -3795666、3869188、8258999
传真：0750 -3796430、3869168
网址：www. qht. cc
产品：纤维素 CMC

茂名市

茂名市银华高岭土实业有限公司
广东省茂名市茂南区新坡镇黄塘工业区
邮编：525011
电话：0668 -2717589、2717860
传真：0668 -2717889
网址：www. mmyhkaolin. com
邮箱：welcome@ yhkaolin. com
产品：高岭土

肇庆市

高要宝时化工有限公司
广东省肇庆市高要市南岸镇上元路 37 号
邮编：526100
电话：0758 -8361055
传真：0758 -8361052
产品：EDTA、DTPA、表面施胶剂、湿强剂、网毯清洗剂、双氧水稳定剂、胶黏物控制剂、涂布分散剂、涂料润滑剂、涂料耐水剂

惠州市

惠州联宏化工有限公司
广东省惠州市大亚湾石油化学工业区 H2 地块西南角
邮编：516081
电话：0752 -5599101、5599888
传真：0752 -5599180
邮箱：braveheartxianen@ 126. com
产品：表面施胶剂

清远市

大和(清远)石矿化工有限公司
广东省清远市禾云镇 107 国道旁

邮编：511517
电话：0763－5672399
传真：0763－5672488
网址：www. chinamicron. com
邮箱：info-xm@ chinamicron. com
产品：滑石粉、碳酸钙

东莞市

杜道亚太（中国）化工有限公司
广东省东莞市新城市中心区第一国际百安中心A座809室
邮编：523000
电话：0769－22825567
传真：0769－23180867
产品：消泡剂、表面控制助剂、湿润分散剂、高档氟碳助剂

东莞天傲化工有限公司
广东省东莞市莞城区
邮编：523000
电话：0769－22191114
传真：0769－23035975
产品：消泡剂、乳化剂、渗透剂、聚醚、柔软剂、破乳剂

东莞市粤星纸业助染有限公司
广东省东莞市万江石美社区雨云楼11－13号铺
邮编：523040
电话：0769－22272839、22279289
传真：0769－22172089
网址：www. yuexingdg. com
邮箱：yuexing@ yuexingdg. com
产品：造纸染料、分散剂、增白剂、施胶剂、湿强剂、剥离剂、柔软剂、脱墨剂、絮凝剂

广东中成化工股份有限公司
广东省东莞市麻涌镇第二工业区
邮编：523130
电话：0769－88825606、88828576
传真：0769－88822342
网址：www. zhongcheng. gd. cn
邮箱：zhongcheng@ china. com、sales@ zhongcheng. gd. cn
产品：双氧水、保险粉、过氧碳酸钠、焦亚硫酸钠、亚硫酸盐

广东汇美淀粉科技有限公司
广东省东莞市麻涌镇大步工业区
邮编：523143
电话：0769－88286638、88287336
传真：0769－88287332
网址：www. huimei-starch. com
邮箱：hmdfkj@ 126. com
产品：两性淀粉、涂布胶黏淀粉、表面喷雾淀粉、湿部添加阳离子淀粉、层间喷雾淀粉、表面施胶淀粉

东莞市中堂华兴造纸材料厂
广东省东莞市中堂镇江南远兴工业区
邮编：523230
电话：0769－88187118、88186095
传真：0769－88186095
产品：分散松香胶、中性施胶剂、增白剂

东莞东美食品有限公司
广东省东莞市高埗镇北王路护安围工业区
邮编：523279
电话：0769－88731228、88735188、88878448
传真：0769－88874888
网址：www. dm-starch. com
邮箱：dmstarch@ 126. com
产品：表面施胶淀粉、涂布淀粉、草木浆增强淀粉、两性淀粉、层间喷雾淀粉、阳离子淀粉、生活用纸增强淀粉、表面喷雾淀粉

中山市

广东金威达淀粉有限公司
广东省中山市小榄镇联丰四村乐丰北路（联丰工业区）
邮编：528415
电话：0760－2125676
传真：0760－2125675
产品：木薯淀粉、变性淀粉、越南木薯淀粉

广西壮族自治区

南宁市

广西欧派淀粉有限公司
广西壮族自治区南宁市怡宾路1号4层
邮编：530000
电话：0771－5844158、4306950
传真：0771－5591182
产品：预糊化淀粉、氧化淀粉、纸管（纱管）专用胶

南宁巨港化工产品有限公司
广西壮族自治区南宁市白沙大道30号

邮编：530003
电话：0771－4918536
传真：0771－4908536
产品：杀菌剂、保洁剂、清洗剂、表面施胶剂、阳离子分散松香胶、中性施胶剂、助留助滤剂、消泡剂、湿/干强剂、黏缸剂/剥离剂、柔软剂、树脂控制剂

广西南宁春城助剂有限公司
广西壮族自治区南宁市五一西路 61 号
邮编：530045
电话：0771－4864243
传真：0771－4861026
邮箱：chuncheng@gxcczj.com
产品：消泡剂、乳化剂、表面活性剂、松香高分散施胶剂

广西武鸣县宁武镇灵泉淀粉厂
广西壮族自治区南宁市武鸣县城
邮编：530102
电话：0771－6238349
传真：0771－6230728
产品：阳离子变性淀粉、层间喷淋淀粉、涂布胶黏剂、表面施胶剂

广西武鸣华洪淀粉化工有限责任公司
广西壮族自治区南宁市武鸣县陆斡工业开发区
邮编：530111
电话：0771－6223818
传真：0771－6222401
产品：表面施胶剂、涂布胶黏剂、层间喷淋淀粉、浆内添加剂、表面喷淋剂、增强剂、两性淀粉、木薯淀粉

广西武鸣县安宁淀粉有限公司
广西壮族自治区南宁市武鸣县罗波镇商业城
邮编：530112
电话：0771－6081368、6082107
传真：0771－6082170
网址：www.anningstarch.com.cn
邮箱：gxwmandf@163.com
产品：木薯淀粉、层间喷淋淀粉、涂布胶黏剂、表面施胶剂、复合木薯变性淀粉、阳离子淀粉

广西明阳生化科技股份有限公司
广西壮族自治区南宁市江南区明阳工业开发区
邮编：530226
电话：0771－4218423、4217336
传真：0771－4218423、4216729
网址：www.mystarch.com
邮箱：mystarch@mystarch.com
产品：涂布黏合剂、阴离子/阳离子表面施胶淀粉、新型湿部添加用两性淀粉、湿部添加增强/助留剂、新闻纸专用增强剂、层间或表面喷雾淀粉、卷烟专用聚合物

南宁乐森松香有限公司
广西壮族自治区南宁市园湖南路东一里 5 号
邮编：530022
电话：0771－5883637
传真：0771－5867346
产品：林产化工产品

桂林市

广西桂林光华矿粉有限公司
广西壮族自治区桂林市灵川县潭下镇
邮编：541208
电话：0773－6305888
传真：0773－6305598
邮箱：china-guanghua@hi2001.com
产品：重质碳酸钙、超细滑石粉

梧州市

梧州荒川化学工业有限公司
广西壮族自治区梧州市西提三路 1 号
邮编：543002
电话：0774－3830228、3830388
传真：0774－3830386
网址：www.gxwzarakawa.com.cn
邮箱：dabuhdm@263.com
wzarakawa@wzarakawa.com.cn
产品：分散松香、树胶酯

广西永盛造纸化工有限公司
广西壮族自治区梧州市岑溪市建设五街
邮编：543210
电话：0774－8225159
传真：0774－8225159
产品：生物酶催化剂、AKD 中碱性施胶剂、聚丙烯酰胺、助留助滤剂、脱墨剂

北海市

北海宏泉淀粉科技有限公司
广西壮族自治区北海市平头岭工业开发区

邮编：536005
电话：0779－2081122
传真：0779－2081123
产品：表面施胶剂、涂布胶黏剂、层间喷涂剂、增强剂、淀粉

玉林市

广西玉林松脂厂
广西壮族自治区玉林市石岭子工业区
邮编：537000
电话：0775－3870038、3870709
产品：松香胶、马来松香

海　南　省

海口市

海南洋浦椰岛淀粉工业有限公司
海南省洋浦经济开发区工业十区
邮编：578101
电话：0898－28821722、66532911
传真：0898－28821979
邮箱：ydstarch@ ydstarch. com
产品：阳离子/阴离子表面施胶剂、增强剂、阳离子助留助滤剂、阳离子淀粉、层间喷淋淀粉、涂布淀粉、木薯变性淀粉

重　庆　市

重庆力宏精细化工有限公司
重庆市南岸区江峡路 6 号
邮编：401336
电话：023－62525311、62950127、62503763
传真：023－62500141
网址：www. lihong. net
邮箱：office@ lihong. net
产品：羧甲基纤维素钠(CMC)

中国石化集团四川维尼纶厂
重庆市长寿区维江路 36 号
邮编：401254
电话：023－68974625、68974061、68974146
传真：023－68974094
网址：www. svwpc. com. cn
产品：聚乙烯醇树脂(PVA)

重庆科源造纸化学品有限公司
重庆市合川区三汇镇
邮编：401535
电话：023－42428586
传真：023－42428586
邮箱：357346496@ qq. com
产品：中性造纸施胶剂、助留助滤剂、瓦楞纸板环压增强剂、纸张挺度增强剂、纸品拉力机、纸浆分散剂

重庆新华化工有限公司
重庆市潼南县梓潼镇民业街 298 号
邮编：402660
电话：023－68737926、87288005
传真：023－68737926、87288008
网址：www. xinhuachemical. com
邮箱：xinhua@ xinhuachemical. com
xhhgxzb@ 163. com
产品：高档锐钛型钛白粉

四　川　省

成都市

成都嘉丰精化有限公司
四川省成都市成华区龙潭总部经济城华翰路 89 号 8 号楼 12 层 AB 座
邮编：610052
电话：028－65199000
传真：028－65199355
网址：www. jiafengchina. net
产品：阳离子助留剂、着色剂、液体增白剂、阳离子分散松香胶、助留助滤剂、改性皂土、脱气剂、絮凝剂、纸张刚挺剂、表面施胶剂

四川蓉丰化工有限责任公司
四川省成都市二环路南三段 5 号
邮编：610041
电话：028－84397018
传真：028－84397058
产品：分散剂、填料、钛白粉

成都市锦都三丰化工有限公司
四川省成都市武侯区机投镇花龙门工业园
邮编：610045
电话：028－87482146
传真：028－87482146
网址：www. jdsanfeng. com
邮箱：wangdu@ cn-sanfeng. com

产品：中性造纸施胶剂、AKD乳液、分散松香胶、干增强剂、湿强剂、助留助滤剂、增白剂、消泡剂

成都博翔顺达科技有限公司
四川省成都市武侯区太平南街好望角2幢415号
邮编：610068
电话：028-84400282、86786867、82684528
传真：028-68692192、85238290
产品：脱墨剂、造纸染料、松香胶

都江堰钙品股份有限公司
四川省都江堰市青城工业区(灌温路239号)
邮编：611830
电话：028-87283139
传真：028-87283339
产品：造纸专用碳酸钙

自贡市

自贡市中光精细化工有限公司
四川省自贡市富顺县牛佛镇田冲头街38号
邮编：643208
电话：0813-7300161
传真：0813-7300164
产品：中性施胶剂

德阳市

四川煤田地质局141队亚兴化工厂
四川省德阳市汉江路116号
邮编：618000
电话：0838-2820554、2822168
传真：0838-2820554
网址：www.scmtdz.gov.cn
邮箱：sc141@126.com
产品：AKD乳液、阳离子分散松香胶、乳化剂、中性造纸施胶剂、柔软剂、绒毛浆解键剂

绵阳市

绵阳市助友化工工业有限责任公司
四川省绵阳市三台县北泉路北塔
邮编：621100
电话：0816-5345170
传真：0816-5345170
邮箱：myzyhg@myzyhg.cn
产品：分散松香胶、绒毛浆解键剂、湿强剂、脱墨剂、聚合氯化铝

陕 西 省

西安市

陕西华润实业有限公司
陕西省西安市西北二路1号512室
邮编：710003
电话：029-87333574
传真：029-87335479
网址：www.sxhuarun.com
邮箱：sxhuarun@126.com
产品：杀菌剂、分散剂、消泡剂、荧光增白剂、助留剂、高效废纸脱墨剂、光亮柔软剂、水处理剂

西安道尔达化工有限公司
陕西省西安市汉城北路152号雅盛1号A-18-4
邮编：710077
电话：029-62969851、62969808
传真：029-62969852
网址：www.kldhg.cn
邮箱：dld@kldhg.cn、daoerda@163.com
产品：膨化剂、杀菌剂

西安吉利电子化工有限公司
陕西省西安市高新区高新路25号
邮编：710075
电话：029-88212585、88272803
传真：029-88231475
网址：www.xajili.com
邮箱：jili@tchweb.net
产品：杀菌防腐剂、沉积物分散剂、系统清洗剂、柔顺剂、蒸煮助剂、脱墨剂、高档卷烟纸包灰剂

陕西省石油化工研究设计院
陕西省西安市西延路61号
邮编：710054
电话：029-85542590、85542624、85542602
传真：029-85542625、85542591
网址：www.shaanxipci.com
邮箱：pciyingxiao@126.com
产品：杀菌防腐剂、增白剂、水处理剂

西安市美佳化工有限公司
陕西省西安市长安区韦兆街
邮编：710103
电话：029-85889228、85889310

传真：029－85889228
网址：www. xamjhg. com
邮箱：xamjhg@ 163. com
产品：助留助滤剂、表面施胶剂、分散剂、显白剂

咸阳市

咸阳陶瓷研究设计院
陕西省咸阳市渭阳西路 35 号
邮编：712000
电话：029－33578005、33579267、33576575
传真：029－33572148
网址：www. xytcy. com
产品：填料、涂料

甘　肃　省

兰州市

兰州市兰州新化工贸易有限责任公司
甘肃省兰州市西固东路 205 号
邮编：730060
电话：0931－3330626
传真：0931－7585188
产品：羧甲基淀粉、氧化淀粉、熟胶粉、造纸表面及浆内施胶剂

青　海　省

西宁市

青海威思顿薯业集团有限责任公司
青海省西宁市生物科技产业园区经二路 58 号
邮编：810016
电话：0971－5317182、8527016、8318736
传真：0971－5317162、5317821
网址：www. qhwsd. com
邮箱：weisidun5584@ sina. com
产品：马铃薯淀粉

宁夏回族自治区

银川市

银川吉龙造纸助剂有限责任公司
宁夏回族自治区银川市开发区
邮编：750002
电话：0951－5035454
传真：0951－5035454
产品：分散松香胶

中卫市

宁夏丰茂造纸助剂有限责任公司
宁夏回族自治区中卫市迎水桥工业区
邮编：751700
电话：0955－7679378
传真：0955－7678490
产品：中性施胶剂、杀菌剂、助留助滤剂、超细碳酸钙

新疆维吾尔自治区

乌鲁木齐市

乌鲁木齐智达化工有限公司
新疆维吾尔自治区乌鲁木齐市沙依巴克区西山路 95 号附 2－147 号
邮编：830000
电话：0991－7723668
传真：0991－4541511
产品：AKD 中性胶、分散松香胶

伊犁哈萨克自治州

伊犁市雪龙精淀粉有限责任公司
新疆维吾尔自治区伊宁市经济技术合作区辽宁路仁和集团 10 号
邮编：835000
电话：0999－8192009－666
传真：0999－8192229－866
邮箱：lgs8492200@ 126. com
产品：淀粉